영어 콜로케이션 사전

PROGRESSIVE EIGO COLLOCATION JITEN

© 2012 Michihisa TSUKAMOTO
All rights reserved.
Original Japanese edition published by SHOGAKUKAN.
Korean translation rights in Korea arranged with SHOGAKUKAN through Shinwon Agency Co.
이 책의 한국어판 저작권은 신원에이전시를 통해 저작권자와 독점 계약한 도서출판 다락원에 있습니다.
저작권법에 의해 한국 내에서 보호를 받는 저작물이므로 저자 및 출판사의 허락 없이 이 책의 일부 또는
전부의 무단 전재 및 복제를 금합니다.

영어 콜로케이션 사전

지은이 Michihisa Tsukamoto

펴낸이 정규도

펴낸곳 ㈜다락원

1판 1쇄 발행 2016년 10월 27일

1판 8쇄 발행 2023년 7월 25일

편집총괄 허윤영

디자인 장선숙

다락원 경기도 파주시 문발로 211
내용문의 (02)736-2031 내선 520
구입문의 (02)736-2031 내선 250~252
Fax (02)732-2037
출판등록 1977년 9월 16일
제406-2008-000007호

저자 및 출판사의 허락 없이 이 책의 일부 또는 전부를 무단 복제·전재·발췌할 수 없습니다. 구입 후 철회는 회사 내규에 부합하는 경우에 가능하므로 구입문의처에 문의하시기 바랍니다. 분실·파손 등에 따른 소비자 피해에 대해서는 공정거래위원회에서 고시한 소비자 분쟁 해결 기준에 따라 보상 가능합니다. 잘못된 책은 바꿔 드립니다.

ISBN 978-89-277-6145-7 13740

www.darakwon.co.kr

영어 콜로케이션 사전

Michihisa Tsukamoto
Jon Blundell

DARAKWON

저자의 말

콜로케이션이란?

영어를 읽고 들을 수 있어도, 막상 말할 때는 자연스러운 영어가 나오지 않을 때가 있습니다. 그 원인 중 하나는 모국어의 방해입니다. 예를 들어 '밝은 미래' '전화를 받다' '피크닉 가다' '물과 기름' '손익' 같이 일상생활에서 자주 쓰는 말이 영어로는 바로 떠오르지 않습니다. 영어로 하면 a bright future, answer the phone, have a picnic, oil and water, profit and loss이지요. 하나씩 짚어 볼까요? '밝은 미래'에서 bright를 바로 떠올렸다면 괜찮습니다. '전화를 받다'의 '받다'는 answer라고 해야 합니다. '피크닉 가다'의 '가다'를 우리말로 생각하고 go라고 말하면 어색한 영어가 됩니다. '물과 기름'이나 '손익'은 우리말과 순서가 반대지요. 다른 예를 더 봅시다. a strong position은 '강한 입장'이라는 뜻이고, 반대말은 a weak position '약한 입장'입니다. 그러나 '강풍'이라는 뜻의 a strong wind는 반대말이 a weak wind가 아니라 a light wind '미풍'입니다. 이렇게 단어와 단어가 자연스럽게 어울려 습관적으로 같이 쓰는 말을 콜로케이션, 또는 '연어'라고 합니다.

왜 콜로케이션인가?

원어민에 가까운 자연스러운 영어를 구사하려면 이 콜로케이션 지식이 매우 중요합니다. 자연스러운 단어의 연결을 알고 어감을 익혀야 영어회화나 영작문이 매끄러워집니다. 이 책에서는 학습자가 우선적으로 알아야 하는 기초영단어의 콜로케이션을 알기 쉽게 설명했습니다. 특히 highly successful(크게 성공한), absolutely delighted(굉장히 기쁜), openly discuss(열어 놓고 토론하다) 같이 정도나 감정을 나타내는 -ly부사와 형용사/동사의 콜로케이션도 많이 수록했습니다.

콜로케이션의 종류

콜로케이션은 일반적으로 단어 콜로케이션과 문법 콜로케이션으로 나닙니다. 어휘 콜로케이션은 a lovely girl, have a dream, absolutely right과 같은 형용사 + 명사, 동사 + 명사, 부사 + 형용사가 연결된 콜로케이션입니다. 반면 문법 콜로케이션은 believe that…, provide A with B처럼 동사, 명사, 형용사가 전치사, 부정사, 절과 같은 문법구조를 이루는 것을 말합니다. 기존의 콜로케이션 책은 주로 단어 연결 수준의 콜로케이션을 중심으로 나와 있지만, 말하거나 쓸 때는 문법적인 콜로케이션도 함께 공부하는 것이 중요하므로, 이 책에서는 문법 콜로케이션도 함께 실었습니다.

표제어 선정 방법 및 사용 데이터

표제어는 British National Corpus(BNC)에 자주 나오는 단어를 중심으로 콜로케이션의 관점에서 중요한 약 2500단어를 선정했습니다. 그리고 BNC가 제공하는 사용빈도 정보에 따라 기본적인 콜로케이션을 나열했습니다.

예문에는 BNC Corpus(말뭉치, 실제로 쓰인 자연어 데이터)를 사용했습니다. 그러나 학습자에게 맞게 실제로 사용할 수 있는 예문을 제공하기 위해 영어를 가르친 경험이 풍부한 동료 Jon Blundell의 도움을 받았습니다. Jon과 함께 예문 하나하나 면밀히 검토하면서 작성하고자 노력했습니다.

마지막으로 저서를 사전의 세계로 이끌어 주신 은사이신 오카다 나오 선생님과 재외연수 중에 말뭉치 언어학에 대해 지도해주신 Charles Owen 선생님께 감사를 드립니다.

이 사전이 영어표현력을 향상시키고자 하는 고등학생, 대학생, 직장인 독자 여러분에게 조금이라도 도움이 된다면 저자로서 더할 나위 없이 기쁠 것입니다. Let's collocate!

저자 Michihisa Tsukamoto

■ 일러두기

1. 표제어
★ 명사, 형용사, 동사에서 뽑은 기초 단어 2,500개를 알파벳 순으로 제시했다. 같은 단어의 품사가 다를 때는 품사별로 표제어를 제시했다. 미국영어와 영국영어로 철자가 달라지는 경우, 표제어는 미국식으로 표시하고 우리말 뜻 뒤에 영국식 철자를 제시했다.

2. 발음
★ 국제 음표기호를 이용해서 /…/안에 표시했으며 미국식 발음을 표준으로 삼았다.

3. 약어
★ 주로 미국에서 사용하는 표현에는 ((미)), 영국에서 사용하는 표현에는 ((영)), 주로 회화에서 사용하는 구어체 표현에는 ((구어)), 격식 없는 자리에서 사용하는 뜻은 ((비격식))으로 표기했다.

4. 콜로케이션 표
★ 표제어에 여러 뜻이 있을 때는 이중선으로 나누었다. 그리고 비슷한 말, 반대말, 연관된 말일 경우 점선으로 나타냈다.
★ 표에 나오는 명사는 무관사 혹은 a, an, the, one's, A's을 붙여서 나타냈다. one's는 주어와 같은 인칭, A's는 주어와 다른 인칭을 나타낸다. 관사는 대표적인 것을 나타내므로 모두 부정관사로 표기했지만, 예문에서는 문맥에 따라 정관사를 쓴 경우가 많다.

★ 단어 콜로케이션
표제어가 명사일 때는 「동사 + 명사」, 「형용사 + 명사」, 「명사 + 명사」 조합의 콜로케이션을 제시했다. 동사일 때는 「부사 + 동사」 조합을 주로 나타냈다. 간혹 부사가 동사의 앞뒤 중 한 쪽에만 위치할 수 있는 경우가 있는데, 이 때는 일반적인 위치로 제시했으나 문맥에 따라 달라질 수도 있다. 형용사일 때는 「동사 + 형용사」, 「부사 + 형용사」를 주로 제시했다.

★ 문법 콜로케이션
약자 C는 보어를 뜻한다. 그리고 품사 별 주요 문법 콜로케이션은 다음과 같다. 동사에서는 「동사 + to do / doing」, 「동사 + that」, 「동사 + 명사 + 전치사 + 명사」, 형용사에서는 「형용사 + 전치사」, 「형용사 + doing / to do」, 「형용사 + that / wh-절」, 명사에서는 「명사 + to do」, 「명사 + that절」, 「명사 + 전치사」, 「전치사 + 명사」이다.

★ 예문 중 콜로케이션은 굵게, 따라다니는 전치사 중 특히 주의할 것은 이탤릭체로 표시했다.

★ 콜로케이션에 다른 요소가 첨가된 고정표현은 ◆로 강조했다.

5. PHRASES 구 표현
★ 일상 대화에서 쓰이는 문장단위의 고정표현은 ☺를 붙여 표시했다.
★ I'm afraid (that)... 이나 It's fair to say (that)... 과 같은 도입절도 다루었다.

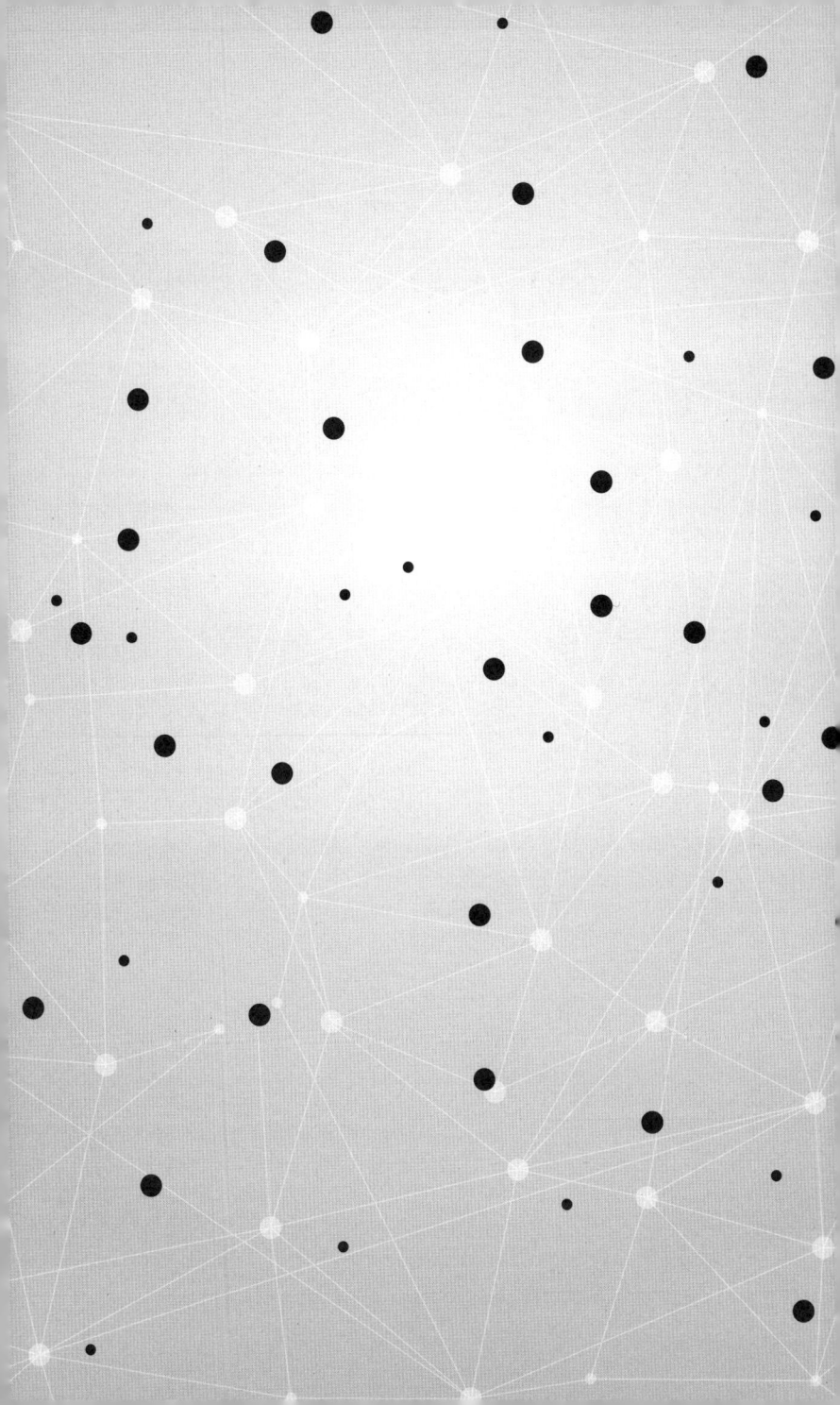

A

abandon /əbǽndən/ 통 버리다, 단념하다

completely	abandon	완전히 단념하다
never	abandon	절대 포기하지 않다
largely	abandon	거의 단념하다
virtually	abandon	사실상 포기하다
effectively	abandon	
finally	abandon	결국 단념하다

▷ I have **never abandoned** my dream to go abroad. 나는 해외에 나가겠다는 꿈을 버리지 않았다.
▷ The project was **finally abandoned**. 결국 그 사업을 단념했다.

ability /əbíləti/ 명 능력, 재능; 실력

have	the ability	능력이 있다
demonstrate	one's ability	능력을 보이다
show	one's ability	
develop	one's ability	능력을 키우다
enhance	one's ability	
lack	the ability	능력이 부족하다
lose	one's ability	능력을 잃다
affect	A's ability	A의 능력에 영향을 미치다
doubt	A's ability	A의 능력을 의심하다
assess	A's ability	A의 실력을 평가하다
test	A's ability	A의 실력을 시험하다

▷ How can I **develop** this **ability**? 어떻게 해야 내가 이 능력을 키울 수 있을까?
▷ Music is used to **enhance** athletic **abilities**. 운동 능력을 높이는 데 음악이 사용된다.
▷ Laura **lacks** the **ability** to care about people. 로라는 사람들을 돌보는 능력이 부족하다.

exceptional	ability	비범한 능력
an extraordinary	ability	
a remarkable	ability	뛰어난 능력
a great	ability	
a natural	ability	타고난 능력
an innate	ability	
intellectual	ability	지적 능력
linguistic	ability	언어 능력
artistic	ability	예술적 능력
physical	ability	체력
athletic	ability	운동 능력

high	ability	수준 높은 실력
low	ability	수준 낮은 실력
average	ability	평균적인 실력

▷ He was a writer of **exceptional ability**. 그는 비범한 재능이 있는 작가였다.
▷ Tony, you have a **natural ability** to help people. 토니, 너는 사람들을 돕는 데 타고난 재능이 있구나.
▷ Mike is a student of **average ability**. 마이크는 평균적인 실력의 학생이다.

ability	to do	…하는 능력

▷ He had the **ability to** read a situation. 그는 상황을 파악하는 능력이 있었다.

able /éibl/ 형 (be able to do) …할 수 있는, 유능한, 능력이 있는

barely	able to do	거의 …할 수 없는
hardly	able to do	
better	able to do	…을 더 잘할 수 있는
more	able to do	
the most	able	가장 유능한
less	able	능력이 떨어지는

▷ I feel **better able to** make these comments now. 이제 이런 논평을 더 잘 할 수 있을 것 같다.
▷ He was **the most able** boy John had ever taught. 그는 존이 지금까지 가르친 학생들 중에 가장 우수했다.

absence /ǽbsəns/ 명 부재, 결석, 결여

a long	absence	오랜 부재
a prolonged	absence	길어진 부재
a temporary	absence	일시적인 부재
an unauthorized	absence	무단 결석, 무단 결근
a complete	absence	완전한 결핍
a total	absence	
a conspicuous	absence	눈에 띄는 결여

▷ She came back to work after a **long absence**. 그녀는 오랜만에 회사에 복귀했다.
▷ The problem is that there is a **complete absence** of political leadership. 문제는 정치적 지도력이 전혀 없다는 것이다.

absence	from A	A에서의 부재

▷ I imagine you'll be taking quite a long **absence from** the office. 당신은 상당히 오랫동안 회사를 쉬어야 할 것 같습니다.

| in | A's absence | A가 부재중일 때 |

▷ What has happened **in** my **absence**? 내가 없을 때 무슨 일이 있었어요?

absent /ǽbsənt/ 혱 없는, 부재한, 결석한

entirely	absent	전혀 없는
totally	absent	
conspicuously	absent	부재가 두드러지는

▷ The latest figures were **entirely absent** from the report. 보고서에는 최신 수치들이 하나도 없었다.
▷ Paul's name was **conspicuously absent** from the list. 폴의 이름이 명단에 없는 것이 눈에 띄었다.

| absent | from A | A에 결석한, A에서 빠진 |

▷ She was **absent from** school for 3 days. 그녀는 사흘 간 학교에 결석했다.(★ 회화에서는 not at …, not there가 쓰인다. I telephoned him at work, but he **wasn't there**. 그의 직장으로 전화했지만, 그는 자리에 없었다.)

absorb /æbsɔ́ːrb/ 동 흡수하다; 합병하다

easily	absorb	쉽게 흡수하다
quickly	absorb	빨리 흡수하다
rapidly	absorb	

▷ Calcium in milk is **easily absorbed** by the body. 우유에 든 칼슘은 우리 몸에 쉽게 흡수된다.

| absorb | A into B | A를 B에 흡수시키다 |

▷ You get drunk when too much alcohol is **absorbed into** the blood. 다량의 알코올이 혈액에 흡수되면 술에 취한다.

absorbed /æbsɔ́ːrbd/ 혱 몰두한

| totally | absorbed | 완전히 몰두한 |
| completely | absorbed | |

▷ Jill was **completely absorbed** in her work. 질은 일에 완전히 몰두해 있었다.

| absorbed | in A | A에 푹 빠져 있는 |

▷ He was totally **absorbed in** his computer and didn't hear anything. 그는 컴퓨터에 푹 빠져서 아무 소리도 듣지 못했다.

abstract /æbstrǽkt/ 혱 추상적인

highly	abstract	매우 추상적인
purely	abstract	순전히 추상적인
entirely	abstract	

▷ This is a **highly abstract** argument. 이것은 매우 추상적인 논쟁이다.

abuse /əbjúːs/ 명 학대; 남용

| prevent | abuse | 학대를 막다, 남용을 방지하다 |
| open to | abuse | 남용되기 쉽다 |

▷ What can be done to **prevent abuse** of the elderly? 노인 학대를 막기 위해 무엇을 할 수 있을까?(★ '학대를 받다'는 동사 abuse를 사용해서 다음과 같이 쓴다: Some children are **abused by** their parents. 부모에게 학대받은 아이들이 있다.)

alcohol	abuse	알코올 남용
drug	abuse	마약 중독, 약물 남용
substance	abuse	(중독성) 물질 남용
sexual	abuse	성적 학대
sex	abuse	
child	abuse	아동 학대
verbal	abuse	언어 폭력

accept /æksépt/ 동 받아들이다, 용인하다

fully	accept	전적으로 받아들이다
readily	accept	흔쾌히 받아들이다
reluctantly	accept	마지못해 받아들이다
be generally	accepted	일반적으로 받아들여지다
be widely	accepted	

▷ I didn't want to **fully accept** what had happened. 일어난 일을 전적으로 용인하고 싶지 않았다.
▷ She quite **readily accepted** his proposal of marriage. 그녀는 그의 청혼을 기다렸다는 듯이 받아들였다.

| accept | A as B | A를 B로 받아들이다 |

▷ I've **accepted** it **as** my fate. 나는 그것을 내 운명으로 받아들였다.

| accept | that... | …하다는 것을 인정하다 |

▷ He doesn't **accept that** he's too old to go skydiving. 그는 자신이 스카이다이빙을 하기에는 너무 나이가 많다는 것을 인정하지 않는다.
◆ **It is accepted that...** …라고 받아들여진다. ▷ It was accepted that there was nothing more we could do. 우리가 그 이상 할 수 있는 일이 없다는 의견이 받아들여졌다.

| accident |

be prepared to	accept	기꺼이 받아들일 생각이다
be willing to	accept	

▷ I was **prepared to accept** her offer. 나는 그녀의 제안을 기꺼이 받아들일 생각이었다.

acceptable /æksép təbl/

[형] 받아들일 수 있는, 용인할 수 있는

generally	acceptable	일반적으로 용인되는
perfectly	acceptable	완전히 받아들일 수 있는
mutually	acceptable	서로가 용인할 수 있는
socially	acceptable	사회적으로 용인되는
morally	acceptable	도덕적으로 용인할 수 있는
widely	acceptable	널리 용인되는

▷ That's **perfectly acceptable**. 그것은 완전히 받아들일 수 있다.
▷ We hope we'll be able to find a **mutually acceptable** solution. 우리는 서로 용인할 수 있는 해결책을 찾고 싶습니다.
▷ Violence is not **socially acceptable**. 폭력은 사회적으로 용인되지 않는다.

acceptable	to A	A에게 받아들여지는

▷ His conclusion is **acceptable to** most people. 그의 결론은 대부분의 사람들이 받아들일 만하다.

access /ǽkses/ [명] 접근; 통로

gain	access	접근하다
get	access	
deny A	access	A(사람)에게 접근을 거부하다

▷ Hackers can't **gain access to** our credit card information. 해커들은 우리 신용카드 정보에 접근할 수 없다.
▷ I was **denied access to** the website of the City Hall. 나는 시청 홈페이지로의 접속이 거부되었다.

easy	access	매우 편리함, 편리한 이용
public	access	일반인 출입
unauthorized	access	무단 접근
Internet	access	인터넷 접속

▷ Since my room was on the top floor, I had **easy access to** the roof. 내 방이 최상층에 있어서 옥상에 쉽게 갈 수 있었다.
▷ There is no **public access to** that parking lot. 그 주차장은 일반인이 출입할 수 없다.

accident /ǽksədənt/ [명] 사고; 우연

have	an accident	사고가 나다.
be involved in	an accident	사고를 당하다
cause	an accident	사고를 일으키다
avoid	an accident	사고를 피하다
prevent	an accident	사고를 예방하다
investigate	an accident	사고를 조사하다

▷ I'm afraid he **had an accident** last night. 그가 어젯밤 사고를 당했습니다.
▷ We didn't know what **caused the accident**. 우리는 사고의 원인을 몰랐다.
▷ The police are having a campaign to **prevent accidents**. 경찰이 사고 예방 캠페인을 하고 있다.
▷ Police are **investigating the accident**. 경찰이 사고를 조사하고 있다.

an accident	happened	사고가 일어났다
an accident	occurred	

▷ The **accident occurred** about 9 p.m. Wednesday. 그 사고는 수요일 저녁 9시경에 일어났다.

a terrible	accident	끔찍한 사고
a bad	accident	
a serious	accident	심각한 사고
a tragic	accident	비극적인 사고
a fatal	accident	사망 사고
a minor	accident	경미한 사고
a nuclear	accident	원자력 사고
a car	accident	자동차 사고
a road	accident	교통 사고
a traffic	accident	

▷ "What's wrong with you?" "There's been a **terrible accident**." "무슨 일이야?" "끔찍한 사고가 있었어."
▷ I had a **bad accident** when I was young. 나는 어렸을 때 끔찍한 사고를 당했다.
▷ 35% of **serious accidents** are caused by bad driving. 대형 사고의 35%는 운전 과실로 일어난다.
▷ He was involved in a **fatal accident** in Italy. 그는 이탈리아에서 사망 사고에 연루되었다.

an accident	involving A	A가 관련된 사고

▷ Most **accidents involving** children happen on journey to or from school. 아이들이 관련된 사고는 대부분 등하굣길에 일어난다.

in	an accident	사고로
by	accident	우연히, 실수로

▷ His mother was killed **in an accident** eight years ago. 그의 어머니는 8년 전에 사고로 돌아가셨다.

| accord |

▷ Sorry, I pushed the button **by accident**. 미안, 실수로 버튼을 눌렀어.

(PHRASES)

it is no accident ☺ 우연이 아니다. ▷ It's no accident that all your friends are here. Surprise party! Happy Birthday! 네 친구가 모두 여기 있는 게 우연이 아니야. 깜짝 파티야! 생일 축하해!

accord /əkɔ́:rd/ 명 일치, 조화; 합의, 협정

reach	an accord	합의에 이르다
sign	an accord	협정에 조인하다

▷ Southeast Asian countries and China **signed an accord** to create the world's biggest free trade area. 동남아시아 국가들과 중국은 세계 최대의 자유무역 시장을 조성하기 위한 협정에 조인했다.

an accord	between A and B	A와 B 사이의 합의

▷ It's going to be very difficult to reach an **accord between** the USA **and** China. 미국과 중국이 합의에 이르기는 매우 어려울 것 같다.

in	accord with A	A와 일치하여
of	one's own accord	자발적으로

▷ Nobody forced the Prime Minister to resign. He did it **of his own accord**. 아무도 총리에게 물러나라고 강요하지 않았다. 그 스스로 물러난 것이다.

account /əkáunt/

명 계좌; 명세서, 회계 장부; 기술, 보고, 설명; 이유

open	an account	계좌를 열다
close	an account	계좌를 해약하다
credit to	an account	계좌에 입금하다
withdraw from	an account	계좌에서 인출하다
settle	an account	미결액을 청산하다
give	an account	보고하다
provide	an account	
take A into	account	A를 고려하다

▷ I'd like to **open an account**. 계좌를 열고 싶습니다.
▷ He **gave** a fascinating **account of** his journey around Europe. 그는 자신의 유럽 여행 이야기를 흥미진진하게 들려 주었다.
▷ We need to **take into account** the fact that he was under a great deal of stress. 우리는 그가 심한 스트레스를 받고 있었다는 사실을 참작해야 한다.

a bank	account	은행 계좌
a savings	account	저축예금 계좌
a checking	account	당좌 예금 계좌
a current	account	
a full	account	상세한 보고
an eyewitness	account	목격 정보

▷ I'll put the money into your **bank account**. 네 은행 계좌로 송금할게.
▷ He gave me a **full account** of the race. 그가 내게 그 경주에 대해 상세히 이야기해 주었다.

by	all accounts	누가 뭐도, 어느 모로 보나
on	A's account	A(사람)를 위해
on	account of A	A 때문에
on	that account	그 이유로
on	this account	이 이유로

▷ Tony was, **by all accounts**, a bright child. 토니는 어느 모로 보나 총명한 아이였다.
▷ School was closed **on account of** the typhoon. 학교는 태풍 때문에 휴교했다.
▷ We couldn't meet the deadlines. It was **on that account** that we lost the contract. 우리는 기한을 맞추지 못했다. 우리가 계약에 실패한 것은 그 때문이었다.

account /əkáunt/ 통 (account for A)
A를 설명하다; A의 역할을 차지하다

fully	account for A	A를 충분히 설명하다
partly	account for A	A를 부분적으로 설명하다
still	account for A	아직도 A를 차지하다

▷ Coffee **still accounts for** more than 40% of Rwanda's exports. 커피는 아직도 르완다 수출의 40% 이상을 차지한다.

accurate /ǽkjurət/ 형 정확한, 정밀한

fairly	accurate	상당히 정확한
reasonably	accurate	
highly	accurate	매우 정확한
not completely	accurate	아주 정확하지는 않은
not strictly	accurate	
historically	accurate	역사적으로 정확한

▷ Your guess was **fairly accurate**. 네 짐작은 상당히 정확했다.
▷ I'm sure this is a **historically accurate** depiction. 이것은 역사적으로 정확한 묘사라고 생각해.

accurate	to A	A까지 정확하다

▷ This digital thermometer is **accurate to** within one hundredth of a degree. 이 디지털 온도계는 1/100도까지 정확하다.

accuse /əkjúːz/

통 고발하다, 기소하다; 비난하다

falsely	accuse	부당하게 고발하다
wrongly	accuse	
publicly	accuse	공공연히 비난하다

▷ She **falsely accused** him of stealing some money from her handbag. 그녀는 그가 핸드백에서 돈을 훔쳤다고 누명을 씌웠다.

accuse	A of B	A(사람)를 B로 고발하다
accuse	A of doing	A(사람)를 ~했다고 비난하다

▷ She **accused** him **of** sexual harassment. 그녀는 그를 성희롱으로 고발했다.

ache /eik/ 명 고통

have	an ache	아프다
feel	an ache	

▷ I **have an ache** in my back. 등이 아프다.

ache	in A	A의 통증

▷ I felt a dull **ache in** my stomach. 배에 무지근한 통증이 있었다.

aches and pains		온몸의 아픔

▷ I feel very tired and have lots of **aches and pains**. 몹시 피곤하고 온몸이 아프다.

ache /eik/ 동 아프다

ache	badly	심하게 아프다
ache	terribly	
ache	fiercely	격렬하게 아프다
ache	a bit	약간 아프다
ache	all over	온몸이 아프다
really	ache	몹시 아프다

▷ My head **ached badly**. 머리가 심하게 아팠다.
▷ I'm **aching all over**. 온몸이 아프다.
▷ My knees **really ache** this morning. 오늘 아침엔 무릎이 몹시 아프다.

ache	from A	(몸의 일부가) A 때문에 아프다

▷ Her legs were **aching from** the long walk. 그녀는 오랜 산책으로 다리가 아팠다.

achieve /ətʃíːv/ 동 달성하다, 성취하다

fail to	achieve	달성하지 못하다
try to	achieve	달성하려고 애쓰다

★ try 외에 aim, hope, want, attempt 등도 적극적인 행동을 나타내는 동사와 연결된다.

▷ She **failed to achieve** good results in her exams. 그녀는 시험에서 좋은 결과를 얻지 못했다.
▷ What are you **trying to achieve**? 당신은 무엇을 성취하려고 합니까?

achievement /ətʃíːvmənt/ 명 업적, 달성

a great	achievement	위대한 업적
a tremendous	achievement	
a major	achievement	큰 업적
a remarkable	achievement	눈부신 업적
a notable	achievement	
the main	achievement	주요 업적
educational	achievement	학업 성적
academic	achievement	

▷ Breaking two world records was a **remarkable achievement**. 세계 신기록을 두 번이나 깬 것은 대단한 업적이었다.

measure	(an) achievement	업적을 평가하다
recognize	(an) achievement	업적을 인정하다

▷ This award **recognizes** outstanding **achievement** in science. 이 상은 과학 분야의 뛰어난 업적에 대해 주는 상이다.

a sense of	achievement	성취감
levels of	achievement	성취도

▷ Gardening gives me a **sense of achievement** and satisfaction. 정원을 가꾸는 일은 내게 성취감과 충족감을 준다.

acknowledge /æknάlidʒ/ 동 인정하다

reluctantly	acknowledge	마지못해 인정하다
officially	acknowledge	공식적으로 인정하다
be generally	acknowledged	널리 인정되다
be widely	acknowledged	

▷ Julia is **widely acknowledged** *as* an expert on modern American literature. 줄리아는 미국 현대문학의 전문가로 널리 인정받고 있다.

acknowledge that...	...라고 인정하다

▷ He finally **acknowledged that** I was right. 그는 결국 내가 옳다고 인정했다.

be acknowledged	as A	A라고 인정받다

▷ She's **acknowledged as** an expert on art. 그녀는 미술 전문가로 인정받고 있다.

acquaintance /əkwéintəns/
명 지인, 아는 사이

make	A's acquaintance	A를 알게 되다
renew	acquaintance	다시 친분을 맺다

▷ I **made** the **acquaintance** of a man called Phillip Adams. 나는 필립 애덤스라는 남자를 알게 되었다.
▷ I was glad to **renew acquaintance** *with* Christine. 나는 크리스틴과 다시 만나게 되어 기뻤다.

a casual	acquaintance	약간 아는 사이
a business	acquaintance	업무상 아는 사이
a mutual	acquaintance	공통의 지인
a personal	acquaintance	직접 아는 사이

▷ We had a **mutual acquaintance**, a man named Tim. 우리는 공통의 친구가 있었는데, 그는 팀이라는 남자였다.

on	first acquaintance	처음 만났을 때

▷ **On first acquaintance** he seemed a really nice guy. 처음 만났을 때 그는 정말 좋은 사람 같았다.

friends and acquaintances	친구와 지인

▷ Tom held a big party for all his **friends and acquaintances**. 톰은 친구와 지인들에게 성대한 파티를 열어주었다.

acquire /əkwáiər/ 동 취득하다, 습득하다

easily	acquire	쉽게 습득하다
rapidly	acquire	빠르게 획득하다
recently	acquired	최근에 취득했다
newly	acquired	새로 취득했다

▷ Our office **recently acquired** two new computers. 우리 회사는 최근에 컴퓨터 두 대를 새로 들여놓았다.

act /ækt/ 명 행위, 행동

a criminal	act	범죄 행위
an unlawful	act	불법 행위
an illegal	act	
a wrongful	act	부당 행위
a conscious	act	의식적인 행동
a deliberate	act	의도적인 행동
a physical	act	신체적 행동
the sexual	act	성적인 행동
a balancing	act	균형을 잡는 일

▷ Do they realize they are committing an **illegal act**? 그들은 자신들이 불법 행위를 저지르고 있다는 것을 알고 있나요?
▷ That is not an accident but a **deliberate act** of violence. 그건 우발적 사고가 아니라 의도적인 폭력 행위입니다.
▷ I need to study hard at school and also do my part-time job. It's a tough **balancing act**! 나는 학교 공부도 열심히 해야 하고 아르바이트도 해야 해. 그런데 균형을 잡기가 힘들어!

in	the act of doing	…하고 있는 중에

▷ Ben was caught **in** the **act of** stealing a motorbike. 벤은 오토바이를 훔치다가 잡혔다.

act /ækt/ 동 행동하다

act	quickly	빠르게 행동하다
act	illegally	위법 행위를 하다
act	reasonably	분별 있게 행동하다
act	responsibly	책임 있게 행동하다
act	strangely	이상하게 행동하다
act	suspiciously	의심스럽게 행동하다
act	independently	독자적으로 행동하다
act	accordingly	그에 맞게 행동하다

▷ It is necessary for us to **act independently** of U.S. policies. 우리는 미국의 정책과 상관없이 독립적으로 행동해야 한다.
▷ You're a guest. So I expect you to **act accordingly**. 당신은 손님이니까 그에 맞게 행동하기를 바랍니다.

act	for A	A(사람)의 대리로 행동하다
act	on A's behalf	

▷ My wife can't be here today, so I'm **acting on** her **behalf**. 아내가 오늘 여기 올 수 없어서 제가 아내를 대리하겠습니다.

act	as if	…인 것처럼 행동하다

▷ She **acted as if** she were the host. 그녀는 자신이 여주인인 것처럼 행동했다.

action /ækʃən/ 명 행동, 행위, 활동; 소송

take	action	행동을 취하다
swing into	action	재빨리 행동하다
put A into	action	A를 실행에 옮기다
bring A into	action	

| bring | an action | 소송을 걸다 |

▷ It's no good just talking. We need to take action. 말만 하는 것은 소용없어. 실천을 해야지.
▷ I'm putting my plan into action. 나는 계획을 실행에 옮기고 있다.
▷ He brought an action *against* his former employers. 그는 전 고용주를 상대로 소송을 걸었다.

decisive	action	단호한 행동
immediate	action	재빠른 행동, 신속한 행동
urgent	action	
prompt	action	
concerted	action	협력 활동
political	action	정치적 활동
disciplinary	action	징계 처분
legal	action	소송, 재판
civil	action	민사 재판
criminal	action	형사 재판
class	action	집단 소송

▷ **Immediate action** is needed to rescue the survivors. 생존자를 구하려면 즉각적인 행동이 필요하다.
▷ This is the time for **prompt action**. 신속한 행동이 필요할 때다.
▷ I joined an antiwar demonstration. It was the first **political action** of my life. 나는 반전 시위에 참여했다. 내 인생 최초의 정치 활동이었다.
▷ The company has taken **disciplinary action** against the employee. 회사는 그 직원에게 징계 처분을 내렸다.
▷ They're really angry. I think they're going to take **legal action** against us. 그들은 정말 화가 났나 봅니다. 우리를 상대로 소송을 걸 것 같습니다.

| a course of | action | 행동 방침 |
| a man of | action | 행동가, 활동파 |

▷ What do you think the best **course of action** is? 최고의 행동 방침이 뭐라고 생각해?
▷ That's so unlike you! You're a **man of action**. 그건 정말 너답지 않은데! 너는 행동가잖아.

| in | action | 활동 중에, 교전 중에 |
| out of | action | 활동하지 않는, 기능하지 않는 |

▷ She wanted to come and see the project **in action**. 그녀는 진행중인 프로젝트를 보러 오고 싶어했다. ◆ **killed in action** 전사한 ▷ He was killed in action in the Second World War. 그는 2차 세계 대전에서 전사했다.
▷ He has been **out of action** since August with a knee injury. 그는 무릎 부상으로 8월부터 경기를 쉬고 있다.

(PHRASES)
Let's have some action. / Let's see some action.
☺ (우물거리고 있는 사람에게) 뭐라도 해보자.

active /ǽktiv/ 형 활동적인, 적극적인

| become | active | 활동적이 되다 |
| remain | active | 여전히 활발하다 |

▷ Tom **remained active** even after he retired. 톰은 퇴직한 뒤에도 여전히 활동적이었다.

physically	active	신체 활동이 많은
sexually	active	성적으로 왕성한
economically	active	경제 활동을 하는
extremely	active	대단히 활발한
increasingly	active	점점 더 활발해지는

▷ I'm not a very **physically active** person at all. 나는 신체 활동이 별로 많은 사람이 아니야.
▷ In 1972 only 57 percent of women were **economically active**. 1972년에는 여성의 57%만이 경제 활동을 했다.
▷ She's playing an **increasingly active** role in society. 그녀는 사회에서 점점 더 적극적인 역할을 하고 있다.

| active | in A | A에 적극적인 |

▷ I was very **active in** politics in my twenties. 나는 20대에 정치에 적극적으로 참여했다.

activity /æktívəti/ 명 활동, 활기, 활황

conduct	activities	활동을 하다
perform	activities	
be involved in	activities	활동에 참여하다
take part in	activities	
monitor	activity	활동을 감시하다

▷ It appears these guys were **involved in** criminal **activities**. 이 사람들은 범죄 행위에 가담한 것으로 보인다.
▷ We are constantly **monitoring activity** in criminal areas. 우리는 항상 우범 지역을 감시하고 있습니다.

criminal	activity	범죄(행위)
terrorist	activity	테러 활동
mental	activity	정신 활동
physical	activity	신체 활동
commercial	activity	상업 활동
economic	activity	경제 활동

| add |

political	activity	정치 활동
military	activity	군사 활동
seismic	activity	지진 활동
volcanic	activity	화산 활동

▷ He was involved in **criminal activity**. 그는 범죄 행위에 연루되었다.
▷ Recently **economic activity** has been increasing. 최근에 경제 활동이 증가하고 있다.
▷ The **volcanic activity** still continues. 화산 활동이 아직 계속되고 있다.

an area of	activity	활동 분야
a hive of	activity	활기가 넘치는 장소

▷ The office was a **hive of activity** as everybody rushed to meet the deadline. 모두가 기한을 맞추느라 바쁘게 일하고 있어서 사무실은 활기가 넘쳤다.

add /æd/ 图 추가하다

add	considerably	대폭 추가하다
add	hastily	급히 추가하다
add	quickly	

▷ If we stay in a five-star hotel, it will **add considerably** to the cost of our holiday! 우리가 5성 호텔에 묵는다면, 휴가 비용이 대폭 늘어날 것이다.
▷ "Of course, when I said 'stupid,' I didn't mean you!," he **added hastily**. "물론 내가 '어리석다'고 한 건 당신을 말한 게 아니었어요!" 그가 서둘러 덧붙였다.

add A	to B	A를 B에 추가하다

▷ Don't **add** any more wine **to** that soup! 그 수프에 와인을 더 넣지 마세요!

add	that...	덧붙여서 …라고 말하다

▷ I'd like to **add that** I totally disagree. 저는 절대로 반대한다는 말씀을 덧붙이고 싶습니다.

addition /ədíʃən/ 图 추가, 추가된 것; 덧셈

make	an addition	추가하다
include	an addition	추가분을 포함하다
build	an addition	증축하다
do	addition	더하다

▷ Ella wants to come on the trip to Hawaii, too, so we need to **make** an **addition** to the list. 엘라도 하와이 여행을 가고 싶어하니, 명단에 추가해야 해.
▷ I plan to **build** an **addition** to my house. 나는 우리 집을 증축할 계획이야.

the latest	addition	최신 추가분
a recent	addition	
a new	addition	새로 추가된 것, 신입(사원)
a welcome	addition	반가운 추가

▷ These are the **new additions** to the contract. 이것들이 계약에 새로 추가된 항목이다.
▷ India will be a **welcome addition** to ASEAN. 인도가 아세안에 가입하는 것은 반가운 일이다.

an addition	to A	A에 추가되는 것
in	addition	덧붙여서, 추가로

▷ China is an **addition to** the list. 중국이 목록에 추가되었다.
▷ If we're going to Hokkaido, **in addition**, we'll need some warm clothes. 추가로 말하자면, 우리가 홋카이도에 가려면 따뜻한 옷이 필요할 것이다.
◆ **in addition to A** A에 더하여 ▷ In addition to English, she also speaks French. 그녀는 영어뿐 아니라 프랑스어도 한다.

address /ədrés, ǽdres/ 图 주소; 연설

give	one's address	주소를 알려주다
give	an address	연설을 하다
deliver	an address	

▷ I can **give** you my home **address**. 저희 집 주소를 알려 줄 수도 있어요.
▷ Mr. Cosby stood up to **give** the opening **address**. 코스비 씨가 개회사를 하려고 일어섰다.

one's home	address	자택 주소
one's business	address	직장 주소
a return	address	발신인 주소, 반송 주소
one's email	address	이메일 주소
Web	address	웹 주소
an inaugural	address	취임사
a keynote	address	기조 연설
one's opening	address	개회사

▷ What did you feel about President Obama's **inaugural address**? 오바마 대통령의 취임 연설을 듣고 어떤 느낌을 받았나요?

no fixed	address	주거 부정

★ 신문 기사에 씀

▷ The name of the accused is Paul Robinson, 45, of **no fixed address**. 피고인의 이름은 폴 로빈슨(45세, 주거 부정)이다.

adequate /ǽdikwət/ 图 충분한, 적절한

perfectly	adequate	더없이 충분한

quite	adequate	
barely	adequate	충분하지 않은
hardly	adequate	
no longer	adequate	이제는 충분하지 않은
more than	adequate	충분하고도 남는

▷ That is a **perfectly adequate** answer to the question. 그것은 그 질문에 아주 충분한 대답이다.
▷ In Seoul 1 million won is **barely adequate** to live on in a month. 서울에서 백만 원은 한 달을 살기에 충분하지 않다.
▷ Parking space was **more than adequate** to meet the user's needs. 주차 공간은 이용자의 요구에 부응하고도 남는다.

be considered	adequate	충분하다고 여겨지다

▷ In the West, a 10% tip is **considered adequate**. 서양에서 10퍼센트의 팁은 충분하다고 여겨진다.

adequate	for A	A에게 적절한

▷ The instant camera I bought was **adequate for** most purposes. 내가 산 즉석 카메라는 대개의 목적에 적절했다.

adequate	to do	…하는 데 충분한

▷ The data wasn't **adequate to** draw conclusions. 그 자료는 결론을 도출하기에 충분하지 않았다.

adjust /ədʒʌ́st/ 통 조정하다; 적용하다

automatically	adjust	자동으로 조절되다
carefully	adjust	신중하게 조절하다
easily	adjust	쉽게 적응하다
quickly	adjust	빠르게 적응하다

▷ Temperatures **automatically adjust** to comfort conditions. 온도는 쾌적한 상태로 자동 조절됩니다.
▷ Allison **easily adjusted** to the new environment. 앨리슨은 새로운 환경에 쉽게 적응했다.

adjust	to A	A에 적응하다
adjust	A to B	A를 B에 맞춰서 소정하나
adjust	A for B	

▷ My eyes quickly **adjusted to** the darkness. 내 눈은 금세 어둠에 적응했다.
▷ I **adjusted** the radio **to** the correct station. 나는 라디오를 올바른 방송국에 맞추었다.
▷ The interest rate should be **adjusted for** inflation. 금리는 인플레이션에 맞추어서 조정되어야 한다.

admission /ədmíʃən/

명 입학, 입장, 입원; 인정

apply for	admission	입학 원서를 제출하다
gain	admission	입학 허락을 받다
refuse	admission	입학을 허가하지 않다
make	an admission	인정하다

▷ She **applied for admission** to the University of Toronto. 그녀는 토론토 대학에 입학 원서를 제출했다.
▷ I hope to **gain admission** to a foreign university. 나는 외국 대학에 입학하고 싶다.
▷ He **made** an **admission** of guilt. 그는 죄를 인정했다.

emergency	admission	응급입원
hospital	admission	입원

▷ **Hospital admissions** have increased by thirty percent. 입원 환자 수가 30퍼센트 늘었다.

admission	to A	A에 입원, A에 입학, A의 입장료

▷ She died three days after her **admission to** hospital. 그녀는 입원 후 사흘 뒤에 죽었다.

admit /ædmít/ 통 인정하다

freely	admit	숨김없이 인정하다
openly	admit	솔직하게 인정하다
readily	admit	기꺼이 인정하다
finally	admit	결국 인정하다

▷ I **freely admit** that may be true. 나는 그게 사실일지도 모른다는 것을 솔직하게 인정한다.
▷ He **finally admitted** he'd made a mistake. 그는 자신이 실수했다는 것을 결국 인정했다.

admit	(that)...	…라고 인정하다
admit	doing	…했음을 인정하다

▷ They never **admitted** stealing the money. 그들은 돈을 훔친 것을 절대 인정하지 않았다.

admit	A to B	A(사람)를 B에 입원시키다, 입장시키다

▷ He was **admitted to** hospital with heart problems. 그는 심장병으로 입원했다.

not admit	or deny	인정도 부정도 하지 않다

▷ The bank did**n't admit or deny** fault. 은행은 과실을 인정도 부정도 하지 않았다.

have to	admit	인정할 수밖에 없다
must	admit	

▷ I **must admit** that I regret not going to university. 나는 대학에 가지 않은 것을 후회한다고 인정하지 않을 수 없다.

adopt /ədápt/ 图 채택하다

formally	adopt	정식으로 채택하다
unanimously	adopt	만장일치로 채택하다
recently	adopted	최근에 채택했다

▷ Our company **formally adopted** a new accounting system last month. 우리 회사는 지난달 새로운 회계 시스템을 정식으로 채택했다.
▷ The motion was **unanimously adopted**. 그 발의는 만장일치로 채택되었다.

advance /ædvǽns/

图 전진, 발전, 진보; 선불

| make | an advance | 전진하다, 발전하다 |

▷ India has **made** great **advances** in recent years. 인도는 최근에 크게 발전했다.

a great	advance	큰 발전
a major	advance	
a significant	advance	상당한 발전
a rapid	advance	급속한 발전
recent	advances	최근의 발전
medical	advances	의학 발전
scientific	advances	과학 발전
technical	advances	기술 발전
technological	advances	과학기술의 발전

▷ **Major advances** in technology began in the 1970s. 1970년대에 과학기술 분야에서 큰 발전이 시작되었다.
▷ Can you keep up with the speed of **technological advances**? 당신은 과학기술의 발전 속도를 따라잡을 수 있겠습니까?

advance	in A	A의 발전
advance	on A	A의 선불
in	advance	미리, 사전에

▷ **Advances in** medicine are increasing life expectancy. 의학 발전은 기대 수명을 늘리고 있다.
▷ Can I get an **advance on** my pay? 급료를 미리 받을 수 있을까요?
▷ I'll let you know **in advance**. 미리 알려줄게.

advance /ædvǽns/

图 전진하다, 전진시키다, 발전하다, 발전시키다

advance	rapidly	급속히 발전하다
advance	cautiously	신중하게 전진하다
advance	slowly	천천히 나아가다

▷ Korean car sales have **advanced rapidly** in the U.S. 미국 내 한국산 자동차 판매가 급속히 증가했다.

advance	on A	A에 진격하다
advance	into A	A에 침입하다
advance	toward A	A를 향해 나아가다

▷ The Russians **advanced into** Poland in 1944. 러시아는 1944년에 폴란드를 침공했다.
▷ She slowly **advanced toward** me. 그녀가 나를 향해 천천히 다가왔다.

advanced /ædvǽnst/

图 발전한, 진보한; 상급의

highly	advanced	고도로 발전한
technically	advanced	기술적으로 발전한
technologically	advanced	과학기술이 발전한

▷ She's able to use **highly advanced** technology. 그녀는 첨단 과학기술을 활용할 수 있다.
▷ My son is much more **technologically advanced** than I am. 내 아들은 나보다 과학기술에 훨씬 능하다.

advantage /ædvǽntidʒ/

图 우위, 이점, 유리함

have	the advantage	이점이 있다
enjoy	an advantage	우위에 있다
gain	an advantage	우위를 얻다
give	an advantage	우위를 주다
offer	an advantage	우위를 발생시키다

▷ My house **has** the **advantage** of being close to everywhere I want to go. 우리 집은 내가 가고 싶은 곳에 모두 가깝다는 이점이 있다.
▷ We **gained** a technological **advantage** over our rivals. 우리는 경쟁자들보다 기술적으로 우위에 있다.

a distinct	advantage	명백한 이점
a significant	advantage	커다란 이점
an unfair	advantage	부당한 우위
a comparative	advantage	비교 우위
a competitive	advantage	경쟁 우위
a political	advantage	정치적 우위

▷ Sportsmen who take drugs have an **unfair advantage**. 약물을 사용하는 운동 선수는 부당한 우위를 차지하는 것이다.

| advantage and disadvantage | 장점과 단점 |

▷ Getting married has both **advantages and disadvantages**. 결혼에는 장점과 단점이 모두 있다.

PHRASES

take advantage of A ☺ A(사람)의 허점을 이용하다, A(기회 등)를 이용하다(★ advantage는 full, maximum, complete과 함께 쓰이는 경우가 많다.)

▷ Tiger Woods took full **advantage of** the fact that his rivals were nervous. 타이거 우즈는 상대 선수들이 긴장하고 있다는 것을 최대한 이용했다.

advertisement /ǽdvərtáizmənt/

명 광고, 선전

place	an advertisement	광고를 내다
put	an advertisement	
run	an advertisement	광고를 게재하다
publish	an advertisement	
see	an advertisement	광고를 보다

▷ He **placed an advertisement** in the local newspaper asking for volunteers. 그는 지역 신문에 자원 봉사자를 찾는 광고를 냈다.

▷ For further details, **see advertisement**. 자세한 내용은 광고를 참조하세요.

an advertisement	appears	광고가 나오다
an advertisement	features A	광고가 A를 사용하다

▷ The **advertisement appeared** on the website last month. 그 광고는 지난 달 웹사이트에 나왔다.

▷ **Advertisements featuring** the movie star will run in national newspapers. 그 영화배우가 나오는 광고는 전국신문에 게재될 것이다.

an advertisement		for A	A의 광고

▷ There are many **advertisements for** part-time jobs in the local newspaper. 지방 신문에 시간제 일자리 구인 광고가 많다.

a full-page	advertisement	전면 광고
a newspaper	advertisement	신문 광고
a television	advertisement	TV 광고
a web	advertisement	웹 광고
a job	advertisement	구인 광고

advice /ædváis/ 명 충고, 조언

give	advice	조언을 해주다
offer	advice	
get	advice	조언을 얻다
obtain	advice	
receive	advice	조언을 받다
seek	advice	조언을 구하다
ask for	advice	
take	advice	조언을 받아들이다
accept	advice	
follow	advice	조언에 따르다
act on	advice	
disregard	advice	조언을 무시하다
ignore	advice	
reject	advice	조언을 거절하다

▷ Could you **give** me some **advice**? 제게 조언 좀 해주시겠어요?

▷ May I **offer** you a piece of **advice**? 제가 조언 한 마디 드려도 될까요?

▷ You can **obtain advice** for any problems. 어떤 문제에 대해서도 조언을 받을 수 있다.

▷ I'm going to **seek advice** from my lawyer. 내 변호사에게 조언을 구할 생각이다.

▷ **Take** my **advice**, go and see a doctor. 내 충고를 듣고, 병원에 가봐.

▷ If you **follow** my **advice**, you might get the job. 내 조언을 따르면 그 일을 하게 될지도 몰라.

practical	advice	현실적인 조언
general	advice	일반적인 조언
impartial	advice	공평한 조언
expert	advice	전문적 조언
professional	advice	
financial	advice	재정적 조언
legal	advice	법률적 조언
medical	advice	의학적 조언

▷ Where can I get **professional advice** on this? 이 일에 대해서는 어디서 전문적 조언을 받을 수 있을까요?

advice	about A	A에 대한 조언
advice	on A	

▷ Could you give me some **advice on** how to improve my English? 어떻게 하면 영어실력을 향상시킬 수 있을지 조언 좀 해주시겠어요?

on	A's advice	A의 조언에 따라
against	A's advice	A의 조언을 듣지 않고

▷ He continued smoking **against** the **advice** of his doctor. 그는 의사의 조언을 듣지 않고 계속 담배를 피웠다.

a piece of	advice	조언 한 마디
a word of	advice	

▷ Let me give you a **piece of advice**. 너에게 조언 한 마디 해줄게.

advise /ədváiz/ 图 충고하다, 조언하다

strongly	advise	강력하게 권하다
be well	advised to do	…하는 것이 좋다
be ill	advised to do	…하는 것은 좋지 않다

▷ I **strongly advise** against visiting that place. 그곳에는 절대 가지 말라고 충고하고 싶다.
▷ You would be **well advised to** start job-hunting immediately. 즉시 구직 활동을 시작하는 것이 좋겠다.

advise	A to do	A(사람)에게 …하라고 조언하다
advise	A that...	

▷ I **advised** her **to** speak to her boss. 나는 그녀에게 상사와 이야기해 보라고 조언했다.
▷ I **advised** him **that** he should take it easy. 나는 그에게 여유를 가지라고 조언했다.

affair /əfέər/

图 사건; 정사(情事); (-s) 업무, 사정, 정세

handle	the affair	사건을 처리하다
investigate	the affair	사건을 조사하다
have	an affair	바람을 피우다
conduct	one's affairs	업무를 수행하다
manage	one's affairs	업무를 처리하다
run	one's affairs	

▷ His resignation is all very unfortunate. I really don't know how to **handle the affair**. 그의 사임은 몹시 안타깝다. 나는 어떻게 이 일을 처리해야 할지 모르겠다.
▷ Are you going to **have** an **affair** *with* Robert? 너 로버트하고 바람 피우려는 거니?
▷ Now we're free to **run** our own **affairs**. 이제 우리는 자유롭게 우리 업무를 처리할 수 있다.

a love	affair	정사, 불륜
current	affairs	시사 문제
public	affairs	공무
domestic	affairs	국내 문제
internal	affairs	
foreign	affairs	외교 문제
international	affairs	국제 문제

▷ The discussion was about **domestic affairs** rather than **international affairs**. 그 토론은 국제 문제보다 국내 문제에 대한 것이었다.

a state	of affairs	사태, 상황

▷ This is a terrible **state of affairs**! 이건 끔찍한 상황이다!

affect /əfékt/

图 영향을 끼치다, 마음을 움직이다

significantly	affect	중대한 영향을 끼치다
directly	affect	직접적인 영향을 끼치다
adversely	affect	나쁜 영향을 끼치다
badly	affect	
seriously	affect	심각한 영향을 끼치다
affect	deeply	마음에 깊은 영향을 미치다

▷ Violence in video games **adversely affects** young people. 비디오 게임에 나오는 폭력은 젊은이들에게 나쁜 영향을 끼친다.
▷ The village was **badly affected** by floods. 마을은 홍수로 큰 피해를 입었다.
▷ Drugs can **seriously affect** your health. 마약은 건강을 심각하게 해칠 수 있다.

afraid /əfréid/ 图 두려운, 무서운; 걱정하는

terribly	afraid	크게 걱정되어서

▷ I was **terribly afraid** of losing her. 나는 그녀를 잃는 것이 너무도 두려웠다.

afraid	of A	A가 두려운
afraid	of doing	…하는 것이 두려운
afraid	to do	

▷ I can't look down! I'm **afraid of** heights. 아래를 못 보겠어! 고소공포증이 있단 말야.
▷ Aren't you **afraid of** dying? 죽는 것이 두렵지 않나요?
▷ I'm **afraid to** take risks. 나는 위험을 무릅쓰기가 두려워.

afraid	that...	…할까 봐 걱정하는

▷ She was **afraid that** something was going to happen to Charles. 그녀는 찰스에게 무슨 일이 일어날까 봐 걱정했다.

PHRASES

Don't be afraid to do ☺ 두려워하지 말고 …하라
▷ Don't be afraid to ask questions. 두려워 말고 질문하세요.

I'm afraid (that)... ☺ (좋지 않은 일에 대해서) …라고 생각한다, 유감이지만 …하다 ▷ I'm afraid I have some bad news (for you). 나쁜 소식이 있어. I'm afraid I'm very busy. 미안하지만 지금 매우 바쁩니다.

◆ **I'm afraid so.** 안타깝지만 그렇습니다. ▷ "Do you really have to go now?" "I'm afraid so." "정말 지금 가야 돼요?" "아쉽지만 그렇습니다."

◆ **I'm afraid not.** 안타깝지만 그렇지 않습니다. ▷ "So you can't help me?" "I'm afraid not." "그럼 저를 도와줄 수 없나요?" "안타깝지만 그렇습니다."

♦ **I'm afraid to say (that)...** 안타깝지만 …입니다.
▷ I'm afraid to say I'll have to cancel our appointment. 죄송하지만 약속을 취소해야겠습니다.

age /eidʒ/ 몡 연령, 나이; 오랜 시간, 시대

reach	the age of A	A의 연령에 이르다
act	one's age	나이에 맞게 처신하다
look	one's age	나이에 맞게 보이다
feel	one's age	나이를 느끼다
raise	the age of A	A의 나이를 올리다
lower	the age of A	A의 나이를 내리다

▷ I've **reached** the **age** of fifty. 나는 50살이 되었다.
▷ Can't you **act** your **age**? 네 나이에 맞게 행동할 수 없겠니?
▷ **Raising** the **age** of retirement won't solve the problems. 은퇴 연령을 늦춰도 문제가 해결되지 않을 것이다.

a young	age	젊은 나이, 어린 나이
an early	age	
middle	age	중년
old	age	노년
a ripe (old)	age	고령, 노령
working	age	생산 연령
an average	age	평균 연령
a golden	age	황금 시대
the Ice	Age	빙하기
the Stone	Age	석기 시대

▷ I got married at the very **young age** of 20. 나는 20살이라는 어린 나이에 결혼했다.
▷ He showed his talent for music at an **early age**. 그는 어린 나이에 음악에 재능을 보였다.
▷ George Martin died of **old age**. 조지 마틴은 노령으로 죽었다.
▷ He died at the **ripe old age** of 90. 그는 90세라는 고령에 죽었다.
▷ At the **ripe old age** of 22, I thought I knew everything. 22살이라는 원숙한 나이에 이르자, 나는 내가 모든 것을 안다고 생각했다.(★ 젊은 나이에도 유머로 쓴다.)
▷ The **average age** of the group is 45. 그 집단의 평균 연령은 45세이다.
▷ The first **golden age** was in the '30s and '40s. 최초의 황금 시대는 30년대와 40년대였다.

at	the age of A	A의 나이에
over	the age of A	A의 나이를 넘어서
under	the age of A	A의 나이 미만의

▷ He left home **at** the **age of** eighteen. 나는 18살에 집을 떠났다.
▷ Travel is free to all people **over** the **age of** 65. 65세 이상은 모두 교통비가 무료이다.
▷ Children **under** the **age of** eight must be accompanied by an adult. 8세 미만의 어린이는 어른이 동반해야 한다.

for	ages	오랜 기간 동안
for	one's age	나이에 비해
with	age	나이에 따라
of	all ages	모든 나이의, 모든 시대의

▷ I haven't seen you **for ages**. 오랜만입니다.
▷ She looks young **for her age**. 그녀는 나이에 비해 젊어 보인다.
▷ Wisdom comes **with age**. 나이가 들면 지혜가 많아진다.
▷ Love songs are popular with people **of all ages**. 사랑 노래는 모든 연령에게 인기가 있다.

aggressive /əgrésiv/
톙 공격적인, 적극적인

become	aggressive	공격적이 되다
get	aggressive	
look	aggressive	공격적으로 보이다

▷ When my dog meets another dog, she immediately **becomes aggressive**. 우리 개는 다른 개를 만나면 즉시 공격적으로 변한다.

extremely	aggressive	극단적으로 공격적인
highly	aggressive	매우 공격적인
particularly	aggressive	특히 공격적인
increasingly	aggressive	점점 더 공격적인

▷ My grandson's behavior has become **increasingly aggressive**. 내 손자는 행동이 점점 공격적으로 변했다.

aggressive toward A	A에 대해서 공격적인

▷ Why is she so **aggressive toward** David? 그녀는 왜 데이비드에게 그렇게 공격적인 거지?

agree /əgríː/ 툉 동의하다, 찬성하다

totally	agree	전적으로 찬성하다
completely	agree	
entirely	agree	
wholeheartedly	agree	진심으로 찬성하다
finally	agree	마침내 찬성하다
reluctantly	agree	마지못해 찬성하다

| agreement |

| be generally | agreed | 전반적으로 동의를 얻다 |

★ entirely, completely, reluctantly, wholeheartedly 는 동사 뒤에도 쓸 수 있다.

▷ I **totally agree** with you. 나는 너에게 전적으로 찬성해.

▷ I **agree wholeheartedly** with the ideas you expressed in your report. 나는 네가 보고서에 표명한 생각에 전적으로 찬성해.

▷ Troy **agreed reluctantly** to attend the party. 트로이는 마지못해 파티에 참석하기로 했다.

▷ It's **generally agreed** that global warming is a major problem. 지구 온난화가 중대한 문제라는 데는 전반적으로 의견이 일치한다.

agree	with A	A에 찬성하다
agree	on A	A에 대해서 합의하다
agree	about A	
agree	to A	A에 동의하다

▷ I **agree with** you about the danger of smoking. 나는 흡연의 위험에 대해서 너와 의견이 같아.

▷ OK! OK! I'll **agree to** anything. Just leave me alone! 알았어, 알았어! 뭐든 다 찬성할게. 그러니까 나 좀 내버려둬.

| agree | that... | …라는 것에 찬성하다 |
| agree | to do | …하는 것에 찬성하다 |

▷ It was **agreed that** we should advertise for more staff. 직원을 더 구하는 광고를 내야 한다는 데 의견이 일치되었다.

▷ They **agreed to** give me a chance. 그들은 내게 기회를 주는 데 동의했다.

[PHRASES]

Don't you agree? ☺ 그렇게 생각하지 않아? ▷ Life is full of mysteries, don't you agree? 인생은 불가사의로 가득한 것 같잖아?

I couldn't agree more. ☺ 나도 전적으로 같은 생각이야.

agreement /əgríːmənt/

명 협정, 계약; 의견 일치, 동의

enter into	an agreement	계약을 체결하다
conclude	an agreement	계약을 맺다
reach	an agreement	
sign	an agreement	계약서에 서명하다
have	an agreement	계약되어 있다
violate	an agreement	계약을 어기다
reach	an agreement	합의에 이르다
come to	(an) agreement	

▷ We're delighted to have **reached an agreement** with management. 경영진과 합의에 이르게 되어 기쁩니다.

▷ We **had an agreement** to pay £500 a month to him. 우리는 그에게 매달 500파운드를 지급하기로 계약되어 있었다.

▷ We have **signed an agreement** with that company. 우리는 그 회사와 계약서에 서명했다.

| a peace | agreement | 평화 협정 |
| a trade | agreement | 무역 협정 |

▷ Finally the two countries signed a **peace agreement**. 마침내 양국은 평화 협정에 서명했다.

| in | agreement | 동의하여 |
| under | an agreement | 협정에 따라서 |

▷ Emily nodded **in agreement**. 에밀리는 동의의 표시로 고개를 끄덕였다.

▷ **Under an agreement** signed in 1950, the United States had been supplying economic aid to Laos. 1950년에 서명한 협정에 따라, 미국은 라오스에 경제 원조를 하고 있었다.

aid /eid/ 명 원조, 지원; 보조물

provide	aid	원조하다
give	aid	
receive	aid	원조를 받다
get	aid	
seek	the aid of A	A(사람)의 도움을 구하다
enlist	the aid of A	
go to	A's aid	A(사람)를 도와주러 가다
come to	A's aid	

▷ We **provided aid** to the tsunami victims. 우리는 쓰나미 피해자들에게 원조를 제공했다.

▷ 3% of people **received aid** from the government. 3%의 사람들이 정부의 원조를 받았다.

emergency	aid	긴급 지원
humanitarian	aid	인도적 지원
economic	aid	경제적 지원
financial	aid	재정적 지원
medical	aid	의료 지원
military	aid	군사 원조
foreign	aid	해외 원조
overseas	aid	
international	aid	국제적 원조
teaching	aids	교재, 교수 자료

▷ The U.S. provides **foreign aid** to India. 미국은 인도에 해외 원조를 하고 있다.

in	aid of A	A를 지원하기 위해서
with	the aid of A	A의 도움을 받아서
without	the aid of A	A의 도움 없이

▷ On Sunday we'll have a charity concert **in aid of** the victims. 일요일에 우리는 피해자들을 돕기 위해 자선 콘서트를 열 것이다.

▷ He slowly stood up **with** the **aid of** his cane. 그는 지팡이를 짚고 천천히 일어섰다.

aim /eim/ 명 목적, 목표; 겨냥

achieve	one's aim	목표를 달성하다
fulfill	one's aim	
pursue	one's aim	목표를 추구하다
take	aim	겨냥하다

▷ We hope to **achieve** our **aim** by 2018. 우리가 2018년까지는 목표를 달성했으면 좋겠다.

▷ He **took aim** *at* the target and fired. 그는 표적을 겨냥하고 발사했다.

the main	aim	주요 목표
the principal	aim	
the primary	aim	일차적 목표
the ultimate	aim	궁극적 목표
a long-term	aim	장기적 목표
a short-term	aim	단기적 목표

▷ The **main aim** of this event is to get to know each other. 이 행사의 가장 큰 목적은 서로를 알게 되는 것이다.

▷ As a **long-term aim**, the government will seek to raise the employment rate to 80%. 정부는 장기적 목표로 취업률을 80%까지 올리고자 할 것이다.

| with | the aim of doing | ⋯하려는 목적으로 |

▷ I stayed in Australia for two years **with** the **aim of** study**ing** business English. 나는 비즈니스 영어를 공부하기 위해 오스트레일리아에서 2년 동안 지냈다.

aim /eim/ 통 목표로 하다, 노리다; 겨냥하다

| aim | to do | ⋯하려고 하다 |

▷ That's what I **aim to** do. 그게 내 목표다.

| aim | at A | A를 노리다 |
| aim | for A | A를 노리다, A를 겨냥하다 |

▷ We're **aiming for** a big improvement in sales this year. 우리는 올해 매출의 대폭 증가를 노리고 있다.

(PHRASES)

be aimed at A A를 대상으로 하다

be aimed primarily at A	주로 A를 대상으로 하다
be aimed mainly at A	
be aimed specifically at A	특히 A를 대상으로 하다

★ 이 부사들은 각각 동사 앞에도 쓰인다.

▷ Our sales campaign was **aimed primarily at** young teenagers. 우리의 판촉활동은 주로 10대 청소년들을 대상으로 했다.

air /ɛər/ 명 공기, 대기; 공중, 하늘

breathe in	the air	공기를 호흡하다
fill	the air	주변을 채우다
hang in	the air	공중에 떠 있다

▷ The smell of strawberry **filled** the **air**. 딸기 향기가 주위에 가득했다.

clean	air	깨끗한 공기
fresh	air	신선한 공기
damp	air	눅눅한 공기
thin	air	희박한 공기

▷ Let's go out and get some **fresh air**. 나가서 신선한 공기를 쐬자.

by	air	비행기로, 항공편으로
in	the air	공중에
into	the air	
on	(the) air	방송중인
off	(the) air	방송 중이 아닌

▷ How long do you think it would take **by air** to Sydney? 비행기를 타면 시드니까지 얼마나 걸릴까?

▷ He threw it high **in** the **air**. 그는 그것을 하늘 높이 던졌다.

▷ The CTV Network goes **on air** in September. CTV 네트워크는 9월에 방송을 시작한다.

alarm /əlɑ́ːrm/ 명 경고, 경보; 자명종; 불안

cause	alarm	불안감을 일으키다
raise	the alarm	위급함을 알리다
sound	the alarm	
set off	an alarm	경보를 울리다
trigger	an alarm	
set	the alarm	자명종을 맞추다

▷ There's a fire! Quick! **Raise** the **alarm**! 불 났어! 어서! 경고방송을 해!

▷ I **set off** the **alarm** as soon as I realized the situation. 상황을 파악하자마자 나는 경보를 울렸다.

▷ I set my **alarm** *for* seven o'clock. 나는 자명종을 7시에 맞춰 놓았다.

an alarm	goes of	알람이 울리다
an alarm	sounds	
an alarm	rings	

▷ My alarm didn't **go off**. 알람이 울리지 않았다.

a false	alarm	경보 오작동
a fire	alarm	화재 경보기
a smoke	alarm	연기 감지기
a burglar	alarm	도난 경보기

▷ It turned out to be a **false alarm**. 그것은 경보 오작동으로 밝혀졌다.

album /ǽlbəm/ 명 앨범

make	an album	앨범을 만들다
record	an album	앨범을 녹음하다
release	an album	앨범을 발매하다

▷ He recently **released** an **album** of his own songs. 그는 최근에 자작곡 노래들을 수록한 앨범을 발매했다.

an album	comes out	앨범이 발표되다

▷ The **album comes out** tomorrow. 그 앨범이 내일 나온다.

a debut	album	데뷔 앨범
a solo	album	솔로 앨범
the latest	album	최신 앨범
a photo	album	사진 앨범

▷ His **latest album** contains 22 tracks. 그의 최신 앨범에는 22곡이 들어 있다.

alert /ələ́ːrt/ 명 경계 태세; 경보, 경계 경보

issue	an alert	경계 경보를 발하다
put out	an alert	
trigger	an alert	경계 태세를 촉발하다

▷ The local government has **issued** a new **alert** about flu. 지방 정부가 새로 독감 경보를 발했다.

(a) red	alert	비상 사태 경보
(a) flood	alert	홍수 경보
a smog	alert	스모그 경보
a security	alert	경계 경보
a terror	alert	테러 경보

▷ The airport was on a **red alert**. 공항은 비상 경보 상태였다.
▷ Many parts of Britain were put on **flood alert**. 영국의 많은 지역에 홍수 경보가 내려졌다.

on	the alert	대기하여, 준비하여
on	(full) alert	(비상) 경계 태세를 취하여

▷ The police were **on full alert**. 경찰은 비상 경계 태세로 대기하고 있었다.

alive /əláiv/

형 살아 있는, 현존의; 생기 있는; 민감한

stay	alive	살아남다
keep A	alive	A(사람)를 살아 있게 하다
be buried	alive	생매장되다
come	alive	생기를 띠다

▷ Please doctor, **keep** him **alive** somehow. 의사 선생님, 어떻게든 그를 살려주세요.
▷ Your sister **comes alive** when she performs on stage, doesn't she? 네 언니는 무대에서 공연을 할 때면 생기를 띠는 것 같지 않니?

still	alive	아직 살아 있는
very much	alive	생기가 넘치는

▷ He looks **very much alive**. 그는 생기가 넘쳐 보인다.

alive and well	무사히 살아남은, 건재한
alive and kicking	활기있는, 팔팔한

▷ Thank goodness you're **alive and well**. 네가 무사히 살아 있으니 천만 다행이다.
▷ He wasn't dead. He was **alive and kicking**. 그는 죽지 않았어. 팔팔하게 살아 있었어.

alive	with A	A로 활기찬
alive	to A	A에 민감한

▷ Her eyes were **alive with** happiness. 그의 눈은 행복으로 빛났다.
▷ Employers should be **alive to** their responsibilities. 고용주들은 자신들의 책임에 민감해야 한다.

lucky	to be alive	살아남은 것이 행운인

▷ You're **lucky to be alive**. 네가 살아 있는 것은 행운이야.

(PHRASES)
Look alive! ☺ 정신 차려! 집중해!

allow /əláu/ 동 허락하다

allow	A to do	A(사람)에게 …하는 것을 허락하다

▷ You know my parents don't **allow** me **to** smoke. 우리 부모님은 내가 담배를 못 피우게 하시잖아.

allow	A in	A가 들어오는 것을 허락하다
allow	A out	A가 나가는 것을 허락하다

▷ She **allowed** him **in** the apartment. 그녀는 그를 아파트에 들였다.

alone /əlóun/ 형 일인의, 단독의, …만의

all	alone	완전히 혼자서, 완전히 단독으로
completely	alone	
quite	alone	

▷ I was left **all alone**. 나는 외톨이로 남았다.
▷ She was **completely alone** in the dark. 그녀는 어둠 속에 완전히 혼자 있었다.

leave A	alone	A를 내버려 두다
let A	alone	
stand	alone	고립되어 있다

▷ **Leave** me **alone**! 나 좀 내버려 둬!
▷ Remember. You don't **stand alone**. All your friends are supporting you. 잊지 마. 너는 혼자가 아니야. 친구들이 모두 너를 응원하고 있어.

alone	with A	A와 둘이서만

▷ Do you mind if I speak **alone with** Laura for a moment? 내가 잠깐 로라와 둘이서만 이야기해도 괜찮겠니?

alone	in the world	아무도 없이 혼자인

▷ She had lost everything. She was **alone in the world**. 그녀는 모든 것을 잃었다. 세상에 그녀 혼자뿐이었다.

PHRASES

You're not alone. ☺ 너 혼자만 있는 게 아니야. 너만 그런게 아니야. ▷ Still nervous? Don't worry. You're not alone. 여전히 불안해? 걱정 마. 너만 그런 게 아니야.

alter /ɔ́ːltər/ 동 바꾸다, 변경하다

radically	alter	근본적으로 바꾸다, 완전히 바꾸다
drastically	alter	
significantly	alter	

▷ The attacks of 9/11 **radically altered** the security situation. 9/11 사태는 안보 상황을 근본적으로 바꾸었다.
▷ Technology has **significantly altered** the way people communicate. 과학 기술은 사람들이 의사소통하는 방식을 혁신적으로 바꾸었다.

alternative /ɔːltə́ːrnətiv/

명 대안, 새로운 수단

provide	an alternative	대안을 제시하다
offer	an alternative	

▷ Rail travel could **offer** a cheaper **alternative** *to* air travel. 철도 여행은 항공기 여행에 대한 저렴한 대안이 될 수 있다.

a good	alternative	좋은 대안
an effective	alternative	효과적인 대안
a suitable	alternative	적절한 대안
a practical	alternative	현실적인 대안
a viable	alternative	실현 가능한 대안

▷ I'm looking for any other **viable alternative**. 나는 실현 가능한 다른 대안을 찾고 있어.

alternative	to A	A의 대안

▷ There's no **alternative to** closing down the business. 폐업하는 것밖에 다른 방법이 없다.

ambition /æmbíʃən/ 명 야심, 야망

have	(an) ambition	야심이 있다
achieve	one's ambition	야망을 실현하다
fulfill	one's ambition	
realize	one's ambition	

▷ I **have** big **ambitions** in my life. 나는 인생의 야망이 크다.
▷ I chose to move here to **fulfill** a lifetime **ambition**. 나는 일생의 야망을 실현하기 위해 여기로 이사하는 것을 선택했다.

(a) big	ambition	큰 야심
(a) great	ambition	
(a) burning	ambition	불타는 야망
(a) lifelong	ambition	평생의 야심
(a) personal	ambition	개인적인 야심
(a) political	ambition	정치적 야심

▷ Do you know what the **biggest ambition** of my life was? 내 인생 최대의 야망이 뭐였는지 아니?
▷ She had no **personal ambitions** or dreams. 그녀는 개인적 야망이나 꿈이 없었다.

ambition	to do	…하려는 야망

▷ Fred has a burning **ambition to** be a professional engineer. 프레드는 전문 엔지니어가 되겠다는 열렬한 야망을 갖고 있다.

ambulence /ǽmbjuləns/ 몡 구급차

call	an ambulance	구급차를 부르다
get	an ambulance	

▷ **Call** an **ambulance**! 구급차 불러!

by	ambulance	구급차로

▷ He was taken **by ambulance** to the nearest hospital. 그는 구급차로 가까운 병원으로 실려갔다.

amount /əmáunt/ 몡 양(量)

increase	the amount	양을 늘리다
reduce	the amount	양을 줄이다

▷ You need to **reduce** the **amount** of fast food that you eat. 너는 지금 먹고 있는 패스트푸드 양을 줄여야 해.

a considerable	amount	상당한 양
a substantial	amount	
an enormous	amount	대량
a huge	amount	
a large	amount	
a small	amount	소량
an equal	amount	같은 양
a reasonable	amount	적당한 양
a generous	amount	넉넉한 양
the full	amount	총량, 총액
the total	amount	
a maximum	amount	최대한의 양
a minimum	amount	최소한의 양
a certain	amount	어느 정도의 양

★ amount of 뒤에는 money처럼 셀 수 없는 명사가 온다. 셀 수 있는 명사는 a large number of students의 경우처럼 number를 쓴다.

▷ I've spent a **considerable amount** of time thinking about it. 나는 상당한 시간 동안 그것에 대해 생각했다.

▷ We've managed to save a **reasonable amount** of money. 우리는 적당한 금액의 돈을 절약할 수 있었다.

▷ This stew tastes better if you sprinkle in a **generous amount** of salt. 이 스튜는 소금을 넉넉히 넣으면 더 맛이 좋다.

▷ We still don't know the **total amount** of money that has been stolen. 우리는 아직도 도난 당한 돈의 총액을 모른다.

▷ If he'd made a **minimum amount** of effort, he would have passed the exam. 그가 최소한의 노력이라도 했다면, 시험에 합격했을 것이다.

▷ He has a **certain amount** of talent. 그는 어느 정도의 재능이 있다.

analysis /ənǽləsis/ 몡 분석

make	an analysis	분석하다
perform	an analysis	
carry out	an analysis	

▷ It's always better to **make** an **analysis** of past projects. 언제나 과거의 프로젝트들을 분석해보는 것이 좋다.

(a) careful	analysis	신중한 분석
(a) detailed	analysis	상세한 분석
(a) systematic	analysis	체계적인 분석
(a) comparative	analysis	비교 분석
(a) quantitative	analysis	정량 분석
(a) qualitative	analysis	정성(定性) 분석
(a) statistical	analysis	통계적 분석
(a) theoretical	analysis	이론적 분석
(a) historical	analysis	역사적 분석
(a) data	analysis	데이터 분석
(a) chemical	analysis	화학적 분석

▷ I have a **detailed analysis** of all the possibilities. 나는 모든 가능성에 대한 상세한 분석 결과를 갖고 있다.

▷ These surprising results were obtained from a **statistical analysis** of the data. 이 놀라운 결과는 데이터를 통계 분석하여 얻은 것이다.

▷ We need a more thorough **data analysis** than this. 우리는 이것보다 더 철저한 데이터 분석이 필요하다.

angry /ǽŋgri/ 몡 화난, 성난, 분노한

get	angry	화나다
become	angry	
feel	angry	분노를 느끼다
look	angry	화가 난 것 같다
sound	angry	
make A	angry	A(사람)를 화나게 하다

▷ There's no point in **getting angry**. 성내 봐야 소용없다.

▷ Don't **make** him **angry**. He has a terrible temper! 그를 화나게 하지 마. 성질이 고약해!

really	angry	몹시 화난
extremely	angry	
furiously	angry	격분한

▷ Mac was **extremely angry** with Jake. 맥은 제이크에게 무척 화가 났다.
▷ He was **furiously angry** and even violent. 그는 격분해서 난폭해지기까지 했다.

angry	about A	A에 대해 화가 난
angry	at A	
angry	with A	A(사람)에게 화가 난

▷ I'm sorry you feel so **angry about** what I did. 내가 한 일이 너를 그렇게 화나게 했다면 미안해.
▷ I thought you were really **angry at** Kate. 나는 네가 케이트에게 정말 화가 난 줄 알았어.
▷ Simon, please don't get **angry with** me. 시몬, 제발 나에게 화내지 마.

ankle /ǽŋkl/ 명 발목

break	an ankle	발목이 부러지다
injure	an ankle	발목을 다치다
sprain	an ankle	발목을 삐다
twist	an ankle	

▷ I **broke** my **ankle** and couldn't walk for a week. 나는 발목이 부러져서 일주일 동안 걷지 못했다.
▷ I fell and **sprained** my **ankle**. 나는 넘어지면서 발목을 삐었다.

anniversary /æ̀nəvə́ːrsəri/ 명 기념일

mark	the anniversary	기념일을 축하하다
celebrate	the anniversary	

▷ Next year **marks** the 50th **anniversary** *of* our company. 내년은 우리 회사 창립 50주년이다.

A's **wedding anniversary**	A의 결혼 기념일
A's **golden anniversary**	A의 결혼 50주년 기념일

▷ It's Tom and Sarah's **wedding anniversary** tomorrow. 내일은 톰과 새라의 결혼 기념일이다.

announce /ənáuns/ 동 발표하다, 알리다

recently	announced	최근에 발표했다

▷ Ford **recently announced** it will close four factories. 포드 사는 최근에 네 개의 공장을 폐쇄하겠다고 발표했다.

announce	that...	…라고 발표하다

▷ I'd like to **announce that** Phillip and I have become engaged. 필립과 제가 약혼했다는 것을 알리고 싶습니다.

announcement /ənáunsmənt/ 명 발표

make	an announcement	발표하다

▷ Ladies and gentlemen, I would like to **make an announcement** to all of you. 여러분, 모두에게 알려드릴 것이 있습니다.

an official	announcement	공식 발표
a public	announcement	공표, 공고

▷ The **official announcement** will be made tomorrow morning. 공식 발표는 내일 아침에 있을 예정입니다.

announcement	about A	A에 대한 발표
announcement	by A	A에 의한 발표
announcement	from A	A로부터의 발표

▷ No **announcement about** an investigation has been made. 조사에 관해서 아무런 발표도 없었다.

an announcement	that...	…라는 발표

▷ There was a sudden **announcement that** the next train was delayed by 20 minutes due to the snow. 갑자기 다음 열차가 눈 때문에 20분 지연된다는 발표가 났다.

answer /ǽnsər/ 명 답, 대답

get	an answer	답을 듣다
receive	an answer	
wait for	an answer	답을 기다리다
give	an answer	답을 하다, 답을 주다
provide	an answer	
have	an answer	답이 있다
know	the answer	답을 알다
find	an answer	답을 발견하다

▷ I'll call you back when I **get an answer** from her. 그녀한테서 대답을 들으면 너한테 다시 전화할게.
▷ Come on, **give** me a straight **answer**. 이봐, 솔직히 대답해 줘.
▷ I cannot **provide** an **answer** to explain how it happened. 그 일이 어떻게 일어났는지 설명해줄 수 있는 대답은 없다.
▷ I don't need to ask her. I already **know** the **answer**. 그녀에게 물어볼 필요 없어. 이미 답을 알고 있으니까.

a short	answer	짧은 대답
a straight	answer	솔직한 대답
a clear	answer	명쾌한 대답, 명확한 대답

| answer |

an obvious	answer	
a simple	answer	간결한 대답
the perfect	answer	완벽한 대답
the right	answer	정답
a correct	answer	

▷ My **obvious answer** is "No." 나의 명확한 대답은 "아니오"이다.
▷ Does anyone know the **right answer**? 정답을 알고 있는 사람 있나요?

the answer	to A	A에 대한 답

▷ I want to know the **answer to** the question. 그 문제의 답을 알고 싶어.

answer /ǽnsər/ 图 답하다, 대답하다

answer	correctly	정확히 답하다
answer	immediately	곧바로 답하다
answer	quickly	
answer	simply	간단하게 답하다
answer	truthfully	정직하게 답하다
answer	honestly	

★ correctly, immediately, quickly, simply, truthfully, honestly는 동사의 앞에도 쓴다.

▷ She wouldn't give any reasons why. She **simply answered** "No." 그녀는 이유를 말하지 않고, 그저 "아뇨."라고만 대답했다.

answer	that...	…라고 대답하다

▷ He quickly **answered that** everything was going great. 그는 모든 일이 순조롭다고 곧바로 대답했다.

anxious /ǽŋkʃəs/

图 걱정되는, 불안한; 몹시 원하는

become	anxious	불안해지다
get	anxious	
feel	anxious	걱정하다
look	anxious	불안해 보이다

▷ I **feel** really **anxious** about going to the dentist. 치과에 가는 일이 정말로 걱정돼.

desperately	anxious	간절히 바라는
particularly	anxious	특히 바라는

▷ He was **particularly anxious** to meet you. 그는 너를 무척 만나고 싶어했어.

anxious	about A	A에 대해서 걱정하는
anxious	for A	A를 열망하는

▷ I'm a little **anxious about** the coming meeting. 이번 회의가 약간 걱정된다.
▷ He was **anxious for** her answer. 그는 그녀의 대답을 애타게 기다렸다.

anxious	to do	…하기를 열망하는
anxious	that...	…이기를 간절히 바라는

▷ John's **anxious that** everything should be perfect. 존은 모든 일이 완벽하기를 간절히 바라고 있다.

apartment /əpá:rtmənt/ 图 아파트

look for	an apartment	아파트를 찾고 있다
rent	an apartment	아파트를 임대하다
move into	an apartment	아파트로 이사하다
leave	an apartment	아파트에서 이사 나오다
move out of	an apartment	
share	an apartment	아파트에 함께 살다

▷ Tony has **moved into** a small **apartment**. 토니는 작은 아파트로 이사했다.
▷ I'll be **sharing** a three-bedroom **apartment** with Bobby. 나는 방 세 개짜리 아파트에서 바비와 함께 살 것이다.

a high-rise	apartment	고층 아파트
a luxury	apartment	호화 아파트
a rented	apartment	임대한 아파트
a self-catering	apartment	자취식 호텔

▷ My family lives in a huge **high-rise apartment**. 우리 가족은 널따란 고층 아파트에서 산다.
▷ Accommodation in a **self-catering apartment** for seven cost €220 each. 7인용 자취식 호텔의 숙박비는 일인당 220유로였다.

apologize /əpálədʒàiz/ 图 사과하다

apologize	sincerely	진심으로 사과하다
apologize	profusely	깊이 사과하다
apologize	unreservedly	전적으로 사과하다
apologize	personally	직접 사과하다
apologize	publicly	공식 사과하다

▷ I **apologize unreservedly** *for* what I did. 제 행동에 대해서 전적으로 사과합니다.

must	apologize	사과해야 한다

▷ I'm sorry I'm late. I really **must apologize**. 늦어서 죄송합니다. 정말로 사과드릴 일입니다.

apologize	for A	A에 대해 사과하다
apologize	to A	A(사람)에게 사과하다

▷ I want to **apologize to** you, Jake. 제이크, 너에게 사과하고 싶어.

apology /əpάlədʒi/ 명 사죄, 사과

make	an apology	사과하다
demand	an apology	사과를 요구하다
accept	A's apology	A의 사과를 받아들이다

▷ I think you should **make** an **apology**. 나는 네가 사과해야 한다고 생각해.
▷ Please **accept** my **apologies**. 제 사과를 받아주십시오.

a public	apology	공식 사죄
one's sincere	apologies	진심 어린 사죄

▷ The government minister was forced to make a **public apology**. 장관은 공식 사죄를 하지 않을 수 없었다.
▷ I'd like to offer my **sincere apologies**. 진심으로 사죄 드리고 싶습니다.

an apology	for A	A에 대한 사과
an apology	from A	A로부터의 사과
apologies	to A	A에게 하는 사과

▷ I think you owe me an **apology for** rudeness. 무례한 행동에 대해 저한테 사과하셔야 한다고 생각해요.
▷ We've received a written **apology from** the company. 우리는 회사로부터 서면으로 사과를 받았어.

a letter of	apology	사과문, 반성문

▷ I think we need to write a **letter of apology**. 우리가 사과문을 써야 한다고 생각해.

apparent /əpǽrənt/ 형 명백한

immediately apparent	곧바로 명백히 알 수 있는

▷ The mistakes in the design of the car were not **immediately apparent**. 자동차 설계의 실수는 곧바로 명백히 드러나지는 않았다.

apparent	that...	…라는 것이 명백한

▷ If you read the essay, it's clearly **apparent that** it has been copied from the Internet. 리포트를 읽어보면 인터넷에서 복사한 것이 확실하다.

appeal /əpíːl/ 명 호소, 간청; 매력; 상소

have	appeal	인기가 있다
broaden	one's appeal	인기를 높이다
widen	one's appeal	
make	an appeal	간청하다, 호소하다
launch	an appeal	호소하다
lodge	an appeal	상소하다
dismiss	the appeal	상소를 기각하다

▷ That story **had** particular **appeal** for young female readers. 그 이야기는 젊은 여성 독자들에게 특히 인기가 있었다.
▷ He **made** an **appeal** for more money. 그는 더 많은 금액을 호소했다.
▷ The agency **launched** an urgent **appeal** for donations to help the victims. 그 기관은 피해자들을 돕기 위한 긴급 모금을 호소했다.
▷ The court **dismissed** the **appeal**. 법원은 상소를 기각했다.

popular	appeal	대중적 인기
broad	appeal	폭넓은 인기
sex	appeal	성적 매력
an urgent	appeal	긴급 호소

▷ Steven Spielberg's movies have wide **popular appeal**. 스티븐 스필버그의 영화는 폭넓은 대중적 인기를 얻고 있다.
▷ Leonardo DiCaprio has lots of **sex appeal**. 레오나르도 디카프리오는 성적 매력이 많다.

an appeal	for A	A를 구하는 호소
an appeal	to A	A를 향한 호소

▷ They put **appeals for** information into the newspapers. 그들은 정보 제공을 요청하는 호소문을 신문에 게재했다.

appeal /əpíːl/

동 요청하다, 바라다; 호소하다

appeal	directly	직접 요청하다
appeal	strongly	간절히 요청하다
urgently	appeal	다급하게 호소하다

▷ He **appealed directly** to the company president to improve working conditions. 그는 근무 조건을 개선해 달라고 사장에게 직접 요청했다.

appeal	to A	A(사람)에게 호소하다
appeal	for A	A를 요청하다

▷ Your sense of humor doesn't quite **appeal to** me. 네 유머 감각이 나한테는 잘 안 와 닿지 않는다.
▷ He **appealed to** us **for** help. 그는 우리에게 도움을 요청했다.

| appear |

| appeal | to A to do | A(사람)에게 …해달라고 요청하다 |

▷ We **appeal to** everybody **to** support this event. 여러분 모두가 이 행사를 도와주시기를 요청합니다.

appear /əpíər/

동 …처럼 보이다, …같다; 나타나다; 출연하다

| suddenly | appear | 갑자기 나타나다 |
| appear | regularly | 정기적으로 출연하다 |

▷ Oprah Winfrey **appears regularly** on American TV. 오프라 윈프리는 미국 TV에 고정적으로 출연한다.

| appear | to do | …하는 것처럼 보이다 |
| It appears | that... | …인 것 같다 |

▷ He **appeared to** ignore her. 그는 그녀를 무시하는 것 같았다.
▷ **It appears that** I was wrong. 내가 틀렸던 것 같다.

appearance /əpíərəns/

명 출현, 출연; 외관, 외견

give	the appearance of A	A처럼 보이게 하다
keep up	appearances	체면을 유지하다
improve	(A's) appearance	외관을 좋게 하다
make	an appearance	얼굴을 보이다, 출연하다
put in	an appearance	얼굴을 보이다

▷ He **gave** the **appearance of** being wealthy. 그는 부유한 척했다.
▷ He tried his best to **keep up appearances**. 그는 체면을 차리려고 최선을 다했다.
▷ The party will be held next Saturday. We have to **make an appearance**. 파티는 다음 주 토요일에 열릴 거야. 우리는 얼굴을 비쳐야 해.

an attractive	appearance	매력적인 외모
physical	appearance	외모
personal	appearance	용모
one's first	appearance	첫 등장, 첫 출연
a public	appearance	공공 장소에의 등장
a television	appearance	TV 출연
a TV	appearance	

▷ Maybe she doesn't care about your **physical appearance**. 그녀는 네 외모는 상관하지 않는 것 같아.
▷ He paid little attention to his own **personal appearance**. 그는 자신의 용모에는 별로 신경을 쓰지 않았다.
▷ I don't really like to make **public appearances**. 나는 사람 많은 곳에 얼굴을 보이는 것을 별로 좋아하지 않아.
▷ Justin often makes **TV appearances**. 저스틴은 TV에 자주 출연한다.

in	appearance	겉보기에는, 외견상
by	all appearances	어느 모로 보나
to	all appearances	

▷ Everyone lives a happy life, at least **in appearance**. 적어도 겉보기에는 모두가 행복하게 산다.
▷ Jack was **to all appearances** asleep. 잭은 아무리 봐도 자는 것 같았다.

| appearance and behavior | 외모와 태도 |

▷ Every detail of his **appearance and behavior** was noted in her mind. 그의 외모와 태도의 사소한 것 하나하나가 그녀의 마음에 새겨졌다.

appetite /ǽpətàit/ 명 식욕; 욕구, 욕망

have	an appetite	식욕이 있다, 욕구가 있다
lose	one's appetite	식욕을 잃다, 욕구를 잃다
ruin	one's appetite	입맛을 버리다
spoil	one's appetite	
give	an appetite	식욕이 나게 하다, 욕구를 불러일으키다
whet	A's appetite	A의 식욕을 돋우다
satisfy	A's appetite	A의 입맛을 만족시키다, 욕구를 채우다

▷ He **has** a good **appetite** and loves roast chicken dinners. 그는 식욕이 왕성하고, 닭구이 식사를 좋아한다.
▷ The champagne **gave** me an **appetite**. 샴페인을 마시니 식욕이 생겼다.
▷ I think that article on Bali will **whet** your **appetite**. 발리에 대한 그 기사가 네 욕구를 부추길 것 같아.

a good	appetite	왕성한 식욕
a healthy	appetite	
a big	appetite	
an insatiable	appetite	엄청난 식욕, 만족을 모르는 욕구
a poor	appetite	낮은 식욕
a voracious	appetite	왕성한 식욕, 격렬한 욕구
a great	appetite	
an increasing	appetite	커지는 욕구
sexual	appetite	성욕

▷ They all ate and drank with a **good appetite**. 그들은 모두 왕성한 식욕으로 먹고 마셨다.

▷ They have an **insatiable appetite** *for* fame and success. 그들은 명성과 성공을 향한 끝없는 욕구가 있다.
▷ I have a **poor appetite**. 나는 식욕이 별로 없다.
▷ The public showed an **increasing appetite** *for* light comedy on TV. 대중은 TV에서 가벼운 코미디 프로그램에 대한 선호도가 점점 더 높아졌다.

| a loss of | appetite | 식욕부진 |
| a lack of | appetite | |

▷ You should see a doctor about your **loss of appetite**. 네 식욕부진 문제는 병원에 가봐야 해.

application /ˌæplɪˈkeɪʃən/ ⓝ 신청, 신청서; 적용, 응용; 응용프로그램(애플리케이션)

make	an application	신청을 하다
submit	an application	신청서를 제출하다
fill out	an application	신청서를 작성하다
《영》 fill in	an application	
accept	an application	신청을 받다
approve	an application	신청을 허락하다
grant	an application	
turn down	an application	신청을 거절하다
reject	an application	
run	applications	앱을 실행하다

▷ She **made** an **application** *for* a visa. 그녀는 비자를 신청했다.
▷ The company **submitted** a planning **application** to the City Hall. 회사는 시청에 건축 신청서를 제출했다.

| practical | application | 현실응용, 실용화 |

▷ We have to consider the **practical application** of this discovery. 우리는 이 발견의 실용화를 검토해야 한다.

| the application | for A | A에 대한 신청(서) |

▷ We've received over 200 **applications for** this job. 우리는 이 자리에 지원하는 신청서를 200건 이상 받았다.

apply /əˈplaɪ/

ⓥ 신청하다; 들어맞다; 적용되다; 칠하다

apply	equally	동등하게 적용되다
apply	directly	직접 바르다
apply	evenly	균등하게 바르다
successfully	apply	잘 응용하다
no longer	apply	더 이상 적용되지 않는다

▷ This policy **applies equally** *to* all employees. 이 방침은 모든 직원들에게 동등하게 적용된다
▷ These cosmetics are **applied directly** *to* your skin. 이 화장품은 피부에 직접 바릅니다.
▷ The theory has been **successfully applied** in business. 이 이론은 경영에 효과적으로 적용됐다.
▷ The old rules **no longer apply**. 예전 규칙은 이제 적용되지 않는다.

apply	for A	A를 신청하다
apply	to A	A에 지원하다, A에 적용할 수 있다
apply	A to B	A를 B에 응용하다, A를 B에 바르다

▷ This passport is out of date. You'll need to **apply for** a new one. 이 여권은 만료되었습니다. 새 여권을 신청하셔야 합니다.
▷ I **applied to** Embry College. 나는 엠브리 대학에 지원했다.
▷ We **applied** the technology **to** other areas. 우리는 이 과학기술을 다른 분야에 응용했다.

appointment /əˈpɔɪntmənt/

ⓝ 예약, 약속; 임명

have	an appointment	약속이 있다
make	an appointment	예약하다
get	an appointment	예약을 잡다, 임명되다
keep	an appointment	약속을 지키다
cancel	one's appointment	약속을 취소하다

★병원, 미용실 등의 예약은 appointment, 호텔, 레스토랑의 예약은 reservation을 쓴다.

▷ I **have** an **appointment** with Mr. Jones. 나는 존스 씨와 약속이 있다.
▷ If you want to see me, **make** an **appointment** with my secretary. 저를 만나고 싶다면, 비서와 약속을 잡으십시오.
▷ I'm going to go to the doctor as soon as I can **get** an **appointment**. 예약이 잡히는 대로 병원에 갈 것이다.
▷ Anna called me to **cancel** her **appointment**. 애나는 약속을 취소하기 위해 나에게 전화를 했다.

appreciate /əˈpriːʃieɪt/

ⓥ 충분히 인식하다, 평가하다; 감사하다

really	appreciate	정말로 감사하다
fully	appreciate	충분히 평가하다, 충분히 인식하다
greatly	appreciate	대단히 감사하다
very much	appreciate	

▷ At that time I didn't **fully appreciate** his help.

그 시절에 나는 그의 도움에 고마움을 충분히 표현하지 못했다.
▷ I'd **very much appreciate** it if you would help me. 저를 도와주신다면 정말 고맙겠습니다.

begin to	appreciate	이해하기 시작하다
fail to	appreciate	이해하지 못하다

▷ I **began to appreciate** that there were many other viewpoints. 나는 다양한 관점이 있다는 것을 차츰 알게 되었다.

appreciate	that...	…을 잘 인식하다
appreciate	wh-	…인지를 잘 인식하다

★ wh-는 how, why, what 등

▷ I **appreciate that** you're all concerned about me. 당신이 나를 많이 걱정하고 있는 것을 잘 알고 있습니다.
▷ I hope he **appreciates what** I'm doing. 내가 무슨 일을 하는지 그가 잘 알아줬으면 좋겠다.

approach /əpróutʃ/

명 접근법, 방법, 수법

adopt	an approach	방법을 채택하다
take	an approach	
develop	an approach	방법을 발전시키다
follow	an approach	방법을 따르다
try	an approach	방법을 시험하다
make	an approach	접근하다

▷ I can't understand some of the **approaches adopted** by the European Union. 나는 유럽 연합이 채택한 어떤 정책들은 이해할 수가 없다.
▷ Why not **try** a new **approach**? 새로운 방법을 써 보지 그래?

a traditional	approach	전통적 방법
an alternative	approach	대안적 방법
a new	approach	새로운 방법
a positive	approach	적극적인 방법
a basic	approach	기본 방식

▷ There are several **alternative approaches** I could take. 내가 취할 수 있는 몇 가지 대안적 방법이 있다.
▷ You should always take a **positive approach** to training your dog. 개를 훈련시킬 때는 항상 적극적인 방법을 취해야 해.

approach	to A	A에 대한 방법, A에게 접근하는 방법

appropriate /əpróupriət/ 형 적절한

be considered	appropriate	적절하다고 여겨지다
be thought	appropriate	

▷ I don't think wearing jeans at a wedding would be **considered appropriate**. 나는 결혼식에 청바지를 입고 가는 것은 적절하지 않다고 생각한다.

entirely	appropriate	극히 적절한
particularly	appropriate	특히 적절한

▷ I don't know whether that's **entirely appropriate**. 그것이 딱 적절한지 어쩐지 모르겠다.

appropriate	for A	A에 어울리는
appropriate	to A	

▷ The house must be **appropriate to** our lifestyle. 집은 우리의 생활 방식에 맞아야 한다.

It is appropriate	that...	…하는 것은 적절하다

▷ **It's appropriate that** we should thank him formally for all he has done. 그가 베풀어준 모든 일에 대해 우리가 정식으로 감사를 표하는 것이 적절하다.

approval /əprúːvəl/ 명 승인, 허가; 찬성

require	approval	승인을 필요로 하다
seek	approval	승인을 구하다
receive	approval	승인을 얻다
win	approval	
give	approval	승인하다, 허가하다
grant	approval	
nod in	approval	고개를 끄덕여 찬성하다

▷ Passage **requires approval** by two thirds of the members. 가결에는 회원 2/3의 찬성이 필요하다.
▷ We **received approval** for our building plans. 우리는 건축계획에 대한 승인을 받았다.
▷ Last week the town council **gave approval** to the development project. 지난 주에 시의회는 개발사업을 인가했다.

final	approval	최종 승인
prior	approval	사전 승인
formal	approval	정식 승인
official	approval	공식 승인
congressional	approval	의회의 승인
parliamentary	approval	

▷ EU has given **final approval** for financial aid to developing countries. 유럽연합은 개발도상국에 대한 경제 원조를 최종적으로 승인했다.
▷ He ordered staff not to speak to outsiders without **prior approval**. 그는 직원들에게 사전 승인 없이 외부인과 이야기하지 말라고 지시했다.

▷ We need **parliamentary approval** for this project. 이 사업에는 의회의 승인이 필요하다.

approval	for A	A에 대한 승인, 허가
on	approval	써보고 사는 조건으로

▷ We've just received **approval for** extending the house. 우리는 방금 주택 증축 인가를 받았다.
▷ The company is quite willing to send goods **on approval**. 회사는 써보고 사는 조건으로 상품을 적극적으로 보내고 있다.(★상품을 사용해보고 나서 좋으면 구입하는 것)

approve /əprúːv/ ⓥ 승인하다; 찬성하다

formally	approve	정식으로 승인하다
finally	approve	최종적으로 승인하다
unanimously	approve	만장일치로 승인하다

▷ We have to wait until the plans are **formally approved**. 우리는 계획이 정식 승인을 받을 때까지 기다려야 한다.
▷ The meeting **unanimously approved** the decision to employ more staff. 회의에서는 직원을 더 고용하겠다는 결론을 만장일치로 승인했다.

approve	of A	A를 승인하다

▷ My parents don't **approve of** my new boyfriend. 부모님은 내 새 남자친구를 인정하지 않으신다.

area /ɛ́əriə/ ⓝ 지역, 구역; 영역, 분야

cover	an area	지역을 포함하다, 범위를 다루다
identify	areas	영역을 특정하다

▷ Topics are wide and **cover areas** such as Business Planning, Marketing, the Internet, etc. 화제는 폭넓어서 사업 계획, 마케팅, 인터넷 등의 영역을 다루고 있다.

the surrounding	area	주변 지역
a rural	area	전원 지역, 시골
a metropolitan	area	대도시권
an urban	area	도시 지역, 시가지
an industrial	area	공업 지대
a residential	area	주택 지역
a conservation	area	보호 구역
a nonsmoking	area	금연 구역
designated	areas	지정 구역
a play	area	놀이터
a picnic	area	소풍 장소
a growth	area	성장 분야

▷ The national park is one of the biggest wildlife **conservation areas** in the world. 그 국립 공원은 세계에서 가장 큰 야생 동물 보호 구역 가운데 하나이다.

argue /áːrgjuː/

ⓥ 말다툼하다; 논쟁하다, 논의하다; 주장하다

argue	fiercely	격렬하게 말다툼하다
argue	strongly	격하게 논쟁하다
argue	forcefully	
argue	passionately	열정적으로 주장하다
argue	convincingly	설득력 있게 주장하다
argue	persuasively	
successfully argue		효과적으로 주장하다

▷ In his book he **argues strongly** against capital punishment. 책에서 저자는 사형 제도에 대해서 강하게 반대한다.

argue	over A	A에 대해서 언쟁하다
argue	about A	
argue	with A	A(사람)와 말다툼하다
argue	for A	A에 찬성하는 주장을 하다
argue	against A	A에 반대하는 주장을 하다

▷ They were **arguing over** me. 그들은 나에 대해서 언쟁을 벌였다.
▷ I'm not here to **argue for** or **against** that point. 나는 그 점에 대해 찬반을 주장하러 여기 온 것이 아니다.

argue	that...	…라고 주장하다

▷ The Christian religion **argues that** we are not just animals. 기독교는 인간은 단순한 동물이 아니라고 주장한다.

argument /áːrgjumənt/

ⓝ 말다툼; 논쟁; 주장, 논거

have	an argument	논쟁하다
get into	an argument	논쟁에 들어가다
win	an argument	논쟁에서 이기다
lose	an argument	논쟁에서 지다
make	an argument	주장하다
develop	an argument	주장을 전개하다
support	an argument	주장을 지지하다
accept	an argument	논거를 받아들이다
reject	an argument	논거를 거부하다

▷ Kay **had** an **argument** *with* her mother about the wedding plans. 케이는 결혼 계획과 관련해서 어머니와 다퉜다.

▷ Scott and I **got into** a heated **argument**. 스캇과 나는 열띤 논쟁을 벌이게 되었다.

▷ John explained the data to **support** his **argument**. 존은 자신의 논거를 뒷받침하기 위해 데이터에 대해서 설명했다.

a heated	argument	열띤 논쟁
a powerful	argument	강력한 주장
a logical	argument	논리적인 주장
a reasoned	argument	조리 있는 주장
a political	argument	정치 토론

▷ There's a **powerful argument** for introducing identity cards. 신분증을 도입해야 한다는 강력한 주장이 있다.

▷ I don't think one can make a **reasoned argument** against gay marriage. 나는 동성 결혼에 대한 합리적인 반대 주장은 불가능하다고 본다.

argument	about A	A에 대한 논쟁
argument	over A	
argument	for A	A에 대한 찬성론
argument	in favor of A	
argument	against A	A에 대한 반대론

▷ What was the **argument about**? 무엇에 대한 논쟁이었어?

▷ There are strong **arguments for** and **against** each view. 각각의 견해에 대한 강력한 찬반 양론이 있다.

argument	that...	…라는 주장

▷ There's an **argument that** a big earthquake can happen in the near future. 가까운 미래에 대지진이 일어날 거라는 주장이 있다.

a line of	argument	논법

arise /əráiz/ 图 일어나다, 발생하다

inevitably	arise	필연적으로 발생하다
arise	naturally	자연스럽게 일어나다
arise	spontaneously	

▷ If the Prime Minister keeps refusing to give press interviews, problems will **inevitably arise**. 총리가 계속 기자회견을 거부한다면 반드시 문제가 발생할 것이다.

arise	from A	A 때문에 일어나다, 생기다
arise	out of A	

▷ I understand that most problems **arise from** the lack of communication. 나는 대부분의 문제가 소통의 부족 때문에 생겨난다는 것을 알고 있다.

arm /ɑːrm/ 图 팔

lower	one's arm	팔을 내리다
raise	one's arm	팔을 들다
twist	A's arm	팔을 비틀다
stretch out	one's arm	팔을 뻗다
cross	one's arms	팔짱을 끼다
fold	one's arms	
grab	A's arm	A의 팔을 잡다
grasp	A's arm	

▷ He **twisted** my **arm** behind my back. 그는 내 팔을 등뒤로 돌려 비틀었다.

▷ He **stretched out** his **arm** toward me. 그는 내 쪽으로 팔을 뻗었다.

▷ She sat back in her chair and **folded** her **arms** across her chest. 그녀는 의자에 기대앉아서 가슴 앞에 팔짱을 끼었다.

by	the arm	팔을
in	A's arms	A의 품안에
under	A's arm	A의 겨드랑이에

★ by the arm은 take, hold, catch, grab 등과 함께 쓰인다.

▷ Toby gently took the man **by** the **arm** and helped him stand up. 토비는 조심스레 그 남자의 팔을 잡고 일어서게 도와주었다.

▷ She took the baby **in** her **arms**. 그녀는 아기를 품에 안았다.

at	arm's length	손을 뻗은 상태로

★ keep, put, hold 등과 함께 쓰인다.

▷ She held the smelly cheese **at arm's length** and dropped it into a trash can. 그녀는 손을 쭉 뻗은 채로 냄새 나는 치즈를 들어 쓰레기통에 떨어뜨렸다.

arrange /əréindʒ/

图 준비하다, 계획하다; 정돈하다, 배열하다

carefully	arrange	세심하게 정돈하다
neatly	arrange	

▷ The furniture was very clean and **neatly arranged**. 가구들이 아주 깨끗하고 깔끔하게 정돈되어 있었다.

arrange	for A	A를 준비하다
arrange	(for A) to do	A(사람)이 …하도록 준비해 놓다

▷ I thought you **arranged for** a taxi. 나는 네가 택시를 불러놓은 줄 알았어.

▷ I'll **arrange for** you **to** meet up with them. 당신

이 그들과 만날 수 있도록 준비해 놓겠습니다.

| as | arranged | 준비된 대로, 계획한 대로 |

★as previously arranged, as originally arranged 형태로 사용되는 경우가 많다.

▷ If we can't meet on Friday, let's meet on Wednesday **as** originally **arranged**. 금요일에 만날 수 없다면, 본래 계획한 대로 수요일에 만나자.

arrangement /əréindʒmənt/

⑲ 준비; 약속, 협정; 배열

make	an arrangement	준비하다, 약속하다, 계획하다
have	an arrangement	협약을 맺다
come to	an arrangement	합의에 이르다

▷ I've **made** an **arrangement** to see John on Saturday. 토요일에 존을 만나기로 약속했다.
▷ We **have** an **arrangement** *with* the university to use their classrooms. 우리가 그곳 강의실을 사용하기로 대학 측과 협약이 되어 있다.

| a reciprocal | arrangement | 상호 협약 |
| a flower | arrangement | 꽃꽂이 |

▷ There are some **reciprocal arrangements** between the UK and EU countries. 영국과 EU 국가들 사이에는 몇 가지 상호협정이 있다.

| arrangements | for A | A의 준비 |
| (an) arrangement | with A | A와의 약속 |

▷ How are the **arrangements for** the wedding? 결혼식 준비는 어떻게 되고 있니?
▷ Aren't you forgetting your **arrangement with** Jack? 잭과 한 약속을 잊어버리는 건 아니겠지?

arrive /əráiv/ ⑬ 도착하다

arrive	safely	무사히 도착하다
finally	arrived	마침내 도착했다
eventually	arrived	

▷ I'm so glad you **arrived safely**. 네가 무사히 도착해서 정말 다행이다.
▷ I **finally arrived** in New York. 나는 마침내 뉴욕에 도착했다.

arrive	at A	A에 도착하다
arrive	in A	
arrive	from A	A에서 도착하다

▷ When we **arrived at** the station, it was seven thirty. 우리가 역에 도착했을 때는 7시 30분이었다.

▷ He just **arrived from** America. 그는 미국에서 방금 도착했다.

art /ɑːrt/ ⑲ 예술, 미술; 기술

| master | the art | 기법을 터득하다 |

▷ He **mastered** the **art** of cooking. 그는 요리법에 통달했다.

fine	arts	순수 미술
abstract	art	추상 미술
modern	art	근대 미술
contemporary	art	현대 미술

▷ Julie majored in **fine arts** at Stanford University. 줄리는 스탠퍼드 대학에서 순수 미술을 전공했다.

article /ɑ́ːrtikl/ ⑲ 기사, 논문; 항목

contribute	an article	기사를 기고하다
publish	an article	논문을 발표하다
submit	an article	논문을 제출하다

▷ She has **contributed articles** *to* the magazine. 그녀는 그 잡지에 글을 기고해 왔다.
▷ The first **article** was **published** in the Dec. 2007 issue. 첫 논문은 2007년 12월 호에 발표되었다.

a feature	article	특집 기사
a front-page	article	1면 기사
an editorial	article	사설
a related	article	관련 기사
a magazine	article	잡지 기사
a newspaper	article	신문 기사

▷ See the **front-page article** in today's *New York Times*. 오늘 뉴욕타임즈 1면 기사를 봐.

| an article | on A | A에 대한 기사 |
| an article | about A | |

▷ Could you check out the **article on** Bali? 발리에 대한 그 기사 좀 확인해 주시겠습니까?

ask /æsk/ ⑬ 묻다; 부탁하다

ask	softly	부드럽게 묻다
ask	gently	
ask	politely	예의 바르게 묻다
ask	anxiously	불안해서 묻다
ask	curiously	호기심에 차서 묻다

▷ "Are you feeling better now?" she **asked softly**.

▷ "조금 괜찮아졌니?" 그녀가 다정하게 물었다.
▷ "Have you seen my purse anywhere?" she **asked anxiously**. "혹시 내 지갑 봤니?" 그녀가 불안한 얼굴로 물었다.

ask	(A) about B	A(사람)에게 B에 대해서 묻다
ask	(A) for B	A(사람)에게 B를 구하다

▷ Did you **ask** Catherine **about** her new boyfriend? 캐서린에게 새 남자친구에 대해서 물어봤니?
▷ You should **ask** your mother **for** advice. 네 어머니에게 조언을 구하는 것이 좋아.
▷ Jennie **asked for** a double espresso. 제니는 더블 에스프레소를 부탁했다.

ask	A to do	A(사람)에게 …해달라고 부탁하다

▷ Would you **ask** him **to** call me, please? 저한테 전화해 달라고 그에게 부탁해 주시겠어요?

ask	(A) wh-	A(사람)에게 …인지 묻다
★ wh-는 why, how, whether 등		

▷ Can I **ask what** a cream tea is? 크림 티가 뭔지 물어봐도 될까요?

asleep /əslí:p/ 형 잠든

fall	asleep	잠이 들다

▷ The last time you went to the movies you **fell asleep**. 지난 번에 영화 보러 갔을 때, 너 잠들었잖아.

fast	asleep	곤히 잠든
sound	asleep	
half	asleep	반쯤 잠든

▷ "Where's your son now?" "He's **fast asleep** in his bed." "지금 네 아들은 어디 있니?" "침대에서 곤히 자고 있어."

aspect /ǽspekt/ 명 국면, 측면; 외관

consider	an aspect	측면을 검토하다
discuss	an aspect	측면을 논의하다
deal with	an aspect	측면을 다루다
focus on	an aspect	측면에 초점을 맞추다

▷ We have another **aspect** of this matter to **consider**. 우리는 이 문제의 또 다른 측면을 검토해야 한다.

an important	aspect	중요한 측면
a key	aspect	
a significant	aspect	주목할 만한 측면
an interesting	aspect	흥미로운 측면
a financial	aspect	재정적 측면

the safety	aspect	안전 측면

▷ Another **important aspect** is that everything should be organized. 또 한 가지 중요한 측면은 모든 것이 체계화되어야 한다는 것이다.
▷ Music is a **key aspect** of the film. 음악은 영화의 중요한 측면이다.

associate /əsóuʃièit/
동 연관시키다; 연상하다

be closely	associated	밀접하게 연관되다
be strongly	associated	강하게 연관되다
be usually	associated	대개 연관되다
be normally	associated	

▷ Psychiatry is **closely associated** with psychology. 정신의학은 심리학과 밀접하게 연관된다.
▷ Passive smoking is **strongly associated** with increased risk of heart disease. 간접 흡연은 심장병 위험의 증가와 강한 연관성이 있다.
▷ Country and western music is **usually associated** with cowboys. 컨트리 앤 웨스턴 음악은 대개 카우보이를 연상시킨다.

associate	A with B	A를 보면(생각하면) B가 연상되다

▷ I always **associate** green apples **with** stomachache. 나는 청사과를 보면 항상 복통이 연상된다.

assume /əsú:m/
동 가정하다, 추측하다; 떠맡다; …인 체하다

automatically	assume	무의식적으로 가정하다
generally	assume	일반적으로 가정하다,
usually	assume	대체로 가정하다
widely	assume	널리 가정하다
safely	assume	…라고 생각해도 좋다

▷ Why do you **automatically assume** I'm like everybody else? 왜 너는 무의식적으로 내가 다른 사람들과 똑같을 거라고 가정하는 거니?
▷ It is **generally assumed** that old people are wiser than young people. 일반적으로 노인들이 젊은이들보다 현명한 것으로 여겨진다.

assume	(that)...	당연히 …라고 생각한다

▷ I **assume** it was Helen who recruited Steven to the project. 나는 스티븐을 이 프로젝트에 영입한 사람이 헬렌이라고 생각해.

be reasonable to	assume	…라고 가정하는 것이 이치에 맞다

▷ It is **reasonable to assume** that some workers

retire at 60 because of failing health. 어떤 사람들은 건강이 쇠해서 60세에 일을 그만둔다고 가정하는 것이 이치에 맞다.

assumption /əsʌ́mpʃən/ 图 가정, 전제

make	an assumption	가정하다
challenge	an assumption	가정에 이의를 제기하다
question	an assumption	

▷ Don't **make** too many **assumptions**. 너무 많은 가정은 하지 마.

▷ My professor advised me to **challenge assumptions** and get more data. 교수님이 내게 전제에 의문을 제기하고 데이터를 더 모으라고 조언했다.

an underlying	assumption	토대가 되는 가정
a fundamental	assumption	
an implicit	assumption	암묵적 가정
a false	assumption	잘못된 가정
a wrong	assumption	

▷ An **implicit assumption** of this article is that changes will usually be smooth. 이 기사의 암묵적 가정은 변화는 대체로 원활히 진행된다는 것이다.

▷ These facts seem to be based on **false assumptions**. 이 사실들은 잘못된 전제를 토대로 하고 있는 것 같다.

assumption	about A	A에 대한 가정

▷ I don't think we can make any **assumptions about** getting the contract. 우리는 계약을 따내는 일에 대해 어떤 가정도 할 수 없다고 생각한다.

on the assumption that...	…라는 가정하에

▷ I agreed to do overtime **on the assumption that** I would be paid extra money. 나는 추가 수당을 받는다는 가정하에 초과 근무를 하는 데 동의했다.

atmosphere /ǽtməsfìər/

图 분위기; 대기, 공기

create	an atmosphere	분위기를 만들다
have	an atmosphere	분위기가 있다

▷ We **created an atmosphere** that feels very comfortable. 우리는 아주 편안한 분위기를 만들었다.
▷ That restaurant **has a great atmosphere**. 그 레스토랑은 분위기가 아주 좋다.

a friendly	atmosphere	우호적인 분위기
an informal	atmosphere	격식 없는 분위기
a relaxed	atmosphere	여유로운 분위기
a general	atmosphere	전체적인 분위기
the whole	atmosphere	
the upper	atmosphere	상층 대기

▷ The meeting was held in a very **relaxed** and **informal atmosphere**. 회의는 아주 여유롭고 격식 없는 분위기에서 진행됐다.
▷ She loved the **whole atmosphere** of Regent Street. 그녀는 리젠트 가의 전반적인 분위기를 좋아했다.
▷ Ozone in the **upper atmosphere** protects life on earth. 상층 대기의 오존은 지구상의 생명을 보호한다.

attach /ətǽtʃ/ 图 붙이다, 첨부하다

firmly	attach	단단하게 붙이다

▷ The lid was **firmly attached** to the ice-cream tub. 뚜껑이 아이스크림 통에 단단하게 들러붙어 있었다.

attach	A to B	A를 B에 붙이다

▷ You should **attach** a label with your name and address **to** your baggage. 이름과 주소를 적은 꼬리표를 짐에 붙여야 합니다.

attack /ətǽk/ 图 공격, 비난; 발작

carry out	an attack	공격하다
make	an attack	
suffer	an attack	공격을 받다
launch	an attack	공격을 개시하다
mount	an attack	
lead	an attack	공격을 지휘하다
have	an attack	발작을 일으키다
suffer	an attack	발작으로 고통 받다

▷ They have **made an attack** *on* the eastern border. 그들은 동쪽 국경을 공격했다.
▷ The city **suffered** a terrorist **attack**. 그 도시는 테러 공격을 받았다.
▷ The Republican Party **launched** an aggressive **attack** on the Democrats. 공화당은 민주당을 격렬하게 공격했다.
▷ My dad's in hospital. He **had** a heart **attack**. 아버지가 입원해 계신다. 심장 발작을 일으켰기 때문이다.

an attack	happens	공격이 일어나다
an attack	takes place	
an attack	occurs	

▷ When the **attack happened**, where were you? 공격이 일어났을 때, 너는 어디 있었니?

a violent	attack	격렬한 공격
a racist	attack	인종차별 공격

| attack |

an arson	attack	방화 사건
a terrorist	attack	테러 공격
an air	attack	공습
a bomb	attack	폭탄 공격
a missile	attack	미사일 공격
a rocket	attack	로켓 공격
a nuclear	attack	핵공격
a revenge	attack	보복 공격
a frontal	attack	정면 공격
a fierce	attack	격렬한 비난
a bitter	attack	
a personal	attack	인신공격
an asthma	attack	천식 발작
a heart	attack	심장 발작

▷ He carried out his **violent attacks** in streets. 그는 노상에서 폭력을 휘둘렀다.
▷ **Racist attacks** and bullying in schools are on the increase. 학교 내 인종차별 공격과 괴롭힘이 증가하고 있다.
▷ The police are investigating the incident as an **arson attack**. 경찰은 그 사고를 방화 사건으로 보고 조사하고 있다.
▷ The threat of **nuclear attack** is greater than ever before. 핵공격의 위협은 그 어느 때보다 높다.
▷ I used to have **asthma attacks**. 나는 예전에 천식 발작을 하곤 했다.

under	attack	공격을 받고 있는
attack	on A	A에 대한 공격
attack	against A	

▷ When you're **under attack**, the best defense is to counterattack. 공격을 받고 있을 때, 최고의 방어는 반격이다.
▷ Have you heard of the recent **attack on** the American embassy? 최근 미 대사관이 공격받은 사건에 관해 들었어?

attack /ətǽk/

⑧ 공격하다, 습격하다; 비난하다

brutally	attack	무자비하게 공격하다
immediately	attack	즉시 공격하다
bitterly	attack	통렬히 비난하다
fiercely	attack	
strongly	attack	강하게 비난하다

▷ He was **bitterly attacked** by the critics. 그는 평론가들한테서 혹평을 받았다.

| attack | A with B | A(사람)를 B로 공격하다 |
| attack | A for doing | A를 …했다고 비난하다 |

▷ Why were they **attacking** him **for losing** the game? 그들은 왜 그가 경기에 졌다고 비난한 거지?

attempt /ətémpt/ ⑲ 시도, 기도

| make | an attempt | 시도하다, 기도하다 |
| fail in | an attempt | 시도에 실패하다 |

▷ Caroline **made** no **attempt** to do as I said. 캐롤라인은 내가 말한 대로 해보려고 하지 않았다.
▷ A fifteen-year-old boy **failed in** an **attempt** to rob a taxi driver. 15살 남자아이가 택시 기사에게서 돈을 강탈하려다 실패했다.

a successful	attempt	성공한 시도
an unsuccessful	attempt	실패한 시도
a vain	attempt	헛된 시도
a serious	attempt	진지한 시도
a brave	attempt	과감한 시도
a desperate	attempt	필사적인 시도
an assassination	attempt	암살 기도
a rescue	attempt	구출 시도
a suicide	attempt	자살 미수
a murder	attempt	살인 미수
a robbery	attempt	강도 미수

▷ After four **unsuccessful attempts**, he finally won gold. 네 차례 시도의 실패 끝에 그는 마침내 금메달을 땄다.
▷ He made a **vain attempt** to persuade his brother to come back to Australia. 그는 동생에게 오스트레일리아로 돌아오라고 설득했지만 소용없었다.
▷ We can now launch a **rescue attempt**. 우리는 이제 구출에 나설 수 있다.

| an attempt | at A | A에 대한 시도 |

▷ Fred was making an **attempt at** trying not to laugh. 프레드는 웃음을 참으려고 애쓰고 있었다.

| an attempt | to do | …하려는 시도 |

▷ I made an **attempt to** make friends with her. 나는 그녀와 친구가 되려고 노력했다.

attend /əténd/ ⑧ 출석하다, 참가하다

regularly	attend	정기적으로 참가하다
well	attended	사람이 많이 모인
poorly	attended	사람이 별로 모이지 않은

▷ I **regularly attend** monthly community meetings. 나는 매달 열리는 지역 모임에 정기적으로 참석한다.

▷ The show was well received and **well attended**. 그 공연은 호평을 받았고, 관객도 많았다.

attention /əténʃən/ 명 주의, 주목; 돌봄

pay	attention	주목하다
give	attention	
attract	(A's) attention	주의를 끌다
get	(A's) attention	
catch	(A's) attention	
receive	attention	주목을 받다
focus	attention	집중하다
hold	attention	계속 주의를 기울이다
keep	attention	
turn	one's attention	주의를 돌리다
draw	(A's) attention	주의를 끌다
call	(A's) attention	
distract	(A's) attention	다른 데로 주의를
divert	(A's) attention	분산시키다

▷ **Pay attention** *to* every detail! 모든 세부 항목에 주의를 기울이세요!

▷ Chapter 8 **gives attention** *to* democratic policies. 8장은 민주적 정책을 집중적으로 다룬다.

▷ Shh, don't shout! I don't want to **attract attention**. 쉿, 소리치지 마! 주의를 끌기 싫단 말야.

▷ The composer began to **receive attention** *from* abroad in the 1950's. 그 작곡가는 1950년대에 해외에서 주목을 받기 시작했다.

▷ He **drew** everyone's **attention** *to* himself. 그는 모든 사람의 관심을 끌었다.

▷ One of the pickpockets **distracted** my **attention** while the other stole my wallet. 소매치기 한 명이 나를 한눈 팔게 하는 사이에 다른 소매치기가 지갑을 훔쳤다.

full	attention	몰두
undivided	attention	
careful	attention	꼼꼼한 주의
close	attention	세심한 주의
particular	attention	특별한 주의
media	attention	미디어의 주목
public	attention	세간의 주목
medical	attention	치료

▷ It's necessary to pay **careful attention**. 꼼꼼하게 주의를 기울일 필요가 있다.

▷ **Media attention** will help to solve this case. 미디어의 주목이 이 사건을 해결하는 데 도움이 될 것이다.

▷ The true facts never came to **public attention**. 진실은 대중의 주목을 받지 못했다.

▷ Seek **medical attention** as quickly as possible. 되도록 빨리 치료를 받아라.

PHRASES

Attention, please! ☺ (관내 방송에서) 알릴 말씀이 있습니다.

Thank you for your kind attention. ☺ 따뜻한 관심에 감사 드립니다.

attitude /ǽtitjùːd/ 명 태도, 의견

adopt	an attitude	태도를 취하다
have	an attitude	
take	an attitude	
change	an attitude	태도를 바꾸다

▷ I feel it's important that we **adopt** a positive **attitude**. 나는 우리가 적극적인 태도를 취하는 것이 중요하다고 생각한다.

▷ **Having** a good **attitude** to work is very important. 일에 대해 좋은 태도를 취하는 것은 아주 중요하다.

▷ I've tried to **change** my **attitude** toward her. 나는 그녀에 대한 태도를 바꾸려고 노력했다.

a good	attitude	좋은 태도
a positive	attitude	적극적인 태도
a bad	attitude	나쁜 태도
a negative	attitude	소극적인 태도
an aggressive	attitude	공격적인 태도
a critical	attitude	비판적인 태도
a relaxed	attitude	여유로운 태도
a responsible	attitude	책임있는 태도

▷ Why does he have such a **negative attitude**? 왜 그는 태도가 그렇게 소극적이지?

▷ We expected the company to take a **responsible attitude**. 우리는 그 회사가 책임 있는 태도를 취하리라 기대했다.

▷ Keep a **positive attitude**. 적극적인 마음가짐을 유지해라.

attitude	to A	A에 대한 태도
attitude	toward A	

▷ Western **attitudes to** Korea have changed. 한국에 대한 서구의 태도가 변했다.

▷ I think you should change your **attitude toward** her. 나는 그녀에 대한 네 태도를 바꾸어야 한다고 생각해.

| attract |

| a change of | attitude | 태도 변화 |
| a change in | attitude | |

▷ What's with the sudden **change of attitude**, Ken? 켄, 왜 갑자기 태도가 변한 거야?

with (an) **attitude**	오만한 태도로, 불쾌한 태도로

▷ **With an attitude** like that, it's no wonder you have so many enemies. 그런 태도를 취하니 네가 적이 그렇게 많은 것도 당연하다.

attract /ətrǽkt/ 동 끌다, 매혹하다

| be sexually | attracted | 성적 매력에 끌리다 |
| be strongly | attracted | 강력하게 끌리다 |

▷ I don't think she **was sexually attracted** to me. 그녀는 내게 성적 매력을 느끼지 않았던 것 같다.
▷ I'm **strongly attracted** to his work. 나는 그의 작품에 강력하게 끌린다.

attract	**A to B**	A(사람)를 B에게 끌리게 하다

▷ Do you know what **attracted** me **to** you in the first place? 처음에 내가 너에게 끌린 점이 뭐였는지 아니?

attractive /ətrǽktiv/ 형 매력적인

| look | attractive | 매력적으로 보이다 |
| make A | attractive | A를 매력적으로 만들다 |

▷ Those leaves **look** particularly **attractive** in autumn. 그 잎사귀들은 가을에 특히 눈길을 끈다.
▷ We wanted to change the design and **make** it more **attractive** to everyone. 우리는 이 디자인을 바꾸어서 누가 봐도 멋지게 만들고 싶었다.

extremely	attractive	대단히 매력적인
particularly	attractive	특히 매력적인
stunningly	attractive	놀랄 만큼 매력적인
sexually	attractive	성적 매력이 있는
increasingly	attractive	점점 더 매력적인

▷ San Francisco is **increasingly attractive** as a place to live. 샌프란시스코는 거주지로서 점점 더 매력이 커지고 있다.

audience /ɔ́ːdiəns/ 명 청중, 시청자

address	an audience	청중에게 연설하다
attract	an audience	청중을 끌다
reach	an audience	청중에 다가가다

▷ Mr. Prescott **addressed** an **audience** of business leaders yesterday. 프레스콧 씨는 어제 경제 지도자들로 이루어진 청중 앞에서 연설했다.
▷ The magazine **reached** an **audience** estimated at twenty-five thousand readers worldwide. 그 잡지의 독자는 전세계에 2만5천 명에 이르는 것으로 추정됐다.

a large	audience	대규모 청중
a mass	audience	
a wide	audience	폭넓은 청중
a small	audience	소규모 청중
a target	audience	목표 청중, 광고 타깃
a television	audience	TV 시청자

▷ There was a **large audience** at the concert. 콘서트에는 청중이 아주 많았다.
▷ We need to find a **wider audience**. 우리는 시청자의 범위를 넓혀야 한다.
▷ The politician's speech was well-suited for the **target audience**. 그 정치인의 연설은 목표 청중에게 잘 맞았다.

authority /əθɔ́ːrəti/

명 권위, 권력, 권한; 당국

have	the authority	권한이 있다
give	the authority	권한을 주다
assert	one's authority	권한을 주장하다
exercise	authority	권한을 행사하다
accept	the authority	권한을 받아들이다
undermine	the authority	권한을 위협하다

▷ I don't **have** the **authority** to do so. 나는 그렇게 할 권한이 없다.
▷ Who **gave** him the **authority** to do that? 누가 그에게 그렇게 할 권한을 준 거야?
▷ The government can **exercise authority** over security matters. 정부는 안보 문제에 권한을 행사할 수 있다.

political	authority	정치적 권한
presidential	authority	대통령의 권한
(a) public	authority	공공 기관
regulatory	authority	감독 기관
government	authority	정부 당국
police	authority	경찰 당국
a local	authority	지방자치 단체
the authorities	concerned	관계 당국

▷ The government now has no **political authority** to do anything. 이제 정부는 어떤 일을 할 정치적 권한이 없다.
▷ You will find the address of your **local author-**

ity in the phone book. 지방자치 단체의 주소는 전화번호부에서 찾을 수 있다.

▷ The **authorities concerned** refused to accept responsibility. 관계 당국은 책임을 지지 않으려 했다.

in	authority	권한을 받은
with	authority	권위 있게
authority	over A	A에 대한 권한
an authority	on A	A에 대한 권위자

▷ In those days we used to trust people **in authority**. 그 시절에 우리는 당국자들을 신뢰했다.
▷ He spoke **with authority**. 그는 권위 있게 말했다.
▷ You have no **authority over** me. 너는 나에 대해 아무런 권한이 없어.
▷ He is an **authority on** American literature. 그는 미국 문학 분야의 권위자다.

available /əvéiləbl/

형 손에 넣을 수 있는, 이용할 수 있는

become	available	이용할 수 있게 되다
make	available	이용할 수 있게 만들다

▷ A new type of mobile phone will **become available** next month. 새로운 유형의 휴대전화가 다음 달에 시판된다.

readily	available	쉽게 구할 수 있는
freely	available	
widely	available	널리 구할 수 있는
generally	available	
commercially	available	시판중인
currently	available	현재 구할 수 있는

▷ This software is **freely available** on the Internet. 이 소프트웨어는 인터넷에서 쉽게 구할 수 있다.
▷ The book is now **widely available** in a new American edition. 이 책은 이제 새로운 미국 판으로 널리 구할 수 있다.
▷ Almost all **commercially available** trout are farmed. 시판중인 송어는 대부분 양식된 것이다.

available	for A	A가 이용할 수 있는
available	to A	
available	from A	A에게서 구할 수 있는

▷ I thought it would be a good idea to make the data **available to** the public. 나는 그 자료를 일반인들에게 공개하면 좋겠다고 생각했다.
▷ Tickets are **available from** an online vendor. 티켓은 온라인 판매업체에서 구입할 수 있다.

available	to do	…할 수 있는 상태인

▷ Are you **available to** come for a meeting on Thursday? 목요일 회의에 올 수 있습니까?

average /ǽvəridʒ/ 명 평균, 평균치

an annual	average	연간 평균
the national	average	전국 평균
an overall	average	전체 평균
a weighted	average	가중 평균

▷ An **annual average** of 30,000 people immigrated to the U.S. in those years. 그 시절에는 연평균 3만 명이 미국으로 이민을 왔다.
▷ The unemployment rate in this city is above the **national average**. 이 도시의 실업률은 전국 평균을 웃돈다.
▷ This figure is slightly higher than the **overall average**. 이 수치는 전체 평균보다 약간 더 높다.

above	(the) average	평균 이상의
below	(the) average	평균 이하의
on	average	평균해서

▷ The total rainfall was 37% **above the average**. 총 강수량은 평균보다 37% 높았다.
▷ I receive **on average** 30 emails a day. 나는 하루에 평균 30통의 이메일을 받는다.

avoid /əvɔ́id/ 동 피하다, 회피하다

carefully	avoid	일부러 피하다
deliberately	avoid	
narrowly	avoid	간신히 피하다
best	avoided	반드시 피해야 하는

▷ She **carefully avoided** eye contact with him. 그녀는 그와 눈이 마주치는 것을 일부러 피했다.
▷ I **narrowly avoided** crashing into the car at the intersection. 나는 교차로에서 그 자동차와의 충돌을 간신히 피했다.
▷ That place is **best avoided**. There are much better places to visit. 그곳은 피하는 게 상책이다. 훨씬 더 좋은 곳들이 있다.

avoid	doing	…하는 것을 피하다

▷ I'm on a diet. I'm trying to **avoid** eating chocolate. 나는 다이어트 중이라 초콜릿을 안 먹으려고 한다.

be difficult to	avoid	피하기가 어렵다

▷ It's **difficult to avoid** that sort of problem. 그런 문제는 피하기가 어렵다.

awake /əwéik/ 형 자지 않는, 잠이 깬

| award |

| stay | awake | 깨어 있다, 눈을 뜨고 있다 |
| keep | awake | |

▷ I think I'll go to bed. Sorry, I can't **stay awake** any longer. 나는 자야겠어. 미안, 더 이상 졸음을 참지 못하겠어.

award /əwɔ́:rd/ 명 상, 상금

present A with	an award	A에게 상을 주다
give A	an award	
win	an award	상을 받다
receive	an award	

▷ The National Museum **presented** him **with** an **award** for lifetime achievement. 국립 박물관은 그에게 평생의 업적을 기려 상을 수여했다.

▷ Michael and his friends were **given awards** for their brave actions. 마이클과 그의 친구들은 용감한 행동으로 상을 받았다.

a special	award	특별상
a top	award	최고상
an Academy	Award	아카데미 상

▷ Lynch was nominated for an **Academy Award** for Best Director. 린치는 아카데미 감독상 후보에 올랐다.

aware /əwέər/ 형 알고 있는, 인식하고 있는

acutely	aware	잘 알고 있는
well	aware	
fully	aware	
painfully	aware	통감하고 있는
vaguely	aware	짐작하고 있는
uncomfortably	aware	알아서 불안한
increasingly	aware	점점 더 의식하는
politically	aware	정치적으로 의식하는

▷ He is **acutely aware** of the bad effects of alcohol. 그는 알코올의 폐해를 잘 알고 있다.

▷ She was **well aware** of the rules. 그녀는 규칙을 잘 알고 있었다.

▷ She's now **painfully aware** of her limits. 그녀는 이제 자신의 한계를 통감했다.

▷ He became **uncomfortably aware** of the pain in his side. 그는 옆구리에 통증을 느끼고 불안해졌다.

| aware | of A | A를 알아차린 |

▷ He became **aware of** shouts from above. 그는 위쪽에서 들리는 고함 소리를 알아차렸다.

| aware | that... | …라는 것을 아는 |

▷ I was very **aware that** she needed support. 나는 그녀에게 도움이 필요하다는 것을 잘 알고 있었다.

awful /ɔ́:fəl/ 형 끔찍한, 불쾌한

| smell | awful | 불쾌한 냄새가 난다 |
| taste | awful | 맛이 형편없다 |

▷ These clothes **smell awful**. They need to be washed. 이 옷들은 냄새가 지독하다. 세탁을 해야겠다.

really	awful	정말로 끔찍한
pretty	awful	몹시 끔찍한
absolutely	awful	말도 못하게 형편 없는

▷ That food tasted **absolutely awful**! 그 음식은 맛이 형편없다!

(PHRASES)
How awful! 정말 끔찍해!

awkward /ɔ́:kwərd/ 형 어색한, 서툰

| feel | awkward | 어색하게 느끼다 |

▷ I **felt** a bit **awkward**, but nodded and smiled back at her. 나는 약간 어색했지만, 그녀에게 고개를 끄덕이며 함께 미소를 지었다.

extremely	awkward	몹시 어색한
rather	awkward	상당히 어색한
a bit	awkward	약간 어색한, 약간 불편한
slightly	awkward	

▷ I'm in a **rather awkward** position. 나는 상당히 어색한 입장에 있다.

B

baby /béibi/ 몡 아기

have	a baby	아기를 낳다
give birth to	a baby	
be expecting	a baby	출산할 예정이다
lose	a baby	유산하다
look after	a baby	아기를 돌보다
hold	a baby	아기를 안다
pick up	a baby	

▷ Mommy is going to **have** a **baby**; you're going to be a big sister. 엄마가 아기를 낳을 테니, 너는 언니가 되겠구나.

▷ Jane **gave birth to** a **baby** girl, named Chelsea. 제인은 딸을 낳았는데 이름은 첼시였다.

▷ Did you know she's **expecting** a **baby**? 그녀가 출산할 예정이라는 거 알고 있었어?

▷ She **lost** a **baby** at 20 weeks. 그녀는 임신 20주째에 유산했다.

▷ She was **holding** a **baby** in her arms. 그녀는 아기를 품에 안고 있었다.

| a baby | is due | 아기가 태어날 예정이다 |
| a baby | is born | 아기가 태어나다 |

▷ Jenny's **baby is due** soon. 제니의 아기가 곧 태어날 예정이다.

a new	baby	갓난아기, 신생아
a newborn	baby	
a tiny	baby	조그만 아기
a premature	baby	미숙아
a ten-month-old	baby	생후 10개월 된 아기
a healthy	baby	건강한 아기

▷ She has a **new baby** and needs more time off. 그녀는 갓난아기가 있어서 더 많이 쉬어야 한다.

▷ She picked up her **tiny baby** and laid him gently in the cradle. 그녀는 조그만 아기를 안아 올려서 요람에 조심스레 뉘었다.

| like | a baby | 아기처럼 |

▷ He was crying **like** a **baby**. 그는 아기처럼 울고 있었다.

back /bæk/ 몡 등; 뒤, 뒤쪽

| break | one's back | 허리가 부러지다, 열심히 노력하다 |
| turn | one's back | 등을 돌리다 |

▷ She wasn't going to **break** her **back** trying to help Ken. 그녀는 켄을 돕기 위해 엄청난 노력을 기울일 생각은 아니었다.

▷ She **turned** her **back** on me to talk to the girl. 그녀는 내게 등을 돌리고 그 여자와 이야기했다.

lower	back	허리
upper	back	등
a broad	back	넓은 등
a bad	back	요통

▷ I felt a sharp pain in my **lower back**. 허리에 날카로운 통증이 있었다.

▷ Robert had a **bad back**. 로버트는 요통이 있었다.

at	the back	뒤에서
in	the back	
behind	A's back	A의 등뒤에서
on	one's back	등을 대고 누운
on	the back	뒤쪽에
((영)) back	to front	(옷을) 앞뒤로 바꿔 입은

▷ I hope she hasn't been talking about me **behind** my **back**. 그녀가 몰래 제 험담을 하지 않았기를 바랍니다.

▷ Ted lay **on** his **back** in the bed. 테드는 침대에 등을 대고 누웠다.

▷ Write your name and address **on** the **back** of the envelope. 봉투 뒤쪽에 이름과 주소를 쓰세요.

▷ I put my T-shirt on **back to front**. 나는 티셔츠를 앞뒤를 바꿔 입었다.(★((미)) I put my T-shirt on backward.)

back /bæk/ 동 후원하다, 지지하다, 후퇴하다

back	hastily	급히 후퇴하다
back	slowly	천천히 후퇴하다
back	away	뒷걸음질치다
back	off	물러나다, 그만두다
back	up	후진시키다, 지지하다

▷ She screamed and **backed away** slowly. 그녀는 비명을 지르더니 천천히 뒷걸음질쳤다.

▷ Emma **backed off** a few steps. 에마는 몇 걸음 물러섰다.

▷ Good work Bob, you've finally got proof to **back up** this theory. 잘했어, 밥, 드디어 이 이론을 뒷받침하는 증거를 찾았구나.

background /bǽkgràund/ 몡 배경; 경력

| form | a background | 배경을 이루다 |
| provide | a background | |

▷ In 1978 he went to China, which was to **form**

the **background** *to* his first novel. 1978년에 그는 중국으로 갔고, 그곳이 나중에 그의 첫 소설의 배경이 되었다.
▷ Chapter 1 **provides** some historical **background** *to* the research. 1장은 이 연구의 역사적 배경을 얼마간 보여준다.

family	background	가정 환경
educational	background	학력
social	background	사회적 배경
cultural	background	문화적 배경

▷ They asked me about my **family background**. 그들은 나에게 가정 환경에 대해서 물었다.
▷ With a strong **educational background**, my future may look reasonably bright. 든든한 학력 덕분에 내 장래가 상당히 밝아 보이는지도 모른다.
▷ They come from a wide range of **social backgrounds**. 그들의 사회적 배경은 다양하다.

| against | a background of A | A를 배경으로 |
| in | the background | 배경에서, 뒤쪽에서 |

▷ The story is set **against** the **background of** Paris in the 1920s. 이 이야기는 1920년대 파리를 배경으로 하고 있다.
▷ I heard some voices **in** the **background**. 뒤쪽에서 사람들 목소리가 들렸다.

bad /bæd/ 혱 나쁜; 지독한; 상한

look	bad	나빠 보이다
get	bad	악화되다
go	bad	상하다, 썩다
taste	bad	맛이 안 좋다
smell	bad	나쁜 냄새가 나다

▷ The situation in Afghanistan **looks bad**. 아프가니스탄의 상황은 좋지 않아 보인다.
▷ The weather **got** very **bad**. 날씨가 험악해졌다.

extremely	bad	대단히 나쁜
particularly	bad	특히 나쁜
especially	bad	
quite	bad	상당히 나쁜

▷ The weather was **extremely bad**. 날씨가 대단히 나빴다.
▷ He suffered from a **particularly bad** heart attack a few weeks ago. 그는 몇 주 전에 특히 지독한 심장 발작을 겪었다.

| bad | at A | A를 못하는 |
| bad | for A | A에 나쁜 |

▷ I'm really **bad at** cook**ing**. 나는 요리를 정말 못한다.(★ at 다음에는 명사나 동명사가 온다.)
▷ Smoking is **bad for** your health. 흡연은 건강에 나쁘다.

(PHRASES)
(**That's**) **too bad.** ☺ 안됐다. 안타까운 일이다.

bag /bæg/ 몡 가방, 핸드백; 자루, 봉지

carry	a bag	가방을 갖고 다니다
grab	a bag	가방을 잡다
sling	a bag	가방을 메다
pack	a bag	가방을 싸다

▷ I always **carry** a **bag** with me wherever I go. 나는 어디를 가든 가방을 갖고 다닌다.
▷ He **grabbed** a **bag** of cookies and opened it. 그는 쿠키 봉지를 잡아서 열었다.

| a bag | containing A | A가 든 가방 |
| a bag | full of A | A가 가득한 가방 |

▷ He came back with a **bag full of** food. 그는 음식이 가득 든 가방을 가지고 돌아왔다.

a shopping	bag	쇼핑백
a paper	bag	종이 가방
a plastic	bag	비닐 봉투
a garbage	bag	쓰레기 봉투
a sleeping	bag	침낭
a leather	bag	가죽 가방

balance /bæləns/ 몡 균형, 조화; 차감잔액

keep	one's balance	균형을 유지하다
maintain	one's balance	
lose	one's balance	균형을 잃다
achieve	a balance	균형을 맞추다
strike	a balance	
find	a balance	균형을 찾다
alter	the balance	균형을 바꾸다
upset	the balance	균형을 깨뜨리다
recover	one's balance	균형을 회복하다
redress	the balance	
tip	the balance	국면을 바꾸다, 결정적 역할을 하다

▷ Linda walked slowly trying to **keep** her **balance**. 린다는 균형을 유지하려고 애쓰면서 천천히 걸었다.
▷ He **lost** his **balance** and fell to the ground. 그는

균형을 잃고 바닥에 넘어졌다.
▷The question is how we **achieve a balance**. 문제는 우리가 어떻게 균형을 맞출 것인가이다.
▷I've decided to **strike a balance** between my parents' wishes and mine. 나는 부모님이 원하는 바와 내가 원하는 바 사이에서 균형을 맞추기로 결심했다.
▷These factors, in my view, **tip the balance** slightly in favor of the defendant. 내가 볼 때 이 요소들은 피고에게 약간 유리한 쪽으로 결정적 역할을 한다.

off	balance	균형을 잃어

▷I tried to grab it but I fell **off balance**. 나는 그것을 잡으려고 했지만 균형을 잃고 쓰러졌다.

a sense of	balance	균형 감각

▷I don't have such a good **sense of balance**. 나는 균형 감각이 별로 좋지 않다.

trade	balance	무역 수지
a bank	balance	은행 잔고

ball /bɔːl/ 图 공; 공 모양의 것

hit	a ball	공을 치다
kick	a ball	공을 차다
throw	a ball	공을 던지다
bounce	a ball	공을 튀기다
pass	a ball	공을 패스하다
catch	a ball	공을 잡다
miss	the ball	공을 놓치다
drop	the ball	공을 떨어뜨리다
play	ball	야구를 하다

▷Lewis **passed the ball** accurately to Owen. 루이스는 공을 정확히 오언에게 패스했다.
▷The captain tried to tackle from behind but **missed the ball**. 주장은 뒤에서 태클을 시도했지만, 공을 놓쳤다.

bank /bæŋk/ 图 은행; 둑, 제방

borrow from	a bank	은행에서 대출하다
rob	a bank	은행을 털다
burst	its bank(s)	제방을 무너뜨리다

▷They have to **borrow from the bank** to build a new building. 그들은 새 건물을 짓기 위해 은행에서 대출을 해야 한다.
▷The man was accused of **robbing the bank**. 그 남자는 은행 강도죄로 기소되었다.
▷The river **burst** its **banks** and flooded surrounding areas. 강물이 제방을 무너뜨리고 인근 지역을 침수시켰다.

an investment	bank	투자 은행
the opposite	bank	건너편 둑
the far	bank	
a river	bank	강둑
the left	bank	좌안(강의 왼쪽)
the right	bank	우안(강의 오른쪽)
a grassy	bank	풀이 난 제방

▷He heard shouting from the **opposite bank**. 그는 건너편 둑에서 외치는 소리를 들었다.

in	a bank	은행에

▷One million US dollars will be deposited **in your bank**. 귀하의 은행에 백만 US 달러가 입금될 겁니다.

bankrupt /bæŋkrʌpt/ 图 파산

go	bankrupt	파산하다
be declared	bankrupt	파산 선고를 받다

▷Another company **went bankrupt** this week. 또 다른 회사가 이번 주에 파산했다.
▷The company was **declared bankrupt** last week. 그 회사는 지난 주에 파산 선고를 받았다.

bar /bɑːr/ 图 술집; 카운터; 간이 식당; 막대기

in	a bar	술집에서
at	the bar	카운터 앞에

▷He is too young to drink **in a bar**. 그는 나이가 어려서 술집에서 술을 마실 수 없다.
▷Ray was sitting **at the bar** drinking beer. 레이는 카운터 앞에 앉아 술을 마시고 있었다.

a hotel	bar	호텔 바
a wine	bar	와인 바
a coffee	bar	커피 전문점
a salad	bar	샐러드 바
a friendly	bar	편안한 바

bargain /bɑːrgən/

图 싸게 산 물건: 교섭, 거래, 무역 교섭

look for	a bargain	싼 물건을 찾다
pick up	a bargain	싼 물건을 발견하다
make	a bargain	거래하다
strike	a bargain	

▷ For people **looking for** a **bargain**, we're offering discounts of up to 50%. 싼 물건을 찾는 분들께 저희는 최대 50%까지 할인을 해드립니다.
▷ He needed financial support. So he and Benson **struck a bargain**. 그는 재정 지원이 필요했다. 그래서 벤슨과 거래했다.

a good	bargain	싸게 잘 산 물건
a real	bargain	정말로 싼 물건
a grand	bargain	일괄 타결

▷ Emma has an eagle eye for a **good bargain**! 엠마는 싸고 좋은 물건을 잘도 찾더라!
▷ I got that DVD for around $20. It was a **real bargain**. 나는 그 DVD를 20달러 정도에 샀어. 정말로 싸게 산 거야.
▷ It's time for a **grand bargain** between the two countries. 그 두 나라 간의 일괄 타결이 시도되어야 할 때이다.

(PHRASES)

That's a bargain. / It's a bargain. ☺ 이것으로 결정됐다. ▷ She said it was a bargain, so everything was okay after that. 그녀는 이것으로 결정됐다고 했고, 그 이후로 모든 것이 잘 되었다.

base /beis/

명 토대, 기초; 기반; 기지; 야구의 루

provide	a base	기반을 제공하다
broaden	a base	기반을 넓히다
build	a base	기지를 짓다
establish	a base	기지를 건설하다
steal	a base	도루하다
get to	first base	1루에 나가다
load	the bases	만루가 되다

▷ The President needed to **broaden** his political **base**. 대통령은 자신의 정치적 기반을 넓힐 필요가 있었다.
▷ He has enough speed to **steal a base**. 그의 달리기 속도로 충분히 도루를 할 수 있다.

a firm	base	튼튼한 기초
a solid	base	
an economic	base	경제 기반
a financial	base	재정 기반
an industrial	base	산업 기반
a customer	base	고객 기반
a military	base	군사 기지
an air	base	공군 기지
a naval	base	해군 기지
a missile	base	미사일 기지
a stolen	base	도루

▷ You have to establish your own **economic base**. 너는 독자적인 경제적 기반을 다져야 한다.
▷ The company has expanded its **customer base** from 5,000 in 1995 to over 10,000. 그 회사는 1995년에 5천 명이던 고객 기반을 만 명 이상으로 확장했다.
▷ He had 24 homers and 25 **stolen bases**. 그는 홈런을 24개 치고, 도루를 25회 기록했다.

| at | the base | 아래 부분에 |

She sat **at the base** of the sacred tree. 그녀는 신성한 나무 밑둥에 앉았다.

| on | base | 출루하여 |
| off | base | 누를 떠나; 틀려 |

▷ With two men **on base**, he hit a three-run home run. 주자 두 명이 출루한 상태에서 그는 3점 홈런을 쳤다.
▷ Please correct me if I'm **off base** here. 여기서 제가 틀리면 정정해 주세요.

basis /béisis/ 명 기초; 근거; 기준

form	the basis	기초를 이루다
establish	the basis	
provide	a basis	기초가 되다
lay	a basis	기초를 쌓다

▷ Agriculture **forms** the **basis** *of* our economy. 농업은 경제의 기초를 이룬다.
▷ His Australian experiences **provided** a **basis** *for* his new project. 그가 오스트레일리아에서 한 경험은 새로운 사업의 기반이 되었다.

a firm	basis	든든한 기반
a sound	basis	
a theoretical	basis	이론적 근거

▷ A good primary education gives children a **firm basis** *for* the future. 훌륭한 초등 교육은 어린이들의 미래에 확고한 기초가 된다.
▷ His claims have no **theoretical basis**. 그의 주장은 이론적 근거가 없다.

on a regular	basis	정기적으로
on an annual	basis	일년 단위로
on a daily	basis	하루 단위로
on a day-to-day	basis	
on a monthly	basis	일 개월 단위로
on a weekly	basis	일 주일 단위로

on a permanent	basis	영구적으로
on a temporary	basis	임시로
on a casual	basis	비정기적으로
on a part-time	basis	시간제로
on a global	basis	전세계적 규모로

▷ Do you take any medicines **on a regular basis**? 규칙적으로 먹는 약이 있나요?

▷ I have visited New Zealand **on an annual basis** for several years. 나는 몇 년 동안 매년 뉴질랜드를 방문했다.

▷ She was employed **on a part-time basis**. 그녀는 시간제로 취직했다.

▷ We will have to deal with this issue **on a global basis** in the 21st century. 우리는 21세기에 이 문제를 전세계적으로 해결해야 할 것이다.

on	the basis of A	A에 근거해서
on	the basis that...	…라는 데 근거해서

▷ Decisions will be made **on the basis of** each individual case. 결정은 개별 사례에 근거해서 내려질 것이다.

bath /bæθ/ 명 목욕, 입욕; 욕조, 욕실

take	a bath	목욕하다
have	a bath	
run	a bath	욕조에 물을 채우다
lie in	a bath	욕조에 몸을 담그다
soak in	a bath	
give A	a bath	A를 목욕시키다

▷ Do you want to **take** a **bath** after supper? 저녁 식사 후에 목욕할래?

▷ I'll go and **run** a **bath**. 내가 가서 욕조에 물을 채울게.

▷ **Soaking in** a **bath** helps me to relax. 나는 욕조에 몸을 담그면 긴장이 풀린다.

▷ Let me help you **give** the baby a **bath**. 아기 목욕시키는 거 도와줄게.

a hot	bath	뜨거운 목욕
a bubble	bath	거품 목욕
a steam	bath	사우나, 증기 목욕(탕)
a whirlpool	bath	월풀 목욕

▷ I'm going to take a long, **hot bath**. 뜨거운 물로 오래 목욕을 할 거야.

a room	with bath	욕조 딸린 방

▷ Twin, three-bedded **rooms with bath** or shower are available. 욕조 또는 샤워 부스가 딸린, 침대 두 개짜리 또는 세 개짜리 방들이 있습니다.

bathroom /bæθruːm/ 명 욕실; 화장실

go to	the bathroom	화장실에 가다

▷ I felt very sick so I **went to** the **bathroom**. 속이 몹시 메스꺼워서 화장실에 갔다.

PHRASES

May I use your bathroom? ⓒ 화장실을 사용해도 될까요?

battle /bætl/ 명 전투, 싸움; 투쟁

do	battle	전투를 벌이다
fight	a battle	
lose	a battle	전투에서 지다
win	a battle	전투에서 이기다

▷ Instead of **doing battle** *with* business rivals he is now enjoying being a family man. 그는 지금 사업 경쟁자들과 전투를 벌이는 게 아니라, 가정을 중시하는 생활을 하고 있다.

▷ His mother **lost** a **battle** *against* cancer. 그의 어머니는 암 투병에서 지고 말았다.

a battle	begins	전투가 일어나다
a battle	takes place	
a battle	rages	전투가 격렬하게 계속되다
a battle	ends	전투가 끝나다

▷ The **battle took place** at Stamford Bridge 12 miles east of York. 전투는 요크 동쪽으로 12마일 거리에 있는 스탬퍼드 브리지에서 일어났다.

▷ For four hours a pitched **battle raged** outside the embassy. 4시간 동안 대사관 밖에서 격렬한 전투가 계속되었다.

a bitter	battle	격전, 격렬한 전투
a fierce	battle	
a bloody	battle	유혈이 낭자한 전투
a desperate	battle	필사의 전투
a decisive	battle	승패를 가르는 전투
a constant	battle	끊임없는 전투
an uphill	battle	힘겨운 전투
a losing	battle	승산이 없는 전투
a legal	battle	법정 싸움

▷ The two candidates fought a **bitter battle** throughout the election campaign. 두 후보는 선거 운동 기간 내내 격렬하게 싸웠다.

▷ The rescue services were facing an **uphill battle** from the start. 구조대는 처음부터 힘겨운 싸움에 직면해 있었다.

▷ He fought his **legal battle** for 22 years and

won. 그는 22년 동안 법정 싸움을 해서 이겼다.

in	battle	전쟁에서

▷ He was killed **in battle**. 그는 전사했다.

a battle	with A	A와의 싸움
a battle	against A	
a battle	between A and B	A와 B 사이의 싸움
a battle	for A	A를 구하는 싸움

▷ Children are often caught up in the **battle between** their fathers **and** mothers. 어린이들은 자주 아버지와 어머니 사이의 싸움에 휘말린다.

a battle	to do	…하려는 싸움

▷ We won the **battle to** save the local hospital. 우리는 지역 병원을 지키려는 싸움에서 승리했다.

beach /biːtʃ/ 명 해변, 바닷가

a sandy	beach	모래 해변
a pebbly	beach	자갈이 많은 해변
a deserted	beach	아무도 없는 해변
a private	beach	개인 소유의 해변

▷ They were sitting on a **deserted beech** watching the sunset together. 그들은 한적한 해변에 앉아서 함께 노을을 바라보았다.

at	the beach	해변에서
on	the beach	
along	the beach	해변을 따라

▷ We spent our summer holidays in a small guesthouse **at the beach**. 우리는 해변의 작은 게스트하우스에서 여름 휴가를 보냈다.
▷ Let's go swimming **at the beach**. 해변으로 수영하러 가자. (★ swim 뒤에서는 on보다 at이 더 많이 쓰인다.)
▷ I lay **on the beach** all afternoon. 나는 오후 내내 해변에 누워 있었다. (★★ lie at beach라고는 하지 않는다.)

bear /beər/ 동 견디다, 참아지다; 참다

can't	bear doing	…하는 것을 견딜 수 없다
can't	bear to do	
can	hardly bear to do	…하는 것을 견디기가 힘들다

▷ I **can't bear** watching this DVD any longer. It's much too violent. 이 DVD는 더 못 보겠어. 너무 폭력적이야.
▷ I **can't bear to** disappoint him now. 지금 그를 실망시키게 되어 너무 괴롭다.

beat /biːt/ 동 때리다, 두드리다; 이기다; 휘저어 뒤섞다; 거품을 일으키다

easily	beat	쉽게 이기다
narrowly	beat	간신히 이기다
be well	beaten	완패하다
be badly	beaten	심하게 맞다
be severely	beaten	
beat	well	거품을 잘 일으키다

▷ He **easily beat** the national champion. 그는 전국 챔피언을 쉽게 이겼다.
▷ Canada **narrowly beat** the United States in the final. 캐나다는 결승전에서 미국을 간신히 이겼다.
▷ Jack has been **badly beaten** on his chest and stomach. 잭은 가슴과 배를 심하게 맞았다.
▷ Add the flour and the egg yolks and **beat well**. 밀가루와 달걀 노른자를 넣고 잘 저으세요.

beat A	at B	B의 경기에서 A를 이기다
beat A	by B	B의 차이로 A를 이기다

▷ She's a great swimmer, but she got **beaten by** half a length. 그녀는 수영실력이 뛰어나지만, 키의 절반 차이로 졌다.

beautiful /bjúːtəfəl/ 형 아름다운, 예쁜

look	beautiful	아름답게 보이다

▷ You **look** absolutely **beautiful** today. 당신은 오늘 정말 아름답군요.

extremely	beautiful	기막히게 아름다운
extraordinarily	beautiful	뛰어나게 아름다운
absolutely	beautiful	정말로 아름다운
breathtakingly	beautiful	숨막히게 아름다운
strikingly	beautiful	
particularly	beautiful	유난히 아름다운

▷ She was tall and **breathtakingly beautiful**. 그녀는 키가 크고 숨막히게 아름답다.

beauty /bjúːti/ 명 미, 아름다움; 미인

great	beauty	대단한 아름다움
outstanding	beauty	특출한 아름다움
sheer	beauty	아름다움 그 자체
natural	beauty	자연스러운 아름다움
physical	beauty	육체미
a great	beauty	절세 미녀
a real	beauty	대단한 미인, 멋진 물건

▷ Nepal is a country of outstanding **natural beauty**. 네팔은 자연이 뛰어나게 아름다운 나라다.
▷ She was a **real beauty** with black hair and dark eyes. 그녀는 검은 머리와 검은 눈동자의 대단한 미녀였다.

bed /bed/ 명 침대

go to	bed	잠자리에 들다
get into	bed	침대에 들어가다
climb into	bed	침대에 기어 들어가다
get out of	bed	침대에서 나오다
climb out of	bed	침대에서 기어 나오다
lie in	bed	침대에 누워 있다
stay in	bed	침대에서 나오지 않고 있다
put A to	bed	A를 침대에 눕히다
share	a bed	한 침대에서 자다
make	the bed	침대를 정돈하다

▷ I **go to bed** around 11 pm. 나는 11시쯤 잔다.
▷ I set the clock for eight and **got into bed**. 나는 시계를 8시에 맞추고 잤다.
▷ I **climbed into bed** and fell asleep. 나는 침대에 들어가 잠이 들었다.
▷ Nick **got out of bed** to go to the toilet. 닉은 화장실에 가려고 일어났다.
▷ Helen **lay in bed** and tried to sleep. 헬렌은 침대에 누워서 잠을 청했다.
▷ You look tired. You should **stay in bed**. 피곤해 보인다. 침대에 계속 있는 게 좋겠다.
▷ Can you **put** the children **to bed**? 아이들을 재워 줄래요?
▷ Okay, you two boys can **share** a **bed**. 좋아, 너희 사내애 둘은 한 침대를 써라.

| in | bed | 침대에 들어 |
| out of | bed | 침대에서 나와 |

▷ Julie can't come this evening. She's **in bed** with the flu. 줄리는 오늘 못 와. 독감으로 누워 있어.

| a flower | bed | 화단 |

(PHRASES)
(**It's) time for bed.** ☺ 잘 시간이다.

begin /biɡín/ 통 시작하다; 시작되다

immediately	begin	즉시 시작하다
suddenly	begin	갑자기 시작하다
slowly	begin	천천히 시작하다
soon	begin	곧 시작하다
begin	again	다시 시작하다

★ immediately, slowly는 동사 뒤에서도 쓰인다.
▷ If everything is ready, let's **begin immediately**! 모든 것이 준비되면, 즉시 시작하자!
▷ I was **slowly beginning** to realize that nobody was listening to me. 아무도 내 말을 듣고 있지 않다는 것을 차차 깨닫기 시작했다.
▷ She took a deep breath and **began again**. 그녀는 숨을 깊이 들이마시고 다시 시작했다.

| begin | doing | …하기 시작하다 |
| begin | to do | |

▷ He sat down and **began** talking to Allison. 그는 자리에 앉더니 앨리슨에게 이야기하기 시작했다.
▷ Slowly she was **beginning to** understand the situation. 그녀는 서서히 상황을 이해하기 시작했다.

| begin | by doing | …하는 것으로 시작하다 |
| begin | with A | A에서 시작하다 |

▷ Let me **begin by** telling you a little about Roy. 먼저 로이에 대해서 몇 가지 알려드릴게요.

beginning /biɡíniŋ/ 명 시작, 최초

| mark | the beginning | 시작을 알리다 |
| see | the beginning(s) | 시작을 알다 |

▷ When the plum blossom comes out it **marks** the **beginning** of spring. 매화꽃이 피면 봄이 시작됐음을 알 수 있다.
▷ I could **see** the **beginning** of tears in her eyes. 그녀의 눈에서 눈물이 나려고 하는 것을 알 수 있었다.

| a new | beginning | 새 출발 |
| small | beginnings | 작은 시작 |

▷ Now is the time for a **new beginning**. 이제 새 출발을 할 때이다.
▷ She grew her business *from* **small beginnings** at home. 그녀는 집에서 조그맣게 시작한 사업을 크게 키웠다.

at	the beginning (of A)	A의 처음에
in	the beginning	처음에는
from	beginning to end	처음부터 끝까지
from	the very beginning	맨 처음부터
right from	the beginning	

▷ They're getting married **at** the **beginning of** next year. 그들은 내년 초에 결혼할 예정이다.
▷ Why didn't you say that **in** the **beginning**? 왜 처음에는 그 말을 하지 않았어?
▷ I hope you all enjoy the show **from beginning to end**. 여러분 모두 공연을 처음부터 끝까지 즐기시기 바랍니다.

▷ You should have told me **right from** the **beginning**. 맨 처음부터 나에게 말을 했어야지.

(PHRASES)
This is only the beginning. ☺ 이것은 시작일 뿐이다.

behave /bihéiv/

동 행동하다, 태도를 취하다

behave	well	예의 바르게 행동하다
behave	badly	예의 없이 행동하다
behave	properly	적절하게 처신하다
behave	responsibly	책임 있게 행동하다
behave	strangely	이상하게 행동하다
behave	differently	다르게 행동하다

▷ How was it? Did Andy **behave well**? 어땠어? 앤디가 예의 바르게 행동했어?
▷ I want you to **behave properly**, understand? 네가 적절하게 처신했으면 좋겠어, 알겠니?
▷ Perhaps you would **behave differently** if you knew the true facts. 아마 네가 진실을 알면 다르게 행동할 것이다.

behave	in a ... way	…한 방식으로 행동하다

★ …에는 particular, similar, foolish 등이 온다

▷ If you want him to help you, you need to **behave in** a **particular way**. 그의 도움을 받고 싶다면, 특별하게 행동해야 한다.

behave	as if	…인 것처럼 행동하다
behave	as though	
behave	like A	A처럼 행동하다
behave	toward A	A(사람)에게 행동하다

▷ She was **behaving as if** nothing had happened. 그녀는 아무 일도 없었던 것처럼 행동했다.
▷ Stop **behaving like** a child! 어린애처럼 굴지 마!
▷ How does she **behave toward** her colleagues? 그녀는 동료들에게 어떻게 행동하니?

behavior /bihéivjər/

명 태도, 행동 (★((영)) behaviour)

affect	A's behavior	A의 행동에 영향을 미치다
observe	A's behavior	A의 행동을 관찰하다
change	one's behavior	행동을 바꾸다

▷ Nothing that we say to him **affects his behavior**. 우리가 무슨 말을 해도 그의 행동은 변하지 않는다.
▷ After the boss spoke to him, he completely **changed his behavior**. 상사가 그와 이야기를 한 뒤로 그의 행동은 완전히 바뀌었다.

good	behavior	좋은 태도
bad	behavior	나쁜 태도
aggressive	behavior	공격적인 행동
violent	behavior	폭력적인 행동
human	behavior	인간의 행동
sexual	behavior	성적인 행동
social	behavior	사회적 행동

▷ I must apologize for my **bad behavior**. 제 못된 태도에 대해 사과를 드려야겠네요.
▷ We don't allow any **aggressive behavior** here. 여기서는 어떤 공격적인 행동도 허용되지 않습니다.
▷ **Human behavior** is so variable from person to person. 인간의 행동은 사람에 따라 각양각색이다.

a pattern of	behavior	행동 양식

▷ Habits and regular **patterns of behavior** make us feel comfortable. 습관과 규칙적인 행동 양식 덕분에 우리는 편안함을 느낀다.

behavior	toward A	A에 대한 태도

▷ I suppose your **behavior toward** me will never change. 나에 대한 너의 태도는 변치 않을 거라 생각한다.

behavior and attitudes		태도와 행동

★ attitudes and behavior라고도 한다.

▷ We are twins and both similar in our **attitudes and behavior**. 우리는 쌍둥이고, 둘 다 태도와 행동이 비슷하다.

belief /bilí:f/ 명 신념; 견해, 신앙

have	a belief	신념이 있다
hold	a belief	신념을 품다
express	one's belief	신념을 표명하다

▷ She **has** a strong **belief** in her ability to do well. 그녀는 자신이 잘 해낼 거라고 굳게 믿고 있다.

a firm	belief	굳건한 신념
a strong	belief	
a general	belief	통념
(a) popular	belief	
a widespread	belief	널리 퍼진 견해
a widely-held	belief	
a growing	belief	점점 퍼지는 견해
personal	belief	개인적인 신념
a false	belief	잘못된 생각, 착각
a mistaken	belief	

▷ Contrary to **popular belief**, a sleeping mind is often busier than one that's awake. 통념과는 달리, 정신 활동은 깨어 있을 때보다 수면중에 더 활발한 경우가 많다.

▷ The man was shot dead by police in the **mistaken belief** that he was a suicide bomber. 그 남자는 자살 폭탄 테러범이라는 오해를 받고 경찰에 의해 사살되었다.

a belief	in A	A에 대한 믿음
beyond	belief	믿을 수 없을 정도로

▷ I have a strong **belief in** God. 나는 신을 굳게 믿는다.

▷ Julia was shocked **beyond belief**. 줄리아는 엄청난 충격을 받았다.

believe /bilíːv/ 图 믿다

firmly	believe	확고하게 믿다
really	believe	
genuinely	believe	진심으로 믿다
truly	believe	
no longer	believe	더 이상 믿지 않다
still	believe	여전히 믿다
can hardly	believe	좀처럼 믿을 수 없다
be widely	believed	많은 사람이 믿고 있다
be generally	believed	

▷ I **firmly believe** that I'm doing the right thing. 나는 내가 옳은 일을 한다고 굳게 믿는다.

▷ Do you **really believe** what you said? 네가 한 말을 정말로 믿고 있는 거니?

▷ I **could hardly believe** what I had just heard! 방금 전에 들은 말을 좀처럼 믿을 수 없었어.

▷ It is **widely believed** that Mars once had seas. 많은 사람이 예전에는 화성에 바다가 있었다고 믿고 있다.

find it hard	to believe	…라는 것은 믿기 어렵다
find it difficult	to believe	

▷ I **found it difficult to believe** that he would do such a thing. 그가 그런 일을 하리라고는 믿기 어려웠다.

believe	(that)...	…라고 믿다, 생각한다

▷ I **believe** we've met before. 우리가 전에 만난 적이 있는 것 같습니다.

belt /belt/ 图 벨트; 지대

fasten	one's belt	벨트를 매다
unbuckle	one's belt	벨트를 풀다
undo	one's belt	
tighten	one's belt	벨트를 조이다, 절약하며 살다
loosen	one's belt	벨트를 느슨하게 풀다
wear	a belt	벨트를 두르다

▷ **Fasten** your seat **belt**. 안전 벨트를 매세요.

▷ He **undid** his seat **belt** and turned off the engine. 그는 안전 벨트를 풀고 시동을 껐다.

▷ She **tightened** the **belt** of her dress. 그녀는 드레스의 벨트를 조였다.

▷ It's time to **tighten** our **belt** financially. 돈을 아끼며 살아야 할 때다.

benefit /bénəfit/ 图 이익, 혜택; 수당, 급여

enjoy	the benefit	혜택을 누리다
have	the benefit	혜택이 있다
gain	the benefit	이익을 얻다
reap	the benefit	
bring	benefits	이익을 주다
offer	the benefit	
claim	(a) benefit	수당을 신청하다
get	(a) benefit	수당을 받다
receive	(a) benefit	

▷ We can no longer **enjoy** the **benefit** of overtime pay. 우리는 더 이상 연장 근로 수당이라는 혜택을 받을 수 없다.

▷ I've been lucky because I've **had** the **benefit** of an experienced coach. 나는 경험 많은 코치라는 혜택이 있었기에 운이 좋았다.

▷ New technologies like these **bring benefits** to society. 이러한 새로운 과학기술은 사회에 이익을 안겨 준다.

▷ If your income is low, you may be able to **claim benefits**. 귀하의 소득이 낮으면, 수당을 신청할 수 있습니다.

▷ Do you expect to **receive** Social Security **benefits** when you retire? 당신이 퇴직하면 사회보장 연금을 받을 거라고 생각하나요?

mutual	benefit	상호 이익
the potential	benefits	잠재적 이익
public	benefit	공익
social	benefit	사회적 이익
fringe	benefits	부가 급부
welfare	benefits	복지 수당
child	benefit	자녀 수당
disability	benefit	장애 수당
housing	benefit	주택 수당

sickness	benefit	요양 수당
unemployment	benefit	실업 수당

▷ Doctors are enthusiastic about the **potential benefits** of the new drug. 의사들은 신약의 잠재적 이익에 큰 기대를 품고 있다.
▷ Economic growth can bring **social benefits**. 경제 성장은 사회적 이익을 가져올 수 있다.

for	A's benefit	A를 위해서
without	the benefit of A	A의 도움 없이

▷ I didn't do it **for** your **benefit**. 나는 너를 위해 그 일을 하지는 않았다.
▷ She learned French **without** the **benefit of** a teacher. 그녀는 교사의 도움 없이 프랑스어를 배웠다.

best /best/

형 최고의, 제일의, 가장 좋은, 최선의

the very	best	정말 최고의
by far the	best	단연 최고의
easily the	best	
probably	best	아마도 최고의

▷ Mark got the **very best** education. 마크는 정말 최고의 교육을 받았다.
▷ It's **probably best** you don't go. 네가 가지 않는 것이 최선일 것이다.

best	for A	A에게 가장 좋은

▷ I know what's **best for** you. 나는 너에게 가장 좋은 게 무언지 안다.

be best	to do	⋯하는 것이 가장 좋다

▷ I decided it was **best to** tell the truth. 나는 진실을 말하는 게 가장 좋다는 결론을 내렸다.

better /bétər/ 형 더 좋은

feel	better	기분이 좋아지다
get	better	좋아지다, 건강해지다

▷ A nice cup of tea will make you **feel better**. 좋은 차를 마시면 기분이 좋아질 것이다.

considerably	better	상당히 나아진
significantly	better	
much	better	
a bit	better	조금 나은
a little	better	
slightly	better	

▷ His illness became **considerably better**. 그의 병은 상당히 호전되었다.
▷ Things are beginning to get **significantly better**. 상황이 상당히 좋아지기 시작했다.
▷ He looked **much better** in a suit. 그는 정장을 입으니 훨씬 더 괜찮아 보였다.
▷ I feel **a bit better** now. 지금은 기분이 조금 나아졌다.

better	than A	A보다 좋은
better	at A	A를 더 잘하는

▷ Your vision is **better than** mine. 네 시력이 나보다 좋다.
▷ He was **better at** understanding English than I was at figuring out Chinese. 영어에 대한 그의 이해력은 중국어에 대한 내 이해력보다 좋았다.

be better	to do	⋯하는 것이 더 좋다

▷ It would be **better to** do it now. 그것을 지금 하는 것이 더 나을 것이다 ◆ **Wouldn't it be better...?** ⋯하는 것이 더 좋지 않을까요? ▷Wouldn't it be better to leave in the morning? 오전에 떠나는 것이 더 좋지 않을까요?

PHRASES

That's better. ☺ 잘 됐다, 좋아졌다, 그게 더 낫다.
▷ I'll add some more salt...That's better. 소금을 조금 더 넣을게⋯ 그래, 더 낫다.

bicycle /báisikl/ 명 자전거

ride	a bicycle	자전거를 타다
get on	a bicycle	자전거에 올라타다
get off	a bicycle	자전거에서 내리다
fall off	a bicycle	자전거에서 떨어지다
pedal	a bicycle	자전거의 페달을 밟다

▷ I taught her to **ride a bicycle**. 나는 그녀에게 자전거 타는 법을 가르쳐주었다.
▷ He **fell off** his **bicycle** while riding with friends. 그는 친구들과 자전거를 타다가 떨어졌다

big /big/ 형 큰, 연상의

grow	big	커지다
seem	big	커 보이다

▷ The world economy **grew bigger** and ever more complex than before. 세계 경제는 전보다 규모가 더 커지고 훨씬 더 복잡해졌다.
▷ When I tried this T-shirt on in the shop it seemed OK, but now it **seems** too **big**. 내가 가게에서 이 티셔츠를 입어보았을 때는 괜찮아 보였는데, 지금은 너무 커 보인다.

fairly	big	상당히 큰

pretty	big	
really	big	정말로 큰
big	enough	충분히 큰

▷ Sydney has become a **pretty big** city in the last hundred years. 시드니는 지난 백년 동안 상당히 큰 도시가 되었다.

▷ That apartment isn't **big enough** for both of us. 그 아파트는 우리 둘이 살 만큼 넓지 않다.

bill /bil/ 명 청구서; ((영)) (식당의) 계산서; 법안

pay	a bill	돈을 내다, 금액을 지불하다
settle	the bill	
run up	a bill	외상/빚을 늘리다
have	the bill	계산서를 받다
split	the bill	금액을 나눠 내다
introduce	a bill	법안을 제출하다
propose	a bill	
approve	a bill	법안을 가결하다
pass	a bill	
oppose	a bill	법안에 반대하다

▷ Don't worry. I'll **pay** the **bill**. 걱정 마. 돈은 내가 낼게.

▷ Could I **have** the **bill**, please? 계산서를 가져다 주시겠습니까?

▷ I'm confident we'll be able to **introduce** a **bill** to Parliament soon. 나는 우리가 곧 의회에 법안을 제출할 수 있을 거라고 자신한다.

an electricity	bill	전기요금 청구서
a phone	bill	전화요금 청구서

bird /bəːrd/ 명 새

feed	a bird	새에게 모이를 주다

▷ **Feeding birds** is an excellent way for people to learn about wildlife. 새에게 모이를 주는 것은 야생 동물에 대해 배우기 위한 좋은 방법이다.

a bird	flies	새가 날다
a bird	sings	새가 노래하다
a bird	sits	새가 앉다

▷ The **birds flew** from their nests in the trees. 새들이 나무 위의 둥지에서 날아올랐다.

▷ When I looked out the window, a strange, colorful **bird** was **sitting** on a tree branch. 창밖을 내다보는데, 색깔이 화려한 낯선 새가 나뭇가지에 앉아 있었다.

a wild	bird	야생 새
a caged	bird	새장 안의 새
a migratory	bird	철새
an adult	bird	다 자란 새
a rare	bird	희귀조

▷ Let me live as a person, not as a **caged bird**. 새장 안의 새가 아니라 한 인간으로 살게 해줘요.

a flock of	birds	새떼

▷ I watched a large **flock of birds** fly over us. 나는 대규모의 새떼가 우리 위로 날아가는 것을 구경했다.

(PHRASES)

a little bird told me (that...) ☺ ((비격식)) 누군가에게 들었는데. ▷ A little bird told me that you are going out with Helen. 우연히 들었는데, 너 헬렌이랑 사귄다며?

birth /bəːrθ/ 명 출생; 출산; 태어남

give	birth (to A)	(A를) 낳다

▷ Jane **gave birth to** her child in August. 제인은 8월에 아이를 낳았다.

at	birth	출생 시에
by	birth	태생은
from	birth	태어날 때부터

▷ I'm a New Yorker **by birth**. 나는 뉴욕 태생이다.

one's date of	birth	생년월일
one's place of	birth	출생지

▷ **Date of birth**: July 25, 1988 생년월일: 1988년 7월 25일

▷ Please write your **place of birth** here. 여기에 출생지를 적으세요.

bite /bait/ 명 깨무는 일; 한 입; 물린 상처

have	a bite	한 입 먹다
take	a bite	
grab	a bite	가볍게 먹다
get	a bite	(벌레 등에게) 물리다

▷ Would you like to **grab** a **bite** to eat? 가볍게 식사하러 갈래요?

another	bite	한 입 더
a big	bite	크게 베어먹은 한 입
a nasty	bite	지독하게 무는 일
a mosquito	bite	모기 물린 상처

| bitter |

▷ He took **another bite** of his apple. 그는 사과를 한 입 더 베어 먹었다.(★ another bite는 대체로 take와 함께 쓰인다.)
▷ He took a **big bite** *of* his pizza. 그는 피자를 크게 한 입 베어 먹었다.
▷ She had a **mosquito bite** on her right ankle. 그녀는 오른쪽 발목에 모기 물린 상처가 있었다.

bitter /bítər/ 🔳 고통스러운, 쓰디쓴, 불쾌한

| feel | bitter | 불쾌하게 여기다 |
| taste | bitter | 쓴맛이 나다 |

▷ Mike still **feels bitter** because he wasn't promoted this year. 마이크는 올해 승진하지 않은 것을 아직도 불쾌하게 여기고 있다.
▷ This dark chocolate **tastes** very **bitter**. 이 다크 초콜릿은 맛이 아주 쓰다.

increasingly	bitter	점점 더 격렬한
extremely	bitter	극도로 괴로운, 아주 쓴
slightly	bitter	약간 괴로운, 약간 쓴

▷ This espresso coffee tastes **extremely bitter** without sugar. 이 에스프레소는 설탕을 안 넣으면 너무 쓰다.

| bitter | about A | A에 분개한 |

▷ I can't help but be slightly **bitter about** his comments. 그의 발언에 약간 화가 나는 걸 어쩔 수 없다.

blame /bleim/ 🔳 비난하다, 탓하다

| partly | blame | 일부 …의 탓을 하다 |
| be widely | blamed | 많은 사람의 비난을 받다 |

▷ He **partly blamed** himself for what happened. 그는 일어난 사건에 대해 자신의 잘못도 일부 있다고 생각했다.
▷ Passive smoking is **widely blamed** for illness among nonsmokers. 간접 흡연은 비흡연자들의 질병 원인으로 널리 비난받고 있다.

blame A	for B	B에 대해 A를 비난하다
blame A	on B	A에 대해 B를 탓하다
be to blame	(for A)	(A에 대해) 책임을 져야 하다

▷ He **blamed** us **for** her accident. 그는 그녀의 사고가 우리 탓이라고 했다.
▷ I'm sorry (that) I **blamed** everything **on** you. 모든 일을 네 탓으로 돌려서 미안해.

don't	blame A	A 탓이 아니다
can't	blame A	A를 탓할 수 없다
can hardly	blame A	A를 탓하기는 힘들다
can't really	blame A	실제로는 A를 탓할 수 없다

▷ I **don't blame** you if you want to leave home. 네가 집을 나가고 싶다고 해도 그건 네 잘못이 아니야.
▷ I **can't blame** him. He's 75 years old. 그분을 탓할 순 없어. 75세나 되셨잖아.
▷ You **can hardly blame** me for getting angry. 내가 화를 냈다고 해서 네가 나를 비난하면 안 되지.

blame /bleim/ 🔳 책임, 비난

get	the blame	책임을 지다
take	the blame	책임을 떠맡다
put	the blame on A	A에게 책임을 지우다
lay	the blame on A	

▷ Who **gets** the **blame**? 누가 책임질래?
▷ Don't worry, Samantha. I'll **take** the **blame**. 걱정하지 마, 사만다. 내가 책임질게.
▷ She always **puts** the **blame on** me. 그녀는 항상 내 탓을 한다.

blind /blaind/ 🔳 블라인드

draw	the blinds	블라인드를 내리다
pull down	the blinds	
pull up	the blinds	블라인드를 올리다
raise	the blinds	

▷ He **drew** the **blinds** and switched on the lights. 그는 블라인드를 내리고 전등을 켰다.
▷ She got up and **pulled up** the **blinds**. 그녀는 일어나서 블라인드를 올렸다.

block /blɑk/ 🔳 블록, 덩어리; 《영》건물의 한 동; 한 구획; 장애물

a large	block	큰 블록
a big	block	
concrete	blocks	콘크리트 블록
a building	block	건축용 블록
a mental	block	생각의 막힘
writer's	block	작가의 슬럼프

▷ The wall was constructed from **large blocks** of stone. 그 담은 커다란 석조 벽돌로 지어졌다.
▷ She got a **mental block** and completely forgot what she was going to say. 그녀는 정신이 멍해지면서, 하려던 말을 까맣게 잊어버렸다.

| two blocks | away | 두 블록 거리 |
| two blocks | from A | A에서 두 블록 |

▷ The bank is about three **blocks away** from the police station. 은행은 경찰서에서 약 세 블록 거리에 있다.

▷ Go down two **blocks from** here and take a left. 여기서 두 블록을 가서 왼쪽으로 도세요.

block /blɑk/ ⓥ 차단하다, 가로막다

completely	block	완전히 차단하다
partially	block	일부를 막다
effectively	block	효과적으로 차단하다
block	off	봉쇄하다, 가로막다
block	up	

▷ She stood up, **completely blocking** everyone's view from the back. 그녀는 일어서면서 뒷자리에 앉은 사람들의 시야를 완전히 가로막았다.

▷ The road was **partially blocked** for a time. 도로가 잠시 부분 폐쇄되었다.

▷ We need to **block up** the windows with something. 우리는 무언가로 창문을 차단해야 한다.

blood /blʌd/ ⓝ 피, 혈액; 핏줄, 혈통

lose	blood	출혈하다
draw	blood	피를 뽑다, 채혈하다
give	blood	헌혈하다
donate	blood	
spit	blood	피를 토하다, 각혈하다
cough up	blood	

▷ The dog bit me but it didn't **draw blood**. 개가 나를 물었지만, 피는 나지 않았다.

▷ What percentage of the population **donates blood**? 인구의 몇 퍼센트가 헌혈을 하는가?

▷ He coughed and **spat blood** on the floor. 그가 기침을 하더니 바닥에 피를 토했다.

blood	flows	피가 흐르다
blood	runs	
blood	oozes	피가 스며 나오다

▷ He began to feel **blood flowing** down his leg from a wound. 그는 상처의 피가 다리를 타고 흐르는 것을 느끼기 시작했다.

▷ The **blood ran** down his face from the cut on his forehead. 이마의 상처에서 난 피가 그의 얼굴로 흘러내렸다.

blood	cells	혈구
blood	pressure	혈압
a blood	vessel	혈관
blood	sugar	혈당(치)

| a blood | transfusion | 수혈 |
| blood | type | 혈액형 |

▷ My father has high **blood pressure**. 우리 아버지는 혈압이 높다.

blow /blou/ ⓥ 불다, 불어 날리다

blow	gently	부드럽게 불다
blow	strongly	세게 불다
blow	hard	

▷ The wind was **blowing strongly** from the northeast. 북동쪽에서 바람이 강하게 불어오고 있었다.

| blow | from A | A에서 불다 |
| blow | A off B | B에서 A를 불어 날리다 |

▷ A sudden gust of wind **blew** all the papers **off** his desk. 갑작스런 돌풍으로 인해 그의 책상에서 서류가 모두 날아갔다.

board /bɔːrd/

ⓝ 판, 게시판; 위원회, 회의; 식사, 식사 제공

| sit on | the board | 이사로 재직하다 |

▷ He **sat on the board** of the company. 그는 회사에서 이사직을 맡고 있다.

a bulletin	board	게시판
a management	board	경영회의
chairman of	the board	이사회 회장
a member of	the board	이사

▷ The **members of the board** glanced at one another. 이사들은 서로를 힐끗 쳐다봤다.

| full | board | 세 끼를 제공하는 숙박비 |
| half | board | 두 끼를 제공하는 숙박비 |

▷ The price includes **full board**, insurance, airline tickets and airport taxes. 가격에는 세 끼를 포함한 숙박비, 보험, 항공권과 공항세가 포함되어 있습니다.

| on | the board | 게시판에 |
| on | board | 탑승해서 |

▷ How many people are there **on board** that ship? 그 배에 몇 명이 탑승해 있습니까?

body /bɑ́di/ ⓝ 몸; 시체; 본체

| keep | one's body fit | 몸을 건강하게 유지하다 |

keep	one's **body healthy**	

▷ I want to do everything I can to **keep** my **body healthy**. 내 몸을 건강하게 유지하기 위해서는 무엇이든 하고 싶다.

A's **body**	**aches**	A가 몸이 아프다
a **body**	**was found**	시신이 발견되었다
a **body**	**was discovered**	

▷ Kelly's **body** was **found** near his home. 켈리의 시신이 그의 집 근처에서 발견되었다.

A's **whole**	**body**	A의 전신
the **human**	**body**	인체
a **dead**	**body**	사체
the **main**	**body**	본체, 본문

▷ I had a cold and my **whole body** was aching. 감기에 걸려서 온몸이 아팠다.
▷ I guess they hid his **dead body** somewhere else. 나는 그들이 어딘가에 그의 시신을 숨겼다고 생각한다.
▷ The **main body** of the text follows the introduction. 본문은 도입부 뒤에 나온다.

body and soul	몸도 마음도, 전심전력으로

▷ She threw herself **body and soul** into her work. 그녀는 일에 몸과 마음을 바쳤다.

boil /bɔil/ 图 끓이다; 삶다

boil	**rapidly**	빨리 끓이다
put A **on to**	**boil**	A를 불 위에서 끓이다

▷ Chop all veggies into small pieces. **Boil rapidly** for ten minutes stirring well. 채소를 모두 잘게 썬다. 10분 동안 잘 저으면서 재빨리 삶는다.
▷ I **put** the kettle **on to boil**. 나는 주전자를 불에 올려서 끓였다.

bomb /bɑm/ 图 폭탄

place	a **bomb**	폭탄을 설치하다
plant	a **bomb**	
drop	a **bomb**	폭탄을 투하하다

▷ They **planted** a **bomb** under his car. 그들은 그의 자동차 밑에 폭탄을 설치했다.
▷ A warplane **dropped** a **bomb** on the village. 전투기가 마을에 폭탄을 투하했다.

an **atomic**	**bomb**	원자 폭탄
a **nuclear**	**bomb**	핵폭탄
an **incendiary**	**bomb**	소이탄
a **petrol**	**bomb**	화염병
an **unexploded**	**bomb**	불발탄
a **time**	**bomb**	시한 폭탄

bomb /bɑm/ 图 폭격하다

be heavily	**bombed**	맹렬하게 폭격을 당하다
be badly	**bombed**	

▷ Berlin was **heavily bombed** during the Second World War. 베를린은 2차 대전 때 맹렬한 폭격을 당했다.

bond /band/ 图 유대, 애착; 채권

form	a **bond**	유대감을 형성하다
develop	a **bond**	
strengthen	the **bonds**	유대를 강화하다
break	a **bond**	인연을 끊다
issue	**bonds**	채권을 발행하다
redeem	a **bond**	채권을 상환하다

▷ These activities will **strengthen** the **bonds** between members of the community. 이런 활동들은 지역 사회 구성원들의 유대감을 강화해줄 것이다.
▷ Now is a good time to **issue** government **bonds**. 지금은 국채를 발행하기에 좋은 시기다.

a **corporate**	**bond**	회사채
a **government**	**bond**	정부채, 국채
a **convertible**	**bond**	전환사채
a **junk**	**bond**	정크 본드
a **close**	**bond**	밀접한 유대
a **strong**	**bond**	강력한 유대

▷ My brother and I had a very **close bond** with my grandmother. 우리 형제는 할머니와 무척 친밀했다.
▷ They developed a **strong bond** with one another. 그들은 서로 강한 유대감을 키웠다.

a **bond**	**between** A **and** B	A와 B의 결속
a **bond**	**with** A	A와의 유대

▷ The report is analyzing the **bond between** parents **and** children. 그 보고는 부모와 자식의 애착을 분석하고 있다.

bone /boun/ 图 뼈

break	a **bone**	뼈가 부러지다
crack	a **bone**	뼈에 금이 가다

▷ He has **cracked** a **bone** in his foot. 그는 발의 뼈에 금이 갔다.

| brittle | bones | 연약한 뼈 |
| a broken | bone | 부러진 뼈 |

▷ Her **brittle bones** break easily. 그녀의 연약한 뼈는 잘 부러진다.
▷ Fortunately, he had no **broken bones**. 다행히, 그는 뼈가 부러진 곳은 없었다.

| to | the bone | 골수까지; 철저하게 |

▷ A cold wind chilled her **to** the **bone**. 차가운 바람에 그녀는 뼛속까지 시렸다.

(PHRASES)
I (can) feel it in my bones. ☺ 직감으로 느낀다. ▷ I feel it in my bones that something bad is going to happen. 나쁜 일이 일어날 거라는 예감이 든다.

book /buk/ 영 책; 권, 편; 장부

close	a book	책을 덮다
open	a book	책을 펴다
publish	a book	책을 출판하다
revise	a book	책을 개정하다
borrow	a book	책을 빌리다
check out	a book	
lend	a book	책을 빌려주다
finish	a book	책을 다 읽다
review	a book	서평을 쓰다
keep	books	장부를 기록하다
do	the books	
close	the books	장부를 마감하다
cook	the books	장부를 조작하다

▷ I **opened** the **book** to page 45. 나는 책의 45쪽을 폈다.
▷ I always **borrow** many **books** *from* the library. 나는 언제나 도서관에서 책을 여러 권 빌린다.
▷ I **lent** that **book** *to* Michael. 나는 그 책을 마이클에게 빌려주었다.
▷ She **reviews books** regularly for the *New York Times*. 그녀는 뉴욕타임즈에 정기적으로 서평을 기고한다.
▷ Every taxpayer is required to **keep books**. 납세자는 모두 장부를 기록해야 한다.
▷ They helped Steve **cook** the **books**. 그들은 스티브의 장부 조작을 도와주었다.

a new	book	신간
a recent	book	최근에 나온 책
the latest	book	최신간
a library	book	도서관 책
an electronic	book	전자책
an audio	book	오디오북
a comic	book	만화책
a picture	book	그림책
a reference	book	참고 도서
an address	book	주소록

▷ His most **recent book** was superb. 그가 가장 최근에 낸 책은 최고였다.
▷ **Electronic books** provide a new, environmentally friendly, and inexpensive way to read. 전자책은 새롭고 친환경적이며 저렴한 독서법이다.

a book	about A	A에 대한 책
a book	on A	
a book	by A	A가 쓴 책

▷ I read a lot of **books about** history. 나는 역사책을 많이 읽었다.

book /buk/ 동 ((주로 영국)) 예약하다

book	in advance	미리 예약하다
book	online	온라인으로 예약하다
be fully	booked	예약이 다 찼다
be	booked up	

▷ It's advisable to **book in advance**. 미리 예약하는 것이 바람직하다.
▷ I'm afraid we're **fully booked** this evening. 오늘 저녁은 예약이 다 찼습니다.

| book | A into B | A(사람)를 위해 B(호텔)를 예약해주다 |

▷ I **booked** him **into** a hotel nearby. 나는 그를 위해 가까운 호텔을 예약해주었다.

border /bɔ́ːrdər/ 영 국경, 경계; 가장자리

cross	the border	국경을 넘다
close	the border	국경을 봉쇄하다
seal	the border	
open	the border	국경을 개방하다

▷ They **crossed** the **border** to get a better look at Niagara Falls. 그들은 나이아가라 폭포를 더 잘 보기 위해 국경을 넘어갔다.

across	the border	국경을 넘어서
over	the border	
on	the border	국경 근처에

▷ Perhaps the helicopter will come from **across** the **border**. 아마 헬리콥터가 국경을 넘어서 올 것이다.

| boring |

▷ He lives in a small town **on** the **border** between Cambodia and Vietnam. 그는 캄보디아와 베트남 국경 근처의 소도시에 산다.

| the border | between A and B | A와 B 사이의 경계 |
| the border | with A | A와의 경계 |

▷ We'll cross the **border between** Manitoba **and** Ontario in about an hour if we leave soon. 일찍 떠나면 우리는 한 시간 정도 뒤에 마니토바와 온타리오 사이의 주 경계를 넘을 것이다.

| south | of the border | 국경의 남쪽에 |
| north | of the border | 국경의 북쪽에 |

▷ I did a little business just **south of** the **border** in Mexico. 나는 멕시코 국경 바로 남쪽에서 작은 사업을 했다.

boring /bɔ́:riŋ/ 형 지루한, 재미없는

| dead | boring | 미치도록 지루한 |

★ dead boring은 비격식 표현

▷ The speech was **dead boring**. 그 연설은 지루해 죽을 것 같았다.

born /bɔ:rn/ 형 (be born의 형태로) 태어나다

be born	in A	A(장소)에서 태어나다
be born	on A	A(날)에 태어나다
be born	into A	A(가정)에 태어나다

▷ Sir Simon Rattle was **born in** Liverpool in 1955. 사이먼 래틀 경은 1955년 리버풀에서 태어났다.
▷ I was **born on** November 3rd, 1980. 나는 1980년 11월 3일에 태어났다.
▷ He had been **born into** a wealthy family. 그는 부유한 가정에 태어났다.

| be | born and raised | 태어나고 자라다 |

▷ He was **born and raised** in Ohio. 그는 오하이오 주에서 태어나고 자랐다.

borrow /bárou/ 동 빌리다

| borrow | heavily | 큰돈을 빌리다 |

▷ I've **borrowed heavily** *from* the bank to buy a house. 나는 집을 사기 위해 은행에서 큰돈을 빌렸다.

| borrow | A from B | A(물건)을 B(사람)에게서 빌리다 |

▷ He **borrowed** the umbrella **from** Eric. 그는 에릭한테서 우산을 빌렸다.
▷ Can I **borrow** the book **from** the library? 도서관에서 그 책을 빌릴 수 있을까?

bother /báðər/

동 번거롭게 하다, 걱정시키다, 폐를 끼치다

| be not particularly | bothered | 그다지 |
| be not really | bothered | 신경쓰이지 않다 |

▷ I **wasn't particularly bothered** by their behavior. I know kids will behave like kids. 나는 그들의 행동이 별로 신경 쓰이지 않았다. 아이들은 으레 그렇다는 걸 잘 알기 때문이다.

| bother | about A | A에 신경을 쓰다 |
| bother | with A | |

▷ Don't **bother about** us. 저희 일은 신경 쓰지 마세요.
▷ Don't **bother with** tidying up the apartment. 굳이 신경 써서 아파트를 청소하지 마세요.

| bother | to do | 굳이 …하다 |

▷ He didn't **bother to** lock his bicycle. 그는 굳이 자전거에 자물쇠를 채우지는 않았다.

bottle /bátl/ 명 병

an empty	bottle	빈 병
a half	bottle	반 병
half a	bottle	
a whole	bottle	한 병 전부

▷ Let's order a **half bottle** of wine. 와인 반 병을 주문하자.
▷ There's **half a bottle** of wine left. 와인이 병에 절반 남아 있다.
▷ He drank a **whole bottle** of whisky last night. 그는 어젯밤에 위스키를 한 병 다 마셨다.

| a beer | bottle | 맥주병 |
| a milk | bottle | 우유병 |

bottom /bátəm/

명 밑(바닥); 하부; 가장 아래; 깊은 구석; 엉덩이

reach	the bottom	바닥에 이르다
get to	the bottom	진상을 규명하다
hit	(the) bottom	바닥을 치다, 최악의 상태가 되다

▷ She **reached** the **bottom** *of* the stairs and opened the door quietly. 그녀는 계단 끝까지 내려가서 조용히 문을 열었다.
▷ Eventually he **got to** the **bottom** *of* the problem. 마침내 그는 문제의 진상을 밝혀냈다.
▷ In early 1997, I lost my full-time job and **hit bottom**. 1997년 초에 나는 정규직 일자리를 잃고 최악

의 상태가 됐다.

at	the bottom	바닥에, 밑에; 기슭에
at	bottom	본심은, 사실은
from	the bottom	바닥으로부터; 아래로부터

▷ The body of a man was found **at the bottom** of the lake. 호수 바닥에서 남자의 시신이 발견되었다.
▷ **At bottom**, I know you'll always be there for me. 사실은 네가 늘 내 곁에 있으리라는것을 알아.
▷ Thank you **from the bottom** of my heart. 진심으로 감사 드립니다.
▷ Please look at page 10, fourth line **from** the **bottom**. 10쪽, 밑에서 네 번째 줄을 보세요.

bow /bau/ 図 (고개를 숙이는) 인사

make	a bow	(고개를 숙여) 인사하다
give	a bow	

▷ The conductor **made** a deep **bow** to the audience who applauded wildly. 지휘자는 열렬한 박수를 보내는 관객들에게 고개를 깊이 숙여 인사했다.

a little	bow	고개를 살짝 숙이는 인사
a slight	bow	
a deep	bow	고개를 깊이 숙이는 인사

▷ He gave a **slight bow** to each guest as they arrived for the wedding ceremony. 그는 손님들이 한 명 한 명 결혼식장에 들어올 때마다 가볍게 고개를 숙여 인사했다.

boy /bɔi/ 図 사내아이, 소년; 아들

a big	boy	큰 소년
a little	boy	어린 소년
a small	boy	
a baby	boy	남자 아기
a good	boy	착한 소년
a bad	boy	짓궂은 소년
a naughty	boy	
a clever	boy	똑똑한 소년
a poor	boy	불쌍한 소년

★ a small boy는 몸이 보통보다 작다는 뉘앙스를 동반할 때가 있다.

▷ Don't worry, mom. I'm a **big boy** now. 걱정 말아요, 엄마. 저도 컸잖아요.
▷ Is that **little boy** your son? 저 작은 소년이 아드님입니까?
▷ Be a **good boy**, okay? 착하게 굴어야 돼, 알았지?
▷ Our son, Peter... he's a really **naughty boy**. 우리 아들 피터는… 정말로 장난꾸러기예요.

▷ I can imagine your shock, **poor boy**. 나도 네가 받은 충격을 짐작할 수 있어, 불쌍한 친구.

PHRASES
Boys will be boys. ☺ 사내아이들은 그런 법이다.

brain /brein/ 図 뇌; 두뇌, 지능

have	a brain	머리가 좋다
have	brains	
rack	one's brain(s)	지혜를 짜내다
pick	A's brain(s)	A의 지혜를 빌리다
use	one's brain(s)	머리를 쓰다

▷ She **racked** her **brains** for a solution. 그녀는 해결책을 찾기 위해 머리를 쥐어짰다.
▷ Would you mind if I **picked** your **brains** a little? 당신의 지혜를 좀 빌릴 수 있을까요?
▷ **Use** your **brain(s)**! 머리를 써!

on	the brain	뇌에

▷ Her doctor told her that she had a tumor **on** the **brain**. 의사는 그녀에게 뇌에 종양이 있다고 말했다.
◆ **have A on the brain** A만 생각하고 있다 ▷ She's had EXO on the brain ever since she went to see their concert. 그녀는 콘서트에 다녀온 뒤로 온통 엑소 생각뿐이다.

brake /breik/ 図 브레이크

apply	the brake(s)	브레이크를 밟다
put on	the brake(s)	
slam on	the brakes	급브레이크를 밟다
jam on	the brakes	
release	the brakes	브레이크를 풀다

▷ She **put on** the **brakes**, but couldn't stop in time. 그녀는 브레이크를 밟았지만 제때 서지 못했다.
▷ James **slammed on** the **brakes** and did a U-turn. 제임스는 급브레이크를 밟고 유턴했다.
▷ **Release** the **brakes** and head for the parking lot exit. 브레이크를 풀고 주차장 출구 쪽으로 가.

brake /breik/ 図 브레이크를 밟다

break	hard	급브레이크를 밟다
brake	suddenly	
brake	to a halt	브레이크를 밟아 멈추다

▷ The bus driver **braked suddenly** and everybody was thrown forward. 버스 기사가 급브레이크를 밟아서 모두가 앞으로 몸이 쏠렸다.
▷ When you come to an intersection, you need to **brake to a halt**. 교차로에 가면, 브레이크를 밟아서

| branch |

멈추어야 한다.

branch /bræntʃ/ 몡 가지; 지점; 부문; 지류

a low	branch	낮은 가지
the topmost	branch	꼭대기의 가지
bare	branches	잎이 떨어진 가지
a local	branch	지방 지점
an overseas	branch	해외 지점
the legislative	branch	입법부
the executive	branch	행정부
the judicial	branch	사법부

▷ **Local branches** are listed in the phone book. 지방 지점들은 전화번호부에 나와 있다.
▷ The company has two **overseas branches** in Paris and New York. 그 회사는 파리와 뉴욕 두 군데에 해외 지점이 있다.

brave /breiv/ 몡 용감한

brave	enough	(…할) 용기가 있는

▷ Bill wishes he were **brave enough** to tell the truth. 빌은 자신에게 진실을 말할 용기가 있으면 얼마나 좋을까 하고 생각한다.

bread /bred/ 몡 빵; 생계

bake	(the) bread	빵을 굽다
cut	(the) bread	빵을 자르다
slice	(the) bread	
toast	(the) bread	빵을 노릇하게 굽다

▷ She **baked bread** and cookies this morning. 그녀는 오늘 아침 빵과 쿠키를 구웠다.
▷ **Cut** the **bread** into smaller pieces. 빵을 작게 자르세요.

fresh	bread	방금 구운 빵
freshly baked	bread	
toasted	bread	토스트 빵
brown	bread	흑빵
white	bread	식빵
wholewheat	bread	통밀 빵
《영》wholemeal	bread	

▷ Here's some **freshly baked bread** and a nice cup of tea! 여기 방금 구운 빵과 맛있는 차가 있어!
▷ Sam ordered a cup of tea, scrambled eggs and **toasted bread**. 샘은 차와 스크램블 에그와 토스트 빵을 주문했다.
▷ I had a ham sandwich in **brown bread**. 흑빵 샌드위치를 먹었다.

a loaf of	bread	빵 한 덩어리
a piece of	bread	빵 한 조각
a chunk of	bread	빵 큰 덩어리
a hunk of	bread	
a slice of	bread	얇게 썬 빵 한 조각

▷ He toasted a **piece of bread** and buttered it. 그는 빵 한 조각을 노릇하게 구워서 버터를 발랐다.

bread and butter	버터 바른 빵
bread and jam	잼 바른 빵
bread and cheese	치즈를 얹은 빵
bread and milk	빵과 우유
bread and wine	빵과 와인, 성찬

▷ "What would you like for breakfast?" "Only some **bread and butter**, please." "아침 식사로 무얼 드실래요?" "버터 바른 빵만 좀 주세요." ◆ **earn** one's **bread and butter** 생계를 꾸려가다 ▷ We know we can't earn our bread and butter from rock music alone. 우리는 록음악만으로는 생계를 꾸려갈 수 없다는 것을 안다.

break /breik/ 몡 휴식, 휴가; 중단, 단절; 광고 방송 시간; 기회, 행운

have	a break	휴식을 취하다, 휴가를 내다
take	a break	
need	a break	휴가가 필요하다
make	the break	결별하다

▷ How about we **have** a **break** for a moment? 잠시 쉬는 게 어떨까?
▷ I need to **take** a **break**. 나는 좀 쉬어야 해.

a short	break	짧은 휴식
a lunch	break	점심 시간
a tea	break	차 마시며 쉬는 시간
a coffee	break	커피 마시며 쉬는 시간
a Christmas	break	크리스마스 휴가
a clean	break	단호한 이별, 결별
a complete	break	
a commercial	break	광고 방송 시간
a career	break	휴직
a big	break	행운
a lucky	break	

▷ When's your **lunch break**? 점심 시간이 언제야?
▷ I shouldn't see him ever again. I should make a **clean break**. 나는 그 사람과 다시 만나면 안 돼. 깨

끗이 헤어져야 해.
▷ Postwar art showed a **complete break** with the past. 전후 미술은 과거의 미술과 완전히 다른 모습을 보여주었다.
▷ We have to take a quick **commercial break**. 잠시 광고가 있겠습니다.(★TV 진행자가 쓰는 말이다.)
▷ I'm waiting for my **big break**. My dream is to become a famous actor. 나는 행운을 기다리고 있어. 내 꿈은 유명한 배우가 되는 거야.

| without | a break | 휴식 없이 |

▷ Very often doctors are expected to work 24 hours **without a break**. 우리는 흔히 의사들이 24시간 휴식 없이 일하는 것을 당연하게 여긴다.

PHRASES
Give me a break! 좀 봐줘! 그러지 마!

break /breik/

동 깨뜨리다, 깨지다; 중단하다

break	in two	두 조각 나다
break	in half	
break	up	헤어지다

▷ The wire **broke in two**. 전선이 두 토막 났다.

breakfast /brékfəst/ 명 아침 식사

eat	breakfast	아침을 먹다
have	breakfast	
cook	breakfast	아침 식사를 준비하다
make	breakfast	
skip	breakfast	아침을 건너뛰다

▷ We **have breakfast** at 7:30 every morning. 우리는 매일 아침 7시 30분에 아침을 먹는다.
▷ I'll **make breakfast** today. 오늘은 내가 아침 식사를 준비할게.

a big	breakfast	푸짐한 아침 식사
a hearty	breakfast	
a light	breakfast	가벼운 아침 식사
a continental	breakfast	유럽식 아침 식사
an English	breakfast	영국식 아침 식사
a quick	breakfast	간단한 아침 식사
an early	breakfast	이른 아침 식사
a late	breakfast	늦은 아침 식사

▷ I ate a **big breakfast**. I'm still full. 아침을 푸짐하게 먹었더니 아직도 배가 부르다.
▷ The traditional **English breakfast** is delicious. 전통적인 영국식 아침 식사는 아주 맛있다.
▷ In the mornings I just have a **quick breakfast**. 아침에 나는 간단하게 먹는다.
▷ We set off after an **early breakfast**. 우리는 아침을 일찍 먹고 출발했다.

| breakfast | in bed | 침대에서 먹는 아침 식사 |

▷ You don't look well. Don't get up. I'll bring you **breakfast in bed**. 몸이 안 좋아 보이네. 일어나지 마. 침대로 아침 식사를 가져올게.

| for | breakfast | 아침 식사로 |

▷ What did you have **for breakfast**? 아침 식사로 뭐 먹었니?

breath /breθ/ 명 숨, 호흡

draw	(a) breath	숨을 들이쉬다
take	a breath	
inhale	a breath	
let out	a breath	숨을 내쉬다
exhale	a breath	
hold	one's breath	숨을 참다
catch	one's breath	호흡을 고르다
gasp for	breath	숨을 헐떡이다
waste	one's breath	쓸데없는 말을 하다

▷ She stopped and **took** a deep **breath**. 그녀는 멈춰서 깊은 숨을 들이마셨다.
▷ Can you **hold** your **breath** for 15 seconds? 15초 동안 숨을 참을 수 있나요?
▷ I sat there for a moment trying to **catch** my **breath**. 나는 숨을 고르며 거기 잠시 앉아 있었다.
▷ He **gasped for breath** and coughed again. 그는 다시 숨을 헐떡이고 기침을 했다.
▷ Just leave her alone. Don't **waste** your **breath** on her. 그녀를 그냥 내버려 둬. 그녀에게 말해봐야 아무 소용없어.

a deep	breath	심호흡
a long	breath	긴 호흡
a shallow	breath	얕은 호흡
a shaky	breath	떨리는 호흡
a shuddering	breath	
warm	breath	따뜻한 숨결
bad	breath	입 냄새

▷ Mark took a **long breath**. 마크는 깊은 숨을 쉬었다.
▷ She let out a **shaky breath**. "Wow! That car nearly hit us!" 그녀는 떨며 숨을 내쉬었다. "휴! 저 차가 우리를 칠 뻔했어!"
▷ I could feel her **warm breath** on my cheek. 내 뺨에 그녀의 따뜻한 숨결이 느껴졌다.

▷ I hope I don't have **bad breath**. 저한테서 입 냄새가 나지 않으면 좋겠네요.

out of	breath	숨이 가쁜
under	one's breath	숨죽여

▷ I was **out of breath** but I kept running. 나는 숨이 가빴지만 계속 달렸다.
▷ "Damn!" he said **under his breath**. "젠장!" 그가 숨죽여 말했다.

breathe /briːð/ 동 숨쉬다, 호흡하다

breathe	quickly	가쁘게 숨쉬다
breathe	slowly	천천히 숨쉬다
breathe	deeply	심호흡을 하다
breathe	heavily	거칠게 숨쉬다
breathe	hard	
breathe	easily	한숨 돌리다, 마음을 놓다
breathe	again	
breathe	normally	제대로 숨을 쉬다
breathe	properly	
breathe	in	숨을 들이쉬다
breathe	out	숨을 내쉬다

▷ She started **breathing quickly** and a worried look came across her face. 그녀는 숨이 가빠지더니, 얼굴에 근심이 떠올랐다.
▷ Close your eyes, and **breathe deeply**. 눈을 감고 심호흡을 하세요.
▷ "This mountain is steeper than I thought," she said, **breathing heavily**. "이 산은 생각했던 것보다 가파르네." 그녀가 거칠게 숨을 쉬며 말했다.
▷ She had an attack of asthma and couldn't **breathe properly**. 그녀는 천식 발작이 일어서 제대로 숨을 쉬지 못했다.

bridge /brɪdʒ/ 명 다리, 가교

build	a bridge	다리를 짓다
cross	the bridge	다리를 건너다

▷ There's a plan to **build a bridge** across the Mississippi River. 미시시피 강에 다리를 건설하려는 계획이 있다.
▷ Sport can **build a bridge** between nations. 스포츠는 국가들 사이에 가교를 놓을 수 있다.

over	the bridge	다리 위로
across	the bridge	다리를 건너서
under	the bridge	다리 아래로
a bridge	over A	A에 놓인 다리
a bridge	across A	

▷ We walked **across** the **bridge** to the Tate Modern. 우리는 다리를 건너서 테이트 모던(미술관)으로 걸어갔다.
▷ There are 31 **bridges over** the Thames in London. 런던의 템즈 강에는 다리가 31개 있다.

brilliant /brɪ́ljənt/ 형 우수한, 뛰어난

absolutely	brilliant	더할 나위 없이 훌륭한
really	brilliant	대단히 뛰어난
technically	brilliant	기술적으로 뛰어난

▷ The TV show was **absolutely brilliant**. 그 TV 프로그램은 흠 잡을 데 없이 훌륭했다.

bring /brɪŋ/ 동 가지고 오다, 데리고 오다; 가지고 가다, 데리고 가다

bring	A B	A(사람)에게 B(물건)를 가지고 오다
bring	B to A	
bring	B for A	

▷ Would you **bring** me another drink, Nick? 닉, 술 한 잔 더 갖다 줄래요?

broad /brɔːd/ 형 넓은; 광범위한

fairly	broad	상당히 넓은
rather	broad	
relatively	broad	비교적 넓은
sufficiently	broad	충분히 넓은
too	broad	너무 넓은

★ 《영》에서는 fairly가 긍정적, rather는 부정적인 뉘앙스로 쓰이는 경우가 있다.

▷ Our music will appeal to a **fairly broad** range of people. 우리 음악은 상당히 폭넓은 층에서 인기를 얻을 것이다.
▷ I don't think the range of exam questions is **sufficiently broad**. 시험 문제의 범위는 충분히 넓지 않은 것 같다.
▷ The topic is **too broad** for such a short essay. 그 주제는 짧은 리포트에 담기에는 너무 광범위하다.

brother /brʌ́ðər/ 명 형, 오빠, 남동생

a big	brother	형, 오빠
an elder	brother	
an older	brother	
a little	brother	남동생
a younger	brother	
a baby	brother	어린 남동생

★ 영어권에서는 보통 형과 동생을 구별하지 않지만, 굳이 구별하려고 할 때는 위와 같이 표현한다. 대화 중에 언급할 때는 이름을 쓴다. sister도 마찬가지.

▷ This is my **elder brother**, Thomas. (소개할 때) 우리 형 토마스예요.
▷ I have two **younger brothers**. 나는 남동생이 둘이다.

brother and sister	형제자매, 동기

▷ How many **brothers and sisters** do you have? 형제자매가 몇 명인가요?

budget /bʌ́dʒit/ 몡 예산

have	a budget	예산이 있다
set	a budget	예산을 짜다
draw up	a budget	
present	a budget	예산안을 제출하다
submit	a budget	
approve	a budget	예산안을 승인하다
balance	the budget	예산의 수지를 맞추다
adhere to	a budget	예산을 준수하다
stick to	a budget	
cut	the budget	예산을 삭감하다
increase	a budget	예산을 늘리다

▷ We **have** a big **budget** for the project. 그 사업은 예산 규모가 크다.
▷ My advice is to **set** a **budget** for Christmas shopping and stick to it. 내가 해주고 싶은 조언은 크리스마스 쇼핑 예산을 짜고 그것을 지키라는 것이다.
▷ It's impossible to **balance** the **budget** unless the government raises taxes. 정부가 세금을 올리지 않으면 예산 수지를 맞추는 것이 불가능하다.
▷ The government has to **cut** the **budget** by $1.5 billion. 정부는 예산을 15억 달러 삭감해야 한다.

a low	budget	저예산
a tight	budget	긴축 예산
an annual	budget	연간 예산
an overall	budget	총 예산
the total	budget	
the government	budget	정부 예산
a defense	budget	방위비 예산
an education	budget	교육비 예산
an advertising	budget	광고비 예산
a draft	budget	예산안

▷ Where can I buy suitable warm clothes *on a* **tight budget**? 빠듯한 예산으로 따뜻하고 괜찮은 옷을 살 수 있는 곳이 어디일까?

▷ The **overall budget** is about $300,000. 총 예산은 30만 달러 정도다.

over	budget	예산을 초과해서
under	budget	예산 이하에서
within	(a) budget	예산 내에서
on	budget	

▷ Projects were always huge and **over budget**. 사업들은 항상 대규모여서 예산을 초과했다.
▷ It isn't easy to live **within budget**. 예산 내에서 생활하기는 쉽지 않다.

building /bíldiŋ/ 몡 건물

design	a building	건물을 설계하다
construct	a building	건물을 건설하다
demolish	a building	건물을 철거하다
destroy	a building	
pull down	a building	
renovate	a building	건물을 새단장하다
restore	a building	건물을 복구하다
convert	a building	건물을 개조하다
occupy	a building	건물을 점거하다

★ building이 construct와 함께 쓰일 때는 The building was constructed in 1995.(이 건물은 1995년에 지어졌다)와 같은 수동·태로도 자주 쓰인다.

▷ The firm is **constructing** a new **building** near the station. 그 회사는 역 근처에 새 건물을 짓고 있다.
▷ You need a permit to **demolish** a **building**. 건물을 철거하려면 허가를 받아야 한다.
▷ We need to **pull down** the old **building**. 우리는 오래된 그 건물을 철거해야 한다.
▷ Nearly 200 students **occupied** the **building** in protest. 200명 가까운 학생들이 항의의 뜻으로 건물을 점거했다.

a high-rise	building	고층 빌딩
a large	building	대형 건물
a tall	building	높은 건물
a low	building	낮은 건물
a historic	building	역사적인 건축물
a 16th century	building	16세기 건축물
a public	building	공공 건물
an office	building	사무용 건물
a school	building	학교건물
the main	building	본관

▷ Those **historic buildings** have been largely restored. 저 역사적인 건축물들은 대부분 복구된 것이다.

burn /bə:rn/ 圄 타다, 태우다; 화상을 입히다

be badly	burned	심한 화상을 입다
be severely	burned	
be completely	burned	완전히 타버리다
burn	down	타서 무너지다
burn	out	다 타버리다
burn	easily	쉽게 타다
burn	brightly	밝게 타다
burn	fiercely	격렬하게 타다

★과거, 과거분사형으로 burnt도 쓴다.

▷ His hands were **badly burned**. 그는 두 손에 심한 화상을 입었다.
▷ Two houses were **completely burned** to the ground. 집 두 채가 전소했다.
▷ His house **burnt down** at the end of May. 그의 집은 5월 말에 화재로 무너졌다.
▷ My skin **burns easily**. 나는 피부가 잘 탄다.
▷ The blaze broke out at 9:30 a.m. and is still **burning fiercely**. 화염은 오전 9시 30분에 발생해서, 아직도 맹렬히 타고 있다.

| be burned | to death | 타 죽다 |
| be burned | to the ground | 타서 무너지다 |

▷ At least 28 people were **burned to death**. 적어도 28명이 타 죽었다.

| burn | to do | …하고자 열망하다 |

▷ Is there anything you're **burning to** do that you haven't yet done? 아직 해보지 않은 일 중에 하고자 열망하는 일이 있습니까?

| burn | with A | A(감정)로 불타다 |

▷ His cheeks **burned with** anger. 그의 두 뺨은 분노로 달아올랐다.

bus /bʌs/ 圄 버스

go by	bus	버스로 가다
travel by	bus	버스로 이동하다
take	a bus	버스에 타다
ride	a bus	
wait for	a bus	버스를 기다리다
catch	a bus	버스를 놓치지 않고 타다
get on	a bus	버스에 승차하다
get off	a bus	버스에서 내리다
miss	the bus	버스를 놓치다

▷ You can **go by bus** to Wellington Zoo. 웰링턴 동물원은 버스로 갈 수 있다.
▷ Yesterday I spent 40 minutes **waiting for** a **bus**. 어제 나는 40분 동안 버스를 기다렸다.
▷ It's too late to **catch** a **bus**. 버스를 타기에는 너무 늦었다.
▷ She **got on** a **bus** to Manhattan. 그녀는 맨해튼으로 가는 버스에 탔다.
▷ I **got off** the **bus** at Harbone. 나는 하본에서 버스를 내렸다.
▷ We're going to **miss** the **bus** if you don't hurry up. 네가 서두르지 않으면 우리는 버스를 놓칠 거야.

a regular	bus	정기 버스
a city	bus	시내 버스
a school	bus	학교 버스

▷ There are **regular buses** from the town center to Clifton. 시내 중심부에서 클리프턴까지 정기 버스가 있다.
▷ After 8 p.m. there are no **local buses** or trains. 오후 8시 이후에는 노선 버스도 열차도 없다.

business /bíznis/
圄 일, 사무; 장사; 회사, 상점; 본론

do	business	장사하다
conduct	business	
go into	business	사업을 시작하다
set up in	business	사업에 뛰어들다
go out of	business	폐업하다
run	a business	회사를 경영하다; 상점을 운영하다
start	a business	사업을 시작하다
lose	business	실적이 악화되다
get down to	business	본론에 들어가다

▷ We've **done business** in the U.S. for over 30 years. 우리는 미국에서 30년 이상 사업을 해왔다.
▷ Tony and I **went into business** together. 토니와 나는 함께 사업을 시작했다.
▷ More than 100 companies **went out of business**. 100개 이상의 회사가 폐업했다.
▷ She and her husband **run** a small **business**. 그녀와 남편은 작은 가게를 한다.
▷ He returned to New York where he **started** a **business**. 그는 자신이 사업을 시작했던 뉴욕으로 돌아갔다.
▷ Some companies are **losing business** because of the economic situation. 일부 기업들은 경제불황 때문에 실적이 악화되고 있다.

| big | business | 대기업 |
| private | business | 사기업 |

family	business	가족 기업
small	business	소기업
core	business	핵심 사업
international	business	국제 통상
show	business	연예 사업
the music	business	음악 사업
repeat	business	단골 장사

▷ The importance of the U.S. economy to **international business** is obvious. 국제 통상에 미국 경제가 중요하다는 사실은 명백하다.

business or pleasure	업무차 혹은 관광차

▷ I love traveling. It doesn't matter if it's **for business or pleasure**. 나는 여행을 좋아한다. 일하러 가는 것이건 놀러 가는 것이건 상관없다.

in	business	사업을 하는, 준비가 된
on	business	업무상, 볼일이 있어

▷ We're **in business** to grow and find new customers. 우리는 사업을 키우고 새로운 고객을 찾을 준비가 되어 있다.

▷ My father is away **on business**. 우리 아버지는 출장 중이시다.

PHRASES

Business is business. ☺ 사업은 사업이다. (감정은 금물)

How's business? ☺ 사업은 어떻습니까?

Mind your own business. / It's none of your business. ☺ 네가 신경 쓸 것 없어.

busy /bízi/ 혭 바쁜; 혼잡한

get	busy	일에 착수하다

▷ Let's **get busy**! 일을 시작하자!

extremely	busy	매우 바쁜
fairly	busy	

▷ I'm **extremely busy**! 나 정신 없이 바빠!

busy	with A	A로 바쁘나

▷ I'm **busy with** school. 나는 학교 일로 바쁘다.

busy	doing	…하느라 바쁘다

▷ Max was **busy** preparing the meal. 맥스는 식사 준비를 하느라 바쁘다.

button /bʌ́tn/ 몝 단추, 버튼

press	a button	버튼을 누르다
push	a button	
touch	a button	
do up	a button	단추를 채우다
fasten	a button	
undo	a button	단추를 풀다

▷ **Press** the **button** for the 5th floor. 5층 버튼을 눌러주세요.(★ 보통 "Fifth floor, please."라고 짧게 말한다.)

▷ Sorry I **pushed** the **button** by accident. 미안, 실수로 버튼을 눌렀어.

▷ Just **touch** a **button** and the video camera starts to record. 버튼을 누르면 비디오 카메라가 녹화를 시작합니다.

▷ You should **do up** the middle **button** of your jacket. 네 재킷 가운데 단추를 채워야겠다.

▷ I **undid** the top **button** of my shirt. 나는 셔츠의 맨 윗단추를 풀었다.

a button	comes off	단추가 떨어지다
a button	falls off	

★ '단추가 떨어져 나가고 없다'는 A button is missing. '단추가 떨어질 것 같다'는 A button is loose.로 표현한다.

▷ The **buttons** on my sleeves **fell off**. 내 소매의 단추들이 떨어졌다.

buy /bai/ 등 사다, 구입하다

buy	A B	A(사람)에게 B(물건)를 사주다
buy	B for A	
buy	A for B	A(물건)를 B(가격)에 사다
buy	A from B	A(물건)를 B(사람)에게서 사다

▷ He promised to **buy** me that new dress. 그는 내게 저 새 옷을 사주겠다고 약속했다.

▷ Did you **buy** it **for** her? 그것을 그녀에게 사주었어?

▷ She **bought** the diamond ring **for** $6,000. 그녀는 다이아몬드 반지를 6천 달러에 샀다.

▷ Do you **buy** your clothes **from** a top store? 너는 최고급 상점에서 옷을 사니?

can't afford to	buy	살 여유가 없다

▷ I **can't afford to buy** a house in the city. 나는 도시에 집을 살 여유가 없다.

buy and sell		매매하다
go (out) and buy		사러 가다

▷ Do you know a store where they **buy and sell** secondhand books? 헌책을 사고파는 가게 알고 있니?

▷ I'll just **go and buy** some food from the shop. 나는 그 가게에 식료품을 사러 갈 거야.

C

cake /keik/ 명 케이크

bake	a cake	케이크를 굽다
make	a cake	케이크를 만들다
cut	the cake	케이크를 자르다

▷ My girlfriend **baked a cake** for my birthday. 여자친구가 내 생일에 케이크를 구워주었다.
▷ I carefully **cut** the **cake** into triangular pieces. 나는 케이크를 조심스레 삼각형 조각들로 잘랐다.

a piece of	cake	케이크 한 조각; 아주 쉬운 일
a slice of	cake	케이크 한 조각

▷ Don't worry. Math tests are a **piece of cake**! 걱정 마. 수학 시험은 아주 쉬워!
▷ Would you like to have another **slice of cake**? 케이크를 한 조각 더 드시겠습니까?

a homemade	cake	집에서 만든 케이크
a chocolate	cake	초콜릿 케이크
a fruit	cake	과일 케이크
a sponge	cake	스펀지 케이크
a birthday	cake	생일 케이크
a Christmas	cake	크리스마스 케이크
a wedding	cake	웨딩 케이크

calculate /kǽlkjulèit/
동 계산하다; 예측하다

accurately	calculate	정확히 계산하다
mentally	calculate	머리 속으로 계산하다
carefully	calculate	신중히 계산하다

★ 세 가지 부사 모두 동사 뒤에도 쓰인다.

▷ He **carefully calculated** how much it would cost to move to a larger apartment. 그는 더 큰 아파트로 이사가는 데 비용이 얼마나 들지를 신중히 계산했다.

calculate	(that)...	…라고 계산하다
calculate	wh-	…인지 계산하다

★ wh-는 how, what 등 의문사

▷ He **calculated that** the plane would land 30 minutes ahead of schedule. 그는 비행기가 일정보다 30분 일찍 도착할 거라고 계산했다.
▷ I **calculated how** much money I could afford to spend. 나는 내가 돈을 얼마나 쓸 수 있을지 계산했다.

be calculated	at A	A로 계산되다
be calculated	according to A	A에 따라 계산되다

▷ Taxes are **calculated at** 36 %. 세금은 36%로 계산된다.
▷ The tax is **calculated according to** the value of the property. 세금은 자산 가치에 따라 계산된다.

call /kɔːl/ 명 전화; 부름

make	a call	전화하다
give A	a call	A(사람)에게 전화를 하다
have	a call	전화가 오다
get	a call	
take	a call	전화를 받다
answer	a call	

▷ Do you mind if I **make** a telephone **call**? 제가 전화를 드려도 되겠습니까?
▷ I'll **give** you a **call** tomorrow. 내일 전화할게.
▷ I **had** a **call** from my daughter today. 오늘 딸에 게서 전화가 왔다.
▷ You **got** five phone **calls** while you were out to lunch. 네가 점심 식사하러 나갔을 때 전화가 다섯 통 왔다.
▷ She **took** a **call** *from* her boss. 그녀는 상사의 전화를 받았다.

a long	call	긴 통화
a quick	call	짧은 통화
a local	call	시내 전화
an international	call	국제 전화
a long-distance	call	장거리 전화
an incoming	call	착신
an outgoing	call	발신
an emergency	call	긴급 전화
a wake-up	call	모닝콜

▷ Do you mind if I make a **quick** phone **call**? 잠깐 전화해도 괜찮습니까?
▷ I use my cellphone frequently for **local calls** and **long-distance calls**. 나는 휴대 전화를 시내 전화와 장거리 전화에 자주 사용한다.

call /kɔːl/ 동 부르다; 전화하다

be commonly	called	일반적으로 불리다
be frequently	called	빈번히 불리다
be sometimes	called	가끔 불리다
be often	called	자주 불리다

▷ Influenza is **commonly called** the "flu." 독감은

일반적으로 "플루"라고 불린다.

call	back	답신 전화를 하다

▷ It's a bad moment now. Can I **call** you **back** in a minute? 지금은 곤란해. 내가 잠시 후에 다시 전화하면 안 될까?

call	at A	A를 방문하다; A에 들르다; A에 서다
call	for A	소리 높여 A를 부르다

▷ I **called at** her house but she wasn't there. 나는 그녀의 집에 들렀지만, 그녀는 없었다.
▷ This train will **call at** Ashbury. 이 기차는 애슈버리에 정차한다.
▷ **Call for** an ambulance! 구급차를 불러줘요!

call	A B	A(사람)에게 B를 불러주다
call	B for A	

▷ Will you **call** a taxi **for** me? 택시 좀 불러주시겠어요?

calm /kɑːm/ 휑 냉정한, 평온한

stay	calm	차분함을 유지하다
remain	calm	
keep	calm	

▷ **Stay calm**! Don't panic! 진정해! 겁먹지 말고!

quite	calm	아주 평온한
dead	calm	

▷ He seemed to be **quite calm**. 그는 아주 평온해 보였다.
▷ The sea was **dead calm**. 바다는 아주 평온했다.

camera /kǽmərə/ 명 카메라

on	camera	카메라에 촬영되어
off	camera	카메라에 촬영되지 않아

▷ The robbery was caught **on camera**. 강도 현장은 카메라에 찍혔다.

a digital	camera	디지털 카메라
a television	camera	TV 카메라
a video	camera	비디오 카메라
a hidden	camera	몰래 카메라
a security	camera	방범 카메라

PHRASES

Look at the camera. ☺ 카메라를 보세요. (★사진 찍을 때 하는 말) ▷ Look at the camera and smile. 카메라를 보고 웃어.

campaign /kæmpéin/

명 캠페인, 운동; 작전

launch	a campaign	캠페인을 시작하다
begin	a campaign	
start	a campaign	
conduct	a campaign	캠페인을 진행하다
run	a campaign	
lead	a campaign	캠페인을 이끌다
join	a campaign	캠페인에 참여하다
support	a campaign	캠페인을 지지하다

▷ They **launched** a **campaign** against smoking in public places. 그들은 공공 장소에서의 흡연금지 캠페인을 시작했다.
▷ He **joined** a **campaign** to help save dolphins. 그는 돌고래 보호 캠페인에 참여했다.
▷ Ron is **supporting** a **campaign** to encourage people to recycle their rubbish. 론은 쓰레기 재활용 권장 캠페인을 지지하고 있다.

a campaign	aims at A	캠페인이 A를 목표로 하다

▷ The advertising **campaign aimed at** raising brand awareness. 그 광고 캠페인은 브랜드 인지도를 높이는 것이 목표였다.

a vigorous	campaign	활발한 캠페인
an international	campaign	국제적인 캠페인
a national	campaign	전국적인 캠페인
an election	campaign	선거 운동
a political	campaign	정치 캠페인
a military	campaign	군사 작전
an advertising	campaign	광고 캠페인
a publicity	campaign	

▷ They launched a **vigorous campaign** to clean up the city. 그들은 도시를 깨끗하게 하자는 활기찬 캠페인을 시작했다.
▷ Our **political campaign** was successful. 우리의 정치 캠페인은 성공을 거두었다.

campaign	against A	A에 반대하는 운동
campaign	for A	A에 찬성하는 운동

▷ We have supported the **campaign against** terrorism. 우리는 테러에 반대하는 캠페인을 지지했다.
▷ She started a **campaign for** equal rights. 그녀는 동등한 권리를 요구하는 캠페인을 시작했다.

campaign	to do	…하는 운동

▷ They started a **campaign to** protect areas of natural beauty. 그들은 자연 경관을 보호하자는 운동

| cancel |

을 시작했다.

cancel /kǽnsəl/ 圄 취소하다, 중지하다

automatically	cancel	자동적으로 취소되다
immediately	cancel	즉시 취소하다

▷ If you don't pay the subscription, your membership will be **automatically canceled**. 회비를 내지 않으면, 회원권은 자동 취소됩니다.
▷ She **immediately canceled** her plans. 그녀는 즉시 계획을 중단했다.

capable /kéipəbl/ 圄 할 수 있는, 유능한

seem	capable	능력이 있는 것 같다;
look	capable	능력 있어 보이다

▷ Tom's made a good start in his new job. He **seems capable** of running the department very well. 톰은 새 직장에서 출발이 좋았다. 그는 부서를 아주 잘 운영할 수 있는 것 같다.

perfectly	capable	능력에 부족함이 없는
quite	capable	
fully	capable	

▷ I'm **perfectly capable** of looking after myself. 나는 충분히 내 앞가림을 할 수 있다.

car /kɑːr/ 圄 차, 자동차

drive	a car	차를 운전하다
get in	a car	차에 타다
get into	a car	차에 올라타다
get out of	a car	차에서 내리다
park	a car	주차하다
rent	a car	렌터카를 빌리다

▷ Do you **drive a car**? 운전 하시나요?
▷ She **got into** the **car** and started the engine. 그녀는 차에 올라타서 시동을 걸었다.
▷ He **got out of** the **car** and walked up to the house. 그는 차에서 내려 집으로 걸어갔다.
▷ Where should I **park** the **car**? 어디에 주차를 해야 하나요?

a car	breaks down	차가 고장나다
a car	crashes	차가 충돌하다

▷ My **car broke down** on the highway. 내 차가 고속도로에서 고장났다.
▷ His **car crashed** into a tree. 그의 차가 나무에 충돌했다.

an electric	car	전기차
a hybrid	car	하이브리드 차
a luxury	car	고급차
a sports	car	스포츠 카
a police	car	경찰차
a company	car	회사차
a used	car	중고차
a secondhand	car	
a stolen	car	도난 차량

▷ Half a million **used cars** have been imported from neighboring countries. 50만 대의 중고차가 인근 국가들에서 수입되었다.

by	car	자동차로
in	a car	자동차를 타고

▷ They had to take a cab because it was so far away — 20 minutes **by car**. 거리가 멀어서 – 차로 20분 거리 – 그들은 택시를 타야 했다.

card /kɑːrd/
圄 신용카드; (인사) 카드; (-s)카드놀이

carry	a card	카드를 가지고 다니다
hand	a card	카드를 건네다
insert	a card	카드를 투입하다
swipe	a card	카드를 긁다
pay by	(a) card	카드로 지불하다
put A on	a card	A를 카드로 지불하다
send	a card	카드를 보내다
get	a card	(축하 등의) 카드를 받다
receive	a card	
play	cards	카드놀이를 하다
shuffle	the cards	카드를 뒤섞다
deal	the cards	카드를 돌리다

▷ I **got** a **card** from Katherine this morning. 나는 오늘 아침에 캐서린한테서 카드를 받았다.
▷ Let's **play cards**! 카드놀이 하자!

an ID	card	신분증
an identity	card	
a membership	card	회원증
a business	card	명함
a greeting	card	(인사) 카드

care /kɛər/ 圄 돌봄, 간병; 주의

take	care	돌보다
provide	care	
need	care	보살핌이 필요하다; 관심이 필요하다
require	care	
receive	care	보살핌을 받다

▷ Don't worry. I'll **take** good **care** of your cat while you're on holiday. 걱정 마. 네가 휴가를 떠나 있는 동안 네 고양이를 잘 돌봐줄게.

▷ The hospital **provides care** for seriously ill children from all over the country. 그 병원은 전국에서 온 중증 질환 아동들을 돌본다.

▷ She'll **need care** until she gets better. 그녀는 건강이 회복될 때까지 간병이 필요하다.

▷ Trees **require care** and attention just like children. 나무는 아이들처럼 보살핌과 관심이 필요하다.

▷ How often will your parents **receive care**? 댁의 부모님은 얼마나 자주 간병을 받으실 겁니까?

good	care	충분한 보살핌, 충분한 관심
great	care	
intensive	care	집중 치료
medical	care	의료
nursing	care	간호
health	care	건강 관리
residential	care	시설 간병
primary	care	초기 진료

▷ She wrapped the present with **great care**. 그녀는 정성껏 선물을 포장했다.

with	care	조심히
without	care	함부로

▷ Please handle these boxes **with care**. 이 상자들을 조심해서 다뤄 주십시오.

▷ He admitted driving **without** due **care** and attention and was fined £250. 그는 부주의 운전을 인정하고, 250파운드의 벌금형을 받았다.

care /kɛər/ 신경쓰다, 걱정하다

really	care	몹시 신경쓰다
not much	care	별로 신경쓰지 않다
care	deeply	심각하게 걱정하다
care	enough	충분히 신경쓰다
not care	less	조금도 신경쓰지 않다

★ not much care 대신 not care much도 쓴다

▷ The apartment was old and dusty, but Andrew **didn't** much **care**. 그 아파트는 낡고 먼지투성이지만, 앤드루는 별로 신경쓰지 않았다.

▷ Canadians **care deeply** about the natural environment. 캐나다 사람들은 자연 환경에 깊은 관심을 기울인다.

▷ It was nice to have someone who **cared enough** to worry. 신경 써서 걱정해주는 사람이 있어서 좋았다.

▷ She **couldn't care less** about politics. 그녀는 정치에 전혀 관심이 없었다.

care	about A	A에 마음을 쓰다
care	for A	A를 좋아하다; A를 돌보다

▷ We **care about** what happens to you. 우리는 너에게 일어나는 일에 신경을 쓰고 있어.

▷ Would you **care for** another drink? 한 잔 더 하실래요?

▷ Grandfather shouldn't live by himself. He needs someone to **care for** him. 할아버지는 혼자 사시면 안 돼. 그 분을 돌봐줄 사람이 필요해.

care	to do	…하고 싶다

▷ Would you **care to** order some wine? 와인을 주문하시겠습니까?

care	wh-	…인지 신경을 쓰다

★ wh-은 who, what, whether, why 등

▷ I don't **care whether** you agree with me. 나는 네가 나에게 동의를 하든 안 하든 신경 쓰지 않는다.

(PHRASES)

What do you care? ☺ 뭘 신경 쓰니?(너하고 관계없는 일이야.) ▷ "Are you crying?" "What do you care?" "너 울고 있어?" "네가 왜 신경 써?"

Who cares? ☺ 무슨 상관이야? ▷ "What will my parents think?" "Who cares?" "우리 부모님이 어떻게 생각하실까?" "그게 무슨 상관이야?"

career /kəriər/ (전문) 직업, 경력

make	a career of A	A를 (전문) 직업으로 삼다
build	a career	경력을 쌓다
pursue	a career	(전문) 직업을 추구하다
begin	one's career	경력을 쌓기 시작하다
start	one's career	
choose	a career	(전문) 직업을 선택하다
end	A's career	A의 경력을 끝내다
ruin	A's career	A의 경력을 망치다

▷ Anna wants to **build** a **career** in publishing. 애나는 출판계에서 경력을 쌓고 싶어한다.

▷ She wants to **pursue** a **career** in medicine. 그녀는 의료계에서 직업을 얻고자 한다.

a successful	career	훌륭한 경력
a distinguished	career	

A's playing	career	A의 선수 경력
A's acting	career	A의 배우 경력

▷ My brother has a **successful career** in the police force. 내 동생은 경찰로서의 경력이 훌륭하다.

careful /kɛ́ərfəl/

@ 주의깊은; 정성들인, 면밀한

extremely	careful	매우 신중한
especially	careful	특히 주의하는
particularly	careful	

▷ You must be **especially careful** with your user ID and password. 사용자 ID와 비밀 번호에 특히 주의해야 한다.

careful	about A	A에 주의하는, 신경을 쓰는
careful	of A	
careful	with A	A를 조심스럽게 다루는

▷ Be **careful of** the dog. 개를 조심해.
▷ She's very **careful with** her money. 그녀는 돈을 아주 신중하게 다룬다.

careful	(that)...	…에 주의하는
careful	wh-	…인지 주의하는
★ wh-는 who, what, how 등의 의문사		

▷ I need to be **careful** it doesn't happen again. 그 일이 다시 일어나지 않도록 조심해야겠어.
▷ Be **careful how** you drive on these icy roads. 이렇게 언 도로에서는 운전할 때 조심해야 한다.

(PHRASES)
You can't be too careful. ☺ 아무리 조심해도 지나치지 않다.

case /keis/ @ 소송; 사건; 논거; 사례; 병례

bring	a case	소송을 걸다
take	a case	소송을 다루다
consider	a case	소송을 심리하다
hear	a case	
drop	a case	소송을 취하하다
dismiss	a case	소송을 각하하다
win	a case	소송에서 이기다
lose	a case	소송에서 지다
investigate	a case	사건을 수사하다
solve	a case	사건을 해결하다
present	a case	논거를 제시하다
argue	a case	논거를 진술하다
show	a case	사례를 보이다

cite	a case	판례를 인용하다
consider	a case	사례를 참조하다
diagnose	a case	병례를 진단하다
report	a case	병례를 보고하다

▷ Ali **brought a case** against two police officers for racist jokes. 알리는 두 경찰관의 인종 차별적 농담에 대해 소송을 걸었다.
▷ We need a good lawyer to **present** our **case** in court. 우리는 법정에서 우리 논거를 제시해줄 능력 있는 변호사가 필요하다.
▷ The lawyers **argued** the **case** for nine days. 변호사들은 9일 동안 논거를 진술했다.
▷ **Consider** the **case** *of* Canada. 캐나다의 사례를 참고해 주세요.

a criminal	case	형사 사건
a civil	case	민사 사건
a murder	case	살인 사건
a strong	case	강한 논거
a weak	case	약한 논거
an extreme	case	극단적 사례
a rare	case	희귀한 사례
a special	case	특별한 사례
a severe	case	중증 병례
a bad	case	

▷ This is a book about famous **criminal cases**. 이것은 유명한 형사 사건들을 다룬 책이다.
▷ There's a **strong case** for expanding our workforce. 우리의 노동 인력을 늘려야 한다는 주장이 강하다.
▷ In **rare cases** this disease can lead to death. 드문 경우, 이 질병은 죽음을 초래할 수 있다.
▷ This is a really **special case**. 이것은 정말로 특별한 사례다.

in	that case	그런 경우라면, 그렇다면
in	which case	
as is	the case	자주 있는 일이지만

▷ You're too busy to order it? OK. **In that case** I'll order it for you. 너무 바빠서 주문을 못하시나요? 알았어요. 그렇다면 제가 대신 주문해 드릴게요.
▷ **As is** often the **case** with rumors, there's some truth to this. 소문이 흔히 그렇지만, 그 안에는 어느 정도의 진실이 있다.

case	by case	사례별로
a case	in point	적절한 사례

▷ These things have to be done on a **case by case** basis. 이런 일들은 사례별로 해결해야 한다.
▷ Often eastern and western cultures mix

successfully. Hong Kong is a **case in point**. 동양과 서양의 문화가 긍정적으로 섞이는 경우가 많다. 홍콩이 적절한 사례다.

cash /kæʃ/ 몡 현금, 돈

pay (in)	cash	현금으로 지불하다
raise	cash	돈을 모으다
be short of	cash	돈이 부족하다

▷ I **paid in cash** and had five dollars change. 나는 현금으로 지불하고 5달러 잔돈을 받았다.

▷ They organized the event to **raise cash** for charity. 그들은 자선 기금을 모금하기 위해 행사를 준비했다.

extra	cash	추가금, 예비금
cash	flow	현금 유출입[흐름]

▷ My dad always kept some **extra cash** in his drawer. 우리 아빠는 항상 서랍에 약간의 예비금을 보관하셨다.

cash	on delivery	상품 인도 결제

▷ Buyers have a few payment options including personal check, debit card and **cash on delivery**. 구매자들은 개인 수표, 체크카드, 상품 인도 결제 등 몇 가지 지불 방식 가운데 선택할 수 있다.

cat /kæt/ 몡 고양이

have	a cat	고양이를 기르다
keep	a cat	
feed	a cat	고양이에게 먹이를 주다
stroke	a cat	고양이를 쓰다듬다
pet	a cat	

▷ I **have** a **cat** named Sebastian. 나는 세바스천이라는 이름의 고양이를 키운다.

▷ I have to go home and **feed** my **cat**. 나는 집에 가서 고양이 밥을 줘야 돼.

▷ She **stroked** the **cat** gently. 그녀는 고양이를 부드럽게 쓰다듬었다.

a cat	jumps	고양이가 펄쩍 뛰어오르다
a cat	leaps	
a cat	purrs	고양이가 가르랑거리다
a cat	meows	고양이가 야옹하고 울다

▷ My **cat jumped** on my lap. 고양이가 내 무릎 위로 펄쩍 뛰어올랐다.

▷ The **cat purred** happily in my arms. 고양이는 내 품에서 흡족한 듯 가르랑거렸다.

a domestic	cat	집고양이
a stray	cat	길고양이
a tabby	cat	줄무늬 고양이
a fat	cat	부자, 유력자

▷ **Domestic cats** eat cat food. 집고양이는 고양이 사료를 먹는다.

▷ The place is filled with **stray cats**. 그곳은 길고양이 천지다.

▷ I don't trust those **fat cats**. 나는 그런 부자들은 안 믿어.

PHRASES

(**Has the**) **cat got your tongue?** ☺ (질문에 대답하지 못하는 아이에게) 왜 말을 못하는 거니?(★'고양이가 네 혀를 가져갔니?'가 본뜻) ▷ What's the matter? Cat got your tongue? 왜 그래? 왜 아무 말도 못하니?

cause /kɔːz/ 몡 원인, 이유; 대의

find	a cause	원인을 발견하다
investigate	the cause	원인을 조사하다
advance	a cause	대의를 주장하다
champion	a cause	대의를 옹호하다
support	a cause	

▷ I tried to **find** the **cause** of the noise. 나는 소음의 원인을 찾으려고 했다.

▷ Police are **investigating** the **cause** of the accident. 경찰은 사고의 원인을 조사하고 있다.

a real	cause	진짜 원인
the underlying	cause	근본적인 원인
an important	cause	중요한 원인
the main	cause	주요 원인
the major	cause	중대한 원인
a possible	cause	가능한 원인
an immediate	cause	직접적인 원인
reasonable	cause	합리적인 이유

▷ I don't know what the **real cause** was. 나는 진짜 원인이 무엇이었는지 모른다.

▷ Jobs, money, family and health were the **main causes** of stress. 일, 돈, 가족, 건강은 스트레스의 주요 원인들이다.

▷ Research indicates many **possible causes** of lung cancer. 조사에 의하면 폐암에는 가능한 원인이 많다.

▷ The **immediate cause** of the accident was that the train passed a signal showing red. 사고의 직접적인 원인은 기차가 정지신호를 무시했다는 것이다.

without	good cause	정당한 이유 없이

| caution |

for	a good cause	좋은 목적으로
in	a good cause	

▷ It was all in a **good cause**, raising money for the Kids Hospital. 그것은 모두 어린이 병원을 위해 모금을 한다는 좋은 목적으로 한 것이다.

cause and effect	원인과 결과

▷ History is a pattern of **cause and effect**. 역사는 원인과 결과로 이루어지는 문양이다.

caution /kɔ́ːʃən/ 图 주의, 조심

use	caution	주의하다
excercise	caution	

▷ You must **use** great **caution** when driving in the rain. 빗속에서 운전할 때는 대단히 조심해야 한다.

cellphone /séltfòun/ 图 휴대폰

pull out	one's cellphone	휴대폰을 꺼내다
answer	one's cellphone	휴대폰을 받다
turn off	one's cellphone	휴대폰을 끄다
switch off	one's cellphone	
charge	one's cellphone	휴대폰을 충전하다

▷ She **pulled out** her **cellphone** and dialed a number. 그녀는 휴대폰을 꺼내서 번호를 눌렀다.

▷ I've rung three times, but he's not **answering** his **cellphone**. 내가 세 번이나 전화했지만, 그는 휴대폰을 받지 않는다.

▷ I forgot to **turn off** my **cellphone**. 나는 휴대폰 끄는 것을 잊었다.

▷ Remember to **charge** your **cellphone**. 잊지 말고 휴대폰을 충전해.

a cellphone rings	휴대폰이 울리다

▷ The **cellphone** in his pocket **rang**. 그의 주머니에서 휴대폰이 울렸다.

center /séntər/

图 중심, 중앙; 중심지; 중심 시설 (★《영》 centre)

the main	center	최고 중심
a major	center	
the nerve	center	신경 중추
a financial	center	금융 중심지
an urban	center	도심
《영》 city	centre	중심가

▷ London is the nation's **main center** of commerce and finance. 런던은 영국에서 상업과 금융의 최고 중심지다.

▷ New York City is the world's **financial center**. 뉴욕 시는 세계 금융의 중심지다.

in	the center (of A)	(A의) 중심에

▷ He stood **in** the **center of** the stage. 그는 무대 중심에 섰다.

century /séntʃəri/ 图 세기; 100년

the previous	century	이전 세기
the following	century	다음 세기
the new	century	새로운 세기
the present	century	금세기

▷ He heard stories about the two World Wars in the early half of the **previous century**. 그는 지난 세기 전반에 있었던 두 차례의 세계 대전에 대한 이야기를 들었다.

▷ Over the **following centuries** the European and African populations continued to grow. 그 이후 몇 세기가 지나는 동안 유럽과 아프리카의 인구는 계속 증가했다.

the early	twentieth century	20세기 초
the mid	twentieth century	20세기 중반
the late	twentieth century	20세기 말

▷ In the nineteenth and **early** twentieth **centuries**, magazines were a popular form of entertainment. 19세기와 20세기 초에 잡지는 인기 있는 오락물이었다.

during	the century	그 세기 동안
through	the centuries	몇 세기 동안
over	the centuries	

▷ **During** this **century** women have improved their position. 이 세기 동안 여성의 지위가 향상되었다.

▷ The city has changed so much **over** the **centuries**. 여러 세기가 지나는 동안 그 도시는 크게 변했다.

the turn of	the century	세기의 전환

▷ Experts think this picture was painted at the **turn of** the 19th **century**. 전문가들은 이 그림은 19세기 말 또는 20세기 초에 그려졌을 것이라고 생각한다.

ceremony /sérəmòuni/

图 식(式), 의식(儀式), 행사

hold	a ceremony	의식을 거행하다
perform	a ceremony	

| attend | a ceremony | 행사에 참석하다 |

▷ A priest is going to **perform** a **ceremony** at church. 목사님이 교회에서 의식을 집행할 예정이다.
▷ Thank you all for **attending** this **ceremony**. 행사에 참석해 주신 모든 분들께 감사 드립니다.

| the ceremony | takes place | 식이 열리다 |

▷ The **ceremony took place** at a famous restaurant in Sydney. 그 행사는 시드니의 유명한 레스토랑에서 열렸다.

an official	ceremony	공식 행사
an opening	ceremony	개회식
a closing	ceremony	폐회식
an awards	ceremony	시상식
a wedding	ceremony	결혼식
a marriage	ceremony	
a graduation	ceremony	졸업식

▷ The **official ceremony** will be held in November. 공식 행사는 11월에 열릴 것이다.
▷ I enjoyed the Olympic **opening ceremonies**. 나는 올림픽 개막식을 즐겁게 보았다.

certain /sə́ːrtn/ 혱 확신하는; 확실한

| feel | certain | 확신하다 |
| make | certain | 확실히 하다, 반드시 …하다 |

▷ I'll **make certain** he doesn't forget to ring you. 그가 잊지 않고 너에게 전화하도록 할게.

absolutely	certain	아주 확실한
quite	certain	
by no means	certain	전혀 불확실한
almost	certain	거의 확실한
virtually	certain	
fairly	certain	상당히 확실한
pretty	certain	

▷ Are you **absolutely certain** that you don't know anything else? 너 아무것도 모른다는 거 정말 확실해?
▷ It was **by no means certain** that the ruling party would win this election. 여당이 이번 선거에서 이기리라는 것은 전혀 확실하지 않았다.
▷ She was **almost certain** that he would disapprove. 그녀는 그가 반대할 거라는 것을 거의 확신했다.

| certain | of A | A를 확신하는 |
| certain | about A | |

▷ The wedding will be in June, but we're still not quite **certain of** the date. 결혼식은 6월에 열리지만, 우리가 날짜는 정확히 모르겠다.

| certain | (that)... | …라고 확신하는 |
| certain | wh- | …인지 확신하는 |

★ wh-은 who, what, how 등의 의문사

▷ I'm **certain that** I left my wallet on that table. 나는 분명히 테이블 위에 지갑을 두고 나왔다.
▷ She wasn't **certain what** had happened to her. 그녀는 자신에게 무슨 일이 있었는지 확실히 알지 못했다.

| it is certain | that... | …은 확실하다 |
| it is not certain | wh- | …인지 확실하지 않다 |

★ wh-은 who, what, how, whether 등

▷ It was **not certain whether** the person was alive or dead. 그 사람이 살아 있는지 죽었는지는 확실하지 않았다.

| for | certain | 확실히 |

★ know, say, tell 등과 함께 쓰인다.

▷ I don't **know for certain** whether it's true or not. 그게 사실인지 아닌지 확실히 모르겠다.

chair /tʃɛər/ 명 의자

pull up	a chair	의자를 끌어당기다
pull out	a chair	의자를 끌어내다
have	a chair	의자에 앉다
take	a chair	
push back	a chair	의자를 뒤로 밀다
sit on	a chair	의자에 앉다
sit in	a chair	
sink into	a chair	의자에 깊이 앉다
get out of	a chair	의자에서 일어나다
get up from	a chair	
rise from	a chair	

▷ I **pulled up** a **chair** beside him. 나는 그의 곁으로 의자를 끌어당겼다.
▷ Tom **took** a **chair** next to her. 톰은 그녀 옆의 의자에 앉았다.
▷ He **sat in** a **chair** looking out of the window. 그는 의자에 앉아서 창밖을 내다보았다.
▷ She sighed and **sank into** a **chair**. 그녀는 한숨을 쉬고 의자에 깊숙이 앉았다.
▷ He **got out of** his **chair** and walked to the door. 그는 의자에서 일어나 문으로 걸어갔다.
▷ My grandmother was so weak that she couldn't **rise from** her **chair**. 우리 할머니는 너무 몸이 약해서 의자에서 일어나지 못하셨다.

a comfortable	chair	편안한 의자
a rocking	chair	흔들의자
a swivel	chair	회전의자
a folding	chair	접의자

▷ She got up from her **comfortable chair**. 그녀는 편안한 의자에서 일어났다.

chairman /tʃɛ́ərmən/ 명 의장, 회장, 위원장, 사회자 (★chairperson 또는 chair로도 쓴다)

| be appointed | chairman | 의장에 임명되다 |
| be elected | chairman | 의장에 선출되다 |

▷ Mr. McCarthy was **appointed chairman** of the committee. 매카시 씨는 위원회의 위원장으로 임명되었다.

▷ He was **elected chairman** of the council. 그는 이사회의 회장으로 선출되었다.

a board	chairman	이사회 회장
a committee	chairman	위원회 위원장
the current	chairman	현 회장
a former	chairman	전 회장
a vice	chairman	부회장
a deputy	chairman	부회장, 회장 대리

▷ He's a **former chairman** of the Budget Committee. 그는 예산 위원회의 전 위원장이다.

challenge /tʃǽlindʒ/ 명 난제; 도전

present	a challenge	난제를 제시하다
pose	a challenge	
face	a challenge	역경에 직면하다
meet	a challenge	힘든 일을 처리하다
respond to	a challenge	
rise to	a challenge	
mount	a challenge	도전하다
issue	a challenge	
accept	a challenge	도전을 받아들이다

▷ So far we have **faced** two **challenges**. 지금까지 우리는 두 가지 난제에 직면했다.

▷ We have to **meet** the **challenge** of international terrorism. 우리는 국제 테러리즘이라는 난제를 해결해야 한다.

▷ Fine, Clifford, I **accept** your **challenge**. 좋아, 클리퍼드, 네 도전을 받아들이겠어.

a big	challenge	큰 과제, 난제
a great	challenge	
a real	challenge	매우 힘거운 과제
a serious	challenge	
a strong	challenge	거센 도전

▷ I had to meet many **big challenges** in my life. 나는 인생에서 힘거운 과제에 여러 번 맞닥뜨렸다.

▷ English education in primary school is a **serious challenge** for teachers and society. 초등학교의 영어 교육은 교사들과 사회가 매우 풀기 힘든 과제다.

▷ We're going to face **strong challenges** from other companies in the future. 우리는 앞으로 다른 기업들의 거센 도전에 직면할 겁니다.

challenge /tʃǽlindʒ/

동 이의를 제기하다; 도전하다; 요구하다

| directly | challenge | 직접 이의를 제기하다 |
| seriously | challenge | 진지하게 이의를 제기하다 |

▷ Mr. White's opinion was not **seriously challenged**. 화이트 씨의 견해에 대해서는 심각한 이의 제기가 없었다.

| challenge | A to B | A(사람)를 상대로 B에 도전하다 |

▷ I **challenge** you **to** a game of chess. 저는 당신을 상대로 체스 게임에 도전합니다.

| challenge | A to do | A(사람)에게 …하라고 요구하다 |

▷ Her eyes **challenged** me **to** reply. 그녀의 눈이 내게 대답하라고 요구했다.

chance /tʃæns/ 명 기회; 가망, 가능성; 우연

get	a chance	기회를 얻다
have	a chance	
give (A)	a chance	(A에게) 기회를 주다
offer (A)	a chance	
seize	the chance	기회를 잡다
jump at	the chance	기회를 잡으려 하다
miss	a chance	기회를 놓치다
stand	a chance	가능성이 있다
increase	the chance	가능성을 높이다
reduce	the chance	가능성을 줄이다
decrease	the chance	
take	a chance	운에 맡기고 해보다

▷ I didn't **get a chance** to apologize. 나는 사과할 기회를 얻지 못했다.

▷ I haven't **had a chance** to talk to Bob yet. 나는 아직 밥과 이야기할 기회가 없었다.

▷ Please just **give** me a **chance** to say something. 제게 뭐라고 말할 기회를 좀 주세요.

▷ Now is the time. **Seize** this **chance**! 지금이 적기야. 기회를 잡아!

▷ I **missed** a **chance** to be promoted. 나는 승진할 기회를 놓쳤다.

▷ I know Tom wants to win the race, but he doesn't **stand** a **chance**. 톰이 경주에서 이기고 싶어 한다는 건 알지만 가능성이 없다.

▷ If you wear a mask, it'll **reduce** the **chances** of catching flu. 마스크를 쓰면, 독감에 걸릴 가능성이 줄어들 것이다.

▷ "I don't think Kate likes me." "**Take** a **chance**! Ask her for a date." "케이트는 나를 좋아하는 것 같지 않아." "운에 맡기고 데이트 신청을 해봐!"

a great	chance	절호의 기회
a big	chance	
the only	chance	유일한 기회
the last	chance	최후의 기회
another	chance	또 다른 기회
a second	chance	
a good	chance	충분한 가능성, 좋은 기회
a fair	chance	
a reasonable	chance	상당한 가능성
a sporting	chance	
little	chance	희박한 가능성
a slim	chance	근소한 가능성
a fifty-fifty	chance	50 대 50의 가능성
an even	chance	
pure	chance	완전한 우연
sheer	chance	

▷ This is the **only chance** you'll ever have to do this in your life. 이번이 당신의 인생에서 이 일을 할 수 있는 유일한 기회다.

▷ This is the **last chance**. 이번이 마지막 기회다.

▷ Give me **another chance**! Please! 다시 한 번 기회를 줘요! 제발!

▷ We've got a **fair chance** of getting to the finals. 우리가 결승에까지 오를 가능성은 충분하다

▷ There's a **reasonable chance** that she'll get a grant to study abroad. 그녀가 장학금을 받아 유학을 갈 가능성이 꽤 있다.

▷ There is only an **even chance** the global economy will recover this year. 올해 세계 경제가 회복할 가능성은 기껏해야 반반이다.

▷ I met an old school friend in the middle of Seoul, by **pure chance**. 나는 아주 우연히 서울 한복판에서 오래 전 학창시절의 친구를 만났다.

by	chance	우연히
by	any chance	혹시

▷ I met her **by chance**. 나는 그녀를 우연히 만났다.

▷ Do you **by any chance** have a 300-won stamp? 혹시 300원짜리 우표 있습니까?

PHRASES

No chance! / **Fat chance**! ☺ 그럴 가망성은 없어!
▷ Does he think I want to marry him? Fat chance! 그 사람은 내가 자기랑 결혼하고 싶어한다고 생각하는 거야? 말도 안 돼!

(The) chances are (that)... ☺ …인지도 모른다.
▷ Chances are that Jeff and Christine will get married. 제프와 크리스틴이 결혼할지도 모른다.

change /tʃeindʒ/

🔲 변화, 변동; 기분 전환; 거스름돈, 잔돈

make	a change	변경하다
cause	a change	변화를 일으키다
produce	a change	
undergo	a change	변화를 겪다
show	a change	변화를 보이다
reflect	a change	변화를 반영하다
get	a change	거스름돈을 받다
keep	the change	거스름돈을 받아두다

★ undergo는 보통 great, radical, drastic, tremendous 등 변화의 크기 또는 상황을 표현하는 형용사와 함께 쓰인다.

▷ Apparently someone **made** a **change** in the computer data. 누군가 컴퓨터 데이터를 변경시킨 것 같다.

▷ China is **undergoing** tremendous **changes**. 중국은 거대한 변화를 겪고 있다.

▷ The statement **reflects** a **change** in policy. 그 성명은 정책의 변화를 반영한다.

a dramatic	change	극적인 변화
a fundamental	change	근본적인 변화
a major	change	큰 변화
a radical	change	급진적 변화
a significant	change	의미있는 변화
a minor	change	작은 변화
a sudden	change	갑작스런 변화
climate	change	기후 변동
political	change	정치적 변혁
social	change	사회적 변혁

▷ What has caused this **dramatic change**? 무엇이 이런 극적인 변화를 일으켰지?

▷ There're no **major changes**. 큰 변화는 없다.

▷ There was a **radical change** in the policy of the United States of America. 미합중국 정책에 급진적인 변화가 있었다.

| change |

▷ Were there any **political** or **social changes** during that period? 그 기간 동안 정치적 또는 사회적인 변혁이 있었나요?

a change	in A	A의 변화

▷ I didn't understand her **change in** attitude. 나는 그녀의 태도 변화가 이해되지 않았다.

for	a change	어쩌다 한 번쯤은 (평소와 달리)

▷ Why don't you listen **for a change**? 어쩌다 한 번쯤은 내 말 좀 들어봐.

change /tʃeɪndʒ/

동 변화하다, 변화시키다; 갈아입다; 환전하다

radically	change	근본적으로 변하다
completely	change	완전히 변하다
really	change	확실히 변하다
little	change	거의 변하지 않다
constantly	change	계속 변하다
rapidly	change	급속히 변하다
suddenly	change	갑자기 변하다
change	dramatically	극적으로 변하다
change	significantly	크게 변하다

▷ My life has been **radically changed** through the books I've read. 내가 읽은 책들을 통해 내 삶은 근본적으로 변했다.

▷ What's wrong with you? You've **completely changed**. 무슨 일 있니? 너 완전히 변했어.

▷ He's **really changed** since I knew him at university. 그는 내가 대학 시절 알던 모습에서 확실히 변했다.

▷ The village where I was born has **little changed** during the last 100 years. 내가 태어난 마을은 지난 100년 동안 거의 변하지 않았다.

▷ Your opinion is **constantly changing**. 네 의견은 계속 변하는구나.

▷ The world is **rapidly changing**. 세계는 급속히 변하고 있다.

▷ The weather **changed dramatically**. 날씨가 급변했다.

▷ Well, I think things have **changed significantly**. 음, 내가 보기엔 상황이 크게 변했어.

change	from A to B	A에서 B로 변하다

★ change는 자동사로도 쓰이고 타동사로도 쓰인다.

▷ Her tone **changed from** being warm and friendly **to** cold and commanding. 그녀의 어조는 따뜻하고 다정했다가 차가운 명령조로 변했다.

change	A for B	A를 B로 바꾸다, 교환하다

change	A into B

▷ He **changed** the US dollars **into** won. 그는 미국 달러화를 원화로 환전했다.

change	into A	A로 갈아입다
change	out of A	A를 갈아입다

▷ She **changed into** her jeans and sneakers and went out. 그녀는 청바지로 갈아입고 운동화로 바꿔 신은 후 외출했다.

▷ You should **change out of** that wet clothing. 그 젖은 옷은 갈아입어라.

character /kǽrɪktər/

명 성격, 특징; 등장 인물; 문자

have	a character	성격이 있다, 특징이 있다
reflect	A's character	A의 성격을 반영하다
preserve	the character	특징을 보존하다
play	a character	인물을 연기하다
inhabit	a character	완전히 극중 인물이 되다

★ have a character는 good, strong 등의 형용사와 함께 쓰인다.

▷ Do you admit that he **has** a good **character**? 그가 성격이 좋다고 인정합니까?

▷ Steel **plays** two **characters**. 스틸은 두 가지 배역을 연기한다.

▷ A good actor really **inhabits** the **character** he plays. 훌륭한 배우는 정말로 자신이 연기하는 인물이 된다.

a different	character	다른 성격
a strong	character	강한 성격
a weak	character	약한 성격
the main	character	주인공
the central	character	
the leading	character	
a national	character	국민성
Chinese	characters	한자
a cartoon	character	만화의 등장 인물
a fiction	character	소설의 등장 인물

▷ Peter and Kate have totally **different characters**. 피터와 케이트는 완전히 성격이 다르다.

▷ Jackie plays the **main character**. 재키는 주인공을 연기한다.

in	character	역할에 딱 맞는
out of	character	역할에 맞지 않는

▷ She's a great actress! She's always **in character**. 그녀는 뛰어난 배우야! 언제나 역할에 딱 맞더라.

▷ I was surprised to see her acting so **out of character.** 나는 그녀의 연기가 역할에 전혀 맞지 않는 것을 보고 놀랐다.

charge /tʃɑːrdʒ/

명 요금; 비난, 고발; 책임, 감독

make	a charge	비용을 청구하다
bring	charges	고소하다
press	charges	
prefer	charges	
drop	(the) charges	고소를 취하하다
face	a charge	고발당하다
admit	a charge	혐의를 인정하다
deny	a charge	혐의를 부인하다
take	charge	책임을 맡다, 담당하다

▷ The hotel doesn't **make a charge** for this service. 그 호텔은 이 서비스에 대해 비용을 청구하지 않는다.
▷ Why didn't Erica **bring charges** *against* Michael? 왜 에리카는 마이클을 고소하지 않았지?
▷ She **faced charges** of murdering her husband. 그녀는 남편을 살해한 혐의로 고소당했다.
▷ He **admitted** the **charge** of dangerous driving. 그는 난폭 운전 혐의를 인정했다.
▷ Peter is going to **take charge** *of* our campaign. 피터는 우리 캠페인의 책임을 맡을 예정이다.

a fixed	charge	고정 요금
an annual	charge	연간 요금
an extra	charge	추가 요금
an additional	charge	
a service	charge	서비스 요금
an admission	charge	입장료
a criminal	charge	형사 고발
a false	charge	무고

▷ **Annual charges** for gas, electricity and water, have all increased compared with last year. 연간 가스, 전기, 수도 요금이 모두 작년에 비해 올랐다.
▷ See if there're **extra charges** for special services. 특별 서비스에 추가 요금이 있는지 봐.
▷ The investigation led to **criminal charges** against the company. 그 조사는 회사에 대한 형사 고발로 이어졌다.

charge	for A	A의 요금
in	charge	담당하는, 책임을 지는

▷ There's no **charge for** admission. 입장료는 없습니다.

▷ Who is the person **in charge** *of* this project? 이 프로젝트의 담당자가 누구입니까?

free of	charge	무료로

▷ Tickets to the event are **free of charge**. 행사 입장권은 무료입니다.

chat /tʃæt/ 명 수다, 잡담

have	a chat	한담을 나누다

▷ I'd like to **have** a **chat** *with* Billy. 빌리하고 수다 떨고 싶어.

a cozy	chat	편안한 수다
a friendly	chat	친근한 잡담
a little	chat	약간의 수다

▷ We were just having a **friendly chat** over a cup of coffee. 우리는 그냥 커피를 마시면서 편안한 잡담을 나누고 있었어.

chat /tʃæt/ 통 수다 떨다, 잡담하다

chat	happily	즐겁게 잡담하다
chat	quietly	조용히 잡담하다

▷ Tony is **chatting happily** with Helen. 토니는 헬렌과 즐겁게 잡담을 나누고 있다.

chat	about A	A에 대해서 수다 떨다
chat	with A	A(사람)와 수다 떨다
chat	to A	

▷ What are you **chatting about**? 무엇에 대해서 수다를 떨고 있는 거니?
▷ I've really enjoyed **chatting with** you. 당신과 나눈 한담은 정말로 즐거웠습니다.

cheap /tʃiːp/ 형 저렴한, 값싼

extremely	cheap	아주 싼
really	cheap	정말로 싼
fairly	cheap	산당히 싼
relatively	cheap	비교적 싼
comparatively	cheap	

▷ The food is **really cheap** and fresh. 음식이 정말로 맛있고 신선해.
▷ Our country is still **relatively cheap** to live in. 우리 나라는 아직도 비교적 생활비가 적게 든다.

cheap and easy	싸고 간편한
((영)) cheap and cheerful	싸고 그럭저럭 쓸 만한

| check |

《영》 cheap and nasty　싸고 형편없는

▷ Flights from Birmingham to Copenhagen are **cheap and easy**. 버밍험에서 코펜하겐까지 가는 항공편은 싸고 간단하다.

▷ It was a **cheap and nasty** hotel. 그곳은 싸고 형편없는 호텔이었다.

check /tʃek/ 명 점검, 검사; 저지; 《미》 계산서, 수표 (★수표의 영국식 철자는 cheque)

have	a check	살펴보다
make	a check	검사하다, 확인하다
do	a check	
run	a check	
keep	a check	감시하다
write	a check	수표를 쓰다
present	a check	수표를 건네다
cash	a check	수표를 현금화하다
pay by	check	수표로 지불하다

▷ Thomas **had** a **check** in his jacket pocket. 토머스는 재킷 주머니 안을 살펴보았다.

▷ I **did** a **check** on some of the things she said. 나는 그녀가 말한 것 몇 가지를 확인해 보았다.

▷ It's important to **keep** a **check** *on* your blood pressure to prevent a problem such as heart disease. 심장병 같은 문제를 막기 위해서 혈압을 꾸준히 관리하는 것이 중요하다.

▷ He **wrote** a **check** for $2,000. 그는 2천 달러짜리 수표를 써줬다.

▷ I'd like to **cash** these traveler's **checks**. 이 여행자 수표를 현금으로 바꾸고 싶습니다.

▷ You can **pay by check**. 수표로 지불하셔도 됩니다.

a thorough	check	철저한 점검
a quick	check	신속한 점검
a regular	check	정기 점검
a routine	check	
an annual	check	연례 점검
a final	check	최종 점검
a medical	check	건강 검진
a health	check	
a dental	check	치과 검진

▷ I've done a **quick check** to see if anything was missing. 나는 빠진 것이 있는지 재빨리 점검해 보았다.

▷ **Regular checks** are conducted to ensure that the doors are secure. 출입문들이 안전한지 확인하기 위해 정기 점검을 수행한다.

▷ He is now busy with a **final check** of his plan. 그는 지금 계획을 최종 점검하느라 바쁘다.

hold A in	check	A를 억제하다
keep A in	check	

▷ Kevin **held** his anger **in check**. 케빈은 분노를 억눌렀다.

check /tʃek/

동 점검하다; 살펴보다; 확인하다

check	regularly	정기적으로 점검하다
check	frequently	자주 점검하다
check	beforehand	사전에 점검하다
check	carefully	주의 깊게 점검하다

▷ ID cards are **checked regularly**. 신분증은 정기적으로 점검을 받는다.

▷ **Check carefully** before you sign your name. 서명을 하기 전에 신중하게 살펴보세요.

check	with A	A(사람)에게 확인하다

▷ Let me **check with** my husband. 남편에게 확인해 볼게요.

check	(that)...	…라는 것을 확인하다
check	wh-	…인지 살펴보다

★ wh-= whether, what, how 등

▷ Jenny looked at the map and **checked that** she was going the right way. 제니는 지도를 보고 자신이 제대로 가고 있다는 것을 확인했다.

▷ We just wanted to **check whether** or not you were all right. 우리는 그저 네가 맞는지 확인하고 싶었을 뿐이다.

cheese /tʃiːz/ 명 치즈

cut	cheese	치즈를 자르다
slice	cheese	
grate	cheese	치즈를 갈다
shred	cheese	

▷ **Cut** the **cheese** into pieces. 치즈를 작게 잘라라.

▷ If you want, you could **grate** the **cheese** into the pasta sauce. 원한다면 치즈를 갈아서 파스타 소스에 넣어도 됩니다.

(a) hard	cheese	경질 치즈
(a) soft	cheese	연질 치즈
strong	cheese	냄새가 강한 치즈
low-fat	cheese	저지방 치즈
grated	cheese	가루 치즈
shredded	cheese	

▷ Cheddar is a **hard cheese**. 체다는 경질 치즈다.
▷ I put two slices of **low-fat cheese** in a sandwich. 나는 저지방 치즈 두 조각을 샌드위치에 넣었다.

| a piece of | cheese | 치즈 한 조각 |
| a slice of | cheese | |

▷ This is a lovely **piece of cheese**. 이것은 맛있는 치즈 한 조각이다.

| cheese and biscuits | 치즈와 비스킷 |

▷ She drank a glass of milk and ate some **cheese and biscuits**. 그녀는 우유 한 병을 마시고 치즈와 비스킷을 먹었다.

PHRASES
Say "Cheese"! ☺ (사진을 찍을 때) "치즈" 해봐!

child /tʃaild/ 명 어린이

have	a child	아이가 있다
have	children	
adopt	a child	아이를 입양하다
raise	a child	아이를 기르다
bring up	a child	

▷ I **have** no **children**. 나는 아이가 없다.(★ I have no child.로는 잘 쓰지 않는다.)
▷ Our grandparents live with us and help to **bring up** the **children**. 우리 조부모님은 우리와 함께 살면서 육아를 도와주신다.

a small	child	작은 아이
a young	child	어린 아이
a grown-up	child	성인이 된 자녀
a spoiled	child	버릇없는 아이
an only	child	외동 아이
an unborn	child	태아, 뱃속의 아이

▷ I've been fluent in French since I was a **young child**. 나는 어렸을 때부터 프랑스어에 유창했다.
▷ They have two **grown-up children**. 그들은 성인이 된 자녀가 둘 있다.
▷ She rubs her stomach, whispering to her **unborn child**. 그녀는 뱃속의 아이에게 속삭이며 배를 문질렀다.

chocolate /tʃɔ́ːklət/ 명 초콜릿

bitter	chocolate	쓴 초콜릿
dark	chocolate	다크 초콜릿
(영) plain	chocolate	
hot	chocolate	핫초코, 코코아

▷ Do you want a cup of **hot chocolate** or something? 핫초코나 뭐 다른 거 줄까?

a bar of	chocolate	초콜릿 바 하나
a piece of	chocolate	초콜릿 한 조각
a box of	chocolate	초콜릿 한 상자

▷ I bought a **bar of chocolate**. 나는 초콜릿 바 하나를 샀다.
▷ Would you like a **piece of chocolate**? 초콜릿 한 조각 드릴까요?

choice /tʃɔis/ 명 선택; 선택권

make	a choice	선택하다
have	a choice	선택권이 있다
exercise	choice	선택권을 행사하다
give A	the choice	A(사람)에게 선택권을 주다
offer A	the choice	

▷ It's time to **make** a **choice**. 선택해야 할 시간이다.
▷ "Do I **have** a **choice**?" "No. It's already been decided." "나한테 선택권이 있어?" "아니, 이미 정해졌어." ◆ **have no choice (but to** do**) / have little choice (but to** do**)** (…하는 수밖에) 선택의 자유가 없다 ▷They have no choice but to sell the house. 그들은 집을 팔 수밖에 없다.
▷ I'm going to **give** you two **choices**. 너에게 두 가지 선택권을 주겠어.

a good	choice	좋은 선택
the right	choice	올바른 선택
a stark	choice	냉엄한 선택
a hard	choice	힘든 선택
personal	choice	개인적 선택
a free	choice	자유로운 선택
first	choice	제1의 희망
the number one	choice	
a wide	choice	폭넓은 선택지
an obvious	choice	당연한 선택

▷ "I bought some yellow roses at the florist." "Oh, Wendy. **Good choice**." "꽃집에서 노란 장미를 샀어." "아, 웬디. 잘했어."
▷ My **first choice** is to be a lawyer. 내 첫 번째 희망은 변호사가 되는 것이다.
▷ Everybody agreed that she was the **obvious choice** for the job. 그녀가 그 일에 적임자라는 데 모두가 동의했다.

| a choice | between A and B | A와 B 사이의 선택 |

▷ A decision is expected early next week regarding location. The **choice** is **between** Paris and

Frankfurt. 다음 주 초에 장소에 대한 결정을 내려야 한다. 파리와 프랑크푸르트 중에서 선택하는 것이다.

by	choice	자신의 선택으로
of	one's choice	스스로 선택한
A of	choice	선택된 A

▷ I'm doing this **by choice**. 나는 내가 선택해서 이 일을 하고 있다.
▷ This decision was made **of** her own **choice**. 이 결정은 그녀 스스로 내린 것이다.
▷ Red was my color **of choice**. 빨간색은 내가 선택한 색이었다.

| freedom of | choice | 선택의 자유 |

▷ Everybody has **freedom of choice** about this. 이것과 관련해서 모두에게 선택의 자유가 있다.

choose /tʃuːz/

통 고르다, 선택하다; 결정하다

choose	carefully	신중하게 선택하다
choose	wisely	현명하게 선택하다
choose	freely	자유롭게 선택하다
choose	randomly	무작위로 선택하다
choose A	instead	대신 A를 선택하다
deliberately	choose	일부러 선택하다

★ carefully, wisely, freely, randomly, deliberately 는 동사의 전후 어디에도 쓸 수 있다.

▷ I trust you have **chosen wisely**. 나는 네가 현명한 선택을 했다고 믿는다.
▷ You can **choose freely** what you want. 원하는 것을 자유롭게 선택하세요.
▷ Ten people were **randomly chosen** from the list. 명단에서 10명이 무작위로 뽑혔다.
▷ He gave her no answer, **choosing instead** to change the subject. 그는 그녀에게 대답하지 않고, 대신 화제를 돌렸다.

| choose | A from B | A를 B에서 선택하다 |
| choose | between A | A 중에서 선택하다 |

▷ Bill **chose** a red T-shirt **from** the wardrobe. 빌은 옷장에서 빨간 티셔츠를 골랐다.
▷ Both candidates were excellent. It was impossible to **choose between** them. 두 후보 다 뛰어나서 둘 중에서 고를 수가 없었다.

| choose | to do | …하기로 선택하다 |

▷ He **chose to** do nothing. 그는 아무것도 안 하는 쪽을 택했다.

| choose | wh- | …할지 선택하다 |

★ wh-는 which, when, what 등의 의문사

▷ I can **choose when** to work and **when** to take a break. 나는 언제 일하고 언제 쉴지를 선택할 수 있다.

| choose | A as B | A를 B로 선택하다 |

▷ Why did you **choose** Australia **as** a place to study? 왜 오스트레일리아를 공부할 장소로 선택했니?

| if A so | choose | A(사람)이 그러기를 바란다면 |

★ 문장 끝에 쓰일 때가 자주 있다.

▷ You can come with me **if** you **so choose**. 네가 그러기를 바란다면 나랑 같이 가도 좋아.

cigarette /sìgərét/ 명 담배

smoke	a cigarette	담배를 피우다
light	a cigarette	담뱃불을 붙이다
stub out	a cigarette	담배를 비벼 끄다

▷ She **lit a cigarette** and took a puff. 그녀는 담배에 불을 붙이고 한 모금 들이마셨다.
▷ He **stubbed out** his **cigarette** in the ashtray. 그는 재떨이에 담배를 비벼 껐다.

| a pack of | cigarettes | 담배 한 갑 |
| 《영》 a packet of | cigarettes | |

▷ He pulled a **pack of cigarettes** from his pocket. 그는 주머니에서 담배 한 갑을 꺼냈다.

circle /sə́ːrkl/

명 원, 동그라미; 서클, 동아리, 집단, …계

draw	a circle	원을 그리다
form	a circle	원을 이루다
make	a circle	
join	a circle	동아리에 가입하다

▷ I **drew a circle** on a sheet of paper. 내가 종이에 동그라미를 그렸다.(★× write a circle이라고는 하지 않는다.)
▷ They **formed a circle** around him. 그들은 그를 둥글게 둘러쌌다.

a wide	circle	폭넓은 인간관계
a large	circle	
a narrow	circle	좁은 인간관계
a small	circle	
academic	circles	학회
literary	circles	문학계
business	circles	업계
a family	circle	일가

a vicious	circle	악순환

▷ She developed a **large circle** of friends. 그녀는 폭넓은 교우 관계를 키웠다.
▷ He moved in **literary circles** at that time. 그는 그 시기에 문단에 들어갔다.
▷ The more chocolate I eat, the more chocolate I want to eat! It's a **vicious circle**. 초콜릿을 더 먹을수록, 더 많은 초콜릿을 먹고 싶어! 이건 악순환이야.

in	a circle	원형으로

▷ The children are sitting **in a circle**. 아이들이 동그랗게 앉아 있다.
▷ You're never going to get anywhere if you keep running around **in circles** like this. 이렇게 제자리만 빙빙 돌면 아무 성과도 거둘 수 없어.

a circle	of friends	친구 집단
a circle	of acquaintances	지인 집단

▷ I have a wide **circle of acquaintances** in the U.S. 나는 미국에 지인이 많다.

circumstance /sɔ́ːrkəmstæns/

명 (-s)사정, 상황, 정세; 경우

circumstances	change	상황이 바뀌다

▷ Within the last two years, **circumstances have changed**. 지난 2년 동안 상황이 바뀌었다.

normal	circumstances	정상적 상황
special	circumstances	특별한 상황
suspicious	circumstances	수상한 상황
different	circumstances	다른 상황
economic	circumstances	경제 상황
certain	circumstances	어떤 상황
particular	circumstances	특정한 상황

★under ... circumstances나 in ... circumstances의 형태로 자주 쓰인다.

▷ Under **normal circumstances**, late applications will not be accepted. 정상적인 상황에서는 시간에 늦은 신청은 접수되지 않을 겁니다.
▷ It's a pity you and I couldn't have met under **different circumstances**. 너와 내가 다른 상황에서 만나지 못했던 것이 안타깝다.
▷ In **certain circumstances** we may be able to offer financial aid. 상황에 따라서는 우리가 재정 지원을 해줄 수도 모른다.

circumstances	surrounding A	A를 둘러싼 상황

▷ What were the **circumstances surrounding** his death? 그의 죽음을 둘러싼 정황이 어땠습니까?

given	the circumstances	그런 상황이기에
considering the circumstances		
under	the circumstances	

▷ **Given the circumstances**, this decision was understandable. 상황이 상황이니만큼, 이번 결정은 이해할 만했다.

under no circumstances	어떤 상황에서도 안 되는
in no circumstances	

★not under any circumstances, not in any circumstances도 쓴다.

▷ **Don't under any circumstances** ride your motorbike without a crash helmet. 어떤 상황에서도 헬멧을 쓰지 않고 오토바이를 타면 안 된다.

citizen /sítəzən/

명 시민; (시민권이 있는) 국민

a US	citizen	미국 국민
a good	citizen	선량한 시민
an ordinary	citizen	일반 시민
a senior	citizen	고령자

▷ He became a **US citizen**. 그는 (시민권을 얻어서) 미국 국민이 되었다.
▷ The Prime Minister talked with many **ordinary citizens** during his election campaign. 총리는 선거 운동 기간에 많은 일반 시민과 대화를 나눴다.

city /síti/ 명 도시; 시

a big	city	대도시
a great	city	
a large	city	
a historic	city	유서 깊은 도시
an old	city	오래된 도시
an industrial	city	산업 도시
a walled	city	성벽 도시
a sister	city	자매 도시
《영》 a twin	city	

▷ I don't like living in the country. I want to live in a **big city**. 나는 시골에 사는 건 싫다. 대도시에 살고 싶다.
▷ York is a **historic city**. 요크는 유서 깊은 도시다.

claim /kleim/ 명 주장; 권리; 요구, 청구

make	a claim	주장하다
deny	a claim	주장을 부정하다

| claim |

dispute	a claim	주장에 이의를 제기하다
reject	a claim	
support	A's claim	주장을 지지하다
make	a claim	청구하다
file	a claim	
waive	a claim	청구를 포기하다
have	a claim to A	A를 요구할 권리가 있다
have	a claim on A	
lay	claim to A	A에 대한 권리를 주장하다

▷ The minister **denied claims** that he was going to resign. 장관은 사임해야 한다는 주장을 받아들이지 않았다.

▷ After his house burned down, he **made a claim** *to* the insurance company. 집이 불타버린 뒤, 그는 보험 회사에 보험료를 청구했다.

▷ She **made a claim** *for* damages. 그녀는 손해 배상 청구를 했다.

▷ She **has a claim** *on* her parents' property. 그녀는 부모의 재산에 대한 권리가 있다.

▷ Arabs and Israelis both **lay claim to** the ownership of the territories. 아랍인과 이스라엘인 모두 그 영토에 대한 소유권을 주장한다.

the competing	claims	상반되는 주장
a false	claim	허위 주장, 부당 청구

▷ He made a **false claim** to his insurance company. 그는 보험 회사에 부당 청구를 했다.

claim /kleim/ 图 주장하다; 요구하다

falsely	claim	허위 주장을 하다
claim	back	반환을 요구하다

▷ He **falsely claimed** that he had a degree from Harvard University. 그는 하버드 대학 학위가 있다고 허위 주장을 했다.

▷ You can **claim back** another £190. 너는 추가로 190파운드의 반환을 청구할 수 있다.

claim	(that)...	…라고 주장하다

▷ He **claims that** he was in bed asleep at the time of the murder. 그는 살인 사건이 일어난 시각에 침대에서 자고 있었다고 주장한다.

claim	to do	…한다고 주장하다
claim	to be	…라고 주장하다

▷ I never **claimed to** know anything about car engines. 나는 자동차 엔진에 대해 무엇이든 안다고 주장한 적이 없다.

▷ He is not the man he **claimed to** be. 그는 자신이 주장하는 그런 사람이 아니다.

class /klæs/ 图 반, 학급; 수업; 계급; 등급

have	(a) class	수업이 있다
attend	(a) class	수업에 출석하다
go to	(a) class	
take	(a) class	수업을 받다
cut	(a) class	수업을 빼먹다
skip	(a) class	
miss	(a) class	결석하다
teach	(a) class	수업을 하다
take	(a) class	수업을 받다
be late for	class	수업에 늦다

▷ I **have** six **classes** on Monday. 나는 월요일에 6교시 수업이 있다.

▷ I don't feel like **going to** a **class** today. 오늘은 수업에 가기가 싫다.

▷ My teacher told me to stop **cutting classes**. 선생님이 내게 수업을 그만 빼먹으라고 말했다.

▷ Ryan never **missed** a **class**. 라이언은 한 번도 결석하지 않았다.

▷ She **teaches** art **classes** at night school. 그녀는 야간 학교에서 미술을 가르친다.

▷ Let's go now or we'll be **late for class**! 지금 가지 않으면 수업에 늦을 거야!

a French	class	프랑스어 수업
a maths	class	수학 수업
an advanced	class	상급반
an intermediate	class	중급반
(an) evening	class	야간반
lower	class	하층 계급
middle	class	중류 계급
upper	class	상류 계급
working	class	노동자 계급
ruling	class	지배 계급
social	class	사회 계급
first	class	일등석
business	class	비즈니스 석
economy	class	일반석

▷ The British have three main classes, the **upper class**, the **middle class**, and the **working class**. 영국에는 크게 상류 계급, 중류 계급, 노동자 계급 세 계급이 있다.

in	class	수업에서, 수업중에

▷ You're kidding! You fell asleep **in class**! 농담이지? 수업중에 잠이 들었다니!

clean /kliːn/

휑 청결한, 깨끗한; 오염이 없는, 결백한

keep A	clean	A를 깨끗하게 해두다
wipe A	clean	A를 깨끗하게 닦다
scrub A	clean	A를 깨끗하게 문지르다
wash A	clean	A를 깨끗하게 씻다

▷ You have to **keep** your room **clean**. 네 방을 깨끗하게 관리해라.

perfectly	clean	완벽하게 깨끗한
spotlessly	clean	티끌 하나 없이 깨끗한
immaculately	clean	

▷ You can use this dish. It's **perfectly clean**. 이 접시 써, 아주 깨끗해.
▷ Every room was **spotlessly clean**. 모든 방이 티끌 하나 없이 깨끗했다.

neat and clean	깔끔하게 정리된
((영)) clean and tidy	

▷ She always keeps her room **clean and tidy**. 그녀는 언제나 자기 방을 깔끔하게 정리해둔다.

clear /kliər/

휑 명백한; 확실한; 맑은, (날씨가) 갠

seem	clear	명백해 보이다

▷ It **seems clear** that we've still got a lot of problems to solve. 우리가 해결할 문제가 많다는 것은 확실한 것 같다.

fairly	clear	상당히 명백한
abundantly	clear	충분히 명백한
absolutely	clear	완전히 명백한
perfectly	clear	
crystal	clear	
not entirely	clear	아주 명백하지는 않은

▷ I want to make one thing **absolutely clear**. 나는 한 가지를 빈틈 없이 확실히 하고 싶다.
▷ The sky was **perfectly clear**. 하늘은 구름 한 점 없이 맑았다.
▷ I'm **not entirely clear** what you mean. 네가 의미하는 바를 확실히 이해하진 못하겠다.

clear and simple	간단명료한

▷ It's all here in the instructions. **Clear and simple**. 여기 설명서에 다 있습니다. 간단명료합니다.

make it clear that...	…을 확실히 하다

▷ Did you **make it clear that** we didn't agree with her idea? 우리가 그녀의 생각과 다르다는 것을 분명히 전달했습니까?

PHRASES
Is that clear? / Do I make myself clear? ⓒ 내 말 이해했니? ▷ I don't want to hear another word about it. Is that clear? 이것에 대해 더 이상 왈가왈부하지 마. 알아 들어?

clear /kliər/ 통 치우다; 깨끗하게 하다

clear	away	제거하다, 치우다
clear	up	치우다, 정돈하다

▷ Sophie **cleared** the plates **away**. 소피는 접시들을 치웠다.
▷ I **cleared up** the mess on the floor. 나는 바닥에 어질러진 것들을 치웠다.

clear	A of B	A에서 B를 제거하다
clear	B off A	
clear	B from A	

▷ I **cleared** the steps **of** snow. / I **cleared** the snow **off** the steps. 나는 계단에서 눈을 치웠다.
▷ We need to **clear** the weeds **from** the river. 우리는 강에서 수초를 제거해야 한다.

clever /klévər/

휑 똑똑한, 현명한; 솜씨가 좋은

extremely	clever	매우 똑똑한
really	clever	

▷ He was an **extremely clever** child. 그는 아주 똑똑한 아이였다.

clever	at doing	…을 잘하는
clever	with A	A를 잘하는

▷ He was very **clever at** getting what he wanted. 그는 자신이 원하는 것을 얻어내는 데 머리가 비상했다.
▷ Cindy is very **clever with** her hands. She has a pottery exhibition next week. 신디는 손재주가 아주 좋다. 다음 주에는 도예 전시회를 한다.

climb /klaim/ 통 오르다; 올라가다

climb	rapidly	빠르게 오르다
climb	steadily	천천히 오르다; 착실히 올라가다
climb	steeply	급하게 오르다; 급격히 올라가다

▷ Oil prices have **climbed steadily** over the years. 유가는 지난 몇 년 동안 꾸준히 올랐다.

| climb | up A | A를 기어오르다 |
| climb | over A | A를 타넘다 |

▷ I **climbed up** the ladder and got to the top. 나는 사다리를 타고 꼭대기에 올랐다.
▷ He couldn't **climb over** the wall. 그는 벽을 넘지 못했다.

clock /klɑk/ 명 시계

set	a clock	시계를 맞추다
adjust	a clock	시계를 조정하다
watch	the clock	끝날 때만 기다리다

▷ I **set** my alarm **clock** for 5 a.m. 나는 알람 시계를 새벽 5시에 맞추었다.
▷ Don't **watch** the **clock**! 끝나기만 기다리지 마!

a clock	strikes	시계가 치다
a clock	chimes	시계가 울리다
a clock	ticks	시계가 똑딱거리다
a clock	says	시계가 …시를 가리키다

▷ The **clock struck** 9. 시계가 9시를 쳤다.
▷ The **clock says** 6:05. 시계가 6시 5분을 가리킨다.

against	the clock	시간을 다투어
around	the clock	낮에도 밤에도, 24시간 내내
round	the clock	

▷ Everything is a race **against** the **clock**. 모든 것이 시간을 다투는 경쟁이다.
▷ She is working **around** the **clock** to resolve this problem. 그녀는 이 문제를 해결하기 위해 밤낮없이 일하고 있다.

| a body | clock | 체내 시계 |

close /klous/ 형 가까운, 근접한; 친밀한

extremely	close	아주 근접한, 아주 친한
really	close	
fairly	close	꽤 가까운
quite	close	꽤 가까운, 꽤 친한
uncomfortably	close	불편할 정도로 가까운
close	together	서로 가까운
close	enough	충분히 가까운

▷ We're **really close** to the coast now. 우리는 이제 해안에 아주 가까워졌다.
▷ Emma and I are **fairly close**. We go everywhere together. 에마와 나는 꽤 가까운 사이다. 우리는 어디든 함께 간다.
▷ He was **uncomfortably close**, so I moved away. 그가 불편할 정도로 가까이 있어서 나는 거리를 뒀다.
▷ We both live in the same street. Our houses are **close together**. 우리는 같은 거리에 산다. 집도 서로 가깝다.
▷ Do you think he was **close enough** to hear us? 그가 우리 말을 들을 만큼 가까이 있었을까?

| close | to A | A에 가까운 |

▷ She sat **close to** Steve. 그녀는 스티브 가까이 앉았다.
▷ We're all **close to** sixty years old. 우리는 모두 예순 살에 가깝다.

(PHRASES)
You are close. ☺ (네 추측이) 거의 맞아. ▷ "He's sixty years old, isn't he?" "You're close. Fifty nine." "그분 연세가 예순이지?" "거의 맞아. 쉰아홉이야."

close /klouz/

동 닫다, 닫히다; 끝나다, 끝내다

| close | firmly | 꽉 닫다 |
| close | tightly | |

★ 두 부사 모두 동사의 앞에도 쓰인다

▷ You need to **close** the refrigerator door **firmly**. 냉장고 문을 꽉 닫아야 해.

close	down	폐쇄하다
close	off	봉쇄하다
close	up	닫히다, 메워지다

▷ They're going to have to **close** the office **down**. 그들은 사무실을 폐쇄해야 할 거야.
▷ The roads were **closed off** due to the snow. 그 도로는 눈 때문에 봉쇄되었다.
▷ Even though it was a deep wound, it **closed up** quickly. 깊은 상처였지만, 빠르게 아물었다.

closed /klouzd/ 형 폐점하여; 폐쇄하여

| remain | closed | 닫힌 채로 있다 |

▷ Make sure these gates **remain closed** at all times. 이 문들이 항상 닫혀 있게 해둬야 해.

| closed | to A | A로의 출입이 금지된 |

▷ Broad Street will be **closed to** traffic from 11 a.m. to 5 p.m. 브로드 가는 오전 11시에서 오후 5시까지 통행이 금지될 것이다.

| tightly | closed | 꽉 닫힌 |

▷ She kept her eyes **tightly closed** as the roller-coaster went faster and faster. 롤러코스터가 점점 빨라지자, 그녀는 눈을 꽉 감고 있었다.

clothes /klouðz/ 명 의복

wear	clothes	옷을 입고 있다
put on	clothes	옷을 입다
take off	clothes	옷을 벗다
change	clothes	옷을 갈아입다
wash	clothes	옷을 빨다

▷ He was **wearing** the same **clothes** as yesterday. 그는 어제 입었던 옷을 입고 있었다.
▷ I want to **put on** some nice **clothes** and go out. 멋진 옷을 입고 외출하고 싶다.
▷ He **took off** his **clothes** and put them on the bed. 그는 옷을 벗어서 침대에 내려놓았다.
▷ Let me **change clothes**. 옷 좀 갈아입을게.

fancy	clothes	화려한 옷
fashionable	clothes	유행하는 옷
casual	clothes	평상복
everyday	clothes	
baby	clothes	아기옷
children's	clothes	어린이옷
men's	clothes	남성복
women's	clothes	여성복
working	clothes	작업복

▷ She was dressed up in **fancy clothes**. 그녀는 화려한 옷을 입고 있었다.
▷ She was tall, blond and gorgeous and always wore **fashionable clothes**. 그녀는 키 큰 금발 미녀로, 언제나 유행하는 옷을 입었다.
▷ I put on **casual clothes** and decided to stay at home. 나는 평상복을 입고 집에 있기로 했다.

cloud /klaud/ 명 구름; 자욱한 연기

clouds	gather	구름이 짙어지다
a cloud	hangs	구름이 걸리다
a cloud	covers A	구름이 A를 덮다

▷ Dark **clouds gathered** in the sky. 하늘에 먹구름이 짙어졌다.

thick	cloud	두꺼운 구름
heavy	cloud	
dense	cloud	
high	cloud	높은 구름
low	cloud	낮은 구름
rain	cloud	비구름

▷ **Thick clouds** covered the sky and blocked the sun. 두꺼운 구름이 하늘을 덮고 해를 가렸다.
▷ **Low clouds** hung around the foothills. 낮은 구름이 언덕을 둘러싸고 걸려 있었다.

club /klʌb/ 명 클럽, 동호회, 동아리

belong to	a club	클럽의 회원이다
join	a club	클럽에 가입하다
leave	a club	클럽을 그만두다
run	a club	클럽을 운영하다

▷ I **belong to** a rugby **club**. 나는 럭비 클럽 회원이다.
▷ You should **join** the drama **club**. 너는 연극반에 가입해야 해.
▷ Ever since Bruce **left the club**, the team hasn't won a game. 브루스가 클럽을 그만둔 뒤로, 팀은 한 경기도 이기지 못했다.

a member of	the club	클럽 회원

▷ Are you a **member of** the club? 이 클럽 회원이세요?

clue /klu:/ 명 실마리, 단서

have	a clue	실마리가 있다
give	a clue	실마리를 주다
provide	a clue	
look for	a clue	실마리를 찾다
search for	a clue	
find	a clue	실마리를 발견하다

▷ Maybe it'll **give** us a **clue** *to* why he died. 어쩌면 이것이 그가 죽은 이유에 대한 실마리를 줄지도 모른다.
▷ History **provides** some **clues** *to* this puzzle. 역사가 이 문제에 대한 실마리를 제공해줄 것이다.
▷ You might **find clues** *to* where she is now. 너는 그녀가 지금 어디 있는지 단서를 찾을 수도 있다.

an important	clue	중요한 단서
a vital	clue	결정적인 단서
the only	clue	유일한 실마리

▷ TV cameras will provide **vital clues** to his disappearance. TV 카메라들은 그의 실종에 대한 결정적 단서를 제공해줄 것이다.
▷ That's the **only clue** we have. 그것이 우리가 가진 유일한 실마리다.

a clue	to A	A에 대한 실마리
a clue	as to A	
a clue	about A	

▷ There're no further **clues as to** what will happen. 앞으로 일어날 일들에 대한 실마리는 더 이상 없다.

coat /kout/ 명 코트

put on	a coat	코트를 입다
throw on	a coat	코트를 걸쳐 입다
take off	a coat	코트를 벗다

▷ It's very cold outside. **Put** your **coat on**. 밖은 아주 추워. 코트 입어.
▷ Do you want to **take off** your **coat**? 코트 벗을래?

coffee /kɔ́ːfi/ 명 커피

make	coffee	커피를 만들다
pour	coffee	커피를 따르다
drink	coffee	커피를 마시다
have	(a) coffee	
sip	one's coffee	커피를 홀짝거리다
finish	one's coffee	커피를 다 마시다

▷ I'll **make coffee** as soon as we get back. 돌아가는 즉시 내가 커피를 내려줄게.
▷ Could I **have a coffee** please? 커피 한 잔 마실 수 있을까요?
▷ She sat reading the newspaper **sipping** her **coffee**. 그녀는 앉아서 커피를 홀짝거리며 신문을 읽었다.
▷ Can we just wait until I **finish** my cup of **coffee**? 내가 커피를 다 마실 때까지 조금 기다려줄 수 있니?

strong	coffee	진한 커피
weak	coffee	연한 커피
black	coffee	블랙 커피
white	coffee	밀크 커피
iced	coffee	아이스 커피
fresh	coffee	갓 내린 커피
instant	coffee	인스턴트 커피

▷ Espresso is a very **strong coffee** and popular throughout Italy. 에스프레소는 아주 진한 커피고, 이탈리아 전역에서 인기다.
▷ There's **fresh coffee** if you'd like some. 갓 만든 커피가 있으니까, 원한다면 마셔.

a cup of	coffee	한 잔의 커피

▷ I drink two **cups of coffee** a day. 나는 하루에 커피를 두 잔 마신다.

cold /kould/ 형 추운; 차가운

feel	cold	추위를 느끼다
get	cold	추워지다; 차가워지다

▷ Don't you **feel cold** without a hat? 모자를 안 쓰면 춥지 않아요?
▷ Hurry up! Your dinner's **getting cold**! 빨리 와! 요리가 식고 있어!

extremely	cold	지독하게 추운
pretty	cold	
freezing	cold	얼어붙을 듯이 추운
bitterly	cold	

▷ Can we come in? It's **pretty cold** out here. 들어가면 안 될까? 여기 바깥은 너무 추워.
▷ The night was **bitterly cold**. 그날 밤은 지독하게 추웠다.

cold /kould/ 명 추위; 감기

keep out	the cold	추위를 물리치다
catch	(a) cold	감기에 걸리다
get	a cold	
have (got)	a cold	감기에 걸려 있다

▷ Come inside before you **catch (a) cold**! 감기 걸리기 전에 안으로 들어와!
▷ I think I'm **getting a cold**. 나 감기 걸린 것 같아.
▷ I **have a cold**. 나 감기 걸렸어.

bitter	cold	혹독하게 추운
biting	cold	살을 에일 듯 추운
freezing	cold	얼어붙는 추위
a bad	cold	지독한 감기
a heavy	cold	
a slight	cold	가벼운 감기
a common	cold	일반 감기

▷ It was **bitter cold** outside. 바깥은 엄청나게 추워.
▷ She had a really **bad cold**. 그녀는 아주 지독한 감기에 걸렸다.
▷ I have a **slight cold**. 나는 가벼운 감기에 걸렸다.
▷ The symptoms of the **common cold** are a runny nose, sneezing, sore throat and feverishness. 일반 감기의 증상은 콧물, 재채기, 목의 통증, 열이다.

colleague /káliːg/ 명 동료

a senior	colleague	선배
a junior	colleague	후배

a male	colleague	남자 동료
a female	colleague	여자 동료
a professional	colleague	직장 동료
a former	colleague	옛 동료

▷ I wish to thank my family, friends and **professional colleagues** who have supported me. 저를 응원해준 가족, 친구, 직장 동료들에게 감사의 말을 전하고 싶습니다.

▷ Ken is a **former colleague** and a friend. 켄은 옛 동료이자 친구이다.

collection /kəlékʃən/

명 소장품, 수집품, 컬렉션; 수집, 모금

have	a collection	수집품이 있다
build up	a collection	수집하다
add to	A's collection	수집품에 더하다
make	a collection	모금을 하다
take (up)	a collection	

▷ He **has** a **collection** of woodblock prints. 그는 목판화 수집품이 있다.

▷ John had **built up** a **collection** of nearly 2,000 stamps from all over the world. 존은 전세계의 우표를 2천 점 가까이 모았다.

▷ This album is definitely one to **add to** your **collection**. 이 앨범은 단연코 당신의 소장품에 추가해야 합니다.

▷ We **made** a **collection** to buy supplies for the school. 우리는 학교 물품을 사기 위해서 모금을 했다.

the collection	contains A	소장품 중에 A가 있다
the collection	includes A	

▷ The **collections include** furniture, books, old maps and jewelry. 수집품에는 가구, 책, 옛 지도, 장신구가 있다.

an extensive	collection	방대한 소장품
a large	collection	
a vast	collection	
a fine	collection	멋진 수집품
a unique	collection	독특한 수집품
a private	collection	개인 소장품
data	collection	자료 수집
garbage	collection	쓰레기 수거

▷ Bruce had a **large collection** of books. 브루스는 장서가 방대하다.

college /kálidʒ/ 명 대학, 단과대학

attend	college	대학에 다니다
go to	college	
enter	college	대학에 들어가다
finish	college	대학을 졸업하다
leave	college	대학을 그만두다

▷ He **attended college** in Ohio. 그는 오하이오 주에서 대학에 다녔다.

▷ He **entered college** and chose hotel management as his major. 그는 대학에 가서 호텔 경영을 전공으로 선택했다.

▷ In my third year I **left college**. 나는 3학년 때 대학을 그만두었다.

at	college	대학 구내에; ((영)) 대학 재학 중에
in	college	대학 구내에; ((미)) 대학 재학 중에

▷ My son is **in college**. 우리 아들은 대학에 재학 중이다.

▷ I left my books **in college**. 나는 대학에 책을 두고 왔다.

color /kʌ́lər/

명 색; 안색; 피부색; 특색 (★((영)) colour)

add	color	색을 더하다
change	color	색을 바꾸다
match	the color	색이 어울리다

▷ Her eyes seem to **change color** according to her mood. 그녀의 눈은 기분에 따라 색이 변하는 것 같다.

▷ The curtains **matched** the **color** of the carpet. 커튼은 카펫과 색이 어울렸다.

a bright	color	선명한 색
a dark	color	어두운 색
a primary	color	원색
a natural	color	자연색
full	color	모든 색
local	color	지방색

▷ I don't look good in **bright colors**. 나는 선명한 색하고는 어울리지 않는다.

▷ The book is 180 pages and printed in **full color**. 그 책은 180페이지고, 완전 컬러 인쇄다.

color(s) and shape		색깔과 형태
★ shape and color라고도 한다.		

▷ I like the **color and shape** of your new cellphone. 네 새 휴대폰의 색깔과 형태가 마음에 든다.

combine /kəmbáin/

[통] 결합시키다, 결합하다

successfully	combine	제대로 결합시키다
combine	well	잘 결속하다

▷ He **successfully combined** new and traditional elements. 그는 새로운 요소와 전통적인 요소를 제대로 결합시켰다.

▷ The team **combined well** and won the match easily. 그 팀은 협동이 잘 돼서 경기를 쉽게 이겼다.

combine	A with B	A와 B를 결합시키다
combine	A and B	

▷ Using a hand mixer, **combine** the bananas **with** eggs, buttermilk and vanilla in a mixing bowl. 핸드믹서를 써서, 믹싱볼에 바나나와 계란, 버터밀크, 바닐라를 섞으세요.

comfort /kʌ́mfərt/ [명] 위안; 쾌적함

bring	comfort	위안을 주다
give	comfort	
offer	comfort	
take	comfort	위안을 얻다

▷ Her visits **brought** great **comfort** to her grandmother. 그녀의 방문은 그녀의 할머니에게 큰 위안이 되었다.

▷ She tried to **give comfort** to the survivors of the earthquake. 그녀는 지진 생존자들에게 위안을 주려고 했다.

▷ I **take comfort** from the fact that although we lost, it was a really close match. 우리가 지긴 했지만, 경기가 아주 접전이었다는 사실이 위안이 된다.

a great	comfort	큰 위안
cold	comfort	달갑지 않은 일

▷ It was **cold comfort** to hear that all my friends had passed the exam, but I hadn't. 나는 시험에 떨어졌는데 내 친구들은 모두 합격했다는 소식은 달갑지 않은 일이었다.

comfortable /kʌ́mfərtəbl/

[형] 쾌적한; 편안한, 여유로운; 걱정이 없는

feel	comfortable	쾌적하다, 편안하다

▷ I don't **feel comfortable** with my boss. 나는 상사와 함께 있으면 마음이 불편하다.

extremely	comfortable	아주 쾌적한
fairly	comfortable	

▷ The bed was huge and **extremely comfortable**. 그 침대는 크고 아주 쾌적했다.

(PHRASES)

Please make yourself comfortable. ☺ 편안하게 쉬세요.

command /kəmǽnd/

[명] 명령; 지휘, 지배; 자유롭게 사용하는 능력

give	a command	명령을 내리다
obey	a command	명령에 따르다
have	command	지휘하고 있다
take	command	지휘권을 잡다
have	a command of A	A를 자유롭게 할 수 있다

▷ It is not hard to train a dog to **obey commands**. 개가 명령을 따르도록 훈련시키는 것은 어렵지 않다.

▷ The captain **had** full **command** *of* the ship. 선장은 그 배를 전반적으로 통솔했다.

▷ Yumi **has** an excellent **command** *of* English. 유미는 영어를 자유자재로 구사한다.

an excellent	command	자유로운 사용
a good	command	
a poor	command	서툰 사용
a military	command	군 사령부

▷ He has a **poor command** *of* English. 그는 영어 사용이 서툴다.

▷ There was no report from the US **military command** about the attack. 그 공격에 대해서 미군 사령부의 보고는 없었다.

at	A's command	A의 마음대로
under	A's command	A의 지휘 아래

▷ You're a birthday girl, so you get to choose wherever we go today! I'm **at** your **command**! 오늘은 네 생일이니까, 우리가 오늘 어디 갈지 네가 선택해! 나는 네가 원하는 대로 할게!

comment /kάment/ [명] 논평, 의견; 언급

have	a comment	언급할 것이 있다
make	a comment	논평하다, 언급하다
pass	comment	
add	a comment	추가로 언급하다
receive	a comment	논평을 듣다

▷ If you **have** any **comments**, please email us. 할 말이 있으면 우리에게 이메일을 보내십시오.

▷ I'd like to **make** a **comment** about what Peter just said. 피터가 방금 한 말에 대해서 내 생각을 말하고 싶다.

▷ I'd like to **add** a few **comments** to the article. 그 기사에 추가로 몇 가지를 언급하고 싶다.

a brief	comment	짧은 논평
(a) fair	comment	공정한 논평
a favorable	comment	호의적인 논평
a critical	comment	비판적인 논평
a public	comment	공식 논평
a further	comment	추가 논평

▷ I want to make a few **brief comments**. 짧게 몇 가지 논평을 하고 싶다.
▷ We have received **favorable comments** with regard to its quality. 우리는 이것의 품질에 관해서 호평을 받았다.
▷ I've read **critical comments** by the media about these facts. 나는 이 사실들에 대한 언론의 혹평을 읽었다.
▷ Any **further comments** or questions? 더 하실 말씀이나 질문 있나요?

comment	on A	A에 대한 논평
comment	about A	
comment	from A	A의 논평

▷ I'd like to hear your **comments on** my lecture. 제 강의에 대한 당신의 평을 듣고 싶습니다.
▷ There was no **comment from** John. 존은 아무런 언급을 하지 않았다.

(PHRASES)
No comment! ☺ 특별히 드릴 말씀이 없습니다!

committed /kəmítid/

혱 헌신적인; 전념하는

fully	committed	전력을 기울이는
totally	committed	
firmly	committed	확고히 전념하는

▷ You need to be **fully committed** if you want to become a professional tennis player. 프로 테니스 선수가 되려면 전력을 기울여야 한다.

committee /kəmíti/ 몡 위원회

establish	a committee	위원회를 구성하다
set up	a committee	
chair	a committee	위원회의 의장을 맡다
head	a committee	
be on	a committee	위원회의 일원으로 있다
sit on	a committee	

▷ The government promised to **establish a committee** to investigate the matter. 정부는 그 문제를 조사할 위원회를 구성하겠다고 약속했다.
▷ He **chaired a committee** that demanded political reform. 그는 정치 개혁을 요구하는 위원회의 의장을 맡았다.

a joint	committee	공동 위원회
an advisory	committee	자문 위원회
a disciplinary	committee	징벌 위원회

▷ The two countries agreed to set up a **joint committee** on defense. 양국은 국방 관련 공동 위원회를 구성하기로 합의했다.

common /kámən/

혱 평범한, 흔한; 공통의

extremely	common	지극히 평범한
fairly	common	상당히 평범한
increasingly	common	점점 더 평범해지는
particularly	common	특히 평범한

▷ Shortsightedness is **extremely common** among children. 근시는 어린이들 사이에 아주 흔하다.
▷ Internet shopping is becoming **increasingly common**. 인터넷 쇼핑이 점점 더 흔해지고 있다.
▷ Flu was **particularly common** this winter. 독감은 올 겨울에 유난히 걸린 사람이 많았다.

common	to A	A에게 공통된

▷ Blonde hair and blue eyes are **common to** my family. 금발과 파란 눈은 우리 가족의 공통점이다.

it is common	for A to do	A가 …하는 것은 흔하다

▷ In the US **it's common for** students **to** work during their school vacations. 미국에서 학생들이 방학 때 일하는 것은 흔하다.

communicate /kəmjú:nəkèit/

동 전하다, 전달하다, 연락하다

communicate	effectively	제대로 전하다
communicate	successfully	
communicate	directly	직접 전하다

▷ Good doctors **communicate effectively** with their patients. 좋은 의사는 환자들과 효과적으로 의사 소통을 한다.
▷ You should **communicate directly** with Susan. 너는 수잔과 직접 연락해야 한다.

communicate	A to B	A를 B(사람)에게 전하다
communicate	with A	A(사람)와 연락을 취하다

| communication |

▷ We **communicate** well **with** each other all the time. 우리는 늘 서로 연락을 잘하고 있다.

communication /kəmjùːnəkéiʃən/

圕 전달, 연락, 의사소통; (-s) 통신 시스템

have	communication	연락하다
improve	communication	의사소통을 개선하다
establish	communications	통신 시스템을 설치하다

▷ I haven't **had** any **communication** with Emma for weeks. 나는 에마와 몇 주 동안 전혀 연락을 하지 않았다.
▷ Our aim is to **improve communication** between people. 우리 목표는 사람들 사이의 의사 소통을 개선하는 것이다.
▷ Up till now, we have **established communications** with eight French universities. 지금까지 우리는 8곳의 프랑스 대학에 통신 시스템을 설치했다.

effective	communication	효과적인 전달
poor	communication	부족한 전달
verbal	communication	구두 전달

▷ The first step to **effective communication** is listening. 효과적인 의사소통의 첫 단계는 잘 듣는 것이다.

a means of	communication	의사소통 수단

▷ Language is not only **a means of communication** but also a way of expressing identity. 언어는 의사소통 수단일 뿐만 아니라 자신을 표현하는 방법이 기도 하다.

communication	between A and B	A와 B 사이의 연락

▷ There is a total lack of **communication between** our department **and** human resources. 우리 부서와 인사 부서 사이에는 의사소통이 전혀 없다.

communication	skills	의사소통 능력
communications	system	통신 시스템
communications	network	통신망

community /kəmjúːnəti/

圕 지역 사회, 공동체

a close-knit	community	긴밀한 공동체
a tightly-knit	community	
the international	community	국제 사회
a local	community	지역 사회
a rural	community	농촌 공동체
the whole	community	지역 주민 전체

▷ The **international community** faces a number of very important challenges. 국제 사회는 여러 가지 중대한 과제에 직면해 있다.
▷ The **whole community** opposed the proposal for tax increases. 지역 주민 전체가 증세 제안에 반대했다.

company /kʌ́mpəni/

圕 회사; 동료; 동석, 일행

form	a company	회사를 설립하다
set up	a company	
run	a company	회사를 경영하다
manage	a company	
acquire	a company	회사를 매수하다
dissolve	a company	회사를 해산하다
join	a company	입사하다
work for	a company	회사에서 일하다
leave	the company	회사를 그만두다
enjoy	A's company	A(사람)과 즐겁게 지내다
keep A	company	A(사람)와 함께 있다

▷ She **formed** her first **company** in 1965. 그녀는 1965년에 첫 회사를 설립했다.
▷ My dad **runs** his own **company**. 우리 아버지는 개인 회사를 운영한다.
▷ David has **joined** the **company** as a sales manager. 데이비드는 영업 관리자로 입사했다.
▷ Wendy and I **enjoy** each other's **company**. 웬디와 나는 함께 있으면 즐겁다.
▷ Should we go **keep** her **company**? 우리가 그녀와 함께 있어줘야 할까?

a large	company	대기업
a major	company	
a state-owned	company	국영 기업
an oil	company	석유 회사
an electricity	company	전력 회사
an insurance	company	보험 회사
a parent	company	모회사

▷ Ron works for an **oil company**. 론은 석유 회사에서 일한다.

competition /kɑ̀mpətíʃən/ 圕 경기; 경쟁

win	a competition	경기에 이기다
lose	a competition	경기에 지다
enter	a competition	경기에 참가하다
face	competition	경쟁에 직면하다

foster	competition	경쟁을 촉진하다

▷ This is the first time I've **won** a **competition**.
내가 경기에 이긴 것은 이번이 처음이다.

▷ You may get the job, but you **face** stiff **competition**. 네가 그 일을 얻을지도 모르지만, 혹독한 경쟁에 직면해 있다.

a great	competition	멋진 경기
great	competition	치열한 경쟁
fierce	competition	
intense	competition	

▷ Everybody enjoyed it. It was a **great competition**. 모두가 그 경기를 즐겼다. 멋진 경기였다.

▷ It won't be easy. You can expect **great competition**. 쉽지 않을 것이다. 치열한 경쟁이 있을 것이다.

competition	between A and B	A와 B의 경쟁
competition	among A	A 사이의 경쟁
in competition	with A	A와 경쟁하여

▷ There has always been strong **competition between** me **and** my brother. 나와 우리 형 사이에는 늘 격렬한 경쟁이 있었다.

▷ I hope we're not going to be **in competition with** each other for this job. 우리가 이 일을 두고 서로 경쟁하지 않았으면 좋겠다.

concern /kənsə́ːrn/ 명 걱정; 관심사

express	concern	우려를 표명하다
voice	concern	

▷ The Leader of the Opposition **expressed concern** over the rising level of unemployment. 야당 대표는 실업률 증가에 대한 우려를 표명했다.

the main	concern	주요 관심사
the primary	concern	
(a) growing	concern	커지는 근심

▷ His **main concern** was to finish the project on time. 그의 주요 관심사는 그 사업을 제시간에 끝내는 것이었다.

▷ There is **growing concern** for the safety of the mountaineers. 그 산악인들의 안전에 대한 걱정이 커져가고 있다.

concerned /kənsə́ːrnd/

형 걱정하는; 관계된

particularly	concerned	특별히 걱정하는, 특별히 관계된
primarily	concerned	주로 관련된
mainly	concerned	

▷ We're **particularly concerned** *about* the increase in traffic accidents near the school. 우리는 학교 근처에서 교통 사고가 증가하는 것을 특히 걱정하고 있다.

▷ Today's meeting is **primarily concerned** *with* our company's move to China. 오늘 회의는 우리 회사의 중국 이전에 관한 내용을 주로 논의할 것이다.

conclusion /kənklúːʒən/ 명 결론; 종결

come to	a conclusion	결론에 이르다
reach	a conclusion	
draw	a conclusion	결론을 도출하다
jump to	a conclusion	서둘러 결론을 내리다,
leap to	a conclusion	지레짐작하다
come to	conclusion	종결하다

▷ The police checked the evidence but couldn't **come to a conclusion**. 경찰은 증거를 조사했지만, 결론에 이르지 못했다.

▷ Don't **jump to conclusions**. 서둘러 판단하지 마.

condition /kəndíʃən/ 명 상태; 상황; 조건

lay down	conditions	조건을 걸다
impose	conditions	
meet	the conditions	조건을 만족시키다
satisfy	the conditions	
create	the conditions	조건을 마련하다
improve	the condition	상황을 개선하다

▷ Did they **impose** any **conditions** on the loan? 그들이 융자에 조건을 걸었나요?

▷ It will be difficult to **meet** the **conditions** of the contract. 그 계약 조건은 만족시키기가 어려울 것이다.

▷ We need to **create** the **conditions** for economic growth. 우리는 경제를 성장시키기 위한 조건을 마련해야 한다.

good	condition	좋은 상태
bad	condition	나쁜 상태
terrible	condition	
a critical	condition	위독한 상태
difficult	conditions	곤란한 상황

▷ The house was old, dirty and in **terrible condition**. 그 집은 낡고, 더럽고, 상태도 좋지 않았다.

▷ He was still in a **critical condition**. 그는 아직도 위독한 상태였다.

confidence /kánfidəns/

명 자신감; 신뢰; 확신

have	confidence	자신이 있다
give A	confidence	A에게 자신감을 주다
gain	confidence	자신감을 얻다
lose	confidence	자신감을 잃다
undermine	confidence	
have	confidence	신뢰하다
lose	confidence	신뢰를 잃다
restore	confidence	신뢰를 회복하다
have	confidence in A	A를 확신하다

▷ Spending a year in the USA **gave** her **confidence** in speaking English. 미국에서 1년을 보낸 경험은 그녀에게 영어로 말하는 데 자신감을 주었다.
▷ Losing the tennis match 6-0, 6-0 **undermined** his **confidence**. 테니스 경기를 6-0, 6-0으로 진 것은 그의 자신감을 꺾었다.

great	confidence	강한 자신감, 두터운 신뢰
public	confidence	국민의 신뢰

▷ The Prime Minister has lost **public confidence**. 총리는 국민의 신뢰를 잃었다.

in	confidence	비밀로

▷ What I'm going to say is **in** strict **confidence**. 내가 지금부터 하는 말은 절대 비밀이다.

a loss of	confidence	자신감 상실

confident /kánfidənt/

형 자신 있는; 확신하는

feel	confident	확신하다, 자신이 있다

▷ People want to **feel confident** that they are buying the right product at the right price. 사람들은 자신들이 적절한 제품을 적절한 가격에 산다는 확신을 갖고 싶어한다.

quietly	confident	내면적으로 자신감을 품은
increasingly	confident	자신감이 커지는
supremely	confident	자신감이 최고조인

conflict /kánflikt/ 명 갈등, 분쟁; 대립, 충돌

come into	conflict	충돌하다
resolve	a conflict	갈등을 해결하다

▷ I try not to **come into conflict** with my boss but it isn't easy. 상사와 충돌하지 않으려고 노력하지만 쉬운 일이 아니다.

armed	conflict	무력 분쟁
ethnic	conflict	민족 분쟁

▷ **Armed conflict** in the Middle East is looking more likely. 중동에서 무력 분쟁이 일어날 것 같다.

conflict	between A and B	A와 B의 대립

▷ The **conflict between** the Israelis **and** the Palestinians shows no sign of ending. 이스라엘과 팔레스타인의 대립은 끝날 조짐이 보이지 않는다.

connection /kənékʃən/

명 관계, 관련; 접속; 연락; (-s) 연고, 연줄

have	connections	관계가 있다, 연줄이 있다
establish	a connection	연관성을 입증하다
make	a connection	연관 짓다
find	a connection	연관성을 발견하다
see	a connection	연관성을 인식하다
maintain	a connection	관계를 유지하다
miss	one's connection	(교통 수단의) 연결편을 놓치다

▷ I hear you **have connections** with local politicians. 당신이 지역 정치인들과 연줄이 있다면서요.
▷ The police were unable to **establish a connection** between the two crimes. 경찰은 두 범죄의 연관성을 입증하지 못했다.
▷ Do you **see a connection** between Lady Gaga and Madonna's music? 레이디 가가와 마돈나의 음악 사이에 연관성이 보입니까?

a close	connection	밀접한 관계
a direct	connection	직접적인 관계
a spiritual	connection	정신적인 관계
political	connections	정치인과의 연줄

▷ I have a **close connection** with everyone he works with. 나는 그가 함께 일하는 모든 사람과 밀접한 관계다.
▷ Is there a **direct connection** between global warming and powerful hurricanes? 지구 온난화와 강력한 허리케인 사이에 직접적인 관련이 있나요?
▷ If you have good **political connections** it will help your business. 정치인들과 연줄이 좋으면, 당신 사업에 도움이 될 겁니다.

connection	between A and B	A와 B의 관계
connection	to A	A와의 관계
connection	with A	

▷ Is there any necessary **connection between** language **and** culture? 언어와 문화 사이에 필연적인 관계가 있나요?
▷ I don't want to have any **connection to** him in any way. 그와 어떤 관계도 맺고 싶지 않다.

| in | this connection | 이것과 관련해서 |

▷ **In this connection**, I must mention two things. 이것과 관련해서 나는 두 가지를 언급해야겠다.

conscious /kánʃəs/

형 의식하는; 신경 쓰고 있는

acutely	conscious	예민하게 의식하는
fully	conscious	의식에 이상이 없는
increasingly	conscious	의식이 높아진
barely	conscious	거의 의식하지 않는
politically	conscious	정치 의식이 높은
socially	conscious	사회 의식이 높은

▷ I'm **acutely conscious** of that responsibility. 나는 그 책임을 통감한다.
▷ She was hit by a car, but don't worry, she is **fully conscious**. 그녀는 차에 치였지만, 걱정하지 마. 의식은 이상 없으니까.
▷ I'm **increasingly conscious** that I'm getting older. 내가 늙고 있음을 점점 더 실감하고 있다.
▷ I gradually became **politically conscious**. 나는 점차 정치적 의식이 높아졌다.

| conscious | of A | A를 의식하는 |

▷ She was barely **conscious of** what she was doing. 그녀는 자신이 하는 행동을 거의 의식하지 못했다.

| conscious | that... | …라는 것을 의식하는 |

▷ He was **conscious that** they were all watching him. 그는 사람들이 모두 자신을 보고 있다는 것을 의식했다.

consciousness /kánʃəsnis/

명 의식; 자각

lose	consciousness	의식을 잃다
regain	consciousness	의식을 되찾다
recover	consciousness	
raise	consciousness	의식을 고취하다

▷ Sally **lost consciousness** for a while. 샐리는 한동안 의식을 잃었다.
▷ When I **regained consciousness**, I was in a hospital. 의식을 되찾고 보니 내가 병원에 있었다.
▷ What can we do to **raise consciousness** about green issues? 환경 문제에 대한 의식을 높이기 위해 무엇을 할 수 있을까?

individual	consciousness	개인의 의식
human	consciousness	인간의 의식
a collective	consciousness	집단 의식
public	consciousness	공공 의식
national	consciousness	국민 의식
political	consciousness	정치 의식
social	consciousness	사회 의식

▷ **Human consciousness** is perhaps the greatest mystery of all. 인간의 의식은 아마 다른 무엇보다도 난해한 수수께끼일 것이다.
▷ More and more countries have joined the EU. Europe is strengthening its **collective consciousness**. 계속해서 더 많은 나라가 EU에 가입했다. 유럽은 집단 의식을 강화하고 있다.

consequence /kánsəkwèns/

명 결과, 영향; 중요성

accept	the consequences	결과를 받아들이다
face	the consequences	
suffer	the consequences	
fear	the consequences	결과를 두려워하다
consider	the consequences	결과를 고려하다

▷ We took the risk and **suffered** the **consequences**. 우리는 위험을 감수했고, 그 결과를 받아들였다.
▷ He doesn't seem to **fear** the **consequences** of his actions. 그는 자기 행동의 결과를 두려워하지 않는 것 같다.
▷ There was no time to **consider** the **consequences**. 결과를 고려할 시간이 없었다.

important	consequences	중대한 결과
disastrous	consequences	비참한 결과
serious	consequences	심각한 결과
a direct	consequence	직접적인 영향
economic	consequences	경제적 영향
political	consequences	정치적 영향
social	consequences	사회적 영향

▷ A small error can have **disastrous consequences**. 작은 실수가 비참한 결과를 불러올 수 있다.
▷ The recent financial crisis has had serious **social**, **political** and **economic consequences**. 최근의 금융 위기는 심각한 사회적, 정치적, 경제적 영향을 초래했다.

| consider |

as	a consequence	결과로서
in	consequence	

▷You have developed diabetes **as a consequence** of overeating. 당신은 과식의 결과로 당뇨병을 키웠습니다.

consider /kənsídər/

통 잘 생각하다, 검토하다, 숙고하다; 고려하다

carefully	consider	주의 깊게 생각하다
seriously	consider	진지하게 고려하다
be generally	considered	일반적으로 생각되다
be widely	considered	

▷He **carefully considered** the question. 그는 그 질문을 주의 깊게 고민했다.
▷Are you **seriously considering** giving up your job? 일을 그만둘 것을 진지하게 고려하고 있니?
▷Canada is **generally considered** a bilingual country. 캐나다는 일반적으로 2개 언어 사용 국가로 인식된다.

consider	doing	…하는 것을 검토하다

▷I hope you'll **consider** giving me a second chance. 제게 다시 한 번 기회를 주는 것을 고려해 보셨으면 합니다.

consider	that...	…라고 여기다
consider	wh-	…인지 생각하다

★ wh-은 whether, what, how, who 등

▷Do you **consider that** she is a competent leader? 그녀가 유능한 지도자라고 생각하십니까?
▷She seemed to be **considering whether** or not to trust him. 그녀는 그를 믿어야 할지 말아야 할지 고민하는 것 같았다.

consider	A (to be) B	A를 B로 여기다

▷Matthew **considered** Charles his best friend. 매슈는 찰스를 가장 친한 친구로 여겼다.

consist /kənsíst/

통 (consist of A의 꼴로) A로 이루어지다

consist	entirely of A	전부 A로 이루어지다
consist	only of A	A로만 이루어지다
consist	simply of A	
consist	largely of A	대체로 A로 이루어지다
consist	mostly of A	
consist	mainly of A	A를 중심으로 구성되다

★ largely는 동사의 앞에서도 쓰인다

▷My diet **consists entirely of** uncooked fruit, vegetables and nuts. 내 식단은 완전히 생과일, 야채, 견과로 이루어져 있다.
▷The furniture **consisted only of** a bench and a small table. 가구는 벤치와 작은 테이블이 전부였다.
▷The curriculum **consisted largely of** writing, reading and giving presentations. 교과 과정은 대체로 글쓰기, 읽기, 발표하기로 이루어져 있었다.

constant /kánstənt/

형 일정한, 불변의; 계속되는

remain	constant	일정하게 유지되다

▷The temperature of the nuclear fuel rods should **remain constant** at all times. 핵 연료봉의 온도는 항상 일정하게 유지되어야 한다.

fairly	constant	상당히 일정한
reasonably	constant	
relatively	constant	비교적 일정한
roughly	constant	대체로 일정한
almost	constant	거의 일정한

▷Temperatures in Hawaii stay **fairly constant** throughout the year. 하와이의 기온은 1년 내내 상당히 일정하다.
▷The amount of forest in this area has remained **relatively constant** since the 1970s. 이 지역 삼림의 양은 1970년대 이래 비교적 일정하게 유지되었다.

construction /kənstrʌ́kʃən/

명 건설; 건축물, 건조물; 건조(建造)

under	construction	건설 중인
during	(the) construction	건설 중에

▷Our new home is currently **under construction**. 우리 새 집은 현재 건축 중이다.
▷It was very noisy **during** the **construction** of the school swimming pool. 학교 수영장을 짓는 동안 소음이 몹시 심했다.

consult /kənsʌ́lt/ 통 상담하다; 진찰을 받다

properly	consult	제대로 상담하다
consult	widely	폭넓게 상담하다

★ properly는 동사의 뒤에서도 쓰인다.

▷The council should have **consulted** the community more **widely** before allowing a nuclear power station to be built. 지방 의회는 원자력 발전소 건설을 승인하기 전에 지역 사회와 더 폭넓게 의논해야 했는데 그러지 않았다.

consult	A about B	A(사람)와 B에 대해 상담하다
consult	with A	A(사람)와 상담하다

▷ I'd like to **consult** you **about** next year's timetables. 내년 시간표에 대해 당신과 상담하고 싶습니다.
▷ Please let me **consult with** my parents. 부모님과 상담하게 해주십시오.

without	consulting A	A(사람)와 상담하지 않고

▷ You can't make decisions like that **without consulting** me first. 나와 먼저 의논하지 않고 그런 결정을 내리면 안 돼.

contact /kάntækt/ 명 접촉, 연락

have	contact	연락을 취하고 있다
be in	contact	
come into	contact	아는 사이가 되다
make	contact	연락을 취하다
establish	contact	
get in	contact	
keep	contact	연락을 유지하다
maintain	contact	
keep in	contact	
stay in	contact	
lose	contact	연락이 끊기다

▷ I have **had** no **contact** with my son for the last six months. 나는 지난 6개월 동안 아들과 연락을 하지 못했다. (★ much, some, little, no 등 '연락의 정도'를 나타내는 말과 함께 쓰이는 일이 많다.)
▷ I've been **in** close **contact** with Jessie for a week. 나는 일 주일 동안 제시와 긴밀하게 연락을 취했다.
▷ When I was abroad, I **came into contact** with many interesting people. 외국에 있는 동안, 흥미로운 사람들을 여럿 알게 되었다.
▷ Did you **make contact** with him? 그에게 연락을 취했니?
▷ I can't **get in contact** with him. 그 사람과 연락이 안 된다.
▷ Email is used to **maintain contact** with members. 이메일을 사용해서 회원들과 연락을 한다.
▷ It's difficult for me to **keep in contact** with all of them. 내가 그들 모두와 연락을 계속하는 것은 힘들다.
▷ Why did they **lose contact** with each other? 그들은 왜 서로 연락이 끊겼지?

close	contact	밀접한 연락
regular	contact	정기적인 연락
direct	contact	직접적 접촉
personal	contact	개인적 접촉
physical	contact	신체적 접촉

▷ I'm still in **close contact** with Kevin. 나는 아직도 케빈과 밀접하게 연락을 취하고 있다.
▷ I think it's better if you make **direct contact** with him yourself. 네가 그와 직접 연락하는 게 좋을 것 같아.
▷ **Physical contact** with children is very important. 아이들과 신체 접촉을 하는 것은 매우 중요하다.

contact	with A	A와의 연락
contact	between A and B	A와 B의 접촉

▷ The first **contact between** Spain **and** the Philippines occurred in March of 1521. 스페인과 필리핀의 첫 접촉이 일어난 때는 1521년 3월이었다.

content /kάntent/

명 내용물, 내용, 콘텐츠; 함유량

empty	the contents	내용물을 비우다

▷ Open the can and **empty** the **contents** into a saucepan. 캔을 따서 내용물을 냄비에 전부 넣으시오.

digital	content	디지털 콘텐츠
high	content	높은 함유량
low	content	낮은 함유량

contest /kάntest/ 명 경연, 콘테스트; 경쟁

have	a contest	경연이 있다
hold	a contest	경연을 개최하다
enter	a contest	경연에 나가다
win	a contest	경연에서 우승하다
lose	a contest	경연에서 지다

▷ We'll **have** a singing **contest** next month. 다음 달에 노래 경연 대회를 열 것이다.
▷ I can't believe I **won** this **contest**. 내가 이 경연에서 우승을 했다니 믿을 수가 없어.

a close	contest	접전
presidential	contest	대통령 선거

▷ It was a **close contest** between Obama and Clinton. 오바마와 클린턴의 접전이었다.

continue /kəntínjuː/

동 계속하다, 계속되다

continue	doing	계속 …하다
continue	to do	

▷ Nancy **continued** reading *Harry Potter* through the night. 낸시는 밤새 '해리 포터'를 계속 읽었다.

▷ He **continued to** send her emails even though he got no reply. 그녀가 답장을 하지 않는데도 그는 계속 그녀에게 이메일을 보냈다.

continue	with A	A를 계속하다

▷ Please **continue with** your story. 이야기를 계속해 주세요.

contract /kάntrækt/ 명 계약; 계약서

have	a contract	계약되어 있다
be awarded	a contract	계약을 하다
get	a contract	수주하다
win	a contract	
negotiate	a contract	계약 협상을 하다
make	a contract	계약을 맺다
sign	a contract	계약서에 서명하다
renew	a contract	계약을 갱신하다
terminate	a contract	계약을 해지하다
break	a contract	계약을 깨다
breach	a contract	계약을 위반하다
exchange	contracts	계약서를 교환하다

▷ He succeeded in **making a contract** with Ford. 그는 포드 사와 계약을 맺는 데 성공했다.

▷ Don't rush into **signing a contract**. 계약서에 급하게 서명하지 마세요.

▷ The school has **renewed** his **contract** as a teacher. 학교는 그의 교원 계약을 갱신했다.

▷ Next day we were due to **exchange contracts**. 다음 날 우리는 계약서를 교환할 예정이었다.

a long-term	contract	장기 계약
a short-term	contract	단기 계약
a five-year	contract	5년 계약
a temporary	contract	임시 계약
a formal	contract	정식 계약
an employment	contract	고용 계약

▷ Nick has signed a new **long-term contract**. 닉은 새로운 장기 계약에 서명했다.

▷ Employees with **temporary contracts** were likely to lose their jobs. 임시 계약 직원들은 일자리를 잃을 가능성이 높았다.

contract	with A	A와의 계약
contract	between A (and B)	A(와 B) 사이의 계약

▷ I think we should cancel our **contract with** the company. 우리가 그 회사와의 계약을 취소해야 할 것 같습니다.

▷ There was no **contract between** the two companies. 두 회사 사이에는 아무런 계약이 없었다.

contrast /kάntræst/

명 대조, 대비; 두드러지는 차이

provide	a contrast	대조를 보이다
make	a contrast	

▷ The two presidential candidates **provide** a clear **contrast** for the electors. 두 대통령 후보는 유권자들에게 분명한 대조를 보인다.

marked	contrast	두드러지는 대조
sharp	contrast	
stark	contrast	
complete	contrast	극명한 대조

▷ There was thunder and lightning yesterday, but today was a **complete contrast** *with* baking hot sun. 어제는 천둥번개가 치더니, 오늘은 햇볕이 찌는 듯이 뜨거워서 극명한 대조를 이루었다.

by	contrast	대조적으로
in	contrast	
in	contrast to A	A와 대조적으로
the contrast	between A and B	A와 B 사이의 차이

▷ Her nose was small **in contrast to** her large brown eyes. 그녀의 코는 작아서 큰 갈색 눈과 대조를 이뤘다.

▷ The **contrast between** life in developed and developing countries is often very great. 선진국과 개발도상국에서의 삶의 차이는 아주 큰 경우가 많다.

contribute /kəntríbjuːt/

동 공헌하다, 기여하다; 기부하다

contribute	greatly	크게 공헌하다
contribute	substantially	두드러지게 공헌하다
contribute	significantly	

▷ She **contributed greatly** *to* the development of the company. 그녀는 회사의 발전에 크게 공헌했다.

▷ Charlie Chaplin's funny walk **contributed significantly** *to* his success. 찰리 채플린의 익살스러운 걸음걸이는 그의 성공에 크게 기여했다.

contribute	to A	A에 기여하다; A에 기부하다

▷ He **contributed** nothing **to** the charity organization. 그는 자선 단체에 아무것도 기부하지 않았다.

contribution /kὰntrəbjúːʃən/

명 공헌, 기여; 기부

| make | a contribution | 공헌하다, 기부하다 |
| pay | a contribution | 기부하다 |

▷ I'm sure you'll **make** a great **contribution** *to* the team. 너는 분명히 팀에 큰 공헌을 하게 될 거야. (★× do a contribution이라고는 하지 않는다.)
▷ I was asked to **pay a contribution** to school funds. 나는 학교 기금에 기부를 해달라는 요청을 받았다.

an important	contribution	중요한 공헌
a significant	contribution	
a great	contribution	큰 공헌
a major	contribution	
a positive	contribution	적극적인 공헌
a valuable	contribution	귀중한 공헌

▷ France has made an **important contribution** *to* the peace process. 프랑스는 평화 교섭에 중요한 공헌을 했다.
▷ We want to make a **positive contribution** *to* society. 우리는 사회에 적극적인 공헌을 하고 싶다.
▷ This book is a **valuable contribution** *to* cultural studies. 이 책은 문화 연구에 귀중한 공헌을 한다.

| contribution | to A | A에 대한 공헌; 기부 |

▷ Thanks for your great **contribution to** the discussion. 토론에 큰 역할을 해주셔서 감사합니다.

control /kəntróul/

명 지배, 지배권; 통제; 자제, 억제

have	control	통제하고 있다
take	control	통제하다, 장악하다
gain	control	통제권을 획득하다
exercise	control	통제권을 행사하다
lose	control	통제권을 잃다, 제어할 수 없게 되다
regain	control	다시 제어할 수 있게 되다
lose	control	자제할 수 없게 되다
keep	control	자제하다

▷ He didn't like anyone **having control** *over* his life. 그는 다른 사람이 자기 인생을 통제하는 것을 좋아하지 않았다.
▷ Why does he always have to **take control** *of* everything? 왜 그가 항상 모든 것을 자기 마음대로 해야 해?
▷ He's trying to **gain control** *of* the company. 그는 회사의 지배권을 얻으려고 하고 있다.

complete	control	완전한 통제
direct	control	직접적인 통제
effective	control	효과적인 관리
strict	control	엄격한 관리
quality	control	품질 관리
inventory	control	재고 관리

▷ I'm not drunk. I'm in **complete control**. 나는 취하지 않았어. 완전히 제정신이야.
▷ We have very **strict control** over the data. 우리는 데이터를 아주 엄격하게 관리하고 있다.

in	control	지배해서
out of	control	제어하지 못해서
under	control	제어해서
under	A's control	통제 아래
beyond	A's control	힘이 닿지 않는

▷ I want to be **in control** of my own life. 나는 내 인생을 스스로 결정하고 싶다.
▷ My emotions were completely **out of control**. 내 감정은 전혀 내 뜻대로 되지 않았다.
▷ It's quite all right. I have everything **under control**. 정말 괜찮아. 내가 모든 걸 통제하고 있어.
▷ That decision is **beyond** my **control**. 그 결정은 내 힘으로 어떻게 할 수 없는 것이었다.

control /kəntróul/

동 지배하다; 제어하다; 통제하다

carefully	control	신중하게 관리하다
effectively	control	효과적으로 관리하다
strictly	control	엄격하게 통제하다
tightly	control	

▷ The diets were **carefully controlled**. 식단은 주의 깊게 관리되었다.
▷ The Republicans **effectively controlled** the country. 공화당은 나라를 효과적으로 다스렸다.
▷ The demonstration was **strictly controlled** by the police. 시위는 경찰이 엄격하게 통제했다.

convention /kənvénʃən/

명 관습; 대회; 협정; 조약

follow	a convention	관습에 따르다
defy	a convention	관습을 무시하다
hold	a convention	대회를 열다
organize	a convention	대회를 조직하다
attend	a convention	대회에 참가하다
ratify	the convention	협정을 비준하다
sign	a convention	협정에 서명하다

▷ When you go to another country you need to

follow the **conventions** of the country. 다른 나라에 갈 때는 그 나라의 관습에 따라야 한다.

▷ Australia **signed** and **ratified** the UN **Convention** on the Rights of the Child. 오스트레일리아는 아동 인권에 대한 UN 협약에 서명하고 비준했다.

social	conventions	사회적 관습
an annual	convention	연례 대회
an international	convention	국제 대회

▷ You need to understand the **social conventions** of the country you're living in. 우리는 자신이 사는 나라의 사회적 관습을 알아야 한다.

▷ I attended the 30th **annual convention**. 나는 제30회 연례 대회에 참석했다.

conversation /kànvərséiʃən/ 명 대화

have	a conversation	대화하다
hold	a conversation	
carry on	a conversation	
make	conversation	대화를 시도하다
get into	a conversation	대화를 시작하다
strike up	(a) conversation	
overhear	a conversation	대화를 우연히 듣다

▷ I met this guy on a train and we **had** a really interesting **conversation**. 나는 이 사람을 기차에서 만났는데 이야기 나누는 게 정말 재밌었어.

▷ I **overheard** your **conversation** with Daniel. 네가 다니엘과 하는 대화를 우연히 들었어.

general	conversation	일상적인 대화
a normal	conversation	
casual	conversation	가벼운 대화
a private	conversation	사적인 대화
polite	conversation	예의 바른 대화

▷ It is so annoying. It's hard to have a **normal conversation** with her. 짜증나. 그녀와 정상적인 대화를 하는 게 쉽지 않아.

▷ We started with some **casual conversation**. 처음에 우리는 가벼운 대화로 시작했다.

▷ Nobody knew each other at the party so everybody was making **polite conversation**. 그 파티에서는 서로 아는 사람이 없어서 모두가 예의 바른 대화를 하고 있었다.

a conversation	about A	A에 대한 대화
a conversation	between A and B	A와 B의 대화

▷ We had a **conversation about** a variety of things. 우리는 여러 가지 주제에 대해 대화를 했다.

▷ The **conversation between** my dad **and** Robin was quite amusing. 아빠와 로빈의 대화는 아주 재미있었다.

a topic of	conversation	대화 주제
snatches of	conversation	대화의 일부 내용

▷ As usual, the main **topic of conversation** was music. 대개 그렇듯이 대화의 주요 주제는 음악이었다.

convey /kənvéi/

동 전하다, 전달하다; 운반하다

clearly	convey	명확히 전하다
vividly	convey	생생하게 전하다

▷ Her tone of voice **clearly conveyed** that she was angry. 그녀의 목소리는 그녀가 화났다는 것을 확실히 보여줬다.

try to	convey	전하려고 하다
manage to	convey	간신히 전하다

▷ I **tried to convey** all my feelings to him. 나는 내 모든 감정을 그에게 전하려고 했다.

convinced /kənvínst/

형 확신하는, 납득한

fully	convinced	완전히 납득한
totally	convinced	
entirely	convinced	

▷ I'm not **entirely convinced** you're right. 나는 네가 옳다는 것을 완전히 납득하지 못한다.

convinced	(that)...	…하는 것을 확신하다

▷ They were **convinced that** I was ill. 그들은 내가 병이 났다고 확신했다.

convinced	of A	A를 확신하는

▷ He was **convinced of** the plan's success. 그는 그 계획이 성공하리라 확신했다.

cook /kuk/ 동 요리하다, 가열 조리하다

cook	enough	충분히 익히다
cook	gently	약한 불로 조리하다
cook	quickly	빨리 조리하다

▷ This fish is only half-done, it hasn't been **cooked enough**. 이 생선은 반만 익은 것이다. 충분히 익지 않았다.

▷ Put the turkey in the oven and **cook gently** for one and a half hours. 칠면조를 오븐에 넣고 한 시간 반 동안 약한 불로 익혀 주세요.

cook	in A	A(재료·온도)로 요리하다
cook	for A	A(시간) 동안 요리하다
cook	until...	...하게 될 때까지 요리하다

▷ **Cook in** olive oil until soft. 부드러워질 때까지 올리브유에 넣고 익히세요.

▷ The British **cook** vegetables **for** too long, so they lose their taste. 영국인들은 채소를 너무 오래 익혀서 채소가 맛을 잃는다.

▷ Stir in the lemon juice and **cook until** almost dry. 레몬즙을 넣고 저으면서 국물이 거의 없어질 때까지 익히십시오.

cook	A for B	A를 B(사람)에게 요리해주다
cook	B A	

▷ She **cooked** dinner **for** us. 그녀는 우리에게 저녁을 만들어 주었다.

cooking /kúkiŋ/ 명 요리, 요리법

do	the cooking	요리를 하다

▷ I **do** all the **cooking** and the housework. 나는 요리와 집안 일을 다 한다.

home	cooking	가정 요리
Chinese	cooking	중국 요리
French	cooking	프랑스 요리
Italian	cooking	이탈리아 요리

▷ I love **Chinese cooking**. 나는 중국 요리를 좋아한다.

cool /ku:l/ 형 서늘한; 냉정한; 멋진

wonderfully	cool	기분 좋게 서늘한
slightly	cool	약간 서늘한
relatively	cool	비교적 서늘한
rather	cool	상당히 쌀쌀한
pretty	cool	아주 냉정한, 아주 멋진
extremely	cool	아주 멋진
really	cool	

▷ It was **wonderfully cool** by the mountain stream even in the middle of summer. 한여름인데도 그곳은 계곡 때문에 기분 좋게 서늘했다.

▷ The air is **relatively cool** tonight. 오늘 밤은 공기가 비교적 서늘하다.

▷ It's **rather cool** outside. 바깥은 꽤 쌀쌀하다.

cool /ku:l/

동 식히다, 식다; (감정이) 가라앉다

cool	completely	완전히 식히다
cool	rapidly	신속하게 식히다
cool	slightly	약간 식히다

▷ Take the cake out of the oven and let it **cool completely**. 오븐에서 케이크를 꺼내서 완전히 식히십시오.

allow to	cool	식히다

▷ Remove from the heat and **allow to cool** for ten minutes. 불에서 꺼내서 10분 동안 식히십시오.

(PHRASES)
Cool it! ⊙ 흥분하지 마! 침착해!

cooperate /kouápərèit/ 동 협력하다

cooperate	fully	전면적으로 협력하다
cooperate	closely	긴밀히 협력하다

▷ We're **cooperating fully** *with* the police on this matter. 우리는 이 문제에 대해 경찰과 최대한 협력하고 있다.

▷ Korea will **cooperate closely** *with* ASEAN countries on this project. 한국은 이 사업과 관련하여 ASEAN 국가들과 긴밀히 협력할 것이다.

agree to	cooperate	협력하는 데 동의하다
be prepared to	cooperate	협력할 준비가 되어 있다
be willing to	cooperate	
refuse to	cooperate	협력을 거부하다

▷ OK. I **agree to cooperate**. What do I have to do? 좋아. 협조할게. 내가 무엇을 하면 되니?

▷ I'm **willing to cooperate** with your plan. 나는 네 계획에 기꺼이 협조할 거야.

▷ He's still **refusing to cooperate**. 그는 여전히 협조하기를 거부하고 있다.

cooperate	with A	A에 협력하다

▷ Tommy didn't want to **cooperate with** anyone. 토미는 아무에게도 협조하고 싶지 않았다.

cooperation /kouàpəréiʃən/ 명 협력

encourage	cooperation	협력을 추진하다
promote	cooperation	

▷ The European Union was formed in order to **encourage cooperation** between member states. 유럽 연합은 회원 국가들 사이에 협력을 증진하기 위해 설립되었다.

close	cooperation	긴밀한 협력
full	cooperation	전면적인 협력

active	cooperation	적극적인 협력
international	cooperation	국제 협력
mutual	cooperation	상호 협력
economic	cooperation	경제 협력

▷ I still need your **full cooperation**. 저는 여전히 당신의 전면적인 협조가 필요합니다.
▷ He required the **active cooperation** of his colleagues. 그는 동료들의 적극적인 협력이 필요했다.
▷ **Mutual cooperation** between Korea and the US is very important. 한국과 미국의 상호 협력은 매우 중요하다.

| cooperation | between A and B | A와 B의 협력 |
| cooperation | with A | A와의 협력 |

▷ There should be close **cooperation between** nurses **and** doctors. 간호사와 의사들은 긴밀하게 협력해야 한다.

(PHRASES)

Thank you (very much) for your cooperation. / I'd like to thank you for your cooperation. ☺ 협조해 주셔서 감사합니다.

copy /kápi/ 圈 사본, 복사; 책, 부(部)

make	a copy	복사하다
send	a copy	사본을 보내다
get	a copy	사본을 받다
receive	a copy	
keep	a copy	사본을 보관하다
sell	one million copies	백만 부를 팔다

▷ **Make a copy** and send it to me. 복사해서 저한테 보내주세요.
▷ I **received a copy** of the report this morning. 오늘 아침에 보고서 사본을 받았다.
▷ I suggest you **keep a copy** of this letter. 그 편지의 사본을 보관하는 게 좋을 것 같습니다.
▷ The album **sold** 12 **million copies** worldwide. 그 앨범은 전 세계에서 1200만 장이 팔렸다.

copy /kápi/ 圈 복사를 하다; 베껴 쓰다

| copy | down | 베끼다 |
| copy | illegally | 불법 복제하다 |

▷ I **copied** the map **down** onto a piece of paper. 나는 지도를 종이에 베꼈다.

| copy | A from B | A를 B에서 베끼다 |

▷ She **copied** the answers **from** her friend. 그녀는 친구의 답을 베껴 썼다.

corner /kɔ́ːrnər/ 圈 모퉁이; 구석

| turn | the corner | 모퉁이를 돌다 |
| round | the corner | |

▷ He **turned the corner** and saw the Empire State Building in front of him. 그가 모퉁이를 돌자 엠파이어스테이트 빌딩이 눈앞에 있었다.

right-hand	corner	오른쪽 모퉁이
left-hand	corner	왼쪽 모퉁이
a street	corner	길모퉁이
a tight	corner	급회전 모퉁이; 궁지

▷ See the top **left-hand corner**. 왼쪽 상단의 모퉁이를 보시오.
▷ I'm in a bit of a **tight corner**. 나는 약간 힘든 상태야.

| around | the corner | 모퉁이를 돌아; 바로 옆에 |
| round | the corner | |

▷ I went **around the corner** to the bus stop. 나는 모퉁이를 돌아 버스 정류장까지 갔다.
▷ Fred lived just **round the corner**. 프레드는 바로 근처에 살았다.

in	the corner (of A)	(A의) 구석에
on	the corner (of A)	(A의) 모퉁이에
at	the corner (of A)	

▷ Simon was sitting **in the corner of** the bar. 사이먼은 바 구석에 앉아 있었다.(★ 방 등의 구석은 in을 쓴다.)
▷ There's a telephone box **on the corner**. 모퉁이에 전화 부스가 있다.(★ 길 등의 모퉁이는 on 또는 at을 쓴다)

correct /kərékt/ 圈 옳은, 정확한

absolutely	correct	전적으로 옳은
perfectly	correct	
entirely	correct	
broadly	correct	대부분 옳은
grammatically	correct	문법적으로 맞는

▷ "The first time we met was in 2003, wasn't it?" "You're **absolutely correct**." "우리가 처음 만난 건 2003년이었지?" "맞아."
▷ His explanation is **broadly correct**. 그의 설명은 대체로 정확하다.
▷ This expression is **grammatically correct**. 이 표현은 문법적으로 정확하다.

correspond /kɔ̀ːrəspánd/

통 일치하다, 부합하다

correspond	closely	꼭 일치하다
correspond	exactly	완전히 일치하다
correspond	precisely	
correspond	roughly	대체로 일치하다

★ 이런 부사들은 동사의 앞에도 쓸 수 있다.

▷ These two diagrams **correspond exactly** with one another. 이 두 도표는 서로 정확히 일치한다.

correspond	with A	A와 일치하다, 부합하다
correspond	to A	

▷ What you say now doesn't **correspond with** what you said before. 지금 하는 말이 네가 전에 한 말과 다르잖아.

cost /kɔːst/

명 비용, 경비, 원가; 희생

cover	the cost	비용을 대다
meet	the cost	
pay	the cost(s)	비용을 지불하다
cut	costs	비용을 줄이다
cut	the cost	
reduce	costs	
increase	costs	비용을 늘리다

▷ I don't have enough money to **cover** the **cost** of the trip. 나는 그 여행 경비를 댈 돈이 없다.

▷ He was ordered to **pay** the **costs** of the trial. 그는 재판 비용을 내라는 명령을 받았다.

▷ We **cut** the **cost** of the advertising in half. 우리는 광고비를 절반으로 줄였다.

▷ New technology often **reduces costs**. 신기술은 흔히 비용을 줄여준다.

a high	cost	고비용
a low	cost	저비용
a total	cost	총비용, 총액
extra	cost	추가 비용
additional	cost	
an average	cost	평균 비용
an estimated	cost	예상 비용, 견적
a unit	cost	단가
labor	costs	인건비
maintenance	costs	유지비
running	costs	운영비
fixed	costs	고정 비용
the social	costs	사회적 비용

▷ The **total cost** of the project was $5 million. 그 사업의 총비용은 5백만 달러였다.

▷ We will announce plans to double broadband speed at no **extra cost**. 우리는 추가 비용 없이 광대역 속도를 2배로 높일 계획을 발표할 겁니다.

▷ The **estimated cost** of repair work is $30 million. 수리 작업의 예상 비용은 3천만 달러이다.

▷ The **social costs** of alcohol are enormous. 음주의 사회적 비용은 엄청나다.

at	a cost of A	A의 비용으로
at	the cost of A	A를 희생해서
at	all costs	어떤 대가를 치르더라도
at	any cost	

▷ I bought the car **at a cost of** $5,000. 나는 그 차를 5천 달러에 샀다.

▷ He saved her life **at the cost of** his own. 그는 자신의 목숨을 희생해서 그녀의 목숨을 살렸다.

▷ Violence should be avoided **at all costs**. 무슨 수를 써서라도 폭력은 피해야 한다.

country /kʌ́ntri/

명 나라, 국가; 국민

govern	the country	나라를 다스리다
run	the country	
flee	the country	망명하다
leave	the country	출국하다
enter	the country	입국하다
visit	the country	국가를 방문하다

▷ We need a strong government to **run** the **country**. 나라를 다스리는 데는 강한 정부가 필요하다.

▷ Many people have **fled countries** with a history of war and poverty. 많은 사람이 전쟁과 빈곤의 역사를 지닌 나라들을 떠나 망명했다.

▷ She **left** her home **country** at the age of 20 and moved to New York. 그녀는 스무 살에 고국을 떠나 뉴욕으로 이주했다.

a foreign	country	외국
Western	countries	서양 국가
European	countries	유럽 국가
a developed	country	선진국
a developing	country	개발도상국
the host	country	주최국

▷ The **developed countries** in Europe and Asia are closely tied economically with the United States. 유럽과 아시아의 선진국들은 미국과 경제적으로 긴밀한 관계를 맺고 있다.

across	the country	전국에
all over	the country	

▷ Police **across** the **country** are looking for the escaped murderer. 전국의 경찰은 달아난 살인자를 수색하고 있다.

couple /kʌpl/ 몡 커플, 부부; 한 쌍, 둘

a happy	couple	행복한 커플
a young	couple	젊은 커플
an elderly	couple	노년의 커플
a married	couple	부부
an unmarried	couple	미혼 커플

▷ They seem to be a very **happy couple**. 그들은 아주 행복한 커플 같다.

▷ You two look like a **married couple**. 두 분은 부부 같은데요.

courage /kə́ːridʒ/ 몡 용기

have	the courage	용기가 있다
take	courage	용기가 필요하다
lack	the courage	용기가 없다
show	courage	용기를 보이다
pluck up	(the) courage	용기를 끌어내다
summon up	(the) courage	

▷ I didn't **have** the **courage** to ask my question aloud. 나는 질문을 소리 내서 말할 용기가 없었다.

▷ It **took** a lot of **courage** to do that. 그 일을 하는 데는 많은 용기가 필요했다.

▷ I **lacked** the **courage** to do what I really wanted to do. 나는 내가 정말 원하는 일을 할 용기가 없었다.

▷ It took me three years to **pluck up** the **courage** to ask her to be my girlfriend. 그녀에게 내 여자친구가 되어 달라고 부탁할 용기를 내는 데 3년이 걸렸다.

great	courage	큰 용기

▷ She fought her illness with **great courage**. 그녀는 아주 용감하게 질병과 싸웠다.

course /kɔːrs/

몡 수업 과목, 교육 과정, 코스; 진로, 경과

attend	a course	수업을 듣다, 수강하다
take	a course	
do	a course	
offer	a course	수업을 제공하다
run	a course	
complete	a course	과정을 마치다
alter	the course	흐름을 바꾸다
follow	a course	흐름을 따르다

▷ He's **attending** a **course** on counseling at the institute. 그는 그 연구소에서 상담 수업을 듣고 있다.

▷ They **run** a music **course** so that students can get a job with a record company. 그들은 학생들이 음반 회사에 취직할 수 있도록 음악 수업을 제공한다.

▷ I believe simple things can **alter** the **course** of your life. 나는 단순한 일들이 인생의 방향을 바꿀 수 있다고 믿는다.

an English	course	영어 코스
a short	course	단기 과정
an advanced	course	상급 과정
a training	course	훈련 과정
a vocational	course	직업 훈련 과정
normal	course	정상적인 과정

▷ My teacher suggested that I take the **advanced course** offered next semester. 선생님은 나에게 다음 학기에 생기는 상급 과정을 들으라고 조언했다.

▷ I want to do a **vocational course** and become a computer expert. 나는 직업 훈련 과정을 이수하고 컴퓨터 전문가가 되고 싶다.

▷ In the **normal course** of events it should take about 3 weeks to process your visa. 정상적인 과정이라면 비자 수속에는 3주일 정도 걸린다.

in	the course of A	A의 기간에
during	the course of A	

▷ People will change careers three or more times **in** the **course of** their working lives. 사람들은 경제 활동 기간 중 세 번 이상 직업을 바꾼다.

court /kɔːrt/ 몡 법원, 법정

go to	court	재판을 걸다, 법정에 서다
take A to	court	A에게 재판을 걸다
bring A to	court	A를 법정으로 가지고 가다
appear in	court	법정에 출두하다
attend	court	
tell	the court	법정에서 증언하다

▷ You need to **go to court** to resolve these problems. 이 문제를 해결하려면 재판을 걸어야 한다.

▷ She **took** him **to court** for domestic violence. 그녀는 그를 가정 폭력 혐의로 고소했다.

▷ Jones **appeared in court** as a witness. 존스는 증인으로 법정에 출두했다.

▷ Mr. Jennings didn't **tell** the **court** the truth.

제닉스 씨는 법정에서 진실을 말하지 않았다.

| the court | hears | 법원이 심리를 열다 |

▷ The **court heard** evidence from Mr. Edwards. 법원에서 에드워즈 씨의 증언 심리를 실시했다.

| in | court | 법정에서, 재판에서 |
| out of | court | 합의로 |

▷ Paul Walker gave evidence **in court**. 폴 워커는 법정에서 증언했다.
▷ The matter was settled **out of court**. 그 일은 합의로 해결되었다.

cover /kʌ́vər/

图 보험; (보험에 따른) 보장; 표지; 뚜껑

take	cover	숨다, 피난하다
run for	cover	
give	cover	엄호하다
provide	cover	보험으로 보장하다

▷ The girl **took cover** from the barking dog behind her father. 그 소녀는 짖는 개를 피해서 아버지 뒤에 숨었다.
▷ His insurance company refused to **provide cover**. 그의 보험 회사는 보험료 지불을 거부했다.

| the front | cover | 앞표지 |
| the back | cover | 뒤표지 |

▷ The picture on the **front cover** is very beautiful. 앞표지 그림이 무척 아름답다.

| under | cover (of A) | (A에) 숨어서 |
| from | cover to cover | 처음부터 끝까지 |

▷ The attack took place **under cover of** darkness. 공격은 어둠을 틈타 행해졌다.
▷ I read this book **from cover to cover** in one day. 나는 이 책을 하루에 처음부터 끝까지 읽었다.

cover /kʌ́vər/

图 덮다; 다루다; 범위에 포함하다

adequately	cover	충분히 다루다
completely	cover	완전히 덮다
cover	up	완전히 덮다, 감추다

▷ The risks are **adequately covered** by insurance. 위험은 보험으로 충분히 보상받는다.
▷ The sky was **completely covered** by thick clouds. 하늘은 완전히 먹구름으로 덮여 있었다.
▷ Ryan tried to **cover up** his mistake. 라이언은 실수를 덮으려고 노력했다.

| cover | A with B | A를 B로 덮다 |

▷ I **covered** my face **with** my hands. 나는 두 손으로 얼굴을 가렸다.

crack /kræk/ 图 금, 균열

| have | a crack | 금이 가다 |
| fill | the crack | 균열을 메우다 |

▷ He **had** a **crack** in the right wrist. 그는 오른쪽 손목에 금이 갔다.
▷ The street crew came along and **filled** the **cracks** in the pavement. 도로 공사 팀이 와서 도로의 균열을 메웠다.

| a crack | appears | 균열이 나타나다 |

▷ A small **crack appeared** in the walls. 벽에 작은 균열이 나타났다.

| fine | cracks | 미세한 금 |
| hairline | cracks | |

▷ It's a really old painting so you can see **fine cracks** in it. 이건 아주 오래된 그림이라서 그 안에서 미세한 금들이 보인다.

crash /kræʃ/ 图 충돌, 추락, 폭락; 굉음

| survive | a crash | 충돌 사고에서 살아남다 |

▷ I **survived** the car **crash** with only a little cut. 나는 자동차 사고에서 상처만 몇 군데 입고 살아남았다.

| the crash | happens | 충돌이 일어나다 |
| the crash | occurs | |

▷ The helicopter **crash happened** about 9:30 in the morning. 헬리콥터 추락 사고는 오전 9시 30분경에 일어났다.

a fatal	crash	사망자가 난 충돌 사고
a head-on	crash	정면충돌
a car	crash	자동차 사고
a train	crash	열차 사고
an air	crash	비행기 추락사고
a road	crash	교통 사고
a financial	crash	금융공황
the stock market	crash	주식 폭락
a great	crash	굉음
a loud	crash	

▷ The car was involved in a **fatal crash**. 그 자동차 사고로 사망자가 나왔다.

▷ Three people were injured in the **head-on crash**. 정면 충돌 사고로 세 사람이 다쳤다.
▷ **Financial crashes** are often unexpected. 금융 공황은 예기치 않게 발생하는 경우가 많다.
▷ I heard a **loud crash** of thunder. 요란한 천둥 소리가 들렸다.

in	a crash	충돌 사고로

▷ He was seriously injured **in** a car **crash**. 그는 자동차 충돌 사고로 중상을 입었다.

credit /krédit/ 圓 신용; 명성, 공로; 학점; 신용 대출, 외상; (은행) 예금

give A	credit	A(사람)의 공로를 인정하다
do A	credit	A(사람)의 공로가 되다
get	credit	공로를 인정받다
take	credit	
deserve	credit	칭찬받을 만하다
earn	credit	신용을 얻다
get	a credit	학점을 따다
earn	a credit	
obtain	credit	신용 대출을 받다
give	credit	신용 대출을 해주다
extend	credit	신용 거래를 하다

▷ He didn't succeed, but you have to **give** him **credit** for trying. 그는 성공하지 못했지만, 노력한 공은 인정해 주어야 한다.
▷ Your hard work **does** you **credit**. 네가 성실하게 노력하면 공로를 인정받는다.
▷ Did Obama **get credit** *for* improving the economy? 오바마가 경제를 개선한 공로를 인정받았나요?
▷ I think he **deserves credit**. 나는 그가 칭찬받을 만하다고 생각한다.
▷ You've worked hard! You've **earned** a lot of **credit** *with* your boss. 너는 열심히 일했고, 그래서 상사에게 점수를 많이 땄어!
▷ I've already **earned** enough **credits** to graduate from university. 나는 대학을 졸업하는 데 필요한 학점을 이미 다 땄다.

on	credit	외상으로
in	credit	(계좌에) 예금 잔고가 있어서

▷ Nowadays I don't buy anything **on credit**. 요즘 나는 아무 것도 외상으로 사지 않는다.
▷ I was £600 **in credit** on my account last month. 지난 달 내 계좌에는 600파운드의 예금이 있었다.

credit card /krédit kɑːrd/ 圓 신용카드

pay by	credit card	신용카드로 지불하다
use	a credit card	신용카드를 쓰다
accept	credit cards	신용카드를 받다
take	credit cards	

▷ Can I **pay by credit card**? 신용카드로 지불해도 되나요?

crime /kraim/ 圓 죄, 범죄

commit	a crime	죄를 저지르다
carry out	a crime	
investigate	(a) crime	범죄를 수사하다
solve	a crime	범죄를 해결하다
fight	(a) crime	범죄와 싸우다
combat	(a) crime	
prevent	(a) crime	범죄를 예방하다
turn to	crime	범죄에 가담하다

▷ Why are you looking at me like I **committed** some **crime**? 왜 저를 범죄라도 저지른 사람처럼 쳐다보나요?
▷ The police are **investigating** the **crime** as a robbery. 경찰은 그 범죄를 강도 사건으로 보고 수사하고 있다.
▷ We have to **prevent crime** before it happens. 우리는 범죄를 사전에 예방해야 한다.
▷ He **turned to crime** to pay off his debts. 그는 빚을 갚기 위해서 범죄에 가담했다.

(a) serious	crime	강력 범죄
(a) violent	crime	폭력 범죄
organized	crime	조직 범죄
juvenile	crime	청소년 범죄
sex	crime	성범죄
war	crimes	전쟁 범죄
the perfect	crime	완전 범죄

▷ If you commit a **serious crime**, you should be punished. 강력 범죄를 저지르면 당연히 처벌을 받아야 한다.
▷ **Juvenile crime** in Los Angeles has dropped 25% since 1998. 로스앤젤레스의 청소년 범죄는 1998년 이후 25% 감소했다.

a crime	against A	A에 대한 범죄

▷ The slave trade was a **crime against** humanity. 노예 무역은 인도주의에 반하는 범죄다.

the scene of	the crime	범죄 현장

▷ His fingerprints were found at the **scene of** the **crime**. 그의 지문이 범죄 현장에서 발견되었다.

criminal /krímənl/ 명 범죄자

a habitual	criminal	상습범
a convicted	criminal	유죄 판결을 받은 자
a notorious	criminal	악명높은 범죄자

▷ In some states in the USA a **convicted criminal** loses the right to vote. 미국의 몇몇 주에서는 유죄 판결을 받은 범죄자들에게 투표권을 주지 않는다.

crisis /kráisis/ 명 위기, 중대국면

face	a crisis	위기에 직면하다
have	a crisis	위기를 만나다
suffer	a crisis	위기를 겪다
cause	a crisis	위기를 초래하다
deal with	a crisis	위기에 대처하다
resolve	a crisis	위기를 해결하다
solve	a crisis	
defuse	a crisis	위기를 해소하다

▷ Korea **faced** economic **crisis** in the late 1990s. 한국은 1990년대 후반에 경제 위기에 직면했다.
▷ A successful man of 40 can still **suffer** a midlife **crisis**. 성공한 40세 남성도 중년의 위기를 겪을 수 있다.
▷ What **caused** the **crisis**? 무엇 때문에 위기가 발생했습니까?
▷ Do men and women **deal with crises** differently? 남자와 여자는 위기에 다르게 대처하나요?
▷ Both sides wanted to **resolve** the **crisis** peacefully. 양측 모두 위기를 평화롭게 해결하기를 바랐다.

a major	crisis	큰 위기
a serious	crisis	심각한 위기
the present	crisis	현재 위기
an economic	crisis	경제 위기
a financial	crisis	금융 위기
a political	crisis	정치적 위기
a currency	crisis	통화 위기
an energy	crisis	에너지 위기
an oil	crisis	석유 위기
a food	crisis	식량 위기
an identity	crisis	정체성의 위기
a midlife	crisis	중년의 위기

▷ We haven't had a **major crisis** so far. 우리는 지금까지 큰 위기는 없었다.
▷ Who is responsible for the **present crisis**? 현 위기는 누구의 책임인가?
▷ High oil prices have caused a world **economic crisis**. 고유가는 세계적인 경제 위기를 초래했다.
▷ **A financial crisis** can easily spread through the international stock markets. 금융 위기는 세계 주식 시장에 쉽게 영향을 미칠 수 있다.

in	crisis	위기상태인

▷ Our pension system is **in crisis**. 우리의 연금 제도는 위기 상황이다.

critical /krítikəl/ 형 비판적인; 중대한

extremely	critical	아주 비판적인
highly	critical	
strongly	critical	
increasingly	critical	점점 더 비판적인; 점점 더 중요해지는
absolutely	critical	절대적으로 중요한

▷ He was **highly critical** *of* the committee's report. 그는 위원회의 보고에 대해 아주 비판적이었다.
▷ The opposition party was **increasingly critical** of the Prime Minister's leadership style. 야당은 총리의 지도 방식에 비판의 강도를 높여갔다.

critical	of A	A에 비판적인
critical	to A	A에 무척 중요한

▷ I don't mean to be **critical of** you. 너를 비판하려는 게 아니다.
▷ Protein is **critical to** a healthy diet. 단백질은 건강한 식단에 무척 중요하다.

criticism /krítəsizm/ 명 비판, 비난; 비평

attract	criticism	비난을 불러일으키다
come in for	criticism	비난을 받다
come under	criticism	비판을 받다
draw	criticism	
accept	criticism	비판을 받아들이다
take	criticism	
reject	criticism	비판을 거부하다

▷ The plan will **attract criticism** from environmental groups. 그 계획은 환경 단체들의 비난을 불러일으킬 것이다.
▷ Young people sometimes **come in for criticism** about their attitudes. 젊은이들은 가끔 태도 때문에 비난을 받는다.
▷ His remarks have **come under** severe **criticism** *from* religious groups. 그의 논평은 종교 단체들의 격렬한 비판을 받았다.
▷ The manifesto has **drawn criticism** *from*

| criticize |

opposition parties. 그 성명서는 야당의 비난을 받았다.

fierce	criticism	격렬한 비판
severe	criticism	신랄한 비판
strong	criticism	거센 비판
valid	criticism	정당한 비판
fair	criticism	
constructive	criticism	건설적인 비판
considerable	criticism	상당한 비판
increasing	criticism	커지는 비판
public	criticism	국민의 비판
literary	criticism	문학 비평
social	criticism	사회 비평

▷ The proposal met with **fierce criticism**. 그 제안은 격렬한 비판에 직면했다.

▷ I hope you'll accept this as **constructive criticism**. 이것을 건설적인 비판으로 받아들여주기 바랍니다.

▷ Politicians have to fear and respect **public criticism**. 정치인들은 국민의 비판을 두려워하고 존중해야 한다.

▷ He is known for his influential **literary** and **social criticism**. 그는 영향력 있는 문학 비평과 사회 비평으로 유명하다.

despite	the criticism	비판에도 불구하고

▷ **Despite** the **criticism**, we believe that the conclusions of our study are valid. 비판이 있긴 하지만, 우리는 우리 연구의 결론이 유효하다고 생각한다.

criticize /krítəsàiz/

동 비판하다, 비난하다 (★((영)) criticise)

heavily	criticize	격렬하게 비판하다
severely	criticize	
strongly	criticize	강하게 비판하다
openly	criticize	공공연히 비판하다
be widely	criticized	사방에서 비판을 받다

▷ McCain **severely criticized** the media. 매케인은 대중매체를 격렬하게 비판했다.

▷ The newspaper **strongly criticized** the company's financial problems. 신문은 그 회사의 재정 문제를 강하게 비판했다.

▷ His performance in last week's debate was **widely criticized**. 그가 지난 주 토론회 때 보인 모습은 각계의 비판을 받았다.

criticize	A for (doing) B	B한 것 때문에 A(사람)를 비난하다

▷ Don't **criticize** me **for** doing my job. 내가 내 일을 했다는 이유로 비난하지 마.

crowd /kraud/ 명 군중, 관객; 대중

attract	a crowd	관객을 모으다
draw	a crowd	
disperse	a crowd	군중을 해산시키다
address	the crowd	군중에게 연설하다
entertain	a crowd	관객을 즐겁게 하다

▷ The police **dispersed** the **crowd** with smoke bombs. 경찰은 연막탄으로 군중을 흩어지게 했다.

▷ She **addressed** the **crowd** in a loud voice. 그녀는 큰 소리로 군중에게 연설을 했다.

crowd	gathers	군중이 모이다

▷ A **crowd gathered** around him. 군중이 그의 주변으로 모였다.

a big	crowd	많은 군중
a huge	crowd	
a large	crowd	
a good	crowd	
a small	crowd	소규모 군중
a milling	crowd	밀려드는 군중

▷ A **big crowd** gathered at the square in front of the building. 건물 앞 광장에 많은 군중이 모였다.

▷ This bar is very cool; great music and a **good crowd**. 이 바는 굉장히 멋진걸. 음악도 좋고 사람도 많고.

▷ He disappeared into the **milling crowd**. 그는 밀려드는 군중 속으로 사라졌다.

in	the crowd	군중 틈에서
through	the crowd	군중을 헤치고

▷ Tom tried to follow her but quickly lost her **in** the **crowd**. 톰은 그녀를 따라가려고 했지만 군중 틈에서 금세 그녀를 놓쳤다.

crucial /krúːʃəl/

형 결정적인, 꼭 필요한, 극히 중요한

crucial	to (doing) A	A(하는 데)에 극히 중요한
crucial	in (doing) A	

▷ Your cooperation is **crucial to** the success of this project. 너의 협력은 이 계획을 성공시키는 데 꼭 필요하다

▷ A proper diet is **crucial in** maintaining your good health. 적절한 식단은 건강을 유지하는 데 몹시 중요하다.

it is	crucial that...	…하는 것이 중요하다

▷ **It is crucial that** you reply quickly. 반드시 네가 답장을 빨리 해줘야 해.

cry /krai/ 圀 외침, 비명; 울음

give	a cry	외치다
utter	a cry	
hear	a cry	외침 소리를 듣다
have	a cry	울다

▷ Diana **gave a cry** of surprise and horror. 다이애나는 경악과 공포 때문에 소리를 질렀다.

▷ Everybody was panicking. She could **hear** the **cries** of people behind her. 모두 겁에 질렸다. 그녀 뒤쪽에서 사람들의 비명 소리가 들렸다.

▷ Go on. **Have** a good **cry**. It'll do you good. 참지 말고 실컷 울어. 그게 너한테 도움이 될 거야.

cry /krai/ 圀 울다; 소리치다

cry	loudly	큰소리로 울다
cry	silently	조용히 울다
cry	aloud	소리를 지르다
cry	out	
nearly	cried	울 뻔했다

▷ I **cried out** in pain. 나는 고통 때문에 소리를 질렀다.

▷ I **nearly cried** with joy. 나는 기뻐서 하마터면 울 뻔했다.

begin to	cry	울기 시작하다, 소리치기 시작하다
start to	cry	
make A	cry	A(사람)를 울게 하다

▷ She **began to cry** aloud. 그녀는 소리 내어 울기 시작했다.

▷ I'm sorry I **made** you **cry**. 너를 울려서 미안해.

cry	for A	A를 생각하며 울다, 소리쳐 A를 요청하다
cry	over A	A를 한탄하다

▷ When I die there will be no one to **cry for** me. 내가 죽으면 아무도 나를 위해 울어주지 않겠지.

▷ I **cried for** help but no one could hear me. 나는 소리쳐 도움을 요청했지만 아무도 듣지 못했다.

▷ There's no need to **cry over** such a trivial matter. 그렇게 사소한 일에 한탄할 필요 없어.

culture /kʌ́ltʃər/ 圀 문화, 문명; 문명화

dominant	culture	지배적 문화
human	culture	인간의 문화
Western	culture	서양 문화
youth	culture	청년 문화
political	culture	정치 문화
corporate	culture	기업 문화, 사풍
popular	culture	대중 문화
mass	culture	

▷ Civilization is a form of **human culture** in which many people live in urban centers. 문명화란 많은 사람이 도시 중심부에 사는, 인간 문화의 한 형태이다.

▷ Pop music has been widely accepted as part of **popular culture**. 팝음악은 대중 문화의 일부로 널리 수용되었다.

history and culture	역사와 문화
language and culture	언어와 문화

▷ St. Louis is a city rich in **history and culture**. 세인트루이스는 역사와 문화가 풍부한 도시이다.

cup /kʌp/ 圀 컵; 한 잔; 우승컵

make	a cup of A	A(차 등)를 만들다
pour	a cup of A	A(차 등)를 따르다
have	a cup of A	A(차 등)를 마시다
drink	a cup of A	
win	the cup	우승하다

▷ I'll go **make a cup of** coffee for you. 너에게 커피를 타 줄게.

▷ He pulled a coffee mug from the drawer and **poured a cup of** coffee. 그는 서랍에서 커피 머그잔을 꺼내서 커피를 한 잔 따랐다.

▷ Would you like to **drink a cup of** coffee? 커피 한 잔 하시겠습니까?

▷ Paul has a good chance of **winning the cup**. 폴은 우승할 가능성이 충분하다.

the World	Cup	월드컵

▷ Germany will win the **World Cup** final. 독일이 월드컵 결승에서 우승할 것이다.

a cup and saucer	접시에 받친 찻잔

▷ She placed her **cup and saucer** on her lap. 그녀는 접시에 받친 찻잔을 무릎에 올려놓았다.

cupboard /kʌ́bərd/ 圀 찬장, 식기장, 장

a built-in	cupboard	붙박이 찬장
a locked	cupboard	자물쇠 달린 찬장

▷ This room has a **built-in cupboard**. 이 방에는 붙박이 찬장이 있다.
▷ Store medicines safely in a **locked cupboard**. 약을 자물쇠 달린 장에 안전하게 보관해라.

| in | the cupboard | 찬장에 |

▷ He put the dishes away **in** the **cupboard**. 그는 그릇을 식기장에 넣어두었다.

cure /kjuər/ 圖 치료(약); 회복

| look for | a cure | 치료법을 찾다 |
| find | a cure | 치료법을 발견하다 |

▷ Do you think one day they will **find** a **cure** for cancer? 언젠가는 암 치료법이 발견될 거라고 생각해?

an effective	cure	효과적인 치료
a miracle	cure	특효약
a complete	cure	완쾌

▷ There's no **effective cure** for his illness. 그의 병에는 효과적인 치료법이 없다.
▷ A **complete cure** may be possible through surgery. 수술을 하면 완치가 가능할지도 모른다.

| cure | for A | A의 치료(법) |

▷ What is the best **cure for** a hangover? 숙취의 가장 좋은 해소법이 뭐지?

curious /kjúəriəs/
圖 궁금한, 호기심이 강한; 기묘한

| curious | about A | A를 알고 싶어하는 |

▷ I'm **curious about** what he was saying. 나는 그가 무슨 말을 하고 있었는지 궁금하다.

| curious | to do | …하고 싶다 |

★ do는 hear, learn, know, find out 등이 될 수 있다

▷ We're all **curious to know** what is inside. 우리 모두 안에 무엇이 있는지 알고 싶다.

| it is curious that... | …인 것은 이상하다 |

▷ **It's curious that** I feel no pain. 내가 통증을 느끼지 못하는 것이 신기하다.

currency /kə́:rənsi/
圖 통화(通貨); 유통, 보급

devalue	the currency	화폐가치를 평가절하하다
revalue	the currency	화폐가치를 평가절상하다
gain	currency	유포되다, 널리 인정되다

▷ Brazil **devalued** its **currency** in 1999. 브라질은 1999년에 화폐가치를 평가절하했다.

domestic	currency	국내 통화
foreign	currency	외화
local	currency	현지 통화
a single	currency	단일 통화
a strong	currency	강세 통화
a weak	currency	약세 통화

▷ **Foreign currency** is available at the airport. 외화는 공항에서 구할 수 있다.
▷ Britain refused to join the European Euro **single currency** system. 영국은 유럽 연합의 유로 단일 통화 제도에 합류하기를 거부했다.
▷ At the moment the dollar is not a **strong currency**. 지금 달러는 강세 통화가 아니다.

current /kə́:rənt/ 圖 흐름, 조류; 전류

strong	currents	강한 흐름
cold	currents	한류
warm	currents	난류
tidal	currents	조류(潮流)
an electric	current	전류

▷ The **tidal currents** are now quite strong. 조류가 지금 아주 세차다.
▷ A low-voltage **electric current** runs through the electric fence. 전기 철조망에는 저전압 전류가 흐른다.

curtain /kə́:rtn/ 圖 커튼

close	the curtains	커튼을 닫다
open	the curtains	커튼을 열다
draw	the curtains	커튼을 치다, 커튼을 닫다
pull	the curtains	
hang	the curtains	커튼을 걸다

▷ Do you want me to **close** the **curtains** for you? 커튼을 닫아줄까?
▷ Andrew shut the windows and **drew** the **curtains**. 앤드루는 창문을 닫고 커튼을 쳤다.

custom /kʌ́stəm/ 圖 관습, 습관

an ancient	custom	오래된 관습
an old	custom	
a local	custom	지역 관습
a social	custom	사회적 관습

▷ It's important to respect **local customs**. 지역의 관습을 존중하는 것이 중요하다.

| it is A's custom | to do | …하는 것이 A의 습관이다 |

▷ **It's** his **custom to** get up at 6 a.m. and run 3 miles before breakfast. 오전 6시에 일어나서 아침 식사 전에 3마일을 달리는 것이 그의 습관이다.

customer /kʌ́stəmər/ 명 손님, 고객

serve	a customer	손님을 응대하다
attract	customers	손님을 끌다
get	customers	고객을 얻다
win	customers	
lose	cutomers	고객을 잃다
satisfy	a customer	손님을 만족시키다

▷ Anna's busy **serving customers** at the moment. 애나는 지금 손님을 응대하느라 바쁘다.

▷ Let's have a sale to **attract** more **customers**. 세일을 해서 손님을 더 끌자.

a regular	customer	단골 손님
a repeat	customer	고정 고객
a new	customer	신규 고객
potential	customers	잠재적 고객
prospective	customers	유망 고객
a corporate	customer	법인 고객

▷ She's a **regular customer** at that store. 그녀는 그 가게의 단골 손님이다.

▷ The first thing you must do is to analyze your **potential customers**. 당신이 가장 먼저 해야 할 일은 잠재 고객을 분석하는 것입니다.

cut /kʌt/ 명 자르는 일; 벤 상처; 삭감

have	a cut	벤 상처가 있다
make	a cut	자르다, 삭감하다
take	a cut	삭감을 받아들이다

▷ Daniel **has a cut** on his face. 대니얼은 얼굴에 벤 상처가 있다.

▷ The company is not doing well and I've been asked to **take a cut** in salary. 회사 상태가 좋지 않아서 나는 봉급 삭감을 요청받았다.

cut /kʌt/ 동 자르다

cut	neatly	깨끗하게 자르다
cut	away	잘라내다
cut	back	깎아서 손질하다
cut	down	베어 쓰러뜨리다

▷ We need to **cut back** that hedge. 우리는 울타리를 쳐내서 손질해야 한다.

▷ The trees were all **cut down** and burnt. 나무들을 모두 베어서 태웠다.

cut	A in two	A를 반으로 자르다
cut	A in half	
cut	A into pieces	A를 조각조각 자르다

▷ She **cut** the birthday cake **into six pieces**. 그녀는 생일 케이크를 여섯 조각으로 잘랐다.

| cut | out A | A를 잘라내다 |
| cut | into A | A를 자르다 |

▷ She picked up her knife and fork and **cut into** her pancakes. 그녀는 나이프와 포크를 들고 팬케이크를 잘랐다.

PHRASES
Cut it out! 😊 그만해. 입 다물어.

| damage |

D

damage /dǽmidʒ/

명 피해, 손해, 손상; (-s) 손해배상금

cause	damage	피해를 입히다
do	damage	
suffer	damage	피해를 겪다
repair	(the) damage	피해를 복구하다
claim	damages	손해배상을 청구하다
award	damages	손해배상을 승인하다

★ '피해를 끼치다'는 give damage라고 하지 않는다.

▷ Did the floods **cause** any **damage**? 홍수가 피해를 입혔나?

▷ In the car accident her friend **suffered damage** to her ankle. 자동차 사고로 그녀의 친구는 발목을 다쳤다.

▷ It'll cost a lot to **repair** the **damage** to the car. 자동차 망가진 곳을 수리하려면 큰돈이 들 것이다.

▷ He **claimed damages** of $170,000. 그는 17만 달러의 손해배상금을 청구했다.

considerable	damage	상당한 피해
serious	damage	심각한 피해
severe	damage	
extensive	damage	광범위한 피해
irreparable	damage	회복 불가능한 피해
permanent	damage	영구적 손상
criminal	damage	기물 파손(죄)
environmental	damage	환경 훼손
brain	damage	뇌손상
punitive	damages	징벌적 손해 배상

▷ A typhoon struck yesterday, but there was no **serious damage**. 어제 태풍이 닥쳤지만, 심각한 피해는 없었다.

▷ There was no **extensive damage** to the house. 그 집에 광범위한 피해는 없었다.

▷ He was charged with **criminal damage**. 그는 기물 파손죄로 기소되었다.

▷ The tsunami caused catastrophic **environmental damage**. 쓰나미는 막대한 환경 피해를 일으켰다.

damage /dǽmidʒ/

동 피해를 입히다, 손해를 끼치다

seriously	damage	심각한 피해를 끼치다
severely	damage	
irreparably	damage	복구 불가능한 피해를 끼치다
permanently	damage	

▷ The quarrel **seriously damaged** their relationship. 싸움은 그들의 관계를 심각하게 손상시켰다.

dance /dæns/ 명 춤, 댄스, 무용; 댄스 파티

do	a dance	춤을 추다
perform	a dance	
go to	a dance	댄스 파티에 가다
hold	a dance	댄스 파티를 열다

▷ Look Mommy! I'm going to **do** a little **dance**! 엄마! 내가 춤을 좀 춰볼게!

▷ Billy began to **perform** a traditional **dance**. 빌리는 전통 춤을 추기 시작했다.

▷ Would you like to **go to** a **dance** with me? 저랑 댄스 파티에 가실래요?

danger /déindʒər/ 명 위험

face	danger	위험에 직면하다
pose	a danger	위험을 초래하다
recognize	the danger	위험을 인식하다
realize	the danger	
reduce	the danger	위험을 줄이다
increase	the danger	위험을 높이다
avoid	(a) danger	위험을 피하다

▷ The cracks in the building do not **pose** any immediate **danger**. 건물의 금 때문에 당장 위험해지는 건 아니다.

▷ We **recognize** the **danger** *of* dumping chemicals. 우리는 화학 약품을 함부로 버리는 것이 위험하다는 것을 알고 있다.

(a) grave	danger	중대한 위험
(a) great	danger	큰 위험
(a) real	danger	실제 위험
(a) serious	danger	심각한 위험성
immediate	danger	당장의 위험
(a) potential	danger	잠재적 위험

▷ We're all in **grave danger** now. Please send us some help. 우리는 지금 모두 아주 위험한 상태다. 지원을 바란다.

▷ There was no **immediate danger**. 당장의 위험은 없었다.

▷ With radiation there's always the **potential danger** *of* cancer. 방사선을 쬐면 언제나 암에 걸릴 잠재적 위험이 있다.

| in | danger | 위험에 놓여 |

in	danger of A	A의 위험에 처해
out of	danger	위험을 벗어나
a danger	that...	…할 위험

▷ We're **in danger of** losing public support. 우리는 대중적 지지를 잃을 위험에 놓였다.
▷ She's **out of danger** for the moment. 그녀는 잠시 위험을 벗어났다.
▷ There's always a great **danger that** the exchange rate will change frequently. 환율이 수시로 변할 위험은 언제나 높다.

dangerous /déindʒərəs/ 휑 위험한

extremely	dangerous	아주 위험한
highly	dangerous	
particularly	dangerous	특히 위험한
potentially	dangerous	잠재적 위험이 있는

▷ These kinds of foods are **particularly dangerous** for diabetics. 이런 종류의 음식은 당뇨병 환자들에게 특히 위험하다
▷ It was a difficult and **potentially dangerous** situation. 어렵고 잠재적으로 위험한 상황이었다.

it is dangerous	(for A) to do	(A(사람)가)…하는 것은 위험하다

▷ **It is dangerous to** walk around this area. 이 지역을 걸어 다니는 것은 위험하다.

dark /dɑːrk/ 휑 어두운

get	dark	날이 저물다
grow	dark	
go	dark	갑자기 어두워지다

▷ It's **getting dark**. 날이 저물고 있다.

completely	dark	칠흑처럼 어두운
really	dark	아주 어두운
almost	dark	어두컴컴한
nearly	dark	

▷ The room was **completely dark**. 그 방은 칠흑처럼 어두웠다.
▷ It was **almost dark** outside. 바깥은 어두컴컴했다.

dark /dɑːrk/ 휑 어둠; 일몰

after	dark	어두워진 후에
before	dark	어두워지기 전에
in the	dark	어둠 속에서

▷ I arrived in San Diego **after dark**. 나는 어두워진 후에 샌디에이고에 도착했다.
▷ I'll be back **before dark**. 어두워지기 전에 돌아올게.
▷ Why are you sitting here **in the dark**? 왜 어두운데 앉아 있니?

data /déitə/ 명 데이터, 자료

collect	data	자료를 모으다
gather	data	
obtain	data	자료를 얻다
store	data	데이터를 저장하다
access	data	데이터에 접근하다
retrieve	data	자료를 검색하다
analyze	data	데이터를 분석하다
share	data	데이터를 공유하다
provide	data	데이터를 제공하다

▷ The scientists **collected data** on the lunar environment. 과학자들은 달의 환경에 대한 자료를 모았다.
▷ Can you **store data** on this CD? 이 CD에 데이터를 저장해줄래?
▷ Computers allow us to **access data** more easily than ever. 컴퓨터 덕분에 전에 없이 쉽게 데이터를 이용할 수 있게 되었다.
▷ Johnson **analyzed data** on 300 patients with heart disease. 존슨은 심장병 환자 300명의 데이터를 분석했다.

raw	data	미가공[원] 데이터
available	data	구할 수 있는 데이터
unpublished	data	비공개 데이터
personal	data	개인 자료
experimental	data	실험 데이터
basic	data	기초 자료
relevant	data	연관 자료
scientific	data	과학적 데이터
statistical	data	통계 자료

▷ We've got the **raw data**. Now we need to analyze it on a computer. 우리는 미가공 데이터가 있다. 이제 이것을 컴퓨터에서 분석해야 한다.
▷ The **available data** are[is] inadequate for the evaluation. 구할 수 있는 데이터는 평가에 적절하지 않다.(★최근에는 data를 복수 취급하는 경우가 많다)
▷ According to **statistical data**, women live longer than men. 통계 자료에 따르면, 여자는 남자보다 오래 산다.

data	from A	A에서 나온 데이터
data	on A	A에 대한 데이터

▷ Both graphs use **data from** the same experiment. 두 그래프 모두 같은 실험에서 나온 데이터를 사용한다.

▷ We obtained **data on** average July temperatures. 우리는 7월 평균 기온에 대한 데이터를 입수했다.

date /deit/ 圏 날짜; 데이트, 만날 약속

fix	a date	날짜를 정하다
set	a date	
have	a date	데이트를 하다
make	a date	만날 약속을 하다

▷ Have you two **set a date** for the wedding? 두 분의 결혼 날짜는 잡았나요?
▷ I **had a date** with my boyfriend on Sunday. 나는 일요일에 남자 친구와 데이트를 했다.

a fixed	date	정해진 날짜
the exact	date	정확한 날짜
a precise	date	
an earlier	date	이전 날짜
a later	date	이후 날짜
a future	date	
delivery	date	배달 날짜
completion	date	마감 날짜, 완료 날짜
arrival	date	도착일
departure	date	출발일

▷ There's no **fixed date** for the investigation to finish at the moment. 현재로서는 조사가 끝나는 날짜가 정해져 있지 않다.
▷ I can't give you a **precise date** yet. 아직 정확한 날짜를 말할 수 없다.
▷ We'll confirm the contract *at* a **later date**. 나중에 계약을 확정하겠습니다.

on	a date	데이트하는

▷ Did you hear? Jake and Julie went **on a date**. 들었어? 제이크와 줄리가 데이트했대.

date	for Å	A의 날짜

▷ The last **date for** applying is April 1. 지원 마감일은 4월 1일이다.

PHRASES
What's the date today? / **What's today's date?**
☺ 오늘이 며칠이지?, 오늘 날짜가 어떻게 되지?

daughter /dɔ́ːtər/ 圏 딸

have	a daughter	딸이 있다

▷ She **has a daughter** named Carolyn. 그녀는 캐롤린이라는 딸이 있다.

a baby	daughter	여자 아기
the only	daughter	외동딸
the eldest	daughter	장녀
the youngest	daughter	막내딸

▷ Sally is Philip's **only daughter**. 샐리는 필립의 외동딸이다.
▷ Deborah and her **eldest daughter** look very much alike. 데보라와 그녀의 큰딸은 아주 닮았다.

day /dei/ 圏 날, 하루; 낮

the following	day	다음 날
the previous	day	전날
the other	day	일전에
one	day	어느 날
some	day	
the very	day	바로 그 날
another	day	다른 날
a beautiful	day	날씨가 아주 좋은 날
a nice	day	멋진 날
a sunny	day	맑게 갠 날
a rainy	day	비 오는 날
a good	day	좋은 날
a bad	day	안 좋은 날
a busy	day	바쁜 날
a long	day	긴 하루
the whole	day	하루 종일
all	day (long)	
(the) present	day	오늘날, 현대

▷ Come and visit **some day**, will you? 나중에 한번 놀러와, 응?
▷ There was a strike at the airport on the **very day** that we left to go on holiday. 우리가 휴가를 떠난 바로 그 날, 공항에서 파업이 있었다.
▷ I'm afraid I'm busy tomorrow. How about **another day**? 아쉽지만 제가 내일은 바쁩니다. 다른 날은 어떤가요?
▷ It's a **beautiful day**! 날씨가 아주 좋네요!
▷ It's boring to be inside on a **rainy day**. 비 오는 날 안에 있으니 지루하다.
▷ I've had a **good day**. 즐거운 하루였다.
▷ Where have you been the **whole day**? 하루 종일 어디 있었니?
▷ Peter stayed home alone **all day long**. 피터는 하루 종일 집에 혼자 있었다.
▷ She's studying American history from 1945 to the **present day**. 그녀는 1945년에서 현재까지의 미국사를 공부하고 있다.

| by | day | 낮에는, 낮 동안에는 |
| during | the day | |

▷ Jake is a student **by day**, bartender by night. 제이크는 낮에는 학생이고, 밤에는 바텐더다.
▷ Ralph was rarely home **during** the **day**. 랠프는 낮 동안에는 거의 집에 없었다.

| the day | before yesterday | 그저께 |
| the day | after tomorrow | 모레 |

▷ I arrived in Auckland the **day before yesterday**. 나는 그제 오클랜드에 도착했다.
▷ I'm leaving the **day after tomorrow**. 나는 모레 떠난다.

| every | day | 매일 |
| every other | day | 이틀에 한번씩 |

▷ I promise I'll call you **every other day**. 이틀에 한 번씩 전화한다고 약속할게.

| day | after day | 매일같이 |
| day | by day | 나날이 |

▷ She spent **day after day** in the library, researching American history. 그녀는 미국사를 연구하며 매일같이 도서관에서 시간을 보냈다.
▷ We're getting older **day by day**. 우리는 나날이 늙어간다.

these	days	요즘, 최근
in this	day and age	오늘날
in those	days	그 시절에

▷ What are you doing **these days**? 요즘 뭐하고 있니?
▷ Lack of sleep is the main problem in teenagers **in this day and age**. 수면 부족은 오늘날 십대 청소년들의 큰 문제이다.
▷ People had a hard life in the 19th century. **In those days** there was no electricity. 19세기 사람들의 삶은 힘겨웠다. 그 시절에는 전기가 없었기 때문이다.

(PHRASES)
Those were the days. ◔ 그때가 좋았지.
What day is it today? ◔ 오늘이 무슨 요일이지?
▷ "What day is it today?" "(It's) Tuesday." "오늘이 무슨 요일이지?" "화요일이야."

dead /ded/ ® 죽은

| drop | dead | 급사하다 |
| pronounce A | dead | A의 사망을 선고하다 |

▷ How can a perfectly healthy 28-year-old guy **drop dead**? 어떻게 건강한 28살 남자가 급사할 수 있지?
▷ Mr. Smith was **pronounced dead** at the scene at 2:30 a.m. by a doctor. 스미스 씨는 새벽 2시 30분에 현장에서 의사의 사망 선고를 받았다.

almost	dead	죽은 것과 다름없는
nearly	dead	
already	dead	이미 죽은
long	dead	오래 전에 죽은

▷ He looked tired and **almost dead**. 그는 피곤해 보였고 거의 죽은 사람 같았다.
▷ She stood over the grave of her **long dead** husband. 그녀는 오래 전에 죽은 남편의 무덤 앞에 섰다.

| dead | or alive | 죽었는지 살았는지 |
| dead | and buried | 죽어 매장된, 완전히 끝난 |

★ dead or alive는 alive or dead로도 쓰인다.

▷ I haven't seen him for twenty years. I don't know if he's **alive or dead**. 나는 20년 동안 그를 보지 못했다. 그가 죽었는지 살았는지도 모른다.
▷ All her hopes were **dead and buried** now. 그녀의 모든 희망은 이제 완전히 사라졌다.

deadline /dédlàin/ ® 마감 시간, 기한

extend	the deadline	마감을 연장하다
meet	the deadline	마감에 맞추다
miss	the deadline	마감에 맞추지 못하다

▷ It's impossible to **extend** the **deadline**. 마감을 연장하는 건 불가능하다.
▷ We'll be in trouble if we **miss** the **deadline**. 마감에 맞추지 못하면 우리가 난처해질 것이다.

| the deadline | passes | 기한이 지나다 |

▷ The **deadline** for submission **passed** yesterday. 제출 기한이 어제 지났다.

| the deadline | for A | A의 기한 |

▷ The **deadline for** application is Aug. 31. 신청 기한은 8월 31일이다.

deal /diːl/ ® 거래; 취급, 대우

do	a deal	거래하다
make	a deal	
conclude	a deal	거래를 성립시키다
sign	a deal	거래 계약에 서명하다
strike	a deal	거래 계약을 체결하다
have	a deal	거래가 있다

▷ He **signed** a **deal** with Sony and immediately

| death |

began recording an album. 그는 소니와의 계약에 서명했고, 즉시 앨범을 녹음하기 시작했다.
▷ The company **had** a **deal** with General Motors. 그 회사는 제너럴 모터스와의 계약이 있었다.

| the deal | goes through | 거래가 잘 되다 |
| the deal | falls through | 거래가 잘 되지 않다 |

▷ I hope the **deal goes through**. 거래가 잘 이루어지기를 바랍니다

a fair	deal	공정한 취급
a raw	deal	부당한 취급
a rough	deal	
a big	deal	((구어)) 중요한 일

▷ They should have paid you much more money than that. I think you got a **raw deal**. 그 사람들은 너한테 돈을 훨씬 더 많이 줘야 했어. 네가 부당한 취급을 받은 것 같아.
▷ Don't worry about it. It's no **big deal**. 그건 걱정하지 마. 별로 중요한 거 아니니까.

(PHRASES)
It's a deal. ⊙ 그렇게 결정되었다.
▷ "How about you do overtime this weekend and I'll do it next weekend?" "Fine, it's a deal." "이번 주말에 당신이 추가 근무를 하고 다음 주에는 제가 하는 거 어때요?" "좋아요, 그렇게 하죠."

death /deθ/ 圐 죽음, 사망

cause	death	죽음을 일으키다
mean	death	죽음을 의미하다
face	death	죽음에 직면하다
meet	(one's) death	죽음을 맞다
fear	death	죽음을 두려워하다
escape	death	죽음을 피하다

▷ Does the influenza virus **cause death**? 그 독감 바이러스에 걸리면 죽습니까?
▷ In this country if you're convicted of murder it **means death**. 이 나라에서 살인죄로 유죄 관결을 받으면, 그것은 죽음을 의미한다.
▷ During the war he **faced death** many times. 전쟁 중 그는 여러 차례 죽음에 직면했다.
▷ He **met** his **death** fighting in Iraq. 그는 이라크에서 싸우다가 죽음을 맞았다.

bleed to	death	출혈로 죽다
freeze to	death	얼어 죽다
starve to	death	굶어 죽다
put A to	death	A(사람)를 처형하다
stab A to	death	A(사람)를 찔러 죽이다

▷ He was **stabbed** with a knife and **bled to death**. 그는 칼에 찔려서 출혈과다로 죽었다.
▷ I nearly **froze to death** once on a mountain. 나는 산에서 얼어 죽을 뻔한 적이 있다.
▷ Some place in the world, a child **starves to death** every two minutes. 이 세상 어딘가는 2분에 한 명꼴로 아이들이 굶어 죽는다.
▷ Henry VI was **put to death** in the Tower of London. 헨리 6세는 런던탑에서 처형되었다.
▷ Brian was **stabbed to death** last night. 브라이언이 어젯밤 칼에 찔려 죽었다.

early	death	때이른 죽음
(a) premature	death	
sudden	death	돌연사
tragic	death	비극적인 죽음
accidental	death	사고사

▷ His **early death** was deeply regretted. 사람들은 그의 때이른 죽음을 진심으로 애석해했다.
▷ Falls are the leading cause of **accidental death** among people aged 75 or older. 낙상는 75세 이상의 연령에서 일어나는 사고사의 주요 원인이다.

| death | from A | A에 따른 죽음 |

▷ He was ill for a decade before his **death from** cancer. 그는 10년 동안 투병을 하다 암으로 죽었다.

debate /dibéit/ 圐 논의, 토론

have	a debate	토론하다
open	a debate	토론을 시작하다
provoke	a debate	논쟁을 일으키다
take part in	a debate	토론에 참가하다

▷ Let's **have** a **debate** on economic policy. 경제 정책에 대해서 토론합시다.
▷ Twenty five students from 15 countries **took part in** the **debate**. 15개국 25명의 학생이 토론에 참여했다.

| (a) debate | rages | 논의가 들끓다 |
| (a) debate | continues | 논의가 이어지다 |

▷ The **debate** about global warming has **continued** for many years. 지구 온난화에 대한 논의는 여러 해 동안 계속되어 왔다.

(a) heated	debate	열띤 토론
(an) intense	debate	
(a) fierce	debate	격렬한 토론
(a) lively	debate	활발한 토론
(a) serious	debate	진지한 토론

| decide |

| (a) public | debate | 공개 토론 |

▷ Having nuclear weapons has sparked **heated debates** since the 1950s. 핵무기 보유는 1950년대부터 치열한 논란을 일으켰다.

▷ It is time to have a **serious debate** on tax. 세금에 대해 진지한 토론을 할 때이다.

debate	about A	A에 대한 토론
debate	on A	
debate	over A	
debate	surrounding A	A를 둘러싼 토론

▷ Bob and I had a big **debate about** capital punishment. 밥과 나는 사형에 대해 팽팽한 논쟁을 벌였다.

▷ There has been considerable **debate surrounding** the government's plans for economic growth. 정부의 경제 성장 계획을 둘러싸고 상당한 논쟁이 있다.

debate /dibéit/ 图 토론하다; 숙고하다

be fully	debated	충분히 토론되다
be thoroughly	debated	
be hotly	debated	격렬하게 토론되다
be fiercely	debated	
be widely	debated	폭넓게 토론되다

▷ The question is still **hotly debated**. 그 질문은 여전히 격렬하게 토론되고 있다.

▷ The pension plan has been **widely debated**. 연금 제도는 다방면에서 토론되어 왔다.

| debate | wh- (to do) | …할까 토론하다, …할까 숙고하다 |

★ wh-는 whether, what, how 등

▷ I **debated whether to** tell him about Gordon. 나는 그에게 고든에 대해 말을 해야 할지 곰곰이 생각했다.

debt /det/ 图 빚, 채무, 은혜; 빚진 상태; 채권

have	a debt	빚이 있다
owe	a debt	
run up	a debt	빚이 늘어나다
repay	a debt	빚을 갚다
pay (off)	a debt	
clear	a debt	빚을 청산하다
settle	a debt	
reduce	a debt	빚을 줄이다
service	a debt	이자를 갚다
write off	a debt	부채를 탕감해 주다
go into	debt	빚을 내다
get into	debt	

▷ She **has debts** of $17,000. 그녀는 1만 7000달러의 빚이 있다.

▷ I **owe** a big **debt** *to* the bank. 나는 은행에 큰 빚이 있다.

▷ **Repay debts** as quickly as possible. 빚은 되도록 빨리 갚으십시오.

▷ He was given 30 days to **settle** his **debts**. 그에게 빚을 갚을 기한으로 30일이 주어졌다.

▷ In America many students **go into debt** when they enter university. 미국에서는 많은 학생들이 대학에 입학할 때 빚을 진다.

a large	debt	거액의 채무
an outstanding	debt	지불하지 않은 채무
a bad	debt	불량 채권
total	debt	총 채무
a foreign	debt	외채
a national	debt	국채

▷ The IMF had issued a warning about the government's **outstanding debts**. IMF는 정부의 미지불 채무에 대해 경고했다.

▷ Her **total debt** has now reached £50,000. 그녀의 총 채무는 이제 5만 파운드에 이르렀다.

| in | debt | 빚을 진 |
| in | A's debt | A(사람)에게 신세를 진 |

▷ I'm deeply **in debt**. 나는 빚을 많이 지고 있다.

▷ I don't want to be **in** your **debt**. 너에게 신세를 지고 싶지 않다.

decide /disáid/

图 결정하다, 결심하다, 결론을 내리다

finally	decide	마침내 결심하다
eventually	decide	
suddenly	decide	갑자기 결심하다
obviously	decide	확실히 결심하다

▷ I **finally decided** that it was time to leave. 나는 마침내 떠날 때가 되었다는 결론을 내렸다.

▷ Nick has **obviously decided** to follow Mum's advice after all. 닉은 결국 어머니의 조언을 따르기로 확실히 결심했다.

| decide | to do | …하기로 결심하다 |

▷ I **decided to** go for a walk downtown for an hour or so. 나는 1시간 정도 시내를 산책하기로 결심했다.

| decision |

decide	(that)...	…을 결심하다
decide	wh-	…할지 결정하다

★ wh-= what, whether, how, when 등

▷ She **decided that** she would go home early today. 그녀는 오늘 집에 일찍 가기로 결심했다.

decide	against A	A에 반대하는 결정을 하다
decide	in favor of A	A에 찬성하는 결정을 하다
decide	on A	A를 결정하다

▷ He considered complaining but **decided against** it. 그는 항의할까 생각해 보았지만 그러지 않기로 결정했다.
▷ Have you **decided on** your major at university? 대학에서의 전공은 결정했니?

decision /disíʒən/ 圓 결정, 결심, 결론

make	a decision	결정하다
take	a decision	
come to	a decision	결정에 이르다
reach	a decision	
reverse	a decision	결정을 뒤집다

▷ You have thirty seconds left. **Make a decision** now! 30초 줄게. 지금 결정해!
▷ Have you **reached a decision**? 결론이 나왔니?
▷ You can't **reverse a decision** once it has been signed by the president. 일단 사장이 서명하고 나면 결정은 뒤집을 수 없다.

a big	decision	큰 결정
a difficult	decision	어려운 결정
a tough	decision	
the right	decision	올바른 결정
the wrong	decision	잘못된 결정
a final	decision	최종 결정

▷ Was it the **right decision**? 그게 올바른 결정이었니?
▷ We definitely made the **wrong decision**. 우리는 분명히 잘못된 결정을 했다.

a decision	to do	…하기로 한 결정

▷ I've made a **decision to** stay at the Ritz Hotel for a few more nights. 나는 리츠 호텔에 며칠 더 묵기로 결정했다.

a decision	about A	A에 대한 결정
a decision	on A	

▷ Have you made a **decision about** where to go? 어디로 갈지 결정했니?

declaration /dèkləréiʃən/
圓 선언(문), 성명(서)

issue	a declaration	선언문을 발표하다
make	a declaration	선언하다
sign	a declaration	선언문에 서명하다

▷ The United Nations **issued a declaration** of human rights in 1948. UN은 1948년에 인권 선언문을 발표했다.

a formal	declaration	공식 선언
a joint	declaration	공동 성명

▷ A **formal declaration** is not required in this case. 이 경우에는 공식 선언이 필요하지 않다.
▷ We got agreement on the **joint declaration**. 우리는 공동 선언을 하기로 합의했다.

declare /diklέər/ 圓 선언하다, 표명하다

formally	declare	공식 선언하다
officially	declare	
openly	declare	솔직히 밝히다
publicly	declare	공개적으로 선언하다

▷ The mayor will cut the ribbon to **officially declare** the new store open. 시장은 새 점포의 개점을 공식 선언하며 테이프를 자를 것이다.
▷ I **openly declared** my opinion. 나는 내 견해를 솔직히 밝혔다.
▷ He **publicly declared** his innocence. 그는 자신의 결백을 공개적으로 선언했다.

declare	A (to be) B	A가 B라고 선언하다

▷ I **declare** Henry **to be** the winner of this race! 헨리를 이 경주의 승자로 선언합니다!

declare	that...	…라고 선언하다

▷ The doctor officially **declared that** she was brain dead. 의사는 그녀가 뇌사 상태임을 공식적으로 선고했다.

decline /dikláin/ 圓 감소, 하락; 쇠퇴

fall into	(a) decline	감소하다, 쇠퇴하다
go into	(a) decline	
suffer	a decline	
reverse	a decline	감소세를 뒤집다
see	a decline	감소를 인식하다
show	a decline	감소를 보이다

▷ As the UK film industry **went into decline**, television expanded. 영국의 영화 산업이 쇠퇴한 반면 텔레비전은 발전했다.

▷ American music sales **suffered** an almost 10% **decline** in 2005. 미국의 음악시장 매출은 2005년에 거의 10% 감소했다.

▷ The company succeeded in **reversing** its market share **decline**. 회사는 시장 점유율 감소세를 뒤집는 데 성공했다.

▷ We **saw** a **decline** in world trade for two reasons. 세계 무역은 두 가지 이유로 감소했다.

▷ Figure 2 **shows** the steady **decline** in profits. 표2는 수익의 지속적인 감소세를 보여준다.

(a) dramatic	decline	극적인 감소
(a) marked	decline	두드러진 감소
(a) significant	decline	
(a) sharp	decline	급격한 감소
(a) steep	decline	
(a) rapid	decline	급속한 감소
(a) gradual	decline	점차적인 감소
(a) steady	decline	꾸준한 감소
economic	decline	경기 악화

▷ There's a **marked decline** in the use of public transport. 대중 교통 이용이 두드러지게 감소하고 있다.

▷ There's been a **steep decline** in the number of jobs available. 구인 건수가 급격히 감소하고 있다.

▷ Rail passenger traffic went into **rapid decline**. 철도 여객 운송이 급속히 감소했다.

▷ The lung cancer mortality rate has seen a **gradual decline** since 1980. 폐암 사망률은 1980년 이래로 점차적인 감소를 보이고 있다.

in	decline	쇠퇴하여
on	the decline	내리막에

▷ Jazz was **on the decline**, and pop music was on the rise. 재즈는 내리막길에 있고, 팝음악은 상승세에 있었다.

decline	in A	A이 감소

▷ A **decline in** imports is improving the trade deficit. 수입 감소가 무역 적자를 개선하고 있다.

decline /dikláin/

동 감소하다; (정중하게) 거절하다

decline	sharply	급격히 감소하다
decline	dramatically	극적으로 감소하다
decline	slightly	약간 감소하다
decline	rapidly	급속히 감소하다
decline	steadily	꾸준히 감소하다
gradually	decline	천천히 감소하다

★위의 부사들은 모두 동사 앞에서도 쓰인다.

▷ Steel prices have **declined sharply** in most parts of the world. 철강 가격은 세계 대부분의 지역에서 급격히 하락했다.

▷ Canadian exports to Thailand **declined slightly** in 2007. 캐나다의 태국 수출량은 2007년에 약간 감소했다.

▷ Smoking rates have **declined rapidly**. 흡연율이 급격히 감소했다.

▷ The city's population has been **steadily declining** over the past ten years. 그 도시의 인구는 지난 10년 동안 꾸준히 감소하고 있다.

decline	by A	A(수량)만큼 감소하다

▷ Domestic beer consumption **declined by** 5% last year. 지난해 국내 맥주 소비량은 5% 감소했다.

decline	to do	…하는 것을 거절하다

▷ She smiled and **declined to** comment. 그녀는 미소를 지으며 논평을 거절했다.

decrease /dikríːs/

동 감소하다, 줄어들다

significantly	decrease	두드러지게 줄다
markedly	decrease	
slightly	decrease	약간 줄다
rapidly	decrease	급속히 줄다
steadily	decrease	꾸준히 줄다
gradually	decrease	천천히 줄다

★위의 부사들은 동사의 뒤에도 쓰인다

▷ Within 30 minutes the patient's pain **significantly decreased**. 30분도 지나지 않아 환자의 고통이 상당히 가라앉았다.

▷ The temperature has been **rapidly decreasing** outside. 바깥 기온이 급격히 떨어지고 있다.

▷ The plane **gradually decreased** altitude. 비행기는 천천히 고도를 낮추었다.

decrease	by A	A(수량)만큼 술어늘나
decrease	in A	A가 줄다
decrease	with A	A와 함께 줄다

★decrease in A의 A는 개수, 수치 등

▷ Taxes **decreased by** 10%. 세금이 10% 줄었다.

▷ Some animals have been **decreasing in** number due to excessive hunting. 어떤 동물들은 과도한 사냥에 의해 개체수가 계속 줄고 있다.

defeat /difíːt/

통 물리치다, 패배시키다, 깨다

easily	defeat	쉽게 이기다
narrowly	defeat	간신히 물리치다
finally	defeat	마침내 물리치다
be heavily	defeated	참패하다

★ defeat은 수동태로 쓰일 때가 많다

▷ I will not be so **easily defeated**! 그렇게 쉽게 지지 않을 거야!
▷ Great Britain **finally defeated** Napoleon in 1815. 영국은 1815년에 마침내 나폴레옹을 무찔렀다.
▷ In the election last month Wilson was **heavily defeated**. 지난 달 선거에서 윌슨은 참패했다.

| be defeated by A to B | | A 대 B로 지다 |

★ 득점, 투표수에 쓰인다.

▷ He was narrowly **defeated by** (a vote of) 216 **to** 208. 그는 216(표) 대 208(표)의 근소한 차이로 졌다.

defend /difénd/

통 지키다, 방어하다; 옹호하다

successfully	defend	잘 지키다, 방어에 성공하다
vigorously	defend	강력하게 옹호하다
fiercely	defend	

▷ The party **successfully defended** 18 out of 20 seats. 그 당은 20석 가운데 18석을 지켰다.
▷ He **fiercely defended** the government decision. 그는 정부의 결정을 열렬히 옹호했다.

| defend | A against B | A를 B로부터 지키다 |

▷ Birds vigorously **defend** their nests **against** foxes. 새들은 여우로부터 둥지를 맹렬히 지킨다.

defense /diféns/

명 방어, 수호; 변호 (★((영)) defence)

come to	A's defense	A를 지키러 오다;
rush to	A's defense	A를 변호하다
strengthen	A's defense	A의 방어를 강화하다
make	a defense	변호하다
provide	a defense	변론을 펼치다

▷ We have to **strengthen** our homeland **defenses**. 우리는 국방을 강화해야 한다.
▷ His lawyer was unable to **provide** a good **defense**. 그의 변호사는 유능한 변론을 펼치지 못했다.

a natural	defense	선천적 방어
a strong	defense	강력한 방어
national	defense	국방
civil	defense	민간 방위, 민방위
coastal	defenses	연안 방어

▷ The human body has a **natural defense** against germs. 인체는 세균에 대한 선천적인 방어력이 있다.

| defense and security | | 방위와 안전보장 |

▷ He has a job connected with the **defense and security** of the nation. 그의 직업은 국가의 방위 및 안전보장과 관련되어 있다.

| defense | against A | A에 대한 방어 |
| in defense | of A | A를 지키기 위해 |

▷ Amanda acted **in defense of** her freedom. 어맨다는 자신의 자유를 지키기 위해 행동했다.

deficit /défəsit/ 명 부족(액), 적자

produce	a deficit	적자가 나다
reduce	the deficit	적자를 줄이다
cut	the deficit	
show	a deficit	적자를 보이다

▷ Finally the Government has managed to **reduce the deficit** between imports and exports. 마침내 정부는 수입과 수출 사이의 적자를 줄이는 데 성공했다.
▷ This year's profits **show** a **deficit** of 50% compared with last year's. 올해의 수익은 작년에 비해 50% 줄어들었다.

a huge	deficit	거액의 적자
a fiscal	deficit	재정 적자
a budget	deficit	
a trade	deficit	무역 적자

▷ The Government's economic policy has produced a **huge** budget **deficit**. 정부의 경제 정책은 거액의 재정 적자를 낳았다.

define /difáin/ 통 정의하다, 규정하다

accurately	define	정확하게 정의하다
carefully	define	신중하게 규정하다
precisely	define	꼼꼼하게 규정하다
clearly	define	명확하게 정의하다
broadly	define	폭넓게 정의하다
vaguely	define	모호하게 정의하다
closely	define	엄밀하게 정의하다

strictly	define	

▷ We must **accurately define** our terms. 우리는 용어를 정확히 정의해야 한다.

▷ Security is **broadly defined** as a nation's effort to protect its interests from attack. 안보는 폭넓게 정의하면 자국의 이익이 침해받지 않게 하려는 노력이라고 할 수 있다.

▷ Every concept needs to be **strictly defined**. 모든 개념은 엄밀하게 정의해야 한다.

defined	in terms of A	A의 관점에서 정의된

▷ Happiness is **defined in terms of** the satisfaction of desires. 행복은 욕망의 충족이라는 관점으로 정의된다.

define	A as B	A를 B라고 정의하다

▷ Health is **defined as** a state of complete physical, social and mental well-being. 건강은 신체적, 사회적, 정신적으로 완전하게 쾌적한 상태라고 정의된다.

◆ **as defined above** 위에 정의된 대로(★ 논문 등에 쓰인다) ▷ The term "communication" is used as defined above. '커뮤니케이션'이라는 용어는 위에 정의된 대로 쓰인다.

definition /dèfəníʃən/ 圀 정의(定義)

give	a definition	정의를 내리다
fall within	the definition	정의된 범위에 들어가다
come within	the definition	

▷ It's difficult to **give** a precise **definition** of the word "beauty." '아름다움'이라는 말을 정확히 정의하기는 어렵다.

▷ Whales **fall within** the **definition** of mammals. 고래는 포유류의 정의에 들어간다.

a clear	definition	명확한 정의
a precise	definition	정확한 정의
a broad	definition	폭넓은 정의
a wide	definition	
a dictionary	definition	사전적 정의
a legal	definition	법률적 정의

▷ There is no **precise definition** of obesity. 비만의 정확한 정의는 없다.

▷ Can you give a **broad definition** of feminism? 여성주의를 폭넓게 정의해주실 수 있나요?

▷ What's the **dictionary definition** of "collocation"? '연어(連語)'의 사전적 정의는 무엇인가요?

▷ What is the **legal definition** of brain death? '뇌사'의 법률적 정의는 어떻게 되나요?

by	definition	정의에 의해; 자명하게

▷ Communication is, **by definition**, the transfer of ideas. 커뮤니케이션이란, 정의로 보면, 생각의 전달을 말한다.

degree /digríː/ 圀 학위; 도(度); 정도

have	a degree	학위가 있다
hold	a degree	
take	a degree	학위를 취득하다
do	a degree	학위를 받다
get	a degree	
obtain	a degree	

▷ Bill **has** a **degree** in history. 빌은 역사학 학위가 있다.

▷ She **took** an MA **degree** in English. 그녀는 영어 석사 학위를 취득했다.

a university	degree	대학 학위
a considerable	degree	상당한 정도
a high	degree	높은 정도
a greater	degree	더 높은 정도
a lesser	degree	더 낮은 정도
a certain	degree	어느 정도
varying	degrees	다양한 정도

▷ There was a **considerable degree** *of* opposition to the new divorce law. 새 이혼법에 대해 상당한 반대가 있었다.

▷ The factory has achieved a **high degree** *of* production due to automation. 공장은 자동화에 의해 높은 수준의 생산성을 달성했다.

▷ Young people find they need a **greater degree** *of* freedom. 젊은이들은 자신에게 더 많은 자유가 필요하다고 생각한다.

to some	degree	어느 정도는
to a certain	degree	

▷ **To a certain degree**, I understand that. 어느 정도는 나도 이해한다.

ten	degrees Celsius	섭씨 10도
ten	degrees centigrade	

▷ The temperature is about 25 **degrees Celsius** at this time of the year. 연중 이맘때의 기온은 섭씨 25도 정도다.

delay /diléi/ 圀 지체, 지연

face	(a) delay	지체를 겪다

| delay |

cause	(a) delay	지체를 일으키다
avoid	(a) delay	지체를 피하다
reduce	(the) delay	지체를 줄이다

▷ Drivers are **facing** long **delays** because of bad weather. 악천후로 운전자들은 오랜 지체를 겪고 있다.
▷ Fog **caused** long **delays** at Heathrow Airport. 안개 때문에 히스로 공항에 장시간의 지체가 있었다.

a considerable	delay	상당한 지체
a long	delay	오랜 지체
a slight	delay	약간의 지체
(a) further	delay	추가적인 지체

▷ There's a **slight delay** between pressing the button and the photo being taken. 버튼을 누르는 시점과 사진이 찍히는 시점 사이에는 약간의 지체시간이 있다.

without	delay	지체 없이, 즉시

▷ I must hurry back to the hotel **without delay**. 나는 즉시 호텔에 돌아가야 한다.

delay /diléi/ 图 연기하다, 늦추다, 미루다

seriously	delayed	심각하게 늦어진
further	delay	더 늦추다
deliberately	delay	의도적으로 늦추다

▷ If we don't start now, the project will be **seriously delayed**. 지금 착수하지 않으면 그 사업은 심각할 정도로 지연될 것이다.

delay	A until B	A를 B까지 늦추다

▷ The sales figures will be **delayed until** the end of the month. 매출 수치가 나오는 시기는 월말까지 늦추어질 것이다.

delicious /dilíʃəs/ 图 아주 맛있는

taste	delicious	맛있다

▷ This curry **tastes delicious**! 이 카레는 맛있다!

absolutely	delicious	정말로 맛있는
quite	delicious	

★× very delicious라고는 하지 않는다.

▷ This meat is **absolutely delicious**! 이 고기는 정말로 맛있다!
▷ I did enjoy that wine very much. It was fruity and **quite delicious**. 그 와인 정말 좋더라. 포도 맛이 느껴져서 굉장히 맛이 좋았어.

delight /diláit/ 图 기쁨, 즐거움

express	one's delight	기쁨을 표현하다
take	(a) delight	기쁨을 느끼다

▷ Alan **expressed** his **delight** at the results. 앨런은 그 결과를 알고 기뻐했다.

great	delight	큰 기쁨
pure	delight	순수한 기쁨
(a) sheer	delight	순전한 기쁨

▷ Skiing was his **great delight**. 스키 타기는 그의 큰 즐거움이었다.
▷ She smiled a broad smile of **sheer delight**. 그녀는 더할 나위 없는 기쁨에 환한 미소를 지었다.

with	delight	크게 기뻐하며
in	delight	
to	A's delight	(A의 입장에서) 기쁘게도

▷ People still remember those days **with delight**. 사람들은 아직도 그 시절을 큰 즐거움으로 기억한다.
▷ **To** my **delight**, I found what I was looking for. 기쁘게도, 내가 찾던 것을 발견했다.

delighted /diláitid/ 图 기쁜, 즐거운

absolutely	delighted	굉장히 기쁜
highly	delighted	
obviously	delighted	정말 기쁜
clearly	delighted	

▷ "Did he like your present?" "Yes. He was **absolutely delighted**." "그가 네 선물을 마음에 들어 했어?" "응, 굉장히 기뻐했어."
▷ I am **obviously delighted** to receive this award. 이 상을 받게 되어서 정말 기쁩니다.

delighted	with A	A를 기뻐하는
delighted	at A	
delighted	by A	

▷ I'm quite **delighted with** the outcome. 이 결과가 몹시 기쁩니다.

delighted	that...	…을 기뻐하는
delighted	to do	…해서 기뻐하는

▷ We're **delighted that** Bill is supporting our project. 빌이 우리 사업을 지지해주어서 기쁘다.
▷ I'm **delighted to** see you. 너를 만나서 기쁘다.

deliver /dilívər/ 图 배달하다; 출산하다

deliver	free of charge	무료로 배달하다
deliver	by hand	직접 전달하다

be safely	delivered		무사히 출산하다

▷ She was **safely delivered** of a baby girl. 그녀는 무사히 여자 아기를 출산했다.

deliver	A to B	A를 B에게 배달하다, 전달하다

▷ Did you **deliver** the message **to** Mike? 그 메시지를 마이크에게 전달했니?

delivery /dilívəri/ 명 배달, 배송; 출산

make	(a) delivery	배달하다
accept	delivery	배달을 받다
take	delivery	
have	(a) delivery	출산하다

▷ We can **accept delivery** between 8 a.m. and 12 o'clock. 배달물은 오전 8시에서 12시 사이에 받을 수 있습니다.

▷ We can **take delivery** of the parcel any time after 10 o'clock. 우리는 10시 이후 언제라도 소포를 수취할 수 있습니다.

express	delivery	빠른 우편
special	delivery	특송
late	delivery	배달 지연
free	delivery	무료 배달
an easy	delivery	순산
a difficult	delivery	난산

▷ I sent a letter by **special delivery** to William. 나는 윌리엄에게 특송으로 편지를 보냈다.

▷ We apologize for the **late delivery**. 배달이 지연된 점 사과 드립니다.

▷ Our company offers **free delivery** on certain purchases. 저희 회사는 특정 상품에 대해 무료 배송을 제공합니다.

▷ She had an **easy delivery** in hospital. 그녀는 병원에서 순산했다.

demand /dimǽnd/ 명 요구; 수요

make	a demand	요구하다
meet	a demand	요구를 충족시키다
satisfy	a demand	
reject	a demand	요구를 거절하다
resist	a demand	
increase	(the) demand	수요를 늘리다
reduce	(the) demand	수요를 줄이다

▷ The bank robber **made** a **demand** for money. 은행 강도는 돈을 요구했다.

▷ The Prime Minister **rejected demands** from Labour MPs. 총리는 노동당 의원들의 요구를 거절했다.

▷ The new technology **increased** the **demand** for engineers. 새로운 과학기술로 인해 엔지니어의 수요가 늘어났다.

▷ It may be true that high prices have **reduced** the **demand** for organic foods. 고물가가 유기농 식품의 수요를 줄인 것이 사실일지도 모른다.

a legitimate	demand	정당한 요구
a reasonable	demand	합리적인 요구
(a) great	demand	엄청난 수요
(a) heavy	demand	
(a) high	demand	높은 수요
(a) strong	demand	
(a) growing	demand	수요 증가
(an) increasing	demand	
(an) excess	demand	초과 수요

▷ There's a **great demand** for our products. 우리 제품에 대한 수요가 많다.

▷ *Harry Potter* is in **high demand**. '해리 포터'는 잘 팔리고 있다.

▷ There was an **excess demand** for their services. 그들의 서비스에 대한 초과 수요가 있었다.

in	demand	수요가 있는
demand	for A	A에 대한 요구·수요

▷ Healthy food is increasingly **in demand**. 건강한 식품에 대한 수요가 증가하고 있다.

▷ The global **demand for** electricity is expected to increase by 50% by the year 2020. 세계의 전력 수요는 2020년까지 50%가 증가할 것으로 예상된다.

demand /dimǽnd/

동 요구하다, 추궁하다; 필요로 하다

increasingly	demand	점점 더 많이 요구하다

▷ University posts these days **increasingly demand** a doctorate. 오늘날 대학 교원직은 점점 더 박사 학위를 요구한다.

demand	A of B	A를 B에게 요구하다

▷ Her boss **demanded** a great deal **of** her. 상사는 그녀에게 많은 것을 요구했다.

demand	(that)...	…할 것을 요구하다
demand	to do	…하라고 요구하다

▷ I **demand that** you leave here at once! 당장 떠나 주십시오!

▷ She **demanded to** see the boss immediately. 그녀는 상사를 즉시 만나게 해달라고 요구했다.

democracy /dimάkrəsi/

민주주의, 민주제; 민주주의 국가

parliamentary	democracy	의회 민주주의
representative	democracy	대의 민주주의
direct	democracy	직접 민주주의
liberal	democracy	자유 민주주의(국가)

▷ The United States, Australia and Korea are all **liberal democracies**. 미국, 오스트레일리아, 한국은 모두 자유 민주주의 국가다.

democratic /dèməkrǽtik/ 민주적인

truly	democratic	실제로 민주적인
genuinely	democratic	
fully	democratic	완전히 민주적인

▷ If this country was **fully and truly democratic**, we wouldn't be in the situation we're in now. 이 나라가 완전하고 실제적인 민주주의 국가라면, 우리가 지금 이런 상황을 겪지 않았겠지.

demonstrate /démənstrèit/

논증하다, 설명하다; 시위하다

clearly	demonstrate	명확히 설명하다
demonstrate	peacefully	평화적으로 시위하다

▷ Research has **clearly demonstrated** many people don't understand that new system very well. 연구는 많은 사람들이 새 제도를 잘 이해하지 못한다는 것을 명확히 보여주었다.

demonstrate	that...	…하다는 것을 논증하다
demonstrate	wh-	…하는지 논증하다, …하는지 시범을 보이다

★ wh-는 how, what, why 등의 의문사

▷ The report **demonstrates that** a lot of people are dissatisfied. 보고서는 많은 사람들이 만족하지 못한다는 것을 보여주었다.

▷ The flight attendant **demonstrated how** to open the emergency exit door. 비행기 승무원은 비상구를 어떻게 여는지 시범을 보였다.

demonstrate against A	A에 반대하는 시위를 하다

▷ Ten thousand people **demonstrated against** the war. 만 명이 전쟁 반대 시위를 했다.

demonstration /dèmənstréiʃən/

시위; 시범 보이기; 논증

hold	a demonstration	시위를 하다
stage	a demonstration	
join	a demonstration	시위에 참가하다
take part in	a demonstration	
give	a demonstration	시범을 보이다

★ '시위를 하다'를 make a demonstration이라고는 하지 않는다.

▷ Taxi drivers **held a demonstration** outside City Hall. 택시 기사들이 시청 앞에서 시위를 했다.

▷ Police say about 3,000 people **joined a demonstration** in London. 경찰 발표에 따르면, 런던에서 3천 명이 시위에 참가했다.

▷ She **gave a demonstration** of Irish traditional dancing. 그녀는 아일랜드 전통 춤의 시범을 보였다.

a demonstration takes place	시위가 일어나다

▷ A mass **demonstration took place** in front of the Houses of Parliament. 대중 시위가 국회의사당 앞에서 벌어졌다.

a large	demonstration	대규모 시위
a big	demonstration	
a mass	demonstration	대중 시위
a public	demonstration	
a peaceful	demonstration	평화적 시위
a violent	demonstration	폭력 시위
a protest	demonstration	항의 시위
a practical	demonstration	시범

▷ In Melbourne there was a **large demonstration** last week. 지난 주 멜버른에서 대규모 시위가 있었다.

▷ A **peaceful demonstration** is being held on Friday. 금요일에 평화 시위가 열린다.

▷ Can you give us a **practical demonstration**? 우리에게 시범을 보여줄 수 있나요?

deny /dinái/ 부정하다; 거부하다

strongly	deny	강하게 부정하다
emphatically	deny	
hotly	deny	격렬하게 부정하다
strenuously	deny	
categorically	deny	단호히 부정하다
consistently	deny	일관되게 부정하다

▷ Jackson **strongly denied** the charges. 잭슨은 혐의를 완강하게 부인했다.

▷ The government **categorically denied** reports on Friday by two local newspapers. 정부는 현지 신문 두 곳의 금요일 보도 내용을 단호히 부정했다.

▷ He has **consistently denied** those rumors. 그는 그 소문을 일관되게 부정했다.

deny	(that)...	…라는 것을 부정하다
deny	doing	…하지 않았다고 말하다

▷ I can't **deny that** I want to go there. 내가 거기 가고 싶다는 것을 부정할 수 없다.
◆ **There is no denying that...** …은 부정할 수 없다. ▷ There is no denying that knowledge is power. 지식이 힘이라는 것은 부정할 수 없다.

▷ She **denied** opening my letters. 그녀는 내 편지를 열어보지 않았다고 했다.

departure /dipá:rtʃər/ 명 출발; 일탈

an abrupt	departure	갑작스런 출발
a sudden	departure	
an early	departure	이른 출발
a late	departure	늦은 출발
a radical	departure	크게 벗어난 것
a significant	departure	

▷ Writing this book was a **radical departure** *from* his previous career. 이 책을 쓴 것은 그의 이전까지의 경력에서 크게 벗어나는 일이었다.

▷ Both graphs depict a **significant departure** *from* expected results. 두 그래프 다 예상에서 크게 벗어나는 결과를 보여준다.

departure	for A	A(장소)로의 출발
departure	from A	A에서의 출발

▷ It has been two weeks since John's **departure from** Paris. 존이 파리를 떠난 지 2주일이 되었다.

depend /dipénd/ 동 (depend on, depend upon으로) …에 의존하다; …에 달려 있다

depend	crucially on A	결정적으로 A에 의존하다
depend	entirely on A	전적으로 A에 의존하다;
depend	solely on A	A를 전적으로 믿다
depend	largely on A	주로 A에 의존하다
depend	mainly on A	
depend	primarily on A	
depend	heavily on A	
depend	partly on A	A에 부분적으로 의존하다

▷ Effective teaching **depends crucially on** the teacher's communication skills. 효과적인 교육은 결정적으로 교사의 의사 소통 기술에 의존한다.

▷ It is unwise to **depend solely on** the information contained on websites. 온라인 정보에 전적으로 의존하는 것은 현명하지 않다.

▷ Your choice of hotel **depends largely on** the amount you want to pay. 호텔의 종류는 대체로 지불하려는 금액에 따라 달라진다.

▷ Bone density **depends partly on** the amount of calcium. 골밀도는 부분적으로 칼슘의 양에 따라 결정된다.

it depends (on)	wh-	…에 달려 있다

★ wh-은 what, where, how 등의 의문사

▷ "I've done something awful. Will you forgive me?" "**It depends what** you did!" "내가 정말 한심한 짓을 했어. 용서해줄래?" "네가 뭘 했는지에 달려 있지!"

deposit /dipázit/

명 예금; 예치금, 보증금, 착수금

make	a deposit	예금하다
have	a deposit	예금이 있다
pay	a deposit	계약금을 지불하다
put down	a deposit	
pay	a deposit	보증금을 치르다
leave	a deposit	
lose	a deposit	보증금을 잃다
forfeit	a deposit	

▷ I want to **make** a **deposit** into my account. 제 계좌에 예금하고 싶습니다.
▷ I **have** a **deposit** *of* £10,000 in the bank. 나는 은행에 만 파운드의 예금이 있다.
▷ You need to **pay** a reservation **deposit**. 예약금을 지불하셔야 합니다.

a bank	deposit	은행 예금
a time	deposit	정기 예금

depression /dipréʃən/

명 우울증; 불경기, 불황

suffer from	depression	우울증을 앓다
fall into	depression	우울증에 빠지나
go into	depression	

▷ Ryan **suffered from** severe **depression**. 라이언은 중증 우울증을 앓았다.

severe	depression	중증 우울증
deep	depression	깊은 우울증
manic	depression	조울증
postnatal	depression	산후 우울증
severe	depression	심각한 불황

| economic | depression | 경제 불황 |

▷ He went into **deep depression**. 그는 깊은 우울증에 빠졌다.
▷ The US economy plunged into **severe depression**. 미국 경제는 심각한 불황에 빠졌다.
▷ The **economic depression** lasted throughout the 1990s. 1990년대 내내 경제 불황이 계속되었다.

depth /depθ/ 몡 깊이, 심도

| considerable | depth | 상당한 깊이 |
| great | depth | |

▷ The wreck was located at a **great depth** beneath the ocean. 난파선은 바다 아주 깊은 곳에 있었다.

| in | depth | 깊이, 심도 깊게 |

▷ We have discussed it **in depth**. 우리는 그 일을 심도 깊게 논의했다.

| at | a depth of A | A의 깊이에서 |
| to | a depth of A | A의 깊이까지 |

▷ Seeds were sown **at a depth of** 5cm. 씨앗은 5센티미터 깊이로 뿌려졌다.
▷ Pour the oil **to a depth of** roughly 4 inches in a large, deep saucepan. 크고 깊은 냄비에 기름을 대략 4인치 깊이로 붓습니다.

describe /diskráib/

동 설명하다, 묘사하다, 서술하다

accurately	describe	정확히 설명하다
briefly	describe	간략히 서술하다
fully	described	충분히 설명한
previously	described	앞에서 설명한
described	above	위에 설명한
described	below	아래에 설명한

★ accurately, briefly, previously는 describe의 뒤에도 쓰인다.

▷ She was in shock so she couldn't **accurately describe** what had happened. 그녀는 너무 충격을 받아서 어떤 일이 있었는지 정확히 설명하지 못했다.
▷ Would you **briefly describe** your view on this issue? 이 문제에 대한 당신의 견해를 간략히 설명해주시겠습니까?
▷ The analysis was carried out as **described previously**. 그 분석은 위에 설명한 대로 수행되었다.

| describe | A as B | A를 B로 묘사하다 |

▷ People **described** her **as** "cute" or "attractive." 사람들은 그녀를 '귀엽다' 또는 '매력적이다'라고 표현했다.

| describe | wh- | …를 설명하다 |

★ wh-는 how, what, who 등의 의문사

▷ It's hard to **describe how** she felt. 그녀가 느낀 바를 설명하는 것은 어렵다.

description /diskrípʃən/

몡 설명, 묘사, 서술; 인상착의

give	a description	설명하다
provide	a description	
defy	description	설명할 수 없다
issue	a description	인상착의를 발표하다
fit	the description	인상착의와 일치하다

▷ He wrote to me and **gave a description** *of* you. 그가 나에게 편지를 써서 당신에 대해 설명해 주었습니다.
▷ Mark **provided** a detailed **description** *of* his study. 마크는 자신의 연구에 대해 자세히 설명했다.
▷ Police have **issued a description** *of* the man. 경찰은 그 남자의 인상착의를 공개했다.

a detailed	description	자세한 설명
a full	description	
an accurate	description	정확한 설명
a brief	description	간략한 설명
a short	description	짧은 설명
a general	description	개괄적 설명
an objective	description	객관적 설명

▷ Is that an **accurate description** of what was happening? 그것이 벌어진 사건을 정확히 설명한 건가요?
▷ This brochure gives a **short description** of what is worth seeing in Russia. 이 소책자는 러시아에서 볼 만한 곳을 간략히 알려준다.
▷ A **general description** can be seen in Figure 1. 개괄적 설명은 그림 1에서 볼 수 있다.

| beyond | description | 말로 표현할 수 없는 |

▷ Her beauty was **beyond description**. 그녀의 아름다움은 말로 표현할 수 없었다.

deserve /dizə́ːrv/

동 가치가 있다, 자격이 있다

richly	deserve	당연히 가치가 있다
fully	deserve	충분히 가치가 있다
thoroughly	deserve	

well	deserve	

▷ Former US President Mr. Jimmy Carter **richly deserves** the Nobel Peace Prize. 전 미국 대통령 지미 카터는 당연히 노벨 평화상을 탈 자격이 있다.

▷ She was a wonderful ice skater. Her reputation was **well deserved**. 그녀는 훌륭한 스케이트 선수였다. 그녀의 명성은 당연한 것이었다.

deserve	better	더 좋은 대접을 받아야 한다
deserve	more	

▷ I feel so strongly that this country **deserves better** than what it has now. 이 나라는 지금보다 더 나은 평가를 받아야 한다고 절실히 느낀다.

deserve	to do	…할 가치가 있다

▷ Do you think England **deserved to** win the Rugby World Cup? 영국이 럭비 월드컵에 우승할 자격이 있었다고 생각해?

design /dizáin/ 명 디자인; 설계(도); 계획

create	a design	디자인을 고안하다

▷ He **created** a unique **design**. 그는 독특한 디자인을 고안했다.

a basic	design	기본적인 디자인
an original	design	독창적인 디자인
a modern	design	현대적인 디자인
the overall	design	전체적인 디자인
floral	designs	꽃 문양
geometric	designs	기하학 문양
grand	design	대규모 계획

▷ The **basic design** is the same, but the shape has been changed. 기본 디자인은 같지만, 모양이 변형되었다.

▷ I'm in charge of the **overall design** and production. 나는 전체적인 디자인과 제작을 담당하고 있다.

design	for A	A의 설계도

▷ Do you have any ideas on a **design for** your garden? 네 정원의 설계도에 대해 무슨 의견이라도 있니?

design /dizáin/ 동 디자인하다; 설계하다

carefully	designed	꼼꼼히 설계한
beautifully	designed	아름답게 설계한
specially	designed	특별히 설계한
originally	designed	본래 설계한

▷ Everything in the center of the capital is **carefully designed** and built. 수도 중심부는 모든 것이 신중하게 설계되고 건설됐다.

▷ The book is **beautifully designed**. 이 책은 디자인이 아름답다.

▷ The building was **originally designed** in the 1950's. 그 건물은 본래 1950년대에 설계되었다.

be designed	to do	…하도록 설계되다
be designed	for A	A를 위해 설계되다

▷ The boat was **designed to** look like a swan. 그 배는 백조 형태로 설계됐다.

▷ Kate stayed at one of the small bedrooms that was **designed for** guests. 케이트는 손님용으로 설계한 작은 방 하나에 머물렀다.

desire /dizáiər/ 명 욕망, 욕구, 소망

feel	a desire	욕구를 느끼다
express	a desire	소망을 표현하다
indicate	a desire	
satisfy	a desire	욕구를 충족시키다
fulfill	a desire	
reflect	a desire	욕망을 반영하다

▷ I **felt** the **desire** to hit him. 나는 그를 때리고 싶은 욕구를 느꼈다.

▷ Charlie **expressed** a **desire** to stay with us. 찰리는 우리와 함께 있고 싶은 마음을 표명했다.

▷ He had become a doctor in order to **satisfy** his **desire** to save lives. 그는 생명을 구하고 싶은 소망을 이루기 위해 의사가 되었다.

▷ The walls around the house **reflect** the **desire** to protect the family from the outside world. 그 집 주변의 벽들은 가족을 외부 세계로부터 보호하려는 소망을 반영한다.

a burning	desire	격렬한 욕망
a great	desire	
a strong	desire	강한 욕구
an overwhelming	desire	저항하기 힘든 욕구
a genuine	desire	진정한 욕망
a natural	desire	자연스런 욕구
sexual	desire	성욕

▷ He has a **burning desire** to become the world number one tennis player. 그는 세계 최고의 테니스 선수가 되겠다는 욕망이 강렬하다.

▷ My **great desire** is to work for peace and international understanding. 나의 큰 소망은 평화와 국가 간의 이해를 위해 일하는 것이다.

▷ Suddenly I felt a **strong desire** to eat lots of ice cream. 갑자기 나는 아이스크림을 잔뜩 먹고 싶은 강한 욕구를 느꼈다.

| desk |

| have | no desire to do | …하고 싶은 생각이 없다 |

▷ I honestly **had no desire to** see this film. 솔직히 나는 이 영화를 보고 싶은 생각이 없었다.

desk /desk/ 명 책상

sit at	one's desk	책상 앞에 앉다
leave	one's desk	책상을 떠나다
clear	A's desk	책상 위를 치우다

▷ He was **sitting at** his **desk**. 그는 책상 앞에 앉아 있었다.
▷ I **left** my **desk** and went to the library. 나는 책상에서 일어나 도서관에 갔다.
▷ Mind if I **clear** your **desk**, Alex? 내가 네 책상 위를 치워도 되겠니, 알렉스?

despair /dispɛ́ər/ 명 절망, 실망

| drive A to | despair | A를 절망에 빠뜨리다 |

▷ Losing his job and getting divorced **drove** him **to despair**. 실직과 이혼은 그를 절망에 빠뜨렸다.

| deep | despair | 깊은 절망 |
| utter | despair | 완전한 절망 |

▷ He saved me from **utter despair**. 그는 완전한 절망에서 나를 구해주었다.

| in | despair | 절망해서 |

▷ I shook my head **in despair**. 나는 실망해서 고개를 저었다.

desperate /déspərət/
형 절망적인, 자포자기한; 필사적인

really	desperate	참으로 절망적인
absolutely	desperate	완전히 절망적인
increasingly	desperate	점점 더 절망적인

▷ The situation is **absolutely desperate**. 상황은 완전히 절망적이다.
▷ She was growing **increasingly desperate**. 그녀는 점점 더 절망적이 되었다.

| desperate | for A | A를 필사적으로 원하다 |

▷ Andy is really **desperate for** a girlfriend. 앤디는 여자 친구를 간절히 원했다.

| be desperate | to do | 필사적으로 …하려 하다 |

▷ He was **desperate to** make up for his mistakes. 그는 필사적으로 실수를 만회하려 했다.

destroy /distrɔ́i/ 통 파괴하다

completely	destroy	완전히 파괴하다
entirely	destroy	
totally	destroy	
effectively	destroy	사실상 파괴하다
virtually	destroy	
largely	destroy	대부분 파괴하다

▷ The bombing **completely destroyed** that building. 폭격은 그 건물을 완전히 파괴했다.
▷ The incident has **effectively destroyed** our confidence in him. 그 사건은 그에 대한 우리의 믿음을 사실상 깨뜨렸다.
▷ Coventry was **largely destroyed** during the Second World War. 코벤트리는 2차 대전 중에 대부분 파괴되었다.

| be destroyed | by A | A로 파괴되다 |

★ A는 fire, a bomb, an earthquake 등

▷ The church was **destroyed by** the 1843 earthquake. 그 교회는 1843년의 지진으로 무너졌다.

destruction /distrʌ́kʃən/ 명 파괴

cause	the destruction	파괴를 일으키다
lead to	destruction	파괴에 이르다
prevent	destruction	파괴를 막다

▷ Floods can **cause** extreme **destruction** to river environments. 홍수는 강의 환경에 극심한 피해를 일으킬 수 있다.
▷ Global warming will **lead to** the **destruction** of the earth. 지구 온난화는 지구의 황폐화로 이어질 것이다.

total	destruction	완전한 파괴
complete	destruction	
wholesale	destruction	
mass	destruction	대량 파괴
widespread	destruction	대규모 파괴

▷ We don't want to risk **wholesale destruction** of the system. 우리는 시스템을 완전히 파괴하는 위험을 무릅쓰고 싶지 않다.
▷ Some countries still have weapons of **mass destruction**. 어떤 나라들은 아직도 대량 살상 무기를 가지고 있다.

detail /ditéil/
명 상세한 점, 세부; (-s) 상세 내역

give	details	상세 내역을 알려주다
provide	detail	
go into	detail(s)	상세히 기술하다
announce	details	상세 내역을 발표하다
release	detail	
reveal	details	상세 내역을 밝히다
contain	details	상세 내역을 포함하다
include	details	

▷ He promised to **give details** later. 그는 나중에 상세 내역을 알려주기로 약속했다.
▷ I won't **go into detail** because I haven't got time. 시간이 없기 때문에 상세히 말하지는 않을 것이다.
▷ PBS has **announced details** of its brand-new music program. PBS는 새로운 음악 프로그램의 상세한 내용을 발표했다.

fine	detail(s)	아주 세밀한 부분
precise	detail(s)	정확한 세부 내역
full	details	세부 내용 전체
further	detail(s)	더 자세한 내역

▷ The **fine detail** of his comics is clearly illustrated. 그의 만화는 아주 세밀한 부분까지 선명하게 묘사되어 있다.
▷ There's been an accident, but we don't know the **precise details** yet. 사고가 있었지만, 정확한 내용은 아직 모른다.
▷ I don't know the **full details**. 나는 세부 내용 전체는 모른다.
▷ For **further details** watch their website. 더 자세한 정보는 웹사이트를 참고하십시오.

in	detail	상세히

▷ He described **in detail** what he had seen and read. 그는 자신이 보고 읽은 것을 상세히 설명했다.
◆ **in greater detail / in more detail** 더욱 상세히
▷ He explained everything to me in greater detail. 그는 모든 것을 더 상세히 설명했다.

determine /ditə́ːrmin/

동 결정하다, 정하다, 확정하다

be genetically	determined	유전적으로 결정되다
be biologically	determined	생물학적으로 결정되다
be culturally	determined	문화적으로 결정되다
be largely	determined	대체로 결정되다

▷ A characteristic can be **genetically determined**. 성격은 유전적으로 결정될 수도 있다.
▷ Pricing is **largely determined** by competition. 가격 책정은 대체로 경쟁에 의해 결정된다.

determine	wh-	…인지를 결정하다

★ wh-= how, why, who, what 등의 의문사

▷ The police weren't able to **determine how** the fire started. 경찰은 불이 어떻게 나기 시작했는지 판단하지 못했다.

develop /divéləp/

동 발전시키다, 발전하다; 개발하다

rapidly	develop	급속히 발전하다
fully	develop	충분히 발전하다
be originally	developed	원래 개발되다

▷ Leeds is **rapidly developing** as a cosmopolitan city. 리즈는 국제 도시로 급속히 발전하고 있다.
▷ The technology **was originally developed** in the United States. 그 기술은 원래 미국에서 개발되었다.

develop	from A	A에서 발전하다
develop	into A	A로 발전하다

▷ Many of our projects are **developed from** our employee's ideas. 우리 사업 중 많은 것이 직원의 아이디어에서 발전한 것이다.

developed /divéləpt/

형 발달한, 개발된, 발전한

highly	developed	고도로 발달한
well	developed	잘 발달한
fully	developed	충분히 발달한
recently	developed	최근에 발달한; 새롭게 발달한
newly	developed	

▷ Korea, Hong Kong and Japan are **highly developed** country in East Asia. 한국과 홍콩, 일본은 동아시아에서 고도로 발전한 국가이다.
▷ Genetic engineering is a **recently developed** but highly controversial technology. 유전공학은 최근에 발달했지만 많은 논란을 불러 일으키는 과학기술이다.

development /divéləpmənt/

명 발전, 발달; 진전, 전개

encourage	the development	발전을 촉진하다
promote	the development	발전을 추진하다
support	the development	발전을 지원하다
prevent	the development	발전을 막다

▷ At the moment Thailand very much **supports**

| device |

the **development** *of* its tourism industry. 현재 태국은 관광 산업의 발전을 대규모로 지원하고 있다.

▷ Doctors are doing all they can to **prevent** the **development** *of* diabetes. 의사들은 당뇨병의 발병을 막기 위해 최선을 다하고 있다.

economic	development	경제 발전
industrial	development	산업 발전
regional	development	지역 발전
urban	development	도시 개발
product	development	제품 개발
child	development	아동 발달
significant	development	두드러진 발전
recent	development	최근의 발전
technological	development	기술 발전

▷ We have an interest in China's **economic development**. 우리는 중국의 경제 발전에 관심이 있다.

▷ What were the most **significant developments** in the EU during the 1990s? 1990년대에 EU에서 가장 두드러진 발전은 무엇이었습니까?

device /diváis/ 圖 장치, 고안

a labor-saving	device	노동력 절감 장치
an electronic	device	전자 장치
a mechanical	device	기계 장치
an explosive	device	폭파 장치
a safety	device	안전 장치
a storage	device	기억 장치
a nuclear	device	핵 장치
a rhetorical	device	수사적 장치

▷ Please turn off any **electronic devices** and put your seats and trays in the upright position. 전자제품의 전원을 모두 끄고 좌석과 트레이를 똑바로 세워 주십시오.(★기내 안내 방송)

▷ He planted an **explosive device** in a garbage bin. 그는 쓰레기통에 폭파 장치를 설치했다.

▷ The author uses many **rhetorical devices** such as metaphor and simile. 그 작가는 은유와 직유 같은 여러 가지 수사적 장치를 사용한다.

device	for A	A를 위한 장치

▷ A cellphone is a handy **device for** sending email. 휴대폰은 이메일을 보내는 데 편리한 장치다.

devote /divóut/

圖 바치다, 헌신하다; 전념하다

devote	exclusively	전념하다
devote	entirely	

▷ She **devoted** her time **exclusively** *to* reviewing for the exam. 그녀는 시험을 위해 복습하는 데 모든 시간을 바쳤다.

devote	A to B	A를 B에 바치다

★ A는 life, time, energy, money, effort 등

▷ Amanda **devoted** her life **to** her children. 어맨다는 인생을 자식들에게 바쳤다.

diary /dáiəri/ 圖 일기

keep	a diary	일기를 쓰다
write in	one's diary	일기에 쓰다

▷ I've **kept** a **diary** since I was ten years old. 나는 열 살 때부터 일기를 썼다.

dictionary /díkʃənèri/ 圖 사전

use	a dictionary	사전에서 찾아보다
consult	a dictionary	
look A up in	a dictionary	사전에서 A를 찾아보다
compile	a dictionary	사전을 편찬하다

▷ **Consult** your **dictionary** and correct any errors. 사전을 찾아보고 틀린 데를 고쳐라.

▷ Johnson **compiled** his famous **dictionary** in the 18th century. 존슨은 18세기에 그 유명한 사전을 편찬했다.

die /dai/ 圖 죽다, 사망하다

die	peacefully	평온하게 죽다
die	suddenly	급사하다
die	instantly	즉시하다
die	prematurely	때이르게 죽다
die	young	젊은 나이에 죽다
die	aged 80	80세에 죽다
eventually	die	결국 죽다

▷ His father **died suddenly** when Lenny was eight. 레니의 아버지는 그가 여덟 살 때 갑자기 돌아가셨다.

▷ A drunk driver crashed into the side of his car. He **died instantly**. 음주 운전자가 그의 차 옆면을 들이받아서 그는 즉사했다.

▷ He **died prematurely** of a heart attack. 그는 심장 발작으로 요절했다.

▷ Everyone will **eventually die**. 모두가 결국은 죽는다.

die	of A	A로 죽다

die	from A	
be dying	for A	A가 갖고[하고] 싶어 안달하다
be dying	of A	A 때문에 죽을 듯이 괴롭다

★ dying of A의 A는 boredom, thirst 등

▷ My mother **died of** old age. 우리 어머니는 노환으로 돌아가셨다.
▷ He **died from** overwork. 그는 과로로 죽었다.
▷ I've been **dying for** a break. 쉬고 싶어 죽겠어.
▷ Let's find a pub. I'm **dying of** thirst! 술집을 찾아보자. 목말라 죽겠어!

be dying	to do	…하고 싶어 견딜 수 없다

▷ I'm **dying to** see her again. 그녀를 다시 보고 싶어 죽겠다.

PHRASES

Never say die! ☺ 죽는 소리 하지 마라, 기운 내라.
You only die once. ☺ 사람은 두 번 죽지 않으니, 용기를 내라.

diet /dáiət/ 명 식단, 식사; 다이어트

follow	a diet	식단을 준수하다
go on	a diet	다이어트를 시작하다
go off	a diet	다이어트를 끝내다
come off	a diet	
be on	a diet	다이어트 중이다

▷ He **follows** his **diet** very strictly. 그는 식단을 엄격히 따른다.
▷ I decided to **go on** a **diet**. 다이어트를 시작하기로 했어.
▷ "Would you like a chocolate?" "No thanks. I'm **on** a **diet**." "초콜릿 드릴까요?" "아뇨. 다이어트 중이에요."

a healthy	diet	건강한 식사
a balanced	diet	균형 잡힌 식사
a poor	diet	형편없는 식사
a staple	diet	주식
a vegetarian	diet	채식
a high-fiber	diet	고섬유질 식사
a high-protein	diet	고단백 식사
a low-fat	diet	저지방 식사

▷ You need to go on a **healthy diet**. 너는 건강한 식사를 시작해야 해.
▷ I eat a **balanced diet** consisting of plenty of fresh fruit and vegetables. 나는 신선한 과일과 채소를 위주로 한 균형 잡힌 식사를 한다.
▷ Meat is the **staple diet** of most Europeans. 육류는 대다수 유럽인의 주식이다.

differ /dífər/ 동 다르다, 차이가 나다

differ	significantly	크게 다르다
differ	considerably	
differ	greatly	
differ	widely	
differ	markedly	
differ	slightly	약간 다르다

▷ Rates of cancer **differ widely** with age. 암발병률은 연령에 따라 크게 다르다
▷ The speech of women **differs slightly** from that of men. 여성의 언어는 남성의 언어와 약간 다르다.

beg to	differ	(정중하게) 의견이 다르다
agree to	differ	의견이 다른 것을 인정하다

▷ "I think the Americans should stay in Afghanistan." "Really? I **beg to differ**!" "나는 미군이 아프가니스탄에 남아야 한다고 생각합니다." "정말요? 제 생각은 다릅니다!"

differ	from A	A와 다르다
differ	with A	A(사람)와 의견이 다르다
differ	on A	A에 관해서 의견이 다르다
differ	over A	

▷ I know that your tastes **differ from** mine. 나는 우리 둘이 입맛이 다르다는 것을 알아.
▷ I **differ with** you on that point. 나는 그 점에서 너와 의견이 달라.
▷ They **differ over** how serious these problems are. 그들은 이 문제들의 심각성에 대해 의견이 다르다.

difference /dífərəns/

명 차이, 불일치; (-s) 의견 차이

make	a difference	영향을 주다, 중요하다
find	any difference(s)	차이를 발견하다
notice	a difference	차이를 알아차리다
see	the difference	차이를 알다
tell	the difference	
show	the difference	차이를 보이다
have	one's differences	의견이 다르다
resolve	one's differences	의견 차이를 해결하다
settle	one's differences	

▷ Location can **make** a big **difference** to the success of a company. 입지는 회사의 성공에 큰 영향을 준다.
▷ No one will **notice** a **difference** except you.

너 말고는 아무도 차이를 알아차리지 못할 것이다.
▷ Can you **tell** the **difference** *between* butter and margarine? 버터와 마가린을 구분할 수 있나요?
▷ Table 2 **shows** the **difference** *in* patients' weight after training. 표2는 훈련 후 환자의 체중 차이를 보여준다.

a big	difference	큰 차이
a huge	difference	
a major	difference	
a great	difference	
a considerable	difference	상당한 차이
a fundamental	difference	기본적인 차이
a crucial	difference	결정적인 차이
a significant	difference	중대한 차이
an important	difference	
the main	difference	주요한 차이
a slight	difference	사소한 차이
a subtle	difference	미묘한 차이
cultural	difference	문화적 차이

▷ When you make tea, warming the teapot makes a **big difference**. 차를 만들 때는 찻주전자를 데우는 것이 아주 중요하다.
▷ There was a **great difference** *in* personality between the two men. 그 두 남자는 성격이 많이 달랐다.
▷ What are the **crucial differences** *between* information and knowledge? 정보와 지식의 결정적인 차이가 뭐니?
▷ He was rich, but I wasn't. That was the **main difference** *between* us. 그는 부유했지만, 나는 그렇지 않았다. 그것이 우리 사이의 가장 큰 차이점이었다.
▷ Nick and I had a **slight difference** *of* opinion. 닉과 나는 의견이 약간 달랐다.

different /dífərənt/ 혱 다른; 별개의

look	different	다르게 보이다

▷ Oh! You **look different**. You've had a haircut! 아! 너 달라 보인다. 머리 잘랐구나!

significantly	different	크게 다른
completely	different	완전히 다른
entirely	different	
totally	different	
rather	different	어느 정도 다른
somewhat	different	
slightly	different	약간 다른
subtly	different	미묘하게 다른

▷ His story was **significantly different** from the truth. 그의 이야기는 진실과 크게 달랐다.
▷ Your personality is **completely different** from mine. 네 성격은 내 성격과는 완전히 다르다.
▷ He looked **rather different** from usual. 그는 평소와 조금 달라 보였다.
▷ The situation now is **slightly different**. 이제 상황이 조금 달라졌어.

different	from A	A와 다른
different	than A	
different	to A	
different	in A	A의 점에서 다른

▷ He seems no **different from** when I met him almost forty years ago. 그는 거의 40년 전에 만났을 때와 전혀 달라 보이지 않는다.
▷ You're **different than** any man I have ever met. 너는 내가 만난 어떤 사람과도 다르다.
▷ Real life is **different to** stories. 실생활은 소설과는 다르다.

difficult /dífikʌlt/ 혱 어려운, 곤란한

find A	difficult	A가 어렵다고 생각하다
make A	difficult	A를 어렵게 하다

▷ She **found** it extremely **difficult** *to* understand all of this. 그녀는 이 모든 걸 이해하는 게 몹시 어렵다는 것을 깨달았다.
▷ She smiled at me and **made** it very **difficult** for me to refuse. 그녀는 나에게 미소를 지어서 내가 거절하는 것을 아주 어렵게 만들었다.

extremely	difficult	몹시 어려운
particularly	difficult	특히 어려운
increasingly	difficult	점점 더 어려워지는
notoriously	difficult	어렵기로 악명 높은

▷ Things are becoming **increasingly difficult**. 상황은 점점 더 어려워지고 있다.
▷ Latin is a **notoriously difficult** language to learn. 라틴어는 배우기 어려운 언어로 악명이 높다.

it is difficult	(for A) to do	(A가) …하는 것은 어렵다

▷ It was **difficult for** me **to** explain the reasons. 내가 그 이유를 설명하는 것은 어려웠다.

difficulty /dífikʌlti/ 명 어려움, 곤란; 문제

have	difficulty	어려움을 겪다, 고생하다
experience	difficulty	
face	difficulty	
get into	difficulty	곤란에 빠지다

run into	difficulty	
cause	difficulty	곤란을 초래하다
create	difficulty	
cause	a difficulty	문제를 일으키다
give rise to	a difficulty	

▷ I **had difficulty** *in* sleeping for a few nights. 나는 며칠 밤 잠을 이루지 못했다.
▷ Young people are **experiencing difficulty** in finding jobs. 청년들이 직업을 구하는 데 어려움을 겪고 있다.
▷ If you leave before the end of your contract, it could **cause** a **difficulty**. 당신이 계약 만료 전에 떠난다면 문제가 생길 수도 있습니다.

considerable	difficulty	상당한 어려움
great	difficulty	큰 어려움
economic	difficulty	경제난
financial	difficulty	재정난
practical	difficulties	현실적인 난관

▷ He had **great difficulty** finishing in time. 그는 시간 맞춰 끝내는 데 큰 어려움을 겪었다.
▷ Mr. Brown is in **financial difficulty**. 브라운 씨는 재정난에 빠져 있다.

with	difficulty	어렵게, 힘겹게
without	difficulty	수월하게

▷ I moved the furniture back into her room **with** great **difficulty**. 나는 아주 힘들게 가구를 다시 그녀의 방에 갖다놓았다.

the difficulty	is...	어려운 점은…

▷ The **difficulty is** that my time is limited. 문제는 내 시간이 한정되어 있다는 것이다.

dignity /dígnəti/ 명 위엄, 품위, 존엄

maintain	one's dignity	품위를 지키다
keep	one's dignity	
lose	one's dignity	품위를 잃다

▷ You should try not to **lose** your **dignity**. 품위를 잃지 않도록 노력해라.

great	dignity	높은 품위
quiet	dignity	조용한 위엄
human	dignity	인간의 존엄

▷ Jeff is a man of **great dignity** and pride. 제프는 무척 품위 있고 자부심이 강한 사람이다.

with	dignity	기품 있게
beneath	A's dignity	체면이 깎이는

▷ Do you think we're entitled to choose to die **with dignity**? 우리에게 품위 있는 죽음을 택할 권리가 있다고 생각합니까?
▷ It was **beneath** his **dignity** to ask what conditions were like. 조건이 어떤지 묻는 것은 그의 체면이 깎이는 일이었다.

dinner /dínər/ 명 저녁식사, 디너(★하루 중 가장 중요한 식사로 대체로 저녁 식사); 만찬

cook	dinner	저녁 식사를 준비하다
prepare	dinner	
have	dinner	저녁 식사를 하다
eat	dinner	
have A for	dinner	저녁 식사로 A를 먹다
go out for	dinner	저녁 식사를 하러 외출하다
go out to	dinner	
invite A to	dinner	A를 저녁 식사에 초대하다

▷ I'd love to help you **cook dinner**. 네가 저녁 준비하는 걸 돕고 싶어.
▷ Do you want to **have dinner** *with* me? 저와 함께 저녁 식사 하실래요?
▷ We **had** pizza **for dinner**. 우리는 저녁으로 피자를 먹었다.
▷ We're **going out for dinner** tonight. 우리는 오늘 밤 나가서 저녁을 먹을 거야.
▷ Thank you for **inviting** me **to dinner**. 저녁 식사에 초대해 줘서 고마워.

an excellent	dinner	훌륭한 저녁 식사
a lovely	dinner	
a good	dinner	맛있는 저녁 식사
an early	dinner	이른 저녁 식사
a late	dinner	늦은 저녁 식사
a formal	dinner	공식 만찬

▷ I enjoyed an **excellent dinner**. 나는 훌륭한 저녁 식사를 했다.
▷ Let's go out to an **early dinner**. 나가서 이른 저녁 식사를 하자.

direct /dirékt/ 동 향하게 하다; 지시하다

be mainly	directed	주로 향하다
be primarily	directed	
be specifically	directed	특히 향하다

▷ His interest was **mainly directed** *toward* fundamental problems of mathematics. 그의 관심사는 주로 수학의 기초 문제들이다.
▷ Domestic violence is **primarily directed** *against* women. 가정 폭력은 주로 여자들을 상대로

저질러진다.

▷ The Government's advice is **specifically directed to** tourists traveling to China. 정부의 권장 사항은 특히 중국으로 가는 여행객들을 대상으로 한다.

direct	A toward B	A를 B로 향하게 하다
direct	A at B	
direct	A to B	A에게 B의 위치를 알려주다

▷ Richard **directed** his anger **toward** me. 리처드는 분노를 나에게 퍼부었다.
▷ Could you **direct** me **to** her room? 그녀의 방 위치를 알려주시겠습니까?

direct	that...	…을 지시하다
direct	A to do	A(사람)에게 …하라고 지시하다

▷ He **directed** Peter **to** take a right turn when they came to the main road. 그는 피터에게 간선도로로 나가면 우회전하라고 알려줬다.

direction /dirékʃən/

명 방향; 지휘; (-s) 지시; 길 안내

change	direction	방향을 바꾸다
reverse	direction	역방향으로 가다
point in	the direction	방향을 지시하다
indicate	the direction	방향을 가리키다
show	the direction	
determine	the direction	방향을 결정하다
give	directions	지시하다; 길 안내를 하다
follow	directions	지시를 따르다

▷ She **changed direction** and headed to Purcell Park. 그녀는 방향을 바꾸어서 퍼셀 공원을 향해 갔다.
▷ Time cannot **reverse direction**. 시간은 반대 방향으로 갈 수 없다.
▷ This is the highest mountain in South Korea, he said, **pointing in** the **direction** *of* Mt. Halla. 이 산은 남한에서 가장 높은 산이에요, 그가 한라산 쪽을 가리키며 말했다.
▷ He **indicated** the **direction** on the map. 그는 지도에서 방향을 가리켰다.
▷ Barry is 18 years old and has to **determine** his own **direction** in life. 배리는 열여덟 살이니, 삶에서 자신이 갈 방향을 결정해야 한다.
▷ He hailed a taxi and **gave directions** for the hotel. 그는 택시를 불러서 호텔로 가달라고 말했다.

all	directions	모든 방향
every	direction	
the same	direction	같은 방향
a different	direction	다른 방향
the opposite	direction	반대 방향
the right	direction	맞는 방향
the wrong	direction	잘못된 방향
a southerly	direction	남쪽 방향
an easterly	direction	동쪽 방향
a new	direction	새로운 방향

▷ I looked around *in* **all directions**. 나는 사방을 둘러보았다.
▷ Oh, no! This man says Powis Castle is that way! We've been walking for 2 hours *in* the **opposite direction**! 이런! 이 사람이 포위스 성은 저쪽이라고 그랬어요! 우리 여태 반대 방향으로 두 시간 동안 걸어온 거예요!
▷ Are we headed *in* the **right direction** for Manchester? 우리가 맨체스터를 향해 맞는 방향으로 가고 있는 거야?
▷ I think we're going *in* the **wrong direction**. 우리가 틀린 방향으로 가고 있는 것 같아.

in	the direction of A	A의 방향으로
from	the direction of A	A의 방향에서
under	the direction of A	A의 지도 아래

▷ He went **in** the **direction of** the library. 그는 도서관 방향으로 갔다. (★× went to the direction of the library라고는 하지 않는다.)
▷ The study was performed **under** the **direction of** Dr. Thomas. 그 연구는 토머스 박사의 지도 아래 수행되었다.

a sense of	direction	방향 감각

▷ We couldn't see in the dark and lost all **sense of direction**. 캄캄해서 앞이 보이지 않는 바람에 우리는 방향 감각을 완전히 잃었다.

disagree /dìsəgríː/

동 의견이 다르다; 일치하지 않다

strongly	disagree	강력히 반대하다
totally	disagree	완전히 의견이 다르다
entirely	disagree	

★ strongly는 때로 동사의 뒤에 온다.

▷ I **strongly disagree** with your statement. 나는 네가 한 말에 전적으로 반대한다.
▷ I **totally disagree** with you. 나는 너와 완전히 의견이 다르다.

disagree	about A	A에 대해 의견이 다르다
disagree	on A	
disagree	over A	

| disagree | with A | A(사람)에게 반대하다 |

▷My wife and I always **disagreed on** how Kate should be raised. 아내와 나는 케이트의 양육법에 대해 늘 생각이 엇갈린다.

disappear /dɪsəpíər/

동 사라지다, 자취를 감추다

completely	disappear	완전히 사라지다
almost	disappear	거의 사라지다
all but	disappear	
virtually	disappear	
gradually	disappear	서서히 사라지다
suddenly	disappear	갑자기 사라지다
finally	disappear	마침내 사라지다
disappear	altogether	전부 사라지다
disappear	without trace	흔적도 없이 사라지다

▷My glasses have **completely disappeared**. 내 안경이 완전히 사라졌다.

▷The sun had **gradually disappeared** over the horizon. 해가 지평선 너머로 서서히 졌다.

▷The mist **suddenly disappeared**. 안개가 돌연 사라졌다.

▷Finally the spots on my face **disappeared altogether**. 마침내 내 얼굴의 반점이 전부 사라졌다.

▷Mr. Jones recently **disappeared without trace**. 존스 씨가 최근에 흔적도 없이 사라졌다.

| disappear | from A | A에서 사라지다 |
| disappear | into A | A 안으로 사라지다 |

★into 외에 through, under 등도 쓰인다.

▷The ship moved off and soon **disappeared from** view. 그 배는 출발해서 곧 시야에서 사라졌다.

▷She waved and **disappeared into** the house. 그녀는 손을 흔들고 집 안으로 사라졌다.

disappointed /dɪsəpɔ́intid/

형 실망한, 낙심한

| look | disappointed | 실망한 것 같다 |
| seem | disappointed | |

▷She **looked disappointed** when she heard you weren't coming to the party. 그녀는 네가 파티에 오지 않는다는 소식을 들었을 때 실망한 것 같았다.

extremely	disappointed	크게 실망한
really	disappointed	
bitterly	disappointed	깊이 실망한
deeply	disappointed	
desperately	disappointed	
a little	disappointed	약간 실망한
slightly	disappointed	

▷I'm **extremely disappointed** to have to cancel my travel plans. 나는 여행 계획을 취소해야 해서 크게 낙심했다.

▷I was **bitterly disappointed** with the result. 나는 결과에 깊이 실망했다.

▷I'm **slightly disappointed** that Alex can't come. 나는 알렉스가 올 수 없다고 해서 약간 실망했다.

disappointed	with A	A에 실망한
disappointed	at A	
disappointed	about A	
disappointed	in A	A(사람)에게 실망한

▷Some people were **disappointed at** the decision. 어떤 사람들은 그 결정에 실망했다.

▷I'm **disappointed in** you. 나는 너한테 실망했어.

| disappointed | that... | …한 것에 실망한 |
| disappointed | to do | …해서 실망한 |

▷I'm just **disappointed that** I didn't bring a camera. 나는 카메라를 가져오지 않은 것에 낙심했다.

▷He was **disappointed to** have lost the opportunity. 그는 그 기회를 잃고 낙심했다.

disappointment /dɪsəpɔ́intmənt/

명 실망, 낙심

| feel | disappointment | 실망하다 |
| express | disappointment | 실망을 표명하다 |

▷He **expressed disappointment** with the outcome of the negotiations. 그는 협상 결과에 실망을 표명했다.

a great	disappointment	큰 실망
a big	disappointment	
a bitter	disappointment	지독한 실망
a deep	disappointment	깊은 실망
a slight	disappointment	가벼운 실망

▷The election result was **a great disappointment** for us. 선거 결과는 우리에게 큰 실망이었다.

▷She felt **a deep disappointment**. 그녀는 깊은 실망감을 느꼈다.

▷The main dish was fairly good. The only **slight disappointment** was the dessert. 주요리는 상당히 좋았다. 다만 디저트가 약간 실망스러웠다.

| to | A's disappointment | (A에게) 실망스럽게도 |

▷**To her disappointment**, there was nothing new

in the letter. 실망스럽게도 편지에는 새로운 내용이 전혀 없었다.

disaster /dizǽstər/

명 참사, 재해, 재난; 대실패

cause	a disaster	참사를 일으키다
lead to	disaster	
spell	disaster	참사를 가져오다
avert	(a) disaster	재난을 피하다
avoid	(a) disaster	
face	(a) disaster	참사에 직면하다
end in	disaster	참사로 끝나다

▷ Do you know what **caused** this **disaster**? 무엇이 이 참사를 일으켰는지 아니?

▷ We're **facing** financial **disaster**. 우리는 재정 위기에 직면해 있다.

▷ Every time you try to help me out, it **ends in disaster**! 네가 나를 도와주려고 할 때마다, 재앙이 되고 마는구나!

disaster	strikes	재해가 닥치다
a disaster	occurs	

▷ You never know when the next **disaster** will **strike**. 언제 다음 번 재해가 닥칠지는 아무도 모른다.

▷ Sooner or later a **disaster** will **occur**. 조만간 재해가 일어날 것이다.

a major	disaster	대재난
a natural	disaster	자연 재해
an air	disaster	항공 참사
an ecological	disaster	생태적 재앙
an environmental	disaster	환경 재해
a nuclear	disaster	원자력의 재앙
a tsunami	disaster	쓰나미 재해
a financial	disaster	재정 파탄
a total	disaster	완전한 대실패
an absolute	disaster	
a complete	disaster	

▷ Lives could be lost if there was a **major disaster**. 큰 재해가 일어나면 인명 피해가 있을 것이다.

▷ People prepare for hurricanes, earthquakes and other **natural disasters**. 사람들은 허리케인, 지진 등의 여러 자연 재해에 대비한다.

▷ The weather was a **total disaster**. 날씨가 지독하게 안 좋았다.

▷ This year has been an **absolute disaster** for our team. 올해는 우리 팀에게 완전히 재앙이었다.

a recipe for	disaster	재앙을 자초하는 일

▷ In my opinion, that's a **recipe for disaster**. 내 생각에, 그것은 재앙을 자초하는 일이다.

discipline /dísəplin/

명 규율, 훈련; 학문 분야

impose	(a) discipline	규율을 부과하다
maintain	discipline	규율을 유지하다

▷ It is important to **impose discipline** *on* your children at an early age. 어린 나이에 자녀들에게 규율을 정해주는것은 중요하다.

▷ We're doing our best to **maintain discipline**. 우리는 기강을 유지하기 위해 최선을 다하고 있다.

strict	discipline	엄격한 규율
an academic	discipline	학문 분야
a scientific	discipline	과학 분야
a related	discipline	연관 분야

▷ This is a textbook for students of politics and **related disciplines**. 이것은 정치학이나 그와 연관된 분야를 공부하는 학생들의 교과서다.

a range of	disciplines	학문 영역

▷ Tomorrow's researchers should study a wide **range of disciplines**. 장래의 연구자들은 넓은 학문 분야를 연구해야 할 것이다.

discover /diskʌ́vər/ 동 발견하다, 알게 되다

suddenly	discover	갑자기 발견하다
later	discover	나중에 발견하다
recently	discovered	최근에 발견했다

▷ I **suddenly discovered** that I had lost my passport. 문득 내 여권을 잃어버렸다는 사실을 깨달았다.

▷ I **later discovered** her marriage to Tom had ended. 나는 그녀와 톰의 결혼생활이 끝났음을 나중에 알게 되었다.

▷ I **recently discovered** the pleasures and dangers of buying at auction. 나는 최근에 경매에서 물건을 구입하는 것의 즐거움과 위험을 알게 되었다.

discover	that...	…라는 것을 알게 되다
discover	wh-	…을 알게 되다

★ wh-은 who, why, how, whether 등

▷ I've **discovered that** I know very little about human relationships. 내가 인간 관계에 대해 아는 것이 거의 없다는 것을 알게 되었다.

▷ I've **discovered why** Tom was so angry. 나는 톰이 왜 화가 났는지를 알게 되었다.

be surprised to	discover	알고 놀라다

★ surprised 외에 shocked, horrified, delighted 등도 자주 쓰인다.

▷ He was happily **surprised to discover** his new roommate is Cole. 그는 새 룸메이트가 콜이라는 것을 알게 되자 놀랍고도 기뻤다.

discovery /diskʌ́vəri/ 명 발견

make	a discovery	발견하다
lead to	a discovery	발견으로 이어지다

▷ Thomas **made** an interesting **discovery** about himself. 토머스는 자기 자신에 대해 흥미로운 사실을 발견했다.

▷ We hope this data will **lead to** many **discoveries**. 우리는 이 데이터가 여러 가지 발견으로 이어지기를 바란다.

a great	discovery	대발견
an important	discovery	중요한 발견
a significant	discovery	중대한 발견
an exciting	discovery	흥미진진한 발견
a new	discovery	새로운 발견
a recent	discovery	최근의 발견
a scientific	discovery	과학적 발견

▷ Some of the **greatest discoveries** resulted by chance or accident. 위대한 발견들 가운데 어떤 것들은 우연 또는 실수에서 비롯되었다.

▷ The cave paintings in Australia are a really **significant discovery**. 오스트레일리아의 동굴 벽화는 정말 중대한 발견이다.

voyage of	discovery	발견을 향한 여정

▷ Man's journey into space will be a new **voyage of discovery**. 인간의 우주 여행은 새로운 발견을 향한 여정이 될 것이다.

discrimination /diskrimənéiʃən/ 명 차별

prohibit	discrimination	차별을 금지하다
ban	discrimination	
end	discrimination	차별을 끝내다

▷ We **prohibit discrimination** based on race, religion and gender. 우리는 인종, 종교, 성별에 따른 차별을 금지한다.

▷ On April 1st 2001 Holland **ended discrimination** against gay people in marriage. 2001년 4월 1일에 네덜란드는 동성 부부에 대한 차별에 종말을 고했다.

sexual	discrimination	성차별
sex	discrimination	
racial	discrimination	인종 차별
religious	discrimination	종교 차별
age	discrimination	연령 차별

▷ Parker campaigned against **racial discrimination** in the southern United States. 파커는 미국 남부에서 인종 차별 반대 운동을 벌였다.

▷ **Religious discrimination** is illegal. 종교 차별은 불법이다.

discrimination	against A	A에 대한 차별

▷ About seventy percent of people in the survey care about **discrimination against** women in the workplace. 설문조사에 참여한 사람의 70%가 직장 내 여성 차별을 우려한다.

discuss /diskʌ́s/ 통 토론하다, 의논하다

fully	discuss	충분히 토론하다
thoroughly	discuss	
briefly	discuss	간단히 의논하다
openly	discuss	솔직히 토론하다
be widely	discussed	폭넓게 논의되다

▷ The issues were **fully discussed** and resolved. 그 문제는 충분히 토론되어 해결되었다.

▷ We will **briefly discuss** some details here. 우리는 여기서 몇 가지 세부 사항에 대해 간단히 의논할 것이다.

▷ The plan was **widely discussed** at the meeting. 그 계획은 회의에서 폭넓게 논의되었다.

discuss	A with B	A에 대해 B와 의논하다

▷ I've already **discussed** this **with** my father. 나는 이미 이 일을 아버지와 의논했다.

discuss	wh-	…할지 의논하다

★ wh-는 how, what, who, where 등의 의문사

▷ I'm going to **discuss how** to overcome this problem with my colleagues. 나는 이 문제를 어떻게 극복할지를 동료들과 의논할 것이다.

discussion /diskʌ́ʃən/ 명 토론, 의논, 논의

have	a discussion	토론하다
hold	a discussion	
enter into	discussions	토론을 시작하다
take part in	a discussion	토론에 참여하다
begin	a discussion	토론을 시작하다
open	a discussion	
conclude	a discussion	토론을 끝내다
continue	a discussion	토론을 계속하다

▷ Let's not **have** this **discussion** right now. 지금은 이 토론을 하지 맙시다.
▷ Listeners can **take part in** the **discussion** by phoning in person. 청취자들은 직접 전화를 해서 토론에 참여할 수 있다.
▷ This is a good opportunity to **begin** the **discussion**. 이것은 토론을 시작하기에 좋은 기회다.
▷ I would like to **conclude** these **discussions** over the next 10 days. 나는 앞으로 열흘 동안 이 토론에 결론을 맺고 싶다.
▷ We **continue discussions** tomorrow. 우리는 내일 토론을 계속한다.

a detailed	discussion	상세한 토론
a brief	discussion	간략한 토론
a public	discussion	공개 토론
an informal	discussion	비공식 토론
(an) open	discussion	솔직한 토론
a heated	discussion	열띤 토론

▷ I've had a long and **detailed discussion** with the mayor. 나는 시장과 오랜 시간 자세한 토론을 했다.
▷ After a **brief discussion**, she agreed to Paul's plan. 간략한 토론 후에 그녀는 폴의 계획에 찬성했다.
▷ The company started **informal discussions** with an advertising company. 회사는 광고 회사와 비공식 논의를 시작했다.
▷ Now is the time for **open discussion**. 지금은 허심탄회하게 의논할 때다.

a discussion	about A	A에 대한 토론
a discussion	on A	
a discussion	with A	A(사람)와의 토론
a discussion	between A and B	A와 B의 토론

▷ We had a long **discussion about** politics. 우리는 정치에 대해 장시간 토론했다.
▷ I think we need to hold a **discussion with** Mr. Brown. 우리는 브라운 씨와 의논해야 할 것 같다.

in	discussion with A	A와 토론하는 중에
under	discussion	심의토의중인

▷ Some important issues are still **under discussion**. 몇몇 중요한 문제는 아직도 심의 중이다.

disease /dizíːz/ 명 병, 질병

suffer from	a disease	병을 앓다
have	a disease	
catch	a disease	병에 걸리다
contract	a disease	
die of	disease	병으로 죽다
die from	(a) disease	
cause	disease	병을 일으키다
spread	disease	병을 퍼뜨리다
treat	(a) disease	병을 치료하다
fight	disease	병과 싸우다
combat	disease	
cure	(a) disease	병을 치료하다
prevent	disease	병을 예방하다

▷ Peter was **suffering from** a **disease** of the mind. 피터는 마음의 병을 앓고 있었다.
▷ If I **catch** a **disease**, you'll have to take care of me! 내가 병에 걸리면 네가 나를 돌봐줘야 해!
▷ My grandfather **died of** heart **disease**. 우리 할아버지는 심장병으로 돌아가셨다.
▷ Can stress **cause disease**? 스트레스 때문에 병이 날 수 있나요?
▷ Herbal medicines have been used to **treat disease** in China. 중국에서는 한약이 질병을 치료하는 데 사용되어 왔다.
▷ The best way to **prevent disease** is to improve one's immune system. 질병을 예방하는 가장 좋은 방법은 면역 기능을 향상시키는 것이다.

(a) serious	disease	중병
(a) chronic	disease	만성 질환
(a) fatal	disease	생명이 위험한 질병
(an) incurable	disease	불치병
(an) infectious	disease	감염 질환
heart	disease	심장병
liver	disease	간장 질환

▷ Diabetes is a **chronic disease**. 당뇨병은 만성 질환이다.
▷ Malaria is a **serious**, sometimes **fatal disease**. 말라리아는 심각하고 때로는 목숨을 앗아가는 질병이다.
▷ The best medicine for any type of **infectious disease** is always prevention. 모든 감염 질환에 대한 최고의 약은 항상 예방이다.

with	(a) disease	병에 걸린

▷ That medicine will be used in the treatment of patients **with** kidney **disease**. 그 약은 신장병 환자들을 치료하는 데 사용될 것이다.

dish /diʃ/ 명 접시, 그릇; 식기류; 요리

do	the dishes	설거지하다
wash	the dishes	
dry	the dishes	그릇의 물기를 닦다
clear	the dishes	식기를 치우다

▷ Who will **do** the **dishes**? 누가 설거지할래?
▷ Can I help you **dry** the **dishes**? 그릇 물기 닦는 거 도와줄까?
▷ I **cleared** the **dishes** from the table. 나는 식탁에서 식기를 치웠다.

a deep	dish	깊은 그릇
a shallow	dish	얕은 그릇
an ovenproof	dish	내열 식기
a silver	dish	은 식기
the main	dish	주요리
A's favorite	dish	좋아하는 요리

▷ What's your **favorite dish**? 네가 가장 좋아하는 요리는 뭐야?

| dish | of the day | 오늘의 요리 |

▷ This restaurant has a different **dish of** the **day** every day of the week. 이 레스토랑은 요일마다 오늘의 요리가 다르다.

dismiss /dismís/

동 무시하다, 거부하다; 해고하다

be easily	dismissed	쉽게 무시되다
summarily	dismiss	일축하다, 그 자리에서 해고하다
be unfairly	dismissed	부당 해고되다

▷ The report's findings should not be too **easily dismissed**. 그 보고서의 결론을 쉽게 무시하면 안 된다.
▷ The government **summarily dismissed** the proposal. 정부는 그 제안을 그 자리에서 일축했다.
▷ An employee has the right not to be **unfairly dismissed** by his employer. 직원은 고용주에 의해서 부당해고 당하지 않을 권리가 있다.

| dismiss A as B | A를 B라고 무시하다 |

▷ He **dismissed** the idea **as** nonsense. 그는 그 생각을 말도 안 된다며 무시했다.

| be dismissed for A | A의 이유로 해고되다 |
| be dismissed from A | A의 자리에서 해고되다 |

▷ Blackwell was **dismissed from** his post recently. 블랙웰은 최근에 그 자리에서 해고되었다.

disorder /disɔ́ːrdər/

명 (심신의) 이상, 장애; 혼란, 무질서, 소동

have	a disorder	장애를 겪다
suffer from	a disorder	장애로 고생하다
develop	a disorder	장애가 나타나다
cause	a disorder	장애를 일으키다
throw A into	disorder	A를 혼란에 빠뜨리다

▷ One in five people **have** a sleep **disorder**. 다섯 명 중에 한 명이 수면 장애를 겪는다.
▷ The doctor says I am **suffering from** a stress **disorder**. 의사는 내가 스트레스 장애를 앓고 있다고 한다.
▷ Anxiety can **cause** eating **disorders**. 불안은 섭식 장애를 일으킬 수 있다.

an eating	disorder	섭식 장애
a mental	disorder	정신 장애
a psychiatric	disorder	정신 질환
a personality	disorder	인격 장애
public	disorder	공공 무질서
social	disorder	사회 혼란

▷ For the last five years I have been suffering from a **mental disorder**. 지난 5년 동안 나는 정신 장애를 앓았다.
▷ A total of 15 people were arrested for serious **public disorder**. 심각한 공공 무질서 행위로 모두 15명이 체포되었다.

display /displéi/

명 진열, 전시; 연기, 공연; 표시장치

go on	display	전시되다
put A on	display	A를 전시하다
give	a display	펼쳐 보이다

▷ A fine collection of impressionist paintings will **go on display** next month. 인상주의 회화의 훌륭한 작품들이 다음 달 전시될 것이다.
▷ His drawing was **put on display** at the museum. 그의 그림은 미술관에 전시되었다.
▷ The Olympic champions **gave** a marvelous **display** of ice dancing. 올림픽 챔피언들은 멋진 아이스댄싱을 펼쳐 보였다.

a dazzling	display	경탄스러운 전시
a fine	display	멋진 전시
a public	display	공공 전시
an impressive	display	인상적인 연기
a spectacular	display	
a fireworks	display	불꽃놀이
a visual	display	영상 표시

▷ The evening ended with a **dazzling display** of fireworks. 그 날 저녁은 현란한 불꽃놀이로 끝났다.
▷ It was a **fine display** of Irish traditional music. 그것은 아일랜드 전통 음악의 멋진 공연이었다.

on	display	전시된

▷ Over 300 works are **on display**. 300점이 넘는 작품이 전시되어 있다.

display /displéi/

동 진열하다, 전시하다; 공연하다; 표시하다

clearly	display	눈에 잘 띄게 표시하다
prominently	display	
proudly	display	자랑스럽게 보여주다
automatically	display	자동 표시되다

▷ It is very important that prices are **clearly displayed**. 가격을 눈에 잘 띄게 표시하는 것이 아주 중요하다.

▷ Andrew **proudly displayed** his collection of medals. 앤드류는 소장한 메달들을 자랑스럽게 내보였다.

▷ We use a CD player that **automatically displays** the song title and artist. 우리는 노래 제목과 음악가가 자동 표시되는 CD 플레이어를 사용한다.

dispute /dispjúːt/ 명 논쟁; 분쟁, 분규, 쟁의

cause	a dispute	분쟁을 일으키다
lead to	a dispute	분쟁으로 이어지다
spark	a dispute	분쟁을 촉발하다
have	a dispute	분쟁이 있다
resolve	a dispute	분쟁을 해결하다
settle	a dispute	
solve	a dispute	
avoid	a dispute	분쟁을 피하다

▷ We **had** a **dispute** over this issue. 우리는 이 문제로 다툼이 있었다.

▷ I have done everything I can to **resolve** this **dispute**. 나는 이 분쟁을 해결하기 위해 할 수 있는 일은 다했다.

a bitter	dispute	격렬한 분쟁
an international	dispute	국제분쟁
a domestic	dispute	가정 불화
a family	dispute	
an industrial	dispute	노동 쟁의
a labor	dispute	
a territorial	dispute	영토 분쟁
a trade	dispute	무역분쟁

▷ A **bitter dispute** over who owned the land is to be decided by a court. 그 땅의 주인이 누구인지에 대한 격렬한 분쟁은 법원에서 결정될 것이다.

▷ We want to believe that all **international disputes** can be resolved amicably. 우리는 모든 국제 분쟁이 평화적으로 해결될 수 있다고 믿고 싶다.

▷ I don't wish to be involved in a **domestic dispute**. 나는 집안 싸움에는 얽히고 싶지 않다.

▷ Japan and Russia confirmed that the **territorial dispute** between them involves all four islands. 일본과 러시아는 양국의 영토 분쟁은 네 개의 섬을 모두 포함한다는 점을 확인했다.

a dispute	between A and B	A와 B 사이의 분쟁
a dispute	over A	A에 대한 분쟁
a dispute	about A	
a dispute	with A	A와의 분쟁
beyond	dispute	논쟁할 여지없이
in	dispute	분쟁중인

▷ Gaps in historical perception have been a source of **dispute between** South Korea and Japan. 역사 인식의 차이는 한국과 일본 사이에 일어나는 분쟁의 근원이다.

▷ I never had a **dispute with** Mr. Brown. 나는 한 번도 브라운 씨와 싸운 적이 없다.

▷ The workers are **in dispute** over unpaid wages dating back for six months. 노동자들은 6개월 간의 임금 체불로 인해 분쟁 중이다.

distance /dístəns/ 명 거리

walk	distances	…한 거리를 걷다
drive	distances	…한 거리를 차로 가다
travel	distances	…한 거리를 이동하다
cover	the distance	거리를 가다
keep	a distance	거리를 두다
measure	the distance	거리를 측정하다

▷ Many people **travel** long **distances** to work. 많은 사람이 장거리 출퇴근을 한다.

▷ **Keep** a safe **distance** between you and the car in front of you. 앞차와 안전 거리를 유지해라.

▷ He **measured** the **distance** with a tape measure. 그는 줄자로 거리를 측정했다.

a long	distance	먼 거리
a great	distance	
a considerable	distance	
a short	distance	짧은 거리
a safe	distance	안전한 거리
a far	distance	아득히 먼 거리

▷ I'm accustomed to walking **long distances**. 나는 장거리를 걷는 데 익숙하다.

▷ I walked the **short distance** to his house. 나는

그의 집까지 짧은 거리를 걸었다.
▷ In the **far distance**, there seemed to be smoke rising into the air. 저 멀리서 연기가 공중으로 피어오르는 것 같았다.

at	a distance	거리를 두고
from	a distance	멀리서
in	the distance	먼 곳에서

▷ **From** a **distance** the tsunami wave didn't seem so big. 멀리서 보면 쓰나미 파도는 그렇게 커 보이지 않았다.

▷ Sirens could be heard **in the distance**. 멀리서 사이렌 소리가 들렸다.

within walking	distance	걸어갈 만한 거리에

★ walking 이외에 driving(차로 갈 만한), hailing(소리쳐 부를 만한) 등도 쓴다.

▷ The apartment is located **within easy walking distance** *of* the university. 그 아파트는 대학에서 쉽게 걸어갈 만한 거리에 있다.

distant /dístənt/ 휑 먼

extremely	distant	아주 먼
increasingly	distant	점점 멀어지는
relatively	distant	비교적 먼

▷ I don't have much contact with Tim now. We've become **increasingly distant**. 나는 지금 팀과 그렇게 자주 연락하지 않는다. 우리 사이가 점점 멀어지고 있다.

distinction /distíŋkʃən/

 구별, 차별, 차이점; 영예

make	a distinction	구별하다
draw	a distinction	
gain	the distinction	영예를 얻다

▷ Dogs **make a distinction** between their owners and other people. 개들은 주인과 다른 사람들을 구별할 수 있다.

an important	distinction	중요한 차이점
a clear	distinction	명확한 구별
a sharp	distinction	
a great	distinction	큰 명예

▷ There's an **important distinction** between speech and actions. 말과 행동 사이에는 중요한 차이가 있다.

▷ There's no longer a **clear distinction** between the original and the copy. 이제는 원본과 사본 사이에 명확한 구별이 없다.

with	distinction	우수한 성적으로
without	distinction of A	A에 따라 차별하지 않고

▷ Susan passed the exam **with distinction**. 수잔은 우수한 성적으로 시험에 합격했다.

▷ We should consider the candidates equally **without distinction of** color, sex or age. 우리는 후보자들을 피부색, 성별, 나이에 따라 차별하지 않고 공평하게 판단해야 한다.

distinguish /distíŋgwiʃ/

 구별하다, 분별하다

clearly	distinguish	명확히 구별하다
carefully	distinguish	주의 깊게 구별하다
easily	distinguish	쉽게 구별하다
readily	distinguish	

★ clearly는 동사 뒤에도 쓰인다.

▷ I think it's important that the two aims are **clearly distinguished**. 나는 두 가지 목적을 명확히 구별하는 게 중요하다고 생각한다.

distinguish	A from B	A와 B를 구별하다
distinguish	between A and B	

▷ He has lost his ability to **distinguish** right **from** wrong. 그는 옳고 그름을 구별하는 능력을 잃었다.

distribute /distríbjuːt/

 분배하다, 배포하다; 분포되다

be equally	distributed	평등하게 분배되다
be widely	distributed	폭넓게 배포되다, 광범위하게 분포되다
be evenly	distributed	균등하게 분포되다
be uniformly	distributed	
be unevenly	distributed	불균등하게 분포되다

▷ The money was **equally distributed**. 돈은 골고루 분배되었다.

▷ This beetle is **widely distributed** throughout the eastern United States. 이 딱정벌레는 미국 동부에 광범위하게 분포한다.

▷ Internet technology is not **evenly distributed** around the world. 인터넷 기술이 전세계에 균등하게 분포된 것은 아니다.

distribute	A among B	A를 B(사람)에게 분배하다
distribute	A to B	

▷ Hot soup was **distributed among** homeless people. 따뜻한 수프를 노숙자들에게 나누어 주었다.

distribution /dìstrəbjúʃən/

분배, 배포; 유통; 분포

have	a distribution	분포하고 있다
show	the distribution	분포를 보이다
control	the distribution	유통을 관리하다

▷ Table 1 **shows** the geographic **distribution** *of* manufacturing in Indonesia. 표 1은 인도네시아 제조업의 지리적 분포를 보여준다.
▷ Who will **control** the **distribution** of the information? 누가 정보 유통을 관리할 것인가?

equitable	distribution	공정한 분배
equal	distribution	균등한 분배
unequal	distribution	불평등한 분배
a wide	distribution	폭넓은 분포
geographical	distribution	지리적 분포

▷ To avoid future wars, he recommended more **equitable distribution** *of* the world's resources. 그는 장래의 전쟁을 피하기 위해 세계의 자원을 더욱 공평하게 분배할 것을 권장했다.
▷ Socialism doesn't mean the **equal distribution** *of* wealth. 사회주의가 부의 평등한 분배를 의미하지는 않는다.

district /dístrikt/ 지역; 구역

a local	district	지방
a metropolitan	district	대도시권
a rural	district	농촌 지역, 시골
an urban	district	도시 지역, 시가지
a business	district	업무 지구
a financial	district	금융 지구
a residential	district	주거 지역, 주택가

▷ Bradford is one of the largest **metropolitan districts** in the country. 브래드포드는 그 나라 최대의 대도시권 가운데 하나이다.
▷ The population of **rural districts** has grown by 12 % since 1981. 농촌 지역의 인구는 1981년 이후 12%가 증가했다.

divide /diváid/ 나누다, 분할하다

be evenly	divided	균등하게 나뉘다
be equally	divided	평등하게 분배되다
be deeply	divided	의견이 크게 갈리다
be sharply	divided	
be bitterly	divided	

▷ The population is **equally divided** between Christians and Muslims. (그곳의) 인구는 기독교와 이슬람교로 균등하게 나뉜다.
▷ The question of whether or not to join the EU **deeply divided** the country. EU에 가입하느냐 마느냐의 문제가 그 나라를 깊이 분열시켰다.
▷ Opinions are **sharply divided** on this issue. 이 문제에 대해서는 의견이 크게 갈린다.

divide	into A	A로 나누다
divide	A between B	A를 B 사이에 분배하다
divide	A among B	

▷ Let's **divide into** two groups. 두 그룹으로 나누자.
▷ The food was **divided among** those most in need. 음식은 가장 처지가 어려운 사람들에게 분배되었다.

be divided	over A	A를 두고 의견이 갈리다
be divided	about A	

▷ The committee were **divided over** who should be appointed chairperson. 위원회는 누구를 의장으로 임명하느냐를 두고 의견이 갈렸다.

division /divíʒən/ 분할; 분열, 불일치

a deep	division	심각한 분열
an internal	division	내부 분열

▷ The **internal divisions** among the unions will make it difficult to solve the problem. 노동조합 내부의 분열이 문제 해결을 어렵게 만들 것이다.

division	of A into B	A가 B로 분열되는 것
division(s)	between A	A 사이의 분열
division(s)	within A	A 내부의 분열

▷ The Czech Republic was born following the **division of** Czechoslovakia **into** two nations in 1993. 체코 공화국은 체코슬로바키아가 1993년에 두 나라로 분열되면서 생겨났다.
▷ There were deep **divisions within** the Democratic Party. 민주당 내부에 깊은 분열이 있었다.

doctor /dáktər/ 의사; 박사

call	a doctor	의사를 부르다
get	a doctor	
send for	a doctor	의사를 부르러 보내다
see	a doctor	의사에게 진료를 받다
go to	a doctor	
consult	a doctor	

▷ Quick! **Get a doctor**! 어서! 의사를 불러!

▷ Please **send for** a **doctor**! 사람을 보내 의사를 불러와 주세요!
▷ Do you think I should go and **see** a **doctor**? 내가 의사에게 진찰을 받아야 할까?
▷ If your pain lasts longer than a week, **consult** your **doctor**. 통증이 일 주일 이상 가면, 의사에게 진료를 받으세요.

| a local | doctor | 현지 의사 |
| a family | doctor | 가족 주치의 |

document /dάkjumənt/ 명 문서, 서류

draft	a document	문서의 초안을 작성하다
draw up	a document	문서를 작성하다
produce	a document	문서를 제시하다
sign	a document	문서에 서명하다

▷ She **drew up** the documents and submitted them to the court. 그녀는 서류를 작성해서 법정에 제출했다.
▷ Please **sign** this **document** right here. 이 서류의 바로 여기에 서명해 주십시오.

a confidential	document	기밀 문서
a classified	document	
a private	document	사문서
an internal	document	내부 문서
a forged	document	위조 문서
a legal	document	법률 문서
an official	document	공식 문서

▷ This **confidential document** includes highly sensitive information. 이 기밀 문서에는 아주 민감한 정보가 담겨 있다.
▷ Davis is expected to produce more **legal documents** in court. 데이비스는 법정에 법률 문서를 더 제출할 것으로 예상된다.

dog /dɔːg/ 명 개

have	a dog	개를 키우다
train	a dog	개를 훈련하다
feed	a dog	개에게 먹이를 주다
walk	a dog	개를 산책시키다
pet	a dog	개를 쓰다듬다

▷ Do you **have** a **dog**? 개를 키우십니까?(★ 애완동물로 키우는 경우는 have가 보통이다. keep은 가축을 사육하는 경우에 쓴다.)
▷ Don't forget to **feed** the **dog**. 개에게 먹이 주는 거 잊지 마.
▷ I always **walk** the **dog** late at night. 나는 늘 밤늦게 개를 산책시킨다.
▷ Don't **pet** a **dog** without letting it smell you. 개를 쓰다듬을 때는 먼저 개가 당신의 냄새를 맡게 하십시오.

| dog | barks | 개가 짖는다 |

▷ The **dog barked** furiously. 개가 사납게 짖었다.

a domestic	dog	집에서 기르는 개
a stray	dog	길 잃은 개
a faithful	dog	충견
a hunting	dog	사냥개
a guide	dog	안내견
a police	dog	경찰견
a rescue	dog	구조견

▷ Stay away from **stray dogs**. 길 잃은 개들에게 가까이 가지 마라.
▷ Bill was like a **faithful dog**. 빌은 충견 같았다.

| a dog | on a leash | 목줄을 한 개 |

▷ Harry held the **dog** closely **on the leash**. 해리는 개의 목줄을 바짝 잡았다.

PHRASES
It's a dog's life. ☺ 이건 비참한 생활이야.
That's a good dog. ☺ 참 착하구나(개를 칭찬할 때).
▷ Sit! Sit! I said SIT!!! That's a good dog! 앉아! 앉으라고! 앉으라고 했어! 그래, 착하지!

doll /dɑl/ 명 인형

| play with | a doll | 인형을 가지고 놀다 |

▷ I never **played with dolls** during my childhood. 나는 어린 시절에 인형을 가지고 논 적이 없었다.

| a rag | doll | 헝겊 인형 |
| a mechanical | doll | 기계 장치 인형 |

▷ She nodded like a **mechanical doll**. 그녀는 기계 인형처럼 고개를 끄덕였다.

dollar /dάlər/ 명 달러

the U.S.	dollar	미국 달러
the Canadian	dollar	캐나다 달러
a strong	dollar	강세 달러
a weak	dollar	약세 달러

▷ The **strong dollar** made U.S. products particularly expensive. 달러의 강세 때문에 미국 제품이 특히 비싸졌다.
▷ A **weak dollar** isn't bad news for everyone. 달러의 약세가 모두에게 나쁜 것은 아니다.

| cost | five dollars | 5달러가 들다 |
| pay | ten dollars | 10달러를 지불하다 |

▷ The cheapest meal here **costs** twenty **dollars**. 이곳의 가장 저렴한 식사는 20달러다.

dominant /dάmənənt/

형 우세한, 지배적인

increasingly	dominant	점점 더 우세해지는
economically	dominant	경제적으로 우세한
politically	dominant	정치적으로 우세한

▷ China will play an **increasingly dominant** role in future political developments. 중국은 장래의 정치 동향에서 점점 더 지배적인 역할을 할 것이다.

door /dɔːr/ 명 문

open	the door	문을 열다
close	the door	문을 닫다
shut	the door	
bang	the door	문을 쾅 닫다
slam	the door	
lock	the door	문을 잠그다
unlock	the door	문의 자물쇠를 열다
leave	the door open	문을 열어두다
keep	the door open	
keep	the door locked	문을 잠가두다
leave	the door locked	
keep	the door unlocked	문을 잠그지 않은 채로 두다
leave	the door unlocked	
knock on	the door	문을 두드리다, 노크하다
knock at	the door	
answer	the door	(노크나 초인종에 응답하러) 문으로 가다
get	the door	

▷ Alex, it's me. **Open** the **door**. 알렉스, 나야. 문 열어.

▷ He quickly **closed** the **door** behind him. 그는 안으로 들어온 뒤 얼른 문을 닫았다.

▷ She rushed out of the room, **banging** the **door** behind her. 그녀는 문을 쾅 닫으면서 방에서 달려나갔다.

▷ Don't forget to **keep** the **door locked**! 잊지 말고 문을 잠가둬!

▷ Can you **leave** the **door unlocked** in case I'm very late? 제가 아주 늦을지도 모르니까 문을 잠그지 말아주실래요?

▷ I **knocked on** the **door** lightly. 나는 가볍게 문을 두드렸다.

▷ "Michael, could you **answer** the **door**?" "Yes, I've got it." "마이클, 네가 문에 나가볼래?" "네, 알았어요."

| live | next door to A | A의 옆집에 살다 |

▷ I **lived next door to** your sister in New York. 나는 뉴욕에서 네 여동생 옆집에 살았어.

an open	door	열린 문
a closed	door	닫힌 문
the front	door	정면 현관
the back	door	뒷문
double	doors	양쪽으로 여는 문
a sliding	door	미닫이문
the car	door	자동차 문
the driver's	door	운전석 문
the passenger	door	조수석 문
the rear	door	뒷문

▷ He heard the **front door** open. 그는 현관 문이 열리는 소리를 들었다.

▷ Can you get the **back door** open for me? 뒷문 좀 열어줄래?

▷ She slammed the **sliding door** with a bang. 그녀는 미닫이문을 쾅 닫았다.

| the door | leads to A | 문이 A로 연결되다 |

▷ The **door** on the right **leads to** the kitchen. 오른쪽 문은 부엌으로 연결된다.

| at | the door | 문앞에, 현관에 |
| through | the door | 문을 지나 |

▷ Annie walked in **through** the **door**. 애니가 문을 지나 걸어 들어왔다.

doubt /daut/ 명 의심, 의문, 불확실함

raise	doubts	의심을 일으키다
have	doubts	의심을 품다
express	doubts	의심을 표명하다
cast	doubt(s)	의문을 제기하다
throw	doubt(s)	

▷ Some people **express doubts** about U.S. military strategy. 어떤 이들은 미국의 군사 전략에 대해 의구심을 표명하고 있다.

▷ A close investigation **threw doubt** *on* the results of the experiment. 면밀한 조사가 그 실험 결과에 의문을 제기했다.

| grave | doubt(s) | 중대한 의혹 |
| serious | doubt(s) | |

▷ I still have **grave doubts** about the reporting. 나는 그 보고에 대해 아직도 심각한 의심을 품고 있다.
▷ I have **serious doubts** about my future. 나는 내 장래에 깊은 의구심이 든다.

have	no doubt	의심하지 않다
have	little doubt	거의 의심하지 않다

▷ I have **little doubt** that the venture will be successful. 나는 그 벤처 사업이 성공할 거라는 것을 거의 의심하지 않는다.

there is	no doubt that...	…는 확실하다
there is	little doubt that...	…는 거의 확실하다

▷ **There is no doubt that** TV is a very powerful medium. TV가 아주 강력한 매체라는 것은 의심할 여지가 없다.

beyond	(any) doubt	의심할 여지 없이, 확실히
without	(a) doubt	확실히
in	doubt	의문이 드는, 불확실한

▷ She couldn't wait to prove **beyond any doubt** that her love was real. 그녀는 자신의 사랑이 진실이라는 것을 당장이라도 확실히 증명하고 싶었다.
▷ Angus! You are **without doubt** the most handsome man in all the world. 앵거스! 당신은 의심할 나위 없이 세계 최고의 미남입니다.
▷ When **in doubt**, ask questions. 의문이 들면, 질문을 하세요.

doubt /daut/ 동 의심하다

seriously	doubt	심각하게 의심하다

▷ I **seriously doubt** that what you're saying is true. 나는 네가 하는 말이 사실인지 심각하게 의문이 든다.

doubt	(that)...	…아니라고 생각하다
doubt	if	…인지 아닌지 의심이 들다
doubt	whether	

▷ I **doubt that** anybody will believe him. 나는 아무도 그를 믿지 않을 거라고 생각한다.
▷ I **doubt if** she can understand me. 나는 그녀가 나를 이해할 수 있을지 미심쩍다.

(PHRASES)
I doubt it. ☺ 그렇게 생각하지 않는다.

doubtful /dáutfəl/ 형 의심스러운; 의심하는

extremely doubtful	아주 의심스러운, 깊이 의심하는

▷ James is **extremely doubtful** that this is a good idea. 제임스는 이게 좋은 생각인지 깊이 의심하고 있다.

it is doubtful	(that)...	…은 의심스럽다
it is doubtful	whether	…인지 아닌지 의심스럽다
it is doubtful	if	

▷ **It is doubtful that** he will change his mind. 그가 생각을 바꿀 것 같지는 않다
▷ **It is doubtful whether** they will be successful. 그들이 성공할지 어쩔지 의구심이 든다.

doubtful	about A	A에 대해서 의심하는

▷ Jeff seems to be **doubtful about** how to handle the situation. 제프는 이 상황을 어떻게 다룰지에 대해 확신이 없는 것 같다.

draw /drɔː/ 동 선을 긋다, 그리다; 당기다

draw	beautifully	아름답게 그리다
draw	well	잘 그리다

▷ The landscape was **beautifully drawn** in pen and ink. 풍경이 펜화로 아름답게 그려졌다.

draw	A from B	A를 B에서 끌어내다

▷ It took hours to **draw** enough water **from** the well. 우물에서 물을 충분히 길어올리는 데 여러 시간이 걸렸다.

dream /driːm/ 명 꿈

have	a dream	꿈을 꾸다
wake from	a dream	꿈에서 깨다
awake from	a dream	
fulfill	one's dream	꿈을 실현하다
realize	one's dream	

▷ I **had** a terrible **dream** last night. 어젯밤 무서운 꿈을 꾸었다.
▷ He **awoke from** the **dream** screaming. 그는 비명을 지르면서 꿈에서 깼다.
▷ You've got a chance to **fulfill** your **dreams**. 너는 꿈을 실현할 기회가 있어.
▷ Finally I've **realized** my **dream**! 마침내 내 꿈이 이루었다!

one's dream	comes true	꿈이 실현되다

▷ She wanted to be famous and her **dream came true**. 그녀는 유명해지고 싶었고 그 꿈은 실현되었다. (★a dream come true는 '실현된 오랜 꿈'이라는 뜻. 이때 come은 과거분사)

a bad	dream	악몽, 무서운 꿈
a terrible	dream	
a strange	dream	이상한 꿈

| dress |

a weird	dream	기묘한 꿈
a vivid	dream	생생한 꿈
a recurring	dream	반복되는 꿈
a lifelong	dream	평생의 소원
an impossible	dream	실현 불가능한 꿈
the American	Dream	아메리칸 드림

▷ I woke up from a really **vivid dream** and was thinking about it all morning. 나는 아주 생생한 꿈을 꾸다 깨었는데, 오전 내내 그것만 생각했다.
▷ It seemed to be an **impossible dream**. 그것은 실현 불가능한 꿈 같았다.

in	a dream	꿈에서
like	a dream	꿈처럼

▷ It all seemed **like a dream** to her. 그것은 그녀에게 전부 꿈처럼 보였다.

(PHRASES)
Sweet dreams. ☺ 좋은 꿈 꿔.(잠자리에 드는 아이들에게 하는 말.) ▷ Good night. Sweet dreams. 잘 자, 좋은 꿈 꾸렴.

dress /dres/ 圏 여성복, 드레스(★대개 원피스를 가리킴); 의복, 복장; 정장

wear	a dress	드레스를 입고 있다
put on	a dress	드레스를 입다
take off	a dress	드레스를 벗다
try on	a dress	드레스를 입어보다

▷ "We're going to a nice restaurant." "Do I have to **wear a dress**?" "우리 좋은 레스토랑에 갈 거야." "정장을 입어야 하니?"
▷ She **put on a dress** and some perfume. 그녀는 드레스를 입고 향수를 뿌렸다.
▷ Jane **took** the **dress off**, hanging it in her closet. 제인은 드레스를 벗어서 옷장 안에 걸었다.
▷ Kathy, **try on** the **dress**. If you like it, I'll buy it for you. 캐시, 이 드레스 입어봐. 마음에 들면 내가 사줄게.

a long	dress	롱 드레스
a tight	dress	몸에 밀착하는 드레스
a wedding	dress	웨딩 드레스
(a) formal	dress	정장, 예복
full	dress	
evening	dress	야회복

▷ She was dressed in a long black **tight dress**. 그녀는 몸에 꼭 붙는 검은 색 롱 드레스를 입고 있었다.
▷ We went to the concert in **full dress**. 우리는 정장 차림으로 음악회에 갔다.

in	a dress	드레스를 입고

▷ You'd look so beautiful **in** a **dress**! 너 드레스 입으니까 정말 예쁘다!

dress /dres/ 图 옷을 입다, 옷을 입히다

get	dressed	옷을 입다

▷ Why do girls take so long to **get dressed**? 여자들은 옷을 입는 데 왜 그렇게 시간이 오래 걸리지?

be elegantly	dressed	우아하게 차려 입다
be neatly	dressed	깔끔하게 차려 입다
be smartly	dressed	
be casually	dressed	평상복 차림을 하다
dress	quickly	얼른 옷을 입다

★ casually는 dressed의 뒤에도 온다

▷ The students are all **neatly dressed** in school uniforms. 학생들은 모두 교복을 단정하게 입었다.
▷ He was tall and **smartly dressed**. 그는 키가 크고 깔끔한 차림이었다.
▷ Tom is **dressed casually**, in jeans and T-shirt. 톰은 청바지와 티셔츠의 평상복 차림이었다.
▷ I got out of bed and **dressed quickly**. 나는 침대에서 일어나서 얼른 옷을 입었다.

dressed	in A	A를 입은

▷ Gary was handsome and was **dressed in** a suit. 게리는 잘생긴 얼굴에 정장을 입고 있었다.

drink /drɪŋk/ 圏 음료수, 한 잔; 술

have	a drink	음료수를 마시다; 술을 마시다
take	a drink	
go (out) for a drink		술을 마시러 가다
buy A	a drink	A에게 술을 사주다
get	a drink	음료수를 가져다 주다; 술을 마시다
order	a drink	음료수를 주문하다
drive A to	drink	A(사람)를 술 마시게 하다

▷ Could I **have a drink** of water, please? 물 한 잔 주시겠어요?
▷ David **took a drink** of wine. 데이비드는 와인 한 잔을 마셨다.
▷ Do you want to **go out for a drink** after work? 일 끝나고 술 한 잔 하러 갈까요?
▷ Let me **buy** you a **drink**. 제가 술 한 잔 사드릴게요.

a cold	drink	찬 음료수
a hot	drink	따뜻한 음료수

a non-alcoholic	drink	비알코올 음료
a soft	drink	
an alcoholic	drink	알코올 음료, 술
a strong	drink	강한 술
a stiff	drink	

▷ Would you like some coffee or a **soft drink**? 커피나 음료수 드릴까요?

▷ I don't drink **alcoholic drinks**. 나는 술은 마시지 않는다.

▷ I can't take **strong drink**: it upsets my stomach. 나는 독한 술은 마시지 못한다. 위장에 탈이 난다.

food and drink	음식물

▷ There was lots of **food and drink** at the party. 파티에는 먹고 마실 것이 많았다.

drink /driŋk/ 图 마시다; 술을 마시다

drink	deeply	꿀꺽 마시다
drink	down	다 마시다
drink	up	
drink	heavily	술을 많이 마시다
drink	too much	과음하다

▷ He was very thirsty and **drank deeply** from the beer glass. 그는 몹시 목이 말라서 맥주를 꿀꺽꿀꺽 마셨다.

▷ Anne **drank down** the rest of her coffee. 앤은 남은 커피를 다 마셨다.

▷ Now, **drink up**! 자, 다 마셔!

▷ I started **drinking heavily** about four years ago. 나는 약 4년 전부터 술을 많이 마시기 시작했다.

▷ I feel like I **drank too much** last night. 나는 어젯밤에 과음을 한 것 같다.

| drink and drive | 음주 운전하다 |
| eat and drink | 먹고 마시다 |

▷ Don't **drink and drive**! 음주 운전하지 마세요!

▷ I shouldn't **eat and drink** so much. 나는 너무 많이 먹고 마시면 안 된다.

something to drink	마실 것

▷ Would you like **something to drink**? 마실 것을 드릴까요?

| drink | oneself A | 술을 마셔서 A의 상태가 되다 |

★A는 unconscious, silly 등

▷ He **drank** himself unconscious. 그는 술을 마시고 정신을 잃었다.

(PHRASES)
I'll drink to that. ☺ 찬성이다, 그렇다.

What would you like to drink? ☺ 음료로는 무엇을 하시겠습니까?

drive /draiv/ 图 드라이브; 추진력; 충동

go for	a drive	드라이브를 나가다
take	a drive	
have	the drive	추진력이 있다
lack	the drive	추진력이 부족하다

▷ Why don't you **go for** a **drive**? 드라이브를 나가지 그래?

▷ Do you want to **take** a **drive** with me? 나와 함께 드라이브 나가지 않겠니?

▷ You **have** the **drive** and the passion, but is that enough to get a job? 너는 추진력과 열정이 있지만, 그것만으로 취직이 될까?

| a... drive | from A | A에서 차로 …의 거리 |
| a... drive | to A | A까지 차로 …의 거리 |

▷ Stanford is less than an hour's **drive from** San Francisco. 스탠포드는 샌프란시스코에서 차로 1시간도 안 되는 거리다.

drive and determination	추진력과 결단력

▷ We require qualified people with **drive and determination**. 우리는 추진력과 결단력이 있는 적임자들이 필요하다.

drive /draiv/

图 운전하다; 태워다 주다; 쫓아버리다

drive	fast	빠른 속도로 운전하다
drive	slowly	천천히 운전하다
drive	carefully	조심해서 운전하다
drive	safely	안전 운전하다
drive	around	차로 여기저기 돌아다니다
drive	away	차를 타고 떠나다
drive	off	
drive	back	차로 돌아오다
drive	out	차를 몰고 나가다
drive	A home	A를 집까지 태워다 주다

▷ Don't **drive** too **fast**! 너무 빠른 속도로 운전하지 마!

▷ He **drove slowly** down the street. 그는 천천히 운전해서 도로를 달렸다.(★slowly는 동사 앞에도 쓰인다.)

▷ Please **drive carefully**. It looks like it's going to storm. 조심해서 운전해 줘. 폭풍이 올 것 같아.

▷ **Drive safely**. See you soon. 안전 운전하세요. 또 봐요.

▷ Let's **drive around** the town for a little bit. 잠시 시내를 드라이브하자.
▷ I could hear the car **driving off**. 자동차가 떠나는 소리가 들렸다.
▷ She **drove back** to her apartment when she had finished her work. 일을 마치자 그녀는 차를 몰고 아파트에 돌아왔다.
▷ We **drove out** to my grandmother's house for a big family dinner. 우리는 대가족이 모두 모이는 저녁 식사를 하러 할머니 댁으로 차를 몰고 갔다.
▷ I'll **drive** you **home**. 집까지 태워다 줄게.

drive	through A	A를 차로 통과하다
drive	to A	A까지 차로 가다
drive	A to B	A를 차로 B까지 태워다 주다

▷ He **drove through** the police barrier without stopping. 그는 차를 멈추지 않고 경찰의 저지선을 뚫고 갔다.
▷ We **drove to** the coast. 우리는 차를 몰고 해안까지 갔다.
▷ I **drove** her **to** the hospital. 나는 그녀를 병원에 태워다 주었다.

drive	A to do	A를 …하게 내몰다

▷ I wonder what **drove** him **to** marry her? 무엇이 그를 그녀와 결혼하게 내몰았는지 의아하다.

driver /dráivər/ 몡 운전자, 운전사

a careful	driver	신중한 운전자
a good	driver	노련한 운전자
a drunken	driver	음주 운전자
a hit-and-run	driver	뺑소니 운전자
a bus	driver	버스 운전사
a cab	driver	택시 운전사
a taxi	driver	
a truck	driver	트럭 기사
a train	driver	기차 조종사
a racing	driver	카 레이서

▷ Are you a **good driver**? 당신은 운전을 잘 합니까?
▷ A **drunken driver** hit her. 음주 운전자가 그녀를 치었다.
▷ Police are hunting a **hit-and-run driver**. 경찰이 뺑소니 운전자를 추적하고 있다.

drop /drɑp/ 몡 하락, 낙하

a big	drop	큰 폭의 하락
a sharp	drop	급락
a dramatic	drop	극적인 하락

▷ There was a **sharp drop** in temperature this morning and it snowed. 오늘 아침에 기온이 급락하더니 눈이 왔다.

drop /drɑp/

통 하락하다; 떨어뜨리다; 그만두다

drop	dramatically	극적으로 하락하다
drop	sharply	급격히 하락하다
drop	slightly	약간 하락하다
suddenly	drop	갑자기 떨어지다
accidentally	drop	실수로 떨어뜨리다

▷ Sales and profits **dropped dramatically** in 2007. 2007년에 매출과 수익이 극적으로 감소했다.
▷ The temperature has **dropped sharply**. 기온이 급격히 떨어졌다.

drug /drʌg/ 몡 마약; 약

take	drugs	마약을 하다
use	drugs	
be on	drugs	마약을 하고 있다
inject	drugs	마약을 주입하다
smuggle	drugs	마약을 밀수하다
prescribe	drugs	약을 처방하다

▷ How do you feel when you **take drugs**? 마약을 하면 기분이 어떤가요?
▷ Tony had repeatedly **smuggled drugs** into the country. 토니는 여러 차례 그 나라로 마약을 밀수했다.
▷ We need to examine him first and then **prescribe drugs**. 먼저 그를 진찰하고 그런 뒤에 약을 처방해야 한다.

illegal	drugs	불법 약물
dangerous	drugs	위험한 약물
hard	drugs	중독성이 강한 마약

▷ Possession of **illegal drugs** may result in heavy fines. 불법 약물을 소지하면 무거운 벌금을 내게 될 수도 있다.

dry /drai/ 혱 마른, 건조한; 비가 오지 않는

go	dry	건조해지다

▷ My mouth **went** completely **dry**. 내 입이 바짝 말랐다.

completely	dry	완전히 마른
quite	dry	
mainly	dry	(기상 예보에서)

| mostly | dry | 대체로 비가 오지 않는 |
| reasonably | dry | 상당히 건조한 |

▷ The paint wasn't **quite dry**. 페인트는 완전히 마르지 않았다.
▷ Southern Scotland will be **mainly dry**. 스코틀랜드 남부는 대체로 비가 오지 않을 것입니다.
▷ It's **reasonably dry** weather at this time of the year. 연중 이맘때는 날씨가 상당히 건조하다.

dust /dʌst/ 명 티끌, 먼지; 분말

collect	dust	먼지가 쌓이다
gather	dust	먼지 속에 묻혀 있다
be covered in	dust	먼지에 덮이다
be covered with	dust	
raise	dust	먼지를 일으키다
remove	dust	먼지를 털다

▷ The books **gathered dust** for 60 years until they were recently discovered. 그 책은 최근에 발견될 때까지 60년 동안 먼지에 묻혀 있었다.
▷ The floor was **covered in dust**. 바닥이 먼지에 덮여 있었다.
▷ **Remove dust** periodically by brushing gently. 가벼운 솔질로 정기적으로 먼지를 털어라.

| the dust | settles | 먼지가 가라앉다 |

★ 비유적으로 '사태가 진정되다'라는 의미로도 쓰인다.

▷ We'll talk about it when the **dust has settled**. 사태가 진정되면 그것에 대해 이야기할 것이다.

| a cloud of | dust | 부옇게 일어난 먼지 |
| a layer of | dust | 층을 이룬 먼지 |

▷ Her feet began kicking up **clouds of dust** as she ran. 그녀가 달리자 그 발길에 먼지가 가득 일어났다.
▷ A thin **layer of dust** covered the pictures on the wall. 벽에 걸린 그림들에는 먼지가 얇게 층을 이루고 있었다.

duty /djúːti/

명 의무; (duties의 형태로) 임무, 직무; 세금, 관세

have	a duty	의무가 있다
owe	a duty	의무를 지다
do	one's duty	의무를 다하다
fulfill	one's duty	
perform	a duty	의무를 수행하다
neglect	one's duty	의무를 게을리하다
impose	a duty	의무를 부과하다
have	duties	임무가 있다
carry out	duties	임무를 수행하다
perform	duties	
neglect	duties	임무를 게을리하다
impose	duty	세금을 부과하다
pay	duty	세금을 내다

▷ We **had** a **duty** to protect him. 우리는 그를 보호할 의무가 있다.
▷ I have to **do** my **duty**. 나는 의무를 다해야 한다.
▷ You're **neglecting** your **duties** at work. 당신은 직장에서의 의무를 게을리하고 있어요.
▷ The President has recovered from his operation and is now able to **carry out** his official **duties**. 대통령은 수술에서 회복해서 이제 공무를 수행할 수 있다.

a legal	duty	법적 의무
a public	duty	공적 의무
a moral	duty	도덕적 의무
official	duties	공무
customs	duties	관세
import	duty	수입세

▷ I think landlords have a **legal duty** to change locks after a tenant moves. 나는 집주인들은 세입자가 바뀌면 자물쇠를 교체해 주어야 할 법적 의무가 있다고 생각한다.
▷ Finally at 11:00 p.m. her **official duties** came to an end. 밤 11시에 마침내 그녀의 공무가 끝났다.

under	a duty	의무를 지고
on	duty	근무 중인
off	duty	근무 시간이 아닌

▷ Parents are **under** a **duty** to their children to protect them. 부모는 자녀를 보호할 의무를 지고 있다.
▷ I tried to telephone him last night, but he was **on duty**. 나는 어젯밤 그에게 전화했지만, 그는 근무 중이었다.

| a sense of | duty | 의무감 |

▷ He had a strong **sense of duty** to the community. 그는 공동체에 대한 의무감이 강했다.

| it is the duty of A to do | ···하는 것은 A의 의무다 |
| it is A's duty to do | |

▷ **It is** the **duty of** a newspaper **to** report all the facts. 모든 사실을 보도하는 것이 신문의 의무다.

E

eager /íːgər/ ⓐ 열망하는, 열렬한

only too	eager	몹시 열망하는
really	eager	

▷ Julie was **only too eager** *to* end the conversation with her mother. 줄리는 어머니와의 대화를 얼른 끝내고 싶어 전전긍긍했다.

eager	to do	…하기를 열망하는
eager	for A	A를 열망하는

▷ I was **eager to** see him again. 나는 그가 몹시 그리웠다.

ear /íər/ ⓝ 귀; 청각

cover	one's ears	귀를 막다, 덮다
close	one's ears	들으려고 하지 않다
shut	one's ears	
strain	one's ears	귀를 기울이다
prick up	one's ears	귀를 쫑긋 세우다
pierce	one's ears	귀를 뚫다
clean	one's ear(s)	귀를 깨끗이 하다
fill	A's ears	귀를 먹먹하게 하다
reach	A's ears	귀에 닿다
lend	an ear	경청하다
bend	A's ear	이야기를 지겹게 늘어놓다
be all	ears	집중해서 듣다

▷ He **covered** his **ears** with his hands. 그는 두 손으로 귀를 막았다.

▷ The government is **closing** its **ears** to what people really want. 정부는 사람들이 정말로 원하는 것에 귀를 막고 있다.

▷ Caroline **strained** her **ears** to hear what they were saying. 캐롤라인은 그들이 하는 말을 들으려고 귀를 기울였다.

▷ I've never had my **ears pierced**. 나는 귀를 뚫은 적이 없다.

▷ She's been **bending** my **ear** about her boyfriend for about three months now! 그녀는 지난 석 달 동안 자기 남자친구 이야기를 지겹게 늘어놓고 있다!

▷ Tell me more! I'm **all ears**. 더 이야기해 줘! 열심히 듣고 있어.

one's ears	ring	이명이 있다
one's ears	prick (up)	귀가 쫑긋 서다

▷ After attending the rock concert my **ears** were **ringing**. 록콘서트에 다녀온 뒤 귓속이 웅웅거렸다.

▷ My **ears pricked up** when I heard my colleagues talking about me to the manager. 내 동료가 과장에게 내 이야기를 하는 소리가 들리자 나는 귀가 쫑긋 섰다.

the external	ear	외이(外耳)
the inner	ear	내이(內耳)
the middle	ear	중이(中耳)
a good	ear	청력이 좋은 귀
a sharp	ear	예리한 귀
a sympathetic	ear	공감능력이 있는 귀

▷ She always lends me a **sympathetic ear**. 그녀는 언제나 내 이야기에 따뜻하게 귀를 기울여 준다.

by	ear	악보를 보지 않고
in	A's ear	귓속에, 귀에 대고
an ear	for A	A를 듣고 아는 귀

▷ She played the piano **by ear**. 그녀는 악보를 보지 않고 피아노를 연주했다.

▷ She whispered "I love you!" **in** his **ear**. 그녀는 그의 귀에 대고 "사랑해!"하고 속삭였다.

▷ She has a good **ear for** music. 그녀는 음악을 듣는 귀가 좋다.

(PHRASES)

A's **ears are burning.** ☺ (누군가가 A의 얘기를 하는 것 같아서) 귀가 간지럽다.
I couldn't believe my ears. ☺ 내 귀를 믿을 수 없다.
Open your ears. ☺ 잘 들어 ▷ Open your ears and realize that I'm telling you the truth. 잘 들어. 내가 하는 말은 다 사실이니까.

early /ə́ːrli/ ⓐ 이른

slightly	early	약간 이른
a little	early	
fairly	early	상당히 이른
relatively	early	비교적 이른

▷ His father died at a **relatively early** age. 그의 아버지는 비교적 이른 나이에 돌아가셨다.

be in	one's early thirties	30대 초반이다

▷ She is **in** her **early** twenties. 그녀는 20대 초반이다.

earth /ə́ːrθ/ ⓝ 지구; 대지, 땅, 흙

the whole	earth	지구 전체
the entire	earth	
Planet	Earth	행성 지구

Mother	Earth	대지, 지구
the bare	earth	맨땅, 맨흙
damp	earth	젖은 흙
the soft	earth	부드러운 흙

▷ The satellite can circle the **whole earth** in about one hour. 그 위성은 약 한 시간에 지구를 한 바퀴 돌 수 있다.

▷ There is nothing but **bare earth** in the garden. We haven't had any rain for three months. 정원에는 맨흙뿐이다. 석 달 동안 비가 안 왔기 때문이다.

on	earth	지상에; 이 세상에

▷ He must be the most selfish person **on earth**. 그는 세상에서 가장 이기적인 사람일 것이다.

◆ **what on earth** 도대체 무엇이/을(★그 밖에도 who, why, where, how 등 의문을 강조하거나 nothing, nowhere 등 부정을 강조할 때 쓴다.) ▷ What **on earth** are you doing here? 너 도대체 여기서 뭐 하는 거냐?

the surface of	the earth	지구 표면

▷ Over the past century, the **surface of** the **earth** has warmed one degree. 지난 1세기 동안, 지구의 표면 온도가 1도 상승했다.

earthquake /ɔ́ːrθkwèik/ 圀 지진

cause	an earthquake	지진을 일으키다
feel	an earthquake	지진을 느끼다
withstand	an earthquake	지진을 견디다
predict	an earthquake	지진을 예측하다

▷ If you **feel** an **earthquake** near the coast, you should head for the hills. 해안에서 지진을 느끼면, 언덕 방향으로 가야 한다.

▷ We cannot accurately **predict earthquakes**. 지진을 정확히 예측할 수는 없다.

an earthquake	occurs	지진이 일어나다
an earthquake	strikes (A)	지진이 (A를) 강타하다
an earthquake	hits (A)	

▷ A major **earthquake** has **struck** Tokyo about every 75 years for the past several centuries. 지난 몇 세기 동안 약 75년에 한 번씩 대지진이 도쿄를 강타했다.

a major	earthquake	대지진
a great	earthquake	
a big	earthquake	
a massive	earthquake	초대형 지진
a severe	earthquake	격심한 지진
a powerful	earthquake	
a devastating	earthquake	
a minor	earthquake	경미한 지진
a small	earthquake	

▷ A couple of years ago we had a **big earthquake** in Istanbul. 2~3년 전에 이스탄불에 대지진이 있었다.

▷ On 17 January 1995 a **massive earthquake** hit Kobe killing over 6,000 people. 1995년 1월 17일에 초대형 지진이 고베를 강타해서 6천 명 이상이 사망했다.

▷ San Francisco recovered from the **devastating earthquake**. 샌프란시스코는 파괴적인 피해를 입은 대지진에서 회복했다.

a magnitude 7.1	earthquake	진도 7.1의 지진

★ a 7.1 magnitude earthquake, an earthquake of magnitude 7.1, an earthquake with a magnitude of 7.1 등으로 쓰기도 한다.

▷ A **magnitude 6.6 earthquake** struck in southeast Iran on December 26. 진도 6.6의 지진이 12월 26일 이란 남동부를 강타했다.

ease /iːz/ 圀 쉬움; 마음 편함, 안락함

with	ease	쉽게

★ relative, comparative, apparent, consummate 등의 형용사와도 자주 쓰인다.

▷ I found his home **with** relative **ease**. 나는 그의 집을 비교적 쉽게 찾았다.

at	ease	편하게
ill at	ease	불안해서, 마음을 놓지 못하고

▷ I feel **at ease** with him. 그와 함께 있으면 마음이 편안하다.

easy /íːzi/ 圀 쉬운; 편안한, 안락한

get	easier	더 쉬워지다
make A	easy	A를 쉽게 만들다
find A	easy	A가 쉽다고 생각하다

▷ Life is **getting easier** by the day. 인생은 날이 갈수록 수월해진다.

▷ A large sink will **make** it **easier** for you to clean large pots and pans. 싱크대가 넓으면 큰 솥과 냄비를 설거지하기가 쉬울 것이다.

▷ She managed to pass the exam. But she didn't **find** it **easy**. 그녀는 시험에 합격하기는 했다. 하지만 시험이 쉽게 느껴지지는 않았다.

fairly	easy	아주 쉬운

| eat |

quite	easy	
particularly	easy	특히 쉬운
relatively	easy	비교적 쉬운
surprisingly	easy	의외로 쉬운
easy	enough	충분히 쉬운

▷ It's **quite easy** to give examples. 예를 드는 건 아주 쉽다.
▷ Mexico City is **relatively easy** to explore. 멕시코 시티는 돌아다니며 구경하기가 상대적으로 쉽다.
▷ It was **easy enough** to understand what they wanted. 그들이 원하는 걸 납득하기는 아주 쉬웠다.

easy	to do	쉽게 …할 수 있다

▷ His English was **easy to** understand. 그의 영어는 쉽게 이해할 수 있다.

it is easy	(for A) to do	(A가) …하는 것은 쉽다

★ so, too 등 강조의 부사와 함께 자주 쓰인다.

▷ **It's too easy to** say it's all Simon's fault. 모두 사이먼의 잘못이라고 말하기는 쉽다.

(PHRASES)
I'm easy. ☺ 어느 쪽이든 좋아. ▷ "Do you want to leave now or stay a bit longer?" "I'm easy. Whatever you like." "지금 떠나는 게 좋을지, 아니면 조금 더 있을까?" "나는 상관 없어. 네가 원하는 대로 해."
That's easy. ☺ 쉽네.
Take it easy! ☺ 마음 편하게 먹어, 침착해.

eat /iːt/ 통 먹다, 식사를 하다

eat	well	잘 먹다
eat	healthily	건강한 식사를 하다
eat	properly	제대로 된 식사를 하다
eat	quickly	빨리 먹다
eat	slowly	천천히 먹다
eat	regularly	규칙적으로 식사하다
eat	out	외식하다
eat	up	남기지 않고 다 먹다

▷ After his illness he **ate well** and put on weight. 병을 앓고 난 뒤 그는 잘 먹어서 체중이 늘었다.
▷ He is sleeping well and is **eating properly**. 그는 잘 자고 제대로 된 식사를 하고 있다.
▷ Make sure you **eat regularly** and have healthy food. 반드시 규칙적인 식사를 하고 건강에 좋은 음식을 드세요.
▷ I'm **eating out** with Emma tonight. 나는 오늘 밤에 마하고 외식할 예정이다.
▷ Here's breakfast. **Eat up**! 자, 아침식사예요. 남기지 말고 다 드세요!

something to	eat	먹을 것
a bite to	eat	가볍게 먹을 것
a place to	eat	식사할 장소

▷ Would you like **something to eat**? 먹을 것 좀 드릴까요?

eat	like a horse	많이 먹다
eat	like a bird	조금 먹다

▷ I'm so hungry I could **eat like a horse**. 배가 너무 고파서 아무리 많은 음식도 다 먹을 것 같다.

(PHRASES)
What's eating you? ☺ 무슨 걱정이 있는 거니?
▷ Tell me what's eating you. Maybe I can help you. 고민이 뭔지 말해봐. 내가 도와줄 수 있을지도 모르잖아.

economical /èkənɑ́mikəl/

형 경제적인; 절약할 수 있는

extremely	economical	아주 경제적인
highly	economical	

▷ This oil heater is **extremely economical**. 이 석유 히터는 아주 경제적이다.

it is (more) economical to do	…하는 것이 (더) 경제적이다

▷ **It's more economical to** rent a car than to buy one. 차를 사는 것보다 빌리는 게 더 경제적이다.

economy /ikɑ́nəmi/ 명 경제, 경기; 절약

run	the economy	경제를 운용하다
develop	the economy	경제를 발전시키다
stimulate	the economy	경제를 자극하다
revive	the economy	경제를 되살리다
control	the economy	경기를 조정하다
boost	the economy	경기를 부양하다
spur	the economy	
weaken	the economy	경기를 약화시키다
stabilize	the economy	경기를 안정시키다
make	economies	절약하다

▷ Which party do you trust to **run** the **economy**? 너는 어느 당이 경제를 잘 운용할 거라고 믿니?
▷ Hong Kong's most important challenge is to **develop** its **economy**. 홍콩의 가장 중요한 과제는 경제를 발전시키는 것이다.
▷ Tax cuts will **boost** the **economy**. 세금 감면은 경기를 부양할 것이다.

the economy	booms	경기가 호조를 띠다
the economy	expands	경기가 확대되다
the economy	grows	경제가 성장하다
the economy	shrinks	경제가 축소되다
the economy	slows	경제가 둔화되다
the economy	stabilizes	경제가 안정되다
the economy	recovers	경제가 회복하다
the economy	remains	경기가 계속 …하다

▷ The **economy grew** by 4.5% in 2005. 경제는 2005년에 4.5% 성장했다.

▷ The British **economy remains** rather weak. 영국 경제는 계속 상당히 저조한 상태다.

a booming	economy	호경기
a bubble	economy	거품 경제
a capitalist	economy	자본주의 경제
a market	economy	시장 경제
the domestic	economy	국내 경제
the global	economy	세계 경제
the world	economy	
the international	economy	국제 경제
the local	economy	지역 경제
a major	economy	경제 대국

▷ China's role in the **global economy** has changed over the past twenty years. 세계 경제에서 중국의 역할은 지난 20년 동안 변화했다.

▷ China and India are the world's fastest-growing **major economies**. 중국과 인도는 세계에서 가장 성장률이 높은 경제 대국이다.

an economy based on A		A에 토대한 경제

▷ The UAE has an **economy based** on oil. 아랍에미리트연방의 경제는 석유가 뒷받침하고 있다.

edge /edʒ/

명 끄트머리, 가장자리; 칼날; 우위

have	an edge	우수하다, 우위에 있다

▷ I'm sure we'll **have** an **edge** over the other teams. 나는 우리가 다른 팀보다 우위에 있다고 확신한다.

the outer	edge	바깥 테두리
the inner	edge	안쪽 테두리
the top	edge	상단
the bottom	edge	하단
the southern	edge	남단
the western	edge	서단

the water's	edge	물가
(a) competitive	edge	경쟁의 우위
the leading	edge	최첨단
the cutting	edge	

▷ The child suddenly fell over and hit his head against the **top edge** of the table. 그 아이는 갑자기 넘어져서 테이블 상단에 머리를 찧었다.

▷ We walked down to the **water's edge**. 우리는 물가로 걸어내려 갔다.

▷ How do we maintain our **competitive edge**? 우리가 경쟁의 우위를 어떻게 유지해야 할까?

▷ Our company is at the **leading edge** of technology. 우리 회사는 과학 기술의 최첨단에 있다.

on	the edge of A	A의 끝에
at	the edge of A	

▷ She was standing **on** the **edge of** a cliff looking down. 그녀는 절벽 끝에 서서 아래를 내려다보았다.

edition /idíʃən/ 명 (간행물의) 판(版)

print	an edition	판을 인쇄하다
publish	an edition	판을 출판하다
release	an edition	판을 발표하다

▷ About 500 copies of the first **edition** were **printed**. 500부 가량의 초판이 인쇄되었다.

▷ Oxford University Press has **published** a paperback **edition** of his book. 옥스퍼드 대학 출판부는 그의 책의 페이퍼백 판을 출판했다.

the first	edition	초판
the latest	edition	최신판
a new	edition	신판
the current	edition	현행판
a limited	edition	한정판
a special	edition	특별판
a hardback	edition	하드백 판
a paperback	edition	페이퍼백 판
a pocket	edition	포켓 판
a revised	edition	개정판
an electronic	edition	전자판
an online	edition	온라인 판
(the) morning	edition	조간
(the) evening	edition	석간
the Sunday	edition	일요판
the May	edition	5월호

▷ I bought the **latest edition** of the *New York Review of Books*. 나는 〈뉴욕 리뷰 오브 북스〉 최신

▷ This **special edition** of the album is a must for collectors. 이 앨범의 특별판은 수집가들의 필수품이다.

▷ This is a **revised edition** of a book first published in 1985. 이것은 1985년에 처음 출판된 책의 개정판이다.

▷ The full interview can be read in the **May edition** of the magazine out this Thursday. 전체 인터뷰는 이번 주 목요일에 나오는 이 잡지의 5월호에서 읽을 수 있다.

educate /édʒukèit/ 圄 교육하다

educate	A at B	A(사람)를 B(대학)에서 교육하다
educate	A in B	A(사람)에게 B(교과)를 교육하다; A(사람)를 B(장소)에서 교육하다
educate	A about B	A(사람)에게 B에 대해 교육하다

▷ She was **educated at** the University of California. 그녀는 캘리포니아 대학에서 공부했다.

▷ Nick was born in Japan and **educated in** the U.S. 닉은 일본에서 태어나고 미국에서 교육받았다.

▷ We need to **educate** students **about** how to acquire the information they want to find. 우리는 학생들에게 원하는 정보를 찾는 법을 교육해야 한다.

educate	A to do	A(사람)가 …하도록 교육하다

▷ We constantly **educate** our people **to** use the latest technology. 우리는 사원들에게 최신 기술 사용법을 지속적으로 교육한다.

educated /édʒukèitid/
圄 교양이 있는, 교육을 받은

highly	educated	교육을 많이 받은
well	educated	교육을 잘 받은

▷ He is a **highly educated** person with lots of experience. 그는 교육을 많이 받았고 경험도 많다.

education /èdʒukéiʃən/ 圄 교육

have	(an) education	교육을 받다
get	(an) education	
receive	(an) education	
provide	(an) education	교육을 시키다
continue	one's education	학업을 계속하다
complete	one's education	학업을 마치다

▷ It is a good sign that many young people **get** their **education** abroad. 많은 젊은이가 해외에서 교육을 받는 것은 좋은 징후다.

▷ Government has an obligation to **provide** quality **education**. 정부는 양질의 교육을 제공할 의무가 있다.

▷ I want to **continue** my **education** at university. 나는 대학에서 학업을 계속하고 싶다.

▷ After **completing** his **education** at university he worked in a bank. 대학 교육을 마친 뒤, 그는 은행에서 일했다.

compulsory	education	의무 교육
elementary	education	초등 교육
((영))primary	education	
secondary	education	중등 교육
adult	education	성인 교육
continuing	education	
further	education	
higher	education	고등 교육
(a) university	education	대학 교육
vocational	education	직업 교육
sex	education	성교육

▷ **Elementary education** is a six-year program. 초등 교육은 6년제다.

▷ **Higher education** is no longer a guarantee for a job. 고등 교육은 더 이상 취업을 보장해주지 않는다.

effect /ifékt/

圄 효과, 효력, 영향; 실시, 시행; (-s) 효과 (장치)

have	an effect	영향이 있다
produce	an effect	영향을 미치다
take	effect	효과가 나타나다
show	the effect	영향을 드러내다
assess	the effect	효과를 평가하다
examine	the effect	효과를 검토하다
study	the effect	
reduce	the effect	영향을 줄이다
come into	effect	시행되다
bring A into	effect	A를 시행하다
carry A into	effect	

▷ My words **had** no **effect** on him. 내 말은 그에게 아무런 영향을 끼치지 못했다.

▷ World War I **produced** negative **effects** on Germany's economy. 1차 세계 대전은 독일 경제에 악영향을 미쳤다.

▷ The medicine should **take effect** soon. 그 약은 곧 효과가 나타날 것이다.

▷ The economy is still **showing** the **effects** of the 2008 economic crisis. 경제는 아직도 2008년 경제 위기의 영향이 나타난다.

▷ The purpose of this research was to **assess** the **effects** of exercise and diet. 이 연구의 목적은 운동과 다이어트의 효과를 평가하는 것이었다.

▷ The rules will **come into effect** on September 1. 규칙은 9월 1일부터 시행된다.

▷ The law was **brought into effect** in 2006. 그 법은 2006년에 시행되었다.

a profound	effect	심각한 영향
an adverse	effect	악영향
the opposite	effect	역효과
a positive	effect	긍정적 효과
a negative	effect	부정적 효과
the desired	effect	소기의 효과
a direct	effect	직접적인 영향
side	effects	부작용
the greenhouse	effect	온실효과
special	effects	특수 효과
sound	effects	음향 효과
visual	effects	시각 효과

▷ Dioxins have an **adverse effect** *on* wildlife. 다이옥신은 야생 생물들에게 악영향을 끼친다.

▷ The doctor gave me some medicine to make me feel better, but it had the **opposite effect**. 의사는 나의 상태를 호전시키려고 약을 줬지만, 그것은 역효과를 냈다.

▷ The raise in salary had a **positive effect** *on* everybody at work. 임금 인상은 직장의 모든 사람들에게 긍정적인 효과를 미쳤다.

▷ That email had the **desired effect**. 그 이메일은 소기의 효과를 얻었다.

▷ The movie uses **special effects** successfully. 그 영화는 특수 효과를 성공적으로 사용한다.

in	effect	실제로는; 시행중인
to	this effect	이런 뜻을 담은
to	that effect	그런 뜻을 담은
to	the effect that...	…라는 뜻을 담은

▷ A fire warning is **in effect** for parts of Montana and Idaho tonight. 오늘밤 몬태나와 아이다호 일부 지역에 화재 경보가 발효 중이다.

▷ She said, "I'm sorry, I can't help it," or words **to that effect**. 그녀가 "미안해, 도와줄 수가 없어." 또는 그런 의미의 말을 했다.

effective /iféktiv/ 혱 효과적인, 유효한

extremely	effective	굉장히 효과적인
highly	effective	큰 효과가 있는
particularly	effective	특히 효과적인

▷ This vaccine is **highly effective** *in* preventing the illness. 이 백신은 그 병을 예방하는 데 큰 효과가 있다.

efficent /ifíʃ(ə)nt/ 혱 효율적인; 유능한

extremely	efficient	더할 나위 없이 효율적인, 흠잡을 데 없이 유능한
highly	efficient	아주 효율적인, 무척 유능한

▷ Our new boss is **extremely efficient**. 새로 오신 상사는 흠잡을 데 없이 유능하다.

efficient and economical	효율적이고 경제적인

▷ It is the duty of water companies to maintain an **efficient and economical** supply of water. 수도 회사들은 효율적이고 경제적인 물 공급을 유지하는 것이 의무다.

effort /éfərt/ 명 노력, 분투

make	an effort	노력하다
require	effort	노력이 필요하다
take	effort	
put in	an effort	노력을 쏟다
spare	no effort	노력을 아끼지 않다
continue	one's efforts	계속 노력하다
concentrate	one's effort(s)	전념하다

▷ They **make** no **effort** to change their way. 그들은 자신들의 방법을 바꾸려는 노력을 하지 않는다.

▷ Physical fitness always **requires effort**. 신체 건강을 위해서는 언제나 노력이 필요하다.

▷ You must **concentrate** your **efforts** *on* improving your English. 너는 영어 실력을 향상시키는 데 전념해야 한다.

one's best	effort(s)	최선의 노력
considerable	effort	많은 노력
a great	effort(s)	
a special	effort	특별한 노력
an extra	effort	각별한 노력
a determined	effort	끈질긴 노력
a strenuous	effort	
a concerted	effort	일치된 협력
a joint	effort	
a conscious	effort	의식적인 노력
a deliberate	effort	
physical	effort	신체적 노력
mental	effort	정신적 노력

▷ Despite my **best efforts**, I was completely ignored. 최선의 노력을 기울였지만, 나는 완전히 무시당했다.
▷ All the museums have put **considerable effort** into providing interesting displays. 모든 박물관은 흥미로운 전시를 하기 위해 많은 노력을 기울였다.
▷ Despite **strenuous efforts**, he only came sixth in the marathon. 끈질긴 노력에도 불구하고, 그는 마라톤에서 겨우 6위로 들어왔다.
▷ The project is a **joint effort** between Korea and Russia. 그 계획은 한국과 러시아의 공동사업이다.

with	(an) effort	노력해서, 간신히
without	(an) effort	노력하지 않고, 쉽게
despite	A's efforts	A의 노력에도 불구하고
in	an effort to do	…하려는 노력으로

▷ **With effort**, Ben controlled his temper. 벤은 간신히 분노를 다스렸다. (★effort에 great, much, some, little, no를 붙여서 정도를 표시하는 경우가 많다.: **With great effort** he tried to stand. 그는 안간힘을 써서 참으려고 했다.)
▷ He was a genius. He passed all his exams **without effort**. 그는 천재였다. 그는 모든 시험에 쉽게 합격했다.
▷ Sadly, **despite** all the **efforts** of the medical team, Peter died. 애석하게도 의료진의 갖은 노력에도 불구하고 피터는 숨을 거뒀다.
▷ He shook his head **in** an **effort to** clear his head. 그는 생각을 비우려고 고개를 저었다.

egg /eg/ 명 알, 달걀

lay	an egg	알을 낳다
produce	an egg	
hatch	an egg	알을 부화시키다
boil	an egg	달걀을 삶다
break	an egg	달걀을 깨다
beat	an egg	달걀을 풀다
whisk	an egg	달걀에 거품을 내다

▷ Did you know that penguins **lay eggs**? 펭귄이 알을 낳는다는 거 알았어?
▷ The mother duck **hatched** her **eggs**. 어미 오리가 알을 부화시켰다.
▷ **Beat eggs** lightly in large bowl. 큰 그릇에 달걀을 넣고 가볍게 푸세요.
▷ **Whisk eggs** with milk and cream. 우유와 크림을 넣고 달걀을 저어 거품을 내세요.

a fresh	egg	신선한 달걀
a rotten	egg	썩은 달걀
a boiled	egg	삶은 달걀
a fried	egg	달걀 프라이
a poached	egg	수란
a scrambled	egg	스크램블드 에그
a beaten	egg	풀어놓은 달걀
an Easter	egg	부활절 달걀
a fertilized	egg	유정란

▷ There is a smell like **rotten eggs**. 썩은 달걀 냄새가 난다.
▷ I'll have sausage, bacon, tomato and **fried egg**, please. 저는 소시지, 베이컨, 토마토, 달걀 프라이를 주문할게요.

election /ilékʃən/ 명 선거

hold	an election	선거를 치르다
have	an election	
call	an election	선거를 실시하기로 결정하다
fight	an election	선거전을 펼치다
contest	an election	
run for	election	선거에 출마하다
《영》 stand for	election	
lose	an election	선거에 지다
win	an election	선거에 이기다

▷ South Africa **held** its first democratic **elections** in 1994. 남아프리카공화국은 1994년에 처음으로 민주적 선거를 실시했다.
▷ The Prime Minister will **call** a general **election** by September. 총리는 9월까지 총선거 실시를 결정할 것이다.
▷ Republican candidates **fought** the **election** successfully. 공화당 후보들은 선거전을 잘 치렀다.

a free	election	자유 선거
a local	election	지역 선거
a national	election	전국 선거
a general	election	총선거
a parliamentary	election	국회의원 선거
a presidential	election	대통령 선거

▷ The first **free elections** in Iraq took place on January 1st, 1995. 이라크 최초의 자유 선거가 1995년 1월 1일에 실시되었다.
▷ The US **presidential elections** are held every four years. 미국의 대통령 선거는 4년에 한 번씩 실시된다.

electricity /ilektrísəti/ 명 전기, 전력

| generate | electricity | 발전하다, 전기를 생산하다 |

produce	electricity	
provide	electricity	전기를 공급하다
supply	electricity	
conduct	electricity	전기를 전달하다
use	electricity	전기를 사용하다

▷ Solar panels on the roof **generate electricity**. 지붕 위의 태양열 패널은 전기를 생산한다.
▷ The company **provides electricity** *to* 2.3 million homes. 그 회사는 230만 가구에 전기를 공급한다.
▷ Metal **conducts electricity**. 금속은 전기를 전달한다.

static	electricity	정전기

▷ His T-shirt crackled with **static electricity** as he pulled it over his head. 그가 티셔츠를 머리 위로 벗을 때 정전기로 타닥거리는 소리가 났다.

demand for	electricity	전력 수요

▷ **Demand for electricity** exceeds supply. 전력 수요가 공급을 초과한다.

element /éləmənt/ 圐 요소, 성분

contain	an element	요소를 포함하다
include	an element	
involve	an element	
combine	elements	요소를 조합하다
introduce	an element	요소를 도입하다

▷ The movie **contains elements** *of* satire. 그 영화는 풍자의 요소를 담고 있다.
▷ Skiing always **involves** an **element** of danger. 스키에는 언제나 위험 요소가 있다.
▷ Hitchcock always **introduced** an **element** of suspense into his movies. 히치콕은 언제나 영화에 서스펜스 요소를 도입했다.

a basic	element	기본 요소
a crucial	element	반드시 필요한 요소
an essential	element	불가결한 요소
an important	element	중요한 요소
the main	element	중심 요소
a major	element	중대한 요소

▷ I'm studying the **basic elements** of criminal law. 나는 형법의 기초를 공부하고 있다.
▷ Photographs are a **crucial element** in the pamphlet. 사진은 팸플릿에 빠져서는 안 될 요소이다.

eliminate /ilímənèit/ 圐 제거하다, 없애다

completely	eliminate	완전히 제거하다
entirely	eliminate	
virtually	eliminate	사실상 제거하다
largely	eliminate	거의 제거하다

▷ The heat **completely eliminates** bacteria. 고열은 세균을 박멸한다.

eliminate	A from B	A를 B에서 제거하다

▷ You should **eliminate** the stress **from** your life. 네 삶에서 스트레스를 제거해야 한다.

email /íːmèil/ 圐 이메일, 전자메일

send	an email	이메일을 보내다
get	an email	이메일을 받다
receive	an email	
check	one's email	이메일을 확인하다
reply to	an email	이메일에 답장하다
forward	an email	이메일을 전달하다
delete	an email	이메일을 삭제하다

▷ If you are interested, please **send** an **email** to …. 관심이 있으시면 …로 이메일을 주시기 바랍니다.
▷ Did you **get** my **email**? 내 이메일 받았어?
▷ **Check** your **email** at least once a day. 적어도 하루에 한 번은 이메일을 확인하세요.
▷ I **forwarded** the **email** to Dave. 나는 데이브에게 그 이메일을 전달했다.

an email	arrives	이메일이 오다
an email	contains A	이메일에 A가 들어 있다

★ '이메일이 오다'는 come을 쓰지 않고 arrive를 쓴다.

▷ An **email arrived** this morning from Lynda. 오늘 아침 린다한테서 이메일이 왔다.
▷ The **email contains** information that I think is shocking. 그 이메일에는 내가 볼 때 충격적인 정보가 들어 있다.

(an) unsolicited	email	원치 않는 이메일
(an) unwanted	email	
junk	email	정크 메일
spam	email	스팸 메일

▷ If you get an **unsolicited email**, simply delete it. 원치 않는 이메일을 받으면 그냥 삭제해.

an email	with an attachment	첨부 파일이 있는 이메일

embarrassed /imbǽrəst/

⒧ 당혹스러운; 민망한

feel	embarrassed	당혹감을 느끼다
look	embarrassed	당혹스러워 보이다
get	embarrassed	당혹스러워지다

▷ She **felt embarrassed** to ask Michael for help again. 그녀는 마이클에게 다시 도와달라고 부탁하게 돼서 창피했다.

▷ She **got embarrassed** just thinking about it all again. 그녀는 그것을 다시 생각하기만 해도 창피했다.

acutely	embarrassed	몹시 당혹스러운
a little	embarrassed	약간 당혹스러운
slightly	embarrassed	
too	embarrassed	너무도 창피한
so	embarrassed	

▷ Sarah was **acutely embarrassed** to find that everybody knew she was pregnant. 새라는 자신이 임신한 사실을 모두가 알고 있어서 무척 당혹스러웠다.

embarrassed	to do	…하는 것은 부끄럽다

▷ I'm **embarrassed to** ask for money. 나는 돈을 달라고 부탁하기가 부끄럽다.

embarrassed	about A	A가 부끄러운

▷ I was completely **embarrassed about** what I had done. 내가 한 행동이 몹시 부끄러웠다.

emerge /imə́ːrdʒ/

⒧ 나오다, 나타나다; 두각을 나타내다

eventually	emerge	마침내 나타나다
finally	emerge	
gradually	emerge	차츰 나타나다
quickly	emerge	빨리 나타나다
slowly	emerge	천천히 나타나다
suddenly	emerge	갑자기 나타나다

▷ The lies were uncovered and truth **eventually emerged**. 거짓이 벗겨지고 마침내 진실이 드러났다.

▷ The sun **gradually emerged** from the horizon. 태양이 지평선에서 천천히 떠올랐다.

▷ Beckham had **suddenly emerged** as England's perfect captain. 베컴은 잉글랜드 팀의 빈틈없는 주장으로 돌연 두각을 나타냈다.

begin to	emerge	드러나기 시작하다

▷ Slowly the truth is **beginning to emerge**. 천천히 진실이 드러나기 시작한다.

emerge	from A	A에서 나오다; A에서 빠져 나오다
emerge	into A	A로 나오다
emerge	as A	A로서 두각을 나타내다

▷ East Asia has begun to **emerge from** economic crisis. 동아시아는 경제 위기에서 벗어나기 시작했다.

▷ When we left the church, we **emerged into** bright sunshine. 우리는 교회를 떠나서 밝은 햇빛으로 나왔다.

▷ She **emerged as** a talented painter in the 1890s. 그녀는 1890년대에 재능 있는 화가로 두각을 나타냈다.

it emerges	(that...)	…가 분명해지다

▷ **It emerged that** vehicle fuel prices are likely to rise again next month. 차량의 연료비가 다음달에 다시 오를 거라는 사실이 분명해졌다.

emergency /imə́ːrdʒənsi/

⒧ 응급 사태, 비상시

deal with	an emergency	응급 사태에 대처하다
cope with	an emergency	
meet	an emergency	

▷ The ambulance is fully equipped to **deal with emergencies**. 구급차는 응급 사태에 대비한 장비가 완비되어 있다.

a medical	emergency	의학적 응급 상황

▷ A stroke is a **medical emergency**. 뇌졸중은 의학적 응급 사태다.

a state of	emergency	비상 사태

▷ The government declared a **state of emergency**. 정부는 비상 사태를 선포했다.

in	an emergency	비상시에는
in case of	emergency	

▷ **In an emergency** call the police on 119. 비상시에는 119로 경찰에 신고하세요.

emotion /imóuʃən/ ⒧ 감정, 정서; 감동

show	one's emotion	감정을 보이다
express	emotion	
control	one's emotions	감정을 억누르다
suppress	one's emotion	
hide	one's emotions	감정을 숨기다
stir (up)	emotion	감정을 휘젓다
choke with	emotion	감정으로 목이 메다

▷ He wasn't very good at **showing emotion**. 그는 감정을 잘 드러내지 못했다.
▷ She always **controlled** her **emotions** so well. 그녀는 언제나 감정을 절제하는 데 능했다.
▷ Why are you **hiding** your **emotions** from me? 왜 내 앞에서 네 감정을 감추는 거니?
▷ His eyes filled with tears and his voice **choked with emotion**. 그의 눈에는 눈물이 그렁거렸고, 감정이 복받쳐서 목이 메었다.

strong	emotion(s)	강렬한 감정
intense	emotion(s)	
conflicting	emotions	상반된 감정
mixed	emotions	복잡한 심경
human	emotion	인간적인 감정

▷ I'm sure he has **mixed emotions** about me. 분명히 그는 나에 대한 감정이 복잡할 것이다
▷ Fear is a natural **human emotion**. 두려움은 인간의 자연스러운 감정이다.

emphasis /émfəsis/ 명 강조, 중시

give	emphasis	강조하다
place	(an) emphasis	
put	(an) emphasis	
shift	the emphasis	중점을 옮기다

▷ In his speech the Prime Minister **put** special **emphasis** on education. 총리는 연설에서 교육을 특별히 강조했다.

(a) great	emphasis	크게 중시하는 것
a strong	emphasis	
(an) increasing	emphasis	점점 더 중시하는 것
(a) particular	emphasis	특히 중시하는 것
special	emphasis	

▷ There is a **strong emphasis** on foreign languages and computer skills in schools. 학교에서는 외국어와 컴퓨터 기술에 큰 중점을 두고 있다.
▷ "I'm tired and *hungry*." I placed **particular emphasis** on the last word. "피곤하고 배고파." 나는 마지막 단어를 특히 강조했다.

| with | (the) emphasis on A | A에 중점을 두고 |

▷ We should redesign this course **with** the **emphasis on** computer skills. 우리는 컴퓨터 기술에 중점을 두고 이 과정을 다시 설계해야 한다.

| a change | of emphasis | 중점의 이동 |
| a shift | of emphasis | |

▷ The **shift of emphasis** from agriculture to industry will require vocational training. 농업에서 공업으로 중점이 이동하면 직업 훈련이 필요해질 것이다.

emphasize /émfəsàiz/

통 강조하다, 중시하다 (★《영》 emphasise)

| particularly | emphasize | 특히 강조하다 |
| strongly | emphasize | |

▷ In her book she **particularly emphasizes** the need for social reform. 그녀는 책에서 사회 개혁의 필요성을 특히 강조했다.
▷ Obama **strongly emphasized** the word "change." 오바마는 '변화'라는 말을 특히 강조했다.

| emphasize that... | …라는 것을 강조하다 |

▷ I'd like to **emphasize that** bullying is a serious problem. 학교 폭력은 심각한 문제라는 것을 강조하고 싶습니다. ◆ **It should be emphasized that...** …라는 것을 강조해야 한다. ▷ It should be emphasized that smoking is the major cause of lung cancer. 흡연이 폐암의 주요 원인이라는 것을 강조해야 한다.

employ /implɔ́i/ 통 고용하다; 사용하다

currently	employ	현재 고용하고 있다
directly	employ	직접 고용하다
be fully	employed	완전 고용되다

▷ Approximately 700 people are **directly employed** by the company. 약 700명이 그 회사에 직접 고용되어 있다.
▷ In the 1980s the Soviet population was **fully employed**. 1980년대에 소련의 인구는 완전 고용되어 있었다.

| be | employed in A | A에게 고용되다 |

▷ Many people are **employed in** the construction company as day laborers. 많은 사람이 건설 회사에 일용직 노동자로 고용된다.

| employ | A as B | A(사람)를 B로 고용하다 |

▷ He **employed** Collins **as** an assistant director. 그는 콜린스를 부지배인으로 고용했다.

| employ | A to do | A(사람)를 …하는 데 고용하다 |

▷ I was **employed to** help you. 저는 당신을 돕기 위해 고용되었습니다.

employee /implɔ́iːi/

명 종업원, 직원, 피고용인

| employer |

have	an employee	직원을 두고 있다
hire	an employee	직원을 고용하다
dismiss	an employee	직원을 해고하다
fire	an employee	
pay	an employee	직원에게 임금을 주다

▷ The company **has** over 1,000 **employees**. 그 회사는 천 명이 넘는 직원이 있다.
▷ We can only go on **paying the employees** for the next few months. 우리는 앞으로 몇 달 동안만 직원에게 임금을 줄 수 있다.

a full-time	employee	상근 직원
a part-time	employee	시간제 직원
a permanent	employee	정직원
a seasonal	employee	기간제 직원
a public	employee	공무원
a government	employee	

▷ She became a **permanent employee** the following year. 그녀는 그 다음해에 정직원이 되었다.
▷ **Public employees** usually have good job security. 공무원들은 대개 고용 안정성이 높다.

employer /implɔ́iər/ 圏 고용주, 고용인

a large	employer	대규모 고용주
a major	employer	
a potential	employer	잠재적 고용주
a prospective	employer	장래의 고용주

▷ **Major employers** include the government and the oil and gas industry. 대규모 고용주에는 정부와 석유 및 가스 업계가 포함된다.
▷ In an interview you should try to show your abilities to your **prospective employer**. 면접 때는 장래의 고용주에게 네 능력을 보여주려고 노력해야 한다.

employment /implɔ́imənt/
圏 고용; 일자리

find	employment	취직하다
obtain	employment	일자리를 얻다
create	employment	고용을 창출하다
provide	employment	일자리를 제공하다

▷ Luckily, she **found employment** at a bank through her friend Laura. 다행히 그녀는 친구 로라를 통해서 은행에 취직했다.
▷ After university George **obtained employment** as a teacher. 대학 졸업 후 조지는 교사 자리를 얻었다.
▷ He boosted the local economy and **created employment** for local people. 그는 지역 경제를 활성화하여 지역 주민들의 고용을 창출했다.

full-time	employment	상근 고용
part-time	employment	시간제 고용
permanent	employment	종신 고용
temporary	employment	임시 고용
full	employment	완전 고용

▷ **Full-time employment** has increased by 18% in the past three years. 상근 고용은 지난 3년 동안 18% 증가했다.
▷ Korean employers now believe that the age of **permanent employment** is over. 한국 고용주들은 이제 종신 고용의 시대는 끝났다고 생각한다.

a contract of employment	고용 계약

▷ His **contract of employment** was terminated on 31 July 2007. 그의 고용 계약은 2007년 7월 31일에 끝났다.

empty /émpti/ 圏 빈, 비어 있는

remain	empty	빈 채로 있다
stand	empty	

▷ That factory has **stood empty** for over 3 years. 그 공장은 3년이 넘게 비어 있다.

almost	empty	거의 빈
nearly	empty	
virtually	empty	
completely	empty	완전히 빈
half	empty	절반이 빈

▷ The train was **nearly empty** at night. 그 기차는 밤에는 자리가 거의 비어 있었다.
▷ Is the glass **half empty** or half full? 이 잔은 절반이 빈 걸까요, 절반이 찬 걸까요?(★ 상황을 비관적으로 보는가 낙관적으로 보는가를 물을 때 사용한다.)

encounter /inkáuntər/
圏 우연히 만나다, 마주치다

frequently	encounter	자주 마주치다
regularly	encounter	규칙적으로 마주치다
previously	encountered	이전에 마주쳤다

▷ She **frequently encountered** problems with the new staff. 그녀는 신임 직원들과 자주 문제가 생겼다.

| be likely to encounter | 마주칠 것 같다 |

▷ What sort of problems are they **likely to encounter**? 그들이 어떤 문제에 직면할 것 같은가요?

encourage /inkə́ːridʒ/

图 격려하다, 용기를 북돋워 주다; 촉진하다

| actively | encourage | 적극 격려하다 |
| be greatly | encouraged | 크게 고무된 |

▷ He **actively encouraged** her to apply for the job. 그는 그녀에게 그 자리에 지원하라고 적극적으로 격려했다.

▷ We were **greatly encouraged** to see the improvement in his grades. 우리는 그의 성적이 향상된 것을 보고 크게 고무되었다.

| encourage | A to do | A에게 …하라고 격려하다 |

▷ He **encouraged** me **to** develop my musical talent. 그는 내게 음악적 재능을 키우라고 격려했다.

end /end/ 图 끝, 최후; 목적

come to	an end	마치다
approach	an end	끝에 가까워지다
draw to	an end	
bring A	to an end	A를 끝내다
put	an end to A	
mark	the end	끝을 알리다
signal	the end	
reach	the end	끝에 이르다
achieve	one's end	목적을 달성하다

▷ The song **came to** an **end**, the audience applauded. 그 노래가 끝났고, 청중은 박수를 보냈다.

▷ I'm **approaching** the **end** of my life. 나는 인생을 마감할 날이 가까워지고 있다.

▷ The committee has now decided to **bring** these investigations **to an end**. 그 위원회는 이제 조사를 끝내기로 결정했다.

▷ When we **reached** the **end** *of* the park, we stood in front of an old movie theater. 공원의 끝에 이르자, 우리 앞에 오래된 극장이 나타났다.

the lower	end	하단
the upper	end	상단
the top	end	최상단
the rear	end	뒤쪽 끝
the front	end	앞쪽 끝
the far	end	맨 끝
the very	end	
the opposite	end	반대쪽 끝
the other	end	맞은편 끝
either	end	양쪽 끝
the west	end	서쪽 끝

▷ House prices are still growing strongly, particularly at the **lower end** of the market. 주택 가격은 여전히 상승하고 있고, 특히 최저 가격대에서 그렇다.

▷ Sandrine always wears clothes from the **top end** of the market. 샌드린은 항상 최고급 옷을 입는다.

▷ The **front end** of the car was severely damaged. 자동차의 앞쪽이 크게 파손되었다.

▷ Kate sat at the **far end** of the bar. 케이트는 바의 맨 끝자리에 앉았다.

▷ Ann and Bobby sat at **opposite ends** of the couch. 앤과 바비는 서로 소파의 반대편 끝에 앉아 있었다.

▷ There was a laugh at the **other end** of the phone. 전화 저편에서 웃음 소리가 들렸다.

▷ There are exits at **either end** of the station. 역 양쪽 끝에 출구가 있다.

at	an end	끝난
at	the end	끝에, 마지막에
in	the end	결국, 최후에는

▷ Their marriage is **at** an **end**. 그들의 결혼 생활은 끝났다.

▷ **At** the **end**, Isabel asked only one question. 마지막에 이자벨이 질문을 하나만 했다.

▷ **In** the **end**, I said nothing. 결국, 나는 아무 말도 하지 않았다.

| at | the end of A | A가 끝날 때 |
| by | the end of A | A가 끝날 때까지는 |

★A에는 the year, the day, the season, January, life, game, course 등 일정 기간이나 일이 온다.

▷ I'll go back to Australia **at the end of** January. 나는 1월 말에는 오스트레일리아로 돌아갈 것이다.

enemy /énəmi/ 图 적, 원수, 적군

have	an enemy	적이 있다
make	an enemy of A	A를 적으로 만들다
make	enemies	적을 만들다
attack	an enemy	적을 공격하다
destroy	an enemy	적을 무찌르다
defeat	an enemy	

▷ Politicians always **have enemies**. 정치인들은 늘 적이 있다.

▷ I don't wish to **make** an **enemy** *of* you. 너를 적으로 만들고 싶지 않아.
▷ We'll go and **attack** the **enemy** before they attack us. 적이 우리를 공격하기 전에 우리가 그들을 공격할 것이다.

a bitter	enemy	증오하는 적
the great	enemy	큰 적
a sworn	enemy	철천지원수
a mortal	enemy	
an old	enemy	숙적, 오래된 적
a common	enemy	공동의 적
a political	enemy	정적
an external	enemy	외부의 적

▷ Gordon is my **bitterest enemy**. 고든은 내가 가장 증오하는 적이다.
▷ Scotland is England's **old enemy**. 스코틀랜드는 잉글랜드의 숙적이다.
▷ Democrats and Republicans are 100% **political enemies**. 민주당과 공화당은 완전히 정적이다.
▷ With the end of the Soviet Union, the US had no **external enemy**. 소련이 무너지면서 미국은 외부의 적이 없었다.

energy /énərdʒi/ 명 정력, 활력; 에너지

have	energy	활력이 있다
be full of	energy	활력이 넘치다
put	one's energy	열정을 쏟다
devote	one's energy	
produce	energy	에너지를 생산하다
generate	energy	
release	energy	에너지를 방출하다
provide	energy	에너지를 공급하다
supply	energy	
use	energy	에너지를 사용하다
save	energy	에너지를 절약하다
waste	energy	에너지를 낭비하다

▷ When we're young, we **have** a lot of **energy**. 젊을 때는 활력이 많다.
▷ I **put** all my **energy** *into* my work. 나는 모든 열정을 일에 쏟았다.
▷ Nuclear fuel is used to **produce energy**. 핵연료는 에너지를 생산하는 데 쓰인다.
▷ Recycling can **save energy**. 재활용은 에너지를 절약할 수 있다.
▷ I don't want to **waste** any more **energy** on this matter. 나는 이 일에 더 이상 에너지를 낭비하고 싶지 않다.

alternative	energy	대체 에너지
renewable	energy	재생 가능 에너지
atomic	energy	원자력 에너지
nuclear	energy	핵 에너지
solar	energy	태양 에너지

▷ There is a need to advance our research on **alternative energy**. 대체 에너지에 대한 우리의 연구를 추진할 필요가 있다.
▷ Wind power is seen as a form of **renewable energy**. 풍력은 재생 가능한 에너지 형태로 여겨진다.
▷ In 1998 Syria and Russia signed an agreement on the peaceful use of **nuclear energy**. 1998년에 시리아와 러시아는 핵 에너지의 평화로운 이용에 대한 합의서에 서명했다.

a burst of	energy	솟구치는 활력
a source of	energy	에너지원

▷ Carbohydrates are an important **source of energy**. 탄수화물은 중요한 에너지원이다.

engaged /ingéidʒd/
형 관여하는, 종사하는; 약혼한

become	engaged	약혼하다
get	engaged	

▷ Ian **got engaged** *to* Katharine. 이안은 캐서린과 약혼했다.

actively	engaged	적극적으로 관여하는
busily	engaged	열심히 참여하는
currently	engaged	현재 종사하고 있는
newly	engaged	최근에 약혼한

▷ Most parents are **actively engaged** *in* their children's education. 대부분의 부모는 자녀의 교육에 적극적으로 관여한다.
▷ We are **busily engaged** *in* developing a more efficient sales campaign. 우리는 더욱 효과적인 판매 캠페인을 개발하기 위해 열심히 참여하고 있다.

engagement /ingéidʒmənt/
명 약혼; 약속

announce	one's engagement	약혼을 발표하다
break off	one's engagement	약혼을 파기하다
cancel	one's engagement	
have	an engagement	약속이 있다

▷ Jordan **announced** his **engagement** to Penny. 조던은 페니와의 약혼을 발표했다.

▷ Christina **broke off** her **engagement** with Malcolm. 크리스티나는 맬컴과의 약혼을 파기했다.
▷ Unfortunately I must leave now. I'm afraid I **have** an **engagement**. 아쉽지만 지금 가봐야 해. 약속이 있어서 말야.

a prior	engagement	선약
a previous	engagement	
an official	engagement	공식 행사 참석
a public	engagement	공공 행사 참석

▷ Due to a **prior engagement** she is unable to attend the party. 선약 때문에 그녀는 파티에 참석할 수 없다.

engine /éndʒin/ 명 엔진; 원동력

start	an engine	시동을 걸다
turn on	an engine	
cut	an engine	시동을 끄다
turn off	an engine	
run	an engine	엔진을 가동하다

▷ The driver **started** his **engine** and removed the handbrake. 운전자는 시동을 켜고 핸드브레이크를 풀었다.
▷ I pulled over and **cut** the **engine**. 나는 차를 길가에 세우고 시동을 껐다.
▷ **Turn off** the **engine** before filling up with gas. 휘발유를 넣기 전에 시동을 끄세요.

an engine	starts	시동이 걸리다
an engine	runs	엔진이 가동되다
an engine	stops	시동이 꺼지다
an engine	fails	엔진이 가동되지 않다

▷ I turned the key and the **engine started**. 열쇠를 돌리자, 시동이 걸렸다.
▷ The **engine failed** just after the plane had taken off. 비행기가 이륙한 직후에 엔진이 멈췄다.

a powerful	engine	강력한 엔진
a diesel	engine	디젤 엔진
a gasoline	engine	가솔린 엔진
a steam	engine	증기 기관
the main	engine	원동력

▷ This is the most **powerful engine** Ford has ever built. 이것은 포드가 지금까지 개발한 엔진 중 가장 강력하다. (★'강력한 엔진'의 의미로 strong engine은 별로 자주 쓰이지 않는다.)
▷ Over recent years consumers have been the **main engine** for UK economic growth. 지난 몇 년 동안 소비자는 영국 경제 성장의 원동력이었다.

engineer /èndʒiníər/
명 엔지니어, 기술자, 기사

a chief	engineer	수석 기술자
a consulting	engineer	자문 기사
an electrical	engineer	전기 기사
an electronics	engineer	전자 기사
a civil	engineer	토목 기사
a mechanical	engineer	기술자

▷ He worked as a **civil engineer** for a railway company. 그는 철도 회사에서 토목 기사로 일했다.

English /íŋgliʃ/ 명 영어

speak	English	영어를 말하다
understand	English	영어를 이해하다
learn	English	영어를 배우다
study	English	영어를 공부하다
teach	English	영어를 가르치다

▷ She **speaks English** fluently. 그녀는 영어를 유창하게 말한다.
▷ She **understands English** but she doesn't speak it very well. 그녀는 영어를 이해는 하지만 말은 그렇게 잘하지 못한다.
▷ Michael is currently **teaching English** at a community college. 마이클은 현재 전문대학에서 영어를 가르치고 있다.

plain	English	쉬운 영어
spoken	English	구어체 영어
written	English	문어체 영어
American	English	미국 영어
British	English	영국 영어
standard	English	표준 영어
business	English	비즈니스 영어
good	English	훌륭한 영어
perfect	English	완벽한 영어
broken	English	서툰 영어

▷ What does this mean in **plain English**? 이것은 쉬운 영어로 무슨 의미입니까?
▷ **Spoken English** includes many dialects. 구어체 영어에는 많은 사투리가 포함된다.
▷ **Standard English** is used for formal communication. 공식 커뮤니케이션에는 표준 영어가 사용된다.
▷ He came up to me and asked in **broken English** if I wanted something. 그는 나에게 다가와서 서툰 영어로 원하는 것이 있느냐고 물었다.

| in | English | 영어로 |

▷ How do you say "호랑이" **in English**? '호랑이'를 영어로 뭐라고 하나요?

a teacher of	English	영어 교사
a learner of	English	영어 학습자
a speaker of	English	영어 사용자

★각각 an English teacher, an English learner, an English speaker라고도 말한다.

▷ This dictionary is aimed at intermediate **learners of English**. 이 사전은 중급 영어 학습자용이다.

enjoy /indʒɔ́i/ 동 즐기다

really	enjoy	마음껏 즐기다
thoroughly	enjoy	
quite	enjoy	무척 좋아하다
always	enjoy	언제나 좋아하다

▷ She **really enjoyed** talking with you that night. 그녀는 그날 밤 너와 이야기한 것을 아주 즐거워했어.
▷ I **quite enjoyed** the traveling. 나는 그 여행이 무척 즐거웠다.
▷ I **always enjoy** visiting this place. 나는 이곳에 오면 언제나 즐겁다.

| enjoy | doing | …하는 것을 즐기다 |

★× enjoy to do라고는 하지 않는다.

▷ Did you **enjoy** work**ing** with Philip? 필립과 함께 일하는 거 좋았니?

enter /éntər/

동 들어가다; 입학하다, 입사하다

finally	enter	마침내 들어가다
successfully	enter	잘 들어가다
illegally	enter	불법으로 들어가다

▷ Japan **finally entered** World War II in December 1941. 일본은 1941년 12월에 마침내 2차 대전에 참가했다.
▷ China **successfully entered** the space race last year. 중국은 작년에 우주 개발 경쟁에 성공적으로 진입했다.
▷ Almost 70 percent of people **illegally entering** the United States are from Mexico. 미국 불법 입국자의 70% 가까이가 멕시코 출신이다.

entertainment /èntərtéinmənt/

명 오락, 여흥

| provide | entertainment | 오락을 제공하다 |
| enjoy | entertainment | 오락을 즐기다 |

▷ Curling is a fun sport that **provides entertainment** for players and spectators alike. 컬링은 선수와 관중 모두에게 즐거움을 주는 재미있는 스포츠다.

public	entertainment	공공 오락 시설
mass	entertainment	대중 오락
popular	entertainment	인기있는 오락
family	entertainment	가족용 오락
light	entertainment	가벼운 오락

▷ Shakespeare's plays provided **mass entertainment** in the 17th century. 셰익스피어의 연극은 17세기에 대중적 오락을 제공했다.

enthusiasm /inθú:ziæzm/ 명 열정, 열의

have	enthusiasm	열의가 있다
be full of	enthusiasm	열의가 가득하다
express	enthusiasm	열의를 표현하다
show	enthusiasm	열의를 보이다
share	enthusiasm	열정을 공유하다
lose	one's enthusiasm	의욕을 잃다
dampen	A's enthusiasm	A의 열의를 꺾다

▷ She **has** incredible **enthusiasm** for her work. 그녀는 자신의 일에 놀라운 열정을 품고 있다.
▷ Fiona was **full of enthusiasm** for the project. 피오나는 그 사업에 대한 열정으로 가득 차 있었다.
▷ The greatest chess players **show** their **enthusiasm** for the game at a very early age. 체스 고수들은 아주 어린 나이에 체스에 대한 열정을 보인다.

great	enthusiasm	강한 의욕
tremendous	enthusiasm	엄청난 열정
genuine	enthusiasm	진정한 열의

▷ Brazilian people have **tremendous enthusiasm** for the game of soccer. 브라질 사람들은 축구 경기에 열광한다.
▷ **Genuine enthusiasm** is one of the most powerful forces in business. 진정한 열의는 사업에서 가장 강력한 동력 중 하나다.

| with | enthusiasm | 열광적으로 |

▷ The decision was greeted **with enthusiasm** by everyone. 모든 사람이 열광적으로 그 결정을 환영했다.

| a lack of | enthusiasm | 열의 부족 |

▷ One of the reasons for this **lack of enthusiasm**

is lack of communication. 이 열의 부족의 원인 중 하나는 의사소통의 부족이다.

entrance /éntrəns/

명 입구, 현관; 들어감, 입학, 입장

make	an entrance	들어가다, 입장하다
gain	entrance	입장 허락을 받다

▷ Videotapes disappeared as DVDs **made an entrance** *into* the market. DVD가 시장에 들어오면서 비디오테이프는 사라졌다.

the main	entrance	중앙 현관
the back	entrance	뒷문
the front	entrance	앞쪽 현관

▷ The **main entrance** *to* the school is situated at the center of the building. 학교의 중앙 현관은 건물 중심에 위치해 있다.

▷ We entered the building through the **back entrance**. 우리는 뒷문을 통해 건물로 들어갔다.

the entrance	to A	A의 입구
entrance	into A	A에 들어감

▷ The only table left was at the **entrance** *to* the restaurant. 유일하게 남은 테이블은 레스토랑 입구에 있었다.

▷ The national anthem was played upon the Princess's **entrance** *into* the hall. 공주가 홀에 들어설 때 국가가 연주되었다.

entry /éntri/ 명 들어옴, 입장; 참가, 출품작; 기입; (사전의) 표제어

make	an entry	들어가다, 입장하다; 기입하다
allow	entry	입장을 허가하다
gain	entry	입장을 허락받다
force	an entry	억지로 들어가다
refuse	entry	입장을 거절하다
deny	entry	
prevent	entry	입장을 막다

▷ Karen **makes an entry** in her diary every day. 캐런은 날마다 일기를 쓴다.

▷ Only children aged 6 and over will be **allowed entry**. 6세 이상의 어린이만 입장이 허락된다.

▷ It is getting more and more difficult to **gain entry** into universities. 대학에 입학하기가 점점 더 어려워지고 있다.

▷ Cockpit doors on planes were reinforced to **prevent entry** by terrorists. 테러리스트의 침입을 방지하기 위해 비행기 조종실 문이 보강되었다.

free	entry	무료 입장
the winning	entry	입상 작품
a dictionary	entry	사전의 표제어

▷ The winners will receive $300 and **free entry** to Disneyland. 우승자는 300달러와 디즈니랜드 무료 입장권을 받습니다.

▷ The **winning entries** will be announced on November 15. 입상 작품은 11월 15일에 발표됩니다.

envelope /énvəlòup/ 명 봉투

address	an envelope	봉투에 주소를 쓰다
seal	an envelope	봉투를 봉인하다
open	an envelope	봉투를 열다

▷ Most people **seal the envelope** before posting a letter. 대부분의 사람은 편지를 부치기 전에 봉투를 봉인한다.(★크리스마스 카드 등은 봉인하지 않고 보내는 경우가 있다.)

an envelope contains A	봉투에 A가 들어 있다

▷ Bill handed me an **envelope containing** $2,000 in cash. 빌은 나에게 현금 2천 달러가 든 봉투를 건넸다.

a sealed	envelope	봉인된 봉투

▷ I handed a **sealed envelope** to Angus. 나는 앵거스에게 봉인된 봉투를 건넸다.

the back of	an envelope	봉투 뒷면

▷ Write your name and address *on* the **back of the envelope**. 봉투 뒷면에 이름과 주소를 쓰십시오.

in	an envelope	봉투에
into	an envelope	봉투 안에
on	an envelope	봉투 겉면에

▷ I put a stamp *on* the **envelope** and posted it. 나는 봉투 겉면에 우표를 붙이고 그것을 부쳤다.

environment /inváiərənmənt/ 명 환경;
(the environment의 형태로) (자연) 환경

create	an environment	환경을 조성하다
provide	an environment	환경을 제공하다
protect	the environment	환경을 보호하다
improve	the environment	환경을 개선하다
affect	the environment	환경에 영향을 미치다
damage	the environment	환경에 해를 끼치다
pollute	the environment	환경을 오염시키다

| equal |

| destroy | the environment | 환경을 파괴하다 |

▷ How can we **protect** the **environment**? 어떻게 해야 환경을 보호할 수 있을까?
▷ Pollution has **affected** the **environment**. 공해가 환경에 영향을 미쳤다.
▷ Chemicals and oil **polluted** the **environment**. 화학 약품과 석유가 환경을 오염시켰다.
▷ Is globalization **destroying** the **environment**? 세계화가 환경을 파괴하고 있나요?

a safe	environment	안전한 환경
a competitive	environment	경쟁이 심한 환경
a social	environment	사회 환경
a working	environment	작업 환경
an economic	environment	경제 환경
a political	environment	정치 환경
the natural	environment	자연 환경
the global	environment	지구의 환경

▷ We're facing a highly **competitive environment**. 우리는 경쟁이 치열한 환경에 직면해 있다.
▷ Industry needs a stable **political environment**. 산업계는 안정된 정치 환경을 필요로 한다.
▷ Human activities are changing the **global environment** at all levels. 인간의 활동은 모든 면에서 지구의 환경을 변화시키고 있다.

equal /íkwəl/

형 동등한, 대등한, 같은; 평등한

| become | equal | 같아지다 |
| make A | equal | A를 평등하게 하다 |

▷ It's difficult to **make** everybody **equal**. 모두를 평등하게 하는 것은 힘들다

exactly	equal	완전히 똑같은
almost	equal	거의 동등한
nearly	equal	
roughly	equal	대체로 대등한
approximately	equal	

▷ Our soccer players have ability **almost equal** to the Mexicans. 우리 축구 선수들은 멕시코 선수들과 능력이 거의 대등하다.
▷ It was a difficult choice. The two candidates were **roughly equal** in ability. 어려운 선택이었다. 두 후보는 능력이 대체로 대등했기 때문이다.

| equal | in A | A가 같은 |
| equal | to A | A와 같은 |

★ equal in A의 A에는 length, weight, height, value, size, quality 등이 온다.

▷ Day and night are **equal in** length only twice a year. 낮과 밤은 일 년에 딱 두 번 길이가 같다.
▷ 100 degrees Celsius is **equal to** 212 degrees Fahrenheit. 섭씨 100도는 화씨 212도와 같다.

equality /ikwáləti/ 명 평등

| achieve | equality | 평등을 실현하다 |
| ensure | equality | 평등을 보장하다 |

▷ The law should be changed to **ensure equality** of treatment. 평등한 대우를 보장할 수 있도록 법률이 개정되어야 한다.

economic	equality	경제적 평등
sexual	equality	남녀 평등
social	equality	사회적 평등

▷ As far as possible we should aim to achieve **social equality**. 우리는 최대한 사회적 평등의 달성을 목표로 해야 한다.

equipment /ikwípmənt/

명 설비, 장비, 기기

supply	equipment	기기를 제공하다
use	the equipment	기기를 사용하다
install	equipment	기기를 설치하다

▷ Around 70 percent of Americans **use** computer **equipment** at work or home. 미국인의 70% 정도가 직장이나 집에서 컴퓨터 기기를 사용한다.
▷ The school **installed equipment** such as CCTV cameras last year. 학교는 작년에 CCTV 카메라 같은 장비를 설치했다.

standard	equipment	표준 장비
special	equipment	특수 장비
office	equipment	사무 기기
computer	equipment	컴퓨터 기기
electrical	equipment	전기 기기
electronic	equipment	전자 기기
medical	equipment	의료 기기
military	equipment	군사 장비
digital	equipment	디지털 기기

▷ DVD drives are becoming **standard equipment** on PCs. DVD 드라이브는 PC에 장착되는 표준 장비가 되고 있다.
▷ Turn off all **electrical equipment** at night. 밤에는 모든 전기 장비를 꺼라.
▷ The US has no competitor in high-tech **military equipment**. 미국은 첨단 군사 장비 분야에서 경

쟁자가 없다.

| a piece of | equipment | 장비 한 점 |

▷ This new camera is a fantastic **piece of equipment**. 이 새 카메라는 환상적인 장비다.

equivalent /ikwívələnt/ 형 동등한

exactly	equivalent	완전히 같은
roughly	equivalent	대체로 같은
approximately	equivalent	
broadly	equivalent	

▷ Two languages often do not possess **exactly equivalent** words. 보통 두 언어 사이에는 완전히 일치하는 단어가 없다.
▷ In size, the country is **roughly equivalent** to the State of Texas. 그 나라는 면적이 대략 텍사스 주와 같다.

| equivalent | to A | A와 동등한 |

▷ For a dog, 15 years is **equivalent to** 74 years in a human life. 개의 15세는 인간의 74세와 동등하다.

error /érər/ 명 오류, 실수; 실책

make	an error	실수를 저지르다
contain	an error	오류가 있다
correct	an error	오류를 고치다

▷ I often **make** small **errors**. 나는 사소한 실수를 자주 저지른다.
▷ Large databases of information always **contain errors** and outdated information. 방대한 정보의 데이터베이스에는 항상 오류와 낡은 정보가 있다.
▷ I would like to **correct** one **error** I noticed on page 7. 7쪽에서 발견한 오류를 하나 교정하고 싶습니다.

| an error | occurs | 오류가 일어나다 |

▷ This **error** usually **occurs** when I try to download a huge file. 이 오류는 보통 내가 대용량 파일을 다운로드할 때 일어난다.

a serious	error	심각한 실수
a fatal	error	치명적인 실수
an unexpected	error	예기치 못한 실수
a common	error	흔한 실수
a grammatical	error	문법적 오류
a spelling	error	철자 오류
a clerical	error	사무적 실수
human	error	인적 오류
pilot	error	조종 실수
driver	error	운전 실수

▷ Mr. Brown made the **fatal error** of saying what he actually thinks. 브라운 씨는 자신의 실제 생각을 발설하는 치명적인 실수를 저질렀다.
▷ We should never forget that **human error** can occur. 우리는 인간의 실수가 일어날 수 있다는 사실을 잊어서는 안 된다.(★× human mistake라고는 하지 않는다.)

| a margin of | error | 오차 |

▷ There's a **margin of error** in his analysis. 그의 분석에는 오차가 있다.

| in | error | 실수로 |

▷ He was arrested **in error**. 그는 오인 체포되었다.

escape /iskéip/ 명 도망, 탈출

make	one's escape	도망치다, 탈출하다
attempt	an escape	탈출을 시도하다
prevent	an escape	탈출을 막다
provide	an escape	탈출구를 제공하다

▷ She finally **made** her **escape** on a flight from Moscow. 그녀는 마침내 모스크바에서 비행기로 탈출했다.
▷ TV **provided** an **escape** from the deadly dull life. TV는 미치도록 지루한 일상에서 탈출하는 수단을 제공했다.

a narrow	escape	아슬아슬한 탈출
a lucky	escape	행운의 탈출
a miraculous	escape	기적적인 탈출

▷ Four people had a **lucky escape** after a three-car collision. 삼중 충돌 사고에서 네 명이 운 좋게 살아 남았다.

PHRASES
There is no escape! 😊 이제 피할 수 없어!

escape /iskéip/ 통 도망치다, 빗나가다

| narrowly | escape | 간신히 피하다 |

▷ Andy was seriously wounded and only **narrowly escaped** death. 앤디는 중상을 입었고, 간신히 죽음을 피했을 뿐이다.

try to	escape	탈출을 시도하다
attempt to	escape	
manage to	escape	힘겹게 도망치다

▷ Don't **try to escape** or you'll be shot. 도망치려고

하면 총에 맞을 줄 알아.

| escape | from A | A로부터 도망치다 |

▷ A prisoner **escaped from** the prison where he had been kept for 10 years. 죄수 한 명이 10년 동안 갇혀 있던 감옥에서 탈출했다.

essential /isénʃəl/

형 없어서는 안 될; 본질적인

| absolutely | essential | 극히 중요한 |

▷ Innovation is **absolutely essential** in an industry. 혁신은 산업에서 없어서는 안 될 정도로 중요하다.

| essential | to A | A에 꼭 필요한 |
| essential | for A | |

▷ Clean water is **essential for** life. 깨끗한 물은 생명에 필수적이다

| it is essential | (that)... | 반드시 …해야 한다 |
| it is essential | to do | 꼭 …해야 한다 |

▷ **It is essential that** you consult a doctor immediately. 당신은 반드시 당장 의사에게 진찰을 받아야 합니다.
▷ **It is essential** for you **to** be there by three o'clock. 너는 3시까지 꼭 거기에 가야 한다.

establish /istǽbliʃ/

동 설립하다; 확립하다; 입증하다

be originally	established	처음 설립되다
clearly	establish	명확히 확립하다
firmly	establish	굳게 확립하다
fully	establish	확실히 자리잡다

▷ This company was **originally established** in 1887. 이 회사는 처음 1887년에 설립되었다.
▷ Australia is now **clearly established** as a major wine producing area. 오스트레일리아는 이제 주요 와인 생산지로 자리매김했다.
▷ By the sixth century Buddhism was **fully established** in Korea. 불교는 6세기에 한국에서 확실히 자리를 잡았다.

| establish | A with B | B와의 사이에 A(관계)를 이루다 |

★ A는 a relationship, contact, a friendship 등

▷ He **established** a friendship **with** Frank. 그는 프랭크와 우정을 맺었다.

| establish | that... | …라는 것을 입증하다 |
| establish | wh- | …인지를 입증하다 |

★ wh-는 whether, how, who 등

▷ The survey **established that** 21% of those aged 16-20 years were smokers. 그 설문조사는 16~20세의 21%가 흡연자라는 것을 입증했다.

estate /istéit/ 명 토지, 사유지; 재산

have	an estate	토지를 소유하다
own	an estate	
buy	an estate	토지를 구입하다
manage	an estate	토지를 관리하다
leave	an estate	재산을 남기다
inherit	an estate	재산을 물려받다

▷ Robin **left** his **estate** to his three sons. 로빈은 세 아들에게 재산을 남겨주었다.
▷ Richard **inherited** the family **estate**. 리처드는 가족의 재산을 물려받았다.

a large	estate	넓은 땅
personal	estate	동산(動産)
real	estate	부동산
《영》 a housing	estate	주택 단지

▷ The husband will be entitled to all his wife's **personal estate** after her death. 아내가 죽으면 남편이 아내의 동산에 대한 소유권을 갖는다.

estimate /éstəmət/ 명 추산, 견적; 추정치

make	an estimate	추산하다
give	an estimate	견적을 내다
provide	an estimate	

▷ It's hard to **make an estimate** of how many civilians have been killed in the war. 그 전쟁에서 민간인이 얼마나 많이 죽었는지는 추산하기가 힘들다.
▷ We have to **provide an estimate** of the cost by the end of this month. 우리는 이 달 말까지 비용의 견적을 내야 한다.

an accurate	estimate	정확한 추정치
a conservative	estimate	낮게 잡은 추정치
a rough	estimate	대강의 추정치

▷ Let's make a **rough estimate**. 대강의 추정치를 계산해 보자.

estimate /éstəmèit/ 동 추산하다, 추정하다

originally	estimate	애초에 추산하다
conservatively	estimate	적게 추산하다
roughly	estimate	대강 추산하다

▷We **conservatively estimate** the attendance at around 500 people. 낮게 잡아도 500명 정도는 참석할 것 같다.

| estimate | A at B | A를 B로 추산하다 |

▷The total cost of damage was **estimated at** $2 billion. 총 피해액은 20억 달러로 추산되었다.

| estimate | (that)... | ⋯라고 추정하다 |

▷ Scientists **estimate that** the Earth was formed around 4.6 billion years ago. 과학자들은 지구가 46억년 전에 형성되었다고 추정한다. ♦ **it is estimated that...** ⋯로 추정된다 ▷It is estimated that 35% of all marriages ended in divorce in Western Europe. 서유럽에서는 결혼의 35%가 이혼으로 끝난 것으로 추정된다.

evening /íːvniŋ/ 뎽 저녁, 밤 (★대개 일몰에서 잠들기 전까지, night은 일몰에서 일출까지)

this	evening	오늘 저녁
yesterday	evening	어제 저녁
tomorrow	evening	내일 저녁
early	evening	이른 저녁
late	evening	늦은 저녁
the following	evening	다음 날 저녁
the previous	evening	전날 저녁
a lovely	evening	아름다운 밤
Friday	evening	금요일 저녁
May	evening	5월 저녁
a winter	evening	겨울 저녁

▷ Do you have any plan **this evening**? 오늘 저녁에 무슨 약속이라도 있어?

▷ A baby girl was born **yesterday evening**. 어제 저녁에 여자 아기가 태어났다.

▷ **Early evening** will be the best time at the shore of the lake. 이른 저녁이 호숫가에서 보내기에 가장 좋은 시간일 것이다.

▷ The **following evening** I was invited to have dinner with Dennis. 나는 다음 날 저녁 데니스와의 저녁 식사에 초대받았다.

▷ We had a **lovely evening**. 우리는 멋진 저녁 시간을 보냈다.

in	the evening	저녁에
(on)	Friday evening	금요일 저녁에
on	Saturday evenings	매주 토요일 저녁에
on	the evening of A	A의 저녁에

▷ **In the evening** we drove to Boston. 저녁에 우리는 차를 몰고 보스턴에 갔다. ♦ **late in the evening** 저녁 늦게 ▷The concert will be broadcast late in the evening on the radio. 그 콘서트는 저녁 늦게 라디오로 방송될 것이다.

▷The annual music festival takes place **on the evening of** August 1. 연례 음악 축제는 8월 1일 저녁에 열린다.

event /ivént/ 뎽 사건; 행사; 종목

organize	an event	행사를 주최하다
stage	an event	
attend	an event	행사에 참가하다

▷ About 50,000 people are expected to **attend the event**. 5만 명 가량이 그 행사에 참석할 것으로 예상된다.

| an event | occurs | 사건이 일어나다 |
| an event | takes place | |

▷Three major **events occurred** in my life. 내 인생에는 세 가지 큰 사건이 있었다.

an important	event	중요한 사건
a major	event	큰 사건
a historic	event	역사적인 사건
a historical	event	과거의 사건
a future	event	미래의 사건
an annual	event	연례 행사
a social	event	사교 행사
a school	event	학교 행사
a sporting	event	스포츠 대회

▷This play is based on **historical events**. 이 연극은 과거의 사건들이 토대가 된다.

▷The Australian Science Festival is an **annual event** held in Canberra. 오스트레일리아 과학 축제는 캔버라에서 열리는 연례 행사다.

▷The games are the biggest **sporting event** in the world this year. 그 경기는 올해 세계 최대의 스포츠 행사다.

in	the event of A	A의 경우에는
in	the event that...	⋯인 경우에는
((영)) in	the event	실제로는
in	any event	어쨌건

★A는 death, illness, a crisis 등

▷ **In the event that** the concert is cancelled we can get our money back. 콘서트가 취소될 경우에는 환불을 받을 수 있다.

▷We all took umbrellas with us, but **in the event** it didn't rain. 우리는 모두 우산을 갖고 갔지만, 실제로는 비가 오지 않았다.

▷ **In any event**, it was extremely difficult to concentrate on the exam. 어쨌건 시험에 집중하는 것이 매우 힘들었다.

a chain of	events	일련의 사건
a sequence of	events	
a series of	events	
the course of	events	사건의 진행

▷ In the normal **course of events** I spend my summer holidays abroad. 보통의 경우 나는 여름 방학을 해외에서 보낸다.

evidence /évədəns/ 명 증거, 증언

have	evidence	증거가 있다
gather	evidence	증거를 모으다
collect	evidence	
find	evidence	증거를 발견하다
obtain	evidence	증거를 손에 넣다
produce	evidence	증거를 제출하다
provide	evidence	증거를 제공하다
show	evidence	증거를 보이다
give	evidence	증언하다
destroy	evidence	증거를 인멸하다

▷ It's not hard to **find evidence** that Chris is right. 크리스가 옳다는 증거를 발견하기는 어렵지 않다.
▷ The police were unable to **obtain** enough **evidence**. 경찰은 충분한 증거를 손에 넣지 못했다.
▷ The survey **provides evidence** to support his theories. 그 조사는 그의 주장을 뒷받침하는 근거를 제공한다.
▷ An accused has the right not to **give evidence** in court. 피고는 법정에서 증언하지 않을 권리가 있다.

evidence	suggests	증거가 암시하다
evidence	shows	증거가 보여주다

▷ **Evidence shows** that the potato was being cultivated 2,000 years ago in Peru. 증거에 의하면 감자는 2000년 전 페루에서 재배되고 있었다.

sufficient	evidence	충분한 증거
clear	evidence	명백한 증거
hard	evidence	결정적인 증거
strong	evidence	강력한 증거
insufficient	evidence	불충분한 증거
available	evidence	입수할 수 있는 증거
further	evidence	추가적인 증거
new	evidence	새로운 증거
circumstantial	evidence	정황 증거
empirical	evidence	실증적 증거
medical	evidence	의학적 증거
scientific	evidence	과학적 증거

▷ There is **sufficient evidence** to suggest that these pictures are fakes. 이 그림들이 위조임을 암시하는 충분한 증거가 있다.
▷ I found **strong evidence** that the answer to that question is yes. 나는 그 질문에 대한 대답이 예스라는 강력한 증거를 발견했다.
▷ **Further evidence** is required to show the US economy is on the upturn. 미국 경제가 호전되고 있음을 보여주는 증거가 더 필요하다.
▷ There is clear **empirical evidence** against this hypothesis. 이 가설에 반하는 명백한 실증적 증거가 있다.

evidence	of A	A의 증거
evidence	for A	A에 유리한 증거
evidence	against A	A에 불리한 증거

▷ A three-year FBI investigation had found no **evidence of** terrorist activity. 3년에 걸친 FBI의 조사는 테러 활동의 증거를 전혀 발견하지 못했다.
▷ Thomson gave **evidence against** Webber in court. 톰슨은 법정에서 웨버에게 불리한 증언을 했다.

evidence	that...	…라는 증거

▷ There is no **evidence that** she killed her husband. 그녀가 남편을 죽였다는 증거가 없다.

in	evidence	증거로서
be in	evidence	눈에 띄다

▷ Tape recordings cannot always be used **in evidence** in a court of law. 테이프 녹음이 법정에서 무조건 증거로 쓰이는 건 아니다.
▷ The effects of the floods are still very much **in evidence** in New Orleans. 뉴올리언스에서는 홍수의 영향이 여전히 눈에 많이 띈다.

evil /íːvəl/ 명 악, 사악함, 나쁜 일

a great	evil	큰악
the lesser	evil	(두 가지 악 중) 차악(次惡)
a necessary	evil	필요악
a social	evil	사회악

▷ If you don't like either presidential candidate, you just have to choose the **lesser evil**. 대통령 후보가 둘 다 마음에 들지 않는다면, 차악을 선택해야 한다.
▷ Drunk driving is a serious crime and a **social evil**. 음주 운전은 심각한 범죄이자 사회악이다.

exam /igzǽm/

명 시험; 검사 (★examination을 줄인 말)

take	an exam	시험을 보다
((영))do	an exam	
pass	an exam	시험에 합격하다
fail	an exam	시험에 떨어지다
cheat on	an exam	시험에서 부정행위를 하다
((영))cheat in	an exam	

▷ I **took** the **exam** in November and received the results very quickly. 나는 11월에 시험을 봤는데, 결과를 아주 빨리 받았다.

▷ Congratulations on **passing** your **exams**! 시험에 합격한 거 축하해!

an entrance	exam	입학 시험
a mid-term	exam	중간 시험
a final	exam	기말 시험; 졸업 시험
a written	exam	필기 시험
an oral	exam	구두 시험

examination /igzæmənéiʃən/

명 시험; 검사, 조사

take	an examination	시험을 보다
((영))sit	an examination	
pass	an examination	시험에 합격하다
fail	an examination	시험에 떨어지다
make	an examination	검사하다
require	an examination	검사를 필요로 하다
have	an examination	검사를 받다

▷ If I **fail** this **examination**, they won't renew my scholarship. 내가 이 시험에 떨어지면, 장학금이 끊길 것이다.

an entrance examination	입학 시험

▷ He passed the **entrance examination** to university. 그는 대학 입학 시험에 합격했다.

examine /igzǽmin/ 동 조사하다; 진찰하다

carefully	examine	주의 깊게 조사하다
closely	examine	면밀히 조사하다
briefly	examine	간략히 조사하다
critically	examine	비판적으로 조사하다
examine	thoroughly	철저히 조사하다
examine	in detail	세심하게 조사하다

★carefully, closely, briefly, critically는 동사의 뒤에도 쓰인다.

▷ We have **closely examined** the contents of the report. 우리는 보고서의 내용을 면밀히 검토했다.

▷ This chapter **briefly examines** the history of the European Union. 이 장은 유럽연합의 역사를 간략히 살펴본다.

▷ The conclusions drawn from the data must be **examined critically**. 그 데이터에서 얻은 결론은 비판적인 시각으로 검토해야 한다.

▷ We **examined** the cause of the problem **thoroughly**. 우리는 문제의 원인을 철저히 조사했다.

examine	A on B	A에게 B의 시험을 치르게 하다
examine	A in B	
examine	A for B	B를 찾기 위해 A를 조사하다

▷ The doctor **examined** him **for** signs of illness. 의사는 병의 징후를 찾기 위해 그를 검진했다.

example /igzǽmpl/ 명 예, 사례; 모범

give	an example	예를 들다
provide	an example	
cite	an example	예를 인용하다
find	an example	예를 발견하다
set	an example	모범을 보이다
follow	A's example	A를 본받다

▷ Can you **give** an **example**? 예를 들어주시겠습니까?

▷ Parents should **set** a good **example** to their children. 부모는 자녀들에게 귀감이 되어야 한다.

▷ I **followed** her **example** and chose to avoid fatty foods. 나는 그녀를 본받아 기름진 음식을 피하기로 했다.

a typical	example	전형적인 사례
a prime	example	
a classic	example	
an excellent	example	훌륭한 사례
a good	example	좋은 사례
an obvious	example	명쾌한 사례
a clear	example	

▷ This is a **typical example** of African art. 이것은 아프리카 미술의 전형적인 예이다.

for	example	예를 들어

▷ I have many hobbies. **For example**, fishing, bird watching and cooking. 나는 취미가 많다. 예를 들어 낚시, 들새 관찰, 요리 등이다.

exception /iksépʃən/ 명 예외

| make | an exception | 예외로 하다 |

▷ I seldom write to the newspapers, but this time I am **making** an **exception**. 나는 좀처럼 신문에 투고하지 않지만, 이번은 예외로 하겠다.

an important	exception	중요한 예외
a major	exception	
a notable	exception	두드러진 예외
a rare	exception	드문 예외
the only	exception	유일한 예외

▷ He could trust almost no one. The **only exception** was Jimmy. 그는 믿는 사람이 거의 없었다. 유일한 예외는 지미였다.

an exception	to A	A의 예외
with	the exception of A	A를 제외하고
without	exception	예외 없이

▷ There are two **exceptions to** this rule. 이 규칙에는 두 가지 예외가 있다.
▷ **With the exception of** Native Americans, the U.S. is a country of immigrants. 아메리카 원주민을 제외하면 미국은 이민자들의 나라다.
▷ **Without exception** all fifteen members supported the plan. 회원 열다섯 명 모두가 예외 없이 그 계획을 지지했다.

exchange /ikstʃéindʒ/

명 교환; 교류; 환전; 언쟁

cultural	exchange(s)	문화 교류
international	exchange	국제 교류
foreign	exchange	외국환, 외환
the stock	exchange	증권 거래소
a heated	exchange	격렬한 언쟁
an angry	exchange	

▷ **Cultural exchange** aids international understanding. 문화 교류는 국제사회를 이해하는 데 도움이 된다.
▷ A **heated exchange** took place between them. 그들 사이에 격렬한 언쟁이 일어났다.

| an exchange of A | | A의 교환 |

★ A는 ideas, views, information 등

▷ After a free and frank **exchange of** ideas, we reached a compromise. 자유롭고 솔직한 생각을 주고받은 후, 우리는 타협에 이르렀다.

| in | exchange (for A) | (A와) 교환하여 |

▷ Some people think they can get whatever they want, **in exchange for** money. 어떤 사람들은 돈만 주면 원하는 건 무엇이든 얻을 수 있다고 생각한다.

excited /iksáitid/ 형 흥분한, 들뜬

| get | excited | 흥분하다 |
| become | excited | |

▷ Don't **get** too **excited**! 너무 흥분하지 마!

really	excited	무척 들뜬
quite	excited	
increasingly	excited	점점 더 흥분하는
sexually	excited	성적으로 흥분한

▷ Everybody was **quite excited** about the idea. 모두가 그 아이디어에 무척 들떴다.

| excited | about A | A에 흥분한 |

▷ I'm really **excited about** this project. 나는 이 사업에 마음이 정말 설렌다.

| excited | to do | …해서 흥분한 |

▷ I'm very **excited to** hear that. 그 소식을 들으니 무척 신난다.

excitement /iksáitmənt/

명 흥분, 동요, 격앙

| cause | excitement | 흥분을 일으키다 |

▷ His announcement **caused** great **excitement**. 그의 발표는 큰 동요를 일으켰다.

great	excitement	큰 흥분
high	excitement	
intellectual	excitement	지적 흥분
sexual	excitement	성적 흥분

▷ There was **great excitement** across the country during the Olympics. 올림픽 기간 동안 전국이 큰 흥분에 휩싸였다.
▷ **Sexual excitement** gets the heart pumping. 성적 흥분은 심장 박동을 촉진한다.

| with | excitement | 흥분해서 |

▷ Jeremy clapped his hands **with excitement**. 제레미는 흥분해서 박수를 쳤다.

exciting /iksáitiŋ/

형 흥분시키는, 들뜨게 하는, 짜릿한

| sound | exciting | 신날 것 같다 |
| get | exciting | 즐거워지다 |

▷ "We're going to go on an adventure holiday in Canada!" "Really? **Sounds exciting!**" "우리는 캐나다로 모험 여행을 갈 거야!" "정말? 신나겠다!"

really	exciting	짜릿한
quite	exciting	
tremendously	exciting	숨막히게 흥분되는

▷ This breakthrough in technology is **tremendously exciting**. 과학 기술의 이 획기적인 발전은 엄청나게 흥분되는 일이다.

| an exciting | new A | 짜릿하고 새로운 A |

▷ He is one of the most **exciting new** talents in the business. 그는 업계에서 가장 기대를 모으는 신예 중 한 명이다.

exclude /iksklúːd/

통 제외하다; 배제하다; 따돌리다

totally	exclude	완전히 배제하다
completely	exclude	
deliberately	exclude	의도적으로 배제하다
expressly	exclude	명확히 배제하다
specifically	exclude	
effectively	exclude	사실상 배제하다

▷ Please tell me why you are **deliberately excluding** me. 왜 나를 일부러 따돌리는지 이유를 말해줘.

▷ Women were once **effectively excluded** from higher education. 여자들은 예전에 고등 교육에서 사실상 배제되었다.

| exclude or restrict | | 배제 또는 제한하다 |

▷ Certain types of insurance claim may be **excluded or restricted**. 어떤 종류의 보험금 청구는 제외되거나 제한될 수 있습니다.

| exclude | A from B | A를 B에서 제외하다 |

▷ As he was not yet sixteen, he was **excluded from** taking part in the race. 아직 열여섯 살이 되지 않았기 때문에, 그는 경주 참가에서 제외되었다.

excuse /ikskjúːs/ 명 핑계, 변명, 구실

have	an excuse	핑계가 있다
make	an excuse	핑계를 대다
give	an excuse	
look for	an excuse	핑계를 찾다
find	an excuse	핑계를 발견하다
use A as	an excuse	A를 핑계로 삼다

▷ Now you no longer **have an excuse** to ignore him! 이제 너는 더 이상 그를 무시할 핑계가 없어!

▷ Stop **making excuses**! 핑계 좀 그만 대!

▷ Stop **giving** me **excuses**! 나한테 핑계 좀 그만 대!

▷ I tried to **find an excuse** for the delay. 나는 늦어진 이유에 대한 핑계를 찾으려고 했다.

the perfect	excuse	완벽한 변명
a good	excuse	좋은 핑계
a reasonable	excuse	합리적인 구실
a feeble	excuse	궁색한 핑계

▷ Winter is coming. It's the **perfect excuse** to stay indoors. 겨울이 오고 있다. 집밖에 나가지 않을 완벽한 핑계다.

▷ Tim missed two lessons without a **reasonable excuse** today. 팀은 오늘 이렇다 할 이유도 없이 수업 두 과목을 빼먹었다.

▷ Feeling tired is a **feeble excuse**. 피곤하다는 것은 궁색한 핑계다.

| an excuse | for A | A에 대한 핑계 |

▷ She made **excuses for** why she couldn't see Tom. 그녀는 왜 톰을 만날 수 없었는지에 대해 핑계를 댔다.

| an excuse | to do | …하려는 핑계 |

▷ Saying that he was ill was just an **excuse to** avoid coming to the meeting. 아프다는 말은 회의에 오지 않으려는 핑계일 뿐이었다.

exercise /éksərsàiz/

명 운동; 훈련, 연습문제; 연습

do	exercise	운동하다; 훈련하다; 연습문제를 풀다
take	exercise	운동하다
get	exercise	
repeat	the exercise	운동을 반복하다

▷ **Do exercise** every day to keep fit. 건강을 유지하려면 매일 운동을 하세요.

▷ Please open your books and **do Exercise** 1. 책을 펴고 연습 문제 1을 푸세요.

good	exercise	좋은 운동
strenuous	exercise	격렬한 운동
vigorous	exercise	
gentle	exercise	가벼운 운동

light	exercise	
moderate	exercise	적절한 운동
regular	exercise	규칙적인 운동
aerobic	exercise	에어로빅
physical	exercise	신체운동, 체조
mental	exercise	두뇌운동
a simple	exercise	간단한 연습 문제
a practical	exercise	응용 문제
a training	exercise	훈련
a military	exercise	군사 훈련

▷ I recommend **gentle exercise** such as walking or yoga. 나는 걷기나 요가 같은 가벼운 운동을 추천한다.

▷ **Regular moderate exercise** can reduce body fat. 규칙적으로 하는 적절한 운동은 체지방을 줄여줄 수 있다.

▷ Let me give you a couple of **practical exercises**. 너에게 두어 가지 응용 문제를 내줄게.

lack of	exercise	운동 부족

▷ **Lack of exercise** is the main cause of overweight. 운동 부족은 과체중의 주요 원인이다.

exhibition /èksəbíʃən/ 몡 전시회, 전람회

have	an exhibition	전시회를 열다
hold	an exhibition	
organize	an exhibition	전시회를 준비하다
visit	an exhibition	전시회를 보러 가다

▷ She **had** a solo **exhibition** in Seoul last year. 그녀는 작년에 서울에서 개인 전시회를 열었다.

▷ Prince Charles **visited** the **exhibition** at the Mall Galleries in London. 찰스 왕세자는 런던의 몰 갤러리에서 열린 전시회를 보러 갔다.

an international	exhibition	국제 박람회
a special	exhibition	특별 전시
a temporary	exhibition	임시 전시

▷ The **international exhibition** will be held at the convention center from Tuesday June 20. 6월 20일 화요일부터 컨벤션 센터에서 국제 박람회가 열릴 것입니다.

on	exhibition	전시되어

▷ English paintings are **on exhibition** at Thomas Mclean's Gallery. 영국 작가들의 회화는 토머스 매클린 갤러리에서 전시 중이다.

exist /igzíst/ 몡 존재하다; 생존하다

actually	exist	현실에 존재하다
already	exist	이미 존재하다
currently	exist	현재 존재하다
no longer	exist	더 이상 존재하지 않다

▷ Do you think such a perfect person **actually exists**? 그렇게 완벽한 사람이 현실에 존재한다고 생각해?

▷ Unfortunately due to war damage, most of the original buildings **no longer exist**. 안타깝게도 원래의 건물들은 전쟁 피해로 인해 거의 남아 있지 않다.

exist	on A	A에 의지해 살아가다

▷ If you want to **exist** just **on** vegetables, that's your choice. 채소만 먹고 살겠다면 그것은 네 자유다.

existence /igzístəns/

몡 존재, 생존; 생활, 생활 양식

be in	existence	존재하다
have	an existence	존재하고 있다
come into	existence	태어나다
go out of	existence	소멸하다
deny	A's existence	A의 존재를 부정하다
confirm	the existence	존재한다고 확인해주다
prove	A's existence	A의 존재를 증명하다
eke out	an existence	근근이 먹고 살다

▷ The United Nations has **been in existence** for nearly half a century. 유엔이 설립된 지 반 세기 가까이 되었다.

▷ Our solar system **came into existence** 4.6 billion years ago. 우리 태양계는 46억 년 전에 생겨났다.

▷ Some people are still **denying** the **existence** of global warming. 어떤 사람들은 아직도 지구 온난화의 실재를 부정한다.

▷ NASA **confirmed** the **existence** of the ozone hole. 미 항공우주국은 오존층 구멍이 존재한다는 것을 확인했다.

the continued	existence	존속
an independent	existence	독립 생활
a hand-to-mouth	existence	근근이 먹고 사는 생활
a previous	existence	전생

▷ The **continued existence** of terrorism is a major problem. 계속되는 테러는 중대한 문제다.

▷ Since she left home, she's been living a completely **independent existence**. 그녀는 집을 떠난 뒤 완전한 독립 생활을 하고 있다.

exit /égzit, éksit/ 명 출구

make	an exit	나가다, 퇴장하다

▷ Any good actor knows when to **make an exit**. 좋은 배우는 퇴장할 때를 안다.

an exit	from A	A의 출구

▷ They found their **exit from** the building was blocked. 그들은 그 건물의 출구가 봉쇄되었음을 알게 되었다.

an emergency	exit	비상구
a fire	exit	

▷ Where's the **emergency exit**? 비상구가 어디인가요?

expand /ikspǽnd/

동 확대하다, 늘리다; 자세히 설명하다

greatly	expand	대폭 확대하다
further	expand	추가로 확대하다
rapidly	expand	급속히 확대하다
expand	considerably	상당히 확대하다

★ rapidly는 동사의 뒤에도 쓰인다.

▷ Trade between Korea and China has **greatly expanded** in the past ten years. 한국과 중국 사이의 무역은 지난 10년 동안 대폭 확대되었다.

▷ To **further expand** her business, she invested one hundred million won. 사업을 추가로 확장하기 위해 그녀는 1억 원을 투자했다.

expand	into A	A로 확대하다
expand	on A	A에 대해 자세히 설명하다
expand	upon A	

▷ The company plans to **expand into** Eastern Europe within the next year. 회사는 내년에 동유럽에 진출할 계획이다.

▷ Can you **expand on** this idea? 이 아이디어를 자세히 설명해 주시겠습니까?

expect /ikspékt/

동 기대하다; 예상하다; 요구하다

fully	expect	확신하다
half	expect	반신반의하다
really	expect	무척 기대하다
reasonably	expect	합리적 기대를 하다

▷ I **fully expect** him to win the game. 나는 그가 경기에 이길 거라고 확신한다.

▷ We can't **reasonably expect** him to keep helping us without payment. 그가 보수를 받지 않고 우리를 계속 도와줄 거라는 기대는 온당하지 않다.

as	expected	예상대로

▷ **As expected**, the story has spread widely in the press. 예상대로 그 이야기는 언론에 널리 퍼졌다.

expect	to do	…할 거라고 생각하다
expect	A to do	A가 …할 거라고 생각하다
expect	(that)...	…라고 예상하다
be expected	to do	…할 것으로 예상되다

▷ I didn't **expect** him **to** come. 나는 그가 올 거라고 생각하지 않았다.

▷ I **expect that** he will change his mind. 나는 그가 생각을 바꿀 거라고 생각한다.

▷ Pupils are **expected to** work hard on a large range of subjects. 학생들은 다양한 과목을 열심히 공부하는 것이 요구된다.

expect	A of B	B에게 A를 기대하다
expect	A from B	

▷ We **expect** more **of** you. 우리는 너에게 더 많은 것을 기대한다.

expense /ikspéns/

명 비용, 지출; (-s) 필요 경비

incur	an expense	비용 부담을 지다
cover	an expense	비용을 대다
meet	an expense	
bear	an expense	
spare no	expense	비용을 아끼지 않다
reimburse	expenses	경비를 돌려주다
pay	expenses	
put A on	expenses	A를 경비로 책정해 두다

▷ Because prices rose, we've **incurred** more **expenses** that we expected. 물가가 올라서 우리가 예상한 것보다 더 많은 비용이 들었다.

▷ She **spared no expense** in making her house comfortable. 그녀는 집을 안락하게 만드는 데 비용을 아끼지 않았다.

▷ The company **paid** all my **expenses** to come for an interview. 회사는 내가 면접을 보러 가는 데 쓴 모든 경비를 돌려주었다.

(the) additional	expense	추가 비용
(an) extra	expense	여분의 비용
(an) unnecessary	expense	불필요한 비용
living	expenses	생활비

household	expenses	가계비
travel	expenses	여비; 교통비
traveling	expenses	
removal	expenses	이사 비용
legal	expenses	소송 비용
medical	expenses	의료비

▷ You can upgrade to a wider range of TV channels without **additional expense**. 추가 비용 없이 TV 채널이 더 많은 서비스로 업그레이드하실 수 있습니다.

▷ You should avoid **unnecessary expense**. 불필요한 비용을 쓰지 않아야 한다.

▷ **Living expenses** in Tokyo are very high. 도쿄의 생활비는 매우 높다.

at	A's expense	A의 부담으로
at	the expense of A	A를 희생해서

▷ *Peter Rabbit* was published **at** the author's own **expense** in 1901. '피터 래빗'은 1901년에 작가가 자비로 출판했다.

expensive /ikspénsiv/ 형 비싼, 고가의

become	expensive	비싸지다
get	expensive	
find A	expensive	A가 비싸다고 생각하다

▷ Vegetables **became** quite **expensive** due to the floods. 홍수 때문에 채소값이 상당히 올랐다.(★ quite 등 expensive를 강조하는 부사와 함께 자주 쓰인다.)

▷ He **found** the cost of living less **expensive** in Oregon. 그는 오리건 주에서는 생활비가 덜 든다는 것을 알게 됐다.

extremely	expensive	아주 비싼
really	expensive	
prohibitively	expensive	터무니없이 비싼
relatively	expensive	비교적 비싼
increasingly	expensive	점점 더 비싸지는

▷ Good medicine is **extremely expensive**. 좋은 약은 아주 비싸다.

▷ Do you think imported cars are **prohibitively expensive**? 수입차가 터무니없이 비싸다고 생각하니?

A is expensive	to do	A는 …하는 데 돈이 많이 든다

▷ Big old houses are **expensive to** maintain. 오래된 저택들은 유지하는 데 돈이 많이 든다.

experience /ikspíəriəns/ 명 경험, 체험

have	(an) experience	경험하다
gain	experience	경험을 쌓다
get	experience	
share	(an) experience	경험을 전하다
describe	(an) experience	경험을 이야기하다
learn by	experience	경험을 통해 배우다
learn from	experience	

★ have, share, describe와 함께 쓰여 '구체적인 경험'을 표현할 때는 experience가 셀 수 있는 명사가 된다.

▷ She **had** a terrible **experience** when she was living in New York. 그녀는 뉴욕에 살 때 끔찍한 경험을 했다.

▷ All you need to do is to **gain experience**. 너에게 필요한 것은 경험을 쌓는 것뿐이다.

▷ We **shared experiences** of our travels abroad. 우리는 서로 해외 여행의 경험을 나눴다.

▷ Please **share** your long **experience** with the new employees. 신입 직원들에게 당신의 오랜 경험을 전해 주십시오.

▷ I **learned** a lot **from** my **experience** as a volunteer. 나는 자원 봉사 경험으로 많은 것을 배웠다.

long	experience	오랜 경험
limited	experience	한정된 경험
past	experience	과거의 경험
previous	experience	이전의 경험
personal	experience	개인적 경험
practical	experience	현실 체험
business	experience	실무 경험
a bad	experience	나쁜 경험
a traumatic	experience	참혹한 경험

▷ I can tell you from **personal experience** that playing golf isn't easy. 나는 개인적 경험을 통해서 골프 치는 것이 쉽지 않다는 말을 해주고 싶다.

a lack of	experience	경험 부족

▷ The project didn't go well due to his **lack of experience**. 그 사업은 그의 경험 부족으로 잘 되지 않았다.

experiment /ikspérəmənt/ 명 실험

do	an experiment	실험을 하다
conduct	an experiment	
carry out	experiments	
perform	an experiment	
try	an experiment	실험을 시도하다
design	an experiment	실험을 설계하다

▷ We've been **doing** a number of **experiments** to understand how the cells work. 우리는 세포가

어떻게 작용하는지를 알기 위해 여러 가지 실험을 하고 있다.

▷ We **tried** several **experiments** to test the theory. 우리는 그 이론이 맞는지 알아보기 위해 몇 차례 실험을 시도했다.

▷ We **designed experiments** to test Hoff's hypothesis. 우리는 호프의 가설을 시험할 실험을 설계했다.

animal	experiments	동물 실험
a scientific	experiment	과학 실험
a successful	experiment	성공한 실험

▷ Charles Irving conducted a **successful experiment** in making fresh water from seawater. 찰스 어빙은 해수를 담수로 만드는 실험에 성공했다.

an experiment	in A	A(분야)의 실험
an experiment	on A	A에 대한 실험
an experiment	with A	A를 이용한 실험

▷ What is the most famous **experiment in** physics? 물리학에서 가장 유명한 실험은 무엇인가요?

▷ He conducted a series of **experiments with** mice. 그는 쥐를 이용한 일련의 실험을 했다.

an experiment	to do	…하는 실험

★ do는 test, see 등

▷ Scientists designed **experiments to test** for the presence of life on Mars. 과학자들은 화성에 생명체가 있는지를 알아보는 실험을 설계했다.

expert /ékspəːrt/ 몡 전문가, 숙련가

a computer	expert	컴퓨터 전문가
a financial	expert	금융 전문가
a legal	expert	법률 전문가
a medical	expert	의료 전문가

▷ I'm not a **legal expert**, just a citizen. 나는 법률 전문가가 아니라 그냥 일반 시민이에요.

an expert	at doing	…의 달인
an expert	in A	A의 전문가
an expert	on A	

★ × an expert of A라고는 하지 않는다.

▷ She is an **expert at** calculating. 그녀는 계산의 달인이다.

▷ Dr. David Gregory is an **expert in** economics. 데이비드 그레고리 박사는 경제학 전문가다.

explain /ikspléin/ 통 설명하다, 해명하다

fully	explain	충분히 설명하다
satisfactorily	explain	만족스럽게 설명하다
partly	explain	부분적으로 설명하다
briefly	explain	간략하게 설명하다
clearly	explain	명확히 설명하다
easily	explain	쉽게 설명하다
well	explain	잘 설명하다
explain	exactly	정확히 설명하다
explain	simply	간단하게 설명하다

▷ He couldn't **satisfactorily explain** what had happened. 그는 어떤 일이 있었는지 만족스럽게 설명하지 못했다.

▷ He **clearly explained** what we should do in an emergency. 그는 비상시에 우리가 해야 할 일을 명확히 설명했다.

▷ This phenomenon is **easily explained**. 이 현상은 쉽게 설명할 수 있다.

▷ Let me **explain exactly** what I mean. 내 생각을 정확히 설명해 볼게.

▷ This is a complex issue and hard to **explain simply**. 이것은 복잡한 문제라 간단하게 설명하기 어렵다.

explain	A to B	A를 B(사람)에게 설명하다
explain	about A	A에 대해 설명하다

▷ He **explained** everything **to** me slowly and clearly. 그는 나에게 무엇이든 천천히 그리고 명확하게 설명해 주었다.

▷ Could you **explain about** why the floods happened in Florida? 왜 플로리다에 홍수가 일어났는지 설명해 주실 수 있나요?

explain	(that)...	…라는 것을 설명하다
explain	wh-	…인지 설명하다

★ wh-는 why, how, what 등의 의문사

▷ He **explained that** they had known each other for six years. 그는 그들이 6년 동안 서로 알고 지냈다고 설명했다.

▷ She couldn't **explain why** she was late. 그녀는 왜 늦었는지 설명하지 못했다.

as	explained above	위에서 설명한 대로
as	explained earlier	앞에서 설명한 대로

▷ **As explained above**, December was originally the tenth month of the Roman calendar. 위에 설명한 대로, 12월은 원래 로마 달력에서는 10번째 달이었다.

explanation /èksplənéiʃən/ 명 설명

have	an explanation	설명할 수 있다
offer	an explanation	설명하다
provide	an explanation	
give	an explanation	
need	an explanation	설명이 필요하다
require	an explanation	
demand	an explanation	설명을 요구하다
accept	an explanation	설명을 받아들이다

▷ He **had** no satisfactory **explanation** for the fall in profits. 그는 수익 감소에 대해 흡족한 설명을 하지 못했다.
▷ I guess you don't **need** long **explanations**. 너에게는 긴 설명이 필요하지 않을 것 같구나.
▷ The part written in italics **requires** some **explanation**. 이탤릭체로 쓴 부분은 설명이 필요하다.
▷ Shareholders **demanded** an **explanation** for Mansfield's resignation. 주주들은 맨스필드의 사직에 대해 설명을 요구했다.
▷ My boss refused to **accept** my **explanation**. 상사는 내 설명을 받아들이지 않았다.

a satisfactory	explanation	흡족한 설명
a simple	explanation	간단한 설명
an easy	explanation	
a possible	explanation	가능한 설명
an alternative	explanation	다른 설명

▷ Let me offer a **simple explanation**. 간단히 설명해 줄게.
▷ I have very carefully considered all the **possible explanations**. 나는 가능한 모든 설명을 꼼꼼히 검토해 봤다.

explanation for A	A에 대한 설명

▷ He couldn't give a satisfactory **explanation for** his rude behavior. 그는 자신의 무례한 행동에 대해 타당한 설명을 하지 못했다.

explode /iksplóud/

동 폭발하다, 폭발시키다; 분노가 터지다

suddenly explode	갑자기 폭발하다; 갑자기 화를 내다

▷ He said a man was carrying a suitcase and the suitcase **suddenly exploded**. 그는 어떤 남자가 여행 가방을 들고 갔는데, 그 가방이 갑자기 폭발했다고 말했다.

explode	into A	갑자기 A로 발전하다
explode	with A	A(감정)를 폭발시키다

▷ Racial tension has **exploded into** anger and violence. 인종 갈등이 분노와 폭력으로 터져나왔다.

explore /iksplɔ́ːr/

동 탐험하다, 탐색하다, 조사하다

fully	explore	샅샅이 탐색하다
thoroughly	explore	
systematically	explore	체계적으로 탐구하다
explore	further	추가로 탐색하다

▷ To **fully explore** Gyeongju, you must always have a complete travel guide. 경주를 샅샅이 돌아보려면 충실한 여행 안내서를 늘 갖고 다녀야 한다.
▷ This question is **explored further** in the next chapter. 이 질문은 다음 장에서 더 깊이 다룬다.

explore	wh-	…인지를 조사하다

★ wh-는 how, what, why 등의 의문사

▷ He **explores how** our minds shape our personalities throughout our lives. 그는 인간의 정신이 평생에 걸쳐 어떻게 성격을 형성하는지를 탐구한다.

explosion /iksplóuʒən/

명 폭발; 폭발적 증가

cause	an explosion	폭발을 일으키다

▷ We are still investigating what **caused** the **explosion**. 우리는 아직도 폭발의 원인이 무엇인지를 조사하고 있다.

an explosion	occurs	폭발이 일어나다

▷ The **explosion occurred** at around 4:30 a.m. in a shopping mall. 폭발은 쇼핑몰에서 새벽 4시 30분쯤에 일어났다.

a huge	explosion	대폭발
a loud	explosion	
a big	explosion	
a massive	explosion	
a small	explosion	소규모 폭발
a controlled	explosion	통제 폭파
a nuclear	explosion	핵폭발
a population	explosion	인구 폭발
a price	explosion	가격 급등

▷ There was a **huge explosion** that shook the building. 건물을 뒤흔든 거대한 폭발이 일어났다.
▷ Several **loud explosions** were heard in Baghdad. 바그다드에서 몇 차례 거대한 폭발 소리가 들렸다.
▷ A **nuclear explosion** destroys everything in an instant. 핵폭발은 순식간에 모든 것을 파괴한다.

export /ékspɔːrt/ 몡 수출; 수출품; 수출고

boost	exports	수출을 늘리다
increase	exports	
reduce	exports	수출을 줄이다
ban	the export	수출을 금지하다

▷ African countries **boosted exports** by an average of 4.3 percent a year. 아프리카 국가들은 연평균 4.3%의 비율로 수출을 늘렸다.
▷ The government **banned** the **export** *of* weapons to other countries. 정부는 무기의 해외 수출을 금지했다.

the main	exports	주요 수출품
a major	export	
the principal	exports	
total	exports	수출 총액
agricultural	exports	농산물 수출

▷ Chile's **main exports** to the United States are vegetables and fruit. 칠레가 미국으로 주로 수출하는 품목은 채소와 과일이다.
▷ **Total exports** dropped 6.9 percent during the first eight months of this year. 총 수출액은 올해 들어 8개월 동안 6.9% 하락했다.
▷ One of our major **agricultural exports** is soybeans. 우리의 주요 농산물 수출 품목은 콩이다.

imports and exports	수출입

▷ The gap between **imports and exports** has expanded. 수출액과 수입액의 차이가 커졌다.

export /ikspɔ́ːrt/ 몡 수출하다

illegally	export	불법 수출하다

▷ Nearly 90% of Afghan emeralds are **illegally exported** out of the country. 아프가니스탄의 에메랄드는 90% 가까이가 국외로 불법 수출된다.

export	A to B	A를 B에 수출하다
export	A from B	A를 B에서 수출하다

▷ Malaysia **exports** many products **to** Japan. 말레이시아는 많은 제품을 일본에 수출한다.

expose /ikspóuz/ 몡 드러내다; 노출하다

be fully	exposed	완전히 노출되다
be completely	exposed	
be constantly	exposed	지속적으로 노출되다

▷ We were **fully exposed** to attack. 우리는 공격에 완전히 노출되었다.
▷ They were **constantly exposed** to dangerous levels of radiation. 그들은 위험 수위의 방사선에 지속적으로 노출되었다.

expose	A to B	A를 B에 노출하다

▷ Approximately 20% of children are **exposed to** passive smoking in their homes. 어린이의 약 20%가 가정에서 간접 흡연에 노출되어 있다.

express /iksprés/ 몡 표현하다

openly	express	솔직히 표현하다
clearly	express	명확히 표현하다

▷ Charles couldn't **openly express** himself. 찰스는 자신을 솔직히 표현할 수 없었다.
▷ He **clearly expressed** what he wanted to say. 그는 하고 싶은 말을 명확히 표현했다.

expression /ikspréʃən/ 몡 표현; 표정

find	expression	나타나다
give	expression	표현하다
use	expressions	표현을 쓰다
have	an expression	표정을 짓다

▷ Wordsworth's feelings **find expression** in his poetry. 워즈워스의 감정은 그의 시에 나타나 있다.
▷ These paintings **gave expression** *to* human emotions. 이 그림들은 인간의 감정을 표현했다.
▷ Children often **use expressions** like "Give me!" or "No way!" 아이들은 자주 "나 줘!"나 "싫어!" 같은 표현을 사용한다.
▷ He **had** an **expression** of concern on his face. 그는 근심하는 얼굴 표정을 지었다.

a clear	expression	명확한 표현
(a) concrete	expression	구체적인 표현
a natural	expression	자연스런 표현
free	expression	자유로운 표현
emotional	expression	감정 표현
a colloquial	expression	구어 표현
facial	expression	얼굴 표정
a puzzled	expression	당혹스러운 표정

▷ The message was a **clear expression** of annoyance. 그 메시지에는 불쾌감이 명확히 드러나 있었다.
▷ His response was a pretty **natural expression** of his feelings toward Michael. 그의 반응에는 마이클을 향한 그의 감정이 상당히 자연스럽게 나타났다.
▷ The right of **free expression** shall be protected. 표현의 자유는 보호될 것이다.
▷ Her **facial expression** and eye movements are

remarkable. 그녀의 얼굴 표정과 눈의 움직임은 놀라웠다.

freedom of	expression	표현의 자유
a means of	expression	표현 수단
the expression	on A's face	A의 얼굴 표정
the expression	in A's eyes	A의 눈의 표정

▷ Everyone has the right to **freedom of expression**. 누구에게나 표현의 자유가 있다.
▷ He had a sad **expression on** his **face**. 그의 얼굴에 슬픈 표정이 나타났다.

(PHRASES)

(if you'll) pardon the expression ☺ 이렇게 말해도 괜찮다면 ▷ Actually, I think you've got a screw loose, if you'll pardon the expression! 이렇게 말해도 될지 모르겠지만, 사실 너는 나사 하나가 풀린 것 같아.

extend /iksténd/

동 확대하다; 연장하다, 늘리다

greatly	extend	크게 확대하다
gradually	extend	점점 확대하다

▷ Modern health care has **greatly extended** our life span. 오늘날의 보건 의료는 인간의 수명을 크게 늘렸다.

extend	beyond A	A 너머까지 뻗다
extend	over A	A의 범위까지 확장하다
extend	to A	

★ extend to는 extend over A보다 범위가 한정되어 있다.

▷ My goal as a teacher **extends beyond** just telling students what to do. 교사로서 내 목표는 학생들에게 할 일을 말해주는 것에 그치지 않는다.
▷ The total garden **extends over** 17,000 square meters. 전체 정원은 1만 7000제곱미터에 걸쳐 뻗어 있다.(★'1만 7000제곱미터를 넘는다'라는 해석도 가능하다.)

extent /ikstént/ 명 정도, 범위; 넓이

to a large	extent	대단히, 크게
to a great	extent	
to a considerable	extent	상당한 정도로
to a significant	extent	
to a lesser	extent	더욱 작은 범위만큼
to a limited	extent	한정된 범위로
to an	extent	어느 정도까지

▷ **To a large extent** this policy was successful. 이 정책은 크게 성공했다.
▷ Prices fell **to a significant extent**. 가격이 상당한 정도로 하락했다.
▷ Government policies were successful, but only **to a limited extent**. 정부의 정책들은 성공했지만, 한계도 있었다.

the full	extent	전체 범위

▷ The **full extent** of the problem will not become apparent for another two or three months. 그 문제의 전모는 두세 달이 더 지나야 드러날 것이다.

the extent	to which	…하는 정도
to what	extent	어느 정도까지

▷ **To what extent** do the people benefit from such policies? 사람들은 그런 정책으로 어느 정도까지 혜택을 받는가?

to	the extent that...	…하는 정도까지
to	such an extent that...	

▷ The condition had progressed **to such an extent that** the pain was too severe to bear. 병은 고통이 너무 극심해서 견딜 수 없을 정도까지 진행됐다.

eye /ai/ 명 눈; 시력; 관찰력; 견해

A's eyes	blaze	A의 눈이 빛나다
A's eyes	shine	
A's eyes	glitter	

▷ Her dark **eyes** were **blazing** with anger. 그녀의 검은 눈이 분노로 타올랐다.
▷ His **eyes** were **shining** excitedly. 그의 눈이 흥분으로 빛나고 있었다.

open	one's eyes	눈을 뜨다
close	one's eyes	눈을 감다
shut	one's eyes	
raise	one's eyes	시선을 위로 향하다
lower	one's eyes	시선을 아래로 향하다
blink	one's eyes	눈을 깜박이다
roll	one's eyes	눈알을 굴리다
narrow	one's eyes	눈을 가늘게 뜨다
strain	one's eyes	집중해서 보다
rub	one's eyes	눈을 문지르다
wipe	one's eyes	눈물을 닦다
catch	A's eye	A의 눈길을 끌다
look A in	the eye	A의 눈을 보다
be all	eyes	면밀히 주시하다

▷ **Open** your **eyes**! Don't go to sleep. 눈을 떠! 잠들면 안 돼.

▷ He **closed** his **eyes** tightly for a few seconds. 그는 몇 초 동안 눈을 꼭 감았다.

▷ "Oh, no! Mr. Bean! Not you again!" said the driving instructor, **rolling** his **eyes**! "이런, 빈 씨! 또 당신이군요!" 운전 강사가 눈알을 굴리며 말했다. (★ 어이없을 때 짓는 표정)

▷ Emma **narrowed** her **eyes** suspiciously. 에마는 의심스럽다는 듯이 눈을 가늘게 떴다.

▷ Lisa stood up and **looked** him **in the eye**. 리사가 일어서서 그의 눈을 들여다보았다.

▷ She was **all eyes** for what her new neighbors would be like. 그녀는 새로운 이웃들이 어떤 사람인지 면밀히 주시했다.

blue	eyes	파란 눈
dark	eyes	검은 눈
a good	eye	좋은 시력
a sharp	eye	
the naked	eye	육안, 나안
a watchful	eye	감시, 감독

▷ Her wide **dark eyes** brimmed with tears. 그녀의 크고 검은 눈에 눈물이 차 올랐다.

▷ Atoms are invisible to the **naked eye**. 원자는 육안으로는 보이지 않는다.

▷ I improved my golf under the **watchful eye** of my father. 나는 우리 아버지의 감독 아래 골프 실력을 키웠다.

in	A's eyes	A의 견해로는
in	one's mind's eye	마음의 눈으로
with	one's own eyes	자신의 눈으로

▷ **In my eyes** Beckham has been the most successful of any British soccer player. 내가 보기에 베컴은 영국 축구 선수 중에 가장 성공한 사람이다.

▷ **In his mind's eye** he could see her fate all too clearly. 그의 마음의 눈에는 그녀의 운명이 너무도 명확히 보였다.

▷ I saw a UFO. You don't believe me? It's true. I saw it **with my own eyes**. 나 UFO 봤어. 못 믿겠다고? 정말이야. 내 눈으로 직접 봤단 말야.

PHRASES
I couldn't believe my eyes! 😊 내 눈을 믿을 수가 없었어!

F

face /feis/ 명 얼굴; 표정; 정면

turn	one's face	얼굴을 돌리다
bury	one's face	얼굴을 묻다
cover	one's face	얼굴을 가리다
hide	one's face	얼굴을 감추다
wash	one's face	세수하다
wipe	one's face	얼굴을 닦다
make	a face	얼굴을 찡그리다
pull	a face	

▷ I **turned** my **face** *to* the window. 나는 얼굴을 창쪽으로 돌렸다.

▷ She **buried** her **face** *in* her hands. 그녀는 두 손에 얼굴을 묻었다.

▷ Tom **covered** his **face** *with* his hands. 톰은 두 손으로 얼굴을 가렸다.

▷ Eric **wiped** his **face** *with* a towel. 에릭은 수건으로 얼굴을 닦았다.

▷ The little boy hid behind the door and **pulled** a **face** *at* the camera. 그 어린 남자아이는 문 뒤에 숨어서 카메라에 대고 얼굴을 찡그렸다.

A's face	lights up	A의 표정이 밝아지다
A's face	brightens	
A's face	darkens	A의 표정이 어두워지다
A's face	falls	A의 표정이 침울해지다

▷ Greg's **face lit up** with pleasure and excitement. 그레그의 얼굴은 기쁨과 흥분으로 밝아졌다.

▷ Rob's **face darkened** *at* the news. 로브의 얼굴은 그 소식에 어두워졌다.

▷ Jane's **face fell**, but she recovered quickly. 제인은 표정이 침울해졌지만, 금방 원래 얼굴로 돌아왔다.

a pretty	face	예쁜 얼굴
a handsome	face	잘생긴 얼굴
a round	face	둥근 얼굴
an oval	face	계란형 얼굴
a pale	face	창백한 얼굴
a white	face	
a worried	face	걱정스런 얼굴
a long	face	우울한 얼굴
a familiar	face	친숙한 얼굴
a new	face	새로운 얼굴
a famous	face	유명인

★ '긴 얼굴'을 a long face라고는 하지 않는다.

▷ He had a **pale face**, dark eyes and untidy hair.

그는 얼굴빛은 창백하고 눈은 검은색에 머리는 부스스했다.
▷ Why the **long face**? Come on, smile! You'll feel a lot better, I promise! 왜 우울한 얼굴이야? 그러지 말고 웃어봐! 훨씬 기분이 좋아질 거야. 정말이라니까!
▷ It's good to see a **familiar face**. 친숙한 얼굴을 보니 반갑네요.

face	down	엎드린, 엎어 놓은

▷ After she fell from the mountain top, they found her lying **face down** in the snow. 그녀가 산꼭대기에서 떨어진 후, 사람들은 그녀가 눈 속에 엎어져 있는 것을 발견했다.

in	the face of A	A에 직면해서
on	the face of it	얼핏 보기에는

▷ **In** the **face of** adversity, I think we have to pull together. 고난에 직면했을 때는 우리가 힘을 모아야 한다고 생각한다.
▷ **On** the **face of it**, there seems to be very little difference between the two views. 얼핏 보기에는 두 견해가 거의 차이가 없는 것 같다.

fact /fækt/ 명 사실

an important	fact	중요한 사실
relevant	facts	관련된 사실
basic	facts	기본적 사실
the simple	fact	간단한 사실
hard	facts	엄연한 사실
the plain	fact	명백한 사실
a sad	fact	슬픈 사실
a historical	fact	역사적 사실
the mere	fact	단순한 사실

▷ May I present a few **relevant facts**? 몇 가지 관련 사실을 말씀드려도 될까요?
▷ Let's start with some **basic facts**. 몇 가지 기본적 사실에서 출발하자.
▷ The **plain fact** is *that* there is no more money available. 명백한 사실은 이제는 쓸 돈이 없다는 것이다.
▷ Let me point out a couple of **historical facts**. 두어 가지 역사적 사실을 지적해 드리겠습니다.
▷ The **mere fact** *that* you conclude that she was suspicious is not enough. 네가 보기에 그녀가 의심스러웠다는 단순한 사실로는 충분하지 않다.

overlook	the fact	사실을 간과하다
reflect	the fact	사실을 반영하다

▷ We mustn't **overlook** the **fact** *that* he did his best to help us. 그가 우리를 돕기 위해 최선을 다했다는 사실을 간과해서는 안 된다.

the fact	remains	사실은 변함이 없다

▷ I understand what you're saying, but the **fact remains** *that* it's too late to do anything now. 네 말은 이해하지만, 이제 무슨 일을 하기에는 너무 늦었다는 사실은 변함이 없어.

know	for a fact	확실히 알다

▷ I **know for** a **fact** that the information is true. 나는 그 정보가 맞다는 것은 분명히 안다.

a fact	about A	A에 대한 사실
despite	the fact	사실에도 불구하고
in	fact	사실은, 실제로는
in	actual fact	

▷ This is a good time to discuss **facts about** alcohol such as the long-term and short-term effects. 지금이 알코올의 장기적 영향과 단기적 영향 같은 사실을 논의하기에 적절한 때다.
▷ **Despite** the **fact** that he will be 80 next year, he is as active as ever. 내년에 여든 살이라는 사실에도 불구하고, 그는 어느 때보다 활동적이다.
▷ I really like my job. **In fact**, it's one of the most interesting experiences I've ever had. 나는 내 일이 정말 좋다. 사실 이것은 내 평생 가장 흥미로운 경험 중 하나다.

the fact	that...	…라는 사실

▷ Paul is proud of the **fact that** he is farming as organically as possible. 폴은 최대한 유기 농업을 한다는 사실에 자부심을 품고 있다.

factor /fǽktər/ 명 요인, 요소, 인자

an important	factor	중요한 요인
a major	factor	주요 요인
a crucial	factor	필수적인 요소
a key	factor	핵심 요인
a risk	factor	위험 요소
economic	factors	경제적 요인
social	factors	사회적 요인

▷ Calories are the most **important factor** in weight management. 칼로리는 체중 관리에서 가장 중요한 요소다.
▷ Education is one of the most **crucial factors** for socioeconomic development. 교육은 사회경제적 발전에 가장 필수적인 요소 가운데 하나다.
▷ There must be some psychological and **social factors** behind the trend. 유행의 배경에는 어떤 심리

적고 사회적인 요인들이 있을 것이다.

a factor	in A	A의 요인

▷ Lifestyle definitely is a **factor in** the risk of cancer. 생활 방식은 분명히 암 발병 위험도를 결정하는 한 가지 요소다.

factory /fǽktəri/ 圓 공장

build	a factory	공장을 짓다
close	a factory	공장을 폐쇄하다
manage	a factory	공장을 경영하다

▷ Many global firms have **built** their own **factories** in China. 많은 다국적 기업이 중국에 공장을 지었다.

a large	factory	큰 공장
a small	factory	작은 공장
a car	factory	자동차 공장
a chemical	factory	화학 공장

▷ Audi and GM have **large factories** in Hungary. 아우디와 GM은 헝가리에 큰 공장이 있다.

in	a factory	공장에서
at	a factory	

▷ She had worked **in** a **factory** producing computer parts. 그녀는 컴퓨터 부품을 만드는 공장에서 일을 했다.

faculty /fǽkəlti/ 圓 능력, 기능

mental	faculties	정신적 능력
critical	faculties	비판 능력

▷ Yoga exercise has the capacity to prevent illness and keep the body fit by evolving a steady balance between the physical and **mental faculties**. 요가 운동은 신체적 능력과 정신적 능력 사이의 균형을 지속적으로 발달시켜서 질병을 예방하고 건강을 유지하는 힘이 있다.

the faculty	for A	A의 능력, 재능

▷ Jack had a **faculty for** remembering faces. 잭은 얼굴을 기억하는 데 재능이 있다.

fade /feid/ 圓 흐릿해지다; 시들다

quickly	fade	금세 흐려지다
rapidly	fade	
soon	fade	곧 흐려지다
gradually	fade	점점 흐려지다

slowly	fade	천천히 흐려지다
never	fade	절대 흐려지지 않다
fade	away	흐려지다, 사라지다

▷ My feelings of annoyance **soon faded** away. 나의 짜증스런 감정은 곧 사라졌다.

▷ The happy memories of my school days will **never fade**. 학창 시절의 즐거운 기억은 결코 사라지지 않을 것이다.

▷ In time the scar will **fade away**. 때가 되면 흉터는 사라질 것이다.

fade	from A	A에서 사라지다
fade	into A	A 안으로 사라지다

▷ Martin's smile **faded from** his face. 마틴의 얼굴에서 미소가 사라졌다.

▷ The soldier's uniform was camouflaged, so that he would **fade into** the background. 군복에 위장 무늬가 있는 것은 군인이 배경에 묻혀 잘 보이지 않게 하기 위해서이다.

fail /feil/ 圓 실패하다, 실수하다; 게을리하다

fail	miserably	참담하게 실패하다
fail	dismally	
fail	completely	완전히 실패하다

▷ Despite our best efforts, we **failed miserably**. 최선의 노력에도 불구하고 우리는 참담하게 실패했다.

▷ I **failed completely** to find what I was looking for. 나의 탐색은 완전히 실패했다.

fail	in A	A에 실패하다; A를 게을리하다

▷ When you **fail in** business, you can always try again. 네가 사업에 실패해도 언제든 다시 시도할 수 있다.

fail	to do	…하지 않다; …하지 못하다

▷ Jackson **failed to** turn up to his father's birthday party at the weekend. 잭슨은 주말에 있었던 아버지의 생일 파티에 나타나지 않았다.

◆ **never fail to** do 반드시 …하다 ▷ She rarely plans her concerts, but never fails to delight her audience. 그녀는 콘서트를 계획하는 일이 드물지만, 한다면 반드시 관객을 즐겁게 한다.

◆ **I fail to see / I fail to understand** 잘 모르겠다
▷ I'm sorry if I fail to understand your situation. 죄송하지만 당신의 상황을 잘 이해하지 못하겠습니다.

failure /féiljər/ 圓 실패; 고장, 부전(不全)

be doomed to	failure	실패할 운명이다
end in	failure	실패로 끝나다

| fair |

result in	failure	
cause	a failure	고장을 일으키다
lead to	failure	고장으로 이어지다

▷ His attempt was **doomed to failure** from the start. 그의 시도는 처음부터 실패하게 되어 있었다.
▷ These negotiations **ended in failure**. 이 협상은 실패로 끝났다.

a total	failure	완전한 실패
a complete	failure	
a dismal	failure	참담한 실패
economic	failure	경제 파탄
engine	failure	엔진 고장
brake	failure	브레이크 고장
power	failure	정전
heart	failure	심부전
liver	failure	간부전
kidney	failure	신부전

▷ The government's attitude toward this issue is **a total failure**. 이 문제를 다루는 정부의 태도는 완전한 낙제점이다.
▷ The experiment was a **dismal failure**. 그 실험은 참담한 실패였다.

a failure	in A	A의 실패

▷ A **failure in** an exam can be very upsetting. 시험에 떨어지면 몹시 속상할 수 있다.

failure	to do	…하지 않는 것

▷ His **failure to** communicate caused many problems. 그의 소통 부재는 많은 문제를 일으켰다.

fair /fɛər/ 형 공정한, 공평한

perfectly	fair	완전히 공정한
hardly	fair	좀처럼 공정하지 않은
pretty	fair	상당히 공정한

▷ It's **hardly fair** to judge him before you have met him. 만나보기도 전에 그를 판단하는 것은 공정한 일이 아니다.

(PHRASES)

fair enough 됐어, 좋아
▷ "I'll think about it, but I'm not making any promises, OK?" "Fair enough, then." "생각해볼게, 하지만 아무것도 약속은 할 수 없어. 알았어?" "그래, 좋아."

It's fair to say (that)... …라고 말해도 좋다
▷ It's **fair to say that** BBC News 24 offers a generally superb service. BBC 뉴스 24는 대체로 훌륭한 내용을 보도한다고 말할 수 있다.

It's not fair. 그건 불공평해.

faith /feiθ/ 명 신뢰, 믿음; 신앙; 신의

have	faith	신뢰하다
lose	faith	신뢰를 잃다
put	one's faith	신뢰를 주다, 신뢰하다
place	one's faith	
destroy	A's faith	A의 신뢰를 깨뜨리다
restore	A's faith	A의 신뢰를 회복하다

▷ Jane **has** great **faith** *in* him. 제인은 그를 굳게 믿는다.(★ much, great, some, a little, no 등 정도를 표현하는 형용사를 faith 앞에 쓴다.)
▷ People have **lost faith** *in* the government. 국민들은 정부에 대한 신뢰를 잃었다.
▷ Many people **place** their **faith** *in* him. 많은 사람이 그를 신뢰한다.
▷ He **restored** our **faith** *in* politics. 그는 정치에 대한 우리의 신뢰를 회복시켰다.

(a) great	faith	두터운 신뢰
blind	faith	맹목적인 믿음
(a) religious	faith	신앙심

▷ I have **great faith** *in* the younger generation. 나는 젊은 세대를 굳게 믿는다.
▷ Don't have **blind faith** *in* a computer-based system. 컴퓨터 기반 시스템을 맹신하지 말아라.

faith	in A	A에 대한 신뢰; A(신)에 대한 신앙

▷ I have total **faith in** God. 나는 하느님을 전적으로 믿는다.

break	faith with A	A와의 신의를 깨다
keep	faith with A	A와의 신의를 지키다

▷ He refused to **break faith with** his principles. 그는 자신의 원칙을 깨려 하지 않았다.
▷ Fans have **kept faith with** her since her 1995 debut album. 팬들은 데뷔 앨범이 나온 1995년부터 계속 그녀를 지지하고 있다.

in	good faith	신의를 갖고
in	bad faith	신의를 깨서

▷ We have negotiated **in good faith** to solve this problem. 우리는 이 문제를 해결하기 위해 신의를 갖고 협상했다.

fall /fɔːl/ 명 하락, 저하; 낙하, 넘어짐

have	a fall	넘어지다
break	A's fall	낙하의 충격을 덜어주다

cause	a fall	하락시키다
lead to	a fall	하락으로 이어지다
show	a fall	추락을 보이다

▷ I had a **fall** and there was slight bleeding in my nose. 나는 넘어져서 코피가 조금 났다.

▷ The roof **broke** his **fall**. He was lucky. 지붕 때문에 그가 추락할 때의 충격이 줄어들었다. 운이 좋았다.

▷ Economic downturn has **caused** a **fall** in prices. 경기 침체는 물가 하락을 불러왔다.

▷ Competition will eventually **lead to** a **fall** in prices for consumers. 경쟁은 결국 소비자 물가의 하락으로 이어질 것이다.

a dramatic	fall	극적인 하락
a significant	fall	큰 폭의 하락
a sharp	fall	급격한 하락
a steep	fall	
a further	fall	추가적인 하락
a slight	fall	약간의 하락

▷ The most **dramatic fall** in birth rate occurred between 1981 and 1988. 가장 극적인 출생률 하락은 1981년에서 1988년 사이에 일어났다.

▷ The statistics show a **significant fall** in the number of tourists to Japan. 통계에 의하면 일본에 가는 관광객 수가 대폭 하락했다.

▷ Violent crime has fallen every year and police are expecting a **further fall** this year. 흉악 범죄는 매년 감소했고, 경찰은 올해도 더 감소하리라 예측하고 있다.

a fall	from A	A로부터의 추락
a fall	in A	A의 하락

▷ He was injured in a **fall from** a roof. 그는 지붕에서 떨어져서 부상을 입었다.

▷ Inflation means a **fall in** the value of money. 인플레이션은 돈의 가치가 하락했음을 의미한다.

fall /fɔːl/ 图 떨어지다; 넘어지다; 하락하다

fall	down	넘어지다
fall	over	
fall	dramatically	극적으로 하락하다
fall	rapidly	급격히 하락하다
fall	sharply	
fall	slightly	약간 하락하다

▷ He was completely drunk. Every time he tried to stand up, he **fell over**. 그는 완전히 취했다. 일어서려고 할 때마다 넘어졌다.

fall	off A	A에서 떨어지다

fall	down A	A에서 굴러 떨어지다

▷ Steve **fell off** the roof and landed on his head. 스티브는 지붕에서 떨어져서 바닥에 머리를 찧었다.

▷ My dad **fell down** the stairs and broke his arm. 아빠가 계단에서 굴러 떨어져서 팔이 부러졌다.

fall	into A	A에 떨어지다; A(집단)로 나뉘다
fall	by A	A(수치)만큼 떨어지다

▷ The stone **fell into** the water. 돌멩이가 물 속에 떨어졌다.

▷ Wine generally **falls into** three categories: red, white and rosé. 와인은 크게 세 부류로 나눌 수 있다. 레드, 화이트, 로제다.

false /fɔːls/ 图 틀린; 거짓된

totally	false	완전히 틀린
completely	false	
entirely	false	
patently	false	명백히 틀린

▷ "Was it true that you spent a year in prison?" "No. It's **totally false**!" "당신이 징역 1년을 살았다는 게 사실입니까?" "아뇨, 전혀 사실무근입니다!"

▷ Problem is, that story is **patently false**. 문제는, 그 이야기가 분명히 틀렸다는 것이다.

fame /feim/ 图 명성

achieve	fame	명성을 얻다
rise to	fame	
shoot to	fame	

▷ J.K. Rowling **achieved** international **fame** with her series of novels. J.K.롤링은 소설 시리즈로 세계적인 명성을 얻었다.

fame and fortune	부와 명예

★ 영어는 우리말과 순서가 반대다.

▷ Meg has left New York to seek **fame and fortune** in Hollywood. 메그는 할리우드에서 부와 명예를 얻기 위해 뉴욕을 떠났다.

familiar /fəmíljər/ 图 잘 아는, 친숙한

vaguely	familiar	막연히 알고 있는
all too	familiar	너무도 익숙한
painfully	familiar	
depressingly	familiar	
familiar	enough	충분히 알고 있는

▷ His face looked **vaguely familiar**. 그의 얼굴은

왠지 낯익었다.
▷ Today security is an **all too familiar** issue in many countries. 오늘날 안전은 많은 나라에서 너무도 익숙해진 문제이다.
▷ I'm not **familiar enough** with the United States educational system to comment. 저는 무슨 논평을 할 만큼 미국의 교육 제도를 잘 알지 못합니다.

familiar	to A	A(사람)에게 잘 알려진
familiar	with A	A(사물)에 정통한

▷ The story is **familiar to** most people. 그 이야기는 대부분의 사람이 알고 있다.
▷ She is **familiar with** the world of *Harry Potter*. 그녀는 '해리 포터'의 세계에 정통하다.

family /fǽməli/ 명 가족; (일가의) 자녀

be in	A's family	A 가족의 소유물이다
have	a family	자녀가 있다
start	a family	자녀를 갖다
bring up	a family	자녀를 키우다
raise	a family	
support	a family	자녀를 부양하다
feed	a family	

▷ If you **have** a **family**, you've got to spend time with them. 아이를 가지면, 아이들과 시간을 보내야 한다.
▷ This amount of money was not enough to **support** a **family** of five. 이 정도의 돈은 다섯 자녀를 부양하기에 부족했다.

a large	family	대가족; 자녀가 많은 가정
a small	family	자녀가 적은 가정
a nuclear	family	핵가족
an extended	family	확대 가족

▷ I'm the fifth son in a **large family**. 나는 형제가 많은 집의 다섯째 아들이다.
▷ The basic family unit is the **nuclear family**—a husband, a wife and their children. 가족의 기본 단위는 핵가족—남편, 아내, 그 자녀—이다.

family and friends		가족과 친구, 친지

★ friends and family라고도 한다.

▷ **Family and friends** are far more important to her than material wealth. 그녀에게는 가족과 친구가 물질적 부보다 훨씬 더 중요하다.

famous /féiməs/ 형 유명한, 명성 있는

internationally	famous	세계적으로 유명한
locally	famous	현지에서 유명한

▷ Franklin became **internationally famous** for his experiments on electricity. 프랭클린은 전기 실험으로 국제적인 명성을 얻었다.

famous	as A	A로 잘 알려진
famous	for A	A 때문에 유명한

▷ Liverpool is **famous as** the home of the Beatles. 리버풀은 비틀스의 고향으로 유명하다.
▷ The area is **famous for** the autumn colors. 이 지역은 단풍으로 유명하다.

fantastic /fæntǽstik/
형 멋진, 훌륭한, 환상적인

absolutely	fantastic	더할 나위 없이 멋진

▷ It was an **absolutely fantastic** day, one of the happiest days of my life. 그날은 그야말로 환상적인 날, 제 인생에서 가장 행복한 날 중 하루였어요.

PHRASES
That's fantastic! / It's fantastic! ☺ 굉장한데!
(★ Fantastic!이라고 단독으로도 쓰인다.)

far /fɑːr/ 형 먼, 저편의

the far	north	먼 북쪽

★ south, east, west도 똑같이 쓸 수 있다.

▷ Hokkaido is an island in the **far north** of Japan. 홋카이도는 일본의 먼 북쪽에 있다.

farm /fɑːm/ 명 농장

run	a farm	농장을 운영하다
work on	a farm	농장에서 일하다
live on	a farm	농장에서 생활하다

▷ Charles Brown **runs** a **farm** in Vermont. 찰스 브라운은 버몬트에서 농장을 운영한다.
▷ I **worked on** a **farm** for most of my life. 나는 거의 평생을 농장에서 일했다.

a chicken	farm	양계장
a dairy	farm	낙농 목장
a fish	farm	양어장

fascinating /fǽsənèitiŋ/
형 매혹적인, 황홀하게 하는

absolutely	fascinating	눈부시게 매력적인
quite	fascinating	

endlessly	fascinating	한없이 매혹적인

▷ The film will be **absolutely fascinating** to people who know the town. 그 도시를 아는 사람들에게는 그 영화가 아주 매력적일 것이다.

▷ I found the book **endlessly fascinating**. 나에게 그 책은 한없이 매혹적이었다.

It is fascinating	to do	…하는 것은 매혹적이다

▷ **It's fascinating to** watch animal behavior in the wild. 야생 동물의 생태를 관찰하는 것은 매혹적이다.

fashion /fǽʃən/ 图 유행, 패션; 방법

be in	fashion	유행하고 있다
be back in	fashion	유행이 돌아오다
come into	fashion	유행하기 시작하다
come back into	fashion	다시 유행하다
go out of	fashion	유행이 지나다
fall out of	fashion	
set	a fashion	유행을 만들어 내다
follow	a fashion	유행을 따르다
keep up with	the fashion	

▷ Short hair is now **in fashion**. 지금은 짧은 머리가 유행이다.

▷ Science fiction was **back in fashion**, thanks to *Star Wars*. '스타워즈' 덕분에 공상과학 소설이 다시 유행이었다.

▷ In the 1980s, the term "civil society" **came into fashion**. 1980년대에는 '시민 사회'라는 용어가 유행했다.

▷ Some clothes I wore in the eighties have **come back into fashion** now. 내가 80년대에 입었던 어떤 옷들이 지금 다시 유행하고 있다.

▷ Who says radio is **going out of fashion**? 누가 라디오 시대는 끝나가고 있다고 하는가?

▷ In the sixties the Beatles **set a fashion** for Beatle haircuts. 60년대에 비틀즈는 비틀 헤어스타일을 유행시켰다.

▷ He **followed the fashion** of the time. 그는 당대의 유행을 따랐다.

▷ She has a hard time **keeping up with the fashion**. 그녀는 유행을 따라잡는 데는 소질이 없다.

the current	fashion	현재의 유행
the latest	fashion	최신 유행
a new	fashion	새로운 유행
high	fashion	최첨단의 유행

▷ What are the **current fashion** trends in California? 캘리포니아에서 현재 유행하는 패션은 뭐야?

▷ Do you know about the **new fashion** for autumn 2016? 2016년 가을의 새로운 유행에 대해서 알아?

after	a fashion	어느 정도, 그럭저럭
in	(a)… fashion	…한 방법으로

★ in (a)… fashion은 same, similar, orderly, spectacular 등과 함께 쓰인다.

▷ The email service was restored today, **after a fashion**. 이메일 서비스는 오늘 그럭저럭 복구되었다.

▷ If everyone drove **in an orderly fashion**, vehicles would move much faster. 모두가 질서 있게 운전한다면 차량이 훨씬 빨리 움직일 텐데.

▷ She won the women's 100 meter butterfly **in spectacular fashion**. 그녀는 여자 100미터 접영에서 아주 멋지게 승리했다.

changes in	fashion	유행의 변화

▷ He was sensitive to **changes in fashion**. 그는 유행의 변화에 민감했다.

fast /fæst/ 图 빠른

extremely	fast	굉장히 빠른
really	fast	
too	fast	너무 빠른

▷ The pace of life is **too fast** for me. 삶의 속도가 나에게는 너무 빠르다.

fat /fæt/ 图 뚱뚱한

grow	fat	살이 찌다

▷ I mustn't eat so much. I'll **grow fat**. 나는 많이 먹으면 안 돼. 살이 찔 거야.

really	fat	아주 뚱뚱한
enormously	fat	
rather	fat	제법 뚱뚱한

▷ I used to be **really fat**. 나는 예전에 아주 뚱뚱했다.

▷ I was **rather fat** at the time, although I didn't realize it. 나는 그 당시 잘 모르고 있었지만 제법 뚱뚱했었다.

father /fá:ðər/

图 아버지, 부친; (Father의 형태로) 하느님

A's natural	father	A의 친아버지
A's real	father	
A's foster	father	A를 키워준 아버지
a good	father	좋은 아버지

an absent	father	집에 없는 아버지
A's late	father	A의 돌아가신 아버지, 선친
Heavenly	Father	하느님 아버지
Almighty	Father	전능하신 하느님

▷ My **late father**, Martin Simpson, was a teacher. 나의 선친 마틴 심슨은 교사셨다.
▷ **Almighty** God, our **Heavenly Father**. 전능하신 하느님 아버지시여.

| a father | to A | A의 아버지 |
| a father | of two | 두 아이의 아버지 |

▷ I'm the **father of two** children. 나는 두 아이의 아버지다.

fault /fɔːlt/

명 과실, 잘못; (과실의) 책임; 결함, 결점

| have | a fault | 결함이 있다, 결점이 있다 |
| correct | a fault | 결함을 바로잡다 |

▷ If he **has a fault**, it is that he is too idealistic. 그에게 잘못이 있다면 너무 이상주의적이라는 것이다.
▷ We need to **correct** the **faults** in the design. 우리는 설계의 결함을 바로잡아야 한다.

a serious	fault	중대한 결함
a common	fault	흔한 결함
an electrical	fault	전기 고장

▷ The book has two **serious faults**. 그 책은 두 가지 중대한 결함이 있다.
▷ There is no evidence of any **electrical fault**. 전기 고장의 증거는 없다.

| fault | in A | A에 있는 결함 |
| fault | with A | A의 결함 |

▷ Many people pointed out that there was a big **fault in** the system. 많은 사람들이 시스템에 큰 결함이 있다고 지적했다.
▷ It was difficult to find **fault with** his argument. 그의 주장에서 맹점을 찾기는 힘들었다.

| at | fault | 책임이 있는 |

▷ Thousands of people suffered or died for lack of water and food. Who is **at fault**? 수천 명이 물과 식량의 부족으로 고생하거나 죽었다. 이는 누구의 책임인가?

| be | A's fault (that...) | (…은) A의 책임이다 |
| be | all A's fault | 모두 A의 책임이다 |

▷ "I'm sorry. I didn't mean to…" "It wasn't your **fault**." "미안해. 그럴 생각은 아니었어…" "네 잘못이 아니야."

through no fault of one's own …의 잘못이 없는데도
▷ He has lost his job **through no fault of** his **own**. 그는 잘못한 것이 없는데도 직장을 잃었다.

favor /féivər/

명 호의; 지지; 친절한 행위; 편애 (★《영》 favour)

ask	a favor	부탁을 하다
do	a favor	부탁을 들어주다
owe A	a favor	A에게 신세를 지다
return	a favor	은혜를 갚다
find	favor	호의를 얻다
win	favor	
gain	favor	
curry	favor	비위를 맞추다
show	favor	편애하다
fall from	favor	인기가 없어지다
fall out of	favor	지지를 잃다
lose	favor	

▷ May I **ask a favor** *of* you? 한 가지 부탁을 드려도 될까요?
▷ Will you **do** me a **favor**? 부탁 하나 들어줄래?
▷ I hope that my story will **find favor** *with* you all. 제 이야기를 여러분 모두가 좋아해 주셨으면 좋겠습니다.
▷ He knew how to **win** the **favor** of his customers. 그는 고객의 호감을 얻는 법을 알았다.
▷ The president was very popular at first, but soon he **fell from favor**. 대통령은 처음에는 인기가 무척 많았지만, 곧 인기를 잃었다.

| in | favor of A | A를 찬성하여; A를 위해 |
| in | A's favor | A에 유리하게 |

▷ We are **in favor of** saving pandas. 우리는 판다를 보호하는 데 찬성이다.
▷ Luckily the vote went **in our favor**. 다행히 투표 결과는 우리에게 유리해졌다.

PHRASES
Do me a favor! ☺ 부탁합니다. 《영》 바보 같은 소리, 말도 안 돼.

favor /féivər/

동 찬성하다, 지지하다 (★《영》 favour)

strongly	favor	적극 지지하다
particularly	favor	특히 지지하다
be much	favored	많은 지지를 받다

▷ The group **strongly favor** tax cuts. 그 집단은 세금 감면을 적극 지지했다.
▷ These hotels are very **much favored** by foreign travelers. 이 호텔들은 외국인 여행자들에게 아주 인기가 많다.

| favor A | over B | B보다 A를 선호하다 |

▷ Investors are **favoring** Singapore **over** Hong Kong. 투자자들은 홍콩보다 싱가포르를 선호한다.

| tend to | favor A | A를 선호하는 경향이 있다 |

▷ Koreans **tend to favor** shorter trips. 한국인들은 짧은 여행을 선호하는 경향이 있다.

fax /fæks/ 명 팩스

get	a fax	팩스를 받다
receive	a fax	
send	a fax	팩스를 보내다

▷ Did you **get** my **fax**? 내 팩스 받았어?
▷ I **received** a **fax** *from* Mr. Johnson. 나는 존슨 씨가 보낸 팩스를 받았다.

| an incoming | fax | 수신 팩스 |

▷ I check **incoming faxes** every morning when I arrive in my office. 나는 매일 아침 사무실에 출근하면 수신 팩스를 확인한다.

| by | fax | 팩스로 |

▷ Let us know **by fax**. 팩스로 알려주세요.

| a fax | machine | 팩스 기 |
| A's fax | number | A의 팩스 번호 |

▷ What is Robert's **fax number**? 로버트의 팩스 번호가 뭐지?

fear /fiər/ 명 두려움, 공포; 불안, 걱정

feel	fear	두려움을 느끼다
express	fears	두려움을 표현하다
raise	fears	두려움을 키우다
confirm	one's fears	걱정한 대로 되다
allay	fears	공포를 누그러뜨리다
overcome	one's fear	공포를 극복하다
conquer	one's fear	
dismiss	fears	공포심을 물리치다

▷ I've never **felt fear** like this. 나는 이런 공포는 처음이다.
▷ She always **expressed fears** about getting fat. 그녀는 언제나 살찌는 것에 대한 두려움을 표현했다.
▷ Human deaths from bird flu **raise fears** *of* a global outbreak. 조류 인플루엔자로 인한 사망자가 발생하면 세계적 발병에 대한 두려움이 커진다.
▷ The government tried to **allay fears** of fuel shortages. 정부는 연료 부족에 대한 공포를 누그러뜨리려고 했다.

| fears | grow | 공포가 커지다 |

▷ **Fears grew** that terrorists planned further attacks. 테러리스트가 추가 공격을 계획할 거라는 공포가 커졌다.

(a) great	fear	큰 두려움
(a) real	fear	실제의 두려움
the worst	fear(s)	가장 큰 걱정

▷ John has a **great fear** of flying in airplanes. 존은 비행기 타는 걸 아주 무서워한다.
▷ There are **real fears** that things will get worse. 사태가 악화될 거라는 두려움이 확실히 느껴진다.

fear	about A	A에 대한 공포
fear	for A	
for	fear of A	A가 두려워서
in	fear	두려워서
with	fear	
without	fear	두려워하지 않고

▷ **Fears for** the economic downturn are growing. 경제 불황에 대한 두려움이 커지고 있다.
▷ Many parents kept their children at home **for fear of** kidnapping. 많은 부모가 유괴의 공포로 아이들을 집에 있게 한다.
▷ Andy trembled **with fear**. 앤디는 두려움으로 떨었다.

| fear | that... | …하리라는 걱정 |

▷ The incident raised **fears that** violence could spread throughout the region. 그 사건은 폭력이 그 지역에 널리 퍼질 수 있다는 공포를 키웠다.

PHRASES

No fear! ☺ ((영)) 말도 안 돼, 사양합니다.(★제안을 거절할 때 쓴다.)

fear /fiər/ 동 두려워하다; 걱정하다

| greatly | fear | 크게 걱정하다 |

▷ I **greatly fear** that an accident is about to take place. 나는 사고가 일어날까 봐 너무 걱정된다.

| fear | for A | A를 걱정하다 |

▷ Do you **fear for** your own children's future? 당신 자식들의 미래가 걱정되십니까?

fear	that...	…할 거라고 걱정하다
fear	to do	…하기를 두려워하다
fear	doing	

▷ Many people **fear that** eating before they go to sleep may cause fat gain. 많은 사람이 자기 전에 먹으면 살이 찔 거라고 걱정한다.

▷ That park was the place where people **feared going** to because of crime. 그 공원은 범죄 발생 때문에 사람들이 가기를 두려워하는 곳이다.

feature /fíːtʃər/

몡 특징, 기능; 특집 기사

have	a feature	특징이 있다
include	a feature	특징을 포함하다
incorporate	features	
add	features	특징을 추가하다
do	a feature	특집으로 다루다
run	a feature	특집 기사를 싣다

▷ The Great Barrier Reef **has** many **features** that help to protect it. 대보초(大堡礁)는 스스로를 보호하는 많은 특징이 있다.

▷ The garden **incorporated** all the **features** of an English garden. 그 정원은 영국식 정원의 모든 특징을 담고 있다.

▷ This version of Internet Explorer **adds** many new **features**. 이 버전의 인터넷 익스플로러는 새로운 기능을 많이 추가했다.

an essential	feature	본질적 특성
an important	feature	중요한 특징
a key	feature	
the main	feature	핵심적 특징
a distinctive	feature	두드러진 특징
a striking	feature	
a special	feature	특집
a common	feature	공통의 특징
a new	feature	새로운 특징

▷ Wine is an **essential feature** of the image and economy of Bulgaria. 와인은 불가리아의 이미지와 경제에 빠질 수 없는 특산품이다.

▷ Maori culture is recognized as a **distinctive feature** of New Zealand. 마오리 문화는 뉴질랜드의 두드러진 특징으로 인식된다.

▷ A **special feature** of this year's event is the Vintage Car Exhibition. 올해 행사의 특집은 빈티지 자동차 전시입니다.

a feature	on A	A에 대한 특집

▷ CNN did a **feature on** global warming last month. CNN은 지난 달에 지구 온난화를 특집으로 다뤘다.

feature /fíːtʃər/

통 주연으로 출연시키다; 특징을 이루다

feature	prominently	두드러지는 특징이다
feature	strongly	

★ 부사가 동사 앞에 오는 경우도 있다.

▷ Duke Ellington **featured prominently** in her father's record collection. 듀크 엘링턴은 그녀의 아버지가 수집한 음반에서 두드러지는 특징이다.

feature	A as B	A를 B로 출연시키다
feature	in A	A의 특징을 이루다

▷ This film **features** Mel Gibson **as** Jefferson Smith. 이 영화는 멜 깁슨이 제퍼슨 스미스로 출연한다.

▷ The photos **featured in** the book. 사진이 그 책의 특징을 이루었다.

fee /fiː/ 몡 보수, 사례; 수업료; 수수료; 요금; 입회비, 입장료

charge	fees	요금을 청구하다
pay	fees	요금을 지불하다
receive	a fee	보수를 받다
earn	a fee	수수료를 벌다

▷ Private schools **charge** high **fees** but have smaller class sizes. 사립 학교는 비싼 수업료를 청구하지만 학급 규모는 더 작다.

▷ Mr. Stanley has **received fees** for work carried out for that company. 스탠리 씨는 그 회사에 해준 작업의 보수를 받았다.

a high	fee	비싼 요금
a large	fee	
a low	fee	싼 요금
a small	fee	
a fixed	fee	고정 요금
an additional	fee	추가 요금
an annual	fee	연회비
an admission	fee	입장료; 입학금, 입회비
an entrance	fee	입장료; 참가비, 회비
an entry	fee	
a membership	fee	회비
a license	fee	특허권 사용료

▷ You're going to pay rather **high fees**. 너는 꽤 비싼 요금을 내게 될 것이다.
▷ For a **small fee** any book can be ordered from anywhere in the world. 저렴한 요금으로 어떤 책이든 전세계 어디에서나 주문할 수 있습니다.
▷ There's an **additional fee** of ten dollars. 추가 요금 10달러가 있습니다.
▷ Members have to pay an $80 **annual fee**. 회원은 회비 80달러를 내야 한다.

feed /fi:d/ 图 음식을 주다, 먹이를 주다; 공급하다; (데이터를) 입력하다

feed A	to B	A(음식)를 B에게 주다
feed B	on A	
feed	on A	A를 먹고 살다
feed A	with B	A에 B를 제공하다
feed A	into B	A를 B에 입력하다

▷ I **feed** bread **to** ducks at a nearby pond every morning. 나는 매일 아침 근처의 연못에서 오리들에게 빵을 준다.
▷ Kangaroos **feed on** leaves. 캥거루는 풀을 먹고 산다.
▷ They **fed** the stove **with** coal. 그들은 난로에 석탄을 넣었다.
▷ She **fed** the data **into** a computer. 그녀는 컴퓨터에 데이터를 입력했다.

feel /fi:l/ 图 느끼다; 생각하다

| no longer | feel | 더 이상 느끼지 않다 |
| still | feel | 아직도 느끼다 |

▷ The situation has got so bad that they **no longer feel** safe in the city. 상황이 너무 나빠져서 그들은 이제 그 도시가 안전하게 느껴지지 않았다.
▷ I **still feel** hungry. 나는 아직도 배가 고프다.

feel	A do	A가 …하는 것을 느끼다
feel	A doing	A가 …하고 있는 것을 느끼다
feel	(that)...	…라고 생각하다

▷ Ruth **felt** her face go red with anger. 루스는 분노로 얼굴이 달아오르는 것을 느꼈다.
▷ She suddenly **felt** the room shaking. 그녀는 갑자기 방이 흔들리고 있는 것을 느꼈다.
▷ We **feel that** Norma is well qualified. 우리는 노마가 충분히 자격이 있다고 생각한다.

PHRASES
How are you feeling? ☺ 기분이 어때?
I feel for you. ☺ 네 심정 이해해, 나도 안타깝다.
I know how you feel. ☺ 네 기분 잘 알아.

feeling /fi:liŋ/ 图 감정, 느낌, 기분

get	a feeling	느낌이 들다
have	a feeling	
arouse	feelings	감정을 일으키다
express	feelings	감정을 표현하다
show	feelings	
hide	one's feelings	감정을 숨기다
hurt	A's feelings	A의 감정을 상하게 하다
understand	A's feelings	A의 기분을 이해하다
share	A's feelings	A의 감정을 이야기하다

▷ I **get** the **feeling** that that's exactly the point. 나는 그게 정확히 핵심이라는 느낌이 든다.
▷ I couldn't **express** my **feelings** to her. 나는 그녀에게 내 감정을 표현할 수 없었다.
▷ I'm sorry I **hurt** your **feelings**. 기분을 상하게 해서 미안해.
▷ I want to **share** my **feelings** with other people. 나는 그 느낌을 다른 사람들에게 이야기하고 싶다.

a strong	feeling	강한 느낌
a bad	feeling	나쁜 느낌
a strange	feeling	이상한 느낌
a general	feeling	전체적인 느낌
strong	feelings	확고한 의견
mixed	feelings	복잡한 심경
bad	feelings	악감정
ill	feelings	
personal	feelings	개인적 감정

▷ I have a **strong feeling** that I've met her before. 나는 그녀를 전에 만났다는 강한 느낌이 든다.
▷ I have a **bad feeling** in my stomach. 뱃속에 불쾌한 느낌이 든다.
▷ I had a **strange feeling** that something might have happened. 무슨 일이 일어날 것 같은 이상한 느낌이 들었다.
▷ What is your **general feeling** about Canadian films? 캐나다 영화에 대한 너의 전체적인 느낌은 어떠니?
▷ I have **strong feelings** about capital punishment. 나는 사형제도에 대해 확고한 견해가 있다.
▷ Natalic and Otto got a divorce. I had **mixed feelings** about it. 나탈리와 오토가 이혼했다. 나는 그 일에 대해 심경이 복잡했다.

feelings	about A	A에 대한 의견
feelings	for A	A에 대한 (좋은) 감정
feelings	toward	A에게 느끼는 감정

▷ What are your **feelings about** this book? 너는

이 책을 어떻게 생각하니?

▷ Emma still has a lot of **feelings for** Alex. 에마는 아직도 알렉스를 좋아하고 있다.

▷ I have no negative **feelings toward** him. 나는 그에게 나쁜 감정은 전혀 없다.

| a feeling | (that)... | ...라는 느낌 |

▷ Did you get any **feeling that** something was wrong? 무언가 잘못됐다는 느낌이 들었니?

PHRASES

I know the feeling. ☺ 그 심정 알아.
No hard feelings. ☺ 언짢게 생각하지 마.

fence /fens/ 명 울타리, 담장

build	a fence	울타리를 두르다
erect	a fence	
put up	a fence	
climb	a fence	담장에 오르다
climb over	a fence	담장을 넘다
jump over	a fence	담장을 뛰어넘다
mend	fences	관계를 회복하다

▷ Martin **erected a fence** around the pond. 마틴은 연못 주변에 울타리를 둘렀다.

▷ I saw a cat **climbing** the **fence** of Maureen's garden. 나는 고양이가 모린의 정원 담장을 오르는 것을 보았다.

▷ The government is making an effort to **mend fences** *with* China. 정부는 중국과 관계를 회복하기 위해 노력하고 있다.

a high	fence	높은 울타리
a low	fence	낮은 울타리
a barbed-wire	fence	가시철조망
an electric	fence	전기철조망

▷ We began by putting up **a high fence** to keep out the goats. 우리는 우선 염소가 들어오지 않도록 높은 울타리를 둘렀다.

▷ The **electric fence** is to prevent undesired animals from entering the area. 전기철조망을 두른 목적은 원하지 않는 동물들이 이 구역에 들어오는 것을 막는 것이다.

festival /féstəvəl/ 명 축제

| hold | a festival | 축제를 열다 |
| attend | a festival | 축제에 참가하다 |

▷ The **festival** was **held** in Boston April 20 — May 5. 그 축제는 보스턴에서 4월 20일에서 5월 5일까지 열렸다.

a festival	takes place	축제가 열리다
a festival	begins	축제가 시작되다
a festival	opens	

▷ An annual jazz **festival takes place** in mid-November. 연례 재즈 축제가 11월 중순에 열린다.

▷ The film **festival begins** on November 5. 그 영화제는 11월 5일에 시작된다.

a major	festival	큰 축제
an annual	festival	연례 축제
an international	festival	국제적인 축제
an art	festival	예술제
a film	festival	영화제
a music	festival	음악제
a rock	festival	록 페스티벌
a religious	festival	종교 축제

▷ La Tomatina in Buñol is one of the **major festivals** in Spain. 부뇰의 토마토 던지기 축제는 스페인에서 가장 큰 축제 중 하나이다.

▷ Christmas is a **religious festival**. 크리스마스는 종교 축제다.

field /fiːld/ 명 들판; 경기장; 광장; 분야, 영역

take	the field	입장하다; 경기에 나가다
lead	the field	분야를 선도하다
enter	the field	입장하다; 분야에 들어가다
leave	the field	퇴장하다

▷ Manchester United had to **take** the **field** without their best player. 맨체스터 유나이티드는 최우수 선수 없이 경기에 나가야 했다.

▷ The USA **leads** the **field** in rocket science. 미국은 로켓 과학 분야를 선도한다.

▷ He **entered** the **field** of music by accident. 그는 우연한 기회에 음악계에 입문했다.

▷ On 40 minutes Burns **left** the **field** with a rib injury. 40분에 번스는 늑골 부상으로 경기장을 나갔다.

a grass	field	풀밭
an open	field	넓은 들판
a rice	field	논
a wheat	field	밀밭
a playing	field	경기장
a baseball	field	야구장
a soccer	field	축구장
a specialist	field	전문 분야
a wide	field	넓은 분야

▷ The event was held in an **open field** in Cannon Hill Park. 그 행사는 캐넌힐 파크의 넓은 광장에서 열렸다.

▷ His latest report covers a **wide field**. 그의 최신 논문은 넓은 분야를 다루고 있다.

fight /fait/ 명 싸움; 전투

pick	a fight	싸움을 걸다
start	a fight	
have	a fight	싸움을 하다
get into	a fight	
win	a fight	싸움에 이기다; 전투에 이기다
lose	a fight	싸움에 지다; 전투에 지다

▷ Please don't **pick a fight** with me. 제발 나한테 싸움 걸지 마.

▷ Did you two **have a fight**? 너희 둘 싸웠니?

▷ The country has **won** the **fight** against inflation. 그 나라는 인플레이션과의 전쟁에서 이겼다.

▷ Charlie **lost** his **fight** against cancer. 찰리는 암 투병에서 지고 말았다.

a big	fight	큰 싸움
a real	fight	실전
a straight	fight	일대일 싸움
a hard	fight	힘겨운 싸움
a tough	fight	
a good	fight	선전(善戰)
a brave	fight	

▷ Anne had a **big fight** with her mother. 앤은 어머니와 크게 싸웠다.

▷ The General Election is a **straight fight** between Labour and Conservatives. 총선은 노동당과 보수당의 일대일 싸움이다.

▷ Mr. Brown faces a **tough fight** to retain his seat in the next election. 브라운 씨는 다음 선거에서 의석을 지키기 위해 힘겨운 싸움을 해야 한다.

▷ We're fighting a **good fight** and we'll win. 우리는 선전하고 있으니 이길 것이다.

a fight	between A and B	A와 B의 싸움
a fight	with A	A와의 싸움
a fight	against A	A에 맞서는 싸움
a fight	for A	A를 위한 싸움

▷ He's responsible for the **fight between** Steve and Kate. 스티브와 케이트의 싸움은 그의 책임이다.

▷ Did you have a **fight with** her yesterday? 너 어제 그녀와 싸웠니?

▷ It's possible to win the **fight against** cancer. 암과의 싸움에서 이기는 것은 가능하다.

▷ He joined the **fight for** civil rights. 그는 민권 투쟁에 참여했다.

fight /fait/ 동 싸우다

fight	bravely	용감하게 싸우다
fight	hard	격렬하게 싸우다
fight	back	반격하다
fight	desperately	필사적으로 싸우다

▷ He **fought bravely** for his country. 그는 국가를 위해 용감하게 싸웠다.

▷ She **fought hard** against the disease. 그녀는 병을 이기려고 치열하게 싸웠다.

▷ She didn't attempt to **fight back**. 그녀는 반격을 시도하지 않았다.

▷ Emergency crews **fought desperately** to save her life. 응급 요원들은 그녀의 목숨을 구하기 위해 필사적으로 노력했다.

fight	against A	A와 맞서 싸우다
fight	for A	A를 위해 싸우다
fight	over A	A를 둘러싸고 싸우다
fight	with A	A(사람)와 싸우다, 언쟁하다

▷ We are **fighting for** equal rights. 우리는 평등한 권리를 위해 싸우고 있다.

▷ They are still **fighting over** the same issue. 그들은 똑같은 문제를 놓고 계속 싸우고 있다.

▷ I don't want to **fight with** my parents. 부모님과 싸우고 싶지 않다.

fight	to do	…하려고 싸우다

▷ She **fought to** control her voice. 그녀는 목소리를 절제하려고 애를 썼다.

figure /fígjər/

명 숫자; (사람의) 모습, 몸매; 도형

reach	a figure	수에 이르다
release	a figure	숫자를 발표하다
keep	one's figure	몸매를 유지하다
watch	one's figure	몸매에 신경을 쓰다
lose	one's figure	몸매가 망가지다

▷ Final enrollment **figures** will **be released** in November. 최종 등록자 수는 11월에 발표됩니다.

▷ It's amazing you can **keep** your **figure** eating like that! 그렇게 먹고도 몸매를 유지하다니 놀랍다!

▷ Women **lose** their **figures**, men lose their hair. 여자는 몸매가 망가지고, 남자는 머리가 빠진다.

double	figures	두 자리 숫자

| figure |

official	figures	공식 숫자
the latest	figures	최근의 숫자
a key	figure	핵심 인물
a leading	figure	거물, 주요인물
a public	figure	유명인; 공인
a popular	figure	인기인
a good	figure	좋은 몸매

▷ **Official figures** show that crime is falling. 공식 숫자는 범죄가 감소하고 있음을 보여준다.
▷ Dick was a **key figure** in this debate. 딕은 이 토론의 중심 인물이다.
▷ Yoo Jae-suk is among the most **popular figures** in Korea. 유재석은 한국 최고의 유명인 가운데 하나다.
▷ Mary is attractive and she has a **good figure**. 메리는 매력적이고 몸매가 좋다.

figure /fígjər/ ⑤ 두각을 나타내다; 생각하다

| figure | prominently | 특히 중요한 위치를 차지하다 |

▷ Korean women golfers **figure prominently** on the LPGA tour. 한국 여자 골프 선수들이 LPGA에서 특히 두각을 나타낸다.

| figure | (that)... | …라고 생각하다 |

▷ I **figured** I didn't have much time to prepare for the meeting. 나는 회의를 준비할 시간이 별로 없다고 생각했다.

(PHRASES)
Go figure. ☺ 모르겠다, 이해되지 않는다.
It figures. / That figures. ☺ 이해가 된다, 당연하다.
▷ "We shouldn't expand our company too fast. We should do it step by step." "Yes, that figures." "회사를 너무 빨리 확장하면 안 돼. 차근차근 해야 돼." "네, 맞습니다."

file /fail/

⑲ (항목별) 서류, 기록; (컴퓨터의) 파일

keep	a file	기록을 남기다
create	a file	파일을 만들다
open	a file	파일을 열다
close	a file	파일을 닫다
save	a file	파일을 저장하다
copy	a file	파일을 복사하다
delete	a file	파일을 삭제하다
retrieve	a file	파일을 찾아오다, 꺼내다

▷ **Copy** the **files** to a USB memory drive. 파일들을 USB 메모리에 복사하세요.
▷ I accidentally **deleted** a **file** I've been working on all day. 나는 하루 종일 작업한 파일을 실수로 삭제해 버렸다.
▷ **Retrieve** the **file** you wish to copy. 복사하고 싶은 파일을 불러내세요.

a personal	file	개인 파일
a secret	file	비밀 파일
a large	file	대용량 파일
a data	file	데이터 파일

▷ I have some **large files** to send you by email. 너에게 이메일로 보낼 대용량 파일이 몇 개 있다.

| a file | on A | A에 대한 파일 |
| on | file | 파일에, 파일로 |

▷ Police keep **files on** criminals. 경찰은 범죄자 관련 파일을 보관하고 있다.
▷ She has 40,000 résumés and photos **on file**. 그녀는 4만 명의 이력서와 사진을 파일로 갖고 있다.

film /film/

⑲ 《영》 영화(《미》 movie); (사진의) 필름

see	a film	영화를 보다
watch	a film	
direct	a film	영화를 감독하다
make	a film	영화를 찍다
shoot	a film	
produce	a film	영화를 제작하다

▷ Every time I **see** that **film**, I think it's just wonderful. 그 영화를 볼 때마다 정말로 잘 만들었다는 생각이 든다.
▷ I'm **making** a **film** that deals with the life of Shakespeare. 나는 셰익스피어의 삶에 대한 영화를 만들고 있다.
▷ **Producing** a **film** can be very expensive. 영화를 제작하는 데는 돈이 굉장히 많이 들 수 있다.

final /fáinəl/

⑲ 결승전; 《미》 기말 시험, 《영》 최종 시험

reach	the final(s)	결승에 오르다
make	the final(s)	
make it to	the final(s)	
qualify for	the final(s)	
go through to	the final(s)	
win	the final(s)	결승전에서 이기다
take	one's finals	최종 시험을 치르다

▷ Brazil **reached** the **final** by beating Italy last night. 브라질은 어젯밤 이탈리아를 물리치고 결승에

올랐다.
▷ The top six teams **qualify for** the **finals**. 상위 6개 팀이 결승에 올라간다.
▷ Liverpool went on to **win** the **final** 3-1. 리버풀은 결승전에 진출하여 3-1로 이겼다.
▷ Emma is due to **take** her **finals** this year. 에마는 올해 최종 시험을 치르게 되어 있다.

find /faind/ 동 발견하다; 알다, 알게 되다

eventually	find	마침내 발견하다
never	find	절대 발견하지 못하다

▷ I **eventually found** a good solution. 나는 마침내 좋은 해결책을 찾았다.
▷ We **never found** any evidence of that at all. 우리는 그것의 증거를 전혀 발견하지 못했다.

find	A B	A에게 B를 찾아주다
find	A doing	A가 …하는 것을 알게 되다

▷ I promised him that I would **find** him a job. 나는 그에게 일자리를 찾아주겠다고 약속했다.
▷ Tom **found** her waiting for him. 톰은 그녀가 그를 기다리고 있음을 알게 되었다.
▷ He **found** himself getting nervous. 그는 자신이 점점 초조해하고 있다는 것을 알았다.

find	A B	A가 B함을 알게 되다

★ B는 difficult, hard, easy, impossible, attractive 등의 형용사.

▷ I **found** it very interesting. 나는 그것이 매우 재미있음을 알게 됐다.

find	that...	…라는 것을 알게 되다, …라고 생각하다

▷ I **found that** I need our friendly discussions. 나는 우리의 우호적인 의논이 필요하다고 생각했다.

fine /fain/ 형 멋진; 잘 지내는; 미세한

absolutely	fine	아주 멋진; 아주 잘 지내는
just	fine	
exceptionally	fine	대단히 훌륭한
particularly	fine	특히 훌륭한
extremely	fine	극히 미세한

▷ Everything is **absolutely fine**. 모든 것이 더할 나위 없이 좋다.
▷ John Williams is an **exceptionally fine** guitar player. 존 윌리엄스는 누구보다 빼어난 기타 연주자다.
▷ The weather has been **particularly fine** lately. 날씨는 최근에 특히 좋다.

(PHRASES)
(**I'm**) **fine, thanks.** ☺ 저는 잘 지내요.

A is fine. ☺ A(시간, 장소 등)라면 좋아요.(★ 약속을 정할 때 사용) ▷ Three o'clock, outside the library is fine. 3시, 도서관 밖이라면 좋아요.
(**No,**) **I'm fine (, thanks).** ☺ 아뇨, 괜찮습니다.(★ 먹을 것 등을 사양할 때 사용) ▷ "More tea?" "No, I'm fine, thanks." "차를 더 드릴까요?" "아뇨, 괜찮아요."
That's fine. ☺ 괜찮아요. ▷ "I'm so sorry." "That's fine." "정말 미안해." "괜찮아."
You're a fine one to talk! ☺ 누가 누굴 나무라는 거야? 사돈 남 말 하는군.

fine /fain/ 명 벌금

pay	a fine	벌금을 내다
impose	a fine	벌금을 부과하다
face	a fine	벌금을 부과받다

▷ You'll probably have to **pay a fine**. 너 아마 벌금을 내야 할 거야.
▷ The US government **imposed a fine** of $168,000 on that company. 미국 정부는 그 회사에 벌금 168,000달러를 부과했다.
▷ He now **faces a fine** of up to $1,000. 그는 이제 최대 1,000달러의 벌금을 부과받았다.

a heavy	fine	무거운 벌금
a substantial	fine	
a maximum	fine	최고액의 벌금

▷ In Melbourne, Australia there is a **heavy fine** for dropping cigarette butts. 오스트레일리아 멜버른에서는 담배 꽁초를 버리는 데 무거운 벌금을 매긴다.

a fine	for A	A에 대한 벌금

▷ I recently received a **fine for** driving in a bus lane. 나는 최근에 버스 전용차선에서 운전해서 벌금을 부과받았다.

finger /fíŋɡər/ 명 손가락

point	a finger	손가락으로 가리키다
raise	a finger	손가락을 들어올리다
jam	one's fingers	손가락이 끼다
lick	one's finger	손가락을 핥다
run	one's finger	손가락으로 훑다
drum	one's fingers	손가락으로 두드리다
tap	one's fingers	
snap	one's fingers	손가락을 튕기다
click	one's fingers	
cut	one's finger	손가락을 베다
burn	one's fingers	손가락에 화상을 입다; 혼쭐을 내다

| finish |

▷ Davis **raised** a **finger** to indicate he wanted to respond. 데이비스는 답변하고 싶다는 뜻으로 손가락을 들어올렸다.(★ 발언을 요청할 때 검지손가락을 든다.)

▷ "Wow!" "What happened?" "I **jammed** my **fingers** in the door." "아야!" "왜 그래?" "손가락이 문에 끼었어."

▷ She **ran** her **fingers** through my hair. 그녀는 내 머리카락을 손가락으로 훑었다.

▷ Sue **drummed** her **fingers** on the table for a moment. 수는 잠시 테이블을 손가락으로 두드렸다.(★ 초조한 동작을 표현한다.)

▷ "Oh, right!" Jake said, **snapping** his **fingers**. "아, 맞아!" 잭이 손가락을 튕기며 말했다.(★ 좋은 생각이 떠올랐을 때 하는 행동)

▷ I tried to put out the fire with a blanket and **burnt** my **fingers**. 나는 담요로 불을 끄다가 손가락에 화상을 입었다.

▷ The recent stock market in Germany has **burned** many **fingers**. 최근의 독일 주식 시장에서 많은 사람들이 혼쭐이 났다.

the first	finger	검지손가락
the index	finger	
the middle	finger	가운데손가락
the ring	finger	약지
the little	finger	새끼손가락
a slender	finger	가는 손가락
a fat	finger	두꺼운 손가락
an accusing	finger	비난의 화살

★ 엄지손가락은 thumb

▷ She has beautiful long **slender fingers**. 그녀는 손가락이 길고 가늘어 아름다웠다.

▷ He pointed an **accusing finger** at her. 그는 그녀에게 비난의 화살을 돌렸다.

| the tips of | A's fingers | 손가락 끝 |

▷ The **tips of** my **fingers** were freezing with cold. 나는 추위로 손끝이 얼어붙는 것 같았다.

finish /fíniʃ/ 동 끝내다; 끝나다

finally	finish	마침내 끝내다
nearly	finished	거의 끝난
almost	finished	

▷ I **finally finished** high school and went on to university. 나는 마침내 고등학교를 마치고 대학에 갔다.

▷ "Do you need a hand?" "No thanks. It's **nearly finished** now." "도와줄까?" "괜찮아. 이제 거의 끝났어."

| finish | first | 1등을 하다 |

★ second, third 등도 쓰인다.

▷ Tom **finished second**. Who was the winner? 톰이 2등이야. 1등은 누구야?

| finish | with A | A로 끝나다; A의 사용을 마치다 |

▷ The winners **finished with** three points in the final eight minutes. 우승팀은 마지막 8분 동안 3점을 득점해서 (경기를) 끝냈다.

▷ Are you **finished with** the newspaper? 신문 다 읽었니?

| finish | doing | …하는 것을 마치다 |

★× finish to do라고는 하지 않는다.

▷ I've just **finished** reading *Harry Potter*. 나는 이제 막 '해리 포터'를 다 읽었다.

PHRASES
I'm finished. ☺ (무언가 하고 있던 것이) 이제 끝났다, 잘 먹었습니다.

Let me finish. ☺ 끝까지 말하게 해줘.(말하는 동안 누군가가 끼어들 때 하는 말) ▷ Wait a minute, Nancy. Let me finish. 잠깐, 낸시. 내 말 아직 안 끝났어.

fire /fáiər/

명 불; 화재; 포격, 사격; 《영》 난방기, 히터

catch	fire	불이 붙다
start	a fire	화재를 일으키다
set A on	fire	A에 불을 지르다
set	fire to A	
put out	a fire	불을 끄다
extinguish	a fire	
fight	a fire	화재 진압 활동을 하다
die in	a fire	불에 타 죽다
be damaged by	fire	화재로 피해를 입다
be destroyed by	fire	화재로 무너지다
make	a fire	불을 피우다
build	a fire	
light	a fire	불을 붙이다
open	fire	사격을 시작하다
cease	fire	사격을 멈추다
come under	fire	포화를 맞다

▷ Cigarettes frequently **start** house **fires**. 담배는 자주 주택의 화재를 일으킨다.

▷ He **set fire to** his neighbor's house. 그는 이웃집에 불을 질렀다.

▷ I used a fire extinguisher to **put out the fire**. 나는 소화기를 사용해서 불을 껐다.

▷ He died **fighting** a **fire** in a chemical plant. 그는 화학 공장에서 화재를 진압하다가 목숨을 잃었다.
▷ At least 12 people **died in** the **fire**. 화재로 12명 이상이 죽었다.
▷ The building was completely **destroyed by** the **fire**. 그 건물은 화재로 전소됐다.
▷ Sally **made** a **fire** in the hearth. 샐리는 난로에 불을 피웠다.
▷ I **lit** a **fire** in the fireplace and sat by it. 나는 벽난로에 불을 피우고 그 옆에 앉았다.
▷ The soldiers didn't hesitate. They **opened fire** immediately. 군인들은 망설이지 않고 즉시 사격에 돌입했다.
▷ **Cease fire!** 사격 중지!
▷ The soldiers **came under heavy fire**. 군인들은 격렬한 포화를 받았다.

a fire	breaks out	화재가 일어나다
a fire	burns	불이 타다
a fire	goes out	불이 꺼지다
a fire	spreads	불이 번지다

▷ The **fire broke out** at two o'clock in the morning. 화재는 새벽 2시에 발생했다.
▷ The **fire burnt** brightly. 불이 밝게 타올랐다.
▷ We get pretty chilly if the **fire goes out**. 불이 꺼지면 아주 추워진다.
▷ As the **fire spread** rapidly, people in the building rushed outside. 불이 빠르게 번지는 동안, 건물 안의 사람들은 서둘러 밖으로 나갔다.

a big	fire	대형 화재
a disastrous	fire	피해가 큰 화재
a forest	fire	산불
a blazing	fire	타오르는 불
an open	fire	벽난로 불, 모닥불(덮개가 없는 불)
friendly	fire	우군의 오폭
((영)) an electric	fire	전기 히터
((영)) a gas	fire	가스 히터

▷ Eight people died in a **big fire** last year. 작년에 큰 화재로 8명이 죽었다.
▷ There is an **open fire** in the living room. 거실에는 벽난로가 지펴져 있었다.

on	fire	불타는, 화재가 난

▷ When he arrived at home, he saw that his house was **on fire**. 그가 집에 도착해 보니 그의 집이 불타고 있었다.

a line of	fire	탄도, 사격 방향

fire /fáiər/ 图 쏘다; 발포하다

fire	blindly	마구잡이로 쏘다
fire	back	응사하다
fire	off	발사하다

▷ They **fired off** some missiles. 그들은 미사일을 몇 발 발사했다.

fire	at A	A를 향해 발사하다

▷ He grabbed his gun and **fired at** them. 그는 총을 집어들고 그들을 향해 쏘았다.

firm /fə:rm/ 图 기업, 사무소; 회사 (★2명 이상이 합자한 회사를 가리킨다.)

work for	a firm	회사에서 일하다
join	a firm	입사하다
leave	a firm	회사를 그만두다

★퇴근하다는 leave the office라고 한다.

▷ She previously **worked for** a technology **firm** in Chicago. 그녀는 전에 시카고의 과학기술 회사에서 일했다.
▷ Johnson **joined** the **firm** in November 2005. 존슨은 2005년 11월에 입사했다.
▷ He **left** the **firm** to establish his own company. 그는 자기 사업을 하기 위해 회사를 그만두었다.

a large	firm	큰 기업
a big	firm	
a small	firm	작은 회사
a local	firm	지역 회사
an accounting	firm	회계 사무소
a consulting	firm	컨설팅 회사
a law	firm	법률 회사

▷ All our **large firms** are now investing abroad. 우리 나라의 큰 기업들은 이제 모두 해외에 투자하고 있다.
▷ I'm chairman of a small **consulting firm**. 나는 작은 컨설팅 회사의 대표다.

a firm	based in A	A에 기반을 둔 회사

▷ Grant Thornton is an accounting **firm based in** Chicago. 그랜트 손턴은 시카고에 기반을 둔 회계사무소다.

fist /fist/ 图 주먹

clench	one's fist	주먹을 쥐다
shake	one's fist	(화가 나서) 주먹을 흔들어 보이다

| fit |

▷ He **shook** his **fist** *at* me. I thought he was going to hit me! 그는 나를 향해 주먹을 흔들었다. 그래서 나를 때리려는 줄 알았다.

fit /fit/ 동 맞다, 들어맞다; 맞추다

easily	fit	쉽게 맞다
really	fit	잘 맞다
fit	neatly	깔끔하게 맞다
fit	perfectly	완벽하게 맞다
fit	together	서로 잘 맞다

▷ I wanted a pocket computer that **easily fitted** into my pocket. 나는 주머니에 쏙 들어가는 포켓 컴퓨터를 원했다.
▷ Now that I've lost weight, my clothes no longer **really fit** me. 살이 빠져서 이제는 옷이 몸에 잘 맞지 않는다.
▷ These two parts should **fit together**. 이 두 부분이 서로 잘 맞아야 한다.

| fit | in A | A에 들어맞다 |
| fit | with A | A와 어울리다 |

★ in 외에 into, on 등도 쓰인다.

▷ This key doesn't **fit into** the lock. 이 열쇠는 자물쇠에 들어맞지 않는다.

fit /fit/ 형 건강한; 적합한

| fully | fit | 아주 건강한 |
| physically | fit | 신체적으로 건강한 |

▷ He needs to be **physically fit** and well-conditioned. 그는 몸을 건강하게 유지하고 컨디션을 잘 조절해야 한다.

get	fit	건강해지다
see	fit	적절하다고 생각하다, 좋다고 보다
think	fit	

▷ He **saw fit** to close the company without any notice. 그는 아무런 예고 없이 회사를 폐업해도 좋다고 생각했다.

| fit | and healthy | 몸 상태가 좋고 건강한 |
| fit | and proper | 제대로 된, 정확한 |

▷ I wish I were **fit and healthy**. 내가 건강하다면 얼마나 좋을까.
▷ She wants everything to be done in a **fit and proper** way. 그녀는 모든 일을 아주 정확하게 해내고자 한다.

| fit | for A | A에 적합한 |
| fit | to do | …하는 데 적합한 |

▷ He was wearing clothes that weren't **fit for** climbing a mountain. 그는 등산하기에 적합하지 않은 옷을 입고 있었다.

flag /flæg/ 명 깃발

fly	a flag	깃발을 올리다
raise	a flag	
lower	a flag	깃발을 내리다
wave	a flag	깃발을 흔들다

▷ They are **flying** the national **flag**. 그들은 국기를 올리고 있다.
▷ Students practiced **raising** and **lowering** the **flag** for the opening ceremony. 학생들은 개막식을 위해 깃발을 올리고 내리는 것을 연습했다.
▷ Children **waved flags** as they sang our national anthem. 아이들은 국가를 부르면서 깃발을 흔들었다.

| a flag | flies | 깃발이 펄럭이다 |

▷ American **flags** were **flying** in cities and towns all across the country on July 4th. 7월 4일이면 미국 국기가 전국의 크고 작은 도시에서 펄럭인다.

| a national | flag | 국기 |

▷ The Canadian **national flag** is a red maple leaf set against a white background. 캐나다 국기는 하얀 바탕에 빨간 단풍잎 모양이다.

| under | the flag of A | A의 깃발 아래 |

▷ He is traveling around the world to spread the message of peace **under the flag of** the United Nations. 그는 UN의 깃발 아래 평화의 메시지를 전하기 위해 세계를 돌아다니고 있다.

flash /flæʃ/ 명 섬광; 번쩍임

a blinding	flash	눈부신 섬광
a bright	flash	밝은 섬광
a sudden	flash	갑작스런 섬광
a brief	flash	짧은 섬광

▷ The atomic bomb dropped on Hiroshima at 8:15 a.m. with a **blinding flash**. 원자 폭탄은 8시 15분에 눈부신 섬광과 함께 히로시마에 투하됐다.
▷ I had a **sudden flash** of inspiration. 나는 갑자기 번쩍 하고 아이디어가 떠올랐다.
▷ She felt a **brief flash** of disappointment. 그녀는 실망감이 언뜻 지나가는 것을 느꼈다.

flash /flæʃ/

동 번쩍 빛나다; 번개처럼 지나가다

flash	across A	A에 번쩍 나타나다; (생각이) A에 번쩍 떠오르다

★ '생각이 번쩍 떠오르다'는 뜻으로는 into, through도 쓰인다.

▷ Lightning **flashed across** the sky followed by a crack of thunder. 번개가 하늘을 번쩍 가로질렀고, 이어서 요란한 천둥 소리가 들렸다.

▷ A brilliant idea **flashed into** his mind. 기발한 생각이 그의 머리에 번쩍 떠올랐다.

flash	on and off	점멸하다

▷ I saw lights **flashing on and off**. 불빛이 점멸하는 것이 보였다.

flat /flæt/ 형 평평한

fairly	flat	상당히 평평한
rather	flat	어느 정도 평평한
completely	flat	아주 평평한
almost	flat	거의 평평한

▷ My speaking voice is **rather flat**, but my singing voice is good. 말할 때는 내 목소리가 단조로운 편이지만, 노래할 때는 좋다.

flavor /fléivər/

명 맛, 풍미; 향기, 정취 (★《영》 flavour)

have	a flavor	풍미가 있다
give	a flavor	풍미를 주다; 분위기를 전하다
impart	a flavor	
add	flavor	풍미를 더하다
get	a flavor	분위기를 얻다

▷ Every leaf **has** its own **flavor**. 모든 잎에는 나름의 향기가 있다.

▷ That spice **gives** great **flavor** to the curry. 그 양념은 카레에 훌륭한 풍미를 준다.

▷ Dr. Sinclair's presentation **gave** the **flavor** of his book. 싱클레어 박사의 발표는 그가 쓴 책의 분위기를 전달했다.

a good	flavor	좋은 맛
a distinctive	flavor	독특한 맛
a full	flavor	진한 맛
a rich	flavor	
a strong	flavor	
a delicate	flavor	섬세한 맛
a subtle	flavor	
a sweet	flavor	단맛
a bitter	flavor	쓴맛
a nutty	flavor	고소한 맛

▷ This recipe brings out the **full flavor** of lobster. 이 요리법은 바닷가재의 맛을 진하게 우려냅니다.

▷ The steak was very tender with **rich flavor** from the beer. 진한 맛의 맥주와 함께 먹으니 그 스테이크는 아주 부드러웠다.

▷ Icelandic caviar has a **subtle flavor**. It's difficult to appreciate it. 아이슬랜드의 캐비어는 풍미가 미묘해서 그 맛을 느끼기가 어렵다.

▷ Hawaiian sweet potatoes have a slightly **sweet flavor**. 하와이의 고구마는 약간 단 맛이 있다.

▷ Caffeine itself has a **bitter flavor**. 카페인 자체는 쓴맛이다.

in	flavor	맛이

▷ This cheese is very mild **in flavor**. 이 치즈는 맛이 아주 부드럽다.

flavor and texture	맛과 식감

▷ These mussels share a delicate **flavor and texture**. 이 홍합은 섬세한 맛과 식감을 겸비하고 있다.

flesh /fleʃ/ 명 살; 피부

flesh and blood	(피가 통하는) 육신; 혈육
flesh and bone	뼈와 살

▷ I love you like my own **flesh and blood**. 나는 너를 내 몸처럼 사랑해.

▷ The tiger attacked him and bit through **flesh and bone**. 호랑이가 그를 공격해서 뼈와 살을 물어뜯었다.

flexible /fléksəbl/ 형 융통성 있는; 유연한

extremely	flexible	아주 유연한
sufficiently	flexible	충분히 유연한

▷ The system is **extremely flexible** and enables you to make changes at any time. 이 시스템은 아주 유연해서 언제라도 수정할 수 있다.

▷ Our rules are not **sufficiently flexible**. They're much too severe. 우리 규칙은 유연성이 부족하다. 너무 엄격하다.

flight /flait/ 명 비행; 항공편

catch	a flight	비행기를 (놓치지 않고) 타다
take	a flight	비행기를 타다

| float |

| make | a flight | 비행하다; 비행기를 타다 |
| book | a flight | 항공편을 예약하다 |

▷ I had to get up at 5:30 this morning to **catch** my **flight**. 나는 비행기를 타기 위해 오늘 새벽 5시 30분에 일어나야 했다.
▷ If you want to get there more quickly, you could **take** a direct **flight** to London. 더 빨리 가시려면, 런던행 직항편을 타시는 방법이 있습니다.
▷ In 1905 they **made** a **flight** covering a distance of 24 miles in almost 40 minutes. 1905년에 그들은 24마일의 거리를 비행하는 데 거의 40분이 걸렸다.
▷ I **booked** a **flight** to Australia. 나는 오스트레일리아로 가는 비행기를 예약했다.

a direct	flight	직항편
a non-stop	flight	
a connecting	flight	환승편
an internal	flight	국내선
a domestic	flight	
an international	flight	국제선
a long	flight	장거리 비행
a short	flight	단거리 비행
an early	flight	이른 아침 비행

▷ There's no **direct flight** from Korea to South Africa. 한국에서 남아프리카 공화국까지 가는 직항편은 없다.
▷ Fred drove to Denver Airport to catch an **internal flight**. 프레드는 국내선을 타기 위해 덴버 공항으로 차를 운전해 갔다.

float /flout/ 图 뜨다, 띄우다; 떠다니다

| float | around | 이리저리 떠다니다 |

★ 그밖에 away, up, down 등도 쓰인다.

▷ A lot of garbage was **floating around** on the sea. 온갖 쓰레기가 바다에 떠다니고 있었다.
▷ After the typhoon many boats had **floated away**. 태풍이 지나간 뒤 많은 선박이 유실되었다.
▷ Many bubbles were **floating up** near the hot spring. 온천 근처에서 많은 거품이 떠올랐다.
▷ It became cold and snow flakes began to **float down**. 날씨가 추워지더니 눈송이가 흩날리기 시작했다.

| float | in A | A에 떠 있다 |
| float | on A | |

▷ A lot of oil was **floating on** the water. 많은 기름이 물에 떠 있었다.

flood /flʌd/ 图 홍수; 범람

| cause | a flood | 홍수를 일으키다 |

▷ Heavy rain **caused floods** in parts of the South. 호우가 일부 남부 지방에 홍수를 일으켰다.

a great	flood	대홍수
a devastating	flood	큰 피해를 입힌 홍수
a flash	flood	(폭우 후에 저지대에 생기는) 분류성(奔流性) 홍수
a sudden	flood	갑작스런 범람

▷ The bridge was broken down by a **great flood**. 다리는 대홍수로 무너졌다.
▷ New Orleans was hit by a **devastating flood**. 뉴올리언즈는 막대한 홍수 피해를 입었다.
▷ The **sudden flood** of American goods will force domestic prices down. 미국 제품의 갑작스런 대량 유입은 국내 물가를 낮출 것이다.

floor /flɔːr/ 图 바닥, 마루; (건물의) 층

sweep	the floor	바닥을 쓸다
mop	the floor	바닥을 대걸레로 닦다
scrub	the floor	바닥을 문지르다
wipe	the floor	바닥을 닦아내다
cover	the floor	바닥을 덮다

▷ I regularly **sweep** and **wipe** the **floor**. 나는 규칙적으로 바닥을 쓸고 닦는다.
▷ I **mopped** the **floor** twice and dried it. 나는 바닥을 두 번 닦고 건조시켰다.
▷ I don't want to **cover** the **floor** with cheap rugs. 나는 싸구려 깔개로 바닥을 덮고 싶지 않다.

a polished	floor	반들반들한 마루
a wooden	floor	나무 마루
a tiled	floor	타일 바닥
the top	floor	최상층, 꼭대기 층
the upper	floor	위층
the lower	floor	아래층

▷ Our new apartment has a beautiful wooden **polished floor**. 우리 새 아파트에는 아름답고 반들반들한 나무 마루가 깔려 있다.
▷ The living room has a polished **wooden floor**. 우리 거실은 윤을 낸 나무 마루다.(★ wood floor도 쓴다.)
▷ My office is on the **top floor**. 내 사무실은 꼭대기 층에 있다.
▷ The restaurant on the **upper floor** has great views over the lake. 위층의 레스토랑은 호수가 내려다보이는 전망이 멋지다.

| on | the floor | 바닥에; …층에 |

▷ The dish fell **on** the **floor** and broke. 접시가 바닥에 떨어져서 깨졌다.

▷ Jane's sitting **on** the **floor** watching TV. 제인은 바닥에 앉아서 TV를 보고 있다.

▷ I live **on** the third **floor** of this building. 나는 이 건물 3층에 산다.

flow /flou/ 圀 흐름; 유출, 유출량

control	the flow	흐름을 조절하다
increase	the flow	흐름을 개선하다
improve	the flow	흐름을 개선하다
reduce	the flow	흐름을 악화시키다
block	the flow	흐름을 막다
interrupt	the flow	흐름을 방해하다
stem	the flow	흐름을 억제하다
stop	the flow	흐름을 중단시키다

▷ Exercise **increases** blood **flow** of all parts of your body. 운동은 신체 모든 부분의 혈액 순환을 개선시킨다.

▷ Smoking narrows arteries, **reducing** blood **flow** to your feet. 흡연은 동맥을 좁혀서 발로 가는 혈액의 순환을 악화시킨다.

▷ I'm sorry to **interrupt** the **flow** of your argument. 토론의 흐름을 방해해서 죄송합니다.

▷ The new law aims to **stem** the **flow** of illegal immigrants to Europe. 새로 제정된 법은 유럽으로 유입되는 불법 이민의 흐름을 억제하는 것이 목적이다.

a constant	flow	끊이지 않는 흐름
a steady	flow	꾸준한 흐름
information	flow	정보의 흐름
traffic	flow	교통의 흐름
blood	flow	혈류
water	flow	물의 흐름
a lava	flow	용암의 흐름

▷ The shop has a **constant flow** of customers. 그 가게는 손님의 발걸음이 끊이지 않는다.

▷ There's a **steady flow** of tourists from all over the country. 전국 각지에서 관광객이 꾸준히 방문한다.

flow /flou/ 圀 흐르다

flow	freely	부드럽게 흐르다
flow	smoothly	
flow	in	유입하다
flow	back	역류하다

▷ Traffic is **flowing smoothly**. 차량의 소통이 원활하다.

▷ The company is doing well and a lot of money is **flowing in**. 회사가 잘 되어서 많은 돈이 유입되고 있다.

▷ Money is starting to **flow back** into Europe from the US. 자금이 미국에서 유럽으로 역류하기 시작한다.

flow	through A	A를 (지나서) 흐르다

★그밖에 out of, down, from, into 등도 쓰인다.

▷ The Thames **flows through** London. 템스 강은 런던을 관통해서 흐른다.

▷ Look! A lot of water is **flowing out of** a hole in that pipe. 저기 봐! 많은 물이 그 파이프의 구멍으로 흘러나가고 있어.

▷ When the volcano erupted, hot lava **flowed down** the sides of the mountain. 화산이 폭발했을 때, 뜨거운 용암이 산 비탈로 흘러내렸다.

flower /fláuər/ 圀 꽃

produce	flowers	꽃을 피우다
bear	flowers	
come into	flower	꽃이 피다
plant	flowers	꽃을 심다
cultivate	flowers	꽃을 재배하다
send	flowers	꽃을 보내다
pick	flowers	꽃을 꺾다
arrange	flowers	꽃을 꽂다

▷ The sweet peas **produce flowers** in spring. 스위트피는 봄에 꽃을 피운다.

▷ Daffodils **come into flower** in early spring. 수선화는 초봄에 꽃이 핀다.

▷ I **picked** some **flowers** from the garden. 나는 정원에서 꽃을 꺾었다.

▷ She **arranged flowers** in the vase for the party. 그녀는 파티를 위해 꽃병에 꽃을 꽂았다.

flowers	appear	꽃이 피다
flowers	bloom	
flowers	open	꽃이 벌어지다
flowers	grow	꽃이 자라다
flowers	fade	꽃이 시들다

▷ **Flowers bloom** in late spring or early summer. 꽃은 늦봄이나 초여름에 핀다.

▷ **Flowers open** at dawn and close by night. 꽃은 새벽에 벌어졌다 밤에 오므라든다.

▷ Look at all those beautiful **flowers growing** in that garden! 정원에 피어나는 저 아름다운 꽃들 좀 보세요!

▷ These **flowers fade** very quickly. 이 꽃들은 아주

| fly |

빨리 시든다.

spring	flowers	봄꽃
wild	flowers	야생화, 들꽃
garden	flowers	정원의 꽃
fresh	flowers	막 꺾은 꽃
dried	flowers	말린 꽃
pressed	flowers	납작 누른 꽃
dead	flowers	죽은 꽃
artificial	flowers	조화(造花)

▷ It's important to regularly remove **dead flowers**. 죽은 꽃을 규칙적으로 제거하는 것이 중요하다.

| a bouquet of | flowers | 꽃다발 |
| a bunch of | flowers | |

▷ Bouquet is a French word for **a bunch of flowers**. 부케는 꽃다발을 가리키는 프랑스어다.

| in | flower | 만개해서 |

▷ The roses are **in flower** now. 장미가 지금 활짝 피어 있다.

fly /flaɪ/ 圖 날다; 비행기로 가다

fly	high	높이 날다
fly	low	낮게 날다
fly	away	날아가다
fly	off	

▷ The bird **flew away** to another tree. 새가 다른 나무로 날아갔다.

fly	from A to B	A에서 B까지 비행기로 가다
fly	into A	A에 취항하다; A에 날아들다
fly	over A	A 위를 날다

▷ We **flew from** Incheon **to** London. 우리는 인천에서 런던까지 비행기를 타고 갔다.
▷ Most major airlines **fly into** Heathrow Airport. 대부분의 주요 항공사는 히스로 공항에 취항한다.
▷ Two planes **flew into** the Twin Towers on 9/11. 비행기 두 대가 9월 11일에 쌍둥이빌딩으로 날아들었다.
▷ They're watching helicopters **flying over** their heads. 그들은 머리 위로 날아가는 헬리콥터를 보고 있다.

focus /fóukəs/ 圖 초점; 집중

become	a focus	초점이 되다
provide	(a) focus	초점을 맞추다
have	a focus	초점이 있다

change	the focus	초점을 바꾸다,
shift	the focus	초점을 이동하다
move	the focus	
come into	focus	초점이 맞추어지다
bring A into	focus	A에 초점을 맞추다

▷ He won a major golf tournament when he was seventeen and **became** the **focus** of much attention. 그는 열일곱 살에 메이저 골프 대회에서 우승하면서 많은 관심을 받았다.
▷ Your essay is too general. You need to **have** a **focus**. 네 작문은 너무 일반적이야. 초점이 있어야지.
▷ Charlie, don't **shift** the **focus** of the conversation. We're still talking about your problems. 찰리, 대화의 초점을 바꾸지 마. 우리는 아직 네 문제에 대해 이야기하고 있잖아.
▷ Finally I understand. Finally things have **come into focus**. 마침내 나는 이해했다. 마침내 상황이 또렷하게 보였다.

| the focus | is on A | 초점이 A에게 맞추어져 있다 |

▷ The **focus** is **on** developing friendship and communication skills. 초점은 우정과 의사소통 기술을 키우는 데 맞추어져 있다.

the central	focus	핵심 초점
the main	focus	
the major	focus	
the primary	focus	
a sharp	focus	선명한 초점
a strong	focus	

▷ This is the **central focus** of this article. 이것은 이 기사의 가장 중요한 초점이다.
▷ Our **primary focus** is to help the children who are in need of care. 우리의 일차적 초점은 돌봄이 필요한 어린이들을 돕는 것이다.
▷ These rumors came into **sharp focus** when they were revealed in the newspapers. 이런 소문은 신문에 보도되면서 선명한 초점이 되었다.

| focus | for A | A의 초점 |

▷ The **focus for** the November presidential election is the economy and America's role in the world. 11월 대통령 선거의 초점은 경제와 세계에서 미국의 역할이다.

| in | focus | 초점이 맞아서 |
| out of | focus | 초점이 벗나가서 |

▷ In the photo the face is **in focus** but the rest is blurred. 사진에서 얼굴은 초점이 맞았지만, 나머지는 흐릿하다.
▷ His new plan is totally **out of focus**. 그의 새 계

획은 전혀 명확하지가 않다.

focus /fóukəs/

타 초점을 맞추다; 집중시키다

focus	mainly	주로 초점을 맞추다
focus	particularly	특히 초점을 맞추다
focus	exclusively	전적으로 초점을 맞추다
focus	entirely	

▷ Joseph's study **focuses mainly** on European paintings. 조셉의 연구는 주로 유럽 회화에 초점을 두고 있다.

▷ Her interests **focus particularly** on technology and education. 그녀의 관심은 특히 과학 기술과 교육에 집중되어 있다.

▷ Discussion **focused exclusively** on domestic violence issues. 토론은 전적으로 가정 폭력 문제에 초점을 두었다.

focus	on A	A에 초점을 맞추다
focus	upon A	

▷ Sorry, I can't help. I'm too busy **focusing on** my other work. 미안해, 도와줄 수 없어. 다른 일에 집중하느라 너무 바쁘거든.

fold /fould/ 타 접다

carefully	fold	조심스럽게 접다
neatly	fold	깔끔하게 접다
fold	(A) up	A를 접다
fold	(A) down	
fold	(A) away	
fold	A back	A를 뒤로 접다
fold	A in half	A를 반으로 접다
fold	A in two	

▷ He **carefully folded** the newspaper. 그는 신문을 조심스럽게 접었다.

▷ We need to **fold up** the tent. 우리는 텐트를 접어야 한다.

▷ The rear seats **fold down**. 뒷좌석은 접을 수 있다.(★ 다음과 같이 타동사로 쓰이기도 한다. The rear seats can be folded down.)

▷ He **folded** the letter **away** and put it in his pocket. 그는 편지를 접어서 주머니에 넣었다.

▷ I **folded back** the blanket and rolled up my pajamas. 나는 담요를 개고 잠옷을 돌돌 말았다.

▷ We **folded** the paper **in half**. 우리는 종이를 반으로 접었다.

follow /fálou/ 타 뒤따르다

closely	follow	엄격히 따르다
quickly	follow	얼른 뒤따르다
soon	follow	
immediately	follow	곧장 뒤따르다

▷ It is very important that we **closely follow** the guidelines. 우리가 지침을 엄격히 지키는 것이 중요하다.

▷ He **quickly followed** her out of the room. 그는 얼른 그녀를 따라 방을 나갔다.

be	followed by A	A가 뒤따르다

▷ In Northern Europe autumn is **followed by** a long, cold winter. 북유럽에서는 가을이 지나면 길고 추운 겨울이 뒤따른다.

it	follows that...	···라는 결론이 나오다
it	doesn't necessarily follow that...	반드시 ···라는 결론이 나오는 것은 아니다

▷ Your fingerprints are on the money. So **it follows that** you must have taken it. 돈에 당신 지문이 있습니다. 그러니까 당신이 이것을 가져갔다는 결론이 나옵니다.

food /fuːd/ 명 음식, 먹을 것; 식품; 식량

eat	food	음식을 먹다
prepare	food	음식을 준비하다
provide	food	음식을 제공하다
serve	food	음식을 내다
produce	food	식량을 생산하다

▷ Whenever you **prepare food**, wash your hands well first. 음식을 준비할 때마다, 먼저 손을 잘 씻어라.

▷ The United Nations **provided food**, milk and clothing. UN은 식량과 우유와 옷을 제공했다.

▷ We are busy **serving food** to customers at lunch time. 우리는 점심 시간에는 손님들에게 음식을 내느라 바쁘다.

favorite	food	좋아하는 음식
health	food	건강 식품
fast	food	패스트푸드
junk	food	정크 푸드
emergency	food	비상 식량
hot	food	뜨거운 음식
natural	food	자연 식품
organic	food	유기농 식품
frozen	food	냉동 식품
canned	food	통조림 식품
processed	food	가공 식품

fatty	food	지방이 많은 식품
high-calorie	food	고칼로리 식품
spicy	food	매운 음식
baby	food	유아식
pet	food	사료
cat	food	고양이 사료
dog	food	개 사료

▷ Teenagers love **fast food**, soft drinks and sweets. 십대들은 패스트푸드, 탄산 음료, 과자를 좋아한다.

▷ Eat fewer **processed foods** such as potato chips and frozen dinners. 감자칩이나 냉동 식품 같은 가공 식품 섭취량을 줄이세요.

▷ Avoid **high-calorie, fatty foods**, and you'll lose weight. 고칼로리에 지방이 많은 식품을 피하면 체중이 줄 것이다.

▷ Beer goes well with **spicy food**. 맥주는 매운 음식과 잘 어울린다.(★ '매운'의 뜻으로는 hot and spicy도 자주 쓰인다. hot and spicy food 매운 음식)

| food and drink(s) | | 음식물 |

▷ Don't bring your **food and drinks** into the library! 도서관에 음식물을 반입하지 마십시오!

| a supply of | food | 식량 공급 |

▷ **Supplies of food** and medicine are running low. 식량과 의약품 공급이 떨어져 가고 있다.

fool /fuːl/ 명 바보

| a complete | fool | 완전한 바보 |

▷ There's no point in asking him. The man is a **complete fool**. 그 사람에게 물어봐야 소용없어. 완전히 바보라고.

look (like)	a fool	바보 같다
feel (like)	a fool	바보처럼 느껴지다
be	no fool	절대 바보가 아니다
make	a fool of A	A(사람)를 바보 취급하다, 놀리다

▷ When you disagreed with me in front of everybody, you made me **look a fool**. 네가 모든 사람 앞에서 나에게 반대했을 때 너는 나를 바보로 만든 거야.

▷ He is **no fool**. 그는 절대 바보가 아니다.

▷ He's angry because he thinks you **made a fool of** him. 그는 네가 자기를 바보 취급했다고 생각하기 때문에 화가 난 거야.

foot /fut/ 명 발

get to	one's feet	일어서다
rise to	one's feet	
leap to	one's feet	벌떡 일어서다
be on	one's feet	서 있다
stamp	one's feet	발을 구르다
tap	one's feet	발로 바닥을 가볍게 두드리다
drag	one's feet	발을 끌다
wipe	one's feet	발을 닦다

▷ The audience **rose to its feet** and applauded. 관객은 자리에서 일어나 박수를 쳤다.

▷ They **stamped** their **feet** and shouted. 그들은 발을 구르며 소리쳤다.

▷ She **tapped** her **foot** in irritation. 그녀는 초조해서 발로 바닥을 톡톡 두드렸다.

▷ He's **dragging** his **feet** slightly. 그는 발을 살짝 끌고 있다.

| foot | slips | 발이 미끄러지다 |

▷ My left **foot slipped** into a hole. 왼발이 구멍 속으로 미끄러졌다.

| on | foot | 걸어서 |

▷ The best way to travel around the city is **on foot**. 그 도시를 여행하는 가장 좋은 방법은 걸어서 다니는 것이다.

force /fɔːrs/ 명 힘, 폭력; (-s) 군대; 영향력

use	force	무력을 행사하다
resort to	force	힘에 호소하다
come into	force	(법률이) 시행되다
bring A into	force	A를 시행하다
join	forces	힘을 합하다
combine	forces	

▷ The US finally decided to **use force** against Iraq. 미국은 마침내 이라크에 무력을 행사하기로 결정했다.

▷ The new laws **come into force** in one month's time. 새 법률은 한 달 후에 시행된다.

▷ The Act will be **brought into force** early next year. 그 법령은 내년 초에 실행될 것이다.

▷ America and Britain **joined forces** in World War II. 미국과 영국은 2차 세계 대전에서 연합했다.

brute	force	완력
gravitational	force	중력
centrifugal	force	원심력
the driving	force	원동력
an economic	force	경제 세력
a political	force	정치 세력

the labor	force	노동력, 노동 인구
the armed	forces	군대
military	forces	
nuclear	force	핵무기
peace-keeping	force	평화 유지군
the air	force	공군

▷ Competition is the **driving force** of economic growth. 경쟁은 경제 성장의 원동력이다.
▷ The multinational corporations are a powerful **political** and **economic force** in this country. 이 나라에서 다국적 기업은 강력한 정치 세력이자 경제 세력이다.
▷ The United States has the most powerful **armed forces** in the world. 미국은 세계에서 가장 강력한 군사력을 보유하고 있다.
▷ Japan has declared that **nuclear force** should never be used. 일본은 핵무기는 절대 사용해서는 안 된다고 선언했다.

| by | force | 힘으로, 강제로 |
| in | force | (법률이) 시행되어 |

▷ Don't do it **by force**, try to persuade them. 힘으로 하지 말고, 그들을 설득하려고 노력해봐.
▷ The rules are not **in force** yet. 그 규칙은 아직 시행되고 있지 않다.

force /fɔːrs/ 동 강제하다

| eventually | force | 결국 강제하다 |
| finally | force | |

▷ The workers were **eventually forced** to accept cuts in their wages. 노동자들은 결국 어쩔 수 없이 임금 삭감을 받아들였다.

force A	to do	A에게 …하도록
force A	into doing	강요하다
force oneself	to do	억지로 …하다

▷ I was **forced to** withdraw money from the ATM. 나는 ATM에서 돈을 인출하지 않을 수 없었다.
▷ I was really tired, but I **forced myself to** stay awake. 나는 정말 피곤했지만, 억지로 깨어 있었다.

| force A | into B | A를 억지로 B에 밀어 넣다 |
| force A | out of B | A를 억지로 B에서 빼내다 |

▷ An eye injury **forced** him **into** early retirement. 눈 부상 때문에 그는 어쩔 수 없이 조기 은퇴했다.

forest /fɔːrist/ 명 숲, 삼림

| walk in | the forest | 숲 속을 걷다 |
| walk through | the forest | |

▷ When you are **walking through** the **forest** in South America, be careful of snakes and spiders. 남아메리카의 숲 속을 걸을 때는 뱀과 거미를 조심해라.

dense	forest	빽빽한 숲
a dark	forest	어두운 숲
tropical	forest	열대림

▷ In Finland, 76 percent of the nation is covered by **dense forest**. 핀란드는 국토의 76%가 빽빽한 숲으로 덮여 있다.
▷ On the way they had to go through a **dark forest**. 도중에 그들은 어두운 숲을 지나가야 했다.

forget /fərgét/ 동 잊다

completely	forget	완전히 잊다
almost	forget	거의 잊다
never	forget	절대 잊지 않다
soon	forget	곧 잊다
easily	forget	쉽게 잊다

▷ I **completely forgot** about the problem. 나는 그 문제를 까맣게 잊었다.
▷ I **almost forgot** to say, I'm going away for a few days. 잊을 뻔했는데, 나 며칠 동안 여길 떠나 있을 거야.
▷ I'll **never forget** that experience. 나는 그 경험을 결코 잊지 않을 것이다.
▷ Rules are too **easily forgotten**. 규칙이 너무 쉽게 잊혀진다.

forget	(that)…	…라는 것을 잊다
forget	wh-	…인지를 잊다
forget	to do	…해야 한다는 것을 잊다
★ wh-는 how, why, where, when 등		

▷ Don't **forget** we're going to a movie this evening. 우리가 오늘 저녁에 영화 보러 간다는 거 잊지 마.
▷ He's a little bit crazy, but let's not **forget** the man is a genius. 그는 약간 이상하지만, 그 사람이 천재라는 건 잊지 말자.
▷ I **forgot where** I put the door key. 어디에 문 열쇠를 두었는지 잊었다.
▷ I **forgot to** give you a message from my wife. 당신에게 제 아내의 메시지를 전하는 걸 잊었네요.
▷ Don't **forget to** post my letter. 내 편지 부치는 것 잊지 마.

| forget | about A | A에 대해 잊다 |

▷ **Forget about** Lewis! 루이스는 잊어!

(PHRASES)

Before I forget, ... 잊어버리기 전에 말해두는데, ⋯▷ Before I forget, Jim rang. He asked you to call him back. 잊기 전에 말해두는데, 짐이 전화했어. 전화해 달래.

Forget it! 신경 쓰지 마, 괜찮아.

Oh! I nearly forgot! 아! 잊어버릴 뻔했다!

forgive /fərgív/ 용서하다

| never | forgive | 결코 용서하지 않다 |

▷ I'll **never forgive** you! 너를 절대 용서하지 않을 거야!

| forgive | A for doing | A(사람)가 …한 것을 용서하다 |

▷ Her mother never **forgave** her **for marrying** Tony. 어머니는 그녀가 토니와 결혼한 것을 결코 용서하지 않았다.

| forgive and forget | | 용서하고 잊다 |

▷ It's time to **forgive and forget**. 이제 용서하고 잊을 때다.

(PHRASES)

A could be forgiven for thinking... A(사람)가 …라고 생각해도 이상하지 않다. ▷ You could be forgiven for thinking summer was over already. 네가 벌써 여름이 끝났다고 생각하는 것도 무리가 아니다.

Please forgive me! 제발 용서해줘!

form /fɔːrm/ 형태; 형식; 서식; 행실, 처신

take	a form	형식을 띠다
complete	a form	서식을 완성하다
fill out	a form	서식에 기입하다;
fill in	a form	양식을 작성하다
sign	a form	서식에 서명하다

▷ This book **takes** the **form** *of* a long interview. 이 책은 긴 인터뷰 형식을 띠고 있다.

▷ Please **complete** the **form** and send it in as soon as possible. 되는 대로 빨리 서식을 완성해서 제출해 주세요.

▷ Before you **fill in** the application **form**, you should read through the information. 지원서를 작성하기 전에, 안내 정보를 읽어 주세요.

▷ He **signed** an application **form**. 그는 신청서에 서명했다.

various	forms	다양한 형식
a simple	form	단순한 형식
digital	form	디지털 형식
good	form	바른 행실
poor	form	나쁜 행실
an application	form	지원서
an entry	form	참가 신청서
an order	form	주문서

▷ Elaine was a shy girl, who suffered **various forms** of bullying. 일레인은 소심한 소녀로, 여러 형태의 학교 폭력을 경험했다.

| in | the form of A | A의 형식으로 |

▷ The money was received **in** the **form of** checks and cash. 돈은 수표와 현금의 형태로 전달됐다.

formal /fɔ́ːrməl/ 정식의; 형식적인

| purely | formal | 순전히 형식적인 |

▷ "You're asking me a lot of questions, officer." "Don't worry, sir. Our inquiry is **purely formal**." "제게 질문을 많이 하시는군요, 경관님." "걱정할 것 없습니다. 저희 질문은 순전히 형식적인 것입니다."

former /fɔ́ːrmər/

이전의, 전의; (대명사적으로) 전자

| the former... | (and) the latter... | 전자는…, 그리고 후자는… |

▷ The hotel has a swimming pool and a restaurant. **The former** is recommended. **the latter** is not. 호텔에는 수영장과 레스토랑이 있다. 전자는 추천하지만, 후자는 추천하지 않는다.

fortunate /fɔ́ːrtʃənət/ 운이 좋은, 행운의

| fortunate | to do | 운 좋게 …하다 |
| fortunate | that... | …한 것은 행운이다 |

▷ I feel **fortunate to** have grown up in Wales. 나는 웨일스에서 자란 것을 행운으로 여긴다.

▷ I'm **fortunate that** I'm engaged in work that I like. 내가 좋아하는 일에 종사해서 행운이다.

fortune /fɔ́ːrtʃən/ 재산, 큰돈; 행운, 운세

bring	fortune	행운을 가져오다
tell	A's fortune	A의 운세를 점치다
make	a fortune	큰 재산을 모으다
amass	a fortune	
inherit	a fortune	큰 재산을 물려받다
lose	a fortune	큰 재산을 잃다

seek	one's fortune	출세의 길을 찾다
cost	a fortune	큰돈이 들다
spend	a fortune	큰돈을 쓰다

▷ Lady, you have a lucky face! Want me to **tell your fortune**? 아가씨, 얼굴에 복이 있군요! 제가 운세를 봐드릴까요?
▷ His family **made a fortune** in steel. 그의 가족은 철강업으로 큰 재산을 모았다.
▷ He has **amassed a fortune** estimated at several hundred million dollars. 그는 수억 달러로 추정되는 재산을 모았다.
▷ Simon **inherited** his **fortune** from his father. 사이먼은 아버지한테서 큰 재산을 물려받았다.
▷ I didn't come here to **seek** my **fortune**. 나는 출세하기 위해 여기 온 게 아니다.
▷ The buildings are old and **cost a fortune** to maintain. 건물들이 낡아서 유지하는 데 큰 돈이 든다.
▷ She **spends a fortune** on cosmetics and skin care. 그녀는 화장품과 피부 관리에 많은 돈을 쓴다.

good	fortune	행운
a considerable	fortune	상당한 재산, 꽤 큰 돈
a large	fortune	
a small	fortune	큰돈
economic	fortunes	경제의 부침
political	fortunes	정치적 운명

▷ I had the **good fortune** to meet that artist. 나는 그 예술가를 만나는 행운이 있었다.
▷ He left a **considerable fortune**. 그는 상당한 재산을 남겼다.
▷ He was a wealthy man and left a **large fortune**. 그는 부자여서 큰 재산을 남겼다.
▷ I've spent a **small fortune** on my house to fix it up. 나는 집을 고치는 데 큰 돈을 썼다.
▷ The **economic fortunes** of the region are closely linked to the state of the world oil market. 그 지역의 경제적 부침은 세계 석유 시장의 현황과 밀접히 관련되어 있다.

frame /freim/ 명 틀, 골격

a door	frame	문틀
a window	frame	창틀
a photo	frame	사진틀
a picture	frame	액자
a wooden	frame	나무 틀

▷ The picture was in an oval **wooden frame**. 그 사진은 타원형 나무 틀에 들어 있었다.

free /friː/ 형 자유로운; 무료의; 한가한

absolutely	free	모두 무료인
completely	free	모두 무료인; 완전히 자유로운; 아주 한가한
entirely	free	
totally	free	

▷ Here's the good news. Entry is **absolutely free**. 좋은 소식이 있어. 참가는 완전히 무료야.
▷ Smoking is legal if you are 20 and over. You're **entirely free** to smoke if you choose to. 20세 이상에게 흡연은 합법이야. 네가 원한다면 자유롭게 담배를 피울 수 있어.

free	to do	자유롭게 …할 수 있다

▷ You are **free to** do what you like. 네가 원하는 건 자유롭게 할 수 있어.

free	from A	A가 없는
free	of A	

▷ Within nine months, I was almost totally **free from** the pain. 9개월 내에 나는 거의 통증이 없었다.
▷ This medicine is relatively **free of** side effects. 이 약은 상대적으로 부작용이 없는 편입니다.

feel	free	자유롭게 하다
break	free	자유로워지다
get	free	
set A	free	A를 자유롭게 하다

▷ **Feel free** to have a cup of coffee. 마음껏 커피를 드세요.
▷ The dog **broke free** of his lead and ran off into the woods. 개는 목줄을 끊고 숲 속으로 달아났다.
▷ There wasn't enough evidence to hold the suspects and they were **set free**. 용의자들을 구류시킬 증거가 불충분해서 그들은 석방되었다.

for	free	공짜로, 무료로

▷ "Will you fix it **for free**?" "Of course." "이거 무료로 고쳐주시나요?" "그럼요."

free and fair		자유롭고 공정한

▷ We welcome **free and fair** competition in our own domestic markets. 우리는 국내 시장에서 자유롭고 공정한 경쟁을 환영합니다.

freedom /friːdəm/ 명 자유; 해방

have	(the) freedom	자유가 있다
enjoy	(the) freedom	자유를 누리다
allow	(the) freedom	자유를 허락하다
give	(the) freedom	자유를 주다
restrict	(the) freedom	자유를 제한하다

▷ He **had** the **freedom** to do whatever he wanted to do. 그는 원하는 것은 무엇이든 자유롭게 할 수 있었다.

▷ We **enjoy** more **freedom** than ever before. 우리는 그 어느 때보다 많은 자유를 누린다.

▷ The government **allows freedom** of expression. 정부는 표현의 자유를 허락한다.

▷ Democracy **gives freedom** *to* people to express their opinions. 민주주의는 국민들에게 자신의 의견을 표현할 자유를 준다.

▷ During World War I, the Government **restricted freedom** of speech. 1차 세계대전 때 정부는 언론의 자유를 제한했다.

great	freedom	큰 자유
individual	freedom	개인의 자유
personal	freedom	
academic	freedom	학문의 자유
political	freedom	정치적 자유
religious	freedom	종교의 자유

▷ We live in an era of **great freedom**. 우리는 자유가 많은 시대에 산다.

▷ I think that **individual freedom** needs to be protected. 나는 개인의 자유는 보호해야 한다고 생각한다.

freedom	from A	A로부터의 자유
freedom	of A	A의 자유

★ of A의 A는 speech, choice, information 등이다.

▷ In 1810, Mexico declared its **freedom from** Spain. 1810년에 멕시코는 스페인으로부터의 독립을 선언했다.

▷ Do you support **freedom of speech**? 당신은 언론의 자유를 지지하십니까?

▷ Sweden has perhaps the strongest **freedom of information** laws in the world. 스웨덴의 정보 공개법은 아마도 세계에서 가장 강력할 것이다.

freedom	to do	…할 자유

freeze /fri:z/ 圄 얼다, 얼리다

frozen	solid	꽁꽁 언
freeze	over	완전히 얼다
freeze	up	얼어붙다
freeze	to death	얼어 죽다

▷ This lake **freezes over** in the winter. 이 호수는 겨울에 완전히 언다.

▷ The water on the lake has **frozen up**. Let's go skating. 호수가 얼어붙었다. 스케이트 타러 가자.

freeze	with A	A로 얼어붙다
frozen	to the spot	그 자리에 얼어붙은

★ A에는 fear, terror, shock 등이 온다.

▷ His face **froze with shock**. 그의 얼굴은 충격으로 굳어버렸다.

▷ She was **frozen with fear** after one robber held a knife to her neck. 그녀는 강도가 목에 칼을 들이대자 공포로 얼어붙었다.

▷ My heart stopped beating. I was **frozen to the spot**. 내 심장이 멈추었다. 나는 그 자리에 얼어붙었다.

frequency /ˈfriːkwənsi/

圄 빈도, 횟수; 주파수

increase	the frequency	빈도를 늘리다
decrease	the frequency	빈도를 줄이다
reduce	the frequency	
increase	in frequency	빈도가 늘다
decrease	in frequency	빈도가 줄다

▷ We should **increase** the **frequency** *of* the visits. 우리는 방문 횟수를 늘려야 한다.

▷ We **reduced** the **frequency** of the meeting to once a week. 우리는 회의 횟수를 일 주일에 한 번으로 줄였다.

great	frequency	높은 빈도
high	frequency	높은 빈도; 고주파
low	frequency	낮은 빈도; 저주파
relative	frequency	상대적 빈도
increasing	frequency	횟수의 증가
alarming	frequency	놀라운 횟수

★ with … frequency로 자주 쓰인다.

▷ The number of people getting divorced has reached a very **high frequency**. 이혼하는 사람들의 수가 아주 높은 빈도에 이르렀다.

▷ There is a **low frequency** of crime in this area. 이 지역은 범죄 발생 빈도가 낮다.

▷ Problems of pollution are being reported **with increasing frequency**. 오염 문제가 점점 더 자주 보도되고 있다.

▷ The number of serious crimes is increasing **with alarming frequency**. 중범죄의 수가 걱정스러운 빈도로 늘어나고 있다.

fresh /freʃ/ 圄 신선한

completely	fresh	아주 신선한
still	fresh	여전히 신선한

▷ I was filled with excitement because I had a

completely fresh idea. 나는 아주 참신한 생각이 떠올라 흥분으로 가득 찼다.

▷ The experience is **still fresh** in my memory. 그 경험은 내 기억에 아직도 생생하다.

fresh	from A	A에서 막 나온

▷ At that time I was 22 and **fresh from** university. 그 시절 나는 스물두 살로 대학을 막 마친 상태였다.

friend /frend/ 명 친구

become	friends	친구가 되다
make	friends	친해지다
have	a friend	친구가 있다
lose	a friend	친구를 잃다
meet	a friend	친구를 만나다
see	a friend	
visit	a friend	친구를 방문하다
bring	a friend	친구를 데리고 오다

▷ How did you **become friends** with Robert? 너는 어떻게 로버트와 친구가 되었니?

▷ Tell him to **bring** some **friends**. The more the merrier. 그에게 친구를 좀 데리고 오라고 해. 많을수록 좋아.

A's best	friend	A의 가장 친한 친구
a close	friend	친한 친구
a great	friend	
a good	friend	좋은 친구
a lifelong	friend	평생 친구
an old	friend	오랜 친구
a mutual	friend	공통의 친구

▷ Jean is my **best friend**. 진은 나의 가장 친한 친구다.

▷ Glenn and I are **close friends**. 글렌과 나는 친한 친구 사이다.

▷ Kevin has three **lifelong friends**. 케빈은 평생 친구가 세 명 있다.

▷ Jane and Charles met through a **mutual friend** at a party in London. 제인과 찰스는 런던에서 열린 파티에서 서로 잘 알고 지내는 친구를 통해서 만났다.

a friend	of mine	내 친구
a friend	of yours	네 친구
a friend	of John('s)	존의 친구

▷ Roger is a **friend of mine**. 로저는 내 친구다.

(PHRASES)

What are friends for? ⓒ 친구 좋다는 게 뭐야?, 친구가 왜 있는 거겠어?

friendly /fréndli/ 형 친한; 친절한; 우호적인

quite	friendly	아주 우호적인
environmentally	friendly	환경 친화적인

▷ The youth hostel was very nice and everyone was **quite friendly**. 그 유스호스텔은 아주 좋았고, 모두가 무척 친절했다.

▷ Recycling is the most **environmentally friendly** option. 재활용은 가장 환경 친화적인 방식이다.

friendly	to A	A에게 친절한
friendly	with A	A와 친한

▷ I tried to be **friendly to** him and to make him laugh. 나는 그에게 친절하게 대해서 그를 웃게 하려고 했다.

▷ I became **friendly with** him and his family. 나는 그와 그의 가족과 친해졌다.

friendly	and helpful	친절하고 도움이 되는

▷ The staff are **friendly and helpful**. 직원들은 친절하고 잘 도와준다.

frightened /fráitnd/
형 겁먹은, 두려워하는

terribly	frightened	겁에 질린
too	frightened	너무 겁먹은

▷ People were **too frightened to** go through the park at night. 사람들은 너무 무서워서 밤에 공원을 지나가지 못했다.

frightened	of A	A에 겁먹은
frightened	to do	…하는 것을 두려워하는
frightened	(that)...	…라는 데 겁먹은

▷ Are you **frightened of** the police? 경찰이 겁나니?

▷ Women are **frightened to** walk alone after dark. 여자들은 어두워진 뒤에 혼자 걸어가는 것을 두려워한다.

▷ He was often **frightened that** he was losing his memory. 그는 기억을 잃고 있다는 사실을 자주 두려워했다.

front /frʌnt/

명 앞, 전면, 정면; 표면; 전선(前線)

a cold	front	한랭전선
a warm	front	온난전선

▷ The **cold front** will move down across England. 한랭전선이 영국을 가로질러 남쪽까지 내려올 것이다.

on	the front	표면에
at	the front	앞에; 선두에
in	the front	
to	the front	전선에

▷ Was he **at the front** all the time? 그가 항상 맨 앞에 있었니?
▷ I always like to sit **in the front** when I go to a movie. 나는 극장에 가면 항상 앞에 앉는 걸 좋아한다.
▷ Those young soldiers were sent directly **to the front**. 그 젊은 군인들은 곧장 전선으로 투입됐다.

fruit /fruːt/ 명 과일

bear	fruit	열매를 맺다
produce	fruit	
grow	fruit	과일을 재배하다

▷ People in rural areas **grow fruit** and vegetables in small private gardens. 농촌 사람들은 작은 텃밭에서 과일과 채소를 재배한다.

fresh	fruit	신선한 과일
ripe	fruit	익은 과일
dried	fruit	말린 과일
canned	fruit	통조림 과일
citrus	fruit(s)	감귤류 과일

▷ Eat **fresh fruit** and light, easy-to-digest foods. 신선한 과일과 열량이 낮고 소화가 쉬운 음식을 먹어라.
▷ **Citrus fruits** like oranges and lemons are rich in vitamin C. 오렌지나 레몬 같은 감귤류 과일은 비타민 C가 풍부하다.

| a piece of | fruit | 과일 한 조각 |

▷ It's good for your health to eat at least one **piece of fruit** a day. 하루에 최소한 과일 한 조각을 먹는 것이 건강에 좋다.

| fruit and vegetables | | 과일과 야채 |

▷ She eats a lot of **fruit and vegetables**. 그녀는 과일과 야채를 많이 먹는다.

fuel /fjúːəl/ 명 연료

burn	fuel	연료를 태우다
use	fuel	연료를 사용하다
save	fuel	연료를 절약하다
run out of	fuel	연료가 떨어지다
add	fuel to A	A(토론 등)를 다시 불붙이다, 부추기다

▷ The pilot continued to circle the airport, trying to **burn fuel** to reduce the risk of fire. 기장은 연료를 태워 화재의 위험을 줄이기 위해 공항을 계속 선회했다.
▷ You can **save fuel** by shutting off your engine. 엔진의 시동을 꺼서 연료를 절약할 수 있다.
▷ We **ran out of fuel** half way up the mountain. 우리는 산을 중간쯤 올라가서 연료가 떨어졌다.
▷ He **added fuel to** the rumor that there is a political element to the attacks. 그는 그 습격 사건에 정치적 요인이 있다는 소문을 확대시켰다.

fossil	fuel	화석 연료
solid	fuel	고체 연료
domestic	fuel	가정용 연료
nuclear	fuel	핵 연료
spent	fuel	사용 후 연료
renewable	fuel	재생성 연료
unleaded	fuel	무연 연료

▷ The government are going to increase **domestic fuel** prices by an average of 30%. 정부는 가정용 연료 가격을 평균 30% 올릴 예정이다.
▷ **Fossil** and **nuclear fuels** still completely dominate the U.S. energy supply. 화석 연료와 핵 연료는 여전히 미국의 에너지 공급량을 완전히 장악하고 있다.

full /ful/ 형 가득한; 배부른

| half | full | 절반이 찬 |
| three-quarters | full | 4분의 3이 찬 |

▷ The bottle was only **half full**. 그 병은 절반밖에 차지 않았다.

| full | of A | A로 가득한 |

▷ The kitchen was **full of** the smell of freshly baked bread. 주방은 갓 구운 빵 냄새로 가득했다.

(PHRASES)
I'm full. ☺ 나 배불러.

fun /fʌn/ 명 재미, 즐거움

| have | fun | 즐겁게 놀다 |

▷ We were good friends and we'd **had** a lot of **fun** together at university. 우리는 좋은 친구였고, 대학 시절 함께 즐거운 시간을 많이 보냈다.

good	fun	아주 재미있는 일
great	fun	
a lot of	fun	
good clean	fun	건전한 즐거움

▷ We must come to Disneyland again. It was **great fun**! 우리 디즈니랜드에 꼭 다시 가자. 정말 재미있었어!

▷ There was no cigarette smoking and alcohol at the party—just **good clean fun**. 파티에는 흡연도 알코올도 없었어. 건전하게 놀았지.

| for | fun | 재미를 위해; 농담으로 |

▷ I just wanted to ask you, since you're always so busy, what do you do **for fun**? 네가 항상 바쁘게 사니까 그냥 물어보고 싶은데, 너는 재미를 위해서는 뭘 하니?

| a sense of | fun | 즐거움을 아는 감각 |

▷ He is a generous person with a good **sense of fun**. 그는 너그럽고 즐거움을 아는 사람이다.

PHRASES
Sounds like fun. ☺ 재미있을 것 같다. ▷ Bungee jumping? Sounds like fun. 번지 점프? 재미있을 것 같은데.
That's fun. ☺ 그거 재미있는걸.
What fun! ☺ 정말 재미있네!

function /fʌ́ŋkʃən/

圕 기능; 역할; 식(式), 행사

have	a function	기능이 있다
fulfill	a function	역할을 수행하다
serve	a function	
perform	a function	

▷ The red button and green button **have** different **functions**. 빨간색 버튼과 녹색 버튼은 기능이 다르다.
▷ This button **fulfills** the **function** of starting the engine. 이 버튼은 엔진에 시동을 거는 기능을 한다.
▷ This new robot is able to **perform** many **functions**. 이 신형 로봇은 많은 기능을 수행할 수 있다.

an important	function	중요한 역할
the main	function	주된 기능
a social	function	사교 행사

▷ Instead of just passing exams, the **main function** of learning English should be communication. 영어를 공부하는 주된 기능은 그저 시험에 통과하는 것이 아니라 의사 소통이어야 한다.
▷ Over sixty guests attended the **social function**. 60명이 넘는 손님이 그 사교 행사에 참석했다.

fund /fʌnd/ 圕 자금, 기금; 투자신탁

set up	a fund	기금을 설립하다
establish	a fund	
run	a fund	자금을 운용하다
manage	a fund	
have	funds	자금이 있다
obtain	funds	자금을 확보하다
borrow	funds	자금을 빌리다
raise	funds	자금을 모으다
allocate	funds	자금을 분배하다

▷ We can **borrow funds** up to $15 million. 우리는 최대 1,500만 달러의 자금을 빌릴 수 있다.
▷ He managed to **raise funds** for a new building. 그는 건물 신축 자금을 모으는 데 성공했다.
▷ The government has **allocated funds** for social welfare. 정부는 사회 복지에 자금을 분배했다.

an investment	fund	투자 펀드
a social	fund	사회 기금
a trust	fund	신탁 기금
a pension	fund	연금 기금
a hedge	fund	헤지 펀드
sufficient	funds	충분한 자금
public	funds	공적 자금

▷ The local government has established a **social fund** to help patients and their families. 지방 정부는 환자와 그 가족을 지원하는 사회 기금을 설립했다.
▷ These communities don't have **sufficient funds** to improve their environment. 이 지자체들은 환경을 개선할 충분한 자금이 없다.
▷ The research is supported by **public funds**. 그 연구는 공적 자금의 지원을 받았다.

| funds | for A | A를 위한 자금 |

▷ T-shirts will be sold to raise **funds for** the project. 이 사업의 자금을 모으기 위해 티셔츠를 팔 것이다.

a flow	of funds	자금의 흐름
a lack	of funds	자금 부족
a shortage	of funds	

▷ The US economy depends on a massive **flow of funds** from overseas investors. 미국 경제는 해외 투자자들한테서 오는 막대한 자금의 흐름에 의존하고 있다.
▷ A **lack of funds** to make the next step is really the problem at the moment. 현재로서는 다음 단계로 나아가는 데 필요한 자금이 부족하다는 게 문제다.

funeral /fjúːnərəl/ 圕 장례식

| arrange | a funeral | 장례식을 준비하다 |
| attend | a funeral | 장례식에 참석하다 |

| funny |

go to	a funeral	

▷ They are **arranging** the **funeral** on Thursday. 그들은 목요일의 장례식을 준비하고 있다.
▷ Yesterday I **attended** the **funeral** of a friend's mother. 어제 나는 친구 어머니의 장례식에 다녀왔다.

a state	funeral	국장(國葬)

funny /fʌni/ 웹 우스운, 재미있는; 기묘한

really	funny	아주 재미있는
a bit	funny	약간 기묘한

▷ She was **really funny** and entertaining. 그녀는 정말로 재미있고 사람들을 즐겁게 했다.

funny	little thing	재미있는 것, 이상한 것

▷ Have you seen Emma's new baby? She's a **funny little** thing! 에마의 갓난아기 봤어? 아주 재미있는 아기야!

PHRASES
I thought it was funny. ☺ 이상하다는 생각이 들었어.
That's funny. ☺ 웃기네, 이상하네
That's not funny! / It's not funny! ☺ 웃을 일이 아니야!
What's so funny? ☺ 뭐가 그렇게 재미있어?

furniture /fɔ́:rnitʃər/ 웹 가구

antique	furniture	골동품 가구
bedroom	furniture	침실 가구

▷ The room is decorated with **antique furniture**. 그 방은 고가구로 꾸며져 있다.

a piece	of furniture	가구 한 점

▷ In the corner of my living room there's a nice **piece of furniture**. 우리 집 거실 구석에는 멋진 가구가 한 점 있다.

furniture	in the room	방의 가구

▷ All the **furniture in** the **room** is completely new. 그 방의 모든 가구는 완전히 새것이다.

future /fjú:tʃər/

웹 (the future의 형태로) 미래, 장래; 장래성

look to	the future	미래를 바라보다
predict	the future	미래를 예측하다
foretell	the future	
have	a future	장래성이 있다
secure	the future	미래를 지키다
consider	the future	미래를 생각하다

▷ No one can **predict** the **future**. 아무도 미래를 예측할 수 없다.
▷ Do you think the film world **has a future**? 영화계에 미래가 있다고 생각해?
▷ I needed to **secure** the **future** of my children. 나는 내 아이들의 미래를 안전하게 지켜야 했다.
▷ I have to start **considering** my **future**. 나는 내 미래를 고민하기 시작해야 한다.

the near	future	가까운 미래
the immediate	future	
the foreseeable	future	
the not too distant	future	멀지 않은 미래
the distant	future	먼 미래
a bright	future	밝은 미래
a great	future	
a promising	future	유망한 장래
a bleak	future	어두운 미래
an uncertain	future	불확실한 미래
the long-term	future	장기적인 미래

▷ I have no plans to marry **in** the **near future**. 나는 가까운 미래에 결혼할 계획이 없다.
▷ Something needs to be done **in** the **immediate future**. 가까운 장래에 무슨 일인가 해야 한다.
▷ The economy is unlikely to improve **in** the **foreseeable future**. 경제가 가까운 미래에 호전될 것 같지는 않다.
▷ **In** the **not too distant future**, computer, telephone and video technology may merge into one. 그리 멀지 않은 미래에 컴퓨터, 전화, 비디오 기술은 하나로 합쳐질 것이다.
▷ She is a talented actress with a **bright future**. 그녀는 장래가 밝은 재능 있는 배우다.
▷ He has a **promising future** ahead of him. 그는 전도유망하다.
▷ Thousands of workers are facing a very **uncertain future**. 수천 명의 노동자가 불확실한 미래에 직면해 있다.
▷ We must do all we can to secure the company's **long-term future**. 우리는 회사의 장기적인 미래를 지키기 위해 가능한 한 무슨 일이든 해야 한다.

in	(the) future	미래에, 앞날에

▷ If I have the opportunity **in** (the) **future**, I'll do my best to help you. 앞으로 기회가 있다면, 내가 최선을 다해 너를 도울게.

G

gain /geɪn/ 명 이익, 이득; 증가

net	gain	순이익
ill-gotten	gains	부당 이익
personal	gain	개인적 이익
material	gain	물질적 이익
weight	gain	체중 증가

▷ Don't trust him! He's only doing it for **personal gain**. 그 사람 믿지 마! 그 사람은 오직 개인적인 이득을 위해 그 일을 하는 거야.

gain	from A	A에게서 얻은 것
a gain	in A	A의 증가

▷ Ken won his last three matches and is showing a big **gain in** confidence. 켄은 마지막 세 경기를 이겨서 자신감이 크게 높아졌음을 보여주고 있다.

game /geɪm/ 명 경기; 게임, 놀이

play	a game	경기를 하다; 게임을 하다
lose	a game	경기에 지다
win	a game	경기에 이기다

▷ Let's **play a game** of cards. 카드 게임 하자.
▷ Korea **won the game** against England. 한국은 잉글랜드와의 경기에서 이겼다.

the game	is played	경기가 치러지다

▷ The **game is played** with 11 players on each side. 경기는 양쪽에 각각 열한 명의 선수들로 치러진다.

a ball	game	구기(球技)
a board	game	보드 게임
a card	game	카드 게임
a computer	game	컴퓨터 게임
a video	game	비디오 게임
a big	game	큰 경기
a home	game	홈 경기
an away	game	원정 경기
a good	game	멋진 경기, 훌륭한 경기
a great	game	
the Olympic	Games	올림픽 대회

▷ There's a **big game** on Saturday – Manchester United against Liverpool. 토요일에 큰 경기가 있어. 맨체스터 유나이티드 대 리버풀이야.
▷ It was a **great game**! 멋진 경기였어!

the game	against A	A와의 경기
the game	with A	

▷ England lost the **game against** Germany. 잉글랜드는 독일과의 경기에서 졌다.

PHRASES

Don't play games with us. 😉 우릴 놀리지 마.
The game is over. 😉 게임이 끝났다.
The game is up. 😉 다 틀렸다.

gap /gæp/ 명 틈; 격차; 결함

leave	a gap	틈을 남기다
fill	the gap	틈새를 메우다
bridge	the gap	격차를 메우다
close	the gap	격차를 줄이다
narrow	the gap	
reduce	the gap	
widen	the gap	격차를 넓히다

▷ Now Hudson's left as sales manager, we'll have to find someone else to **fill the gap**. 이제 허드슨이 영업부장으로 떠났으니, 다른 사람을 찾아서 그 빈 자리를 채워야 한다.
▷ The new tax system will **widen the gap** between rich and poor. 새로 제정된 세금 제도는 빈부 격차를 늘릴 것이다.

a big	gap	큰 틈; 큰 격차
a huge	gap	
a wide	gap	
a narrow	gap	작은 틈
a small	gap	
a long	gap	긴 공백
a short	gap	짧은 공백

▷ There's a **big gap** in the hedge. 생울타리에 큰 구멍이 뚫려 있다.
▷ The rabbit escaped through a **narrow gap** in the fence. 토끼는 울타리의 작은 틈새로 달아났다.
▷ We are happy to see him back here after a **long gap**. 오랜 공백 후에 그를 다시 보게 되어 기쁘다.

a gap	between A (and B)	A(와 B) 사이의 틈
a gap	in A	A의 틈

▷ You need to leave a bigger **gap between** paragraphs. 문단 사이의 간격을 더 넓혀야 한다.
▷ After the crash there was a big **gap in** the wall. 충돌 이후 벽에 큰 틈새가 생겼다.

garage /gərɑːʒ/ 명 차고; 자동차 정비소

a double	garage	차 두 대용 차고
a single	garage	차 한 대용 차고

▷ The house has a **double garage**. 그 집은 차 두 대용 차고가 있다.

in	a garage	차고에

▷ It's much safer to put a car **in a garage**. 자동차는 차고에 두는 것이 훨씬 안전하다.

take A	to a garage	A를 정비소에 가지고 가다

▷ If you **take** a car **to a garage**, it always costs a fortune to have it repaired. 차를 정비소에 가지고 가면, 수리하는 데 항상 큰 돈이 든다.

garbage /gáːrbidʒ/ 명 쓰레기

take out	the garbage	쓰레기를 내놓다
dump	garbage	쓰레기를 버리다
throw	garbage	
leave	the garbage	쓰레기를 남기다

▷ Where should we **dump** our **garbage**? 쓰레기를 어디에 버려야 하나요?

▷ Stop **throwing** your **garbage** on roadsides. 길가에 쓰레기를 버리지 마세요.

a pile of	garbage	쓰레기 더미

▷ We must not leave any **piles of garbage** in the streets. 길에 쓰레기 더미를 남겨두면 안 된다.

garden /gáːrdn/ 명 정원, 뜰

have	a garden	정원이 있다
do	the garden	정원 일을 하다
water	the garden	정원에 물을 주다
overlook	a garden	정원을 내려다보다
go into	the garden	정원에 들어가다

▷ Her house **has** a really large **garden**. 그녀의 집은 정원이 아주 크다.

▷ It's too hot to **do** the **garden** today. 오늘 정원 일을 하기에는 날이 너무 덥다.

a botanic	garden	식물원
a botanical	garden	
a flower	garden	화원
a vegetable	garden	채소밭, 텃밭
a kitchen	garden	
a herb	garden	허브 정원
a rose	garden	장미 정원

the front	garden	앞뜰
the back	garden	뒤뜰

▷ The **front garden** has a driveway with space to park two cars. 앞뜰에는 자동차 두 대를 세울 수 있는 차고 진입로가 있다.

in	the garden	정원에

▷ I spent the afternoon **in** the **garden**. 나는 정원에서 오후를 보냈다.

gas /gæs/ 명 가스, 기체; 휘발유

give off	gas	가스를 발생시키다
turn on	the gas	가스불을 켜다
turn off	the gas	가스불을 끄다

▷ She forgot to **turn off** the **gas**. 그녀는 가스불 끄는 것을 잊었다.

(a) poisonous	gas	독가스
nerve	gas	신경 가스
tear	gas	최루 가스
(a) greenhouse	gas	온실 가스
natural	gas	천연 가스

▷ **Poisonous gas** was escaping from the pipe. 독가스가 파이프에서 새 나오고 있었다.

gather /gǽðər/ 동 모으다, 모이다; 생각하다

gather	around	주변에 모이다
((영)) gather	round	
gather	together	그러모으다
gather	up	

▷ **Gather around** everybody! I've got some important news! 모두 모여 보세요! 중요한 소식이 있어요!

▷ She **gathered** her notes **up** and put them in her briefcase. 그녀는 메모지를 모아서 서류 가방에 넣었다.

gather	(that)...	…라고 추측하다

▷ I **gathered that** there would be no more problems with the contract. 그 계약에 더 이상의 문제는 없을 거라고 생각했다.

generate /dʒénərèit/

동 생성하다, 산출하다; 발생시키다

automatically	generate	자동적으로 생성하다
spontaneously	generate	

▷ The computer **automatically generates** a reply. 컴퓨터는 자동으로 회답을 작성한다.

be generated	from A	A에서 생성되다

▷ Electricity for this area is **generated from** a power station in London. 이 지역의 전기는 런던의 발전소에서 만들어진다.

generation /dʒènəréiʃən/

명 세대, 동시대인; 한 세대

belong to	a generation	세대에 속하다
produce	a generation	세대를 낳다

▷ He **belongs to** a "Spend! Spend! Spend!" **generation**. 그는 "돈은 쓰고 보자!" 하는 세대에 속한다.

▷ The mid-20th century **produced a generation** of antiwar protesters in the U.S.A. 20세기 중반은 미국에서 반전 세대를 낳았다.

a new	generation	신세대
the younger	generation	
the older	generation	나이든 세대
future	generations	미래 세대
a later	generation	이후 세대
the next	generation	다음 세대
an earlier	generation	이전 세대
previous	generations	
the first	generation	제1세대
the second	generation	제2세대

▷ We're developing a **new generation** of hybrid cars. 우리는 새로운 세대의 하이브리드 자동차를 개발하고 있다.

▷ We should try to preserve the Earth for **future generations**. 우리는 미래 세대를 위해 지구를 보존하려고 노력해야 한다.

▷ The **next generation** will not thank us for what we are doing. 다음 세대는 우리가 지금 하는 일에 고마워하지 않을 것이다.

▷ We have inherited the problems of an **earlier generation**. 우리는 이전 세대의 문제들을 물려받았다.

for generations	여러 세대에 걸쳐

▷ This picture by van Gogh has been in our family **for generations**. 반 고흐의 이 그림은 여러 세대에 걸쳐 우리 집안에 전해 내려왔다.

gesture /dʒéstʃər/

명 몸짓, 손짓, 제스처; 의사표시

make	a gesture	몸짓을 하다

▷ He **made** a **gesture** with his hands meaning "I know, I know." 그는 두 손으로 "알아, 내 말이 그 말이야." 하는 몸짓을 했다.

a dramatic	gesture	과장된 몸짓
a grand	gesture	거창한 의사 표시
a small	gesture	작은 의사 표시
a symbolic	gesture	상징적인 의사 표시

▷ He donated $10,000 dollars to the charity. He likes to make **grand gestures**! 그는 자선 단체에 만 달러를 기부했다. 그는 통크게 행동하는 것을 좋아한다!

in	a gesture	몸짓으로, 표시로
with	a gesture	

▷ Let's send them a bouquet of flowers **in a gesture** of appreciation. 감사의 표시로 그들에게 꽃다발을 보내자.

▷ **With a gesture** of annoyance she slammed the door behind her. 그녀는 짜증난다는 표시로 문을 쾅 닫고 나갔다.

gift /gift/ 명 선물; 재능

make (A)	a gift	(A에게) 선물하다
give (A)	a gift	
receive	a gift	선물을 받다
accept	a gift	
have	a gift	재능이 있다; 선물이 있다

▷ She said she really liked the painting so he **made a gift** of it to her. 그녀는 그 그림이 정말 마음에 든다고 말했고, 그래서 그는 그것을 그녀에게 선물했다.

▷ When he retired, he **received** many **gifts** from his friends. 은퇴할 때 그는 친구들한테서 많은 선물을 받았다.

▷ Julie **has** a **gift** for music. 줄리는 음악에 재능이 있다.

a generous	gift	통 큰 선물
a special	gift	특별한 선물
a small	gift	작은 선물
a free	gift	덤, 경품
a Christmas	gift	크리스마스 선물
a wedding	gift	결혼 선물
a great	gift	훌륭한 재능
a rare	gift	희귀한 재능
a special	gift	특별한 재능

▷ There's a **free gift** with every packet of cornflakes. 콘플레이크 상자마다 덤이 있다.

▷ Mozart had a **great gift** for music. 모차르트는

| girl |

음악에 뛰어난 재능이 있었다.

as	a gift	선물로
a gift	from A	A가 주는 선물
a gift	to A	A에게 주는 선물
a gift	for A	A의 재능

▷ Please accept this **as** a small **gift**. 이것을 작은 선물로 생각하고 받아주세요.

▷ This ring was a **gift from** my mother. 이 반지는 우리 어머니가 주신 선물이었다.

▷ I bought this Korean fan as a **gift to** an old friend of mine. 나는 이 한국 부채를 오랜 친구에게 줄 선물로 샀다.

girl /gəːrl/ 명 소녀, 여자

a baby	girl	여자아기
a little	girl	어린 소녀
a young	girl	
a small	girl	
a lovely	girl	사랑스런 여자
a nice	girl	
a pretty	girl	예쁜 여자
a good	girl	착한 여자아이
a big	girl	다 자란 여자
poor	girl	불쌍한 여자

▷ She could play the piano really well even when she was a **little girl**. 그녀는 어렸을 때도 피아노를 아주 잘 쳤다.

▷ Stop crying! Be a **good girl**! 울지 마! 착하게 굴어야지!

▷ How old are you? Four? Wow! You're a **big girl** now! 나이가 몇이니? 네 살? 우와! 이제 다 컸네!

▷ The **poor girl** had lost all her money. 그 불쌍한 여자는 돈을 모두 잃었다.

glance /glæns/ 명 한 번 힐끗 봄; 시선

cast	a glance	한번 획 보다
shoot	a glance	
take	a glance	
throw	a glance	
steal	a glance	훔쳐보다
exchange	glances	시선을 주고받다

▷ She **cast a glance** at Isabel's face. 그녀는 이자벨의 얼굴을 힐끔 보았다.

▷ She **stole a glance** at him. He was so good-looking! 그녀는 그를 훔쳐보았다. 아주 잘생겼다!

▷ They **exchanged glances**. Maybe it was the police at the door. 그들은 시선을 주고받았다. 문 앞에 온 사람이 경찰인 것 같았다.

a quick	glance	빠르게 훑어봄
a backward	glance	뒤를 돌아봄
a sidelong	glance	곁눈질
a sideways	glance	

▷ I know it's late, but could you take a **quick glance** at this file? 늦은 거 알지만, 이 파일을 한 번 훑어봐 주실래요?

▷ She left the room without a **backward glance**. 그녀는 뒤도 돌아보지 않고 방을 나갔다.

a glance	at A	A를 쓱 봄
at	a glance	한눈에
at first	glance	처음 보았을 때

▷ Take a **glance at** this letter. I can't understand a word of it. 이 편지 좀 한번 대충 봐주세요. 무슨 소리인지 하나도 모르겠어요.

▷ He could tell **at a glance** that something was missing from his desk. 그는 책상에서 뭔가가 없어졌다는 것을 한눈에 알았다.

▷ **At first glance** she seemed much too young to be a grandmother. 처음 보았을 때 그녀는 할머니라고 하기엔 너무 젊어 보였다.

glance /glæns/ 동 힐끗 보다

| glance | at A | A를 훽 보다; A에게 시선을 던지다 |

★ over, around, toward 등이 쓰인다.

▷ I **glanced at** my watch. It was still early. 나는 시계를 보았다. 아직 시간이 일렀다.

▷ Maggie **glanced over** her shoulder. 매기는 어깨 너머로 돌아봤다.

▷ She **glanced over** a newspaper. 그녀는 신문 너머로 시선을 던졌다.

▷ She **glanced around** the room. Everything seemed normal. 그녀는 방을 획 둘러보았다. 모든 것이 정상 같았다.

glance	quickly	재빨리 보다
glance	up	획 올려다보다
glance	down	획 내려다보다

▷ He **glanced quickly** at the speedometer. 그는 속도계를 재빨리 봤다.

▷ She **glanced up** from her book. 그녀는 책에서 획 고개를 들었다.

▷ She **glanced** him **up** and **down**. 그는 그를 위아래로 훑어보았다.

glass /glæs/

명 유리; 유리컵; (glasses의 형태로) 안경

pour	a glass	컵에 따르다
fill	a glass	컵을 채우다
drain	one's glass	컵을 비우다
raise	one's glass	건배하다
wear	glasses	안경을 쓰고 있다
put on	one's glasses	안경을 쓰다
take off	one's glasses	안경을 벗다

▷ Can I **pour** you a **glass** of wine? 잔에 와인을 따라드릴까요?
▷ He **filled** a **glass** full of whiskey. 그는 컵에 위스키를 가득 채웠다.
▷ He **drained** his **glass** with one gulp. 그는 잔을 단숨에 비웠다.
▷ Let's **raise** our **glasses** to success in the coming year! 다가오는 한 해의 성공을 위해 건배합시다!
▷ She **wears glasses**. 그녀는 안경을 쓰고 있다.
▷ Nancy **put on** her **glasses**. 낸시는 안경을 썼다.

opaque	glass	불투명 유리
broken	glass	깨진 유리
bulletproof	glass	방탄 유리
stained	glass	스테인드글라스
an empty	glass	빈 컵
a beer	glass	맥주 잔
a wine	glass	와인 잔
a brandy	glass	브랜디 잔

▷ Don't cut yourself on the **broken glass**. 깨진 유리에 베지 않도록 해.
▷ She put the **empty glasses** in the sink. 그녀는 빈 컵들을 싱크대에 넣었다.

a piece	of glass	유리 한 조각
a pane	of glass	유리판 한 장
a sheet	of glass	
slivers	of glass	유리 파편
a pair	of glasses	안경

▷ There were **pieces of glass** all over the road. 길 위에 온통 유리 조각이 흩어져 있었다.

glove /glʌv/ 명 장갑

put on	one's gloves	장갑을 끼다
pull on	one's gloves	
wear	gloves	장갑을 끼고 있다
take off	one's gloves	장갑을 벗다

▷ **Put on** your **gloves**. It's really cold outside. 장갑을 껴. 밖은 정말 추워.
▷ Why aren't you **wearing gloves**? It's freezing! 왜 장갑을 안 끼고 있어? 엄청 추운데!
▷ He **took off** his hat and **gloves**. 그는 모자와 장갑을 벗었다.

a pair of	gloves	장갑 한 켤레

▷ I need to buy a new **pair of gloves**. 나는 새 장갑을 한 켤레 사야 한다.

leather	gloves	가죽 장갑
rubber	gloves	고무 장갑
woolen	gloves	털실로 짠 장갑

▷ She uses **rubber gloves** when she does the washing-up. 그녀는 설거지를 할 때 고무 장갑을 낀다.
▷ You need **woolen gloves** to keep your hands warm in winter. 겨울에 손을 보온하려면 털실 장갑이 필요해.

goal /goul/ 명 목표; 골, 득점

have	a goal	목표가 있다
set	a goal	목표를 정하다
establish	a goal	
achieve	one's goal	목표를 달성하다
reach	a goal	
attain	a goal	
score	a goal	골을 넣다, 득점하다
get	a goal	
concede	a goal	골을 허락하다

▷ You have to **set** your **goals** before you can achieve them. 목표를 달성하려면 먼저 목표를 정해야 한다.
▷ He'll do anything to **achieve** his **goal**. 그는 목표를 이루기 위해서는 무엇이든 할 것이다.
▷ It's a miracle! We've **scored a goal**! 기적이야! 우리가 골을 넣었어!
▷ England **conceded** a **goal** in the last minute of extra time. 잉글랜드는 연장전의 마지막 순간에 골을 허락했다.

a common	goal	공동의 목표
the ultimate	goal	궁극적인 목표
the winning	goal	결승골

▷ Let's work together. We have a **common goal**. 힘을 합치자. 우리는 공동 목표가 있으니까.
▷ The **ultimate goal** is to double our sales in 12 months. 궁극적인 목표는 12개월 후 매출을 2배로 올

리는 것이다.

| a goal | against A | A를 상대로 한 골 |
| a goal | from A | A에서 넣은 골 |

▷ Korea scored a **goal against** Brazil in the last minute. 한국은 마지막 순간에 브라질을 상대로 골을 넣었다.
▷ He scored a **goal from** 30 yards out. 그는 30야드 밖에서 골을 넣었다.

god /gɑd/ 명 (God의 형태로) 신, 하느님

believe in	God	신을 믿다
praise	God	신을 찬양하다
thank	God	신에게 감사하다
swear to	God	신에게 맹세하다
pray to	God	신에게 기도하다

▷ Do you **believe in God**? 당신은 신을 믿습니까?
▷ I **swear to God**. Nothing happened! 신에게 맹세해. 아무 일도 없었어!
▷ She **prays to God** every night. 그녀는 매일 밤 신에게 기도한다.

PHRASES
God bless A ☺ ((구어)) A에게 신의 축복을; A는 다행이다 ▷ God bless her! She's given $50,000 to our charity! 그녀에게 신의 축복을! 그녀가 우리 자선단체에 5만 달러를 기부했어.(★ God bless America는 미국의 국가처럼 자주 불리는 노래. God save the Queen은 영국 국가)

God (only) knows ☺ ((구어)) 누가 알겠어? ▷ "Do you know what he means?" "God knows! I can't understand a word he says!" "그가 한 말이 무슨 뜻인지 알아?" "누가 알겠어? 그가 한 말은 하나도 이해가 안 돼!"

gold /gould/ 명 금

| strike | gold | 금을 발굴하다 |
| produce | gold | 금을 산출하다 |

▷ There are still places in the world where it's possible to **strike gold**. 아직도 세계 어떤 지역은 금이 발굴될 가능성이 있다.

pure	gold	순금
real	gold	진짜 금
24 carat	gold	24k 금

▷ Her wedding ring was really expensive. **Pure gold**. 그녀의 결혼 반지는 정말 비쌌어. 순금이니까.
▷ Is that **real gold** or just gold plated? 그건 진짜 금이야, 아니면 도금이야?
▷ This bracelet is 18 **carat gold**. 이 팔찌는 18k 금이야.

| gold and silver | 금과 은 |

▷ The thieves stole a lot of **gold and silver** jewelry. 도둑들은 다량의 금은 장신구를 훔쳤다.

good /gud/

형 좋은; 잘하는; 선량한; 효과적인

feel	good	기분이 좋다
look	good	좋아 보이다
smell	good	좋은 냄새가 나다
sound	good	듣기 좋다
taste	good	맛이 좋다

▷ I like your shirt. It **looks good** on you. 네 셔츠 마음에 들어. 너한테 잘 어울려.
▷ Mmmm! That coffee **smells good**! 음! 커피 냄새 좋은데!

extremely	good	아주 좋은
really	good	정말로 좋은
particularly	good	특히 좋은
perfectly	good	더할 나위 없이 좋은
pretty	good	꽤 좋은
quite	good	상당히 좋은
good	enough	충분히 좋은

▷ Her exam marks were **extremely good**. 그녀의 시험 성적은 탁월했다.
▷ This dictionary is **really good**. 이 사전은 정말 좋다.
▷ The Prime Minister made a **particularly good** speech last Thursday. 총리는 지난 목요일에 특히 멋진 연설을 했다.
▷ Really? You think the soup is too salty? It tastes **perfectly good** to me. 정말? 수프가 너무 짜다고? 나한테는 맛이 딱 좋은데.
▷ Her English is **pretty good**. 그녀의 영어는 아주 훌륭하다.
▷ We have seen some progress. But I'm not satisfied. It's not **good enough**. 우리는 어느 정도 진전이 있었다. 하지만 나는 만족하지 않는다. 그 정도로 충분하지가 않다.

| good | for A | A(사람)에게 좋은 |
| good | to A | A(사람)에게 친절한 |

▷ Don't drink so much alcohol. It's not **good for** you. 알코올을 너무 많이 마시지 마. 너한테 안 좋아.
▷ He's always giving her money and presents. He's very **good to** her. 그는 항상 그녀에게 돈과 선물을 준다. 그녀에게 아주 친절하다.

it is good to do	…해서 좋다
it is good of A to do	…해주는 걸 보니 A는 친절하다
it is good (for A) to do	(A가) …하는 것은 좋은 일이다

▷ It's very **good to** see you, Sam. 만나서 반가워, 샘.
▷ It's **good of** you **to** help out at the last moment. 마지막 순간에 도와주다니 너는 정말 친절해.
▷ It is not **good for** her **to** be alone. 그녀가 혼자 있는 것은 좋지 않다.

good	at A	A를 잘하는

▷ I didn't know you were **good at** rugby. 네가 럭비를 잘하는 줄 몰랐어.

(PHRASES)
Good for you! ☺ 잘했어! ▷ "After failing my driving test four times I finally passed it!" "Good for you!" "운전 면허 시험에 네 번 떨어진 후에 드디어 붙었어!" "잘했어!"
That's good. ☺ 좋은 일이다. ▷ "I have my own flat." "Oh, that's good." "내 아파트가 있어." "아, 잘됐네."

good /gud/ 명 이익, 선(善)

the common	good	공동의 이익
the public	good	
the general	good	

▷ Communists believe that everybody in society should work for the **common good**. 공산주의자들은 사회의 모든 성원이 공동의 이익을 위해 일해야 한다고 믿는다.

for	the good of A	A를 위해서

▷ I think the President should resign **for the good of** the nation. 나는 대통령이 나라를 위해서 사임해야 한다고 생각한다.

do (A)	good	(A에게) 좋다, 도움이 되다

▷ It really **does** me **good** to get out in the fresh air away from the office. 사무실에서 나와서 신선한 바람을 쐬는 것이 나에게 정말로 좋다.

good and evil		선과 악

▷ The forces of **good and evil** are constantly fighting against each other. 선과 악의 세력은 끊임없이 서로 싸우고 있다.

(PHRASES)
What's the good of A? ☺ A가 무슨 소용인가?
▷ What's the good of me writing reports if my boss doesn't read them? 상사가 읽지 않는다면 제가 보고서를 쓰는 게 무슨 소용이 있습니까?

goods /gudz/ 명 상품; 재산

produce	goods	상품을 생산하다
sell	goods	상품을 팔다
supply	goods	상품을 공급하다
buy	goods	상품을 사다
purchase	goods	
deliver	goods	상품을 배달하다

▷ We need to **produce goods** that will sell internationally. 우리는 전세계에서 팔릴 상품을 생산해야 한다.
▷ That new department store **sells** all kinds of unusual **goods**. 새로 생긴 그 백화점은 온갖 특이한 상품을 판다.
▷ You can **buy goods** a lot cheaper in a discount shop. 할인점에서는 상품을 훨씬 싸게 살 수 있다.
▷ The **goods** won't be **delivered** until the week after next. 상품은 다다음 주에나 배달될 것이다.

a range of	goods	상품의 구색

▷ That store carries a wide **range of goods**. 그 상점은 상품의 구색을 폭넓게 갖추고 있다.

consumer	goods	소비재
durable	goods	내구 소비재
capital	goods	자본재
industrial	goods	공업용품
household	goods	가정용품
electrical	goods	전기 제품
luxury	goods	사치재
manufactured	goods	제조 상품
branded	goods	브랜드 제품
counterfeit	goods	위조품
imported	goods	수입품
stolen	goods	훔친 물건, 장물

▷ **Electrical goods** are becoming cheaper. 전기 제품은 점점 가격이 낮아지고 있다.
▷ The police found many **stolen goods** in his house. 경찰은 그의 집에서 훔친 물건을 다량 발견했다.

goods and services		재화와 서비스

▷ **Goods and services** make up a large amount of our economy. 재화와 서비스는 우리 경제의 대부분을 차지한다.

the supply	of goods	상품의 공급
the movement	of goods	상품의 이동

▷ The **supply of goods** was interrupted because of production problems. 상품의 공급이 생산 문제로

중단되었다.
▷ Free trade means the free **movement of goods** from one country to another. 자유 무역은 한 나라에서 다른 나라로 상품이 자유롭게 이동하는 것을 의미한다.

government /gʌ́vərnmənt/ 명 정부; 통치

form	a government	정부를 구성하다
head	a government	정부를 이끌다
accuse	the government	정부를 비난하다
support	the government	정부를 지지하다
bring down	the government	정부를 무너뜨리다

▷ After the election it proved very difficult to **form** a **government**. 선거를 치르고 나자 정부를 구성하는 일이 아주 어렵다는 것이 드러났다.

▷ The protesters **accused** the **government** of wasting taxpayers' money. 시위 참가자들은 정부가 세금을 낭비한다고 비난했다.

▷ How can we **support** a **government** that wasn't democratically elected? 민주적으로 선출되지 않은 정부를 우리가 어떻게 지지할 수 있는가?

the government	announces	정부가 발표하다
the government	claims	정부가 주장하다

▷ The **government** recently **announced** a rise in the sales tax. 정부가 최근에 소비세 인상을 발표했다.

▷ The **government claims** the newspaper reports are completely untrue. 정부는 신문 보도가 사실무근이라고 주장한다.

central	government	중앙 정부
the federal	government	연방 정부
local	government	지방정부
a minority	government	소수당 정부, 여소야대 정부
a coalition	government	연립 정권

▷ Some people think **central government** has too much power. 어떤 사람들은 중앙 정부의 권력이 과도하다고 본다.

▷ More and more power is going to **local government**. 점점 더 많은 권한이 지방 정부로 이양되고 있다.

grade /greid/ 명 등급; 성적, 평점; 학년

a top	grade	최고급
a high	grade	고급
a low	grade	저급
a good	grade	좋은 성적
a high	grade	
a poor	grade	나쁜 성적
a low	grade	

▷ He's a **top grade** scientist. 그는 최고 수준의 과학자다.

▷ He got a **high grade** in the math exam. 그는 수학 시험에서 좋은 성적을 받았다.

get	a grade	성적을 받다
gain	a grade	

▷ He **got** a good **grade** in his class. 그는 학급에서 좋은 성적을 받았다.

in (the) fifth	grade	5학년에서

▷ "What grade are you in?" "I'm **in the** 11th **grade** now." "너 몇 학년이니?" "이제 11학년(고 2)이에요."

greeting /gríːtiŋ/ 명 인사; (-s) 인사말

exchange	greetings	인사를 주고받다
send	greetings	인사 카드를 보내다

▷ I don't know him very well. We just **exchange greetings** on the train every morning. 나는 그 사람 잘 몰라. 그냥 아침마다 기차에서 인사를 주고받을 뿐이지.

▷ She **sent greetings** to family and friends back home in California. 그녀는 고향 캘리포니아에 있는 가족과 친구들에게 인사 카드를 보냈다.

a formal	greeting	정중한 인사
a friendly	greeting	친근한 인사

▷ "Dear Sir" is a **formal greeting**. "Hi, Bill" would be informal. "안녕하십니까"는 정중한 인사다. "안녕 빌"은 친근한 표현일 것이다.

in	greeting	인사로

▷ The president raised a hand **in greeting** as he drove through the streets. 대통령은 자동차로 거리를 지나가면서 손을 들어 인사했다.

grip /grip/ 명 꽉 쥠

take	a grip	쥐다
keep	a grip	계속 쥐고 있다
tighten	one's grip	쥔 손에 힘을 주다
loosen	a grip	쥔 손을 풀다

▷ My mother used to **keep** a firm **grip** on my hand when she took me shopping. 어머니는 예전에 나를 데리고 장보러 갈 때면 내 손을 계속 꽉 쥐고 계셨다.

ground /graund/ 땅; 지면; 장소; 입장, 주장; (-s) 근거, 이유

fall to	the ground	땅에 떨어지다
hit	the ground	땅에 부딪히다
touch	the ground	지면에 닿다
leave	the ground	이륙하다
get off	the ground	
cover	(the) ground	(일정 거리를) 가다; (범위에) 걸치다
gain	ground	전진하다, 잘 되다
lose	ground	퇴각하다, 지다

▷ Soon it will be autumn and all the leaves will be **falling to** the **ground**. 곧 가을이 되어서 나뭇잎이 모두 땅에 떨어질 것이다.

▷ The helicopter **hit** the **ground** only 200 meters from my house. 헬리콥터는 우리 집에서 겨우 200미터 떨어진 곳에 추락했다.

▷ He ran so fast that his feet hardly seemed to **touch** the **ground**. 그는 어찌나 빨리 달리는지 발이 땅에 닿는 것 같지도 않았다.

▷ The plane **left** the **ground** smoothly with a perfect takeoff. 비행기는 부드럽게 날아올라서, 완벽한 이륙을 했다.

▷ We must **cover** a lot more **ground** tomorrow. 우리는 내일 훨씬 더 먼 거리를 이동해야 한다.

▷ Support for the Democratic Party has been **gaining ground** recently. 최근에 민주당에 대한 지지율이 높아졌다.

▷ We need to carry out a new sales campaign. We're **losing ground** to our competitors. 우리는 새로 판매 캠페인을 벌여야 한다. 경쟁사들에게 밀리고 있다.

solid	ground	단단한 땅
rough	ground	거친 땅
high	ground	고지대
firm	ground	확고한 입장
shaky	ground	불안한 입장
common	ground	공통된 입장
middle	ground	중립적인 입장; 타협점
reasonable	grounds	정당한 이유
economic	grounds	경제적인 이유

▷ We need to get off this marsh and onto **solid ground**. 우리는 이 습지를 벗어나서 단단한 땅에 올라가야 해.

▷ Luckily they built this house on **high ground**. There's no danger of floods. 다행히 그들은 높은 지대에 집을 지었다. 그래서 홍수의 위험은 없다.

▷ We couldn't find any **common ground**. We couldn't agree about anything. 우리는 공통된 입장을 찾을 수 없었다. 어떤 사안에도 의견이 일치하지 않았다.

▷ There are no **reasonable grounds** to doubt what she says. 그녀의 말을 의심할 만한 정당한 근거가 없다.

above	ground	지상에
under	ground	지하에
on	the ground	지면에

▷ After the accident, they found her lying **on the ground**, injured. 사고 후에 그들은 그녀가 부상을 입은 채 땅에 누워 있는 것을 발견했다.

on (the)	grounds of A	A를 근거로; A의 이유로
on the	grounds that...	…라는 이유로

▷ She took her employers to court **on grounds of** sexual discrimination. 그녀는 성차별을 이유로 고용주들을 고소했다.

▷ They refused his job application **on the grounds that** he didn't have enough experience. 그들은 그가 경험이 부족하다는 이유로 그의 입사 지원을 거절했다.

group /gru:p/ 집단, 그룹; 무리; 단체

form	a group	단체를 구성하다
set up	a group	
lead	a group	단체를 이끌다
join	a group	단체에 참가하다
belong to	a group	단체에 소속되다

▷ They **formed** a **group** to protest against cuts in wages. 그들은 임금 삭감에 항의하기 위해 단체를 구성했다.

▷ He **led** a **group** of tourists up Mount Halla. 그는 한라산 관광단을 이끌었다.

▷ She **joined** a **group** of environmentalists. 그녀는 환경 운동가 모임에 참여했다.

▷ She **belongs to** a **group** that supports women's rights. 그녀는 여성의 권리를 지원하는 단체에 속해 있다.

in	groups	집단으로, 무리 지어
into	groups	집단으로 (나누어)

▷ Should we work **in groups**, or individually? 작업을 조별로 할까, 개별적으로 할까?

▷ There are a lot of people. I think we should divide **into** two **groups**. 사람이 많다. 두 조로 나누어야 할 것 같다.

a large	group	대규모 집단
a small	group	작은 집단

| grow |

an ethnic	group	소수민족
a social	group	사회 집단
a consumer	group	소비자 단체
a pressure	group	압력 단체
an interest	group	이익 단체
a working	group	작업조
an environmental	group	환경 단체

▷ Aborigines are a small **ethnic group** in Australia. 애보리지니는 오스트레일리아의 소수민족이다.

▷ We should form a **working group** to try to solve some of these problems. 우리는 일부 문제들을 해결하기 위해 작업조를 만들어야 한다.

▷ The **environmental group** was protesting against global warming. 환경 단체는 지구 온난화에 반대하여 시위를 벌이고 있었다.

| a member | of a group | 집단의 구성원 |
| the leader | of a group | 집단의 지도자 |

▷ Not all the **members of** the **group** have the same opinion. 그 단체의 회원이 모두 같은 의견인 것은 아니다.

grow /grou/ 图 자라다, 성장하다; 키우다

rapidly	grow	급속히 성장하다
eventually	grow	결국 성장하다
grow	fast	빠르게 성장하다
grow	rapidly	
grow	steadily	꾸준히 성장하다
grow	well	잘 자라다

▷ There were about three groups at the start and it **eventually grew** to 20 groups. 처음에는 세 단체가 있었는데, 나중에는 결국 스무 개의 단체로 늘어났다.

▷ The number of AIDS cases is **growing rapidly** in Africa. 에이즈 환자의 수는 아프리카에서 급속히 늘고 있다.

▷ Sales have been **growing steadily** during the past six months. 지난 6개월 동안 매출이 꾸준히 늘고 있다.

▷ Your tomatoes are **growing well**! 네 토마토 잘 자라고 있구나!

grow	into A	A로 성장하다
grow	in A	A가 늘다
grow	by 10%	10%가 늘다

★ grow in A의 A는 number, amount, size 등

▷ From a cute little girl she's **grown into** a beautiful woman. 그녀는 어린 소녀에서 아름다운 여성으로 자라났다.

▷ We're expecting traffic accidents to **grow in number** again this year. 올해에도 교통 사고 건수가 늘어날 것으로 예상하고 있다.

▷ Wow! Your little girl has really **grown in size** since I saw you last. 우와! 너희 꼬마 아가씨가 지난번에 본 뒤로 많이 자랐는걸.

| begin to | grow | 자라기 시작하다 |
| continue to | grow | 계속 자라다 |

▷ If this sunflower **continues to grow**, soon it'll be over 2 meters high! 이 해바라기가 계속 자라면, 키가 금방 2미터가 넘을 것이다!

| grow | to do | …하게 되다 |

▷ She soon **grew to** like living in Korea. 그녀는 곧 한국에 사는 걸 좋아하게 되었다.

| as A | grows | A가 자라남에 따라 |

▷ **As** the children **grow**, I get more free time. 아이들이 자라면서 나는 자유 시간이 많아진다.

growth /grouθ/ 图 성장, 발전; 증대, 증가

achieve	growth	성장을 이루다
encourage	growth	성장을 북돋다
promote	growth	성장을 촉진하다
stimulate	growth	성장을 자극하다
show	growth	성장을 보이다
stunt	(A's) growth	발육을 저해하다

▷ Reducing interest rates should **encourage growth** in the economy. 금리를 낮추는 것이 경제 성장을 북돋울 것이다.

▷ Drinking a lot of milk **promotes** healthy **growth** in young children. 우유를 많이 마시는 것은 어린 아이들의 건강한 성장을 촉진한다.

▷ The economy has **shown growth** during the last quarter. 경제가 지난 1/4분기 동안 성장했음을 알 수 있다.

rapid	growth	급속한 성장
slow	growth	느린 성장
steady	growth	꾸준한 성장
economic	growth	경제 성장
population	growth	인구 증가

▷ Sales figures are up. We've just experienced a period of **rapid growth**. 매출액이 증가했다. 우리는 급속한 성장의 시기를 경험한 것이다.

▷ **Economic growth** has slowed down considerably since the financial crisis. 경제 성장은 금융 위기 이후 상당히 둔화되었다.

growth	in A	A의 성장

▷ Recently there's been a rapid **growth in** unemployment. 최근에 실업률이 급증했다.

growth and development	성장과 발전

▷ Recently we have seen a big increase in the **growth and development** of computer technology. 최근에 우리는 컴퓨터 기술의 눈부신 성장과 발전을 목격했다.

a rate of	growth	성장률

▷ A child's **rate of growth** can be affected by many different factors. 어린이의 성장률은 여러 가지 요소의 영향을 받을 수 있다.

guarantee /gæ̀rəntíː/

명 보증(서); 보장이 되는 것

give	a guarantee	보증하다; 보증서를 주다
offer	a guarantee	
provide	a guarantee	보증하다
have	a guarantee	보증서가 있다

▷ Do you **give** a **guarantee** with this product? 이 제품에 보증서가 있습니까?
▷ They **offer** a 5-year **guarantee** with this product. 이 제품은 5년 동안 품질이 보증된다.

an absolute	guarantee	절대 보장
constitutional	guarantee	헌법상의 보장
personal	guarantee	개인적 보증
a loan	guarantee	대출 담보, 대출 보증
a five-year	guarantee	5년 보증서

▷ There's no **absolute guarantee** that your shares will make money! 네 주식이 돈을 벌 거라는 절대적 보장은 없어!
▷ I can give you my **personal guarantee** that your child will be safe in our nursery. 당신의 자녀가 우리 유아원에서 안전하게 지낼 거라고 개인적으로 보장합니다.
▷ This product is covered by a **three-year guarantee**. 이 제품에는 3년 품질 보증서가 있다.

a guarantee against A	A에 대한 보증(서)
a guarantee for A	

▷ There's no **guarantee against** fires, floods, earthquakes, etc. 화재, 홍수, 지진 등에 대한 보상은 없다.
▷ Is there a **guarantee for** this product? 이 제품에 보증서가 있습니까?

a guarantee (that)...	…라는 보증

▷ I can give you a **guarantee that** this product will last for at least 5 years. 이 제품은 적어도 5년은 갈 거라고 보증할 수 있습니다.

guarantee /gæ̀rəntíː/ 통 보증하다

absolutely	guarantee	확실하게 보증하다
almost	guarantee	거의 보증하다
virtually	guarantee	사실상 보증하다

▷ If you go to the Amazon in South America, I can **almost guarantee** that you'll see many rare species of birds and insects. 남아메리카의 아마존 강에 가면, 희귀한 새와 곤충을 많이 볼 것임을 거의 확실히 보증할 수 있다.
▷ If you go to Harvard or Yale, it **virtually guarantees** you a top job. 하버드나 예일 대학에 다니면 사실상 최고의 직장이 보장된다.

guarantee	to do	…한다고 보증하다
guarantee	(that)...	…라고 보증하다

▷ He **guaranteed to** do all repairs free of charge. 그는 무료로 수리를 다 해준다고 보장했다.
▷ They **guaranteed that** our guide would be fully experienced. 그들은 우리 가이드가 경험이 풍부하다고 보증했다.

guard /gɑːrd/ 명 경비원, 경비병; 파수꾼

post	a guard	경비원을 배치하다
relieve	the guard	경비대를 교대하다
change	the guard	
stand	guard	경비를 서다, 지키다
keep	guard	
drop	one's guard	경계를 풀다

▷ You **stand guard** over our luggage while I look for a taxi. 내가 택시를 잡는 동안 네가 우리 짐을 지켜.
▷ Don't **drop** your **guard**. They could attack at any time! 경계를 풀지 마. 그들이 언제 공격할지 몰라!

an armed	guard	무장 경비원
a security	guard	경비원, 경호원

▷ There was an **armed guard** outside the President's country house. 대통령의 시골 별장 밖에는 무장 경비원이 있었다.

off	(one's) guard	방심하여
on	(one's) guard	경계하여
under	guard	감시를 받아

▷ I didn't know how to answer his question. I was completely taken **off guard**. 나는 그의 질문에 어떻게 대답해야 할지를 몰랐다. 완전히 허를 찔린 것이다.
▷ I don't trust him. Be **on** your **guard**! 나는 그를 안 믿어. 너도 조심해!
▷ There's no chance he'll escape. He's **under** a heavy police **guard**. 그가 도주할 가능성은 없다. 경찰의 삼엄한 감시를 받고 있기 때문이다.

guard /ɡɑːrd/ 图 지키다; 감시하다, 경계하다

carefully	guard	신중하게 지키다
jealously	guard	빈틈없이 지키다
heavily	guarded	엄중하게 지키는

▷ The secret has been **carefully guarded** to this day. 그 비밀은 오늘까지 신중하게 지켜졌다.
▷ This secret recipe for duck sauce has been **jealously guarded** for over 100 years. 오리 소스의 이 비밀 요리법은 백 년도 넘게 철저히 지켜졌다.

| guard | A from B | A를 B로부터 지키다 |
| guard | against A | A를 경계하다 |

▷ We have to **guard against** the spread of influenza. 우리는 독감의 확산을 경계해야 한다.

guess /ɡes/ 图 추측, 추정

make	a guess	추측하다
have	a guess	
take	a guess	
hazard	a guess	멋대로 추측해보다

▷ She **made** several **guesses** but none of them was correct. 그녀는 몇 가지 추측을 했지만, 하나도 맞지 않았다.
▷ From the way Beth keeps looking at Peter I'd **hazard a guess** that she really likes him! 베스가 피터를 계속 바라보는 모습에서 나는 그녀가 피터를 정말로 좋아한다고 멋대로 추측해 본다!

a good	guess	훌륭한 추측, 적중
an educated	guess	지식에 기반한 추측
a rough	guess	대강의 추측
a lucky	guess	요행히 맞은 추측

▷ You're right! That was a **good guess**! 맞아! 네 추측이 적중했어!
▷ "What's the population of China now?" "I've no idea." "Go on! Make an **educated guess**!" "지금 중국 인구가 몇 명이게?" "몰라." "잘 생각해서 추측해 봐!"
▷ I didn't really know the answer. It was just a **lucky guess**. 나는 실제로는 답을 몰랐다. 그냥 운 좋게 맞은 것이다.

| at | a guess | 추측으로는 |

▷ "How many people came to the wedding?" "**At a guess** I'd say about 500." "결혼식에 몇 명이나 왔어?" "내 추측으로는 500명 정도 같아."

(PHRASES)

My guess is that... ☺ ((구어)) 나의 추측으로는 …이다 ▷ My guess is that he won't retire until he's 70. 내 추측으로는 그는 70살까지 은퇴하지 않을 것이다.
Your guess is as good as mine. ☺ (질문을 받았을 때) 나도 몰라. ▷ "Who's going to be the next U.S. President?" "No idea. Your guess is as good as mine." "누가 다음 번 미국 대통령이 될까?" "나도 몰라. 난들 어떻게 알아?"

guess /ɡes/

图 추측하다, 짐작하다; 생각하다

already	guessed	이미 짐작한
probably	guess	아마도 추측하다
guess	correctly	알아맞히다
guess	right	

▷ I expect you've **already guessed** what I'm going to say. 내가 무슨 말을 하려는지 너는 이미 짐작했겠지.

| guess | at A | A를 추측하다 |

▷ We can only **guess at** what they are talking about. 우리는 그들이 무슨 이야기를 하고 있는지 추측밖에 할 수 없다.

| guess | (that)... | …라고 추측하다; …라고 생각하다 |
| guess | wh- | …인지 추측하다 |

★ wh-는 what, who, how 등의 의문사

▷ **I guess** you're right. 네가 맞는 것 같아.
▷ **Guess who** came to the party! 누가 파티에 왔는지 맞혀봐!

| not be hard | to guess | 추측하기 어렵지 않다 |
| not be difficult | to guess | |

▷ She's finally decided to quit her job. **It's not hard to guess** the reason! 그녀가 마침내 직장을 그만두기로 결심했어. 그 이유는 알 만해!

(PHRASES)

I can only guess... ☺ 추측밖에 할 수 없다, 잘 모른다. ▷ I can only guess how many people went to the demonstration. Maybe 5,000? 얼마나 많은 사람이 시위에 참가했는지는 추측하는 수밖에 없다. 아마 5000명?
Guess what! ☺ 무슨 일이게? 들어봐. ▷ Guess

what! I passed my driving test! I can't believe it! 무슨 일이 있는 줄 알아? 내가 운전 면허 시험에 합격했어! 꿈만 같아!

I guess so. / I guess not. 😊 그렇게 생각해. / 그렇게 생각하지 않아. ▷ "Is she going to call you back?" "I guess not." "그녀가 너에게 답신 전화를 해줄까?" "안 해줄 거야."

let me guess 😊 내가 맞혀볼게 ▷ Let me guess! 말하지 마! 내가 맞혀볼게.

you can guess 😊 쉽게 짐작할 수 있다 ▷ Dave came home drunk again after a party last night. You can guess what his wife said to him! 데이브는 어젯밤에도 파티가 끝나고 취해서 집에 갔다. 그의 아내가 뭐라고 했을지 짐작하겠지!

◆ **you'll never guess** 상상도 못할 것이다 ▷ You'll never guess who I saw yesterday! 내가 어제 누굴 봤는지 너는 상상도 못할걸.

guest /gest/ 명 손님; 숙박객

have	a guest	손님이 있다
invite	a guest	손님을 초대하다
entertain	a guest	손님을 대접하다
greet	a guest	손님에게 인사하다
welcome	a guest	손님을 환영하다
receive	a guest	손님을 맞다

▷ That meal was delicious. You really know how to **entertain** a **guest**! 식사는 맛있었습니다. 당신은 손님을 제대로 대접하시는군요!

▷ He stood by the door, ready to **greet** the **guests** as they came in. 그는 손님들이 들어오는 대로 인사하려고 문 옆에 서 있었다.

▷ He **welcomed** the **guests** one by one and showed them to their seats. 그는 손님들을 한명 한명 맞이하면서 좌석을 안내해주었다.

an honored	guest	귀빈
an unexpected	guest	예상치 않은 손님
an invited	guest	초대받은 손님
a regular	guest	단골 손님
a special	guest	특별 손님

▷ Ken Russell was one of the **honored guests** at the festival this year. 켄 러셀은 올해 축제의 귀빈 가운데 한 명이었다.

▷ I'm afraid you can't come in unless you're an **invited guest**. 죄송하지만 초대받은 손님이 아니면 들어오실 수 없습니다.

▷ She's a **regular guest** at our weekly meetings. 그녀는 우리 주례 회의에 고정으로 참석하는 손님이다.

▷ Tonight we have a very **special guest**. 오늘 밤에는 아주 특별한 손님이 오셨습니다.

[PHRASES]

Be my guest. 😊 원하시는 대로 하세요, 그렇게 하세요. ▷ "Do you mind if I show it to her?" "Be my guest." "이것을 그녀에게 보여줘도 괜찮을까요?" "원하시는 대로 하세요."

guide /gaid/ 명 안내서; 지침; 안내인, 가이드

provide	a guide	지침을 제공하다
produce	a guide	안내문을 작성하다
use A	as a guide	A를 안내서로 사용하다

▷ These talks aim to **provide** a **guide** for parents in caring for teenage children. 이 강연은 십대 청소년을 기르는 부모에게 지침을 제공하는 것을 목적으로 한다.

▷ The council has **produced** a **guide** on consumer rights. 위원회는 소비자 권리에 대한 지침서를 작성했다.

▷ This book can be **used as** a **guide** to the main shopping areas in Seoul. 이 책은 서울의 주요 쇼핑 지역에 대한 안내서로 쓸 수 있다.

a general	guide	대략적인 지침
a rough	guide	
a good	guide	훌륭한 지침
a practical	guide	실용적인 지침
a reliable	guide	믿을 만한 지침
a useful	guide	유용한 지침
a travel	guide	여행 안내서
a mountain	guide	산악 안내인

▷ This leaflet gives you a **rough guide** to the most interesting places to visit in New York. 이 소책자를 읽으면 뉴욕의 최고 명소들을 대략적으로 알 수 있다.

▷ This is a really **good guide** to the museum. 이것은 탁월한 박물관 안내서다.

a guide	to A	A에 대한 안내

▷ For more information on stretching, see *Beginner's Guide to Stretching*, page 126. 스트레칭 정보를 더 원하신다면, '초보자를 위한 스트레칭 안내' 126쪽을 보십시오.

guilt /gilt/ 명 죄책감, 자책감

a sense of	guilt	죄책감
a feeling of	guilt	
guilt and shame		죄책감과 수치심

▷ He was overcome with **guilt and shame** at what he had done. 그는 자신이 저지른 일에 대해 죄책감과 수치심에 휩싸였다.

guilty /gílti/

형 죄를 저지른; 죄책감을 느끼는, 찔리는

really	guilty	죄책감을 크게 느끼는
a little	guilty	죄책감을 약간 느끼는
slightly	guilty	
rather	guilty	얼마간 죄책감을 느끼는

▷ Sorry! I took the last cake! I feel **a little guilty**! 미안! 내가 마지막 케이크를 먹었어! 약간 찔리는데!
▷ He had a **rather guilty** expression on his face. 그의 얼굴에 약간 죄책감이 떠올랐다.

feel	guilty	죄책감을 느끼다
be found	guilty of A	A로 유죄 판결을 받다
plead	guilty to A	A의 죄를 인정하다

▷ You don't need to **feel guilty**. You didn't do anything wrong. 죄책감 느낄 필요 없어. 너는 잘못한 거 없으니까.
▷ He was **found guilty of** murder. 그는 살인죄로 유죄 판결을 받았다.
▷ He **pleaded guilty to** stealing the car. 그는 자동차 절도 죄를 인정했다.

gun /gʌn/ 명 총, 권총

carry	a gun	총을 소지하다
pull (out)	a gun	총을 꺼내다
draw	a gun	총을 뽑아 들다
point	a gun	총구를 겨누다
fire	a gun	총을 발포하다

▷ It's illegal to **carry a gun** without a license. 허가증 없이 총을 소지하는 것은 불법이다.
▷ Don't **point** that **gun** at me! It's dangerous! 나에게 총구를 겨누지 마. 위험하단 말야!
▷ He was accused of **firing a gun** at a policeman. 그는 경찰에게 총을 발포해서 기소되었다.

guy /gai/ 명 ((비격식)) 남자, 사내; 녀석

a nice	guy	좋은 녀석
a good	guy	
a tough	guy	거친 남자

▷ He's a **tough guy**, but he can be sympathetic too. 그는 거친 남자지만 인정미도 있다.

H

habit /hǽbit/ 명 습관; 습성

be in	the habit	습관이 있다
have	a habit	
make	a habit	습관으로 하다
develop	a habit	습관을 들이다
get into	a habit	
acquire	a habit	
become	a habit	습관이 되다
break	the habit	습관을 버리다
get out of	the habit	
kick	the habit	
change	habits	습관을 바꾸다

▷ He's **in** the **habit** of going jogging every morning at 6:30. 그는 매일 아침 6시 30분에 조깅을 하는 것이 습관이다.
▷ She **made** a **habit** of not leaving the office before everyone else had gone home. 그녀는 모두가 집에 가기 전에는 사무실을 떠나지 않는 것을 습관으로 정했다.
▷ Our dog has **developed** the **habit** of jumping onto the sofa to watch television! 우리 개는 소파에 뛰어올라 텔레비전을 보는 습관이 들었다.
▷ When he gave up smoking, he **acquired** the **habit** of chewing gum. 담배를 끊었을 때 그는 껌을 씹는 습관을 들였다.
▷ She started smoking when she was 18 and she's never been able to **break** the **habit**. 그녀는 18세에 담배를 피우기 시작했는데 한 번도 그 습관을 버리지 못했다.
▷ I've got to **get out of** the **habit** of eating too much and **into** the **habit** of taking more exercise. 나는 과식하는 습관을 버리고 운동을 더 많이 하는 습관을 들여야 한다.

a bad	habit	나쁜 습관
a good	habit	좋은 습관
old	habits	오래된 습관
a regular	habit	규칙적인 습관
eating	habits	식습관
dietary	habits	
drinking	habits	음주 습관
smoking	habits	흡연 습관

▷ Exercising regularly is definitely a **good habit**. 규칙적으로 운동하는 것은 분명히 좋은 습관이다.
▷ Going out with my friends to karaoke every weekend has become a **regular habit**. 친구들과

주말마다 노래방에 가는 것은 규칙적인 습관이 되었다.
▷ It's important to have good **dietary habits**. 좋은 식습관을 갖는 것은 중요하다.

(from) force of	habit	습관적으로
out of	habit	

▷ Sorry! I didn't mean to turn left at the traffic lights. **Force of habit**. 미안! 신호등에서 좌회전하려고 한 게 아닌데. 습관적으로 그랬어.

the habit	of a lifetime	평생의 습관

▷ You know from experience that it's not easy to break the **habit of a lifetime**. 평생의 습관을 고치기가 쉽지 않다는 것은 너도 경험을 통해 알 거야.

PHRASES

Old habits die hard. ☺ 오랜 습관은 쉽게 고칠 수 없다.

▌hair /hɛər/ 圕 머리카락; (한 올의) 털

lose	one's hair	머리카락이 빠지다
do	one's hair	머리를 치장하다
brush	one's hair	머리를 (브러시로) 빗다
comb	one's hair	머리를 빗다
wash	one's hair	머리를 감다
cut	A's hair	A의 머리를 자르다
dry	one's hair	머리를 말리다
dye	A's hair	A의 머리를 염색하다

▷ Ken isn't bald yet, but he's beginning to **lose** his **hair**. 켄은 아직 대머리는 아니지만, 머리가 빠지기 시작했다.
▷ Sorry. She'll be another 10 minutes at least. She's **doing** her **hair**. 미안. 그녀가 오려면 앞으로 10분 이상 걸릴 거야. 머리를 손보고 있거든.
▷ He had his **hair cut** regularly. 그는 규칙적으로 머리를 잘랐다.
▷ You'd better **dry** your **hair**. Otherwise you'll catch cold. 머리를 말리는 게 좋을 거야. 안 그러면 감기 걸려.

black	hair	검은 머리
dark	hair	
blond(e)	hair	금발
fair	hair	
golden	hair	
brown	hair	갈색 머리
red	hair	붉은 머리
gray	hair	백발
white	hair	
curly	hair	곱슬머리

straight	hair	직모
wavy	hair	웨이브가 있는 머리
dry	hair	말린 머리
long	hair	긴 머리
short	hair	짧은 머리

▷ Did you see a woman with **blond hair** and sunglasses go out of the building? 금발에 선글라스를 낀 여자가 건물 밖으로 나가는 거 보셨어요?
▷ He is tall and handsome, with **brown hair**. 그는 키가 크고 잘 생겼으며, 갈색 머리다.
▷ Mom has **long dark hair**. 엄마는 검은 색의 긴 머리다.
▷ He found a **gray hair**. Then another. Then another. Three **gray hairs**! 그는 흰 머리를 한 올 찾았다. 그리고 또 한 올. 그리고 또 한 올! 흰 머리가 모두 세 올이었다!(★ hair는 머리카락 전체를 가리킬 때는 셀 수 없는 명사지만, 한 올 한 올을 가리킬 때는 셀 수 있는 명사다.)
▷ John has **curly hair**. 존은 곱슬머리다.

▌half /hæːf/ 圕 반, 절반, 1/2

the lower	half	아래쪽 절반
the upper	half	위쪽 절반
the first	half	전반
the second	half	후반
the latter	half	
the northern	half	북쪽 절반

▷ The **lower half** of his body was entirely covered with spots. 그의 몸 하반신은 완전히 반점으로 덮여 있었다.
▷ The **upper half** of the building was totally destroyed by fire. 그 건물의 위쪽 절반은 화재로 완전히 타버렸다.
▷ I've only read the **first half** of that book. 나는 책의 전반부밖에 읽지 못했다.
▷ Many important discoveries were made during the **latter half** of the 17th century. 수많은 중요한 발견이 17세기 후반에 이루어졌다.

in	half	반으로

▷ Let's cut the cake **in half**. 케이크를 반으로 자르자.

an hour	and a half	한 시간 반
a mile	and a half	1마일 반

▷ It takes me at least **an hour and a half** to get from my house to the university. 내가 집에서 대학교까지 가려면 적어도 한 시간 반이 걸린다.

▌hall /hɔːl/ 圕 현관; 복도; 회관

the entrance	hall	현관 홀
the main	hall	메인 홀
the dining	hall	식당 홀
a concert	hall	콘서트 홀
an exhibition	hall	전시장

▷ The concert will be held in the **main hall**. 콘서트는 메인 홀에서 열릴 것이다.

in	the hall	현관에

▷ Can you switch on the light **in the hall**? 현관의 전등을 켜주겠습니까?

hand /hænd/ 명 손; 도움

hold	hands	손을 잡다
shake	hands	악수하다
put	one's hand on A	손을 A에 두다
raise	one's hand	손을 들다
wave	one's hand	손을 흔들다
clap	one's hands	박수 치다
rub	one's hands	손을 문지르다
wash	one's hands	손을 씻다
give A	a hand	A를 도와주다
lend	a hand	도와주다
want	a hand	도움을 원하다
need	a hand	도움이 필요하다

▷ They were **holding hands** as they walked down the street. 그들은 손을 잡고 길을 걸어갔다.
▷ O.K. I'm sorry. Let's **shake hands** and be friends. 미안해. 악수하고 계속 친구로 지내자.(★사랑 고백을 거절할 때 쓰는 말)
▷ He **put** his **hand on** her shoulder. 그는 그녀의 어깨에 손을 얹었다.
▷ Please **raise** your **hand** if you want to ask a question. 질문을 하고 싶으면 손을 드세요.
▷ She **waved** her **hand**, but he didn't recognize her. 그녀가 손을 흔들었지만, 그는 그녀를 알아보지 못했다.
▷ She **clapped** her **hands** in delight. 그녀는 기쁨에 손뼉을 쳤다.
▷ **Wash** your **hands** before you eat. 밥 먹기 전에 손을 씻어라.
▷ It's kind of you to **give** me **a hand**. 나를 도와주다니 친절하구나.
▷ I'd be glad to **lend a hand**. 기꺼이 도와줄게.

dirty	hands	더러운 손
clean	hands	깨끗한 손
an outstretched	hand	쭉 내민 손

a free	hand	빈손
one's bare	hands	맨손
a helping	hand	도움의 길
capable	hands	유능한 손

▷ After the earthquake, the rescuers were digging the earth away with their **bare hands**. 지진이 일어난 후에 구조대가 맨손으로 흙을 파내고 있었다.
▷ Look at this mess! I could use a **helping hand** to clear it up! 이런 난장판이 있나! 이걸 치우는 데 누가 좀 도와줬으면 좋겠는데!
▷ In his **capable hands** there's no need to worry. 그의 유능한 손에 맡기면 걱정할 필요가 없다.

take A	by the hand	A의 손을 잡다

▷ She **took** him **by the hand** and led him into the garden. 그녀는 그의 손을 잡고 정원으로 데리고 갔다.

at	hand	바로 가까이에
by	hand	손으로
in	one's hand	손에
off	A's hands	A(사람)의 손을 떠나서
out of	hand	손을 쓸 수 없는

▷ It was lucky there was a rope **at hand**. They were able to use it to pull her to safety. 밧줄이 가까이에 있어서 다행이었다. 그들은 그것을 이용해서 그녀를 안전한 곳으로 끌어낼 수 있었다.
▷ I write **by hand** in small notebooks. 나는 작은 수첩에 손으로 글을 쓴다.
▷ He had some letters **in his hand**. 그의 손에 편지 몇 통이 있었다.
▷ I'm sorry, I can't help you. Your case is **off** my **hands** now. 미안하지만 도와줄 수가 없습니다. 당신의 사건은 이제 제 손을 떠났습니다.

hand	in hand	손에 손을 잡고

▷ They walked along the river bank **hand in hand**. 그들은 손에 손을 잡고 강둑을 걸었다.

on	one's hands and knees	손을 짚고 엎드려서

▷ She got down **on** her **hands and knees** and started searching for her contact lens. 그녀는 손을 짚고 엎드리더니 콘택트 렌즈를 찾기 시작했다.

PHRASES

Hands off! ☺ 손 대지 마; 신경 쓰지 마. ▷ Hands off! That's my piece of cake! 손 대지 마! 그거 내가 먹을 케이크야!

handle /hǽndl/ 명 손잡이

turn	a handle	손잡이를 돌리다
pull	a handle	손잡이를 당기다

▷ Turn the **handle** to the right to open the door. 문을 열려면 손잡이를 오른쪽으로 돌리세요.
▷ **Pull** the **handle** toward you. 손잡이를 앞으로 당기세요.

| a door | handle | 문 손잡이 |
| a broom | handle | 빗자루 손잡이 |

handle /hǽndl/ 图 처리하다, 손으로 다루다

handle	carefully	조심히 다루다
handle	with care	
handle	roughly	거칠게 다루다
well	handled	잘 처리하다
badly	handled	형편없이 처리하다
easily	handle	쉽게 처리하다

▷ **Handle** this parcel **carefully**. There's glass inside. 이 소포는 조심히 다뤄주세요. 안에 유리가 있으니까요.
▷ It's a delicate situation. It needs to be **handled with care**. 지금은 민감한 상황입니다. 신중하게 대처해야 합니다.
▷ The whole operation was extremely **well handled**. 전반적인 작업이 아주 순조롭게 처리되었다.
▷ The whole affair was **badly handled**. 사건 전체가 엉망으로 처리되었다.
▷ Don't worry. I can **easily handle** the extra work. 걱정 마. 남은 작업은 내가 쉽게 처리할 수 있어.

be able	to handle	처리할 수 있다
be difficult	to handle	처리하기 힘들다
be hard	to handle	
be easy	to handle	처리하기 쉽다

▷ I don't think I'll be **able to handle** anymore rude customers. 저는 더 이상 무례한 손님들을 다루지 못할 것 같습니다.
▷ This car is really **easy to handle**. 이 차는 정말로 운전하기 쉽다.

happen /hǽpən/ 图 일어나나

actually	happen	실제로 일어나다
really	happen	정말로 일어나다
just	happen	우연히 일어나다
never	happen	절대 일어나지 않다
usually	happen	보통 일어나다
happen	again	다시 일어나다

▷ I don't believe that was what **actually happened**. 그게 실제로 일어났던 일이라는 게 믿어지지 않는다.
▷ We'll never know what **really happened**. 정말로 무슨 일이 있었는지는 우리가 결코 알 수 없을 것이다.
▷ I **just happened** to meet him by chance. 우연히 그를 만났다.
▷ That will not **happen again**. 그런 일은 다시 일어나지 않을 것이다.

| see | what happens | 일이 되어가는 것을 보다 |

▷ It will be interesting to **see what happens** in the next three years. 앞으로 3년 동안 일의 진행상황을 보면 재밌을 것이다.

anything	can happen	무슨 일이든 일어날 수 있다
what	happens if...	…라면 어떻게 될까
whatever	happens	어떤 일이 있어도

▷ It's a really dangerous situation. **Anything can happen**! 지금은 정말로 위험한 상황이야. 무슨 일이 일어날지 몰라!
▷ I'll look after you **whatever happens**. 무슨 일이 있어도 내가 너를 돌봐줄게.

| happen | to A | A(사람)에게 일어나다 |

▷ I'm afraid something has **happened to** him. 그에게 무슨 일이 일어난 건 아닌지 걱정된다.
◆ **What happened to A? / Whatever happened to A?** A는 어떻게 된 거야? ▷ Whatever happened to Kate? She was here a minute ago. 케이트는 어떻게 된 거야? 방금 전까지 여기 있었는데.

| happen | to do | 우연히 …하다 |

▷ By chance I **happened to** bump into him outside the railway station. 나는 우연히 기차역 앞에서 그와 마주쳤다.

PHRASES
What happened? ☺ 무슨 일이야?

happy /hǽpi/ 图 행복한, 기쁜; 만족한

| look | happy | 행복해 보이다; 만족한 것 같다 |
| seem | happy | |

▷ Carolyn **seems** quite **happy** in her new job. 캐롤린은 새 직장에 상당히 만족하고 있는 것 같다.

extremely	happy	아주 기쁜
really	happy	
quite	happy	
particularly	happy	특히 기쁜
perfectly	happy	더할 나위 없이 기쁜
not at all	happy	전혀 기쁘지 않은
not entirely	happy	완전히 만족하지는 않은

| never | happy | 전혀 만족하지 않은 |

▷ I'm **perfectly happy** with that suggestion. 나는 그 제안이 더할 나위 없이 기쁘다.

▷ They're **not at all happy** with our new product. 그들은 우리의 신제품에 전혀 만족하지 않고 있다.

▷ I'm **not entirely happy** with your explanation. 나는 네 설명이 완전히 만족스럽지는 않다.

▷ No matter how hard I try, my boss is **never happy** with my work. 아무리 노력해도, 나의 상사는 내가 한 일을 절대 마음에 들어 하지 않는다.

happy	about A	A를 기뻐하는
happy	with A	
happy	for A	A(사람)의 일을 기뻐하는

▷ I am very **happy about** the news. 나는 그 소식이 아주 기쁘다.

▷ I'm **happy with** my current salary. 나는 지금 급료에 만족한다.

▷ I'm **happy for** you. 네 일에 나도 기쁘다.

| happy | (that)... | …을 기쁘게 생각하다 |
| happy | to do | …해서 기쁘다 |

▷ Thank goodness! I'm **happy that** everything worked out well in the end. 다행이야! 결국 모든 일이 잘 풀려서 기뻐.

▷ I'm very **happy to** meet you John. 존, 당신을 만나서 아주 기쁩니다.

hard /ha:rd/ 형 어려운; 딱딱한

extremely	hard	아주 어려운
quite	hard	
really	hard	

▷ It's **quite hard** to get a good score in the TOEFL exam. 토플 시험에서 좋은 점수를 얻기는 아주 어렵다.

| hard | on A | A(사람)에게 가혹한 |

▷ Don't be so **hard on** yourself. 너 자신에게 너무 가혹하게 굴지 마.

| find A | hard | A가 힘들다고 생각하다 |

▷ I **find** these math problems really **hard** to do. 이 수학 문제들은 정말 풀기 어려운 것 같아.

| hard | (for A) to do | (A가) …하는 것은 어렵다 |

▷ He could be American or Canadian. It's very **hard** to say. 그는 미국인일 수도 있고 캐나다인일 수도 있어. 구분하기는 힘들어.

▷ It's **hard to** believe. 믿기가 어렵다.

harm /ha:rm/ 명 손해, 피해

cause	harm	피해를 입히다
do	harm	
prevent	harm	피해를 막다

▷ Drinking alcohol when you are pregnant can **cause** serious **harm** to your baby. 임신 중에 술을 마시는 것은 태아에게 심각한 피해를 줄 수 있다.

▷ It wouldn't **do** any **harm** to write a letter of apology. 사과 편지를 쓴다고 해서 해가 될 건 없잖아.

◆ **do more harm than good** 득보다 실이 많다 ▷ It's better to say nothing. Complaining would do more harm than good. 아무 말도 하지 않는 편이 더 좋다. 불평해봐야 득보다 실이 많을 것이다.

▷ We do all we can to **prevent harm** coming to our employees if they work in dangerous places. 우리는 위험한 지점에서 일하는 직원들에게 피해가 생기는 것을 막기 위해 할 수 있는 일은 다하고 있다.

great	harm	큰 피해
serious	harm	심각한 피해
bodily	harm	육체적 위해
physical	harm	

▷ Her husband gets angry and shouts at her, but he hasn't done her any **bodily harm**. 그녀의 남편은 그녀에게 화를 내고 고함은 치지만 신체적 위해는 가하지 않았다.

(PHRASES)

There's no harm in (doing) A ☺ A해서 손해 볼 것은 없다. ▷ There's no harm in asking for a rise. He can only say "No!" 임금 인상을 요구해서 손해 볼 것은 없어. 그는 "안 돼요!" 하고 말하는 게 전부일 테니까.

hat /hæt/ 명 모자

wear	a hat	모자를 쓰고 있다
put on	one's hat	모자를 쓰다
remove	one's hat	모자를 벗다
take off	one's hat	
raise	one's hat	모자를 들어 인사하다

▷ She was **wearing** a big **hat** to keep the sun off. 그녀는 햇빛을 막기 위해 큰 모자를 쓰고 있었다.

▷ Better **put** your **hat on**. It's cold outside. 모자를 쓰는 게 좋을 거야. 밖은 추워.

▷ When you enter a church, you should **remove** your **hat**. 교회에 들어갈 때는 모자를 벗어야 한다.

▷ He's very polite. He **raised** his **hat** to me. 그는 아주 예의 바르다. 나에게 모자를 들어 인사했다.

| in | a hat | 모자를 쓴 |

▷ Isn't that Diana? Over there. The woman **in**

the **hat**. 저 사람 다이애나 아냐? 저기, 모자 쓴 여자.

a straw	hat	밀짚 모자
a bowler	hat	중산모
a cowboy	hat	카우보이 모자
a panama	hat	파나마 모자

hate /heit/ 동 미워하다, 아주 싫어하다

really	hate	몹시 싫어하다
just	hate	정말로 싫어하다
always	hate	항상 싫어하다
still	hate	여전히 싫어하다

▷ She **really hates** being kept waiting. 그녀는 기다리는 것을 아주 싫어한다.

▷ Even though I'm grown up, I **still hate** going to the dentist! 어른인데도 나는 아직도 치과에 가는 게 너무 싫다.

hate	to do	…하는 것이 싫다
hate	doing	
hate	A doing	A(사람)가 …하는 것을 싫어하다

▷ I **hate** travel**ing** to work during the rush hour. 나는 교통혼잡 시간에 통근하는 것이 싫다.

▷ She **hates** me telephon**ing** her at work. 그녀는 내가 직장으로 전화하는 것을 싫어한다.

hate it	when	…하는 것이 싫다

▷ Don't you just **hate it when** the TV advertisements come on in the middle of a movie? 영화 중간에 TV 광고가 나오는 거 정말 싫지 않니?

head /hed/ 명 머리, 얼굴; (조직의) 우두머리

put	one's head	머리를 내밀다
stick	one's head	
turn	one's head	뒤를 돌아보다
raise	one's head	고개를 들다
bend	one's head	머리를 숙이다
bow	one's head	
duck	one's head	
hang	one's head	
nod	one's head	고개를 끄덕이다
shake	one's head	고개를 젓다
scratch	one's head	머리를 긁적이다
bang	one's head	머리를 부딪히다
use	one's head	머리를 쓰다
come into	A's head	A의 머리에 떠오르다
get it into	one's head	머리에 주입시키다
lose	one's head	제정신이 아니다
keep	one's head	냉철함을 유지하다

▷ She **stuck** her **head** around the door and said: "Dinner's ready!" 그녀는 문 옆으로 고개를 내밀고 말했다. "식사하세요!"

▷ She **turned** her **head**. The man was still following her. 그녀는 뒤를 돌아보았다. 그 남자가 아직도 그녀를 따라오고 있었다.

▷ He **raised** his **head**. "Listen! Can you hear something?" 그는 고개를 들었다. "들어봐! 무슨 소리 안 들려?"

▷ **Duck** your **head**! The ceilings here are very low. 고개 숙여! 여기는 천장이 아주 낮아.

▷ She **nodded** her **head** in agreement. 그녀는 찬성의 뜻으로 고개를 끄덕였다.

▷ She **shook** her **head**. "I'm definitely not going to the party." 그녀가 고개를 저었다. "나는 절대 그 파티에 안 가."

▷ He **scratched** his **head**. "I've no idea what you're talking about." 그가 머리를 긁적였다. "네가 무슨 말을 하는지 모르겠어."

▷ He **banged** his **head** *against* the top of the door frame. 그는 문틀 위쪽에 머리를 쾅 쪘다.

▷ Come on, Jane, **use** your **head**. 그러지 말고 제인, 머리를 써봐.

▷ A good idea **came into** my **head** this morning. 오늘 아침 좋은 생각이 머리에 떠올랐다.

▷ Can't you **get it into** your **head** that I don't want to see you anymore? 내가 널 더 이상 만나고 싶지 않다는 사실을 머리 속에 집어넣을 수 없겠니?

▷ I can't believe he resigned. He must have **lost** his **head**. 그 사람이 사임했다는 걸 믿을 수가 없어. 제정신이 아니었을 거야.

have one's head in one's hands	두 손으로 머리를 감싸다

★ have 외에 hold, put 등도 쓰인다.

▷ She **put** her **head in** her **hands** and started to cry. 그녀는 두 손으로 머리를 감싸고 울기 시작했다.

one's head	bows	고개가 숙여지다
one's head	comes up	얼굴이 올라오다
one's head	turns	얼굴이 돌아가다

▷ His **head bowed**. "I'm sorry. It won't happen again." 그의 고개가 숙여졌다. "죄송합니다. 다시는 그런 일이 없을 겁니다."

▷ His **head came up** in surprise. "What did you say?" 그가 놀라서 얼굴을 들었다. "뭐라고 그랬어?"

▷ His **head turned** to where the sounds were coming from. 그가 소리 나는 쪽으로 얼굴을 돌렸다.

a bald	head	대머리

a clear	head	맑은 머리
a cool	head	냉정한 머리
a former	head	전(前) 수장

▷ The man with the **bald head** is my girlfriend's father. 대머리인 남자는 내 여자친구의 아버지다.
▷ Don't panic! Try to keep a **cool head**. 겁먹지 마! 침착해야 돼!
▷ Mr. Williams has retired now. He's a **former head** of our department. 윌리엄스 씨는 이제 은퇴했다. 그는 우리 부서의 전(前) 부서장이다.

from head to	toe	머리부터 발끝까지
from head to	foot	

▷ She was dressed **from head to toe** in a Minnie Mouse costume. 그녀는 머리부터 발끝까지 미니 마우스 복장으로 입었다.

PHRASES

on your own head be it ☺ 어떻게 되든 나는 몰라. (네 책임이야.) ▷ Well, I think you're making a mistake, but on your own head be it! 글쎄, 내가 볼 때는 네가 잘못하고 있는 것 같지만, 어쨌건 네가 알아서 해라.

headache /hédèik/ 명 두통, 골칫거리

have	a headache	두통이 있다, 두통을 앓다
suffer from	a headache	
cause	a headache	(A에게) 두통을 일으키다
give A	a headache	

▷ I **have** a terrible **headache**. 나는 두통이 심하다.
▷ Recently I've started to **suffer from headaches**. 최근에 나는 두통을 앓기 시작했다.
▷ Reading in poor light can **cause** a **headache**. 흐릿한 불빛 아래서 책을 읽으면 두통이 생길 수 있다.
▷ I wish you'd stop complaining. You're **giving** me a **headache**! 네가 불평 좀 그만했으면 좋겠어. 너 때문에 머리가 아파!

a bad	headache	심한 두통
a severe	headache	
a terrible	headache	
a major	headache	큰 골칫거리

▷ If you've got a **bad headache**, you should take some medicine. 두통이 심하면 약을 좀 먹어.
▷ I don't know how we can increase sales this year. It's a **major headache**. 올해 어떻게 매출을 올려야 할지 모르겠어. 그것이 큰 골칫거리야.

a headache for A		A의 골칫거리

▷ They're in financial trouble. It's a bit of a **headache for** them. 그들은 재정적으로 곤란한 상황이다. 그것이 그들에게 약간의 골칫거리다.

headline /hédlàin/ 명 표제

grab	the headlines	신문에 크게 실리다
hit	the headlines	

▷ Yet another scandal about a Hollywood movie star **grabbed the headlines**. 할리우드 영화배우의 또 다른 스캔들이 신문에 크게 실렸다.

health /helθ/ 명 건강, 건강 상태

maintain	health	건강을 유지하다
protect	health	건강을 지키다
improve	the health	건강을 증진시키다
affect	A's health	A의 건강에 (악)영향을 미치다
damage	A's health	A의 건강을 해치다

▷ He jogs a lot to **maintain** his **health**. 그는 건강을 유지하기 위해서 조깅을 많이 한다.
▷ Regular exercise can **improve the health**. 규칙적인 운동이 건강을 증진시킬 수 있다.
▷ Eating junk food can **affect** your **health**. 정크 푸드를 먹으면 건강에 악영향을 미칠 수 있다.

ill	health	건강하지 않음
mental	health	정신 건강
physical	health	신체 건강
public	health	공중 위생

▷ He suffers from **ill health**. 그는 건강이 좋지 않다.
▷ **Mental health** is just as important as **physical health**. 정신 건강은 신체 건강만큼 중요하다.

in good	health	건강한
in poor	health	건강이 좋지 않은
good	for one's health	건강에 좋은
bad	for one's health	건강에 나쁜

▷ He's **in** very **good health** for a man of eighty. 그는 여든 살 치고는 아주 건강하다.
▷ Sarah's been **in** very **poor health** recently. 새라는 최근에 건강이 아주 좋지 않았다.
▷ Too much coffee is **bad for** your **health**. 커피를 너무 많이 마시면 건강에 나쁘다.

one's state of	health	건강 상태

healthy /hélθi/ 형 건강한, 건전한

apparently	healthy	겉으로 볼 때 건강한
perfectly	healthy	아주 건강한

▷ There was no problem. The doctor said he was **perfectly healthy**. 아무 문제 없었다. 의사는 그가 아주 건강하다고 했다.

hear /hiər/ 图 들리다, 듣다

actually	hear	실제로 듣다
almost	hear	거의 들리다
already	heard	이미 들은
ever	heard	지금껏 들은
never	heard	전혀 듣지 않은

▷ You can **actually hear** the improvement in sound quality. 개선된 음질을 실제로 들을 수 있다.
▷ I could **almost hear** what they were saying in the next room. 옆방에서 그들이 이야기하는 것이 거의 다 들렸다.
▷ It seems he's a famous artist but I've **never heard** of him. 그는 유명한 화가인 것 같지만 나는 그의 이름을 들어본 적이 없다.

be pleased to	hear	들어서 기쁘다
be glad to	hear	
be delighted to	hear	
be surprised to	hear	들어서 놀라다
be interested to	hear	몹시 듣고 싶다
be sorry to	hear	들어서 안타깝다

▷ I was **pleased to hear** that you've been promoted. 네가 승진했다는 소식을 들어서 기뻤어.
▷ I'm **glad to hear** that everything went well. 모든 일이 잘 되었다고 들어서 기쁘다.
▷ I'd be **interested to hear** what she thinks. 그녀의 생각을 듣고 싶습니다.
▷ I'm **sorry to hear** you're not well. 네 건강이 좋지 않다는 말을 들으니 안타깝다.

| hear | about A | A에 대해 듣다 |
| hear | of A | A에 대해 들어 보다 |

▷ Nice to meet you. I've **heard** a lot **about** you. 만나서 반갑습니다. 얘기는 많이 들었습니다.
▷ I had never **heard of** Lewis before. 나는 이전까지 루이스에 대해 들어 본 적이 없다.

| hear | A do | A가 …하는 소리가 들리다 |
| hear | A doing | A가 …하고 있는 소리가 들리다 |

▷ She **heard** Bill go out. 그녀는 빌이 나가는 소리를 들었다.
▷ I **heard** people talk**ing** in the room below. 사람들이 아래층 방에서 말하는 소리가 들렸다.

| hear | (that)... | …라고 듣다; …라는 소문이다 |
| hear | what | 무엇이 …인지 듣다 |

▷ "**I hear** Japanese people love working long hours at their companies. Is that true?" "Well, yes and no." "일본인들이 회사에서 오래 일하는 걸 좋아한다고 들었습니다. 맞습니까?" "맞기도 하고 틀리기도 합니다."

(PHRASES)
(**Do**) **you hear** (**me**)? ☺ 듣고 있어?
I hear you. ☺ 이해해, 동감이야.

heart /haːrt/

图 심장; 마음; 애정; 용기; 중심, 핵심

break	A's heart	A에게 큰 슬픔을 주다
open	one's heart	마음을 터놓다
win	A's heart	A의 마음을 얻다

▷ It would **break** Sally's **heart** if her parents got divorced. 부모님이 이혼을 하면 샐리는 깊은 슬픔에 빠질 것이다.
▷ Apparently she had a little too much to drink and **opened** her **heart** to him. 아마도 그녀는 약간 과음해서 그에게 마음을 터놓은 것 같았다.
▷ He kept buying her present after present until finally he **won** her **heart**! 그는 그녀에게 선물 공세를 하더니 마침내 그녀의 마음을 얻었다!

A's heart	beats	A의 심장이 두근거리다
A's heart	thumps	
A's heart	leaps	A의 심장이 격렬하게 뛰다
A's heart	jumps	
A's heart	stops	A의 심장이 멈추다
A's heart	sinks	A의 가슴이 철렁하다
A's heart	goes out	A가 연민의 마음을 갖다

▷ When he saw her, his **heart** began to **beat** faster! 그녀를 보자 그의 심장박동이 더 빨라지기 시작했다!
▷ It was a very dangerous situation. He could feel his **heart thumping** loudly. 아주 위험한 상황이었다. 그는 심장이 쿵쿵 뛰는 것을 느낄 수 있었다.
▷ When she heard that he wasn't married, her **heart leaped**. Still a chance! 그가 결혼하지 않았다는 말을 듣자 그녀의 심장이 뛰었다. 아직 기회가 있는 것이다!
▷ The news about the big earthquake made her **heart sink**. 대지진에 대한 뉴스를 듣고 그녀는 가슴이 철렁했다.
▷ I feel so sorry for those poor, hungry people in Africa. My **heart goes out** to them. 아프리카의 가난하고 굶주린 사람들이 안타깝다. 그들에게 연민의 마음이 든다.

| a warm | heart | 따뜻한 마음 |
| a broken | heart | 상처 입은 마음 |

| heat |

a heavy	heart	무거운 마음
a sinking	heart	
a light	heart	가벼운 마음

▷ The news wasn't good. He returned home from the hospital with a **heavy heart**. 그 소식은 좋지 않았다. 그는 무거운 마음으로 병원에서 집으로 돌아갔다.

have	a weak heart	심장이 좋지 않다
have	a bad heart	
have	a kind heart	마음이 곱다
have	a good heart	
have	a heart of gold	
have	a big heart	마음이 넓다
have	a heart of stone	마음이 차갑다
have	a change of heart	마음이 변하다

▷ She's so kind to everybody. She's got a **heart of gold**! 그녀는 모두에게 친절해. 마음이 정말 곱지!
▷ My girlfriend refuses to speak to me. She's got a **heart of stone**! 내 여자친구가 나와 말도 하지 않는다. 정말 냉정하다.
▷ At first he was against his daughter's marriage, but then he **had a change of heart**. 처음에 그는 딸의 결혼에 반대했지만, 나중에는 마음이 변했다.

at	heart	마음 속은; 본바탕은
in	one's heart	속마음은
with	all one's heart	진심으로
at	the heart	중심에

▷ Actually he's quite a sensitive person **at heart**. 실제로 그는 속마음은 아주 예민한 사람이다.
▷ I wish you both happiness **with all** my **heart**. 너희 둘 모두 행복하기를 진심으로 바란다.
▷ Germany lies **at the heart** of Europe. 독일은 유럽의 중심부에 있다.
▷ It's lack of money that's **at the very heart** of the problem. 그 문제의 핵심은 자금 부족이다.

heart and soul	열심히, 진심으로
the hearts and minds	마음

▷ Whatever Bill does, he puts himself into it **heart and soul**. 빌은 무슨 일을 하건 전심전력을 기울인다.
▷ Politicians have to win the **hearts and minds** of the people. 정치인들은 국민들의 민심을 사로잡아야 한다.

heat /hiːt/ 명 열, 뜨거움; 더위

feel	the heat	뜨거움을 느끼다
generate	heat	발열하다
reduce	the heat	불을 약하게 하다
turn down	the heat	
turn up	the heat	불을 강하게 하다
turn off	the heat	불을 끄다

▷ I don't think the electric heater is working. I can't **feel** any **heat**. 전기 히터가 작동하지 않는 것 같아. 열기가 전혀 안 느껴져.
▷ Wind power can be used to **generate heat**. 풍력은 열을 만드는 데 활용될 수 있다.
▷ If the sauce starts to boil, you should turn down the gas and **reduce** the **heat**. 소스가 끓기 시작하면, 가스를 줄여서 불을 약하게 하세요.
▷ **Turn up** the **heat**. The water's not boiling yet. 불을 세게 올리세요. 아직 물이 끓지 않고 있어요.
▷ **Turn off** the **heat** and add the tomato sauce. 불을 끄고 토마토 소스를 넣으세요.

dry	heat	건조한 열기
intense	heat	혹서
white	heat	백열
(a) high	heat	강한 불
(a) low	heat	약한 불
(a) gentle	heat	
(a) moderate	heat	중간불
(a) medium	heat	

▷ The **dry heat** of the summer takes away all your energy. 여름의 건조한 더위는 기력을 모두 빼앗아간다.
▷ It's dangerous to work a long time in conditions of **intense heat**. 혹서의 환경에서 장시간 일하는 것은 위험하다.
▷ Cook over a **low heat** for 10 minutes. 약한 불에서 10분 동안 익히세요.

the heat	from A	A에서 나오는 열
in	the heat of A	A가 한창일 때

▷ The **heat from** the camp fire was enough to keep them warm. 캠프 파이어의 열기는 충분히 그들의 몸을 따뜻하게 했다.
▷ Terrible things are done **in** the **heat of** battle. 전투가 한창일 때는 무시무시한 일들이 벌어진다.
◆ **in the heat of the moment** 한순간 발끈해서, 흥분해서 ▷ Forget what I said. I didn't mean it. It was said in the heat of the moment. 내가 한 말 잊어버려. 진심은 아니었어. 순간 발끈해서 한 말이야.

heaven /hévən/ 명 천국, 낙원

go to	Heaven	천국에 가다

▷ I hope I **go to Heaven** when I die! 나는 죽으면 천국에 가고 싶어.

in	heaven	천국에; 행복한 기분으로

▷ He proposed to her in such a romantic way. She was **in heaven**! 그는 그녀에게 너무도 낭만적인 방식으로 청혼했다. 그녀는 황홀한 기분이었다.

heaven	and [or] hell	천국과[또는] 지옥

▷ When we die, some people believe we go to **Heaven or Hell**. 어떤 사람들은 죽은 뒤에 우리가 천국 또는 지옥에 간다고 믿는다.

heaven on earth	지상낙원

(PHRASES)

Good heavens! / Heavens! ☺ 세상에나! 이럴 수가!
▷ Good Heavens! England won the World Cup? I can't believe it! 세상에! 잉글랜드가 월드컵에서 우승했다고? 믿을 수가 없어!

height /hait/ 명 높이, 고도; 신장

measure	the height	높이를 재다
reach	a height	높이에 이르다
gain	height	고도를 높이다
lose	height	고도를 낮추다

▷ He's really tall. I think he's going to **reach a height** of over 2 meters. 그는 키가 정말 커. 2미터가 넘을 것 같아.
▷ The plane looked to be in trouble, but gradually it **gained height**. 비행기는 문제가 생긴 것 같았지만, 천천히 고도를 높였다.

full	height	꼿꼿이 선 키
a great	height	큰 신장; 엄청난 높이
average	height	평균 신장, 중간 키
medium	height	
dizzy	heights	아찔한 높이

▷ Angrily, she drew herself up to her **full height** and marched out of the room. 그녀는 화가 나서 똑바로 서더니 방에서 척척 걸어나갔다.
▷ The eagle can reach a **great height**. 독수리는 무척 높은 곳까지 날아오를 수 있다.
▷ He's **medium height** with short brown hair. 그는 중간 키에 짧은 갈색 머리다.
▷ She reached the **dizzy heights** of stardom. 그녀는 까마득하게 높은 스타의 자리에 올랐다.

in	height	높이가 …인

at	a height of A	A(수치)의 고도에서

▷ He's 1.75 meters **in height**. 그는 키가 1미터 75센티미터다.
▷ The airplane flew **at a height of** 25,000 feet. 비행기는 25,000피트 고도로 날았다.

height and weight	신장과 체중

▷ You need to have your baby's **height and weight** measured regularly. 아기의 신장과 체중을 규칙적으로 재야 한다.

hell /hel/ 명 지옥; 생지옥

go to	hell	지옥에 가다
go through	hell	지독하게 고생하다
make A's life	hell	A(사람)를 고생시키다

▷ When she was at junior high school, the other students **made her life hell**. 그녀는 중학교에 다닐 때 다른 학생들한테서 지독한 괴롭힘을 당했다.

hell	on earth	생지옥
the A from	hell	지독히 형편없는 A

▷ If nuclear war breaks out, it'll be like **hell on earth**. 핵전쟁이 터지면, 이 세상은 생지옥이 될 것이다.
▷ Let's leave. This is the restaurant **from hell**! 나가자. 이 레스토랑은 지독하게 형편없어.

(PHRASES)

Get the hell out of here! ☺ 당장 꺼져 버려!
To hell with A! ☺ A는 진절머리 나! ▷ We've waited nearly an hour and a half for him. To hell with it! I'm going home! 우리는 그를 한 시간 반 가까이 기다렸어. 진절머리 난다! 난 집에 갈 거야!
What the hell! ☺ 알게 뭐야, 아무려면 어때.

help /help/ 명 도움, 원조; 도움되는 것

get	help	도움을 받다
receive	help	
seek	help	도움을 구하다
ask for	help	
find	help	도움을 얻다
need	help	도움을 필요로 하다
want	help	도움을 원하다
give	help	도움을 주다, 도와주다
provide	help	
offer	help	도움을 자청하다

▷ Quick! **Get some help**! There's been an accident. 어서! 도움을 요청해! 사고가 났어.
▷ He's over eighty, but he's very independent.

| help |

He never **seeks** any **help**. 그는 여든이 넘었지만 아주 독립적이다. 어떤 도움도 바라지 않는다.
▷ If you **need** any **help**, please call me. 도움이 필요하면 내게 전화해.
▷ We need to **provide** more **help** for the homeless. 우리는 노숙자들에게 더 많은 도움을 줘야 해.

a great	help	큰 도움
a big	help	
extra	help	추가적 도움
financial	help	재정 지원

▷ Thanks a lot. You've been a **great help**. 고마워. 큰 도움이 되었어.
▷ She says she needs **extra help** at work. 그녀는 직장에서 추가적 지원이 필요하다고 말한다.
▷ We need to arrange some **financial help**. 우리는 재정 지원을 확보해야 한다.

| help and advice | 도움과 충고 |
| help and support | 도움과 지원 |

▷ He thanked her for her **help and support**. 그는 그녀의 도움과 지원에 고마워했다.

help	from A	A에게서 받는 도움
help	to A	A에게 주는 도움
help	with A	A하는 것을 도와줌

▷ He got a lot of **help from** his parents. 그는 부모님의 도움을 많이 받았다.
▷ He has been a good **help to** you. 그는 너를 잘 도와주었다.
▷ Would you like some **help with** the dishes? 설거지 좀 도와줄래요?

| with | the help of A | A의 도움으로 |
| without | the help of A | A의 도움 없이 |

▷ **Without** the **help of** United Nations many more earthquake victims would have died. UN의 도움이 없었다면 지진으로 인한 사망자가 더욱 늘었을 것이다.

help /help/ 图 돕다, 도와주다

be greatly	helped	크게 도움을 받다
really	help	정말로 도와주다
certainly	help	확실히 도와주다

▷ The flood victims were **greatly helped** by donations from people all over the world. 홍수 피해자들은 전세계 곳곳에서 보낸 기부금에 크게 도움을 받았다.
▷ Thank you. You **really helped** us when we needed it. 고마워. 도움이 필요할 때 네가 우리에게 정말로 도움이 됐어.

help A	into B	A가 B에 들어가게 돕다
help A	out of B	A가 B에서 나오게 돕다
help A	with B	A가 B하는 것을 돕다

▷ Can you **help** me **into** my wheelchair? 내가 휠체어에 앉도록 도와줄래?
▷ **Help** me **out of** this mess, John. 나를 이 궁지에서 빠져나가게 해줘, 존.
▷ Shall I **help** you **with** your homework? 숙제 도와줄까?

| help A | (to) do | A가 …하는 것을 돕다 |
| help | (to) do | …하는 것을 돕다 |

▷ Can you **help** me do the washing-up? 설거지하는 걸 도와줄래?
▷ I'll make a cup of tea. It'll **help** you feel better. 차를 끓여줄게. 기분이 나아질 거야.
▷ He **helped** me to follow my dream. 그는 내가 꿈을 이루기 위해 노력하도록 도와주었다.
▷ Can you **help** tidy up the kitchen? 부엌 청소를 도와줄래?

(PHRASES)

help oneself **(to A)** ⓒ (A(음식)를) 마음껏 드세요.
▷ (Please) help yourself. 마음껏 드세요.
It can't be helped. ⓒ 어쩔 수 없어.
May I help you? / Can I help you? ⓒ 무슨 일로 오셨습니까? / (상점에서) 제가 도와드릴까요? ▷ "May I help you?" "We're just looking." (쇼핑할 때) "제가 도와드릴까요?" "그냥 둘러보고 있어요."

helpful /hélpfəl/ 圈 도움이 되는, 유용한

extremely	helpful	아주 크게 도움이 되는
quite	helpful	상당히 도움이 되는
particularly	helpful	특히 도움이 되는
especially	helpful	

▷ The man I spoke to on the telephone was **extremely helpful**. 내가 전화로 이야기한 남자는 무척 많은 도움이 되었다.

| helpful | in doing | …하는 데 도움이 되는 |
| helpful | for doing | |

▷ You've been most **helpful in providing** all that information. 너는 그 모든 정보를 제공하는 데 가장 큰 도움이 됐어.

| it's helpful | for A to do | A(사람)가 …하는 것이 도움이 되다 |

▷ **It's helpful for** children **to** interact with each other at an early age. 어린 나이에 서로 어울려 노는

것은 도움이 된다.

| it may be | helpful | 도움이 될 수도 있다 |

★ may 외에 can, will, might, could, would 등의 조동사에도 자주 쓰인다.

▷ **It might be helpful** if you waited a little longer. 조금 더 기다리는 게 도움이 될 수도 있다.

hesitate /hézətèit/ 동 망설이다, 주저하다

| hesitate | (for) a moment | 잠시 망설이다 |
| hesitate | (for) a second | |

▷ She **hesitated for a moment** and then said "OK, I'll do it." 그녀는 잠시 망설이다가 말했다. "좋아, 할게."

| hesitate | to do | …하는 것을 주저하다 |

▷ I **hesitated to** go there alone again. 나는 거기에 다시 혼자 가는 것을 주저했다.

(PHRASES)

don't hesitate to do ☺ ((구어)) 망설이지 말고 …하세요. ▷ Don't hesitate to ask me questions. 망설이지 말고 질문하세요.

hide /haid/ 동 숨다; 숨기다

hide	away	숨다
completely	hidden	완전히 숨겨진
well	hidden	
half	hidden	반만 숨겨진

▷ The money was **hidden away** under the floorboards. 돈은 마룻바닥 아래 숨겨져 있었다.
▷ The summit of Mount Seorak was **completely hidden** behind clouds. 설악산 꼭대기가 구름에 완전히 가려졌다.
▷ The police couldn't find the stolen jewelry. It was too **well hidden**. 경찰은 도난 당한 보석류를 찾지 못했다. 너무도 잘 숨겨둔 것이다.

| hide A | from B | A를 B에게서 숨기다 |

▷ He **hid** the letters away **from** her. 그는 그녀가 못 보게 그 편지들을 숨겼다.

| hide A | in B | A를 B에 숨기다 |
| hide | in A | A에 숨다 |

★ behind, under 등도 쓰인다.

▷ She **hid** the letters **in** an old box. 그녀는 편지들을 낡은 상자에 숨겼다.
▷ He **hid behind** a tree. 그는 나무 뒤에 숨었다.
▷ He **hid** the front door key **under** the flower pot. 그는 현관 열쇠를 화분 밑에 숨겼다.

high /hai/ 형 높은

extremely	high	아주 높은
fairly	high	꽤 높은
particularly	high	특히 높은
relatively	high	비교적 높은

▷ The water level in the river is **fairly high** now. 강물의 수위가 지금 꽤 높다.
▷ Prices are **relatively high** compared with last year. 물가가 작년에 비하면 비교적 높다.

| be A | high | 높이가 A다 |

★ A에는 eight feet 등의 수치가 온다.

▷ The fence is six feet **high**. 그 울타리는 높이가 6피트다.

hint /hint/

명 암시, 힌트; 실마리, 지침; 극소량; 기미

give	a hint	힌트를 주다
drop	a hint	
get	a hint	힌트를 얻다
take	a hint	암시를 알아채다

▷ The professor **gave** us some **hints** about how to write a good essay. 교수님은 우리에게 좋은 리포트를 쓰는 방법에 대해 몇 가지 지침을 주었다.
▷ He wouldn't tell me exactly, but he **dropped** a few **hints**. 그는 정확히 알려주려 하지 않았지만, 몇 가지 힌트를 주었다.
▷ I pointed to my watch several times, but he wouldn't **take** the **hint**. 나는 몇 차례 내 시계를 가리켰지만, 그는 나의 암시를 알아차리지 못했다.

helpful	hints	유용한 힌트
useful	hints	
a strong	hint	강한 암시
a faint	hint	희미한 기미
the slightest	hint	

▷ Here are some **helpful hints** that will keep your tree healthy. 다음 내용은 나무를 튼튼하게 키우기 위한 몇 가지 유용한 지침이다.
▷ There's a **faint hint** of lavender in your perfume. 네 향수에서 라벤더 향이 희미하게 난다.
▷ He didn't give the **slightest hint** that he intended to resign. 그는 물러날 생각이라는 기미를 전혀 보이지 않았다.

| a hint | on A | A에 대한 힌트 |
| a hint | about A | |

▷ Could you give me some **hints on** how to cook this turkey? 이 칠면조 요리법에 대한 힌트를 좀 주시지 않겠습니까?

history /hístəri/ 몡 역사; 역사서; 이력; 과거

go down in	history	역사에 남다
make	history	
trace	A's history	역사를 추적하다
write	a history	역사를 쓰다
have	a history	역사가 있다

▷ President Obama will **go down in history** as the first black American president. 오바마 대통령은 미국 최초의 흑인 대통령으로 역사에 남을 것이다.
▷ James Watt **made history** as the inventor of the steam engine. 제임스 와트는 증기 기관의 발명자로 역사에 남았다.
▷ She **wrote** a **history** of the war in Iraq. 그녀는 이라크 전쟁에 대한 역사책을 썼다.
▷ Afghanistan **has** a **history** of many wars during the last 100 years. 아프가니스탄은 지난 100년 동안 수많은 전쟁의 역사를 갖고 있다.

recent	history	최근의 역사
ancient	history	고대사
medieval	history	중세사
modern	history	근대사
human	history	인류의 역사
recorded	history	기록된 역사
a checkered	history	굴곡이 많은 역사
economic	history	경제사
social	history	사회사
past	history	지나간 일
a long	history	오랜 역사
A's medical	history	A의 병력(病歷)

▷ Dropping the atomic bomb on Hiroshima was one of the most terrible events in **human history**. 히로시마에 원자 폭탄을 투하한 것은 인류 역사상 가장 끔찍한 사건 중 하나였다.
▷ He has a **long history** of drug abuse. 그는 오래 전부터 약물을 남용해 왔다.
▷ A patient's **medical history** should be confidential. 환자의 병력은 기밀로 다뤄야 한다.

history	shows	역사가 보여주다

▷ As **history shows**, wars are inevitable. 역사가 보여주듯이, 전쟁은 피할 수 없다.

hit /hít/ 몡 대성공, 히트; 타격, 충돌

prove	a hit	결국 히트하다
make	a hit	히트하다; 성공하다

▷ The movie **proved a hit**. 영화는 결국 히트했다.
▷ She really likes you. I think you've **made a hit**! 그녀는 너를 정말로 좋아하더라. 네가 성공한 것 같아!

a big	hit	대히트
a huge	hit	
A's greatest	hits	A의 최고 히트작들
a direct	hit	직격, 명중

▷ His first album was a **big hit**. 그의 첫 앨범은 대성공이었다.
▷ The school received a **direct hit** and was completely destroyed. 학교는 직격탄을 맞아서 완전히 무너졌다.

hit /hít/ 동 강하게 때리다

almost	hit	때릴 뻔하다
be badly	hit	심한 타격을 받다
be hard	hit	

▷ The country's economy has been **badly hit** by the financial crisis. 그 나라의 경제는 금융 위기로 심한 타격을 받았다.
▷ After the rise in sales tax the company's profits were **hard hit**. 소비세 인상 이후에 그 회사의 수익은 큰 타격을 받았다.

hit A	on B	A(사람)의 B(신체 부위)를 때리다
hit A	in B	
hit A	with B	A를 B로 때리다

▷ Wendy **hit** him **on** the head. 웬디는 그의 머리를 때렸다.
▷ Dave **hit** Bob **with** a baseball bat. 데이브는 밥을 야구 방망이로 때렸다.

hold /hóuld/ 몡 붙잡기, 장악

catch	hold	잡다
grab	hold	
take	hold	
get	hold	
keep	hold	꼭 붙잡다

▷ I **grabbed hold** of him and we sat and talked for a couple of minutes. 내가 그를 잡았고, 우리는 앉아서 2~3분 동안 이야기를 나눴다.
▷ Suddenly, he **took hold** of both her hands. 갑자기 그가 그녀의 두 손을 잡았다.

▷ I **got hold** of her arm. 나는 그녀의 팔을 잡았다.
▷ **Keep hold** of my hand. If you don't, you might fall. 내 손을 꼭 잡고 있어. 안 그러면 떨어질지도 몰라.

hold /hould/

③ 손에 잡다; 보유하다; 생각하다

hold	tightly	꽉 붙잡다
still	hold	여전히 보유하다
be widely	held	널리 믿어지다
be commonly	held	

▷ **Hold** me **tightly**. 나를 꽉 붙잡아.
▷ He **still holds** the world record for the 100 meters. 그는 아직도 100미터 세계 기록을 보유하고 있다.

hold	A B	A를 B의 상태로 두다

▷ He **held** the door open for her. 그는 그녀를 위해 문을 열어 두었다.

hold	(that)...	...라고 생각한다

▷ In his recent book Stephen Hawking **holds that** the universe could have been created without God. 최근의 책에서 스티븐 호킹은 우주는 신 없이 창조되었을 가능성이 있다고 주장한다.

hole /houl/ ③ 구멍, 우묵한 곳

make	a hole	구멍을 내다
drill	a hole	
dig	a hole	구멍을 파다
cut	a hole	잘라서 구멍을 내다
blow	a hole	폭발해서 구멍을 만들다
fill	a hole	구멍을 메우다

▷ I need to **make** another **hole** in the strap of this shoulder bag. 이 숄더백 끈에 구멍을 하나 더 내야겠어.
▷ They're **digging** a **hole** in the road. 그들은 도로에 구덩이를 파고 있었다.
▷ Can you **cut** another **hole** in this belt for me? 이 벨트에 구멍을 하나 더 내주실 수 있나요?
▷ We need to **fill** this **hole** up with earth. 흙으로 이 구멍을 메워야 한다.

a big	hole	큰 구멍
a large	hole	
a deep	hole	깊은 구멍
a gaping	hole	크게 벌어진 구멍
a small	hole	작은 구멍
a tiny	hole	아주 작은 구멍

▷ Suddenly a **big hole** appeared in the road. 갑자기 길에 큰 구멍이 나타났다.
▷ I thought it was cold! There's a **gaping hole** in the tent! 어쩐지 춥더라! 텐트에 큰 구멍이 있었네!

a hole	in A	A의 구멍

▷ He's digging another **hole in** the ground. 그는 땅에 구멍을 또 하나 파고 있다.

holiday /hálədèi/

③ 축일, 휴일; 《영》 (긴) 휴가

take	a holiday	휴가를 쓰다
have	a holiday	
go on	a holiday	휴가를 가다
spend	a holiday	휴가를 보내다

▷ You work too hard. I think you should **take a holiday**. 너는 일을 너무 열심히 해. 휴가를 쓰는 게 좋을 것 같아.
▷ I **went on holiday** to Hawaii last summer. 나는 작년 여름에 하와이로 휴가를 갔다.
▷ How would you like to **spend** a **holiday** in France? 프랑스에서 휴가 보내는 거 어때?

a good	holiday	즐거운 휴가
one's annual	holiday	연차 휴가
a paid	holiday	유급 휴가
the summer	holiday(s)	여름 휴가
the Christmas	holiday(s)	크리스마스 휴가
the Easter	holiday(s)	부활절 휴가
a public	holiday	공휴일, 국경일
a national	holiday	

▷ Have a **good holiday**, Simon! 휴가 즐겁게 보내, 사이먼!
▷ When are you taking your **annual holiday**? 언제 연차 휴가를 쓸 거에요?
▷ Your company is very generous. They offer long **paid holidays**. 너희 회사는 아주 좋구나. 긴 유급 휴가를 주다니.
▷ Tomorrow's a **public holiday**. 내일은 공휴일이다. (★ 《영》 공휴일을 a bank holiday라 한다. 《미》 법정공휴일로 a legal holiday를 쓰기도 한다.)

on	holiday	휴가차

▷ Are you here **on holiday**? 여기는 휴가차 오신 건가요?
▷ I'm going to Scotland for a week **on holiday**. 나는 휴가차 일주일 동안 스코틀랜드에 갈 예정이다.

home /houm/ 명 집, 가정; 고향

be away from	home	고향을 떠나 있다
leave	home	집을 떠나다; 고향을 떠나다
run away from	home	가출하다
own	a home	집을 소유하다
buy	a home	집을 사다
build	a home	집을 짓다
lose	one's home	집을 잃다

▷ My children have all grown up and **left home**. 우리 아이들은 다 커서 집을 떠났다.
▷ Apparently she tried to **run away from home** when she was 17 years old. 아마도 그녀는 17살에 가출을 시도했던 것 같다.
▷ Many people can't afford to pay their mortgages and are going to **lose** their **homes**. 많은 사람들이 주택 대출을 갚지 못해서 집을 잃을 것이다.

a happy	home	행복한 가정
a family	home	가정
a permanent	home	정주지
one's spiritual	home	마음의 고향
a comfortable	home	안락한 집
a private	home	민가
a new	home	신축 주택
an existing	home	중고 주택
the ancestral	home	조상대대로 내려온 집

▷ She comes from a **happy home**. 그녀는 행복한 가정에서 자랐다.
▷ Now we believe we have finally found a **permanent home** at Park Lane. 이제 우리는 마침내 파크레인에서 정주지를 찾은 것 같다.
▷ Many **private homes** welcome visitors to stay at a cheap price. 많은 민가가 저렴한 가격에 숙박 손님을 받는다.
▷ Lord Pilkington had to sell the **ancestral home**. 필킹턴 경은 조상대대로 내려온 집을 팔아야 했다.

at	home	집에서; 국내에서; 홈에서; 편안하게

▷ I rang the doorbell but nobody was **at home**. 나는 초인종을 눌렀지만, 집에 아무도 없었다.
▷ The murder was big news both **at home** and abroad. 그 살인 사건은 국내외에서 모두 큰 뉴스였다.
▷ Manchester United are playing Liverpool **at home** next weekend. 맨체스터 유나이티드는 다음 주에 홈에서 리버풀과 시합을 한다.
▷ I feel **at home** here. 나는 여기가 마음이 편안하다.
▷ Please make yourself **at home**. 편하게 쉬세요.

honest /ánist/ 형 정직한, 솔직한; 성실한

quite	honest	아주 정직한
perfectly	honest	
totally	honest	
absolutely	honest	

▷ To be **quite honest** I think maybe you should have apologized to her. 솔직히 말하면, 네가 그녀에게 사과를 했어야 한다고 생각해.
▷ To be **perfectly honest**, I think you'd be crazy to marry him! 솔직히 말하자면 네가 그 사람하고 결혼하는 건 미친 짓이라고 봐!
▷ I don't think he gave a **totally honest** answer. 그가 정말 솔직한 대답을 한 것 같진 않다.

honest	enough	충분히 정직한

▷ He was **honest enough** to admit he was wrong. 그는 정직하게 자신이 틀렸다고 인정했다.

honest	about A	A를 감추지 않는
honest	with A	A에게 솔직한

▷ I think you should be **honest about** your feelings. 나는 네가 감정을 숨기지 말아야 한다고 생각해.
▷ Be **honest with** him! 그에게 솔직하게 말해!

open and honest		솔직하고 정직한

▷ He's a very **open and honest** kind of guy. 그는 아주 솔직하고 정직한 남자다.

honor /ánər/

명 명예, 영광; (-s) 훈장 (★((영)) honour)

be	an honor	영광이다
have	the honor	명예를 누리다
defend	A's honor	A의 명예를 지키다
save	A's honor	
share	the honor	영예를 함께 하다
win	honor(s)	명예를 얻다
receive	honors	훈장을 받다
take	honors	

▷ It is an **honor** to meet you, Mr. Kingsley. 킹슬리 씨, 이렇게 만나뵙게 되어 영광입니다.
▷ He was forced into a fight to **defend** her **honor**. 그는 그녀의 명예를 지키기 위해 싸워야 했다.
▷ He **received** various **honors** for services to his country. 그는 국가에 대한 공헌으로 여러 가지 훈장을 받았다.

(the) guest of	honor	귀빈, 주빈

▷ I'd like to introduce this evening's **guest of honor**. 오늘 저녁의 귀빈을 소개해 드리겠습니다.

a great	honor	큰 명예
top	honors	최고의 영예; 최우수상
the highest	honors	

▷ It is **a great honor** to be here this evening. 오늘 저녁 이 자리에 참석하게 되어 큰 영광입니다.
▷ Julie received **top honors** for her painting. 줄리는 그림으로 최우수상을 받았다.

《영》with	honours	우등으로

▷ He passed the exam **with honours**. 그는 시험에 우수한 성적으로 합격했다.

in honor	of A	A에 대한 경의로

▷ They decided to hold a huge party **in honor of** his victory. 그들은 그의 우승을 기념하여 성대한 파티를 열기로 결정했다.

hope /houp/ 圀 희망, 바람

be full of	hope	희망에 가득 차 있다
express	hope	희망을 표현하다
live in	hope	희망을 버리지 않다
give up	hope	희망을 버리다
lose	hope	
offer	hope	희망을 주다
give	hope	

▷ He **expressed** the **hope** that a decision would be made within the next few weeks. 그는 몇 주 내로 결정이 내려질 거라는 희망을 표현했다.
▷ We don't think our situation will improve but we **live in hope**. 상황이 개선될 거라고 생각하지는 않지만 그래도 우리는 희망을 버리지 않는다.
▷ Don't **give up hope** of receiving an award. 상을 받을 수 있다는 희망을 버리지 마.
▷ We mustn't **lose hope**. 우리는 희망을 잃으면 안 돼.
▷ Religious belief **offers hope** to many people. 종교적 믿음은 많은 이들에게 희망을 준다.
▷ Help from charitable organizations has **given hope** to millions of people. 자선 단체의 지원은 수백만 명에게 희망을 주었다.

great	hope	커다란 희망
the best	hope	최고의 희망
a faint	hope	희미한 희망
a real	hope	현실적인 희망
a vain	hope	헛된 희망
the only	hope	유일한 희망
a new	hope	새로운 희망

▷ Achieving world peace is the **only hope** for the human race. 세계 평화를 이루는 것은 인류의 유일한 희망이다.
▷ The election of Barack Obama gave **new hope** to the world. 버락 오바마의 당선은 세계에 새로운 희망을 주었다.

a glimmer of	hope	미약한 희망
a ray of	hope	

▷ She's still holding a **glimmer of hope** that he may still be alive. 그녀는 아직도 그가 살아 있을지 모른다는 실낱 같은 희망을 놓지 않고 있다.

hopes and dreams	꿈과 희망
hopes and fears	희망과 두려움

▷ All parents have **hopes and dreams** for their children. 모든 부모들은 자녀에 대해 꿈과 희망이 있다.(★ dreams and hopes도 쓰지만, hopes and dreams 쪽이 더 자주 쓰인다.)
▷ Pupils talked about their **hopes and fears** for the future. 학생들은 장래의 희망과 두려움에 대해 이야기했다.

hope	for A	A에 대한 희망
hope	of doing	…할 기망

▷ We mustn't give up **hope for** the future. 우리는 미래에 대한 희망을 버리지 말아야 한다.
▷ She has no **hope of** passing the exam. 그녀는 시험에 합격할 가망이 없다.

in	the hope of doing	…을 기대하고
in	the hope that...	

▷ He wrote letter after letter **in** the **hope of** persuading her to change her mind. 그는 그녀가 마음을 바꾸기를 바라며 계속해서 편지를 썼다.

hope /houp/ 图 희망하다, 바라다

sincerely	hope	진심으로 바라다
certainly	hope	
really	hope	
only	hope	바랄 뿐이다

▷ I **sincerely hope** you'll be happy in your new job. 네가 새 직장에 만족하기를 진심으로 바란다.
▷ I **only hope** there's still time to make an application. 나는 아직도 지원할 시간이 있기를 바랄 뿐이다.

hope	for A	A를 바라다

▷ What do you **hope for** in the future? 너는 미래에 무엇을 바라니?

| hope | (that)... | …을 바라다 |
| hope | to do | …하기를 바라다 |

▷ I **hope** we can help you. 우리가 너를 도울 수 있기를 바란다.
▷ What do you **hope to** do after you graduate? 졸업한 뒤에는 무엇을 하고 싶니?

PHRASES

I hope not. ☺ 아니기를 바라. ▷ "I think the movie's already started." "I hope not." "영화가 이미 시작된 것 같아." "안 그랬으면 좋겠는데."

I hope so. ☺ 그러기를 바라. ▷ "He's probably at the hotel." "I hope so." "그는 아마 호텔에 있을 거야." "그러면 좋으련만."

horizon /hɔráizn/ 圖 지평선, 수평선

| above | the horizon | 지평선 위에 |
| below | the horizon | 지평선 아래 |

▷ By that time, the sun had set far **below the horizon**. 그때 쯤에는 이미 해가 지평선 저 아래로 졌다.

hospital /háspitl/ 圖 병원

go to	(the) hospital	입원하다
go into	(the) hospital	
be admitted to	hospital	
be taken to	hospital	병원으로 실려가다
be rushed to	(the) hospital	병원으로 급히 실려가다
leave	(the) hospital	퇴원하다
be discharged from	hospital	
come out of	(the) hospital	

★ hospital이 단순히 '건물'이 아니라 '진찰하는 곳'일 때 ((영))에서는 the를 생략하는 경향이 있다.

▷ He **went into hospital** last week. 그는 지난 주에 입원했다.
▷ After the plane crash, the survivors were **taken to** the nearest **hospital**. 비행기가 추락한 후 생존자들은 가까운 병원으로 실려갔다.
▷ She was **rushed to hospital** and put in intensive care. 그녀는 병원으로 급히 실려가서 중환자실에 입원했다.
▷ He's **leaving hospital** on Tuesday. 그는 화요일에 퇴원한다.

| in | (the) hospital | 입원해서, 병원에서 |

▷ He was **in hospital** for 3 weeks. 그는 3주 동안 입원해 있었다.
▷ He's being treated **in hospital** for burns. 그는 화상으로 병원에서 치료받고 있다.

a general	hospital	종합 병원
a local	hospital	지역 병원
a private	hospital	개인 병원
the university	hospital	대학 병원

▷ I don't have enough money to enter a **private hospital**. 나는 개인 병원에 입원할 돈이 없다.

hospitality /hàspətǽləti/

圖 환대, 후한 대접

offer	hospitality	환대하다
provide	hospitality	
extend	hospitality	
enjoy	hospitality	환대를 받다

▷ They **provided** warm **hospitality** after the official events concluded. 그들은 공식 행사가 끝난 뒤 손님들을 따뜻하게 환대했다.
▷ I've really **enjoyed** your kind **hospitality**. 친절하게 환대해 주셔서 정말로 즐거웠습니다.

PHRASES

Thank you for your hospitality. ☺ 환대에 감사 드립니다.

host /houst/ 圖 주인, 주최자; 사회자

| play | host | 주최하다; 개최지가 되다 |
| act as | host | |

▷ New York City **plays host** to the Art Show this July. 뉴욕 시는 올 7월에 미술전을 개최한다.

hot /hɑt/ 圖 뜨거운, 더운; 매운

extremely	hot	아주 뜨거운, 아주 더운; 아주 매운
really	hot	
a little	hot	약간 뜨거운, 약간 더운; 약간 매운

▷ It gets **really hot** here in summer. 이곳은 여름에 아주 덥다.

| hot and dry | | 덥고 건조한 |
| hot and humid | | 덥고 습한 |

▷ The weather has been really **hot and dry** during the last four weeks. 지난 4주 동안 날씨가 정말로 덥고 건조했다.

hotel /houtél/ 圖 호텔

| house |

book	a hotel	호텔을 예약하다
reserve	a hotel	
check into	a hotel	호텔에 체크인하다
check in at	a hotel	
《영》 book into	a hotel	
check out of	a hotel	호텔에서 체크아웃하다
stay at	a hotel	호텔에 묵다
stay in	a hotel	

▷ Have you **checked into** a **hotel** yet? 호텔에 체크인하셨나요?
▷ We can go sightseeing after we've **booked into** the **hotel**. 우리는 호텔에 체크인한 뒤에 관광을 나갈 수 있다.
▷ We have to **check out of** the **hotel** by 11:00 a.m. 오전 11시까지 호텔에서 체크아웃해야 한다.
▷ We **stayed in** a really nice **hotel**. 우리는 아주 좋은 호텔에 묵었다.

a cheap	hotel	값싼 호텔
a comfortable	hotel	쾌적한 호텔
a friendly	hotel	친절한 호텔
a luxury	hotel	고급 호텔
a five-star	hotel	5성 호텔

▷ It's a really **friendly hotel**. I like staying there. 그곳은 아주 친절한 호텔이다. 나는 거기 묵는 게 좋다.
▷ She's staying in a **five-star hotel**. 그녀는 5성 호텔에 묵고 있다.

hour /auər/ 图 1시간; 시각

take	two hours	2시간 걸리다
last	three hours	3시간 계속되다

▷ It **takes** me an **hour** and a half to get to university. 나는 대학교까지 가는 데 한 시간 반이 걸린다.

a half	hour	30분
half	an hour	
a quarter of	an hour	15분
an hour	and a half	1시간 반
one and a half	hours	
every	hour	1시간마다

▷ It'll take you about a **half hour** to finish this report. 네가 이 보고서를 끝내는 데 한 시간 정도 걸릴 것이다.
▷ We're in the country here. A bus only comes **every** four **hours**. 우리가 있는 이곳은 시골이야. 버스가 4시간에 한 대밖에 오지 않지.

an hour's	drive	차로 한 시간 거리

★ drive 외에 walk, sleep, exercise 등도 쓰인다.
▷ It's only an **hour's drive** to the coast. 해안까지는 차로 겨우 한 시간 거리다.

by	the hour	1시간 단위로
per	hour	1시간당
an	hour	
for	an hour	1시간 동안
in	an hour	1시간 후에
on	the hour	매시 정각에
for	hours	몇 시간 동안

▷ He gets paid **by the hour**. 그는 시간당 급여를 받는다.
▷ She'll be here **in an hour**. 그녀는 한 시간 후에 도착할 것이다.
▷ A bus arrives here **on the hour**. 버스는 여기 매시 정각에 도착한다.
▷ She's been talking on the phone **for hours**. 그녀는 몇 시간 동안 통화를 하고 있다.

hour	after hour	몇 시간이나 계속해서

▷ **Hour after hour** went by and still they had no news. 몇 시간이 계속 흘러갔지만, 그들은 여전히 소식을 못 받았다.

business	hours	업무 시간, 근무 시간
office	hours	
working	hours	
opening	hours	영업 시간
visiting	hours	면회 시간
school	hours	수업 시간

▷ You shouldn't make private phone calls during normal **working hours**. 통상적인 근무 시간에는 사적인 전화를 삼가야 한다.

house /haus/ 图 집, 주택; 건물

build	a house	집을 짓다
demolish	a house	집을 철거하다
renovate	a house	집을 새로 단장하다
move into	a house	이사하다
《영》 move	house	
rent	a house	집을 빌리다
share	a house	집을 공동으로 사용하다

▷ They're going to **demolish** this **house** and put up a new apartment building. 그들은 이 집을 철거하고 아파트를 지을 예정이다.
▷ Have you **moved into** your new **house** yet? 새 집으로 이사했어요?

▷ We're planning to **rent** a **house** in the country. 우리는 시골에 집을 빌릴 계획이다.
▷ She **shares** a **house** with three other students. 그녀는 다른 학생 세 명과 함께 집을 공동으로 쓴다.

a detached	house	단독 주택
a semi-detached	house	한 채에 두 가구가 붙어있는 집
a row	house	테라스 하우스
((영)) a terraced	house	
a rented	house	셋집
an empty	house	빈 집
a beach	house	해변의 집
a packed	house	(극장 등의) 만석(滿席)
a full	house	

▷ They live in a **rented house**. 그들은 셋집에서 산다.
▷ We've got a **full house** at the moment. 지금은 공연장이 만석입니다.

housework /háuswɜːrk/ 图 가사, 집안일

do	housework	집안일을 하다

▷ In the near future, robots will be **doing** all the **housework**. 가까운 미래에, 로봇이 모든 집안일을 할 것이다.

human /hjúːmən/

图 인간의, 인류의; 인간다운

very	human	아주 인간적인
quite	human	꽤 인간미가 있는
fully	human	더할 나위 없이 인간적인
almost	human	사람에 가까운

▷ It's **very human** to be jealous! 질투하는 것은 아주 인간적인 일이다.
▷ Now I've had a shower, I feel **almost human** again! 샤워를 했더니, 다시 사람이 된 것 같아!

PHRASES
I'm only human. ☺ 나도 인간일 뿐이야. ▷ You can't blame me for being attracted to her. After all, I'm only human. 그녀에게 끌린다고 나한테 뭐라고 하지 마. 어쨌건 나도 인간일 뿐이야.

humor /hjúːmər/

图 유머, 재미있는 일; 기분 (★((영)) humour)

black	humor	블랙 유머
dry	humor	건조한 유머, 무표정하게 구사하는 유머
(a) good	humor	좋은 기분

▷ When he left the party, he was *in* a very **good humor**. 파티장을 떠날 때 그는 아주 기분이 좋았다.

a sense of	humor	유머 감각

▷ I like Paul. He's got a great **sense of humor**! 나는 폴을 좋아해. 그는 유머 감각이 뛰어나거든!

hundred /hʌ́ndrəd/ 图 백(100)

a	hundred	100
one	hundred	
two	hundred	200
three	hundred (and) five	305
three	hundred (and) sixty	360

★ 100 단위 뒤에 10 또는 1 단위가 올 때 미국에서는 and 를 넣지 않지만, 영국에서는 넣는 것이 보통이다.

▷ **A hundred** years ago, life in the States was entirely different. 백 년 전에 미국인들의 삶은 전혀 달랐다.

a [one] hundred	thousand	10만
a [one] hundred	million	1억
hundreds	of A	수백의 A

▷ She won **a hundred thousand** dollars in the lottery. 그녀는 복권으로 10만 달러를 땄다.
▷ This rock is over **a hundred million** years old. 이 바위는 1억 년이 넘은 것이다.
▷ There were **hundreds of** people at the wedding. 결혼식에는 수백 명이 참석했다.

hungry /hʌ́ŋgri/ 图 배고픈, 굶주린

go	hungry	배가 고프다
feel	hungry	공복을 느끼다

▷ We can't let the children **go hungry**. 우리는 아이들을 굶주리게 하면 안 된다.

really	hungry	몹시 허기진
still	hungry	아직도 배고픈

▷ I'm **really hungry**. Let's stop for a meal. 나 너무 배고파. 그만 하고 밥 먹으러 가자.
▷ That meal was delicious. But I'm **still hungry**. 식사는 맛있었지만 나는 아직 배가 고파.

hungry	for A	A에 굶주린

▷ That child is always **hungry for** attention. 그 아이는 늘 관심에 목말라 있다.

hurt /həːrt/ 통 다치다, 상처를 입히다; 아프다

hurt	badly	크게 다치다; 크게 아프다
hurt	slightly	약간 다치다; 약간 아프다
seriously	hurt	심각하게 다치다
really	hurt	심하게 아프다
hurt	deeply	마음에 깊은 상처를 입다

★ badly, slightly는 동사 앞에도 쓸 수 있다.

▷ My shoulder **hurt badly** but I didn't think it was broken. 어깨가 무척 아팠지만 부러진 것 같지는 않았다.

▷ It was a bad car crash, but surprisingly she was only **slightly hurt**. 심각한 교통 사고였지만, 의외로 그녀는 경상을 입었을 뿐이다.

hurt	oneself	(자신의 실수로) 상처를 입다

▷ Are you OK? Have you **hurt** yourself? 괜찮아? 다쳤어?

PHRASES
I don't want to hurt you. ☺ 너에게 상처 주기 싫어.

husband /hʌ́zbənd/ 명 남편

leave	one's husband	남편과 헤어지다
lose	one's husband	남편을 잃다

▷ She says she's going to **leave** her **husband**. 그녀는 남편과 헤어지겠다고 한다.

▷ She **lost** her **husband** in a road accident. 그녀는 교통 사고로 남편을 잃었다.

▷ She **lost** her **husband** *to* cancer. 그녀는 암으로 남편을 잃었다.(★ 병으로 죽을 때는 to를 쓴다.)

her former	husband	전남편
her future	husband	미래의 남편
her late	husband	죽은 남편

▷ Her **former husband** still keeps in contact with her. 그녀의 전남편은 아직도 그녀와 연락을 하고 지낸다.

▷ Her **late husband** left her a great deal of money. 죽은 남편은 그녀에게 많은 돈을 남겼다.

husband and wife	부부

★ 이 순서로 쓰이며, 관사는 쓰지 않는다.

▷ They've been **husband and wife** for over 60 years. 그들은 부부가 된 지 60년이 넘었다.

I

ice /ais/ 명 얼음

the ice	forms	얼음이 얼다
the ice	melts	얼음이 녹다

▷ It's so cold that **ice** is **forming** on the windows outside. 날이 아주 추워서 창문 바깥면에 얼음이 얼고 있다.

▷ Spring is coming and the **ice** is **melting**. 봄이 와서 얼음이 녹고 있다.

thick	ice	두꺼운 얼음
thin	ice	얇은 얼음

▷ Antarctica is almost entirely covered by **thick ice**. 남극은 거의 대부분이 두꺼운 얼음으로 덮여 있다.

a block of	ice	얼음 덩어리
a lump of	ice	

▷ It's freezing! My body feels like a **block of ice**. 추워! 온몸이 얼음 덩어리 같아.

idea /aidíːə/ 명 생각, 아이디어; 의견; 상상

have	an idea	좋은 수가 있다
get	an idea	좋은 생각이 떠오르다
get	the idea	((비격식)) 이해하다
discuss	the idea	견해에 대해 의논하다
exchange	ideas	의견을 교환하다
give	an idea	아이디어를 주다
develop	the idea	생각을 발전시키다
introduce	the idea	의견을 도입하다
express	an idea	생각을 표현하다
support	the idea	생각을 지지하다
accept	the idea	생각을 받아들이다
reject	the idea	생각을 거부하다
abandon	the idea	생각을 버리다

▷ I **have** an **idea**. 좋은 생각이 있어.

▷ Do you **have** any **ideas**? 무슨 좋은 생각 있어?

▷ I don't know where she **got** the **idea** from, but it's working really well. 그녀가 어디서 그런 생각을 떠올렸는지 모르겠지만, 그게 아주 잘 통하고 있다.

▷ So you pull this lever up and press this red button. **Get** the **idea**? 그러니까 이 레버를 올리고 이 빨간 버튼을 눌러야 돼. 알겠어?

▷ Let's **discuss** the **idea** again next week. 이 의견에 대해서는 다음 주에 다시 의논하자.

▷ Let's meet over lunch and **exchange ideas**. 점심을 들면서 의견을 교환합시다.

▷ Could you **give** an **idea** of how much you think it will cost? 비용이 얼마나 들 것 같은지 생각을 말씀해 주시겠어요?

▷ I think we need to **develop** the **idea** a little more before presenting it to the board of directors. 이사회에 발표하기 전에 이 아이디어를 좀 더 발전시켜야 할 것 같다.

▷ They were going to set up a second office in London, but now they've **abandoned** the **idea**. 그들은 런던에 제2 사무소를 개설하려고 했지만, 지금은 그 계획을 포기했다.

a good	idea	좋은 생각
a great	idea	멋진 생각
a bright	idea	
an excellent	idea	
a brilliant	idea	
an interesting	idea	재미있는 생각
an original	idea	애초의 생각
the basic	idea	기본 개념
a clear	idea	명쾌한 생각
a general	idea	대략적인 생각
a rough	idea	
the main	idea	주제, 요지
the wrong	idea	틀린 생각

▷ OK! That's a **great idea**! Let's do it! 그래! 그거 좋은 생각이야! 그렇게 하자!

▷ This is completely different from our **original idea**. 이것은 애초의 생각과는 전혀 다르다.

▷ I still don't have a **clear idea** of what changes the company is going to make. 나는 회사가 어떤 변화를 주려고 하는지 아직 확실히 모르겠다.

▷ Can you give me a **rough idea** of how many people are coming to the party? 파티에 몇 명이 오는지 대략이라도 알려주세요.

an idea	about A	A에 대한 생각
an idea	on A	
an idea	for A	
the idea	of A	A의 생각
an idea	to do	…할 생각

▷ I'd appreciate any **ideas on** how to improve service to our customers. 고객 서비스 개선에 대한 아이디어는 무엇이든 기쁘게 받아들이겠습니다.

▷ It's a good **idea to** go to the doctor. 병원에 가겠다니 좋은 생각이다.

have	no idea	전혀 모르다

★ that, how, what 등이 뒤에 이어진다.

▷ I **had no idea** (*that*) you were so unhappy. 네가 그렇게 불행하다는 걸 전혀 몰랐어.

▷ I **have no idea** *how* this person got my credit card number. 이 사람이 어떻게 내 신용카드 번호를 알아냈는지 전혀 모르겠다.

▷ We **have no idea** *what*'s going on. 무슨 일이 벌어지고 있는지 우리는 전혀 모른다.

PHRASES
That's an idea. ☺ 좋은 생각이네.
That's the idea! ☺ 바로 그거야!

identify /aidéntəfài/

⑧ 알아보다, 확인하다; 같은 것으로 여기다

correctly	identify	정확히 알아보다
clearly	identify	분명히 알아보다
easily	identify	쉽게 알아보다
readily	identify	
be closely	identified	밀접하게 관련된

▷ This type of poisonous mushroom can be **easily identified**. 이런 종류의 독버섯은 쉽게 알아볼 수 있다.

▷ The increase in the ownership of guns is **closely identified** *with* the increase in the number of murders. 총기 소지의 증가는 살인 사건의 증가와 밀접하게 관련되어 있다.

can	identify	밝혀낼 수 있다
be able to	identify	
be possible to	identify	
try to	identify	밝혀내려고 하다

▷ It is **possible to identify** many reasons for the decrease in population. 인구 감소의 여러 가지 요인은 밝혀낼 수 있다.

▷ Doctors are **trying to identify** the causes of the influenza outbreak. 의사들은 독감 발생의 원인을 밝혀내려 노력하고 있다.

identify A	as B	A를 B라고 확인하다

▷ She was able to **identify** him **as** her attacker. 그녀는 그가 자신을 공격한 사람임을 알아볼 수 있었다.

identity /aidéntəti/

⑲ 신원, 정체; 독자성, 개성

establish	A's identity	신원을 확인하다
establish	one's identity	정체성을 확립하다
lose	one's identity	정체성을 잃다
reveal	A's identity	A의 정체를 드러내다
disclose	A's identity	
discover	the identity	정체를 알아내다

know	the identity	정체를 알다
protect	one's identity	신원을 감추다
conceal	one's identity	

▷ It seems difficult to **establish** the **identity** of the victims. 희생자들의 신원을 확인하는 것이 어려울 것 같다.

▷ He refuses to **reveal** his **identity**. 그는 신원을 밝히기를 거부하고 있다.

▷ The police never **discovered** the **identity** of the murderer. 경찰은 살인자의 신원을 파악하지 못했다.

▷ We **know** the **identity** of three of the terrorists. 우리는 테러리스트 가운데 세 명의 신원을 안다.

one's true	identity	정체
mistaken	identity	신원 오인
a corporate	identity	기업 이미지 통합
cultural	identity	문화적 정체성
a national	identity	민족 정체성

▷ Her **true identity** will never be known. 그녀의 정체는 밝혀지지 않을 것이다.

▷ We don't know if it was a case of **mistaken identity**. But we're pretty sure it was the same gang. 신원 오인 사례인지는 모르겠다. 하지만 같은 집단인 것은 분명하다.

▷ It's important for each country to preserve its **cultural identity**. 각 나라가 문화적 정체성을 유지하는 것은 중요하다.

a sense of	identity	자기 정체성

▷ If you want to be happy in life, you need to develop a **sense of identity** within society. 행복한 인생을 살고 싶으면, 사회 속에서 자기 정체성을 키워야 한다.

ignore /ignɔːr/ 동 무시하다

completely	ignore	완전히 무시하다
totally	ignore	
virtually	ignore	사실상 무시하다
largely	ignore	거의 무시하다
simply	ignore	간단히 무시하다
deliberately	ignore	일부러 무시하다

★ ignore completely도 자주 쓰인다.

▷ He **completely ignored** everything I said. 그는 내가 한 말은 모두 완전히 무시했다.

▷ I think we can **largely ignore** this report. 나는 이 보고서를 거의 무시해도 된다고 생각한다.

ignore	the fact that...	…라는 사실을 무시하다

▷ We shouldn't **ignore the fact that** he was under a lot of stress at the time. 우리는 그가 당시 많은 스트레스를 받았다는 사실을 무시하면 안 됩니다.

ill /il/ 형 아픈; 속이 메스꺼운

become	ill	병에 걸리다; 몸이 안 좋아지다
fall	ill	
get	ill	
be taken	ill	
feel	ill	기분이 나쁘다

▷ Nancy **fell ill** after dinner. 낸시는 저녁 식사 후 몸이 안 좋아졌다.

▷ Watching that fish wriggling around on that plate makes me **feel ill**! 물고기가 접시 위에서 몸부림치는 모습을 보니 속이 메스꺼워!

critically	ill	위독한
terminally	ill	병의 말기인
seriously	ill	중병인
severely	ill	
desperately	ill	
extremely	ill	
really	ill	
quite	ill	병이 꽤 깊은
mentally	ill	정신 질환에 걸린
physically	ill	신체적 질환이 있는

▷ He's **critically ill** in hospital. 그는 위독한 상태로 입원해 있다.

▷ I'm afraid he's **terminally ill**. The doctors can do nothing for him. 그의 병은 말기 상태다. 의사들이 그에게 해줄 수 있는 게 없다.

▷ Tom's not **seriously ill**. Just a cold. 톰은 중병이 아니야. 그냥 감기야.

ill	in bed	병으로 누워 있는
ill	in hospital	병으로 입원한

▷ Carol spent last week **ill in bed**. 캐롤은 지난 주에 병으로 누워 지냈다.

ill	with A	A를 앓는

▷ He's **ill with** influenza. 그는 독감을 앓고 있다.

illness /ílnis/ 명 병(病)

have	an illness	병에 걸리다, 병을 앓다
suffer from	an illness	
treat	(an) illness	병을 치료하다
cause	illness	병을 일으키다
recover from	an illness	병이 낫다

▷ She's **suffered from** that **illness** for years. 그녀는 수년 동안 그 병을 앓고 있다.
▷ A doctor should know how to **treat** all kinds of **illnesses**. 의사는 모든 병의 치료법을 알아야 한다.
▷ Overeating can **cause illness**. 과식이 병을 일으킬 수도 있다.

acute	illness	급성 질환
chronic	illness	만성 질환, 지병
serious	illness	중병, 큰 병
mild	illness	가벼운 병
terminal	illness	말기 질환

▷ It's a **chronic illness**. She's had it for years. 그건 만성 질환이다. 그녀는 여러 해 동안 그 병을 앓았다.
▷ It's not a **serious illness**. You'll recover in a couple of weeks. 그건 큰 병이 아니야. 이삼 주 지나면 나을 거야.

| injury and illness | 상해와 질병 |

★ illness and injury라고도 쓴다.

▷ Are you insured against **illness and injury**? 질병과 상해 보험이 있으신가요?

image /ímidʒ/ 몡 이미지, 상(像)

have	an image	이미지가 있다
create	an image	이미지를 만들다
form	an image	
project	an image	이미지를 표현하다
present	an image	
conjure up	an image	이미지를 떠올리다
change	one's image	이미지를 바꾸다
improve	one's image	이미지를 개선하다
shed	one's image	이미지를 떨쳐버리다
shake off	one's image	

▷ She **projects** an **image** of a very confident person, but in fact she's not confident at all. 그녀는 아주 자신감 넘치는 사람의 이미지를 주지만, 실제로는 전혀 자신감이 없다.
▷ The movie **conjures up images** of what it was like to live in the USA in the 1930s. 영화는 1930년대 미국에서의 삶이 어땠는지 당시의 이미지를 불러온다.
▷ I've **changed** my **image** of Peter. He's actually quite a nice guy. 나는 피터에 대한 인상을 바꿨어. 그는 실제로 괜찮은 사람이야.
▷ I think you should try to **improve** your **image**. A haircut and a new suit might be a good idea! 나는 네가 이미지를 개선하려고 노력해야 할 것 같아. 머

리를 자르고 정장을 새로 사는 것도 좋을 거야!

a positive	image	긍정적인 이미지
a good	image	
a negative	image	부정적인 이미지
a bad	image	
one's public	image	대중적 이미지
a corporate	image	기업 이미지
a mental	image	심상(心象)
a visual	image	시각 이미지
a mirror	image	거울에 비친 상(像)

▷ Even though he is a positive person, he projects a **negative image**. 그는 실제로는 긍정적인 사람이지만 부정적인 이미지를 준다.
▷ The recent scandal ruined his **public image**. 최근의 추문은 그의 대중적 이미지를 더럽혔다.
▷ We need to be very careful about projecting the right **corporate image**. 우리는 제대로 된 기업 이미지를 표현하는 데 무척 신중을 기해야 한다.
▷ She had a **mental image** of how wonderful it would be to live in Hawaii. 그녀는 하와이에 살면 얼마나 환상적일까 하는 생각을 마음속에 품고 있었다.

imagination /imædʒənéiʃən/
몡 상상, 상상력; 마음, 흥미

have	an imagination	상상력이 있다
not take	much imagination	상상력이 크게 필요하지 않다
use	one's imagination	상상력을 발휘하다
capture	A's imagination	A의 마음을 사로잡다
catch	A's imagination	
fire	A's imagination	A의 상상력을 자극하다

▷ It **doesn't take much imagination** to guess what they were doing! 그들이 무엇을 하고 있었는지 짐작하는 데는 상상력이 크게 필요하지 않다!
▷ "I've got no idea what to draw." "**Use** your **imagination**!" "뭘 그려야 할지 모르겠어." "상상력을 발휘해봐!"
▷ Her performance really **captured** the **imagination** *of* the audience. 그녀의 공연은 관객의 마음을 사로잡았다.

creative	imagination	창의적 상상력
a fertile	imagination	풍부한 상상력
a vivid	imagination	왕성한 상상력
the popular	imagination	일반적 이미지

▷ To be a writer you need a great deal of **creative imagination**. 작가가 되기 위해서는 창의적 상상력이 풍부해야 한다.

▷ She's got a very **fertile imagination**. 그녀는 상상력이 매우 풍부하다

▷ I can't believe you thought I had two girl-friends at the same time! You must have a very **vivid imagination**! 내가 동시에 두 여자를 사귄다고 생각했다니 어이가 없다! 네 상상력도 대단하다!

▷ Halloween is associated with ghosts in the **popular imagination**. 할로윈의 일반적 이미지는 유령과 연관되어 있다.

in one's	imagination	상상 속에서
with	a little imagination	약간의 상상력을 발휘하면

▷ **In my imagination** I was 5 years old again. Back in my childhood. 상상 속에서 나는 다시 다섯 살이었다. 어린 시절로 돌아간 것이다.

a figment of	A's imagination	A의 상상의 산물
a lack of	imagination	상상력의 부족

▷ I thought I saw a ghost by the fireplace, but I guess it was just a **figment of my imagination**. 나는 난롯가에서 유령을 본 것 같았지만, 그건 그저 상상의 산물이었나 보다.

▷ I'm afraid he suffers from a **lack of imagination**. 아무래도 그는 상상력이 부족한 것 같다.

imagine /imǽdʒin/ 图 상상하다, 짐작하다

always	imagine	늘 상상하다
just	imagine	그저 상상하다
easily	imagine	쉽게 상상하다

▷ I **always imagined** he was an honest man. 나는 늘 그가 정직한 사람이라고 생각했다.

▷ **Just imagine** it! 상상해 봐! 말도 안 돼!

▷ I can **easily imagine** how you felt. 네 기분이 어땠는지 어렵지 않게 짐작할 수 있어.

imagine	(A) doing	(A가) ⋯하는 것을 상상하다

▷ Can you **imagine** wait**ing** 8 hours for your plane to take off? 비행기가 이륙하기를 8시간이나 기다리는 걸 상상할 수 있겠니?

▷ I can't **imagine** Dave agree**ing** to a divorce. 데이브가 이혼에 동의하는 건 상상이 안 돼.

imagine	(that)...	⋯라고 상상하다
imagine	wh-	⋯인지 상상하다

★ wh-는 what, why, how 등의 의문사

▷ Now **imagine that** you are alone. 이제 당신이 혼자라고 상상해 보세요.

▷ It must have been a real shock. **Imagine how** he felt. 그것은 정말 충격이었을 것이다. 그가 어떤 기분이었을지 상상해 보라.

imagine	A as B	A가 B라고 상상하다

▷ I always **imagined** him **as** a helpful person. 나는 늘 그가 도움을 주는 사람이라고 생각했다.

[PHRASES]
Can you imagine? ☺ 상상이 돼?

immigrant /ímigrənt/ 图 이주민, 이민자

an illegal	immigrant	불법 입국자

▷ Laws against **illegal immigrants** have become more severe recently. 불법 이민자들에게 불리한 법률이 최근에 더욱 엄격해졌다.

an immigrant	from A	A에서 온 이주민
an immigrant	to A	A로 온 이주민

▷ She's an **immigrant from** Poland, living in London at the moment. 그녀는 폴란드 출신 이민자로 지금은 런던에 산다.

▷ My grandfather was an **immigrant to** New York in the late 19th century. 우리 할아버지는 19세기 말에 뉴욕으로 온 이민자였다.

impact /ímpækt/ 图 충격, 충돌; 영향력

have	an impact	영향을 미치다
make	an impact	
consider	the impact	영향을 고려하다
examine	the impact	영향을 살펴보다
assess	the impact	영향을 평가하다
reduce	the impact	영향을 줄이다

▷ What you said **had** an **impact** on him. 네가 한 말이 그에게 영향을 미쳤어.

▷ We should **examine** the **impact** of violent computer games on young people's minds. 우리는 폭력적인 컴퓨터 게임이 청소년의 정신에 끼치는 영향을 조사해 봐야 한다.

a major	impact	큰 영향
a significant	impact	중대한 영향
little	impact	사소한 영향
a direct	impact	직접적인 영향
an immediate	impact	즉각적인 영향
economic	impact	경제적 영향
environmental	impact	환경에 끼치는 영향

▷ Advances in computer technology have made a **major impact** on people's lives. 컴퓨터 기술의 발전은 사람들의 삶에 큰 영향을 미쳤다.

▷ The financial crisis in America made an **immediate impact** on economies of countries throughout the world. 미국의 재정 위기는 전 세계 많은 나라의 경제에 즉각적인 영향을 주었다.

▷ The **environmental impact** of global warming on the earth is frightening. 지구 온난화가 환경에 끼치는 영향은 무시무시하다.

| impact | on A | A에 미치는 영향 |

▷ Terrorism has had a major **impact on** airport security. 테러리즘은 공항 보안에 중대한 영향을 끼쳤다.

import /impɔ́ːrt/ 圕 수입; 수입품

boost	imports	수입량을 늘리다
reduce	imports	수입량을 줄이다
ban	imports	수입을 금지하다

★ boost[reduce/ban] the import of A도 쓸 수 있다.

▷ Tariffs are intended to **reduce imports**. 관세는 수입을 줄이기 위한 것이다.

▷ The government is trying to **reduce** the **import** of foreign rice. 정부는 외국산 쌀의 수입량을 줄이려고 노력하고 있다.

imports	rise	수입량이 증가하다
imports	increase	
imports	fall	수입량이 감소하다

▷ **Imports** have **risen** recently compared with exports. 최근에 수입이 수출에 비해서 늘었다.

agricultural	imports	농산물 수입품
foreign	imports	해외 수입품
a major	import	주요 수입품
total	imports	총 수입액

▷ Oil is a **major import** for Korea. 석유는 한국의 주요 수입품이다.

| an import | from A | A에서 온 수입품 |
| an import | into A | A로 가는 수입품 |

▷ This cheese is an **import from** Holland. 이 치즈는 네덜란드에서 수입한 것이다.

import /impɔ́ːrt/
圕 수입하다; 가지고 들어오다

| illegally | import | 불법 수입하다 |

▷ He was accused of **illegally importing** drugs. 그는 마약 불법 반입으로 기소되었다.

| import A | from B | A를 B에서 수입하다 |
| import A | into B | A를 B로 들여오다 |

▷ Korea **imports** a lot of coffee **from** Columbia. 한국은 콜롬비아에서 다량의 커피를 수입한다.(★ 수동태로도 자주 쓰인다. This rice was **imported from** China. 이것은 중국에서 수입한 쌀이다.)

▷ Many foreign words have been **imported into** Korean. 많은 외국어가 한국어에 들어왔다.

importance /impɔ́ːrtəns/ 圕 중요성

increase	in importance	중요성이 커지다
attach	the importance	중시하다
recognize	the importance	중요성을 인정하다
realize	the importance	중요성을 깨닫다
understand	the importance	중요성을 이해하다
stress	the importance	중요성을 강조하다
emphasize	the importance	
underline	the importance	

▷ His job has **increased in importance** recently. 그가 맡은 일은 최근에 중요성이 커졌다.

▷ The Korean Government **attaches** great **importance** to the relationship with the United States. 한국 정부는 미국과의 관계를 대단히 중시한다.

▷ I don't think you **understand** the **importance** of what I'm trying to tell you. 너는 내가 하는 말의 중요성을 이해하지 못하는 것 같다.

▷ The President **stressed** the **importance** of remaining calm at all times. 대통령은 언제나 냉철함을 유지하는 것이 중요하다는 것을 강조했다.

| of A | importance | A하게 중요한 |

★ A에는 great, crucial, paramount, particular, vital 등의 형용사가 온다.

▷ What you say in your speech tomorrow will be **of** vital **importance** to the country. 내일 당신이 연설 중에 할 말은 이 나라에 아주 중요할 겁니다.

| a matter of | great importance | 아주 중요한 일 |

important /impɔ́ːrtənt/ 圕 중요한

extremely	important	아주 중요한
particularly	important	특히 중요한
especially	important	
increasingly	important	점점 더 중요해지는

▷ It's **particularly important** that you keep this information secret. 네가 이 정보를 비밀로 지켜주는 것이 특히 중요하다.

▷ It's becoming **increasingly important** to protect our computer system from viruses. 컴퓨터를 바이러스에서 지키는 것이 점점 더 중요해지고 있다.

important	to A	A에게 중요한

▷ It may not be **important to** you, but it's very important to me. 너에게는 중요하지 않을지 몰라도 나에게는 아주 중요해.

it is important	(for A) to do	(A가)…하는 것이 중요하다
it is important	(that)...	…이 중요하다

▷ **It's important to** keep a backup copy of your thesis. 논문의 사본을 만들어 두는 것이 중요하다.

impossible /impásəbl/ 휑 불가능한

seem	impossible	불가능해 보이다
prove	impossible	불가능한 것으로 드러나다
find A	impossible	A가 불가능하다고 생각하다
make A	impossible	A를 불가능하게 만들다

▷ I **find** it **impossible** to understand her point of view. 나는 그녀의 관점을 도저히 이해할 수가 없다.

▷ They **made** it **impossible** for me to continue working there. 그들은 내가 거기서 계속 일하는 것을 불가능하게 만들었다.

absolutely	impossible	절대 불가능한
almost	impossible	거의 불가능한
practically	impossible	
nearly	impossible	불가능에 가까운
virtually	impossible	사실상 불가능한

▷ It's **absolutely impossible** to know what she's thinking. 그녀가 무슨 생각을 하는지는 절대로 알 수 없다.

▷ It was an **almost impossible** task. 그것은 거의 불가능한 임무였다.

▷ It's **nearly impossible** to work over 16 hours a day! 하루에 16시간 이상 일하는 것은 거의 불가능하다!

it is impossible	(for A) to do	(A가)…하는 것은 불가능하다

▷ **It's impossible for** me **to** complete the essay this week. 내가 이번 주에 리포트를 완성하는 것은 불가능하다.

(PHRASES)
That's impossible. ☺ 그건 불가능해, 안 돼.

impressed /imprést/
휑 감동받은, 인상을 받은

deeply	impressed	깊은 인상을 받은
greatly	impressed	크게 감동한
particularly	impressed	특히 감동한

▷ She was **deeply impressed** by the little girl's painting. 그녀는 어린 소녀의 그림에 깊은 인상을 받았다.

▷ He was **particularly impressed** by your essay on endangered species. 그는 멸종 위기에 처한 종에 대해 쓴 네 논문에 특히 깊은 인상을 받았다.

be impressed	by A	A에 감명받다
be impressed	with A	

▷ He was **impressed by** your questions after the lecture. 그는 강의 후 네가 한 질문들에 깊은 인상을 받았다.

(PHRASES)
I'm so impressed. ☺ 아주 깊은 인상을 받았어요.

impression /impréʃən/ 몡 인상

get	an impression	인상을 받다
gain	an impression	
have	an impression	
give	an impression	인상을 주다
make	an impression	
create	an impression	
convey	an impression	
leave	an impression	인상을 남기다
confirm	an impression	인상을 재확인하다
reinforce	an impression	인상을 강화하다

▷ I **have** the **impression** that he's not really interested in politics. 나는 그가 정말로 정치에 관심이 있는 건 아니라는 인상을 받았다.

▷ He **gave** the **impression** that he knew all about Ancient Greek history. 그는 고대 그리스 역사에 대해서는 모르는 게 없다는 인상을 주었다.

▷ It's important to **make** a good **impression** on your teacher. 선생님에게 좋은 인상을 주는 것은 중요하다.

▷ That just **confirms** the **impression** I had of him earlier. 그것은 내가 전에 가졌던 그에 대한 인상이 옳다는 것을 확인해준다.

a strong	impression	강한 인상
a false	impression	잘못된 인상
a misleading	impression	
a wrong	impression	
a bad	impression	나쁜 인상
a good	impression	좋은 인상
a favorable	impression	
an initial	impression	첫인상

a lasting	impression	잊혀지지 않는 인상
a an overall	impression	전체적인 인상
a general	impression	

▷ I don't want to give you a **false impression**. 당신에게 잘못된 인상을 주고 싶지 않습니다.
▷ You made a really **good impression**! 너 정말로 좋은 인상을 줬구나!
▷ I got the **general impression** that he didn't really want to continue with the course. 내가 받은 전체적인 인상은 그가 정말로 그 수업을 계속 받고 싶은 것은 아니라는 것이었다.

| under the impression (that)... | ···라고 생각해서 |

▷ I was **under the impression that** you knew all about it. 나는 네가 그것에 대해 모두 알고 있다는 생각이 들었어.

impressive /imprésiv/

형 강한 인상을 주는, 인상적인, 멋진

extremely	impressive	아주 인상적인
pretty	impressive	
particularly	impressive	특히 인상적인
equally	impressive	똑같이 인상적인

▷ Tom's exam results were **particularly impressive**. 톰의 시험 결과는 특히 놀라웠다.
▷ I think both candidates were **equally impressive**. 나는 두 후보가 똑같이 인상적이었다고 생각한다.

improve /imprú:v/

동 개선하다, 향상시키다; 좋아지다, 향상되다

considerably	improve	상당히 개선되다
dramatically	improve	극적으로 개선되다
greatly	improve	크게 개선되다
vastly	improve	
significantly	improve	두드러지게 개선되다
certainly	improve	확실히 개선하다
gradually	improve	차츰 개선하다
steadily	improve	꾸준히 개선하다

★ considerably, dramatically, greatly, significantly, steadily는 동사의 뒤에도 쓰인다.

▷ His English has **improved dramatically** since he started taking private lessons. 그의 영어는 개인 교습을 받기 시작한 뒤로 급격히 향상되었다.
▷ The situation has **greatly improved** since the last time we spoke. 우리가 마지막으로 이야기를 나눈 이후 상황이 크게 개선되었다.
▷ This year's sales figures have **significantly improved** over last year's. 올해의 매출액은 작년보다 대폭 증가했다.

| try to | improve | 개선하려고 노력하다 |
| be designed to | improve | 개선하려고 고안되다 |

▷ He's **trying to improve** his backhand. 그는 (테니스의) 백핸드 자세를 고치려 노력하고 있다.

| an attempt to | improve | 개선하려는 시도 |
| an effort to | improve | 개선하려는 노력 |

▷ You really should make more **effort to improve**. 너는 개선하려는 노력을 더 많이 해야 한다.

inch /intʃ/

명 인치 (★1인치는 1/12피트; 2.54센티미터)

an inch	thick	1인치 두께의
an inch	long	1인치 길이의
an inch	wide	1인치 폭의
an inch	high	1인치 높이의

▷ We need a five **inch thick** piece of wood. 우리는 5인치 두께의 나무가 필요하다.

| half | an inch | 1/2인치 |
| a half | inch | |

▷ Leave about **half an inch** between your big toe and the end of the shoe. 엄지발가락과 신발 끝 사이에 1/2인치 정도 여유를 두십시오.

incident /ínsədənt/ 명 사건

remember	an incident	사건을 기억하다
describe	an incident	사건을 설명하다
report	an incident	사건을 보고하다
investigate	an incident	사건을 조사하다

▷ He seemed completely unable to **remember the incident**. 그는 그 사건을 전혀 기억하지 못하는 것 같다.
▷ Police are **investigating the incident**. 경찰이 그 사건을 조사하고 있다.

| an incident | happens | 사건이 일어나다 |
| an incident | occurs | |

▷ Every time an unusual **incident happens**, she panics. 특이한 사건이 일어날 때마다 그녀는 공포에 사로잡힌다.

| a major | incident | 중요 사건 |
| a serious | incident | 심각한 사건 |

a minor	incident	사소한 사건
a violent	incident	폭력 사건
an isolated	incident	단독 사건
a shooting	incident	총격 사건

▷ There have been no **major incidents** of terrorism for the last two months. 지난 두 달 동안 큰 테러 사건은 없었다.

▷ Apparently a **serious incident** took place outside the White House. 아마도 백악관 밖에서 심각한 사건이 일어난 것 같다.

following	an incident	사건의 결과로
without	incident	아무 일도 없이, 무사히

▷ A man was arrested **following** an **incident** outside a nightclub. 나이트클럽 밖에서 일어난 사건으로 어떤 남자가 체포되었다.

▷ Luckily the demonstration was peaceful and passed **without incident**. 다행히 시위는 평화롭게 진행되어 아무 일 없이 지나갔다.

income /ínkʌm/ 圏 수입, 소득

have	an income	수입이 있다
earn	an income	수입을 올리다
receive	an income	
increase	an income	수입을 늘리다
reduce	an income	수입을 줄이다
supplement	one's income	수입을 보충하다

▷ He **has** an **income** of over $100,000 a year. 그는 연간 10만 달러 이상을 번다.

▷ He **receives** a good **income** from his investments. 그는 투자로 넉넉한 수입을 올리고 있다.

▷ He had to take on an extra job to **supplement** his **income**. 그는 수입을 보충하기 위해 부업을 해야 했다.

income	falls	수입이 감소하다
income	rises	수입이 증가하다

▷ Their **income fell** by 50% last year. 그들의 수입은 작년에 50% 하락했다.

a high	income	높은 수입
a low	income	낮은 수입
an annual	income	연간 소득
a regular	income	고정 수입
a total	income	총소득[수입]
gross	income	(세금 등 공제 전의) 총소득[수입]

▷ She doesn't have a very **high income**. Just enough to live on. 그녀는 수입이 그렇게 많지 않다. 그저 딱 먹고 살 정도다.

▷ Together they earn a **total income** of around $120,000. 그들은 합해서 12만 달러 정도의 총소득을 올린다.

a source of	income	수입원

▷ She's very rich. She has a private **source of income**. 그녀는 아주 부자다. 개인적인 수입원이 있다.

increase /ínkri:s/ 圏 증가, 증대

see	an increase	증가를 목격하다
show	an increase	증가를 보이다
cause	an increase	증가를 일으키다
represent	an increase	증가를 나타내다

▷ We're going to **see** a big **increase** in the number of elderly people during the next 10 years. 우리는 앞으로 10년 동안 노인 인구가 크게 증가하는 추세를 목격하게 될 것이다.

▷ Our poor service has **caused** an **increase** in complaints. 우리의 형편없는 서비스 때문에 불만이 늘어났다.(★ cause an increase는 대개 좋지 않은 일이 증가했을 때 쓴다.)

▷ Total profits this year **represent** an **increase** of 72% over last year. 올해 총 수익은 작년에 비해 72%의 증가를 나타낸다.

a dramatic	increase	극적인 증가
a huge	increase	대폭적인 증가
a substantial	increase	
a significant	increase	두드러진 증가
a marked	increase	
a rapid	increase	급격한 증가
a sharp	increase	
a slight	increase	소폭 증가
pay	increase	임금 인상
price	increase	가격 인상
tax	increase	증세
population	increase	인구 증가
temperature	increase	기온 상승

▷ We're seeing a **dramatic increase** in global warming. 우리는 지구 온난화의 극적인 확산을 목격하고 있다.

▷ Exports are not doing well. We need to see a **substantial increase**. 수출이 잘 되지 않는다. 수출을 대폭 증가시켜야 한다.

▷ Last month there was a **sharp increase** in sales. 지난 달에는 판매가 급격히 늘었다.

increase	in A	A의 증가

increase	of 30%	30% 증가
on	the increase	증가하고 있는

▷ Recently there's been an **increase in** interest in 3D computer games. 최근 3D 컴퓨터 게임에 대한 관심이 늘었다.
▷ There's going to be an **increase of** 50% in the price of alcohol. 주류 가격이 50% 인상될 것이다.
▷ The number of homeless people is **on the increase**. 노숙자들의 수가 증가하고 있다.

increase /inkríːs/

동 증가하다, 늘다; 증가시키다

greatly	increase	대폭 증가하다
significantly	increase	두드러지게 증가하다
substantially	increase	상당히 증가하다
gradually	increase	차츰 증가하다
steadily	increase	꾸준히 증가하다
increase	considerably	대폭 증가하다
increase	dramatically	극적으로 증가하다
increase	rapidly	급격히 증가하다
increase	sharply	

★ significantly, substantially는 동사 뒤에 쓰이는 경우가 더 많다.

▷ I think your chances of being promoted have **greatly increased**. 당신이 승진할 확률이 크게 높아진 것 같습니다.
▷ The number of cases of influenza has **significantly increased** over the past two weeks. 독감 환자 수가 지난 2주 동안 두드러지게 증가했다.
▷ Our costs have **increased substantially**. 우리 비용이 크게 증가했다.
▷ The number of visa applications has **increased dramatically**. 비자 신청 건수가 급격히 늘었다.
▷ Unless foreign aid **increases rapidly**, the number of people dying of hunger will continue to rise. 해외의 원조가 급증하지 않는다면 기아로 사망하는 사람의 숫자는 계속 늘어날 것이다.

increase	by 50%	50% 증가하다
increase from 10	to 20	10에서 20으로 증가하다
increase	in size	크기가 커지다
increase	in price	가격이 오르다
increase	in value	가치가 오르다

▷ The price of coffee has **increased by** 50% during the last 12 months. 커피 가격은 지난 12개월 동안 50% 올랐다.
▷ The number of cases of bird flu has **increased from** 5 **to** 17. 조류 인플루엔자 환자 수가 5명에서 17명으로 늘었다.
▷ Gold has greatly **increased in value** recently. 최근에 금값이 크게 올랐다.

independence /ìndipéndəns/

명 독립, 자립

achieve	independence	독립하다
gain	independence	독립을 쟁취하다
declare	(one's) independence	독립을 선언하다
maintain	one's independence	독립을 유지하다
recognize	independence	독립을 인정하다

▷ The USA **achieved independence** from Britain in 1776. 미국은 1776년에 영국에서 독립했다.
▷ Most countries that used to be British colonies have now **gained** their **independence**. 예전에 영국 식민지였던 국가들이 지금은 대부분 독립을 쟁취했다.

full	independence	완전한 독립
economic	independence	경제적 독립
political	independence	정치적 독립

▷ Many people in Tibet want to claim **full independence** from China. 티벳의 많은 사람들은 중국으로부터의 완전한 독립을 원한다.
▷ Many countries have achieved **political independence** during the last 50 years. 많은 나라가 지난 50년 동안 정치적 독립을 이루었다.

independence	from A	A로부터의 독립

▷ The Scottish Nationalist Party believes that political **independence from** England is essential. 스코틀랜드 국민당은 영국에서 정치적으로 독립하는 것이 꼭 필요하다고 믿는다.

a declaration of	independence	독립 선언

▷ The **Declaration of Independence** was signed in 1776. 독립선언문은 1776년에 조인되었다.

independent /ìndipéndənt/

형 독립한, 자립한

fully	independent	완전히 독립한
entirely	independent	
totally	independent	
completely	independent	
newly	independent	새로 독립한

▷ Clare doesn't want to live with her parents. She wants to be **fully independent**. 클레어는 부모님과 함께 살고 싶어하지 않는다. 완전히 독립해서 살고 싶어한다.
▷ A **newly independent** country faces many

challenges. 신생 독립국은 많은 문제에 맞닥뜨린다.

independent of A	A에서 독립한, A에서 독립적인
independent from A	

▷ The inquiry should be **independent of** any government interests. 그 조사는 정부의 어떤 이해관계에서도 영향을 받지 않아야 한다.

index /índeks/

명 색인, 목록, 찾아보기; 지수(指數)

consult	an index	색인을 찾아보다

▷ She **consulted** an **index** of Scottish surnames. 그녀는 스코틀랜드 성씨의 색인을 찾아보았다.

index	falls	지수가 떨어지다
index	rises	지수가 올라가다

▷ In May the consumer price **index fell** 0.1 percent. 5월에 소비자 물가 지수가 0.1% 떨어졌다.

an alphabetical	index	알파벳 순 색인
body mass	index	체질량 지수
consumer price	index	소비자 물가 지수
a stock	index	주가 지수

▷ There should be an **alphabetical index** at the back of the book. 책 뒤에 알파벳 순 색인이 있어야 한다.

indicate /índəkèit/ 동 가리키다, 보여주다

clearly	indicate	명확히 보여주다
strongly	indicate	

▷ These latest figures **clearly indicate** a significant drop in the birthrate. 최근의 이 수치들은 출생률의 현저한 감소를 보여준다.

indicate	(that)...	···라는 것을 보여주다
indicate	wh-	···인지 보여주다

▲ wh-는 where, what, when 등의 의문사

▷ Recent data **indicates that** the age at which women get married is steadily increasing. 최근의 자료는 여성들의 결혼 연령이 꾸준히 올라가고 있음을 보여준다.

industry /índəstri/ 명 산업, 공업; 업(業)

develop	an industry	산업을 발전시키다

▷ You need a lot of capital to **develop** an **industry**. 산업을 발전시키려면 많은 자본이 필요하다.

growing	industry	성장 산업
high-tech	industry	첨단 기술 산업
local	industry	지역 산업
private	industry	민간 산업
heavy	industry	중공업
light	industry	경공업
the manufacturing	industry	제조업
the service	industry	서비스 산업
primary	industry	1차 산업
secondary	industry	2차 산업
tertiary	industry	3차 산업
the chemical	industry	화학 산업
the nuclear	industry	원자력 산업
the steel	industry	철강업
the automobile	industry	자동차 산업
the entertainment	industry	연예 산업
the movie	industry	영화 산업
the music	industry	음악 산업

▷ The new government grant will greatly help **local industry**. 정부의 새 지원금은 지역 산업에 큰 보탬이 될 것이다.

▷ The **chemical industry** has been responsible for a great deal of pollution. 화학 공업은 지금까지 수많은 공해의 원인이었다.

influence /ínfluəns/

명 영향, 영향력; 영향력이 있는 사람

have	an influence	영향을 주다
exert	an influence	영향력을 행사하다
exercise	an influence	
use	one's influence	영향력을 이용하다
extend	one's influence	영향력을 넓히다
increase	one's influence	영향력을 높이다
show	the influence	영향력을 보여주다

▷ Your report definitely **had an influence** on his decision. 당신의 보고서는 그의 결정에 분명히 영향을 미쳤어요.

▷ I think he should try to **exert** a stronger **influence** over his children. 나는 그가 아이들에게 영향력을 더 강하게 행사해야 한다고 생각한다.

▷ His father **used** his **influence** to get him the job. 그의 아버지는 자신의 영향력을 이용해서 그를 취직시켰다.

▷ Her paintings **show** the **influence** of Picasso's cubist period. 그녀의 그림에서는 피카소의 입체주의 시대의 영향력이 엿보인다.

(a) considerable	influence	상당한 영향력
a great	influence	큰 영향력
a major	influence	
a strong	influence	강한 영향력
a direct	influence	직접적인 영향력
undue	influence	부당한 영향력
political	influence	정치적 영향력

▷ He advised her a lot. He was definitely **a great influence**. 그는 그녀에게 많은 조언을 주었다. 그는 분명히 영향력이 큰 인물이었다.

▷ **Undue influence** was used to prevent the truth from coming out. 진실이 드러나는 것을 막는 데 부당한 영향력이 사용되었다.

▷ He used his **political influence** to get the contract. 그는 정치적 영향력을 이용해서 계약을 따냈다.

influence	on A	A에 대한 영향력
influence	over A	

★× influence to A라고는 하지 않는다.

▷ Parents seem to have little **influence over** their children these days. 오늘날 부모는 자녀들에게 별 영향력이 없는 것 같다.

under	the influence	영향을 받은 가운데

▷ He was **under the influence** of drink when he committed the crime. 그는 술에 취한 상태에서 범죄를 저질렀다.

influence /ínfluəns/ 图 영향을 미치다

deeply	influence	깊이 영향을 미치다
profoundly	influence	
greatly	influence	크게 영향을 미치다
heavily	influence	
strongly	influence	강하게 영향을 미치다
directly	influence	직접적으로 영향을 미치다

▷ He was **deeply influenced** by his university professor. 그는 대학 교수로부터 깊은 영향을 받았다.

▷ Experiences in early life **profoundly influence** our characters. 어린 시절의 경험은 우리 성격에 깊은 영향을 미친다.

▷ British and American pop music was **heavily influenced** by the Beatles. 영국과 미국의 팝음악은 비틀즈에게서 깊은 영향을 받았다.

▷ The ideas of Confucius **strongly influence** Eastern thought even today. 공자의 사상은 오늘날까지도 동양 사상에 강한 영향을 미친다.

inform /infɔ́ːrm/ 图 알리다, 통지하다

properly	informed	적절한 정보를 얻은
fully	informed	정보를 충분히 얻은
well	informed	
reliably	informed	신뢰할 만한 정보를 얻은

▷ Please ensure that I am kept **fully informed** *of* the situation. 저에게 그 상황에 대해 계속 충분히 알려 주시기 바랍니다.

▷ He's very **well informed** *about* the situation in China. 그는 중국의 상황에 대해 아주 잘 알고 있다.

▷ I am **reliably informed** that he will be arriving on Tuesday. 믿을 만한 정보에 따르면, 그는 화요일에 도착할 것이다.

inform A	of B	A에게 B에 대해 알리다
inform A	about B	

▷ He **informed** me **of** several interesting facts. 그는 나에게 몇 가지 흥미로운 사실을 알려주었다.

inform A	(that)...	A에게 …라고 알리다

▷ I've **informed** my lawyers **that** I want a divorce. 나는 변호사들에게 이혼을 원한다고 알렸다.

information /ìnfərméiʃən/

图 정보; 안내; 안내소

contain	information	정보를 담다
have	information	정보가 있다
store	information	정보를 저장하다
find	information	정보를 찾다
obtain	information	정보를 얻다
get	information	
gather	information	정보를 모으다
collect	information	
receive	information	정보를 받다
retrieve	information	정보를 검색하다
access	information	정보에 접근하다
provide	information	정보를 제공하다
give	information	
release	information	정보를 공개하다
convey	information	정보를 전하다
share	information	정보를 공유하다
exchange	information	정보를 교환하다

▷ You can **obtain** further **information** by contacting city hall. 시청에 연락하면 더 자세한 정보를 얻을 수 있습니다.

▷ We need to **gather** more **information**. 우리는 더

많은 정보를 모아야 한다.

▷ The hotel receptionist can **provide** more **information**. 호텔 접수원은 더 많은 정보를 제공할 수 있다.
▷ Well, thanks, Tom. You've **given** me some good **information**. 고마워, 톰. 네가 좋은 정보를 줬어.
▷ Email is an extremely useful way of **conveying information** quickly. 이메일은 정보를 빨리 전달하는 무척 유용한 수단이다.
▷ He's not willing to **share** his **information** with anybody else. 그는 다른 누구와도 정보를 공유하려 하지 않는다.

accurate	information	정확한 정보
relevant	information	관련 정보
useful	information	유익한 정보
available	information	구할 수 있는 정보
additional	information	추가 정보
further	information	더 자세한 정보
basic	information	기본적인 정보
detailed	information	상세한 정보
confidential	information	기밀 정보

▷ I've collected together all the **relevant information**. 나는 관련 정보를 모두 모았다.
▷ Please send us all the **available information** as soon as possible. 구할 수 있는 모든 정보를 가능한 한 빨리 우리에게 보내주세요.
▷ We need some **additional information**. 우리는 추가 정보가 필요하다.
▷ For **further information** contact... 더 자세한 정보를 원하신다면 …에 연락하세요.(★광고, 팸플릿에 자주 쓰인다.)
▷ I hope you understand that this is **confidential information**. 이것은 기밀 정보라는 걸 알아주셨으면 합니다.

information	about A	A에 대한 정보
information	on A	

▷ We have no **information** yet **on** the car accident. 우리는 그 자동차 사고에 대해 아무런 정보가 없다.

injure /índʒər/ 됨 다치다, 부상을 입다

be seriously	injured	중상을 입다
be badly	injured	
be severely	injured	
be fatally	injured	치명상을 입다
be slightly	injured	경상을 입다

▷ He was **badly injured** in a car accident last week. 그는 지난 주에 자동차 사고로 중상을 입었다.
▷ Luckily the people in the bus were only **slightly injured**. 다행히 버스 승객들은 경상만 입었다.

be killed and [or] injured	죽거나 다치다

▷ Many people were **killed or injured** in the earthquake. 지진으로 많은 사상자가 생겼다.

injury /índʒəri/ 명 부상, 상처; 손해

suffer	an injury	부상을 입다
receive	an injury	
sustain	an injury	
cause	injury	부상을 입히다
have	an injury	부상이 있다
escape	injury	부상을 피하다
avoid	injury	
recover from	an injury	부상에서 회복하다

▷ He **suffered** severe head **injury**. 그는 머리에 중상을 입었다.
▷ He said it wasn't his intention to **cause** any **injury**. 그는 다치게 할 생각은 아니었다고 했다.
▷ He **had** an **injury** which prevented him from playing in the World Cup. 그는 부상을 입은 상태라 월드컵에 출전하지 못했다.
▷ Luckily everybody **escaped injury**. 다행히 모두가 부상을 피했다.
▷ She's in hospital now **recovering from** an **injury**. 그녀는 지금 병원에 입원해서 부상에서 회복하고 있다.

a serious	injury	중상
a severe	injury	
a minor	injury	경상
a knee	injury	무릎 부상
a head	injury	머리 부상
a leg	injury	다리 부상

▷ He received a **serious injury** in the last five minutes of the game. 그는 경기 종료 마지막 5분을 남겨두고 중상을 입었다.
▷ Three people received hospital treatment for **minor injuries**. 세 사람이 경상으로 병원 치료를 받았다.

innocent /ínəsnt/ 형 무죄의, 무고한

completely	innocent	완전히 무죄인
entirely	innocent	
perfectly	innocent	
totally	innocent	

| inquiry |

▷ It turned out that she was **completely innocent**. 그녀는 완전히 무죄로 밝혀졌다.

| innocent | of A | A(범죄)를 저지르지 않은 |

▷ I am **innocent of** all the criminal charges. 나는 형사 고발된 범행을 하나도 저지르지 않았다.

inquiry /inkwáiəri/ 명 조사; 문의

conduct	an inquiry	조사를 수행하다
hold	an inquiry	
have	an inquiry	
demand	an inquiry	조사를 요구하다
make	inquiries	문의하다
receive	an inquiry	문의를 받다

▷ The police are **conducting** an **inquiry** *into* how the prisoners escaped. 경찰은 수감자들이 탈옥한 경위를 조사하고 있다.
▷ You need to **make inquiries** about how to apply for a scholarship. 너는 장학금 신청 방법에 대해 문의를 해봐야 한다.

a public	inquiry	공적 조사
an independent	inquiry	독자적 조사
an official	inquiry	공식적 조사
a government	inquiry	정부의 조사
a judicial	inquiry	사법 조사

▷ The government has agreed to hold an **independent inquiry** *into* the matter. 정부는 그 사건에 대해 독자적인 조사를 실시하는 데 동의했다.
▷ They are still refusing to hold an **official inquiry**. 그들은 아직도 공식 조사의 실행을 거부하고 있다.

| an inquiry | into A | A의 조사 |
| an inquiry | about A | A에 대한 문의 |

▷ We've had many **inquiries** recently **about** studying abroad. 우리는 최근 유학에 대해서 많은 문의를 받았다.

insist /insíst/ 통 주장하다, 우기다

| strongly | insist | 강력하게 주장하다 |
| still | insist | 여전히 주장하다 |

▷ The unions are **still insisting** *on* a 5% increase in salary. 노동 조합들은 여전히 5%의 임금 인상을 주장하고 있다.

| insist | on A | A를 주장하다; A를 고집하다 |
| insist | upon A | |

▷ If you **insist on** interrupting me, I'll have to leave the room. 네가 계속 나를 방해한다면 나는 방을 나가야겠다.

| insist | (that)... | …라고 주장하다 |

▷ He **insisted that** the meeting should be postponed until next week. 그는 회의를 다음 주로 연기해야 한다고 주장했다.

PHRASES

I insist! ☺ 제발 제 뜻대로 해주세요. ▷ "After you." "No, after you! I insist!" "먼저 하시죠." "아뇨, 먼저 하세요! 그렇게 해요!"

install /instɔ́ːl/ 통 설치하다; 취임시키다

| recently | installed | 최근에 설치했다 |
| newly | installed | |

▷ They've **recently installed** two new photocopying machines in our building. 최근 우리 건물에 새 복사기 두 대를 설치했다.

| have A | installed | A를 설치하다 |

▷ We're **having** a new computer system **installed** next month. 우리는 다음 달에 새 컴퓨터 시스템을 설치할 것이다.

| install A | in B | A를 B에 설치하다 |

▷ Automatic vending machines are being **installed in** the cafeteria. 자동판매기들이 매점에 설치되고 있다.

| install A | as B | A(사람)를 B에 취임시키다 |

▷ Barrack Obama was **installed as** President in January 2009. 버락 오바마는 2009년 1월에 대통령으로 취임했다.

instance /ínstəns/ 명 예, 사례; 경우

| take | an instance | 예를 들다 |
| remember | an instance | 사례를 기억하다 |

▷ I **remember an instance** when our village was attacked. 나는 우리 마을이 공격받았던 때를 기억한다.

in	one instance	어느 한 경우에
in	this instance	이 경우에
for	instance	예를 들어

▷ I don't usually smoke cigars, but **in this instance** I'll make an exception. 저는 보통 시가를 피우지 않지만 이번 경우는 예외로 하겠습니다.
▷ The euro is used by many countries, **for**

instance, France, Germany, Spain, Italy, and so on. 유로화는 많은 나라에서, 예를 들면 프랑스, 독일, 스페인, 이탈리아 등에서 쓰인다.

an instance where...	…하는 경우

▷ This is the only **instance where** we received a complaint. 이것이 우리가 불평을 들은 유일한 사례다.

institution /ìnstətjúːʃən/

명 공공기관, 시설; 제도, 관습

a public	institution	공공 기관
an academic	institution	학술 기관
an educational	institution	교육 기관
a financial	institution	금융 기관
a political	institution	정치 제도
a social	institution	사회 제도

▷ Many **educational institutions** are receiving less financial support from the Government this year. 많은 교육 기관이 올해 정부에서 받는 재정 지원금이 줄어들었다.

▷ Many people find it difficult to trust the **financial institutions** after the recent financial crisis. 최근의 금융 위기 이후 많은 사람들이 금융 기관을 믿지 못하게 되었다.

instruction /ìnstrʌ́kʃən/

명 (-s) 사용 설명, 설명서; 지시; 지도, 교육

give	instructions	지시하다, 일러주다
have	instructions	지시가 있다; 설명서가 있다
receive	instructions	지시를 받다
issue	instructions	지시를 내리다
follow	instructions	지시를 따르다
take	(the) instructions	
give	instruction	지도하다
provide	instruction	
receive	instruction	지도를 받다

▷ I **gave** him **instructions** on how to get there. 나는 그에게 거기 가는 법을 일러주었다.

▷ We still haven't **received** any **instructions** from headquarters yet. 우리는 아직 본부에서 아무런 지시를 받지 못했다.

▷ **Follow** the **instructions** below. 아래의 지시를 따르세요.

detailed	instructions	자세한 지시
specific	instructions	구체적인 지시
written	instructions	문서로 된 지침서
religious	instruction	종교 교육
moral	instruction	도덕 교육

▷ For more **detailed instructions** on how to grow vegetables, click on the link above. 채소 재배를 위한 더 자세한 설명을 원하시면 아래의 링크를 클릭하세요.

▷ We should provide clear **written instructions** about what to do in the case of a fire. 우리는 화재가 났을 때의 행동 방침에 대해 문서로 된 명확한 지침서를 제공해야 한다.

▷ **Religious instruction** is not compulsory in our school. 종교 교육은 우리 학교에서 필수과목이 아니다.

instructions on A	A의 취급 설명(서)
instruction on A	A에 대해 지도하는 일

▷ Are there any **instructions on** how to load the software? 그 소프트웨어를 설치하는 법에 대한 설명서가 있습니까?

under	instructions	지시를 받은

▷ He was **under** strict **instructions** to allow no-one to enter the building. 그는 아무도 건물에 들여보내지 말라는 엄격한 지시를 받았다.

instrument /ínstrəmənt/

명 악기; 기구, 도구

play	an instrument	악기를 연주하다
use	an instrument	도구를 사용하다

▷ My mother likes music but she doesn't **play** any **instruments**. 우리 어머니는 음악을 좋아하시지만, 악기를 연주하지는 못하신다.

a brass	instrument	금관 악기
a percussion	instrument	타악기
a stringed	instrument	현악기
a wind	instrument	관악기
a precision	instrument	정밀 기기
a measuring	instrument	계측기
an optical	instrument	광학 기기
a surgical	instrument	수술 도구

▷ She plays a **stringed instrument**—the violin or cello, I think. 그녀는 현악기를 연주한다—바이올린이나 첼로였던 것 같다.

insurance /inʃúərəns/ 명 보험, 보험금

buy	insurance	보험에 가입하다
take out	insurance	보험에 들다

| intelligence |

have	insurance	보험에 들어 있다
provide	insurance	보험을 제공하다

▷ It's much more expensive for older people to buy life insurance. 나이든 사람들은 생명 보험 납부 금액이 훨씬 더 비싸다.
▷ The other car driver didn't have any insurance. 상대 차의 운전자는 보험에 들어 있지 않았다.
▷ The company will provide free health insurance. 회사는 무료로 건강 보험을 들어줄 것이다.

insurance	covers	보험이 보상하다

▷ Your insurance will cover accidental damage. 당신의 보험이 사고로 인한 피해를 보상해줄 것이다.

national	insurance	국민 보험 제도
social	insurance	사회 보험
life	insurance	생명 보험
health	insurance	건강 보험
medical	insurance	의료 보험
car	insurance	자동차 보험
travel	insurance	여행 보험
accident	insurance	상해 보험
fire	insurance	화재 보험
unemployment	insurance	실업 보험

▷ Medical insurance is really expensive these days. 요즘은 의료 보험료가 아주 비싸다.

insurance	against A	A에 대비한 보험
insurance	for A	A를 위한 보험
insurance	on A	

▷ We need to get insurance against fire. 우리는 화재 보험에 가입해야 한다.
▷ Do you have insurance on your car? 자동차 보험에 들어 있습니까?

intelligence /intélədʒəns/

명 지능, 지성; (타국에 대한) 정보

have	intelligence	지성이 있다
insult	A's intelligence	A의 지성을 모독하다
gather	intelligence	정보를 수집하다

▷ Don't insult my intelligence! 나를 바보 취급하지 마.
▷ It's the job of the CIA to gather intelligence on possible terrorist attacks. 테러 공격의 가능성에 대해 정보를 수집하는 것이 CIA의 일이다.

artificial	intelligence	인공 지능
high	intelligence	높은 지능
low	intelligence	낮은 지능

▷ He's a man of very high intelligence. 그 남자는 지능이 아주 높다.

intelligent /intélədʒənt/

형 똑똑한, 머리가 좋은

highly	intelligent	아주 똑똑한

▷ My father was highly intelligent and very hardworking. 우리 아버지는 아주 머리가 좋고 열심히 일하셨다.

sensitive and intelligent	예민하고 똑똑한
thoughtful and intelligent	사려 깊고 똑똑한

▷ She was very sensitive and intelligent. 그녀는 아주 예민하고 똑똑했다.

intend /inténd/ 동 의도하다

fully	intend	반드시 …할 생각이다
clearly	intended	명확히 의도한
originally	intended	본래 의도한
never	intended	전혀 의도하지 않은

▷ The bomb was clearly intended to kill and injure as many people as possible. 그 폭탄은 분명히 최대한 많은 사람을 죽이거나 다치게 하려고 의도한 것이었다.
▷ The party was originally intended for close friends only. 그 파티의 원래 의도는 친한 친구들만 모이는 것이었다.
▷ The elevator was never intended to hold 25 people. 그 엘리베이터는 절대 25명 이상이 타면 안 된다.

intend	to do	…할 작정이다
intend	doing	
intend A	to do	A에게 …시킬 생각이다
intend	that...	…하려고 생각하다

▷ After graduating from high school Linda intends to go on to university. 고등학교를 졸업한 뒤 린다는 대학에 갈 작정이다.
▷ Bob's father intended him to take over the family business. 밥의 아버지는 밥에게 가업을 잇게 할 생각이었다.

intend A	as B	A를 B의 뜻으로 의도하다

▷ What I said was intended as a compliment. 내가 말한 것은 칭찬의 뜻이었다.

be intended for A	A의 용도다

▷ This water was never **intended for** drinking. 이 물은 마시는 용도가 아니었다.

intention /inténʃən/ 명 의도, 의향, 의사

announce	one's intention	의향을 표명하다
express	one's intention	
declare	one's intention	의향을 명확히 하다
state	one's intention	의향을 진술하다
indicate	one's intention	의향을 보이다

▷ Did you hear? The president has just **announced** his **intention** to resign. 들었어? 대통령이 방금 사퇴 의사를 밝혔어.
▷ She **indicated** her **intention** to stand again for parliament this year. 그녀는 올해 국회의원 선거에 다시 출마하겠다는 의사를 보였다.

the original	intention	본래의 의도
the true	intention	진의
bad	intentions	악의
good	intentions	선의

▷ Her **original intention** was to leave before the end of the month. 그녀는 원래 월말 전에 떠나려고 했었다.
▷ I know everything went wrong, but I'm sure she had **good intentions**. 모든 게 잘못됐다는 건 알지만, 나는 그녀가 선의로 그랬다고 확신한다.

intention	that...	…라는 의도
intention	to do	…하려는 의도

▷ It wasn't my **intention that** you should get into trouble. 네가 곤란해지는 것은 내 의도가 아니었다.

have no intention	of doing	…할 의도는 없다
with the intention	of doing	…할 의도로

▷ I **have no intention of** sitting here doing nothing. 아무것도 하지 않고 여기 앉아 있을 생각은 없다.
▷ I don't think he did it **with the intention of** causing trouble. 그가 말썽을 일으킬 의도로 그러진 않았을 거야.

interest /íntərəst/ 명 흥미, 관심; 이자; 이익

have	(an) interest	흥미가 있다
feel	(an) interest	
lose	interest	흥미를 잃다
attract	interest	흥미를 끌다
arouse	interest	
show	(an) interest	흥미를 보이다
express	(an) interest	
take	(an) interest	흥미를 갖다
be of	interest	흥미의 대상이다
charge	interest	이자를 붙이다
pay	(the) interest	이자를 지불하다
repay with	interest	이자를 붙여서 갚다
earn	interest	이자 수익을 올리다
protect	A's interests	A의 이익을 지키다
defend	A's interests	
serve	the interests	이익을 추구하다

▷ Apparently he **has** an **interest** in wild birds. 그는 들새에 관심이 있는 것 같다.
▷ My son isn't **showing** much **interest** in studying. 내 아들은 공부에 큰 관심을 보이지 않는다.
▷ It seems she's suddenly **taken** an **interest** in fencing. 그녀는 갑자기 펜싱에 관심을 가진 것 같다.
▷ I don't have enough money to **pay** the **interest** on my loan. 나는 대출 이자를 갚을 돈이 부족하다.
▷ I'd like to do something that **serves** the **interests** of the community. 지역 사회에 도움이 되는 일을 하고 싶다.

(a) great	interest	큰 관심
(a) special	interest	특별한 관심
(a) particular	interest	
(an) active	interest	적극적인 관심
(a) common	interest	공통의 이해
(the) national	interest	국익
(the) public	interest	공공의 이익
annual	interest	연리
simple	interest	단리
compound	interest	복리

▷ She takes a **special interest** in helping the homeless. 그녀는 노숙자들을 돕는 데 특별히 관심이 있다.
▷ At the Oscar Awards a dress worn by Lady Gaga was of **particular interest**. 오스카 상 수상식에서 레이디 가가가 입은 드레스가 특별한 관심을 끌었다.
▷ The government claimed that a public inquiry was not in the **public interest**. 정부는 공개 조사를 하는 것은 공공의 이익에 부합하지 않는다고 주장했다.

an interest	in A	A에 대한 흥미
the interest	on A	A의 이자

▷ The **interest on** this loan is 5%. 이 대출의 이자는 5%다.

with	interest	흥미를 갖고

| in | A's **interest(s)** | A에게 이득이 되는 |

▷ Everyone looked at Max **with interest**. 모두가 흥미를 갖고 맥스를 바라보았다.

interested /íntərəstid/

형 흥미를 느낀, 관심 있는

deeply	interested	깊은 관심이 있는
particularly	interested	특히 관심 있는
genuinely	interested	진심으로 관심 있는
not remotely	interested	조금도 관심 없는
no longer	interested	관심을 잃은

▷ Apparently he's **deeply interested** in ancient Egyptian history. 그는 고대 이집트 역사에 관심이 많은 것 같다.
▷ She seemed to be **genuinely interested** in our suggestion. 그녀는 우리의 제안에 진심으로 관심이 있는 것 같았다.

| interested | in A | A에 관심 있는 |

★ in 뒤에는 doing도 쓰인다.

▷ Are you **interested in** Korean culture? 너 한국 문화에 관심 있니?
▷ Are you **interested in** going on a trip to Busan this weekend? 이번 주말에 부산으로 여행 가고 싶은 생각 없니?

be interested	to see	꼭 보고 싶다
be interested	to know	꼭 알고 싶다
be interested	to hear	꼭 듣고 싶다

▷ I'd be **interested to hear** what happens. 나는 어떻게 되는지 꼭 듣고 싶다.

interesting /íntərəstiŋ/

형 흥미로운, 재미있는

| find A | interesting | A가 재미있다고 생각하다 |

▷ I didn't **find** that book at all **interesting**. 나는 그 책이 전혀 재미있지 않았다.

| really | interesting | 정말로 흥미로운 |
| particularly | interesting | 특히 흥미로운 |

▷ The exhibition of French impressionist paintings was **particularly interesting**. 프랑스 인상주의 회화전은 특히 흥미로웠다.

| it is interesting | that... | …은 재미있다 |
| it is interesting | to do | …하는 것은 재미있다 |

★ do는 note, see, hear, learn 등

▷ **It's interesting that** Tom said one thing to you and a completely different thing to me! 톰이 너한테 말한 것과 나한테 말한 게 완전히 다르다니 재미있네!
▷ **It's** always **interesting to** hear how our old school friends are getting on. 학창 시절 친구들이 어떻게 살고 있는지 소식을 듣는 것은 언제나 재미있다.

PHRASES

How interesting! / That's interesting! ☺ (상대의 말에) 재미있네, 흥미로운걸. ▷ So you've decided to take up golf! How interesting! 네가 골프를 배우기로 했다고! 흥미로운걸!

Internet /íntərnèt/

명 (the Internet의 형태로) 인터넷

| access | the Internet | 인터넷에 접속하다 |
| surf | the Internet | 인터넷 서핑을 하다 |

▷ Every day I **access** the **Internet**. 나는 날마다 인터넷에 접속한다.

| on | the Internet | 인터넷에서 |

▷ You can get a lot of useful information **on the Internet**. 인터넷에서 유용한 정보를 많이 구할 수 있다.

interpret /intə́ːrprit/ 동 해석하다; 통역하다

correctly	interpret	정확히 해석하다
be variously	interpreted	다양하게 해석되다
be widely	interpreted	광범위하게 해석되다

▷ I don't think you're **correctly interpreting** what I mean. 너는 내가 한 말을 올바로 해석하는 것 같지가 않아.
▷ His book was **widely interpreted** as an attack on the capitalist society. 그의 책은 자본주의 사회에 대한 공격으로 광범위하게 해석되었다.

| interpret A | as B | A를 B로 해석하다 |

▷ I **interpreted** his silence **as** a refusal to cooperate. 나는 그의 침묵을 협조 요청에 대한 거절로 해석했다.(★ 수동태로도 자주 쓰인다.)

interpretation /intə̀ːrprətéiʃən/

명 해석, 설명; 통역

give	an interpretation	해석하다
make	an interpretation	
be open to	interpretation	해석의 여지가 있다
put	an interpretation on A	A를 해석하다

▷ She **gave** an entirely different **interpretation** of what was said at the meeting. 그녀는 회의에서 나온 이야기에 대해서 전혀 다른 해석을 했다.

▷ What makes the ideal parent is completely **open to interpretation**. 어떤 사람이 이상적인 부모인지는 아주 다양한 해석의 여지가 있다.

▷ He **put** a totally different **interpretation on** the Chairperson's report. 그는 의장의 보고에 대해서 완전히 다른 해석을 했다.(★interpretation의 앞에는 different, wrong, one's own 등의 형용사가 오는 경우가 많다.)

the correct	interpretation	올바른 해석
a possible	interpretation	가능한 해석
a different	interpretation	다른 해석

▷ There are various **possible interpretations** of the law in this situation. 이 상황에서는 법에 대한 다양한 해석이 가능하다.

▷ I had a totally **different interpretation** of what was said. 나는 발언 내용을 완전히 다르게 해석했다.

interrupt /ɪntərʌ́pt/

⑧ 가로막다, 방해하다; 중단시키다

rudely	interrupt	무례하게 가로막다
suddenly	interrupt	갑자기 가로막다
temporarily	interrupt	일시 중단시키다
constantly	interrupt	계속 중단시키다

▷ His speech was **constantly interrupted** by the audience. 그의 연설은 청중에 의해 계속 중단되었다.

PHRASES

Don't interrupt me! ☺ 방해하지 마.

(I'm) sorry to interrupt (you), (but...) ☺ 말을 잘라서 미안하지만… ▷ I'm sorry to interrupt you, David, but... 끼어들어서 미안해 데이비드, 하지만…

interval /íntərvəl/ ⑧ 간격

| at | fixed intervals | 정해진 간격으로 |
| at | regular intervals | 일정한 간격으로 |

▷ I go for a health checkup **at regular intervals**. 나는 정기적으로 건강 검진을 받는다.

interview /íntərvjùː/ ⑧ 인터뷰, 회견; 면접

give	an interview	인터뷰하다
attend	an interview	인터뷰에 나가다
conduct	an interview	(면접관으로서)면접을 수행하다
have	an interview	면접을 보다
get	an interview	

▷ The Prime Minister refused to **give** an **interview**. 총리는 인터뷰를 거절했다.

▷ They're going to **conduct** the final **interviews** next week. 그들은 다음 주에 마지막 면접을 수행할 것이다.

▷ I **had an interview** yesterday for a job. 나는 어제 취업 면접을 봤다.

a face-to-face	interview	일대일 회담
an exclusive	interview	독점 인터뷰
a press	interview	기자 회견
a television	interview	텔레비전 인터뷰
a job	interview	취업 면접

▷ The leaders of the two main political parties had a **face-to-face interview** on television last night. 양대 정당의 지도자들은 어젯밤에 텔레비전에서 일대일 회담을 했다.

▷ The newspaper succeeded in getting an **exclusive interview** with the President's wife. 그 신문은 대통령 영부인과 독점 인터뷰를 하는 데 성공했다.

introduce /ìntrədjúːs/

⑧ 소개하다; 도입하다, 들여오다

be formally	introduced	정식으로 소개되다
be originally	introduced	원래 도입되다
be gradually	introduced	차츰 도입되다
recently	introduced	최근에 도입했다

▷ I'm sorry. I don't believe we've been **formally introduced**. 미안합니다. 우리 둘이 정식으로 소개받지 않은 것 같은데요.

▷ Cats were **originally introduced** into houses to kill mice. 고양이들은 원래 쥐를 잡을 용도로 가정에 도입되었다.

▷ Our company has **recently introduced** a new model of eco-car. 우리 회사는 최근에 신형 친환경 자동차를 들여왔다.

introduce A	to B	A를 B에게 소개하다
introduce A	into B	A를 B에 들여오다
introduce A	to B	

▷ Let me **introduce** you **to** my sister. 당신을 우리 언니에게 소개할게요.

▷ Several rare birds were bred and **introduced into** the wild recently. 최근에 몇 종의 희귀 조류를 번식시켜서 야생으로 내보냈다.

▷ Christianity was first **introduced to** Korea in the 19th century. 기독교는 19세기에 처음 한국에 들어왔다.

| introduction |

PHRASES

Let me introduce myself. ☺ 제 소개를 하겠습니다.
▷ Let me introduce myself. My name is John Hamilton. 제 소개를 하겠습니다. 제 이름은 존 해밀턴입니다.

introduction /ìntrədʌ́kʃən/

명 소개; 도입; 안내, 입문; 서문

make	the introductions	소개하다
need	no introduction	소개할 필요가 없다

▷ Would you mind **making** the **introductions**? 소개를 해주시겠습니까?
▷ Our speaker today **needs no introduction**. He is known to you all. 오늘 우리 연사는 소개할 필요가 없습니다. 여러분 모두가 잘 아시니까요.

a brief	introduction	짧은 서론
an excellent	introduction	훌륭한 안내
a general	introduction	개괄적 안내

▷ This book provides an **excellent introduction** *to* the rules of golf. 이 책은 골프의 규칙에 대한 훌륭한 안내서이다.
▷ This course will give you a **general introduction** *to* mathematics. 이 강좌는 수학에 대한 개론이다.

an introduction	to A	A의 서문; A의 입문서

▷ This book offers an excellent **introduction to** psychology. 이 책은 심리학의 훌륭한 입문서이다.

a letter of	introduction	소개장

▷ Would you like me to write you a **letter of introduction**? 제가 소개장을 써드릴까요?

invent /invént/ 동 발명하다

newly	invented	새로 발명된
be originally	invented	본래 발명되다

▷ Bob observed the moon through the **newly invented** telescope. 밥은 새로 발명된 망원경으로 달을 관찰했다.
▷ The submarine was **originally invented** hundreds of years ago by Leonardo da Vinci. 잠수함은 원래 수백 년 전에 레오나르도 다빈치에 의해 발명되었다.

invention /invénʃən/ 명 발명; 조작

a new	invention	새로운 발명
the latest	invention	최신 발명
pure	invention	완전한 조작

▷ If it's a **new invention**, you need to patent it. 그게 새로운 발명이라면, 특허를 받아야 한다.

investigate /invéstəgèit/

동 조사하다, 수사하다

thoroughly	investigate	철저히 조사하다
fully	investigate	
properly	investigate	제대로 조사하다
further	investigate	추가로 조사하다

▷ The report was written without **properly investigating** the reasons for the accident. 그 보고서는 사고의 원인도 제대로 조사하지 않고 작성됐다.

investigate	wh-	…인지를 조사하다

★ wh-는 how, what, why, whether 등

▷ We need to **investigate how** the report was lost. 우리는 그 보고서가 어떻게 분실되었는지 조사해야 한다.

investigation /invèstəgéiʃən/

명 조사; 수사

conduct	an investigation	조사하다
carry out	an investigation	
begin	an investigation	조사를 시작하다
launch	an investigation	
order	an investigation	조사를 지시하다
require	an investigation	조사가 필요하다

▷ The bank is **conducting** an **investigation** into how the computer data was lost. 그 은행은 어떻게 해서 컴퓨터의 데이터가 사라졌는지 조사하고 있다.
▷ It's important to **launch** an **investigation** into how so many mistakes were made. 어떻게 그렇게 많은 실수가 생겨났는지 조사해야 한다.
▷ This is a matter which **requires** further **investigation**. 이것은 추가 조사가 필요한 일이다.

a detailed	investigation	상세한 조사
a full	investigation	충분한 조사
a criminal	investigation	범죄 수사
a scientific	investigation	과학 수사

▷ A **detailed investigation** took place soon afterward. 그 직후 상세한 조사가 이루어졌다.

an investigation	into A	A의 조사
under	investigation	조사 중인
on	investigation	조사해 보니

▷ We should carry out an **investigation into** why the number of homeless people is increasing. 우리는 왜 노숙인 수가 늘어나는지를 조사해야 한다.

▷ There's nothing I can say at the moment. The matter is still **under investigation**. 지금으로선 제가 할 말이 없습니다. 그 일이 아직 수사 중이라서요.

▷ **On investigation**, it was found that they had been given false information. 조사해 보니, 그들이 잘못된 정보를 받았다는 것이 드러났다.

investment /invéstmənt/ 명 투자

make	an investment	투자하다
attract	investment	투자를 유치하다
encourage	investment	투자를 권장하다
increase	one's investment	투자를 늘리다

▷ He **made** an **investment** *in* several large oil companies. 그는 큰 석유 회사 몇 군데에 투자했다.

▷ It's important for us to **attract** foreign **investment**. 우리가 해외 투자를 유치하는 것이 중요하다.

▷ Now is not the time to **increase** your **investment**. 지금은 투자를 늘릴 때가 아니다.

a good	investment	좋은 투자
a safe	investment	안전한 투자
capital	investment	설비 투자
direct	investment	직접 투자
foreign	investment	대외 투자
private	investment	민간 투자
public	investment	공공 투자

▷ I think you made a really **good investment**. 나는 네가 정말로 좋은 투자를 했다고 생각한다.

▷ It is very important to increase **public investment** in the health service. 보건 분야에 공공 투자를 늘리는 것은 아주 중요하다.

invitation /ìnvətéiʃən/ 명 초대; 초대장

give	an invitation	초대하다
extend	an invitation	
receive	an invitation	초대를 받다
get	an invitation	
accept	an invitation	초대에 응하다
refuse	an invitation	초대를 거절하다
turn down	an invitation	
decline	an invitation	

▷ He **extended** an **invitation** *to* all his friends on the occasion of his graduation party. 그는 자신의 졸업 파티에 친구들을 모두 초대했다.

▷ Please **accept** an **invitation** *to* our wedding. 저희 결혼식에 와 주십시오.

▷ I'm sorry. I'll have to **decline** your **invitation**. 미안하지만 초대를 사양해야 할 것 같습니다.

a formal	invitation	정식 초대

▷ I still haven't received a **formal invitation**. 나는 아직 정식 초대를 받지 못했어.

invitation	to A	A에의 초대

▷ I just got an **invitation to** dinner from Mike and Helen. 나는 방금 마이크와 헬렌한테서 저녁 식사 초대를 받았다.

at	the invitation of A	A의 초대로
at	A's invitation	
by	invitation (only)	초대받은 사람만

▷ I've come **at the invitation of** Professor Thornton. 저는 손턴 교수의 초대로 왔습니다.

▷ Admission is **by invitation only**. 입장은 초대받은 사람에게만 허용됩니다.

invite /inváit/

동 초대하다, 부르다; 권유하다, 촉구하다

formally	invite	정식으로 초대하다
cordially	invite	정중하게 초대하다
kindly	invite	
warmly	invite	따뜻하게 초대하다
invite	along	같이 가자고 청하다
invite	back	답례로 초대하다
invite	in	집에 초대하다
invite	out	데이트 신청을 하다
invite	over	집에 초대하다

▷ We **cordially invite** you to a party at our house on the 28th of this month. 이번 달 28일에 저희 집에서 여는 파티에 정중히 초대합니다.

▷ I was **kindly invited** to give a speech at her wedding. 나는 그녀의 결혼식에서 축사를 해달라는 정중한 요청을 받았다.

▷ I think we should **invite** Tom **along** on our trip to Canada. 우리가 캐나다 여행을 갈 때 톰에게 함께 가자고 청해야 할 것 같아.

▷ After visiting the exhibition, Anna **invited** me **back** for a meal. 전시회를 관람한 뒤 애나는 자기 집에서 함께 식사를 하자고 청했다.

▷ Tom's **invited** me **out**! Finally!!! 톰이 나한테 데이트 신청을 했어! 드디어!!!

▷ Would you like to **invite** Eddie **over** for supper tonight? 에디를 오늘밤 우리 집에 저녁 식사하자고 초대하는 게 어떨까요?

invite A	for B	A를 B에 초대하다
invite A	to B	

▷ She **invited** Peter **for** dinner. 그녀는 피터를 저녁 식사에 초대했다.
▷ I'd like to **invite** you **to** dinner this weekend. 이번 주말에 너를 저녁 식사에 초대하고 싶어.

invite A	to do	A에게 …해달라고 요청하다

▷ They **invited** him **to** stand up and sing another song. 그들은 그에게 일어나서 노래를 한 곡 더 불러달라고 요청했다.
▷ He was **invited to** propose a toast. 그는 건배사를 해달라는 요청을 받았다.

involve /inválv/

동 포함하다; 휘말리게 하다, 관여시키다

inevitably	involve	필연적으로 포함하다
necessarily	involve	

▷ The company's new plan **inevitably involves** job losses. 회사의 새 계획은 필연적으로 실업을 유발한다.

involve A	in B	A를 B에 관여시키다
involve oneself	in A	A에 깊이 관여하다

▷ I don't want to **involve** her **in** a difficult situation. 나는 그녀를 어려운 상황에 끌어들이고 싶지 않다.
▷ I don't want to **involve** myself **in** your personal affairs. 나는 네 개인적인 일에 관여하고 싶지 않다.

involve	doing	…하는 것을 포함하다

▷ Taking this job has **involved** doing a lot of overtime. 이 자리에 취직하면서 야근을 많이 하게 되었다.

involved /inválvd/ 형 관련된, 참여하는

closely	involved	밀접하게 관련된
heavily	involved	깊이 관련된
deeply	involved	
actively	involved	적극적으로 참여하는
directly	involved	직접 관련된

▷ I have been **closely involved** in the work of two committees. 나는 두 위원회의 일에 깊이 관여하고 있다.
▷ Jennifer is **heavily involved** in the women's movement. 제니퍼는 여성 운동에 깊이 관여하고 있다.
▷ He is **actively involved** in the Communist Party. 그는 공산당에 적극적으로 참여하고 있다.

be involved	in A	A에 참여하고 있다
be involved	with A	
be involved	with A	A와 사귀는 관계다

★ get involved, become involved도 쓰인다.

▷ More than 5,000 people were **involved in** the demonstration. 5천 명 이상이 시위에 참여했다.
▷ He never **gets involved with** his colleagues at work. 그는 직장 동료와는 절대 사귀지 않는다.

iron /áiərn/ 명 철

iron and steel	철강

▷ The **iron and steel** industries were particularly important in 19th century Britain. 철강 산업은 19세기 영국에서 특히 중요했다.

island /áilənd/ 명 섬

a small	island	작은 섬
a remote	island	외딴 섬
a tropical	island	열대의 섬
a volcanic	island	화산 섬
a desert	island	무인도

▷ It's only a **small island**, but both countries claim it is theirs. 그곳은 작은 섬일 뿐이지만, 두 나라가 서로 자기 영토라고 주장한다.
▷ Saint Helena is a **volcanic island** in the Atlantic Ocean. 세인트헬레나는 대서양에 있는 화산 섬이다.

issue /íʃuː/ 명 문제, 문제점

raise	an issue	문제를 제기하다
address	an issue	문제에 대응하다
consider	an issue	문제를 검토하다
examine	an issue	
discuss	an issue	문제를 토론하다
resolve	an issue	문제를 해결하다
confuse	an issue	문제를 얼버무리다

▷ Before we close the meeting, I'd like to **raise an issue** if I may… 회의를 마치기 전에, 괜찮다면 문제를 하나 제기하고 싶습니다만….
▷ These days politicians fail to **address** the most important **issues**. 요즘 정치인들은 가장 중요한 문제들에 대응하지 못하고 있다.

a major	issue	큰 문제
a big	issue	

an important	issue	중요한 문제
a key	issue	
the main	issue	가장 큰 문제
a central	issue	중심 문제
a fundamental	issue	기본적인 문제
a thorny	issue	귀찮은 문제
an environmental	issue	환경 문제
a political	issue	정치 문제
a social	issue	사회 문제

▷ This small problem has now turned into a **major issue**. 이 작은 문제는 이제 큰 문제로 확대됐다.
▷ Abuse of drink and drugs is an important **social issue**. 술과 약물 남용은 심각한 사회 문제다.

at	issue	논쟁중인, 쟁점인

▷ We're all agreed about that. That point is not **at issue**. 우리는 모두 그것에 동의했다. 그것은 쟁점이 아니다.

item /áitəm/ ⑧ 항목; 품목; 기사

select	an item	품목을 고르다

▷ She **selected** several **items** that were discounted at 50%. 그녀는 50% 할인된 몇 가지 품목을 골랐다.

individual	items	각각의 항목; 개별 품목
an agenda	item	의제 항목
a news	item	뉴스 항목

▷ You can either have a set meal or order **individual items**. 세트 메뉴를 먹어도 되고 개별 품목을 주문해도 된다.

item	on A	A의 항목, 품목

▷ That **item of** news is of great interest to me. 그 뉴스 항목은 나에게 무척 흥미롭다.
▷ Let's move on to the next **item on** the agenda. 의제의 다음 항목으로 넘어갑시다.

item by item		항목별로, 품목별로

▷ The police checked everything in the house **item by item**. 경찰은 집안의 물건을 하나하나 조사했다.

J

jacket /dʒǽkit/ ⑧ 재킷, 웃옷

wear	one's jacket	재킷을 입고 있다
put on	one's jacket	재킷을 입다
remove	one's jacket	재킷을 벗다
take off	one's jacket	

▷ Why don't you **put on** your **jacket**? It's getting cold. 재킷을 입지 그래? 날이 추워지고 있어.
▷ Do you mind if I **take off** my **jacket**? 재킷을 벗어도 되겠습니까?

a jacket and tie	재킷에 넥타이

▷ Dress is formal. **Jacket and tie**. 정장 차림으로 참석해주세요. 재킷에 넥타이 차림으로.

a denim	jacket	청재킷
a leather	jacket	가죽 재킷
a tweed	jacket	트위드 재킷
a dinner	jacket	턱시도
a life	jacket	구명 조끼

▷ It's a formal dinner. You'd better wear a **dinner jacket**. 격식을 차린 저녁식사 자리니까 턱시도를 입는 게 좋겠습니다.

jam /dʒæm/ ⑧ 잼

spread	jam	잼을 바르다

▷ He likes to **spread** a lot of **jam** on his toast. 그는 토스트에 잼을 듬뿍 바르는 것을 좋아한다.

homemade	jam	수제 잼
apricot	jam	살구 잼
blueberry	jam	블루베리 잼
strawberry	jam	딸기 잼

▷ **Homemade jam** tastes much better than the jam you buy in the shops. 집에서 만든 잼이 가게에서 산 것보다 훨씬 맛있다.
▷ I love **strawberry jam** on my toast. 나는 토스트에 딸기 잼을 발라 먹는 게 좋다.

jam /dʒæm/
⑧ 밀어 넣다; 메우다; 움직이지 않게 하다

jam A	into B	A를 B에 밀어 넣다
be jammed	with A	A로 가득 차 있다

▷ He hurriedly **jammed** all his clothes **into** his

suitcase and rushed out of the house. 그는 자기 옷을 모두 급히 여행 가방에 쑤셔 넣고 집 밖으로 뛰쳐나갔다.

▷ Every bank holiday the roads are **jammed with** traffic. 공휴일마다 자동차들로 길이 꽉 막힌다.

jam	up	밀집시키다
be jammed	together	옴짝달싹 못하다

▷ There were far too many people in the elevator. Everybody was **jammed together**. 엘리베이터에 사람이 너무 많았다. 모두 옴짝달싹 못하고 있었다.

jaw /dʒɔː/ 몡 턱

clench	one's jaw(s)	입을 앙다물다
set	one's jaw	

▷ "I'm not going to drink that horrible medicine," said the little girl and **clenched** her **jaws** until they ached! "그 맛없는 약 안 먹을 거예요." 여자아이가 이렇게 말하고 입을 아프도록 앙다물지 뭐예요!

the lower	jaw	아래턱
the upper	jaw	위턱
a square	jaw	각진 턱
a broken	jaw	부러진 턱
a fractured	jaw	

▷ I can't move my **lower jaw**. 아래턱을 움직일 수가 없어.

▷ After the car crash they found that he had got a **broken jaw**. 자동차 사고 후에 보니 그는 턱이 부러져 있었다.

A's jaw	tightens	A의 입매가 굳어지다
A's jaw	drops	입이 딱 벌어지다

▷ Her **jaw dropped** in astonishment. 그녀는 놀라서 입이 딱 벌어졌다.

job /dʒɒb/ 몡 일, 직업; 임무

have	a job	직업이 있다
do	a job	일을 하다
look for	a job	구직하다
apply for	a job	일자리에 지원하다
find	a job	취직하다
get	a job	
take	a job	
land	a job	
lose	one's job	실직하다
quit	one's job	일을 그만두다
give up	one's job	
offer	a job	일자리를 제공하다
create	jobs	고용을 창출하다
change	jobs	전직하다

▷ I **had** a permanent **job** in Chicago. 나는 시카고에서 정규 직업이 있었다.

▷ I'm happy to **do** a **job** there. 거기서 일하게 되어서 기쁘다.

▷ I'm out of work. I'm **looking for** a **job**. 나는 실직 중이야. 일자리를 구하고 있어.

▷ She **applied for** a **job** as a waitress in a restaurant. 그녀는 레스토랑 웨이트리스 자리에 지원했다.

▷ She **found** a **job** at the airport. 그녀는 공항에 취직했다.

▷ She **got** a new **job** last month. 그녀는 지난 달에 새로 취직했다.

▷ She **took** a **job** as a police officer. 그녀는 경찰관으로 취직했다.

▷ Ken **lost** his **job** last month. 켄은 지난 달 실직했다.

▷ I've had enough. I'm going to **quit** my **job**. 더 이상 못 참겠어. 직장을 그만둘 거야.

▷ He **offered** me a **job** as his assistant. 그는 내게 자신의 비서직을 제안했다.

a boring	job	지루한 일
a rewarding	job	보람된 일
a satisfying	job	만족스러운 일
a demanding	job	힘든 일
a well-paid	job	보수가 높은 일
a low-paid	job	보수가 적은 일
a full-time	job	상근직
a part-time	job	시간제 일자리
a steady	job	안정된 직업
a stable	job	
a permanent	job	정규직
a temporary	job	임시직
a proper	job	제대로 된 직업
a big	job	중대한 일

▷ It seems many people can't find **satisfying jobs** right now. 지금은 많은 사람들이 흡족한 일자리를 찾지 못하는 것 같다.

▷ It turned out to be a really **demanding job**. 알고 보니 그것은 아주 힘든 일이었다.

▷ Teaching is never a very **well-paid job**. 교사직은 급료가 그렇게 높은 일이 아니다.

▷ She's got a **part-time job** at MacDonald's. 그녀는 맥도날드에서 시간제 일자리를 구했다.

▷ She wants to marry someone with a **stable job**.

그녀는 직업이 안정된 사람과 결혼하고 싶어한다.
▷ I only have a part-time job now, but want to get a **proper job** as soon as I can. 나는 지금은 시간제로 일하지만, 되도록 빨리 제대로 된 직장을 구하고 싶다.
▷ That's a **big job**! 그건 중대한 일이야!

out of	a job	실직 상태인
on	the job	업무 중; 현장에서

▷ I'm **out of** a **job** now. 나는 지금 실직 상태다.
▷ He had a heart attack and died **on** the **job**. 그는 근무 중에 심장 발작이 일어나서 죽었다.

(PHRASES)
Good job! ☺ 잘했어. ▷ You did really well. Good job! 아주 잘했어. 훌륭해!
That's my job. ☺ 그건 내 일이다.

joke /dʒouk/ 명 농담

make	a joke	농담하다
tell	a joke	
crack	a joke	
enjoy	a joke	농담을 즐기다
have	a joke	농담을 함께 즐기다
share	a joke	
get	the joke	농담을 이해하다
take	a joke	농담을 웃어 넘기다
play	a joke	조롱하다

★× say a joke라고는 하지 않는다.

▷ He's quite fun to be with. He's always **making jokes**. 그 사람이랑 함께 있으면 아주 재밌어. 늘 농담을 하거든.
▷ Mr. Carter is not the best person to **have** a **joke** *with*. He has no sense of humor at all! 카터 씨는 농담을 함께 즐길 상대가 못 돼. 유머 감각이 전혀 없더라고!
▷ What are you laughing at? Come on! **Share** the **joke**! 왜 웃는 거야? 그러지 말고, 같이 웃자고!
▷ He doesn't like to be laughed at. He can't **take** a **joke**. 그는 놀림 받는 걸 좋아하지 않는다. 농담을 받아들일 줄 모르는 것이다.
▷ He loves **playing jokes** *on* people. 그는 다른 사람들을 조롱하는 것을 좋아한다.

a good	joke	재미있는 농담
a bad	joke	재미없는 농담
a silly	joke	유치한 농담
a stupid	joke	
an old	joke	오래된 농담
a cruel	joke	잔인한 농담
a sick	joke	불쾌한 농담
a dirty	joke	저속한 농담
a practical	joke	짓궂은 장난

▷ That's a **good joke**! 그 농담 재밌다!
▷ You shouldn't tell **dirty jokes** when there are women around. 여자들 앞에서는 저속한 농담 하지 마.
▷ Be careful of Tony! He likes playing **practical jokes**. 토니 조심해! 걔는 짓궂은 장난을 잘 치니까.

a joke	about A	A에 대한 농담

▷ He told me this terrific **joke** *about* an Englishman and an Irishman. 그는 내게 영국인과 아일랜드인에 대한 이 기발한 농담을 들려주었다.

(PHRASES)
It's a joke. ☺ 농담이야.
It's no joke. ☺ 농담이 아니야.

journalist /dʒɜ́ːrnəlist/ 명 저널리스트, 기자

a freelance	journalist	프리랜스 기자
a foreign	journalist	외국 기자
a financial	journalist	경제부 기자
a political	journalist	정치부 기자

▷ **Foreign journalists** are no longer being allowed into the country. 외국 기자들은 이제 그 나라에 입국이 허가되지 않는다.

journey /dʒɜ́ːrni/ 명 여행, 이동

make	a journey	여행하다
begin	a journey	여행을 시작하다
go on	a journey	
set out on	a journey	
continue	one's journey	여행을 계속하다
break	one's journey	여행을 중단하다
complete	one's journey	여행을 끝내다

▷ She's always wanted to **go on** a **journey** around the world. 그녀는 늘 세계 여행을 하고 싶어 했다.
▷ Some friends of mine have just **set out on** a **journey** up the Amazon. 내 친구 몇 명은 아마존 강 상류로 가는 여행을 시작했다.
▷ Finally he **completed** his **journey** around the world. 마침내 그는 세계 여행을 마쳤다.

a long	journey	긴 여행
a short	journey	짧은 여행
a hazardous	journey	위험한 여행

| joy |

a dangerous	journey

▷ It's quite a **long journey** by car from London to Edinburgh. About 7 hours. 자동차로 런던에서 에든버러까지는 꽤 먼 길이다. 7시간 정도 걸린다.

PHRASES

Safe journey! / Have a safe journey. ☺ 안전한 여행 하세요!
Safe journey home! / Safe journey back! ☺ 안전하게 돌아오세요!

joy /dʒɔi/ 명 기쁨, 환희

bring	joy	기쁨을 가져오다
share	A's joy	A의 기쁨을 나누다
discover	the joy	기쁨을 발견하다

▷ Her piano playing **brought joy** to many people. 그녀의 피아노 연주는 많은 이들에게 기쁨을 가져다 주었다.
▷ The whole nation **shared** her **joy** at winning the world title. 온 국민이 세계 대회에서 우승한 그녀의 기쁨을 함께 나눴다.

pure	joy	순수한 기쁨
sheer	joy	
a real	joy	진정한 기쁨
a great	joy	커다란 기쁨

▷ It must have been a **great joy** for them when their baby was born. 아기가 태어난 것은 분명 그들에게 커다란 기쁨이었을 것이다.

for	joy	기뻐서, 기쁨으로
with	joy	

▷ I'm so happy I could jump **for joy**! 너무 기뻐서 펄쩍펄쩍 뛰고 싶다!(★ jump 대신 dance, sing, weep 등도 자주 쓰인다.)

joy and sorrow		기쁨과 슬픔

▷ Often **joy and sorrow** seem to go hand in hand. 기쁨과 슬픔은 나란히 올 때가 많은 것 같다.

be a joy	to do	…하는 것은 기쁘다

▷ It was a **joy to** see her so happy. 그녀가 그렇게 행복한 걸 보니 기뻤다.

justice /dʒʌ́stis/ 명 정의; 정당성; 사법, 재판

ask for	justice	정의를 구하다
do	justice	공정한 대우를 하다
administer	justice	재판하다
bring A to	justice	A를 재판에 붙이다

escape	justice	법의 심판을 피하다

▷ He didn't **do justice** to all the work that we put in to making that report. 그는 우리가 그 보고서를 작성하는 데 들인 모든 노력을 공정하게 평가해 주지 않았다.
▷ The police spent 3 years looking for the murderer, but finally they **brought** him **to justice**. 경찰은 3년 동안이나 살인범을 찾다가 마침내 그를 재판에 붙였다.
▷ He thought he could **escape justice**, but the police caught him. 그는 자신이 법의 심판을 피할 수 있다고 생각했지만, 경찰이 그를 잡았다.

social	justice	사회 정의
civil	justice	민사 재판
criminal	justice	형사 재판

▷ **Social justice** requires that criminals should go to prison. 사회 정의를 위해서 범죄자는 감옥에 가야 한다.

with	justice	공평하게, 공정하게

▷ We should deal with criminals firmly but **with justice**. 우리는 범죄자들을 단호하면서도 공정한 태도로 다루어야 한다.

a sense of	justice	정의감
a miscarriage of	justice	오판

PHRASES

There's no justice. ☺ 이 세상에 정의란 없다, 모든 것이 불공평하다.

K

keen /kiːn/ 형 열심인

extremely	keen	아주 열심인
particularly	keen	특히 열심인
especially	keen	

▷ We told her she could see some koala bears in the zoo, but she didn't seem **particularly keen**. 우리는 그녀에게 동물원에 코알라가 있다고 말했지만, 그녀는 별 관심이 없는 것 같았다.

keen	on A	A를 열망하는

▷ I'm not very **keen on** classical music. 나는 클래식 음악에는 별 관심이 없다.

be keen	to do	…하고 싶어하다
be keen	for A to do	A가 …하는 것을 열망하다

▷ She's really **keen to** meet you. 그녀는 너를 정말 만나고 싶어해.

▷ My father is very **keen for** me **to** take the entrance exam to Seoul National University. 우리 아버지는 내가 서울대학교 입학 시험을 치르기를 간절히 바란다.

key /kiː/ 명 열쇠, 키; 실마리

insert	a key	열쇠를 꽂다
put in	a key	
turn	a key	열쇠를 돌리다
leave	a key	열쇠를 두고 가다
hold	the key	열쇠를 가지고 있다

▷ She **inserted** the **key** but it wouldn't turn. 그녀는 열쇠를 꽂았지만 열쇠가 돌아가지 않았다.

▷ I can't **turn** the **key** in this lock. Maybe it's the wrong one. 열쇠가 돌아가지 않아. 이 열쇠가 아닌 것 같아.

▷ I'll **leave** a **key** for you on the table. 너를 위해 테이블에 열쇠를 두고 갈게.

▷ We're sure he **holds** the **key** to the mystery. 우리는 그가 이 수수께끼를 풀 열쇠를 갖고 있다고 확신한다.

the key	to A	A의 열쇠

▷ Hard work is the **key to** success. 근면은 성공을 여는 열쇠다.

a spare	key	예비 열쇠
a car	key	자동차 키
a door	key	문 열쇠
a house	key	집 열쇠
a room	key	방 열쇠
the arrow	key	화살표 키
the function	key	(컴퓨터) 기능 키
the return	key	리턴 키

▷ Do you have a **spare key**? 너 예비 열쇠 있니?

a bunch of	keys	열쇠 꾸러미

▷ Have you seen a **bunch of keys**? I thought I left them on the table. 열쇠 꾸러미 봤어요? 테이블에 둔 줄 알았는데.

kick /kik/ 명 차는 것, 킥; 흥분, 스릴

give A	a kick	A(사람, 사물)를 차다
take	a kick at A	A(사람)를 차다
aim	a kick	겨냥하고 차다
receive	a kick	차이다
take	a kick	
get	a kick out of A	A에서 즐거움을 느끼다
get	a kick from A	

▷ Hey! Ref! Did you see that? He just **gave** me a **kick**! 이봐요, 심판, 봤어요? 저 사람이 방금 저를 찼어요!

▷ That horrible little boy just **took** a **kick at** me! 저 고약한 꼬마 녀석이 방금 나를 찼어!

▷ The boy **aimed** a **kick** at the ball but missed. 소년은 공을 겨냥해 찼지만 빗나갔다.

▷ The player **took** a **kick** in the stomach. 선수가 배를 찼다.

▷ He **gets** a **kick out of** teasing me. 그는 나를 놀리는 것을 즐거워한다.

a good	kick	좋은 킥
a hard	kick	강한 킥
a powerful	kick	
a goal	kick	골 킥
a corner	kick	코너 킥
a penalty	kick	페널티 킥
a free	kick	프리 킥

▷ The goalkeeper gave the ball a **good kick** and sent it down to the opposite end of the pitch. 골키퍼는 공을 잘 차서 경기장 반대편 끝으로 보냈다.

for	kicks	재미 삼아

▷ They didn't mean any harm. They just did it **for kicks**. 그들은 해를 끼치려고 했던 것은 아니었다. 그저 재미 삼아 해본 것이었다.

kid /kid/ 아이, 자녀; 젊은이

have (got)	a kid	아이가 있다

▷ He **has** a wife and three **kids**. 그는 아내와 세 아이가 있다.

a little	kid	어린 아이
a young	kid	
poor	kid	불쌍한 아이

▷ Don't hurt him. He's only **a little kid**. 그 애 때리지 마. 아직 어린 아이잖아.
▷ **Poor kid!** He lost both parents in a car crash. 불쌍해라! 저 아이는 자동차 사고로 부모를 다 잃었어.

kill /kil/ 죽이다

almost	kill	죽을 듯 힘들게 하다
be nearly	killed	죽을 뻔하다
be killed	instantly	즉사하다

▷ Climbing that mountain **almost killed** me! 그 산을 오르는 것은 죽을 것처럼 힘들었다.
▷ He was **nearly killed** in a train crash. 그는 열차 사고로 죽을 뻔했다.
▷ The truck exploded and he was **killed instantly**. 트럭이 폭발하면서 그는 즉사했다.

be	killed in A	A(사고 등)로 죽다

▷ The whole family were **killed in** a car crash. 그 가족은 모두 교통 사고로 죽었다.

A is	killing me	A(신체 부위)가 죽을 만큼 아프다

▷ Do we have to walk much further? My legs are **killing me**! 앞으로 더 많이 걸어야 해? 다리가 아파 죽겠어!

kilometer /kilámətər/
킬로미터 (★《영》 kilometre)

square	kilometer	제곱 킬로미터
cubic	kilometer	세제곱 킬로미터

▷ About five **square kilometers** of forest was destroyed by fire. 약 5제곱 킬로미터의 숲이 화재로 소실되었다.

30 kilometers from A	A에서 30킬로미터 거리에

▷ Oxford is about 80 **kilometers from** London. 옥스퍼드는 런던에서 80킬로미터 정도 거리에 있다.

kind /kaind/ 종류, 종

the same	kind	같은 종류
a different	kind	다른 종류
all	kinds	모든 종류
every	kind	
any	kind	
some	kind	어떤 종류
another	kind	또 다른 종류
various	kinds	다양한 종류
a particular	kind	특정 종류
the right	kind	적절한 종류

▷ I want to get the **same kind of** computer as yours. 나는 네 것과 같은 종류의 컴퓨터를 사고 싶다.
▷ I think this is a **different kind of** rice. 이것은 다른 품종의 쌀인 것 같다.
▷ There are **all kinds of** reasons why I don't want to marry him. 내가 그와 결혼하기 싫은 데는 무수한 이유가 있다.
▷ She was bitten by **some kind of** insect. 그녀는 어떤 벌레에게 물렸다.
▷ You can buy heaters of **various kinds** in this shop. 이 상점에서는 다양한 종류의 히터를 살 수 있다.
▷ Go to the **right kind of** doctor to find the **right kind of** drug for you. 너에게 맞는 의사를 찾아가서 너에게 맞는 종류의 약을 찾아.

a kind	of A	A의 일종
the kind	of A	A와 같은

▷ "What kind of cake?" "It was a **kind of** lemon cake." "어떤 케이크야?" "레몬 케이크의 일종이야."
▷ He's not the **kind of** person who would tell lies. 그는 거짓말을 할 사람이 아니다.

that kind	of thing	그런 것
this kind	of thing	이런 것

▷ He's very active. He likes snowboarding, skiing, mountaineering—**that kind of thing**. 그는 아주 활동적이다. 스노보드, 스키, 등산—그런 것들을 좋아한다.

king /kiŋ/ 왕, 국왕

be crowned	king	왕위에 오르다
become	king	왕이 되다

▷ William was **crowned King** of England on Christmas Day in 1066. 윌리엄은 1066년 크리스마스에 잉글랜드 왕위에 올랐다.
▷ He never thought he would **become king**. 그는 자신이 왕이 될 거라고는 생각도 하지 않았다.

the late	king	작고한 국왕

the last	king	선왕
the former	king	전 국왕
the future	king	미래의 국왕

▷ The **late king** was greatly loved by his people.
작고한 국왕은 백성들로부터 큰 사랑을 받았다.

the King and Queen	국왕 내외

▷ The **King and Queen** will be arriving shortly.
국왕 내외께서 곧 도착하십니다.

kiss /kis/ 명 키스

give A	a kiss	A(사람)에게 키스하다
drop	a kiss	가볍게 키스하다
plant	a kiss	깊게 키스하다
blow	a kiss	키스를 날리다
return	A's kiss	응답해서 키스하다

▷ He **gave** her **a kiss** on the cheek. 그는 그녀의 뺨에 키스했다.

▷ He **dropped a kiss** on the back of her neck. 그는 그녀의 목덜미에 가볍게 키스했다.

▷ She **blew a kiss** to him on the way out. 그녀는 나가는 길에 그에게 키스를 날렸다.

▷ He kissed her but she didn't **return** his **kiss**. 그는 그녀에게 키스했지만 그녀는 응답 키스를 하지 않았다.

a quick	kiss	빠른 키스
a long	kiss	긴 키스
a gentle	kiss	가벼운 키스
a light	kiss	
a passionate	kiss	격렬한 키스

▷ He gave her **a quick kiss** and rushed back to his car. 그는 그녀에게 재빨리 키스를 하고 얼른 차로 돌아갔다.

kiss /kis/ 동 키스하다

kiss	gently	가볍게 키스하다
kiss	lightly	
kiss	passionately	격렬하게 키스하다

▷ He **kissed** her **gently** on the cheek. 그는 그녀의 뺨에 가볍게 키스했다.

kiss A	goodbye	A에게 작별 키스를 하다
kiss A	goodnight	A에게 잘 자라고 키스하다

▷ Did you **kiss** her **goodnight**? 그녀에게 잘 자라고 키스했니?

kiss A	on B	A(사람)의 B에 키스하다

▷ He **kissed** her **on** the forehead. 그는 그녀의 이마에 키스했다.

knee /niː/ 명 무릎

bend	one's knees	무릎을 구부리다
straighten	one's knees	무릎을 펴다
fall to	one's knees	무릎을 굽히며 주저앉다
drop to	one's knees	
sink to	one's knees	

▷ If you're going to pick up something heavy, you should **bend** your **knees**. 무거운 것을 들어올리려면 무릎을 굽혀야 한다.

on	one's knees	무릎을 꿇고

▷ He was **on** his **knees** hunting for something under the sofa. 그는 무릎을 꿇고 소파 밑에 있는 무언가를 찾고 있었다.

▷ He fell **on** his **knees** and begged her not to go. 그는 무릎을 꿇고 그녀에게 가지 말라고 빌었다.

knife /naif/ 명 나이프, 단도, 칼

hold	a knife	칼을 잡다
pick up	a knife	칼을 집어 들다
carry	a knife	칼을 소지하다

▷ You **hold** the **knife** in your right hand and the fork in your left. 나이프는 오른손에 잡고 포크는 왼손에 잡아라.

▷ He **picked up** a **knife** and started waving it around. 그는 칼을 집어 들고 휘두르기 시작했다.

▷ Be careful! He **carries a knife**! 조심해! 그 사람은 칼을 가지고 있어!

a blunt	knife	무딘 칼
a sharp	knife	날카로운 칼
a kitchen	knife	부엌 칼
a bread	knife	빵 칼
a butter	knife	버터 나이프
a carving	knife	고기 써는 대형 칼
a pocket	knife	주머니 칼

▷ I can't cut the bread with this **blunt knife**. 이 무딘 칼로는 빵을 자를 수가 없다.

▷ We need a **sharp knife**. 우리는 날카로운 칼이 필요하다.

a knife and fork	나이프와 포크

▷ Do you find it easier to eat with a **knife and**

| know |

fork or chopsticks? 나이프와 포크로 식사하는 게 더 쉽니, 아니면 젓가락이 더 쉽니?

| with | a knife | 칼로 |

▷ He cut the rope **with a knife**. 그는 칼로 밧줄을 잘랐다.

know /nou/ 통 알다, 알고 있다

know	full well	잘 알다
know	perfectly well	
know	very well	
know	exactly	정확히 알다
hardly	know	거의 모르다
be well	known	잘 알려져 있다
be best	known	가장 잘 알려져 있다

▷ You **know full well** that I don't have the money to give you. 내가 너에게 줄 돈이 없다는 건 너도 잘 알잖아.

▷ I didn't **know** Tony **very well**. 나는 토니를 잘 몰랐다.

▷ I **know exactly** what you're feeling right now. 나는 지금 네 기분이 어떤지 정확히 알고 있어.

▷ I don't love him. I **hardly know** him! 나는 그 사람을 사랑하지 않아. 그 사람에 대해 아는 것도 거의 없는걸!

▷ Liverpool is **best known** as the home of the Beatles. 리버풀은 비틀즈의 고향으로 가장 잘 알려져 있다.

| know A | about B | B에 대해서 A를 알다 |

★ A는 anything, all, a lot 등

▷ Do you **know anything about** his plans? 그의 계획에 대해 아는 게 있니?

▷ She **knows a lot about** the life of Beatrix Potter. 그녀는 베아트릭스 포터의 삶에 대해 많이 알고 있다.

| know | of A | A를 (들어서) 알다 |

▷ Do you **know of** anyone who could help me? 나를 도와줄 만한 사람 알고 있니?

know	(that)...	…임을 알다
know	wh-	…인지 알다
know	whether	…인지 아닌지 알다
know	if	

★ wh-는 what, where, why, how 등의 의문사

▷ How did you **know that** I stayed there? 내가 거기 있었다는 걸 어떻게 알았어?

▷ Do you **know what** time it is? 지금 몇 시인지 알아?

▷ I don't **know why** she's angry with me. 그녀가 왜 나에게 화가 났는지 모르겠다.

▷ Do you **know where** he lives? 그가 어디에 사는지 아니?

▷ Do you **know how** to get to Forest Lane from here? 여기서 포레스트 레인으로 어떻게 가는지 아니?

▷ I don't **know whether** I can come on Thursday. 내가 목요일에 올 수 있을지 모르겠다.

| let A | know | A(사람)에게 알리다 |

▷ Please **let** me **know** when he arrives. 그가 도착하면 내게 알려줘.

| be known | as A | A로 알려지다 |
| be known | for A | A로 유명하다 |

▷ America is **known as** a nation of immigrants. 미국은 이민자의 나라로 알려져 있다.

PHRASES

Do you know what? / You know what? / Know what? ☺ 있잖아, 그거 알아? ▷ You know what? This is the first time I've ever tried to swim underwater. 그거 알아? 내가 잠영을 해본 건 이번이 처음이야.

How should I know? / How do I know? ☺ 내가 어떻게 알아? ▷ "How do you say 'Hello' in Russian?" "How should I know? No idea!" "러시아어로 '안녕하세요'를 뭐라고 해?" "내가 어떻게 알아? 전혀 몰라!"

I don't know ☺ 몰라. ▷ "Where do you want to go first?" "I don't know. It's up to you." "어딜 먼저 가고 싶어?" "몰라, 네가 정해."

I know ☺ (공감, 동의의 뜻으로) 맞아. ▷ "It was very cold." "I know, I know." "And snowing..." "I know." "엄청 추웠어." "그래, 맞아." "눈까지 오고…" "그러게 말야."

Who knows? ☺ 누가 알겠어?, 몰라. ▷ "Where's he going to?" "Who knows?" "걔 어디로 가는 거야?" "몰라."

Yes, I know. ☺ 그래, 알고 있어. ▷ "You just have to wait two more years. Know what I mean?" "Yes, I know." "너는 2년 더 기다려야 돼. 무슨 뜻인지 알아?" "그래, 알고 있어."

you know ☺ (적당한 말을 찾으며) 그게, 그러니까…; (말 끝에서) (의견 등을 강조하며) …란 말이야 ▷ Well you know – I'm a simple kind of guy. 그러니까… 나는 단순한 사람이야. ▷ I don't like Harry, you know. 나는 해리가 싫단 말이야.

(You) know what? / (You) know something? ☺ (이야기를 꺼내며) 그거 알아? 있잖아. ▷ You know what? I think I'm drunk too. 있잖아, 나도 취한 것 같아.

you never know ☺ (앞날의 일은) 모르는 법이다, 혹시 …할 수도. ▷ You never know. I might marry. 모르는 일이지. 내가 결혼할지도.

knowledge /nάlidʒ/ 명 지식, 아는 것

acquire	knowledge	지식을 얻다
gain	knowledge	
have	some knowledge	지식이 있다
have	little knowledge	지식이 거의 없다
have	no knowledge	지식이 없다
extend	one's knowledge	지식을 넓히다
increase	one's knowledge	지식을 늘리다
require	knowledge	지식이 필요하다
share	one's knowledge	지식을 공유하다

▷ He **acquired** quite a lot of **knowledge** of the political system in the USA. 그는 미국의 정치 제도에 대해 상당히 많은 지식을 쌓았다.

▷ I **had little knowledge** of East Asian culture. 나는 동아시아 문화에 대해 아는 것이 별로 없었다.

▷ He wants to **extend** his **knowledge** of the history of Korea. 그는 한국 역사에 대한 지식을 넓히고 싶어한다.

▷ Doing accurate research these days **requires** a good **knowledge** of statistics. 오늘날 정확한 조사를 하는 데는 상당한 통계 지식이 필요하다.

▷ He refuses to **share** his **knowledge** with his colleagues. 그는 자신이 아는 것을 동료들과 공유하는 것을 거절했다.

common	knowledge	누구나 아는 것
detailed	knowledge	자세한 지식
general	knowledge	일반적인 지식
personal	knowledge	개인적 지식
prior	knowledge	예비 지식
previous	knowledge	
medical	knowledge	의학 지식
scientific	knowledge	과학 지식
technical	knowledge	전문 지식

★개별적인 지식을 가리킬 때는 부정관사를 붙이는 경우가 있다.

▷ The fact that smoking causes cancer is **common knowledge** now. 흡연이 암을 일으킨다는 사실은 이제 누구나 알고 있다.

▷ She has a **detailed knowledge** of modern American literature. 그녀는 미국 현대 문학에 대해 자세히 알고 있다.

▷ I have no **personal knowledge** of her ability as a translator. 나는 통역자로서 그녀의 능력에 대해 개인적으로 알지는 못한다.

▷ You shouldn't try to repair electrical faults without **prior knowledge** of electronics. 전자 기기에 대한 예비 지식 없이 전기 고장을 수리하려고 하면 안 된다.

▷ We need to employ someone with a good **technical knowledge** of building construction. 빌딩 건축에 대한 훌륭한 전문 지식이 있는 사람을 고용해야 한다.

knowledge	about A	A에 대한 지식

▷ He has a very good **knowledge about** world history. 그는 세계사에 대한 지식이 무척 풍부하다.

knowledge	that...	…라는 지식

▷ He had no **knowledge that** she was already married. 그는 그녀가 이미 결혼했다는 것을 몰랐다.

with	A's knowledge	A에게 알린 상태로
without	A's knowledge	A에게 알리지 않고서

▷ She dropped out of university **without** her parent's **knowledge**. 그녀는 부모에게 알리지 않고 대학을 그만두었다.

knowledge and experience	지식과 경험
knowledge and skill(s)	지식과 기술

★ skill(s) and knowledge로도 쓰인다.

▷ He is a great coach who has a lot of **knowledge and experience** about soccer. 그는 축구에 대해 지식과 경험이 많은 훌륭한 코치다.

label /léibəl/

명 라벨, 꼬리표; (레코드 회사의) 상표

carry	a label	라벨이 붙어 있다
bear	a label	
put	a label	라벨을 붙이다
attach	a label	

▷ This sweater doesn't **carry** any **label** about how to wash it. 이 스웨터는 세탁 방법에 대한 라벨이 붙어 있지 않다.

▷ I forgot to **attach** a **label** *to* my suitcase. 나는 여행 가방에 짐표를 붙여야 한다는 걸 잊었다.(★ put을 쓴다면 put a label on)

an address	label	주소 라벨
a luggage	label	짐표
a designer	label	디자이너 상표
a major	label	유명 브랜드

▷ Write your name and address on the **luggage label**. 짐표에 이름과 주소를 쓰세요.

▷ The coats in this store are really expensive. They're all **major labels**. 이 상점의 코트는 정말 비싸다. 모두 유명 브랜드다.

a label	on A	A에 붙은 라벨

▷ The **label on** this sweater says "Wash by hand." 이 스웨터의 라벨에는 '손빨래하라'고 쓰여 있다.

on	the label	라벨에

▷ There should be some washing instructions **on the label**. 라벨에 세탁 방법이 적혀 있을 것이다.

labor /léibər/

명 노동, 노동력; 노동자 (계급); 분만, 진통 (★((영)) labour)

provide	labor	노동을 제공하다
reduce	A's labor	A의 일을 줄이다
withdraw	(one's) labor	파업하다
be in	labor	진통이 있다
go into	labor	진통이 시작되다

▷ Developing countries often **provide** very cheap **labor**. 개발도상국은 노동력이 아주 싼 경우가 많다.

▷ Modern inventions such as washing machines and dishwashers greatly **reduce** our **labor**. 세탁기나 식기 세척기 같은 현대의 발명품은 우리의 노동을 크게 줄여주었다.

▷ The factory workers are threatening to **withdraw** their **labor**. 공장 노동자들은 파업에 들어가겠다고 위협하고 있다.

▷ She was **in labor** for over 16 hours before the baby was born. 그녀가 16시간 이상 진통을 겪고 나서야 아기가 태어났다.

casual	labor	임시 노동자
skilled	labor	숙련 노동자
unskilled	labor	미숙련 노동자
cheap	labor	저임금 노동자
organized	labor	조직 노동자, 노동조합
forced	labor	강제 노동
hard	labor	중노동
manual	labor	육체 노동
physical	labor	
a difficult	labor	난산
an easy	labor	순산

▷ There's a shortage of **skilled labor**. 숙련 노동자가 부족하다.

▷ That company won't pay you very much. They're looking for **cheap labor**. 그 회사는 임금을 많이 주지 않을 것이다. 그들은 저임금 노동자를 찾는다.

▷ They had to work 18 hours a day. It was **forced labor**. 그들은 하루에 18시간씩 일해야 했다. 강제 노동이었다.

▷ The judge sentenced him to 5 years **hard labor**. 판사는 그에게 5년의 중노동을 선고했다.

lack /læk/ 명 결핍, 결여, 부족

the apparent	lack	분명한 결여
a complete	lack	완전한 결여
a total	lack	
a general	lack	전반적인 결여
a relative	lack	상대적인 결여

▷ He was shocked by the **apparent lack** of enthusiasm of his students. 그는 학생들의 명백한 열의 부족에 충격을 받았다.

▷ He has a **complete lack** of interest in his job. 그는 자기 일에 아무런 흥미가 없었다.

▷ I'm afraid there's a **general lack** of discipline in this school. 이 학교는 전반적으로 규율이 부족한 것 같다.

lack	of A	A의 결여

★ A는 interest, confidence, experience, funds, information, knowledge, understanding 등.

▷ Many people died because of the **lack of** good medical care. 많은 사람들이 양질의 의료 혜택 부족

으로 목숨을 잃었다.

for	lack of A	A가 부족해서
through	lack of A	
by	lack of A	

▷ They couldn't complete the project **for lack of money**. 그들은 자금이 부족해서 그 사업을 완수하지 못했다.

ladder /lǽdər/ 명 사다리; (출세의) 수단, 연줄; (신분·지위의) 계급, 지위

put up	a ladder	사다리를 세우다
climb (up)	the ladder	사다리를 오르다
move up	the ladder	
climb down	the ladder	사다리를 내려가다
descend	the ladder	
fall off	a ladder	사다리에서 떨어지다

▷ If we **put a ladder up** *against* the wall, we can climb in through the upstairs window. 벽에 사다리를 세우면, 위층 창문을 통해 들어갈 수 있다.
▷ **Climb down** the **ladder** before the fire spreads! 불이 퍼지기 전에 사다리를 내려가!
▷ "How did he break his leg?" "He **fell off a ladder**." "그 사람은 어쩌다 다리가 부러졌어?" "사다리에서 떨어졌어."

the evolutionary	ladder	진화의 사다리
the social	ladder	사회적 서열
the career	ladder	출세의 사다리

▷ He's never been interested in the **career ladder**. He just wants an easy life. 그는 출세하는 데 관심을 둔 적이 없다. 그저 무난한 인생을 원한다.

the ladder	to A	A에 걸쳐놓은 사다리; A로 가는 계단

▷ He slowly climbed the **ladder to** the roof. 그는 천천히 사다리를 딛고 지붕으로 올라갔다.

lady /léidi/ 명 여성; 숙녀

an elderly	lady	노부인
an old	lady	
a young	lady	젊은 여성
a lovely	lady	사랑스러운 여성

▷ There's a **young lady** waiting outside to see you. 바깥에 어떤 젊은 여자가 너를 만나겠다고 기다리고 있다.
▷ Have you met Ben's wife? She's a **lovely lady**. 벤의 아내 만난 적 있어? 정말 사랑스러운 여자야.

a lady	with A	A가 (몸에) 있는 여성

▷ The **lady with** gray hair and glasses is Emma's mother. 백발에 안경을 쓴 여자분이 에마의 어머니야.

lake /leik/ 명 호수

overlook	the lake	호수를 내려다보다

▷ She lives in a beautiful house **overlooking** the **lake**. 그녀는 호수를 내려다보는 아름다운 집에서 산다.

a large	lake	큰 호수
a big	lake	
a huge	lake	거대한 호수
a small	lake	작은 호수
a man-made	lake	인공 호수
an artificial	lake	
a freshwater	lake	담수호
a frozen	lake	얼어붙은 호수

★'큰 호수'를 표현할 때는 large 쪽이 big보다 훨씬 더 자주 쓰인다.

▷ We live near to a **large lake** in Switzerland. 우리는 스위스의 큰 호수 근처에 산다.
▷ Have you ever skated on a **frozen lake**? 얼어붙은 호수에서 스케이트 타봤어?

on	the lake	호수에서
in	the lake	
at	the lake	
around	the lake	호수 주변에

▷ Let's go fishing **on** the **lake**. 호수로 낚시 가자. (★× to the lake라고는 하지 않는다.)
▷ Let's walk **around** the **lake**. 호수 주변을 산책하자.

land /lænd/ 명 토지; 뭍, 육지; 국토

agricultural	land	농지
arable	land	경작 가능한 토지
cultivated	land	농경지
adjoining	land	인접한 토지
fertile	land	비옥한 토지
poor	land	척박한 토지
industrial	land	공업용지
private	land	사유지
public	land	공유지
forest	land	삼림지대
open	land	광활한 토지

| land |

| one's native | land | 고국 |

▷ There's a lot of **fertile land** near to the river. 강가에는 비옥한 토지가 많다.
▷ It's **poor land**. Nothing grows well on it. 그곳은 척박한 땅이다. 거기서는 어떤 것도 잘 자라지 않는다.
▷ I live in Korea, but England is my home country—my **native land**. 나는 한국에 살지만, 영국이 나의 고향, 조국이다.

| an area | of land | (일정 면적의) 토지 |
| a piece | of land | (한 구획의) 토지 |

▷ The proposed new town will cover a huge **area of land**. 제안된 신도시는 넓은 면적의 땅에 건설될 것이다.

| by | land | 육로로 |
| on | land | 육지에 |

▷ It'll take longer to get there by sea than **by land**. 거기 가는 데는 육로보다 해로가 시간이 더 걸릴 것이다.
▷ Penguins live half in the sea and half **on land**. 펭귄은 절반은 바다에 살고 절반은 육지에 산다.

land /lænd/ 图 착륙하다; 상륙하다, 상륙시키다; 지면에 떨어지다

| land | safely | 무사히 착륙하다 |
| land | heavily | 세게 떨어지다 |

▷ Even though one engine was on fire, the airplane **landed safely**. 엔진 한 군데에 불이 났는데도 비행기는 무사히 착륙했다.
▷ He fell from the window and **landed heavily** on his back in the garden below. 그는 창문에서 떨어져 아래쪽 정원에 등으로 쿵 떨어졌다.

| land | at A | A (장소)에 착륙하다 |

▷ We **landed at** London Heathrow at 8 o'clock in the evening. 우리는 저녁 8시에 런던 히스로 공항에 착륙했다.

landing /lǽndiŋ/

图 착륙, 착지; 계단참 또는 꼭대기

| make | a landing | 착륙하다 |

▷ The plane **made** a safe **landing**. 비행기는 무사히 착륙했다.

a crash	landing	동체 착륙, 불시착
a forced	landing	
an emergency	landing	비상 착륙

a safe	landing	안전한 착륙
a soft	landing	연착륙
the first-floor	landing	1층 계단 꼭대기

▷ The plane had to make a **forced landing** because of engine trouble. 비행기는 엔진 문제로 불시착을 해야 했다.

landscape /lǽndskèip/

图 풍경; 풍경화; 전망; 상황

a beautiful	landscape	아름다운 풍경
a rural	landscape	전원 풍경
an urban	landscape	도시 풍경
an industrial	landscape	산업 경관
the political	landscape	정치적 환경
the social	landscape	사회적 환경

▷ The English painter, John Constable, loved painting **rural landscapes**. 영국 화가 존 콘스터블은 시골의 풍경을 즐겨 그렸다.
▷ She hated living in such a small village. She was seeking a wider **social landscape**. 그녀는 그렇게 작은 마을에서 사는 게 싫었다. 더 넓은 사회적 환경을 추구했던 것이다.

lane /lein/ 图 차선; 좁은 길

| change | lanes | 차선을 변경하다 |
| turn into | the lane | 좁은 길로 들어서다 |

▷ It's dangerous to keep **changing lanes** when you're driving. 운전하면서 차선을 계속 변경하는 것은 위험하다.
▷ **Turn into** the **lane** and you'll see the church on the right. 좁은 길로 접어들면 오른쪽에 교회가 보일 것이다.

the fast	lane	고속 차선
the slow	lane	서행 차선, 완속 차선
the inside	lane	안쪽 차선
the middle	lane	중앙 차선
the outside	lane	바깥쪽 차선
the passing	lane	추월 차선
a narrow	lane	좁은 길
a winding	lane	구불구불한 길

▷ I don't like driving in the **fast lane**. 나는 고속 차선에서 운전하는 게 싫다.
▷ Cars were traveling much too fast along the **outside lane**. 자동차들이 바깥쪽 차선에서 과속으로 달리고 있었다.
▷ Our car got stuck in a **narrow lane**. 우리 차는

좁은 차선에서 꼼짝 못하게 되었다.

down	the lane	좁은 길을 지나
up	the lane	
along	the lane	좁은 길을 따라

▷ She walked **down** the **lane** to the post office. 그녀는 우체국까지 좁은 길을 걸어갔다.

language /læŋgwidʒ/ 명 언어, 말

learn	a language	언어를 배우다
study	a language	
speak	a language	언어를 말하다
understand	the language	언어를 이해하다
use	language	언어를 사용하다

▷ It's easier to **learn** a **language** when you're young. 어렸을 때 언어를 배우는 것이 더 쉽다.
▷ "Can you **speak** any foreign **languages**?" "Yes, I can speak French and German." "할 줄 아는 외국어가 있니?" "응, 프랑스어와 독일어를 할 수 있어."
▷ When I arrived in England, I couldn't **understand** the **language** at all. 영국에 도착했을 때 나는 영어를 전혀 몰랐다.

one's native	language	모국어
a foreign	language	외국어
an international	language	국제어
the official	language	공용어
a common	language	공통어
spoken	language	구어
written	language	문어
everyday	language	일상어
body	language	신체 언어
sign	language	수화
computer	language	컴퓨터 언어

▷ We all learn to speak our **native language** without trying very hard. 우리는 모두 별로 노력하지 않고도 모국어를 배운다.(★ mother tongue이라고도 한다.)
▷ In many African countries the **official language** is English. 많은 아프리카 나라에서 공용어로 영어가 쓰인다.
▷ The **spoken language** is often very different from the **written language**. 구어는 문어와 아주 다른 경우가 많다.

PHRASES
Watch your language! / Mind your language! ☺ 말 조심해!

large /lɑːrdʒ/ 형 큰, 넓은; 많은

fairly	large	상당히 큰
relatively	large	비교적 큰
sufficiently	large	충분히 큰

▷ A **fairly large** proportion of housewives have part-time jobs. 주부들 중 상당히 많은 수가 시간제로 일한다.
▷ A **relatively large** percentage of the population supported the government's decision. 비교적 많은 국민들이 정부의 결정을 지지했다.

large	enough	충분히 큰

▷ This apartment isn't **large enough** for a big family. 이 아파트는 대가족이 살 만큼 충분히 크지 않다.

get	large	커지다
grow	large	

last /læst/ 형 최후, 마지막; 마지막 사람[사물]

the last	to do	…하는 최후의 사람[사물]

▷ He was the **last to** arrive. 그는 마지막에 도착했다.

the night	before last	그저께 밤
the week	before last	지지난 주
the year	before last	재작년

▷ I'm OK now, but the **night before last** I felt really ill. 지금은 괜찮아. 하지만 그제 밤에는 정말 아팠어.(★'그저께'는 the day before yesterday라고 한다. the month before last '지지난 달'은 잘 사용하지 않고, 보통 two months ago라고 한다.)

late /leit/ 형 늦은; 끝날 무렵의; 작고한

a bit	late	약간 늦은
a little	late	
extremely	late	완전히 늦은
relatively	late	비교적 늦은
too	late	너무 늦은

▷ Sorry! I'm **a bit late**. The traffic was terrible. 미안! 조금 늦었어. 길이 엄청 막혀서.
▷ It's **too late** for breakfast and too early for lunch. 아침을 먹기에는 너무 늦었고 점심을 먹기에는 너무 이르다.
▷ It's **too late** *to* do anything about it now. 그걸 어떻게 해보기에는 이제 너무 늦었다.

late	for A	A에 늦은

late	with A	A(지불 등)이 늦은

▷ Peter! You're **late for** class again! 피터! 수업에 또 늦었구나!

late	summer	늦여름
late	2010	2010년 후반
the late	eighties	80년대 후반
the late	19th century	19세기 후반
one's late	teens	10대 후반

▷ *In* **late autumn** the tree turns a wonderful red and gold color. 늦가을에 나무는 아름다운 붉은색과 금색으로 변한다.

▷ It was built *in* **the late 19th century**. 그것은 19세기 말에 지어졌다.

▷ The woman is probably *in* her **late twenties**. 그 여자는 아마 20대 후반일 것이다.

the late	John Cheever	고(故) 존 치버
the late	Mr. Cheever	고(故) 치버 씨

★× the late John이라고는 하지 않는다.

▷ **The late** John Cheever left hundreds of thousands of pounds to charity in his will. 고 존 치버는 유언으로 수십만 파운드를 자선 단체에 기부했다.

(PHRASES)
I'm sorry I'm late. / Sorry I'm late. ☺ 늦어서 미안합니다.

laugh /læf/ 圕 웃음, 웃음 소리

give	a laugh	웃음 소리를 내다
have	a laugh	웃다
get	a laugh	웃기다
raise	a laugh	

▷ Brad **gave** a little **laugh**. 브래드는 작은 소리로 웃었다.

▷ "He's always playing jokes on people." "Yes, he'd do anything to **get a laugh**." "그는 항상 사람들을 놀려." "맞아. 그는 웃기려면 무슨 일이든 할 거야."

a good	laugh	큰 웃음; 즐거운 일; 유쾌한 사람
a little	laugh	가벼운 웃음
a short	laugh	짧은 웃음
a harsh	laugh	거친 웃음

▷ Let's get a group together and go to Disneyland! Go on! It'll be a **good laugh**! 사람들을 모아서 디즈니랜드에 가자! 그러자! 재미있을 거야!

▷ "If you think you're going to marry my daughter, you've made a big mistake," he said, giving a **short laugh**. "자네가 내 딸과 결혼하게 될 거라고 생각한다면 그건 큰 착각이야." 그가 짧게 웃으며 말했다.

laugh /læf/ 圄 (소리 내어) 웃다

laugh	loudly	큰 소리로 웃다
laugh	aloud	
laugh	out loud	
laugh	heartily	실컷 웃다
laugh	a lot	많이 웃다
laugh	quietly	소리 없이 웃다
laugh	softly	
laugh	nervously	불안하게 웃다
laugh	harshly	거칠게 웃다

▷ Don't **laugh** so **loudly**! Everybody's looking at you! 그렇게 큰 소리로 웃지 마! 모두 널 보고 있잖아!

▷ The book I was reading was so funny that I **laughed out loud**. 읽고 있던 책이 너무 웃겨서 나는 큰 소리로 웃었다.

▷ "Oh! So you think I'm pretty, then!" she said and **laughed softly**. "아! 그러니까 제가 예쁘다고 생각하신다고요!" 그녀가 말하고 조용히 웃었다.

begin	to laugh	웃기 시작하다
start	to laugh	
burst out	laughing	웃음을 터뜨리다
make A	laugh	A를 웃게 하다

▷ Tom's a really crazy guy! Once he **begins to laugh**, he can't stop! 톰은 정말 이상한 애야! 한 번 웃기 시작하면 멈추지를 못해!

▷ When I told my brother that I had just dropped my cellphone down the toilet, he **burst out laughing**! 내가 방금 휴대폰을 변기에 빠뜨렸다고 형에게 말했더니, 형이 웃음을 터뜨렸다!

▷ Don't **make me laugh**! 날 웃기지 마!

laugh	about A	A에 대해 웃다
laugh	at A	A를 보고 웃다, 비웃다

▷ It seems to be a serious problem now, but in a few days I'm sure we'll all **laugh about** it. 지금은 심각한 문제처럼 보이지만, 며칠 지나면 우리 모두 그 일에 대해 얘기하며 웃을 거야.

▷ I was so embarrassed! Everybody was **laughing at** me! 너무 창피했어! 모두가 나를 보고 웃더라고!

launch /lɔːntʃ/

圄 발사하다, 시작하다; 출시하다

be officially	launched	정식으로 시작되다
recently	launched	최근에 착수했다

▷ Our new sales campaign will be **officially launched** next month. 우리의 새로운 판촉활동이 다

음 달 공식적으로 시작된다.

▷ The Government **recently launched** a new scheme to help the unemployed. 정부는 최근 실업자를 지원하는 새로운 계획에 착수했다.

law /lɔː/ 冏 법, 법률; (개별) 법률, 법규

become	law	(법안이) 법이 되다
enforce	the law	법을 집행하다
change	the law	법을 개정하다
amend	the law	
obey	the law	법을 지키다
keep	the law	
break	the law	법을 위반하다
violate	the law	

▷ The police are finding it more and more difficult to **enforce** the **law**. 경찰은 법을 집행하는 일이 점점 어려워지고 있다고 생각한다.

▷ Everybody should **obey** the **law**. 누구나 법을 지켜야 한다.

▷ **Breaking** the **law** is a very serious matter. 법을 위반하는 것은 아주 심각한 문제다.

civil	law	민사법
commercial	law	상법
criminal	law	형사법
common	law	관습법
company	law	회사법
copyright	law	저작권법
international	law	국제법
private	law	사법(私法)
public	law	공법(公法)

▷ She's studying **criminal law** at Cambridge University. 그녀는 케임브리지 대학에서 형법을 공부하고 있다.

▷ **International law** is a very complicated subject to study. 국제법은 공부하기가 아주 어려운 과목이다.

law and order	법과 질서

▷ The police are responsible for keeping **law and order**. 경찰은 법과 질서를 유지할 책임이 있다.

against	the law	법을 위반해서
by	law	법에 따라, 법으로
under	the law	법 아래에서
within	the law	법이 허락하는 범위에서
above	the law	법이 미치지 않는

▷ It's **against** the **law** to use a cellphone while driving. 운전하면서 휴대폰을 사용하는 것은 불법이다.

▷ In Korea drinking and driving is not allowed **by law**. 한국에서 음주 운전은 법으로 금지되어 있다.

▷ Driving without a license is prohibited **by law**. 무면허 운전은 법으로 금지되어 있다.(★permitted, protected, obliged 등도 by law와 자주 함께 쓰인다.)

▷ The university is **within** the **law** to put up "NO SMOKING" signs. 대학이 '금연' 표시를 붙이는 것은 합법이다.

lawyer /lɔ́ːjər/ 冏 변호사, 법률가

consult	a lawyer	변호사와 상담하다
see	a lawyer	

▷ It'll be expensive if we **consult a lawyer**. 변호사와 상담하려면 돈이 많이 들 것이다.

▷ You need to **see a lawyer**. 변호사와 상담해 봐.

a defense	lawyer	피고측 변호사
a criminal	lawyer	형사 전문 변호사

lead /liːd/ 冏 선두; 전례, 모범; 주연, 주역

have	the lead	앞서고 있다
get	the lead	앞서다
hold	the lead	선두를 지키다
take	the lead	선두에 서다
lose	the lead	선두를 빼앗기다
regain	the lead	다시 앞서다
follow	the lead	전례를 따르다
follow	A's lead	뒤따르다
give	the lead	모범을 보이다
play	the lead	주연으로 연기하다

★ have the lead, get the lead에서 앞서는 거리를 표현하는 경우는 다음과 같이 말한다. He has a lead of 5 meters. 그는 5미터 앞서고 있다.

▷ Jennings **had** the **lead** at the beginning of the race. 제닝스는 경기 초반에 선두로 달렸다.

▷ Look! The Australian swimmer has **taken** the **lead** again! 저거 봐! 오스트레일리아 수영 선수가 다시 앞서고 있어!

▷ If we can persuade Pete to join our club, I'm sure lots of others will **follow** his **lead**. 우리가 피트를 클럽에 가입시키면, 분명히 많은 사람이 피터를 따라올 거야.

▷ We need somebody to **give** the **lead** and then everybody else will follow. 우리에겐 모범을 보일 사람이 필요해. 그러면 모두가 따라갈 거야.

▷ What's the name of the actor who's **playing**

the **lead** in Macbeth? 맥베스에서 주연으로 연기하는 배우 이름이 뭐야?

a big	lead	크게 앞섬
a clear	lead	확실한 선두
a narrow	lead	아슬아슬한 선두
an early	lead	초기의 선두

▷ In the marathon the British runner got a **big lead**, but then lost it. 마라톤에서 영국 선수가 크게 앞섰지만 나중에는 선두 자리를 잃었다.
▷ I think Taylor will win the race. He has a **clear lead**. 나는 테일러가 시합에서 이길 것 같아. 지금 확실히 앞서고 있거든.
▷ The Japanese team took an **early lead**, but in the end they lost 3-0 to China. 일본 팀은 초기에는 앞섰지만, 결국 중국에 3-0으로 졌다.

in	the lead	앞서서

▷ I can't believe it! We're actually **in the lead**! 믿을 수가 없어! 우리가 정말로 앞서고 있다니!
▷ Messi scored again before half time to put his team **in the lead**. 메시는 전반전에 다시 한 골을 넣어서 팀을 앞서게 했다.

lead	of five points	5점 앞서는 일
lead	over A	A를 앞서는 일

▷ The Australian swimmer had a **lead of** nearly 2 meters. 오스트레일리아 수영 선수가 거의 2미터를 앞섰다.
▷ The U.S.A. team had a big **lead over** all the other countries. 미국 팀이 다른 나라들을 크게 앞섰다.

lead /liːd/ 통 (앞에 서서) 이끌다, 선도하다; 이르다, 이어지다; 지도하다

easily	lead	쉽게 이르다
eventually	lead	끝내 이끌다
ultimately	lead	
inevitably	lead	필연적으로 이어지다
lead	directly	직결되다

★ eventually, ultimately, inevitably는 동사의 뒤에도 쓰인다.

▷ If we don't take action now, it could **easily lead** to problems in the future. 지금 행동을 취하지 않으면 이 일은 앞으로 여러 가지 문제로 이어질 것이다.
▷ The path **eventually led** to a small cottage in the middle of the forest. 그 길은 결국 숲 속의 작은 오두막으로 이어졌다.
▷ Many courses at the university **lead directly** to professional qualifications. 대학의 많은 수업이 전문 자격과 직결된다.

lead	to A	A로 이어지다
lead A	to B	A를 B로 이끌다
lead A	into B	

▷ I don't think this road **leads to** Oxford. 이 길이 옥스퍼드로 이어지는 것 같지는 않다.
▷ Finally, Beckham **led** his team **to** victory. 마침내 베컴이 팀을 승리로 이끌었다.

lead A	to do	A가 …하도록 유도하다

▷ He **led** everyone **to** believe he was a millionaire! 그는 모두가 자신을 백만장자로 믿도록 유도했다!

leader /líːdər/ 명 지도자, 리더, 대표

elect	a leader	지도자를 선출하다

▷ We need to **elect** a group **leader**. 우리는 단체 대표를 뽑아야 돼.

the former	leader	전 지도자
a political	leader	정치 지도자
a religious	leader	종교 지도자
the party	leader	당 대표
an opposition	leader	야당 지도자

▷ He was the **former leader** of the Republican Party. 그는 공화당의 전 대표였다.

leadership /líːdərʃip/
명 지도자의 지위; 지도력, 통솔력

provide	leadership	지도력을 발휘하다
take over	the leadership	지휘권을 잡다

▷ In this situation we need someone to **provide** good **leadership**. 이 상황에서 우리는 훌륭한 지도력을 발휘할 사람이 필요하다.
▷ We need somebody new to **take over** the **leadership** of our party. 새로운 인물이 우리 당의 지휘권을 잡아야 한다.

political	leadership	정치 지도력

▷ The Prime Minister showed great **political leadership**. 총리는 훌륭한 정치 지도력을 발휘했다.

lack of	leadership	지도력의 부재
A's style of	leadership	A의 통솔 방식

▷ Our country has suffered from **lack of leadership** for too many years. 우리 나라는 너무 오랫동안 지도력의 부재에 시달렸다.
▷ The President's **style of leadership** has been

very impressive. 대통령의 통솔 방식은 아주 훌륭하다.

under	A's leadership	A의 지도력 아래

▷ The health service was greatly improved **under** the **leadership** of President Obama. 오바마 대통령의 지도력 아래 의료 제도가 크게 개선되었다.

leaf /liːf/ 명 나뭇잎

come into	leaf	잎이 나다
shed	leaves	잎을 떨어뜨리다

▷ The trees in our garden are beginning to **come into leaf**. 우리 정원의 나무들에서 잎이 나기 시작한다.
▷ It's autumn and the trees are beginning to **shed** their **leaves**. 가을이 되니 나무들이 잎을 떨구기 시작한다.

leaves	fall	나뭇잎이 떨어지다
leaves	turn red	단풍이 들다

▷ Look, Bill! The autumn **leaves** are **falling**! 빌, 저기 봐! 단풍잎이 떨어지고 있어!
▷ The **leaves** are **turning red**. Autumn is coming. 나뭇잎에 단풍이 드네. 가을이 오고 있어.

young	leaves	어린 잎
autumn	leaves	단풍잎
dead	leaves	고엽
fallen	leaves	낙엽

▷ Insects prefer to eat **young leaves**. 벌레는 어린 잎을 더 잘 먹는다.
▷ **Dead leaves** provide food for next year's plants. 고엽은 다음 해에 자라날 식물들의 양분이 된다.

leak /liːk/

명 누출구; (물, 가스 등의) 누출; 정보 누출

spring	a leak	누출되다, 새다
plug	the leak	누출구를 막다
stop	a leak	누출을 막다

▷ The hosepipe in the garden has **sprung** a **leak**. I'm soaking wet! 정원의 호스가 새서 내가 쫄딱 젖었어!
▷ There's water everywhere! We've got to **plug the leak**! 사방이 물이야! 누출구를 막아야 돼!

a leak	in A	A의 누출구
a leak	from A	A에서 새는 일
a leak	to A	A로 정보가 누출됨

▷ Look! There's a **leak in** the water tank. 여기 봐! 물탱크에서 물이 새.

a gas	leak	가스 누출
an oil	leak	기름 누출
a radiation	leak	방사능 누출
a water	leak	누수

▷ I think there's a **gas leak**. Stop! Don't strike any matches! 가스가 새는 것 같아. 잠깐! 성냥 켜지 마!

learn /ləːrn/ 동 배우다, 습득하다; 알게 되다

soon	learn	금방 배우다
quickly	learn	
gradually	learn	천천히 배우다
never	learn	전혀 배우지 못하다

▷ This machine is not so difficult to operate. You'll **soon learn** how to do it. 이 기계는 작동시키는 게 별로 어렵지 않아. 쓰는 법을 금방 배울 거야.
▷ Why did you go out in the freezing cold without a coat? You'll catch a cold! You **never learn**! 이렇게 추운데 왜 코트도 안 입고 나갔니? 그러다 감기 걸려! 넌 왜 배우는 게 없니?

be surprised to	learn	알고 놀라다

▷ I was **surprised to learn** that Tom had been married twice before. 나는 톰이 전에 두 번이나 결혼했었다는 걸 알고 놀랐다.

learn	about A	A에 대해 알게 되다
learn	of A	

▷ We only **learnt about** her long illness after her death. 우리는 그녀가 죽은 다음에야 그녀가 오래 투병했다는 것을 알게 되었다.
▷ It was only after 6 months that we **learned of** his adventures in the Amazon Jungle. 우리는 6개월 뒤에야 그가 아마존 정글에서 겪은 모험을 알게 되었다.

learn	(that)...	…라는 것을 알게 되다
learn	(how) to do	…하는 법을 배우다
learn	wh-	…을 알게 되다
★ wh-는 what, who, whether 등		

▷ I **learnt that** when you're angry sometimes it's better to keep quiet and say nothing. 나는 화가 나면 입을 다물고 침묵하는 것이 좋을 수도 있다는 것을 배웠다.
▷ He **learned to** drive a car. 그는 자동차 운전하는 법을 배웠다.
▷ He **learned how to** read music. 그는 악보를 읽는

▷ We still haven't **learnt** exactly **what** happened. 우리는 정확히 무슨 일이 있었는지 아직도 모른다.

leave /liːv/

동 떠나다; 두다; …한 상태로 두다

leave	now	지금 떠나다
leave	soon	곧 떠나다
leave	immediately	즉시 떠나다
always	leave	항상 …한 상태로 두다
usually	leave	보통 …한 상태로 두다

▷ I'm really sorry, I've got to **leave now**. 정말 미안한데, 지금 떠나야 해.

▷ Oh! Is that the time? I'm afraid we'll have to **leave soon**. 아! 시간이 이렇게 됐나? 아쉽지만 우리는 곧 떠나야겠네.

▷ Why do you **always leave** your room in such a mess? 너는 왜 네 방을 항상 그렇게 지저분하게 두는 거니?

leave	for A	A를 향해 출발하다

▷ They **left for** New Zealand last Thursday. 그들은 지난 목요일에 뉴질랜드로 출발했다.

leave	A B	A(사람)에게 B를 남기다
leave	B to A	

▷ Tom **left** Louise a lot of money. 톰은 루이즈에게 많은 돈을 남겨주었다.(★Tom left a lot of money to Louise.보다 이 형식으로 쓰는 경우가 더 많다.)

leave A	to B	A를 B에 맡기다
leave A	to do	A에게 맡겨서 …시키다

▷ **Leave** it **to** me. I'll get it done. 그 일은 나한테 맡겨. 내가 할게.

▷ "Look at all that mess after the party!" "It's OK. You can **leave** me **to** do the clearing up." "파티가 끝나고 나서 이 난장판 좀 봐!" "괜찮아. 청소하는 건 나한테 맡겨."

(PHRASES)
I'm leaving. ☺ 지금 갑니다.

lecture /léktʃər/ 명 강의, 강연; 설교

give	a lecture	강의를 하다
deliver	a lecture	
attend	a lecture	강의에 출석하다
skip	a lecture	강의를 빼먹다
get	a lecture	설교를 듣다
give A	a lecture	A에게 설교하다

▷ He **gave** an interesting **lecture** on the English language. 그는 영어에 대해 흥미로운 강의를 했다.

▷ Hundreds of students **attended** his **lecture**. 학생 수백 명이 그의 강의에 출석했다.

▷ "I heard you had to see the headmaster. What happened?" "Oh, he just **gave** me a **lecture** on the importance of not missing classes!" "교장 선생님한테 불려갔다며? 무슨 일이니?" "아, 그냥 수업 빼먹지 말라고 설교를 하셨어!"

an inaugural	lecture	취임 강연
a memorial	lecture	기념 강연
a public	lecture	공개 강연

▷ Professor Dalton is giving a **public lecture** next week. 댈턴 교수가 다음 주에 공개 강연을 한다.

a course of	lectures	강좌
a series of	lectures	일련의 강의

▷ I'm attending a **course of lectures** at Harvard University. 나는 하버드 대학의 강좌를 수강하고 있다.

▷ She's going to the U.S.A. to deliver a **series of lectures** on global warming. 그녀는 지구 온난화에 대한 일련의 강의를 하러 미국에 갈 것이다.

left /left/ 명 왼쪽; (the left의 형태로) 좌익

on	the left (of A)	(A의) 왼쪽에
to	the left	왼쪽으로

▷ Please turn to page 45 and look at the graph **on the left**. 45쪽을 펴고 왼쪽의 그래프를 보세요.

▷ Sorry! I turned **to the left** when I should have turned right. 미안! 우회전했어야 하는데 좌회전했어.

from left	to right	왼쪽에서 오른쪽으로
from right	to left	오른쪽에서 왼쪽으로

▷ The Arabic language is written **from right to left**. 아랍어는 오른쪽에서 왼쪽으로 쓴다.

the far	left	극좌, 극단적인 좌파
the extreme	left	

▷ Regarding politics, Tom's definitely to **the extreme left**. 정치적인 면에서 톰은 확실히 극좌에 속한다.

leg /leg/ 명 다리

cross	one's legs	다리를 꼬다
stretch	one's legs	다리를 뻗다
swing	one's leg(s)	다리를 늘어뜨리다
break	one's leg	다리가 부러지다

▷ She sat down on the sofa and **crossed** her **legs**. 그녀는 소파에 앉아서 다리를 꼬았다.

▷ I've been sitting in front of this computer for hours. It's time I **stretched my legs**! 나는 몇 시간 동안 컴퓨터 앞에 앉아 있었다. 이제 다리를 펼 시간이다!

▷ You've never ridden a horse before? Just **swing your leg** over the saddle! 말을 타본 적 없어? 그냥 안장에 앉아서 다리를 늘어뜨리면 돼!

▷ He **broke** his **leg** in a skiing accident. 그는 스키 사고로 다리가 부러졌다.

| on | one leg | 한쪽 다리로 |

▷ The flamingo is a strange bird. It likes to stand **on one leg**! 홍학은 이상한 새다. 한쪽 다리로 서는 걸 좋아한다!

a front	leg	앞다리
a hind	leg	(동물의) 뒷다리
the rear	leg	
a broken	leg	부러진 다리

▷ My dog had a fight recently. His front legs are OK, but one of his **hind legs** is broken. 내 개가 최근에 싸움을 했다. 앞다리는 괜찮은데, 한쪽 뒷다리가 부러졌다.

▷ He's in hospital with a **broken leg**. 그는 다리가 부러져서 입원해 있다.

legislation /lèdʒisléiʃən/

명 입법; (제정된) 법률

call for	legislation	법률 제정을 촉구하다
draft	legislation	법안을 기초하다
introduce	legislation	법안을 제출하다
pass	legislation	법안을 가결하다
adopt	legislation	법률을 채택하다
enact	legislation	법률을 시행하다

▷ Many have **called for legislation** *against* discrimination at work. 많은 사람들이 직장 내 차별을 금지하는 법률 제정을 촉구했다.

| under | legislation | 법률에 의하면 |

▷ **Under** current **legislation**, eye tests are compulsory for working people with computers. 현 법률에 의하면, 컴퓨터로 일하는 사람들에게는 시력 검사가 필수적이다.

leisure /líːʒər/ 명 여가

| work and leisure | | 일과 여가 |

▷ It's important to make a distinction between **work and leisure**. 일과 여가를 구별하는 것이 중요하다.

leisure	facilities	여가 시설
leisure	industry	레저 산업
leisure	time	여가 시간
leisure	activities	여가 활동

▷ How do you spend your **leisure time**? 너는 여가 시간을 어떻게 보내니?

| at | leisure | 여유롭게 |
| at | one's leisure | 여유 시간에 |

▷ He didn't make any special effort to complete the report. He did it **at leisure**. 그는 보고서를 완성하려고 별다른 노력을 하지 않았다. 서두르지 않고 천천히 작성했다.

▷ Completing a jigsaw puzzle is something you can do **at** your **leisure**. 퍼즐을 맞추는 것은 여가 시간에 할 수 있는 일이다.

length /léŋkθ/ 명 길이; 기간

measure	the length	길이를 재다
have	a length	길이가 …이다
reach	a length	길이에 이르다
extend	the length	길이를 늘이다
reduce	the length	길이를 줄이다
run	the length of A	A의 끝에서 끝까지 뻗다
walk	the length of A	A를 끝까지 걷다

▷ We need to **measure the length** before we buy new curtains. 새 커튼을 사기 전에 길이를 재야 한다.

▷ The fish **had a length** of over 2 meters. 그 물고기는 길이가 2미터가 넘는다.

▷ The crack in the ice **reached a length** of over 20 meters. 얼음에 난 금은 20미터가 넘었다.

▷ I need to **reduce the length** of this dress by at least 4 centimeters. 이 드레스 길이를 적어도 4센티미터는 줄여야 한다.

▷ This path **runs the length of** the stream. 이 길은 개울의 끝에서 끝까지 뻗어 있다.

▷ We **walked the length of** the River Thames from London to Oxford. 우리는 런던에서 옥스퍼드까지 템스 강변을 걸었다.

the average	length	평균 길이
considerable	length	상당한 길이
the whole	length	총길이
the full	length	
the entire	length	

| lesson |

| the total | length | |

▷ The **average length** of a university lecture is about 1 hour. 대학 강의의 평균 시간은 약 한 시간이다.

▷ The tsunami swept along the **whole length** of the coast. 쓰나미가 해안 전체를 휩쓸었다.

▷ He tripped over a chair and fell **full length** onto the floor. 그는 의자에 걸려 넘어지면서 바닥에 죽 뻗었다.

| in | length | 길이가 |
| at | length | 길게; 자세히; 결국 |

★ at length는 동사 speak, talk, chat, discuss와 함께 쓰이는 경우가 많다.

▷ This rope is useless. It's only 10 feet **in length**. 이 밧줄은 쓸모없다. 길이가 겨우 10피트다.

▷ We have to stop now, but we'll discuss this problem again **at length** at our next meeting. 지금은 그만해야 한다. 하지만 이 문제는 다음 회의에서 다시 자세히 토론할 것이다.

▷ I explained and explained and explained! **At length** he understood! 나는 설명하고 설명하고 또 설명했어! 그래서 드디어 그가 이해했지!

| for any length | of time | 기간에 상관없이 |

▷ Did you ever live that wonderful kind of life **for any length of time**? 그런 멋진 삶을 잠시라도 살아본 적이 있어?

| by | half a length | 몸 절반의 차이로 |

▷ She's a great swimmer, but she got beaten **by half a length**. 그녀는 훌륭한 수영 선수지만, 몸 절반만큼의 거리 차이로 졌다.

lesson /lésn/ 圐 수업, 교습, 레슨; 교훈

have	a lesson	수업이 있다
take	a lesson	교습을 받다
give	a lesson	교습을 하다
skip	a lesson	수업을 빼먹다
learn	a lesson	교훈을 얻다
teach	a lesson	교훈을 주다

▷ I'm going to **have** another German **lesson** on Friday. 나는 금요일에 독일어 수업이 또 하나 있다.

▷ I started **taking** piano **lessons**. 나는 피아노 교습을 받기 시작했다.

▷ Jane **gave** her a **lesson** in good manners. 제인은 그녀에게 예의범절에 대해 가르쳤다.

▷ He'll never do that again. I think he's **learnt** his **lesson**. 그는 다시는 그런 짓을 안 할 거야. 교훈을 얻은 것 같아.

an English	lesson	영어 수업
a private	lesson	개인 교습
a valuable	lesson	귀중한 교훈

▷ Mistakes can often teach us a **valuable lesson**. 실수는 귀중한 교훈을 주는 경우가 많다.

| a lesson | in A | A에 관한 수업, 레슨 |
| a lesson | on A | A(전문 분야)의 수업 |

▷ If you want a **lesson in** how to deal with people, just look at Helen. 사람을 다루는 법을 배우고 싶으면, 헬렌을 봐.

letter /létər/ 圐 편지; 문자

write	a letter	편지를 쓰다
sign	a letter	편지에 서명하다
address	a letter	편지에 주소를 쓰다
seal	a letter	편지를 봉하다
stamp	a letter	편지에 우표를 붙이다
send	a letter	편지를 보내다
mail	a letter	편지를 부치다
((영)) post	a letter	
forward	a letter	편지를 전달하다
receive	a letter	편지를 받다
get	a letter	
answer	a letter	편지에 답장하다
reply to	a letter	

▷ I've spent the whole morning **writing letters** of invitation. 나는 오전 내내 초대장을 썼다.

▷ He **wrote** her a very long **letter**, but she didn't reply. 그는 그녀에게 아주 긴 편지를 썼지만, 그녀는 답장하지 않았다.(★'그녀에게 편지를 쓰다'는 write to her라고도 한다.)

▷ She **sent** a **letter** *to* the President of the University. 그녀는 대학 총장에게 편지를 보냈다.

▷ We **forwarded** the **letter** *to* Head Office. 우리는 그 편지를 본사에 전달했다.

▷ We **received** an important **letter** from the bank this morning. 우리는 오늘 아침에 은행에서 중요한 편지를 받았다.

▷ I **answered** the **letter** from that company last week. 나는 지난주에 그 회사가 보낸 편지에 답장했다.

an anonymous	letter	익명의 편지
a formal	letter	격식을 차린 편지
an official	letter	공식 편지
a personal	letter	개인 서신
a thank-you	letter	감사 편지

a fan	letter	팬 레터
a love	letter	연애 편지
a business	letter	사업 서신
a cover	letter	자기 소개서
((영)) a covering	letter	
a capital	letter	대문자
a small	letter	소문자
the initial	letter	두문자, 이니셜

▷ Yesterday I received an **anonymous letter** accusing a member of staff of stealing. 어제 나는 어느 직원의 절도를 고발하는 익명의 편지를 받았다.

▷ Write your address **in capital letters**, please. 주소를 대문자로 써주세요.

a letter	to A	A에게 보내는 편지

▷ I'm writing a **letter to** my brother. 나는 형에게 편지를 쓰고 있다.

by	letter	편지로

▷ I think we should answer **by letter**, not by email. 우리는 이메일이 아니라 편지로 답을 해야 한다고 생각한다.

level /lévəl/ 명 수준, 단계, 관점

achieve	a level	수준을 달성하다
reach	the level	
remain at	a level	수준에 머물다
maintain	a level	수준을 유지하다
raise	the level	수준을 올리다
increase	the level	
reduce	the level	수준을 내리다
determine	the level	수준을 측정하다

▷ In the exams she **achieved** a **level** far higher than anybody else. 시험에서 그녀는 다른 어떤 사람들보다 훨씬 높은 수준을 성취했다.

▷ Electricity consumption **remained at** high **levels** in 2005 and beyond. 전기 소비는 2005년 이후 계속 높은 단계였다.

▷ The entrance exam is much harder now. The university **raised** the **level**. 입학 시험은 지금 훨씬 더 힘들다. 대학이 수준을 올렸기 때문이다.

▷ How can we help **reduce** the **level** of poverty in developing countries? 개발 도상국의 빈곤율을 줄이는 데 우리가 어떻게 도움을 줄 수 있을까?

▷ We sent out a questionnaire to **determine** the **level** of support for our policies. 우리는 우리 정책에 대한 지지를 알아보는 질문지를 발송했다.

a level	rises	수준이 올라가다
a level	falls	수준이 내려가다

▷ Each year the **level** of our first year students seems to be **rising**. 해마다 우리 1학년 학생들의 수준이 오르는 것 같다.

▷ The **level** of water in the lake is **falling**. We've had no rain for over 3 months. 호수의 수위가 내려가고 있다. 석 달 동안 비가 오지 않았기 때문이다.

a high	level	높은 수준
a low	level	낮은 수준
top	level	최고 수준
national	level	전국적 수준
a local	level	지역적 수준
international	level	세계적 수준
a general	level	전반적 수준
the required	level	필요한 수준

▷ There's a **high level** of interest in the new type of kitchen robot. 새로운 종류의 주방 로봇에 높은 관심이 일고 있다.

▷ I think the students are a very **low level** this year, don't you? 내가 보기에 올해 학생들의 수준이 아주 낮은 것 같은데, 당신이 보기엔 어때요?

▷ At the moment she plays for a local team, but soon she'll reach **national level**. 지금 그녀는 지역 팀에서 뛰고 있지만, 곧 전국적 수준이 될 것이다.

▷ He's a good footballer, but maybe he's not **international level** yet. 그는 축구를 잘하지만 아직 세계적인 수준은 아닌 것 같다.

▷ I don't think she'll ever reach the **level required** to be a really good ice-skater. 내가 보기에 그녀는 탁월한 스케이트 선수가 되는 데 필요한 수준에 도달할 것 같지는 않다.

at	a level	…의 면에서
on	a level	
above	the level	수준보다 위에
below	the level	수준보다 아래에

▷ **At** a personal **level** I like him, but I don't think he's the right man for the job. 개인적으로는 그 사람을 좋아하지만, 그가 그 일의 적임자라고는 생각하지 않는다.

▷ Last year's students were definitely **above** the **level** of this year's. 작년 학생들은 올해 학생들보다 분명히 수준이 높았다.

▷ The money supply was **below** the **level** of the previous December. 통화 공급량은 지난 12월의 수준을 밑돌았다.

liberty /líbərti/ 명 자유

protect	liberty	자유를 지키다

| threaten | liberty | 자유를 위협하다 |

▷ It's very important to **protect** individual **liberty**. 개인의 자유를 지키는 것은 아주 중요하다.

civil	liberty	시민의 자유
individual	liberty	개인의 자유
personal	liberty	
political	liberty	정치적 자유
religious	liberty	종교의 자유

▷ **Civil liberty** is closely linked with human rights. 시민의 자유는 인권과 밀접하게 관련되어 있다.
▷ **Religious liberty** means that we can choose freely which god or gods we wish to pray to. 종교의 자유는 우리가 기도하고 싶은 신을 자유롭게 선택할 수 있다는 뜻이다.

| at | liberty | 자유로운, 해방된 |
| liberty | from A | A로부터의 자유 |

▷ The United Nations inspectors were **at liberty** to go wherever they wanted in Iraq. 유엔 조사관들은 이라크에서 원하는 곳은 어디든 갈 자유가 있었다.

| liberty and equality | | 자유와 평등 |

▷ Many countries have fought hard for **liberty and equality**. 많은 나라가 자유와 평등을 위해 힘든 싸움을 벌였다.

library /láibrèri/ 몡 도서관, 도서실

| use | a library | 도서관을 이용하다 |
| borrow A from | the library | 도서관에서 A를 빌리다 |

▷ Young people don't **use libraries** so much these days. They prefer to play computer games. 오늘날엔 젊은이들이 도서관을 그렇게 많이 이용하지 않는다. 그들은 컴퓨터 게임을 더 좋아한다.

an academic	library	학술 도서관
a university	library	대학 도서관
a school	library	학교 도서관
a local	library	지역 도서관
a public	library	공공 도서관

▷ I borrowed these books from our **local library**. 나는 우리 지역 도서관에서 이 책들을 빌렸다.

license /láisəns/

몡 면허, 면허증 (★《영》 licence)

issue	a license	면허를 발급하다
grant	a license	
get	a license	면허를 취득하다
obtain	a license	
have	a license	면허가 있다
hold	a license	
renew	a license	면허를 갱신하다
lose	one's license	면허가 취소되다

▷ The council have **granted** the pub a **license** to stay open until 2:00 a.m. on Saturdays. 지방 의회는 그 술집에 토요일 새벽 2시까지 영업을 할 수 있는 허가증을 발급했다.
▷ If you want to go fishing in this part of the river, you need to **get** a **license**. 강의 이 영역에서 낚시를 하려면 허가증을 받아야 한다.
▷ Do you **have** a driver's **license**? 운전 면허증이 있습니까?
▷ He was caught speeding and **lost** his **license**. 그는 속도 위반으로 걸려서 면허가 취소되었다.

| a license | runs out | 면허가 만료되다 |
| a license | expires | |

▷ You need to get a new license. This one **ran out** on September 1. 너 면허를 새로 받아야 해. 이것은 9월 1일에 만료됐어.

| a provisional | license | (자동차의) 임시 면허증 |

▷ You need to get a **provisional license** before you can get a full one. 정식 면허증을 받기 전에 임시 면허증을 받아야 한다.

| under | license | 인가를 받고 |
| without | a license | 무면허로 |

▷ He was prosecuted by the police for driving **without** a **license**. 그는 무면허 운전으로 경찰에 의해 기소되었다.

lie /lai/ 몡 거짓말

| tell (A) | a lie | (A에게) 거짓말을 하다 |
| live | a lie | 거짓된 생활을 하다 |

▷ Don't believe him. He's always **telling lies** about me! 그 사람 말 믿지 마. 나에 대해서 항상 거짓말만 하나마!
▷ I **told** him a **lie**. 나는 그에게 거짓말을 했다.
▷ He told his boss he was very healthy, but actually he was **living a lie**. He was seriously ill. 그는 상사에게 자신이 아주 건강하다고 말했지만, 사실 그는 진실을 감추고 살고 있었다. 그는 깊은 병을 앓고 있었던 것이다.

| a pack of | lies | 거짓말투성이 |

▷ We tried to find out the truth, but they just told

us a **pack of lies**. 우리는 진실을 찾아내려고 했지만, 그들이 우리에게 해준 말은 거짓말투성이였다.

a big	lie	큰 거짓말
a blatant	lie	뻔한 거짓말
a complete	lie	새빨간 거짓말
a downright	lie	
a white	lie	선의의 거짓말

▷ What? She told you I was married? Unbelievable! That's a **blatant lie**! 뭐? 그 여자가 내가 결혼했다고 그랬다고? 어이가 없다! 그건 말도 안 되는 거짓말이야!

▷ They told us that nobody would lose their jobs, but it was a **complete lie**. 그들은 우리에게 아무도 일자리를 잃지 않을 거라고 했지만, 그것은 새빨간 거짓말이었다.

▷ She told a **white lie** because she didn't want to upset him. 그는 그를 속상하게 하고 싶지 않아서 선의의 거짓말을 했다.

lie /lai/ 图 거짓말을 하다

lie	about A	A에 대해 거짓말을 하다
lie	to A	A(사람)에게 거짓말을 하다

▷ How can I **lie about** my age? 내가 어떻게 내 나이를 속이겠니?

▷ Don't **lie to** me. 나한테 거짓말하지 마.

life /laif/

图 생명, 목숨; 생활; 생애; 인생; 활력; 생물

lose	one's life	목숨을 잃다
risk	one's life	생명의 위험을 무릅쓰다
save	A's life	A의 목숨을 구하다
take	one's (own) life	(스스로) 목숨을 끊다
have	a life	살다, 생활하다
live	a life	
lead	a life	
spend	one's life	인생을 보내다
enjoy	life	인생을 즐기다
change	A's life	A의 인생을 바꾸다
come to	life	살아 움직이다; 활기를 띠다
bring A to	life	A에게 생기를 불어넣다

▷ He **lost** his **life** in a mountaineering accident. 그는 산악 사고로 목숨을 잃었다.

▷ Thanks for lending me the taxi fare home last night, Stella. You **saved** my **life**! 어젯밤에 집에 가는 택시비를 빌려줘서 고마워, 스텔라. 네가 나를 살렸어!

▷ "Did he **take** his **own life**?" "Yes." "그 사람이 스스로 목숨을 끊었나요?" "네."

▷ He **had** a good **life**. He lived until he was nearly 90, didn't he? 그는 잘 살았어요. 거의 90살까지 살았죠?

▷ She **spent** her **life** try*ing* to help poor people in Africa. 그녀는 아프리카의 가난한 사람들을 도우면서 인생을 보냈다.

▷ **Enjoy life** while you can! 즐길 수 있을 때 인생을 즐겨!

▷ He decided to accept a job in Canada and it completely **changed** his **life**. 그는 캐나다에 있는 일자리를 받아들이기로 결심했고, 그것이 그의 인생을 완전히 바꾸었다.

▷ It's fascinating watching animation characters **come to life**. 애니메이션 인물들이 생생하게 움직이는 것을 보면 아주 매혹적이다.

one's early	life	어린 시절
one's adult	life	성인기
one's later	life	만년
a long	life	긴 인생
a short	life	짧은 인생
everyday	life	일상 생활
daily	life	
family	life	가정 생활
married	life	결혼 생활
real	life	현실, 실생활
private	life	사생활
one's personal	life	
public	life	공적 생활
a happy	life	행복한 생활
a hard	life	힘든 생활
a quiet	life	조용한 생활
a normal	life	평범한 생활
rural	life	시골 생활
urban	life	도시 생활
social	life	사회 생활
human	life	인간
animal	life	동물
plant	life	식물
marine	life	해양 생물

▷ He wasn't at all interested in art when he was young, but *in* **later life** he took up painting. 그는 어린 시절에는 미술에 아무 관심이 없었지만, 만년에는 회화를 시작했다.

▷ He had a **long life** and a happy one. 그는 오랫동안 행복한 인생을 살았다.

▷ These books and drawings give us a very good

idea of **everyday life** during the Roman period. 이 책과 그림들은 로마 시대의 일상 생활이 어땠는지를 잘 알려준다.

▷ Disneyland is a fantasy world. **Real life** is entirely different. 디즈니랜드는 환상의 세계다. 현실은 전혀 다르다.

▷ What I do in my **private life** is none of your business. 내가 사생활에서 무슨 일을 하건 네가 상관할 게 아니다.

▷ My granddad wants to retire and lead a **quiet life** in the country. 우리 할아버지는 은퇴를 하고 시골에서 조용하게 살고 싶어하신다.

the prime	of life	인생의 전성기
the rest	of one's life	남은 인생, 여생
the end	of one's life	말년, 만년
the quality	of life	삶의 질
a way	of life	생활 방식

▷ Now that I'm retired I'd like to spend the **rest of my life** reading books and playing golf. 이제 은퇴했으니 독서와 골프를 하며 남은 인생을 보내고 싶다.

▷ At the **end of his life** he suddenly became interested in Christianity. 말년에 그는 갑자기 기독교에 관심을 가졌다.

▷ In many countries the **quality of life** has greatly improved over the last 100 years. 많은 나라에서 지난 100년 동안 삶의 질이 크게 개선되었다.

▷ I need to change my **way of life**. 나는 생활 방식을 바꾸어야 한다.

all	one's life	일평생
for	life	일생동안, 죽을 때까지
in	one's life	인생에서

▷ She spent **all her life** doing her best to help others. 그녀는 평생 최선을 다해 다른 사람들을 도우면서 보냈다.

life and [or] death		삶과 죽음, 생사
life and work		일과 삶
the life and soul		분위기 메이커

▷ Quick! Hurry! Get my father to hospital! It's a matter of **life and death**! 빨리요! 서둘러요! 우리 아버지를 병원에 모셔가 돼요! 생사가 달린 일이란 말예요!

▷ This book is about the **life and work** of Albert Einstein. 이 책은 알버트 아인슈타인의 생애와 업적을 다룬다.

▷ Pete is great fun to be with. He's always the **life and soul** of the party! 피트와 함께 있으면 정말 재밌다. 그는 항상 파티의 분위기 메이커다.

PHRASES

Get a life! ☺ 활기차게 살아! ▷ All you do is sit around the house all day doing nothing. Get a life! 너는 하루 종일 아무것도 안하고 집에서 빈둥거리기만 하는구나. 활기차게 좀 살아!

How's life (with you)? ☺ 어떻게 살아?, 잘 지내? ▷ I'm fine thanks. How's life with you? 나는 잘 지내. 너는 어떻게 살아?

Life is but a dream. ☺ 인생은 덧없는 꿈이다.

Life is short. ☺ 인생은 짧다.

Not on your life! 절대 안 돼! ▷ "I got a great idea! Let's take a ride on a roller coaster!" "No way! Not on your life!" "좋은 생각이 있어! 롤러코스터를 타자!" "싫어! 절대 안 돼!"

That's life. ☺ 인생이란 그런 것이다. ▷ "Every time things are going well for me, something bad suddenly happens." "That's life!" "상황이 좋아질 만하면 항상 나쁜 일이 갑자기 일어나." "인생이 그런 거지!"

This is the life. ☺ 이것이 인생이다!, 아주 좋다! ▷ My father's credit card with no limit and all day to spend in New York! This is the life!!! 한도 없는 우리 아버지 신용카드를 뉴욕에서 하루 종일 쓸 수 있다니! 이게 인생이지!!!

What a life! ☺ 대단한/한심한 인생이다! ▷ We have no job, no money and no hope. What a life! 우리는 직업도 없고, 돈도 없고, 희망도 없다. 한심한 인생이다!

lift /lift/ 圕 ((영)) 엘리베이터 (((미)) elevator); ((영)) (자동차 등에) 타는 일 (((미)) ride)

take	the lift	엘리베이터에 타다
get	a lift	차를 얻어 타다
give A	a lift	A를 태워다 주다
offer A	a lift	A에게 태워다 주겠다고 제안하다

▷ "Let's **take the lift**." "The lift? Oh, you mean the elevator. Americans say 'elevator'!" "리프트를 탑시다." "리프트? 아, 엘리베이터 말하는 거군요. 미국 사람들은 '엘리베이터'라고 해요!"

▷ There's no buses or taxis at this time of night. You need to **get a lift** to the station. 이런 밤 시간에는 버스도 없고 택시도 없어. 너는 차를 얻어 타고 역까지 가야 해.

▷ I'll **give** you **a lift** home. 집까지 태워다 줄게.

▷ I **offered** him **a lift**, and he said he wasn't in a hurry. 나는 그에게 차로 태워다 주겠다고 했지만, 그는 바쁘지 않다고 했다.

light /lait/ 圕 빛, 광선; 등, 전등; 신호

| emit | light | 빛을 내다 |
| cast | light | |

shed	light	
put on	a light	전등을 켜다
switch on	a light	
turn on	a light	
put off	a light	전등을 끄다
switch off	a light	
turn off	a light	

▷ Can you **turn** the **light on**? 불 좀 켜줄래?
▷ **Switch off** the **light**, please. 불 좀 꺼주세요.

light	shines	빛이 나다
a light	comes on	전등이 켜지다
a light	is on	전등이 켜져 있다
a light	is off	전등이 꺼져 있다
a light	goes down	빛이 약해지다
a light	goes out	전등이 꺼지다
a light	goes off	

▷ You press the switch and the **light comes on**. 스위치를 누르면 불이 켜진다.
▷ Tom must be home. The **light** is **on** in his bedroom. 톰이 집에 있는 게 분명해. 그의 방에 불이 켜져 있거든.
▷ There was a power cut and all the **lights went out**. 정전이 되어서 불이 모두 꺼졌다.

bright	light	밝은 빛
dim	light	침침한 빛
natural	light	자연광
infrared	light	적외선
ultraviolet	light	자외선
reflected	light	반사광
fluorescent	light	형광등
neon	light	네온등
a street	light	가로등
a warning	light	경고등
a green	light	녹색불
a yellow	light	노란불
a red	light	빨간불

▷ He didn't stop at a **red light**. 그는 빨간불에 멈추지 않았다.

| light and shade | | 빛과 그림자, 명암 |

▷ Rembrandt's paintings show that he is a master of **light and shade**. 렘브란트의 그림은 그가 빛과 그림자의 대가임을 보여준다.

| a beam of | light | 빛줄기 |
| a glimmer of | light | 가물거리는 빛 |

| the speed of | light | 광속 |

▷ That sports car shot past us *at* the **speed of light**! 그 스포츠카는 광속으로 우리 곁을 지나갔다!

light /lait/ 형 밝은; 가벼운; 약간의

still	light	아직도 밝은
fairly	light	상당히 밝은
relatively	light	비교적 밝은

▷ We should try to get down the mountain while it's **still light**. 우리는 아직 밝을 때 하산을 시도해야 한다.
▷ This suitcase is **fairly light**. I can carry it easily. 이 여행 가방은 상당히 가벼워서 쉽게 가지고 다닐 수 있다.
▷ These golf clubs are **relatively light**. They're better for a woman. 이 골프채는 비교적 가벼워서 여자에게 더 좋다.

like /laik/ 동 좋아하다

always	like	늘 좋아하다
never	like	절대 좋아하지 않다
particularly	like	특히 좋아하다
especially	like	
really	like	무척 좋아하다
rather	like	좋아하는 편이다

▷ Our dog **never likes** having a bath. 우리 개는 목욕을 전혀 좋아하지 않는다.
▷ I **particularly liked** the end of your essay. 나는 네 리포트의 마지막 부분이 특히 마음에 들었다.
▷ I **really like** Japanese food. 나는 일본 음식이 정말로 좋다.

like	doing	…하는 것을 좋아하다
like	to do	
like A	doing	A가 …하기를 바라다
like A	to do	

▷ Do you **like to** go to concerts? 콘서트에 가는 거 좋아해?
▷ I'd **like** you **to** finish this report by the end of the week. 네가 이번 주 말까지 이 보고서를 끝내줬으면 좋겠다.

| like | it when | …할 때가 좋다 |

▷ I **like it when** she sings. 나는 그녀가 노래할 때가 좋다.

likely /láikli/ 형 …할 것 같은, 가능성이 있는

| seem | likely | …할 것 같다 |

▷ It **seems likely** to rain tomorrow. 내일 비가 올 것 같다.

| likely | to do | …할 것 같은 |

▷ He's not **likely to** phone now. It's after midnight. 그 사람이 지금 전화할 것 같지는 않다. 자정이 지났으니.

| hardly | likely | …할 것 같지 않은 |
| quite | likely | 가능성이 꽤 높은 |

▷ They're **hardly likely** to be open for lunch now. It's nearly 3 o'clock. 지금은 점심 메뉴를 제공할 것 같지 않아. 거의 3시가 다 되었어.

▷ "Do you think he'll quit his job?" "Yes, **quite likely**. The pay is very low." "그가 직장을 그만둘 거라고 생각해?" "응, 그럴 가능성이 커. 봉급이 너무 적거든."

| likely | (that)... | …할 것 같은 |

▷ It's **likely that** tomorrow's hike will be postponed owing to bad weather. 내일 등산은 악천후 때문에 연기될 것 같다.

| more than | likely | 거의 틀림없는 |

▷ "Do you think the Democratic Party will win the next election?" "**More than likely**." "민주당이 다음 선거에 이길 것 같아요?" "거의 확실하죠."

limit /limit/ 명 한계, 한도; 제한; 경계; 경계선

set	a limit	제한을 설정하다, 제한하다
impose	a limit	
put	a limit	
reach	one's limit	한계에 이르다
exceed	the limit	한계를 초월하다
push A to	the limit	A(사람)를 한계까지 밀어붙이다

▷ The police have **set** a new speed **limit** *on* this road of 50 kilometers per hour. 경찰은 이 도로에 시속 50킬로미터의 속도 제한을 새로 설정했다.

▷ I think FIFA **imposes** a **limit** *on* the number of tickets that can be sold over the Internet during the World Cup. 피파가 월드컵 기간 중 인터넷으로 판매하는 티켓의 수를 제한하고 있는 것 같다.

▷ We've had to **put** a **limit** *on* the number of students that we can accept this year. 우리는 올해 받을 수 있는 학생의 수를 제한해야 했다.

▷ I've tried to be patient, but now I've **reached** my **limit**. I can't take any more. 참으려고 했지만 이제 한계에 도달했다. 더 이상 참을 수가 없다.

an absolute	limit	절대적 한계
the lower	limit	하한
the upper	limit	상한
a strict	limit	엄격한 제한
an age	limit	나이 제한
a speed	limit	속도 제한
a time	limit	시간 제한
a weight	limit	중량 제한
a financial	limit	재정 한도
a legal	limit	법정 한도

▷ We can contribute $500 to the earthquake disaster fund, but that's the **absolute limit**. 우리는 지진 피해 기금에 500달러를 기부할 수 있지만, 그것이 절대적 한계 액수다.

▷ A **strict limit** was imposed on the number of immigrants allowed to enter the country this year. 올해 허용되는 입국 이민자 수가 엄격하게 제한되었다.

▷ Michael was arrested for drunk driving. He was well over the **legal limit**. 마이클은 음주 운전으로 체포되었다. 그는 법정 한도를 훨씬 초과했다.

| limit | on A | A에 대한 제한 |
| limit | to A | |

▷ There is a **limit to** the number of people who can attend the lecture. 강의에 참석할 수 있는 인원 수는 제한되어 있다.

beyond	the limit	한도를 넘어
over	the limit	
above	the limit	
up to	a [the] limit	한도까지
within	a [the] limit	한도 내에서
within	limits	적당하게
without	limit(s)	무제한으로

▷ Be careful when you're driving not to go **beyond** the speed **limit**. 운전할 때는 제한 속도를 넘지 않도록 조심해.

▷ Don't go **over** the speed **limit**. It's 30 miles an hour and we're doing 45! 제한 속도를 넘어가지 마. 시속 30마일인데, 우리는 지금 45마일이잖아!

▷ We can offer financial help **up to** a **limit** of $50 per student. 우리는 학생 한 명당 50달러 한도까지 재정 지원을 해줄 수 있다.

▷ He would do anything to get that new contract—**within** the **limits** of the law. 그는 새 계약을 체결하기 위해서라면 무슨 일이든 할 것이다—법의 한도 내에서.

▷ You can spend as much as you like on your wedding—**without limit**! 네 결혼식에 원하는 만큼

돈을 써도 좋다—무제한으로!

PHRASES

there is no limit to A ⓘ A에 한도가 없다. ▷That country's President is really dangerous. There's no limit to what he'll do to stay in power. 그 나라의 대통령은 정말 위험하다. 그는 권력을 유지하기 위해서라면 무슨 짓이라도 할 것이다.

limit /límit/ 타 제한하다

extremely	limited	극히 제한된
severely	limited	엄격히 제한된
strictly	limited	
necessarily	limited	불가피하게 제한된

▷I'm afraid the opportunities for promotion in this company are **extremely limited**. 이 회사의 승진 기회는 극히 제한되어 있다.

▷It's a small concert hall so tickets are **strictly limited**. 아주 작은 공연장이라서 티켓 수가 엄격히 제한되어 있다.

▷We'd like to do more, but the amount of help we can offer is **necessarily limited**. 우리는 더 많은 일을 하고 싶지만, 우리가 베풀 수 있는 지원은 불가피하게 한계가 있다.

limit A	to B	A를 B만큼 제한하다

▷During the emergency, supermarkets **limited** the sale of bottled water **to** 2 bottles per person. 비상 사태 기간에, 슈퍼마켓들은 생수 판매를 일인당 두 병으로 제한했다.

line /lai/ 명 선; 열, 행렬; (문자의) 행; 끈; 전화선, 회선; 노선

draw	a line	선을 긋다
mark	a line	선으로 표시하다
cross	the line	선을 넘다
hold	the line	전화를 끊지 않다
stand in	line	줄을 서다
jump	the line	새치기하다

▷We use a ruler to **draw** a straight **line**. 우리는 자를 사용해서 직선을 그린다.

▷**Hold** the **line**, please. I'm putting you through. 전화 끊지 마세요. 연결해 줄게요.

a straight	line	직선
a diagonal	line	사선; 대각선
a vertical	line	수직선
a horizontal	line	횡선; 수평선
a dotted	line	점선
parallel	lines	평행선
a fine	line	가는 선
a thin	line	
a long	line	긴 선, 긴 줄
a short	line	짧은 선, 짧은 줄
the front	line	최전선
a direct	line	직통 전화
the main	line	간선

▷The children queued up in a **straight line** to get their present from Santa Claus. 아이들은 산타클로스한테서 선물을 받으려고 똑바로 줄을 서 있었다.

▷"Have you definitely got that new job?" "Yes. Here's the contract. I've signed on the **dotted line**." "새 직장에 확실히 취직한 거야?" "응. 여기 계약서가 있어. 점선 위에 내가 서명했어."

▷There was a **long line** of people waiting to get into the concert. 사람들이 콘서트장에 들어가려고 길게 줄을 서서 기다리고 있었다.

▷There was an accident on the **main line** from London to York. 런던에서 요크로 가는 간선도로에서 사고가 있었다.

◆ **there is a fine line between** A **and** B A와 B는 한 끗 차이다. ▷There's a fine line between success and failure! 성공과 실패는 한 끗 차이다.

in	(a) line	한 줄로
in	line	줄을 서서; 조화를 이루어
out of	line	조화를 깨는, 규칙에 어긋나는

▷Everybody was waiting **in** a **line** for the department store to open. 모두가 한 줄로 서서 백화점이 개점하기를 기다리고 있었다.

▷Let me know if he steps **out of line**. He has to obey the rules. 그가 방침에 어긋나게 행동하면 알려줘. 그는 규칙에 따라야 해.

link /líŋk/ 명 연결 고리, 인연; 관련, 관계

establish	a link	관련성을 입증하다
make	a link	
find	a link	관련성을 찾아내다
prove	a link	
have	a link	관련이 있다
break	the link	관계를 끊다
maintain	a link	관계를 유지하다
provide	a link	연락을 취하다

▷Doctors have **established** a **link** between too much exposure to the sun and skin cancer. 의사들은 과도한 햇빛 노출과 피부암 사이에 관련이 있음을 밝혀냈다.

▷We think he **has** a **link** with some criminal

organizations. 우리가 보기에 그는 모종의 범죄 조직과 관련이 있는 것 같다.

▷ We need to **maintain** a **link** with our sister company in New York. 우리는 뉴욕의 자매 회사와 관계를 유지해야 한다.

▷ We need to **provide** a better **link** between our manufacturing department and our sales department. 우리는 제조 부문과 판매 부문 사이에 더 긴밀한 연락을 취해야 한다.

close	links	밀접한 관계
a direct	link	직접적 관계
a clear	link	명백한 관계
a strong	link	강력한 관계
a weak	link	약한 관계

▷ People say he has **close links** *with* top people in the government. 사람들은 그가 정부의 최고위층과 밀접한 관계가 있다고 말한다.

▷ We have a **direct link** to our news reporter in Afghanistan. 우리는 아프가니스탄의 뉴스 기자와 직접 연결되어 있다.

▷ There's a **strong link** between alcohol and crime. 알코올과 범죄 사이에는 강력한 관계가 있다.

a link	with A	A와의 연결
a link	to A	
a link	between A and B	A와 B의 연관성

▷ Look at these old photos of our town 100 years ago. They provide a real **link with** the past. 100년 전 우리 도시의 옛 사진들을 보십시오. 이 사진들은 우리를 진짜로 과거와 연결해 줍니다.

▷ There's definitely a **link between** hard work **and** success! 노력과 성공은 분명히 관련이 있다.

link /liŋk/ 图 연결하다

closely	linked	밀접하게 관련된
intimately	linked	
inextricably	linked	
directly	linked	직접 관련된

▷ Poverty is often **closely linked** with crime. 빈곤은 흔히 범죄와 밀접한 관련이 있다.

▷ Doctors say that cigarette smoking is **directly linked** with cancer and heart disease. 의사들은 흡연이 암이나 심장병과 직접적인 관련이 있다고 말한다.

link A	to B	A와 B를 연결하다
link A	with B	

▷ The new airport will be **linked to** London by road and rail. 신공항은 도로와 철도를 통해 런던과 연결될 것이다.

lip /lip/ 图 입술

bite	one's lip	입술을 깨물다
curl	one's lip	입술을 일그러뜨리다
lick	one's lips	입술을 핥다
smack	one's lips	입맛을 다시다
purse	one's lips	입술을 오므리다
kiss	A's lips	A의 입술에 키스하다

▷ He wanted to disagree violently, but he **bit** his **lip** and said nothing. 그는 격렬하게 반대하고 싶었지만, 입술을 깨물고 아무 말도 하지 않았다.

▷ He **smacked** his **lips** over the roast beef. 그는 쇠고기 구이를 보고 입맛을 다셨다.

▷ "Could you lend me $500?" he asked. She **pursed** her **lips**. "Well, that might be difficult." she said. "5백 달러만 빌려주실 수 있을까요?" 그가 물었다. 그녀는 입술을 오므리며 "그건 좀 어렵겠는데요." 하고 말했다.

one's lower	lip	아랫입술
one's bottom	lip	
one's upper	lip	윗입술
one's top	lip	

▷ Did you hear? Tom was in a fight yesterday! He had a really bad cut on his **lower lip**. 들었어? 톰이 어제 싸웠대! 아랫입술에 진짜 심한 상처가 났어.

list /list/ 图 목록, 명단, 일람표, 리스트

make	a list	목록을 만들다, 명단을 만들다
draw up	a list	
compile	a list	

▷ When I go shopping, I always **make a list**. 장을 보러 갈 때 나는 항상 목록을 만든다.

a long	list	긴 목록
a short	list	최종 후보 명단
a detailed	list	자세한 목록
a full	list	완전한 목록
a complete	list	
a chronological	list	연대순 목록
a mailing	list	우편물 수취인 명부
a shopping	list	쇼핑목록
a waiting	list	대기 명단
a wine	list	와인 리스트
a word	list	단어목록

▷ I've made a **long list** *of* people to be interviewed. 나는 면접할 사람들의 긴 명단을 만들었다.

▷ Maybe you'll get the job. I heard you're on the **short list** *of* applicants. 아마 네가 그 자리에 취직할 것 같아. 네가 지원자 최종 합격자 명단에 있다는 말을 들었어.

▷ I need a **full list** *of* everyone who will be attending the party. 나는 파티에 참석할 사람의 전체 명단이 필요해.

▷ I couldn't get a flight to London, but I'm **on** the **waiting list**. 나는 런던행 비행기 표를 구하지 못했지만, 대기 명단에 있다.

| on | a list | 명단에, 목록에 |

▷ My name isn't **on the list**. 내 이름이 명단에 없다.
◆ **high on a list** 우선도가 높은

| top of | the list | 목록 맨 위 |
| bottom of | the list | 목록 맨 아래 |

▷ Three people are going to be promoted this year. Congratulations! Your name is **top of the list!** 올해는 세 명이 승진할 예정인데, 축하합니다! 당신의 이름이 명단 맨 위에 있네요.

listen /lísn/ 통 (주의해서) 듣다

listen	hard	잘 듣다
listen	carefully	주의 깊게 듣다
listen	attentively	
listen	intently	집중해서 듣다

▷ Please **listen carefully**. I'll only say this one time. 잘 들어. 이번 한 번만 말할 테니까.

▷ I can't understand why her lecture notes were so bad. She was **listening intently** throughout the lecture. 나는 왜 그녀의 노트 필기가 그렇게 엉망인지 이해가 안 돼. 강의 내내 열심히 듣고 있었거든.

| listen | to A | A를 듣다; A(사람)의 말을 듣다 |
| listen | for A | A를 들으려 귀를 기울이다 |

▷ I like **listening to** classical music. 나는 클래식 음악 감상을 좋아한다.

▷ **Listen to** me. 내 말 좀 들어봐.

▷ When I play the CD, **listen for** the answers to the questions I've written on the board. CD를 틀면, 내가 칠판에 적은 문제의 답이 뭔지 잘 들어보세요.

PHRASES

Listen (here). ☺ 잘 들어봐.
Now listen. ☺ 자, 잘 들어. ▷ Now listen carefully! You must hand in your reports by the end of this week. 자 잘 들어요. 보고서 제출 기한은 이번 주말이입니다.

little /lítl/ 형 작은; 적은

too	little	너무 적은
very	little	거의 없는
so	little	
relatively	little	비교적 적은
only	a little	약간의

▷ I couldn't finish the exam. There was **too little** time. 나는 시험 답안을 다 못 썼다. 시간이 너무 모자랐기 때문이다.

▷ We've had **very little** snow this winter. 올 겨울에는 눈이 거의 오지 않았다.

▷ **Only a little** sugar and milk in my tea, please. 내 차에는 설탕과 우유를 조금만 넣어주세요.

tiny	little	아주 작은
little	tiny	
lovely	little	사랑스러운
nice	little	작고 멋진
pretty	little	귀여운
poor	little	불쌍한
silly	little	하찮은
stupid	little	

★ little의 앞에 감정을 나타내는 형용사가 온다.

▷ They live in a **little tiny** apartment in the middle of Seoul. 그들은 서울 중심부의 아주 작은 아파트에 산다.

▷ They live in a **lovely little** cottage in the country. 그들은 시골의 작고 예쁜 단층주택에 산다.

▷ She's a **pretty little** girl, isn't she? 그녀는 정말 귀엽지 않아?

▷ **Poor little** thing! She's only four years old and she lost both parents. 불쌍한 것! 겨우 네 살인데 부모를 다 잃다니.

| little | or no | 거의 또는 전혀 없는 |

▷ There's **little or no** reason to suppose she stole the money. 그녀가 돈을 훔쳤다고 추측할 근거는 없는 셈이다.

live /liv/ 통 살다; 생활하다

live	alone	혼자 살다
live	together	함께 살다
actually	live	실제로 살다
still	live	아직도 살다
live	happily	행복하게 살다
live	frugally	검소하게 살다

▷ Emma **lives alone** in a small apartment in New York. 에마는 뉴욕의 작은 아파트에서 혼자 산다.

▷ I'm not sure if they're married, but they're

living together. 그 두 사람이 결혼했는지는 모르지만, 함께 살고 있다.
▷ I don't **actually live** in London. I just work there. 나는 실제로 런던에 살지는 않는다. 거기서 일할 뿐이다.
▷ Are you **still living** in Tokyo? 아직도 도쿄에 살고 있나요?

live	in A	A에 살다
live	at A	
live	with A	A와 함께 살다

▷ "Where do you live?" "I **live in** New York." "어디 사세요?" "저는 뉴욕에 삽니다."(★ be living은 일시적인 거주를 의미한다. Sumi is living in England. She'll be there for 6 months. 수미는 지금 영국에 산다. 거기서 6개월을 지낼 것이다.)
▷ He **lives with** his family in Sydney. 그는 시드니에서 가족과 함께 산다.

live	to be ninety	90세까지 살다

▷ Do you think you want to **live to be** a hundred? 너는 100살까지 살고 싶니?

living /líviŋ/ 📖 생활; 생계

earn	a living	생활비를 벌다
make	a living	생계를 꾸리다
scrape	a living	간신히 먹고 살다
scratch	a living	

▷ He **earns** his **living** doing part-time jobs. 그는 시간제 일을 해서 생활비를 번다.
▷ He had a really good job, but he lost it and now he **scrapes** a **living** doing a poorly paid part-time job. 그는 좋은 직장이 있었지만, 실직한 뒤로는 저임금 시간제 일로 간신히 먹고 산다.

daily	living	매일의 생활
everyday	living	
a good	living	호화로운 생활

▷ The stress of **daily living** in New York is very high. 뉴욕에서 매일 살아가는 스트레스는 아주 크다.
▷ Famous soccer players and film-stars earn a really **good living**. 유명한 축구 선수와 영화배우들은 무척 호화로운 생활을 할 만큼 큰 돈을 번다.

for	a living	생계를 위해

▷ What do you do **for a living**? (직업으로) 무슨 일을 하나요?

the cost	of living	생계비
the standard	of living	생활 수준

▷ The **cost of living** in Britain has gone up again this year! 영국의 생계비가 올해 또 올라갔다!
▷ We have to do something to improve our **standard of living**. 우리는 생활 수준을 높이기 위해 뭔가 해야 한다.

load /loud/ 📖 짐; 부담, 하중

carry	a load	짐을 나르다, 짐을 지다
bear	a load	
lighten	the load	부담을 덜다

▷ He's responsible for over 750 employees. He **carries** a big **load**. 그는 750명이 넘는 종업원을 책임지고 있다. 큰 짐을 지고 있는 것이다.
▷ Bob's doing the work of two men. We have to do something to help him **lighten** the **load**. 밥은 두 사람 몫의 일을 하고 있다. 그의 부담을 덜어주려면 뭔가 대책을 세워야 한다.

a heavy	load	무거운 짐
a light	load	가벼운 짐
a full	load	짐 전체; 가득 실음

▷ The truck was carrying a **heavy load** of rocks. 그 트럭은 무거운 바위를 싣고 가고 있었다.
▷ Now her mother has died, she has to look after her four younger sisters. It's a **heavy load**. 이제 어머니가 돌아가셨으니 그녀가 여동생 넷을 돌봐야 한다. 그것은 무거운 짐이다.
▷ We can't put any more boxes on that truck: It's already got a **full load**. 그 트럭엔 상자를 더 실을 수 없어. 이미 가득 실었어.

load /loud/ 📖 싣다, 쌓다

fully	loaded	가득 실은
heavily	loaded	무겁게 실은

▷ The truck was **heavily loaded** with bricks. 그 트럭은 벽돌을 잔뜩 실었다.

load A	into B	A를 B에 싣다
load A	onto B	
load B	with A	

▷ Can you help me **load** this furniture **onto** the van? 이 가구를 밴에 실을 수 있게 도와줄 수 있니?
▷ They **loaded** the truck (up) **with** furniture. 그들은 트럭에 가구를 실었다.

loan /loun/ 📖 융자, 대출

make	a loan	대출을 해주다
provide	a loan	

get	a loan	대출을 받다
take out	a loan	
obtain	a loan	
repay	a loan	대출금을 갚다
pay off	a loan	대출금을 모두 갚다

▷ The bank will **provide** a **loan**, but the interest rate is very high. 은행은 대출은 해주지만, 이자가 아주 높다.

▷ We don't have enough money to buy that house. We'll have to **take out** a **loan** from the bank. 우리는 그 집을 살 돈이 충분하지 않다. 은행에서 대출을 받아야 할 것 같다.

▷ It'll take us about 30 years to **repay** the **loan**. 대출금을 갚는 데 30년 정도 걸릴 것이다.

▷ Finally! After 10 years we've finally **paid off** the bank **loan**! 드디어! 10년 만에 우리는 마침내 은행 대출금을 다 갚았다!

a large	loan	고액 대출
a long-term	loan	장기 대출
a short-term	loan	단기 대출
a bridge	loan	연계 대출
((영)) a bridging	loan	
a bank	loan	은행 대출
a home	loan	주택 대출
an interest-free	loan	무이자 대출
a personal	loan	개인 대출
a student	loan	학생 대출

▷ He went to the bank to ask for a **long-term loan**. 그는 장기 대출을 신청하러 은행에 갔다.

on	loan	빌려서

▷ That book's really popular. It's been **on loan** non-stop for 6 months! 그 책은 정말 인기가 많다. 6개월 동안 쉴새 없이 대출 중이다.

a loan	from A	A로부터의 대출

▷ It's now possible to get student **loans from** the government. 이제 정부로부터 학생 대출은 받을 수 있다.

located /lóukeitid/ 형 위치한

centrally	located	중심에 위치한
conveniently	located	편리한 장소에 위치한
ideally	located	이상적인 장소에 위치한

▷ The new university campus in Chicago will be **centrally located**. 시카고의 새 대학 캠퍼스는 중심지에 자리잡을 것이다.

▷ Their house is near the railway station. It's very **conveniently located**. 그들의 집은 기차 역에서 가깝다. 아주 편리한 위치다.

▷ Their cottage is in a beautiful village in the Lake District. It's **ideally located**. 그들의 단층주택은 레이크 디스트릭트의 아름다운 마을에 있다. 이상적인 위치다.

located	in A	A에 위치한

★ at, on, near 등의 전치사도 쓰인다.

▷ Our new office will be **located in** the center of Seoul. 우리의 새 사무실은 서울 중심부에 위치할 것이다.

▷ The toilets are **located near** the station entrance. 화장실은 역 입구 근처에 있다.

location /loukéiʃən/

명 장소, 위치; 야외 촬영지

a central	location	중심지
a remote	location	외진 지역
the exact	location	정확한 위치
the precise	location	
geographical	location	지리적 위치
a secret	location	비밀 장소
a suitable	location	적당한 위치

▷ The shop is somewhere downtown, but I don't know the **exact location**. 그 상점은 시내 어딘가에 있지만, 정확한 위치는 모르겠다.

▷ This satellite navigation system is capable of finding any **geographical location**. 이 위성 내비게이션 시스템은 지리상의 어떤 위치든 찾아낼 수 있다.

location	for A	A에 어울리는 장소

▷ We've found a really good **location for** building a new hotel. 우리는 새 호텔을 짓기에 딱 좋은 장소를 발견했다.

on	location	야외에서 촬영한

▷ They made the film **on location** in South America. 그 영화는 남아메리카 현지에서 촬영되었다.

lock /lɑk/ 명 자물쇠

fit	a lock	자물쇠를 달다
open	a lock	자물쇠를 열다
turn	a lock	
pick	a lock	자물쇠를 (열쇠 아닌 것으로) 따다
break	the lock	자물쇠를 억지로 열다
change	the lock(s)	자물쇠를 바꾸다
replace	the lock(s)	

▷ There's something wrong with this key. It won't **open the lock**. 이 열쇠가 이상해. 자물쇠가 안 열려.
▷ My keys to the apartment were stolen, so I think we should **change the locks**. 내 아파트 열쇠를 도난당했어. 자물쇠를 바꿔야 할 것 같아.

lock /lɑk/ 图 잠기다, 잠그다

lock	automatically	자동으로 잠기다
lock	away	잠가두다
be firmly	locked	확실히 잠기다
remain	locked	잠긴 상태이다

▷ **Lock away** all your money and jewelry in a drawer. 돈과 보석을 서랍에 넣고 잠가두세요.
▷ She pushed hard, but the door was **firmly locked**. 그녀는 세게 밀었지만, 문은 확실히 잠겨 있었다.
▷ This gate has **remained locked** for over twenty years. 이 문은 20년도 넘게 잠겨 있었다.

close and lock		닫고 잠그다

▷ Make sure you **close and lock** the door after you leave. 나갈 때 꼭 문을 닫고 잠가야 해.

forget to	lock	잠그는 것을 잊다

▷ Don't **forget to lock** all the doors and windows. 문과 창문을 전부 잠그는 거 잊지 마.

lock	A in B	A를 B에 넣고 잠그다, 가두다

▷ The ship was **locked in** ice for several months because of the arctic winter. 배는 북극의 겨울 때문에 몇 달 동안 얼음에 갇혀 있었다.

lonely /lóunli/ 图 외로운; 고독한

be	lonely	외롭다
feel	lonely	외로움을 느끼다
get	lonely	외로워지다

▷ I'm **lonely**. I need you. 나 외로워. 네가 필요해.
▷ I **felt** really **lonely** when my best friend moved to another town. 가장 친한 친구가 다른 도시로 이사를 갔을 때 나는 정말 외로웠다.

long /lɔːŋ/ 图 긴, 먼, 오랜

fairly	long	꽤 긴
relatively	long	비교적 긴
so	long	아주 긴
long	enough	충분히 긴

▷ It's a **fairly long** way to the station. I don't think we can walk there. 역까지는 꽤 먼 길이다. 우리가 걸어가긴 힘들 것이다.
▷ It's **so long** since I saw such a good movie. 그렇게 좋은 영화를 본 지 정말 오래됐다.
▷ This rope isn't **long enough**. We'll have to get some more. 이 밧줄은 길이가 충분하지 않다. 조금 더 사야 할 것이다.

A	long	A의 길이의

★A에는 two meters, two miles 같은 길이나 거리, 또는 an hour 같은 시간이 온다.

▷ Look at that snake! It must be at least 4 **meters long**! 저 뱀 좀 봐! 길이가 4미터는 넘겠어!

long and bitter A		길고도 힘든 A

▷ **Long and bitter** experience has taught me a lot of things. 길고도 힘든 경험이 나에게 많은 것을 가르쳐주었다.

(PHRASES)
Long time no see. ☺ 오랜만이야.

look /luk/ 图 보는 것; 얼굴, 표정; 모양, 외관

a careful	look	주의해서 봄
a close	look	자세히 봄
a quick	look	가볍게 훑어봄
a funny	look	웃기는 표정
a puzzled	look	어리둥절한 표정
a strange	look	이상한 표정
a suspicious	look	의심스러운 표정
a worried	look	걱정하는 표정

▷ Take a **careful look** at this report. It's really interesting. 이 보고서를 주의 깊게 읽어 봐. 아주 흥미로워.
▷ Would you mind taking a **quick look** at my essay? 제 리포트를 한 번 훑어봐 주시겠습니까?
▷ When the Scotsman arrived wearing a kilt, everybody started to give him **strange looks**. 그 스코틀랜드인이 킬트를 입고 오자 모두가 그를 이상한 표정으로 쳐다봤다.

have	a look at A	A를 보다
get	a look at A	
take	a look at A	
give A	a look	A를 힐끔 보다
shoot A	a look	A에게 시선을 던지다

▷ "Is that somebody at the door?" "I don't know. I'll **have a look**." "현관에 누가 왔니?" "모르겠어. 내가 볼게."

▷ **Take** a **look at** this photo. Have you ever seen that man before? 이 사진 좀 봐. 이 남자 본 적 있니?

from	the look of A	A를 보면, A를 보고 판단하면
by	the look of A	

▷ **From** the **look of** the program, the concert will be very popular. 프로그램을 보면 콘서트는 아주 인기 있을 것 같다.

look /luk/ 图 (주의해서) 보다; …로 보이다

look	carefully	자세히 보다
look	quickly	휙 보다
look	again	다시 보다
look	around	둘러보다; 주위를 보다
((영)) look	round	
look	away	눈길을 돌리다
look	back	돌아보다
look	down	내려다보다
look	up	올려다보다
look	out	바깥을 보다

▷ **Look carefully** at this photo. Do you recognize the man on the right? 이 사진을 잘 봐. 오른쪽에 있는 남자 알아보겠어?

▷ Why don't you **look around**? You might see something you like. 좀 둘러보지 그래? 네 마음에 드는 게 보일지도 몰라.

▷ Don't **look round**, but I think somebody's following us. 둘러보지 마. 하지만 누가 우리를 따라오고 있는 것 같아.

▷ Don't **look away** from me when I'm talking to you. 내가 말하는데 딴 데로 눈길 돌리지 마.

▷ He **looked back** and saw her waving goodbye. 그가 돌아보니 그녀가 손을 흔들어 작별 인사를 하고 있었다.

▷ "I'm scared of heights!" "Don't **look down**! You'll be OK!" "나는 높은 데가 무서워!" "아래 내려다보지 마! 그러면 괜찮을 거야!"

▷ They **looked down** from the roof at the crowd below. 그들은 옥상에서 아래에 모인 군중을 내려다보았다.

▷ **Look up** there! There's a man on the top of that building! 저기 위를 봐! 건물 꼭대기에 사람이 있어!

look	at A	A를 보다
look	for A	A를 찾다
look	out of A	A의 바깥을 보다
look	through A	A를 훑어보다

▷ "**Look at** that view!" "Yeah. Mountains, lakes... Really beautiful!" "저 풍경 좀 봐!" "그래, 산, 호수… 정말 아름답다!"

▷ "What are you **looking for**?" "My glasses." "뭘 찾고 있어?" "내 안경."

▷ He **looked out of** the window to see if it was still raining. 그는 아직도 비가 오는지 보려고 창 밖을 내다보았다.

▷ I **looked through** the newspaper, but there was nothing interesting. 신문을 쭉 훑어봤지만, 흥미로운 것이 없었다.

look	like A	A와 닮다

▷ She **looks like** her mother. 그녀는 어머니와 닮았다.

▷ What does your boyfriend **look like**? 네 남자친구는 어떻게 생겼니?

it	looks like	…일 것 같다
it	looks as if	

▷ **It looks like** he's not coming. 그가 오지 않을 것 같다.

look	wh-	…인지 살펴보다

★ wh-는 where, what, whether 등

▷ Sorry! I wasn't **looking where** I was going. 미안! 앞을 잘 살펴보지 않았어.

(PHRASES)

I'm just looking. ☺ (가게에서) 그냥 둘러보고 있어요. ▷ "Can I help you?" "It's OK, thanks. I'm just looking." "도와드릴까요?" "괜찮아요. 그냥 둘러보고 있어요."

Look out! ☺ 조심해! ▷ Look out! There's a car coming! 조심해! 차가 오고 있어!

loose /luːs/

휑 느슨한, 느슨한; 매이지 않은; 잡히지 않은

come	loose	풀리다, 느슨해지다
break	loose	도망치다, 자유로워지다
get	loose	
cut	loose	
let A	loose	A를 풀어주다, 놓아주다

▷ Your shoelaces have **come loose**. You'd better do them up. 네 신발끈이 풀렸어. 다시 묶어야겠다.

▷ They tied the dog up with a piece of rope, but he **broke loose** and ran away. 그들은 밧줄로 개를 묶었지만, 개는 줄을 풀고 달아났다.

▷ You shouldn't **let** your dog **loose** on the street. 길에서 개를 풀어놓으면 안 돼.

rather	loose	상당히 헐거운
too	loose	너무 느슨한

▷ I think we should tighten this rope. It's **rather**

loose. 이 밧줄을 더 단단히 조여야 할 것 같아. 너무 헐 거워.

▷ She went on a diet and now all her clothes are **too loose**! 그녀는 다이어트를 하더니 지금은 옷이 전부 헐렁해졌어!

lose /luːz/ 图 잃다; 지다

almost	lost	잃을 뻔했다
nearly	lost	
finally	lost	마침내 잃었다
easily	lose	쉽게 잃다
never	lose	결코 잃지 않다
suddenly	lose	갑자기 잃다

▷ I **nearly lost** my umbrella yesterday. But I remembered it at the last moment. 나는 어제 우산을 잃을 뻔했다. 하지만 마지막 순간에 그것을 기억해냈다.

▷ He waited for her for over an hour, but **finally lost** patience and went home. 그는 한 시간 넘게 그녀를 기다렸지만, 끝내는 인내심을 잃고 집으로 갔다.

▷ Don't take your earrings off. You could **easily lose** them. 귀고리를 빼지 마. 쉽게 잃어버릴 거야.

lose	to A	(경기 등을) A에게 지다
lose	against A	
lose	3 (to) 1	3:1로 지다

▷ Japan **lost to** Germany three to one. 일본은 독일에게 3:1로 졌다.

▷ "How was the game?" "We **lost 3 to 1**." "경기 어땠어?" "우리가 3:1로 졌어."

loss /lɔːs/ 图 손실, 손해; 분실, 상실; 패배

make	a loss	손해를 보다; 손실을 입다
suffer	a loss	
cut	losses	손해를 벌충하다
reduce	losses	
recoup	(one's) losses	손실을 되찾다
mourn	the loss of A	A의 죽음을 애도하다

▷ Our business **made a loss** last year, but this year we made a profit. 우리 사업은 작년에 손해를 봤지만, 올해는 수익을 냈다.

▷ According to the sales figures the company **suffered a loss** of 30% in profits. 매출액을 보면 회사는 수익이 30% 줄어들었다.

▷ Our company went bankrupt. We just had to **cut** our **losses** and start again. 우리 회사는 파산했다. 우리는 손실을 줄이고 다시 시작해야 한다.

a great	loss	막대한 손실
a big	loss	
a heavy	loss	
a huge	loss	
a significant	loss	상당한 손실
a substantial	loss	
a total	loss	총손실액
economic	loss	경제적 손실
financial	loss	재정적 손실

▷ When Carter resigned as sales manager, it was **a great loss** to the company. 카터가 영업 책임자 자리에서 물러난 것은 회사에 큰 손실이었다.

▷ The company had **huge losses** and went bankrupt. 회사는 큰 손실을 보고 파산했다.

▷ Changing from a full-time job to part-time meant that Taylor suffered a **significant loss** in income. 상근직에서 시간제 직으로 바꾸면서 테일러는 수입이 크게 감소했다.

▷ Exports fell by over 70% so the country suffered a big **economic loss**. 수출이 70% 이상 감소하면서 그 나라는 큰 경제적 손실을 겪었다.

loss or damage		분실 또는 손해

▷ Luckily my luggage is insured against **loss or damage**. 다행히 내 짐은 분실 또는 손해 보험에 들어 있다.

a sense of	loss	상실감

▷ After his wife died, he felt a deep **sense of loss**. 아내가 죽은 뒤 그는 깊은 상실감을 느꼈다.

at	a loss	난처한 상태인, 손해를 보고

▷ He was **at a loss** to explain how the stolen money was found in his apartment. 그는 도난당한 돈이 자신의 아파트에서 발견된 경위를 설명하느라 쩔쩔맸다.

▷ The company has operated **at a loss** for four consecutive years. 회사는 4년 연속 적자 운영을 했다.

lot /lɑt/ 图 많음, 다수, 다량; (a lot, lots의 형태로) (부사적) 많이

drink	a lot	많이 마시다
learn	a lot	많이 배우다
talk	a lot	많이 말하다

▷ "I **drank a lot** last night." "Me, too. I feel terrible!" "나 어젯밤에 술을 많이 마셨어." "나도. 몸이 말이 아니야!"

▷ During his internship he **learnt a lot** about sales techniques. 인턴 기간 동안 그는 판매 기법에 대해 많이 배웠다.

▷ He **talked a lot** about a girl called Alison. 그는 앨리슨이라는 여자에 대해서 많은 얘기를 했다.

an awful	lot of	아주 많은
a whole	lot of	

▷ We waste an **awful lot of** time in these meetings. Nobody ever wants to make a decision! 우리는 이 회의에서 너무 많은 시간을 낭비하고 있다. 아무도 결정을 내리려고 하지 않기 때문이다!

▷ There's a **whole lot of** reasons why I don't want to move to the USA. 내가 미국으로 이주하기 싫은 데는 아주 많은 이유가 있다.

a lot	better	훨씬 좋은
a lot	older	훨씬 나이든
a lot	younger	훨씬 젊은

★ a lot은 비교급을 강조한다.

▷ He looked **a lot older** than me. 그는 나보다 훨씬 나이 들어 보였다.

▷ She's **a lot younger** than I thought. 그녀는 내가 생각했던 것보다 훨씬 어리다.

loud /laud/ 혱 시끄러운, 소란스러운

get	louder and louder	소리가 점점 커지다
grow	louder and louder	

▷ The sound of thunder **grew louder and louder** as the storm approached. 폭풍이 다가오면서 천둥소리가 점점 커졌다.

so	loud	아주 시끄러운
too	loud	너무 시끄러운
deafeningly	loud	귀가 먹먹할 정도로 시끄러운

▷ The noise of the airplane was **so loud** that we couldn't hear each other. 비행기 소음이 너무 시끄러워서 우리는 서로의 말소리를 들을 수 없었다.

▷ Can you turn the television down? It's **too loud**. 텔레비전 소리 좀 줄여줄래? 너무 시끄러워.

love /lʌv/ 몡 사랑, 애정

deep	love	깊은 사랑
great	love	큰 사랑
passionate	love	열정적인 사랑
real	love	진실한 사랑
true	love	
unconditional	love	무조건적인 사랑
unrequited	love	보답 없는 사랑, 짝사랑
lost	love	잃어버린 사랑
first	love	첫사랑

▷ She has a **deep love** of art. 그녀는 예술에 대한 깊은 애정이 있다.

▷ It's everybody's dream to find **real love** that lasts forever! 영원히 변치 않을 진정한 사랑을 찾는 것은 모든 이의 꿈이다!

▷ **True love**? Do you believe in it? 진실한 사랑? 넌 그걸 믿어?

▷ Cinderella is such a romantic story! In the end the Prince finds his **lost love** and they live happily ever after! 신데렐라는 정말 낭만적인 이야기야! 왕자가 결국 잃어버린 사랑을 찾고 둘이 오랫동안 행복하게 살잖아!

be	in love	사랑하고 있다
fall	in love	사랑에 빠지다
make	love	섹스하다

▷ I think Tom is **in love** *with* Amanda. 나는 톰이 어맨다를 사랑하는 것 같아.

▷ Slowly we **fell in love**. Eighteen months later we got married. 우리는 천천히 사랑에 빠졌다. 그리고 18개월 후에 결혼했다.

▷ She would never **make love** *to* him again. 그녀는 그와 다시는 섹스하지 않을 것이다.

love	for A	A(사람)에 대한 사랑
love	of A	A에 대한 사랑

▷ Her **love for** her children was very strong. 자식들에 대한 그녀의 사랑은 아주 강했다.

▷ He has a great **love of** classical music. 그는 클래식 음악을 아주 사랑한다.

love and respect	사랑과 존경

▷ Martin Luther King had the **love and respect** of so many people. 마틴 루터 킹은 많은 사람들의 사랑과 존경을 받았다.

love /lʌv/ 동 사랑하다

always	love	늘 사랑하다
dearly	love	깊이 사랑하다
truly	love	진실로 사랑하다

▷ I'll **always love** you. 언제나 너를 사랑할게.

▷ I sometimes wonder whether you do still **truly love** me. 가끔 네가 아직도 나를 정말로 사랑하는지 의문이 들어.

love	to do	…하기를 좋아하다
love	doing	

▷ He **loves climbing** mountains. 그는 등반을 좋아한다.

◆ **would love to** do …하고 싶다 ▷ I'd **love to** meet him. 그를 만나고 싶다. ▷ "Would you like to come to our party on Saturday?" "Yes, I'd love to." "토요일에 우리 파티에 오실래요?" "네, 좋아요."

low /lou/ 혱 낮은; (양이) 적은

extremely	low	아주 낮은
fairly	low	상당히 낮은
comparatively	low	비교적 낮은
relatively	low	
generally	low	전반적으로 낮은
particularly	low	특히 낮은

▷The chances of another big earthquake in this region within the next 50 years are **extremely low**. 이 지역에서 향후 50년 안에 또 다시 큰 지진이 일어날 확률은 아주 낮다.
▷The prices in this supermarket are **comparatively low**. 이 슈퍼마켓의 가격은 비교적 싸다.
▷I'm afraid our chances of winning gold at the Olympics are **relatively low**. 올림픽에서 우리가 금메달을 딸 확률은 비교적 낮다.
▷The number of tourists is **generally low** at this time of the year. 연중 이맘때에는 관광객 수가 일반적으로 적다.

loyal /lɔ́iəl/ 혱 충실한

stay	loyal	계속 충실하다

▷Most skillful players used to **stay loyal** to one club throughout their careers. 예전에는 가장 뛰어난 선수들은 선수 생활 내내 한 팀에서만 뛰었다.

loyal	to A	A에게 충실한

▷Peter is always **loyal to** his friends. 피터는 언제나 친구들에 대한 마음이 변치 않는다.

loyalty /lɔ́iəlti/ 몡 충성, 충실; 충성심

retain	the loyalty	충성을 잃지 않다
show	(a) loyalty	충성심을 보이다
swear	loyalty	충성을 맹세하다
command	loyalty	충성을 얻다

▷We have to make sure we **retain** the **loyalty** of our customers. 우리는 고객의 신의를 잃지 않도록 해야 한다.
▷He **showed a loyalty** to his company even when they were in the wrong. 그는 회사가 잘못하고 있을 때에도 회사에 충실함을 보여주었다.

great	loyalty	강한 충성심
divided	loyalty	분열된 충성심
personal	loyalty	개인적 의리
political	loyalty	정치적 충성
brand	loyalty	브랜드 충성도
customer	loyalty	고객 충성도

▷When his parents got divorced, he felt he had **divided loyalties**. 부모가 이혼했을 때 그는 애정이 분열되는 것을 느꼈다.
▷He puts **personal loyalty** before ambition. 그는 야망보다 개인적 의리를 중요하게 여긴다.

luck /lʌk/ 몡 운, 행운

have	much luck	운이 좋다
have	no luck	운이 나쁘다
bring	luck	행운을 가져오다
wish A	luck	A에게 행운을 빌어주다
push	one's luck	운을 과신하다
try	one's luck	운을 시험하다

▷I played card games for two hours, but I didn't **have much luck**. 나는 두 시간 동안 카드놀이를 했지만, 운이 별로 좋지 않았다.
▷This bracelet has always been lucky for me. Please take it. Maybe it'll **bring** you **luck**, too. 이 팔찌는 언제나 내게 행운을 줬어. 이걸 받아줘. 너한테도 행운을 가져다 줄 거야.
▷I'm playing a tennis match for the University tomorrow. **Wish** me **luck**! 나는 내일 대학 테니스 경기에 나가. 행운을 빌어줘.
▷Don't **push** your **luck**. 운을 과신하지 마!
▷"I've never won the lottery." "Go on! **Try** your **luck**!" "나는 복권 당첨된 적이 없어." "계속 해 봐. 운이 좋을 수도 있잖아!"

good	luck	행운
bad	luck	불운
hard	luck	
sheer	luck	완전한 행운
pure	luck	

▷They say a four-leafed clover will bring **good luck**. 네잎 클로버가 행운을 가져온다는 말이 있다.
▷"I failed the exam." "Oh! **Hard luck**!" "시험에 떨어졌어." "저런! 운이 없었구나."

beginner's	luck	초심자의 행운

▷"I'd never played golf before and I got a hole in one!" "**Beginner's luck**!" "나는 지금까지 골프를 쳐 본 적이 없는데 홀인원을 했어!" "초심자의 행운이지!"

a stroke of	luck	뜻밖의 행운
a piece of	luck	

▷ "She won 10 million dollars on the lottery!" "That was a **stroke of luck**!" 그녀는 복권으로 천만 달러를 땄어! "뜻밖의 행운인걸!"

in	luck	운이 좋아서
out of	luck	운이 나빠서
with	luck	운이 좋다면
with	any luck	
with	a bit of luck	

▷ Professor Taylor's just come back from lunch. If you want to see him, you're **in luck**! 테일러 교수님이 방금 점심을 먹고 돌아오셨어. 그분을 뵈려고 한다면 네가 운이 좋은 거야!

▷ **With a bit of luck**, we'll be home in time for supper. 운이 따라준다면 우리는 때 맞춰 집에 가서 저녁을 먹을 수 있을 것이다.

PHRASES

Any luck? 😊 잘 됐어?, 어떻게 됐어?
Better luck next time! 😊 다음에는 잘 될 거야!
Good luck! / Best of luck! 😊 행운이 있기를!
▷ "I'm taking my English exam today." "Good luck!" "오늘 영어 시험 봐." "행운이 있기를!"
Just my luck! 😊 내 복이 그렇지 뭐! ▷ "I'm sorry. All the tickets for the concert are sold out." "Just my luck!" "죄송합니다. 콘서트 티켓은 매진입니다." "내 복이 그렇지 뭐!"
No luck. 별로다, 소용없다 ▷ "Did you find the information you wanted on the Internet?" "No luck so far." "인터넷에서 원하던 정보를 찾았어?" "아직까지는 별로야."
No such luck. 😊 그렇게 잘 되지 않았어.
What bad luck! 😊 운이 너무 나빠!

lucky /lʌ́ki/

형 운이 좋은, 행운의; 행운을 가져오는

lucky	enough	운좋게도

▷ I was **lucky enough** *to* get two tickets for the World Cup. 나는 운 좋게도 월드컵 티켓 두 장을 구했다.

be lucky	to do	…하다니 운이 좋다

▷ You were **lucky to** escape from that terrible car crash. 그 끔찍한 자동차 사고에서 빠져 나오다니 운이 좋았다.

it is lucky	(that)...	…이 행운이다

▷ **It's lucky** you were here. You're the only person who knows first aid. 네가 여기 있던 것이 행운이다. 응급 처치를 할 줄 아는 사람이 너뿐이니 말야.

PHRASES

How lucky I am! 😊 나는 정말 운이 좋아! ▷ I can't believe how lucky I am! I won a free holiday for two in Florida! 나한테 이런 행운이 오다니! 2인용 플로리다 휴가여행에 당첨됐어!

I should be so lucky! / You should be so lucky! 😊 엄청난 행운이 필요한 일이야. ▷ With chances of 10 million to one you think I can win the lottery? I should be so lucky! 확률이 천만 분의 일인데 내가 복권에 당첨될 수 있을까? 엄청난 행운이 필요한 일이야.

Lucky you! 너 운이 좋구나!

luggage /lʌ́gidʒ/ 명 수하물, 짐

carry	A's luggage	A의 수하물을 나르다
collect	A's luggage	수하물을 가져오다

▷ Would you like me to **carry** your **luggage**? 제가 짐을 들어드릴까요?

▷ The tourist company will **collect** our **luggage** from the hotel. 여행사가 호텔에서 우리 짐을 가져올 것이다.

a piece of	luggage	수하물 한 개

▷ This is a really heavy **piece of luggage**! 이 짐은 정말로 무겁다!

carry-on	luggage	기내 반입 수하물
hand	luggage	

lunch /lʌntʃ/ 명 점심

have	lunch	점심을 먹다
eat	lunch	
get	one's lunch	
come to	lunch	점심을 먹으러 오다
go (out) to	lunch	점심을 먹으러 나가다
go (out) for	lunch	
meet for	lunch	점심 식사 때 만나다
stop for	lunch	점심 먹을 짬을 내다
skip	lunch	점심을 거르다

▷ I **had** a quick **lunch** in the office restaurant. 나는 구내 식당에서 얼른 점심을 먹었다.

▷ He **ate** his **lunch** on a park bench. Just sandwiches. 그는 공원 벤치에서 점심을 먹었다. 그냥 샌드위치였다.

▷ Why don't we go and **get** some **lunch**? 점심 먹으러 나갑시다.

▷ Lovely to see you. You must **come to lunch** again sometime soon. 만나서 반가웠어요. 조만간 점심을 먹으러 또 오세요.

▷ It's after 12:30. Shall we **go to lunch**? 12시 30분이 넘었다. 점심 먹으러 나갈까?

▷ Let's **meet for lunch** tomorrow. 내일 만나서 점심 먹자.

▷ I was so busy yesterday that I couldn't even **stop for lunch**. 나는 어제 너무 바빠서 점심 먹을 짬을 낼 수도 없었다.

a light	lunch	가벼운 점심
a late	lunch	늦은 점심
a picnic	lunch	도시락

▷ I'm starving! I only had a **light lunch**. 배고파! 간단한 점심밖에 못 먹었어.

after	lunch	점심 식사 후에
before	lunch	점심 식사 전에
at	lunch	점심 식사 중인
over	lunch	점심을 들면서

▷ **After lunch** we'll have a meeting. 점심 식사 후에 회의를 할 것이다.

▷ We must get this work finished **before lunch**. 우리는 점심 식사 전에 이 일을 끝내야 한다.

▷ I'm sorry, Mr. Denver is **at lunch** at the moment. 죄송합니다. 덴버 씨는 지금 점심 식사 중입니다.

▷ Let's talk about the problem **over lunch**. 그 문제는 점심을 먹으면서 이야기해보자.

luxury /lʌ́kʃəri/ 명 사치, 호사; 사치품

pure	luxury	순전한 호사
the ultimate	luxury	궁극의 사치
a small	luxury	작은 사치

▷ Drinking champagne in a five star hotel! I can't believe it! **Pure luxury**! 5성 호텔에서 샴페인을 마시다니! 믿을 수가 없어! 이건 말도 안 되는 호사야!

▷ A piece of cheesecake is a **small luxury** when you're on a diet! 다이어트 할 때 치즈 케이크 한 조각은 작은 사치지!

afford	the luxury	호사를 부릴 여유가 있다
enjoy	the luxury	호사를 즐기다
live in	luxury	호화롭게 살다

▷ I can't **afford** the **luxury** of traveling first class. 나는 일등석으로 여행하는 호사를 누릴 형편이 안 된다.

▷ I **enjoy** the **luxury** of not having to worry about money. 나는 돈에 대해 걱정할 필요가 없이 호화롭게 산다.

▷ Now she **lives in luxury** in the South of France. 이제 그녀는 남프랑스에서 호화롭게 산다.

M

machine /məʃíːn/ 명 기계

switch on	the machine	기계의 스위치를 켜다
switch off	the machine	기계의 스위치를 끄다
turn on	the machine	기계를 작동시키다
stop	the machine	기계를 멈추다
turn off	the machine	
operate	a machine	기계를 조작하다
use	a machine	기계를 사용하다

▷ I **switched** the **machine on**, but it doesn't work. 내가 기계의 스위치를 켰는데, 기계가 작동하지 않는다.

▷ **Turn off** the **machine**. I can't hear what you're saying. 기계 스위치를 꺼. 네가 하는 말이 안 들려.

▷ I don't know how to **operate** this new **machine**. 나는 이 새 기계를 어떻게 조작하는지 몰라.

an answering	machine	자동 응답기
a fax	machine	팩스 기
a cash	machine	현금 자동 지급기
an electronic	machine	전자 기기
a vending	machine	자동 판매기
a sewing	machine	재봉틀
a washing	machine	세탁기
a coffee	machine	커피 머신

▷ She left two messages on my **answering machine**. 그녀는 내 자동 응답기에 두 통의 메시지를 남겼다.

▷ A personal computer is an example of an **electronic machine**. PC는 전자 기기의 한 예이다.

▷ You can get a drink from the **vending machine** around the corner. 모퉁이에 있는 자동 판매기에서 음료수를 살 수 있다.

| by | machine | 기계로 |

▷ You can't wash this sweater **by machine**. You have to hand-wash it. 이 스웨터는 기계로 세탁하면 안 된다. 손빨래를 해야 한다.

mad /mæd/ 형 미친; 화난; 열광하는

mad	at A	A(사람)에게 화난
mad	with A	
mad	about A	A에 열광하는

▷ I'm only ten minutes late. There is no need to get **mad at** me. 나는 10분밖에 안 늦었어. 나한테 화낼 필요 없어.

▷ She was **mad with** me for forgetting her birth-

day. 그녀는 자기 생일을 잊었다고 나에게 화를 냈다.
▷ "Do you think she likes me?" "Likes you? She is **mad about** you!" "그녀가 나를 좋아하는 것 같아?" "좋아하다뿐이야? 너한테 홀딱 빠져 있어!"

| be mad | to do | …하다니 제정신이 아니다 |

▷ I think she was **mad to** pay all that money for a Louis Vuitton handbag! 그녀가 그 돈을 주고 루이뷔통 가방을 사다니 제정신이 아니었던 것 같아!

magazine /mǽgəzíːn/ 몡 잡지

buy	a magazine	잡지를 사다
get	a magazine	
read	a magazine	잡지를 읽다

▷ There is no time to **get a magazine**. The train's leaving! 잡지 살 시간 없어. 기차가 지금 떠나!

a monthly	magazine	월간지
a quarterly	magazine	계간지
a weekly	magazine	주간지
a business	magazine	경제지
a fashion	magazine	패션지
a literary	magazine	문예지

▷ I've ordered a **monthly magazine** on world cooking. 나는 세계의 요리를 다루는 월간 잡지를 주문했다.
▷ He published an article in a **literary magazine**. 그는 문예지에 글을 발표했다.

| an issue of | the magazine | 잡지의 호(號) |

▷ They're going to announce the prizewinners in the October **issue of** the magazine. 그들은 그 잡지 10월호에 수상자들을 발표할 것이다.

| in a | magazine | 잡지에서 |

▷ I read about it **in a magazine**. 나는 그것에 대해 잡지에서 읽었다.

magic /mǽdʒik/ 몡 마법, 마술

use	magic	마법을 사용하다
work	magic	마법을 걸다
believe in	magic	마법을 믿다
do	magic	마술을 부리다
perform	magic	
work	one's magic	놀라운 솜씨를 보이다

▷ OK, Harry Potter! Let's see you **use magic** to get us there on time. 좋아, 해리 포터! 마법을 사용해서 우리를 시간 맞춰 거기 데려가 다오.

▷ I don't **believe in magic**. Everything has a logical explanation. 나는 마법을 믿지 않아. 모든 일에는 논리적인 이유가 있어.
▷ **Do** some **magic** and change him into a white rabbit! 마술을 부려서 그 사람을 하얀 토끼로 바꿔 봐.
▷ They were losing 3-0, but Beckham **worked** his **magic** and they won the game. 그들은 3:0으로 지고 있었는데, 베컴이 묘기에 가까운 기술을 펼쳐서 시합에서 이겼다.

black	magic	흑마술
white	magic	백마술
pure	magic	완전한 마법

▷ Messi ran 50 yards, beat 5 players and put the ball in the net. It was **pure magic**! 메시는 50야드를 달려서 5명의 선수를 제치고 공을 그물에 넣었다. 완전한 마법이었다.

magnificent /mægnífəsnt/
혱 장대한, 당당한, 몹시 눈부신

truly	magnificent	정말로 멋진
really	magnificent	
absolutely	magnificent	

★× very magnificent라고는 말하지 않는다.

▷ She looked **really magnificent** in her wedding dress. 웨딩드레스를 입은 그녀는 눈부시게 아름다웠다.
▷ That performance of Mozart's 'Marriage of Figaro' was **absolutely magnificent**! 모차르트의 그 '피가로의 결혼' 공연은 정말로 훌륭했다!

mail /meil/ 몡 우편물, 우편(제도); 이메일

send	the mail	우편물을 보내다
deliver	the mail	우편물을 배달하다
forward	A's mail	우편물을 전달하다
receive	(the) mail	우편물을 받다
open	the mail	우편물을 개봉하다
read	A's mail	A의 우편물을 읽다

▷ Please **send** my **mail** to this address. 이 주소로 제 우편물을 보내주세요.
▷ They **delivered** all my **mail** to the wrong address. 그들은 내 우편물을 전부 틀린 주소로 배달했다.
▷ I haven't **received** any **mail** for weeks. 몇 주 동안 우편물을 전혀 받지 못했다.

surface	mail	보통 우편
registered	mail	등기 우편
electronic	mail	이메일

incoming	mail	수신 메일
outgoing	mail	발신 메일
chain	mail	연쇄 메일
fan	mail	팬 메일
junk	mail	스팸 메일

▷ It's a very important letter. You'd better send it by **registered mail**. 그것은 아주 중요한 편지니까 등기로 보내는 것이 좋겠다.

▷ People don't write letters by hand any more. They use **electronic mail**. 사람들은 이제 손으로 편지를 쓰지 않는다. 이메일을 사용한다.

▷ When I arrive at the office, the first thing I do is check my **incoming mail**. 내가 출근해서 가장 먼저 하는 일은 수신 메일을 확인하는 것이다.

by	mail	우편으로

▷ Send it **by second-class mail**. It's not urgent. 그건 2종 우편물로 보내. 급하지 않으니까.

a piece of	mail	우편물 한 통

maintain /meintéin/ 图 유지하다; 주장하다

easily	maintain	쉽게 유지하다
properly	maintained	유지 관리가 잘 된
well	maintained	
consistently	maintain	일관되게 주장하다

▷ Even if you go abroad for a year, we can **easily maintain** contact over the Internet. 네가 일 년 동안 외국에 나가도 우리는 인터넷으로 쉽게 연락을 유지할 수 있어.

▷ The car is old, but in excellent condition. It's been very **well maintained**. 차는 오래 됐지만 상태가 좋아. 유지 관리가 아주 잘 됐어.

▷ Even while he was in prison, he **consistently maintained** that he was innocent. 감옥에 있을 때에도 그는 일관되게 자신이 무죄라고 주장했다.

be able to	maintain	유지할 수 있다

▷ They were **able to maintain** contact by radio. 그들은 무전기로 연락을 유지할 수 있었다.(★ can과의 연결보다 빈도가 높다.)

maintain	(that)...	…라고 주장하다

▷ He **maintains that** he was 50 miles away at the time of the murder. 그는 살인이 일어날 당시 그곳에서 50마일 떨어진 곳에 있었다고 주장한다.

maintenance /méintənəns/

图 유지; 보수; 부양

ensure	the maintenance	확실하게 유지하다
need	maintenance	보수가 필요하다
require	maintenance	

▷ We did our best to **ensure** the **maintenance** of our good relationship with China. 우리는 중국과 좋은 관계가 확실히 유지되도록 최선을 다했다.

▷ This elevator **requires** regular **maintenance**. 이 엘리베이터는 정기적인 보수가 필요하다.

annual	maintenance	연례 보수
regular	maintenance	정기적인 보수
routine	maintenance	일상적 보수
proper	maintenance	적절한 보수
preventative	maintenance	예방 보수

▷ Roller coasters require **regular maintenance**. 롤러코스터는 정기적인 보수가 필요하다.

▷ We need to carry out **preventative maintenance** to this machine in order to prevent future problems. 우리는 추후의 문제를 예방하기 위해서 이 기계에 예방 차원의 보수를 해야 한다.

majority /mədʒɔ́:rəti/ 图 대다수; 과반수

gain	a majority	과반수를 획득하다
win	a majority	
get	a majority	

▷ The Democrats failed to **get** a **majority** of seats in the Congress. 민주당은 하원 의석의 과반수를 획득하는 데 실패했다.

great	majority	대부분
large	majority	
vast	majority	

▷ The **great majority** of our investors supported our decision. 우리 투자자들 대부분이 우리 결정을 지지했다.

▷ A **large majority** of committee members were in favor of the project. 위원 대부분이 그 사업 계획에 찬성했다.

in	the majority	다수 편에서

man /mæn/ 图 남자, 남성

a young	man	청년
a middle-aged	man	중년 남자
an elderly	man	초로의 남자
an old	man	노인
a poor	man	가난한 남자

a rich	man	돈 많은 남자
a single	man	독신남
a married	man	기혼남
a short	man	키가 작은 남자
a tall	man	키가 큰 남자
a fat	man	뚱뚱한 남자
a handsome	man	미남
a nice	man	멋진 남자
a great	man	훌륭한 남자
a wise	man	현명한 남자

▷ Who shall I marry? A **poor, young man**, or a **rich, old man**? Hmm... Difficult! 나는 누구랑 결혼해야 하지? 가난한 청년, 아니면 돈 많은 노인? 음… 어렵다!

man and wife	부부
men and women	남녀

▷ They've been together, **man and wife**, for 50 years. 그들은 부부로 50년을 함께 했다.
▷ **Men and women** will never be able to understand each other! 남자와 여자는 서로를 영원히 이해할 수 없을 거야!

manage /mǽnidʒ/

동 꾸려나가다, 관리하다, 운영하다

finally	manage	결국 어떻게든 …하다
properly	managed	제대로 관리된
well	managed	잘 관리된

▷ I **finally managed** to complete my thesis! 나는 마침내 논문을 완성했다!
▷ The hotel we stayed at was really **well managed**. The service was great. 우리가 머문 호텔은 관리가 아주 잘 되고 있었다. 서비스가 훌륭했다.

can	manage	간신히 할 수 있다
be able to	manage	

▷ "Shall I help you?" "It's OK, thanks. I **can manage**." "도와줄까?" "괜찮아. 내가 어떻게든 할 수 있어."

manage	to do	간신히 …하다

▷ How did you **manage to** carry all that luggage? 어떻게 이 많은 짐을 날랐니?

manage	on A	A로 꾸려나가다
manage	with A	A를 어떻게든 하다
manage	without A	A 없이 어떻게든 하다

▷ Not everybody can eat out in good restaurants. Some people have to **manage on** a bowl of rice every day. 모두가 좋은 레스토랑에서 외식을 할 수는 없다. 매일 밥 한 그릇으로 살아가야 하는 사람도 있다.
▷ I never thought I could **manage without** a car. But it's easy. I use a bicycle! 나는 자동차 없이는 못 살 줄 알았다. 하지만 쉽다. 자전거를 타는 것이다!

learn	(how) to manage	다루는 법을 익히다

▷ Our new boss hasn't really **learnt how to manage** other people well. 새로 온 우리 상사는 사람을 잘 다루는 법을 제대로 못 배웠다.

management /mǽnidʒmənt/

명 경영, 관리, 운영; 경영자(측)

effective	management	효율적인 경영
good	management	훌륭한 경영
poor	management	형편없는 경영
middle	management	중간 관리직
senior	management	고위 경영진
top	management	최고 경영진
business	management	기업 관리
financial	management	재무 관리
personnel	management	인사 관리
crisis	management	위기 관리
risk	management	
data	management	데이터 관리
information	management	정보 관리

▷ Our company has been very successful because of **good management**. 우리 회사는 훌륭한 경영 덕분에 아주 잘 되고 있다.
▷ **Middle management** can't take any really important decisions. 중간 관리직이 아주 중요한 결정을 내릴 수는 없다.
▷ **Senior management** will be holding an important meeting tomorrow. 고위 경영진이 내일 중요한 회의를 열 것이다.

under	new management	새 경영자가 이끄는

★ under the same management는 '같은 경영자가 이끄는'

▷ This restaurant is much better now. It's **under new management**. 이 식당은 지금 훨씬 좋아졌다. 새 경영자가 이끌고 있기 때문이다.

management and labor	노사

▷ Can **management and labor** ever trust one another? 노사가 언젠가는 서로를 믿을 수 있을까?

manner /mǽnər/ 명 방법; 태도; (-s) 예절

bad	manners	나쁜 태도
good	manners	좋은 태도

▷ In England it's **bad manners** to sniffle or sniff when you've got a cold. 영국에서 감기에 걸렸을 때 코를 훌쩍거리는 것은 예의에 벗어나는 태도다.
▷ John has **good manners**. 존은 예의가 바르다.

the manner	of A	A의 방법

▷ The **manner of** choosing the committee seemed very strange. 위원을 선택하는 방식이 아주 이상해 보였다.

in	the manner of A	A풍으로, A와 같이
in	a [the]... manner	…의 방법으로

▷ That is a painting **in** the **manner of** Gauguin. 저것은 고갱 풍의 회화다.
▷ We should try to deal with complaints **in** a friendly **manner**. 우리는 친절한 태도로 불만에 대처해야 한다.
▷ Don't be nervous. Just make a speech **in** the usual **manner**. 걱정하지 마. 그냥 평소처럼 발언하면 돼.

the manner in which...	…하는 태도

▷ I didn't like the **manner in which** he spoke to me. 나는 그가 내게 말하는 태도가 마음에 들지 않았다.

map /mæp/ 명 지도 (★'지도 책'은 atlas, '해도, 항공도'는 chart)

draw	a map	지도를 그리다
read	a map	지도를 읽다
look at	a map	지도를 보다
study	the map	지도를 살펴보다

▷ Can you **draw** me a **map** of how to get to your house? 너희 집에 가는 길의 약도를 그려주겠니?
▷ It's difficult to **read a map** while you're driving. 운전할 때는 지도를 보기가 어렵다.

on	the map	지도에

▷ This mountain road isn't marked **on the map**. 이 산악도로는 지도에 표시되지 않았다.

a large-scale	map	대축척 지도
a road	map	도로 지도
a street	map	
a tourist	map	관광 지도
a world	map	세계 지도

march /ma:rtʃ/ 명 행진; 행진곡

go on	a march	행진하다

▷ They **went on a march** to protest about acid rain and global warming. 그들은 산성비와 지구 온난화에 반대하는 시위 행진을 했다.

on	the march	행진 중에; 진전 중에

▷ Three thousand demonstrators are **on the march** to downtown. 3천 명의 시위대가 시내로 행진 중이다.

a peace	march	평화 행진
a protest	march	항의 행진

march /ma:rtʃ/ 통 행진하다; 당당하게 걷다

march	off	나가 버리다
march	away	
march	up (and down)	왔다갔다하다

▷ She said "I never want to speak to you again!" and **marched off**. 그녀는 "너하고 다시는 이야기 안 해!" 하고 나가 버렸다.

march	into A	A에 기운차게 걸어 들어가다
march	out of A	A에서 기운차게 걸어나가다
march	on (to) A	A를 향해 행진하다
march	to A	
march	through A	A를 행진하다

▷ She was so angry that she **marched out of** the room without saying a word. 그녀는 너무 화가 나서 한 마디도 없이 방에서 나가 버렸다..
▷ The soldiers **marched on to** the next village. 군인들은 다음 마을을 향해 행진했다.
▷ Thousands of people **marched to** London to protest against cuts in education spending. 수천 명이 교육비 지출 삭감에 항의하기 위해 런던을 향해 시위 행진을 했다.

mark /ma:rk/

명 자국, 흔적; 표시; 기호; 표적; ((영)) 점수

make	a mark	자국을 남기다
leave	a mark	
have	a mark	표시가 있다
bear	a mark	
hit	its mark	과녁에 맞다

find	its mark	
miss	its mark	과녁에서 빗나가다
get	... marks	…점을 따다
give A	... marks	A에게 …점을 주다

▷ I spilt some tomato juice onto my shirt and it **left** a **mark** that I couldn't get out. 토마토 주스를 셔츠에 흘렸는데, 그것은 지워지지 않는 자국을 남겼다.
▷ A good accent usually **bears** the **mark** of a good education. 정확한 발음은 대개 훌륭한 교육을 받았다는 표시가 된다.

a distinguishing	mark	눈에 띄는 특징
a burn	mark	화상 자국
a scratch	mark	긁힌 자국
full	marks	만점
top	marks	최고점
good	marks	좋은 점수
high	marks	
low	marks	낮은 점수
bad	marks	
poor	marks	
total	marks	총점

▷ Did the man who attacked you have any **distinguishing marks**? Red hair? Beard? Scar? 당신을 공격한 사람한테 눈에 띄는 특징이 없었습니까? 붉은 머리나 수염이나 흉터 같은?
▷ He got **full marks** in the English exam! Unbelievable! 그가 영어 시험에서 만점을 받았어! 정말 놀랍지!
▷ I'm sure I'll get **low marks** in the math exam. 나는 수학 시험에서 분명히 낮은 점수를 받을 거야.
▷ He got thirty-five marks in Part A and forty marks in Part B, so his **total marks** are seventy-five marks. 그는 파트 A에서 35점을 받고 파트 B에서 40점을 받아서, 총점은 75점이다.

mark /ma:rk/ 图 자국을 남기다, 표시하다; 눈에 띄게 하다; ((영)) 채점하다

be clearly	marked	확실히 표시되다
be badly	marked	심하게 자국이 나다

▷ The route we should take is **clearly marked** on this map. 우리가 가야 할 경로는 이 지도에 확실히 표시되어 있다.
▷ Be careful with the piano! Oh! Too late! It's already **badly marked**! Please don't drop it again! 피아노 조심하세요! 윽! 늦었네요! 벌써 자국이 심하게 났잖아요! 다시는 떨어뜨리지 마세요!

mark A	on B	B에 A를 표시하다
mark A	with B	A에 B를 표시하다

▷ **Mark** "true" or "false" **on** this answer paper. 이 답지에 '맞음' 또는 '틀림'을 표시해 주세요.
▷ On the map, the rivers are **marked with** a blue line. 지도에 강은 파란 선으로 표시되어 있다.

market /má:rkit/ 图 시장; 판로, 수요

go to	(the) market	시장에 (물건을 사러) 가다
create	a market	수요를 창출하다
enter	the market	시장에 진입하다
develop	the market	시장을 개척하다
expand	a market	수요를 확대하다
come on	the market	시장에 나오다
come onto	the market	
put A on	the market	A를 시장에 내놓다
dominate	the market	시장을 지배하다
manipulate	the market	시장을 조작하다

▷ I **go to** the **market** every Wednesday. 나는 수요일마다 시장에 간다.
▷ Our company wants to **develop** a **market** in hybrid cars. 우리 회사는 하이브리드 자동차 시장을 개척하고자 한다.
▷ We've succeeded in **expanding** our **market** by 50% this year. 우리는 올해 수요를 50% 확대하는 데 성공했다.
▷ A new type of cellphone has **come on** the **market**. 신형 휴대폰이 시장에 나왔다.
▷ We've just **put** our house **on** the **market**. 우리는 우리 집을 매물로 내놨다.
▷ Many companies are trying to **dominate** the **market** in eco-cars. 많은 회사가 친환경자동차 시장에서 지배적인 위치를 차지하려 노력하고 있다.

an active	market	활발한 시장
a steady	market	꾸준한 시장
a buyer's	market	구매자 시장
a seller's	market	판매자 시장
the currency	market	통화 시장
the financial	market	금융 시장
the capital	market	자본 시장
the money	market	단기금융 시장
the foreign exchange	market	외환 시장
the stock	market	주식 시장
the international	market	국제 시장
the overseas	market	해외 시장
the domestic	market	국내 시장
the free	market	자유 시장

| marriage |

the export	market	수출 시장
the housing	market	주택 시장
the labor	market	노동 시장

▷ The **financial market** is up again today. 금융 시장은 오늘 다시 상승세다.
▷ At home we are doing well, but on the **international market** our sales have fallen. 우리는 국내에서는 괜찮지만, 국제 시장에서는 매출이 떨어졌다.
▷ Because of the strong won it's difficult to sell anything on the **overseas market**. 원화 강세 때문에 해외 시장에 제품을 팔기가 어렵다.

market	for A	A의 수요처
market	in A	A가 거래되는 시장
on	the market	시장에 나온

▷ There doesn't seem to be a **market for** luxury goods any longer. 이제는 사치품 수요처가 없어진 것 같다.
▷ The **market in** Australian beef has been doing well recently. 오스트레일리아 쇠고기 시장은 최근에 호조를 띠고 있다.
▷ Our house is **on** the **market** now. It's a good time to sell. 우리 집을 이제 매물로 내놓았다. 지금이 팔기에 좋은 때다.

marriage /mǽridʒ/ 명 결혼; 결혼식

| celebrate | a marriage | 결혼식을 거행하다 |
| save | one's marriage | 결혼 생활을 유지하다 |

▷ She wanted to **save** their **marriage**, but it was too late. They got divorced. 그녀는 결혼 생활을 유지하고자 했지만, 너무 늦었다. 그들은 이혼했다.

a marriage	lasts	결혼이 지속되다
a marriage	breaks up	결혼이 파경에 이르다
a marriage	breaks down	
a marriage	ends	결혼 생활이 끝나다
a marriage	takes place	결혼식이 행해지다

▷ Their **marriage lasted** only two years. 그들의 결혼 생활은 2년밖에 유지되지 않았다.
▷ My first **marriage ended** in divorce. 나의 첫번째 결혼은 이혼으로 끝났다.
▷ The **marriage took place** on June 15, 2002. 그 결혼식은 2002년 6월 15일에 행해졌다.

an early	marriage	조혼
a late	marriage	만혼
one's first	marriage	초혼
one's second	marriage	재혼
a previous	marriage	이전의 결혼

a happy	marriage	행복한 결혼
a loveless	marriage	사랑 없는 결혼
a broken	marriage	실패한 결혼
a failed	marriage	
an arranged	marriage	중매 결혼

▷ Many people go on to find happiness in their **second marriage**. 많은 사람들이 재혼에서 행복을 찾는다.
▷ All she wants from life is a **happy marriage** and children. 그녀가 인생에서 원하는 것은 행복한 결혼생활과 아이들뿐이다.
▷ After two **failed marriages**, Bob still wants to get married again. 결혼에 두 번 실패하고도 밥은 아직도 다시 결혼하고 싶어한다.

| marriage | between A and B | A와 B의 결혼 |

▷ Do you think a **marriage between** a soccer star **and** a pop idol can be successful? 축구 스타와 아이돌 가수가 결혼해서 잘 살 것 같아?

| by | marriage | 결혼에 따라 |
| outside | marriage | 서출(庶出)인; 혼외의 |

▷ These days many babies are born **outside marriage**. 오늘날에는 많은 아기들이 혼외 관계에서 태어난다.

married /mǽrid/ 형 결혼한

| get | married | 결혼하다 |

▷ John and I are **getting married** in June. 존과 나는 6월에 결혼한다.
▷ She **got married** *to* Paul last year. 그녀는 작년에 폴과 결혼했다.(★× get married with Paul이라고는 하지 않는다.)

newly	married	신혼의
recently	married	최근 결혼한
happily	married	행복한 결혼 생활을 하고 있는

▷ That couple over there are **newly married**. The ceremony was only 2 days ago. 저기 저 커플은 신혼 부부야. 결혼식을 한 지 이틀밖에 안 됐어.
▷ They've been **happily married** for nearly 50 years. 그들은 거의 50년 동안 행복한 결혼 생활을 하고 있다.

| married | to A | A와 결혼한 |
| married | with children | 결혼해서 자녀가 있는 |

▷ Nick is **married to** Helen and they have three children. 닉은 헬렌과 결혼했고, 두 사이에 세 아이가 있다.

marry /mǽri/ 통 결혼하다

eventually	marry	마침내 결혼하다
finally	marry	
never	marry	결혼하지 않다
marry	well	결혼을 잘 하다
marry	young	젊은 나이에 결혼하다
marry	late	늦게 결혼하다

▷They went out together for over 5 years. Then they **eventually married**. 그들은 5년 이상 연애를 했다. 그러다 마침내 결혼했다.

marry A	to B	A를 B와 결혼시키다
marry	A	A(사람)와 결혼하다
★× marry with A라고는 하지 않는다.		

▷It's not possible for a priest to **marry** a Christian **to** a Muslim. 사제는 기독교인을 이슬람교 신도와 결혼시키지 못한다.
▷Will you **marry** me? 나와 결혼해 주겠어?
▷I wouldn't **marry** Tony, even if he was the last man left on earth! 나는 토니하고 결혼하지 않을 거야. 설령 그가 지구상에 남은 마지막 남자라고 해도!

match /mætʃ/ 명 성냥

strike	a match	성냥을 켜다
light	a match	

▷Can you **strike** a **match**? It's completely dark in here. I can't see anything! 성냥 좀 켜줄래? 여기는 너무 캄캄해. 아무것도 안 보여!

a box of	matches	성냥갑

▷I think there's a **box of matches** in that drawer. 그 서랍에 성냥갑이 있을 거 같아.

match /mætʃ/ 명 경기; 걸맞는 상대

have	a match	경기를 하다
play	a match	
watch	a match	관전하다
see	a match	
lose	a match	경기에 지다
win	a match	경기에 이기다
meet	one's match	호적수를 만나다

▷We're **playing** our next **match** on Saturday. 다음 경기는 토요일에 한다.
▷We **lost** the tennis **match** 6-0, 6-0. It was a disaster! 우리는 그 테니스 시합에서 6-0, 6-0으로 졌다. 참패였다!(★ 테니스에서 6-0은 six-love라고 읽는다.)

a big	match	큰 경기
the final	match	결승전
a friendly	match	친선 경기
an international	match	국제 경기
a boxing	match	권투 경기
a football	match	축구 경기
a rugby	match	럭비 경기
a good	match	좋은 조합
a perfect	match	완벽한 조합

▷The **final match** takes place next Saturday. 결승전은 다음 토요일에 열린다.
▷I think these curtains would be a **good match** for our wallpaper. 이 커튼은 우리 벽지와 잘 맞을 것 같다.
▷Your new skirt and blouse look great! They're a **perfect match**. 네 새 치마와 블라우스가 아주 멋진 걸! 완벽한 조합이야.

a match	against A	A와의 경기
a match	with A	
a match	between A and B	A와 B의 경기

▷Italy's next **match against** Sweden is on Sunday. 이탈리아와 스웨덴의 다음 경기는 일요일이다.
▷I'm looking forward to the **match between** the USA and Brazil. 나는 미국과 브라질의 경기를 고대하고 있다.

match /mætʃ/

통 조화하다, 어울리다; 대전시키다

closely	match	잘 어울리다
exactly	match	
perfectly	match	완벽하게 어울리다
not quite	match	별로 어울리지 않다
be evenly	matched	실력이 막상막하이다

▷The color of the shoes **exactly matches** your handbag. You have to buy them! 신발 색깔이 네 핸드백과 잘 어울려. 그 신발 꼭 사야겠다!
▷The shoes she was wearing **didn't quite match** her dress. 그녀가 신은 구두는 옷과 별로 어울리지 않았다.
▷The Wimbledon finalists were **evenly matched**. The match went to 5 sets. 윔블던 결승전 선수들은 막상막하였다. 경기가 5세트까지 갔다.

match A	with B	A와 B를 일치시키다

| material |

match A	to B	
match A	against B	A를 B와 맞붙게 하다
match A	with B	

▷ You need to **match** the people who come in **with** the names on this list. 들어오는 사람과 이 명단의 이름을 맞춰봐야 한다.

▷ When you're decorating the house, remember that you need to **match** the carpet **to** the curtains. 집을 장식할 때는 카펫과 커튼을 조화시켜야 한다는 걸 잊지 마세요.

▷ Our judo player was **matched against** a much more experienced opponent. 우리 유도 선수는 훨씬 경험 많은 상대와 맞붙게 되었다.

material /mətíəriəl/

명 자료; 원료, 재료; 용구, 도구

collect	material	자료를 모으다
gather	material	
provide	material	자료를 제공하다
use	material	재료를 사용하다

▷ I'm **collecting material** *for* my M.A. thesis. 나는 석사 논문에 필요한 자료를 모으고 있다.

▷ This book will **provide** some interesting **material** for your essay. 이 책에는 네 리포트에 도움이 될 흥미로운 자료들이 있을 거야.

genetic	material(s)	유전 물질
radioactive	material(s)	방사성 물질
recycled	material(s)	재활용 재료
building	material(s)	건설 자재
raw	material(s)	원자재
educational	material(s)	수업 자료
teaching	material(s)	
reading	material(s)	읽을 거리
reference	material(s)	참고 자료
research	material(s)	연구 자료
writing	material(s)	필기 도구

▷ We are beginning to use **recycled materials** more and more. 재활용 재료의 사용이 점점 늘고 있다.

▷ China supplies some important **raw materials** to Korea for the manufacture of microchips. 중국은 한국에 마이크로칩 제조에 중요한 몇 가지 원재료를 공급한다.

| material | for A | A를 위한 자료 |

▷ The editor is always looking for some new **material for** the journal. 그 편집자는 항상 잡지에 쓸 새로운 자료를 찾고 있다.

matter /mǽtər/

명 일, 문제; 물질; (-s) 사정, 사태

raise	a matter	문제를 제기하다
debate	the matter	문제를 논하다
discuss	the matter	
consider	the matter	문제를 검토하다
investigate	the matter	문제를 조사하다
handle	the matter	문제를 처리하다
deal with	the matter	
settle	the matter	문제를 해결하다
resolve	the matter	
pursue	the matter	문제를 계속 파고들다

▷ I'd like to **raise** a really important **matter**, if I may? 제가 아주 중요한 문제를 제기하고 싶은데 괜찮겠습니까?

▷ We've been **discussing** this **matter** for nearly 3 hours. Let's move on to the next point on the agenda. 우리는 이 문제를 거의 세 시간 동안 토론하고 있습니다. 다음 문제로 넘어갑시다.

▷ Let's **consider** the **matter** in our next meeting. 그 문제는 다음 번 회의에서 검토합시다.

▷ My boss promised me that he would **deal with** the **matter** next week. 나의 상사는 그 문제를 다음 주에 처리하겠다고 약속했다.

▷ If an insurance company cannot **settle** the **matter**, it will be handled by a court. 보험 회사가 그 문제를 해결하지 못하면, 그것은 법원에서 다루어질 것이다.

an important	matter	중요한 문제
a serious	matter	심각한 문제
a delicate	matter	미묘한 문제
a personal	matter	개인적인 문제
a private	matter	
practical	matters	실제 문제
a different	matter	다른 문제
an economic	matter	경제 문제
environmental	matters	환경 문제
financial	matters	재정 문제
a legal	matter	법률 문제
a political	matter	정치 문제
a technical	matter	기술적 문제
organic	matter	유기물
printed	matter	인쇄물

▷ Driving while drunk is a very **serious matter**. 음주 운전은 아주 심각한 문제다.

▷ I'm sorry, I'd rather not talk about it. It's a

personal matter. 미안해, 그 일에 대해서는 이야기하고 싶지 않아. 개인적인 문제라서.

▷ If he stays with us for a few days, that's OK. But if it's over a month, that's a **different matter** entirely. 그가 우리 집에 며칠 머무는 건 괜찮아. 하지만 한 달이 넘는다면 그건 전혀 다른 문제야.

▷ I'm hopeless when it comes to **financial matters**. I leave all that sort of thing to my wife. 재정 문제라면 나는 아무것도 몰라. 그런 일은 전부 아내에게 맡겨.

▷ If they find **organic matter** on Mars, that means there was life there. 화성에서 유기체가 발견되면, 그것은 거기 생명체가 있었다는 의미다.

be no laughing	matter	웃을 일이 아니다

▷ I can't understand why you think it's funny. It's **no laughing matter**. 네가 왜 이걸 재미있어 하는지 모르겠다. 이건 웃을 일이 아니잖아.

no matter	wh-	비록 …해도

★ wh-는 how, what, where, who 등의 의문사

▷ **No matter what** happens, we support you 100%. 무슨 일이 있어도, 우리는 너를 100% 지지해.

(PHRASES)
No matter! ☺ 괜찮아, 걱정하지 마.
What's the matter? ☺ 무슨 일이야?
What's the matter with you? ☺ 너 무슨 일이야? 왜 그래? ▷ What's the matter with you? It's a wonderful opportunity and you're throwing it away! 너 왜 그래? 그렇게 멋진 기회를 차버리다니!

matter /mǽtər/ 图 중요하다

A **matters**	**to** B	A는 B(사람)에게 중요하다

▷ Please tell me your opinion. What you think really **matters to** me 네 의견을 말해줘. 네 생각은 나한테 아주 중요해.

really	matter	정말 중요하다
hardly	matter	별로 중요하지 않다
not much	matter	
no longer	matter	이제 중요하지 않다

▷ "I'm so sorry! I broke your vase!" "It **really** doesn't **matter**. I never liked it very much anyway." "미안해요! 제가 꽃병을 깼어요!" "괜찮아요. 어쨌건 제가 별로 좋아했던 게 아니거든요."

▷ "I think the boss is willing to apologize to you." "It **hardly matters**. I've decided to quit my job anyway." "상사가 너한테 사과하고 싶은 마음이 있는 것 같아." "상관없어. 어쨌건 난 회사를 그만두기로 했으니까."

it doesn't matter	wh-	…인지는 중요하지 않다

it doesn't matter	if	

★ wh-는 what, who, why 등의 의문사

▷ **It doesn't matter what** I tell you. You never take any notice! 내가 무슨 말을 하는지는 중요하지 않아. 네가 전혀 신경을 안 쓰니까!

▷ **It doesn't matter if** you come late. Any time is OK. 늦게 와도 상관 없어. 아무 때나 괜찮아.

meal /miːl/ 图 식사; 한 끼

cook	a meal	식사를 요리하다
make	a meal	
prepare	a meal	식사를 준비하다
enjoy	a meal	식사를 즐기다
have	a meal	식사를 하다
eat	a meal	
serve	a meal	식사를 대접하다
go (out) for	a meal	나가서 식사하다
skip	a meal	식사를 거르다

▷ When I get back home, I'm too tired to **cook a meal**. 집에 돌아오면 나는 너무 피곤해서 요리를 할 수가 없다.

▷ **Enjoy** your **meal**. 맛있게 드세요.(★ 레스토랑에서 종업원이 손님에게 하는 말.)

▷ We **had** a lovely **meal** at that new Chinese restaurant. 우리는 새로 생긴 그 중식당에서 멋진 식사를 했다.

▷ I'm tired of eating at home. Let's **go out for a meal**. 집에서 밥 먹는 거 지겨워. 나가서 먹자.

a good	meal	맛있는 식사
a delicious	meal	
a light	meal	가벼운 식사
a heavy	meal	푸짐한 식사
the main	meal	하루 중 가장 중요한 식사
a hot	meal	따뜻한 식사
a proper	meal	제대로 된 식사

▷ We had a very **good meal** at that new Indian restaurant last night. 우리는 어젯밤 새로 생긴 그 인도 식당에서 아주 맛있는 식사를 했다.

▷ "I'm not very hungry yet." "OK. Let's just have a **light meal** somewhere." "아직 별로 배가 안 고파." "알았어. 그럼 어딘가에서 그냥 가볍게 먹자."

▷ For me the **main meal** of the day is in the evening. 나는 하루 중 저녁식사를 가장 중요시한다.

▷ You can't just eat sandwiches every day. You need a **proper meal**! 날마다 샌드위치만 먹으면 안 돼. 제대로 된 식사를 해야지!

mean /miːn/ 동 의미하다; 의도하다

literally	mean	문자 그대로 의미하다
necessarily	mean	필연적으로 의미하다
probably	mean	아마도 의미하다
simply	mean	단순히 의미하다
usually	mean	대개 의미하다

▷ Because I say I like golf, it doesn't **necessarily mean** that I'm good at it! 내가 골프를 좋아한다고 해서 그게 꼭 골프를 잘한다는 뜻은 아니야!
▷ If he says he might not come to the party, it **probably means** he definitely won't come. 그가 파티에 안 올지도 모른다고 말한다면, 그건 아마 절대 안 오겠다는 의미일 것이다.

mean	A by B	B를 A의 의미로 사용하다

▷ What do you **mean by** that? 그게 무슨 뜻인가요?; (분노를 표시하며) 그게 무슨 뜻이야?

mean	(that)...	…라는 것을 의미하다
mean	to do	…할 의도다

▷ I'm not saying that I won't help you, I just **mean that** I need more time to think about it. 너를 돕지 않겠다는 게 아니야. 그저 생각해볼 시간이 더 필요하다는 거야.
▷ This traffic jam goes on for 5 miles. That **means** we're definitely going to miss our plane! 이 교통 정체는 5마일에 걸쳐 뻗어 있어. 그건 우리가 분명히 비행기를 놓칠 거라는 뜻이야!
▷ I didn't **mean to** make her angry. 나는 그녀를 화나게 할 생각은 없었다.

PHRASES

(do) you mean...? ☺ (상대의 발언을 확인하며) … 말입니까? ▷ "Who's that famous American film director? You know, *ET, Jurassic Park*." "Oh, do you mean Steven Spielberg?" "그 유명한 미국 영화 감독이 누구지? 있잖아. ET랑 쥬라기 공원." "아, 스티븐 스필버그 말하는 거야?"
I mean (to say) ☺ (앞의 발언을 보충 또는 정정하며) 다시 말하자면; 그게 아니라 ▷ When I say it's difficult, I mean to say that it would be impossible. 내가 어렵다고 말할 때는 그게 불가능할 거라는 뜻이다. ▷ Take the next on the right... No, sorry. I mean the left! 다음 번에 오른쪽으로 돌아… 아니, 미안. 그게 아니라 왼쪽이야!
I know what you mean. / I see what you mean. ☺ 네 말 무슨 뜻인지 알아. ▷ I see what you mean, but I don't agree with you. 네 말 무슨 뜻인지 알지만, 나는 생각이 달라.
What does A mean? ☺ A가 무슨 뜻이야? ▷ What does "serendipity" mean? 'serendipity'가 무슨 뜻이야?

You know what I mean? / You see what I mean?
☺ (자신의 발언을 상대에게 확인하며) 내 말뜻 알아?

meaning /míːniŋ/ 명 의미; 의도, 의의

have	a meaning	의미가 있다
understand	the meaning	의미를 이해하다
grasp	the meaning	
convey	the meaning	의미를 전달하다
explain	the meaning	의미를 설명하다
take on	a meaning	의미를 띠다
give	a meaning	의미를 주다

▷ I can't **understand** the **meaning** of this sentence. 나는 이 문장의 의미를 이해하지 못하겠다.
▷ This translation doesn't **convey** the **meaning** of the original text. 이 번역은 원문의 의미를 전달하지 못한다.
▷ When I started to study Buddhism, it **gave** a whole new **meaning** to my life. 내가 불교를 공부하기 시작했을 때, 그것은 내 인생에 완전히 새로운 의미를 주었다.

the exact	meaning	정확한 의미
the precise	meaning	
hidden	meaning	숨은 의미
literal	meaning	문자 그대로의 의미
the original	meaning	본래 의미
a figurative	meaning	비유적인 의미
the true	meaning	진정한 의미
a different	meaning	다른 의미

▷ I know roughly what that word means, but I don't know the **precise meaning**. 나는 그 단어가 무슨 뜻인지 대충 알지만, 정확한 의미는 모른다.
▷ The **true meaning** of the word "beauty" is difficult to define. '아름다움'이라는 말의 진정한 의미는 정의하기 어렵다.
▷ It's possible for one word to have several **different meanings**. 한 단어가 몇 가지 의미를 띨 수 있다.

without	meaning	의미가 없는

▷ I sometimes think that some modern art is totally **without meaning**. 나는 가끔 어떤 현대 미술은 아무런 의미가 없다는 생각이 든다.

means /míːnz/ 명 수단, 방법; 자산

provide	a means	수단을 제공하다
offer	a means	
use	a means	수단을 이용하다

▷ She's over 90 years old. We need to **provide a means** of transport for her to get from her house to the hospital. 그분은 아흔 살이 넘었다. 그분이 집에서 병원까지 갈 수 있는 교통 수단을 제공해드려야 한다.
▷ We need to **use** a better **means** of improving communication with our customers. 우리는 고객과의 커뮤니케이션을 개선할 더 나은 수단을 사용해야 한다.

an alternative	means	대체 수단
the best	means	가장 좋은 수단
an effective	means	효과적인 수단
a reliable	means	확실한 수단

▷ The trains have stopped because of the typhoon so we need to find an **alternative means** of getting to Busan. 태풍 때문에 열차 운행이 중지되었기 때문에 우리는 부산까지 가는 대체 수단을 찾아야 한다.
▷ Raising the price of cigarettes is not always an **effective means** of stopping people from smoking. 담배 가격을 올리는 것이 사람들이 담배를 끊게 하는 데 늘 효과적인 수단인 것은 아니다.

| the means | to do | …할 자금 |

▷ Our son wants to study in America for a year, but we don't have the **means to** support him. 우리 아들은 미국에서 일 년 동안 공부하고 싶어하지만 우리는 그 아이를 뒷받침할 자금이 없다.

| no means | of doing | …할 방법이 없는 |

▷ There's **no means of** opening this lock unless you know the number. 번호를 모르면 이 자물쇠를 열 방법이 없다.

by	means of A	A에 의해서
beyond	one's means	수입 이상의
within	one's means	수입에 맞추어서

▷ The TV program was broadcast **by means of** satellite. 그 TV 프로그램은 위성으로 방송되었다.
▷ She lived **within** her **means**. 그녀는 자기 처지에 맞는 생활을 했다.

measure /méʒər/

명 (-s) 대책, 조치; 치수, 분량, 계량 단위

| introduce | measures | 대책을 도입하다 |
| take | measures | 대책을 취하다 |

▷ The government are going to **introduce measures** to improve the education system. 정부는 교육 제도를 개선할 대책을 도입할 것이다.
▷ The police should **take** stronger **measures** to control football hooligans. 경찰은 축구 극성 팬들을 통제할 더 강력한 대책을 취해야 한다.

an appropriate	measure	적절한 조치
a strong	measure	강경한 조치
a drastic	measure	과감한 조치
a temporary	measure	일시적 조치
conservation	measures	보호 조치
security	measures	안전 조치
economic	measures	경제적 조치

▷ I don't think firing our sales manager is an **appropriate measure**. 우리 영업 부장을 해고하는 것은 적절한 조치가 아니라고 생각한다.
▷ We need to take more **conservation measures** if we are going to save some of our rare animals. 희귀 동물을 보호하려고 한다면 더 많은 보호 조치를 취해야 한다.

| measures | against A | A에 대비한 조치 |
| a measure | of A | A의 계량 단위 |

▷ We need to take **measures against** the possibility of serious flooding. 우리는 큰 홍수가 일어날 가능성에 대비하여 조치를 취해야 한다.
▷ Kilometers and miles are both **measures of** length. 킬로미터와 마일은 둘 다 거리의 단위다.

measure /méʒər/

동 측정하다, 재다, 계량하다; 평가하다; 길이[크기, 분량]가 …이다

measure	accurately	정확히 재다
measure	precisely	
measure	directly	직접 재다
carefully	measure	주의 깊게 재다

★ accurately measure도 거의 같은 빈도로 쓰인다.

▷ Special cameras are used now to **measure accurately** the speed of passing cars. 지금은 지나가는 차량의 속도를 정확하게 재는 데 특수 카메라가 사용된다.
▷ We need to **measure** the length of the windows **precisely** before we buy the curtains. 커튼을 사기 전에 창문의 길이를 정확하게 재야 한다.

meat /miːt/ 명 고기, 살코기

fresh	meat	신선육
frozen	meat	냉동육
raw	meat	생고기
lean	meat	지방이 적은 고기, 살코기
potted	meat	통조림 고기

▷ **Fresh meat** always tastes better than meat

| medicine |

which has been frozen. 신선육은 항상 냉동된 고기보다 맛있다.
▷ I don't like meat with fat. I prefer **lean meat**. 나는 지방이 있는 고기를 좋아하지 않는다. 살코기가 좋다.

| meat and [or] fish | 고기와[또는] 생선 |
| meat and vegetable | 고기와 채소 |

▷ Which would you like, **meat or fish**? 고기와 생선 중에 어떤 걸로 하실래요?

| a piece of | meat | 고기 한 점 |

▷ That **piece of meat** tasted really good! 그 고기는 정말 맛있었다!

medicine /médəsin/ 명 약; 의학

prescribe	medicine	약을 처방하다
take	medicine	약을 먹다
practice	medicine	(의사가) 개업하다

▷ The doctor has **prescribed** some new **medicine** for me. 의사는 나에게 새로운 약을 처방해주었다.
▷ **Take** this **medicine** three times a day. 이 약을 하루에 세 번 드세요.
▷ She wants to be a doctor and **practice medicine**. 그녀는 의사가 되어서 개업하고 싶어한다.

the best	medicine	최고의 약
cough	medicine	기침약
prescription	medicine	처방약
complementary	medicine	대체 의학
alternative	medicine	
folk	medicine	민간 의료
Chinese	medicine	한의학
Western	medicine	서양 의학

▷ Sleep is **the best medicine** for any diseases. 잠은 어떤 병에든 최고의 약이다.
▷ **Chinese medicine** usually works very well. 한의학은 대체로 효과가 뛰어나다.

| medicine | for A | A를 치료하는 약 |

▷ You need to get some **medicine for** your cough. 너는 기침약을 먹어야 한다.

| a dose of | medicine | 약 1회 복용분 |

▷ If I were you, I'd take a **dose of medicine** and go home to bed. 내가 너라면, 약을 한 봉지 먹고 집에 가서 자겠다.

meet /miːt/ 동 만나다

always	meet	항상 만나다
rarely	meet	잘 만나지 않다
finally	meet	마침내 만나다
meet	again	다시 만나다
meet	frequently	자주 만나다
meet	regularly	정기적으로 만나다

▷ We **always meet** on Tuesdays to have lunch together. 우리는 항상 화요일에 만나서 점심을 함께 한다.
▷ I've heard so much about you. It's really nice to **finally meet** you. 그 동안 말씀 많이 들었습니다. 드디어 만나게 되어서 반갑습니다.
▷ I hope we **meet again** soon. 곧 다시 만나기를 바랍니다.
▷ We **meet regularly** every weekend for a game of golf. 우리는 주말마다 정기적으로 만나 골프를 친다.

meet	at A	A(장소)에서 만나다, A(시간)에 만나다
meet	on A	A(요일, 일)에 만나다
meet	with A	A(사람)와 만나다

▷ I'll **meet** you **at** the station in five minutes. 5분 후에 역에서 보자.
▷ I can't **meet** you **on** Friday. 금요일에는 널 만날 수가 없어.
▷ Some representatives of the Student Union **met with** the Vice Chancellor of the University. 학생회 대표 몇 명이 대학 부총장과 만났다.

(PHRASES)

(It was) nice meeting you. ☺ (처음 만난 사람과 헤어질 때) 만나서 반가웠습니다.
Nice to meet you. / Pleased to meet you. ☺ 만나서 반갑습니다. 처음 뵙겠습니다. ▷ "This is Tom." "Pleased to meet you." "이 분은 톰이에요." "만나서 반갑습니다."

meeting /míːtiŋ/ 명 회의, 회합, 집회

have	a meeting	회의가 있다
hold	a meeting	회의를 열다
arrange	a meeting	회의를 준비하다
call	a meeting	회의를 소집하다
attend	a meeting	회의에 참석하다
close	a meeting	회의를 폐회하다
cancel	a meeting	회의를 취소하다
postpone	a meeting	회의를 연기하다
chair	a meeting	회의를 주재하다
address	a meeting	회의에서 발언하다

▷ We're **holding** a **meeting** next Wednesday. 우리는 다음 주 수요일에 회의를 열 것이다.

▷ This month's sales figures are terrible! We need to **call** a **meeting** urgently. 이번 달 매출액이 참담하네요! 긴급히 회의를 소집해야겠어요.

▷ I'm sorry, I can't **attend** the **meeting** next week. 죄송하지만 저는 다음 주 회의에 참석할 수 없습니다.

▷ We'll have to **postpone** the **meeting** for two weeks. 우리는 회의를 2주일 뒤로 미루어야 할 것 같습니다.

▷ "Do you know who's going to **chair** the **meeting**?" "No. The chairperson hasn't been decided yet." "누가 회의를 주재하는지 알아?" "아니, 의장이 아직 결정되지 않았어."

▷ I always feel nervous before I **address** a large **meeting**. 나는 큰 회의에서 발언할 때면 항상 긴장을 한다.

a meeting	takes place	회의가 열리다
a meeting	begins	회의가 시작되다
a meeting	starts	
a meeting	lasts	회의가 계속되다
a meeting	ends	회의가 끝나다
a meeting	closes	
a meeting	breaks up	회의가 끝나 해산하다

▷ The meeting **took place** on Thursday. 회의는 목요일에 열렸다.

▷ The **meeting lasted** three hours. 회의는 세 시간 동안 계속되었다.

▷ The **meeting broke up** around 7:00. 회의는 7시 무렵에 끝나 해산했다.

an annual	meeting	연례 회의
a monthly	meeting	월례 회의
a weekly	meeting	주례 회의
regular	meetings	정기 회의
a formal	meeting	공식 회의
an informal	meeting	비공식 회의
a general	meeting	총회
a public	meeting	시민 집회; 공개 회의
a board	meeting	이사회 (회의)
a cabinet	meeting	내각 회의
a summit	meeting	정상 회담

▷ We don't need a **weekly meeting**. A **monthly meeting** would be fine. 주례 회의는 필요 없습니다. 월례 회의로도 충분합니다.

▷ We need to hold a **general meeting** of all employees. 우리는 전 직원 총회를 열어야 한다.

▷ A **public meeting** will be held on December 15. 시민 집회가 12월 15일에 열릴 것이다.

a meeting	with A	A와의 만남
a meeting	between A and B	A와 B의 회의
a meeting	about A	A에 대한 회의
a meeting	on A	

▷ We've arranged a **meeting with** the Russian President next month. 우리는 다음 달에 러시아 대통령과의 만남을 준비했다.

▷ A **meeting between** North Korea **and** the USA seems unlikely at the moment. 현재 북한과 미국의 회담은 성사될 가망이 없어 보인다.

in	a meeting	회의에 참석한
at	a meeting	
during	a meeting	회의 중에

▷ "Can I speak to Mr. Davis?" "I'm sorry, he's **in** a **meeting**. Can I take a message?" "데이비스 씨와 통화할 수 있을까요?" "죄송합니다, 그 분은 지금 회의에 참석 중입니다. 전하실 말씀 있으십니까?"

▷ Please don't interrupt us with phone calls **during** this **meeting**. 이 회의 중에는 전화가 와도 전해주지 마세요.

member /mémbər/

🏷 (조직, 집단의) 일원, 구성원, 회원

become	a member	회원이 되다
elect	members	회원을 뽑다
include	members	회원을 포함하다

▷ She **became** a **member** of our club two years ago. 그녀는 2년 전에 우리 클럽 회원이 되었다.

▷ We need to **elect** new committee **members** again this year. 올해도 새로운 위원회 구성원을 뽑아야 한다.

▷ Some of the wedding guests **included members** of the royal family. 결혼식 하객 중에는 왕실 가족들도 있었다.

a leading	member	주요 회원
a prominent	member	
an active	member	활발한 회원
an individual	member	개인 회원
an honorary	member	명예 회원
a life	member	종신 회원
a crew	member	승무원
a party	member	당원
a union	member	조합원
a family	member	가족 구성원
a team	member	팀의 일원

▷ He was a **leading member** of the Conservative Party. 그는 보수당의 주요 당원이었다.

▷ He's an **active member** of the Green Party. 그는 녹색당의 활발한 당원이다.

membership /mémbərʃip/

명 회원 자격, 회원임; (집합적) 회원, 회원 수

apply for	membership	회원 가입을 신청하다
increase	one's membership	회원을 늘리다
resign	one's membership	회원에서 탈퇴하다
cancel	one's membership	

▷ I'm thinking of **applying for membership** of the debating society. 나는 토론 클럽에 가입 신청할까 생각 중이다.

▷ If we don't **increase** our **membership**, we may have to close down. 회원을 늘리지 않으면 우리는 문을 닫아야 할지도 모른다.

▷ I think I'll have to **resign** my **membership** of the taekwondo club. I don't get enough time to practice anymore. 나는 태권도부에서 탈퇴해야 할 것 같아. 이제 연습할 시간이 없거든.

associate	membership	준회원
full	membership	정회원
individual	membership	개인 회원
a total	membership	총 회원 수

▷ **Full membership** of the sports club is very expensive. 그 스포츠 클럽의 정회원이 되는 데는 돈이 아주 많이 든다.

memory /méməri/ 명 기억; 기억력; 추억

jog	A's memory	A의 기억을 되살리다
refresh	A's memory	
lose	one's memory	기억을 잃다
bring back	memories	추억을 불러일으키다

▷ What you just said about presents just **jogged** my **memory**. It's my wife's birthday tomorrow! 네가 지금 선물에 대해 한 말을 들으니 기억이 났다. 내일이 아내의 생일이야!

▷ After the accident he completely **lost** his **memory**. 사고 이후 그는 완전히 기억을 잃었다.

▷ The freezing cold and heavy snow **brought back memories** *of* her childhood in Canada. 영하의 추위와 폭설이 그녀에게 캐나다에서 보낸 어린 시절의 추억을 떠올려주었다.

memory	fades	기억력이 떨어지다

▷ The older you get, the more your **memory fades**. 나이가 들수록 기억력이 떨어진다.

a vivid	memory	생생한 기억
a fond	memory	다정한 추억
a good	memory	좋은 추억
a happy	memory	행복한 추억
childhood	memories	어린 시절의 추억
long-term	memory	장기 기억
short-term	memory	단기 기억

▷ She has **vivid memories** of everybody panicking just after the fire started. 그녀는 불이 났을 때 모두가 놀라 당황하던 모습을 생생하게 기억하고 있다.

▷ I have **fond memories** of playing with my puppy when I was a child. 나는 어렸을 때 강아지와 함께 놀던 애정 어린 추억이 있다.

▷ She had very **happy memories** of her father. 그녀는 아버지에 대해 아주 행복한 추억이 있었다.

▷ My grandfather's **short-term memory** is getting worse, but his **long-term memory** is still very good. 할아버지의 단기 기억은 점점 나빠지고 있지만 장기 기억은 아직도 아주 좋다.

have	a good memory	기억력이 좋다
have	a bad memory	기억력이 나쁘다
have	a long memory	오래된 것을 잘 기억하다
have	a short memory	금세 잊다

▷ I **have** a **good memory** *for* faces. 나는 사람 얼굴을 잘 기억한다.

▷ We had a big argument five years ago. He hasn't forgotten. He **has** a **long memory**! 우리는 5년 전에 심하게 다툰 적이 있는데 그는 그 일을 잊지 않았다. 오래 전 일을 잘도 기억한다.

▷ When I learn a new English word, ten minutes later I've forgotten it. **I have** a very **short memory**! 나는 새 영어 단어를 외워도 10분이 지나면 잊어버린다. 너무 금세 잊어버리는 것이다!

a memory	for A	A의 기억
from	memory	기억에 의존해서
in	memory of A	A(사람)를 기리며, 애도하여

▷ I have a really bad **memory for** names. 나는 이름을 잘 기억하지 못한다.

▷ He won the speech contest. He recited the whole of "I have a dream" **from memory**! 그는 말하기 대회에서 우승했다. 그는 (마틴 루터 킹의) "나는 꿈이 있습니다" 전체를 외워서 낭송했다.

▷ Church services were held all over the country **in memory of** the President. 대통령을 애도하는 교회 예배가 전국에서 거행되었다.

mention /ménʃən/ 동 언급하다, 거론하다

mentioned	previously	앞서 말한

mentioned	earlier	
mentioned	above	위에 쓴
mentioned	below	아래에 쓴
mention	briefly	간단히 말하다
specifically	mention	특별히 언급하다

▷ As Mr. Taylor **mentioned earlier**, we are looking for someone to transfer to our head office in New York. 테일러 씨가 앞서 말했듯이 우리는 뉴욕의 본사로 전근할 사람을 찾고 있습니다.

▷ As I **mentioned above**, this data is not completely reliable. 위에서 썼듯이, 이 데이터는 완전히 신뢰할 만한 것은 아니다.

▷ Could you **mention briefly** why you decided to apply for this post? 왜 이 자리에 지원하기로 했는지 간단히 말씀해 주시겠어요?

▷ The tour guide **specifically mentioned** that we should bring our own packed lunches. 관광 안내원은 우리가 도시락을 준비해 가야 한다고 강조했다.

mention A	to B	A를 B(사람)에게 말하다

▷ Please don't **mention** this **to** anyone else! 이것을 다른 사람에게 말하지 마세요!

mention	(that)...	…라고 말하다

▷ She just **mentioned that** she'd got a new job. She didn't give any details. 그녀는 새 직장을 구했다고만 말했다. 자세한 내용은 말하지 않았다.

PHRASES

Don't mention it. ☺ (감사의 말에 대한 대답으로) 천만에요. ▷ "Thanks for all your help." "That's OK. Don't mention it." "여러 가지로 도와주셔서 감사 드립니다." "아니에요. 별 말씀을요."

menu /ménju:/

명 메뉴, 차림표; (컴퓨터 프로그램의) 메뉴

offer	a menu	메뉴를 제공하다
study	the menu	메뉴를 잘 살펴보다
select from	the menu	메뉴에서 고르다
choose from	the menu	

▷ This restaurant **offers** a wide **menu** of Japanese and Western food. 이 레스토랑은 다양한 일식과 양식 메뉴가 있다.

▷ He **studied** the **menu** for several minutes before making his choice. 그는 몇 분 동안 메뉴를 잘 살펴본 뒤에 선택을 했다.

▷ If you want to print something out, just **select** "PRINT" **from** the **menu**. 출력하려면 메뉴에서 '프린트'를 선택하세요.

an à la carte	menu	일품 요리 메뉴
a special	menu	특별 메뉴
dinner	menu	저녁 메뉴
lunch	menu	점심 메뉴
set	menu	세트 메뉴
the main	menu	메인 메뉴
pull-down	menu	(컴퓨터) 풀다운 메뉴

▷ I don't want to choose a set. Let's ask for the **à la carte menu**. 나는 세트 메뉴는 별로야. 일품 요리를 시키자.

▷ Because it's Christmas, they have a **special menu**. 크리스마스라서 특별 메뉴가 있다.

a choice of	menu	메뉴의 선택

▷ As we all like different things, let's go to a place where there's a wide **choice of menu**. 우리 모두 좋아하는 게 다르니까, 메뉴가 다양한 곳으로 가자.

PHRASES

Could I have the menu? ☺ 메뉴판 좀 주시겠어요?
What's on the menu? ☺ 메뉴에 뭐가 있지?

mess /mes/ 명 혼란 (상태); 궁지

make	a mess	어지럽히다
leave	a mess	
clean up	the mess	어질러진 것을 치우다, 청소하다
clear up	the mess	
look (like)	a mess	엉망으로 보이다
get into	a mess	곤란에 빠지다
get A into	a mess	A(사람)를 곤란하게 만들다

▷ Why didn't you clean your shoes outside? Look! You've **made** a **mess** all over the kitchen floor! 왜 바깥에서 네 신발을 안 닦았니? 봐! 네가 부엌 바닥을 온통 더럽혀 놓았잖아!

▷ After the party everybody went home. Nobody helped me to **clean up** the **mess**. 파티가 끝나자 모두 집에 가버렸다. 아무도 내가 청소하는 것을 도와주지 않았다.

▷ Give me another 10 minutes to put on my makeup. I can't go out like this. I **look** a **mess**! 화장하게 10분만 더 줘. 이렇게 나갈 수는 없어. 얼굴이 엉망이야!

▷ I'm no good at reading maps. Every time I try I **get into** a terrible **mess**! 나는 지도를 잘 못 봐. 볼 때마다 완전히 엉뚱한 상황에 빠져버려!

▷ Don't **get** me **into** another **mess** like you did last time! 지난번처럼 나를 곤란하게 만들지 마!

a complete	mess	완전한 혼란,
an awful	mess	엉망진창인 상태
a real	mess	

| an economic | mess | 경제적 혼란 |

▷ "The bathroom's a **real mess**! Water everywhere!" "Sorry, I filled the bath too full!" 화장실이 완전히 난장판이야! 사방이 물이잖아!" "미안, 내가 욕조에 물을 너무 많이 채웠어!"

| in | a mess | 엉망인; 곤란한 |

▷ "I'm afraid my room is **in** an awful **mess**!" "I don't think so. You should see mine." "내 방이 완전히 엉망이야!" "별로 그렇지 않은데. 내 방을 한 번 봐야 돼."

(PHRASES)

What a mess! ⓒ 완전히 엉망이야; 아주 곤란한 상태야. ▷ What a mess! Look! I've never seen such an untidy bedroom! 아주 난장판이네! 이게 뭐야! 이렇게 지저분한 방은 본 적도 없어.

message /mésidʒ/

전하는 말, 메시지; (작품의) 의도

convey	a message	메시지를 전하다
deliver	a message	
carry	a message	
give	a message	
pass on	a message	
get	a message	메시지를 받다
receive	a message	
leave	a message	메시지를 남기다
send	a message	메시지를 보내다
take	a message	메시지를 받아서 전하다

▷ Could you **give** Sarah a **message** from me? 새라에게 제 메시지를 전해 주시겠습니까?

▷ Bill asked me to **pass on** a **message** to you. 빌이 너한테 메시지를 전해달라고 하더라.

▷ Sorry, I didn't **get** your **message**. 미안, 네 메시지를 못 받았어.

▷ Could I **leave** a **message**? 메시지를 남길 수 있을까요?

▷ I **left** a **message** on her voice mail. 나는 그녀에게 음성 녹음으로 메시지를 남겼다.

▷ We should **send** the **message** by email, not by phone. 우리는 전화가 아니라 이메일로 메시지를 보내야 한다.

▷ Sorry, Tim's not in now. Can I **take** a **message**? 죄송하지만, 팀은 지금 자리에 없습니다. 제가 메시지를 받아서 전해줄까요?

an important	message	중요한 메시지
an urgent	message	긴급 메시지
a personal	message	개인적 메시지
a clear	message	분명한 메시지
a simple	message	단순한 메시지
a recorded	message	음성 녹음 메시지
a warning	message	경고 메시지
an error	message	오류 메시지

▷ We need to send a **clear message**: if you drink and drive, you'll lose your driving license! 우리는 분명한 메시지를 보내야 한다. 음주 운전을 하면 운전면허가 취소된다고!

▷ **Recorded messages** are useful. You can play them back as often as you like. 음성 녹음 메시지는 유용하다. 듣고싶은 만큼 다시 들을 수 있다.

the message	of A	A에 담긴 메시지
a message	from A	A가 보내는 메시지
a message	for A	A에게 보내는 메시지
a message	to A	

▷ The **message of** the book is that no-one wins in a nuclear war. 그 책의 메시지는 핵전쟁에서는 승자가 없다는 것이다.

▷ Oh, there's a **message from** your daughter. 아, 따님이 보낸 메시지가 있어요.

▷ I'd like to leave a **message for** Mrs. Bobby Davis. 바비 데이비스 부인에게 메시지를 남기고 싶습니다.

▷ John Lennon's song 'Imagine' is a **message to** the world. 존 레논의 노래 "이매진"은 세상을 향해 보내는 메시지다.

method /méθəd/ 방법, 방식

adopt	a method	방법을 채택하다
apply	a method	방법을 적용하다
use	a method	방법을 사용하다
develop	a method	방법을 개발하다
devise	a method	방법을 고안하다

▷ We need to **apply** a different sales **method**. This one isn't working. 다른 판매 방법을 적용해야겠어. 이 방법은 통하지가 않아.

▷ The police are **using** new **methods** to fight against terrorism. 경찰은 테러와 싸우기 위해 새로운 방식을 쓰고 있다.

▷ We need to **devise** a new **method** for advertising our products. 우리 제품을 광고하는 새로운 방법을 고안해야 한다.

a method is used		방법이 사용되다
a method is employed		
a method has been developed		방법이 개발되었다

▷ A simple **method** was **employed** to extract

particles of gold from the stream. 개울에서 금가루를 채취하는 데는 단순한 방법이 사용되었다.

▷ A new **method** has been **developed** for obtaining drinking water from salt water. 염수에서 식수를 만들어내는 새로운 기법이 개발되었다.

an effective	method	효과적인 방법
the principal	method	주요한 방법
a new	method	새로운 방법
the traditional	method	전통적인 방법
a simple	method	간단한 방법
a different	method	다른 방법
an alternative	method	대안적 방법
various	methods	다양한 방식
statistical	methods	통계적 방식

▷ Watching American films can be an **effective method** for improving your English. 미국 영화를 보는 것은 영어 실력을 늘리기 위한 효과적인 방법이 될 수 있다.

▷ For many years the **principal method** of transportation in the desert was by camel. 오랜 세월 사막의 주요 운송 수단은 낙타였다.

▷ The eco-car uses a **new method** to power motorcars. 친환경 자동차는 새로운 방법을 사용해서 자동차에 동력을 공급한다.

▷ There are **various methods** we can use to reduce costs. 비용을 줄이기 위해 활용할 만한 다양한 방법이 있다.

▷ We need to use **statistical methods** to present the results of our survey. 우리는 통계적 방식을 사용해서 조사 결과를 보여주어야 한다.

a method	for A	A를 위한 방법

midnight /mídnàit/ 圀 한밤중, 자정

at	midnight	한밤중에
by	midnight	자정까지는
until	midnight	
around	midnight	자정 즈음에

▷ **By midnight** she was beginning to get really worried. 자정 즈음이 되자 그녀는 정말로 걱정이 되기 시작했다.

▷ I didn't get home **until midnight**. 나는 자정까지 집에 돌아가지 못했다.

▷ I always get hungry **around midnight**. 나는 자정 무렵에는 항상 배가 고파진다.

mild /maild/ 圀 가벼운; 온순한; 온화한

relatively	mild	비교적 가벼운; 비교적 온화한
unusually	mild	보기 드물게 온순한
very	mild	아주 온순한; 아주 온화한

▷ He's got flu, but it's OK. It's **relatively mild**. 그는 독감에 걸렸지만 괜찮다. 비교적 증상이 가볍다.

▷ This curry tastes **very mild**. I prefer a really hot Indian curry! 이 카레는 맛이 아주 순하네. 나는 정말로 매운 인도 카레가 더 좋은데!

mile /mail/

圀 마일(약 1.6킬로미터); (-s) 먼 거리

3 miles	from A	A에서 3마일
20 miles	away	20마일 떨어진

▷ My house is about three **miles from** the nearest station. 우리 집은 가장 가까운 역에서 3마일 정도의 거리다.

5 miles	long	거리가 5마일인

★ deep, high 등도 쓰인다.

▷ The hike is only about five **miles long**. We can easily do it in an hour and a half. 등산은 5마일 정도밖에 되지 않는다. 한 시간 반이면 쉽게 마칠 수 있다.

for	miles	아주 멀리까지

▷ From the top of the mountain you can see **for miles**. 산꼭대기에서는 아주 멀리까지 볼 수 있다.

50 miles	per hour	시속 50마일
50 miles	an hour	
20 miles	to the gallon	(연비) 1갤런당 20마일
20 miles	per gallon	
20 miles	a gallon	

▷ Jack says his sports car can do over 120 **miles an hour**! 잭은 자기 스포츠카가 시속 120마일 이상으로 달릴 수 있다고 말한다!

▷ The fuel consumption is not very good. Only 20 **miles to the gallon**. 연비가 별로 좋지 않다. 겨우 갤런당 20마일이다.

milk /milk/ 圀 우유

drink	milk	우유를 마시다
take	milk	우유를 넣다
add	milk	
pour	milk	우유를 붓다
spill	milk	우유를 흘리다

▷ "Do you **take milk**?" "Only with tea. Not with coffee, thanks." "우유를 넣을까요?" "차에만 넣고, 커피에는 넣지 마세요."

▷ Don't forget to **add** a little **milk** when you make the omelet. 오믈렛을 만들 때 우유를 약간 넣는 걸 잊지 마.
▷ Oh, look! You've **spilt milk** all over the table! 저런! 온 식탁에 우유를 흘렸네!

fresh	milk	신선한 우유
hot	milk	따뜻한 우유
cold	milk	차가운 우유
cow's	milk	우유
goat's	milk	산양유
condensed	milk	연유
skim(med)	milk	탈지 우유
breast	milk	모유

▷ I live on a farm, so I always have **fresh milk**. 나는 목장에 살기 때문에 늘 신선한 우유를 마신다.
▷ **Skim milk**, please. I hate it, but I'm on a diet! 탈지 우유로 주세요. 싫어하지만 다이어트 중이라서요!

a glass of	milk	우유 한 잔
a liter of	milk	우유 1리터

▷ Could I have a **glass of milk**, please? 우유 한 잔 주시겠어요?

million /míljən/ 圏 백만; (-s) 수백만, 무수

a hundred	million	1억

▷ Our market is expected to expand to over a **hundred million** people by the year 2025. 우리 시장은 2025년까지는 1억 명 이상으로 확대될 것으로 예상된다.

three million	dollars	300만 달러

▷ Her house in Hollywood costs over 6 **million** dollars. 할리우드에 있는 그녀의 집은 600만 달러가 넘는다. (★ three million과 같이 million 앞에 수사가 나오는 경우 대개 s가 없는 단수형이 쓰인다.)

millions	of A	수백만의 A; 다수의 A

▷ I've told you **millions of** times! Wear your slippers when you come into the house! 너한테 수도 없이 말했잖아! 집에 들어올 때는 슬리퍼를 신으라고!

mind /maind/ 圏 생각, 마음, 머리; 정신; 지성

bear in	mind	명심하다, 유념하다
keep in	mind	
bring A	to mind	A를 떠올리다
call A	to mind	
come to	mind	머릿속에 떠오르다
spring to	mind	
cross	A's mind	뇌리를 스치다
occupy	A's mind	머릿속을 채우다
read	A's mind	마음을 읽다
slip	A's mind	깜박 잊다
stick in	A's mind	머리를 떠나지 않다
close	one's mind	마음을 닫다
concentrate	one's mind	정신을 집중하다
lose	one's mind	제정신을 잃다

▷ You don't have to do anything about the problem now, just **bear** it **in mind**. 그 문제에 대해서 지금은 아무것도 할 필요가 없어. 그냥 명심만 해둬.
▷ Now that I know you're interested in a part-time job, I'll **keep** you **in mind**. 네가 시간제 일에 관심이 있다는 걸 알게 되었으니까, 잊지 않고 있을게.
▷ I can't **bring to mind** her name at the moment. 지금은 그녀의 이름이 생각나지 않는다.
▷ I know his name, but it just won't **come to mind**. 그의 이름을 알지만 머리에 떠오르지 않는다.
▷ My boss asked me if I had any ideas about a new project but nothing immediately **sprang to mind**. 상사가 나에게 새 계획에 대해 생각하는 게 있는지 물었지만, 그 자리에서는 아무것도 떠오르지 않았다.
▷ I can't sleep because I think so much. I have so much to **occupy** my **mind**. 나는 생각이 너무 많아서 잠을 자지 못한다. 너무 많은 일이 머릿속을 가득 채우고 있다.
▷ "Why don't we go to see a movie?" "You must have **read** my **mind**. That's just what I was going to say!" "영화 보러 가는 거 어때?" "너 내 마음을 읽었구나. 내가 딱 그 말을 하려고 했는데!"
▷ Sorry I forgot to phone you yesterday. It completely **slipped** my **mind**. 미안, 어제 전화하는 걸 잊었어. 완전히 깜박했어.
▷ My first day at school will always **stick in** my **mind**. 나의 첫 등교일은 언제까지나 내 머릿속에 남아 있을 것이다.

one's **conscious**	mind	의식
one's **subconscious**	mind	잠재 의식
one's **unconscious**	mind	무의식
a brilliant	mind	뛰어난 지성
a creative	mind	창의력
a closed	mind	폐쇄적인 마음

▷ After the accident he was in a coma. His **conscious mind** had stopped working. 사고 후 그는 혼수 상태에 빠졌다. 그의 의식이 작동을 정지한 것이다.
▷ Like all great writers, he has a very **creative mind**. 모든 위대한 작가들처럼 그도 창의력이 뛰어났다.
▷ Ella's got a **closed mind** when it comes to

taking other people's advice. 엘라는 다른 사람들의 조언을 듣는 문제에 있어서는 마음이 닫혀 있었다.

a frame of	mind	마음의 상태, 기분
a state of	mind	
a change of	mind	마음의 변화

▷ I wouldn't speak to him now, if I were you. He's in an angry **frame of mind**. 내가 너라면 지금 그에게 말을 걸지 않겠어. 그는 지금 화가 나 있거든.
▷ I regret that he has now had a **change of mind**. 그가 이제 마음을 바꾸었다니 유감이다.

| mind and body | | 심신 |

★ body and mind라고도 쓴다.

▷ His **mind and body** had both been exhausted. 그는 심신이 모두 지쳤다.

in	mind	마음에
in	A's mind	A의 마음 속에
on	A's mind	A의 신경이 쓰이는

▷ I can't offer you a definite job now, but I've something **in mind**. 내가 지금 너에게 확실한 일을 줄 수는 없지만, 생각하고 있는 게 있다.
▷ Thoughts of emigrating to Canada had been going on **in his mind** for some time. 그는 한동안 캐나다로 이민 갈까 하는 생각을 했다.
▷ What's **on your mind**? 무슨 생각을 하고 있니?
▷ I think Paula's really attractive, don't you? I've had her **on my mind** all week. 폴라는 정말 매력적인 것 같지 않니? 일 주일 내내 그녀 생각뿐이었어.

minority /minɔ́:rəti/ 圕 소수; 소수파

| represent | a minority | 소수파를 대표하다 |

▷ I think your opinion **represents** only a **minority** of employees at this company. 당신의 의견은 이 회사 직원 중 소수만을 대표한다고 생각합니다.

a small	minority	극소수
ethnic	minority	소수 민족
a minority	group	소수파

▷ Only a **small minority** caused trouble at the soccer game. 축구 경기에서 문제를 일으킨 것은 극소수의 사람들이었다.
▷ The opinions of the **ethnic minority** are very important to us. 소수 민족의 의견은 우리에게 아주 중요하다.

| in a [the] minority | | 소수파에 속한 |

▷ Only you, me and a few others want to change the system. I'm afraid we're **in a minority**. 너, 나,
그리고 다른 몇 명만이 제도를 바꾸기를 원해. 안타깝지만 우리는 소수파야.

minute /mínit/ 圕 분(分); 짧은 시간

have	10 minutes	10분이 있다
give A	10 minutes	A에게 10분을 주다
last	10 minutes	10분간 계속되다
spend	10 minutes	10분을 쓰다
take	10 minutes	10분이 걸리다
waste	10 minutes	10분을 낭비하다
wait	a minute	잠깐 기다리다
hold on	a minute	
hang on	a minute	

▷ We only **have** 10 **minutes** before the train leaves. 기차가 떠날 때까지 10분밖에 없다.
▷ The lecture only **lasted** 20 **minutes**, but it felt like 2 hours! 강의는 20분밖에 계속되지 않았지만, 두 시간처럼 느껴졌다!
▷ I **spent** the last 20 **minutes** trying to phone you, but I only got the engaged signal. 20분 전부터 계속 너에게 전화했는데, 통화 중 신호음만 나오더라.
▷ It only **takes** 10 **minutes** from the station to my house. 역에서 우리 집까지는 10분밖에 안 걸린다.
▷ We've **wasted** 20 **minutes** looking for your car keys! 우리는 네 자동차 키를 찾느라 20분을 낭비했어!
▷ **Wait a minute.** 잠깐 기다려.
▷ Just a minute! You haven't paid for the cigarettes! **Wait a minute!** Come back! 잠깐만요! 담뱃값을 안 주셨어요! 기다려요. 돌아오세요!
▷ **Hold on a minute.** (전화에서) 끊지 말고 잠깐 기다리세요.

a few	minutes	2~3분
a couple of	minutes	
a further	5 minutes	5분 더
another	5 minutes	
several	minutes	몇 분
final	minutes	종료 직전
the last	minute	직전

▷ You go ahead. I'll only be a **couple of minutes**. 먼저 가. 나도 2~3분이면 끝나.
▷ You need to cook those potatoes for a **further 5 minutes**. 저 감자를 5분 더 가열해야 해.
▷ From there we had to walk **another 30 minutes** to get to his house. 그의 집에 가기 위해서 우리는 거기서 30분 더 걸어가야 했다.
▷ In the **final minutes** of play, both sides missed good opportunities. 경기 종료 직전에 두 팀 다 좋은 기회를 놓쳤다.

▷ Unfortunately, at the **last minute**, I got sick and couldn't go. 안타깝게도 나는 마지막 순간에 몸이 아파서 갈 수가 없었다.

ten minutes	late	10분 늦은
five minutes	later	5분 뒤에
ten minutes	long	10분 길이의

▷ She arrived twenty **minutes late** for our appointment. 그녀는 약속에 20분 늦게 도착했다.
▷ I got on the train and sat down. Ten **minutes later**, I found it was going in the wrong direction! 나는 기차에 타서 자리에 앉았다. 그런데 10분 후 나는 기차가 엉뚱한 방향으로 가고 있음을 깨달았다!
▷ According to the DVD cover this movie is 178 **minutes long**. DVD 표지에 따르면 이 영화의 상영시간은 178분이다.

five minutes	after ten	10시 5분
《영》 five minutes	past ten	
five minutes	before ten	10시 5분 전
《영》 five minutes	to ten	
for	a minute	잠시
for	a few minutes	2~3분 간
in	5 minutes	5분 후에
in	a minute	금방
within	minutes	

▷ We arrived at three **minutes after** ten. 우리는 10시 3분에 도착했다.
▷ It's seven **minutes to** eight. 8시 7분 전이다.
▷ Let me think **for a minute**. 잠시 생각해볼게.
▷ Would you mind waiting **for a few minutes**? 잠깐 기다려주시겠습니까?
▷ I'll be back **in ten minutes**. 10분 후에 올게.
▷ I'll be back **in a minute**. 금방 올게.

(PHRASES)
Do you have a minute? ☺ 잠깐 시간 있으세요?
▷ Do you have a minute? There's something I wanted to ask you. 잠깐 시간 있으세요? 여쭤보고 싶은 게 있는데요.

mirror /mírər/ 명 거울

look in	the mirror	거울을 보다
glance in	the mirror	거울을 힐끔 보다
stand before	a mirror	거울 앞에 서다
stand in front of	a mirror	

▷ "Do I have something in my eye? I can't see anything." "Why don't you **look in** the **mirror**?" "내 눈에 뭐 들어갔어? 아무것도 안 보여." "거울을 봐."
▷ She **glanced in** the rearview **mirror** and saw that a car was about to overtake her. 그녀가 백미러를 힐끔 보니 다른 자동차가 그녀를 추월하려 하고 있었다.

| in | the mirror | 거울에 |

▷ Does this hat look OK on me? I need to see myself **in the mirror**. 이 모자 나한테 어울려? 거울에 비춰 봐야겠어.
▷ She stared at herself **in the mirror**. There were red spots all over her face. 그녀는 거울을 들여다보았다. 얼굴 온통 붉은 반점이 나 있었다.

a full-length	mirror	전신 거울
the bathroom	mirror	욕실 거울
a rearview	mirror	백미러

▷ I think we need a **full-length mirror** in the hallway. 우리 현관에 전신 거울이 필요한 것 같아.
▷ "You should look in the **rearview mirror** when you're reversing!" "I am. Oh! What was that?" "후진할 때는 백미러를 봐야지!" "보고 있어. 아! 방금 뭐였지?"

miserable /mízərəbl/

형 불쌍한, 괴로운, 비참한

| feel | miserable | 괴로운 생각이 들다 |
| make A | miserable | A를 괴롭게 만들다 |

▷ This kind of weather **makes** me really **miserable**. 이런 날씨는 내 기분을 아주 우울하게 한다.

| so | miserable | 아주 괴로운; 몹시 비참한 |
| thoroughly | miserable | |

▷ Why do you look **so miserable**? 너 왜 그렇게 괴로운 표정이니?
▷ It rained every day when we were on holiday. We had a **thoroughly miserable** time. 우리가 휴가 갔을 때 날마다 비가 왔다. 너무 비참했다.

| miserable | little | 초라한, 불쌍한 |

▷ The man who worked in the library was a **miserable little** man who never smiled. 도서관에서 일하는 남자는 한 번도 웃지 않는 불쌍한 남자였다.

miss /mis/ 동 놓치다, 빼먹다; 그리워하다

completely	miss	완전히 빼먹다
just	miss	아깝게 놓치다
narrowly	miss	하마터면 ⋯할 뻔하다
really	miss	몹시 그리워하다
be sorely	missed	절절하게 그립다

▷ "Has the 10:45 train to Daegu left yet?" "Yes. You **just missed it!**" "대구행 10시 45분 기차가 떠났나요?" "네, 아깝게 놓치셨네요!"

▷ Look where you're going! You **narrowly missed** hitting that car! 앞을 잘 봐! 너 하마터면 저 차를 받을 뻔했어.

▷ **I really miss** you. 네가 몹시 그리워.

▷ We heard that Mr. Petersen died last Sunday. He'll **be sorely missed**. 지난 일요일에 피터슨 씨가 돌아가셨다고 들었습니다. 많은 사람이 그 분을 절절하게 그리워할 것입니다.

miss	doing	…하던 일이 그립다

▷ It was a great holiday! I **miss ly**ing on the beach doing nothing all day! 멋진 휴가였어! 하루 종일 아무 일도 하지 않고 해변에 누워 있던 때가 그리워!

(PHRASES)

I missed that! ☺ 잘 못 들었어요.(★다시 한 번 말해 달라고 할 때 쓴다.) ▷ I'm sorry I missed that. 죄송합니다, 말씀을 못 들었어요.
You can't miss it. ☺ 금방 찾을 수 있다, 바로 알아볼 수 있다.

missing /mísiŋ/

⟨형⟩ 없는; 행방불명의, 분실된

go	missing	없어지다; 행방불명이 되다

▷ My cellphone has **gone missing**. 내 휴대폰이 없어졌다.

still	missing	여전히 행방불명인

▷ Ten people are **still missing**. 열 명이 아직도 실종 상태다.

missing	from A	A에 없는

▷ Why is my name **missing from** the list? 제 이름이 왜 명단에 없는 거죠?

mist /mist/ ⟨명⟩ 안개

be shrouded	in mist	안개에 싸이다

▷ In the early morning, Mount Halla was **shrouded in mist**. 이른 아침, 한라산은 안개에 싸여 있었다.

a mist	rises	안개가 일다
a mist	drifts	안개가 떠다니다
a mist	hangs	안개가 끼다
a mist	comes down	안개가 가라앉다
the mist	clears	안개가 걷히다

▷ There's a cold **mist** gently **rising** up from the sea. 바다에서 차가운 안개가 조용히 일어나고 있다.

▷ It's still early in the morning. You can see the **mist** still **hanging** over those trees. 아직 이른 아침이다. 저쪽 나무들 위로 아직 안개가 낀 모습이 보인다.

▷ The morning **mist** over the river is beginning to **clear**. 강물 위에 낀 아침 안개가 차츰 걷히고 있다.

(a) thick	mist	짙은 안개
(a) heavy	mist	
(a) thin	mist	옅은 안개
(a) fine	mist	

▷ A **thick mist** covered the top of the mountain. 짙은 안개가 산 정상을 덮었다.

mistake /mistéik/ ⟨명⟩ 실수, 과오

make	a mistake	실수하다, 착각하다
realize	one's mistake	실수를 깨닫다
admit	a mistake	실수를 인정하다
correct	a mistake	실수를 바로잡다
learn from	one's mistakes	실수를 통해 배우다
repeat	the mistake(s)	실수를 반복하다
avoid	the mistake	실수를 피하다

▷ With English it's OK to **make mistakes**. That's how you learn! 영어를 할 때는 실수해도 괜찮아. 그렇게 해서 배우는 거야!

▷ When he **realized** his **mistake**, it was too late. 그가 실수를 깨달았을 때는 너무 늦었다.

▷ You have to **learn from** your **mistakes**. 우리는 실수를 통해 배워야 한다.

a big	mistake	큰 실수
a great	mistake	
a bad	mistake	엄청난 실수
a serious	mistake	
a terrible	mistake	
a common	mistake	흔한 실수
past	mistakes	과거의 실수
the same	mistake	같은 실수

▷ Marrying you was **the biggest mistake** of my life! 당신과 결혼한 건 내 인생 최대의 실수였어!

▷ The Government has made a **serious mistake** in its foreign policy. 정부는 외교 정책에서 중대한 실수를 저질렀다.

▷ You shouldn't blame him for his **past mistakes**. 과거의 실수로 그를 비난하면 안 돼.

by	mistake	실수로

▷ Sorry, I opened your letter **by mistake**. 미안, 실

| mix |

수로 네 편지를 뜯었어.

| it is a mistake | to do | …하는 것은 잘못이다 |
| make the mistake | of doing | …하는 잘못을 저지르다 |

▷ It was a **mistake to** ask Tony to give our wedding speech. 토니에게 결혼식 축사를 해달라고 부탁한 것은 실수였다.
▷ I'm afraid you **made** the **mistake of** expecting David to help you. 데이비드가 널 도와주기를 기대한 것은 너의 실수인 것 같다.

mix /miks/ 图 섞다; 섞이다; 어울리다

mix	thoroughly	충분히 섞이다
mix	well	잘 섞이다
mix	together	한데 섞다
mix A	together	A를 섞다
mix	easily	쉽게 어울리다
mix	freely	자유롭게 어울리다

★ thoroughly mix, well mix도 쓰인다.

▷ Add the sugar, butter and eggs and **mix thoroughly** for 2 to 3 minutes. 설탕, 버터, 계란을 넣고 2~3분 동안 충분히 섞어주세요.
▷ Oil and water don't **mix together**. 기름과 물은 잘 섞이지 않는다.
▷ **Mix** the eggs, flour and water **together**. 계란, 밀가루, 물을 함께 섞으세요.
▷ The children **mixed freely** with each other. 아이들은 서로 자유롭게 어울렸다.

| mix A | with B | A와 B를 섞다 |
| mix | with A | A(사람)와 어울리다 |

▷ **Mix** the eggs **with** flour. 계란과 밀가루를 섞으세요.
▷ I'm afraid he's **mixing with** the wrong sort of person. 아무래도 그가 질이 안 좋은 사람들하고 어울리는 것 같다.

| mix and match | | 짜맞추다, 조합하다 |

▷ Customers **mix and match** our 21 toppings any way they want on their hot dogs. 우리 가게의 손님들은 핫도그에 21가지 토핑을 원하는 대로 조합해 먹는다.

model /mádl/

图 모형; 기종; 견본, 모범; 모델

build	a model	모형을 만들다
construct	a model	
make	a model	
develop	a model	기종을 개발하다
produce	a model	모델을 만들어내다
provide	a model	모델이 되다

▷ We're **building** a **model** of a new type of aircraft. 우리는 신형 비행기의 모형을 만들고 있다.
▷ Our company's stopped producing the SS 2000. We're **developing** a new **model** now. 우리 회사는 SS2000의 생산을 중단했다. 지금 새 기종을 개발하고 있다.
▷ Our new eco-car should **provide** a **model** for all future cars. 우리의 신형 친환경 자동차는 모든 미래형 자동차의 모델이 될 것이다.

a working	model	실용 모형
a new	model	신기종
the latest	model	최신 기종
a simple	model	단순한 모델
a standard	model	표준 모델
an alternative	model	대체 모델
a theoretical	model	이론적 모델
an economic	model	경제 모델
a fashion	model	패션 모델

▷ I'm going to sell my car and get a **new model**. 나는 내 차를 팔고 신형 모델을 살 것이다.
▷ This is the **standard model**, but there is a more expensive **alternative model**. 이것은 표준 모델이지만, 좀 더 비싼 대체 모델이 있다.

| a model | for A | A의 모범 |

▷ He's a **model for** us all. The perfect husband! 그는 우리 모두의 모범이다. 완벽한 남편이다!

moment /móumənt/

图 순간, 짧은 시간; (특정한) 시기

have	a moment	시간이 약간 있다
take	a moment	시간이 약간 걸리다
wait	a moment	잠시 기다리다
enjoy	every moment	매 순간을 즐기다
choose	the moment	시기를 선택하다
seize	a moment	현재를 즐기다

▷ I wanted to ask you a couple of things. Do you **have** a **moment**? 몇 가지 물어보고 싶은 게 있습니다. 잠깐 시간 있어요?
▷ Would you mind filling in this questionnaire? It won't **take** a **moment**. 이 설문지 좀 작성해 주시겠습니까? 시간은 얼마 안 걸립니다.
▷ Could you **wait** a **moment**, please? I'll see if Mr. Roberts is in his office. 잠깐 기다려 주시겠어

요? 로버츠 씨가 사무실에 있는지 볼게요.

▷ If you want to talk to him, **choose** a **moment** when he's not too busy. 그분과 이야기하고 싶다면, 그분이 너무 바쁘지 않은 시간을 선택하세요.

a brief	moment	짧은 순간
a spare	moment	한가할 때, 짬
the precise	moment	바로 그 순간
the exact	moment	
the very	moment	
the present	moment	지금 이 순간
the right	moment	적절한 시기
a critical	moment	결정적인 순간
a crucial	moment	
the last	moment	마지막 순간

▷ At the **precise moment** I walked in, she walked out. 내가 들어간 바로 그 순간, 그녀는 나갔다.

▷ At the **present moment** we don't know how many people were hurt in the accident. 현시점에서는 사고로 얼마나 많은 사람이 다쳤는지 모른다.

▷ Sherlock Holmes said: "So the name of the murderer is..." and suddenly, at the **crucial moment**, there was a power cut and the TV went off! 셜록 홈즈가 입을 열었다. "그러니까 살인자의 이름은…" 그러더니 결정적인 순간에 갑자기 정전이 되면서 TV가 꺼졌다!

▷ She's not coming to the party. She changed her mind at the **last moment**. 그녀는 파티에 오지 않을 거야. 마지막 순간에 마음을 바꾸었어.

after	a moment	잠시 후에
at	a moment	한순간에
for	a moment	잠시 동안
in	a moment	금방
(up) until	that moment	그 순간까지

★ for a moment는 think, hesitate, pause, stand, wait과 함께 쓰이는 경우가 많다.

▷ **After a moment**, there was complete silence. 잠시 후, 정적이 흘렀다.

▷ **At that moment**, I knew I had made a mistake. 그 순간, 내가 실수했다는 것을 깨달았다.

▷ Mark, could I speak to you **for a moment**? 마크, 잠시 이야기 좀 할 수 있을까요?

▷ I'll be finished **in a moment**. 금방 끝날 거야.

a moment	ago	방금 전에
a moment	later	잠시 후에

(PHRASES)

Just a moment. / Wait a moment. ☺ 잠깐만 기다려 주세요.

money /mʌ́ni/ 명 돈, 금전

make	money	돈을 벌다
earn	money	
get	money	돈을 손에 넣다
have	money	돈이 있다
cost	money	돈이 들다
pay	money	돈을 지불하다
borrow	money	돈을 빌리다
lend	money	돈을 빌려주다
refund	money	돈을 갚다
spend	money	돈을 쓰다
save	money	돈을 절약하다, 저축하다
waste	money	돈을 낭비하다
invest	money	돈을 투자하다
put	money	
lose	money	돈을 잃다, 손해를 보다
raise	money	모금하다; 자금을 조달하다
run out of	money	돈이 떨어지다

▷ Do you know any good ways to **make money** quickly? 돈을 빨리 벌 수 있는 좋은 방법 아니?

▷ He didn't **have** much **money**. 그는 돈이 별로 많지 않았다.

▷ I think John's new car **cost** a lot of **money**. 존의 새 차는 아주 비쌌을 것 같다.

▷ I need to **borrow** some **money** *from* the bank. 나는 은행에서 돈을 좀 빌려야 한다.

▷ I don't think that **lending money** to him is a good idea. 그에게 돈을 빌려주면 별로 안 좋을 것 같은데.

▷ I **spent** a lot of **money** on Christmas presents this year. 나는 올해 크리스마스 선물에 많은 돈을 썼다. (★ × use money라고는 하지 않는다.)

▷ He **invested** a large sum of **money** in his new project. 그는 새로 시작한 사업에 거금을 투자했다.

▷ Do you think I should **put** my **money** *into* the stock market? 주식에 돈을 투자해야 할까?

▷ I wanted to spend a month in Paris, but after a couple of weeks I **ran out of money**. 나는 파리에서 한 달을 지내고 싶었지만 2주일이 지나자 돈이 떨어졌다.

big	money	큰돈
good	money	
pocket	money	용돈
spending	money	
sufficient	money	충분한 돈
extra	money	여분의 돈
easy	money	쉽게 번 돈

| month |

public	money	공적자금
grant	money	보조금, 장학금
prize	money	상금
paper	money	지폐

▷ Houses in central London cost **big money**. They are very expensive. 런던 중심부의 주택들은 큰돈이 든다. 아주 비싸다.

▷ We still haven't got **sufficient money** to start our own business. 우리는 아직도 사업을 시작할 자금이 부족하다.

▷ The government has spent a lot of **public money** trying to improve the health service. 정부는 의료 제도를 개선하는 데 많은 공적 자금을 썼다.

how much	money	얼마나 많은 돈

▷ **How much money** do you have? 돈이 얼마나 있니?

PHRASES

Money is no object. ⓒ 금액은 문제가 되지 않는다.(얼마가 들어도 상관없다.)
Money isn't everything! ⓒ 돈이 전부는 아니다.(돈 말고 다른 것도 중요하다.)
Money talks. ⓒ 돈이면 다 통한다.

month /mʌnθ/ 뗑 월(月), 개월, 달

spend	one month	한 달을 보내다
take	one month	한 달이 걸리다

▷ She **spent** one **month** lying on a beach with her friends in Thailand. 그녀는 태국에서 한 달을 친구들과 해변에 누워서 보냈다.

▷ We have to order this book from abroad so it will **take** about one **month** to arrive. 이 책은 해외에서 주문해야 하기 때문에 도착하는 데 한 달 정도 걸릴 것이다.

this	month	이번달
next	month	다음달
last	month	지난달
the month	after next	다다음달
the month	before last	지지난달

▷ I've been really busy **this month**. 이번 달에 나는 정신없이 바빴다.

▷ I'm going on holiday to Guam **next month**. 나는 다음 달 괌으로 휴가를 갈 것이다.

▷ I saw him **last month**. 지난달에 그 사람을 봤다.

▷ We're going to move into our new house the **month after next**. 우리는 다다음달에 새 집으로 이사를 간다.

▷ She started her new job the **month before last**. 그녀는 지지난달에 새 일을 시작했다.

every	month	매달, 다달이
every other	month	두 달에 한 번

▷ **Every month** the economy seems to get worse. 경제가 다달이 악화되는 것 같다.

▷ This magazine is published **every other month** – six times a year. 이 잡지는 두 달에 한 번 - 그러니까 1년에 여섯 번 발행된다.

the beginning of	the month	월초
the end of	the month	월말
the middle of	the month	월 중반
early	this month	이번달 초
late	this month	이번달 말

▷ I arrived in L.A. at the **beginning of** this **month**. 나는 이번달 초에 로스앤젤레스에 도착했다.

▷ I don't get paid until the **end of** this **month**. 나는 월말에야 돈을 받는다.

▷ I'll find out if I got the job sometime in the **middle of** this **month**. 이번달 중순 무렵에 내가 거기 취직되었는지 알게 될 것이다.

▷ We're expecting the baby to be born **early this month**. 이달 초에 우리 아기가 태어날 예정이다.

▷ We're expecting Bill to arrive from America **late this month**. 이 달 말에 빌이 미국에서 올 예정이다.

for	a month	한 달 동안
over	a month	한 달이 넘게
in	a month	한 달에
by	the month	한 달 단위로
for	the past six months	지난 6개월 동안
for	the last six months	

▷ I haven't seen her **for** three **months**. 나는 그녀를 석 달 동안 못 만났다.

mood /muːd/ 뗑 기분, 분위기

capture	the mood	분위기를 포착하다
catch	a mood	
match	one's mood	기분에 맞다
suit	one's mood	
reflect	a mood	기분을 반영하다
set	the mood	분위기를 만들다

▷ This picture really **captures** the **mood** of Paris in the 1930s. 이 그림은 1930년대 파리의 분위기를 잘 포착하고 있다.

▷ When Ella plays the piano, she always plays music that **matches** her **mood**. 엘라는 피아노를 연주할 때 항상 자기 기분에 맞는 곡을 연주한다.

▷This poem **reflects** a **mood** of deep sadness. 이 시는 깊은 슬픔에 빠진 기분을 반영하고 있다.

▷Buy your girlfriend some chocolate or flowers. It **sets** the **mood** for romance! 여자친구에게 초콜릿이나 꽃을 사줘. 낭만적인 분위기를 만들어줄 거야!

one's **mood**	changes	기분이 바뀌다

▷She's impossible to live with. Her **mood changes** every 5 minutes. 그녀와 함께 사는 것은 불가능해. 그녀는 기분이 5분마다 바뀌거든.

a happy	mood	행복한 기분
a good	mood	좋은 기분
a bad	mood	나쁜 기분
a foul	mood	
a depressed	mood	우울한 기분
a somber	mood	
an optimistic	mood	낙천적인 기분
a relaxed	mood	여유로운 기분
the present	mood	현재의 기분
the public	mood	국민 감정
the national	mood	

▷Better not talk to him. He's in a **bad mood**! 그에게 말 걸지 않는 게 좋아. 지금 기분이 안 좋아!

▷The film about the World War II put her in a very **depressed mood**. 2차 세계대전에 대한 영화를 보고 그녀는 기분이 아주 우울해졌다.

▷The **present mood** of the country is against immigration. 그 나라의 현재 분위기는 이민에 적대적이다.

▷The President totally misunderstood the **public mood**. 대통령은 국민의 감정을 완전히 오해했다.

change	of mood	기분의 변화

▷Let's put on some loud music. This party needs a **change of mood**! 시끄러운 음악을 틀자. 이 파티는 분위기를 바꾸어야 해!

be in	no mood for A	A를 할 기분이 아니다
be in	no mood to do	…할 기분이 아니다

▷Our boss is very angry. He's **in no mood to** talk to anyone. 상사가 몹시 화가 났다. 누구와도 이야기할 기분이 아니다.

moon /muːn/ 명 (the moon의 형태로) 달

the moon	rises	달이 뜨다
the moon	appears	달이 나오다
the moon	comes out	
the moon	shines	달이 빛나다
the moon	disappears	달이 사라지다

▷When does the **moon rise** tonight? 오늘밤 달이 언제 뜨나요?

▷The night sky looks beautiful when the **moon appears** from behind the clouds. 달이 구름 뒤에서 나올 때 밤하늘은 아름답다.

▷The **moon shone** brightly and the stars came out. 달이 밝게 빛났고, 별들이 나타났다.

▷The **moon disappeared** behind the mountain peak. 달이 산꼭대기 뒤로 사라졌다.

a bright	moon	밝은 달
a full	moon	보름달
a new	moon	초승달
a crescent	moon	
a half	moon	반달
a quarter	moon	상현달, 하현달

▷A **bright moon** shone over the lake. 밝은 달이 호수 위에서 빛났다.

▷There's a **full moon** tonight. It's almost like daytime! 오늘밤 보름달이 떴어. 거의 대낮 같아!

the earth and the moon	지구와 달
the sun and the moon	해와 달

▷Tides are created because **the earth and the moon** are attracted to each other. 밀물과 썰물은 지구와 달이 서로 끌어당겨서 생긴다.

morning /mɔ́ːrniŋ/ 명 아침, 오전

all	morning	오전 내내
each	morning	매일 아침
every	morning	
the following	morning	다음날 아침
(the) next	morning	
early	morning	아침 일찍
late	morning	아침 늦게
this	morning	오늘 아침
yesterday	morning	어제 아침
tomorrow	morning	내일 아침
Monday	morning	월요일 아침
a January	morning	일월의 아침
a summer	morning	여름 아침

▷I arrived back home **early yesterday morning**. 나는 어제 아침 일찍 집에 돌아왔다.

▷Have you seen Tom **this morning**? 오늘 아침 톰 봤어?

▷ "Were you late again **this morning**?" "Yes, I'm late **every morning**." "오늘 아침에 또 지각했니?" "응, 아침마다 지각해."

| in | the morning | 아침에, 오전 중에 |
| from morning | till night | 아침부터 밤까지 |

▷ Kelly bought a newspaper **in the morning**. 켈리는 아침에 신문을 샀다.
▷ He works 7 days a week **from morning till night**. 그는 일주일 내내 아침부터 밤까지 일한다.

mother /mʌ́ðər/ 명 어머니, 엄마

a single	mother	편모
a lone	mother	
an unmarried	mother	미혼모
a widowed	mother	홀어머니
a working	mother	일하는 어머니
a foster	mother	양육모

▷ These days the number of **single mothers** is increasing. 오늘날 편모의 숫자가 늘고 있다.
▷ After her divorce she got a job in a supermarket and became a **working mother**. 이혼 후 그녀는 슈퍼마켓에 취직해서 일하는 엄마가 되었다.

| look like | one's mother | 어머니와 닮다 |

▷ She **looks like** her **mother**. 그녀는 어머니와 닮았다.

| one's mother and father | 어머니와 아버지 |

★ one's father and mother라고도 한다.

▷ Her **mother and father** are coming to her graduation ceremony. 그녀의 졸업식에 부모님이 오실 것이다.

mountain /máuntən/ 명 산

climb	a mountain	산을 오르다
go up	a mountain	
go down	a mountain	산을 내려가다
walk down	a mountain	

▷ If you're going to **climb** a **mountain**, you'll need the proper equipment. 산을 오르려면, 적절한 장비가 필요하다.
▷ **Walking down** a **mountain** is often more dangerous than climbing up. 산을 내려갈 때가 올라갈 때보다 더 위험한 경우가 많다.

| distant | mountains | 먼산 |
| a high | mountain | 높은 산 |

▷ The view from here is terrific. You can see the **distant mountains** quite clearly. 이곳의 전망은 아주 멋지다. 먼 산들이 아주 또렷하게 보인다.
▷ Mount Everest is the world's **highest mountain**. 에베레스트 산은 세계에서 가장 높은 산이다.

the top of	a mountain	산꼭대기
the slope of	a mountain	산비탈
the foot of	a mountain	산기슭

▷ There was a wonderful view from the **top of the mountain**. 산꼭대기의 전망은 아주 멋있었다.
▷ The **slope** of the **mountain** suddenly became steeper. 산비탈이 갑자기 가팔라졌다.

| a mountain | of A | 산더미 같은 A |

▷ He kept borrowing money until finally he had a huge **mountain of** debt. 돈을 계속 빌리다 보니 그는 어느새 산더미 같은 빚을 지게 되었다.

mouth /mauθ/ 명 입

open	one's mouth	입을 벌리다
close	one's mouth	입을 다물다
cover	one's mouth	입을 가리다
fill	one's mouth	입안을 채우다
wipe	one's mouth	입을 닦다
burn	one's mouth	입안을 데다

▷ Please **close** your **mouth** when you're eating! 먹을 때는 입을 다물어라!
▷ The little boy kept **filling** his **mouth** with cake. 꼬마 소년은 케이크를 계속 입안으로 가져갔다.
▷ "That soup was delicious!" "Yes, but I think you need to **wipe** your **mouth**!" "그 수프는 아주 맛있었어!" "그래, 그런데 입 좀 닦아라!"
▷ Ouch! That tea is really hot! I **burned** my **mouth**! 아이쿠! 그 차 정말 뜨거워! 입안을 데었어!

one's mouth	tightens	입꼬리가 팽팽해지다
one's mouth	twists	입꼬리가 뒤틀리다
one's mouth	twitches	입꼬리가 씰룩거리다
one's mouth	goes dry	입이 마르다
one's mouth	waters	군침이 나오다

▷ Her **mouth tightened** in anger. "I told you no smoking in the house!" 그녀는 분노로 입꼬리가 팽팽해졌다. "집에서는 금연이라고 말했지!"(★ 상대의 태도에 화가 날 때 하는 행동)
▷ Whenever he gets angry, his **mouth twists** with rage. 그는 화가 날 때마다 입꼬리가 씰룩거린다.
▷ She was really nervous before the job interview. She felt her **mouth go dry**. 그녀는 면접을 보기 전에 몹시 긴장했다. 입이 바짝 마르는 게 느껴졌다.

▷ Wow! The smell of that freshly baked bread is making my **mouth water**! 우아! 그 갓 구운 빵 냄새를 맡으니 입에 군침이 도는걸!

a wide	mouth	(옆으로) 큰 입
a small	mouth	작은 입
a full	mouth	두툼한 입
a thin	mouth	얇은 입

▷ She has a **wide mouth**. When she smiles, you can see her beautiful white teeth. 그녀는 입이 크다. 미소를 지으면 하얗고 예쁜 이가 보인다.

in	one's mouth	입안에

▷ This steak is delicious. It just melts **in** your **mouth**! 이 스테이크는 정말 맛있어. 입안에서 살살 녹아!

(PHRASES)
Shut your mouth! ☺ 입 다물어!
Watch your mouth! ☺ 말 조심해!

move /muːv/

동 움직이다; 움직이게 하다; 이사하다; 이동하다

gradually	move	차츰 움직이다
slowly	move	천천히 움직이다
hardly	move	거의 움직이지 않다
move	around	이리저리 움직이다
move	back	뒤로 움직이다
move	closer	가까이 움직이다
move	forward	앞으로 움직이다
move	quickly	빨리 움직이다
move	swiftly	
move	slowly	천천히 움직이다

▷ The day after I ran the marathon I was so stiff that I could **hardly move**. 마라톤을 한 다음 날 나는 몸이 너무 뻣뻣해서 거의 움직일 수가 없었다.

▷ Sssssh! I can hear someone **moving around** upstairs! 쉿! 누가 위층에서 돌아다니는 소리가 들려!

▷ I can't see from here. Let's **move closer**. 여기서는 안 보여. 가까이 가보자.

▷ Somebody shouted "Fire!" and everybody **moved quickly** toward the exit. 누가 "불이야!" 하고 소리치자 모두가 재빨리 비상구로 달려갔다.

move	to A	A(장소)로 이사하다
move	into A	
move	from A to B	A에서 B로 이사하다

▷ I'm thinking of **moving to** New York. 나는 뉴욕으로 이사할까 생각 중이야.

▷ Tony and Helen have just **moved into** a new house. 토니와 헬렌은 얼마 전에 새 집으로 이사했다.

▷ They **moved from** London **to** Oxford. 그들은 런던에서 옥스퍼드로 이사했다.

movement /múːvmənt/

명 움직임, 동작; 운동; 동향

make	a movement	동작을 하다
allow	movement	움직임을 가능하게 하다
control	the movement	움직임을 제어하다
restrict	one's movement	움직임을 제한하다
follow	the movement(s)	동향을 따르다

▷ She **made** a **movement** to leave, but then sat down again. 그녀는 떠날 듯한 동작을 했지만 다시 자리에 앉았다.

▷ Don't tie the bandage too tight. It needs to be loose enough to **allow movement**. 붕대를 너무 빡빡하게 감지 마. 움직일 수 있을 만큼 헐거워야 해.

▷ It's important to wear a seat belt in a car, but it **restricts** your **movement**. 자동차에서 안전 벨트를 매는 게 중요하지만, 그것을 매면 움직임이 제한된다.

a forward	movement	전진
a backward	movement	후퇴
a downward	movement	하강 운동
an upward	movement	상승 운동
rhythmic	movement	율동적 동작
slow	movement	느린 동작
a swift	movement	빠른 동작
a sudden	movement	갑작스런 움직임
free	movement	자유로운 이동
democratic	movement	민주화 운동
a nationalist	movement	민족주의 운동
a political	movement	정치 운동
a social	movement	사회 운동
a protest	movement	저항 운동
an anti-nuclear	movement	반핵 운동
an independence	movement	독립 운동
a grass-roots	movement	풀뿌리 운동
the popular	movement	대중 운동
the labor	movement	노동 운동

▷ I thought I had put the car into reverse gear, but it suddenly made a **forward movement**. 나는 자동차에 후진 기어를 넣은 줄 알았는데, 차가 갑자기 전진했다.

▷ He made an **upward movement** with his arm.

"Yes. A little higher. Yes. That's it. Stop." 그는 팔을 위로 움직였다. "그래, 조금 더 높이. 그래, 거기야. 그만."

▷ My grandfather is getting old now and is only capable of making **slow movements**. 우리 할아버지는 이제 나이가 드셔서 느릿느릿 움직이는 것만 하실 수 있다.

▷ OK. I'm going to take the photo now. Don't make any **sudden movements**! 좋아. 이제 사진을 찍을게. 갑자기 움직이면 안 돼!

▷ People who live in the European Union have **free movement** from one country to another. 유럽 연합 소속 국가에 사는 사람들은 국가간에 자유로운 이동을 할 수 있다.

▷ Have you ever belonged to any **political movement**? 정치 운동에 관여한 적이 있나요?

▷ The **popular movement** *against* nuclear power is gaining support. 원자력에 반대하는 대중 운동이 지지를 얻고 있다.

| the movement | for A | A를 옹호하는 운동 |
| the movement | toward A | A로 가는 움직임 |

▷ The **movement for** reforming the present education system is getting stronger. 현 교육 제도를 개선해야 한다는 운동이 점점 강해지고 있다.

▷ Do you agree with the recent **movement toward** globalization? 세계화로 가는 최근의 움직임에 찬성합니까?

movie /mú:vi/ 명 영화 (((영)) film)

go to (see)	a movie	영화를 보러 가다
go to	(the) movies	
go see	a movie	
see	a movie	영화를 보다
watch	a movie	
direct	a movie	영화를 감독하다
make	a movie	영화를 제작하다

▷ Do you want to **go to a movie** this evening? 오늘 저녁에 영화 보러 갈래?

▷ I haven't **seen a movie** for ages. 나는 오랫동안 영화를 한 편도 안 봤어.

▷ I spent all last night **watching movies** on DVD. 어젯밤 내내 DVD로 영화를 봤어.

a good	movie	좋은 영화
the latest	movie	최신 영화
a new	movie	신작 영화
a silent	movie	무성 영화
a horror	movie	공포 영화
a Hollywood	movie	헐리우드 영화

| a home | movie | 집에서 찍은 비디오 |

▷ Have you seen Tom Cruise's **latest movie**? It's really great! 톰 크루즈 최신 영화 봤어? 아주 재미있어!

▷ There's a **new movie** on next week. Would you like to go? 다음 주에 신작 영화가 나오는데 보러 갈래?

murder /mə́:rdər/ 명 살인, 살해; 살인사건

commit	(a) murder	살인을 저지르다
investigate	a murder	살인 사건을 수사하다
witness	a murder	살인을 목격하다
deny	the murder	살인 혐의를 부인하다
admit	the murder	살인을 인정하다

▷ He **committed** three **murders** in two months. 그는 두 달 동안 3건의 살인을 저질렀다.

▷ The police are **investigating** a **murder** that took place in the early hours of this morning. 경찰은 오늘 새벽에 벌어진 살인 사건을 수사하고 있다.

▷ According to newspaper reports he **denied** the **murder** of his wife. 신문 보도에 따르면, 그는 아내를 살해했다는 혐의를 부인했다.

attempted	murder	살인 미수
brutal	murder	잔혹한 살인
cold-blooded	murder	냉혹한 살인
mass	murder	대량 살인
an unsolved	murder	미제 살인사건

▷ He was convicted of **attempted murder**. 그는 살인 미수로 유죄 판결을 받았다.

murder /mə́:rdər/ 통 죽이다, 살해하다

| be brutally | murdered | 잔혹하게 살해되다 |
| be nearly | murdered | 살해될 뻔하다 |

▷ The missing girl was **brutally murdered**. 실종된 소녀는 잔혹하게 살해되었다.

▷ The young couple were kidnapped and **nearly murdered**. 젊은 부부는 납치되어 자칫 살해될 뻔했다.

| attempt to | murder | 살해를 시도하다 |

▷ He was charged with **attempting to murder** his wife. 그는 아내의 살인 미수로 기소되었다.

| be accused of | murdering A | A의 살해 혐의로 |
| be charged with | murdering A | 기소되다 |

▷ He was **accused of murdering** his whole family. 그는 자신의 일가족 살해 혐의로 기소되었다.

muscle /mʌ́sl/ 명 근육

develop	muscles	근육을 기르다
pull	a muscle	근육을 아프게 하다
relax	the muscles	근육을 풀다

▷ He goes to the gym 5 times a week. He's beginning to **develop muscles**! 그는 헬스클럽에 일주일에 다섯 번을 가. 이제 근육이 발달하기 시작했어!
▷ I heard you **pulled a muscle** in your back. How did you do it? 네 허리 근육이 아프다는 말을 들었어. 어쩌다 그렇게 된 거야?
▷ You should take a hot bath. It'll **relax** your **muscles**. 따뜻한 물에 목욕을 하는 게 좋아. 그럼 근육이 풀릴 거야.

a muscle	aches	근육이 아프다
muscles	relax	근육이 풀리다
muscles	tense	근육이 긴장하다
muscles	tighten	
a muscle	twitches	근육이 씰룩거리다

▷ My **muscles ached** with fatigue. 피곤해서 근육에 통증이 왔다.
▷ You could see that he was angry by the way the **muscles** in his face **tightened**. 그의 얼굴 근육이 굳는 것을 보면 그가 화가 났음을 알 수 있었을 것이다.

nerve and muscle	신경과 근육
bone and muscle	뼈와 근육

★ muscle and bone이라고도 쓴다.

▷ He strained every **nerve and muscle** in his body as he tried to push the broken-down car uphill. 그는 온몸의 신경과 근육의 힘을 다 짜내서 고장난 차를 오르막길로 밀어 올렸다.

museum /mjuːzíːəm/ 명 박물관; 미술관

visit	a museum	박물관에 가다

▷ I'm interested in the history of Egypt. I'd like to **visit a museum** while we're here. 나는 이집트 역사에 관심이 많다. 우리가 여기 있는 동안 박물관에 가보고 싶다.

an open-air	museum	야외 박물관
a private	museum	개인 박물관
an art	museum	미술관
a science	museum	과학 박물관

▷ Lord Montague has a **private museum** of classic cars. Many are over a hundred years old. 몬터규 경은 명품 차를 모아놓은 개인 박물관이 있다. 거기에는 100년 이상 된 차들이 많다.

music /mjúːsik/ 명 음악; 곡; 악보

enjoy	music	음악을 즐기다
listen to	music	음악을 듣다
hear	music	음악이 들리다
play	music	음악을 연주하다; 음악을 틀다
write	music	작곡하다
compose	music	
dance to	music	음악에 맞춰 춤을 추다
read	music	악보를 읽다

▷ One of my favorite hobbies is **listening to music**. 내 취미 중의 하나는 음악을 듣는 것이다.
▷ They're **playing** some really loud **music** next door. I can't get to sleep. 옆집에서 아주 시끄러운 음악을 틀고 있어서 잠을 잘 수가 없다.
▷ He **composed** some new **music** especially for the Queen's wedding. 그는 여왕의 결혼식을 위해서 특별히 새 음악을 작곡했다.
▷ Unbelievable! I never knew that bears could **dance to music**! 이럴 수가! 나는 곰이 음악에 맞추어 춤을 출 수 있다는 건 몰랐어!
▷ I can't **read music**. 나는 악보를 읽을 줄 모른다.

favorite	music	좋아하는 음악
popular	music	대중 음악
religious	music	종교 음악
church	music	교회 음악
traditional	music	전통 음악
classical	music	클래식 음악
baroque	music	바로크 음악
chamber	music	실내악
contemporary	music	현대 음악
choral	music	합창곡
instrumental	music	기악곡
electronic	music	전자 음악
vocal	music	성악
background	music	배경 음악
ballet	music	발레 음악
folk	music	민속 음악; 민요

▷ What's your **favorite music**? 네가 좋아하는 음악은 뭐니?
▷ I find today's **contemporary music** more difficult to listen to than **classical music**. 요즘의 현대 음악은 클래식 음악보다 더 듣기 어려운 것 같다.

▷ Do you like **vocal music**? For example, Beethoven's ninth symphony? 성악 좋아해? 예를 들면, 베토벤의 9번 교향곡 같은 곡?

| a piece of | music | 음악 한 곡 |

▷ Do you know Ravel's 'Bolero'? It's a wonderful **piece of music**. 라벨의 '볼레로' 알아? 아주 멋진 음악이야.

mystery /místəri/

명 수수께끼; 신비; 불가해한 것

solve	a mystery	수수께끼를 풀다
resolve	a mystery	
unravel	a mystery	
explain	a mystery	수수께끼를 설명하다
remain	a mystery	수수께끼로 남아 있다
shrouded in	mystery	수수께끼에 싸여 있다
cloaked in	mystery	

▷ I've finally **solved** the **mystery** of what happened to my glasses. I found them under the sofa! 드디어 내 안경이 어떻게 된 건지 수수께끼를 풀었어. 소파 밑에서 발견했어!
▷ Where my watch has gone to **remains** a **mystery**. 내 시계가 어디로 갔는지는 아직도 알 수 없다.
▷ Exactly what happened on the night of December 22nd 1834 remains **shrouded in mystery**. 1834년 12월 22일 밤에 정확히 무슨 일이 일어났는지는 아직도 수수께끼에 싸여 있다.

| the mystery deepens | 더 깊은 미궁 속으로 빠지다 |

▷ "I lost my wallet. Then I found it with more money in it than before!" "Ha, ha! The **mystery deepens!**" "나 지갑을 잃어버렸어. 그런데 찾고 보니 돈이 전보다 더 들어 있었어!" "하하! 더 깊은 미궁 속으로 빠지는군!"

a complete	mystery	완전한 수수께끼
a real	mystery	진짜 수수께끼
a great	mystery	굉장한 수수께끼
an unsolved	mystery	풀리지 않은 수수께끼

▷ Where I've put my car keys is a **complete mystery**. 내가 자동차 키를 어디 두었는지는 완전한 미궁에 빠졌다!
▷ There are many **great mysteries** in the world. 세상에는 굉장한 수수께끼가 많다.

| a mystery | about A | A에 대한 수수께끼 |
| mystery | to A | A(사람)에게는 수수께끼 |

▷ "I can't find my umbrella." "Well, there's no **mystery about** that. You probably left it on the train!" "내 우산을 못 찾겠어." "그게 신기한 일은 아니지. 아마 기차에 두고 내렸을걸!"
▷ I've no idea where my coat is. It's a complete **mystery to** me. 내 코트가 어디 있는지 모르겠어. 나에게는 완전히 수수께끼야.

N

nail /neil/ 명 손톱; 못

cut	one's nails	손톱을 깎다
file	one's nails	손톱을 줄로 다듬다
paint	one's nails	손톱에 매니큐어를 칠하다
grow	one's nails	손톱을 기르다
bite	one's nails	손톱을 물어뜯다
break	a nail	손톱을 부러뜨리다
dig	one's nails	손톱으로 찌르다
drive	a nail	못을 박다
hammer	a nail	
pull out	a nail	못을 빼다

▷ She **painted** her **nails** bright red. 그녀는 손톱을 새빨간 색으로 칠했다.
▷ I **grew** my **nails** long. 나는 손톱을 길게 길렀다.
▷ When she gets nervous, she **bites** her **nails**. 그녀는 불안해지면 손톱을 물어뜯는다.
▷ Don't **bite** your **nails**! 손톱 물어뜯지 마!
▷ I **dug** my **nails** into my palm. 나는 손바닥을 손톱으로 찔렀다.
▷ He **drove** a **nail** *into* the wall. 그가 벽에 못을 박았다.

a long	nail	긴 손톱; 긴 못
a rusty	nail	녹슨 못
an iron	nail	쇠못

▷ I used to have **long nails**, but now I've cut them short. 나는 전에는 손톱이 길었지만 지금은 짧게 깎았다.
▷ There's a **rusty nail** sticking up from those old floorboards. 저 낡은 마룻널 아래에서 녹슨 못이 비죽 튀어나와 있다.

name /neim/ 명 이름; 평판

call	A's name	A의 이름을 부르다
change	a name	이름을 바꾸다
forget	A's name	A의 이름을 잊다
remember	a name	이름을 기억하다
give	a name	이름을 짓다
have	a name	이름이 있다
bear	a name	이름을 지니다
have	a name	평판이 있다
get	a name	평판을 얻다
make	one's name	명성을 높이다
make	a name for oneself	

▷ I'm terribly sorry, I'm afraid I've **forgotten** your **name**. 정말 죄송한데요, 성함을 잊었습니다.
▷ She's really good at **remembering names**. 그녀는 이름을 정말 잘 기억한다.
▷ They haven't **given** their **baby** a name yet. 그들은 아직 아기 이름을 짓지 않았다.
▷ K. J. Choi has really **made** a **name for** himself as a golf player. 최경주는 골프 선수로서 대단히 명성을 높였다.

a family	name	성(姓)
a last	name	
a first	name	(성이 아닌) 이름
a given	name	
a Christian	name	
a middle	name	중간 이름
one's full	name	성명(姓名), 전체 이름
a maiden	name	(여자의) 결혼 전성
a married	name	(여자의) 결혼 후성
a proper	name	본명; 고유명사
one's real	name	본명; 실명
a false	name	가명
a stage	name	예명
a user	name	(컴퓨터) 사용자 이름
a brand	name	상표, 브랜드 명
a company	name	회사 이름
a place	name	지명
a good	name	좋은 평판
a bad	name	나쁜 평판
a big	name	유명인
a great	name	
a famous	name	

▷ Please write your **full name**, address and telephone number. 성명과 주소, 전화 번호를 쓰세요.
▷ "Figure Queen" is just a nickname. Her **proper name** is Kim Yuna. '피겨 여왕'은 그냥 별명이다. 그녀의 본명은 김연아다.
▷ She refused to tell the police her **real name**. 그녀는 경찰에 본명을 밝히기를 거부했다.
▷ "Smith" is a **false name**. His real name is Carter. '스미스'는 가명이다. 그의 본명은 카터다.
▷ If you keep going out drinking until 1:00 in the morning, you'll get a **bad name**. 새벽 1시까지 계속 술집을 돌아다니면 나쁜 평판을 얻을 것이다.
▷ He's a **big name** in the art world. 그는 미술계에서는 유명인사다.

name and address	이름과 주소
names and faces	이름과 얼굴

| nap |

▷ Could you give me your **name and address**? 이름과 주소를 알려주시겠습니까?

by	name	이름으로
by	the name of A	A라는 이름으로
under	the name (of A)	(A라는) 이름으로

▷ There are over 60 students in Paul's English class and he knows them all **by name**. 폴의 영어 수업에는 학생이 60명이 넘는데, 그는 그들의 이름을 모두 안다.

▷ The police say he uses many different names, but at the moment he goes **by the name of** Dexter. 경찰은 그가 여러 이름을 쓰지만 지금은 덱스터라는 이름으로 통한다고 말한다.

▷ He used to be called Petersen, but now he goes **under the name of** Robbins. 그는 예전에는 피터슨으로 불렸지만, 이제는 로빈스라는 이름으로 통한다.

(PHRASES)

What's your name? / May I have your name? / May I ask your name? ☺ 이름이 뭐예요?, 성함이 어떻게 되시나요?

nap /næp/ 몡 낮잠

take	a nap	낮잠 자다
have	a nap	

▷ I'm going to **take** a **nap**. Could you wake me up in 10 minutes? 나는 낮잠을 좀 자야겠어. 10분 뒤에 깨워줄래?

a short	nap	토막잠
a little	nap	

▷ You look tired. I think you should have a **little nap**. 피곤해 보인다. 잠깐 눈 좀 붙이는 게 좋을 것 같아.

nation /néiʃən/

몡 나라, 국가; (집합적) 국민, 민족

divide	a nation	나라를 가르다

▷ At one time, the question of whether or not to end the Vietnam War **divided** the **nation**. 한때 베트남 전쟁을 끝내느냐 마느냐의 문제로 온 나라가 갈라졌다.

a developed	nation	선진국
a developing	nation	개발도상국
an independent	nation	독립국
an industrial	nation	공업국
an industrialized	nation	
a poor	nation	가난한 나라
a rich	nation	부유한 나라
the whole	nation	전국민

▷ **Developed nations** should do more to help **developing nations**. 선진국은 개발도상국을 지원하는 일에 더 힘써야 한다.

▷ England became an **industrial nation** during the late 18th and the 19th centuries. 영국은 18세기 말과 19세기에 공업국이 되었다.

across	the nation	전국에 걸쳐

natural /nǽtʃərəl/

휑 자연의, 천연의; 자연스러운, 당연한

completely	natural	완전히 천연으로 된
totally	natural	
perfectly	natural	지극히 자연스러운
only	natural	
quite	natural	
natural	enough	충분히 자연스러운

▷ When you go abroad for the first time, it's **perfectly natural** to feel culture shock. 처음 해외에 나가면 문화 충격을 받는 것은 아주 자연스러운 일이다.

▷ It's **quite natural** to be worried before taking your entrance exam. 입학 시험을 보기 전에 불안한 것은 아주 당연한 일이다.

▷ "Now that I'm pregnant, I feel sick in the mornings." "Well, that's **natural enough**. Nothing to worry about." "임신을 했더니 아침에 속이 메스꺼워." "그건 아주 자연스러운 일이야. 걱정할 것 없어."

it is natural	(for A) to do	(A가) …하는 것은 자연스럽다

▷ **It's natural to** worry before an important exam. 중요한 시험을 앞두고 걱정하는 것은 자연스러운 일이다.

nature /néitʃər/

몡 자연; 자연 현상; 본성, 본질; 성질, 특징

preserve	nature	자연을 보호하다
destroy	nature	자연을 파괴하다
change	nature	성질을 변화시키다
consider	the nature	성질을 고려하다
determine	the nature	성질을 알아내다
understand	the nature	성질을 이해하다
depend on	the nature	성질에 의존하다

▷ We should **consider** the **nature** *of* the problem before we take any action. 조치를 취하기 전에 이 문제의 성격을 고려해야 한다.

▷ It seems to be a completely new species. We haven't **determined** the **nature** *of* the insect yet. 이것은 완전히 새로운 종인 것 같다. 우리는 아직 그 곤충의 성질을 알아내지 못했다.

▷ Whether the doctor can help you or not **depends on** the **nature** *of* your illness. 의사가 너를 도울 수 있느냐 없느냐는 네 질환의 성질에 달려 있다.

Mother	Nature	대자연
the precise	nature	본질; 본성
the exact	nature	
the true	nature	
a general	nature	일반적 성질; 전체적 성격
a good	nature	좋은 성질
the complex	nature	복잡한 성질
human	nature	인간 본성

▷ We need to understand the **precise nature** of his complaint. 우리는 그가 제기한 불만의 본질을 알아야 한다.

▷ The **general nature** of his comments was very positive. 그가 말하는 의견의 전체적인 성향은 아주 긍정적이다.

▷ Don't worry! He won't bite! Labrador dogs have a very **good nature**. 걱정 마! 안 물어! 래브라도 종의 개는 성질이 아주 좋아.

▷ I'm afraid there will always be wars. It's **human nature**. 안타깝지만 전쟁은 늘 있을 것 같다. 그게 인간 본성이다.

by	nature	천성적으로
by	its (very) nature	본질적으로
in	nature	본질상
in	the nature of A	A의 성질을 띤, 본성이 A인
in	A's nature	A의 본질상
of	... nature	… 종류의
given	the nature of A	A의 본질을 고려하면

▷ He's **by nature** a very obstinate person. 그는 천성적으로 고집이 센 사람이다.

▷ It's **in the nature of** wolves to hunt in packs. 무리 지어 사냥하는 것은 늑대의 본성이다.

▷ I'm not **in the nature of** opening other people's letters. 나는 다른 사람의 편지를 열어보는 성격이 아니다.

▷ There are many violent comic books available, but I don't like reading books **of** that **nature**. 시중에는 폭력적인 만화책이 많지만, 나는 그런 종류의 책을 좋아하지 않는다.

▷ **Given** the **nature** of crocodiles it would be unwise to keep one as a pet! 악어의 본성을 고려하면, 애완 동물로 키우는 것은 별로 현명하지 않은 것 같다!

neat /niːt/ ⓐ 깔끔한, 말끔한

neat and clean	깔끔하고 청결한
neat and tidy	깔끔하고 정돈된

▷ Caroline keeps the house really **neat and clean**. 캐롤라인은 집을 아주 깔끔하고 청결하게 관리한다.

▷ Her room is always **neat and tidy**. 그녀의 방은 언제나 깔끔하게 정돈되어 있다.

neat	little A	작고 깔끔한 A

▷ Oh! What a **neat little** kitchen! I love it! 아! 작고 깔끔한 주방이네요! 아주 마음에 들어요!

necessary /nésəsèri/

ⓐ 필요한, 불가결한; 필연적인

absolutely	necessary	절대적으로 필요한
really	necessary	꼭 필요한
strictly	necessary	
always	necessary	항상 필요한
no longer	necessary	더 이상 필요하지 않은

▷ I'll be in a very important meeting until 3:00. Please don't interrupt me unless it's **absolutely necessary**. 3시까지 아주 중요한 회의를 할 겁니다. 절대적으로 필요한 경우가 아니면 방해하지 마세요.

▷ Do you think it's **really necessary** to interview all 20 applicants for the job? 지원자 스무 명을 모두 면접 보는 게 정말 필요하다고 생각합니까?

▷ Previous experience with this type of work would be useful, but it's not **strictly necessary**. 이런 종류의 일에 경력이 있으면 유용하겠지만, 반드시 필요한 것은 아니다.

▷ You don't need to go to Tokyo tomorrow. It's **no longer necessary** 너는 내일 도쿄에 갈 필요가 없다. 이제는 그럴 필요가 없어졌어.

necessary	for A	A에게 필요한

▷ Do you think it's **necessary for** me to contact head office? 제가 본사와 연락을 해야 할까요?

if	necessary	필요하다면
as	necessary	필요한 만큼
where	necessary	필요한 곳에
when	necessary	필요한 때에

▷ We must get this contract. I'll fly to New York again myself, **if necessary**. 우리는 이 계약을 따내야 합니다. 필요하다면 제가 다시 뉴욕까지 날아갈 겁니다.

▷ Please correct the English of this report **where necessary**. 이 보고서의 영어를 보고 필요한 곳을 고쳐주세요.

it is necessary	(for A) to do	(A가)…하는 것은 필요하다
find it necessary	to do	…하는 것이 필요하다고 생각하다
make it necessary	(for A) to do	(A(사람)가)…할 필요가 생기다

▷ I'm afraid **it's necessary for** you **to** double-check all those sales figures. 미안하지만, 당신이 매출액 전체를 재확인해야 할 것 같습니다.

▷ I don't see why they **found it necessary to** hold another meeting. 그들이 왜 회의를 또 해야 한다고 생각하는지 나는 모르겠다.

▷ Please don't **make it necessary for** me **to** talk to you again about arriving late for work. 회사에 지각하는 일에 대해 내가 다시는 당신에게 이야기할 필요가 없도록 해주세요.

necessity /nəsésəti/

필요, 필요성; 필수품, 불가결한 것

accept	the necessity	필요성을 받아들이다
avoid	the necessity	필요성을 피하다
highlight	the necessity	필요성을 강조하다
stress	the necessity	

▷ I don't **accept** the **necessity** of dismissing half our staff. 나는 직원 절반을 해고해야 한다고 생각하지 않는다.

▷ We need to **avoid** the **necessity** of closing our business down. 우리는 사업을 그만두어야 하는 상황을 피해야 한다.

▷ The results of this survey **highlight** the **necessity** of changing our company's image. 이 조사 결과는 우리 회사의 이미지를 바꿔야 한다는 필요성을 강조해준다.

an absolute	necessity	절대적 필요성
a practical	necessity	실제적 필요성
urgent	necessity	긴급한 필요성
economic	necessity	경제적 필요성
a basic	necessity	최소한의 필수품
the bare	necessity	

▷ Today a computer is an **absolute necessity**. 오늘날 컴퓨터는 절대적인 필수품이다.

▷ University fees are quite high, so having a part-time job is a **practical necessity**. 대학 수업료가 상당히 높기 때문에 아르바이트는 현실적으로 필요한 일이다.

▷ Providing food and medicine to the earthquake victims is an **urgent necessity**. 지진 피해자들에게 식료품과 약을 공급하는 것은 긴급하게 필요한 일이다.

▷ Sufficient food and drink are **basic necessities** of life. 충분한 식량과 물은 삶에 기본적으로 꼭 필요한 필수품이다.

the necessity	for A	A의 필요성
the necessity	to do	…할 필요성

▷ I'm feeling much better now after that medicine. I don't see the **necessity for** canceling our holiday. 그 약을 먹은 뒤에 훨씬 나아졌어. 휴가를 취소할 필요가 없을 것 같아.

▷ There's no **necessity to** get so angry! I was only joking! 그렇게 화낼 필요 없어! 그냥 농담한 거야!

of	necessity	필연적으로
out of	necessity	필요에 의해서
through	necessity	

▷ Many chickens had to be destroyed **out of necessity** because of the danger of bird flu. 조류인플루엔자의 위험 때문에 많은 닭을 어쩔 수 없이 살처분해야 했다.

neck /nek/ 목

break	one's neck	목이 부러지다
wring	A's neck	A의 목을 비틀다
crane	one's neck	(보려고) 목을 쭉 빼다

▷ He **broke** his **neck** in a skiing accident. 그는 스키 사고로 목이 부러졌다.

▷ I **craned** my **neck** to look over the other people's heads, but I still couldn't see anything. 나는 다른 사람들 머리 위로 보려고 목을 뺐지만, 여전히 아무것도 보이지 않았다.

a short	neck	짧은 목
a long	neck	긴 목
a thick	neck	두꺼운 목
a thin	neck	가느다란 목
a stiff	neck	뻣뻣한 목

▷ I've had a **stiff neck** for the last 10 days. 열흘 전부터 목이 뻣뻣하다.

| around | one's neck | 목 주변에 |

by	a neck	목 하나 길이 차이로
neck and neck		막상막하의

▷ Around Melissa's **neck** was a beautiful pearl necklace. 멜리사는 목에 아름다운 진주 목걸이를 하고 있었다.

the nape	of the neck	목덜미
the scruff	of the neck	(주로 동물의) 목덜미

▷ His hand touched the **nape of** her **neck**. 그의 손이 그녀의 목덜미를 만졌다.

▷ Rina picked the little kitten up by the **scruff of** its **neck** and dropped it gently into the basket. 리나는 새끼 고양이의 목덜미를 잡아 들어올렸다가 가만히 바구니 안에 내려놓았다.

need /niːd/ 명 필요(성), 필요한 것

feel	the need	필요를 느끼다
meet	the need	필요를 충족시키다
avoid	the need	필요를 피하다
eliminate	the need	필요 없어지게 하다
recognize	the need	필요성을 인식하다
stress	the need	필요성을 강조하다
satisfy	A's need	요구를 충족시키다
suit	A's need	A의 요구에 들어맞다

▷ If you **feel** the **need** to get some more information, call me. 더 많은 정보가 필요할 것 같으면 저한테 전화하세요.

▷ If you want to **avoid** the **need** to wash the dishes, you should buy paper dishes. 설거지를 해야 하는 상황을 피하고 싶으면, 종이 접시를 사는 게 좋다.

▷ The popularity of low-cost airlines is **eliminating** the **need** for long-distance train travel. 저가 항공의 인기로 인해 장거리 기차 여행이 불필요해지고 있다.

▷ The government **recognizes** the **need** to create more jobs. 정부는 일자리를 더 많이 만들어내야 한다는 필요성을 인식하고 있다.

▷ The report **stresses** the **need** for immediate action. 그 보고서는 즉각적인 조치의 필요성을 강조한다.

a great	need	큰 필요성
a desperate	need	절박한 필요성
an urgent	need	긴급한 필요성
a real	need	현실적인 필요성
a growing	need	커지는 필요성
an increasing	need	
basic	needs	기본적인 요구
particular	needs	특정한 요구
special	needs	특별한 요구

educational	needs	교육상의 필요성
social	need(s)	사회적 필요성

▷ The situation after the floods is very serious. There's a **great need** for volunteers to help as much as possible. 홍수 이후의 상황은 아주 심각하다. 도와줄 자원 봉사자들이 최대한 많이 필요하다.

▷ There's a **desperate need** to help people suffering from hunger and disease in Africa. 아프리카에서 기아와 질병으로 고통 받는 사람들을 도와야 하는 절박한 필요가 있다.

▷ There's an **urgent need** for talks to take place between the USA and China. 미국과 중국 간에 대화를 해야 할 긴급한 필요가 있다.

▷ There's a **growing need** for an increase in the number of police officers. 경찰관 수를 늘려야 할 필요성이 커지고 있다.

▷ In poor countries people often don't have enough money to take care of their **basic needs**. 가난한 나라에서는 국민들이 기본적 요구를 해결할 충분한 돈이 없는 경우가 많다.

the need	for A	A의 필요성
in	need	어려움에 처한

▷ When Obama was elected President, he stressed the **need for** change. 오바마가 대통령에 선출되었을 때, 그는 변화의 필요성을 강조했다.

▷ There's a real **need for** more nurses in the health service. 의료 분야에서는 더 많은 간호사가 절실히 필요하다.

▷ After the earthquake we need to take care of many people **in need**. 지진이 발생한 후에는 어려움에 처한 많은 사람들을 돌봐야 한다.

the need	to do	…할 필요성

▷ The Principal stressed the **need to** get regular feedback from our students. 교장은 학생들의 의견을 정기적으로 들어야 하는 필요성을 강조했다.

▷ There's no **need to** tell Laura. Let's keep it a secret between the two of us! 로라에게 말할 필요 없어. 우리 둘만의 비밀로 하자!

need /niːd/ 동 필요로 하다; 필요가 있다

desperately	need	절실하게 필요하다
really	need	정말로 필요하다
urgently	need	긴급하게 필요하다
certainly	need	반드시 필요하다
probably	need	아마도 필요하다
still	need	여전히 필요하다
no longer	need	더 이상 필요하지 않다

▷ I **desperately need** to go to the toilet! 나 화장실

▷That convenience store **urgently needs** two part-time workers. Why don't you apply? 그 편의점은 시간제 근무자 두 명이 급히 필요해. 네가 지원해 보는 게 어때?
▷With a bad cut like that you **certainly need** to go to hospital. 그렇게 심하게 베었는데 당연히 병원에 가야지.
▷Thanks for offering, but we **no longer need** your help. 제안은 고맙지만 이제 네 도움은 필요 없어.

need	to do	…할 필요가 있다
need A	to do	A(사람)가 …해줄 필요가 있다

▷Your hair's really long. You **need to** get it cut. 너 머리가 정말 길다. 잘라야겠어.
▷Tony? Are you there? I **need** you **to** help me wash the dishes. 토니? 너 거기 있니? 설거지 하는 것 좀 도와줘야겠어.

need	doing	…시킬 필요가 있다
need	to be done	
need	not have done	…할 필요는 없었는데

▷You can't wear that sweater. It **needs** washing. [= It **needs to be** washed.] 그 스웨터 입으면 안 돼. 빨아야 해.
▷I **needn't have** taken my umbrella with me this morning. It didn't rain. 오늘 아침에 우산을 가지고 나갈 필요는 없었는데. 비가 안 왔거든.

(PHRASES)
Who needs it? ☺ 그게 누구한테 필요하겠어?

needle /ní:dl/ 명 바늘; 주삿바늘

thread	a needle	바늘에 실을 꿰다
insert	a needle	주삿바늘을 꽂다
stick	a needle	주사를 놓다
share	a needle	주삿바늘을 돌려쓰다

▷I can't **thread** this **needle**. The hole isn't big enough. 이 바늘에 실을 꿰지 못하겠어. 구멍이 너무 작아.
▷The nurse **inserted** a **needle** *into* the vein to take a blood sample. 간호사는 피를 뽑기 위해 혈관에 주삿바늘을 꽂았다.
▷The nurse **stuck** a **needle** *into* me. It really hurt! 간호사가 내게 주사를 놓았다. 정말로 아팠다!

a needle and thread	실을 꿴 바늘, 실과 바늘

▷I always carry a **needle and thread** with me when I go abroad. 나는 해외에 갈 때 늘 실과 바늘을 가지고 간다.

the eye	of a needle	바늘구멍

▷It says in the Bible that it is easier for a camel to pass through the **eye of a needle** than for a rich man to enter the kingdom of God. 성경에 부자가 하느님 왕국에 들어가는 것보다 낙타가 바늘구멍으로 들어가는 것이 더 쉽다는 말이 있다.

negative /négətiv/

형 부정적인; 반대하는; 소극적인; 음성의

entirely	negative	전적으로 부정적인
totally	negative	
extremely	negative	극단적으로 부정적인
slightly	negative	약간 부정적인

▷The results of the survey were not **entirely negative**. 조사 결과는 완전히 부정적이지는 않았다.
▷This product has received a **slightly negative** response from our customers. 이 제품은 고객들에게서 약간 부정적인 반응을 얻었다.

negative	about A	A에 대해 부정적인
negative	for A	A에 대해 음성인

▷Try to be less **negative about** the situation. Things may improve. 상황을 너무 부정적으로만 보지 마. 상황이 개선될 수도 있잖아.
▷The medical tests were **negative for** Mrs. Roberts, but positive for Mrs. Carter. 의학 검사의 결과는 로버츠 부인은 음성이었지만 카터 부인은 양성이었다.

positive and [or] negative	양과 음, 긍정적인 것과 부정적인 것

★ negative and [or] positive도 쓰인다.

▷There are both **positive and negative** points about living abroad. 해외에 사는 것에는 긍정적인 면과 부정적인 면이 다 있다.

neglect /niglékt/

동 게을리하다, 방치하다; 무시하다

totally	neglect	완전히 무시하다
largely	neglect	대체로 무시하다
deliberately	neglect	고의로 무시하다
be sadly	neglected	크게 무시받다
be much	neglected	
be unjustly	neglected	부당하게 무시받다

▷This garden is a mess! It's been **totally neglected** for the last 10 years! 이 정원은 엉망이야! 지난 10년 동안 완전히 방치되었거든!

neglect	to do	…하는 것을 잊다

▷ Thank you everybody. That's all for today... Oh! Sorry! I **neglected to** mention — our next meeting will be on July 16th. 모두 감사합니다. 오늘은 이걸로 끝내겠습니다… 아 죄송합니다! 이 말을 잊었네요—다음 회의는 7월 16일입니다.

tend	to neglect	무시하는 경향이 있다

▷ Williams has great ideas for the company, but he **tends to neglect** the details. 윌리엄스는 회사에 도움이 되는 멋진 아이디어가 있지만, 세부 사항은 무시하는 경향이 있다.

negotiation /nigòuʃiéiʃən/

협상, 협의, 교섭

conduct	negotiations	협상을 하다
open	negotiations	협상을 시작하다
start	negotiation	
enter into	negotiation(s)	협상에 들어가다
continue	negotiations	협상을 계속하다
resume	negotiations	협상을 재개하다
break off	negotiations	협상을 중단하다
be open to	negotiation	협상의 여지가 있다
be subject to	negotiation	

▷ The superpowers will start **conducting negotiations** on Monday. 초강대국들은 월요일에 협상을 시작할 것이다.

▷ The Government still refuses to **open negotiations** with terrorists. 정부는 여전히 테러리스트들과 협상을 거부하고 있다.

▷ The USA and Russia will **resume negotiations** in the New Year. 미국과 러시아는 신년에 협상을 재개할 것이다.

▷ If we don't come to an agreement soon, the other side say they will **break off negotiations**. 우리가 곧 합의에 이르지 못하면, 상대편은 협상을 중단하겠다고 한다.

▷ The hijackers haven't refused to talk to us. They say they're still **open to negotiation**. 공중납치범들은 우리와의 대화를 거부하지 않았다. 그들은 여전히 협상의 여지를 열어두겠다고 한다.

bilateral	negotiations	양자 협상
direct	negotiation(s)	직접 협상
protracted	negotiation(s)	장기화된 협상
peace	negotiations	평화 협상
trade	negotiations	무역 협상
wage	negotiation(s)	임금 협상

▷ **Bilateral negotiations** will take place between North and South Korea later in the month. 이달 말 남북한 간에 양자 협상이 있을 것이다.

▷ **Direct negotiation** with hostage-takers is unacceptable. 인질범들과의 직접 협상은 받아들일 수 없다.

negotiation(s) between A and B	A와 B 사이의 협상
negotiation(s) on A	A에 관한 협상
negotiation(s) over A	
negotiation(s) with A	A와의 협상

▷ **Negotiations between** the police **and** the kidnappers have been going on all week. 경찰과 납치범의 협상은 일 주일 내내 계속되고 있다.

▷ Management refuses to have any more **negotiation on** staff salaries. 경영진은 직원 임금에 관해 더 이상의 협상을 거부하고 있다.

in	negotiation	협상중인
under	negotiation	

▷ Developed and developing countries are still **in negotiation** *with* each other over the problem of global warming. 선진국과 개발도상국은 아직도 지구 온난화 문제에 대해 서로 협상 중이다.

▷ The exact terms of the contract are still **under negotiation**. 계약의 정확한 조건은 아직도 협상 중이다.

A	of negotiation(s)	A에 걸친 협상
★A는 months, years 등		

▷ After six months **of negotiations** we're still no further forward. 6개월 간 협상을 했지만, 우리는 아직도 진전이 없다.

neighbor /néibər/

이웃; 이웃나라 (★《영》 neighbour)

a good	neighbor	좋은 이웃
one's immediate	neighbor	바로 옆집 사람
a near	neighbor	가까운 이웃
a close	neighbor	
one's next-door	neighbor	이웃집 사람
one's European	neighbors	이웃 유럽 나라들

▷ We're lucky. We have very **good neighbors**. They're always very considerate. 우리는 운이 좋아. 이웃이 모두 좋은 사람들이어서. 언제나 배려심이 많지.

▷ Our **immediate neighbor** is driving us crazy! He plays loud music until 3:00 in the morning. 우리 옆집 사람 때문에 미칠 것 같아! 그 사람은 새벽 3시까지 음악을 크게 틀어놔.

▷ Actually, our **nearest neighbor** is over three miles away. 실제로 우리의 가장 가까운 이웃은 3마일 떨어진 거리에 있다.

▷ Mrs. Davis is our **next-door neighbor**. 데이비스 부인은 우리 옆집에 산다.
▷ Joining the European Union meant that Britain had more contact with her **European neighbors**. 유럽 연합에 가입함으로써 영국은 이웃 유럽 나라들과 접촉이 더 많아졌다.

nerve /nəːrv/

명 신경; (-s) 신경과민; 용기; 배짱

calm	one's **nerves**	신경을 가라앉히다
steady	one's **nerves**	
fray	one's **nerves**	신경을 곤두세우다
have	the **nerve**	배짱이 있다, 뻔뻔하다
keep	one's **nerve**	평정심을 유지하다
lose	one's **nerve**	기가 죽다, 겁먹다

▷ Drink this whiskey. It'll help you **calm** your **nerves**. 이 위스키를 마셔. 신경을 가라앉히는 데 도움이 될 거야.
▷ Lena insisted on taking a taxi all the way home and when we arrived she **had the nerve** to ask me to pay for it. 레나는 집까지 택시를 타고 가야 한다고 우겼는데, 도착하자 뻔뻔하게도 나에게 돈을 내라고 했다.
▷ Jet-skiing is not so difficult. You just need to **keep** your **nerve**. 제트 스키는 그렇게 어렵지 않아. 그냥 평정심을 유지하면 돼.
▷ She was skiing quite well downhill, but then she **lost** her **nerve** and crashed into a tree. 그녀는 스키를 꽤 잘 타고 내려가더니 갑자기 겁을 먹고 나무에 부딪혔다.

a bag of	**nerves**	몹시 긴장한 사람
a bundle of	**nerves**	
a battle of	**nerves**	신경전
a war of	**nerves**	

▷ Anne had another driving lesson today. The instructor shouted at her and now she's a **bag of nerves**! 앤은 오늘 또 한 번 운전 교습을 받았다. 강사가 그녀에게 소리를 지르는 바람에 그녀는 지금 몹시 긴장해 있다!

the **nerve**	to do	…할 배짱

▷ I don't know how you found the **nerve to** ask me to lend you more money. You still owe me $500 dollars! 어떻게 나에게 돈을 더 빌려달라고 부탁할 배짱이 생겼는지 모르겠다. 넌 나에게 아직도 500달러를 빚지고 있잖아!

(PHRASES)
What a nerve! ☺ 뻔뻔하기도 하지!

nervous /nə́ːrvəs/

형 긴장한, 초조한, 신경질적인

feel	**nervous**	불안을 느끼다
get	**nervous**	긴장하다
make A	**nervous**	A를 불안하게 만들다

▷ I **get nervous** when I have to walk home alone late at night. 나는 밤 늦게 혼자 집에 걸어가야 할 때 불안하다.
▷ Job interviews always **make** me **nervous**. 취업 면접은 언제나 나를 불안하게 만든다.

extremely	**nervous**	극도로 긴장한
really	**nervous**	정말로 긴장한
highly	**nervous**	매우 긴장한
a little	**nervous**	약간 긴장한
slightly	**nervous**	

▷ I don't think I did well in the interview. I was **extremely nervous**. 면접을 잘 못한 것 같아. 엄청나게 긴장했거든.

nervous	about A	A에 대해 불안해하는
nervous	of A	

▷ She's never traveled by air before so she's a bit **nervous about** the flight. 그녀는 전에 비행기를 타 본 적이 없어서 비행에 대해 약간 불안해했다.

nest /nest/ 명 둥지

build	a **nest**	둥지를 짓다
construct	a **nest**	
make	a **nest**	
leave	the **nest**	둥지를 떠나다
fly	the **nest**	

▷ I think those birds are **building** a **nest** in our roof. 그 새들은 우리 집 지붕에 둥지를 짓고 있는 것 같다.
▷ The young chicks have learnt how to fly now and have **left** the **nest**. 어린 새들은 이제 하늘을 나는 법을 배워서 둥지를 떠났다.

net /net/ 명 그물

cast	a **net**	그물을 던지다
mend	one's **nets**	그물을 수선하다
spread	a **net**	그물을 펴다

▷ The fishermen **cast** their **nets** in a new area and made a very good catch. 어부들은 새로운 영역에 그물을 던져서 풍성한 수확을 올렸다.

▷ The fishermen sat on the shore **mending** their **nets**. 어부들은 바닷가에 앉아서 그물을 수선했다.

a drift	net	유자망(流刺網)
a fishing	net	어망
a mosquito	net	모기장
a safety	net	안전망

network /nétwɜːrk/

명 그물망; 방송망; 네트워크

establish	a network	네트워크를 만들다
build	a network	
develop	a network	

▷ She quickly **established** a **network** of people who could be useful to her in her job. 그녀는 신속하게 직장에서 자신에게 도움이 될 만한 사람들의 네트워크를 만들었다.

▷ It's important in business to **develop** a **network** of contacts. 사업에서는 인맥 네트워크를 만드는 것이 중요하다.

a large	network	대규모 네트워크
an international	network	국제 네트워크
a national	network	전국 네트워크
a local	network	지역 네트워크
a support	network	지원 네트워크
the rail	network	철도망
a road	network	도로망
a television	network	텔레비전 방송망
a distribution	network	판매 유통망

▷ This airline has established a widespread **international network**. 이 항공사는 폭넓은 국제 네트워크를 만들었다.

▷ These timetables contain details of all the **national networks** for rail, buses and coaches. 이 시간표에는 철도, 버스, 장거리 버스의 전국 노선망이 상세하게 담겨 있다.

▷ It's a small company, but it's developed a good **local network** of influential businessmen. 이 회사는 작지만, 유력한 현지 사업가들의 네트워크를 잘 구축해 놓았습니다.

new /njuː/ 형 새로운; 신형의

completely	new	완전히 새로운
entirely	new	
totally	new	
brand	new	새로 나온, 신품의
spanking	new	
fairly	new	상당히 새로운
relatively	new	비교적 새로운

▷ My car broke down last weekend. I took it to the garage and they said it had to have a **completely new** engine. 지난주에 내 자동차가 고장 났다. 수리점에 가지고 갔더니 엔진을 완전히 새것으로 바꿔야 한다고 말했다.

▷ Why does this machine keep breaking down? It's **relatively new**. 이 기계는 왜 이렇게 자주 고장 나는 거지? 비교적 새 건데.

new	to A	A(사람)에게 새로운

▷ Everything was **new to** me. 나에게는 모든 게 새로웠다.

PHRASES

What's new? ☺ 안녕?, 별일 없어?

news /njúːz/ 명 뉴스, 보도; 소식

get	the news	소식을 알게 되다
receive	the news	
hear	the news	소식을 듣다
bring	news	소식을 가져오다
break	the news	나쁜 소식을 전하다
make	news	뉴스에 나오다
read	the news	뉴스를 읽다
watch	the news	뉴스를 보다

▷ I've **got** some bad **news** for you. 너에게 안 좋은 소식이 있어.

▷ I hope Bob and Helen arrived safely in Toronto. We haven't **heard** any **news** yet. 밥과 헬렌이 토론토에 안전하게 도착했어야 하는데. 우리는 아직 아무 소식도 듣지 못했어.

▷ Lisa's just arrived. She's **brought** some good **news**. 리사가 막 도착했어. 좋은 소식을 가져왔어.

▷ You know the ice skater, Kim Yuna? She **made news** yesterday. 스케이트 선수 김연아 알지? 어제 뉴스에 나왔어.

bad	news	나쁜 소식
terrible	news	끔찍한 소식
sad	news	슬픈 소식
good	news	좋은 소식
great	news	대단한 뉴스
wonderful	news	
welcome	news	반가운 소식
the latest	news	최신 소식
local	news	지방 뉴스

| newspaper |

national	news	전국 뉴스
foreign	news	해외 뉴스
world	news	세계 뉴스
radio	news	라디오 뉴스
television	news	텔레비전 뉴스
the ten o'clock	news	10시 뉴스

▷ I have some **good news** for you. 너에게 좋은 소식이 있어.
▷ "Did you hear? I passed the exam to get into Yale University!" "Oh, **great news!**" "들었어? 나 예일대 입학 시험에 합격했어!" "아, 멋진 소식이네!"
▷ Have you just come back from the hospital? How's Paula? What's the **latest news**? 병원에 갔다 오는 길이니? 폴라는 어때? 근황 좀 알려줘.
▷ I check the **foreign news** every morning on the Internet. 나는 매일 아침 인터넷으로 해외 뉴스를 확인한다.
▷ Did you watch the 10 **o'clock news** last night? 어젯밤 10시 뉴스 봤어?

news	about A	A에 대한 소식
news	from A	A로부터의 소식

▷ "Is there any **news about** the train crash?" "Not yet, I'm afraid." "열차 사고에 대한 소식 있어?" "아직 없어."
▷ We still haven't heard any **news from** the police. 우리는 아직 경찰한테서 아무런 소식도 듣지 못했다.

on	the news	뉴스에
in	the news	

★ on은 텔레비전, 라디오 등, in은 신문 등

▷ Did you hear? They're going to increase the tax on tobacco! It was **on the news** this morning. 들었어? 담뱃세를 올릴 거래! 오늘 아침 뉴스에 나왔어.

a bit of	news	한 가지 소식, 뉴스 항목 하나
a piece of	news	
an item of	news	

▷ We had two **pieces of** interesting **news** yesterday. 우리는 어제 재미있는 뉴스를 두 가지 들었어.

news	that...	…라는 소식

▷ I'm not surprised at the **news that** the Government is going to raise the sales tax. 나는 정부가 소비세를 올릴 거라는 소식에 놀라지 않았다.

PHRASES
No news is good news. ☺ 무소식이 희소식.
That's news to me. ☺ 그것은 처음 듣는 이야기다.

newspaper /njúːzpèipər/ 뗑 신문; 신문지

a daily	newspaper	일간지
a morning	newspaper	조간 신문
an evening	newspaper	석간 신문
a Sunday	newspaper	일요지
a local	newspaper	지방지
a national	newspaper	전국지
a quality	newspaper	고급 신문
a tabloid	newspaper	타블로이드 지

▷ Do you read a **daily newspaper**? 일간지를 읽으십니까?
▷ If you want to find a part-time job, why don't you look in the **local newspaper**? 시간제 일자리를 구하고 싶다면 지방지를 살펴보는 게 어때?

in	the newspaper	신문에

▷ Look! There's a photo of you **in** the **newspaper**! 이거 봐! 신문에 네 사진이 나왔어.

nice /nais/ 톙 멋진; 친절한

extremely	nice	아주 멋진
really	nice	정말로 좋은

▷ It's a **really nice** house, much nicer than the house we live in now. 정말 멋진 집이다. 우리가 지금 사는 집보다 훨씬 좋아.

nice and clean		청결해서 좋은
nice and warm		따뜻해서 좋은

★ nice and은 [náisənd]라고 발음된다.

▷ Singapore is a beautiful city. It's **nice and clean**. 싱가포르는 아름다운 도시다. 깔끔해서 좋다.
▷ Come in out of the cold. It's **nice and warm** inside. 추운 데 있지 말고 들어와. 안에는 따뜻해서 좋아.

nice	to A	A(사람)에게 친절한

▷ It was great to meet your family. They were really **nice to** me. 네 가족을 만나서 좋았어. 모두들 나에게 정말로 친절했어.

it is nice	of A to do	A(사람)이 …해주어서 고맙다

▷ **It** was really **nice of** you **to** send me a birthday card. 나에게 생일 축하 카드를 보내줘서 정말 고마웠어.

PHRASES
Nice to meet you. 만나서 반가워.
Nice to see you again! ☺ 또 만나서 반가워요!
That's nice! ☺ 그거 좋네! ▷ "My boyfriend's going to take me to Disneyland on my birthday!" "Oh, that's nice." "남자친구가 내 생일에 디즈니랜드

에 데려가 준대!" "우와, 좋은데."
What a nice A! ⓒ 멋진 A인걸! ▷ What a nice surprise! 이렇게 기분 좋은 깜짝쇼라니!

night /nait/ 몡 밤, 야간

spend	a night	밤을 보내다, 숙박하다
stay	the night	

▷ It was great to **spend** a **night** in a five-star hotel yesterday. 어제 5성급 호텔에서 묵어서 정말 좋았어.

▷ Do you have to leave this evening? Why don't you **stay** the **night**? 오늘 저녁에 떠나야 해? 자고 가지 그래?

every	night	매일 밤
last	night	어젯밤
tomorrow	night	내일 밤
the previous	night	전날 밤
the next	night	다음날 밤
the other	night	얼마 전 밤
the whole	night	밤새
an early	night	일찍 자는 일
a late	night	늦게 자는 일
a bad	night	잠을 못잔 밤

▷ There's a great movie on TV **tomorrow night**. 내일 밤 TV에서 좋은 영화를 해.

▷ I spent the **whole night** writing my report. 나는 밤새 보고서를 썼다.

▷ I'm feeling a bit tired. I think I'll get an **early night**. 나는 좀 피곤해. 일찍 자야 할 것 같아.

▷ Last night I had a really **bad night**. I couldn't get any sleep at all. 어젯밤은 잠을 설쳤어. 한숨도 못 잤어.

day and night	밤낮으로
night and day	
night after night	매일 밤
all night (long)	밤새도록

▷ Tom's been working **day and night** on that project for the last two weeks. 톰은 지난 2주일 동안 그 사업에 매달려 밤낮으로 일하고 있어.

▷ **Night after night** our neighbor's dog keeps us awake howling. 매일 밤 이웃집 개가 울부짖어서 우리는 잠을 잘 못 잔다.

▷ The baby cried **all night**. We didn't get any sleep at all. 아기는 밤새도록 울었다. 우리는 잠을 전혀 자지 못했다.

at	night	밤에
by	night	야음을 타서
during	the night	밤중에
in	the night	

▷ If you sleep a lot during the day, you won't be able to sleep **at night**. 낮에 많이 자면, 밤에 잠이 안 올 것이다.

▷ They rested during the day and traveled **by night**. 그들은 낮에 휴식하고 야음을 틈타 이동했다.

▷ The burglars must have come in **during** the **night** while we were asleep. 도둑들은 우리가 자고 있는 밤중에 들어온 게 틀림없다.

▷ Oh, look! Santa Claus came **in** the **night** and brought you some presents! 저것 좀 봐! 산타클로스가 밤 사이에 와서 너한테 선물을 가져다 주셨네!

in	the dead of night	한밤중에
in	the middle of the night	
on	Saturday night	토요일 밤에
on	the night of October 14	10월 14일 밤에

▷ I woke up suddenly **in** the **middle of** the **night**. I could hear somebody downstairs. 나는 한밤중에 갑자기 깼어. 아래층에 누가 있는 소리가 들렸어.

▷ What are you doing **on Saturday night**? 토요일 밤에 뭐 하세요?

▷ The earthquake occurred **on** the **night of** December 15. 지진은 12월 15일 밤에 일어났다.

PHRASES

Good night. ⓒ 안녕히 주무세요, 잘 자. ▷ Good night. See you tomorrow. 잘 자. 내일 봐.

Night night! ⓒ 잘 자요(★ 아이가 또는 아이에게 하는 말) ▷ Night night, Mommy! Night night, Daddy! 잘 자요, 엄마! 잘 자요, 아빠!

noise /nɔiz/ 몡 소리, 소음; 잡음

make	a noise	소음을 내다, 소음을 일으키다
cause	a noise	
hear	a noise	소리가 들리다
reduce	the noise	소음을 줄이다
shut out	the noise	소음을 차단하다

▷ This photocopier is **making** a lot of **noise**. I think there's something wrong with it. 이 복사기에서 소음이 많이 나고 있어. 뭔가 잘못된 것 같아.

▷ Who's **causing** all that **noise** in the classroom? 누가 교실에서 저런 시끄러운 소리를 내는 거야?

▷ The machines in this factory are really loud. Can't we do something to **reduce** the **noise**? 이 공장의 기계들은 정말로 시끄럽네요. 소음을 줄이기 위해 할 수 있는 일이 없을까요?

▷ We closed all the windows and doors in order to try to **shut out** the **noise**. 우리는 소음을 차단하기 위해 창문과 문을 모두 닫았다.

a loud	noise	큰 소리
a big	noise	
a terrible	noise	엄청난 소음
a low	noise	낮은 소리
a strange	noise	이상한 소리
a funny	noise	
background	noise	주변의 소음
engine	noise	엔진 소리

▷ Suddenly, there was a **loud noise** from outside. Two cars had crashed into each other. 갑자기 밖에서 큰 소리가 났다. 자동차 두 대가 충돌한 것이었다.

▷ We live near an airport. The planes make a **terrible noise** as they take off and come in to land. 우리는 공항 근처에 산다. 비행기들이 이륙하거나 착륙할 때면 엄청난 소음이 난다.

▷ The washing machine is making a **strange noise**. I think we need to buy a new one. 세탁기에서 이상한 소리가 나요. 새것을 사야 할 것 같아요.

above	the noise	소음 속에서
over	the noise	

▷ We couldn't hear the announcement **above the noise** of the crowds celebrating. 기뻐하는 관중의 환호성에 묻혀 안내 방송이 들리지 않았다.

noon /nuːn/ 몡 정오

at	noon	정오에
just after	noon	정오 직후에
shortly after	noon	
just before	noon	정오 직전에
shortly before	noon	

▷ There was a serious earthquake in the Philippines **just before noon** today. 오늘 정오 직전에 필리핀에 대지진이 있었다.

twelve	noon	정오
high	noon	정오 정각

normal /nɔ́ːrməl/ 몡 정상인, 보통의, 표준의

perfectly	normal	완전히 정상인
quite	normal	상당히 정상인
fairly	normal	
apparently	normal	보기에 정상인

▷ It's **perfectly normal** to be nervous before a big match. 큰 대회를 앞두고 긴장하는 것은 지극히 정상이다.

▷ Your blood pressure is **fairly normal**. 당신의 혈압은 아주 정상입니다.

▷ Her temperature is **apparently normal**, although she has a bad cough. 기침을 심하게 하지만, 그녀의 체온은 보기에는 정상입니다.

it is normal (for A) to do	(A가) …하는 것은 보통 일이다

▷ It's **normal for** security checks **to be** carried out at airports. 공항에서 보안 검색이 실시되는 것은 통상적인 일이다.

north /nɔːrθ/ 몡 북, 북쪽, 북부

far	north	먼 북쪽, 북쪽 끝

▷ In the **far north** temperatures are much colder than in the far south. 북쪽 끝은 남쪽 끝보다 기온이 훨씬 낮다.

in	the north (of A)	(A의) 북부에
to	the north (of A)	(A의) 북쪽에
from	the north (of A)	(A의) 북쪽에서

▷ Morocco is **in the north of** Africa. 모로코는 아프리카 북부에 있다.

▷ Scotland lies **to the north of** England. 스코틀랜드는 잉글랜드 북쪽에 있다.

▷ There's a cold wind blowing **from the north**. 북쪽에서 차가운 바람이 불어온다.

fifty miles north of A	A에서 북쪽으로 50마일 거리인

▷ Oxford is about 50 **miles north of** London. 옥스퍼드는 런던에서 북쪽으로 50마일 정도 거리에 있다.

north, south, east and west	동서남북

★ 우리말과 순서가 다르다.

nose /nouz/ 몡 코

blow	one's nose	코를 풀다
wipe	one's nose	코를 닦다
pick	one's nose	코를 후비다
wrinkle	one's nose	코를 찌푸리다

▷ Do you have a tissue? I need to **blow** my **nose**. 화장지 있어? 코를 풀어야겠어.

▷ Here. Use my handkerchief to **wipe** your **nose**. 여기, 내 손수건으로 코를 닦아.

▷ "Stop it, Ben! It's rude to **pick** your **nose**!" "Sorry, mummy!" "그만해, 벤! 코를 후비는 건 버릇없는 일이야!" "죄송해요, 엄마!"

▷ She **wrinkled** her **nose**. "What's that terrible smell?" 그녀는 코를 찌푸렸다. "이 고약한 냄새는 뭐지?"

one's nose	is running	콧물이 흐르다
one's nose	wrinkles	코가 찌푸려지다
one's nose	bleeds	코피가 나다

▷ It's so cold my **nose is running**! 너무 추워서 콧물이 줄줄 흐른다!

▷ Her **nose wrinkled**. "Can you smell something burning?" 그녀의 코가 찌푸려졌다. "뭐 타는 냄새 안 나?"(★ 냄새를 킁킁 맡을 때 하는 동작)

a big	nose	큰코
a large	nose	
a long	nose	높은 코
a small	nose	작은 코
a sharp	nose	뾰족한 코
a hooked	nose	매부리코
a straight	nose	곧게 뻗은 코
a red	nose	빨간 코
a blocked	nose	막힌 코
a runny	nose	콧물이 흐르는 코
a broken	nose	부러진 코

★ 코가 '높다', '낮다'고 할 때 high, low는 쓰지 않는다.

▷ Tom has a **big nose**. 톰은 코가 크다.

▷ Typically Westerners have **longer noses** than Asian people. 대개 서양인들은 동양인들보다 코가 높다.

▷ He had a **sharp nose** and a bright red face. 그는 코가 뾰족하고, 얼굴이 불그스름했다.

▷ I think he's very handsome. A **straight nose**, a strong chin and a nice smile. 그는 아주 미남인 것 같다. 곧게 뻗은 코, 단단한 턱, 그리고 멋진 미소를 갖췄다.

▷ My cold's no better. I've still got a **blocked nose** and a cough. 감기가 낫지 않는다. 여전히 코가 막혀 있고 기침을 한다.

▷ Rod was in a fight last night. He has a **broken nose** and two black eyes. 로드는 어젯밤에 몸싸움을 했다. 그래서 코가 부러지고 두 눈에 멍이 들었다.

the bridge	of the nose	콧대
the end	of the nose	코끝
the tip	of the nose	

▷ She had a big red spot at the **end of** the **nose**. 그녀는 코 끝에 빨간색의 큰 반점이 있었다.

▷ It's so cold! The **tip of** my **nose** is frozen! 너무 추위! 코끝이 얼었어!

through	the nose	코를 통해서

note /nout/ 圄 메모, 짧은 편지; 주석; 기조, 어조, 음조; 주의, 수복

write	a note	메모를 쓰다
scribble	notes	
send	a note	메모를 보내다
receive	a note	메모를 받다
leave	a note	메모를 남기다
make	a note	메모를 하다
keep	a note	
take	notes	
compare	notes	의견을 교환하다
take	note	주목하다

▷ I **scribbled** these **notes** during the lecture, but now I can't read them! 강의를 듣는 동안 이 메모를 끄적였는데, 지금 보니 읽을 수가 없다!

▷ Look, dad! Mom has **left a note** on the table. She's gone shopping. 이거 봐요, 아빠! 엄마가 식탁에 메모를 남겼어요. 장보러 가셨대요.

▷ The police told us to **keep a note** of anything unusual that happens. 경찰은 우리에게 수상한 일이 있으면 무엇이든 메모해 두라고 당부했다.

▷ OK. Now that we've interviewed everybody, let's **compare notes**. 좋아. 우리가 모두를 면접했으니까, 의견을 교환해 봅시다.

▷ **Take** careful **note** of what the sales manager says. 영업부장이 한 말에 주목해야 돼.

a brief	note	짧은 메모
a suicide	note	유서
a cheerful	note	밝은 기조
a positive	note	긍정적인 기조
a high	note	높은 음
a low	note	낮은 음

note /nout/

图 주의하다, 알아차리다; 적어두다

note	down	적어두다
as noted	above	위에 적은 것처럼
as noted	earlier	앞에 적은 것처럼
as noted	previously	

▷ Please **note down** my address. 제 주소를 적어두세요.

▷ **As noted above**, smart phones are becoming very popular. 위에 적은 것처럼, 스마트폰의 인기가 무척 높아지고 있다.

note	that...	…를 알아차리다; …에 유의하다
note	wh-	…인지 유의하다

★ wh-는 who, what, how 등의 의문사

▷ She **noted that** there were two expensive-looking paintings in the committee room. 그녀는 위원회 회의실에 비싸 보이는 그림이 두 점 있다는 것을 알아차렸다.

▷ Please **note how** important it is to use fresh vegetables to prepare this dish. 이 요리를 만들 때 신선한 채소를 쓰는 것이 얼마나 중요한지 유의해 주세요.

be worth	noting	주목할 가치가 있다

▷ It's **worth noting** that the deadline for applications is December 31st. 신청 마감이 12월 31일이라는 것에 유념하는 것이 좋다.

notice /nóutis/ 圐 게시; 통지, 통고; 주의

serve	notice	통지하다
have	notice	통지를 받다
receive	notice	
give (A)	notice	(A에게) 해고를 통지하다
take	notice	유념하다, 신경 쓰다
come to	A's notice	눈에 띄다
escape	A's notice	눈에 띄지 않다

▷ They **served notice** to their employees that the staff cafeteria would close down next month. 그들은 직원들에게 다음달에 직원 식당이 문을 닫는다고 통지했다.

▷ It's important for our staff to **have notice** of any changes that may be introduced. 도입될 모르는 변화에 대해 우리 직원들에게 미리 알리는 것이 중요하다.

▷ The company is closing down. They **gave** 200 people **notice** last week. 회사가 문을 닫을 것이다. 그들은 지난주에 200명에게 해고 통지를 했다.

▷ "That man's waving at us. Do you know him?" "No. Don't **take** any **notice**. Come on. Let's go!" "저 남자가 우리한테 손을 흔들고 있어. 아는 사람이야?" "아니, 신경 쓰지 마. 가자!"(★ take notice는 take any notice of A, take no notice of A의 형태로도 자주 쓰인다.)

▷ It has **come to the notice** of the headmaster that one or two boys sometimes smoke a cigarette in school. 한두 명의 남학생이 때때로 학교에서 담배를 피운다는 사실을 교장이 알게 되었다.

▷ I broke my boss's special teacup two days ago. But he hasn't said anything. So far it has **escaped** his **notice**! 나는 이틀 전에 상사의 특별한 찻잔을 깨뜨렸다. 하지만 그는 아무 말도 하지 않았다. 지금까지도 그는 알아차리지 못했다!

advance	notice	예고, 사전 통지
reasonable	notice	적절한 통지
written	notice	서면 통지
public	notice	세간의 주목

▷ We've just had **advance notice** that the government is going to raise the sales tax next year. 우리는 방금 정부가 내년에 소비세를 올릴 거라는 사전 통지를 받았다.

▷ If you decide to leave the company, we expect you to give us **reasonable notice**. 회사를 떠날 결심이라면, 우리에게 적절한 사전 통지를 해주기 바랍니다.

▷ We understand that you wish to leave, but we have not received any **written notice** from you yet. 당신이 떠나려는 건 알고 있지만, 우리는 아직 당신으로부터 서면 통지를 받지 않았습니다.

on short	notice	시간을 얼마 두지 않고, 갑작스레
at short	notice	
3 months'	notice	3개월 전의 사전 통지

▷ We need someone to go and work in our head office **at short notice**. 우리는 급하게 본사에 가서 일할 사람이 필요하다.

▷ They can't fire you now. They need to give you **3 months' notice**. 그들은 지금 널 해고할 수 없어. 3개월 전에 통지를 해야 해.

notice /nóutis/ 圐 알아차리다

not even	notice	알아보지도 못하다
hardly	notice	거의 알아차리지 못하다
never	notice	전혀 알아차리지 못하다

▷ I changed my hairstyle and my boyfriend **didn't even notice**! 나는 머리 모양을 바꿨는데 내 남자친구는 알아보지도 못했다!

▷ "There's a big red spot on my chin!" "It's not so big. You can **hardly notice** it!" "내 턱에 빨간색 여드름이 크게 났어!" "별로 안 큰데. 잘 보이지도 않아!"

notice A	doing	A가 …하고 있는 것을 알아차리다

▷ I didn't **notice** him **leaving**. 나는 그가 자리를 뜨는 것을 알아차리지 못했다.

notice	(that)...	…라는 것을 알아차리다
notice	wh-...	…인지 알아차리다

★ wh-는 how, what, who 등의 의문사

▷ After about 10 minutes he **noticed that** she was really angry. 10분이 지난 뒤 그는 그녀가 정말로 화가 났다는 것을 알아차렸다.

▷ I'm in big trouble! I didn't **notice when** she arrived, **how** she looked or **what** she was wearing! 나 큰일났어! 나는 그녀가 언제 왔는지, 어떻게 생겼는지, 뭘 입고 있었는지 못 알아봤어!

number /nʌ́mbər/

圐 수, 숫자; 번호; 총계, 수량

| number |

count	the number	수를 세다
increase	the number	수를 늘리다
reduce	the number	수를 줄이다
limit	the number	수를 제한하다
get	a number	번호를 받다
give	a number	번호를 가르쳐주다
identify	a number	번호를 확인하다

▷ I had a part-time job **counting** the **number** of cars that drove past during the rush hour. 나는 러시아워에 지나가는 자동차 대수를 세는 시간제 일을 했다.

▷ We need to **increase** the **number** of parking spaces in our company. 우리 회사는 주차 공간의 수를 늘려야 한다.

▷ We have to **limit** the **number** of club members to 25. 우리는 동아리 인원 수를 25명으로 제한해야 한다.

▷ In the bank they **give** you a **number** and you have to wait until you're called. 은행에서는 번호표를 주는데 당신은 호출될 때까지 기다려야 한다.

▷ I saw the car drive away after the accident, but I couldn't **identify** the **number**. 나는 사고가 난 뒤 그 차가 가버리는 것을 보았지만, 번호는 확인하지 못했다.

the number	falls	수가 감소하다
the number	reduces	
the number	increases	수가 늘어나다
the number	grows	
the number	rises	

▷ The college needs more students. If the **number falls** again this year, we could be in trouble. 우리 대학은 학생이 더 필요하다. 올해에도 학생 수가 줄어들면 문제가 될 것이다.

▷ The **number** of applicants has **increased** by 45% compared with last year. 신청자 수가 작년에 비해 45% 늘었다.

a large	number	큰 수, 많은 수
a great	number	
a high	number	
a huge	number	막대한 수
a small	number	작은 수
a low	number	
a limited	number	한정된 수
a significant	number	상당한 수
a considerable	number	
an increasing	number	늘어나는 수
a growing	number	

the average	number	평균 수
the minimum	number	최소 수
the maximum	number	최대 수
an equal	number	같은 수
the total	number	총계, 총수
an even	number	짝수
an odd	number	홀수
a three-digit	number	세자리수

▷ A **large number** of housewives do part-time jobs. 많은 수의 주부가 시간제 일을 한다.

▷ A **great number** of new projects had to be canceled. 굉장히 많은 새 프로젝트가 취소되어야 했다.

▷ It was early so only a **small number** of people had arrived. 아직 시간이 일러서 소수의 사람들만이 도착했다.

▷ A **significant number** of women are waiting until later to get married compared with 10 years ago. 10년 전과 비교하면 상당한 수의 여성들이 늦은 나이에 결혼한다.

▷ An **increasing number** of people are using new hybrid cars. 신형 하이브리드 자동차를 타는 사람들이 점점 늘고 있다.

▷ The **minimum number** of students we need to arrange this trip is eight people. 이 여행단을 꾸리는 데 필요한 최소 학생 수는 8명이다.

▷ The **maximum number** of people allowed in this elevator is fifteen. 이 엘리베이터에 탈 수 있는 최대 인원은 15명이다.

▷ There were an **equal number** of boys and girls in the group. 이 조에는 소년과 소녀의 인원 수가 같다.

▷ We are still not sure of the **total number** of people who died in the train crash. 우리는 아직 열차 사고 사망자의 총 인원수를 모른다.

a room	number	방 번호
a telephone	number	전화 번호
a fax	number	팩스 번호
the wrong	number	잘못 건 전화

▷ Sorry. You have the **wrong number**. 죄송합니다. 전화 잘못 거셨습니다.

an increase	in numbers	수의 증가
a drop	in numbers	수의 감소

▷ There was an **increase in numbers** of house fires this year. 올해는 주택 화재 건수가 늘었다.

in number	총계는; 숫자는

▷ Our supporters were low **in number**, but high in enthusiasm! 우리의 후원자는 숫자는 적지만, 열정은 높다!

O

obey /oubéi/

동 따르다, 복종하다; (법률, 규칙을) 지키다

always	obey	언제나 따르다
immediately	obey	즉시 따르다
instantly	obey	
meekly	obey	순순히 따르다

▷ **Always obey** the safety rules when you operate this machine. 이 기계를 작동시킬 때는 언제나 안전 규칙을 따르십시오.
▷ If you get an order, you should **immediately obey** it. 명령을 받으면, 즉시 거기에 따라야 한다.
▷ He told her to sit down and she **meekly obeyed**. 그가 그녀에게 앉으라고 하자 그녀는 순순히 따랐다.

refuse to	obey	따르기를 거부하다

▷ My dog is so disobedient! I keep telling him to sit, but he **refuses to obey**. 내 개는 말을 안 듣는다! 계속 앉으라고 해도, 지시를 거부한다.

object /ábdʒikt/ 명 물체; 대상, 목적; 목적어

become	an object	대상이 되다
achieve	one's object	목적을 달성하다

▷ When she joined the pop group, she **became** a great **object** of envy of her schoolmates. 팝 그룹에 들어가자 그녀는 학교 친구들의 커다란 선망의 대상이 되었다.
▷ She finally **achieved** her **object** of winning a gold medal at the Olympic Games. 그녀는 마침내 올림픽에서 금메달을 따겠다는 목적을 이루었다.

an inanimate	object	무생물
a physical	object	물체
a solid	object	고체
the main	object	주목적
one's sole	object	유일한 목적
a direct	object	직접 목적어
an indirect	object	간접 목적어

▷ He treats me as if I'm an **inanimate object**. I'm not a piece of wood! 그는 나를 무생물처럼 대해. 나는 나무토막이 아닌데!
▷ She was able to move **physical objects** by telepathy. 그녀는 텔레파시로 물체를 움직일 수 있었다.
▷ The **main object** of this training program is to test your ability to work together as a team. 이 훈련 프로그램의 주목적은 팀으로서 협력하는 능력을 시험하는 것이다.

object /əbdʒékt/ 동 반대하다

strongly	object	강하게 반대하다

★ object strongly도 쓰인다.

▷ "I **strongly object** to the decision to close down our branch in Sydney." "Yes, I strongly object, too!" "저는 시드니 지사를 폐쇄한다는 결정에 강력하게 반대합니다." "네, 저도 강력하게 반대합니다!"

object	to A	A에 반대하다

▷ I **object to** another rise in gasoline prices! 나는 휘발유 값을 다시 올리는 데 반대합니다!

object	that...	…라고 말하며 반대하다

▷ She **objects that** the government hasn't done more to help the homeless. 그녀는 정부가 노숙자들을 위해 더 많은 일을 하지 않았다며 반대한다.

(PHRASES)
I object to that! ☺ 이의 있습니다!

objection /əbdʒékʃən/ 명 반대, 이의

make	an objection	반대하다, 이의를 제기하다
raise	an objection	
voice	an objection	
have (got)	an objection	반대가 있다
have	no objection	이의가 없다
meet	an objection	반대 의견에 대처하다
withdraw	one's objection	반대를 철회하다

▷ He **made** various **objections** to the new plans. 그는 새 계획에 대해 여러 가지 반대 의견을 냈다.
▷ Excuse me, I'd like to **raise** an **objection**. 죄송합니다만, 이의를 제기하고 싶습니다.
▷ **Has** anybody **got** any **objections**? 반대 의견 있으십니까?
▷ So, if you **have no objection**, we'll postpone a decision until our next meeting. 그러니까 당신이 반대하지 않는다면, 결정을 다음 회의로 미루겠습니다.
▷ Various proposals have been made to **meet** their **objections**. 그들의 반대 의견에 대처하기 위해 다양한 제안이 나왔다.

a strong	objection	강한 반대
a serious	objection	
the main	objection	주요 반대의견
a possible	objection	가능한 반대 의견

▷ The union has **strong objections** *to* the pro-

posed salary cuts. 노동 조합은 임금 삭감안에 강하게 반대하고 있다.
▷ I can't understand. What **possible objection** could you have? You'll make a big profit! 이해가 안 된다. 네가 반대할 이유가 어디에 있어? 네가 큰 돈을 벌 텐데!

an objection	to A	A에 대한 반대
an objection	against A	

▷ The main **objection to** your plan is that it's too expensive. 네 계획에 대해 반대하는 주요 이유는 너무 돈이 많이 든다는 거야.

objective /əbdʒéktiv/ 명 목표, 목적

have	an objective	목표가 있다
set	an objective	목표를 설정하다
pursue	an objective	목표를 추구하다
achieve	an objective	목표를 달성하다
meet	an objective	

▷ Don't sit around doing nothing. You need to **have** an **objective** in life! 그렇게 아무것도 하지 않고 가만히 앉아 있지만 마. 인생에 목표가 있어야지!
▷ You need to **set** an **objective**. What do you want to be doing in 5 years' time? 목표를 설정해야 돼. 앞으로 5년 후에 무엇을 하고 싶니?
▷ Madonna **pursued** her **objective** to become a famous pop star. 마돈나는 유명 팝스타가 되겠다는 목표를 추구했다.
▷ He **achieved** his **objective** of becoming a sales manager in 5 years. 그는 5년 후에 영업 부장이 되겠다는 목표를 달성했다.

a clear	objective	명확한 목적
a specific	objective	
the main	objective	주요 목적
the major	objective	큰 목적
the primary	objective	일차적 목적
the ultimate	objective	궁극의 목적

▷ Don't be vague. Decide a **clear objective** and then go for it! 모호한 태도를 취하지 마. 명확한 목적을 정하고 그것을 위해 노력해야 해!
▷ Her **main objective** in life was to find a rich husband! 그녀의 인생의 주요 목적은 돈 많은 남편을 찾는 것이었다!
▷ She's a senator now, but I think her **ultimate objective** is to become President. 그녀는 지금 상원의원이지만, 궁극적 목적은 대통령이 되는 것이라고 나는 생각한다.

objective /əbdʒéktiv/ 형 객관적인

completely	objective	완전히 객관적인
purely	objective	
totally	objective	

▷ Are you sure that your opinion is **completely objective**? 당신 의견이 완전히 객관적이라고 자신합니까?

obligation /àbləɡéiʃən/

명 (법률, 도덕상) 의무, 책임

have	an obligation	의무가 있다
impose	an obligation	의무를 부과하다
meet	an obligation	의무를 완수하다
fulfill	an obligation	

▷ We have to recall our cars and offer free repair. We **have** an **obligation** to our customers. 우리는 우리 자동차를 리콜하고 무상 수리를 제공해야 합니다. 우리에게는 고객에 대한 의무가 있으니까요.
▷ If we sign the contract, we must make sure that we can **fulfill** all our **obligations**. 계약에 서명하면, 우리는 모든 의무를 완수할 수 있어야 합니다.

a contractual	obligation	계약상의 의무
a legal	obligation	법률상의 의무
a moral	obligation	도덕적 책임

▷ I promised I would help her so now I'm under a **moral obligation** to do so. 나는 그녀를 돕겠다고 약속했기 때문에 그렇게 해야 할 도덕적인 책임이 있다.

an obligation	to A	A에 대한 의무
under	an obligation	의무를 진

▷ She helped me, so I feel **under** an **obligation** to help her. 그녀는 나를 도와주었다. 그래서 나도 그녀를 도와야 할 의무가 있다고 느낀다.

an obligation	to do	…할 의무

▷ We are under no contractual **obligation to** pay them any money. 우리는 그들에게 돈을 줄 계약상의 의무는 없다.

a sense of	obligation	의무감

▷ She helped Dave a lot after his divorce and now he's helping her out of a **sense of obligation**. 데이브가 이혼한 뒤로 그녀는 그를 도와주었고, 이제 그가 의무감에서 그녀를 돕고 있다.

observation /àbzərvéiʃən/

명 관찰, 관측; (관찰에 토대한) 의견, 소견

| observe |

| make | an observation | 의견을 밝히다 |

▷ I'd like to **make an observation** *about* the importance of motivating our students. 학생들에게 동기를 부여하는 것의 중요성에 대해서 제 의견을 밝히고자 합니다.

careful	observation	주의 깊은 관찰
a detailed	observation	자세한 관찰
direct	observation	직접 관찰
empirical	observation	경험적 관찰

▷ After **careful observation** over many years, the volcano was declared inactive. 오랜 세월 동안의 면밀한 관측 뒤에, 그 화산은 휴화산으로 공식 발표되었다.

▷ Are these news reports based on rumors or **direct observation**? 이 뉴스 보도들은 소문에 의한 건가요 아니면 직접 관찰한 건가요?

an observation	about A	A에 대한 의견
an observation	on A	
for	observation	관찰을 위해
under	observation	관찰 아래; 감시 아래

▷ The doctors are not sure what's wrong with Ted. They're keeping him in hospital **for observation**. 의사들은 테드가 어디가 잘못됐는지 확실히 모른다. 그래서 관찰을 위해 그를 입원시키고 있다.

| powers of | observation | 관찰력 |

▷ Sherlock Holmes had amazing **powers of observation**! 셜록 홈즈는 관찰력이 탁월했다!

observe /əbzə́ːrv/ 톱 관찰하다; 알아차리다; (관찰에 토대해서) 진술하다

actually	observe	실제로 관찰하다
carefully	observe	주의 깊게 관찰하다
directly	observe	직접 관찰하다
be widely	observed	폭넓게 관찰되다

▷ I **actually observed** the volcano in Iceland erupting from about 2 miles away. 나는 아이슬란드에 있는 화산이 분출하는 것을 2마일 거리에서 실제로 보았다.

▷ The police need to find someone who **directly observed** the robbery. 경찰은 강도 현장을 직접 본 사람을 찾아야 한다.

▷ The UFO was **widely observed** by many people in the south of England. UFO는 영국 남부에서 많은 사람에게 폭넓게 관찰되었다.

| observe A doing | A가 …하고 있는 것을 알아차리다; …하고 있는 것을 관찰하다 |

▷ I **observed** someone break**ing** in through a window. 나는 누군가 창문으로 침입하는 것을 목격했다.

▷ Looking out of her window, she **observed** a marching band go**ing** past. 창 밖으로 그녀는 고적대가 지나가는 모습을 보았다.

| observe | that... | …하는 것을 알아차리다; …라고 진술하다 |
| observe | wh- | …인지를 관찰하다 |

★ wh-는 what, how, where 등의 의문사

▷ She **observed that** all the sandwiches had been eaten after ten minutes. 그녀는 10분 뒤에 누군가가 샌드위치를 남김 없이 먹어 치웠음을 알아차렸다.

▷ Caroline spent 3 months in Africa **observing how** gorillas behave in the wild. 캐롤라인은 아프리카에서 석 달을 지내며 고릴라가 야생에서 어떻게 행동하는지를 관찰했다.

obtain /əbtéin/ 톱 얻다, 손에 넣다

| be easily | obtained | 쉽게 구해지다 |

▷ We don't have the part to repair your car, but it can be **easily obtained**. 우리는 당신 차를 수리할 부품이 없지만, 쉽게 구할 수 있습니다.

| obtain A | from B | B에게서 A를 얻다 |

▷ I **obtained** this beautiful vase **from** an antique shop in Beijing. 나는 이 아름다운 꽃병을 베이징의 골동품 가게에서 구했다.

obvious /ábviəs/ 휑 분명한, 명백한

| seem | obvious | 명백해 보이다 |

▷ Now that you tell me, it all **seems** so **obvious**. 네가 말을 해주니, 모든 게 아주 명백해진 것 같다.

fairly	obvious	꽤 분명한
quite	obvious	
glaringly	obvious	불을 보듯 명확한
immediately	obvious	즉시 알 수 있는

▷ It was **fairly obvious** that she was embarrassed. 그녀가 당황했다는 것은 거의 확실했다.

▷ When Don arrived at the fire, it was **immediately obvious** it was serious. 돈이 화재 현장에 도착했을 때 사태가 심각하다는 것을 즉시 알 수 있었다.

| it is obvious that... | …하는 것은 분명하다 |

▷ Helen started to cry. **It was obvious that** she was upset. 헬렌은 울기 시작했다. 그녀가 속이 상한 것

은 분명했다.

obvious	from A	A로 볼 때 분명한
obvious	to A	A(사람)에게 분명한

▷ It's **obvious from** your enthusiasm that you really want the job. 당신의 열의를 보면 당신이 이 일을 정말로 원하는 게 분명하군요.

▷ It's **obvious to** everybody except you that you're making a mistake. 네가 실수를 하고 있다는 것은 너를 뺀 모든 사람이 분명히 알고 있다.

occasion /əkéiʒən/

명 때, 경우, 시기; 기회; 행사

recall	an occasion	그때를 떠올리다
remember	an occasion	
mark	the occasion	(특별한) 날을 축하하다
celebrate	the occasion	

▷ We've been married for over 60 years now, but I can still clearly **recall** the **occasion** that we first met. 우리는 결혼한지 60년이 넘었지만, 나는 우리가 처음 만난 때를 똑똑히 기억한다.

▷ It's your 17th birthday on Saturday, isn't it? I think we should hold a party to **mark** the **occasion**. 토요일이 네 17살 생일 맞지? 파티를 열어 그 날을 축하해야겠다.

many	occasions	많은 경우
numerous	occasions	
several	occasions	몇몇 경우
a rare	occasion	드문 경우
a particular	occasion	특별한 경우
a different	occasion	다른 경우
a previous	occasion	이전의 경우
a big	occasion	큰 행사
an important	occasion	중요한 행사
a memorable	occasion	잊을 수 없는 행사
a special	occasion	특별한 행사
a social	occasion	사교 행사

▷ You've been late for work on **many occasions**. 당신은 회사에 자주 지각했습니다.

▷ Minsu's been late for class on **several occasions**. 민수는 몇 차례 수업에 지각했다.

▷ I don't think we'd better go to Jejudo by boat. On a **previous occasion** you were seasick. 배를 타고 제주도에 가는 건 바람직하지 않은 것 같아. 지난번에 너 뱃멀미를 했잖아.

▷ The wedding was a really **big occasion**. They invited over 500 guests. 결혼식은 성대한 행사였다. 500명이 넘는 하객을 초대했던 것이다.

▷ The royal wedding is going to be a really **special occasion**. 왕실 혼례는 정말로 특별한 행사가 될 것이다.

▷ The Oscar award ceremony is a fabulous **social occasion**. 오스카상 시상식은 엄청나게 화려한 사교 행사다.

an occasion to do	...할 기회

▷ The Christmas party will be a good **occasion to** announce our engagement. 크리스마스 파티는 우리 약혼을 알릴 좋은 기회가 될 것이다.

on	one occasion	어떤 경우에
on	this occasion	이 경우에
on	that occasion	그 경우에
on	occasion(s)	때때로
on	the occasion of A	A를 기념해서

▷ I'm afraid granddad is getting forgetful. **On one occasion** last week he went out into the street wearing his pajamas! 할아버지가 정신이 깜박깜박 하시는 게 걱정스럽다. 지난주에 한 번은 잠옷차림으로 길에 나가셨다!

▷ "Do you get really bad headaches?" "Yes, **on occasions**. But not all the time." "두통이 정말로 심한가요?" "네, 때때로요. 하지만 늘 그렇지는 않아요."

▷ I'd like to present you with a bottle of champagne **on the occasion of** your 10th wedding anniversary. 두 분의 결혼 10주년을 기념해서 샴페인 한 병을 선물로 드리고 싶습니다.

a sense of	occasion	때와 장소를 분별하는 감각

▷ Our boss dressed up as Santa Claus at our Christmas party this year! He has a real **sense of occasion**. 우리 상사가 올해 크리스마스 파티에서 산타클로스 옷을 입었어! 그 분은 정말로 센스가 있단 말야.

occupation /àkjupéiʃən/

명 직업, 일; 점유, 점거, 점령

find	an occupation	직업을 찾다

▷ I think you should stop doing your part-time job and **find** a proper **occupation**. 너도 이제 시간제 일은 그만두고 제대로 된 직업을 찾아야지.

a professional	occupation	전문직
a skilled	occupation	숙련 노동
a manual	occupation	육체 노동
illegal	occupation	불법 점거

▷ **Professional occupations** are usually well-paid: lawyers, doctors, for example. 전문직은 대개 보수가 높다. 예를 들면 변호사, 의사가 그렇다

| during | the occupation | 점령기에 |
| under | occupation | 점령 아래 |

▷ The French had a difficult time **during** the **occupation** of France by Germany in the Second World War. 2차 대전 중 독일의 프랑스 점령기에 프랑스인들은 많은 고난을 겪었다.

▷ Poland was **under** the **occupation** of Germany during the Second World War. 폴란드는 2차 대전 때 독일의 점령하에 있었다.

(PHRASES)

What's your occupation? ☺ 직업이 어떻게 되십니까?

occupy /ákjupài/ 图 차지하다, 거주하다; (주의를) 빼앗다, 전념시키다; 점령하다, 점거하다

be fully	occupied	눈코 뜰 새 없이 바쁘다
now	occupy	현재 점령하다
still	occupy	여전히 점령하다

▷ "You're really busy at work now, aren't you?" "Oh, yes. But it's no problem. I like to be **fully occupied**." "너 지금 직장 일이 바쁘지?" "응, 하지만 문제 없어. 나는 몹시 바쁜 걸 좋아하니까."

▷ A large family **now occupies** the apartment above us. 지금 우리 아파트 위층에는 대가족이 살고 있다.

| be occupied | with A | A로 바쁘다 |
| occupy oneself | with A | |

▷ If you have to wait a long time at the dentist, you should **occupy** yourself with something. Read a book! 치과에서 오래 기다려야 한다면 무언가 몰두할 일을 만드는 게 좋아. 책을 읽어.

occur /əkə́ːr/

图 일어나다; 생기다; (생각 등이) 떠오르다

commonly	occur	흔히 일어나다
usually	occur	대체로 일어나다
never	occur	전혀 일어나지 않다
actually	occur	실제로 일어나다
occur	frequently	자주 일어나다
occur	naturally	자연스럽게 일어나다
occur	spontaneously	
occur	simultaneously	동시에 일어나다

▷ These kinds of problems **commonly occur** when you start a new job. 이런 문제는 새로운 일을 시작할 때 흔히 일어난다.

▷ We have to make sure that this dangerous situation **never occurs** again. 우리는 이런 위험한 상황이 다시는 일어나지 않도록 해야 한다.

▷ Some people say that the American moon landing never **actually occurred**. 어떤 사람들은 미국의 달 착륙이 실제로는 일어나지 않았다고 말한다.

▷ Earthquakes **occur frequently** in parts of Southeast Asia. 지진은 동남아시아의 일부 지역에서 자주 일어난다.

▷ Two explosions **occurred simultaneously** at 12:15 p.m. 오후 12시 15분에 두 건의 폭발이 동시에 일어났다.

occur	during A	A 동안에 일어나다
occur	after A	A 후에 일어나다
occur	before A	A 전에 일어나다

▷ The robbery **occurred during** the night. 강도 사건은 밤 사이에 일어났다.

odd /ɑd/ 图 이상한, 기묘한; 홀수의

| a little | odd | 약간 이상한 |
| distinctly | odd | 확실히 이상한 |

▷ "Nick's usually home by 8:00. He's still not back and it's nearly ten now." "Mmm. That's **a little odd**." "닉은 보통 8시까지는 집에 돌아와. 그런데 아직 안 왔고, 시간은 10시가 다 되었어." "음, 좀 이상한걸."

| odd or even | | 홀수 또는 짝수 |
| odd and even | | 홀수와 짝수 |

★ even or[and] odd도 쓰인다.

▷ Could you check this list of people we've invited to the dinner party? Are the numbers **odd or even**? 우리가 저녁 모임에 초대한 사람들의 이 명단을 확인해 주시겠어요? 인원수가 홀수인가요, 짝수인가요?

| it is odd | (that...) | …은 이상하다 |

▷ "I've been calling Della on her mobile phone all day, but no reply." "Yes, **it's odd that** she doesn't answer." "하루 종일 델라 휴대폰에 전화를 했는데 답이 없어." "그래, 그 애가 전화를 안 받다니 이상해."

| the odd thing is | that... | 이상한 것은 …다 |

▷ "Did you hear that Lea is going to marry Brad?" "Yes, but the **odd thing is that** last week she told me she hated him!" "리아가 브래드랑 결혼한다는 소식 들었어?" "응, 이상한 건 지난 주에 그 애가 나한테 자기는 브래드를 싫어한다고 말했다는 거야!"

(PHRASES)

That's odd. ☺ 이상한걸.

offense /əféns/ 圕 죄, 범죄, 위반; 감정을 해치는 일, 모욕; 공격 (★((영)) offence)

cause	offense	불쾌하게 하다
give	offense	
take	offense	성내다
commit	an offense	죄를 저지르다
constitute	an offense	범죄를 구성하다
convict	A with an offense	A에게 죄를 묻다

▷ I'm sorry I didn't mean to be rude. Please don't **take offense**. 미안해. 무례하게 굴 생각은 아니었어. 기분 나쁘게 생각하지 말아줘.
▷ If you **commit** a serious **offense**, you'll have to go to prison. 중죄를 저지르면, 감옥에 가야 한다.
▷ Free speech **constitutes** an **offense** in certain parts of the world. 세계의 어떤 나라에서는 자유로운 발언이 범죄가 되기도 한다.

a first	offense	초범
a second	offense	재범
a minor	offense	경범죄
a serious	offense	중범죄
a sexual	offense	성범죄

▷ Parking your car in the wrong place is a **minor offense**. 주차금지 구역에 주차하는 것은 경범죄다.
▷ Drunk driving is an extremely **serious offense**. 음주 운전은 중범죄다.

it is an offense	to do	…하는 것은 불법이다

▷ In many countries **it's** an **offense to** drop litter in the street. 많은 나라에서 길에 쓰레기를 버리는 것은 불법이다.

(PHRASES)
No offense. ☺ 기분 나쁘게 생각하지 마.

offer /ɔ́ːfər/ 圕 제안; 조건 제시

make	an offer	제안하다
consider	an offer	제안을 검토하다
receive	an offer	제안을 받다
accept	an offer	제안을 수락하다
take (up)	an offer	
refuse	an offer	제안을 거절하다
decline	an offer	
turn down	an offer	
reject	an offer	
withdraw	an offer	제안을 철회하다

▷ "I'm afraid, $200,000 is too much for us to pay." "OK, then. **Make an offer**." "20만 달러는 저희가 내기에는 너무 큰 액수입니다." "좋아요, 그러면 제안을 해보시죠."
▷ They won't **accept** an **offer** of less than $150,000 for their house. 그들은 그 집을 팔 때 15만 달러 이하의 제안은 받아들이지 않을 것이다.
▷ They offered us $20,000 for our yacht, but now they've changed their minds and **withdrawn** their **offer**. 그들은 우리 요트를 사는 데 2만 달러를 제안했지만, 이제 마음을 바꾸고 제안을 철회했다.

a generous	offer	후한 제안
a job	offer	구인
a good	offer	좋은 조건 제시
a special	offer	특가 제공

▷ I think $50,000 is a **generous offer**. We won't get any more. We should take it. 내가 보기에 5만 달러는 후한 조건인 것 같아. 그 이상은 못 받아. 그걸 받아들여야 해.
▷ These toys are under **special offer**: 50% off. 이 장난감들은 특가 판매합니다. 50% 할인입니다.

office /ɔ́ːfis/

圕 사무실, 사무소, 영업소; 공직, 임무

go to	the office	출근하다
leave	the office	퇴근하다
open	an office	사무소를 내다
run for	office	공직에 출마하다
take	office	공직에 취임하다
come into	office	
be in	office	공직에 있다
be out of	office	공직을 떠나 있다
hold	office	공직에 재임하다
remain in	office	공직을 유지하다
leave	office	공직을 떠나다

▷ We're thinking of **opening** an **office** in Shanghai. 우리는 상하이에 사무소를 낼 생각을 하고 있다.
▷ The senator intends to **run for office** again next year. 그 상원 의원은 내년에 다시 출마할 의향이 있다.
▷ The President **came into office** at a very difficult time. 대통령은 아주 어려운 시기에 공직에 취임했다.
▷ The Prime Minister has been **in office** for two years now. 총리는 현재 2년 동안 공직에 있다.
▷ The Mayor is hoping to **hold office** for another 4 years. 시장은 4년을 더 재임하고를 희망하고 있다.
▷ After the scandal it was difficult for him to

| oil |

remain in office. 스캔들 이후 그는 계속 공직에 있기 힘들었다.
▷ When the Prime Minister **left office**, the country was in a better economic situation. 총리가 공직을 떠나자, 그 나라는 경제 상황이 더 좋아졌다.

the head	office	본사
the main	office	
a regional	office	지사, 지점
a local	office	
a branch	office	
public	office	공직

▷ The **head office** is moving to Suwon. 본사가 수원으로 이전한다.

oil /ɔil/ 명 석유; 식용유, 기름

produce	oil	석유를 생산하다
drill for	oil	석유를 시추하다
add	the oil	기름을 넣다
heat	the oil	기름을 가열하다

▷ Saudi Arabia **produces** a huge amount of **oil**. 사우디 아라비아는 막대한 양의 석유를 생산한다.
▷ **Drilling for oil** in the sea can cause severe pollution. 해양에서 석유를 시추하는 것은 심각한 오염을 일으킬 수 있다.
▷ **Heat the oil** in a large frying pan. 큰 프라이팬에 기름을 두르고 가열하세요.

crude	oil	원유
heavy	oil	중유
light	oil	경유
cooking	oil	식용유
salad	oil	샐러드 오일
vegetable	oil	식물성 기름
an essential	oil	에센셜 오일

▷ **Crude oil** is found naturally in the ground. You need to refine it to make petroleum. 원유는 땅 속에서 천연 상태로 있다. 석유로 만들려면 그것을 정제해야 한다.

oil and water		물과 기름
★대체로 이런 순서로 쓰이며 우리말과 반대다.		

▷ Bob and Dave really don't get on with each other. They're like **oil and water**! 밥과 데이브는 정말 서로 안 맞아. 물과 기름 같다니까!

old /ould/ 형 늙은; (나이가) …살인; 오래된

grow	old	나이가 들다
look	old	늙어 보이다

▷ During the past year he seems suddenly to have **grown old**. 그는 작년에 갑자기 늙은 것 같다.

a little	old	약간 늙은
a bit	old	
really	old	아주 늙은
much	older	나이가 훨씬 더 많은
slightly	older	나이가 약간 더 많은
★ much, slightly는 비교급과 연결된다		

▷ Granddad! You're 72! Don't you think it's **a little old** to climb Mount Seorak? 할아버지! 할아버지는 연세가 72세예요! 설악산을 오르기에는 나이가 좀 많다고 생각하지 않으세요?
▷ Sally's husband is **much older** than I thought he would be. He must be over 50. 샐리의 남편은 내가 생각했던 것보다 나이가 훨씬 더 많다. 50이 넘은 게 분명하다.
▷ I'd like to marry a man **slightly older** than me. Maybe 2 or 3 years older. 나는 나보다 나이가 약간 더 많은 남자와 결혼하고 싶다. 두세 살 정도.

old enough	to do	…할 만한 나이인
too old	to do	…할 수 없을 만큼 나이가 든

▷ I'm not **old enough to** have a driving license yet. I have to wait 2 more years. 나는 아직 운전 면허를 딸 나이가 안 되었다. 2년을 더 기다려야 한다.

how	old	몇 살인가; 얼마나 오래되었는가

▷ **How old** is this Chinese vase? 이 중국 꽃병은 얼마나 오래된 건가요?

be ten years old	10살이다
ten-year-old	10살의

▷ I'm eighteen **years old**. 나는 18살이다.
▷ A thirteen-**year-old** girl shouldn't be out late at night alone. 열세 살 된 여자아이가 밤 늦게 혼자 밖에 나가면 안 된다.

open /óupən/ 통 열다, 열리다; 개업하다

slowly	open	천천히 열리다
suddenly	open	갑자기 열리다
officially	open	정식으로 개업하다
formally	open	
newly	opened	새로 개업한
recently	opened	최근에 개업한
open	out	넓히다

open	up	열다

▷ Sarah woke up in hospital. She **slowly opened** her eyes and looked around. 사라는 병원에서 깨어났다. 그녀는 천천히 눈을 뜨더니 주변을 둘러보았다.

▷ The door **suddenly opened** and the teacher appeared looking angry. 문이 갑자기 열리고 선생님이 성난 얼굴로 나타났다.

▷ The new supermarket **officially opened** yesterday. 새 슈퍼마켓은 어제 정식으로 개업했다.

▷ A new cake shop **recently opened** near our house. 우리 집 옆에 새 케이크 가게가 최근에 개업했다.

▷ I knocked on the door of the shop but it was after closing time and they wouldn't **open up**. 나는 가게 문을 두드렸지만, 폐점 시간이 지난 때라 문을 열어 주지 않았다.

open	+ 일시	…에 문을 열다

▷ Most stores **open at 9:30** in the morning. 대부분의 가게는 아침 9시 30분에 문을 연다.

▷ Shops **open until 8 p.m.** on Saturday. 토요일에 상점들은 오후 8시까지 문을 연다.

▷ The museum **opened in 1971**. 그 박물관은 1971년에 개관했다.

try to	open	열려고 하다
be due to	open	열 예정이다
plan to	open	열 계획이다

▷ I **tried to open** the door again, but it was impossible. 나는 다시 문을 열려고 했지만, 불가능했다.

▷ The new library is **due to open** in June. 새 도서관은 6월에 개관할 예정이다.

open /óupən/

형 열려 있는, 연; 공개중인, 영업중인; 솔직한

stay	open	열려 있다
remain	open	
stand	open	열린 채로 있다

▷ I think the pharmacy **stays open** until 10 p.m. 약국은 저녁 10시까지 열려 있을 것이다.

wide	open	넓게 열린
half	open	절반이 열린
slightly	open	약간 열린
always	open	항상 열려 있는
now	open	공개중인, 영업중인

▷ Look, the baby's not asleep. Her eyes are **wide open**. 이거 봐, 아기가 안 자고 있어. 눈을 크게 뜨고 있어.

▷ No wonder it's cold. Look! The window's **half open**! 추운 것도 당연하지. 저기 봐! 창문이 반쯤 열려 있잖아!

▷ That shop on the corner is **always open** until 10:00 at night. 모퉁이의 그 상점은 밤 10시까지 늘 열려 있다.

▷ Our office is **now open** in the morning from 9:30 to 12:30, Monday to Friday. 우리 사무실은 현재 월요일부터 금요일까지 9시 30분에서 12시 30분까지 문을 열고 있다.

open	to A	A에게 공개된
open	about A	A에 대해 솔직한
open	with A	A(사람)에게 솔직한

▷ These gardens are private. They're not **open to** the public. 이 정원은 사유지라서 일반인들에게 공개되어 있지 않다.

▷ I will be **open with** you **about** that matter. 그 일에 대해 너에게 솔직히 말할게.

operate /ápərèit/

통 작동하다, 움직이다; 운영하다; 수술하다

operate	effectively	효율적으로 작동하다
operate	independently	독립적으로 운영하다
operate	properly	제대로 작동하다
operate	successfully	잘 움직이다

▷ There's something wrong with this machine. It's not **operating effectively**. 이 기계는 문제가 있다. 효율적으로 작동하지 않는다.

▷ I used to work for the police, but now I **operate independently** as a private investigator. 나는 예전에는 경찰에서 일했지만, 지금은 사립 탐정으로 독립적으로 활동한다.

▷ He **operates successfully** as a financial consultant. 그는 금융 컨설턴트로 성공적으로 활동하고 있다.

continue to	operate	활동을 계속하다

▷ Our business may go bankrupt. I'm not sure how long we can **continue to operate**. 우리 회사는 파산할지도 모른다. 우리가 얼마나 더 오래 운영할 수 있을지 모르겠다.

▷ We can no longer **continue to operate** this bus service. 우리는 더 이상 이 버스를 운행하지 않습니다.

how to	operate	작동법

▷ You'll need to learn **how to operate** these machines. 너는 이 기계들을 작동할 법을 배워야 할 것이다.

own and operate		소유하고 운영하다

▷ She **owns and operates** her own company. 그녀는 자기 회사를 소유하고 운영한다.

| operation |

operate	on A	A(사람, 신체 부위)에 수술을 하다
operate	on A	A로 움직이다
operate	at A	

▷ The surgeon **operated** successfully **on** his patient. 그 외과의사는 성공적으로 환자를 수술했다.
▷ This car **operates on** electricity. 이 차는 전기로 움직인다.
▷ Computers these days **operate at** incredibly high speed. 오늘날 컴퓨터는 놀라운 속도로 작동한다.

operation /àpəréiʃən/

명 시행, 활동; 작전; 수술

be in	operation	시행 중이다
come into	operation	시행에 들어가다
put A into	operation	A를 시행하다
perform	an operation	수술을 하다
carry out	an operation	
do	an operation	
have	an operation	수술을 받다
undergo	an operation	

▷ A new train timetable will be **in operation** next month. 다음달부터 새 열차 시간표대로 운행될 것이다.
▷ The new laws on sales tax **come into operation** at midnight. 소비세에 관한 새 법률이 자정부터 시행에 들어갈 것이다.
▷ Korail is going to **put** the first of their new bullet trains **into operation** next month. 한국철도공사는 신형 초고속 열차의 첫 열차를 다음달에 운행할 예정이다.
▷ The doctors decided to **perform** an **operation** immediately. 의사들은 즉시 수술을 하기로 결정했다.
▷ Bill has to go into hospital next week to **have** an **operation**. 빌은 다음주에 수술을 받으러 입원해야 한다.

a successful	operation	성공한 작전
a military	operation	군사 작전
a business	operation	사업 활동
a rescue	operation	구출 작전
a relief	operation	구조 활동
a major	operation	대수술
a knee	operation	무릎 수술
a heart	operation	심장 수술

▷ We had to carry out a carefully planned **military operation**. 우리는 신중하게 계획한 군사 작전을 수행해야 한다.

▷ Jane had heart surgery yesterday. It was a **major operation**. 제인은 어제 심장 수술을 받았다. 대수술이었다.

opinion /əpínjən/ 명 의견, 견해; 여론; 평가

have	an opinion	의견이 있다
hold	an opinion	
form	an opinion	의견을 정하다
express	an opinion	의견을 밝히다;
give	an opinion	의견을 표명하다
voice	an opinion	
ask for	A's opinion	의견을 구하다

▷ Do you think we should accept their offer? Peter, do you **have** an **opinion**? 우리가 그들의 제안을 받아들여야 할까? 피터, 거기에 대해 의견이 있니?
▷ We don't have sufficient information yet to **form** an **opinion**. 우리는 아직 의견을 정할 만큼 충분한 정보가 없다.
▷ Everybody has the right to **express** their **opinion**. 누구나 자기 의견을 밝힐 권리가 있다.
▷ Why don't you **voice** your **opinion** in the next meeting? 다음 회의에서는 네 의견을 표명해봐.
▷ I think we should **ask for** her **opinion** before we do anything. 우리가 무슨 일을 하기 전에 그녀의 의견을 구하는 게 좋을 것 같다.

the general	opinion	대체적 견해
popular	opinion	여론
public	opinion	
a professional	opinion	전문가의 견해
expert	opinion	
a strong	opinion	강경한 의견
a personal	opinion	개인적 견해
a good	opinion	높은 평가
a high	opinion	
a poor	opinion	낮은 평가
a low	opinion	

▷ The **general opinion** seems to be that we need better sports facilities. 대체적 견해로 보면 우리에게 더 좋은 스포츠 시설이 필요한 것 같다.
▷ According to **popular opinion**, the Prime Minister should definitely resign. 여론에 따르면, 총리는 반드시 사임해야 한다.
▷ She has very **strong opinions** on equality for women. 그녀는 여성의 평등에 관해서 아주 강경한 견해를 갖고 있다.
▷ Your teacher has a very **good opinion** of you. 네 선생님이 너를 아주 높게 평가하신다.

a matter	of opinion	의견상의 문제
a difference	of opinion	의견 차이
the climate	of opinion	여론의 동향

▷ That's a **matter of opinion**. 그것은 의견상의 문제다.

▷ They had a **difference of opinion** two years ago and have never spoken to each other since. 그들은 2년 전에 의견 차이가 있었고, 그 뒤로 서로 말하지 않는다.

▷ The Government wanted to continue with nuclear power, but the **climate of opinion** was against them. 정부는 원자력 발전을 계속하기를 원했지만, 여론의 동향은 그와 반대다.

opinion	on A	A에 대한 의견
opinion	about A	
in	A's opinion	A의 의견으로는

▷ What's your **opinion on** capital punishment? 사형제도에 대해 네 생각은 어떠니?

▷ **In my opinion**, Jack is very stubborn. 내가 볼 때, 잭은 아주 고집이 세다.

the opinion	that...	…라는 의견

▷ Do you agree with the **opinion that** society is becoming more violent? 사회가 점점 더 폭력적으로 되어간다는 평가에 동의하니?

opponent /əpóunənt/ 명 상대; 반대자, 적

a formidable	opponent	무시무시한 상대
a leading	opponent	주요 적수
the main	opponent	
a political	opponent	정적(政敵)

▷ "I'm not sure if Korea can beat Italy in the World Cup." "I agree. The Italians are **formidable opponents**." "한국이 월드컵에서 이탈리아를 이길 수 있을지 모르겠어." "그러게 말야. 이탈리아는 무시무시한 상대잖아."

▷ The Prime Minister gave an excellent speech against his **political opponents**. 총리는 자신의 정적들을 비판하는 뛰어난 연설을 했다.

opportunity /àpərtjúːnəti/ 명 기회, 찬스

have	an opportunity	기회가 있다
find	an opportunity	기회를 발견하다
get	an opportunity	기회를 얻다
give	an opportunity	기회를 주다
offer	an opportunity	
provide	an opportunity	
seize	an opportunity	기회를 잡다
grasp	an opportunity	
take	the opportunity	기회를 이용하다
miss	an opportunity	기회를 놓치다
lose	an opportunity	

▷ I never **had an opportunity** to work abroad. 나는 해외에서 일할 기회가 없었다.

▷ I'm hoping to **get an opportunity** to study in the USA. 나는 미국에서 공부할 기회가 생기기를 바라고 있다.

▷ Studying abroad in Canada for 6 months **gave** me an **opportunity** to improve my English. 캐나다에서 6개월 동안 공부한 것은 내 영어 실력을 향상시킬 기회가 됐다.

▷ My job **offers an opportunity** to travel regularly to the USA. 내가 하는 일은 정기적으로 미국에 갈 기회를 준다.

▷ I'd like to **take** this **opportunity** to thank everybody for their kind help. 나는 이 기회를 이용해서 친절하게 도와주신 모든 분들께 감사 드리고 싶습니다.

▷ I don't want to **miss an opportunity** to go to Canada! 나는 캐나다에 갈 기회를 놓치고 싶지 않아!

an opportunity	exists	기회가 있다
an opportunity	arises	기회가 생기다
an opportunity	comes up	

▷ An **opportunity exists** for you to work in the USA. 네가 미국에서 일할 기회가 있다.

▷ There are no more internships abroad available at the moment, but we'll let you know if an **opportunity arises**. 지금은 해외 인턴 자리가 없지만, 만약 기회가 생기면 알려드리겠습니다.

ample	opportunity	충분한 기회
a great	opportunity	절호의 기회
an excellent	opportunity	멋진 기회
a golden	opportunity	
the perfect	opportunity	
a good	opportunity	좋은 기회
a unique	opportunity	다시 없을 기회
a missed	opportunity	놓친 기회
equal	opportunity	기회 균등
educational	opportunity	교육의 기회
a business	opportunity	사업 기회
an investment	opportunity	투자 기회
a photo	opportunity	사진 촬영 기회
an employment	opportunity	고용 기회, 구인

a job	opportunity
a career	opportunity

▷ We've given that student **ample opportunity** to improve, but he never gets any better. 우리는 그 학생에게 실력을 향상시킬 충분한 기회를 주었지만, 그는 조금도 나아지지 않는다.

▷ She's going to spend a year doing research at a university in Canada. It's a **great opportunity**! 그녀는 캐나다의 대학에서 1년 동안 연구를 하며 보낼 것이다. 정말로 좋은 기회야!

▷ It's a **unique opportunity**. Don't let it go. 그건 다시 없을 기회야. 놓치지 마.

▷ Our company believes in **equal opportunity** for men and women. 우리 회사는 남자와 여자의 기회 균등을 중요하게 생각합니다.

an opportunity	for A	A를 위한 기회

▷ My boss told me today that there was an **opportunity for** promotion. 상사가 오늘 내게 승진 기회가 있다고 말했다.

an opportunity	to do	…할 기회

▷ Dave never misses an **opportunity to** tell a joke. Unfortunately none of them are very funny! 데이브는 농담할 만한 기회를 놓치지 않는다. 하지만 안타깝게도 그 중 어떤 것도 재미가 없다!

at every	opportunity	기회만 있으면
at the earliest	opportunity	되도록 빨리
at the first	opportunity	

▷ That man was so rude. He kept interrupting the meeting **at every opportunity**. 그 남자는 너무 무례했다. 기회만 있으면 계속 회의를 방해하는 것이었다.

▷ We should reply to this letter **at the earliest opportunity**. 우리는 되도록 빨리 이 편지에 답장을 해야 한다.

oppose /əpóuz/ 图 반대하다; 저항하다

bitterly	oppose	격렬하게 반대하다
vehemently	oppose	
strongly	oppose	강하게 반대하다
diametrically	oppose	극과 극으로 다르다
consistently	oppose	일관되게 반대하다

▷ I **strongly oppose** any changes to the present voting system. 나는 현 투표 제도를 바꾸는 것을 결사 반대한다.

▷ In politics, he's far left and I'm far right. Our views **diametrically oppose** each other. 정치 면에서 그는 극좌고 나는 극우여서 우리의 견해는 서로 극과 극이다.

opposed /əpóuzd/ 图 반대하는

strongly	opposed	강하게 반대하는
totally	opposed	완전히 반대하는
diametrically	opposed	극과 극으로 다른

▷ Our boss is **totally opposed** to changing the overtime system. 우리 상사는 야근 제도를 바꾸는 데 전적으로 반대한다.

be opposed to A	A에 반대하는

▷ 90% of the public are **opposed to** cuts in the health service. 국민의 90%는 의료 서비스의 감축에 반대한다.

opposition /àpəzíʃən/ 图 반대, 대립; (the opposition의 형태로) 상대팀; 야당

express	one's opposition	반대를 표명하다
face	opposition	반대에 직면하다
meet	opposition	
arouse	opposition	반대를 일으키다

▷ I think we should hold a demonstration to **express** our **opposition** to the new motorway. 나는 새 고속도로 건설에 대한 우리의 반대 의견을 표명하기 위해 시위를 해야 한다고 생각한다.

▷ If the government raises the sales tax again, it will **face** strong **opposition**. 정부가 다시 소비세를 올리면, 강력한 반대에 부딪힐 것이다.

▷ If we tell anybody now, it will only **arouse opposition**. 우리가 지금 다른 사람에게 말하면, 반대만 불러일으킬 것이다.

considerable	opposition	상당한 반대
fierce	opposition	격렬한 반대
strong	opposition	강력한 반대
stiff	opposition	
political	opposition	정치적 반대 세력
public	opposition	국민의 반대

▷ President Obama became President of the USA despite **strong opposition** from the Republican Party. 오바마 대통령은 공화당의 강력한 반대에도 불구하고 미국 대통령이 되었다.

▷ The Prime Minister finally had to resign because of the great amount of **political opposition** to his policies. 총리는 그의 정책에 대한 정치적 반대가 커서 결국 사임해야 했다.

opposition	from A	A로부터의 반대

opposition	to A	A에 대한 반대

▷ If we increase the tax on gasoline, there will be a lot of **opposition from** the public. 우리가 휘발유에 붙는 세금을 올리면 국민들이 크게 반대할 것이다.

order /ɔ́ːrdər/

图 (종종 -s) 명령, 지시; 질서; 순서; 주문

give	an order	지시를 내리다
issue	an order	
obey	orders	명령에 따르다
follow	orders	
disobey	orders	명령을 거스르다
take	orders	지시를 받다
place	an order	주문하다
make	an order	
receive	an order	주문을 받다
take	A's order	A의 주문을 받다
maintain	order	질서를 유지하다
restore	order	질서를 회복하다

▷ I don't like my boss. He's very strict. He **gives** us **orders** all the time. 나는 우리 상사가 싫다. 그는 아주 엄격하고, 항상 우리에게 명령을 한다.

▷ If you're in the army, you can't refuse to **obey orders**! 군대에서는 명령에 불복할 수 없다!

▷ I'm not going to **place** any more **orders** with that store. They never deliver on time. 그 가게는 이제 더 주문을 하지 않을 거야. 제때에 배달하는 법이 없어.

▷ May I **take** your **order**, ma'am? 주문 받아도 될까요, 손님?

▷ It took several hours before the police could **restore order**. 경찰이 질서를 회복하는 데에는 몇 시간이 걸렸다.

alphabetical	order	알파벳 순서
numerical	order	숫자 순
reverse	order	역순
chronological	order	연대순
economic	order	경제 질서
social	order	사회 질서
the established	order	기존의 질서
the existing	order	
public	order	공공 질서
mail	order	우편 주문
a purchase	order	구입 주문(서)

▷ This list should be in **alphabetical order**: A, B, C, etc... 이 목록은 알파벳 순서로 되어야 한다. A, B, C 등으로….

▷ It is the duty of the police to prevent violence and keep **public order**. 폭력을 막고 공공 질서를 유지하는 것이 경찰의 의무다.

in	order	질서있게; 정돈되어
out of	order	순서가 엉망인; 고장 난
on	order	주문중인
an order	for A	A의 주문

▷ These files have got mixed up. Could you put them **in order**? 이 파일들이 뒤죽박죽이 되었습니다. 이걸 정돈해 주시겠어요?

▷ These files are **out of order**. 이 파일들은 순서가 엉망이다.

▷ This vending machine doesn't work. It's **out of order**. 이 자판기는 작동하지 않아요. 고장 났어요.

▷ We've just received an **order for** 25 of our new eco-cars. 우리는 지금 방금 신형 친환경 자동차 스물다섯 대를 주문 받았다.

in	order of A	A의 순서로

★ A는 frequency, importance, priority 등

▷ I have listed complaints from the customers **in order of frequency**. 나는 고객 불만을 빈도 순으로 정리했다.

▷ There are four things that you need to do **in order of importance**. 네가 해야 할 일이 중요도 순으로 네 가지가 있다.

organization /ɔ̀ːrɡənizéiʃən/

图 조직; 편성; 단체 (★《영》 organisation)

found	an organization	조직을 설립하다
set up	an organization	
run	an organization	조직을 운영하다
join	an organization	조직에 가입하다
strengthen	an organization	조직을 강화하다

▷ She **runs** an **organization** that helps homeless people. 그녀는 노숙자들을 돕는 단체를 운영한다.

▷ We need to attract more members to **strengthen** our **organization**. 우리는 조직을 강화하기 위해 더 많은 회원을 모집해야 한다.

a large	organization	대규모 조직
an international	organization	국제 조직
a national	organization	전국 조직
a business	organization	기업 조직
a political	organization	정치 단체
a voluntary	organization	봉사 단체

| a nonprofit | organization | 비영리 조직 |

▷ There's an **international organization** in our town that promotes cultural exchange between foreign countries. 외국과 문화 교류를 촉진하는 국제 조직이 우리 동네에 있다.
▷ I want to work for a **business organization**. 나는 기업에서 일하고 싶다.

organized /ɔ́ːrɡənàizd/

형 조직된; 계획된; 정돈된 (★《영》 organised)

| highly | organized | 탄탄하게 조직된 |
| well | organized | 조직적인, 잘 짜여진 |

▷ There was recently a **highly organized** demonstration against nuclear energy. 최근에 원자력 에너지에 반대하는 잘 조직된 시위가 열렸다.
▷ The sports events were **well organized**. 그 스포츠 행사는 준비가 잘 되었다.

origin /ɔ́ːrədʒin/ 명 기원, 유래, 원인; 출신

have	its origin(s)	기원이 있다
trace	the origin	기원을 추적하다
owe	its origin	기원으로 하다

▷ The French language **has** its **origins** in Latin. 프랑스어는 라틴어에 기원을 두고 있다.
▷ Many people in the African village suddenly became very sick. Finally doctors **traced** the **origin** of the problem back to a polluted well water. 그 아프리카 마을의 많은 사람들이 갑자기 병에 걸렸다. 마침내 의사들이 문제의 원인을 추적하여 그것이 오염된 우물물임을 밝혀냈다.

common	origin	공통의 기원
unknown	origin	미지의 기원
ethnic	origin	민족의 기원
social	origin	사회적 기원
humble	origins	미천한 출신

▷ The radio signal we received coming from space is **of unknown origin**. 우리가 우주에서 받은 전파 신호는 기원을 알 수 없다.
▷ Even today, people **of ethnic origin** often suffer discrimination. 오늘날에도 소수 민족 출신은 자주 차별을 받는다.

| the country of | origin | 원산국 |
| the place of | origin | 원산지 |

▷ This vase seems to be Japanese, but actually its **country of origin** is China. 이 꽃병은 일제인 것 같지만, 실제 원산지는 중국이다.

| of... | origin | …기원의 |

▷ Pheasants are birds **of** Asian **origin**. 꿩은 아시아가 기원인 조류다.

original /ərídʒənl/ 형 최초의; 독창적인

| highly | original | 굉장히 독창적인 |

▷ Pablo Picasso produced some **highly original** paintings. 파블로 피카소는 굉장히 독창적인 회화들을 그렸다.

outcome /áutkʌm/ 명 결과, 결말

predict	the outcome	결과를 예상하다
affect	the outcome	결과에 영향을 주다
influence	the outcome	
determine	the outcome	결과를 결정하다

▷ At the moment it's impossible to **predict** the **outcome**. 지금 이 순간에는 결과를 예상하는 것이 불가능하다.
▷ One of our players was sent off 20 minutes before the end of the match, but luckily it didn't **affect** the **outcome**. 우리 선수 한 명이 경기 종료 20분 전에 퇴장 당했지만, 다행히 그것이 결과에 영향을 미치지는 않았다.

the likely	outcome	가능성이 높은 결과
a possible	outcome	가능성이 있는 결과
a satisfactory	outcome	만족스러운 결과
a successful	outcome	성공적인 결과
the final	outcome	최종 결과

▷ If we raise the price of our lunchboxes, the most **likely outcome** is that we will sell fewer and lose money. 우리가 도시락 가격을 높이면 가장 가능성이 높은 결과는 판매가 줄어서 돈을 벌지 못하는 것이다.

outline /áutlàin/ 명 개요, 개략; 윤곽, 약도

give	an outline	개요를 밝히다
provide	an outline	
draw	the outline	윤곽을 그리다
trace	the outline	윤곽을 따라가다
see	the outline	윤곽이 보이다

▷ This handout will **give** you an **outline** of the main points of my presentation. 이 인쇄물은 제 발표 내용의 개요를 알려줄 것입니다.
▷ She **drew** the **outline** of the main Korean islands on a piece of paper. 그녀는 종이에 한국의

주요 섬들을 약도로 그렸다.

▷ It's very misty, but in this photo you can just **see** the **outline** of Mount Halla. 안개가 자욱하지만, 이 사진에서는 한라산의 윤곽이 보인다.

the bare	outline	
a brief	outline	간단한 개요
a rough	outline	
a broad	outline	대강의 개요
a general	outline	
a vague	outline	희미한 윤곽
a dim	outline	

▷ She drew a **rough outline** of the coastline of Korean on the whiteboard. 그녀는 화이트보드에 한국 해안선의 대략적인 윤곽을 그렸다.

▷ I can only give you a **broad outline** of the project at the moment. I'll give you the details later. 지금은 이 사업의 대략적인 개요만 말해줄 수 있어. 자세한 것은 나중에 말해줄게.

| in | outline | 대략 |

▷ Those, **in outline**, are my ideas for improving sales figures. 대략 그것이 매출 신장을 위한 내 아이디어들이다.

oven /ʌ́vən/ 명 오븐

| preheat | the oven | 오븐을 예열하다 |

▷ **Preheat** the **oven** to 150 ℃. 오븐을 150℃로 예열하세요.

| in | the oven | 오븐에서 |

▷ Bake **in** the **oven** about 30 minutes. 오븐에서 30분 정도 구우세요.

| a gas | oven | 가스 오븐 |
| a microwave | oven | 전자레인지 |

overcome /òuvərkʌ́m/ 동 극복하다; (be overcome의 형태로) 타격을 입다, 압도되다

easily	overcome	쉽게 극복하다
eventually	overcome	결국 극복하다
finally	overcome	

▷ No problem. These are difficulties that we can **easily overcome**. 문제 없어. 이건 우리가 쉽게 극복할 수 있는 문제들이야.

▷ We've had a lot of problems, but we've **finally overcome** them. 우리는 문제가 많았지만, 마침내 다 극복했다.

| be overcome | by A | A(연기 등)에 감싸이다 |
| be overcome | with A | A(감정)에 휩싸이다 |

▷ When they entered the building, two or three firefighters were **overcome by** smoke. 소방관 두세 명이 건물에 들어갔을 때 그들은 연기에 파묻혔다.

▷ When she won the Olympic Gold Medal, she was **overcome with** emotion. 올림픽 금메달을 땄을 때 그녀는 감정이 북받쳤다.

owe /ou/ 동 빚이 있다; 은혜를 입고 있다

| owe | much to A | A에게 큰 빚을 지다 |
| owe | a great deal to A | |

▷ I **owe a great deal to** my professor at university. 나는 대학교 교수님께 큰 은혜를 입었다.

owe	A B	A(사람)에게 B(돈)을 빚지고 있다;
owe B	to A	A(사람)에게 B(감사, 사죄 등)의 의무를 지고 있다
owe B	to A	B는 A의 덕이다

▷ Bill **owes** me twenty pounds. 빌은 나에게 20파운드를 빚졌다.

▷ I think you **owe** her an apology. 나는 네가 그녀에게 사과를 해야 한다고 생각해.

▷ He **owes** money **to** the bank. 그는 은행에 빚을 지고 있다.

▷ I **owe** my success **to** my family and friends. 내 성공은 가족과 친구의 덕이다.

PHRASES

How much do I owe you? 😊 (내야 할 돈이) 얼마인가요?

I owe you one. 😊 고마워(신세 한번 졌네).

P

pace /peɪs/

걷는 속도, 속도, 페이스; 한 걸음, 보폭

increase	one's pace	속도를 높이다
quicken	one's pace	
step up	the pace	
gather	pace	가속하다, 증가하다
slow	one's pace	페이스를 늦추다
slacken	one's pace	
set	the pace	선두를 달리다, 모범을 보이다
keep	pace	페이스를 유지하다
keep up	the pace	
take	a pace	한 걸음 나아가다
step back	a pace	한 걸음 물러서다

▷ She could hear footsteps coming up behind her so she **increased** her **pace**. 그녀는 뒤에서 다가오는 발소리가 들려서 걸음을 빨리 했다.

▷ The marathon runner tried to **quicken** his **pace**, but he was too tired. 마라톤 주자는 페이스를 높이려고 했지만, 너무 지쳐 있었다.

▷ Support for the President is beginning to **gather pace**. 대통령에 대한 지지도가 차츰 오르고 있다.

▷ Our company is **setting** the **pace** for selling eco-cars. 우리 회사는 친환경 자동차 판매에서 선두를 달리고 있다.

▷ Computer technology is developing so fast these days. I can't **keep pace** *with* all the changes. 컴퓨터 기술은 오늘날 너무 빨리 발전한다. 그 모든 변화에 보조를 맞출 수가 없다.

▷ **Keep up** the **pace**! Don't slow down! Our university can win this race! 페이스를 유지해! 속도 늦추지 말고! 우리 대학이 이 시합에서 이길 수 있어!

▷ The dog growled at her and she **took a pace** back. 개가 그녀를 보고 으르렁거리자, 그녀는 한 발 물러섰다.

▷ Don't make a quick decision. **Step back** a **pace** and think a little more about it. 서둘러 결정하지 마. 한 걸음 물러서서 그 일에 대해 좀 더 생각해 봐.

a brisk	pace	활기찬 걸음
a fast	pace	빠른 걸음
a rapid	pace	
a leisurely	pace	여유로운 걸음
a slow	pace	느린 걸음
a moderate	pace	적당한 페이스
a steady	pace	꾸준한 페이스

★ at a ... pace라는 형태로 자주 쓰인다.

▷ Take it easy! We can walk *at* a more **leisurely pace**! 무리하지 마. 우리는 더 여유롭게 걸어도 돼.

▷ If we continue *at* this **steady pace**, we'll be home before dark. 이 꾸준한 페이스를 유지한다면 우리는 어두워지기 전에 집에 도착할 것이다.

at	one's own pace	자신의 속도로

▷ I like to work **at** my **own pace**. 나는 나만의 속도로 일하는 게 좋다.

the pace	of A	A의 페이스

★ A는 life, change, development 등

▷ These days the **pace of** life is so fast! 오늘날은 삶의 속도가 너무 빠르다!

pack /pæk/ 꾸러미; 짐; 무리

lead	the pack	무리를 이끌다

▷ It's always the strongest dog that **leads** the **pack**. 무리를 이끄는 것은 언제나 가장 강한 개다.

the pack	contains	꾸러미에는…가 들어 있다
the pack	includes	

▷ This **pack contains** everything you need in case of medical emergencies. 이 꾸러미에는 응급 의료 상황의 경우에 필요한 모든 것이 들어 있다.

a pack of	A	A의 한 꾸러미, A의 무리

★ A는 cards, cigarettes나 hounds, wolves 등

▷ He went out to buy a **pack of cigarettes**. 그는 담배 한 갑을 사러 나갔다.

pack /pæk/ (짐을) 싸다; 채워 넣다

pack	away	짐을 싸다
pack	up	수납하다
densely	packed	빼곡히 채워 넣은
tightly	packed	

▷ Your bedroom is really untidy. Can you **pack** your clothes **away** somewhere? 네 방은 정말 지저분하구나. 옷들을 다른 데 넣어둘 수 없니?

▷ The square was **densely packed** with protesters against the government. 광장은 정부에 반대하는 시위참가자들로 꽉 차 있었다.

▷ We'll never get through this crowd. It's really **tightly packed**. 우리는 이 군중을 뚫고 갈 수가 없어. 너무 빽빽해.

pack	A in B	A를 B에 채워 넣다
pack	A into B	
pack	into A	A에 꽉 들어차다

be packed	with A	A로 가득하다

▷ I can't **pack** any more things **into** this suitcase. There's no room. 이 여행 가방에는 더 이상 물건을 못 넣겠어. 빈 공간이 없어.

▷ I hate traveling during the rush hour. Everybody **packs into** the train. 나는 교통혼잡 시간에 이동하는 것이 싫어. 열차에 사람들이 꽉 들어차거든.

▷ The bus was **packed with** commuters. 버스는 통근자들로 꽉 차 있었다.

pack	A B	A(사람)를 위해 B를 싸주다
pack B	for A	

▷ Can you **pack** my suitcase **for** me? 내 여행 가방을 싸줄 수 있겠니?

package /pǽkidʒ/

명 꾸러미, 소포; 일괄 거래, 일괄 프로그램

send	a package	소포를 보내다
deliver	a package	소포를 배달하다
receive	a package	소포를 받다

▷ The postman has just **delivered** a big **package** for you. 집배원이 방금 너에게 큰 소포를 배달했어.

a package	of A	A의 한 꾸러미; 한 묶음의 A(정책 등)

▷ We need to get two or three **packages of** sugar from the supermarket. 슈퍼마켓에서 설탕을 두세 봉지 사와야 해.

▷ The government has just announced a new **package of** economic reform. 정부가 새로운 경제 개혁 일괄 프로그램을 막 발표했다.

an aid	package	지원 프로그램
a rescue	package	
a training	package	연수 프로그램

page /peidʒ/ 명 쪽, 책장, 페이지

turn	a page	책장을 넘기다
flip through	the pages	책장을 넘기며 대충
flick through	the pages	훑어보다
see	page 20	20페이지를 보다
turn to	page 20	

▷ Jim wasn't listening. He just **turned** the **page** of his book and continued to read. 짐은 듣고 있지 않았다. 그저 책장을 넘기며 계속 책을 읽을 뿐이었다.

▷ She didn't look at the book carefully. She just **flipped through** the **pages**. 그녀는 책을 유심히 보지 않았다. 그저 책장을 휘휘 넘기기만 했다.

▷ If you want more information on robots, **see page** 20 of your textbooks. 로봇에 대한 더 자세한 정보는 교과서 20쪽을 참고하십시오.(★ pp.15-20(15페이지에서 20페이지)는 pages fifteen to twenty라고 읽는다.)

the front	page	(신문의) 1면
the opposite	page	맞은편 페이지
the facing	page	
the following	page	다음 페이지
the previous	page	앞 페이지
the sports	page	스포츠 면
a Web	page	웹 페이지

▷ The news about the royal wedding was so important that it was on the **front page** of every newspaper. 왕실 혼례 소식은 아주 중요해서 모든 신문의 1면에 실렸다.

▷ You can find instructions on how to cook pasta on the **following page**. 파스타 요리법은 다음 페이지에 있습니다.

▷ Please look at the graph on the **previous page**. 앞 페이지의 그래프를 봐주세요.

at the top	of the page	페이지 상단에
at the bottom	of the page	페이지 하단에
on	page 20	20페이지에
to	page 35	35페이지로
(영)at	page 35	
from	page 5	5페이지에서

▷ Please look at paragraph one **at the top of the page**. 페이지 상단의 첫 단락을 보십시오.

▷ There's an interesting photograph **on page** 20. 20페이지에 재미있는 사진이 있다.

▷ Open your textbook **to page** 35. 교과서 35페이지를 펴세요.

▷ Please continue to read **from page** 5. 5페이지부터 죽 읽으세요.

pain /pein/ 명 아픔, 고통, 통증

be in	pain	통증이 있다
have	(a) pain	
feel	pain	통증을 느끼다
cause	pain	통증을 일으키다
inflict	pain	고통을 가하다
ease	(the) pain	통증을 완화시키다
relieve	(the) pain	
kill	the pain	통증을 없애다
endure	(the) pain	고통을 참다

▷ Bill had a terrible toothache. He was **in** a lot of

| painful |

pain. 빌은 치통이 심했다. 아주 고통스러워했다.

▷ I **have** a **pain** in my chest, doctor. 가슴에 통증이 있습니다, 의사 선생님.

▷ Please tell me if you **feel** any **pain**. 아프면 말씀하세요.

▷ Sometimes strong light **causes pain** in my eye. 때로 강한 빛이 내 눈에 통증을 일으킨다.

▷ If you take this medicine, it should **ease** the **pain**. 이 약을 먹으면 통증이 가라앉을 겁니다.

▷ He took some tablets to **kill** the **pain**. 그는 통증을 없애려고 알약을 먹었다.

(a) severe	pain	격심한 통증
(a) terrible	pain	
a searing	pain	
(an) acute	pain	
unbearable	pain	참을 수 없는 통증
a sharp	pain	날카롭게 쑤시는 통증
(a) dull	pain	둔한 통증
constant	pain	만성 통증
physical	pain	육체적 고통
(a) real	pain	실제 고통; 골칫덩이
abdominal	pain	복통
stomach	pain	
back	pain	요통
chest	pain	흉통

▷ He felt a **severe pain** in the neck. 그는 목에 극심한 통증을 느꼈다.

▷ She's in **terrible pain**. We have to get her to hospital. 그녀는 격심한 고통을 겪고 있어. 병원에 데려가야겠어.

▷ He felt a **sharp pain** in his leg. 그는 다리에 날카롭게 쑤시는 듯한 통증을 느꼈다.

▷ My grandmother is very ill. She's in **constant pain**. 우리 할머니는 많이 편찮으시다. 만성 통증에 시달리신다.

▷ I've been lucky all my life. I've never suffered any **real pain**. 나는 평생 운이 좋아서 심한 고통을 겪은 적이 없다.

a pain	in A	A의 통증
in	pain	아파서
with	pain	

▷ She was complaining of a **pain in** her **stomach**. 그녀는 배가 아프다고 호소했다.

▷ He was hurt so badly that he was screaming **with pain**. 그는 심하게 다쳐서 고통을 못 이겨 비명을 질렀다.

aches and pains	여러 가지 통증
pain and suffering	고통

▷ When you get older, you start suffering from all kinds of **aches and pains**! 나이가 들면 온갖 통증에 시달리게 된단다!

painful /péinfəl/ 혱 아픈, 고통스런

extremely	painful	극도로 아픈
terribly	painful	
unbearably	painful	참을 수 없이 아픈

▷ The joint becomes red, swollen and **extremely painful**. 관절이 벌겋게 부었고 극도로 고통스럽다.

long and painful	길고 고통스러운

▷ My uncle suffered for a long time with a **long and painful** illness. 우리 삼촌은 오랫동안 길고 고통스러운 병을 앓으셨다.

it is painful for A (to do)	A(사람)가 (…하는 것은) 괴롭다

▷ It's **painful for** me **to** tell you this, but I think you should start looking for a new job. 이런 말씀을 드리는 것은 괴롭지만 당신은 새 직장을 알아보는 게 좋을 것 같습니다.

paint /peint/ 圆 페인트; (-s) 물감

apply	paint	페인트를 칠하다
spray	paint	페인트를 분무하다

▷ Joe **applied paint** to the wall. 조는 벽에 페인트를 칠했다.(★ '벽에 페인트를 분무하다'라면 spray paint on the wall이 된다.)

▷ Look! Somebody's **sprayed paint on** my car! 이거 봐! 누가 내 차에 페인트를 뿌려 놓았어!

paint	flakes off	페인트가 벗겨지다
paint	peels off	

▷ The outside of the house looks terrible. Most of the paint has **peeled off**. 집의 외벽은 볼썽사나웠다. 페인트가 거의 다 벗겨져 있었다.

a can of	paint	페인트 한 통
a coat of	paint	페인트 칠

▷ We need to get another **can of paint**. 페인트 한 통을 더 사야 한다.

▷ The front door is really dirty. We should give it a new **coat of paint**. 현관문이 너무 더럽다. 페인트를 새로 칠해야겠어.

pale /peil/ 혱 창백한; 옅은

look	pale	창백해 보이다

turn	pale	창백해지다
go	pale	

▷ You're **looking pale** today. Do you feel ill? 오늘 얼굴이 아주 창백해. 어디 아프니?
▷ The boy's complexion **turned pale**. 그 소년의 안색이 창백해졌다.

palm /pɑːm/ 명 손바닥

place	one's **palms**	두 손을 맞대다
press	one's **palm**	손바닥을 누르다
read	A's **palm**	손금을 보다

▷ I closed my eyes and **placed** my **palms** together in prayer. 나는 눈을 감고 두 손을 맞대고 기도를 했다.
▷ Sarah **pressed** the **palms** of her hands to her cheeks. 새라는 두 손바닥을 뺨에 대고 눌렀다.
▷ Look! That lady's a fortune teller! Why don't you ask her to read your palm? 저기 봐! 저 여자는 점쟁이야! 손금을 봐달라고 부탁해 봐.

paper /péipər/ 명 종이; 신문; 논문; (-s) 서류; ((영)) 시험 문제, 답안

deliver	papers	신문을 배달하다
sign	the papers	서류에 서명하다
present	a paper	논문을 발표하다
((영)) mark	the papers	답안을 채점하다

▷ When I was a schoolboy, I had a part-time job **delivering papers**. 학창 시절에 나는 아르바이트로 신문을 배달했다.
▷ Our teacher is very busy this week **marking the papers**. 우리 선생님은 이번 주에 답안을 채점하느라고 아주 바쁘다. (★ mark exam papers라고도 한다.)
▷ We've just bought a new house. We're going to **sign** the **papers** tomorrow morning. 우리는 방금 새 집을 샀다. 내일 아침에 계약서에 서명을 할 것이다.

a daily	paper	일간지
a morning	paper	조간
an evening	paper	석간
a Sunday	paper	일요일자 신문
a quality	paper	고급지
a local	paper	지방지
a national	paper	전국지
today's	paper	오늘 신문
recycled	paper	재생지
wrapping	paper	포장지
writing	paper	필기용지, 편지지

toilet	paper	두루마리 휴지
an exam	paper	답안지

▷ *The Times* is a well-known British **national paper**. 〈더타임스〉는 영국의 유명한 전국지다.
▷ I try to use **recycled paper** whenever I can. 나는 가능하면 재생지를 쓰려고 한다.

a piece	of paper	종이 한 장
a sheet	of paper	

▷ Could I have a **piece of paper**? 종이 한 장 주실 수 있나요?

a paper	on A	A에 관한 논문
in	the paper	신문에서
on	paper	종이에, 서면으로

▷ I read about it **in** the **paper** this morning. 나는 오늘 아침 신문에서 그것에 대해 읽었다.
▷ Think twice before you put your thoughts **on paper**. 생각을 종이에 적기 전에 두 번 생각해라.

paragraph /pǽrəgræf/ 명 절, 단락

a new	paragraph	새 단락
the following	paragraph	다음 단락
the previous	paragraph	이전 단락
the preceding	paragraph	
the final	paragraph	마지막 단락

▷ Your essay's quite good, but you need to begin a **new paragraph** here. 자네의 리포트는 아주 좋지만, 여기서 새 단락을 시작해야 해.
▷ The answer to the question isn't in this paragraph. It's in the **previous paragraph**. 그 질문에 대한 답은 이 단락에 없다. 이전 단락에 있다.

parent /péərənt/
명 부모(어머니 또는 아버지)

natural	parents	친부모
birth	parents	
adoptive	parents	양부모
foster	parents	길러준 부모
a single	parent	편부모
((영)) a lone	parent	
an absent	parent	집에 없는 부모
an elderly	parent	노부모

▷ Bringing up a child can be so difficult if you're a **single parent**. 편부모가 아이를 키우는 것은 아주 힘든 일일 수 있다.

▷ Pam is finding it more and more difficult to look after her **elderly parents**. 팸은 노부모를 모시는 일이 갈수록 어렵다고 느끼고 있다.

park /pɑːrk/ 명 공원, 유원지; 경기장; 주차장

a national	park	국립 공원
an amusement	park	유원지, 놀이 공원
a theme	park	테마 파크
an industrial	park	공업 단지

★ 뉴욕의 센트럴 파크(Central Park)와 런던의 하이드 파크(Hyde Park) 같은 공원의 이름에는 the가 붙지 않는다.

▷ Many beautiful areas in England have been made into **national parks**. 영국의 여러 아름다운 지역이 국립 공원으로 지정되었다.

| in | the park | 공원에서 |

▷ At lunchtime I like to walk **in the park**. 점심 시간에 나는 공원에서 산책하는 것을 좋아한다.

part /pɑːrt/ 명 부분, 일부; 부품; 배역, 역할

play	a part	역할을 하다; 배역을 연기하다
take	a part	역할을 하다
form	part	일부를 구성하다

▷ Sport **plays** an important **part** in his life. 스포츠는 그의 인생에서 중요한 역할을 한다.
▷ Peter **played the part** of Hamlet in the school play. 피터는 교내 연극에서 햄릿을 연기했다.
▷ Results from a recent Government survey **formed** a large **part** of her lecture. 정부가 최근에 실행한 조사 결과를 설명하는 것이 그녀 강연의 대부분을 차지했다.

a large	part	대부분
the greater	part	
a major	part	주요한 부분
a substantial	part	상당 부분
a small	part	작은 부분
an important	part	중요한 부분
an essential	part	불가결한 부분
a vital	part	
an integral	part	
the best	part	최선의 부분
the worst	part	최악의 부분
the early	part	앞부분
the latter	part	뒷부분
the first	part	맨 앞부분
the last	part	맨 뒷부분
the upper	part	윗부분
the lower	part	아랫부분
the eastern	part	동쪽 부분, 동부
a major	part	큰 역할
a big	part	
an important	part	중요한 역할
an active	part	적극적인 역할

▷ A **large part** of the money was given to charity. 대부분의 돈이 자선 단체에 기부되었다.
▷ A **major part** of this thesis has been copied from the Internet. 이 논문의 주요 부분은 인터넷에서 베낀 것이다.
▷ A **substantial part** of our success was due to your efforts. 우리 성공의 상당 부분은 네 노력 덕분이었다.
▷ Field work is an **integral part** of this course. It's not just theory. 현장 조사는 이 수업의 필수적인 부분이다. 이론만 다루는 게 아니다.
▷ The **early part** of the movie was rather boring, but it got better after a while. 영화의 앞부분은 조금 지루했지만, 조금 지난 뒤에는 좋아졌다.
▷ The **upper part** of the building was destroyed by fire. 건물의 윗부분은 화재로 소실되었다.
▷ The **eastern part** of the island was hit badly by an earthquake. 섬의 동부는 심한 지진으로 타격을 받았다.

(a) part	of A	A의 일부
in	part	어느 정도, 일부
in	parts	여기저기

▷ I think **part of** my tooth has broken off. 내 치아의 일부가 부러진 것 같다.
▷ I agree **in part** with what you say. 네 말에 어느 정도 동의한다.

participate /pɑːrtísəpèit/
동 참가하다, 참여하다

| participate | fully | 깊이 참여하다 |
| participate | actively | 적극적으로 참여하다 |

▷ Your daughter is very popular, Mrs. Taylor. She **participates actively** in many of our clubs. 테일러 부인, 부인의 따님은 아주 인기가 많아요. 우리의 여러 동아리에 적극적으로 참여하고 있습니다.

| participate | in A | A에 참여하다 |

▷ William doesn't seem to **participate in** class very much. 윌리엄은 수업에 별로 참여하는 것 같지 않다.

| the opportunity | to participate | 참가할 기회 |

▷ It would be great if we got the **opportunity to participate** in the World Cup again next year. 내년에 다시 월드컵에 참가할 기회가 생기면 좋을 텐데.

| be invited to | participate | 참가를 요청받다 |
| refuse to | participate | 참가를 거부하다 |

▷ We've been **invited to participate** in the final stages of the cheerleading contest! 우리는 치어리딩 대회 결승전에 참가해 달라는 요청을 받았어!
▷ Sumi **refused to participate** in the English Speaking Contest. 수미는 영어 말하기 대회에 참가하지 않겠다고 했다.

particular /pərtíkjulər/

휑 특별한; 독특한; 특정한

| this | particular A | 이 특정한 A |
| that | particular A | 그 특정한 A |

▷ **This particular** essay is one of the best I have ever read. 특히 이 리포트는 내가 여태 읽은 것 중 최고 수준에 속한다.

party /pá:rtli/ 휑 파티; 정당

have	a party	
give	a party	
hold	a party	
throw	a party	
attend	a party	파티에 참석하다
form	a party	당을 결성하다
join	a party	입당하다
leave	a party	탈당하다

▷ We're **giving** a **party** next weekend. Would you like to come? 우리는 다음 주말에 파티를 할 거야. 너도 올래?
▷ We're going to **attend** a **party** in London next week. 우리는 다음주에 런던에서 열리는 파티에 갈 거야.

a birthday	party	생일 파티
a Christmas	party	크리스마스 파티
an engagement	party	약혼 파티
a surprise	party	깜짝 파티
a dinner	party	디너 파티
a farewell	party	송별회, 환송회
a garden	party	가든 파티
a political	party	정당

the main	party	주요 정당
the major	party	
the ruling	party	여당
the opposition	party	야당

▷ Which **political party** do you support? 너는 어느 정당을 지지하니?
▷ The party isn't really one of the **main parties** in our country yet. 그 당은 아직 우리 나라의 주요 정당이 아니다.
▷ The **ruling party** is making many changes in the law. 여당은 법을 많이 개정하고 있다.

pass /pæs/ 휑 통행증; (공의) 패스

a free	pass	무료 입장권
a three-day	pass	3일간 유효한 승차권
a bus	pass	버스 정기권
a boarding	pass	탑승권

pass /pæs/ 휑 통과하다; (시간이) 지나다; (법안 등이) 통과되다; 건너다, 패스하다

| pass | quickly | 빨리 지나가다 |
| pass | unanimously | 만장일치로 통과되다 |

▷ The day **passed quickly**. 하루가 빨리 지나갔다.

| let A | pass | A를 그냥 넘어가다 |

▷ I'm not entirely happy with this, but I'll **let it pass**. 나는 이게 별로 흡족하지 않지만, 그냥 넘어가겠어요.

| pass | A B | A(사람)에게 B를 건네다 |
| pass B | to A | |

▷ Could you **pass** me the salt, please? 소금 좀 건네줄래요?
▷ Giggs **passes** the ball **to** Rooney and Rooney scores! GOOOOOAAAAAL!!! 긱스가 공을 루니에게 패스하고 루니가 점수를 냅니다! 고오오오오올! (★실황 중계)

PHRASES
I'll pass (this time). ☺ (이번에는) 사양할게.
▷ "Would you like another drink?" "No, thanks. I'll pass this time." "한 잔 더 마실래요?" "아니, 괜찮아. 이번에는 사양할게."

passenger /pǽsəndʒər/ 휑 승객

| pick up | passengers | 승객을 태우다 |
| carry | passengers | 승객을 운송하다 |

| passport |

| drop (off) | passengers | 승객을 내려주다 |

▷ The bus was completely full so it couldn't stop to **pick up** any more **passengers**. 버스는 만원이라서 더 이상 정차해서 승객을 태울 수 없었다.
▷ This bus can **carry** up to 42 **passengers**. 이 버스는 최대 42명까지 (승객을) 태울 수 있다.
▷ The coach driver will **drop passengers off** near their homes. 장거리 버스 기사는 승객들을 각자의 집 근처에 내려줄 것이다.

airline	passengers	비행기 승객
first class	passengers	일등석 승객
business class	passengers	비즈니스석 승객
bus	passengers	버스 승객
rail	passengers	열차 승객
a fellow	passenger	동승자

▷ I had a really interesting conversation with a **fellow passenger** on the plane back to New York. 나는 뉴욕으로 돌아가는 비행기에서 동승자와 아주 흥미로운 대화를 나누었다.

| passengers and crew | | 승객과 승무원 |

▷ Both **passengers and crew** put on their seat belts when the plane was hit by a storm. 비행기가 폭풍을 만났을 때 승객과 승무원 모두 안전 벨트를 착용했다.

passport /pǽspɔ̀ːrt/ 명 여권

apply for	a passport	여권을 신청하다
renew	a passport	여권을 갱신하다
issue	a passport	여권을 발행하다
get	a passport	여권을 취득하다
obtain	a passport	
carry	a passport	여권을 소지하다
have	a passport	
hold	a passport	
check	a passport	여권을 확인하다
stamp	A's passport	A의 여권에 도장을 찍다

▷ I need to **apply for** a new **passport**. 나는 새 여권을 신청해야 한다.
▷ We don't know who he is. He doesn't **carry** a **passport** or a driver's license. 우리는 그가 누구인지 모른다. 그에게 여권도 운전 면허증도 없기 때문이다.
▷ She **holds** a **passport** from two different countries. 그녀는 두 나라의 여권을 소지하고 있다.
▷ You can't enter the country before they've **stamped** your **passport**. 여권에 도장을 받기 전에는 입국할 수가 없다.

| a valid | passport | 유효한 여권 |

past /pæst/ 명 과거, 옛날; 역사

| the distant | past | 먼 과거 |
| the recent | past | 가까운 과거 |

▷ I remember meeting you **in** the **distant past**. Maybe 10 years ago at Tessa's wedding? 오래 전에 너를 만났던 일을 기억해. 아마 10년 전 테사의 결혼식이었지?
▷ My grandfather's memory is not so good now. He can't even remember things **in** the **recent past**. 우리 할아버지는 이제 기억력이 별로 좋지 않다. 바로 얼마 전의 일도 기억하지 못 하신다.

| look back | on the past | 과거를 돌아보다 |
| cling to | the past | 과거에 매달리다 |

▷ When I **look back on** the **past**, I wish I had traveled around the world more. 과거를 돌아보면 세계 여행을 더 할걸 하는 생각이 든다.

in	the past	과거에, 옛날에
into	the past	과거로, 옛날로
from	the past	과거의, 옛날의

▷ **In** the **past**, traditional steakhouses were very popular places. 과거에는 전통 스테이크 전문점이 아주 인기 있는 장소였다.
▷ Yesterday I found an old doll that I had when I was a child. It really took me back **into** the **past**. 어제 내가 어렸을 때 갖고 놀던 낡은 인형을 발견했다. 그것을 보니 정말 옛날로 돌아간 것 같았다.

| past and present | | 과거와 현재 |

▷ In the art gallery you can see paintings of many famous people **past and present**. 그 미술관에서는 과거와 현재의 많은 유명 화가들의 그림을 볼 수 있다.

| a break with | the past | 과거와의 결별 |
| a thing of | the past | 과거의 일 |

▷ After my divorce I need a complete **break with** the **past**. 이혼 후에 나는 과거와 완전히 결별해야 한다.
▷ I used to love windsurfing when I was young, but now that's a **thing of** the **past**. 나는 젊었을 때 윈드서핑을 좋아했지만, 이제 그것은 과거의 일이다.

past /pæst/ 형 과거의; 지난 …; 과거 …

| the past ... days | | 지난 …일 |

★ days 외에 weeks, months, years 등도 쓰인다.

▷ I haven't seen Tom for the **past** three **days**. 나는 지난 사흘 동안 톰을 보지 못했다.
▷ I've been living in Paris for the **past** three **years**. 나는 지난 3년 동안 파리에서 살고 있다.

path /pæθ/ ⓝ 작은 길, 오솔길; 경로

| follow | the path | 길을 가다 |
| block | A's path | A의 길을 막다 |

▷ If you **follow** the **path** along the cliff, you'll come to an old church. 절벽 옆으로 난 길을 따라가면 오래된 교회에 도착할 것이다.
▷ As I drove around the corner, I saw that a large truck was **blocking** my **path**. 자동차로 모퉁이를 돌았더니, 커다란 트럭이 내 길을 막고 있었다.

a narrow	path	좁은 길
a steep	path	가파른 길
a coastal	path	해변의 오솔길
a coast	path	
a garden	path	정원길
flight	path	비행 경로
a career	path	직업 경로

▷ Let's take this **narrow path** across the field. 들판을 가로지르는 이 좁은 길로 가자.

a path	through A	A를 통과하는 길
a path	to A	A로 가는 길
along	a path	길을 따라
down	a path	길 아래로
up	a path	길 위로

▷ We went along a **path through** the woods. 우리는 숲을 통과하는 길로 갔다.
▷ This is the **path to** the back door of the cottage. 이 길은 오두막집 뒷문으로 이어진다.
▷ Better not walk **along** this **path**. It's dangerous. It's too close to the cliff. 이 길은 안 가는 게 좋겠어. 위험해. 절벽에 너무 가깝잖아.

patience /péiʃəns/
ⓝ 참을성, 인내(력), 끈기

have	the patience	참을성이 있다
need	patience	참을성이 필요하다
require	patience	
lose	patience	인내력을 잃다
run out of	patience	
try	A's patience	A의 인내력을 시험하다

▷ He doesn't **have** the **patience** to deal politely with customers. 그는 고객들에게 정중하게 대응할 만한 참을성이 없다.
▷ Raising a child can often **require** a lot of **patience**. 아이를 키우는 일에는 많은 참을성이 필요하다.
▷ Some of our customers are difficult, but you should try not to **lose** your **patience**. 어떤 고객은 까다롭지만, 참을성을 잃지 않도록 노력해야 한다.

| patience | for A | A에 대한 인내력 |
| patience | with A | |

▷ Bob deals with complaints from our customers. You need a lot of **patience for** a job like that. 밥은 우리 고객들의 불만을 처리한다. 그런 일에는 많은 인내력이 필요하다.
▷ Mandy is a troublemaker. I have little **patience with** her. 맨디는 말썽꾼이다. 나는 그녀에게는 인내심이 별로 없다.

| time and patience | 시간과 인내 |
| patience and understanding | 인내와 이해 |

▷ Doing a jigsaw puzzle requires a lot of **time and patience**. 조각 퍼즐을 맞추는 데는 많은 시간과 인내가 필요하다.
▷ Thank you for your **patience and understanding**. 당신의 인내와 이해에 감사 드립니다.

PHRASES
Have patience! ☺ 인내심을 가져!

patient /péiʃənt/ ⓝ 환자

| a cancer | patient | 암환자 |
| an AIDS | patient | 에이즈 환자 |

▷ The number of **cancer patients** has been on the increase. 암환자 수가 늘고 있다.

| a patient | with A | A가 있는 환자 |

▷ We give drugs to **patients with** severe **pain**. 우리는 극심한 통증이 있는 환자들에게 약을 준다.

| examine | a patient | 환자를 진찰하다 |
| see | a patient | |

pattern /pǽtərn/

ⓝ 형(型), 모형, 양식; 패턴; 무늬, 도안

establish	a pattern	패턴을 확립하다
set	a pattern	
follow	a pattern	패턴을 따르다
show	a pattern	패턴을 보이다

change	a pattern	패턴을 바꾸다
have	a pattern	무늬가 있다

▷ We need to **set a pattern** for doing homework. Maybe 2 hours after supper, 3 nights a week? 우리는 숙제를 하는 패턴을 정해야 한다. 저녁 식사 후 두 시간, 일 주일에 세 번이 어때?

▷ These robberies seem to **follow a pattern**. They all occured on a Friday night. 이 강도 사건들은 패턴이 있는 것 같다. 모두 금요일 밤에 일어난다.

▷ Which curtains do you prefer? The plain ones or the ones that **have a pattern**? 어떤 커튼이 더 마음에 드시나요? 무늬가 없는 것하고 무늬가 있는 것 중에서?

a basic	pattern	기본 패턴
the normal	pattern	통상적인 패턴
a set	pattern	정해진 패턴
a fixed	pattern	
the same	pattern	같은 패턴
a similar	pattern	비슷한 패턴
a changing	pattern	바뀌는 패턴
a complex	pattern	복잡한 패턴
behavior	patterns	행동 패턴
sleep	patterns	수면 패턴

▷ These figures show a **complex pattern** in the rise and fall of gasoline prices over the last 2 years. 이 수치들은 지난 2년 동안 휘발유 가격이 오르락내리락하는 복잡한 패턴을 보여준다.

pause /pɔːz/ 통 중단하다, 잠시 멈추다

pause	briefly	잠시 중단하다
pause	momentarily	
pause	for a moment	
pause	here	여기서 멈추다

▷ He asked her: "Shall we take a taxi together?" She **paused momentarily** and then said, "OK, fine." 그가 그녀에게 물었다. "같이 택시를 탈까요?" 그녀는 잠시 가만 있다가 말했다. "좋아요."

▷ Let's **pause here** for a short break. I'll continue the lecture again in 10 minutes' time. 여기서 멈추고 잠시 쉽시다. 10분 후에 강의를 다시 시작하겠습니다.

pause	to do	잠시 쉬면서 …하다

▷ We need to **pause** for a moment **to** check that everybody has understood everything. 우리는 잠시 쉬면서 모두가 잘 이해했는지 확인해야 한다.

pause	for breath	호흡을 위해 쉬다

▷ When you sing this song, you need to know exactly where to **pause for breath**. 이 노래를 부를 때는 어디서 숨을 쉬어야 하는지 정확히 알아야 한다.

pay /peɪ/ 통 돈을 내다, 지불하다

well	paid	임금이 높은
highly	paid	
poorly	paid	임금이 낮은
be fully	paid	전액 지불되다
pay	up	돈을 다 지불하다

▷ I do a part-time job, but it's very **poorly paid**. 나는 아르바이트를 하는데, 임금이 아주 낮다.

▷ We still haven't been **fully paid** for the work we did last year. 우리는 아직도 작년에 한 일에 대한 보수를 다 못 받았다.

▷ We've sent bills to this customer 5 times, but he still hasn't **paid up**. 우리는 이 고객에게 청구서를 다섯 번 보냈지만, 그는 아직도 돈을 다 지불하지 않았다.

pay	for A	A의 값을 지불하다
pay A	for B	A(사람)에게 B의 값을 지불하다

▷ How much did you **pay for** your new sports car? 새 스포츠 카는 얼마 주고 샀어?

▷ You don't have to **pay** us **for** the repair. Your TV is still under guarantee. 수리비는 지불할 필요가 없습니다. 댁의 TV는 아직 무상 보증 기간입니다.

pay A	to do	A(사람)에게 돈을 주고 …하게 하다

▷ Tell Pete I'll **pay** him **to** wash my car. 피트에게 돈을 줄 테니 세차해 달라고 말해줘.

peace /piːs/ 명 평화, 화평; 평온; 치안, 질서

bring about	peace	평화를 가져오다
keep	the peace	평화를 지키다
maintain	peace	평화를 유지하다
promote	peace	평화를 촉진하다
restore	peace	평화를 회복하다
disturb	the peace	치안을 어지럽히다
make	peace	화해하다

▷ A series of meetings was held to try to **bring about peace** in the region. 이 지역에 평화를 가져오기 위해서 일련의 회의가 열렸다.

▷ The United Nations is trying to **maintain peace** in that area. 유엔은 그 지역에 평화를 유지하려고 노력하고 있다.

▷ After 25 years of war, **peace** was finally **restored** in the region. 25년 간의 전쟁이 끝난 뒤, 그 지역은 마침내 평화가 회복되었다.

▷ The police arrested him for **disturbing** the **peace**. 경찰은 그를 치안을 어지럽힌 죄로 체포했다.

▷ She wants to be friends with you again. I think you should **make peace** *with* her. 그녀는 너와 다시 친하게 지내고 싶어해. 네가 그녀와 화해했으면 좋겠어.

peace and quiet	평온
peace and tranquility	
peace and security	평화와 안전

▷ The children have gone to bed. Finally some **peace and quiet**! 아이들이 잠자리에 들었어요. 드디어 평온을 찾았네요!

▷ Everybody hopes for **peace and security** in the world. 누구나 세계의 평화와 안전을 소망한다.

peace of mind	마음의 평화, 평정심

▷ I wish I could stop worrying. I can't get any **peace of mind** until I know my exam results. 걱정 좀 그만 했으면 좋겠어. 시험 결과를 알기 전까지는 평정심을 찾을 수가 없어.

at	peace		평화롭게; 죽어서
in	peace		평온하게
peace	with	A	A와의 평화
peace	between	A and B	A와 B 사이의 평화

▷ After a long war, finally the two countries are **at peace** *with* each other. 오랜 전쟁 끝에 마침내 양국은 평화로운 관계를 이루었다.

▷ She doesn't want to talk to anybody. I think we should leave her **in peace**. 그녀는 아무하고도 얘기를 안 하려고 한다. 그냥 조용히 내버려두는 게 좋을 것 같다.

lasting	peace	항구적인 평화
world	peace	세계 평화

peak /piːk/ 圆 정점, 절정; 산꼭대기, 봉우리

reach	a peak	정점에 오르다

▷ Sales **reached** a **peak** in mid-December. 판매는 12월 중순에 정점에 올랐다.

at	one's peak	최고조에 이른

▷ Most boxers are **at** their **peak** in their mid-twenties. 대부분의 권투 선수가 20대 중반에 전성기를 누린다.

peaks and troughs	(그래프 등의) 고점과 저점, 부침

▷ On this graph you can see the **peaks and troughs** of the economy over the last 20 years. 이 그래프에서 지난 20년 동안 경제의 고점과 저점을 볼

수 있다.

pen /pen/ 圆 펜

pick up	a pen	펜을 (집어) 들다
take up	a pen	
write	with a pen	펜으로 쓰다
write	in pen	
put	one's pen down	펜을 내려놓다

▷ She **picked up** a **pen** and started taking notes. 그녀는 펜을 집어 들고 메모를 시작했다.

▷ Please **write with** a **pen**, not pencil. 연필 말고 펜으로 쓰세요.

▷ Stop writing and **put** your **pens down**, please. 필기를 그만하고 펜을 내려놓으십시오.

a ballpoint	pen	볼펜
a felt(-tip)	pen	펠트펜
a fountain	pen	만년필

penalty /pénəlti/

圆 벌, 처벌; 페널티; 페널티 킥

impose	a penalty	처벌을 부과하다
carry	a penalty	처벌을 동반하다
pay	the penalty	벌금을 내다, 대가를 치르다
award	a penalty	페널티 킥을 주다
kick	a penalty	페널티 킥을 차다
take	a penalty	
miss	a penalty	페널티 킥을 실축하다

▷ The government **imposes** strict **penalties** on factories that pollute the environment. 정부는 환경을 오염시키는 공장들에게 엄격한 벌칙을 부과한다.

▷ He didn't work hard enough before the exams and **paid** the **penalty**. 그는 시험 전에 공부를 열심히 하지 않아서, 그에 대한 대가를 치렀다.

▷ Liverpool were **awarded** a **penalty** in the last minute of the game. 리버풀은 경기 막바지에 페널티 킥을 얻어냈다.

▷ Manchester United **missed** a **penalty** at the beginning of the game. 맨체스터 유나이티드는 경기 초반에 페널티 킥을 실축했다.

a heavy	penalty	무거운 처벌
a severe	penalty	엄격한 처벌
stiff	penalties	
a tough	penalty	
the maximum	penalty	벌금 최고액
the death	penalty	사형

▷ There's a **severe penalty** for drunk driving. 음주 운전은 엄격한 처벌을 받는다.

▷ I had to pay the **maximum penalty** for not renewing my driving license. 나는 운전 면허를 갱신하지 않아서 최고액의 벌금을 내야 했다.

| penalty | for A | A에 대한 처벌; A의 대가 |

▷ You have to pay a **penalty for** illegal parking. 불법 주차로 벌금을 내셔야 합니다.

pencil /pénsəl/ 명 연필

hold	a pencil	연필을 집어 들다
write with	a pencil	연필로 쓰다
write in	pencil	
sharpen	a pencil	연필을 깎다

▷ You should learn how to **hold** a **pencil** properly. 너 연필 제대로 잡는 법을 배워야겠다.

| a colored | pencil | 색연필 |
| a mechanical | pencil | 샤프펜슬 |

▷ Do you have any **colored pencils**? 너 색연필 있니?

| a paper and pencil | 종이와 연필 |

▷ Could you lend me a **paper and pencil**? 종이와 연필 좀 빌려줄래요?

pension /pénʃən/ 명 연금

get	a pension	연금을 받다
draw	a pension	
receive	a pension	
provide	a pension	연금을 지급하다

▷ After I retired, I **got** a good **pension**. 은퇴한 뒤 나는 충분한 연금을 받았다.

▷ We **provide** excellent **pensions** for our employees. 우리는 직원들에게 부족함 없는 연금을 제공한다.

the basic	pension	기초 연금
an occupational	pension	직장 연금
a personal	pension	개인 연금
a public	pension	공적 연금
((영)) a state	pension	

▷ He gets an **occupational pension** as well as one from the government. 그는 정부 연금뿐 아니라 직장 연금도 받는다.

percent /pərsént/

명 퍼센트 (★((영)) per cent라고도 쓴다)

| 10 percent | of A | A의 10퍼센트 |

★ 동사의 수는 A에 일치시킨다.

▷ Eighty **percent of** our students are female. 우리 학생의 80퍼센트는 여자다.

▷ Seventy **percent of** the land in Korea is mountainous. 한국 국토의 70퍼센트는 산지다.

a 10 percent	rise in A	A의 10퍼센트 증가
a 10 percent	increase in A	
a 10 percent	decline in A	A의 10퍼센트 감소

▷ There was a 50% **increase in** the demand for smartphones last year. 지난해 스마트폰 수요가 50퍼센트 증가했다.

percentage /pərséntidʒ/ 명 백분율, 비율

| calculate | the percentage | 백분율을 계산하다 |
| show | the percentage | 백분율을 보여주다 |

▷ These figures don't seem right. Could you **calculate** the **percentage** again? 이 수치는 맞지 않는 것 같습니다. 백분율을 다시 계산해 주시겠습니까?

▷ This table **shows** the **percentage** increase in profits over the last 5 years. 이 표는 지난 5년 동안의 수익률 증가를 보여준다.

a greater	percentage	더 높은 비율
a high	percentage	높은 비율
a large	percentage	
a low	percentage	낮은 비율
a small	percentage	

▷ A **high percentage** of 3rd year students have already started job-hunting. 3학년 학생들 중 많은 수가 이미 구직 활동을 시작했다.

▷ Only a **small percentage** of women have top jobs in companies. 아주 낮은 비율의 여성들만이 회사의 최고 자리에 있다.

| in | percentage terms | 백분율로 말하면 |

▷ Unemployment has halved. **In percentage terms** that's a decrease of 50%. 실업률이 절반이 되었다. 백분율로 말하면 50퍼센트 감소다.

perfect /pə́rfikt/ 형 완전한, 완벽한; 최적의

| absolutely | perfect | 더없이 완벽한 |
| almost | perfect | 거의 완벽한 |

far from	perfect	완벽과 거리가 먼

▷ Everything is **absolutely perfect**. 모든 것이 더없이 완벽하다.
▷ You got an **almost perfect** score in your last test. 지난번 시험에서 네 점수는 만점에 가까웠다.
▷ I've been practicing this difficult piano piece for a month now, but it's still **far from perfect**. 나는 지금까지 한 달 동안 이 어려운 피아노 곡을 연습하고 있지만, 완벽해지려면 아직 멀었다.

perfect	for A	A에 최적인

▷ I think this dress would be absolutely **perfect for** your sister. 이 옷은 네 언니에게 아주 딱 맞을 것 같아.

PHRASES
That's perfect. ☺ 완벽해. ▷ "Is the picture on the TV screen OK now?" "Yes. That's perfect." "TV 화면의 화상이 이제 괜찮아?" "응. 완벽해."

perform /pərfɔ́ːrm/

동 수행하다; 연기하다, 공연하다, 연주하다

perform	well	잘하다
perform	poorly	잘하지 못하다

▷ Korea **performed** really **well** in the World Cup. 한국은 월드컵에서 정말 잘했다.

performance /pərfɔ́ːrməns/

명 수행; 연기, 연주, 공연; 실적; 성능

give	a performance	공연하다, 연주하다
affect	a performance	공연에 영향을 미치다; 성능에 영향을 주다
assess	A's performance	A의 공연을 평가하다; A의 성능을 평가하다
improve	one's performance	연기력을 높이다; 성능을 높이다

▷ The pianist **gave** a wonderful **performance** of Chopin's piano music. 그 피아니스트는 쇼팽의 피아노 곡을 멋지게 연주했다.
▷ The ice-skater was very nervous so it **affected** her **performance**. 그 스케이트 선수는 아주 긴장했고, 그것이 경기에 영향을 미쳤다.
▷ I'll have to train harder to **improve** my **performance**. 나는 연기력을 높이기 위해 더 열심히 훈련해야 할 것이다.

live	performance	라이브 연주
good	performance	좋은 연기; 좋은 실적
poor	performance	형편없는 실적
economic	performance	경제 실적
financial	performance	재무 실적
sales	performance	판매 실적
high	performance	고성능

▷ Our school members gave a very **good performance** at the speech contest. 우리 학교 학생들은 말하기 대회에서 아주 좋은 실력을 보였다.
▷ Our company's **financial performance** was very poor this year. 우리 회사의 올해 재무 실적은 아주 형편없었다.
▷ The new bullet train has very **high performance**. It can travel at over 300 kilometers per hour. 그 신형 초고속 열차는 아주 고성능이다. 시속 300킬로미터 이상으로 달릴 수 있다.

perfume /pə́ːrfjuːm/ 명 향수

wear	perfume	향수를 뿌리다
smell	perfume	향수 냄새를 맡다

▷ Are you **wearing** a new **perfume**? 너 새 향수 뿌렸니?
▷ **Smell** this **perfume**! Do you like it? 이 향수 냄새 맡아봐! 마음에 들어?

(an) expensive	perfume	비싼 향수
(a) strong	perfume	강한 향수

▷ Amanda wears really **expensive perfume**. 어맨다는 아주 비싼 향수를 뿌린다.
▷ My sister uses a really **strong perfume**. 우리 언니는 아주 강한 향수를 쓴다.

a bottle	of perfume	향수병

▷ I got this **bottle of perfume** for my birthday. 나는 생일선물로 이 향수를 받았다.

period /píəriəd/ 명 기간, 시기; 시대

cover	a period	기간에 걸치다
enter	a period	시기에 들어가다
extend	the period	기간을 연장하다

▷ His research **covers** the **period** from 1945 up to the present day. 그의 조사 범위는 1945년에서 오늘날까지의 기간에 걸쳐 있다.
▷ In 2011 the Arab World **entered** a **period** of revolution. 2011년에 아랍 세계는 혁명의 시대에 돌입했다.
▷ I asked the bank to **extend** the **period** of the loan for another 6 months. 나는 은행에 대출 기간을 6개월 더 연장해달라고 요청했다.

a long	period	장기간

| permission |

a short	period	단기간
a brief	period	
a limited	period	한정된 기간
an early	period	초기
a late	period	후기
a transition	period	과도기, (정권) 교체기
a trial	period	시험 사용 기간

▷ We're offering this product at half price, but only for a **limited period**. 우리는 이 제품을 반값에 제공하지만 기간이 한정되어 있습니다.
▷ When the government fell, there was a **transition period** before a new government was formed. 정부가 무너졌을 때, 새 정부가 구성되기까지는 과도기가 있었다.

after	a period	기간 후
during	the period	기간 중에
for	a period	기간에
in	the period	
within	the period	기간 안에
over	a period	기간에 걸쳐

▷ **After** a **period** *of* very cold weather, spring finally arrived. 혹한의 시기가 지나고 마침내 봄이 왔다.
▷ It will be spring term soon. **During** that **period** a school trip has been arranged. 이제 곧 봄 학기다. 그 기간에 소풍이 예정되어 있다.
▷ The doctor says I'll have to stay in hospital **for** a **period** of at least 2 weeks. 의사는 나에게 2주일 이상 입원해야 한다고 말한다.
▷ **In** the **period** 1970–1980 the women's rights movement in the USA became much stronger. 1970–1980년에 미국에서 여권 운동 세력이 훨씬 더 강력해졌다.
▷ **Over** a **period** *of* 5 years he was promoted from sales assistant to sales manager. 5년이라는 세월에 걸쳐 그는 판매원에서 영업부장으로 승진했다.

permission /pərmíʃən/

명 허락, 허가, 허용

apply for	permission	승인을 신청하다
ask (for)	permission	허가를 구하다
request	permission	
seek	permission	
give	permission	허가를 해주다
grant	permission	
refuse	permission	승인을 거부하다
get	permission	허가를 얻다
obtain	permission	
have	permission	허가가 있다

▷ You need to **apply for permission** to extend your visa. 비자를 연장하려면 허가를 신청해야 해.
▷ You should **ask permission** to leave the classroom. 교실에서 나가려면 허락을 구해야 해.
▷ He's **requested permission** to use the company car park. 그는 회사 주차장의 사용 허가를 요청했다.
▷ We can't build a factory there. The council won't **give permission**. 우리는 거기에 공장을 지을 수 없다. 시의회가 허가를 해주지 않을 것이다.
▷ I asked my boss for an extra day's holiday, but he **refused permission**. 나는 상사에게 휴가를 하루 더 달라고 부탁했지만 그는 허락해 주지 않았다.
▷ You'll need to **get permission** from your boss. 당신은 상사에게 허락을 받아야 할 겁니다.
▷ We couldn't **obtain permission** to build on this piece of land. 우리는 이 땅에 건물을 지어도 된다는 허가를 받지 못했다.

official	permission	정식 승인
prior	permission	사전 승인
special	permission	특별 허가
temporary	permission	임시 허가
written	permission	서면 승인

▷ We need to get **official permission** to use the school gym for basketball practice. 농구 연습을 위해 학교 체육관을 사용하려면 정식 허가를 받아야 한다.
▷ If you want to use these tennis courts, you have to get **prior permission**. 이 테니스 코트를 사용하려면, 사전 허가를 받아야 합니다.
▷ If you want to join our school trip abroad, you need to get **written permission** from your parents. 해외로 수학 여행을 가려면, 부모님의 서면 허가를 받아야 한다.

permission	for A	A에 대한 허가
without	permission	허가 없이

▷ Have you got **permission for** this demonstration? 이 시위에 대해 허가를 받으셨나요?
▷ You can't camp here **without permission**. 허가 없이는 여기서 캠핑을 할 수 없습니다.

permission	to do	…해도 좋다는 허가

▷ Do you have **permission to** fish here? 여기서 낚시를 해도 좋다는 허가를 받았나요?

person /pə́ːrsən/ 명 사람

an elderly	person	고령자

a disabled	person	장애인
the average	person	평균적인 사람
a qualified	person	유자격자
the right	person	적임자
a business	person	사업가
a morning	person	아침형 인간
a night	person	저녁형 인간

▷ The **average person** is much taller now than 50 years ago. 오늘날의 평균 키는 50년 전보다 훨씬 크다.
▷ She's definitely the **right person** for the job. 그녀는 분명히 그 일에 적임자다.

in	person	본인이 직접
per	person	일인당

▷ Don't just send your boss an email about this problem. Go and see him **in person**. 이 문제에 대해 상사에게 이메일만 보내지 말고, 직접 가서 만나라.
▷ This 5-day package tour will cost about $1,000 **per person**. 이 5일 패키지 여행은 일인당 1,000달러 정도 들 것입니다.

personal /pə́ːrsənl/ 혱 개인적인, 개인의

highly	personal	아주 개인적인
purely	personal	순수하게 개인적인

▷ I'm sorry, I can't give you that information. It's **highly personal**. 미안하지만 그 정보를 드릴 수 없습니다. 그것은 아주 사적인 내용이라서요.
▷ Her reasons for leaving are **purely personal**. It's nothing to do with the job. 그녀가 떠나는 이유는 순전히 개인적인 것이다. 일과는 아무런 관련이 없다.

personality /pə̀ːrsənǽləti/
명 인격, 성격; 개성

develop	one's personality	인격을 형성하다
express	one's personality	인격을 표현하다
reflect	A's personality	A의 인격을 반영하다

▷ It's wonderful to see how babies gradually **develop their personality**. 아기들이 차츰 인격을 형성하는 과정을 보면 신기하다.
▷ I'm afraid the poor quality of his work **reflects his lazy personality**. 그의 형편없는 업무 성과는 그의 게으른 성격을 반영하는 것 같다.

a strong	personality	강한 개성
a powerful	personality	
individual	personality	개인의 성격
multiple	personality	다중 인격
a split	personality	이중 인격
a sports	personality	스포츠 선수
a TV	personality	TV 출연자

★ × a TV talent라고는 하지 않는다.

▷ He's a natural leader. He has a really **strong personality**. 그는 타고난 지도자다. 정말로 개성이 강하다.
▷ In Korea **individual personality** is considered less important than in the West. 한국은 서양보다 개성을 덜 중시한다.

perspective /pərspéktiv/
명 시점, 관점; 전망

an international	perspective	국제적 관점
a historical	perspective	역사적 관점

▷ From an **international perspective** the yen is highly overvalued. 국제적인 관점에서 엔화는 지나치게 과대평가되어 있다.

persuade /pərswéid/ 동 설득하다

easily	persuade	쉽게 설득하다
finally	persuade	마침내 설득하다
eventually	persuade	
successfully	persuade	잘 설득하다

▷ I'm sure she can be **easily persuaded** to change her mind. 나는 그녀를 쉽게 설득하여 마음을 돌리게 할 수 있을 거라고 확신한다.
▷ After months of negotiations we **finally persuaded** them to sign the contract. 몇 달에 걸친 협상 끝에 우리는 마침내 그들을 설득해서 계약에 서명하게 했다.

persuade	A to do	A(사람)에게 …하도록 설득하다
persuade	A of B	A(사람)에게 B를 설득시키다
persuade	A (that)...	A(사람)에게 …라고 설득시키다

▷ Finally she **persuaded** him **to** give up smoking. 마침내 그녀는 그를 설득하여 담배를 끊게 했다.
▷ It was difficult to **persuade** him **of** the importance of making a quick decision. 그에게 빠른 의사 결정의 중요성을 설득하는 것은 어려웠다.
▷ I tried to **persuade** him **that** he should stop working so hard. 나는 그에게 그렇게 열심히 일하지 말라고 설득하려고 했다.

try to	persuade	설득하려고 하다
attempt to	persuade	
seek to	persuade	
hope to	persuade	설득하고 싶다

| manage to | persuade | 간신히 설득하다 |
| fail to | persuade | 설득에 실패하다 |

▷ We **tried to persuade** her to change her mind. 우리는 그녀가 마음을 바꾸게 하려고 설득하려 했다.
▷ We **managed to persuade** her to come with us on holiday to Guam. 우리는 그녀를 간신히 설득하여 우리와 함께 괌으로 휴가를 가기로 했다.

| an attempt to | persuade | 설득하려는 시도 |
| an effort to | persuade | 설득하려는 노력 |

▷ We should have made more of an **effort to persuade** her to apply to university. 우리는 그녀에게 대학에 지원하라고 설득하는 노력을 더 기울였어야 한다.

pet /pet/ 명 애완동물

have	a pet	애완동물을 키우다
keep	a pet	
make	a good pet	좋은 애완동물이 되다
make	an excellent pet	
make	a superb pet	

▷ Did you **have a pet** when you were a child? 어린 시절에 애완동물을 키웠니?
▷ Labradors **make very good pets**. 래브라도는 훌륭한 애완동물이 된다.

| a domestic | pet | 가정용 애완동물 |
| a family | pet | |

▷ No **domestic pets** are allowed in this apartment. 이 아파트에는 가정용 애완동물을 키우는 것이 허락되지 않는다.

phase /feiz/ 명 국면, 단계

| a new | phase | 새로운 국면 |
| a final | phase | 최종 국면 |

▷ The US presidential campaign has entered its **final phase**. 미국 대통령 선거는 막바지 국면에 들어갔다.

phenomenon /finάmənàn/

명 현상 (★복수형은 phenomena)

| explain | the phenomenon | 현상을 설명하다 |

▷ There are still many natural **phenomena** that scientists are unable to **explain**. 아직도 과학자들이 설명하지 못하는 자연 현상이 많다.

a natural	phenomenon	자연 현상
a social	phenomenon	사회 현상
a rare	phenomenon	진기한 현상
a recent	phenomenon	최근의 현상

▷ The Northern Lights are a beautiful **natural phenomenon**. 오로라는 아름다운 자연 현상이다.
▷ The huge popularity of the Beatles during the 1960s and 70s was an unusual **social phenomenon**. 1960년대와 70년대의 비틀즈의 엄청난 인기는 특이한 사회 현상이었다.
▷ The widespread use of cellphones is a fairly **recent phenomenon**. 휴대폰의 폭넓은 사용은 상당히 최근의 현상이다.

philosophy /filάsəfi/ 명 철학; 인생관

Western	philosophy	서양 철학
moral	philosophy	도덕 철학
natural	philosophy	자연 철학
political	philosophy	정치 철학
educational	philosophy	교육 철학

▷ **Natural philosophy** deals with how we perceive the world through our five senses. 자연 철학은 우리가 오감을 통해서 세계를 인식하는 방법을 다룬다.
▷ My brother is studying **political philosophy** at university. 우리 형은 대학에서 정치 철학을 공부하고 있다.

| a philosophy | of life | 인생 철학 |

▷ His **philosophy of life** seems to be to enjoy himself as much as possible! 그의 인생 철학은 되도록 즐기며 살자인 것 같다!

phone /foun/

명 전화기; 전화 (★telephone을 줄인 표현)

answer	the phone	전화를 받다
get	the phone	
pick up	the phone	수화기를 들다
hang up	the phone	수화기를 내려놓다;
put down	the phone	전화를 끊다
replace	the phone	
slam down	the phone	수화기를 쾅 내려놓다
use	the phone	전화를 사용하다

▷ Could you **answer** the **phone**, please? 전화 좀 받아줄래요?
▷ Can somebody **get** the **phone**? 누가 전화 좀 받아줄래?(★ get a phone은 '전화기를 사다')
▷ She **picked up** the **phone** and dialed the police.

그녀는 수화기를 들고 경찰에 전화를 걸었다.
▷ Don't **hang up** the **phone**! 전화 끊지 마!
▷ Sorry, I can't talk any longer. I'll have to **put** the **phone down**. 미안, 더 이상 이야기 못하겠어. 전화 끊을게.
▷ He **slammed** the **phone down** angrily. 그는 화가 나서 수화기를 쾅 내려놓았다.
▷ I don't **use** the **phone** so much now. I do a lot of texting. 나는 이제 전화를 그렇게 많이 사용하지 않는다. 문자를 많이 하기 때문이다.

the phone	rings	전화가 울리다
the phone	goes dead	전화가 끊기다

▷ If the **phone rings**, could you answer it? 전화가 울리면 좀 받아주실래요?
▷ We were in the middle of a conversation when suddenly the **phone went dead**. 우리가 대화하던 중에 갑자기 전화가 끊겼다.

on	the phone	전화를 하고 있는; 전화로
over	the phone	전화로
by	phone	

▷ She was **on** the **phone** for nearly an hour. I can't talk about it **over** the **phone**. 그녀는 거의 한 시간 동안이나 통화 중이었어. 그 일을 전화로는 얘기 못하겠다.

a cellular	phone	휴대전화
《영》a mobile	phone	

photograph /fóutəɡræf/
명 사진 (★단축형은 photo)

take	a photograph	사진을 찍다
pose for	a photograph	촬영 포즈를 취하다

▷ I want to have my **photograph taken** by a professional photographer. 나는 전문 사진가가 내 사진을 찍어주었으면 한다.
▷ They **posed for** a **photograph** in front of the Eiffel Tower. 그들은 에펠 탑 앞에서 사진을 찍으려고 포즈를 취했다.

a recent	photograph	최근 사진
an old	photograph	오래된 사진
a color	photograph	컬러 사진
a black-and-white	photograph	흑백 사진
a family	photograph	가족 사진
a framed	photograph	액자에 넣은 사진
an aerial	photograph	항공 사진
a satellite	photograph	위성 사진

▷ You have to attach a **recent photograph** to this application form. 이 지원서에 최근에 찍은 사진을 붙여야 합니다.
▷ There was a **framed photograph** of their wedding on the mantelpiece. 벽난로 위에 액자에 넣은 그들의 결혼 사진이 있었다.

picnic /píknik/ 명 소풍

go on	a picnic	소풍 가다
go for	a picnic	
have	a picnic	

★장소를 가리킬 때 go on a picnic 뒤에는 전치사 to를, have a picnic 뒤에는 in, at, on 등을 쓴다.

▷ I don't think we can **go for** a **picnic**. It's going to rain. 아무래도 소풍은 못 갈 것 같다. 비가 올 거야.
▷ It's a lovely day. Let's **have** a **picnic** on the beach. 날이 정말 좋다. 해변으로 소풍 가자.

picture /píktʃər/ 명 그림; 사진; 묘사

paint	a picture	그림을 그리다
draw	a picture	
take	a picture	사진을 찍다

▷ There's a wonderful view from the top of this cliff. I'd like to **paint** a **picture** of it. 이 절벽 위는 전망이 멋져. 이 풍경을 그림으로 그리고 싶어.
▷ I need to have my **picture taken** for a new passport. 나는 새 여권을 위해 사진을 찍어야 해.

the overall	picture	전체 상황, 큰 그림
a complete	picture	
the whole	picture	
an accurate	picture	정확한 묘사
a mental	picture	머리 속 이미지

▷ Concerning the tsunami in Japan I don't know the details, but the **overall picture** doesn't look very good. 일본의 쓰나미에 대해서 자세한 것은 모르지만, 전체적인 상황은 좋지 않아 보인다.
▷ This book gives us an **accurate picture** of life in Britain in the 19th century. 이 책은 19세기 영국의 생활상을 정확히 묘사해 준다.
▷ She had a **mental picture** of everybody applauding as she received first prize in the speech contest. 그녀는 웅변 대회에서 일등상을 타서 모두에게 박수를 받는 이미지를 머리 속에 떠올렸다.

a picture	by A	A(사람)가 그린 그림

▷ This exhibition has many **pictures by** Picasso. 이 전시회에는 피카소의 그림이 여러 점 있다.

piece /piːs/ 명 조각; 단편; 점(點); 부품

a piece of	bread	빵 한 조각
a piece of	toast	토스트 한 조각
a piece of	cake	케이크 한 조각
a piece of	meat	고기 한 점
a piece of	equipment	비품 한 점
a piece of	land	토지 한 구획
a piece of	paper	종이 한 장
a piece of	information	(1건의) 정보
a piece of	news	뉴스 한 건
a piece of	advice	조언 한 마디
a piece of	evidence	증거 한 점
a piece of	music	한 곡
a piece of	furniture	가구 한 점
a piece of	work	작품 한 점

★ a piece of 는 셀 수 없는 명사에 붙는다. '종이 두 장'은 two pieces of paper라고 한다.

▷ Would you like a **piece of cake**? 케이크 한 조각 드실래요?
▷ "I heard **two** interesting **pieces of news** this morning." "Really? Go on, then! Tell me!" "오늘 아침에 재미있는 뉴스 두 건을 들었어." "정말? 뭐야, 말해줘!"

piece by piece		하나씩

▷ She picked the broken glass up from the floor **piece by piece**. 그녀는 바닥에서 깨진 유리를 하나씩 집어 들었다.

in	pieces	산산조각 난
to	pieces	산산이

▷ He dropped the vase and it smashed **to pieces**. 그가 꽃병을 떨어뜨렸고, 그것은 산산이 부서졌다.

pile /paɪl/ 명 더미, 산

a huge	pile	커다란 더미
a big	pile	
a large	pile	
a small	pile	작은 더미
a little	pile	

▷ There was a **huge pile** of letters lying on the floor. 바닥에 커다란 편지 더미들이 쌓여 있었다.
▷ There was a **small pile** of papers on his desk. 그의 책상 위에 작은 서류 더미가 있었다.

the top	of the pile	더미의 위쪽
the bottom	of the pile	더미의 아래쪽

★ 비유적으로 '사회의 최상층', '사회의 최하층'이라는 의미로도 쓰인다.

▷ My essay was at the **top of** the **pile** on the teacher's desk. 내 리포트는 선생님 책상에 쌓인 더미 위쪽에 있었다.

pity /ˈpɪti/ 명 연민, 동정심; 애석한 일

feel	pity	동정심을 느끼다
show	pity	동정심을 보이다

▷ We **feel pity** *for* the boy. 우리는 그 소년이 가엾다.

a great	pity	아주 안타까운 일

▷ Yesterday's concert was fantastic. It was a **great pity** you couldn't come. 어제 콘서트는 아주 멋졌어. 네가 못 온 게 애석했어.

it's a pity	(that)...	…이 안타깝다
it's a pity	to do	…하는 것이 안타깝다

▷ This steak's delicious. **It's a pity** you don't eat meat. 이 스테이크는 아주 맛있어. 네가 고기를 먹지 않는 것이 안타깝다.

out of	pity	동정심을 느끼고

▷ She gave that man $10 **out of pity** for him. 그녀는 그 남자에게 동정심을 느껴 10달러를 주었다.

an object	of pity	동정의 대상

▷ The last thing he wants is to become an **object of pity**. 그가 가장 싫어하는 것이 동정의 대상이 되는 일이다.

(PHRASES)
What a pity! ☺ 정말 안타까운 일이다!
That's a pity. ☺ 안타까운 일인걸. ▷ "Pete can't come to the party." "Oh, what a pity! I was hoping to meet him." "피트는 파티에 못 와." "아, 안타깝네! 그를 만나고 싶었는데."

place /pleɪs/
명 장소; 지역; 자리; 주거, 집; 직, 신분, 지위; 순위

change	places	자리를 바꾸다
swap	places	
know	one's place	분수를 알다
get	a place	회원으로 뽑히다
lose	one's place	회원 자격을 잃다; 자리를 잃다; 어디까지 읽었는지[말했는지] 잊다
save	A's place	A의 자리를 지키다

keep	A's place

▷ Would you like to **change places**? You can see better from here. 자리를 바꿔 드릴까요? 이 자리가 더 잘 보여요.

▷ I don't think Ted really **knows** his **place**. He's always arguing with the boss. 테드는 자기 분수를 잘 모르는 것 같다. 늘 상사와 언쟁을 한다.

▷ I just heard I **got a place** in our school soccer team. 내가 학교 축구팀에 뽑혔다는 소식을 방금 들었다.

▷ I can't remember which page I was reading in this book. I've **lost** my **place**. 이 책에서 몇 페이지를 읽고 있었는지 기억이 나지 않아. 어디까지 읽었는지 잊어버렸어.

▷ I don't want to **lose** my **place** in the queue. (애써 기다렸는데) 줄에서 내 자리를 놓치고 싶지 않아.

a good	place	좋은 장소
a perfect	place	완벽한 장소
a safe	place	안전한 장소
a quiet	place	조용한 장소
a crowded	place	사람 많은 장소
a public	place	공공 장소
the right	place	맞는 장소
the wrong	place	잘못된 장소
a meeting	place	만나는 장소

▷ Auckland is a **good place** to live. 오클랜드는 살기 좋은 곳이다.

▷ This is the **perfect place** for a holiday. 이곳은 휴가를 보내기에 완벽한 장소다.

▷ You should keep your money in a **safe place**. 돈은 안전한 장소에 보관해야 한다.

▷ It's not polite to use your mobile phone in a **public place**. 공공 장소에서 휴대전화를 사용하는 것은 예의에 어긋난다.

▷ We've been waiting over half an hour for Tom. Are you sure this is the **right place**? 우리는 지금 30분도 넘게 톰을 기다리고 있어. 여기가 맞는 장소야?

▷ You were in the **wrong place**. I said in front of the cinema, not inside. 네가 잘못된 장소에 있었어. 극장 안이 아니라 앞이라고 했잖아.

a place	for A	A를 위한 장소
in	place	제자리에
out of	place	자리에 어울리지 않는, 맞지 않는

▷ This park has become a **place for** homeless people. 이 공원은 노숙자들을 위한 장소가 되었다.

▷ Can you hold the ladder **in place** while I climb it? 내가 올라가는 동안 사다리가 제자리에 있도록 잡아줄래?

▷ I was the only person not wearing a suit. I really felt **out of place**. 정장을 입지 않은 사람은 나뿐이었다. 정말 내가 자리에 어울리지 않는 느낌이었다.

a place	to do	…할 장소

▷ Seattle is a beautiful **place to** live. 시애틀은 살기에 아름다운 곳이다.

a [the] place	where	…하는 장소[곳]
a [the] place	in which	

▷ This is the **place where** I was born. 이곳은 내가 태어난 곳이다.

▷ For this year's holiday we need to find a **place in which** the whole family can have a good time. 올 휴가에 우리는 온 가족이 즐겁게 지낼 수 있는 장소를 찾아야 한다.

in	the first place	첫 번째로
in	the second place	두 번째로

▷ You want to know why I'm angry? Well, **in the first place**, you're half an hour late, and **in the second place**... 내가 왜 화났는지 알고 싶어? 첫째, 너는 30분 늦었어. 그리고 둘째…

place /pleis/ 图 두다, 놓다

be well	placed	좋은 장소에 자리잡다
be conveniently	placed	편리한 장소에 자리잡다
be ideally	placed	이상적인 장소에 자리잡다

▷ The bank is **ideally placed** for commerce. 은행은 상업 활동에 이상적인 장소에 자리잡고 있다.

place A	on B	A를 B에 두다
place A	at B	
place A	in B	

▷ "Happy birthday!" she said, and **placed** a large box **on** the table. "생일 축하해!" 그녀가 그렇게 말하며 테이블에 큰 상자를 내려놓았다.

plain /plein/ 图 명백한; 꾸밈없는, 소박한

plain and simple	간단히

▷ If you're late for work again, you'll lose your job **plain and simple**. 다시 한 번 회사에 지각하면, 당신은 간단히 직장을 잃을 겁니다.

it is plain	that…	…은 분명하다
make it plain	that…	…을 분명히 하다

▷ It's **plain that** you haven't understood anything that I've been saying. 분명한 건 내가 한 말을 너는 전혀 이해하지 못했다는 것이다.

▷ The teacher **made it plain that** he needed to

| plan |

work harder to pass the course. 선생님은 그에게 그 과정을 통과하려면 더 열심히 공부해야 한다는 것을 분명히 말했다.

plan /plæn/ 명 계획; (보험·연금) 제도

have	a plan	계획이 있다
make	a plan	계획을 세우다
work out	a plan	
draw up	a plan	
announce	a plan	계획을 발표하다
approve	a plan	계획을 승인하다
carry out	a plan	계획을 실행하다
change	a plan	계획을 변경하다
cancel	one's plans	계획을 취소하다

▷ Do you **have** any **plans** this summer? 올 여름에 무슨 계획 있나요?

▷ We need to **make** a **plan** for our trip to Europe. 우리는 유럽 여행 계획을 세워야 한다.

▷ The Government has **announced** a **plan** to build two more nuclear power stations. 정부는 원자력 발전소 두 기를 더 건설한다는 계획을 발표했다.

▷ Our **plan** to open a factory in Suwon has been **approved**. 수원에 공장을 세우려는 우리 계획이 승인되었다.

a detailed	plan	자세한 계획
a future	plan	장래의 계획
a long-term	plan	장기 계획
one's original	plan	애초의 계획
a business	plan	사업 계획
a development	plan	개발 계획
a recovery	plan	복구 계획
a peace	plan	평화안
a pension	plan	연금 제도

▷ We need a more **detailed plan** to present to the committee tomorrow. 우리는 내일 위원회에 발표할 더 자세한 계획이 필요하다.

▷ I don't know my **future plans** yet. 나는 아직 장래 계획이 정해지지 않았다.

▷ I think our **original plan** was better than this one. 애초의 계획이 이것보다 좋았던 것 같다.

a plan	for A	A의 계획

▷ Do you have any **plans for** this weekend? 이번 주말에 무슨 계획 있어?

a plan	to do	…할 계획

▷ I need a **plan to** help me lose weight. 나는 체중을 줄이기 위한 계획이 필요하다.

a change of	plan	계획 변경

▷ There's been a **change of plan**. We're not going to Australia after all. 계획이 변경되었다. 결국 우리는 오스트레일리아에 가지 않는다.

plane /plein/ 명 비행기

catch	a plane	비행기를 타다
board	a plane	비행기에 탑승하다
get on	a plane	
get off	a plane	비행기에서 내리다
fly	a plane	비행기를 조종하다
land	a plane	비행기를 착륙시키다

▷ The passengers are already **boarding** the **plane**. 승객들은 이미 비행기에 탑승하고 있다.

▷ We can't fly direct to Los Angeles. We have to **get on** another **plane**. 로스앤젤레스로 가는 직항편이 없다. 다른 비행기로 갈아타야 한다.

▷ My dad's a pilot. He **flies planes** all over the world. 우리 아버지는 비행기 조종사다. 그래서 비행기를 몰고 전세계를 다닌다.

a plane	takes off	비행기가 이륙하다
a plane	lands	비행기가 착륙하다

▷ The plane **took off** from Paris for Seoul at 7:00 p.m. 파리발 서울행 비행기는 오후 7시에 이륙했다.

by	plane	비행기로
on	the plane	기내에서

▷ I think we should travel **by plane**. It's much quicker. 우리는 비행기로 가야 할 것 같아. 그게 훨씬 빨라.

▷ The food and service was very good **on** the **plane**. 기내 식사와 서비스는 아주 훌륭했다.

a fighter	plane	전투기
a transport	plane	수송기
a cargo	plane	

plant /plænt/ 명 식물; 공장

grow	plants	식물을 키우다
cultivate	plants	식물을 재배하다
water	the plants	식물에 물을 주다
build	a plant	공장을 건설하다

▷ We're **growing** lots of **plants** in the greenhouse. 우리는 온실에 많은 식물을 키운다.

▷ Did you remember to **water** the **plants**? 잊지 않고 식물에 물을 주었니?

wild	plants	야생 식물
a rare	plant	희귀 식물
flowering	plants	꽃이 피는 식물
an industrial	plant	공장
a chemical	plant	화학 공장
a power	plant	발전소
a nuclear	plant	원자력 발전소

▷ There are many **wild plants** growing in the garden. 정원에 야생 식물이 많이 자라고 있다.

▷ The government is planning to build a **nuclear plant** in our area. 정부는 이 지역에 원자력 발전소를 지을 계획이다.

plant /plænt/ 图 심다; 설치하다

firmly	planted	확실히 고정된

▷ "I'm not moving!" she said, her feet **firmly planted** on the ground. "난 안 움직일 거야!" 그녀가 두 발을 땅에 굳게 디디면서 말했다.

plant A	with B	A에 B를 심다

▷ We **planted** the vegetable patch **with** potatoes. 우리는 채소밭에 감자를 심었다.

▷ This part of the garden is **planted with** tomatoes and lettuce. 정원의 이 부분에는 토마토와 상추가 심어져 있다.

plate /pleit/ 图 접시, 그릇; 금속판

clear	a plate	그릇의 요리를 모두 먹어 치우다

▷ She was so hungry that she **cleared** the **plate** in less than a minute. 그녀는 너무 배가 고파서 1분도 지나지 않아서 접시를 싹 비웠다.

on	a plate	접시에

▷ Can you put this cheesecake **on a plate**? 이 치즈 케이크를 접시에 놓아주겠니?

a dinner	plate	디너용 접시
a paper	plate	종이 접시
a license	plate	자동차 번호판
((영)) a number	plate	
a name	plate	명패

play /plei/ 图 연극, 희곡; 놀이; 경기

write	a play	희곡을 쓰다
produce	a play	연극을 연출하다
perform	a play	연극을 공연하다
put on	a play	
see	a play	연극을 보다

▷ Shakespeare **wrote** many famous **plays**. 셰익스피어는 유명한 희곡을 많이 썼다.

▷ The drama club needs someone to **produce** a **play**. 연극부는 연극을 연출할 사람이 필요하다.

▷ Our school's going to **put on** a **play** at the end of term. 우리 학교는 학기 말에 연극을 공연할 것이다.

▷ We **saw** a terrific **play** last night. 우리는 어젯밤에 아주 훌륭한 연극을 보았다.

fair	play	공정한 경기
foul	play	반칙, 부정 행위; 범죄
rough	play	거친 경기
a new	play	신작
a stage	play	무대극, 무대 연기
a school	play	학교 연극
a radio	play	라디오 드라마

▷ The referee is there to ensure **fair play**. 심판이 있는 것은 공정한 경기를 이끌어내기 위해서다.

▷ The police found a dead body near the river. They suspect **foul play**. 경찰은 강가에서 시신을 발견했다. 그들은 살인으로 의심하고 있다.

in	a play	연극에서
at	play	놀고 있는

▷ When I was in junior high school, I appeared **in** a school **play**. 나는 중학교 시절에 학교 연극에 출연했다.

play /plei/ 图 놀다; 경기를 하다; 연주하다

play	fair	정정당당하게 싸우다
play	safe	위험을 피하다, 신중을 기하다

▷ It's best to **play safe** rather than get into an argument. 언쟁하는 것보다 위험을 피하는 게 낫다.

play	with A	A를 갖고 놀다
play	against A	A에 맞서 경기하다
play	for A	A 팀에서 뛰다

▷ I think the children are in their bedroom **playing with** their toys. 아이들은 자기 방에서 장난감을 갖고 놀고 있는 것 같다.

▷ We have to **play against** a really good team on Saturday. 우리는 토요일에 아주 강팀에 맞서 경기해야 한다.

▷ David Beckham used to **play for** Manchester United. 데이비드 베컴은 예전에 맨체스터 유나이티드 팀에서 뛰었다.

play	A B	A(사람)에게 B(장난 등)을 하다
play	B on A	

▷ She had **played** a trick **on** him by pretending to be in love with him. 그녀는 장난 삼아 그를 사랑하는 척했다.

please /pliːz/

動 기쁘게 하다; 비위를 맞추다

be hard	to please	성미가 까다롭다
be difficult	to please	
be anxious	to please	붙임성이 좋다, 사근사근하다
be eager	to please	

▷ My teacher is very strict. He is really **hard to please**. 우리 선생님은 아주 엄격하다. 성미가 정말로 까다롭다.
▷ I like your new secretary. She's very **anxious to please**. 당신의 새 비서가 마음에 들어요. 아주 붙임성이 좋더군요.
▷ That new hotel receptionist is very nice. She's always helpful and **eager to please**. 호텔의 새 접수직원은 아주 친절하다. 늘 도움을 베풀고 사근사근하다.

a desire	to please	남을 기쁘게 해주려는 마음

▷ In the service industry it's very important to have a **desire to please** your customers. 서비스 산업에서는 고객을 기쁘게 해주려는 마음을 갖는 게 아주 중요하다.

(PHRASES)

Please yourself! ☺ 원하는 대로 하세요. ▷ "I really don't feel like going out this evening." "OK. Please yourself. I'll be back around midnight." "오늘 저녁은 정말 외출하고 싶지 않아." "좋아. 원하는 대로 해. 나는 자정쯤에 돌아올게."

pleased /pliːzd/ 形 기쁜, 즐거운

look	pleased	기뻐 보이다
seem	pleased	

▷ Ken **looks pleased**. He must have passed his exam! 켄은 기뻐 보인다. 시험에 통과한 게 분명하다.

extremely	pleased	아주 기쁜
really	pleased	정말로 기쁜
only too	pleased	
well	pleased	
particularly	pleased	특히 기쁜

▷ He's **really pleased** that we are coming! 그는 우리가 간다는 것에 아주 기뻐하고 있다!
▷ No problem. I was **only too pleased** to help. 괜찮아. 도울 수 있어서 아주 기뻤어.
▷ The football manager said he was **well pleased** with the result of the game. 축구 감독은 경기 결과에 아주 만족한다고 말했다.
▷ We're **particularly pleased** with the way you've been working recently. 우리는 당신의 최근 근무 태도가 특히 만족스럽습니다.

be pleased	at A	A에 만족하다
be pleased	with A	
be pleased	about A	A에 대해 기뻐하다

▷ Your father was very **pleased at** your exam results. 아버지는 네 시험 결과에 매우 기뻐하셨다.
▷ Amanda was very **pleased with** her birthday presents. 어맨다는 생일 선물들에 매우 기뻐했다.
▷ Anna was really **pleased about** getting her snorkeling certificate. 애나는 스노클링 자격증을 딴 것에 아주 기뻐했다.

be pleased	to do	…해서 기쁘다
be pleased	that...	…이 기쁘다

▷ She was very **pleased to** receive your present. 그녀는 네 선물을 받아서 아주 기뻐했다.
▷ She was **pleased that** he hadn't forgotten their wedding anniversary. 그녀는 그가 결혼 기념일을 잊지 않은 것이 기뻤다.

(PHRASES)

Pleased to meet you, Mr. Gordon. ☺ 만나서 반갑습니다, 고든 씨.

pleasure /pléʒər/ 名 기쁨, 즐거움; 쾌락

get	pleasure from A	A(사물)에서 기쁨을 얻다
get	pleasure out of A	
derive	pleasure from A	
give	pleasure to A	A(사람)에게 기쁨을 주다
bring	pleasure to A	
take	pleasure in A	A(사물)을 즐거워하다
find	pleasure in A	
have	the pleasure	기쁘게 생각하다

▷ She **gets** a lot of **pleasure from** eating out with her friends. 그녀는 친구들과 외식하는 것을 무척 좋아한다.
▷ She **derives** a lot of **pleasure from** doing volunteer work. 그녀는 자원 봉사 활동에서 많은 기쁨을 얻는다.
▷ Your visits to the old people's home **give** them a lot of **pleasure**. 여러분이 노인 시설을 찾아오는 것은 그들에게 많은 기쁨을 줍니다.

▷ He **takes pleasure in** playing practical jokes on people. 그는 사람들에게 장난 치는 것을 좋아한다.(★부정적인 문맥에서 사용하는 경우가 많다.)
▷ Today I **have** the **pleasure** *of* announcing the winner of our photography competition. 오늘 사진 대회의 우승자를 발표하게 된 것을 기쁘게 생각합니다.

great	pleasure	큰 기쁨
enormous	pleasure	
real	pleasure	진정한 기쁨
sheer	pleasure	더 없는 기쁨

▷ It was a **great pleasure** to meet you. 만나서 정말 기뻤습니다.
▷ It was a **real pleasure** to be here. 여기 와서 정말 기뻤다.
▷ "I won the lottery! Yeeeeaaah!" She laughed out loud in **sheer pleasure**. "복권에 당첨됐어! 이야!" 그녀는 터질 듯한 기쁨에 큰 소리로 웃었다.

(PHRASES)
(It's) my pleasure. ☺ 천만의 말씀입니다.(★감사를 표하는 말에 대한 대답) ▷ "Thanks for picking me up from the airport." "No problem. It's my pleasure." "공항에 마중나와 주셔서 고마워요." "천만에요. 제가 좋아서 한 일인걸요."

(It's a) pleasure to meet you. ☺ 만나서 반갑습니다.
▷ How do you do? It's a pleasure to meet you. 처음 뵙겠습니다. 만나서 반갑습니다.

pocket /pákit/ 명 주머니

put A	into a pocket	A를 주머니에 넣다
take A	out of a pocket	A를 주머니에서 꺼내다
reach	into one's pocket	주머니에 손을 넣다
search	in one's pocket	주머니를 뒤지다
empty	one's pockets	주머니에 든 것을 꺼내다
turn out	one's pockets	전부 꺼내다

▷ She **put** her hand **into** her jacket **pocket**. 그녀는 재킷 주머니에 손을 넣었다.
▷ She **reached into** her **pocket** and brought out a small notebook. 그녀는 주머니에 손을 넣어 작은 수첩을 꺼냈다.
▷ He **searched in** his **pockets**, but he couldn't find his railway ticket. 그는 주머니를 뒤졌지만 기차표를 찾지 못했다.

an inside	pocket	안주머니
an inner	pocket	
a top	pocket	윗주머니
a back	pocket	뒷주머니
a hip	pocket	
a breast	pocket	가슴 호주머니
a zipped	pocket	지퍼가 달린 주머니
a jacket	pocket	재킷 주머니
a coat	pocket	코트 주머니
a shirt	pocket	셔츠 주머니
a jeans	pocket	청바지 주머니
a trouser	pocket	바지 주머니

▷ Where's my wallet? I thought it was in my **inside pocket**. 내 지갑 어디 갔지? 안주머니에 있는 줄 알았는데.
▷ He was wearing a handkerchief in the **top pocket** of his suit. 그는 정장 윗주머니에 손수건을 꽂고 있었다.
▷ Charles kept his money in his **back pocket**. 찰스는 돈을 뒷주머니에 보관했다.

in	A's pocket	A의 주머니에
out of	A's pocket	A의 주머니에서
from	A's pocket	
from out of	A's pocket	

▷ How much money do you have **in** your **pocket**? 주머니에 돈이 얼마나 있니?
▷ He pulled a clean handkerchief **from out of** his **pocket** and gave it to her. 그는 주머니에서 깨끗한 손수건을 꺼내서 그녀에게 주었다.

point /pɔint/

명 논점; (대화의) 핵심, 요점; 지점; 목적; 득점

raise	the point	논점을 제기하다
illustrate	the point	논점을 설명하다
emphasize	the point	논점을 강조하다
come to	the point	대화의 핵심에 들어가다
get to	the point	
miss	the point	요점을 이해하지 못하다
reach	a point	지점에 이르다
score	a point	득점을 올리다

▷ I think it's very important to **raise** the **point** at our next meeting. 다음 회의에서 논점을 제기하는 것이 아주 중요하다고 생각한다.
▷ I'd like to **emphasize** the **point** that everybody is expected to attend next week's lecture. 전원이 다음주 강의에 출석해야 한다는 점을 강조하고 싶습니다.
▷ She said she understood but actually she completely **missed** the **point**. 그녀는 이해한다고 말했지만, 실제로는 요점을 전혀 이해하지 못했다.
▷ We haven't **scored** a **point** yet. 우리는 아직 득점을 하지 못했다.

| point |

a good	point	좋은 점
an important	point	중요한 점
a crucial	point	중요한 시점
a key	point	핵심
a major	point	주요한 점
a strong	point	강점
a weak	point	약점
boiling	point	비등점, 끓는점; (인내의) 한계
freezing	point	빙점, 어는점
melting	point	융점, 녹는점
a high	point	고점; 볼거리
a low	point	저점
a focal	point	초점
a turning	point	전환점
a meeting	point	만나는 장소

▷ "How can we go to the movies if we don't have any money?" **"Good point!"** "돈이 없는데 어떻게 우리가 극장에 갈 수 있지?" "좋은 지적이야!"

▷ Ted looks really angry! I think he's almost reached **boiling point**! 테드는 정말로 화나 보여! 거의 폭발 직전인 것 같아!

▷ The **freezing point** of water is 0 degrees centigrade. 물의 어는점은 섭씨 0도다.

▷ The guest appearance of Harrison Ford was the **high point** of the evening. 해리슨 포드가 찬조 출연한 것이 그날 밤의 하이라이트였다.

▷ Being sent by his company to Canada was a **turning point** in his career. 회사에서 캐나다 발령을 받은 것이 그의 경력의 전환점이 되었다.

at	this point	이 시점에서
at	that point	그 시점에서
at	one point	어느 시점에서
up to	a point	어느 정도까지
to	the point of A	A의 정도까지

▷ **At this point**, I think we'd better stop for a break. 여기에서 우리가 잠깐 쉬는 게 좋을 것 같다.

▷ **At one point** I thought we were going to lose the game. 어느 시점에 이르자, 나는 우리가 경기에 질 거라고 생각했다.

▷ I agree with you **up to a point**. 나는 어느 정도 너에게 동의한다.

| the point is | that... | 요점은 …다 |

▷ The **point is that** it's too late now to do anything about it. 요점은 이제 그것을 어떻게 하기에는 너무 늦었다는 것이다.

(PHRASES)
I see your point. / I take your point. / I get your point. ☺ 네가 무슨 말을 하고 싶은지 알아. ▷ "If we don't do something about it now, it will be too late!" "Yes, I see your point, but what can we do?" "우리가 지금 손을 쓰지 않으면 너무 늦을 거야!" "그래, 네가 무슨 말을 하고 싶은지 알아. 하지만 우리가 뭘 할 수 있겠어?"

That's not my point. ☺ 내가 하고 싶은 말은 그게 아니야.

There is no point in doing ... ☺ …해봐야 소용없다 ▷ She's not going to come. There's no point in waiting any longer. 그녀는 오지 않을 거야. 계속 기다려봐야 소용없어.

What's the point of doing ...? ☺ …하는 게 무슨 소용인가? ▷ What's the point of taking the exam? I know I won't pass! 시험을 보는 게 무슨 소용이야? 떨어질 게 뻔한데.

What's your point? ☺ 네가 하고 싶은 말이 뭐야? ▷ Yes, I understand all that, but what's your point? 그래 그건 다 알겠어. 그런데 네가 말하고 싶은 요점이 뭐야?

point /pɔint/ 图 가리키다

point	at A	A를 가리키다
point	to A	
point	toward A	A의 방향을 가리키다

▷ Stop it, Jason. It's rude to **point at** people! 그만해, 제이슨. 사람들에게 손가락질하는 건 무례한 일이야!

▷ "Look. We can sit there." He **pointed to** two empty seats in the back row. "자, 여기 앉으면 되겠다." 그는 뒷줄의 빈 자리 두 개를 가리켰다.

▷ "I think we go out this way," she **pointed toward** an exit sign on the right. "여기가 나가는 길인 것 같아." 그녀가 오른쪽의 출구 표시를 가리켰다.

police /pəlíːs/ 图 경찰 (★보통 the police의 형태로 복수 취급한다.)

call	the police	경찰을 부르다
contact	the police	경찰에 연락하다
tell	the police	경찰에 말하다
report A to	the police	경찰에게 A를 신고하다

▷ Someone's broken into our house! **Call the police**! 누가 우리 집에 침입했어! 경찰을 불러.

▷ If you think someone stole your wallet, you should **tell the police**. 누가 지갑을 훔친 것 같으면 경찰에 말해.

▷ If you see anything suspicious, you should **report it to the police**. 수상한 것을 보면 경찰에 신고해야 한다.

the police	appeal for A	경찰이 A를 강력하게 요구하다
the police	arrest A	경찰이 A를 체포하다
the police	investigate A	경찰이 A를 수사하다

▷ The **police** are **appealing for** information. 경찰은 정보를 달라고 강력하게 요구하고 있다.

▷ The **police arrested** him for driving without a license. 경찰은 그를 무면허 운전으로 체포했다.

▷ The **police** are **investigating** the murder. 경찰은 살인 사건을 수사하고 있다.

armed	police	무장 경찰
the local	police	지역 경찰
the secret	police	비밀 경찰

▷ There were many **armed police** patrolling the airport. 많은 무장 경찰이 공항을 순찰하고 있었다.

▷ Our **local police** are always very helpful. 우리 지역 경찰은 언제나 많은 도움이 된다.

political /pəlítikəl/ 혱 정치의, 정치적인

social and political	정치 사회적인
political and economic	정치 경제적인

★ political and social, economic and political로도 쓰인다.

▷ If the government raises the sales tax, it will have both **social and political** consequences. 정부가 소비세를 올리면 그것은 정치 사회적인 영향을 미칠 것이다.

▷ We need to have both **political and economic** reform. 우리는 정치와 경제 개혁이 모두 필요하다.

politics /pálətiks/ 몡 정치, 정치계; 정치학

enter (into)	politics	정계에 입문하다
go into	politics	
be involved in	politics	정치에 관여하다
dominate	politics	정계를 지배하다
leave	politics	정계를 떠나다
discuss	politics	정치를 논하다

▷ He decided to **enter politics** when he was very young. 그는 아주 어렸을 때 정계에 진출하기로 결심했다.

▷ She was **involved in politics** from a very early age. 그녀는 아주 어린 나이부터 정치에 관여했다.

▷ It's always dangerous to **discuss politics** with someone you don't know! 모르는 사람과 정치를 논하는 것은 언제나 위험한 일이다!

domestic	politics	국내 정치
national	politics	
local	politics	지방 정치
democratic	politics	민주 정치

▷ **National politics** sometimes make it difficult for EU members to agree with each other. 국내 정치는 때로 유럽 연합 가맹국들 사이의 합의를 어렵게 만든다.

▷ In many countries **democratic politics** does not exist. 민주 정치가 존재하지 않는 나라가 많다.

poor /puər/ 혱 가난한; 형편없는; 불쌍한

desperately	poor	몹시 가난한; 몹시 형편없는
extremely	poor	
pretty	poor	상당히 가난한; 상당히 형편없는
rather	poor	

▷ His marks in the exam were **extremely poor**. 그의 시험 점수는 아주 형편없었다.

▷ The rice crop this year was **pretty poor**. 올해 쌀 작황은 상당히 형편없었다.

poor	little A	불쌍한 A
poor	old A	

▷ The baby's been crying all day. **Poor little** thing. 아기는 하루 종일 울었다. 불쌍한 것.(★ thing 외에 poor little과 자주 쓰이는 것에는 girl, boy, chap, child 등이 있다.)

▷ Look at that **poor old** man. He's shivering with cold. 저 불쌍한 노인 좀 봐. 추위에 떨고 있어.(★ man 외에 poor old와 자주 함께 쓰이는 말에는 woman, chap 등이 있다.)

popular /pápjulər/ 혱 인기 있는; 대중적인

become	popular	인기를 끌다
prove	popular	인기가 있음이 밝혀지다

▷ It's difficult to say why K-pop has **become** so **popular** around the world. 왜 케이팝이 전 세계에서 그렇게 인기를 끄는지 이유를 설명하기는 어렵다.

extremely	popular	인기가 치솟는
immensely	popular	
highly	popular	인기가 많은
particularly	popular	특히 인기있는
especially	popular	
increasingly	popular	점점 더 인기를 끄는

▷ Smartphones are becoming **extremely popular**. 스마트폰의 인기가 하늘을 찌를 듯하다.

▷ Pete is **highly popular** among his friends. 피트

| population |

는 친구들 사이에 인기가 많다.
▷ Everybody loves Amy. She's **particularly popular** at school. 모두가 에이미를 좋아한다. 그녀는 특히 학교에서 인기가 많다.
▷ This new TV series is becoming **increasingly popular**. 새로 나온 이 TV 시리즈가 점점 더 인기를 끌고 있다.

popular	**with** A	A(사람)에게 인기 있는
popular	**among** A	A(사람) 사이에 인기 있는

▷ Even today, the Beatles are still **popular among** some young people. 오늘날에도 비틀즈는 여전히 일부 젊은이들 사이에 인기가 있다.

population /pɑpjuléiʃən/ 명 인구; (the population의 형태로 집합적인) 주민

a large	population	많은 인구
a small	population	적은 인구
the total	population	총인구
the urban	population	도시 인구
the rural	population	농촌 인구
the local	population	지역 인구
the whole	population	전 주민
half	the population	주민 절반

▷ China has always had a **large population**. 중국은 언제나 인구가 많았다.(★× many population, few population이라고는 하지 않는다.)
▷ A large percentage of the **total population** of Australia is centered in the cities. 오스트레일리아 총인구의 대부분이 도시에 집중되어 있다.
▷ The **local population** wants to have a new factory built in their area. 현지 주민들은 그들의 지역에 새 공장을 짓기를 바라고 있다.
▷ After the typhoon the **whole population** had no electricity for several days. 태풍 이후 전 주민은 며칠 동안 전기를 쓰지 못했다.
▷ By 2040 nearly **half** the **population** will be over the age of 60. 2040년이 되면 인구의 절반이 60세를 넘을 것이다.

position /pəzíʃən/
명 위치, 자세; 견해; 지위

change	one's **position**	자세를 바꾸다
take	a **position**	견해를 갖다
adopt	a **position**	
consider	the **position**	위치를 생각하다
occupy	a **position**	지위를 차지하다
hold	a **position**	지위에 있다
maintain	a **position**	지위를 유지하다
apply for	a **position**	자리에 지원하다
take up	a **position**	자리에 오르다
accept	a **position**	지위를 받아들이다

▷ He usually **takes** a moderate **position** on political issues. 그는 정치 문제에서는 대개 온건한 태도를 취한다.
▷ You should **consider the position** you're in more carefully. 네 위치를 좀 더 신중하게 생각해야 한다.
▷ Ms. Taylor **occupies** a very important **position** within the company. 테일러 씨는 회사에서 아주 중요한 지위를 차지하고 있다.
▷ She **holds** the **position** of managing director in her company. 그녀는 회사에서 상무 이사의 지위에 있다.
▷ She **took up** a **position** as hotel manager last month. 그녀는 지난달에 호텔 지배인 자리에 올랐다.

an upright	**position**	꼿꼿한 자세
a comfortable	**position**	편안한 자세
a dominant	**position**	지배적인 위치
a good	**position**	유리한 위치
a strong	**position**	
a unique	**position**	독자적인 위치
the present	**position**	현재의 지위; 지금의 상황
a financial	**position**	재정 상황
A's social	**position**	A의 사회적 지위

▷ Put your seat in an **upright position**. 의자를 똑바로 세워주세요.
▷ We've maintained a **dominant position** in the market during the last 6 months. 우리는 지난 여섯 달 동안 시장에서 지배적인 위치를 유지했다.
▷ I think we should ask for more money. We're in a very **strong position**. 나는 우리가 돈을 좀 더 요구해야 한다고 생각합니다. 우리가 굉장히 유리한 위치에 있잖아요.
▷ The President is in a **unique position**. He can change the course of history. 대통령은 독자적인 위치에 있다. 그는 역사의 흐름을 바꿀 수도 있다.
▷ Could you give us an update on the **present position**? 현 상황의 최신 정보를 알려줄 수 있나요?
▷ These newspaper stories are certain to affect her **social position**. 이 신문 기사들은 분명히 그녀의 사회적 지위에 영향을 미칠 것이다.

in	a **position**	위치에 있는
in	**position**	제자리에 있는
into	**position**	
out of	**position**	제자리를 벗어난

▷ I'm sorry. I'm afraid I'm not **in** a **position** to help you. 죄송합니다. 저는 도움을 드릴 위치에 있지 않습니다.
▷ Everything's **in position**. We're ready to start. 모든 것이 제자리에 있다. 출발할 준비가 되었다.

positive /pázətiv/

적극적인; 확신하고 있는; 긍정적인; 양성의

positive	about A	A를 확신하는; A에 적극적인

▷ I like Debby. She's always so **positive about** everything. 나는 데비가 좋다. 그녀는 언제나 모든 일에 적극적이다.

be positive	(that)...	…라고 확신하다

▷ I'm **positive that** I left my watch on this table. 내가 이 테이블에 시계를 두고 간 게 확실하다.

test positive (for A)	(A(약물)에) 양성 반응이 나오다

▷ Unfortunately the Olympic Games athlete **tested positive for** drugs. 안타깝게도 그 올림픽 출전 선수는 약물에 양성 반응이 나왔다.

positive and negative	긍정적이고 부정적인

▷ I think there are both **positive and negative** points about going to live in Canada. 캐나다에 이민가는 데는 긍정적인 점과 부정적인 점이 다 있는 것 같다.

possession /pəzéʃən/ 소유; 소유물

take	possession	손에 넣다
come into	A's possession	A의 소유물이 되다

★ come into (the) possession of A도 쓰인다.

▷ The bank **took possession** *of* his house last week. 은행은 지난주에 그의 집을 압류했다.
▷ How did this jewelry **come into** your **possession**? 어떻게 이 보석이 네 손에 들어오게 되었니?

exclusive	possession	점유, 전유
personal	possessions	개인 소유물
a prized	possession	소중한 소유물
a treasured	possession	

▷ Both countries claim **exclusive possession** of the island. 두 나라가 모두 그 섬의 점유권을 주장한다.
▷ You can put your **personal possessions** in this locker. 개인 소유물은 이 사물함에 넣어둘 수 있다.

in	possession of A	A를 소유한
in	one's possession	소유한

▷ The police charged him with being **in possession of** stolen goods. 경찰은 장물 소지 혐의로 그를 고발했다.
▷ He has a beautiful painting by Chagall **in** his **possession**. 그는 샤갈의 아름다운 그림 한 점을 소유하고 있다.

possibility /pɑ̀səbíləti/ 가능성

offer	the possibility	가능성을 제공하다
open	the possibility	가능성을 열다
open up	possibilities	
suggest	the possibility	가능성을 암시하다
consider	the possibility	가능성을 고려하다
discuss	the possibility	가능성을 논하다
explore	the possibility	가능성을 탐색하다
investigate	the possibility	
reduce	the possibility	가능성을 줄이다
rule out	the possibility	가능성을 배제하다
exclude	the possibility	

▷ We haven't found any evidence **suggesting** the **possibility** of a missile launch. 우리는 미사일 발사의 가능성을 시사하는 어떤 증거도 찾지 못했다.
▷ We should **consider** the **possibility** of trying to extend our bank loan. 우리는 은행 대출을 연장해볼 가능성을 고려해야 한다.
▷ I think we should **explore** the **possibility** of merging with another company. 우리는 다른 회사와 합병할 가능성을 탐색해봐야 한다고 생각한다.
▷ I think we should install more alarms to **reduce** the **possibility** of theft. 도난의 가능성을 줄이기 위해서 경보기를 더 설치해야 한다고 생각한다.

a strong	possibility	높은 가능성
a great	possibility	큰 가능성
a real	possibility	현실적 가능성
a distinct	possibility	분명한 가능성
a remote	possibility	희박한 가능성
another	possibility	또 다른 가능성
other	possibilities	그 밖의 가능성들

★ '높은 가능성'을 a high possibility라고 하지 않는다.

▷ There's a **real possibility** that she'll have to stay in hospital for 2 or 3 months. 그녀가 두세 달 동안 입원해야 할 현실적 가능성이 있다.
▷ There's a **distinct possibility** that you'll be promoted next year. 당신이 내년에 승진할 만한 분명한 가능성이 있어요.
▷ There's only a **remote possibility** that our boss is going to leave. 우리 상사가 그만둘 가능성은 희박하다.
▷ **Another possibility** is to cancel the trip. 또 다

른 가능성은 여행을 취소하는 것이다.

possibility	for A	A의 가능성
possibility	of doing	…할 가능성

▷ Our company is doing well, but there's still **possibility for** further development. 우리 회사는 잘 되고 있지만, 아직 더 발전할 가능성이 있다.
▷ There is no **possibility of** getting any tickets for the show. All the seats are sold out. 그 공연 티켓을 살 가능성이 전혀 없다. 전좌석이 매진이다.

possibility	that…	…라는 가능성

▷ The **possibility that** he could lose the race never occurred to him. 그는 자신이 경주에 질 수도 있다는 생각은 해보지 않았다.

possible /pásəbl/ 혱 가능한

perfectly	possible	전적으로 가능한
quite	possible	충분히 가능한
still	possible	여전히 가능한
theoretically	possible	이론적으로 가능한
always	possible	언제나 가능한
not always	possible	늘 가능하지는 않은
no longer	possible	더 이상 가능하지 않은

▷ It's **perfectly possible** that I made a mistake. 내가 실수를 했을 가능성도 당연히 있다.
▷ It's **not always possible** to get what you want. 원하는 걸 얻는 일이 언제나 가능한 것은 아니다.
▷ We have concluded that it is **no longer possible** to reach an agreement. 우리는 합의에 이르는 것이 더 이상 가능하지 않다는 결론을 내렸다.

if (at all)	possible	가능하다면
when(ever)	possible	가능하다면 언제라도
where(ever)	possible	가능하다면 어디라도

▷ **If possible**, could you complete the report by the end of this week? 가능하다면 이번 주 말까지 보고서를 완성해주시겠습니까?
▷ I visit my grandmother in hospital **whenever possible**. 나는 가능할 때마다 병원에 계신 할머니를 찾아 뵙는다.

it is possible	(for A) to do	(A(사람)가) …하는 것은 가능하다
it is possible	that…	…은 가능하다
make it possible	(for A) to do	(A(사람)가) …하는 것을 가능하게 하다

▷ **Is it possible to** have some extra lessons in English? 영어 보충 수업을 받을 수 있나요?
▷ Her teacher **made it possible for** her **to** study in the USA. 그녀의 선생님은 그녀가 미국에서 공부할 수 있게 해주었다.

as soon as	possible	되도록 빨리
as quickly as	possible	
as far as	possible	가능한 한

▷ Can you try to get here **as soon as possible**? 되도록 빨리 여기 와줄 수 있어?
▷ Could you ask him to call me back **as quickly as possible**? 그에게 되도록 빨리 제게 전화해 달라고 부탁해 주시겠어요?
▷ I think we should cooperate with them **as far as possible**. 우리는 가능한 한 그들과 협력해야 한다고 생각해.

post /poust/

명 지위, 직, 자리; 《영》우편; 우편물(《미》mail)

apply for	a post	자리에 지원하다
get	a post	자리를 얻다
take up	a post	자리에 오르다
hold	a post	자리에 있다
leave	a post	자리를 떠나다
resign	one's post	

▷ I'm going to **apply for** a **post** as marketing manager. 나는 마케팅 관리자 자리에 지원할 것이다.
▷ Tom's found a job. He's **got** a **post** with a trading company. 톰이 취직했어. 무역 회사에 자리를 얻었다.
▷ He **holds** a **post** as company director. 그는 회사 이사직에 있다.
▷ He **resigned** his **post** as Foreign Minister. 그는 외무부 장관직을 떠났다.

an administrative	post	관리직, 행정직
a senior	post	상급직
a key	post	요직

▷ I applied for an **administrative post** at my old university. 나는 모교 대학의 행정직에 지원했다.
▷ He holds a **key post** in the US government. 그는 미국 정부의 요직에 있다.

by	post	우편으로
in	the post	우송된; 우송중인

▷ You don't have to take these heavy books with you. I'll send them **by post**. 이 무거운 책을 네가 들고 갈 필요 없어. 내가 우편으로 보낼게.
▷ Your check's **in** the **post**. 귀하의 수표는 우송 중입니다.

power /páuər/

명 권력, 정권; 힘, 능력; 대국; 에너지

come to	power	정권을 잡다
be in	power	정권을 잡고 있다
get	power	정권을 잡다
seize	power	
take	power	
return to	power	다시 정권을 잡다
exercise	power	권력을 행사하다
use	power	
abuse	one's power	권력을 남용하다
lose	power	권력을 잃다
have	the power	힘이 있다
extend	the power	힘을 확대하다
increase	the power	힘을 늘리다
retain	the power	힘을 유지하다
provide	the power	에너지를 공급하다

▷ The present government has been **in power** for much too long. 현정부는 너무 오랫동안 정권을 잡고 있다.

▷ Colonel Qaddafi **seized power** in Libya many years ago. 카다피 대령은 오래 전에 리비아의 정권을 잡았다.

▷ After such a large defeat it will be difficult for our party to **return to power**. 그런 참패 이후 우리 당이 다시 정권을 장악하기는 힘들 것이다.

▷ I'm afraid I don't **have** the **power** to help you. 안타깝지만 나는 너를 도와줄 힘이 없어.

▷ If you push that switch, it **increases** the **power** of the hairdryer. 스위치를 누르면 헤어드라이어의 세기가 강해진다.

▷ This generator will **provide** the **power** if there's an electricity cut. 정전이 되면 이 발전기가 전력을 공급할 것이다.

considerable	power	상당한 힘
real	power	실권
economic	power	경제력
political	power	정치력
purchasing	power	구매력
a great	power	대국, 강국
an economic	power	경제 대국
electric	power	전력
nuclear	power	원자력
wind	power	풍력
full	power	최고 출력
high	power	고출력
low	power	저출력

▷ She worked her way up from nothing to a position of **considerable power**. 그녀는 맨땅에서 시작해서 상당한 힘이 있는 지위까지 노력해서 올라갔다.

▷ It's the people behind the Prime Minister who have the **real power**. 실권은 총리 뒤에 있는 사람들에게 있다.

▷ The Prime Minister has a lot of **political power**. 총리는 정치력이 크다.

▷ Britain used to be a **great power** in the 19th century. 영국은 19세기에 강국이었다.

▷ The vacuum cleaner is on **full power** but it's not sucking up any dirt. 진공청소기를 최고 세기로 했는데도 먼지를 빨아들이지 못하고 있다.

▷ You can switch this machine to **high power** or **low power**. 이 기계는 고출력 또는 저출력으로 바꿀 수 있다.

power	over A	A에 대한 영향력

▷ He does everything she tells him to do. She seems to have some **power over** him. 그는 그녀가 시키는 일은 다 한다. 그녀는 그에게 꽤 영향력이 있는 것 같다.

the power	to do	…할 능력

▷ She has the **power to** decide who gets the job. 그녀는 누구에게 그 자리를 줄지 결정할 힘이 있다.

the balance of	power	힘의 균형

▷ The **balance of power** will shift to the East as India and China continue to grow. 인도와 중국이 계속 성장하면서 힘의 균형은 동양으로 이동할 것이다.

powerful /páuərfəl/ 형 강력한; 유력한

extremely	powerful	아주 강력한
immensely	powerful	
particularly	powerful	특히 강력한
increasingly	powerful	점점 더 강력해지는

▲ powerful은 대개 기세를 나타내는 명사(machine, engine, vacuum cleaner, computer 등)와 결합하는 데 반해서, strong은 대개 생명체와 관련된 명사(man, horse, body, arms, teeth 등)와 결합한다. powerful man은 '영향력이 있는 남자'고, strong man은 '몸이 튼튼한 남자'다.)

▷ The engine on this new bullet train is **extremely powerful**. 이 신형 초고속 열차의 엔진은 아주 강력하다.

▷ Supporters of the Green Party are becoming **increasingly powerful**. 녹색당 지지자들은 점점 더 세력을 얻고 있다.

| practical |

powerful	enough	충분히 강력한

▷ My motor mower isn't **powerful enough** to cut that long grass! 내 전동 잔디깎이는 그렇게 긴 풀을 벨 만큼 힘이 세지 않다.

practical /præktikəl/

혱 실제적인; 실용적인

highly	practical	아주 실용적인
purely	practical	전적으로 실용적인

▷ You don't need to study a lot of theory in this course. It's **highly practical**. 이 강좌에서는 많은 이론을 공부할 필요가 없다. 아주 실용적인 강좌이기 때문이다.

▷ The work experience on this farm is **purely practical**. 이 농장의 직업 체험은 굉장히 실용적이다.

practice /præktis/

명 실행, 실천; 관행; 연습

put A	into practice	A를 실행에 옮기다
adopt	the practice	관행을 채택하다
follow	the practice	관행을 따르다
change	the practice	관행을 바꾸다

▷ I think Mike has some very good ideas. We should **put** them **into practice**. 마이크가 좋은 생각들이 있는 것 같아. 우리가 그것을 실행에 옮겨야 해.

▷ He's a craftsman. He **follows** the **practice** of hundreds of years of tradition. 그는 장인이다. 그는 수백 년 동안 전해진 전통의 관행을 따른다.

▷ We need to **change** the **practice** of taking an hour and a half for lunch break. An hour is plenty of time. 우리는 점심 시간을 1시간 반으로 하는 관행을 바꾸어야 한다. 한 시간이면 충분하다.

current	practice	현재의 관행
common	practice	일반적인 관행
standard	practice	
normal	practice	
general	practice	평범한 관행; 일반 의료
business	practice	사업 관행
management	practice	경영 관행
medical	practice	의료 행위; 의원
legal	practice	법무; 변호 업무
private	practice	(의사·변호사의) 개업

▷ It's **current practice** for our company to hold a health check every year. 우리 회사는 현재 관행으로 매년 건강 검진을 한다.

▷ It's **common practice** to leave a tip for your waitress in the West. 서양에서는 웨이트리스에게 팁을 남기는 것이 일반적인 관행이다.

▷ She wants to be a doctor and go into **medical practice**. 그녀는 의사가 되어서 병원 개업을 하려고 한다.

out of	practice	연습이 부족한
with	practice	연습하면

▷ I haven't played tennis for ages so I'm afraid I'm rather **out of practice**. 테니스를 치지 않은 지 꽤 시 오래 되어서 상당히 연습이 부족하다.

praise /preiz/ 명 칭찬

be full of	praise	크게 칭찬하다
win	praise	칭찬을 받다
earn	praise	
receive	praise	
deserve	praise	칭찬받을 만하다
heap	praise	칭찬을 쏟아 붓다

▷ Your boss was **full of praise** for your recent efforts. 상사가 당신이 최근 노력한 바를 크게 칭찬했어요.

▷ Her paintings **won** a lot of **praise**. 그녀의 회화 작품들은 많은 찬사를 받았다.

▷ He **deserves** a lot of **praise** for what he did. 그가 한 일은 많은 칭찬을 받을 만하다.

▷ After she won the gold medal for Korea, everybody **heaped praise** on her. 그녀가 한국 대표로 금메달을 딴 후에, 모두가 그녀에게 칭찬을 퍼부었다.

high	praise	큰 칭찬

▷ He received **high praise** for winning the 100 meter dash. 그는 100미터 달리기에 우승해서 큰 칭찬을 받았다.

praise	for A	A에 대한 칭찬
praise	from A	A로부터의 칭찬
in praise	of A	A를 칭찬해서

▷ She received special **praise from** the school principal for her essay. 그녀는 리포트로 교장 선생님께 특별한 칭찬을 받았다.

▷ The Minister of Culture, Sports and Tourism made a speech **in praise of** the Olympic team. 문화체육관광부 장관은 올림픽 팀을 칭송하는 연설을 했다.

praise /preiz/ 동 칭찬하다

highly	praise	크게 칭찬하다
be widely	praised	널리 칭찬받다

▷ He was **highly praised** for saving his friend's life. 그는 친구의 목숨을 구해서 크게 칭찬받았다.

praise A	for B	A(사람)의 B를 칭찬하다

▷ Her teacher **praised** her **for** her homework. 선생님은 그녀의 숙제를 칭찬했다.
▷ She was **praised for** the high standard of her English essay. 그녀는 수준 높은 영어 작문으로 칭찬을 받았다.

pray /prei/ 图 기도하다, 기원하다

pray	silently	조용히 기도하다
pray	earnestly	간절히 기도하다

▷ She went to the church to **pray silently** for her grandmother. 그녀는 교회에 가서 할머니를 위해 조용히 기도를 했다.

pray (to A)	for B	(A에게) B를 기도하다

▷ I **prayed for** your recovery. 네가 회복하기를 기도했다.

pray	(that)...	...하는 것을 기도하다

▷ I **prayed** to God **that** my family were safe after the earthquake. 나는 지진이 일어난 후 우리 가족이 무사하기를 하느님께 기도했다.

predict /pridíkt/ 图 예언하다, 예측하다

accurately	predict	정확히 예측하다
correctly	predict	올바르게 예측하다
confidently	predict	확신을 가지고 예측하다
be widely	predicted	널리 예상되다

▷ It's difficult to **accurately predict** earthquakes. 지진을 정확히 예측하기는 힘들다.
▷ We can **confidently predict** that China will become the world's leading economic power. 우리는 중국이 세계의 경제 대국이 될 것임을 확신을 가지고 예측할 수 있다.
▷ It was **widely predicted** that global warming would affect the world's climate. 지구 온난화가 세계 기후에 영향을 미칠 것이라고 널리 예측되고 있다.

predict	(that)...	...라고 예측하다

▷ We can **predict that** robots will play a large part in our lives in the future. 우리는 로봇이 미래에 인간의 생활에 큰 역할을 할 거라고 예측할 수 있다.

prefer /prifə́ːr/ 图 선호하다, 더 좋아하다

really	prefer	정말로 선호하다
generally	prefer	일반적으로 선호하다
still	prefer	여전히 선호하다

▷ I **generally prefer** to eat at home in the evenings. 나는 대체로 집에서 저녁을 먹는 것을 좋아한다.
▷ I know you like the blue dress, but I **still prefer** the red (one). 네가 파란 드레스를 좋아하는 걸 알지만, 나는 아직도 빨간 드레스가 더 좋아.

prefer A	to B	B보다 A를 좋아하다

▷ When I eat fish, I **prefer** white wine **to** red. 생선을 먹을 때 나는 레드와인보다 화이트와인이 더 좋다.

prefer	(that)...	...인 것을 선호하다
prefer	to do	...하는 편을 선호하다
prefer	doing	

▷ I'd **prefer that** we meet inside rather than outside the cinema. 극장 밖이 아니라 안에서 만나는 게 좋을 것 같다.
▷ I don't think I want to continue working for this company. I'd **prefer** instead **to** find a job somewhere else. 나는 이 회사에서 계속 일하고 싶지 않아. 대신 다른 일자리를 찾고 싶어.
▷ I **prefer** eating at home tonight. 오늘밤은 집에서 먹고 싶다.

pregnant /prégnənt/ 图 임신한

get	pregnant	임신하다
become	pregnant	

▷ She **became pregnant** *with* her second child. 그녀는 둘째 아이를 임신하고 있다.

heavily	pregnant	만삭인

preparation /prèpəréiʃən/ 图 준비

make	preparations	준비하다
be in	preparation	준비 중이다
complete	preparations	준비를 완료하다
require	preparation	준비가 필요하다

▷ We need to **make preparations** *for* our trip to Guam. 우리는 괌 여행을 준비해야 한다.
▷ The dictionary hasn't been published yet. It's still **in preparation**. 그 사전은 아직 출간되지 않았다. 아직 준비 중이다.
▷ I still haven't **completed preparations** for this

evening's party. 아직 오늘 저녁 파티 준비를 못 끝 냈어.

▷ If I'm going to give a lecture, it will **require** a lot of **preparation**. 내가 강연을 한다면 많은 준비가 필요할 것이다.

adequate	preparation	충분한 준비
careful	preparation	꼼꼼한 준비
good	preparation	좋은 대비
final	preparations	최종 준비

▷ Organizing a class reunion after 20 years will take a lot of **careful preparation**. 졸업 20주년 동창회를 꾸리려면 꼼꼼한 준비가 필요할 것이다.

▷ Doing an internship is **good preparation** for doing a full-time job. 인턴 근무는 상근직으로 일하기 위한 좋은 훈련이다.

▷ I'm nearly ready. I'm just making the **final preparations**. 나는 준비 거의 다 됐어. 최종 준비를 하고 있어.

| preparation | for A | A를 위한 준비 |

▷ **Preparations for** tomorrow's sports day have just been completed. 내일 운동회를 위한 준비가 막 완료되었다.

| in | preparation for A | A에 대비해서 |

▷ We had to buy many new things **in preparation for** our new baby! 우리는 아기가 태어날 때를 대비해서 많은 것들을 새로 사야 했다!

prepare /pripέər/ 图 준비하다

| adequately | prepare | 충분히 준비하다 |
| busily | prepare | 바쁘게 준비하다 |

▷ I'm afraid we didn't **adequately prepare** for this number of guests. 우리는 이만한 인원의 손님을 맞을 준비를 충분히 하지 못했다.

| prepare | for A | A의 준비를 하다 |
| prepare A | for B | B를 위해 A를 준비하다; B를 위해 A를 준비시키다 |

▷ The river is very high. We need to **prepare for** the possibility of flooding. 강의 수위가 매우 높다. 홍수가 일어날 가능성에 대비해야 한다.

▷ We need to **prepare** rooms **for** our guests. 우리는 손님들을 위해 방을 준비해 놓아야 한다.

▷ It took hours to **prepare** her **for** the wedding. 그녀에게 결혼식 준비를 시키는 데 많은 시간이 걸렸다.

| prepare | to do | …할 준비를 하다 |
| prepare A | to do | A(사람)에게 …할 준비를 시키다 |

▷ The phone rang just when we were **preparing to go out**. 우리가 나가려고 준비하는데 전화가 울렸다.

▷ They tried to **prepare** him **to hear** some bad news. 그들은 그에게 나쁜 소식을 들을 마음의 준비를 시키려고 했다.

prepared /pripέərd/ 图 준비된

well	prepared	잘 준비된
properly	prepared	
badly	prepared	준비가 부족한
carefully	prepared	꼼꼼히 준비된
freshly	prepared	방금 요리된

▷ It will be snowing on the mountain so we need to be **carefully prepared**. 산에 눈이 올 것이므로 우리는 꼼꼼히 준비해야 한다.

▷ These sandwiches are **freshly prepared**. 이 샌드위치는 방금 만든 것이다.

| prepared | for A | A에 대비한 |

▷ The police were not **prepared for** such a big crowd of people. 경찰은 그렇게 많은 군중을 통솔할 준비가 되어 있지 않았다.

present /préznt/ 图 선물

make (A)	a present	(A(사람)에게) 선물을 하다
wrap	a present	선물을 포장하다
receive	a present	선물을 받다
open	a present	선물을 뜯다

▷ I said I liked her Chinese vase and immediately she **made** (me) **a present** of it. 내가 그녀의 꽃병이 예쁘다고 했더니 그녀는 즉시 그것을 (내게) 선물로 주었다.

▷ The shop assistant **wrapped** the **present** beautifully. 상점 점원은 선물을 아름답게 포장해 주었다.

▷ Aren't you going to **open** your **present**? 선물 안 뜯어볼 거야?

| a present | for A | A(사람)에게 주는 선물 |
| a present | to A | |

▷ I need to buy a **present for** my mom's birthday. 우리 엄마 생일 선물을 사야 한다.

▷ This is a **present to** us all from my uncle Tom. 이것은 톰 삼촌이 우리 모두에게 주는 선물이다.

a Christmas	present	크리스마스 선물
a birthday	present	생일 선물
a wedding	present	결혼 선물

president /prézədənt/

명 대통령; 사장, 회장

the current	president	현 대통령; 현 사장
vice	president	부통령; 부사장
acting	president	사장 대리
honorary	president	명예 회장

▷ The real president is away. I'm just the **acting president** until he returns. 사장 본인은 부재중입니다. 저는 그분이 돌아올 때까지만 맡는 사장 대리입니다.

press /pres/ 명 (the press의 형태로) (집합적) 출판물, 신문, 잡지; 언론, 보도진(★단수·복수 취급); (매스컴의) 논평; 인쇄기, 인쇄

leak	to the press	언론에 누설하다
talk	to the press	언론에 말하다
speak	to the press	
go	to press	인쇄에 들어가다

▷ We hoped nobody would find out, but unfortunately the story was **leaked to the press**. 우리는 아무도 알아내지 않기를 바랐지만, 안타깝게도 그 기사는 언론에 누설되었다.

▷ He refuses to **talk to the press**. 그는 언론에 밝히지 않으려 한다.

▷ Finally my book is ready to **go to press**. 마침내 내 책이 인쇄에 들어갈 준비가 되었다.

the press	reports	언론이 보도하다

▷ The **press reported** last week that there were severe floods in Thailand. 지난주에 태국에 큰 홍수가 있었다는 언론 보도가 있었다.

the foreign	press	해외 언론
the local	press	지역지
the national	press	전국지
the popular	press	대중지
the tabloid	press	타블로이드지
the financial	press	경제지
a good	press	호평
a bad	press	악평

▷ According to the **national press** the number of unemployed is rising. 전국지에 따르면 실업자 수가 증가하고 있다.

▷ The **popular press** are always interested in publishing the latest scandal. 대중지들은 늘 최근 스캔들을 터뜨리는 데 관심이 있다.

▷ This new movie got a very **good press**. 이 신작 영화는 아주 좋은 평을 받았다.

in	the press	보도된

▷ Recently a lot of news about the royal family has been reported **in the press**. 최근 왕실에 대한 소식이 언론에 많이 보도되었다.

press /pres/

동 누르다; 강요하다, 압력을 가하다

gently	press	약하게 누르다
lightly	press	가볍게 누르다
press	firmly	단단히 누르다

★ press gently, press lightly라고도 한다.

▷ Don't press the button too hard. Just **press** it **lightly**. 버튼을 너무 세게 누르지 마. 그냥 약하게 누르면 돼.

▷ When you stick the stamp on the envelope, **press firmly**. 봉투에 우표를 붙일 때는 확실히 눌러야 해.

press A	against B	A를 B에 대고 누르다
press A	into B	A를 B에 밀어 넣다
press	down on A	A를 밟아 누르다
press	for A	A를 강하게 요구하다
press	A for B	A(사람)에게 B를 요구하다

▷ She **pressed** her ear **against** the door, trying to hear what they were saying inside. 그녀는 귀를 문에 대고 그들이 안에서 하는 말을 들으려고 했다.

▷ I **pressed** the key **into** the lock but it wouldn't turn. 나는 열쇠를 자물쇠에 밀어 넣었지만, 열쇠는 돌아가지 않았다.

▷ He **pressed down on** the brake but nothing happened. 그는 브레이크를 밟았지만 아무 반응이 없었다.

▷ The union is **pressing for** an increase in salaries. 노동 조합은 임금 인상을 강력하게 요구하고 있다.

▷ I think we should **press** the government **for** more information. 우리가 정부에 더 많은 정보를 구해야 한다.

press A	to do	A(사람)가 …하게 압박하다

▷ She kept **pressing** him **to** take her out to dinner. 그녀는 그에게 외식을 시켜달라고 계속 압박했다.

pressure /préʃər/ 명 압력, 압박

feel	(the) pressure	압력을 느끼다
resist	pressure	압력에 저항하다
withstand	pressure	압력을 견디다
keep up	the pressure	압력을 계속 가하다

| pretend |

give in to	pressure	압력에 굴하다
bow to	pressure	
exert	pressure on A	A를 압박하다
put	pressure on A	
increase	the pressure	압력을 높이다
reduce	the pressure	압력을 줄이다
relieve	the pressure	

▷ So far the Foreign Minister has **resisted pressure** to resign. 지금까지 외교부 장관은 사임 압력에 저항하고 있다.
▷ Don't stop writing letters to the manager. We need to **keep up** the **pressure**. 매니저에게 편지를 계속 써. 우리가 압력을 계속 가해야 해.
▷ We need to **exert pressure on** our company to increase salaries. 우리는 임금을 인상해달라고 회사를 압박해야 한다.
▷ If you open this valve, it **reduces the pressure** inside the boiler. 이 밸브를 열면 보일러 내부의 압력이 내려간다.

considerable	pressure	상당한 압력
constant	pressure	끊임없는 압력
great	pressure	커다란 압력
strong	pressure	강한 압력
intense	pressure	
severe	pressure	
increasing	pressure	커지는 압력
external	pressure	외부의 압력
political	pressure	정치적 압력
social	pressure	사회적 압력
financial	pressure	재정적 압력
high	pressure	고압
low	pressure	저압

▷ Tom's been under **considerable pressure** at work over the last few weeks. 톰은 지난 몇 주일 동안 직장에서 상당한 압력을 받았다.
▷ Doctors are under **constant pressure** to treat more and more patients. 의사들은 점점 더 많은 환자를 치료해야 하는 끊임없는 압력을 받고 있다.
▷ The government is under **severe pressure** to reexamine the use of nuclear power. 정부는 원자력 사용을 재검토하라는 강한 압력을 받고 있다.
▷ When a submarine goes deep, the **external pressure** from the sea is very great. 잠수함이 깊이 내려가면 바다에서 오는 외부 압력이 아주 높다.
▷ The government had to hold an election due to **political pressure**. 정부는 정치적 압력으로 인해 선거를 실시해야 했다.

| under | pressure | 압력을 받아, 스트레스를 받아 |

pressure	for A	A를 요구하는 압력
pressure	from A	A로부터의 압력
pressure	on A	A를 향한 압력

★under pressure는 be under pressure, come under pressure, be brought under pressure나 place A under pressure, put A under pressure 등의 형식으로 자주 사용된다.

▷ Sorry I got angry. I've been **under** a lot of **pressure** at work recently. 화내서 미안해. 요즘 회사에서 스트레스를 많이 받아서 그래.
▷ We're **coming under** a lot of **pressure** because nearly half the staff have left. 우리는 직원의 절반 가까이가 그만두어서 많은 스트레스를 받고 있다.
▷ There's a strong **pressure for** change within our education system. 우리 교육 제도 내부에서 변화를 요구하는 강한 압력이 있다.

pretend /priténd/

图 흉내 내다, …인 척하다

pretend	to do	…하는 척하다
pretend	to be A	A인 척하다
pretend	(that)…	…인 척하다

▷ She **pretended to** enjoy the meal, but actually she hated it. 그녀는 맛있게 먹는 척했지만, 실제로는 그것이 너무 먹기 싫었다.
▷ "Oh! Really? Are you sure?" said Shirley. She **pretended to be** surprised. "오! 정말? 그게 정말이야?" 설리가 말했다. 그녀는 놀란 척했다.
▷ Don't **pretend that** you didn't hear me! 내 말 못들은 척하지 마!

| try to | pretend (that)… | …인 척하려고 하다 |

▷ **Try to pretend that** you're enjoying yourself! 즐거운 척해봐.

pretty /príti/ 图 예쁜

| exceptionally | pretty | 두드러지게 예쁜 |
| really | pretty | 정말로 예쁜 |

▷ I think your sister is **exceptionally pretty**. 네 언니는 두드러지게 예쁘더라.
▷ That dress makes you look **really pretty**! 그 드레스를 입으니 네가 정말로 예뻐 보여!

prevent /privént/ 图 막다

| effectively | prevent | 효과적으로 막다 |

▷ The new law **effectively prevents** smoking in public places. 새 법률은 공공 장소의 흡연을 효과적으로 막아준다.

prevent A (from) doing A가 …하지 못하게 막다

▷ The security guard **prevented** him **from entering** the building. 경비원은 그가 건물에 들어오지 못하게 막았다.

price /praɪs/ 명 가격; 대가

set	prices	가격을 정하다
charge	prices	가격을 부과하다
raise	prices	가격을 올리다
increase	prices	
cut	prices	가격을 내리다
reduce	prices	
affect	prices	가격에 영향을 미치다
keep	prices down	가격을 낮게 유지하다
keep	prices low	
pay	the price	(비유적) 대가를 치르다

▷ Apparently several petrol companies had a meeting to **set** the same gasoline **prices**. 아무래도 몇몇 석유 회사들이 휘발유 가격을 똑같이 정하려고 담합을 한 것 같았다.

▷ Some department stores have **cut prices** by up to 50%. 몇몇 백화점이 가격을 최대 50%까지 내렸다.

▷ The increase in demand will **affect prices**. 수요의 증가는 가격에 영향을 미칠 것이다.

▷ Our company is doing its best to **keep prices down**. 우리 회사는 가격을 낮게 유지하기 위해 최선을 다하고 있다.

▷ If you don't give up smoking, you'll **pay the price** later. 너 담배를 끊지 않으면 나중에 그 대가를 치를 거야.

a price	rises	가격이 오르다
a price	increases	
a price	goes up	
a price	falls	가격이 내리다
a price	goes down	
a price	includes A	가격이 A를 포함하다

▷ The **price** of electricity is going to **rise** again soon. 전기 요금이 곧 다시 오를 것이다.

▷ The **price includes** sales tax. 가격에는 소비세가 포함되어 있다.

a high	price	높은 가격
a low	price	낮은 가격
a fair	price	적정 가격
a reasonable	price	합리적인 가격
a competitive	price	(남보다) 싼 가격
full	price	전액
half	price	반액
a good	price	좋은 가격
an average	price	평균 가격
a fixed	price	정가, 고정 가격
stock	prices	주가
bond	prices	채권 가격
house	prices	주택 가격
land	prices	지가, 땅값
food	prices	식품 가격
oil	prices	원유 가격
electricity	prices	전기 요금
the market	price	시장 가격
the purchase	price	구입 가격
the retail	price	소매 가격

▷ You have to pay a very **high price** for some brand goods. 몇몇 유명 브랜드 상품은 아주 높은 가격을 지불해야 한다.

▷ I'm willing to pay a **fair price**. 나는 기꺼이 적정 가격을 지불하겠다.

▷ I was able to get a flight back home for a **reasonable price**. 나는 합리적인 가격에 귀국 비행기표를 구할 수 있었다.

▷ We don't have to pay the **full price** for the hotel. There's a reduction. 호텔비를 전액 낼 필요가 없습니다. 할인이 있거든요.

▷ Today they're selling lots of things off in the supermarket at **half price**. 오늘 슈퍼마켓에서 많은 물건을 반값에 팔고 있다.

a price	for A	A의 가격

▷ What's the **price for** a week's package tour to Germany? 독일로 가는 일주일짜리 패키지 여행의 가격이 얼마인가요?

PHRASES

What price A? ☺ A가 대체 무슨 가치가 있겠어?; (가망이 없어 보이지만) …는 어때? ▷ "What price a 2-week holiday in Alaska?" "You must be joking! It's the middle of winter!" "알래스카에 2주일 휴가 가는 거 어때?" "농담이지! 지금 한겨울인데!"

pride /praɪd/ 명 자존심, 자부심, 오만

hurt	A's pride	자존심에 상처를 입히다
wound	A's pride	
injure	A's pride	
swallow	one's pride	자존심을 버리다
take	pride in A	A에 자부심을 갖다
restore	pride	자존심을 회복하다
salvage	pride	

▷ When you refused to go on a date with him, you **hurt** his **pride**! 네가 그와의 데이트를 거절했을 때, 너는 그의 자존심에 상처를 입힌 거야!
▷ **Swallow** your **pride** and accept the money. 자존심을 버리고 돈을 받아.
▷ Bill **takes** great **pride in** his promotion to Head of the Sales Department. 빌은 영업부장으로 승진한 것에 큰 자부심을 갖고 있다.

| great | pride | 큰 자부심 |
| national | pride | 국민적 자부심 |

★× big pride라고는 하지 않는다. '자부심이 크다'는 be (very) proud를 쓰고, He is (very) proud.와 같이 말한다.

▷ She takes **great pride** in her cooking skills. 그녀는 요리 솜씨에 큰 자부심을 갖고 있다.
▷ There was a great feeling of **national pride** when Italy won the World Cup. 이탈리아가 월드컵에서 우승했을 때 국민적 자부심이 드높았다.

| A's pride and joy | A의 자랑이자 기쁨(의 대상) |

▷ Their new baby is their **pride and joy**. 새로 태어난 아기는 그들의 자랑이자 기쁨이다.

principle /prínsəpl/

명 원칙, 원리; 주의, 방침

establish	a principle	원칙을 세우다
apply	the principle	원칙을 적용하다
illustrate	the principle	원칙을 설명하다
be based on	the principle	원칙에 토대하다
stick to	one's principles	원칙을 고수하다
stand by	one's principles	

▷ I think we need to **establish** a **principle** here. 여기서 원칙을 세워야 한다고 생각한다.
▷ I think we should **apply** the **principle** of "first come, first served." 우리가 '선착순' 원칙을 적용해야 할 것 같습니다.
▷ Darwin's theory of evolution is **based on** the **principle** that only the fittest survive. 다윈의 진화론은 적자생존 원칙을 바탕으로 한 것이다.

a basic	principle	기본 원칙
a fundamental	principle	
a general	principle	일반적 원칙
a guiding	principle	지침

▷ A **basic principle** of our company is that "the customer is always right." 우리 회사의 기본 원칙은 '고객은 언제나 옳다'는 것이다.
▷ It's a **general principle** in society that if you break the law you will be punished. 사회에서는 법을 어긴 사람은 처벌을 받는다는 것이 일반적 원칙이다.
▷ Most religions have a set of **guiding principles** that we should follow. 대부분의 종교는 신자가 따라야 할 일련의 지침이 있다.

in	principle	원칙적으로
on	principle	원칙에 따라
against	A's principles	A의 원칙에 반해서

▷ We agree **in principle** to all your requests. 우리는 원칙적으로 당신의 모든 요구에 동의합니다.

| a matter of | principle | 원칙의 문제 |

▷ I'm not going to apologize. It's a **matter of principle**. 나는 사과하지 않겠다. 이건 원칙의 문제다.

print /print/

명 인쇄; 인쇄된 글씨; 인쇄물

| go into | print | 인쇄되다; 출판되다 |

▷ The new dictionary will be **going into print** in early November. 새로운 사전이 11월 초에 출판될 것이다.

large	print	큰 활자
small	print	작은 활자
bold	print	굵은 활자
color	print	컬러 인쇄

▷ Does the library have any **large print** books? 그 도서관에 큰 활자로 된 책들이 있나요?
▷ You should read the **small print** before you sign the contract. 계약서에 서명하기 전에 작은 글씨로 된 내용을 읽어야 한다.

| in | print | (책이) 시판중인 |
| out of | print | 절판된 |

▷ It's an old book but it's still **in print**. 그것은 오래된 책이지만, 아직도 시중에서 구할 수 있다.
▷ I'm sorry, this book's **out of print**. 죄송합니다, 그 책은 절판되었습니다.

priority /praiɔ́ːrəti/

명 우선, 우선권; 우선 순위

give	priority to A	A에게 우선권을 주다
set	priorities	우선 순위를 정하다
establish	priorities	
take	priority	우선권을 갖다
have	priority	

▷ At airports the staff **give priority to** first-class passengers. 공항에서 직원들은 일등석 승객들에게 우선권을 준다.

▷ Pregnant women and the elderly **take priority** *over* others on trains and buses. 임신부와 노약자들은 기차나 버스에서 다른 사람들보다 우선권을 갖는다.

▷ We should **have priority**. We were first in line! 우리가 우선권을 가져야죠. 우리가 줄 맨 앞에 서 있었으니까요!

a high	priority	높은 우선순위
a top	priority	최우선 순위
a low	priority	낮은 우선순위

▷ Is staying in a five-star hotel **a high** or **low priority** for you? 5성 호텔에 묵는 게 너에게 우선 순위가 높니 낮니?

▷ Maintaining our high standard of service is a **top priority** for us. 높은 서비스 수준을 유지하는 것은 우리에게 최우선 순위다.

a list of	priorities	우선순위 목록
order of	priority	우선순위

▷ We can't do everything immediately. We need to draw up a **list of priorities**. 우리가 모든 일을 당장 할 수는 없다. 우선 순위 목록을 만들어야 한다.

prison /prízn/ 명 감옥, 교도소

go to	prison	감옥에 가다
send A to	prison	A(사람)를 감옥에
put A in	prison	보내다, 투옥하다
escape from	prison	탈옥하다
come out of	prison	감옥에서 출소하다,
be released from	prison	석방되다

▷ He **went to prison** for drunken driving. 그는 음주 운전으로 감옥에 갔다.

▷ He was **sent to prison** for terrorist activities. 그는 테러 행위로 투옥되었다.

▷ They **put him in prison** for selling drugs. 그는 마약 매매로 투옥되었다.

▷ Two terrorists have just **escaped from prison**. 테러리스트 두 명이 방금 탈옥했다.

▷ He's due to **be released from prison** in three weeks' time. 그는 3주 후에 석방될 예정이다.

in	prison	징역에 처해진

▷ The bank robbers were sentenced to eight years **in prison**. 은행 강도들은 징역 8년형을 선고 받았다.

private /práivət/

형 사적인, 개인적인; 사유의

purely	private	순전히 사적인
strictly	private	극비의

▷ This isn't official. It's **purely** my **private** opinion. 이것은 공식 견해가 아니다. 전적으로 내 개인적인 의견이다.

▷ This information is **strictly private**. Just between you and me. 이 정보는 극비다. 너와 나만 알아야 한다.

public and private 공과 사: 관과 민

★ private and public이라고도 한다.

▷ You should be careful to distinguish between your **public and private** life. 공적인 생활과 사적인 생활을 잘 구별해야 한다.

prize /praiz/ 명 상, 상품

award	a prize	상을 주다
give	a prize	
present	a prize	상을 수여하다
receive	a prize	상을 받다
win	a prize	
get	a prize	
take	a prize	

▷ She was **awarded a prize** for her graduation thesis. 그녀는 졸업 논문으로 상을 받았다.

▷ The headmaster **presented a prize** to my daughter at school today. 교장 선생님은 오늘 학교에서 내 딸에게 상을 주었다.

▷ My son's team **received a prize** for their science project. 우리 아들 팀은 과학 프로젝트로 상을 받았다.

▷ My brother's really good at sports. He's **won** many **prizes**. 우리 형은 스포츠를 잘해서 상을 여러 번 받았다.

a big	prize	큰 상
a great	prize	
a major	prize	
a special	prize	특별상
first	prize	일등상
second	prize	2등상
third	prize	3등상
the top	prize	최우수상

▷ It would be great to win a **big prize** on a TV game show. TV 게임 프로그램에서 큰 상을 받으면 얼마나 좋을까.

▷ You won a holiday for two in Hawaii? Wow! That's a really **great prize**. 하와이 2인 여행권을 상

품으로 받았다고? 우와! 정말로 큰 상인걸.
▷ We won the **top prize** in the cheerleading competition! 우리는 치어리딩 대회에서 최우수상을 받았다!

prize	for A	A에 대한 상

▷ He won the Nobel **Prize for** Literature. 그는 노벨 문학상을 받았다.

problem /práblǝm/ 명 문제, 골칫거리

have	a problem	문제가 있다
present	a problem	문제를 제기하다
pose	a problem	
cause	a problem	문제를 일으키다
face	a problem	문제에 직면하다
tackle	a problem	문제를 다루다
address	a problem	
deal with	a problem	문제에 대처하다
overcome	a problem	문제를 극복하다
solve	a problem	문제를 해결하다
resolve	a problem	

▷ "We **have** a bit of **problem**." "What kind of a problem?" "문제가 약간 생겼어." "어떤 문제?"
▷ Changing the dates of our holiday shouldn't **present** a **problem**. 휴가 날짜를 바꾸는 것은 아무런 문제가 되지 않는다.
▷ I don't want to **cause** you any **problems**. 너에게 어떤 문제도 일으키고 싶지 않아.
▷ We need some help to **tackle** this **problem**. 우리는 이 문제를 다루는 데 도움이 필요하다.
▷ We need to try harder to **overcome** our **problems**. 우리는 문제를 극복하기 위해 더 노력해야 한다.
▷ If we had some more money, it would **solve** all our **problems**. 돈이 조금 더 있다면 우리 문제를 모두 해결할 수 있을 텐데.

a problem	arises	문제가 생기다
a problem	lies	문제가 있다
a problem	remains	문제가 남다

▷ The **problem lies** in his attitude to work. 문제는 그의 근무 태도에 있다.
▷ We all agree we need to increase sales, but the **problem remains** how we are going to do it. 우리는 판매를 늘려야 한다는 데 동의하지만, 그러기 위해 어떻게 할 것이냐 하는 문제가 남는다.

a big	problem	큰 문제
the main	problem	가장 큰 문제
a major	problem	중요한 문제
a serious	problem	심각한 문제
a minor	problem	사소한 문제
a real	problem	진짜 문제
an attitude	problem	태도 문제
a financial	problem	재정 문제
a social	problem	사회 문제

▷ The **main problem** is to find a hotel for tonight. 가장 큰 문제는 오늘밤 묵을 호텔을 찾는 것이다.
▷ We're having **major problems** at our factory. 우리는 공장에 중요한 문제가 있다.
▷ I don't have an **attitude problem**! 내 태도는 문제가 없어!
▷ Homeless people are becoming an important **social problem**. 노숙자들은 중요한 사회 문제가 되고 있다.

the problem	of A	A의 문제
a problem	with A	A에 있는 문제

▷ Because of heavy rain the **problem of** flooding has increased. 폭우 때문에 홍수 문제가 커졌다.
▷ The **problem with** living here is that it takes me over 2 hours to get to work. 여기 산다면 문제는 출근하는 데 두 시간이 넘게 걸린다는 것이다.

the problems	associated with A	A와 관련된 문제

▷ He talked about the familiar **problems associated with** global warming. 그는 지구 온난화와 관련된 익숙한 문제들에 대해 이야기했다.

a solution to a problem	문제의 해결법

▷ We have to find a **solution to** this **problem** quickly. 우리는 이 문제의 해결책을 빨리 찾아야 한다.

the problem is (that)...	문제는 …다

▷ **The problem is that** I have no idea where to start. 문제는 내가 어디서 시작해야 할지 모른다는 것이다.

PHRASES

No problem. ☺ 문제 없어. ▷ "Can we postpone the meeting until tomorrow?" "Sure. No problem." "회의를 내일로 미룰 수 있을까요?" "좋아요. 문제 없습니다."

process /práses/
명 과정, 절차; 공정, 방식; (시간의) 경과

begin	the process	과정을 시작하다
start	the process	
complete	the process	과정을 완료하다

| production |

describe	the process	과정을 설명하다
repeat	the process	과정을 반복하다

▷ They're going to **begin** the **process** of interviewing candidates tomorrow. 그들은 내일 지원자 면접 과정을 시작할 것이다.

▷ It took nearly 5 hours to **complete** the **process** of applying for a visa. 비자 신청 과정을 완료하는 데 거의 5시간이 걸렸다.

▷ The scientist **described** the **process** of turning seawater into drinking water. 그 과학자는 해수를 마실 물로 바꾸는 과정을 설명했다.

▷ If you don't fill in these forms properly, you'll have to **repeat** the whole **process**. 이 서류를 제대로 작성하지 않으면, 과정 전체를 반복해야 할 겁니다.

a slow	process	느린 과정
a complex	process	복잡한 과정
a natural	process	자연적인 과정
the aging	process	노화 과정
the democratic	process	민주주의적 절차
the political	process	정치적 과정
the learning	process	학습 과정
the peace	process	평화 교섭
the selection	process	선발 과정
the manufacturing	process	제조 과정
the production	process	생산 과정
the whole	process	전체 과정

▷ Making wine is a **complex process**. 와인을 만드는 과정은 복잡하다.

▷ Milk can be turned into cheese by a **natural process**. 우유는 자연적인 과정에 의해 치즈가 될 수 있다.

▷ Is it possible to slow the **aging process**? 노화 과정을 늦출 수 있나요?

▷ The President was elected by a **democratic process**. 대통령은 민주주의적 절차를 통해서 선출되었다.

▷ The **whole process** is carried out by computer. 전체 과정이 컴퓨터로 실행되었다.

in	the process of doing ···하는 과정에서

▷ Lots of things were damaged **in** the **process** of moving house. 집을 이사하는 과정에서 많은 물건이 파손되었다.

product /prɑ́dʌkt/ 图 생산물, 제품; 성과

develop	a product	제품을 개발하다
design	a product	제품을 설계하다
produce	a product	제품을 생산하다
market	a product	제품을 판매하다
supply	a product	제품을 공급하다
sell	a product	제품을 팔다
buy	a product	제품을 사다

▷ It will take a lot of time to **develop** a new **product**. 신제품을 개발하는 데는 많은 시간이 걸릴 것이다.

▷ We need to **produce** a cheaper **product**. 우리는 더 저렴한 제품을 생산해야 한다.

▷ We're having problems **marketing** our **products**. 우리는 제품을 판매하는 데 어려움을 겪고 있다.

the finished	product	완제품
a quality	product	고급품
waste	products	폐기물
agricultural	products	농산물
meat	products	식육 제품
dairy	products	유제품

▷ This is where we store the **finished product**. 여기가 우리 완제품을 보관하는 곳이다.

▷ **Agricultural products** have been badly affected by the floods. 농산물은 홍수의 영향을 크게 받았다.

production /prədʌ́kʃən/

图 생산, 제조, 제작; 생산물, 제품

be in	production	생산되고 있다
go into	production	생산에 들어가다
go out of	production	생산을 하지 않다
start	production	생산을 개시하다
boost	production	생산을 늘리다
increase	production	
control	the production	생산을 통제하다
cut	production	생산을 줄이다
reduce	production	
cease	production	생산을 중단하다
stop	production	

▷ A new type of smartphone is already **in production**. 신형 스마트폰이 이미 생산되고 있다.

▷ More and more 3D TVs are planned to **go into production** next year. 내년에는 더 많은 3D TV 생산을 개시할 계획이다.

▷ Next year we're planning to **increase production** by 10%. 내년에 우리는 생산을 10% 늘릴 계획이다.

▷ If demand falls, we will have to **cut production**. 수요가 줄면 우리는 생산을 줄여야 할 것이다.

agricultural	production	농업 생산

399

food	production	식량 생산
industrial	production	공업 생산
increased	production	증산
mass	production	대량 생산
energy	production	에너지 생산
oil	production	석유 생산

▷ **Agricultural production** has increased because of the use of modern machinery. 현대적 기계의 사용으로 농업 생산량이 증가했다.

▷ The use of robots in our factory has led to **increased production**. 우리 공장에서 로봇을 사용함으로써 생산량이 늘었다.

▷ **Mass production** helps us to lower costs. 우리는 대량 생산으로 비용을 줄일 수 있다.

profession /prəféʃən/

명 직업, 전문직 (★변호사, 의사, 성직자, 교사 등)

enter	a profession	전문직 일을 시작하다
join	a profession	
go into	a profession	
leave	a profession	(전문) 직업을 그만두다

▷ I want my son to **enter** a **profession**: a teacher, a doctor, a lawyer. 나는 아들이 교사, 의사, 변호사 같은 전문직이 되기를 바란다.

▷ My mother used to be a high school teacher, but she **left** the **profession** two years ago. 우리 어머니는 고등학교 교사셨는데, 2년 전에 그만두셨다.

the legal	profession	법조계
the medical	profession	의료계
the teaching	profession	교직

▷ You'll have to study very hard if you want to enter the **legal profession**. 법조계에 들어가려면 아주 열심히 공부해야 할 것이다.

▷ You have to work very long hours if you want to join the **medical profession**. 의료계에 들어가려면 아주 장시간 노동을 해야 한다.

| by | profession | 직업은 |

▷ She's a lawyer **by profession**. 그녀의 직업은 변호사다.

profit /práfit/ 명 이익, 수익

make	a profit	수익을 내다
earn	profits	
show	a profit	수익이 나다

▷ My father's business **made** a good **profit** this year. 우리 아버지의 사업은 올해 많은 수익을 냈다.

▷ We've been in business for 9 months, but we still haven't **shown** a **profit**. 우리가 사업을 시작한 지 9개월 됐지만, 아직 수익이 나지 않고 있다.

profits	rise	수익이 늘다
profits	increase	
profits	fall	수익이 줄어들다

▷ We're hoping **profits** will start to **rise** again next month. 우리는 다음달부터 수익이 다시 늘기를 바라고 있다.

▷ Our boss is really worried. **Profits are falling**. 우리 상사가 걱정이 많다. 수익이 떨어지고 있기 때문이다.

gross	profit	총수익
net	profit	순수익, 순익
pre-tax	profit	세전 수익
after-tax	profit	세후 수익
operating	profit	영업 이익
high	profit	높은 수익
low	profit	낮은 수익
annual	profit	연간 수익

▷ The figures look good, but that's just **gross profit**, before tax, etc. 수치는 괜찮아 보이지만, 그건 세금 등을 제하지 않은 총수익일 뿐이다.

▷ Our **net profit**, after tax, etc. is still very good. 우리는 세금 등을 제한 순수익도 여전히 아주 좋다.

▷ These sales figures don't show a very **high profit**. 이 매출 수치는 그렇게 높은 수익을 보여주지 않는다.

profit	from A	A를 통한 수익
profit	on A	A에서 얻은 수익
at a	profit	수익을 남기고
for	profit	이익을 위해

▷ **Profits from** our sales abroad are greater than from sales at home. 해외 판매에서 얻은 수익이 국내 판매 수익보다 많다.

| profit and loss | 손익 |

★ 우리말과 순서가 반대다.

▷ These figures show our **profit and loss** over the last 6 months. 이 수치는 지난 6개월 간의 손익을 보여준다.

program /próugræm/

명 계획, 예정; (방송, 행사, 컴퓨터 등의) 프로그램

| draw up | a program | 계획을 세우다 |

launch	a program	계획을 가동시키다
watch	a program	프로그램을 보다
see	a program	
run	a program	프로그램을 실행하다

▷ Let's **draw up** **a program** of interesting places to visit while we're on holiday. 휴가 동안 찾아갈 재미있는 장소들을 계획해보자.

▷ "Where's your dad?" "He's **watching a TV program**." "아빠 어디 계시니?" "TV 프로그램을 보고 계세요."

a program	aims to do	프로그램은 …을 목표로 한다
a program	includes A	프로그램에는 A가 포함된다

▷ This **program aims to** examine the reasons behind the present economic crisis. 이 프로그램은 현 경제 위기의 배경이 되는 원인을 살펴보는 것이 목표다.

▷ The concert **program** this evening **includes** pieces by Beethoven and Mozart. 오늘 저녁 콘서트 프로그램에는 베토벤과 모차르트의 작품이 포함되어 있다.

an economic	program	경제 계획
an investment	program	투자 계획
a development	program	개발 계획
a recovery	program	복구 계획
a research	program	연구 계획
a conservation	program	보존 계획
a nuclear	program	핵개발 계획
an educational	program	교육 과정
a training	program	훈련 프로그램
a television	program	텔레비전 프로그램
a radio	program	라디오 프로그램
a news	program	뉴스 프로그램

▷ The government's **economic program** has totally failed. 정부의 경제 계획은 완전히 실패했다.

▷ Our **nuclear program** needs to be carefully reconsidered. 우리의 핵개발 계획은 신중한 검토가 필요하다.

▷ The government has introduced a new **educational program** for elementary schools. 정부는 초등학교에 새로운 교육 과정을 도입했다.

a program	for A	A를 위한 계획

▷ I asked the sports center to draw up a fitness **program for** me. 나는 스포츠 센터에 내게 맞는 운동 프로그램을 짜달라고 요청했다.

progress /prágres/ 명 진보, 진전; 경과

make	progress	발전하다
monitor	A's progress	A의 경과를 살펴보다
track	A's progress	

▷ Finally we're **making** some **progress**! 드디어 우리는 진전을 보이고 있어!

▷ My aunt is recovering in hospital. The doctors are **monitoring** her **progress**. 우리 숙모님은 병원에서 회복중이다. 의사들은 그녀의 경과를 살펴보고 있다.

considerable	progress	상당한 진전
good	progress	
significant	progress	
little	progress	약간의 진전
rapid	progress	급속한 발전
slow	progress	느린 발전
steady	progress	꾸준한 발전
further	progress	더 나은 발전

▷ Every day I practice *taekwondo*. I think I'm making **good progress**. 나는 매일 태권도를 연습한다. 내가 보기엔 많이 발전하고 있는 것 같다.

▷ They've been making **rapid progress**. 그들은 급속한 발전을 보이고 있다.

▷ I'm making very **slow progress** writing my essay. 나는 리포트를 쓰는데 진전이 너무 느리다.

progress	toward A	A를 향한 진전
progress	on A	A에서의 진전
progress	in A	
in	progress	진행중인

▷ Have you made any **progress toward** finding a solution yet? 해결책을 찾는 일에 진전이 좀 있니?

▷ Have you made any **progress on** your research project yet? 연구 프로젝트에 진전이 좀 있니?

▷ The meeting is still **in progress**. 회의는 아직도 진행중이다.

a lack of	progress	진전이 없는 상태

▷ What are the reasons for the **lack of progress**? 진전이 없는 이유가 뭐니?

project /prádʒekt/

명 사업, 계획, 연구과제, 프로젝트

carry out	a project	사업을 수행하다
undertake	a project	사업을 맡다
work on	a project	사업을 진행하다
complete	a project	사업을 완료하다
fund	a project	사업에 자금을 대다
support	a project	사업을 지원하다

▷ We're **carrying out** a **project** on global warming. 우리는 지구 온난화에 대한 연구과제를 수행하고 있다.
▷ I think we're **undertaking** a very difficult **project**. 우리는 아주 어려운 사업을 떠맡고 있는 것 같다.
▷ I'm **working on** a new **project**. 나는 새로운 프로젝트를 진행하고 있다.
▷ We **completed** the **project** last week. 우리는 지난 주에 프로젝트를 완료했다.
▷ We need to find someone to help us **fund** the **project**. 우리는 프로젝트에 자금을 대출 사람을 찾아야 한다.

a major	project	주요 프로젝트
a special	project	특별 프로젝트
a specific	project	특정 프로젝트
a development	project	개발 사업
an investment	project	투자 계획
a pilot	project	시험 프로젝트
a research	project	연구 프로젝트

▷ My boss wants me to work with him on **a major project**. 상사는 내가 주요 프로젝트에서 자신과 함께 일하기를 바란다.

| the aim of | the project | 프로젝트의 목표 |

▷ The **aim of the project** is to improve service to our customers. 이 연구과제의 목표는 고객 서비스를 개선하는 것이다.

| a project | to do | …하려는 프로젝트 |

▷ The group have began a **project to** clean up the lake. 그 단체는 호수를 청소하려는 프로젝트를 시작했다.

promise /prάmis/ 명 약속; 장래의 기대

make	a promise	약속하다
give	a promise	
fulfill	a promise	약속을 이행하다, 기대에 부응하다
keep	a promise	약속을 지키다
break	a promise	약속을 깨다
hold	promise	장래성이 있다
show	promise	

▷ She **made a promise** to be my best friend forever. 그녀는 영원히 나의 가장 친한 친구가 되겠다고 약속했다.
▷ Everybody thought he would be a great golfer and now he's **fulfilled** that **promise**. 모두들 그가 최고의 골프 선수가 될 거라고 생각했고, 이제 그는 기대에 부응했다.
▷ Don't trust him. He never **keeps** his **promise**. 그를 믿지 마. 약속을 지키는 법이 없어.
▷ I never **break a promise**! 나는 절대 약속을 어기지 않아!
▷ Have you seen Sally run the 100 meters? She **holds** a lot of **promise**. 샐리가 100미터 달리기 하는 것 봤어? 그 애는 장래성이 아주 커.

a broken	promise	깨진 약속
a false	promise	거짓 약속
a vague	promise	모호한 약속
great	promise	유망한 장래성

▷ She left her boyfriend because of all his **broken promises**. 그녀는 많은 약속을 깼다는 이유로 남자 친구를 차버렸다.
▷ He said he would help me, but it turned out to be a **false promise**. 그는 나를 도와주겠다고 했지만, 그것은 결국 거짓 약속이었다.
▷ Picasso's early paintings showed **great promise**. 피카소의 초기 그림들을 보면 굉장한 장래성이 엿보인다.

| a promise | to do | …하겠다는 약속 |

▷ He gave me a **promise to** email me regularly from Canada. 그는 내게 캐나다에서 정기적으로 이메일을 보내겠다는 약속을 했다.

promote /prəmóut/ 동 촉진하다, 추진하다; 판매를 촉진하다; 승진시키다

| actively | promote | 적극적으로 추진하다 |
| heavily | promote | 대대적으로 판매를 촉진하다 |

▷ We need to do more to **actively promote** our product. 우리는 제품에 대해 더욱 적극적인 판촉 활동을 벌여야 한다.

| aim to | promote A | A의 촉진을 겨냥하다 |
| be designed to | promote A | A를 촉진하려고 의도하다 |

▷ We **aim to promote** more information about the dangers of overeating. 우리의 목표는 과식의 위험성을 더욱 많이 알리는 것이다.
▷ This government campaign is **designed to promote** healthier lifestyles. 이 정부 캠페인의 의도는 더욱 건강한 생활 방식을 고취하는 것이다.

| promote A | to B | A를 B에 승진시키다 |

▷ Great news! You're going to be **promoted to** section chief. 좋은 소식이야! 자네가 과장으로 승진될 거야.

promotion /prəmóuʃən/

명 승진; 촉진; 판매 촉진

get	a promotion	승진하다
win	a promotion	
gain	a promotion	
deny	a promotion	승진시키지 않다
do	a promotion	판매 촉진하다

▷ Tom's aim is to **get a promotion** within 12 months. 톰의 목표는 12개월 안에 승진하는 것이다.

internal	promotion	내부 승진
rapid	promotion	빠른 승진
automatic	promotion	자동 승진

▷ She achieved **rapid promotion** within her company. 그녀는 회사에서 빠르게 승진했다.

proof /pru:f/ 명 증거

have	proof	증거가 있다
give	proof	증거를 제공하다
provide	proof	
require	proof	증거가 필요하다

▷ Do you **have proof** of what you're saying? 네가 하는 말에 증거가 있어?
▷ You'll need to **give proof** of your identity. 당신의 신원에 대해 증거를 제시해 주셔야 합니다.
▷ The police will **require proof** before they arrest her. 경찰이 그녀를 체포하려면 증거가 필요할 것이다.

conclusive	proof	결정적인 증거
final	proof	최종 증거
further	proof	추가 증거
living	proof	살아 있는 증거

▷ We think she stole the money, but we can't find **conclusive proof**. 우리는 그녀가 돈을 훔쳤다고 생각하지만 결정적인 증거는 찾을 수 없다.
▷ We need **further proof** before we contact the police. 우리는 경찰에 연락하기 전에 추가 증거가 필요하다.
▷ My aunt is **living proof** that it's possible to recover from cancer. 우리 숙모는 암을 극복하는 것이 가능하다는 살아 있는 증거다.

proof	that...	…라는 증거

▷ Her face turned bright red. It's **proof that** she was lying! 그녀의 얼굴이 불그스름해졌다. 그녀가 한 말이 거짓말이라는 증거다.

proper /prápər/

형 적절한, 타당한; 예의 바른

perfectly	proper	아주 적절한
quite	proper	

▷ I think that it's **perfectly proper** to complain about the noise from your next-door neighbors. 나는 옆집에서 소음에 대해 항의하는 것은 아주 정당한 일이라고 생각한다.

property /prápərti/

명 재산, 소유물; 부동산, 토지; 특성

buy	property	부동산을 사다
sell	property	부동산을 팔다
have	property	부동산을 소유하다
own	property	
obtain	property	부동산을 취득하다

★ have보다 own이 격식 있는 어법.

▷ Now is not a good time to **sell property**. 지금은 부동산을 팔기에 좋은 때가 아니다.
▷ He **has property** in the middle of Seoul. 그는 서울 중심부에 부동산이 있다.
▷ It's difficult to **obtain property** in the downtown area. 시내에 있는 부동산을 취득하는 것은 어려운 일이다.

intellectual	property	지적 재산
private	property	사유 재산, 사유지
personal	property	동산(動産), 인적 재산
stolen	property	장물
commercial	property	상업용 부동산

▷ If you write a book, it's your **intellectual property**. You have copyrights. 책을 쓰면 지적 재산이 된다. 자기가 저작권을 갖는 것이다.
▷ We can't go onto this land. It's **private property**. 우리는 이 땅에 들어갈 수 없어. 사유지야.
▷ A lot of **stolen property** is kept at the police station. 경찰서에는 많은 장물이 보관되어 있다.

proportion /prəpɔ́:rʃən/ 명 비율; 조화

reach	... proportions	…의 규모에 이르다

▷ This year's influenza outbreak has **reached epidemic proportions**. 올해의 독감 발생은 대유행이라 할 만한 규모에 이르렀다.

a high	proportion	높은 비율
a great	proportion	

| propose |

a large	proportion	
a significant	proportion	상당한 비율
a substantial	proportion	
a low	proportion	낮은 비율
a small	proportion	
direct	proportion	정비례
inverse	proportion	반비례

★ '비율'의 의미에서는 정도를 표현하는 부사 relatively (비교적)와 함께 쓰이는 경우가 많다.

▷ Developed nations have a relatively **high proportion** of people over 65. 선진국에서는 65세 이상의 비율이 비교적 높다.

▷ A **significant proportion** of the population are now unemployed. 인구의 상당한 비율이 현재 실업 상태다.

▷ Only a **small proportion** of rice is imported from Thailand. 태국에서 수입되는 쌀의 비율은 극히 낮다.

in proportion	(to A)	(A에) 비례해서
out of proportion	(to A)	(A와) 조화되지 않는

▷ The number of traffic accidents increases **in proportion to** the speed of driving. 교통 사고의 건수는 운전 속도에 비례해서 증가한다.

▷ In this painting the nose seems to be **out of proportion to** the rest of the face. 이 그림에서 코는 얼굴의 다른 부분과 조화되지 않는다.

a sense of	proportion	균형 감각

▷ It's important to keep a **sense of proportion**. 균형 감각을 유지하는 것이 중요하다.

propose /prəpóuz/ 통 제안하다

be originally	proposed	처음에 제안된

▷ The same plan was **originally proposed** five years ago. 같은 계획이 원래 5년 전에 제안되었다.

propose	doing	…하자고 제안하다

▷ At the meeting the chairman **proposed** cutting overtime rates. 회의에서 의장이 초과 근무 수당을 삭감하자고 제안했다.

propose	that...	…라고 제안하다

▷ I **propose that** we (should) elect a new chairman. 우리가 새 의장을 뽑아야 한다고 제안하는 바입니다.

prospect /práspekt/
명 전망, 가망; 예상, 기대

have	the prospect	가망이 있다
see	the prospect	전망을 보다
offer	the prospect	전망을 제공하다
face	the prospect	전망에 직면하다
raise	the prospect	전망이 높아지다

▷ If you stay in your present job, you **have** the **prospect** of promotion in the near future. 당신이 현재의 일을 계속하면 가까운 장래에 승진할 가능성이 있습니다.

▷ I can **see** the **prospect** of many people losing their jobs in the near future. 가까운 장래에 많은 사람이 직장을 잃을 것으로 보인다.

▷ My new job **offers** the **prospect** of a lot of foreign travel. 나의 새 직장에서는 해외에 나갈 일이 많다.

▷ Nearly five million people **face** the **prospect** of starvation. 거의 500만 명에 이르는 사람들이 굶주리게 될 가능성에 직면해 있다.

economic	prospects	경제 전망
growth	prospects	성장 전망
employment	prospects	고용 전망
future	prospects	장래의 전망
a good	prospect	괜찮은 전망
a reasonable	prospect	

▷ At the moment **economic prospects** do not look very good. 지금 경제 전망은 별로 좋아 보이지 않는다.

▷ The **future prospect** of food shortages is very worrying. 식량이 부족해질 거라는 장래의 전망은 아주 걱정스럽다.(★ 전망이 복수인 경우에는 복수형이 쓰인다. His future prospects look very good. 그의 장래 전망은 매우 좋아 보인다.)

▷ There's a **good prospect** that the economy will recover next year. 내년에 경제가 회복될 거라는 괜찮은 전망이 있다.

the prospect	for A	A에의 전망

▷ The **prospect for** getting a government grant is quite good. 정부 지원금을 받을 전망이 꽤 높다.

protect /prətékt/ 통 지키다, 보호하다

well	protected	충분히 보호된
adequately	protected	
fully	protected	

▷ If you're going to play American football, your body needs to be **well protected**. 미식 축구를 하려면, 몸을 잘 보호해야 한다.

protect A	from B	A를 B로부터 보호하다
protect A	against B	

▷ Wear a thick coat and muffler to **protect** you **against** catching cold. 감기에 걸리지 않도록 두꺼운 코트를 입고 머플러를 둘러라.

protection /prətékʃən/ 명 보호

provide	protection	막다, 보호하다
give	protection	
offer	protection	
need	protection	보호가 필요하다

▷ You should put on some sun cream to **provide protection** against the sun. 햇빛을 차단하려면 선크림을 발라야 한다.

▷ If you **need protection** from pollen, you should wear a mask. 꽃가루를 막으려면 마스크를 써야 한다.

environmental	protection	환경 보호
legal	protection	법적 보호

▷ Governments now realize the importance of **environmental protection**. 정부는 이제 환경 보호의 중요성을 깨닫고 있다.

▷ This insurance policy provides you with **legal protection** if you have a traffic accident. 이 보험 상품은 교통 사고가 났을 때 법적으로 보호해 준다.

protection	against A	A로부터의 방어,
protection	from A	A로부터의 보호
protection	of A	A의 보호
protection	for A	A에 대한 보호
under	the protection of A	A의 보호 아래

▷ This spray provides **protection against** mosquito bites. 이 스프레이는 모기에 물리는 것을 막아준다.

▷ Today's lecture is on the **protection of** the environment. 오늘의 강의는 환경 보호에 관한 것입니다.

▷ The government has passed laws that provide **protection for** consumers. 정부는 소비자 보호를 위한 법을 통과시켰다.

▷ These rare birds are **under the protection of** strict laws. 이 희귀 조류는 엄격한 법의 보호를 받고 있다.

protest /próutest/ 명 항의, 이의, 시위

make	a protest	항의하다
stage	a protest	항의 시위를 벌이다
lead	a protest	항의를 이끌다

▷ I think it's useless to **make** a **protest**. It won't do any good. 항의해봐야 소용 없을 것 같아. 아무 효과도 없을 거야.

▷ People are thinking of **staging** a **protest** about the huge increases in gasoline prices. 사람들은 휘발유 가격의 대폭 인상에 대해 항의 시위를 생각하고 있다.

▷ We need someone to **lead** a **protest** against the building of more nuclear plants. 우리는 원자력 발전소 추가 건설에 반대하는 시위를 이끌 사람이 필요하다.

(a) strong	protest	강한 항의
(a) violent	protest	폭력 시위
(a) mass	protest	집단 시위
(a) public	protest	대중 시위
(a) political	protest	정치 시위

▷ There'll be a **strong protest** if we raise the age for receiving a pension. 연금 수령 연령을 높이면 강력한 항의가 들어올 것이다.

▷ A **mass protest** is taking place in the main square of the city. 시내 중앙 광장에서 대중 시위가 열리고 있다.

(a) protest	against A	A에 대한 항의
(a) protest	at A	
in	protest	항의하여

▷ There was a **protest against** the raise in local taxes. 지방세 증세에 항의하는 시위가 있었다.

▷ Many company employees decided to go on strike **in protest** against restructuring. 회사의 많은 종업원이 구조 조정에 반대하는 파업에 들어가기로 결정했다.

a howl of	protest	항의하는 외침소리
a cry of	protest	
a storm of	protest	폭풍 같은 항의
a letter of	protest	항의 편지

▷ When the Prime Minister refused to resign, there were **howls of protest**. 총리가 사임을 거부하자, 항의하는 외침소리가 크게 들려왔다.

▷ I think we should write a **letter of protest**. 우리가 항의 편지를 써야 한다고 생각한다.

protest /prətést/

동 항의하다; 이의를 제기하다; 주장하다

protest	strongly	강력하게 항의하다
protest	loudly	큰소리로 항의하다

★ 부사는 동사의 뒤에 쓰는 경우가 많다.

▷ She **protested strongly,** but the plans for reorganization still went ahead. 그녀는 강하게 항의했지만, 개편 계획은 계속 진행되었다.

▷ She **protested loudly**, but she was forced to leave the meeting. 그녀는 큰소리로 항의했지만, 회의장에서 강제로 끌려나갔다.

protest	about A	A에 대해 항의하다
protest	against A	A에 항의하다
protest	at A	

▷ Do you know what the demonstrators are **protesting about**? 시위자들이 무엇에 대해 항의하는지 알고 있니?

▷ Many people are **protesting against** the Government's decision. 많은 사람들이 정부의 결정에 항의하고 있다.

protest	that...	…라고 주장하다

▷ She **protested that** she hadn't done anything wrong. 그녀는 자신은 잘못한 게 없다고 주장했다.

proud /praud/

⒝ 자랑스러운, 자부심을 느끼는

feel	proud	자부심을 느끼다

▷ You came top in your class. Don't you **feel proud**? 네가 너희 반 일등이야. 자랑스럽지 않니?

extremely	proud	대단히 자랑스러운
really	proud	정말로 자랑스러운
justifiably	proud	당연히 자랑스러운
justly	proud	
particularly	proud	특히 자랑스러운

▷ I'm **really proud** of you. 나는 네가 정말 자랑스럽다.

▷ She was **justifiably proud** of everything that she had achieved. 그녀는 당연히 자신이 이룬 모든 것을 자랑스러워했다.

▷ She was **particularly proud** of getting a black belt for *taekwondo*. 그녀는 특히 태권도 검은 띠를 딴 것을 자랑스러워했다.

proud	of A	A를 자랑스러워하는

▷ My mother is **proud of** being a good cook. 우리 어머니는 요리를 잘하는 것을 자랑스러워하신다.

proud	(that...)	…을 자랑스러워하는

▷ We're really **proud that** you graduated from university. 우리는 네가 대학을 졸업한 것이 정말로 자랑스럽다.

proud	to do	…하는 것을 자랑스러워하는

▷ I am **proud to** say that my conscience is completely clear. I've done nothing wrong. 자랑스럽게 말하건대, 내 양심은 거리낄 것이 전혀 없다. 나는 잘못한 것이 없기 때문이다.

provide /prəváid/

⒤ 주다, 공급하다, 제공하다; 준비하다; 규정하다

well	provide	충분히 공급하다

▷ After the tsunami the survivors were **well provided** with food and warm clothes. 쓰나미 이후 이재민들은 식량과 보온 의류를 충분히 공급받았다.

provide A	with B	A(사람)에게 B를 제공하다
provide B	for A	
provide A	to B	A를 B(사람)에게 제공하다

▷ Most convenience stores often **provide** their customers **with** chopsticks when they buy food. 대부분의 편의점들은 식품을 사는 손님들에게 젓가락을 주는 경우가 많다.

▷ We need to **provide** food and water **for** the earthquake survivors. 우리는 지진 이재민들에게 식량과 물을 공급해야 한다.

provide	that...	…라고 규정하다

▷ The contract **provides that** travel expenses will be paid. 계약에 의하면 교통비는 지불될 것이다.

provision /prəvíʒən/

⒨ 공급, 지급; 준비; (법률·계약 등의) 조항

make	provision(s) for A	A에 대비하다
contain	provision(s)	조항을 포함하다
include	provision(s)	

▷ We need to **make provision for** people who arrive in wheelchairs. 우리는 휠체어를 타고 오는 사람들을 위해 준비를 해야 한다.

▷ The new law **contains provisions** for improving safety in factories. 새 법률은 공장에서 안전상태를 개선하기 위한 조항을 포함하고 있다.

provision	for A	A에 대한 준비

▷ Our flight attendants make special **provision for** mothers who travel with young babies. 우리 승무원들은 어린 아기를 데리고 여행하는 어머니들을 위해 특별한 준비를 해둔다.

public /pʌ́blik/ ⒨ 대중, 일반; (특정한) 집단

be open to	the public	일반에게 공개되다

▷ The exhibition will be **open to** the **public** next week. 전시회는 다음주에 일반에게 공개될 것이다.

the general	public	일반 대중
the American	public	미국 대중
the reading	public	일반 독자층
the traveling	public	일반 여행객들

▷ This information is not available to the **general public**. 이 정보는 일반 대중들은 알 수 없다.
▷ The **American public** will want to know the truth. 미국 대중은 진실을 알고자 할 것이다.

in	public	공적인 자리에서, 사람들 앞에서

▷ We think the party leader should apologize **in public**. 우리는 당 대표가 공개적으로 사과해야 한다고 생각한다.

public /pʌ́blik/

〔형〕 공공의, 공중의; 널리 알려진

go	public	(비밀을) 공표하다, 주식을 공개하다
make A	public	A를 공표하다

▷ She's threatening to **go public** and make a scandal! 그녀는 비밀을 공표해서 스캔들을 일으키겠다고 협박하고 있다.
▷ The government is going to **make** the report **public** next week. 정부는 다음주에 그 보고서를 공개할 것이다.

publish /pʌ́bliʃ/

〔동〕 출판하다; 발표하다, 공표하다

be recently	published	최근에 출판된
be originally	published	본래 출판된
be previously	published	이전에 출판된

▷ Have you read this book? It's only **recently published**. 이 책 읽어봤어? 최근에 출판된 거야.
▷ This book was **originally published** in 1843. 이 책은 1843년에 처음 출판되었다.
▷ This paperback was **previously published** as a hardback. 이 페이퍼백 책은 전에 하드커버로 출판되었다.

punish /pʌ́niʃ/ 〔동〕 처벌하다

be severely	punished	엄벌을 받다

▷ If you don't obey the rules, you'll be **severely punished**. 규칙에 따르지 않으면 엄벌을 받을 것이다.

punish A	for B	A(사람)를 B(나쁜 일 등)로 벌하다

punish A	by B	A(사람)에게 B의 벌을 주다

▷ Why did you **punish** my son **for** being late? It wasn't his fault! 왜 내 아들을 지각으로 벌하셨나요? 그 아이 잘못이 아니었는데요!
▷ He was **punished for** being rude to his teacher. 그는 선생님에게 무례하게 군 일로 벌을 받았다. (★ 수동태로 쓰이는 경우가 많다.)
▷ They **punished** her **by** making her stay late after class. 그들은 그녀에게 방과 후에 남으라는 벌을 주었다.

purchase /pə́ːrtʃəs/ 〔명〕 구입; 구입품

make	a purchase	구입하다
finance	the purchase	구입 자금을 대다
fund	the purchase	

▷ I **made** several interesting **purchases** in the street market yesterday. 나는 어제 노점상에서 재밌는 물건을 몇 가지 샀다.
▷ I want to buy my own car, but I don't have enough money to **finance** the **purchase**. 나는 차를 사고 싶지만, 구입 자금이 부족하다.

a major	purchase	중요한 구매

▷ Buying a house is a **major purchase** for most consumers. 집을 사는 것은 대부분의 소비자에게 중요한 구매다.

pure /pjuər/ 〔형〕 순수한; 깨끗한; 맑은

pure and simple	두말할 나위 없는, 아주 단순한

▷ Everything she said was a lie. **Pure and simple**. 그녀가 말한 것은 모두 거짓말이었다. 두말할 나위가 없다.

purpose /pə́ːrpəs/ 〔명〕 목적, 의도

have	a purpose	목적이 있다
achieve	a purpose	목적을 달성하다
serve	a purpose	도움이 되다
suit	A's purpose	A의 목적에 맞다
defeat	the purpose of A	A의 의도를 좌절시키다

▷ All these rules and regulations **have** a **purpose**. 이 모든 규칙과 규정에는 목적이 있다.
▷ We need to decide what **purpose** we want to **achieve**. 우리가 어떤 목적을 달성하려고 하는지 결정해야 한다.
▷ It **serves** no **purpose** to complain all the time. 늘 불평만 하는 것은 아무런 도움이 되지 않는다.

the main	purpose	주요 목적

| pursue |

the primary	purpose	
one's original	purpose	본래 목적
a common	purpose	공통의 목적
a specific	purpose	특정 목적
the real	purpose	진짜 목적

▷ The **main purpose** of this meeting is to get to know each other. 이 회의의 주요 목적은 서로를 아는 것이다.
▷ We mustn't forget what our **original purpose** was. 우리는 우리의 본래 목적이 무엇이었는지 잊으면 안 된다.
▷ These tests are designed for a **specific purpose**. 이 시험은 특정한 목적을 위해 설계되었다.
▷ What's the **real purpose** of your visit? 당신이 찾아온 진짜 목적이 무엇인가요?

on	purpose	일부러, 고의로
for	the purpose of doing	…하기 위해서
a purpose	in A	A의 목적

▷ You did that **on purpose**! 너 일부러 그랬지!
▷ This room is used **for** the **purpose of** holding meetings. 이 방은 회의를 여는 데 사용된다.
▷ You need to have a **purpose in** life. 인생에 목적이 있어야 한다.

pursue /pərsúː/

동 쫓다, 추적하다; 추구하다

actively	pursue	적극적으로 추구하다

▷ We're **actively pursuing** our plan to open more stores in the center of Seoul. 우리는 서울 중심가에 더 많은 매장을 열 계획을 적극적으로 추진하고 있다.

put /put/ 동 놓다, 넣다; 표현하다

put	A cleverly	A를 잘 표현하다
put	A well	
put	A succinctly	A를 간결하게 표현하다
put	A simply	A를 간단히 표현하다

▷ The Prime Minister **put** the problem very **well**. "No money, no health service!" 총리는 그 문제를 딱 맞게 표현했다. "돈이 없으면 의료 서비스도 없다!"
▷ Let me **put** this **simply**. 간단히 말해볼게.

put A	on B	A를 B(장소)에 놓다

▷ She **put** a vase of flowers **on** the table. 그녀는 꽃병을 탁자 위에 두었다.

put A	in B	A를 B에 넣다
put A	into B	

▷ Don't **put** too much sugar **in** your coffee. 커피에 설탕을 너무 많이 넣지 마.
▷ **Put** the flour and salt **into** a bowl. 그릇에 밀가루와 소금을 넣으세요.

puzzle /pʌzl/ 명 퍼즐; 수수께끼, 난제

solve	a puzzle	퍼즐을 풀다

▷ Tim's really good at **solving puzzles**. 팀은 퍼즐을 정말로 잘 푼다.

a crossword	puzzle	십자말풀이
a jigsaw	puzzle	조각그림 짜맞추기

Q

qualification /kwɑ̀ləfikéiʃən/

명 자격, 자격증; 기능; 조건, 제한

get	a qualification	자격을 얻다
gain	a qualification	
obtain	a qualification	
have	a qualification	자격(증)이 있다
hold	a qualification	
lead to	a qualification	자격을 딸 수 있다
improve	qualifications	능력을 높이다
lack	qualifications	기능을 결여하다
require	a qualification	조건이 필요하다
need	a qualification	

▷ You should try to **get** a **qualification**. 자격을 얻도록 노력해야 한다.(★ gain, obtain은 정중한 어법)
▷ Do you **have** any **qualifications**? 무엇이든 자격증이 있습니까?
▷ You should do a course that **leads to** a **qualification**. 너는 자격을 딸 수 있는 강좌를 수강해야 한다.
▷ I'm trying to **improve** my **qualifications**. 나는 능력을 높이기 위해 노력하고 있다.

a formal	qualification	정식 자격
entry	qualifications	입회 자격
paper	qualifications	자격증
a professional	qualification	전문 자격
a vocational	qualification	직업 자격
a recognized	qualification	인정 자격
academic	qualifications	학력 조건

▷ She doesn't have any **formal qualifications**. 그녀는 정식 자격증이 전혀 없다.
▷ Her **paper qualifications** are excellent. 그녀의 자격증들은 아주 훌륭하다.
▷ You need to get a **vocational qualification** of some kind. 너는 어떤 종류든 직업 자격을 취득해야 한다.

a qualification	for A	A에 맞는 자격
a qualification	in A	A(분야)에서의 자격
without	qualification	조건 없이
with	qualifications	조건을 달고

▷ She has all the right **qualifications for** the job. 그녀는 그 일에 적절한 모든 자격을 갖추고 있다.
▷ If you want to work in the export department, you'll need a **qualification in** English. 네가 수출부서에서 일하고 싶다면 영어 자격이 필요할 것이다.
▷ I agree to your proposal **without qualification**. 나는 네 제안에 조건 없이 동의한다.

a qualification	to do	…할 자격

▷ I don't have the **qualifications to** apply for that job. 나는 그 일에 지원할 자격이 없다.

qualifications and experience	자격과 경험

★ experience and qualifications라고도 한다.

▷ They're looking for somebody with **qualifications and experience**. 그들은 자격과 경력을 갖춘 사람을 찾고 있다.

qualified /kwɑ́ləfàid/

형 자격이 있는; 조건이 딸린

well	qualified	충분히 자격이 있는
suitably	qualified	
fully	qualified	정식 자격이 있는

▷ I think you're **well qualified** for the job. 나는 네가 그 일에 자격이 충분하다고 생각한다.
▷ Next year she'll be **fully qualified** as a doctor. 내년에 그녀는 의사로서 정식 자격을 얻을 것이다.

qualified	to do	…할 자격이 있는

▷ You're not **qualified to** give advice on this matter. 너는 이 일에 조언을 해줄 자격이 없다.

quality /kwɑ́ləti/ 명 품질; 특성

maintain	(the) quality	품질을 유지하다
improve	(the) quality	품질을 개선하다
enhance	(the) quality	품질을 높이다

▷ They were unable to **maintain** the **quality** of their product. 그들은 제품의 품질을 유지하지 못했다.
▷ We need to **improve** the **quality** of our service. 우리는 서비스 품질을 개선해야 한다.
▷ Using fresh tomatoes **enhances** the **quality** of the sauce. 신선한 토마토를 쓰면 소스의 품질이 좋아진다.

good	quality	좋은 품질
high	quality	높은 품질
top	quality	최고 품질
poor	quality	낮은 품질
low	quality	

▷ This is a cloth of **high quality**. 이 옷감은 품질이 좋다.
▷ The food at this restaurant is **top quality**. 이 레스토랑의 음식은 품질이 최고다.

▷ This suit is really rather **poor quality**. 이 정장은 품질이 별로 좋지 않다.

quantity /kwάntəti/ 명 양(量); 분량, 수량

a large	quantity	대량, 다량
a great	quantity	
a huge	quantity	
a vast	quantity	
a considerable	quantity	상당한양
a substantial	quantity	
a small	quantity	소량
a sufficient	quantity	충분한 양
an unknown	quantity	미지수

★× a big quantity라고는 하지 않는다.

▷ Milk contains **large quantities** of calcium. 우유에는 다량의 칼슘이 들어 있다.
▷ A **huge quantity** of food is wasted and thrown away every day. 매일 대량의 식품이 낭비되어 버려진다.
▷ There are still many places where oil exists in **vast quantities**. 아직도 원유가 대량으로 존재하는 지역들이 많이 있다.
▷ Fishermen have been catching only a **small quantity** of fish recently. 어부들은 최근에 소량의 고기만을 잡고 있다.
▷ An **unknown quantity** of pollution may have got into the sea. 양을 알 수 없는 오염 물질이 바다로 흘러들어 갔는지도 모른다.

a quantity	of A	A의 양; 대량의 A
in	quantity	대량으로

▷ Avoid eating large **quantities of** food in the evening. 저녁에는 음식을 많이 먹지 않도록 하십시오.
▷ You can get things cheaper if you buy **in quantity**. 대량으로 사면 물건을 싸게 살 수 있다.

quantity and quality	질과 양

★ quality and quantity라고도 한다.

▷ **Quantity and quality** are two very different things. So, please write a shorter, better essay! 질과 양은 서로 다르다. 그러니 리포트를 짧고 내실 있게 써라!

quarter /kwɔ́:rtər/ 명 1/4; 15분; 4분기

a quarter	of A	A의 1/4

▷ A **quarter of** our sales are overseas. 우리 매출의 1/4이 해외에서 발생한다.

a quarter	of seven	7시 15분 전
《영》a quarter	to seven	
a quarter	after seven	7시 15분
《영》a quarter	past seven	

▷ It's a **quarter of** seven. 7시 15분 전이다.
▷ Let's meet at a **quarter after** seven. 7시 15분에 만나자.

the first	quarter	1사분기
the second	quarter	2사분기
the third	quarter	3사분기
the fourth	quarter	4사분기
the last	quarter	

▷ Prices rose by 0.5% during the **first quarter** of this year. 올해 1사분기에 물가가 0.5% 올랐다.

question /kwéstʃən/

명 질문; 시험 문제; 문제; 의문점

have	a question	질문이 있다
ask	a question	질문하다
address	a question	
put	a question	
answer	a question	질문에 답하다
evade	a question	질문을 피하다
raise	a question	의문을 제기하다
pose	a question	
consider	a question	문제를 검토하다
address	a question	문제에 대응하다
tackle	a question	
call	into question	의문을 제기하다
be open	to question	의문의 여지가 있다

▷ Do you **have** any **questions**? 질문 있나요?
▷ Can I **ask** a **question**? 질문해도 되나요?
▷ Would anyone like to **put** a **question** *to* our guest speaker? 초청 연사에게 질문하고 싶은 분 있나요?
▷ She refused to **answer** my **question**. 그녀는 내 질문에 대답하기를 거부했다.
▷ You **raise** a very interesting **question**. 너는 아주 흥미로운 문제를 제기하고 있다.
▷ You shouldn't have **called** his authority **into question**. 당신이 그의 권위에 의문을 제기한 것은 잘못이었어요.
▷ It's still **open to question** whether he will be promoted next year or not. 그가 내년에 승진을 할 것인지의 여부는 아직도 의문의 여지가 있다.

an awkward	question	대답하기 힘든 질문
an interesting	question	흥미로운 질문

a crucial	question	중대한 문제
the fundamental	question	근본적인 문제
an important	question	중요한 문제
a key	question	
a vexed	question	귀찮은 문제

▷ I think you ask a very **crucial question**. 네가 아주 중대한 질문을 했다고 생각한다.
▷ There are several **key questions** that we still haven't answered. 우리가 아직 대답하지 않은 몇 가지 중요한 문제가 있다.

a question	about A	A에 대한 질문
a question	on A	
in	question	문제가 된; 의심스러운
beyond	question	의심할 여지 없이, 확실히
without	question	문제 없이

▷ I have a **question about** the school trip to Gyeongju. 나는 경주로 가는 수학 여행에 대해 질문이 있다.
▷ There was a **question on** international law that I couldn't answer. 내가 대답할 수 없는 국제법에 대한 질문이 있었다.
▷ Your honesty isn't **in question**. 네 정직함은 확실하다.
▷ I trust her **beyond question**. 나는 그녀를 확실히 믿는다.
▷ She did everything he said **without question**. 그녀는 그가 말한 것을 모두 문제 없이 해냈다.

question(s) and answer(s)	질문과 답

▷ This book contains most **questions and answers** about living in the USA. 이 책은 미국에서의 삶과 관련한 대부분의 질문과 답을 수록하고 있다.

PHRASES

(**That's a**) **good question.** ☺ 좋은 질문이다.
▷ When someone says, "Good question," it usually means they don't know the answer. 누군가 "좋은 질문."이라고 하면, 그것은 대부분 그 사람이 답을 모른다는 뜻이다.

queue /kjuː/ 명 ((영)) 줄

join	a queue	줄을 서다
stand in	a queue	
jump	the queue	새치기하다

▷ I hate people who **jump** the **queue**. 나는 새치기하는 사람들이 싫다.

quick /kwik/ 형 (움직임이) 빠른

quick	enough	충분히 빠른

▷ I tried to get on the train before the doors closed, but I wasn't **quick enough**. 나는 문이 닫히기 전에 기차에 올라타려고 했지만, 충분히 빠르지 못했다.

be quick	to do	즉시 …하다

▷ He was very **quick to** point out my mistakes. 그는 즉시 내 잘못을 지적했다.

quiet /kwáiət/ 형 조용한; 평온한

keep	quiet	조용히 있다
stay	quiet	

▷ **Keep quiet!** I can't hear the television. 조용히 해! 텔레비전 소리가 안 들리잖아.

fairly	quiet	상당히 조용한
really	quiet	무척 조용한
relatively	quiet	비교적 조용한
usually	quiet	대개 조용한

▷ It's been a **fairly quiet** day. Not very busy. 오늘은 상당히 조용한 날이다. 별로 바쁘지 않다.
▷ It's a **relatively quiet** place where I live in the suburbs. 내가 사는 교외 지역은 비교적 조용한 곳이다.
▷ Why is it so noisy? It's **usually quiet** at this time of night. 왜 이렇게 시끄럽지? 밤중의 이 시간에는 대개 조용한데.

quiet and gentle	조용하고 점잖은
quiet and peaceful	조용하고 평화로운

▷ I love hiking in the woods. It's so **quiet and peaceful**. 나는 숲에서 하이킹하는 것을 좋아한다. 아주 조용하고 평화롭기 때문이다.

PHRASES

(**Be**) **quiet!** ☺ 조용히 해!
▷ Be quiet, Mark! 조용히 해, 마크!

R

race /reis/ 몡 경주, 레이스; 경쟁; 인종

have	a race	경주하다
run	a race	
enter	a race	경주에 출전하다
lose	a race	경주에서 지다
win	a race	경주에서 이기다
come first in	a race	경주에서 1등하다
come second in	a race	경주에서 2등하다
finish	a race	완주하다

▷ Let's **have** a **race**! 경주하자!
▷ It's too late now to **enter** the **race**. 경주에 나가기에는 너무 늦었다.
▷ That horse has **won** a lot of **races** recently. 저 말은 최근에 많은 경주에서 이겼다.
▷ Poor Nigel. He came last. He couldn't even **finish** the **race**. 불쌍한 나이젤. 꼴찌가 됐어. 심지어 완주하지 못했지.

a big	race	큰 경주
a close	race	접전의 경주
a hard	race	힘든 경주
a tough	race	
a bicycle	race	자전거 경주
a car	race	카레이스
a horse	race	경마
mixed	race	혼혈
the human	race	인류

▷ The **big race** is on Saturday! 토요일에 큰 경주가 있어!
▷ It was a **hard race**. You did well to come 3rd. 힘든 시합이었어. 네가 3등을 한 것은 잘한 거야.

a race	with A	A와의 경주
a race	against A	
a race	for A	A를 위한 경쟁

▷ We've entered a **race with** other schools. 우리는 다른 학교와의 시합에 나갔다.

a race	to do	…하는 경쟁

▷ After World War II the world entered a **race to** develop nuclear weapons. 2차 대전 후 세계는 핵무기 개발 경쟁에 들어갔다.

class and race		계급과 인종
gender and race		성별과 인종
sex and race		

★모두 반대 순서로도 쓰인다.

▷ Her work focuses on issues of **gender and race**. 그녀는 성별과 인종 문제를 다루는 일에 집중한다.

radio /réidiòu/ 몡 라디오(방송); 무선(통신)

turn on	the radio	라디오를 켜다
switch on	the radio	
turn off	the radio	라디오를 끄다
switch off	the radio	
listen to	the radio	라디오를 듣다

▷ Quick! **Turn on** the **radio**! 얼른! 라디오를 켜!
▷ When I'm in my car, I like to **listen to** the **radio**. 나는 차를 타고 있을 때 라디오 듣는 것을 좋아한다.

local	radio	지역 라디오 방송
national	radio	전국 라디오 방송

▷ Our **local radio** provides a good service. 우리 지역 라디오 방송은 좋은 프로그램을 제공한다.

on	the radio	라디오에서
by	radio	무선으로

▷ Are there any good programs **on** the **radio**? 라디오에 좋은 프로그램 있어?

rain /rein/ 몡 비

look like	rain	비가 올 것 같다
get caught in	the rain	비를 맞게 되다
pour with	rain	비가 퍼붓다
bring	rain	비를 몰고오다

▷ It **looks like rain**. 비가 올 것 같아.
▷ Take an umbrella with you. Don't **get caught in** the **rain**. 우산 가져가. 비 맞지 말고.
▷ It's **pouring with rain** outside. 밖에는 비가 퍼붓고 있다.
▷ It looks like those clouds are going to **bring rain**. 저 구름들이 비를 몰고올 것 같다.

the rain	falls	비가 내리다
the rain	comes down	
the rain	stops	비가 그치다
the rain	begins to fall	비가 내리기 시작하다
the rain	starts to fall	

▷ A lot of **rain fell** last night. 어젯밤에 많은 비가 내렸다.
▷ Has the **rain stopped** yet? 비가 그쳤니?
▷ Let's go inside before the **rain begins to fall**.

비가 내리기 전에 안으로 들어가자.

heavy	rain	많은 비
pouring	rain	
torrential	rain	폭우, 호우
driving	rain	휘몰아치는 비
light	rain	가랑비
acid	rain	산성비

▷ **Heavy rain** is forecast for tomorrow. 내일 많은 비가 예보되어 있다.
▷ There's **torrential rain** outside. I got soaked. 밖에 폭우가 쏟아지고 있어. 나는 흠뻑 젖었어.
▷ **Acid rain** is a major source of pollution. 산성비는 공해의 주요 원인이다.

in	the rain	빗속에
after	(the) rain	비가 온 후에
before	(the) rain	비가 오기 전에

▷ Everything smells so fresh **after** the **rain**. 비가 오고 나니 어디에서든 아주 신선한 냄새가 난다.

rain /rein/ 图 비가 내리다

rain	heavily	비가 거세게 오다
rain	hard	
rain	slightly	비가 조금 오다
rain	steadily	비가 계속 내리다

▷ Better not go outside. It's **raining heavily**. 나가지 않는 게 좋아. 비가 거세게 오고 있어.

start	to rain	비가 오기 시작하다
begin	to rain	
start	raining	
stop	raining	비가 그치다

★ start raining은 지금도 비가 계속 내리고 있다는 것을 암시하는 경우가 있다.

▷ It's **started to rain**. 비가 오기 시작했다.
▷ I think it's **stopped raining**. 비가 그친 것 같다.

range /reindʒ/

图 폭, 다양성; 범위; 사정거리

cover	a range	범위를 망라하다
extend	the range	범위를 넓히다
expand	the range	
broaden	the range	
increase	the range	
limit	the range	범위를 제한하다

offer	a range of A	여러 가지 A를 제공하다
provide	a range of A	

▷ The news program **covered** a **range** of topics. 그 뉴스 프로그램은 다양한 화제를 다룬다.
▷ Car manufacturers are trying to **extend** the **range** of their electric cars. 자동차 제조사들은 전기 자동차의 범위를 확대하려고 한다.
▷ If you don't want to spend much money, your **range** of choice is **limited**. 네가 돈을 많이 쓰지 않겠다면, 선택 범위가 제한된다.
▷ The hotel **provides** an excellent **range of** services. 그 호텔은 다양하고 훌륭한 서비스를 제공한다.

a great	range	넓은 범위
a vast	range	
a wide	range	
a broad	range	
a narrow	range	좁은 범위
a limited	range	한정된 범위
a normal	range	정상 범위
a full	range	전체 범위
a whole	range	
a new	range	새로운 제품군
a good	range	충실한 제품군
close	range	가까운 거리
short	range	

▷ They have a very **wide range** of goods in this department store. 이 백화점에는 굉장히 다양한 상품이 있다.
▷ We only have these sweaters in a **limited range** of colors. 이 스웨터는 몇 가지 색깔밖에 없다.
▷ All your hospital test results are within the **normal range**. 당신의 병원 검사 결과는 모두 정상 범위 내에 있습니다.
▷ You can see a **full range** of our products in this catalog. 이 카탈로그에는 저희 제품이 전부 실려 있습니다.
▷ Have you seen our **new range** of cosmetics? 우리 화장품의 새로운 제품군을 보셨습니까?
▷ We have a **good range** of inexpensive watches. 우리는 저가 시계 제품군을 충실하게 갖추고 있다.
▷ The police said he was shot *at* **close range**. 경찰은 그가 가까운 거리에서 총에 맞았다고 말했다.

in	the range of A	A의 범위 안에서
within	the range of A	
in	range	사정 거리 안에
within	range	
out of	range	사정 거리 밖에

▷ We're looking for a house **in** the **range of**

$250,000–$300,000. 우리는 25만 달러에서 30만 달러 범위 내의 집을 찾고 있다.

range /reindʒ/ 통 (범위가) 미치다, 뻗다

| range | widely | 넓은 범위에 미치다 |

▷ Her interest in music **ranges widely** from Mozart to K-pop. 음악에 대한 그녀의 관심은 모차르트에서 케이팝까지 범위가 넓다.

| range between A and B | 범위가 A에서 B까지 미치다 |
| range from A to B | |

▷ The exam results **range between** very poor **and** excellent. 시험 결과는 매우 낮음에서 매우 우수까지 걸쳐 있다.

▷ At the moment daytime temperatures **range from** 26 **to** 30 degrees centigrade. 요즘 낮 기온은 26도에서 30도 사이다.

rank /ræŋk/

명 계급, 지위; 열(列); (조직의) 무리

reach	the rank	지위에 오르다
achieve	the rank	
attain	the rank	
hold	the rank	지위를 차지하고 있다
join	the ranks	무리에 합류하다
swell	the ranks	무리를 늘리다
rise through	the ranks	출세하다
break	ranks	대열을 흩뜨리다; 결속을 깨다
close	ranks	결속을 굳히다, 단결하다

▷ He **reached** the **rank** of colonel in the army. 그는 육군 대령의 지위에 올랐다.

▷ I never thought you would **join** the **ranks** of the antigovernment protesters. 나는 네가 반정부 시위자들의 무리에 합류할 줄은 몰랐다.

▷ He went from bellboy to hotel manager. He really **rose through** the **ranks**. 그는 벨보이에서 시작해서 호텔 지배인이 되었다. 정말 크게 출세했다.

▷ We have to stand firm. We mustn't **break ranks**. 우리는 굳게 버텨야 해. 대열을 흩뜨리면 안 돼.

high	rank	높은 계급
senior	rank	
low	rank	낮은 계급
junior	rank	
social	rank	사회적 신분
the front	rank	최고위
the rear	rank	뒷줄

▷ He has a **high rank** in the police force. 그는 경찰 고위직이다.

▷ She married a rich man so now her **social rank** is very high. 그녀는 부자와 결혼해서 이제 사회적 신분이 아주 높다.

▷ He's in the **front rank** of politicians. 그는 정치가들 중 최고위층이다.

| within | the ranks | 집단 내부에 |

▷ I think we have some troublemakers **within** the **ranks**. 우리 집단 내부에 분란꾼이 있는 것 같다.

rank /ræŋk/ 동 위치시키다

| rank | high | 상위에 있다 |
| rank | low | 하위에 있다 |

▷ Finding food and shelter for the flood victims **ranks high** in our list of priorities. 홍수 이재민들에게 식량과 대피소를 제공해주는 것은 우리 우선 순위의 상위에 있다.

rank	among A	A에 위치하다
rank	with A	
rank	as A	A로서 위치하다

▷ As a golf player, Tiger Woods **ranks with** the best in the world. 골프 선수로서 타이거 우즈는 세계 최고 자리에 있다.

▷ This earthquake **ranks as** one of the largest in recent years. 이번 지진은 근래에 일어난 지진 가운데 가장 규모가 큰 축에 속한다.

rapid /ræpid/ 형 빠른; 급속한

| relatively | rapid | 비교적 빠른 |

▷ We've been making **relatively rapid** progress, but we still need to go faster. 우리는 비교적 빠른 진전을 보이고 있지만, 그래도 더 빨리 나아가야 한다.

rare /rɛər/ 형 드문, 희귀한

extremely	rare	아주 드문
quite	rare	
fairly	rare	상당히 드문
relatively	rare	비교적 드문
comparatively	rare	
increasingly	rare	점점 드물어지는

▷ It's **extremely rare** for this kind of problem to happen. 이런 종류의 문제가 일어나는 경우는 아주 드물다.

▷ It's **relatively rare** that we receive complaints from our customers. 우리가 고객의 항의를 받는 일

은 비교적 드물다.
▷ This species of bird is becoming **increasingly rare**. 이 종의 새는 점점 희귀해지고 있다.

it is rare (for A) to do　(A(사람)가)…하는 것은 드물다

▷ "Where's Jack?" "**It's rare for** him **to** be late home." "잭 어디 있어?" "그가 집에 늦게 오는 일은 드문데."

rate /reit/ 圖 율, 비율; 요금; 속도

increase	rates	비율을 올리다
raise	rates	
cut	rates	비율을 내리다
reduce	rates	
affect	rates	비율에 영향을 미치다

★ of를 동반할 때는 increase the rate of A 형식을 쓴다.

▷ The government has decided to **cut** interest **rates**. 정부는 이자율을 내리기로 결정했다.
▷ I think the recent high inflation is likely to **affect** the **rate** of interest. 최근의 극심한 인플레이션이 이율에 영향을 미칠 것 같다.

a high	rate	높은 이율, 고금리
a low	rate	낮은 이율, 저금리
a fixed	rate	고정 금리
an annual	rate	연이율
the average	rate	평균 비율
the birth	rate	출생률
the mortality	rate	사망률
the death	rate	
the crime	rate	범죄 발생률
the suicide	rate	자살률
the success	rate	성공률
the growth	rate	성장률
an exchange	rate	환율
an interest	rate	금리, 이율
the tax	rate	세율
the unemployment	rate	실업률
a rapid	rate	빠른 속도, 급속
an alarming	rate	놀라운 속도

▷ Unemployment is at a very **high rate**. 실업률이 굉장히 높다.
▷ The **annual rate** of interest is now 3%. 연이율은 현재 3%다.
▷ Many students are failing this course. What's the **average rate**? 많은 학생들이 이 과정에 탈락하고 있습니다. 평균 비율이 얼마나 됩니까?
▷ The water level of the river is rising at a **rapid rate**. 강물의 수위가 급속도로 상승하고 있다.

at	**a rate of** A	A의 비율로

▷ The bullet train was traveling **at a rate of** 300 kilometers per hour. 그 초고속 열차는 시속 300킬로미터로 달렸다.

reach /ri:tʃ/ 圖 도착하다; 이르다; 손을 뻗다

finally	reach	마침내 도착하다
eventually	reach	
easily	reach	수월하게 도착하다
almost	reach	거의 도착하다
quickly	reach	빠르게 도착하다
reach	out	손을 뻗다

▷ After 5 hours we **finally reached** the top of the mountain. 5시간 후에 우리는 마침내 산꼭대기에 올랐다.
▷ She **reached out** and shook his hand. 그녀는 손을 뻗어서 그와 악수했다.

reach	**for** A	A를 잡으려고 손을 뻗다
reach	**into** A	A의 안에 손을 넣다

▷ She **reached for** her cellphone and checked for messages. 그녀는 손을 뻗어 휴대폰을 집어서 메시지를 확인했다.
▷ He **reached into** his pocket and brought out a cigarette lighter. 그는 주머니에 손을 넣어서 라이터를 꺼냈다.

react /riˈækt/ 圖 반응하다; 반발하다

react	strongly	강하게 반응하다
react	angrily	성난 반응을 보이다
react	badly	좋지 않은 반응을 보이다
react	immediately	즉시 반응하다
react	quickly	빠르게 반응하다
react	differently	다르게 반응하다
react	accordingly	적절하게 반응하다
react	appropriately	

▷ There's no need to **react** so **angrily**. 그렇게 성난 반응을 보일 필요는 없다.
▷ When the dog ran into the road, he **reacted quickly** and stopped the car in time. 개가 도로로 뛰어들었을 때 그는 빨리 반응해서 제때에 차를 세웠다.
▷ Children tend to **react differently** than adults. 아이들은 대체로 어른들과는 다르게 반응한다.

react	**by** doing	…로써 반응을 보이다

▷ He **reacted** angrily **by** stand**ing** up and walking out of the room. 그는 자리에서 일어나 밖으로 나감으로써 화가 났다는 반응을 보였다.

react	against A	A에 반발하다
react	to A	A에 반응하다
react	with A	A와 (화학) 반응하다

▷ How did she **react to** your proposal of marriage? 그녀가 네 청혼에 어떻게 반응했어?
▷ Chemicals released by factories **react with** each other in the air to cause global warming. 공장에서 방출한 화학 물질들은 공중에서 서로 반응하여 지구 온난화를 일으킨다.

reaction /riːǽkʃən/

명 반응; 반발; 에너지 반응; 화학 반응

get	a reaction	반응을 얻다
have	a reaction	반응이 있다
provoke	a reaction	반응[반발]을 일으키다
cause	a reaction	
produce	a reaction	
have	a reaction	(거부) 반응이 있다
suffer	a reaction	

▷ She just sat there and said nothing. I couldn't **get** a **reaction**. 그녀는 자리에 앉아서 아무 말도 하지 않았다. 나는 아무 반응도 얻지 못한 것이다.
▷ If we increase the price of school meals, it's sure to **provoke** a **reaction**. 우리가 학교 급식비를 올리면, 분명히 반발이 일어날 것이다.

a reaction	occurs	반응이 일어나다
a reaction	takes place	

▷ You can see a chemical **reaction take place** in this glass tube. 이 유리관 안에서 화학 반응이 일어나는 것을 볼 수 있다.

a positive	reaction	긍정적인 반응
a negative	reaction	부정적인 반응
an adverse	reaction	역반응, 부작용
immediate	reaction	즉각적인 반응
initial	reaction	최초의 반응
a natural	reaction	자연스러운 반응
a chain	reaction	연쇄 반응
a chemical	reaction	화학 반응
an allergic	reaction	알레르기 반응

▷ We're hoping for a **positive reaction** *to* our plan. 우리 계획에 대해 긍정적인 반응을 희망하고 있다.
▷ There was an **adverse reaction** *to* our proposals in the meeting. 회의에서 우리 제안에 거부 반응이 있었다.
▷ The explosion was caused by a **chemical reaction**. 폭발은 화학 반응에 의해 일어났다.
▷ Many people have an **allergic reaction** *to* pollen. 많은 사람들이 꽃가루에 알레르기 반응을 한다.

a reaction	against A	A에 대한 반발
a reaction	to A	A에 대한 반응
a reaction	between A and B	A와 B의 화학 반응

▷ There was a big **reaction against** closing down the factory. 공장 폐쇄에 대해 큰 반발이 있었다.
▷ Fire is a result of a rapid chemical **reaction between** a fuel **and** oxygen. 불은 연료와 산소 사이의 신속한 화학 반응의 결과이다.

read /riːd/ 동 읽다

read	aloud	소리 내서 읽다
read out	loud	
read	silently	묵독하다
read	carefully	꼼꼼히 읽다
read	again	다시 읽다
widely	read	널리 읽히는

★ widely read의 read는 과거분사

▷ Mr. Roberts asked me to **read aloud** in class today. 로버츠 선생님이 오늘 수업시간에 내게 큰 소리로 읽으라고 하셨다.
▷ Make sure you **read** the instructions **carefully**. 설명서를 꼼꼼히 읽으십시오.
▷ There are so many books that I want to **read again**. 다시 읽고 싶은 책이 너무도 많다.

read and write		글을 읽고 쓰다

▷ The child is only four years old, but he is already able to **read and write**. 그 아이는 이제 겨우 네 살인데 벌써 글을 읽고 쓸 줄 안다.

read	about A	A에 대해 읽다
read	of A	
read	from A	A에서 뽑아 읽다
read	through A	A를 통독하다

▷ I **read about** it in the paper. 나는 신문에서 그것에 대해 읽었다.
▷ She **reads from** the Bible every night. 그녀는 매일 밤 성경 구절을 읽는다.
▷ Could you **read through** my English essay and check it, please? 제 영어 작문을 다 읽고 점검해 주시겠습니까?

read	A B	A(사람)에게 B를 읽어주다

read	B to A	

▷ My little daughter likes me to **read** a story **to** her at bedtime. 내 어린 딸은 잘 때 내가 이야기책을 읽어주는 것을 좋아한다.

read	A as B	A를 B라고 해석하다

▷ I **read** his letter **as** a refusal to help, but maybe I was wrong. 나는 그의 편지를 도움을 주지 않겠다는 뜻으로 해석했지만, 내가 틀렸는지도 모른다.

read	that...	…라는 내용을 읽다

▷ Yesterday I **read** in the newspapers **that** there's going to be a shortage of gasoline. 어제 나는 신문에서 휘발유가 부족할 거라는 내용을 읽었다.

reading /ríːdiŋ/

명 독서; 책 읽기; 읽을 거리

extensive	reading	다독
close	reading	정독
careful	reading	
silent	reading	묵독
introductory	reading	입문서
assigned	reading	과제 도서
《영》compulsory	reading	
essential	reading	필독서
mandatory	reading	
recommended	reading	추천 도서
suggested	reading	

▷ This course requires **extensive reading**. 이 강좌에는 다독이 필요하다.

▷ These books are **essential reading** for your course. 이 책들은 이 강좌의 필독서이다.

make interesting	reading	읽기에 재미있다
make fascinating	reading	

▷ This book **makes interesting reading**. 이 책은 읽기에 재미있다.

reading and writing	읽기와 쓰기

▷ For Westerners, **reading and writing** Korean is much more difficult than speaking. 서양인들에게 한국어 읽기와 쓰기는 말하기보다 훨씬 더 어렵다.

ready /rédi/ 형 준비된

almost	ready	거의 준비된
nearly	ready	
always	ready	항상 준비된

▷ Lunch is **almost ready**! 점심이 거의 다 됐어!
▷ If you have any problems, remember, I'm **always ready** to help you. 문제가 있으면, 내가 항상 널 도울 준비가 되어 있다는 걸 잊지 마.

ready	for A	A의 준비가 된

▷ Get **ready for** a surprise. Bob asked me to marry him! 네가 놀랄 일이 있어. 밥이 나에게 청혼했어!

get A	ready	A를 준비하다
have A	ready	

▷ I have to **get** a meal **ready** by 6:00. 나는 6시까지 식사를 준비해야 한다.

ready	to do	…할 준비가 된; 기쁘게 …하는

▷ Are you **ready to** leave yet? 떠날 준비 됐어?

ready and waiting	준비 완료된
ready and willing	자진해서, 기꺼이

▷ "Are you ready yet?" "Yes. **Ready and waiting**!" "준비 됐어?" "네, 준비 완료 됐어요!"
▷ I'm **ready and willing** to do anything to help. 기꺼이 돕고 싶습니다.

PHRASES

Are you ready, Tom? ☺ 준비됐어, 톰?
Ready, set, go! / Ready, steady, go! ☺ 제자리, 준비, 출발!

realistic /rìːəlístik/ 형 현실적인

fairly	realistic	상당히 현실적인
sufficiently	realistic	충분히 현실적인

▷ The projected figures for next year's profits are not **sufficiently realistic**. 내년 수익의 추정치는 별로 현실적이지 않다.

realistic	about A	A에 대해 현실적인

▷ She's not very **realistic about** her chances of being promoted. 그녀는 자신의 승진 가능성에 대해 별로 현실적이지 못하다.

it is realistic to do	…하는 것이 현실적이다

▷ Do you think **it's realistic to** ask for so much money from the bank? 은행에 그렇게 큰 금액의 대출을 신청하는 게 현실적이라고 생각해?

have to	be realistic	현실적이 되어야 하다
must	be realistic	

▷ There's no way we're going to finish in time. We **have to be realistic**. 우리가 제 시간에 끝낼 방법은 없다. 현실을 직시해야 한다.

reality /riǽləti/ 몡 현실성; 현실

become	a reality	현실이 되다
make A	a reality	A를 실현시키다
accept	the reality	현실을 받아들이다
face	the reality	현실을 마주하다
reflect	the reality	현실을 반영하다
escape from	reality	현실에서 도피하다
deny	the reality	현실을 부정하다
ignore	the reality	현실을 무시하다

▷ Finally her dream **became a reality**. She's a top model in Paris. 마침내 그녀의 꿈이 현실이 되었다. 그녀가 파리의 톱모델이 된 것이다.

▷ Why doesn't she **accept the reality**? He's not in love with her. 그녀는 왜 현실을 받아들이지 못하지? 그는 그녀를 사랑하지 않는데 말야.

▷ This newspaper report doesn't **reflect** the **reality** of the situation. 이 신문 보도는 실제 현실을 반영하지 않는다.

harsh	reality	가혹한 현실
grim	reality	
economic	reality	경제적 현실
political	reality	정치적 현실

▷ The **economic reality** is that we are in danger of going bankrupt. 우리가 파산할 위험에 있다는 것이 우리의 경제적 현실이다.

▷ The **political reality** is that we have little chance of winning the next election. 우리가 다음 선거에 이길 가능성이 희박하다는 것이 정치적 현실이다.

a perception of	reality	현실 감각
a sense of	reality	

▷ She lives in a dream world. She has no **sense of reality**. 그녀는 몽상 세계에 산다. 현실 감각이 없다.

in	reality	현실은, 실제로는

▷ Dave and Sarah look very happy, but **in reality** they have quite a lot of problems. 데이브와 새라는 아주 행복해 보이지만, 실제로는 상당히 많은 문제가 있다.

the reality	is (that)...	현실은 …이다

▷ They say they don't want to move to New York, but the **reality is (that)** they don't have enough money. 그들은 뉴욕으로 이사하기 싫다고 말하지만 실제로는 돈이 부족한 것이다.

realize /ríːəlàiz/
몡 깨닫다; 실현하다 (★((영)) realise)

fully	realize	확실히 깨닫다
suddenly	realize	문득 깨닫다
soon	realize	곧 깨닫다
quickly	realize	
immediately	realize	
gradually	realize	차츰 깨닫다
finally	realize	마침내 깨닫다

▷ I don't think you **fully realize** how dangerous the situation is. 상황이 얼마나 위험한지 네가 제대로 깨달은 것 같지가 않다.

▷ When he tried to pay the bill, he **suddenly realized** he'd left his wallet at home. 그는 돈을 내려고 하다가 문득 지갑을 집에 두고 왔음을 깨달았다.

realize	(that)...	…라는 사실을 깨닫다
realize	wh-	…인지를 깨닫다

★ wh-＝what, how 등

▷ Sorry! I've just **realized that** I've made a terrible mistake. 미안해! 내가 큰 실수를 했다는 걸 방금 깨달았어.

▷ I suddenly **realized what** had happened. 나는 무슨 일이 있었는지 갑자기 깨달았다.

reason /ríːzn/ 몡 이유; 근거; 이성

see	no reason	이유를 알 수 없다
not see	any reason	
know	the reason	이유를 알다
have	a reason	이유가 있다
give	a reason	이유를 들다
explain	the reason	이유를 설명하다

▷ I **see no reason** to postpone the business trip. 나는 출장을 연기해야 하는 이유를 모르겠다.

▷ Do you **know the reason** (why) she got so angry? 그녀가 그렇게 화가 난 이유를 아니?

▷ I know you don't like him, but do you **have a reason**? 네가 그를 싫어하는 건 아는데, 어떤 이유가 있니?

▷ Could you **explain the reason** why you applied for this job? 당신이 이 일에 지원한 이유를 설명해 주시겠어요?

(a) good	reason	타당한 이유
the main	reason	가장 큰 이유
a simple	reason	단순한 이유
an obvious	reason	명백한 이유
a personal	reason	개인적 이유
various	reasons	다양한 이유

▷ We can't cancel the appointment without **good**

reason. 타당한 이유 없이는 약속을 취소할 수 없다.

▷ The **main reason** for going to England is to improve my English. 영국에 가는 가장 큰 이유는 영어 실력을 향상시키는 것이다.

▷ The terrorists made a video, but their faces and voices were disguised for **obvious reasons**. 테러리스트들은 비디오를 찍었지만, 뻔한 이유로 얼굴과 목소리는 위장했다.

▷ She's requested a transfer to our overseas branch for purely **personal reasons**. 그녀는 순전히 개인적인 이유로 해외 지사로의 전근을 요청했다.

the reason	behind A	A의 배경에 있는 이유
the reason	for A	A의 이유

▷ What are the **reasons behind** your decision to go to live in Australia? 오스트레일리아에 가서 살기로 한 결정의 배경에 있는 이유는 무엇입니까?

▷ What is the **reason for** refusing my application? 저의 지원을 받아들이지 않은 이유가 무엇입니까?

for	this reason	이런 이유로
for	that reason	그런 이유로
for	whatever reason	어떤 이유로든
with	reason	당연하게
within	reason	온당한 범위 내에서

▷ It is **for this reason** that I have decided to resign. 나는 이런 이유로 사임하기로 결심했다.

▷ I don't know why, but **for whatever reason**, they refused to sign the contract. 왜 그런지 모르겠지만, 이유가 어쨌든 그들은 계약에 서명하기를 거부했다.

reason	to do	…할 이유

▷ She has every **reason to** be annoyed with you. 그녀가 너에게 화낼 이유는 충분하다.

the reason	why …	…하는 이유
the reason	(that)…	…라는 이유

▷ There's no **reason why** she should be late. 그녀가 늦을 이유가 없다.

reasonable /ríːzənəbl/

⑱ 합리적인; 타당한

seem	reasonable	합리적으로 보이다

▷ The price they're asking for the house **seems reasonable**. 그들이 제시한 그 집 가격은 합리적인 것 같다.

fairly	reasonable	상당히 합리적인
quite	reasonable	
eminently	reasonable	지극히 합리적인
perfectly	reasonable	더없이 합리적인

▷ At the moment the air fare from Seoul to London is **fairly reasonable**. 지금 서울에서 런던으로 가는 항공 운임은 상당히 합리적이다.

▷ What he's asking you to do is **perfectly reasonable**. 그가 너에게 요청하는 일은 더없이 합리적이다.

it is reasonable	to do	…하는 것은 합리적이다

▷ We've been waiting here for over an hour so **it's reasonable to** assume that she's not coming. 우리는 여기서 한 시간이 넘게 기다렸다. 그러니 이제 그녀가 오지 않을 거라고 생각하는 것이 합리적이다.

recall /rikɔ́ːl/ ⑧ 생각해내다; 생각나게 하다

still	recall	아직도 기억하다
vividly	recall	생생히 기억하다
vaguely	recall	희미하게 기억하다

▷ I can **vividly recall** my first day at school. 나는 학교에 처음 간 날을 생생히 기억한다.

recall	(that)…	…을 기억하다
recall	wh-	…인지를 기억하다

★ wh-는 what, where, why 등의 의문사

▷ I can't **recall that** we've met before. 우리가 전에 만난 기억이 없네요.

▷ She can't **recall what** happened. 그녀는 무슨 일이 있었는지 떠올리지 못한다.

recall	doing	…한 것을 떠올리다

▷ I can't **recall** receiving any letter from her. 나는 그녀에게서 편지를 받은 기억이 떠오르지 않는다.

receipt /risíːt/ ⑲ 영수증; 수령

get	a receipt	영수증을 받다
have	a receipt	영수증이 있다
keep	a receipt	영수증을 보관하다
sign	a receipt	영수증에 서명하다
acknowledge	receipt	수령했음을 확인하다

▷ Don't forget. You need to **get a receipt**. 잊지 마. 영수증을 받아야 돼.

▷ Could I **have a receipt**? 영수증을 받을 수 있을까요?

▷ I **keep** all my **receipts**. 나는 영수증을 전부 보관한다.

▷ Please **acknowledge receipt** *of* this letter as soon as possible. 이 편지를 받은 사실을 되도록 빨리 알려 주십시오.

on	receipt (of A)	(A를) 받자마자

▷ **On receipt of** the information, police and fire services rushed to the spot. 그 정보를 받자마자 경찰과 소방대는 현장으로 달려갔다.

receive /risíːv/ 동 수령하다; 받다

recently	received	최근에 받은
be well	received	호평을 받은

▷ I **recently received** a check for $5,000. 나는 최근에 5,000달러짜리 수표를 받았다.
▷ The speech you gave was very **well received**. 네가 한 연설은 호평을 받았다.

receive A	from B	B(사람)에게서 A를 수령하다

▷ I still haven't **received** a letter **from** Simon. 나는 아직 사이먼한테서 편지를 받지 못했다.

recent /ríːsnt/ 형 최근의, 근래의

fairly	recent	상당히 최근의
relatively	recent	비교적 최근의
comparatively	recent	

▷ This is a **fairly recent** development. 이것은 상당히 최근에 일어난 발전이다.
▷ Cellphones are a **relatively recent** invention. 휴대폰은 비교적 최근의 발명품이다.

in	recent weeks	최근 몇 주간
in	recent months	최근 몇 달간
in	recent years	최근 몇 년간

★ in 외에 over나 during도 쓰인다.

▷ It's been getting more and more humid **in recent weeks**. 최근 몇 주 동안 날이 점점 더 습해지고 있다.
▷ The cost of living has been rising **over recent months**. 생활비가 최근 몇 달간 계속 오르고 있다.

recognize /rékəgnàiz/
동 인식하다, 알아보다; 인정하다

easily	recognize	쉽게 인식하다
immediately	recognize	즉시 인식하다
hardly	recognize	거의 알아보지 못하다
fully	recognize	충분히 인식하다
be generally	recognized	일반적으로 인식되다
be widely	recognized	널리 인식되다

▷ He's tall, with blond hair and glasses. You'll **easily recognize** him. 그 사람은 키가 크고 금발머리에 안경을 썼어. 쉽게 알아볼 수 있을 거야.
▷ I **fully recognize** that you're in a difficult situation. 나는 네가 어려운 처지라는 것을 충분히 인정한다.
▷ It's **generally recognized** that earthquakes take place frequently in Japan. 일본에 지진이 자주 일어난다는 것은 널리 알려진 사실이다.

recognize	(that) ...	…라고 인정하다

▷ I **recognize that** you're working under a lot of pressure at the moment. 나는 네가 지금 많은 스트레스를 받으며 일하고 있다는 것을 인정한다.

recognize A	as B	A를 B로 인정하다

▷ He's widely **recognized as** an expert on foreign policy. 그는 외교 정책의 전문가로 널리 인정받는다.

recommend /rèkəménd/
동 권장하다; 추천하다

highly	recommend	강력히 추천하다
strongly	recommend	
particularly	recommend	특히 추천하다
thoroughly	recommend	진심으로 추천하다
therefore	recommend	그러므로 추천하다

▷ My doctor **highly recommended** joining a fitness club. 의사가 (나에게) 헬스클럽에 다니는 것을 강력히 추천했다.
▷ Why don't you try this health drink? I can **thoroughly recommend** it. 이 건강 음료 마셔보세요. 진심으로 추천하는 거예요.
▷ There is danger of flooding so we **therefore recommend** that people move to higher ground. 홍수의 위험이 있으므로 모두 고지대로 이동할 것을 권장합니다.

recommend	(that) ...	…을 권장하다

▷ Doctors **recommend that** people take more exercise. 의사들은 사람들에게 운동을 더 많이 할 것을 권장한다.

recommend	doing	…하는 것을 권장하다

▷ I **recommend** going on a diet. 나는 다이어트하는 것을 권장하겠어.

recommend	A for B	A(사람)를 B로 추천하다
recommend	B to A	B를 A(사람)에게 추천하다

▷ I'm **recommending** you **for** promotion. 나는 당신을 승진 후보로 추천합니다.
▷ When I had toothache, my boss **recommended** a good dentist **to** me. 내가 치통을 앓았을 때, 상사는

내게 좋은 치과의사를 추천해 주었다.

recommendation /rèkəmendéiʃən/

명 권고; 추천; 추천장

make	a recommendation	권고하다
accept	a recommendation	권고를 받아들이다
follow	a recommendation	권고에 따르다
implement	a recommendation	권고를 실시하다

▷ We need to **make** our **recommendations** *to* the board of directors at the next meeting. 우리는 다음 회의에서 이사회에 권고를 해야 한다.

▷ We'll **accept** a **recommendation** *from* your previous boss. 우리는 당신의 전 상사가 해준 권고를 받아들일 겁니다.

▷ We've decided to **follow** your **recommendations**. 우리는 당신의 권고에 따르기로 결정했습니다.

detailed	recommendations	자세한 권고
the main	recommendation	주요한 권고
a specific	recommendation	구체적인 권고
a personal	recommendation	개인적 추천

▷ The report made several **specific recommendations**. 이 보고서는 몇 가지 구체적인 권고를 제시했다.

▷ She got the job on my **personal recommendation**. 그녀는 내 개인적 추천으로 그 자리에 취직했다.

recommendations	for A	A에 대한 권고
one's recommendation	to A	A를 향한 권고
a recommendation	on A	A에 관한 권고
on	A's recommendation	A의 권고로
at	A's recommendation	

▷ What are your **recommendations for** dealing with this crisis? 이 위기를 다루기 위해 당신이 권고하는 것은 무엇입니까?

▷ I'm going to take a holiday **on** my doctor's **recommendation**. 나는 의사의 권고로 휴가를 얻을 것이다.

recommendation	that ...	...라는 권고

▷ Our company has made the **recommendation that** we should employ more part-time staff. 우리 회사는 시간제 직원을 더 많이 고용해야 한다는 권고를 했다.

record /rékərd/

명 기록; 최고 기록; 성적, 경력

keep	a record	기록해 두다
maintain	a record	
compile	a record	기록을 모으다
break	a record	기록을 깨다
beat	a record	
set	a record	기록을 세우다
hold	a record	기록을 보유하다

▷ You need to **keep** a careful **record** of your travel expenses. 여행 경비를 잘 기록해 두어야 한다.

▷ She **set** a new world **record** for the marathon. 그녀는 마라톤 세계 신기록을 세웠다.

▷ She **holds** the **record** for the 100 meters. 그녀는 100미터 달리기 최고기록을 보유하고 있다.

the record	shows	기록이 보여주다

▷ The **record shows** that he hasn't attended classes for 3 weeks. 기록은 그가 3주 동안 수업에 결석했음을 보여준다.

an official	record	공식 기록
a written	record	문서 기록
historical	record(s)	역사의 기록
a criminal	record	범죄 경력, 전과
medical	record(s)	병력, 의료 기록
a world	record	세계 기록
the current	record	현재 기록
the previous	record	이전 기록

▷ He holds the **official record** for the 10,000 meters. 그는 10,000미터 달리기 공식 최고기록을 보유하고 있다.

▷ They think he has a **criminal record**. 그들은 그가 전과가 있다고 생각한다.

▷ Her **medical record** is kept in this file. 그녀의 병력은 이 파일에 보관되어 있다.

▷ She broke the **previous record** by nearly 4 seconds. 그녀는 이전 기록을 거의 4초나 앞당겨 깼다.

record	for A	A(분야 등)의 기록
record	of A	A의 기록
record	on A	A에 대한 실적
on	record	기록상

▷ He holds the **record for** this golf course. 그는 이 골프 코스의 최고기록을 보유하고 있다.

▷ We have no **record of** a Mr. Evans staying at this hotel. 에번스 씨라는 분이 저희 호텔에 묵은 기록이 없습니다.

▷ The newspaper reporter attacked the Government **record on** public services. 신문 기자는 공공서비스에 대한 정부의 실적을 비판했다.

▷ It's **on record** as the worst disaster for 50 years. 그것은 기록상 50년 만에 일어난 최악의 재난이다.

recover /rikʌvər/ 图 회복하다, 복구하다

completely	recover	완쾌하다
fully	recover	
soon	recover	곧 회복하다
recover	quickly	빠르게 회복하다
recover	sufficiently	충분히 회복하다
recover	well	순조롭게 회복하다

★ recover completely, quickly recover로도 자주 쓰인다.

▷ Liz is out of hospital. She's **completely recovered**. 리즈는 퇴원했다. 이제 완쾌되었다.
▷ Tina's **fully recovered** from the accident. 티나는 사고에서 완쾌되었다.
▷ I hope you **recover quickly**. 곧 회복하시기를 바랍니다.

| recover | from A | A에서 회복하다 |

▷ She still hasn't **recovered from** the shock! 그녀는 아직 충격에서 회복하지 못했다!

recovery /rikʌvəri/ 图 회복; 회수; 복구

| make | a recovery | 회복하다 |
| promote | a recovery | 회복을 촉진하다 |

▷ It was a terrible car crash, but he's **made** a full **recovery**. 끔찍한 자동차 사고였지만, 그는 완전히 회복했다.
▷ The Government are doing all they can to **promote** economic **recovery**. 정부는 경기 회복을 촉진하기 위해 할 수 있는 일은 다하고 있다.

a complete	recovery	완전한 회복
a full	recovery	
a good	recovery	순조로운 회복
a remarkable	recovery	놀랄 만한 회복
a speedy	recovery	빠른 회복
economic	recovery	경기 회복
national	recovery	국가적 복구

▷ We all hope she makes a **full recovery**. 우리는 모두 그녀가 완전히 회복하기를 바란다.
▷ The doctors had almost given up hope, but she made a **remarkable recovery**. 의사들은 거의 희망을 버렸지만, 그녀는 놀랄 정도로 회복됐다.
▷ After the earthquake **national recovery** will take many years. 지진 이후, 국가적 복구는 여러 해가 걸릴 것이다.

| (a) recovery | from A | A로부터의 회복 |

▷ **Recovery from** influenza is usually more difficult for the elderly. 독감에서 회복하는 것은 대체로 노인들에게 더 어렵다.

| on the road | to recovery | 회복기에 접어든 |

▷ I hear you're **on the road to recovery**. 네가 회복기에 접어들었다는 말을 들었어.

| a sign of | recovery | 회복의 조짐 |

▷ I visited her in hospital and she's starting to show **signs of recovery**. 병원으로 그녀를 문병갔는데, 그녀는 회복의 조짐이 보이기 시작했다.

red /red/ 图 붉은, 빨간

| go | red | 빨갛게 되다 |
| turn | red | |

▷ Careful! The traffic lights have **gone red**! 조심해! 신호등이 빨간 불로 바뀌었어!

reduce /ridjúːs/ 图 줄이다, 축소하다

considerably	reduce	상당히 줄이다
drastically	reduce	획기적으로 줄이다
greatly	reduce	대폭 줄이다
substantially	reduce	상당히 줄이다
significantly	reduce	현저히 줄이다
further	reduce	더욱 줄이다
gradually	reduce	차츰 줄이다
slightly	reduce	약간 줄이다

▷ That department store has **drastically reduced** its prices. 그 백화점은 가격을 획기적으로 내렸다.
▷ If you keep fit, the chances of a heart attack are **greatly reduced**. 건강한 상태를 유지하면, 심장 발작의 가능성이 대폭 줄어든다.
▷ I think her fever has **slightly reduced**. 그녀의 열이 약간 내린 것 같다.

| reduce A | by B | A를 B만큼 줄이다 |
| reduce | from A to B | A에서 B로 줄이다 |

▷ We **reduced** our fuel costs **by** 10%. 우리는 연료비를 10% 줄였다.
▷ It's a great diet! I **reduced** my weight **from** 70 kilos **to** 62 kilos in six months! 그건 정말 효과 좋은 다이어트야! 나는 6개월만에 몸무게를 70킬로에서 62킬로로 줄였어!

| reduce or eliminate | | 감축 또는 폐지하다 |

▷ Many big companies are **reducing or eliminating** traditional pensions. 많은 대기업들이 전통적인 연금을 감축 또는 폐지하고 있다.

reduction /rɪdʌ́kʃən/ 명 감소, 축소; 할인

make	a reduction	줄이다
cause	a reduction	감소를 일으키다
lead to	a reduction	감소로 이어지다
result in	a reduction	
show	a reduction	감소를 보이다

▷ We've already **made** a **reduction** in the price of 20%. 우리는 이미 가격을 20% 인하했다.
▷ The rise in price **led to** a **reduction** in demand. 가격 인상은 수요의 감소를 일으켰다.
▷ The strong won **resulted in** a **reduction** of exported goods. 원화 강세는 수출 감소로 이어졌다.
▷ The latest figures **show** a **reduction** in the number of traffic accidents. 최근 수치는 교통 사고 건수의 감소를 보여준다.

a considerable	reduction	상당한 감소
a significant	reduction	주목할 만한 감소
a substantial	reduction	대폭적인 감소
a dramatic	reduction	극적인 감소
a drastic	reduction	
a further	reduction	추가적인 감소
a sharp	reduction	급격한 감소
cost	reduction	원가 절감
debt	reduction	부채 경감
deficit	reduction	적자 감축
a price	reduction	가격 인하

▷ There has been a **significant reduction** of foreign tourists visiting our country. 우리 나라를 방문하는 외국인 관광객이 현저하게 줄었다.
▷ You can see from this chart that there was a **sharp reduction** in the number of crimes this year. 이 도표를 보면, 올해 범죄 건수가 급격히 줄었다는 것을 알 수 있다.

a reduction	in A	A의 감소

▷ There's a **reduction in** the number of jobs available this year. 올해는 일자리 숫자가 줄어들었다.

reference /réfərəns/
명 언급; 참조; 참고 문헌

make	reference to A	A에 대해 언급하다
include	a reference	언급을 포함하다

▷ In his speech he **made** no **reference to** the present financial crisis. 연설에서 그는 현재의 재정 위기를 언급하지 않았다.

direct	reference	직접적인 언급
specific	reference	구체적인 언급
particular	reference	특별한 언급
special	reference	
passing	reference	짧은 언급

▷ You should make **direct reference** in your speech to all the support you received. 연설할 때 당신이 받는 모든 지원에 대해 직접 언급해야 합니다.
▷ The report made **specific reference** to raising the minimum wage. 그 보고서는 최저 임금 인상에 대해 특별한 언급을 했다.

by	reference to A	A를 참조해서
for	future reference	추후에 참고하기 위해서
in	reference to A	A에 관해서
with	reference to A	짧은 언급

▷ The pension is calculated **by reference to** the final salary. 연금은 마지막 임금을 기준으로 결정된다.
▷ We need to hold a meeting **with reference to** the recent rise in oil prices. 우리는 최근의 유가 상승에 관해서 회의를 열어야 한다.

reflect /rɪflékt/

동 반영하다; 반사하다; 숙고하다; 인상을 주다

accurately	reflect	정확히 반영하다
not necessarily	reflect	꼭 반영하지는 않는다
simply	reflect	단순히 반영하다
merely	reflect	
partly	reflect	부분적으로 반영하다
reflect	well	좋은 인상을 주다
reflect	badly	나쁜 인상을 주다

▷ This newspaper report does not **accurately reflect** what happened. 이 신문 보도는 그 사건을 정확히 보도하지 않는다.
▷ This is my personal opinion and it does **not necessarily reflect** the views of the committee. 이것은 내 개인적인 의견이고, 꼭 위원회의 견해를 반영하는 것은 아니다.
▷ The fact that we did nothing to help **reflects badly** on all of us. 우리가 아무 도움을 주지 않았다는 사실은 우리 모두의 평판에 나쁜 영향을 준다.

be reflected	in A	A에 반영되어 있다
reflect	on A	A에 대해 숙고하다

▷ The success of our sales campaign is **reflected in** the huge rise in sales this year. 판매 캠페인의 성공은 올해 판매량의 대폭 상승에 반영되어 있다.
▷ I need some time to **reflect on** what to do. 나는 무엇을 할지 숙고해볼 시간이 필요하다.

reflect	that...	...을 숙고하다
reflect	wh-	...인지 숙고하다; ...인지 반영하다
★ wh-는 what, who, how 등의 의문사		

▷ We need to **reflect what** to do if the situation gets worse. 우리는 상황이 악화되면 어떻게 해야 할지를 고민해 봐야 한다.

reflection /riflékʃən/

명 반영, 비친 모습; 반사; 반성, 숙고

catch	a reflection	비친 모습을 흘끔 보다
see	a reflection	비친 모습을 보다
look at	a reflection	비친 모습을 바라보다
stare at	a reflection	비친 모습을 응시하다

▷ They could **see** the **reflection** of the moon in the lake. 그들은 호수에 비친 달의 모습을 볼 수 있었다.
▷ She **stared at** her **reflection** in the shop window. 그녀는 상점 유리문에 비친 자신의 모습을 응시했다.

an accurate	reflection	정확한 반영
a fair	reflection	올바른 반영
a true	reflection	
a sad	reflection	서글픈 반영

▷ What you say is a **fair reflection** of how the car accident happened. 당신이 한 말은 자동차 사고가 일어난 경위를 정확하게 보여줍니다.
▷ It's a **sad reflection on** our society today that nobody came to help her. 아무도 그녀를 도와주러 오지 않은 사실은 오늘날 우리 사회에 대한 서글픈 반영이다.

a reflection	on A	A에 대한 고찰
on	reflection	숙고해 보니, 잘 생각해 보고
upon	reflection	

▷ What are your **reflections on** the present situation in China? 중국의 현재 상황에 대한 네 생각은 어떠니?
▷ **On reflection**, let's wait a couple more months before putting our house on the market. 생각해 보니, 집을 내놓기 전에 2,3개월 더 기다려보는 게 좋을 것 같다.

reform /rifɔ́ːrm/ 명 개혁, 개선

introduce	reform(s)	개혁을 도입하다
implement	reform(s)	개혁을 실행하다
support	reform(s)	개혁을 지지하다

▷ It will be difficult to **introduce reform** at this stage. 지금 단계에서 개혁을 도입하기는 어려울 것이다.
▷ The new Government has already **implemented** several **reforms**. 새 정부는 이미 몇 가지 개혁을 실행했다.

radical	reform(s)	근본적인 개혁
political	reform(s)	정치 개혁
social	reform(s)	사회 개혁
structural	reform(s)	구조 개혁
administrative	reform(s)	행정 개혁
educational	reform(s)	교육 개혁
economic	reform(s)	경제 개혁
tax	reform(s)	세제 개혁

▷ The Government intends to carry out several **radical reforms** this year. 정부는 올해 몇 가지 근본적인 개혁을 실행할 예정이다.
▷ What **political reforms** do you feel are necessary? 당신은 어떤 정치 개혁이 필요하다고 생각하십니까?
▷ China has carried out various **economic reforms** recently. 중국은 최근에 다양한 경제 개혁을 실행했다.(★× economical reform이라고는 하지 않는다.)

refrigerator /rifrídʒərèitər/ 명 냉장고
(★구어로는 fridge라고 하는 경우가 많다.)

| in | the refrigerator | 냉장고에 |

▷ I keep the eggs **in** the **refrigerator**. 나는 달걀을 냉장고에 보관한다.

| put A | in the refrigerator | A를 냉장고에 넣다 |
| take A | out of the refrigerator | A를 냉장고에서 꺼내다 |

▷ Could you **put** this ice cream **in** the **refrigerator**? 이 아이스크림을 냉장고에 넣어줄래요?

refuse /rifjúːz/ 동 거절하다, 거부하다

absolutely	refuse	단호히 거절하다.
steadfastly	refuse	딱 잘라 거절하다
flatly	refuse	
simply	refuse	
consistently	refuse	일관되게 거절하다

▷ She **steadfastly refused** to move into a home for the elderly. 그녀는 노인 요양원에 들어가는 것을 단호하게 거절했다.
▷ He **flatly refused** to help. 그는 도와주는 일을 딱 잘라 거절했다.
▷ If you don't want to do it, **simply refuse**. 그 일

을 하기 싫으면 그냥 거절해.

refuse	to do	…하는 것을 거절하다

▷ She **refused to** give him any more money. 그녀는 그에게 돈을 더 주지 않겠다고 했다.

regard /rigá:rd/

명 배려, 고려; 경의; (-s) 안부를 전하는 인사

have	regard	고려하다; 존중하다
pay	regard	
hold A	in high regard	A를 존중하고 있다
give	one's regards	안부를 전해주다

▷ He **has** no **regard** *for* other people's feelings. 그는 다른 사람의 감정은 배려하지 않는다.

▷ She didn't **pay** any **regard** *to* what her friend told her. 그녀는 친구가 한 말을 전혀 고려하지 않았다.

▷ He **holds** you **in** very **high regard**. 그 사람은 당신을 아주 존경하고 있어요.

▷ **Give** my **regards** *to* Angus when you see him! 앵거스를 만나면 제 안부 좀 전해주세요!

particular	regard	특별한 고려
due	regard	상응하는 고려
proper	regard	정당한 고려
high	regard	높은 평가
great	regard	

▷ These new laws have **particular regard** *to* protecting the environment. 이 새 법들은 환경 보호를 특별히 고려한 것이다.

▷ She doesn't seem to have **proper regard** *for* all the help she received from her parents. 그녀는 부모한테서 받은 온갖 지원을 제대로 고마워하지 않는 것 같다.

regard	for A	A에 대한 경의; A에 대한 고려

▷ I have a lot of **regard for** people who fight their way to the top. 나는 힘겨운 노력으로 정상까지 올라간 사람들을 무척 존경한다.

in	this regard	이런 점에서
in	that regard	그런 점에서
with	regard to A	A와 관련해서
in	regard to A	
without	regard to A	A에 상관없이, A를 무시하고
without	regard for A	

▷ Tom's so impatient! **In this regard** he make life a little difficult for himself. 톰은 너무 참을성이 없어! 이런 점에서 그는 스스로 인생을 힘들게 만들고 있어.

▷ Mike would like to talk to you **with regard to** the contract. 마이크는 계약과 관련해서 당신과 이야기를 하고 싶어합니다.

▷ He took the decision **without** any **regard for** the consequences. 그는 결과를 생각하지 않고 결정을 내렸다.

regard /rigá:rd/ 동 …라고 여기다, 생각하다

highly	regarded	높이 평가된
well	regarded	
generally	regarded	일반적으로 인정받는
widely	regarded	널리 인정받는

▷ He's **highly regarded** within the medical profession. 그는 의학계에서 높이 평가 받고 있다.

▷ A degree from Harvard is **generally regarded** as the key to a good job. 하버드 대학 학위는 일반적으로 좋은 직장을 얻을 수 있는 열쇠로 인정받는다.

▷ She's **widely regarded** as an expert in her field. 그녀는 자기 분야의 전문가로 널리 인정받는다.

regard A	as B	A를 B로 여기다
regard A	with B	A를 B(감정)을 가지고 보다

★ regard A as B에서 B는 suspicion, fear, respect, admiration 등

▷ Our boss **regards** you **as** a key person in our company. 상사는 당신을 우리 회사의 핵심 인재로 보고 있다.

▷ I've never trusted her. I've always **regarded** her **with suspicion**. 나는 그녀를 믿지 않았다. 나는 항상 그녀를 의심스럽게 지켜봤다.

region /ríːdʒən/ 명 지역, 지방

northern	region	북부 지역
southern	region	남부 지역
mountain	region	산악 지역
desert	region	사막 지역
central	region	중앙부
an autonomous	region	자치 지역

▷ In the **northern regions** of Canada temperatures can be terribly cold. 캐나다 북부 지방은 날씨가 몹시 추워지기도 한다.

▷ There are many mountains in the **central region** of the country. 그 나라의 중앙부에는 산이 많다.

▷ Tibet is an **autonomous region** of China. 티벳은 중국 내 자치 지역이다.

in	the region of A	약 A(숫자)

▷ He had to pay **in the region of** $500,000 for

his house. 그는 집을 사는 데 약 50만 달러를 지불해야 했다.

register /rédʒistər/

명 기록(부), 등록(부), 명부

keep	a register	기록을 해두다.
maintain	a register	기록을 보존하다
sign	a register	명부에 서명하다

▷ The hotel **keeps** a **register** of all its guests. 호텔은 모든 숙박객을 기록해둔다.

▷ Please **sign** the **register** when you enter and leave the building. 건물에 들어올 때와 나갈 때 명부에 서명을 해주십시오.

register /rédʒistər/ 동 등록하다

formally	register	정식으로 등록하다
officially	register	

▷ You are required to **formally register** at university before you can attend classes. 수업에 출석하기 전에 정식으로 대학에 등록해야 한다.

register A	as B	A를 B로서 등록하다
register	for A	A를 등록하다
register	with A	A에 등록하다

▷ Would you like to come to my golf club? I can **register** you **as** a guest. 우리 골프 클럽에 오실래요? 제가 당신을 손님으로 등록하면 돼요.

▷ She loves K-pop. She's **registered with** lots of different fan clubs. 그녀는 케이팝을 사랑한다. 그녀는 여러 팬클럽에 등록해 놓았다.

regret /rigrét/ 명 후회, 유감

express	regret	유감을 표현하다
have	no regrets	후회는 없다

▷ When he realized all the trouble he had caused, did he **express** any **regret**? 그가 자신이 일으킨 문제를 모두 깨닫고 나서 유감을 표명했나요?

▷ He says he **has no regrets**. 그는 후회는 없다고 한다.

deep	regret	깊은 후회, 강한 유감
great	regret	
biggest	regret	최대의 후회
only	regret	유일한 후회

▷ It is *with* **great regret** that I announce my resignation from the board of directors. 몹시 유감스러운 심정으로 저는 이사회의 사임을 발표합니다.

expression of	regret	유감의 표명
a pang of	regret	통한
a tinge of	regret	약간의 후회

▷ He left his wife and children without any **expression of regret**. 그는 어떤 애석함의 표현도 없이 아내와 아이들을 떠났다.

▷ It was with a **tinge of regret** that she split up with her boyfriend. 그녀는 남자 친구와 헤어질 때 약간 서글펐다.

regret	about A	A에 대한 후회
regret	at A	
regret	for A	
to	A's regret	(A의 처지에서) 안타깝게도

▷ There's no point in having **regrets about** the past. 과거에 대해 후회해봐야 소용없다.

▷ She feels no **regret for** what she did. 그녀는 자신이 한 일에 대해 전혀 후회하지 않는다.

▷ **To** his **regret**, the bank refused to lend him any more money. 안타깝게도 은행은 그에게 더 이상 대출을 해주지 않았다.

regret /rigrét/

동 후회하다, 유감으로 생각하다

deeply	regret	깊이 후회하다
bitterly	regret	뼈저리게 후회하다

▷ He **deeply regrets** losing his temper. 그는 화를 낸 것을 깊이 후회한다.

▷ She **bitterly regrets** not going to America when she had the chance. 그녀는 기회가 있을 때 미국에 가지 않은 것을 뼈저리게 후회한다.

regret	that...	…이 안타깝다

▷ I **regret that** I never had the opportunity to study abroad. 나는 유학할 기회가 없었던 것이 안타깝다.

regret	doing	…한 것을 후회하다
regret	to do	안타깝게 …하다

★ regret to do의 do는 say, inform, announce, advise, report 등

▷ I **regret** not **going** on the school trip. 학교 소풍을 가지 않은 것이 후회된다.

▷ I **regret to say** that there's nothing more I can do to help. 이런 말을 해서 안타깝지만 내가 더 이상 도와줄 일이 없구나.

▷ I **regret to inform** you that we are unable to offer you a position. 당신을 채용할 수 없음을 알려드리게 되어 안타깝습니다.

| live | to regret | 평생 후회하다 |

▷ If you don't take this chance to go and work for a year in America, you'll **live to regret** it! 일 년 동안 미국에 가서 일할 수 있는 이 기회를 잡지 않으면, 너는 평생 후회하게 될 거야!

regulation /règjuléiʃən/

명 규칙, 법규; 규제

make	a regulation	규칙을 만들다
enforce	a regulation	규칙을 시행하다
comply with	a regulation	규칙에 따르다
observe	a regulation	규칙을 지키다
break	a regulation	규칙을 깨다
have	a regulation	규칙이 있다

▷ The government is **making** new **regulations** about entry visas. 정부는 입국 비자에 대해 새로운 법규를 제정하고 있다.

▷ If you don't **comply with** the **regulations**, you'll be in trouble. 규칙에 따르지 않으면 당신에게 문제가 생길 것이다.

▷ We **have** many **regulations** in this company concerning security. 우리 회사에는 안전과 관련해서 많은 규칙이 있다.

strict	regulations	엄격한 법규
new	regulations	새로운 법규
detailed	regulations	상세한 법규
building	regulations	건축 법규
traffic	regulations	교통 법규
safety	regulations	안전 규칙
government	regulation	정부 규제
statutory	regulation	법적 규제

▷ We have **strict regulations** for club members. 우리는 클럽 회원에 대해 엄격한 규칙이 있다.

▷ There are **detailed regulations** about what to do in case of a hotel fire. 호텔에 화재가 발생했을 때 어떻게 해야 하는지에 대한 자세한 규칙이 있다.

▷ The **statutory regulation** against illegal entry into the country is very strict. 불법 입국에 대한 법적 규제는 아주 엄격하다.

| regulations | on A | A에 대한 규칙 |
| under | (the) regulations | 법규에 따라서 |

▷ **Under** the **regulations** we can't serve alcoholic drinks to anybody under the age of 20. 법규에 따라서 우리는 20세 미만에게는 술을 팔 수 없다.

| rules and regulations | 규칙과 규정 |

▷ When you join the army, there are so many **rules and regulations**. 군에 입대할 때는 많은 규칙과 규정이 있다.

reject /ridʒékt/ 동 거절하다, 거부하다

explicitly	reject	분명히 거부하다
firmly	reject	확고히 거부하다
immediately	reject	즉시 거부하다
totally	reject	전적으로 거부하다

▷ We **explicitly rejected** your proposal at the last meeting. 우리는 지난번 회의에서 당신의 제안을 분명히 거부했습니다.

▷ He **firmly rejects** everything that was written in the newspaper article. 그는 신문 기사에 실린 모든 내용을 철저하게 부인하고 있다.

▷ Her application was **immediately rejected**. 그녀의 신청은 즉시 기각되었다.

relate /riléit/ 동 관계시키다; 관계가 있다

closely	relate	밀접하게 관련되다
directly	relate	직접 관련되다
relate	specifically	특히 관련되다

★ directly는 동사의 뒤에도 쓰인다.

▷ The drop in cases of influenza **closely relates** to the increase in vaccinations. 독감 환자의 감소는 예방 접종의 증가와 밀접한 관련이 있다.

▷ The rise in gas prices **relates directly** to the rise in oil prices. 휘발유 가격의 상승은 원유 가격의 상승과 직접적인 관계가 있다.

▷ The change in the law **relates specifically** to foreign workers. 변경된 법률은 특히 외국인 노동자와 관련되어 있다.

| relate A | to B | A를 B와 관련 짓다 |

▷ We can **relate** the rise in crime **to** the rise in unemployment. 범죄의 증가는 실업률의 증가와 관련지을 수 있다.

related /riléitid/ 형 관련된; 친척 관계인

closely	related	밀접하게 관련된
intimately	related	
strongly	related	
directly	related	직접 관련된
clearly	related	명백히 관련된
closely	related	가까운 친척인
distantly	related	먼 친척인

▷ I'm sure her success is **closely related** to all

the hard work she's done. 나는 그녀의 성공이 성실한 노력과 밀접한 관련이 있다고 믿는다.
▷ It is well-known that smoking is **directly related** *to* cancer. 흡연이 암과 직접 관련되어 있다는 것은 잘 알려져 있다.
▷ Our new member of staff is **distantly related** *to* the boss's wife. 새로 온 직원은 상사의 아내와 먼 친척 관계다.

relation /riléiʃən/ 图 관계, 관련; 친척

establish	relations	관계를 수립하다
have	relations	관계가 있다
bear	no relation to A	A와 관계가 없다
maintain	relations	관계를 유지하다
improve	relations	관계를 개선하다
restore	relations	관계를 회복하다

▷ She **has** close **relations** with many important people in the fashion world. 그녀는 패션계의 여러 주요 인물들과 밀접한 관계가 있다.
▷ It's important for us to **maintain** good **relations** with China. 우리는 중국과 좋은 관계를 유지해야 한다.
▷ The two countries have finally **restored** diplomatic **relations** with each other. 양국은 마침내 상호간 외교 관계를 회복했다.

a close	relation	밀접한 관계
a direct	relation	직접적 관계
friendly	relations	우호 관계
good	relations	원만한 관계
diplomatic	relations	외교 관계
foreign	relations	
international	relations	국제 관계
social	relations	사회적 관계
industrial	relations	노사 관계
public	relations	홍보 활동

▷ There's a **direct relation** between pollution and the greenhouse effect. 공해와 온실 효과 사이에는 직접적 관계가 있다.
▷ It's essential to maintain **friendly relations** with our customers. 고객들과 우호적 관계를 유지하는 것이 중요하다.
▷ We have **good relations** with our sister university in Canada. 우리는 캐나다의 자매 대학과 좋은 관계다.
▷ We need to maintain good **diplomatic relations** with all Arab countries. 우리는 모든 아랍 국가와 원만한 외교 관계를 유지해야 한다.
▷ At the moment **industrial relations** between trade unions and management are excellent. 현재 노조와 경영진의 노사 관계는 아주 좋다.
▷ He's an expert on **public relations**. 그는 홍보 분야의 전문가다.

relation	between A and B	A와 B 사이의 관계
relations	with A	A와의 관계
in relation	to A	A에 관련해서

▷ The **relation between** supply **and** demand determines price. 수요와 공급의 관계가 가격을 결정한다.
▷ Unfortunately she no longer has very good **relations with** her family. 안타깝게도 그녀는 이제 가족과 좋은 관계가 아니다.
▷ **In relation to** your second point, I'm afraid I totally disagree. 당신이 말한 두 번째 점에 대해서, 저는 전적으로 생각이 다릅니다.

relationship /riléiʃənʃip/ 图 관계, 관련

establish	a relationship	관계를 수립하다
develop	a relationship	관계를 발전시키다
examine	the relationship	관계를 탐구하다
explore	the relationship	
show	the relationship	관련성을 나타내다

▷ This lecture will **explore** the **relationship** between politicians and the media. 이 강의에서는 정치인과 대중매체의 관계를 탐구할 것이다.
▷ This graph **shows** the **relationship** between advertising our product on TV and increases in sales. 이 그래프는 우리 제품의 TV 광고와 판매 증가의 관계성을 보여준다.

a good	relationship	좋은 관계
a close	relationship	밀접한 관계
a special	relationship	특별한 관계
a personal	relationship	개인적인 관계
a sexual	relationship	성적 관계
human	relationships	인간 관계
social	relationships	사회적 관계

▷ Samantha and I have a **close relationship**. 사만다와 나는 친한 사이다.
▷ Britain and America have a **special relationship**. 영국과 미국은 특별한 관계다.
▷ She has an excellent **personal relationship** with her boss. 그녀는 상사와 개인적으로 관계가 무척 좋다.
▷ We think that they may have had a **sexual relationship**. 우리는 그들이 성적인 관계가 있었을지도 모른다고 생각한다.
▷ **Human relationships** can be very complicated. 인간 관계는 아주 복잡해지는 경우가 있다.

relationship between A and B	A와 B 사이의 관계
relationship with A	A와의 관계

▷ Do you think there's a **relationship between** violence on television **and** violence in the real world? 텔레비전에서 보이는 폭력과 현실의 폭력 사이에 관계가 있다고 생각하는가?

▷ She has a really good **relationship with** her other classmates. 그녀는 다른 급우들과 무척 관계가 좋다.

relax /riléks/ 동 긴장을 풀다; 느슨해지다

totally	relax	긴장을 완전히 풀다
completely	relax	
relax	a little	긴장을 약간 풀다

▷ I need to go on holiday and **totally relax**. 나는 휴가를 가서 푹 쉬어야겠어.

▷ Take your shoes off and sit down. **Relax a little**! 신발을 벗고 앉아. 좀 편히 있어!

relax and enjoy	긴장을 풀고 즐기다

▷ When I get home, I'm going to sit back, **relax and enjoy** a movie! 집에 가면 의자에 기대 앉아서 마음 놓고 영화를 즐길 테야!

release /rilíːs/

명 해방, 석방; 공표, 발매, 공개

announce	the release	석방을 발표하다; 발매를 발표하다
be scheduled for	release	공개 예정이다
demand	the release	석방을 요구하다; 공표를 요구하다
secure	A's release	A의 석방을 보장하다

▷ The Government has **announced** the **release** of six political prisoners. 정부는 정치범 6명의 석방을 발표했다.

▷ The film is **scheduled for release** in May. 영화는 5월에 개봉할 예정이다.

▷ The terrorists are **demanding** the **release** of their leader. 테러리스트들은 지도자의 석방을 요구하고 있다.

general	release	일반 공개
a new	release	신작
a press	release	언론 발표

▷ This movie can now be seen on **general release**. 이 영화는 이제 일반인에게 공개되어 있다.

release	from A	A에서의 석방

▷ His **release from** prison is scheduled for next Saturday. 그의 출소는 다음 주 토요일로 예정되어 있다.

release /rilíːs/ 동 해방하다, 석방하다; 공표하다, 발매하다, 공개하다

finally	released	마침내 석방된; 마침내 공개된
eventually	released	
recently	released	최근 석방된; 최근 발매된

▷ There were many problems but the movie will be **finally released** next week. 많은 문제가 있었지만 드디어 영화가 다음주에 개봉될 것이다.

▷ Six rare birds were **recently released** into the wild. 여섯 마리의 희귀 조류가 최근에 야생에 방사되었다.

release A	from B	A를 B에서 해방하다

▷ They **released** my grandmother **from** hospital last week. 그들은 지난주에 우리 할머니를 병원에서 퇴원시켰다.

relief /rilíːf/

명 안심, 안도; 완화; 구제; 구조 물자

bring	relief	안심시키다; 완화하다
provide	relief	
feel	relief	안심하다

▷ It **brought** her a lot of **relief** to hear that her daughter was safe. 딸이 안전하다는 말을 듣자 그녀는 한숨을 놓았다.

▷ If you take this medicine, it will **provide relief** from the pain. 이 약을 먹으면 통증을 완화시켜 줄 것이다.

▷ She **felt** great **relief** that she had finally passed the driving test after 3 attempts! 그녀는 세 번의 시도 끝에 드디어 운전 면허 시험에 합격하자 크게 안도했다!

a great	relief	큰 안도
(a) welcome	relief	반가운 휴식
(a) light	relief	가벼운 휴식
pain	relief	진통 완화
tax	relief	세금 감면

▷ It was a **great relief** to everyone when she telephoned to say she was OK. 그녀가 무사하다고 전화했을 때 모두가 크게 안도했다.

▷ It was a **welcome relief** when I finally got a seat on the train. 내가 마침내 기차에서 좌석을 차지했을 때, 그것은 반가운 휴식이 되었다.

| relieved |

▷ It came as a **light relief** to have a cup of coffee after the 2-hour lecture. 2시간의 강의 후에 커피 한 잔을 마시는 것은 가벼운 휴식이 되었다.

▷ You need to fill in this form to obtain **tax relief**. 세금 감면을 받으려면 이 서류를 작성해야 한다.

| a sense of | relief | 안도감 |
| a sigh of | relief | 안도의 한숨 |

▷ "It's OK. I've found my wallet!" He breathed a **sigh of relief**. "됐어. 내 지갑 찾았어!" 그가 안도의 한숨을 쉬었다.

relief	from A	A의 경감
in	relief	안심해서
to	A's relief	(A의 처지에서) 다행히도

▷ You need to get some **relief from** all this stress. 너는 이 모든 스트레스를 좀 덜어야 한다.

▷ When she got home, the front door was open, but **to her relief** nothing had been stolen. 그녀가 집에 도착해 보니 현관문이 열려 있었지만, 다행히 도 당한 물건은 없었다.

PHRASES
What a relief! ☺ 정말 다행이야!

▌relieved /rilíːvd/ 형 안심한

| greatly | relieved | 크게 안도한 |
| immensely | relieved | |

▷ He was **immensely relieved** when he found the missing book. 그는 잃어버린 책을 찾았을 때 굉장한 안도감을 느꼈다.

| relieved | to do | …해서 안심한 |
| relieved | that... | …에 안심한 |

▷ We're all **relieved to** hear that your operation was successful. 우리는 모두 네 수술이 잘 되었다는 말을 듣고 안도하고 있다.

▷ I'm **relieved that** you've decided to stay with the company. 나는 네가 회사를 계속 다니겠다고 결정해서 안심이다.

▌rely /rilái/ 동 (rely on A, rely upon A의 형태로) A에 의지하다

rely	heavily on A	A에 크게 의지하다
rely	entirely on A	A에 전적으로 의지하다
rely	solely on A	
increasingly rely on		점점 A에 의지하다
always	rely on A	늘 A에 의지하다
no longer	rely on A	더 이상 A에 의지하지 않다

▷ I don't know what the boss would do if you left. He **relies** so **heavily on** you. 당신이 떠나면 상사가 어떻게 할지 모르겠네요. 그는 당신에게 아주 많이 의지하고 있는데.

▷ We're **increasingly relying on** the Internet for up-to-date information. 우리는 최신 정보를 얻는 데 점점 더 인터넷에 의지하고 있다.

▷ You can **always rely on** me for help at any time. 도움이 필요하면 언제라도 나에게 의지해도 좋아.

| rely on A | to do | A가 …할 것을 믿다 |
| rely on A | for B | A에게 B를 의지하다 |

▷ My family are **relying on** me **to** plan the whole trip. 우리 가족은 내가 전체 여행 계획을 짜리라 믿고 있다.

▷ I'm **relying on** you **for** up-to-date information. 나는 너에게 최신 정보를 의지하고 있다.

▌remark /rimáːrk/ 명 의견, 발언

make	a remark	발언하다
withdraw	one's remark	발언을 철회하다
ignore	A's remark	A의 발언을 무시하다

▷ "Did you **make a remark**?" "No, I didn't say anything." "뭔가 발언을 했습니까?" "아니요, 아무 말도 안 했습니다."

▷ She refused to **withdraw** her **remarks**. 그녀는 발언을 철회하려 하지 않았다.

▷ Don't be upset. Just **ignore** her **remarks**. 화내지 마. 그냥 그녀의 말을 무시해 버려.

a casual	remark	무심한 발언
critical	remarks	비판적인 발언
sarcastic	remarks	비꼬는 발언
racist	remarks	인종차별적 발언
sexist	remarks	성차별적 발언
introductory	remarks	서두 발언
a personal	remark	인신공격

▷ I didn't mean it seriously. It was just a **casual remark**. 진지하게 한 말은 아니에요. 그냥 한번 해본 말이었어요.

▷ Welcome to our scuba-diving course. I'd like to start with a few **introductory remarks**. 스쿠버 다이빙 강습에 오신 것을 환영합니다. 몇 가지 소개 말씀을 드리며 시작하겠습니다.

▷ This is a business meeting. Please don't make **personal remarks**. 이것은 사업 관련 회의입니다. 인신공격은 하지 말아주세요.

| a remark | about A | A에 대한 의견 |
| a remark | on A | |

▷ Did anybody make any **remarks about** your new hairstyle? 너의 새 헤어스타일에 대해 사람들이 무슨 말이라도 했니?

remarkable /rimáːrkəbl/

혱 눈에 띄는, 두드러진, 놀라운

particularly	remarkable	특히 두드러진
quite	remarkable	상당히 두드러진
truly	remarkable	정말 놀라운

▷ Her progress in English has been **quite remarkable** since she went to London. 런던에 간 이후 그녀의 영어 실력은 눈에 띄게 좋아졌다.
▷ His quick recovery after the accident was **truly remarkable**. 사고 이후 그의 빠른 회복은 정말로 놀라웠다.

it is remarkable	that...	…은 놀랍다

▷ **It's remarkable that** nobody noticed that the money was missing. 돈이 사라진 것을 아무도 알아차리지 못했다는 것이 놀랍다.

remarkable	for A	A의 이유로 두드러지는
remarkable	about A	A의 점에서 두드러지는

▷ This department store is **remarkable for** its discounts. 이 백화점은 할인이 주목할 만하다.

remember /rimémbər/

동 기억하다; 생각해 내다

well	remember	잘 기억하다
clearly	remember	똑똑히 기억하다
distinctly	remember	
vividly	remember	선명하게 기억하다
vaguely	remember	희미하게 기억하다
dimly	remember	
always	remember	늘 기억하다
suddenly	remember	갑자기 생각나다
remember	rightly	정확히 기억하다
remember	correctly	
remember	exactly	

▷ I can **well remember** the first time I saw you. 나는 너를 처음 만났을 때를 잘 기억하고 있다.
▷ She **suddenly remembered** she hadn't locked the front door. 그녀는 문득 현관문을 잠그지 않았다는 사실이 생각났다.
▷ "Where's Peter's house?" "If I **remember rightly**, it's the third on the left." "피터의 집이 어디니?" "내가 정확히 기억한다면, 왼쪽 세 번째 집이야."

▷ Sorry, I can't **remember exactly** what she said. 미안하지만 그녀가 한 말이 정확히 기억 안 나.

remember	doing	…한 것을 기억하다
remember A	doing	A(사람)가 …한 것을 기억하다
remember	to do	잊지 않고 …하다

▷ I don't **remember** receiv**ing** an email from him. 나는 그에게서 이메일을 받은 기억이 나지 않는다.
▷ **Remember to** let us know you've arrived safely. 무사히 도착하면 잊지 말고 우리에게 알려주세요.

remember	that...	…을 기억하다
remember	wh-	…인지 기억하다

★ wh-은 what, when, how 등의 의문사

▷ Oh! You **remembered that** I take milk and sugar! 아! 제가 우유와 설탕을 넣는다는 것을 기억하시는군요!
▷ I don't **remember what** she said. 그녀가 뭐라고 말했는지 기억이 안 난다.
▷ I don't **remember how** to get to Bob's house. 밥의 집에 어떻게 가는지 기억이 안 난다.

remind /rimáind/ 동 상기시키다

always	remind	늘 상기시키다
constantly	remind	끊임없이 상기시키다
frequently	remind	자주 상기시키다

▷ Getting emails from Steve **constantly reminds** me of my life before I left London. 스티브한테서 받는 이메일은 내가 런던에서 지냈던 생활을 끊임없이 상기시켜 준다.

remind A	of B	A(사람)에게 B를 떠올리게 해주다
remind A	about B	A(사람)가 B를 잊지 않도록 상기시켜 주다

▷ That TV program about Sydney **reminded** me **of** my homestay in Australia. 시드니에 대한 그 TV 프로그램은 내가 오스트레일리아에서 홈스테이하던 때를 떠올려주었다.
▷ Don't forget to **remind** Angus **about** the party on Saturday. 앵거스가 토요일에 열릴 파티를 잊지 않도록 상기시켜줘.

remind A	that...	A(사람)에게 …라는 것을 상기시키다
remind A	wh-	A(사람)에게 …인지를 상기시키다

★ wh-은 what, when, how 등

▷ Can I **remind** you **that** we have to leave in 5 minutes to catch the plane. 우리가 비행기를 타려면 5분 후에 떠나야 한다는 걸 잊지 마.
▷ Can you **remind** me **how** to get to your house? 너희 집에 어떻게 가는지 다시 한 번 알려줄래?

| remind A | to do | A(사람)에게 …할 것을 상기시켜 주다 |

▷ Please **remind** me **to** call him later. 나에게 나중에 그에게 전화하라고 상기시켜 줘.

PHRASES
Don't remind me. ☺ 다시 생각나게 하지 말아줘.
That reminds me. ☺ 그걸 보니[들으니] 생각이 난다.
▷ Speaking of money, that reminds me. You owe me $20! 돈 이야기가 나오니 생각난다. 너 나한테 20달러 빌려갔잖아!

remove /rimúːv/ 图 제거하다, 빼내다

carefully	remove	조심스럽게 제거하다
effectively	remove	효과적으로 제거하다
be easily	removed	쉽게 제거하다
far	removed	전혀 다른, 거리가 먼

▷ The ink cartridge can **be easily removed** from the printer. 이 잉크 카트리지는 프린터에서 쉽게 빼낼 수 있다.
▷ What he said is **far removed** from the truth. 그가 한 말은 사실과 거리가 멀다.

| remove A | from B | A를 B에서 제거하다 |

▷ He **removed** all his money **from** the safe. 그는 금고에서 돈을 모두 **빼냈다**.

repair /ripέər/ 图 수리, 수선; (수리된) 상태

carry out	repairs	수리하다
do	repairs	
make	repairs	
need	repair	수리를 해야 하다
be in need of	repair	

▷ It'll take months to **carry out repairs**. 수리하려면 몇 달이 걸릴 것이다.
▷ It's a lovely country cottage, but it's **in** constant **need of repair**. 아름다운 시골 별장이지만 계속 수리를 해야 합니다.(★need의 앞에는 흔히 great, desperate, constant, urgent 등의 형용사가 온다.)

a major	repair	대규모 수리
a minor	repair	소규모 수리
necessary	repairs	필요한 수리
urgent	repairs	긴급한 수리

▷ After the flood our apartment needed **major repairs**. 홍수가 난 후에 우리 아파트는 대규모 수리가 필요했다.
▷ We've carried out all the **necessary repairs**. 우리는 필요한 수리를 전부 했다.

| repair and maintenance | 수리와 보수 |
| repair or replacement | 수리 또는 교환 |

▷ The landlord is responsible for the **repair and maintenance** of our apartment. 우리 아파트의 수리와 보수는 집주인의 책임이다.
▷ The insurance company will pay for the **repair or replacement** of goods damaged in the fire. 보험 회사가 화재로 훼손된 물품의 수리 또는 교환 비용을 댈 것이다.

under	repair	수리중인
beyond	repair	수리할 수 없을 정도인
in good	repair	상태가 좋은
in poor	repair	상태가 나쁜

▷ We can't go over this bridge. It's **under repair**. 이 다리는 건널 수 없어. 보수 중이야.
▷ I'm afraid this TV set is **beyond repair**. 이 TV는 수리할 수 없는 상태인 것 같아.
▷ I've had this bicycle for nearly five years, but it's still **in good repair**. 나는 이 자전거를 거의 5년 동안 탔지만, 아직도 상태가 좋다.

repeat /ripíːt/ 图 반복

| prevent | a repeat | 반복을 막다 |

▷ We have to **prevent** a **repeat** of this disaster. 우리는 이런 재난이 반복되는 것을 막아야 한다.

replace /ripléis/ 图 대신하다, 대체하다

completely	replace	완전히 대체하다
eventually	replace	마침내 대체하다
gradually	replace	점차 대체하다

▷ DVDs will **eventually replace** videos entirely. DVD는 결국 비디오를 완전히 대체할 것이다.
▷ Hybrid cars may **gradually replace** cars run on gasoline. 하이브리드 자동차는 점차 휘발유 자동차를 대체할지도 모른다.

replace A	with B	A를 B로 교체하다
replace A	as B	A를 대신해서 B가 되다
be replaced	by A	A로 교체되다

▷ We need to **replace** this old photocopying machine **with** a new one. 이 낡은 복사기를 새 것으로 교체해야 한다.
▷ Did you hear? Malcolm has **replaced** Tom **as** Managing Director! 들었어요? 맬컴이 톰을 대신해서 상무가 되었대요!
▷ Hand written letters have largely been **replaced by** emails. 손편지는 대부분 이메일로 교체되었다.

reply /riplái/ 圄 답장, 응답

get	a reply	답장을 받다
have	a reply	
receive	a reply	
make	no reply	답장하지 않다
send	a reply	답장을 보내다

▷ We still haven't **got a reply** from them. 우리는 아직 그들한테서 답장을 받지 못했다.
▷ So far they've **made no reply**. 지금까지 그들은 답장을 하지 않았다.
▷ We should **send a reply** as soon as possible. 우리는 되도록 빨리 답장을 보내야 한다.

a reply	from A	A가 보낸 답장
a reply	to A	A에게 보내는 답장
in reply	(to A)	(A에게 보내는) 답장으로

▷ "How's your job-hunting going?" "Quite well. I've had a **reply from** six companies." "구직은 어떻게 되어가?" "잘 돼가. 여섯 개 회사에서 답을 받았어."
▷ Have you had a **reply to** your letter? 네가 보낸 편지에 답장 받았어?
▷ **In reply to** your letter of July 4, please find enclosed information. 7월 4일 보내신 편지에 대한 답장입니다. 동봉한 정보를 확인해 주십시오.

reply /riplái/ 圄 답장하다, 답하다

reply	firmly	확고히 답하다
reply	immediately	즉시 답하다
reply	quickly	금세 답하다
reply	quietly	조용히 답하다
reply	shortly	냉랭하게 답하다

▷ This matter is really urgent. I think we should **reply immediately**. 이 일은 정말로 긴급하다. 즉시 답을 해줘야 할 것 같다.
▷ If you want the job, you need to **reply quickly**. 그 일을 원한다면 지체하지 말고 답장을 해야 한다.
▷ When I asked my boss for a raise, he **replied shortly** that it was impossible. 내가 상사에게 임금 인상을 요구하자, 그는 안 된다고 냉랭하게 답했다.

reply	to A	A에 답하다
reply	with A	A로 응답하다

▷ They still haven't **replied to** our letter. 그들은 아직도 우리 편지에 답장을 하지 않았다.

reply	(that...)	…라고 답하다

▷ They **replied that** they needed more time to consider our proposal. 그들은 우리 제안을 생각해 볼 시간이 더 필요하다고 답했다.

report /ripɔ́ːrt/ 圄 보고; 보고서; 보도

give	a report	보고하다
make	a report	
write	a report	보고서를 쓰다
produce	a report	보고서를 작성하다
issue	a report	보고서를 내다
publish	a report	보고서를 발표하다
submit	a report	보고서를 제출하다

▷ I have to **give a report** to the committee on Monday. 나는 월요일에 위원회에 보고해야 한다.
▷ I still haven't **made a report** on my business trip. 나는 아직도 출장 보고를 하지 않았다.
▷ We have to **submit** our **report** by the end of this month. 우리는 이달 말까지 보고서를 제출해야 한다.

a detailed	report	상세한 보고
a recent	report	최근의 보고
an interim	report	중간 보고
an annual	report	연례 보고
a final	report	최종 보고
a written	report	서면 보고
an official	report	공식 보고
a committee	report	위원회 보고
a government	report	정부 보고
a news	report	뉴스 보도
a newspaper	report	신문 보도

▷ A **recent report** suggests that the number of unemployed is rising. 최근의 보도를 보면 실업자 수가 점점 늘고 있다는 것을 알 수 있다.
▷ According to our company's **annual report** profits are up again this year. 우리 회사의 연례 보고서에 따르면 올해 수익은 다시 상승했다.
▷ We're still waiting for the Government's **final report**. 우리는 아직 정부의 최종 보고서를 기다리고 있다.

a report	by A	A에 따른 보고
a report	from A	A로부터의 보고
a report	on A	A에 대한 보도

▷ This is a **report from** our branch in New York. 이것은 우리 뉴욕 지사의 보고입니다.
▷ Have you read this **report on** the earthquake in Chile? 칠레 지진에 대한 이 보도를 읽어봤나요?

report /ripɔ́ːrt/

동 보고하다, 보도하다; 신고하다

be widely	reported	널리 보도되다
be officially	reported	공식 보도되다
falsely	report	잘못 보도하다
correctly	report	바르게 보도하다
report	back	돌아와서 보고하다

▷ It has been **widely reported** that the Prime Minister is going to resign. 총리가 사임할 거라는 소식이 널리 보도되었다.
▷ The marriage of Prince William and Kate Middleton was **officially reported** by newspapers all over the world. 윌리엄 왕자와 케이트 미들턴의 결혼은 전 세계 신문에서 공식 보도되었다.

report	on A	A에 대해 보도하다
report A	to B	A를 B에게 보고하다

▷ The TV program **reported on** recent events in India. TV 프로그램은 최근 인도에서 벌어진 사건에 대해 보도했다.
▷ He **reported** the story **to** the newspapers. 그는 그 사건을 신문사에 알렸다.

report	doing	…했다고 보고하다

▷ She **reported** seeing a strange man in the building. 그는 건물에서 수상한 남자를 목격했다고 보고했다.

report	that...	…라고 신고하다

▷ He went to the police station and **reported that** his car had been stolen. 그는 경찰서에 가서 차를 도난당했다고 신고했다.

be reported	to do	…라고 보도되다

▷ A helicopter is **reported to** have crashed in a mountain area. 헬리콥터가 산악 지역에서 추락했다는 보도가 나온다.

represent /rèprizént/

동 대표하다; 표현하다; 묘사하다

adequately	represent	제대로 대변하다
be well	represented	많은 사람이 참석하다
be poorly	represented	소수만이 참석하다

▷ We need to find someone who can **adequately represent** our views to the meeting. 우리는 회의에서 우리의 견해를 제대로 대변할 사람을 찾아야 한다.
▷ British film makers were **well represented** at the Cannes Film Festival this year. 올해 칸 영화제에는 영국의 영화 제작자들이 많이 참석했다.

represent A	as B	A를 B로 묘사하다

▷ This newspaper report **represents** the latest drop in crime figures **as** encouraging. 이 신문 보도는 최근의 범죄율 감소를 고무적인 것으로 보도한다.

reputation /rèpjutéiʃən/ 명 평판; 명성

have	a reputation	평판이 있다
acquire	a reputation	명성을 얻다
earn	a reputation	
gain	a reputation	
build	a reputation	명성을 쌓다
establish	a reputation	
make	a reputation	
enhance	a reputation	명성을 높이다
damage	A's reputation	A의 명성을 손상시키다
maintain	a reputation	명성을 유지하다
protect	one's reputation	명성을 지키다

▷ He **has a reputation** for working slowly. 그는 일이 느리다는 평판이 있다.
▷ She's beginning to **gain a reputation** in the art world. 그녀는 미술계에서 명성을 얻기 시작했다.
▷ Our company has **established** an excellent **reputation** for after sales service. 우리 회사는 훌륭한 애프터 서비스로 명성을 쌓았다.
▷ The scandal **damaged** the Prime Minister's **reputation**. 그 추문은 총리의 명성에 해를 끼쳤다.

an excellent	reputation	좋은 평판
a good	reputation	
a high	reputation	높은 평판
a bad	reputation	나쁜 평판
a growing	reputation	높아지는 평판
an international	reputation	국제적 명성
a worldwide	reputation	세계적 명성

▷ He has a really **good reputation** as a manager. 그는 매니저로서 평판이 아주 좋다.
▷ That young man's going to be successful. He has a **growing reputation**. 그 젊은이는 성공할 것이다. 평판이 점점 좋아지고 있다.
▷ She's a top golf player now. She has an **international reputation**. 그녀는 지금 최고의 골프 선수다. 국제적인 명성이 있다.

a reputation	as A	A로서의 평판
a reputation	for A	A에 대한 평판

▷ He has a **reputation as** an expert in his field. 그는 자기 분야에서 전문가로 평판이 나 있다.
▷ He has a **reputation for** losing his temper. 그는

화를 잘 낸다는 평판이 있다.

request /rikwést/ 圖 요청, 요망

make	a request	요청하다
have	a request	요청을 받다
receive	a request	
consider	a request	요청을 검토하다
accept	a request	요청을 수락하다
grant	a request	
respond to	a request	요청에 응답하다
ignore	a request	요청을 무시하다
refuse	a request	요청을 거절하다
reject	a request	
repeat	a request	요청을 반복하다

▷ Can I **make** a **request**? 한 가지 요청을 해도 될까요?

▷ We've **had** a lot of **requests** to repeat this TV drama. 우리는 이 TV 드라마의 재방송 요청을 많이 받았다.

▷ We've **received** a **request** for somebody to transfer from here to head office in New York. 우리는 아무개를 여기서 뉴욕 본사로 전근시켜 달라는 요청을 받았다.

▷ They **refused** her **request** for a new computer. 그들은 새 컴퓨터를 사달라는 그녀의 요청을 거절했다.

a reasonable	request	합리적인 요청
a formal	request	정식 요청

▷ It's a **reasonable request** so I think there will be no problem. 그것은 합리적인 요청이기에 나는 문제 없을 거라고 생각한다.

▷ If you want to take three days' holiday, you need to make a **formal request**. 사흘 동안 휴가를 쓰고자 한다면, 정식 요청을 해야 한다.

a request	for A	A를 구하는 요청
at	the request of A	A의 요청에
by	request	요청에 응답해서
on	request	요청이 있으면

▷ We've received a **request for** more medical supplies. 우리는 의료 지원을 늘려달라는 요청을 받았다.

▷ **At** the **request of** our members we're going to change some of the club rules. 회원들의 요청에 따라 우리는 동아리의 일부 규칙을 바꿀 것이다.

▷ Further details are available **on request**. 자세한 내용은 요청하면 알려줄 것이다.

a request	that...	···라는 요청

▷ We've received a **request that** our cafeteria should have a smoking and a nonsmoking area. 우리는 구내 식당에 흡연 구역과 금연 구역이 있어야 한다는 요청을 받았다.

(PHRASES)

Any requests? ☺ 원하시는 게 있습니까?

require /rikwáiər/ 圖 필요로 하다; 구하다

urgently	require	긴급히 필요로 하다
normally	require	대개 필요로 하다
reasonably	require	정당하게 요구하다

▷ We **urgently require** a van driver. 우리는 밴 운전기사가 급히 필요하다.

▷ This teaching post **normally requires** a master's degree. 이 교직에는 대개 석사 학위가 필요하다.

▷ We can't **reasonably require** our employees to work 15 hours a day! 직원들에게 하루 15시간을 일하라고 요구하는 건 정당하지 않습니다!

require A	to do	A(사람)에게 ···하라고 요구하다

▷ His manager **required** him **to do** 3 hours overtime every day for a month. 과장은 그에게 한 달 동안 매일 하루에 3시간씩 초과 근무를 하라고 요구했다.

require	that...	···을 요구하다

▷ The new law requires that smoking is banned in public places. 새로 제정된 법규에 의하면 공공 장소에서는 흡연이 금지된다.

requirement /rikwáiərmənt/
圖 필요 조건, 요구하는 것; 필요 사항

meet	the requirements	필요 조건을 만족시키다
fulfill	the requirements	
satisfy	the requirements	
comply with	the requirements	

▷ Sorry sir, your hand luggage doesn't **comply with** the **requirements** of the airline. 죄송합니다. 선생님의 기내 수하물은 항공사의 조건에 맞지 않습니다. 부피가 너무 큽니다.

a basic	requirement	기본적 필요 조건
the minimum	requirement	최저 필요 조건

▷ A university degree is a **basic requirement** for this job. 대학 학위는 이 직업의 기본 조건이다.

rescue /réskju:/ 圖 구조

come to	A's rescue	A를 구조하러 오다

▷ I would have drowned if you hadn't **come to my rescue**. 당신이 저를 구조하러 오지 않았다면 저는 익사했을 것이다.

research /rísə́ːrtʃ/ 團 연구, 조사

do	research	연구하다
carry out	research	
conduct	research	
undertake	research	연구를 맡다
engage in	research	연구에 종사하다
fund	research	연구에 자금을 대다
support	research	연구를 지원하다

▷ My brother's **doing research** for his master's degree at London University. 우리 형은 런던 대학에서 석사 학위를 위한 연구를 하고 있다.
▷ She's **engaged in research** into the effects of long-distance space travel. 그녀는 장거리 우주 여행의 영향에 대한 연구에 종사하고 있다.
▷ It's difficult to find companies to **fund research** these days. 오늘날에는 연구 자금을 대줄 기업을 찾기가 힘들다.

research	shows	연구가 보여주다
research	suggests	

▷ Recent **research suggests** that consuming green or oolong tea may help prevent high blood pressure. 최근의 연구는 녹차 또는 우롱차를 마시는 것이 고혈압을 예방하는 데 도움이 된다는 것을 보여준다.

basic	research	기초 연구
recent	research	최근의 연구
market	research	시장 조사
medical	research	의학 연구
scientific	research	과학 연구

▷ We've done the **basic research** and we think we'll soon be able to produce an improved hybrid car. 우리는 기초 연구를 끝냈으니, 곧 개선된 하이브리드 자동차를 생산할 수 있을 것이다.

research	into A	A에 대한 연구
research	on A	
research	in A	A 분야의 연구

▷ Pete's doing **research into** the effects of pollution on marine life. 피트는 오염이 해양 생물에 미치는 영향을 연구하고 있다.

an area of	research	연구 분야

resemble /rizémbl/ 團 닮다

closely	resemble	매우 닮다
strongly	resemble	
faintly	resemble	약간 닮다
vaguely	resemble	

▷ Two of the girls in my class aren't identical twins, but they **closely resemble** each other. 우리 반의 여학생 두 명은 일란성 쌍둥이가 아닌데도 서로 아주 닮았다.

reservation /rèzərvéiʃən/

團 예약; 의구심, 거리낌

make	a reservation	예약하다
have	a reservation	예약이 되어 있다
have	reservations	의구심이 있다
express	reservations	의구심을 보이다

▷ I **made a reservation** for you at the Hilton Hotel. 내가 네 이름으로 힐튼 호텔에 예약을 했어.
▷ I **have a reservation** for tonight. A table for two. 저는 오늘밤 2인석이 예약되어 있습니다.

reservations	about A	A에 대한 의구심

▷ I still have **reservations about** signing the contract. 나는 아직도 계약서에 서명을 해야 할지 의구심을 떨치지 못하겠다.

resist /rizíst/ 團 저항하다; 견디다

fiercely	resist	격렬하게 저항하다
strongly	resist	강하게 저항하다
successfully	resist	잘 저항하다

▷ She fought back hard and **successfully resisted** her attacker. 그녀는 맹렬히 맞서 싸웠고, 공격한 자를 잘 막아냈다.

resist	doing	…하는 것을 억누르다

▷ I **can't resist** having just one more piece of chocolate cake! 나는 초콜릿 케이크 한 조각을 더 먹고 싶어 참을 수가 없어!

be hard	to resist	견디기가 어렵다
be difficult	to resist	

▷ That lovely chocolate cake is **difficult to resist**! 그 예쁜 초콜릿 케이크는 안 먹고는 못 배겨!

resistance /rizístəns/

團 저항, 반항; 저항력

put up	resistance	저항하다
offer	resistance	
meet (with)	resistance	저항에 부딪히다
face	resistance	
encounter	resistance	

▷ Surprisingly her boss **offered** no **resistance** to her request for a rise in salary. 놀랍게도 그녀의 상사는 임금 인상을 해달라는 그녀의 요구에 아무런 반대를 하지 않았다.

▷ Management's plans to reorganize the department **met with** a lot of **resistance**. 부서를 개편하겠다는 경영진의 계획은 많은 저항에 부딪혔다.

resistance	to A	A에 대한 저항

▷ At first there was a lot of **resistance to** the plans to relocate. 처음에는 이전 계획에 많은 반대가 있었다.

resolution /rèzəlúːʃən/

명 결의(안); 해결(책); 결의, 결심

support	a resolution	결의안을 지지하다
adopt	a resolution	결의안을 채택하다
pass	a resolution	결의안을 통과시키다
approve	a resolution	결의안을 승인하다
reject	a resolution	결의안을 기각하다
make	a resolution	결정하다, 결심하다

▷ I would never **support** a **resolution** to force staff members to retire early. 나는 직원들을 조기 퇴직시키는 결의안을 결코 지지하지 않을 것이다.

▷ The meeting **adopted** a **resolution** to reduce the workforce by 10%. 그 회의는 인력을 10% 감축하는 결의안을 채택했다.

▷ We **made** a **resolution** to employ no more staff for the next 6 months. 우리는 앞으로 6개월 간 신규 직원을 채용하지 않기로 결정했다.

a draft	resolution	결의안 초안
an affirmative	resolution	찬성 결의
a special	resolution	특별 결의
a peaceful	resolution	평화적 해결
conflict	resolution	분쟁 해결
New Year's	resolution(s)	새해 결심

▷ Both countries are seeking a **peaceful resolution** to their problems. 양국은 문제의 평화적인 해결을 추구하고 있다.

▷ What are your **New Year's resolutions**? 너의 새해 결심은 뭐니?

a resolution	on A	A에 대한 결의안

the resolution	to A	A의 해결

▷ The United Nations have passed a **resolution on** the situation in Libya. 유엔은 리비아 사태에 대한 결의안을 통과시켰다.

resolve /rizálv/

동 해결하다; 결정하다, 결의하다

fully	resolve	완전히 해결하다
finally	resolve	마침내 해결하다

▷ They've made some progress, but they still haven't **fully resolved** the situation. 그들은 약간의 진전을 보였지만 아직 상황을 완전히 해결하지는 못했다.

attempt to	resolve	해결을 시도하다
try to	resolve	

▷ I think you and Martin should **attempt to resolve** your differences. 나는 너와 마틴이 견해 차이를 줄이려 노력해야 한다고 생각한다.

resolve	to do	…할 것을 결심하다

▷ After the plane crash she **resolved** never **to** fly again. 비행기 사고 이후 그녀는 다시는 비행기를 타지 않기로 결심했다.

resolve	that...	…라고 결심하다

▷ She **resolved that** one day she would have her own business. 그녀는 어느 날 자기 사업을 하겠다고 결심했다.

resource /ríːsɔːrs/

명 자원; 자금; 천연 자원

have	the resources	자원이 있다
allocate	resources	자원을 배분하다
use	resources	자원을 이용하다

▷ We don't **have** the **resources** to offer any more help. 우리는 더 이상 도움을 베풀 자원이 없다.

▷ It's important to **allocate resources** to flood victims as soon as possible. 홍수 이재민에게 되도록 빨리 자원을 배분해야 한다.

▷ We need to think about the best way to **use** our **resources**. 우리는 자원을 이용할 최선의 방법을 생각해야 한다.

limited	resources	제한된 자원
scarce	resources	희귀 자원
financial	resources	재원
human	resources	인적 자원

| respect |

natural	resources	천연 자원
resources	available	이용 가능한 자원

▷ The **human resources** department deals with employment contracts. 인사부는 고용 계약 업무를 처리한다.

▷ The USA is a country rich in **natural resources**. 미국은 천연 자원이 풍부한 나라다.

the allocation	of resources	자원 배분

▷ We need to make sure that we have a fair system for the **allocation of resources**. 우리는 자원을 공정하게 배분하는 시스템을 확실히 갖추어야 한다.

respect /rispékt/ 명 존경, 경의, 존중, 배려

have	respect	존경하다
earn	respect	존경을 받다
gain	respect	
command	respect	
lose	respect	존경을 잃다
show	respect	경의를 보이다

▷ I **have** a lot of **respect** *for* firefighters. 나는 소방관들을 매우 존경한다.

▷ You need to **earn respect** before you are accepted by the other team members. 다른 팀원들에게 받아들여지려면 먼저 존경을 받아야 한다.

▷ In Korean society you should **show respect** when you meet a person senior to you. 한국 사회에서는 연장자를 만나면 존경의 표시를 보여야 한다.

deep	respect	깊은 존경
great	respect	
mutual	respect	상호 존중

▷ The President has **great respect** for the views of ordinary people. 대통령은 일반인들의 견해를 깊이 존중한다.

respect	for A	A에 대한 존경
out of	respect	존경의 마음에서; 존경의 표시로
with	respect	경의를 갖고
with respect	to A	A에 대해서
in respect	of A	

▷ I have a lot of **respect for** her. She never gives up. 나는 그녀에 대해 존경하는 마음이 크다. 그녀는 포기를 모르기 때문이다.

▷ **Out of respect**, everybody observed one minute's silence. 존경의 표시로, 모두가 1분간 침묵을 지켰다.

▷ He always treated her **with** great **respect**. 그는 항상 깊은 존경심으로 그녀를 대했다.

▷ **With respect to** the wedding, we've decided to hold it in a five-star hotel. 결혼식 말인데요, 우리는 5성 호텔에서 식을 올리기로 결정했어요.

in	this respect	이 점에서
in	some respects	몇 가지 점에서
in	all respects	모든 점에서
in	one important respect	한 가지 중요한 점에서

▷ **In some respects** what you say is correct, but that's not the whole story. 몇 가지 점에서는 네가 한 말이 옳지만, 그게 전부는 아니다.

▷ I disagree with you **in one important respect**. 나는 한 가지 중요한 점에서 너와 생각이 다르다.

respond /rispánd/

동 반응하다, 대응하다; 답하다, 반응하다

respond	quickly	재빨리 대응하다
respond	immediately	
respond	positively	긍정적으로 대응하다
respond	well	잘 대응하다
respond	appropriately	적절하게 대응하다

▷ We can't waste time. We have to **respond quickly**. 시간을 낭비하면 안 돼. 빨리 대응해야 해.

▷ I think she **responded** really **well** to the situation. 나는 그녀가 상황에 아주 잘 대응했다고 생각한다.

▷ Let's wait to see what they do. Then we can **respond appropriately**. 그들이 어떻게 하는지 지켜보자. 그런 다음에 우리는 적절히 대응하면 돼.

respond	to A	A에 대응하다; A에 반응하다
respond	by doing	…으로써 대응하다
respond	with A	A로 대응하다

▷ How are you going to **respond to** her letter? 그녀의 편지에 어떻게 대응할 겁니까?

▷ She **responded by** tearing up the letter into little pieces. 그녀는 편지를 갈갈이 찢는 것으로 반응했다.

▷ He **responded with** a very angry reply. 그는 굉장히 화가 난 답변으로 대응했다.

response /rispáns/ 명 반응; 답, 응답

make	a response	반응하다; 답하다
give	a response	
get	a response	반응이 있다; 답을 얻다
receive	a response	

produce	a response	반응을 일으키다
provoke	a response	

▷ She just stood there and said nothing. She wasn't able to **make a response**. 그녀는 거기 서서 아무 말도 하지 않았다. 그녀는 아무런 반응을 할 수가 없었던 것이다.
▷ I've sent five emails and I still haven't **got a response**. 나는 이메일을 다섯 통이나 보냈는데, 아직 답장을 받지 못했다.

a good	response	좋은 반응
a positive	response	긍정적인 반응
a negative	response	부정적인 반응
an appropriate	response	적절한 반응
a direct	response	직접적인 반응
an immediate	response	즉각적인 반응
a quick	response	
the initial	response	최초의 반응
a public	response	대중의 반응
an emotional	response	감정적 반응
a political	response	정치적 반응
an immune	response	면역 반응

▷ We're very much hoping for a **positive response**. 우리는 긍정적인 반응을 고대하고 있다.
▷ After my email I received an **immediate response**. 이메일을 보낸 뒤 나는 즉시 답장을 받았다.
▷ When the Government suggested a rise in the sales tax, the **public response** was very negative. 정부가 소비세 인상을 시사했을 때, 대중의 반응은 매우 부정적이었다.

a response	from A	A의 반응
a response	to A	A에 대한 반응

▷ I left a message on her desk, but so far I haven't received any **response from** her. 나는 그녀의 책상에 메시지를 남겼지만, 지금까지 그녀에게서 아무 대답을 듣지 못했다.
▷ The **response to** our survey was very encouraging. 우리 설문조사에 대한 반응은 매우 고무적이다

in	response (to A)	(A에 대한) 답으로

▷ I put in a request for holiday leave, but so far I've heard nothing **in response**. 나는 휴가 신청을 했지만, 지금까지 아무런 답변을 듣지 못했다.

responsibility /rispɑ́nsəbíləti/

명 책임, 의무, 책무

have	responsibility	책임이 있다
accept	responsibility	책임을 지다
assume	responsibility	
take	responsibility	
share	responsibility	책임을 공유하다
claim	responsibility	범행을 인정하다

▷ I'm looking for a job where I can **have responsibility**. 나는 책임자로 일할 수 있는 자리를 찾고 있다.
▷ I've asked Mr. Bean to **assume responsibility** for the office while I'm away. 나는 빈 씨에게 내가 없는 동안 사무실을 책임져 달라고 부탁했다.
▷ We both **share** equal **responsibility** for the mistakes that were made. 우리는 일어난 과실에 대해 똑같은 책임이 있다.
▷ So far nobody has **claimed responsibility** for yesterday's terrorist attack. 지금까지 누구도 어제의 테러 공격이 자신들의 범행이라며 나서지 않았다.

full	responsibility	전적인 책임
a great	responsibility	큰 책임
a heavy	responsibility	무거운 책임
a special	responsibility	특별한 책임
personal	responsibility	개인적 책임
social	responsibility	사회적 책임
parental	responsibility	부모의 책임

▷ It was my decision. I take **full responsibility**. 내가 결정한 일이니, 그것은 전적인 내 책임이다.
▷ Some young couples these days don't show enough **parental responsibility**. 오늘날 일부 젊은 부부들은 부모의 책임을 충분히 보여주지 않는다.

a sense of responsibility	책임감
a position of responsibility	책임 있는 지위

▷ I know you have a deep **sense of responsibility**. 나는 당신이 책임감이 강하다는 것을 알고 있습니다.

responsibility	for A	A에 대한 책임
a responsibility	to A	A(사람)에 대한 책임
a responsibility	toward A	
on one's own responsibility		단독으로

▷ We mustn't forget that we have a **responsibility to** our investors. 우리는 우리가 투자자들에 대한 책임이 있다는 것을 잊어서는 안 된다.
▷ He acted entirely **on his own responsibility**. 그는 완전히 단독으로 행동했다.

responsible /rispɑ́nsəbl/ 형 책임이 있는

largely	responsible	큰 책임이 있는
primarily	responsible	주요 책임이 있는
directly	responsible	직접 책임이 있는

| rest |

personally	responsible	개인적 책임이 있는
ultimately	responsible	최종 책임이 있는

▷ Emma was **largely responsible** for the success of the project. 에마는 그 사업의 성공에 큰 책임을 지고 있다.

▷ In my new job I'm **primarily responsible** for contacting new customers. 새로 들어간 직장에서 나는 신규 고객들과 연락을 취하는 일차 책임자다.

▷ If there is a serious problem, the president of the company is **ultimately responsible**. 심각한 문제가 있다면 회사의 사장에게 최종적인 책임이 있다.

responsible	for A	A에 책임이 있는

▷ Who was **responsible for** booking the hotels? 호텔 예약은 누구 책임이었나요?

hold A	responsible	A(사람)에게 책임을 묻다
find A	responsible	

▷ Put on your safety helmets! I don't want to be **held responsible** for any accidents. 안전모를 쓰세요! 나는 어떤 사고에 대해서도 책임 지고 싶지 않아요.

rest /rest/ 몡 휴식; 나머지

get	some rest	잠시 쉬다, 휴식하다
have	a rest	
take	a rest	
spend	the rest	나머지를 보내다
finish	the rest	나머지를 끝내다
do	the rest	나머지를 하다

▷ Take care and **get some rest**. 이제 잠깐 쉬어.

▷ You look tired. I think you should **have** a good **rest**. 너 피곤해 보인다. 충분히 쉬어야 할 것 같다.

▷ She **spent the rest** of the day relaxing on the beach. 그녀는 남은 하루를 해변에서 쉬며 보냈다.

▷ I'm too tired to do any more homework. I'll **finish the rest** of it tomorrow. 너무 피곤해서 더 이상 숙제를 못 하겠어. 나머지는 내일 끝내야겠다.

at	rest	정지한; 영면한

▷ She had a difficult life, but now she's **at rest**. 그녀는 힘든 인생을 살았지만, 이제는 영면해 있다.

restaurant /réstərənt/
몡 레스토랑, 요리점, 식당

go to	a restaurant	레스토랑에 가다
run	a restaurant	레스토랑을 운영하다

▷ Shall we **go to a restaurant** this evening? 오늘 저녁에 레스토랑에 갈까?

an excellent	restaurant	훌륭한 레스토랑
a good	restaurant	
a local	restaurant	현지 레스토랑
a Chinese	restaurant	중국 식당
a French	restaurant	프랑스 식당
a fast-food	restaurant	패스트푸드점

▷ Last night we went to a really **good restaurant**. 엊젯밤에 우리는 정말 괜찮은 레스토랑에 갔다.

▷ I don't want to eat in the hotel. Let's eat in one of the **local restaurants**. 나는 호텔에서 먹고 싶지 않아. 이 지역 레스토랑에서 먹자.

▷ Excuse me, is there a **Chinese restaurant** anywhere near here? 죄송한데요, 근처에 중국 식당이 있습니까?

in	a restaurant	레스토랑에서
at	a restaurant	

▷ Do you want to go to a pub? Or shall we have dinner **in a restaurant**? 술집에 가고 싶어? 아니면 레스토랑에서 저녁 식사를 할까?

restore /ristɔ́:r/ 통 복구하다; 회복하다

fully	restored	완전히 복구된
recently	restored	최근에 복구된
carefully	restored	세심하게 복구된
extensively	restored	대폭 복구된

▷ Electricity should be **fully restored** by tomorrow morning. 전기는 내일 아침이면 완전히 복구될 것이다.

restore A	to B	A를 B로 복구하다; A를 B로 되돌리다

▷ The electricity company **restored** power **to** the city late last night. 전기 회사는 엊젯밤 늦게 전기를 시내로 복원시켰다.

result /rizʌ́lt/ 몡 결과; 성과, 업적

produce	a result	결과를 내다
achieve	a result	결과를 얻다
get	a result	
announce	the result	결과를 발표하다
show	the result	성과를 보이다

▷ We need to work harder to **produce a result**. 우리는 결과를 내기 위해 더 열심히 일해야 한다.

▷ They're going to **announce the results** at the end of this month. 그들은 이달 말에 결과를 발표할 것이다.

a good	result	좋은 결과
a positive	result	
the final	result	최종 결과
the end	result	
a direct	result	직접적 결과
election	results	선거 결과
examination	results	시험 결과
research	results	연구 결과
concrete	results	구체적인 성과
tangible	results	눈에 보이는 성과

▷ You worked really hard for these exams. I hope you get a **good result**. 너는 이번 시험을 위해 정말로 열심히 공부했어. 좋은 결과를 얻기 바란다.

▷ We need to get a **positive result**. 우리는 좋은 결과를 얻어야 한다.

▷ We still don't know the **final result** of the election. 우리는 아직도 선거의 최종 결과를 모른다.

| as | a result (of A) | (A의) 결과로서 |
| with | the result that... | …라는 결과가 되어 |

▷ The referee sent him off. **As a result** he missed the next two matches. 심판은 그를 퇴장시켰다. 그 결과 그는 다음 두 경기에 나가지 못했다.

▷ Kevin died **as a result of** the accident. 케빈은 사고 때문에 죽었다.

▷ The meeting ended **with the result that** nothing was decided. 회의는 아무것도 결정되지 않은 채 끝났다.

return /ritə́ːrn/ 图 귀환; 반환; 복귀

| make | a return | 복귀하다 |
| demand | a return | 반환을 요구하다 |

▷ Everybody thought his movie career was over, but he was able to **make a return**. 모두가 그의 영화 인생은 끝났다고 생각했지만, 그는 복귀할 수 있었다.

▷ He **demanded** the **return** of his money in two weeks. 그는 2주 안으로 돈을 돌려줄 것을 요구했다.

the return	to A	A로의 귀환
the return	from A	A로부터의 귀환
the return	of A	A의 귀환; A의 반환
on	A's return	A(사람)가 돌아왔을 때
on	return (of A)	(A의) 반환 시
upon	return (of A)	
in	return	답으로; 보답으로

▷ We lost touch after his **return to** England. 우리는 그가 영국으로 돌아간 뒤 그와 연락이 끊겼다.

▷ When the travel agency went bankrupt, many people demanded the **return of** their money. 여행사가 파산하자 많은 사람들이 돈을 돌려달라고 요구했다.

▷ His friends held a big party for him **on his return** from the States. 그의 친구들은 그가 미국에서 돌아왔을 때 성대한 파티를 열어주었다.

▷ You've helped me so much. **In return** I'd like to cook dinner for you. 네가 나를 많이 도와줬어. 보답으로 저녁 식사를 요리해 줄게.

PHRASES
Many happy returns. ☺ 생일 축하해.

return /ritə́ːrn/

图 돌아가다, 돌아오다; 돌려주다

recently	returned	최근에 돌아오다
eventually	return	마침내 돌아오다
finally	return	
return	home	집으로 돌아가다
return	safely	무사히 돌아가다

▷ My best friend **recently returned** from a year abroad in New Zealand. 내 가장 친한 친구가 뉴질랜드에서 일 년을 보내고 최근에 돌아왔다.

▷ I missed the last train so I couldn't **return home**. 나는 마지막 기차를 놓쳐서 집에 돌아가지 못했다.

▷ You'd better call your parents to let them know you've **returned safely**. 부모님께 전화해서 네가 무사히 돌아왔다고 알려드려.

return	from A	A로부터 돌아오다
return	to A	A로 돌아오다
return A	to B	A를 B에게 돌려주다

▷ Have you met my cousin? He's just **returned from** South America. 내 사촌하고 인사했어? 남미에서 막 돌아왔어.

▷ My temperature's **returned to** normal so I think I'll be OK. 체온이 정상으로 돌아왔으니 괜찮을 것 같다.

▷ OK. You can borrow my lecture notes, but please don't forget to **return** them **to** me. 알았어. 내 강의 노트 빌려가. 하지만 잊지 말고 나한테 돌려주어야 해.

review /rivjúː/ 图 재검토; 비평

conduct	a review	재검토를 수행하다
carry out	a review	
undertake	a review	재검토에 착수하다
read	a review	비평을 읽다

| review |

▷ The Government is going to **conduct a review** of the pensions system. 정부는 연금 제도의 재검토를 시행할 것이다.

▷ Our company has agreed to **undertake a review** of the pay structure. 우리 회사는 임금 구조의 재검토에 착수하는 데 동의했다.

▷ I **read** a really good **review** of the play we're going to see. 우리가 보려고 하는 연극에 대해 아주 좋은 평을 읽었다.

a comprehensive	review	포괄적인 재검토
a regular	review	정기적인 재검토
an annual	review	연례 재검토
a good	review	호평
rave	reviews	절찬
a bad	review	악평
a book	review	서평

▷ The Government intends to carry out a **comprehensive review** of the tax system. 정부는 세금 제도의 포괄적인 재검토를 수행하려고 한다.

▷ The **annual review** of salaries takes place this month. 연례 임금 재검토가 이번 달에 실행된다.

▷ This new Broadway musical has got really **good reviews**. 이 브로드웨이 신작 뮤지컬은 대단한 호평을 받았다.

under	review	재검토중인

▷ We keep businesses **under review**. 우리는 사업을 재검토하고 있다.

review /rivjúː/ 圄 재검토하다; 비평하다

thoroughly	review	철저히 재검토하다
carefully	review	주의 깊게 재검토하다
briefly	review	간단히 재검토하다
constantly	review	끊임없이 재검토하다
regularly	review	정기적으로 재검토하다

▷ Let us **briefly review** the most important point. 가장 중요한 점을 간단히 재검토해 봅시다.

▷ You should **regularly review** your lecture notes. 네 강의 노트를 정기적으로 다시 살펴봐야 한다.

reward /riwɔ́ːrd/ 圄 보수; 포상, 사례; 보답

get	a reward	보수를 받다
receive	a reward	
reap	the reward(s)	
bring	a reward	보답을 가져오다
offer	a reward	상금을 내걸다

▷ I took the wallet I had found to the police station. They told me I might **get a reward**. 나는 주운 지갑을 경찰서에 가지고 갔다. 그들은 내가 사례를 받을지도 모른다고 말했다.

▷ Well, you studied hard and now you're **reaping the reward**. 너는 열심히 공부했으니, 이제 그 보답을 받고 있는 거야.

▷ Well, Davis, all your hard work has finally **brought a reward**. 데이비스, 네 성실한 노력이 보답을 가져왔어.

▷ They're **offering** a **reward** of $500. 그들은 5백 달러의 상금을 내걸고 있다.

great	reward	큰 보수
high	reward	
(a) rich	reward	
(a) just	reward	정당한 보수
financial	reward	경제적 보상
economic	reward	
monetary	reward	
a substantial	reward	상당한 사례금

▷ Doing a job that you love can bring you **great reward**. 자신이 좋아하는 일을 하면 큰 보답을 받을 수 있다.

▷ The **financial reward** isn't great, but I enjoy my job very much. 경제적 보상은 크지 않지만 나는 내 일이 정말로 좋다.

▷ The police are offering a **substantial reward** for information. 경찰은 정보 제공에 대해 상당한 사례금을 제시하고 있다.

reward	for A	A에 대한 보상

▷ Tom's going to get a medal *as* a **reward for** his bravery. 톰은 용기 있는 행동에 대한 상으로 메달을 받을 것이다.

reward /riwɔ́ːrd/ 圄 보수를 주다, 보답하다

be well	rewarded	충분히 보상을 받다
be handsomely	rewarded	

▷ If you help us, I promise you'll be **well rewarded**. 네가 우리를 도와준다면 충분히 보상을 해줄게.

reward A	for B	B에 대해 A(사람)에게 보답하다
reward A	with B	A(사람)에게 B로 보답하다

▷ How can we best **reward** him **for** all he's done for us? 그가 우리에게 해준 그 모든 일에 대해 어떻게 하는 게 가장 큰 보답일까?

▷ They **rewarded** him **with** a check for $5,000. 그들은 그에게, 5000달러 수표로 보상했다.

rich /ritʃ/ 형 부유한, 유복한; 풍부한

| get | rich | 부자가 되다 |

▷ Rich people seem to **get richer** in this country. 이 나라에서 부자들은 더 부자가 되는 것 같다.

fabulously	rich	엄청나게 부유한
immensely	rich	
seriously	rich	

▷ Her husband isn't **fabulously rich**, but they're very happy together. 그녀의 남편은 대단한 부자는 아니지만, 그들은 함께 행복하게 살고 있다.

| the rich and famous | 돈 많고 유명한 사람들 |
| (the) rich and (the) poor | 부자와 가난한 자, 빈부 |

★× poor and rich 라고는 잘 쓰지 않는다.

▷ Polo is a sport that is associated with the **rich and famous**. 폴로는 돈 많고 유명한 사람들을 연상시키는 스포츠다.
▷ The gap between **rich and poor** is getting wider. 빈부의 격차가 더 커지고 있다.

| rich | in A | A가 풍부한 |

▷ Many Arab countries are **rich in** oil. 많은 아랍 국가들은 원유가 풍부하다.

ride /raid/ 명 타는 것

have	a ride	(탈것에) 타다
take	a ride	
go for	a ride	(탈것을) 타러 가다
hitch	a ride	(모르는 사람의) 차를 얻어 타다
give A	a ride	A(사람)를 차에 태워주다

▷ Can I **have** a **ride** on your bike? 네 자전거 타도 돼?
▷ They **went for** a **ride** on his new motorbike. 그들은 그가 새로 산 오토바이를 타러 갔다.
▷ He **hitched** a **ride** from Daegu to Busan. 그는 히치하이크로 대구에서 부산까지 갔다.
▷ I can **give** you a **ride** to the station. 내가 역까지 널 태워다 줄 수 있어.

| a bus | ride | 버스 승차 |
| a train | ride | 기차 승차 |

▷ It's only a 20-minute **bus ride** to the station. 역까지 버스로 겨우 20분이다.

| a ride | in A | A를 타는 일 |
| a ride | on A | |

▷ Let's go for a **ride in** the car. 차로 드라이브 하러 가자.

ridiculous /ridíkjuləs/
형 어리석은, 말도 안 되는

absolutely	ridiculous	어리석기 짝이 없는
quite	ridiculous	
totally	ridiculous	

▷ How can you say that? That's **absolutely ridiculous**! 어떻게 그런 말을 할 수가 있니? 말도 안 돼.

| it is ridiculous | to do | …하는 것은 어처구니없다 |
| it is ridiculous | that... | …은 어처구니없다 |

★ it seems ridiculous도 자주 사용된다.

▷ It's **ridiculous to** blame Kate. It wasn't her idea. 케이트를 비난하는 건 어처구니없는 일이야. 그건 그녀의 생각이 아니었잖아.
▷ It's **ridiculous that** there's no one here to welcome us. 여기서 우리를 맞아주는 사람이 아무도 없다니 어이가 없다.

PHRASES
That is ridiculous! / This is ridiculous! ☺ 말도 안 돼! ▷ I can't find my car keys! This is ridiculous! 내 자동차 키를 못 찾겠어! 어이가 없군!

right /rait/ 형 옳은, 맞는; 어울리는, 적절한

| prove | right | 옳은 것으로 밝혀지다 |
| sound | right | 옳은 것 같다 |

▷ The rumor **proved** (to be) **right**. 그 소문은 사실로 밝혀졌다.

absolutely	right	전적으로 옳은
quite	right	
exactly	right	
probably	right	아마도 옳은

▷ What you said was **exactly right**! 네가 한 말이 정확했어!

| be right | in doing | …하는 것은 옳다 |

★ doing은 saying, thinking, believing, suggesting 등

▷ Am I **right in thinking** that you don't really want to go out tonight? 네가 오늘밤 별로 외출하고 싶지 않은 것 같다는 내 생각이 맞는 거니?

| it is right | to do | …하는 것은 옳다 |

▷ It's **right to** ask for more information from the Government. They still haven't told us enough. 정부에 추가 정보를 요구하는 것이 옳다. 그들은 아직도

| right |

우리에게 충분한 설명을 해주지 않았으니.

right	about A	A에 대해 옳은
right	for A	A에 잘 맞는

▷ You are **right about** that. 그 점에 대해서는 네가 옳다.
▷ I think a job in a travel agency would be just **right for** you. 내가 볼 때는 여행사 일이 너한테 딱 맞을 것 같아.

exactly	the right A	딱 맞는 A

★ A는 word, time, place, person, size 등

▷ That is **exactly** the **right word**. 그것이 딱 맞는 말이다.

PHRASES

That's right. ☺ 그래, 맞아.
You're right. ☺ 네 말이 맞아. ▷ You're absolutely right. The bank's closed. 네 말이 맞아. 은행이 문을 닫았어.

right /rait/ 명 권리; 올바름, 공정함; 오른쪽; (the right의 형태로) 우익

have	the right	권리가 있다
reserve	the right	권리를 유보하다
give	the right	권리를 부여하다
exercise	the right	권리를 행사하다
defend	the right	권리를 지키다
protect	the right	
take	a right	오른쪽으로 돌다

▷ You **have** the **right** *to* appeal against their decision. 당신은 그 결정에 반대되는 의견을 주장할 권리가 있습니다.
▷ We **reserve** the **right** *to* cancel the contract in case of nonpayment. 우리는 지급이 거절될 경우 계약을 취소할 수 있는 권리를 유보했다.
▷ It's important to **defend** the **right** *to* free speech. 언론 자유의 권리를 지키는 것은 중요하다.
▷ We need to **protect** the **rights** *of* minority groups. 우리는 소수 집단의 권리를 보호해야 한다.

civil	rights	시민권
equal	rights	평등한 권리
exclusive	rights	독점적 권리
human	rights	인권
voting	rights	투표권
property	rights	재산권
the extreme	right	극우

▷ We are talking about basic **civil rights** and **human rights**. 우리는 기본적인 시민권과 인권에 대해 이야기하고 있다.
▷ Women still need to fight hard for **equal rights**. 여자들은 아직도 평등한 권리를 위해 맹렬히 싸워야 한다.
▷ Regarding politics he's on the **extreme right**. 정치와 관련해서 그는 극우다.

in	the right	올바른
on	A's right	A(사람)의 오른쪽에
to	A's right	

▷ **On** your **right** you can see the Tower of London. 오른쪽에 런던탑이 보일 것이다.

the right	to do	…할 권리

▷ You don't have the **right to** say that. 너는 그런 말을 할 자격 없어.

rights and freedom	권리와 자유
rights and obligations	권리와 의무

▷ We have to work hard to protect our **rights and freedom**. 우리는 권리와 자유를 지키기 위해 노력해야 한다.
▷ Please read this contract. It explains your **rights and obligations**. 이 계약서를 읽어보세요. 당신의 권리와 의무가 설명되어 있습니다.

ring /riŋ/ 명 원; 반지; ((영)) 전화를 거는 일

wear	a ring	반지를 끼고 있다
put on	a ring	반지를 끼다
give A	a ring	A에게 전화하다

▷ She wasn't **wearing** a wedding **ring**. 그녀는 결혼 반지를 끼고 있지 않았다.

an engagement	ring	약혼 반지
a wedding	ring	결혼 반지
a diamond	ring	다이아몬드 반지
an inner	ring	내륜; 내부 집단
an outer	ring	외륜

▷ The President has an **inner ring** of trusted politicians. 대통령은 신뢰하는 정치인들로 이루어진 내부 집단을 두고 있다.

a ring	on A	A에 낀 반지
in	a ring	원을 이루어

▷ The children were dancing around **in** a **ring**. 아이들은 원을 이루어 춤을 추고 있었다.

rise /raiz/ 명 상승, 증가

a dramatic	rise	눈부신 증가
a sharp	rise	급증
a steep	rise	
a rapid	rise	
a steady	rise	꾸준한 증가
a pay	rise	임금 상승
a price	rise	가격 상승
a tax	rise	증세

▷ During the last month there's been a **sharp rise** in sales. 지난 달에 판매가 급증했다.
▷ Recently there's been a **steep rise** in the cost of living. 최근에 생활비가 급증했다.
▷ There's been a **rapid rise** in the number of cases of bird flu. 조류 인플루엔자 발병 건수가 급증했다.
▷ This year we've seen a **steady rise** in sales. 올해 우리는 판매가 꾸준히 증가했다.

a rise	in A	A의 증가, 상승
rise	to A	A에 오르는 일
on	the rise	상승중인, 증가하는

★ rise to A의 A는: power, fame, stardom, the top 등

▷ The latest figures show a large **rise in** unemployment. 최신 수치는 실업률의 대규모 증가를 보여준다.
▷ The government is considering a 2% **rise in** sales tax. 정부는 소비세의 2% 인상을 검토하고 있다.
▷ I have to write an essay on the reasons for Hitler's **rise to power**. 나는 히틀러가 권력에 오른 이유에 대해 글을 써야 한다.
▷ The number of accidents in the home is **on the rise**. 집안에서의 사고 건수가 증가하고 있다.

the rise and fall	of A	A의 성쇠

▷ I'm studying the **rise and fall of** the Roman Empire. 나는 로마 제국의 성쇠를 연구하고 있다.

rise /raiz/ 图 상승하다, 증가하다; 일어서다

rise	dramatically	극적으로 상승하다
rise	sharply	급상승하다
rise	steeply	
rise	rapidly	
rise	slightly	소폭 상승하다
rise	steadily	꾸준히 상승하다
rise	slowly	천천히 상승하다

▷ Recently the cost of gas has been **rising sharply**. 최근에 휘발유 가격이 급상승하고 있다.
▷ The temperature has **risen slightly**, but it's still very cold. 기온이 약간 올랐지만 아직도 몹시 춥다.
▷ In the river the water level is **rising steadily**. 강의 수위가 꾸준히 상승하고 있다.

rise	by A	A(수치, 비율)만큼 증가하다
rise	from A to B	A에서 B로 상승하다
rise	above A	A 이상으로 오르다
rise	from A	A에서 일어서다; A에서 올라가다

▷ Electricity prices have **risen by** 30% over the last 5 years. 전기 요금은 지난 5년 동안 30% 올랐다.
▷ Last year the price of gas rose **from** $3 a gallon **to** nearly $4. 작년에 휘발유 값은 갤런당 3달러에서 거의 4달러로 올랐다.
▷ The temperature still hasn't **risen above** freezing point. 기온은 아직 0도를 넘지 못하고 있다.

risk /risk/ 명 위험 (요소), 모험

take	a risk	위험을 무릅쓰다
run	the risk (of A)	(A의) 위험을 무릅쓰다
carry	a risk	위험을 동반하다
pose	a risk	위험 요소가 되다
increase	the risk	위험을 높이다
reduce	the risk	위험을 줄이다
minimize	the risk	위험을 최소화하다
avoid	the risk	위험을 피하다
assess	the risk	위험 정도를 평가하다

▷ If we do that, we **run** the **risk of** losing everything. 그 일을 한다면, 우리는 모든 것을 잃을 위험을 무릅쓰는 것이다.
▷ Overeating **poses** a serious health **risk**. 과식은 건강에 심각한 위험 요소가 된다.
▷ Smoking **increases** the **risk** of lung cancer. 흡연은 폐암의 위험을 높인다
▷ Regular exercise **reduces** the **risk** of heart attacks. 규칙적인 운동은 심장 발작의 위험을 줄인다.

a great	risk	높은 위험
a high	risk	
a serious	risk	심각한 위험
a low	risk	낮은 위험
an increased	risk	증가한 위험
a potential	risk	잠재적 위험
the relative	risk	상대적 위험
a health	risk	건강의 위험
a fire	risk	화재 위험

▷ There's a **great risk** that the operation will be unsuccessful. 수술이 성공하지 못할 위험이 높다.

▷ Living in a city gives you an **increased risk** of being a victim of crime. 도시에 살면 범죄의 희생자가 될 위험이 높아진다.

▷ The higher the rate of interest, the greater (is) the **potential risk** to your investment. 이율이 높아질수록, 투자의 잠재적 위험도 높아집니다.

at	risk	위험한 상태인
at	the risk of doing	…할 위험을 무릅쓰고

▷ Whatever we do, we can't put our children **at risk**. 무슨 일을 하든 아이들을 위험한 상태에 방치할 수는 없다.

▷ **At** the **risk of** sounding overcautious, I think we should check everything one more time. 지나치게 조심하는 것처럼 들릴지 모르지만, 나는 우리가 모든 것을 다시 한 번 점검해야 한다고 생각한다.

river /rívər/ 명 강

cross	the river	강을 건너다
overlook	the river	강을 내려다보다

▷ You have to **cross** the **river** to get to our hotel. 우리 호텔에 가려면 강을 건너야 한다.

▷ Tom's house **overlooks** the **river**. 톰의 집에서는 강이 내려다 보인다.

the river	flows	강이 흐르다

▷ The **river flows** through the center of town. 그 강은 시내 중심을 흐른다.

a great	river	큰 강
a large	river	
a small	river	작은 강
the main	river	본류

▷ The Amazon is a **great river** which flows through South America. 아마존 강은 남아메리카를 흐르는 거대한 강이다.

across	the river	강을 건너서
in	the river	강에; 강물 속에
into	the river	강물 속으로
along	the river	강가를 따라
on	the river	강에; 강 위에
up	river	상류에
down	river	하류에

▷ We need to go **across** the **river** to get to the pub. 술집에 가려면 강을 건너야 한다.

▷ Is it OK to swim **in** the **river**? 이 강에서 수영해도 됩니까?

▷ Be careful! Don't fall **into** the **river**! 조심해! 강물 속으로 떨어지면 안 돼.

▷ Let's go for a walk **along** the **river**. 강가를 산책하자.

▷ I love to go canoeing **on** the **river**. 나는 강에서 카누 타는 것을 좋아한다.

road /roud/ 명 도로; 길

cross	the road	도로를 건너다

▷ Be careful when you **cross** the **road**. 도로를 건널 때는 조심해.

a narrow	road	좁은 길
a wide	road	넓은 길
a broad	road	
a busy	road	교통량이 많은 도로
a winding	road	구불구불한 길
the main	road	간선도로
a major	road	주요 도로
a national	road	국도
a private	road	민간 도로
a public	road	공공 도로
a country	road	전원 도로
((영)) the ring	road	외곽 순환도로

▷ Be careful! This is a really **busy road**. 조심해! 여기는 통행량이 아주 많은 도로야.

▷ According to the map it's a long **winding road** down the mountainside. 지도에 따르면 그 길은 산비탈을 타고 가는 길고 구불구불한 도로야.

▷ Our children have to cross the **main road** to get to school. 우리 아이들은 학교에 가기 위해 간선도로를 건너야 한다.

down	the road	길 아래쪽에
up	the road	길 위쪽에
along	the road	길을 따라
on	the road	길 위에; 이동중인
in	the road	길에서
across	the road	길 건너편에
by	road	육로로, 자동차로
the road	to A	A로 가는 길

▷ Walk **along** the **road** for 50 yards and the post office is on the right. 50야드 정도 길을 걸어가면 오른쪽에 우체국이 있다.

▷ We've been **on** the **road** for over 10 hours. You must be exhausted. 우리는 10시간도 넘게 길 위에 있었어. 네가 정말 피곤할 것 같다.

▷ Tell the children not to play **in** the **road**. 아이들에게 길에서 놀지 말라고 말해.

▷ There's a really good hotel **across** the **road**.

길 건너편에 아주 좋은 호텔이 있다.
▷ It takes much longer to get there **by road** than by rail. 거기는 자동차로 가면 철도로 가는 것보다 시간이 훨씬 더 많이 걸린다.
▷ Is this the **road to** Cambridge? 여기가 케임브리지로 가는 길인가요?

role /roul/ 명 역할; (연극 등의) 배역

have	a role	역할이 있다
perform	a role	역할을 수행하다; 배역을 연기하다
play	a role	
assume	a role	역할을 떠맡다; 배역을 맡다
take	a role	
fulfill	a role	역할을 수행하다
fill	a role	

▷ She **has** a very important **role** within the company. 그녀는 회사에서 아주 중요한 역할을 맡고 있다.
▷ She **performs** the **role** of both wife and mother really well. 그녀는 아내와 어머니의 두 가지 역할을 아주 잘 하고 있다.
▷ A woman often has to **fulfill** many **roles** — wife, mother, wage earner... 여자들은 아내, 어머니, 돈 버는 사람 등 여러 가지 역할을 수행해야 할 때가 많다.

a lead	role	주역; 지도적 역할
a leading	role	
a starring	role	주역, 주연
the title	role	
a big	role	중요한 역할
a supporting	role	조연
an important	role	중요한 역할
a central	role	중심 역할
a key	role	핵심 역할
a major	role	주요 역할
a crucial	role	결정적인 역할
a minor	role	작은 역할
an active	role	적극적인 역할
a gender	role	성별 역할

▷ He played a **leading role** in the success of his college football team. 그는 대학 미식축구 팀의 승리에 중요한 역할을 했다.
▷ China will play a **crucial role** in Asia's future. 중국은 아시아의 미래에 결정적인 역할을 할 것이다.
▷ I'm not very important. I only have a very **minor role** within the company. 나는 별로 중요하지 않다. 회사에서 작은 역할을 맡고 있을 뿐이다.
▷ He played an **active role** in the meeting. 그는 회의에서 적극적인 역할을 했다.

roof /ru:f/ 명 지붕, 옥상

climb up to	the roof	지붕까지 올라가다
go up to	the roof	
climb up on	the roof	지붕 위에 올라가다
go up on	the roof	
climb down from	the roof	지붕에서 내려오다
fall off	the roof	지붕에서 떨어지다
fall from	the roof	

▷ During the storm many tiles **fell off** the **roof**. 폭풍이 부는 동안 지붕에서 많은 기와가 떨어졌다.

a flat	roof	평평한 지붕
a thatched	roof	초가 지붕

▷ Jon's country house has a nice **thatched roof**. 존의 시골 집은 멋진 초가 지붕이 있다.

on	the roof	지붕 위에

▷ He went up **on** the **roof** to fix the TV antenna. 그는 TV 안테나를 고치러 지붕 위에 올라갔다.

room /ru:m/ 명 방; 공간; 여지

enter	the room	방에 들어가다
leave	the room	방에서 나가다
tidy	A's room	A의 방을 정돈하다
share	a room	방을 같이 쓰다
take up	room	공간을 차지하다
make	room	공간을 마련하다

▷ Sorry, can I **leave** the **room** for a moment? 죄송하지만, 잠깐 방에서 나가도 될까요?
▷ It'll be cheaper if we **share** a **room** at the hotel. 호텔에서 방을 같이 쓰면 돈이 덜 들 거야.
▷ Sorry, could you **make room** for one more? 죄송하지만, 한 명의 공간을 더 마련해주실 수 있나요?

a bright	room	밝은 방
a dark	room	어두운 방
a darkened	room	어두워진 방
a comfortable	room	안락한 방
an empty	room	빈 방
a spare	room	남는 방
a furnished	room	가구가 딸린 방
a single	room	1인용 침실(싱글 침대 1개)
a double	room	2인용 침실(더블 침대 1개)
a twin	room	2인용 침실(싱글 침대 2개)
a storage	room	저장실
a waiting	room	대기실

| rough |

a lecture	room	강의실
a dining	room	식당
a living	room	거실
((영)) a sitting	room	

▷ She was sitting in a **dark room** with the curtains drawn. 그녀는 커튼을 친 어두운 방에 앉아 있었다.
▷ I stayed in a **comfortable room** with a good view of the sea. 나는 멋진 바다가 내다 보이는 쾌적한 방에 묵었다.
▷ If you like, you can stay in the **spare room**. 원하신다면 빈 방에 묵어도 좋습니다.
▷ When I was a student, I lived in just one small **furnished room**. 학생 시절에 나는 가구가 딸린 작은 방 한 칸에서 살았다.

| room | for A to do | A(사람)가 …할 공간 |

▷ There was no **room for** her **to** sit down. 그녀가 앉을 공간이 없었다.

| room | for A | A의 여지 |

▷ There's always **room for** improvement. 언제나 개선의 여지는 있다.
▷ It was definitely him. There was no **room for** doubt. 분명히 그 사람이었다. 의문의 여지가 없었다.

rough /rʌf/ 혭 거친; 대강의

| pretty | rough | 꽤 거친 |
| slightly | rough | 약간 거친 |

▷ Wow! Look at those waves! It's **pretty rough** out there. 우아! 저 파도 좀 봐! 저기는 꽤 거친걸!
▷ He hadn't shaved for a day and his skin felt **slightly rough**. 그는 하룻동안 면도를 하지 않아서 피부가 약간 거칠게 느껴졌다.

| rough and ready | | 대충 쓸 수 있는 |

▷ Can you build me a shed in the garden? Nothing grand. Just something **rough and ready**. 정원에 헛간을 지어줄 수 있어요? 대단한 거 말고. 대충 쓸 수 있는 거면 돼요.

row /rou/ 혭 줄

| the front | row | 앞줄 |
| the second | row | 두 번째 줄 |

▷ Can you try to get a seat in the **front row**? 되도록 앞줄에 좌석을 잡아줄 수 있겠니?

| in | a row | 한 줄로, 연속으로 |

▷ She hasn't eaten anything for three days **in a row**! 그녀는 사흘 연속으로 아무것도 먹지 않았다.

| row | upon row | 줄줄이, 계속 줄지어 |
| rows | and rows | |

▷ From the top of the hill all you could see were **rows and rows** of houses. 언덕 꼭대기에서 눈에 보이는 것은 줄줄이 늘어서 있는 주택뿐이었다.

rude /ruːd/ 혭 무례한; 실례를 저지른

| extremely | rude | 몹시 무례한 |
| downright | rude | |

▷ He was **extremely rude**. It was unbelievable! 그는 몹시 무례했다. 어이가 없을 정도였다!

| rude | to A | A(사람)에게 무례한 |

▷ I'm sorry I was so **rude to** you last time. 죄송합니다. 지난번에 너무 실례를 저질렀어요.

| it is rude | to do | …하는 것은 실례다 |

▷ **It's rude to** stare at people! 사람을 빤히 쳐다보는 건 실례다!

rule /ruːl/ 혭 규칙; 관습; 지배

make	a rule	규칙을 만들다
accept	a rule	규칙을 받아들이다
follow	the rules	규칙에 따르다
obey	the rules	
have	a rule	규칙이 있다
break	a rule	규칙을 깨다
apply	a rule	규칙을 적용하다
bend	the rules	규칙을 살짝 어기다
change	the rules	규칙을 바꾸다
know	the rules	규칙을 알다

▷ Make sure you **follow** the **rules**! 규칙을 지키십시오!
▷ If you **break** a **rule**, you'll be in trouble! 규칙을 깨면 입장이 곤란해질 거야!
▷ Do you **know** the **rules** of rugby? 럭비 규칙 아니?

a basic	rule	기본 규칙
a golden	rule	황금률
a general	rule	일반적인 규칙
a new	rule	새로운 규칙
strict	rules	엄격한 규칙
a legal	rule	법규

▷ As a **general rule** we don't allow pets in the

apartment. 일반적으로 우리 아파트에서는 애완동물을 허용하지 않는 것이 규칙입니다.

▷ The school I go to has very **strict rules**. 내가 다니는 학교는 규칙이 아주 엄격하다.

against	the rules	규칙에 반해서
under	... rule	…의 지배 아래
as	a rule	대체로

▷ Sorry, I can't help you. It's **against** the **rules**. 미안하지만 당신을 도와줄 수가 없어요. 규칙에 어긋나는 일이거든요.

▷ Some parts of Canada used to be **under** French **rule**, others **under** British **rule**. 캐나다의 어떤 지역은 프랑스의 지배를 받았고, 또 어떤 지역은 영국의 지배를 받았다.

▷ **As a rule**, she goes for lunch at 12:30. 대체로 그녀는 12시 30분에 점심을 먹으러 나간다.

a set of rules		일련의 규칙

▷ This is a **set of rules** for new club members. 이것은 동아리 신입 회원에게 해당되는 일련의 규칙이다.

rules and regulations		규칙과 규정

▷ What are the **rules and regulations** concerning fire safety? 화재 안전과 관련된 규칙과 규정은 무엇인가요?

▌ run /rʌn/

⑧ 달리다; 흐르다; 움직이다; 출마하다

run	fast	빨리 달리다
run	away	달아나다
run	upstairs	이층으로 뛰어 올라가다

▷ I tried to stop him, but he **ran away**. 나는 그를 멈춰 세우려고 했지만, 그는 달아났다.

run	across A	A를 뛰어서 가로지르다
run	down A	A를 달려가다; A를 흘러내리다
run	out of A	A에서 달려나가다
run	into A	A와 부딪치다; A와 우연히 마주치다
run	through A	A를 가로질러 흐르다
run	to A	A를 향해 달리다
run	up A	A를 뛰어 올라가다
run	on A	(기계가) A로 작동되다
run	for A	A에 출마하다

▷ She **ran across** the road when the lights were still red. 그녀는 신호등이 아직 빨간 불일 때 도로를 뛰어서 건넜다.

▷ He **ran down** the street, but the bus moved off before he could catch it. 그는 도로를 따라 달렸지만, 버스는 그가 타기 전에 출발해버렸다.

▷ People were **running out of** the building shouting "Fire! Fire!" 사람들이 건물에서 뛰어나오면서 "불이야! 불이야!"라고 소리쳤다.

▷ You'll never guess who I **ran into** last week! 내가 지난주에 누구랑 마주쳤는지 너는 짐작도 못할 거야!

▷ The River Seine **runs through** Paris. 센 강은 파리를 가로질러 흐른다.

▷ We **ran to** the station to catch the last train. 우리는 마지막 기차를 타기 위해 역으로 뛰어갔다.

▷ She **ran up** the stairs. 그녀는 계단을 뛰어 올라갔다.

▷ The motor **runs on** electricity. 모터는 전기로 작동된다.

▷ Do we know yet who is **running for** President in the next election? 다음 선거에 누가 대통령 후보로 출마하는지 알려졌나요?

▌ run /rʌn/

⑨ 달리기; (야구의) 득점; 연속 공연

go for	a run	달리기를 하다
score	a run	득점을 올리다
extend	a run	공연을 연장하다

▷ He **goes for** a three-mile **run** before breakfast every morning. 그는 매일 아침 식사 전에 3마일을 달린다.

at	a run	달려서
on	the run	도망중인; 서둘러서

▷ According to the newspapers he'd been **on the run** for 3 weeks before the police caught him. 신문에 따르면 그는 3주 동안 도주 생활을 하다 경찰에 붙잡혔다.

▌ rush /rʌʃ/ ⑨ 돌진; 쇄도

in	a rush	바쁜

▷ Sorry, I have to go. I'm **in** a bit of a **rush**! 미안하지만 가야겠어. 좀 바빠서!

a rush of A	A가 밀려드는 일

★ A는 blood, water, air, wind 등

▷ I'm sorry I lost my temper. It was a **rush of blood** to the head. 화내서 미안해. 갑자기 피가 머리로 쏠렸어.

▷ A **rush of wind** caught his papers and sent them flying all over the garden. 한 바탕 불어온 바람이 그의 서류를 정원 여기저기로 날려버렸다.

S

sad /sæd/ 휑 슬픈, 안타까운

feel	sad	슬프다

▷ I felt very **sad** *about* leaving the party early. 나는 파티를 일찍 떠나는 것이 애석했다.

extremely	sad	몹시 슬픈
desperately	sad	지독하게 슬픈
particularly	sad	특히 슬픈
terribly	sad	애통한

▷ Her mother died after a long illness. It was **extremely sad**. 그녀의 어머니는 긴 병 끝에 돌아가셨다. 몹시 슬픈 일이었다.

be sad	to do	…하는 것은 슬프다

▷ I'm really **sad to** move away from all my friends. 나는 모든 친구들을 떠나는 것이 정말로 슬프다.

it's sad	that…	…은 슬프다
I'm sad	that…	

★ it's sad는 객관적 묘사이고, I'm sad는 개인적 감정을 표현한다.

▷ **It's sad that** we weren't able to help her. 우리가 그녀를 돕지 못한 것은 안타까운 일이다.

safe /seif/ 휑 안전한, 안심해도 되는; 무사한

completely	safe	아주 안전한
perfectly	safe	
really	safe	정말로 안전한
fairly	safe	상당히 안전한
reasonably	safe	대체로 안전한
relatively	safe	비교적 안전한

▷ Don't worry. It's **perfectly safe** to drink this water. 걱정하지 마. 이 물은 마셔도 아주 안전해.
▷ London is **reasonably safe** if you don't go out alone late at night. 런던은 밤 늦게 혼자 외출하지 않는다면 대체로 안전하다.

safe	from A	A로부터 안전한
safe	for A	A(사람)에게 안전한

▷ I always wear a helmet when I ride my bicycle. It keeps me **safe from** accidents. 나는 자전거를 탈 때 언제나 헬멧을 쓴다. 그것이 사고에서 나를 보호해 주기 때문이다.
▷ It's not **safe for** children to play in the road. 아이들이 도로에서 노는 것은 안전하지 않다.

safe and sound		무사한
safe and well		
safe and secure		안전한
safe and effective		안전하고 효과적인

▷ I need to telephone my family to find out if they're **safe and well**. 우리 식구들이 무사한지 전화를 해봐야겠다.
▷ It's great to know that your money is **safe and secure** after the financial crisis. 금융 위기 후에도 당신의 돈이 안전하다니 다행이네요.
▷ My doctor says this new medicine is **safe and effective**. 내 담당 의사는 이 신약이 안전하고 효과적이라고 말한다.

be safe	to do	…해도 안전하다

▷ It's **safe to** come out now, children. The big dog has gone away. 이제 나와도 괜찮아, 애들아. 그 커다란 개는 갔어.

salary /sǽləri/ 몡 급료, 봉급, 급여

pay	a salary	급료를 지불하다
earn	a salary	급료를 벌다
receive	a salary	급료를 받다
have	a salary	

▷ I think I'm going to stop my part-time job. They don't **pay** a very high **salary**. 시간제 일은 그만해야 할 것 같아. 급료가 별로 높지 않아서.
▷ She **earns** a really high **salary**. 그녀는 아주 높은 급료를 받는다.

salary	increases	급료가 오르다

▷ I'm really lucky. My **salary increases** every year. 나는 정말 운이 좋다. 급료가 해마다 오른다.

a good	salary	높은 봉급
a high	salary	
a low	salary	낮은 봉급
an annual	salary	연봉
a monthly	salary	월급
a base	salary	기본급
《영》 a basic	salary	

▷ Lawyers earn a really **high salary**. 변호사들은 아주 높은 급료를 번다.
▷ Do you know what his **annual salary** is? 그의 연봉이 얼마인지 아니?

a cut	in salary	감봉
《영》 a drop	in salary	
an increase	in salary	봉급 인상

《영》a rise	in salary

★ salary cut, salary increase도 쓰인다.

▷ My boss has promised me an **increase in salary**. 상사는 나에게 봉급 인상을 약속했다.

sale /seil/ 명 판매, 매각; (-s) 매출; 세일

make	a sale	판매하다
close	a sale	판매 계약을 맺다
lose	a sale	판매 기회를 잃다
approve	the sale	판매를 승인하다
ban	the sale	판매를 금지하다

▷ Finally we bought the house. It took us nearly 9 months to **close the sale**! 마침내 우리는 집을 샀다. 판매 계약을 하기까지 거의 아홉 달이 걸렸다!

▷ The local council hasn't **approved** the **sale** of that piece of land yet. 지방 의회는 아직 그 땅의 매각을 승인하지 않았다.

▷ In Britain, the government has **banned** the **sale** of alcohol to people under the age of 18. 영국 정부는 18세 미만에게 술 판매를 금지했다.

sale	starts	세일이 시작하다

▷ The **sale starts** on Monday, December 28th. 세일은 12월 28일 월요일에 시작한다.

a quick	sale	급매
a winter	sale	겨울 상품 세일
a clearance	sale	재고 정리 세일
a going-out-of-business	sale	폐업 세일

▷ They've reduced their prices for a **quick sale**! 그들은 급매를 위해 가격을 내렸다!

a sale	on A	A의 세일
for	sale		판매하는
《영》on	sale	판매하는; 특가의

▷ They are having a **sale on** household goods. 그들은 가정용품을 세일하고 있다.

▷ I think they're going to offer their house **for sale**. 그들이 집을 팔려고 내놓을 것 같다.

▷ Sorry, it's not **for sale**. 죄송하지만 이것은 판매용이 아닙니다.

▷ I think the new 3-D TV goes **on sale** next week. 새로 나온 3D TV는 다음 주에 판매될 것 같다.

salt /sɔːlt/ 명 소금

add	salt	소금을 넣다
sprinkle A with	salt	A에 소금을 뿌리다
pass	the salt	소금을 건네주다

▷ Don't forget to **add salt** when you boil the potatoes. 감자를 삶을 때는 소금 넣는 거 잊지 마.

▷ Could you **pass the salt**, please? 소금 좀 건네줄래요?

salt and pepper	소금과 후추

▷ Help yourself. The **salt and pepper**'s on the table. 마음껏 드세요. 소금과 후추는 식탁 위에 있습니다.

a pinch of	salt	약간의 소금

▷ Maybe you should add a **pinch of salt**. 소금을 약간 넣는 게 좋을 것 같습니다.

same /seim/ 형 같은, 똑같은

exactly	the same	완전히 똑같은
just	the same	
precisely	the same	
the very	same	
essentially	the same	본질적으로 같은
roughly	the same	대체로 같은
much	the same	

▷ Your handbag and my handbag are **exactly the same**! 네 핸드백이랑 내 핸드백이 완전히 똑같아!

▷ Ella and Emma are identical twins. They look **just the same**. 엘라와 에마는 일란성 쌍둥이다. 둘이 아주 똑같이 생겼다.

▷ "I'm thinking of leaving my part-time job. The pay is so low." "Yes, I feel **much the same**." "시간제 일을 그만둘까 생각 중이야. 급료가 너무 낮아." "그래, 나도 비슷한 생각이야."

the same A	as B	B와 똑같은 A

▷ She's the **same** age **as** me. 그녀는 나랑 나이가 같다.

▷ Let's stay in the **same** hotel **as** last year. 작년에 묵었던 호텔에 묵자.

the same	old A	언제나 똑같은 A

▷ It's the **same old** story. He always has some excuse for being late! 언제나 똑같은 이야기야. 그는 항상 지각할 핑계가 있지!

satisfaction /sæ̀tisfǽkʃən/

명 만족, 만족감

find	satisfaction	만족하다
get	satisfaction	
derive	satisfaction	

| satisfied |

give	satisfaction	만족감을 주다
express	satisfaction	만족감을 표현하다
have	the satisfaction of doing	…해서 만족하다

▷ I think we should keep complaining until we **get satisfaction**. 나는 우리가 만족할 때까지 계속 불만을 얘기해야 한다고 생각한다.
▷ It's most important to **give satisfaction** to our customers. 고객에게 만족을 주는 것이 가장 중요하다.
▷ At the meeting our boss **expressed** his **satisfaction** *with* the recent sales figures. 회의에서 상사는 최근의 매출 수치에 만족감을 표현했다.
▷ He trained hard every day and **had** the **satisfaction of being** chosen as captain of the soccer team. 그는 매일 열심히 훈련했고, 축구팀 주장으로 뽑힌 것에 만족했다.

complete	satisfaction	완전한 만족
deep	satisfaction	깊은 만족
great	satisfaction	큰 만족
personal	satisfaction	개인적인 만족
customer	satisfaction	고객 만족
job	satisfaction	직업 만족
sexual	satisfaction	성적 만족

▷ Our aim is to give **complete satisfaction**. 우리의 목표는 완전한 만족을 주는 것이다.
▷ Coming top in class gave her **great satisfaction**. 반에서 일등을 한 일이 그녀에게 큰 만족감을 주었다.

a feeling	of satisfaction	만족감
a sense	of satisfaction	
a smile	of satisfaction	만족의 미소
a level	of satisfaction	만족도

▷ When I feel I've done my job well, I get a **feeling of satisfaction**. 일을 잘 해냈다고 생각할 때 나는 만족감을 느낀다.
▷ "That's the best cake I've ever made," she said with a **smile of satisfaction**. "그건 내가 만든 케이크 중 최고야." 그녀가 흡족한 미소를 지으며 말했다.

| to | A's satisfaction | A가 만족하도록 |

▷ I can never seem to do anything **to** my boss's **satisfaction**. 내가 무엇을 해도 상사에게는 만족스럽지 않은 것 같다.

satisfied /sǽtisfàid/ 웹 만족한, 납득한

completely	satisfied	완전히 만족한
entirely	satisfied	
well	satisfied	충분히 만족한
fully	satisfied	
reasonably	satisfied	대체로 만족한

▷ Manchester United's manager was **well satisfied** with the result of the game. 맨체스터 유나이티드의 감독은 경기 결과에 충분히 만족했다.

| satisfied | with A | A에 만족한 |

▷ Apparently Tina's boss said he wasn't **satisfied with** her work. 티나의 상사는 그녀가 한 작업이 흡족하지 않다고 얘기한 것 같다.

| satisfied | (that)... | …을 수긍하다 |

▷ I'm afraid I'm not **satisfied that** he's telling the truth. 나는 그가 진실을 말한다고 수긍할 수가 없다.

say /sei/ 图 말하다; 적혀 있다

say	softly	부드럽게 말하다
say	gently	
say	quietly	조용히 말하다
say	quickly	빨리 말하다
say	slowly	천천히 말하다
say	firmly	분명히 말하다
say	again	다시 말하다
said	earlier	전에 말한

▷ "It's so romantic sitting here, looking at the moon," she **said softly**. "여기 앉아서 달을 바라보니 정말로 낭만적이네요." 그녀가 부드럽게 말했다.
▷ Sorry, I didn't hear. Could you **say that again**? 죄송하지만 못 들었습니다. 다시 한 번 말씀해주시겠습니까?
▷ Well, as I **said earlier**, we need to take a decision fairly soon. 전에 말했듯이, 우리는 곧 결정을 내려야 해.

| say | (that)... | …라고 말하다 |
| say | wh- | …인지 말하다 |

★ wh-은 what, why, how 등의 의문사

▷ The newspaper **says** the government is going to increase the tax on cigarettes. 신문에 의하면 정부가 담뱃세를 올릴 거라고 한다.
▷ She didn't **say where** she was going. 그녀는 어디로 가는지 말하지 않았다.

say A	about B	B에 대해서 A를 말하다
say A	on B	
say A	to B	B(사람)에게 A를 말하다

▷ I hear that Tracy has been **saying** bad things **about** me. 트레이시가 나에 대해 나쁜 말을 한다고 들었어.

▷ He **said** goodbye **to** her at the station. 그는 역에서 그녀에게 작별 인사를 했다.

be said	to do	…한다고들 말한다,
it is said	(that)...	…라고들 하다
They say	(that)...	
People say	(that)...	

▷ Japanese is **said to** be one of the most difficult languages to learn. 일본어는 세계에서 가장 배우기 어려운 언어 중 하나라고들 한다.
▷ **They say** the economy is going to get worse. 경제가 점점 나빠질 거라고들 한다.

I would	say (that)...	아마 …일 것이다
I should	say (that)...	
I must	say (that)...	정말로 …다
I have to	say (that)...	
if I may	say (so)	이렇게 말씀드려도 될지 모르지만

▷ "How many people went to the live concert?" "Well, **I'd say** there were over five thousand." "라이브 콘서트에는 몇 명이나 왔어?" "아마 5천 명이 넘었을 것 같아."
▷ Well, **I must say**, I really enjoyed that meal! 정말로 맛있게 먹었습니다!
▷ **If I may say so**, I thought your lecture on Shakespeare was most interesting. 이런 말씀 드려도 될지 모르지만 셰익스피어에 대한 당신의 강의는 정말로 흥미로웠습니다.

PHRASES

How can you say that? / How can you say such a thing? ☺ 어떻게 그런 말을 할 수가 있지?
How do you say this in English? ☺ 이걸 영어로 뭐라고 말해?
Say no more. ☺ 더 이상 말하지 마.(말하지 않아도 아니까.) ▷ "Do you think you could drive me to the hospital tomorrow morning?" "Say no more! No problem!" ▷ "내일 아침 나를 병원에 태워다줄 수 있어?" "말 안 해도 돼! 당연하지!"
What did you say? ☺ 뭐라고 말했어?
What do you say? ☺ 어떻게 생각해? ▷ "What do you say to a nice cup of coffee in that new coffee shop?" "OK. Good idea!" "새로 생긴 그 커피숍에서 커피 한 잔 어때?" "좋은 생각이야!"
You can say that again! ☺ 내 말이 그 말이야. ▷ "What a terrible movie! The worst I've seen!" "You can say that again!" "정말 형편없는 영화로군! 내가 본 것 중 최악이야!" "내 말이 그 말이야!"
You don't say (so)! ☺ 설마, 그게 정말이야? ▷ "When I arrived at the airport, I found I'd forgotten my passport." "You don't say!" "공항에 도착했더니 여권이 없지 뭐야." "설마!"

scale /skeil/ 图 규모

a large	scale	대규모
a massive	scale	
a grand	scale	거대한 규모
a small	scale	소규모
a global	scale	세계적 규모

▷ Higher temperatures are having an effect on a **global scale**. 기온 상승은 전 세계적으로 영향을 미치고 있다.

scared /skɛərd/ 图 겁먹은, 무서워하는

really	scared	정말로 겁먹은
dead	scared	
too	scared	너무 겁먹은

★ dead scared는 친근한 어법.

▷ I missed the last bus and had to walk home by myself. I was **really scared**. 나는 버스 막차를 놓치고 집까지 혼자 걸어가야 했다. 정말로 무서웠다.

| scared | of A | A를 무서워하는 |

▷ Apparently Dione is really **scared of** spiders! 디온은 정말로 거미를 무서워하는 것 같다!

| be scared | to do | …하는 것이 무섭다 |

▷ I always think Peter drives too fast, but I'm **scared to say** anything. 나는 늘 피터가 너무 과속 운전을 한다고 생각하지만, 무서워서 아무 말도 못한다.

scene /siːn/ 图 (영화 등의) 장면; 정경, 광경, 풍경; (활동) 무대; (사건 등의) 현장; 소동

rehearse	a scene	장면을 연습하다
shoot	a scene	장면을 촬영하다
depict	a scene	정경을 묘사하다
describe	a scene	
imagine	a scene	장면을 상상하다
picture	a scene	장면을 떠올리다
survey	the scene	광경을 바라보다
rush to	the scene	현장으로 달려가다
arrive at	the scene	현장에 도착하다
leave	the scene	현장을 떠나다
make	a scene	소동을 일으키다
cause	a scene	

▷ The picture **depicts** a quiet country **scene** in the South of France. 그 그림은 프랑스 남부의 조용한 시골 풍경을 묘사한 것이다.

| scheduled |

▷ Nobody saw the murderer **leave** the **scene** of the crime. 살인범이 범죄 현장을 떠나는 모습은 아무도 보지 못했다.

▷ Don't **make** a **scene**! It's better to say nothing! 소란 피우지 마! 아무 말도 안 하는 게 낫겠어!

the opening	scene	첫 장면
the final	scene	마지막 장면
the last	scene	
a battle	scene	전투 장면
a love	scene	러브 신
the international	scene	국제 무대
the political	scene	정치 무대
the domestic	scene	가정 풍경
a murder	scene	살인 현장
an accident	scene	사고 현장

★ 마지막 두 어구는 the scene of murder, the scene of the accident라고도 쓰인다.

▷ Do you know what happens in the **final scene**? 마지막 장면에서 무슨 일이 벌어지는지 알아?

▷ The **political scene** in many countries seems to be changing fast. 많은 나라의 정세가 급속히 변하고 있는 것 같다.

▷ It was a painting of a happy family sitting at home by the fire. A peaceful **domestic scene**. 그것은 집 안의 난롯가에 앉아 있는 행복한 가족의 그림이었다. 평화로운 집안 풍경 말이다.

at	the scene	현장에
on	the scene	
behind	the scenes	무대 뒤에서; 은밀히

▷ There were lots of police **at** the **scene** of the crime. 범죄 현장에 경찰이 많았다.

schedule /skédʒuːl/ 명 일정(표), 스케줄

a busy	schedule	바쁜 일정
a hectic	schedule	
a full	schedule	꽉 찬 일정
a tight	schedule	빡빡한 일정
work	schedule	작업 일정
a train	schedule	열차 시각표

▷ Sorry, I can't meet you until next week. I've got a very **busy schedule**. 미안하지만 다음 주까지 널 못 만나겠어. 일정이 너무 바빠.

▷ Sorry, I have to rush. I'm on a **tight schedule**. 미안하지만 얼른 가야 해. 일정이 빡빡해.

| a schedule for A | | A의 일정 |

▷ Here's your **schedule for** the next three months. 이것이 앞으로 석 달 동안의 네 일정이다.

ahead of	schedule	일정에 앞서
on	schedule	일정대로
behind	schedule	일정에 뒤처져서

▷ Fantastic! We're two months **ahead of schedule**! 대단해! 우리는 일정보다 두 달을 앞서고 있어!

▷ The plane from New York was **on schedule**. 뉴욕 발 비행기는 일정대로 출발했다.

▷ We mustn't fall **behind schedule**. 우리는 일정에 다 늦어지면 안 된다.

school /skuːl/ 명 학교; 대학원

attend	school	학교에 다니다
go to	school	
enter	school	학교에 입학하다
start	school	
finish	school	학교를 졸업하다
graduate from	school	
leave	school	학교를 그만두다; 학교를 떠나다
be late for	school	학교에 지각하다
be absent from	school	학교를 쉬다, 결석하다
miss	school	
skip	school	학교를 빼먹다
teach (at)	school	학교에서 가르치다

▷ Did you know that your son has not been **attending school** recently? 아드님이 최근에 학교에 안 나온다는 거 알고 계셨어요?

▷ My son **started school** in September. 우리 아들은 9월에 입학했다.

▷ Julie's been **absent from school** four times this week. 줄리는 이번 주에 네 번 결석했다.

▷ We'll be in trouble if they find out we've **skipped school**! 우리가 학교를 빼먹은 걸 들키면 큰일 나는 거야!

▷ Ben **teaches at** a school in Sydney. 벤은 시드니의 학교에서 가르친다.

a coeducational	school	남녀 공학 학교
(영) a mixed	school	
a single-sex	school	남녀 분리 학교
an elite	school	명문 학교
a prestigious	school	
an elementary	school	초등학교
(영) a primary	school	
a junior high	school	중학교

a high	school	고등학교
a boarding	school	기숙학교
a private	school	사립학교
a public	school	공립학교
((영)) a state	school	
a graduate	school	대학원
a business	school	경영대학원
a law	school	법학대학원
a driving	school	자동차 운전학원

▷ What do you think is better? A **coeducational school** or a **single-sex school**? 뭐가 더 좋다고 생각해? 남녀 공학과 남녀 분리 학교 중에서?

▷ Apparently he went to an **elite school**. 그는 명문 학교 출신인 것 같다.

before	school	수업 전에
after	school	방과 후에
in	school	학교에서; ((미)) 재학중인
at	school	학교에서; ((영)) 재학중인

▷ Let's meet **after school** and go to the park. 방과 후에 만나서 공원에 가자.

▷ I hear your son's doing really well **at school**. 댁의 아들이 학교에서 성적이 아주 좋다고 들었어요.

science /sáiəns/ 명 과학

modern	science	현대 과학
basic	science	기초 과학
applied	science	응용 과학
biological	science	생물학
cognitive	science	인지 과학
human	science	인문 과학
natural	science	자연 과학
physical	science	물리학
political	science	정치학
social	science	사회학; 사회 과학

▷ **Modern science** is advancing really rapidly these days. 현대 과학은 요즘 급속하게 발전하고 있다.

▷ She has a good knowledge of **basic science**. 그녀는 기초 과학 지식이 풍부하다.

science and technology	과학기술

▷ Jack's studying at a college of **science and technology**. 잭은 과학기술 대학에서 공부하고 있다.

score /skɔːr/ 명 득점; 점수

get	a score	득점하다; 점수를 받다
keep	(the) score	득점을 기록하다
level	the score	동점이 되다
tie	the score	

▷ I **got** a good **score** in today's English test! 나는 오늘 영어 시험에서 좋은 점수를 받았다!

▷ Manchester United struck just before halftime to **level the score** at 2-2. 맨체스터 유나이티드는 하프타임 직전에 득점을 해서 2 대 2로 동점을 만들었다.

a good	score	좋은 점수
a high	score	높은 점수
the top	score	최고 점수
a bad	score	나쁜 점수
a low	score	낮은 점수
an average	score	평균 점수
total	score	총 득점
the final	score	최종 득점

▷ Apparently he got a really **high score** in the math test. 그는 수학에서 아주 높은 점수를 받은 것 같다.

▷ She got scores of 84 and 92 in her last two tests. An **average score** of 88. 그녀는 마지막 두 시험에서 84점과 94점을 받았다. 평균 점수는 88점이다.

▷ 28, 26, and 36. That's a **total score** of 90. 28점과 26점과 36점으로 총점은 90점이다.

on that score	그 점에서
on this score	이 점에서

▷ "Did you hear the headmaster is going to resign?" "No. I don't know anything **on that score**." "교장 선생님이 사직하신다는 말 들었어요?" "아뇨, 그 일에 대해서는 아무것도 모릅니다."

[PHRASES]

What's the score? ☺ 점수가 어떻게 되죠? ▷ "What's the score?" "3 - 0." "점수가 어떻게 돼?" "3 대 0."(★ 3 대 0은 미국에서는 three to nothing, 영국에서는 three-nil이라고 읽는다.)

sea /siː/ 명 바다

overlook	the sea	바다를 바라보다.
look out to	sea	바다를 조망하다
put to	sea	출항하다
go to	sea	출항하다; 선원이 되다
cross	the sea	바다를 건너다

▷ They live in a lovely cottage that **overlooks** the **sea**. 그들은 바다가 내려다 보이는 아름다운 오두막에 산다.

▷ He was standing on the cliff **looking out to sea**. 그는 절벽 위에 서서 바다를 바라보았다.

▷ The ship's already left. It **put to sea** 2 hours ago. 배는 이미 떠났다. 두 시간 전에 출항했다.
▷ My uncle Will **went to sea** when he was only 16 years old. 윌 삼촌은 겨우 열여섯 살 때 선원이 되었다.

a calm	sea	평온한 바다
a heavy	sea	거친 바다
a rough	sea	
a stormy	sea	
the North	sea	북해
the Mediterranean	sea	지중해
the Red	sea	홍해
the East China	sea	남중국해

▷ Nobody could understand why the boat sank. There was a **calm sea** and no wind. 그 배가 가라앉은 이유는 아무도 몰랐다. 바다는 평온하고 바람도 없었기 때문이다.
▷ Look at that **rough sea**! I think there's a storm coming! 저 거친 바다 좀 봐! 폭풍이 몰아칠 것 같아!

in	the sea	바다에
at	sea	바다에, 해상에
by	sea	배를 타고, 해로로

▷ I know a lovely place where you can swim **in the sea**. 나는 바다에서 수영을 할 수 있는 멋진 장소를 알고 있다.
▷ We were **at sea** when the typhoon struck. 태풍이 닥쳤을 때 우리는 바다에 있었다.
▷ I don't like traveling **by sea**. I get seasick. 나는 배를 타고 여행하는 것을 좋아하지 않는다. 뱃멀미를 하기 때문이다.

search /sɜːrtʃ/ 명 수색, 조사; 검색

make	a search	수색하다
conduct	a search	
carry out	a search	
begin	a search	수색을 시작하다
continue	a search	수색을 계속하다
abandon	a search	수색을 중단하다
call off	a search	
do	a search	검색하다

▷ The police **made a search** of the area, but found nothing. 경찰은 그 일대를 수색했지만 아무것도 찾지 못했다.
▷ It's too dark now. We'll have to **continue** the **search** tomorrow. 지금은 너무 어두우니 내일 수색을 계속해야 할 것이다.
▷ The helicopter had to **abandon** the **search** for survivors because of bad weather. 헬리콥터는 악천후 때문에 생존자 수색을 중단해야 했다.

a desperate	search	필사적인 수색
a thorough	search	철저한 수색
a search	party	수색대
a search	warrant	수색 영장

▷ The rescue team carried out a **desperate search** for survivors. 구조대는 생존자들을 찾아 필사적인 수색을 벌였다.
▷ The police carried out a **thorough search** of the building. 경찰은 건물을 샅샅이 수색했다.

| search | for A | A를 찾는 수색 |
| in search | of A | A를 찾아서 |

▷ We still haven't had any success in the **search for** the missing files. 우리는 사라진 파일들을 찾는 데 아직 아무런 성과도 거두지 못했다.

search /sɜːrtʃ/ 동 찾다, 수색하다

search	desperately	필사적으로 찾다
search	in vain	수색에 성과가 없다
search	thoroughly	철저히 수색하다

▷ He **searched desperately** for his wallet but couldn't find it anywhere. 그는 지갑을 필사적으로 찾았지만 아무데서도 찾지 못했다.

| search | for A | A를 찾으려 하다 |
| search | through A | A(장소)를 뒤지다 |

▷ The rescuers **searched for** bodies, but couldn't find any. 구조대원들은 시신을 찾으려 했지만 한 구도 발견하지 못했다.
▷ He **searched through** his pockets, but he couldn't find his keys. 그는 주머니를 샅샅이 뒤졌지만, 열쇠를 찾지 못했다.

PHRASES
Search me! ☺ (질문에 대해) 난 몰라.

season /síːzən/ 명 계절, 시기, 시즌

a dry	season	건기
a rainy	season	우기
the four	seasons	사계
peak	season	성수기
high	season	
low	season	비수기
off	season	
breeding	season	번식기

mating	season	
the harvest	season	수확기
the hunting	season	수렵기
closed	season	금어기, 금렵기
《영》 close	season	

▷ I hate the **rainy season**. It's so humid! 나는 우기가 싫어. 너무 습해!

▷ It's **high season** and all the hotels are fully booked. 성수기라서 호텔들이 전부 예약이 꽉 차 있다.

in	season	제철인
out of	season	제철이 아닌; 금렵기인

▷ You can't get fresh blueberries any more. They're **out of season**. 지금은 신선한 블루베리를 구할 수 없습니다. 철이 지났어요.

seat /siːt/ 몡 좌석, 자리; 의석

take	a seat	자리에 앉다
get	a seat	
have	a seat	
sit on	a seat	
sit in	a seat	
give up	one's seat	자리를 양보하다
leave	one's seat	자리를 뜨다
reserve	a seat	좌석을 예약하다
《영》 book	a seat	
win	a seat	의석을 차지하다
gain	a seat	
hold	a seat	의석을 확보하다
retain	one's seat	의석을 유지하다
lose	one's seat	의석을 잃다

▷ Please **take a seat**. 자리에 앉아주십시오.

▷ Do you know that man **sitting on the seat** over there? 저기 자리에 앉아 있는 남자 알아요?

▷ I usually **give up** my **seat** if I see an old person standing. 나는 서 있는 노인을 보면 대개 자리를 양보한다.

▷ She **left** her **seat** before the performance ended. 그녀는 공연이 끝나기 전에 자리를 떴다.

▷ I think our candidate will **win** a **seat** at the next election. 나는 우리 후보가 다음 선거에서 의석을 차지할 거라고 생각한다.

a front	seat	앞좌석
a back	seat	뒷좌석
a rear	seat	
a driver's	seat	운전석
《영》 a driving	seat	
a passenger	seat	조수석
a window	seat	창가 쪽 좌석
an aisle	seat	통로 쪽 좌석
an empty	seat	공석, 빈 자리
a vacant	seat	
an extra	seat	보조석
a non-reserved	seat	자유석
a reserved	seat	지정석; 예약석

▷ I think there's an **empty seat** over there. 저쪽에 빈 자리가 있는 것 같다.

▷ That's a **reserved seat**. 그것은 예약석입니다.

seat belt /síːt bèlt/ 몡 안전 벨트

wear	a seat belt	안전 벨트를 매고 있다
fasten	a seat belt	안전 벨트를 매다
unfasten	a seat belt	안전 벨트를 풀다

▷ You should always **wear** a **seat belt**. 항상 안전 벨트를 매고 있어야 한다.

▷ Please **fasten** your **seat belts**. 안전 벨트를 매주십시오.

secret /síːkrit/ 몡 비밀, 기밀; 비결

have	a secret	비밀이 있다
keep	a secret	비밀을 지키다
keep A	a secret	A를 비밀로 하다
reveal	a secret	비밀을 누설하다
share	a secret	
let A in on	a secret	A(사람)에게 비밀을 털어놓다
discover	a secret	비밀을 알게 되다
learn	a secret	
know	a secret	비밀을 알고 있다
remain	a secret	비밀로 남아 있다

▷ Can you **keep** a **secret**? 비밀을 지켜줄래?

▷ "Don't tell anyone!" "We have to **keep** this a **secret**!" "아무한테도 말하지 마!" "이건 비밀로 지켜야 해!"

▷ Ellie had a little too much to drink last night and **revealed** some interesting **secrets**! 엘리는 어젯밤에 술을 약간 과음하더니 재미있는 비밀을 몇 가지 털어놓았다!

▷ I just **learned** a **secret** about how Bob got the manager's job! 밥이 어떻게 매니저 자리에 올랐는지 방금 그 비밀을 알았어!

a big	secret	큰 비밀

| security |

a great	secret	중대한 비밀
a little	secret	작은 비밀
a well-kept	secret	엄수된 비밀
a closely-guarded	secret	
an open	secret	공공연한 비밀
a dark	secret	어두운 비밀
a guilty	secret	죄책감이 드는 비밀
top	secret	일급 기밀
a trade	secret	기업 비밀
a state	secret	국가 기밀

▷ I'm not surprised nobody knew about their engagement. It was a **closely-guarded secret**. 아무도 그들의 약혼에 대해서 몰랐다는 것이 별로 놀랍지 않다. 그들이 비밀을 엄수했기 때문이다.

▷ The fact that she's going to leave her job is an **open secret**. 그녀가 일을 그만둘 거라는 사실은 공공연한 비밀이다.

in	secret	비밀리에

▷ Apparently they had a meeting **in secret**. 그들은 비밀리에 회의를 한 것 같다.

security /sikjúərəti/

명 안심; 안전, 경비; 보장

provide	security	안심시키다; 안전을 제공하다
ensure	security	안전을 지키다
guarantee	security	안전을 보장하다
improve	security	안전성을 높이다
threaten	security	안전을 위협하다

▷ They managed to save a lot of money to **provide security** for their old age. 그들은 노년의 안전을 도모해줄 많은 돈을 저축하는 데 성공했다.

▷ We need to **improve security** in this office. 우리는 이 사무실의 보안을 높여야 한다.

▷ If the newspapers print this story, it will **threaten the security** of our country. 신문에 이 기사를 실으면, 우리 나라의 안보에 위협이 될 것이다.

tight	security	견고한 경비
lax	security	느슨한 경비
collective	security	집단 안보
social	security	사회 보장
internal	security	국내 치안
national	security	국가 보안
personal	security	개인의 안전

▷ There was **tight security** during the Queen's visit. 여왕의 방문 기간에는 경비가 엄중했다.

▷ We should all take measures to ensure our **collective security**. 우리는 집단 안보를 지키기 위해 모든 수단을 강구해야 한다.

▷ What's your **social security** number? 당신의 사회 보장 번호가 어떻게 됩니까?

▷ Terrorists are threatening our **national security**. 테러리스트들은 우리의 국가 안보를 위협하고 있다.

a sense of	security	안심, 안도감
a feeling of	security	

▷ Wearing a seat belt gives me a **sense of security**. 안전 벨트를 매면 안심이 된다.

▷ We don't want to give people a false **sense of security**. 우리는 사람들에게 헛된 안도감을 주고 싶지 않다.

select /silékt/ 동 고르다, 선택하다

carefully	select	신중하게 고르다
specially	select	특별히 고르다
randomly	select	무작위로 고르다
automatically	select	자동적으로 고르다

▷ They **carefully selected** which guests they were going to invite. 그들은 어느 손님을 초대할지 신중하게 골랐다.

▷ The wine we're going to drink this evening has been **specially selected** by a wine expert. 오늘 저녁에 우리가 마실 와인은 와인 전문가가 특별히 고른 것이다.

▷ The lottery winners were **randomly selected** by computer. 복권 당첨자들은 컴퓨터로 무작위로 추첨되었다.

select	A to do	A를 선택해서 …시키다
select	A for B	B를 위해서 A를 선택하다

▷ Our company is going to **select** two more people **for** management training. 우리 회사는 관리직 교육을 위해 두 명을 더 뽑을 것이다.

selection /silékʃən/

명 선택, 선발; 뽑힌 물건, 뽑힌 사람

make	a selection	선택하다
have	a selection	구색을 갖추고 있다

▷ We need to **make a selection** from these three package tours. 우리는 이 세 가지 패키지 관광 중에서 하나를 골라야 한다.

▷ This store **has** a good **selection** of computers. 이 가게는 컴퓨터 구색을 잘 갖추고 있다.

a careful	selection	주의 깊은 선택

a random	selection	무작위 선택
the final	selection	최종 선택
natural	selection	자연 선택
a varied	selection	다양한 선택
a wide	selection	폭넓은 선택; 풍부한 구색
a large	selection	풍부한 구색
a good	selection	잘 갖춘 구색

▷ She made a **careful selection** of the best photos and put them in an album. 그녀는 가장 잘 나온 사진들을 신중하게 골라서 앨범에 넣었다.

▷ Your name was chosen by a **random selection** from a computer. 네 이름은 컴퓨터에서 무작위 선택으로 골랐다.

▷ This store has a **wide selection** of earrings and bracelets. 이 가게는 귀고리와 팔찌를 종류별로 다양하게 갖추고 있다.

a selection	for A	A를 위한 선택
a selection	from A	A로부터의 선택

▷ These wines are a special **selection for** our first class passengers. 이 와인들은 일등석 승객들을 위해 특별히 선택한 제품들입니다.

sell /sel/ 图 팔다, 판매하다; 팔리다

sell	well	잘 팔리다

▷ iPhones are beginning to **sell** really **well**. 아이폰은 아주 잘 팔리기 시작한다.

sell	A B	A(사람)에게 B(물건)을 팔다
sell	B to A	

▷ He **sold** his car really cheaply **to** his best friend. 그는 자신의 차를 가장 친한 친구에게 굉장히 싸게 팔았다.

sell	for A	A(금액)에 팔다
sell A	at B	
sell A	at a profit	A를 팔아 이득을 보다
sell A	at a loss	A를 팔아 손해를 보다

▷ These DVDs are **selling for** less than $1 each. 이 DVD들은 한 장당 1달러도 안 되는 가격에 팔리고 있다.

▷ They **sold** their house **at** a big **profit**. 그들은 막대한 이익을 남기고 집을 팔았다.

send /send/ 图 보내다

immediately	send	즉시 보내다
simply	send	그냥 보내다
recently	sent	최근에 보낸

▷ I phoned the office and they **immediately sent** me an application form. 내가 사무실에 전화하자, 그들은 즉시 내게 신청서를 보내주었다.

▷ If you don't have a credit card, you can **simply send** us a check. 신용 카드가 없다면 그냥 수표를 보내주시면 됩니다.

send	A B	A(사람)에게 B를 보내다
send	B to A	
send	A to B	A(사람)을 B(장소)에 보내다, 파견하다
send	A to do	A(사람)을 보내 …하게 하다
send	A doing	A를 …시키다

▷ We **sent** the parcel **to** you last Thursday. 저희가 지난주 목요일에 당신에게 소포를 보냈습니다.

▷ Can you **send** someone **to** repair the roof? 지붕 수리할 사람을 보내 주시겠습니까?

▷ He pushed me and **sent** me fly**ing** down the steps. 그는 나를 밀어서 계단 아래로 떨어지게 했다.

sense /sens/

图 감각, 느낌; 상식; 제정신; 의미

have	a sense	감각이 있다; 느낌이 있다; 의미가 있다
lose	a sense	감각을 잃다
get	a sense	느낌이 들다
convey	a sense	느낌을 전하다
give	a sense	느낌을 주다
develop	a sense	감각을 익히다
lack	a sense	감각이 없다; 상식이 부족하다
make	sense	의미가 통하다
see	sense	이해가 되다
come to	one's senses	정신을 차리다
bring A to	one's senses	A(사람)를 정신차리게 하다

▷ Sorry. I've no idea where to go. I've no **sense** of direction. 미안. 어디로 가야 하는지 모르겠어. 내가 방향 감각이 없어.

▷ This poem **conveys** a **sense** of hope for the future. 이 시는 미래에 대한 희망의 느낌을 준다

▷ The signpost points this way, but the map says that way. It doesn't **make sense**! 이정표는 이쪽을 가리키는데, 지도에는 저쪽이라고 나와 있어. 이해가 안 돼!

▷ When he **came to** his **senses**, he realized he'd been knocked down by a car. 정신을 차렸을 때, 그는 자신이 차에 치였었다는 것을 깨달았다.

a deep	sense	깊은 감각
a strong	sense	강한 감각
common	sense	상식
good	sense	양식(良識), 분별
business	sense	경영 감각
fashion	sense	패션 감각
a wide	sense	넓은 의미
a broad	sense	
a narrow	sense	좁은 의미
a strict	sense	엄밀한 의미
a general	sense	일반적인 의미
the usual	sense	통상적인 의미
a literal	sense	문자 그대로의 의미

▷ Just think for a minute! Use your **common sense**! 잠깐만이라도 생각해봐! 상식적으로 생각해 보라고!

▷ In the **strict sense** of the word, 'twitter' is the noise that birds make when they sing — not an Internet comment! 엄밀한 의미로 '트위터'는 새들이 지저귈 때 나는 소리야—인터넷에 쓰는 코멘트가 아니라!

in	a sense	어떤 의미에서는
in	some senses	
in	no sense	결코 … 아닌

▷ I'm glad I found a new part-time job, but **in some senses** I miss the old one. 시간제 일자리를 새로 구해서 기쁘지만 어떤 의미에서는 옛날 일자리가 그리워.

▷ I'm sorry. What I said was **in no sense** meant to upset you. 미안해. 내가 한 말은 결코 너를 화나게 하려는 게 아니었어.

in every sense	of the word	어느 모로 보더라도

▷ He is, **in every sense of** the word, a gentleman. 그는 어느 모로 봐도 신사다.

sensible /sénsəbl/ 형 분별 있는, 현명한

eminently	sensible	아주 분별 있는
sensible	enough	충분히 분별 있는

▷ I think all his suggestions were **eminently sensible**. 나는 그가 제안한 것은 모두 아주 현명했다고 생각한다.

▷ Luckily I was **sensible enough** *to* bring an umbrella with me before I left the house. 다행히 나는 집을 나서기 전에 우산을 가지고 나올 만큼은 분별이 있었다.

be sensible	to do	…하는 것은 현명하다

▷ If you're going to pack, it would be **sensible to** do it now. 짐을 싸려면 지금 하는 것이 현명할 것이다.

sensitive /sénsətiv/ 형 민감한; 예민한

highly	sensitive	몹시 민감한; 아주 예민한
particularly	sensitive	특히 민감한
environmentally	sensitive	환경에 민감한
politically	sensitive	정치에 민감한

▷ A dog's sense of smell is **particularly sensitive** compared to a human's. 개의 후각은 인간에 비해 특히 민감하다.

▷ Building a power station here is an **environmentally sensitive** issue. 여기에 발전소를 건설하는 것은 환경적으로 민감한 문제다.

sensitive	to A	A에 예민한
sensitive	about A	A를 신경쓰는

▷ She wears sunglasses because her eyes are very **sensitive to** bright light. 그녀는 눈이 밝은 빛에 아주 예민해서 선글라스를 낀다.

▷ When you meet him, don't mention the scar on his face. He's very **sensitive about** it. 그를 만나면 얼굴의 흉터 이야기는 하지 마. 그것에 아주 신경을 쓰니까.

sentence /séntəns/ 명 판결; 문장

pass	sentence	판결을 내리다
pronounce	sentence	
receive	a sentence	판결을 받다
be given	a sentence	
serve	a sentence	형을 살다

▷ Everybody gasped as the judge **passed sentence**. 판사가 판결을 내렸을 때 모두가 놀랐다.

▷ He's **serving** a 3-year **sentence** for robbery. 그는 강도 죄로 3년 형을 살고 있다.

a heavy	sentence	중형
a severe	sentence	
a light	sentence	가벼운 형
a long	sentence	긴 형기
a short	sentence	짧은 형기
a suspended	sentence	집행 유예
a prison	sentence	실형 선고
a jail	sentence	
a life	sentence	종신형
a death	sentence	사형

an interrogative	sentence	의문문
a negative	sentence	부정문

▷ Considering what he did, he received a very **short sentence**. 그가 저지른 일을 생각하면 그는 너무 짧은 형을 받았다.

▷ The judge gave him a 6 month **suspended sentence**. 판사는 그에게 6개월의 집행 유예를 선고했다.

separate /sépərèit/ 동 분리하다; 헤어지다

completely	separated	완전히 분리된
entirely	separated	
totally	separated	
well	separated	잘 분리된
widely	separated	멀리 떨어진

▷ We got **completely separated** in the crowd. 우리는 군중 속에서 완전히 떨어지고 말았다.

▷ The white and yolk of the egg must be **well separated**. 달걀 흰자와 노른자를 잘 분리해야 한다.

▷ Most of villages in these mountains are remote and **widely separated**. 이 산악 지대의 마을들은 대부분 서로 멀리 뚝뚝 떨어져 있다.

separate	A from B	A와 B를 구별하다
separate	A into B	A를 B로 나누다

▷ The twins are identical. I can't **separate** one **from** the other. 그 쌍둥이는 일란성이다. 나는 누가 누군지 구별하지 못한다.

series /síəriːz/ 명 연속; 연속물, 시리즈

a continuous	series	계속되는 시리즈
a new	series	새로운 시리즈
a drama	series	연속극
a comedy	series	코미디 시리즈

▷ These stories were published as a **continuous series** in a monthly magazine. 이 소설들은 월간지에 연재되었다.

▷ A **new series** of TV dramas starts next week. 새로운 TV 드라마 시리즈가 다음주에 시작한다.

a series	of A	연속적인 A

★A는 articles, events, meetings, experiments, attacks, questions 등

▷ A **series of meetings** about the crisis will take place in the coming weeks. 위기에 대한 회의들이 앞으로 몇 주 안에 연속적으로 열릴 것이다.

serious /síəriəs/

형 심각한, 중대한; 진지한, 진심인

extremely	serious	아주 심각한
particularly	serious	특히 심각한
potentially	serious	잠재적으로 심각한

▷ Luckily her injuries were not **particularly serious**. 다행히 그녀의 부상은 특히 심각하지는 않았다.

▷ This is definitely a **potentially serious** situation. 이것은 분명히 앞으로 심각해질 수 있는 상황이다.

serious	about A	A에 대해 진지한

▷ Are you **serious about** starting your own rock band? 너 정말로 독자적인 록밴드를 시작하려는 거야?

PHRASES

Are you serious? ☺ 진심이야? ▷ "I'm thinking of quitting my job and going on a trip around the world." "Are you serious?" "회사를 그만두고 세계 일주를 할까 생각 중이야." "진심이야?"

It's not serious. ☺ 심하지 않아. ▷ I sprained my ankle, but it's not serious. 발목을 삐었는데 심하지는 않아.

serve /səːrv/

동 (음식물을) 내다; 봉사하다; 쓸모가 있다

serve	immediately	(요리를) 즉시 내다
serve	well	유용하게 사용되다

▷ When the dish is completed, we should **serve immediately**. 요리가 다 되면 우리는 즉시 내야 한다.

▷ I've had this bicycle for over 10 years! It's **served** me really **well**. 나는 이 자전거를 10년도 넘게 탔어! 정말 잘 썼지.

serve	A B	A(사람)에게 B(음식물)을 내다
serve	B to A	
serve	A with B	

▷ She **served** him bacon and eggs for breakfast. 그녀는 그에게 아침 식사로 베이컨과 계란을 해줬다.

▷ During 'happy hour' they **serve** drinks **to** their customers at half-price. '해피 아워'에 그들은 손님들에게 음료수를 반값에 제공한다.

▷ To begin with they **served** us **with** delicious smoked salmon. 먼저 그들은 맛있는 훈제 연어를 내왔다.

serve	as A	A로서 일하다; A로서 쓰이다

▷ He **served as** Mayor of New York for many years. 그는 여러 해 동안 뉴욕 시장으로 재직했다.

▷ This room **serves as** both a study and a spare room for guests. 이 방은 서재 겸 손님방으로 사용된다.

service /sə́ːrvis/

명 서비스, 봉사; 공공 사업; 업무

do A	a service	A를 위해 봉사하다
provide	service	서비스를 제공하다
offer	service	
give	service	서비스를 하다
improve	service	서비스를 개선하다

▷ The bus is late again. I wish the company would **provide** a better **service**. 버스가 또 늦네. 버스회사가 더 좋은 서비스를 제공했으면 좋겠어.

▷ I think we should come to this hotel again. They **give** really good **service**. 우리 이 호텔에 다시 와야 될 것 같아. 서비스가 정말로 좋아.

▷ We have to **improve service** to our customers. 우리는 고객 서비스를 개선해야 한다.

public	service	공공 서비스
medical	service	의료 서비스
postal	service	우편 사업
social	services	사회 복지 사업
financial	services	금융 서비스
military	service	병역
voluntary	service	자원봉사 활동
customer	service	고객 서비스
good	service	좋은 서비스
poor	service	형편없는 서비스

▷ The **medical service** here is excellent. 이곳의 의료 서비스는 훌륭하다.

▷ She works overseas for a **voluntary service** organization. 그녀는 해외 자원 봉사 단체에서 일한다.

set /set/ 명 세트; 한 벌, 한 조

a set	of A	A 한 세트

★A에는 circumstances, conditions, criteria, data, principles, problems, questions, rules, values 등

▷ They gave us a **set of** silver knives and forks as a wedding present. 그들은 우리에게 결혼 선물로 은제 나이프와 포크 세트를 줬다.

settle /sétl/

통 해결하다, 결정하다; 정착하다

finally	settle	마침내 해결하다
eventually	settle	

▷ We've **finally settled** how many people we're going to invite to the wedding. 우리는 마침내 결혼식에 몇 명이나 초대할 것인지를 결정했다.

(PHRASES)

That's settled (then). ☺ (그러면) 그걸로 결정됐다.
▷ "I want to go to Hawaii for our honeymoon!" "Hawaii? OK! Me, too." "That's settled, then!"
"나는 신혼 여행으로 하와이에 가고 싶어!" "하와이? 나도 좋아." "그러면 그걸로 결정됐네."

settlement /sétlmənt/

명 해결, 합의; 결제; 식민지

negotiate	a settlement	합의를 위해 교섭하다
reach	a settlement	합의에 이르다
accept	a settlement	합의를 받아들이다
pay	a settlement	합의금을 지불하다

▷ We're still trying to **negotiate** a **settlement** *with* the people who are suing us. 우리는 아직도 우리를 고소한 사람들과 합의하려고 협상하고 있다.

▷ She's finally **reached** a **settlement** *with* her husband's lawyers. 그녀는 마침내 남편의 변호사들과 합의했다.

a final	settlement	최종 합의
a peaceful	settlement	평화적 합의
a negotiated	settlement	협상에 의한 합의
a political	settlement	정치적 합의
a divorce	settlement	이혼 조정
an out-of-court	settlement	법정 밖에서의 해결
a peace	settlement	평화 협정

▷ We should do our best to negotiate a **peaceful settlement** over the disputed islands. 우리는 분쟁 중인 섬들과 관련해서 협상을 통해 평화적 합의에 이르기 위해 최선을 다해야 한다.

▷ It took many years for the two countries to reach a **political settlement**. 두 나라가 정치적 합의에 이르는 데는 여러 해가 걸렸다.

severe /səvíər/ 형 엄한, 가혹한; 격심한

exceptionally	severe	유난히 가혹한
increasingly	severe	점점 더 가혹해지는
particularly	severe	특히 가혹한

▷ This year's winter was **particularly severe**. 올 겨울은 특히 혹한이었다.

sex /seks/ 명 성, 성별; 성교, 섹스

have	sex	섹스하다

▷ He didn't want to **have sex** *with* me. 그는 나와의 섹스를 원하지 않았다.

the opposite	sex	이성
the same	sex	동성
both	sexes	남녀, 양성

▷ He's still too young to be interested in the **opposite sex**. 그 아이는 아직 이성에 관심을 갖기에는 너무 어리다.
▷ A "coeducational" school is a school where **both sexes** attend. '남녀 공학'이란 남녀가 모두 다니는 학교를 말한다.

shade /ʃeid/ 명 그늘; 색조

a dark	shade	진한 색조
a deep	shade	
a light	shade	연한 색조
pastel	shades	파스텔 색조
various	shades	다양한 색조

▷ The dress she was wearing was a **dark shade** of blue. 그녀가 입고 있던 옷은 진한 파란색이었다.
▷ I think **pastel shades** suit you best. 너한테는 파스텔 색조가 가장 잘 어울리는 것 같아.
▷ There were **various shades** *of* blue to choose from. In the end we chose a very dark blue. 선택 가능한 다양한 청색 색조가 있었다. 우리는 결국 아주 진한 청색을 골랐다.

in	the shade	그늘에서

▷ They were having their picnic **in the shade** *of* a tree. 그들은 나무 그늘에서 소풍을 즐기고 있었다.

PHRASES
Shades of A! ☺ A가 생각나는군.(★죽은 사람이 생각날 때 쓰는 경우가 많다.) ▷ "Kate Middleton looked beautiful in her wedding dress!" "Yes. **Shades of** Lady Diana!" "웨딩 드레스를 입은 케이트 미들턴은 아름다웠어!" "그래, 다이애나 비가 생각나더라!"

shadow /ʃǽdou/ 명 그늘, 그림자

cast	a shadow	그림자를 드리우다
throw	shadows	
emerge from	the shadows	그늘에서 나오다
see	a shadow	그림자가 보이다

▷ The death of her father **cast a shadow** *over* the wedding celebrations. 그녀 아버지의 죽음은 그녀의 결혼 피로연에 그림자를 드리웠다.
▷ A dark figure **emerged from the shadows** and came toward her. 그늘에서 어두운 형체가 나오더니 그녀에게 다가왔다.

a dark	shadow	어두운 그림자
(a) deep	shadow	
a black	shadow	검은 그림자
a long	shadow	긴 그림자
a pale	shadow	희미한 그림자

▷ As the sun set, it cast a **long shadow** of the lighthouse across the beach. 해가 질 때, 등대의 긴 그림자가 해변에 떨어졌다.
▷ After his wife's death he was a **pale shadow** of what he used to be. 아내가 죽은 뒤 그는 예전 자신의 희미한 그림자가 되어 버렸다.

in	the shadows	그늘에서
in	shadow	그늘이 져서

▷ He could just make out the figure of a tall man standing **in the shadows**. 그는 그늘에 서 있는 키 큰 남자의 형체만 알아볼 수 있었다.

shake /ʃeik/ 동 흔들다; 흔들리다; 떨리다

shake	slightly	가볍게 떨리다

▷ It was Helen's first presentation. She was a little nervous and her voice **shook slightly**. 헬렌의 첫 발표였다. 그녀는 약간 긴장을 했고, 목소리가 살짝 떨렸다.

shake	with A	A(감정)에 떨리다

★A는 emotion, fear, frustration 등
▷ Her whole body was **shaking with** fear. 그녀의 온몸이 공포로 떨리고 있었다.

shaken /ʃéikən/ 형 흔들린, 동요한

badly	shaken	심하게 동요한
severely	shaken	
visibly	shaken	눈에 띄게 동요한

▷ When her lawyer told her she might go to prison for 10 years, she was **visibly shaken**. 변호사가 그녀에게 10년 형을 살지도 모른다고 말하자 그녀는 눈에 띄게 동요했다.

shallow /ʃǽlou/ 형 얕은

relatively	shallow	비교적 얕은
comparatively	shallow	

▷ It's quite safe to swim here. The water's **relatively shallow**. 여기서 수영하는 것은 무척 안전해. 물이 비교적 얕거든.

shame /ʃeim/

명 부끄러움, 수치; 안타까운 것

feel	shame	부끄럽게 여기다
bring	shame	수치를 가져오다
die of	shame	죽도록 창피하다

▷ He didn't seem to **feel** any **shame** at what he had done. 그는 자신이 저지른 짓에 아무런 부끄럼을 느끼지 않는 것 같다.
▷ You've **brought shame** on the whole family. 너는 온 가족을 부끄럽게 만들었어.
▷ If that happened to me, I would **die of shame**. 그런 일이 나에게 일어난다면, 나는 창피해 죽을 것이다.

a great	shame	아주 안타까운 것
a terrible	shame	
a real	shame	
a crying	shame	

▷ It's a **great shame**. My grandparents lost all their money in the financial crisis. 너무 안타까운 일이지. 우리 조부모님은 금융 위기 때 재산을 모두 잃으셨어.

| a sense of | shame | 수치심 |
| a feeling of | shame | |

▷ Emma seems to have no **sense of shame**. 에마는 수치심이 없는 것 같아.

| to | A's shame | (A의 처지에서) 부끄럽게도 |

▷ **To** my **shame** I completely forgot her name. 부끄럽게도 나는 그녀의 이름을 까맣게 잊었다.

| it is a shame | (that)... | …한 것은 안타깝다 |

▷ **It's a shame** you can't come to my birthday party. 네가 내 생일 파티에 못 온다니 안타깝다.

with	shame	수치심에
in	shame	
without	shame	수치심 없이

▷ He admitted he'd taken the money and hung his head **in shame**. 그는 자신이 돈을 가져갔음을 인정하고 수치심에 고개를 떨구었다.
▷ You did your best, so you can hold your head up **without shame**. 너는 최선을 다했어. 그러니 부끄러워하지 말고 고개를 들어.

PHRASES

(It's a) shame really! ☺ 정말 안타까운 일이야!
Shame on you! ☺ 부끄러운 줄 알아라! ▷ How could you do such a terrible thing? Shame on you! 어떻게 그런 지독한 일을 할 수가 있니? 부끄러운 줄 알아!
What a shame! ☺ 어떻게 이런 일이!; 안타까운 일이다! / **That's a shame.** ☺ 안타까운 일이다. ▷ "All the tickets were sold out." "Oh, no. That's a shame." "표는 매진되었습니다." "아, 이런, 안타깝네요."

shape /ʃeip/ 명 모양, 형태; 상태

| take | shape | 형태를 갖추다 |

▷ Finally the plans for starting our own company are beginning to **take shape**. 마침내 우리 회사를 시작한다는 계획이 형태를 갖추고 있다.

complex	shape	복잡한 모양
geometric	shape	기하학적 형태
overall	shape	전체 모양
physical	shape	몸매
good	shape	좋은 상태
bad	shape	나쁜 상태

▷ Ben's in very good **physical shape**. 벤은 몸매가 아주 좋다.
▷ "How's Pam after the accident?" "Well, she's in pretty **bad shape**." "그 사고 후에 팸은 어때?" "아주 안 좋은 상태야."

| all shapes and sizes | | 온갖 형태와 크기 |

▷ Dogs come in **all shapes and sizes**. 개들은 모양과 크기가 제각각이다.

in	the shape of A	A의 모양을 한
in	shape	몸 상태가 좋은
out of	shape	몸 상태가 나쁜

▷ Human DNA is **in the shape of** a double helix. 인간 DNA는 이중 나선 모양을 하고 있다.
▷ I don't think I'm **in shape** to run a marathon! 내 몸은 마라톤을 뛸 상태는 아닌 것 같다.
◆ **get in shape** 몸 상태를 가꾸다
▷ I'm getting really fat! I need to **get in shape**! 나는 살이 엄청 찌고 있어! 몸을 좀 만들어야 해!
◆ **keep in shape** 건강을 유지하다
▷ She goes to the gym three times a week to **keep in shape**. 그녀는 건강을 유지하기 위해 일주일에 세 번 헬스장에 간다.

share /ʃeər/ 명 주식; 몫; 점유율, 지분

acquire	shares	주식을 취득하다
buy	shares	주식을 사다
sell	shares	주식을 팔다
have	shares	주식을 갖고 있다

own	shares	주식을 소유하다
hold	shares	주식을 보유하다
receive	a share	몫을 받다
have	a share	
take	a share	

▷ I think we should **buy shares** in that company. 우리가 그 회사의 주식을 사야 할 것 같다.

▷ We **have shares** *in* an oil company. 우리는 석유 회사의 주식을 갖고 있다.

▷ We're business partners so we each **take** a 50% **share** of the profit. 우리는 동업자이기 때문에 각자 수익의 50% 몫을 받는다.

shares	rise	주가가 오르다
shares	jump	주가가 급등하다
shares	fall	주가가 내려가다

▷ The **shares jumped** $21 to $330. 주가가 21달러 올라 330달러로 급등했다.

▷ The **shares fell** $7 to $250 yesterday. 어제 주가가 7달러 떨어져서 250달러가 되었다.

a share	in A	A에서의 몫

▷ You are entitled to receive a **share** *in* the profits. 너는 수익에서 몫을 받을 자격이 있다.

preferred	share	우선주
《영》 preference	share	
outstanding	share	사외주
market	share	시장 점유율

share /ʃɛər/ 동 나누다, 공유하다

widely	shared	폭넓게 공유된

▷ You're probably right. That's a view that's **widely shared**. 아마 네 말이 맞을 것이다. 그것이 널리 퍼진 견해다.

share	equally	균등하게 나누다

▷ We both own the company and **share equally** in the profits. 회사를 우리 둘이 소유하므로 우리는 수익을 균등하게 나눈다.

share A	between B	A를 B끼리 나누다
share A	among B	
share (A)	with B	(A를) B(사람)와 나누다
share	in A	A를 공유하다

▷ Can you **share** this cake *between* you? 이 케이크를 너희끼리 나눠 먹겠니?

▷ Do you mind if I **share** a room *with* you? 너하고 한 방을 써도 괜찮을까?

▷ After she won the lottery, she wanted everybody to **share in** her good fortune. 복권에 당첨된 뒤 그녀는 자신의 행운을 모두가 나눠 갖기를 바랐다.

sharp /ʃɑːrp/

형 날카로운, 예리한; 머리가 좋은

sharp and clear		차갑고 깨끗한

▷ It was very cold, the night air was **sharp and clear**. 아주 추웠다. 밤 공기는 차갑고 깨끗했다.

as sharp as	a razor	면도날처럼 예리한; 예리하기 짝이 없는
as sharp as	a tack	머리가 좋은
as sharp as	a needle	

▷ He may be 90 years old, but his mind is still **as sharp as a razor**! 그는 아흔 살이지만 그의 정신은 아직도 예리하기 그지없다.

sheep /ʃiːp/ 명 양

a flock of	sheep	양떼

★ '소, 사슴, 코끼리 떼'에는 **herd**를 쓴다.

▷ There's a **flock of sheep** crossing the road. 양떼가 길을 건너고 있다.

shine /ʃain/ 통 빛나다; 비추다

shine	brightly	밝게 빛나다
shine	brilliantly	눈부시게 빛나다

▷ The moon **shone brightly** in the cloudless sky. 달이 구름 없는 하늘에서 밝게 빛났다.

shine	on A	(빛이) A를 비추다
shine A	on B	A(빛 등)를 B에 비추다
shine A	at B	
shine	in A	A(빛)가 비쳐서 빛나다

▷ The sea's really warm. The sun's been **shining** *on* it all day. 바다가 아주 따뜻해. 태양이 하루 종일 비춰줬거든.

▷ It's too dark to read this road sign. Can you **shine** a light *on* it? 너무 어두워서 이 도로 표지판을 볼 수가 없어. 거기 빛 좀 비춰 줄래?

ship /ʃip/ 명 배

board	a ship	배에 타다
get on	a ship	
get off	a ship	배에서 내리다

build	a ship	배를 건조하다
abandon	ship	배를 버리다
jump	ship	

▷ My uncle left school at 14 and **boarded** a **ship** *for* Australia. 우리 삼촌은 14살에 학교를 그만두고 오스트레일리아행 배에 탔다.

▷ I don't trust Dobson. He'll be the first person to **jump ship** if our company runs into difficulties. 나는 돕슨을 믿지 않아. 그는 우리 회사가 어려워지면 가장 먼저 배에서 뛰어내릴 사람이야.

by	ship	배편으로
on	a ship	배 위에서
on board	(a) ship	

▷ Do you think we should go **by ship** or by plane? 우리가 배로 가야 할까, 아니면 비행기로 가야 할까?

▷ If you go on a world cruise, there are lots of things that you can do **on board ship**. 세계 일주 크루즈를 타면 배 위에서 할 수 있는 일이 아주 많다.

| the captain of | a ship | 선장 |

▷ He's the **captain of** a **ship** in the Royal Navy. 그는 영국 해군 선장이다.

a passenger	ship	여객선
a cruise	ship	크루즈 선
a cargo	ship	화물선
a merchant	ship	상선
a whaling	ship	포경선

shirt /ʃɜːrt/ 명 셔츠

a clean	shirt	새로 세탁한 셔츠
an open-necked	shirt	옷깃을 연 셔츠
a short-sleeved	shirt	반팔 셔츠
a long-sleeved	shirt	긴팔 셔츠
a polo	shirt	폴로 셔츠
a silk	shirt	실크 셔츠
a cotton	shirt	면 셔츠
a denim	shirt	데님 셔츠
a striped	shirt	줄무늬 셔츠

▷ You'd better put on a **clean shirt** for this evening. 오늘 저녁에는 새로 세탁한 셔츠를 입으세요.

a shirt and jeans	셔츠와 청바지
a shirt and trousers	셔츠와 바지
a shirt and tie	셔츠와 넥타이

▷ He was wearing a **shirt and jeans**. 그는 셔츠와 청바지를 입고 있었다.

▷ I'll put on a **shirt and tie**. 나는 셔츠를 입고 넥타이를 매겠다.

shock /ʃɑk/ 명 충격, 쇼크

get	a shock	충격을 받다
receive	a shock	
suffer (from)	a shock	
come as	a shock	충격이 되다
give A	a shock	A에게 충격을 주다
die of	shock	쇼크사하다
recover from	the shock	충격에서 회복하다

▷ She **got** a **shock** when she found she'd failed her exams. 그녀는 시험에 떨어졌다는 것을 알았을 때 충격을 받았다.

▷ The news **came as** quite a **shock**. 그 소식은 상당한 충격이 되었다.

▷ I couldn't see you there! You **gave** me a **shock**! 네가 거기 있는 거 못 봤어! 너 때문에 놀랐잖아!

▷ When I heard the news, I nearly **died of shock**! 그 소식을 듣고 나는 놀라서 죽을 뻔했어!

a great	shock	큰 충격
a big	shock	
a severe	shock	
a terrible	shock	
a sudden	shock	갑작스런 충격
an electric	shock	전기 쇼크, 감전

▷ It was a **great shock** when he heard he'd lost his job. 자신이 실직했다는 소식은 그에게 엄청난 충격이었다.

▷ "Ow!" "What happened?" "I got an **electric shock**!" "악!" "왜 그래?" "감전됐어!"

| in | shock | 충격에 빠져 있는 |

▷ That car nearly ran me over! I'm still **in** a state of **shock**. 그 차가 나를 칠 뻔했어! 아직도 충격이 안 가셔.

shock /ʃɑk/ 동 충격을 주다

really	shock	큰 충격을 주다
deeply	shock	
slightly	shock	가벼운 충격을 주다

▷ When she heard her husband had been in prison, it **deeply shocked** her. 남편이 감옥에 있다는 소식은 그녀에게 큰 충격을 주었다.

shock A	by doing	···해서 A에게 충격을 주다

▷ He **shocked** everybody **by failing** all his exams. 그는 모든 시험에 다 떨어져서 모두에게 충격을 주었다.

shocked /ʃɑkt/ ⓐ 충격을 받은

deeply	shocked	강한 충격을 받은
genuinely	shocked	진심으로 충격을 받은
visibly	shocked	눈에 띄게 충격을 받은

▷ When she heard that she had failed to get a place at university, she was **visibly shocked**. 대학에 떨어졌다는 소식을 들었을 때 그녀는 눈에 띄게 충격을 받았다.

shocked	at A	A에 충격받은
shocked	to do	···해서 충격받은

★ do는 see, hear, learn 등

▷ We were **shocked at** the news of his death. 우리는 그가 죽었다는 소식에 깜짝 놀랐다.

shoe /ʃuː/

ⓝ (대개 -s) 구두, 신발

put on	one's shoes	신발을 신다
wear	shoes	구두를 신고 있다
take off	one's shoes	신발을 벗다
remove	one's shoes	
clean	A's shoes	구두를 닦다
polish	A's shoes	구두에 윤을 내다
shine	A's shoes	

▷ Wait a minute. I need to **put on** my **shoes**. 잠깐, 나 신발 신어야 돼.

▷ Would you like me to **polish** your **shoes**? 내가 네 구두에 윤을 내줄까?

high-heeled	shoes	하이힐 구두
low-heeled	shoes	단화
leather	shoes	가죽 구두
training	shoes	운동화
walking	shoes	워킹화
tennis	shoes	테니스화

▷ She was wearing **high-heeled shoes**. 그녀는 하이힐 구두를 신고 있었다.

a pair of	shoes	신발 한 켤레

▷ I need to buy a new **pair of shoes**. 나는 새 신발을 한 켤레 사야 돼.(★'신발 두 켤레'는 two pairs of shoes라고 한다.)

shoot /ʃuːt/ ⓥ 쏘다

shoot	back	반격하다
shoot	down	쏘아 쓰러뜨리다; 격추하다

▷ According to the news, the terrorists **shot down** a helicopter this morning. 뉴스에 따르면, 테러리스트들은 오늘 아침에 헬리콥터를 격추했다.

shoot	at A	A를 (겨냥해서) 쏘다
shoot A	in the B	A(사람)의 B(신체 부위)를 쏘다

★ B는 head, leg, stomach 등

▷ It's boring watching movies where people are **shooting at** each other all the time. 사람들이 쉬지 않고 서로 총을 쏴대는 영화는 재미없다.

▷ When he saw the police were coming, he **shot** himself **in** the head. 경찰이 오는 것을 보자 그는 자신의 머리에 총을 쏘았다.

shoot A	dead	A(사람)를 사살하다
shot and killed		사살된

▷ The terrorists were **shot dead** by the police. 테러리스트들은 경찰에 의해 사살되었다.

▷ Her brother was **shot and killed** while fighting in Afghanistan. 그의 형은 아프가니스탄 전쟁에서 총에 맞아 죽었다.

shop /ʃɑp/ ⓝ 가게, 소매점

run	a shop	가게를 운영하다
set up	shop	가게 문을 열다; 가게를 시작하다
close up	shop	가게 문을 닫다; 가게를 접다
shut up	shop	

▷ We don't get enough customers here. I think we should **set up shop** nearer the center of town. 여기는 손님이 충분하지 않아. 도심에 더 가까운 곳에서 가게를 시작해야 할 것 같아.

▷ We **shut up shop** at 6:00 p.m. 우리 가게는 오후 6시에 문을 닫는다.

a coffee	shop	커피숍
a gift	shop	선물 용품 가게
a pet	shop	애완동물 용품점

shopping /ʃɑpiŋ/ ⓝ 장보기, 쇼핑

go	shopping	장보러 가다
do	the shopping	장을 보다

▷ We need to **go shopping** this afternoon. 우리는 오늘 오후에 장보러 가야 한다.

short /ʃɔːrt/ 📖 짧은; 부족한

relatively	short	비교적 짧은
comparatively	short	
desperately	short	몹시 부족한
far	short	훨씬 부족한

▷ We've managed to do a lot in a **relatively short** period of time. 우리는 비교적 짧은 시간에 많은 것을 해냈다.

▷ She was **desperately short** of cash. 그녀는 현금이 몹시 부족했다.

▷ The amount of money we've got is **far short** of what we need. 우리가 가진 돈의 액수는 필요한 액수보다 훨씬 부족하다.

short	for A	A를 줄인 형태인
short	of A	A(사물)이 부족해서
short	on A	A(능력 등)이 부족해서

▷ "Blog" is **short for** weblog. '블로그(blog)'는 웹로그(weblog)를 줄인 말이다.

▷ I'm a bit **short of** time. 나는 시간이 약간 부족하다.

▷ I like Tracy, but she's a bit **short on** common sense. 나는 트레이시를 좋아하지만, 그녀는 상식이 약간 부족하다.

be $30	short	30달러가 부족하다

▷ I couldn't buy the dress. I was **$30 short** and had forgotten my credit card. 나는 그 드레스를 사지 못했다. 30달러가 부족했는데, 신용카드도 깜빡 잊고 가져가지 않았던 것이다.

short and sweet	간결하고 명쾌한

▷ Ken's reply was **short and sweet**. 켄의 대답은 간결하고 명쾌했다.

shortage /ʃɔːrtɪdʒ/ 📖 부족

cause	a shortage	부족을 초래하다
create	a shortage	
face	a shortage	부족에 직면하다

▷ The lack of rain this summer has **caused** a **shortage** of rice. 올 여름은 강수량이 적어서 쌀이 부족하게 되었다.

an acute	shortage	심각한 부족
a severe	shortage	
a desperate	shortage	
a chronic	shortage	만성적 부족
a general	shortage	전반적 부족
a labor	shortage	노동력 부족
a staff	shortage	인원 부족
a food	shortage	식량 부족
a water	shortage	물 부족
a housing	shortage	주택 부족

▷ After the earthquake there was an **acute shortage** of food, water and medical supplies. 지진 이후 식량, 물, 의약품이 크게 부족했다.

shot /ʃɑt/

📖 발포; 발사; 샷; 사진, 촬영; 시도; 주사

fire	a shot	발포하다
take	a shot	겨누어 쏘다
hit	a shot	(골프 등) 샷을 날리다
play	a shot	
take	a shot	사진을 찍다
have	a shot	시도해 보다
get	a shot	
take	a shot	
get	a shot	주사를 맞다
have	a shot	
give A	a shot	A(사람)에게 주사하다

▷ Did you hear that? Somebody **fired** a **shot**. 들었어? 누가 총을 쐈어.

▷ He **took** a **shot** *at* the deer, but missed! 그는 사슴을 겨냥해 쏘았지만 빗나갔다!

▷ Tiger Woods **hit** a fantastic **shot**. 타이거 우즈는 멋진 샷을 날렸다.

▷ She **took** a **shot** of the President waving to the crowds. 그녀는 군중에게 손을 흔드는 대통령의 사진을 찍었다.

▷ I think this job would be perfect for you. Why don't you **take** a **shot** *at* it? 나는 이 일이 너한테 딱 맞을 거라고 생각해. 한 번 해보는 게 어때?

▷ There's a lot of flu about at the moment. I think you should **get** a **shot**. 지금 독감이 유행중이야. 네가 주사를 맞는 게 좋을 것 같다.

a good	shot	명사수; 멋진 샷, 나이스 샷
a bad	shot	사격 솜씨가 형편없는 사람
a close-up	shot	클로즈업 샷
a long	shot	롱 샷

▷ Dave's a **good shot**. He was in the army. 데이브는 명사수야. 군대에 있었거든.

▷ **Good shot**! Almost a hole in one! 잘 쳤어! 거의 홀인원이야!

a shot	in the arm	자극, 활력소
a shot	in the dark	어림짐작

▷ Winning that scholarship was a **shot in the arm** for her. 장학금을 받은 것은 그녀에게 자극이 되었다.

▷ It was just a lucky guess. A **shot in the dark**! 그냥 운이 좋아서 맞힌 거야. 어림짐작이었어!

like	a shot	곧, 즉시

▷ When I offered him $100 for his old computer, he agreed **like a shot**. 그의 낡은 컴퓨터를 100달러에 사겠다고 했더니, 그는 즉시 동의했다.

shoulder /ʃóuldər/ 명 어깨

shrug	one's shoulders	어깨를 으쓱하다
hunch	one's shoulders	어깨를 움츠리다
square	one's shoulders	어깨를 펴다
touch	A's shoulder	A의 어깨를 건드리다
tap A	on the shoulder	A의 어깨를 두드리다

▷ When I asked her what had happened, she just **shrugged** her **shoulders**. 내가 그녀에게 무슨 일이냐고 묻자, 그녀는 어깨만 으쓱해 보였다. (★ 무관심, 당혹감, 체념 등을 표현하는 동작)

▷ He **hunched** his **shoulders** and tried to warm himself by the fire. 그는 어깨를 움츠리고 불가에서 몸을 녹이려고 했다.

▷ He **squared** his **shoulders** and looked ready for a fight. 그는 어깨를 펴더니 싸울 태세를 갖춘 것 같았다.

over	one's shoulder(s)	어깨에; 어깨 너머로
on	A's shoulders	A의 양어깨에

▷ He slung his coat **over his shoulders** and left the room. 그는 어깨 위에 코트를 걸치고 방을 나갔다.

broad	shoulders	넓은 어깨

▷ He's a big man with **broad shoulders**. 그는 어깨가 넓고 덩치가 큰 남자다.

shoulder	to shoulder	어깨를 나란히 하고; 협력해서

▷ We can rely on Richard. He'll stand **shoulder to shoulder** with us on this issue. 우리는 리차드를 믿어도 돼. 그는 이 문제에 관해 우리에게 협력해줄 거야.

shout /ʃaut/ 동 소리치다

shout	angrily	화가 나서 소리치다
shout	excitedly	흥분해서 소리치다
shout	loudly	큰 소리로 외치다
shout	out	

▷ He **shouted angrily** at the children to go away and play somewhere else. 그는 화가 나서 아이들에게 나가서 다른 데서 놀라고 소리쳤다.

▷ She **shouted out** for help but no one came. 그녀는 도와달라고 큰 소리로 외쳤지만, 아무도 오지 않았다.

shout	at A	A(사람)에게 소리치다

▷ Stop **shouting at** me! 나한테 소리치지 마!

show /ʃou/ 명 공연, 쇼; 프로그램; 전시회

hold	a show	공연을 하다
put on	a show	
see	a show	공연을 보다
watch	a show	
host	a show	공연의 사회를 보다
make	a show of A	A를 흉내 내다
put on	a show of A	

▷ The school drama club is **putting on a show** for Christmas. 학교 연극반은 크리스마스 연극을 공연할 것이다.

▷ Let's go and **see a show** on Broadway! 나가서 브로드웨이의 공연을 보자!

▷ I don't really like Indian food, but I **made a show of** enjoying it. 나는 인도 음식을 별로 좋아하지 않지만, 맛있게 먹는 척했다.

the show	opens	공연이 개막하다

▷ The **show opens** at 10:00 on July 1. 공연은 7월 1일 10시에 개막한다.

on	show	진열되어, 발표되어

▷ The latest fashionable dresses are going **on show** in Paris this autumn. 최신 유행 드레스가 올가을 파리에서 발표될 것이다.

a fashion	show	패션쇼
a motor	show	자동차 전시회
a flower	show	화훼 전시회
a trade	show	상품 진시회
a quiz	show	퀴즈 프로그램
a talk	show	토크 쇼
((영)) a chat	show	
a game	show	게임 프로그램

show /ʃou/ 동 보여주다

clearly	show	명확히 보여주다
previously	shown	이전에 보여준

recently	shown	최근에 보여준

▷ The results of the survey **clearly show** a fall in support for the government. 조사 결과는 정부 지지도의 하락을 명확하게 보여준다.
▷ This TV documentary was **previously shown** last year. 이 TV 다큐멘터리는 작년에 이미 방송된 것이었다.
▷ Our sales figures have **recently shown** an increase. 우리의 매출 수치는 최근에 상승했다.

show	A B	A(사람)에게 B를 가르치다
show	A B	A(사람)에게 B를 보여주다
show B	to A	
show A	to B	A(사람)을 B(장소)에 안내하다
show A	into B	

▷ Can you **show** me how to do this math problem? 이 수학 문제를 어떻게 푸는지 가르쳐 주실래요?
▷ Have you seen the photo of my dog? I'll **show** it **to** you. 우리 강아지 사진 봤어? 너한테 보여줄게.
▷ Welcome to our house. I'll **show** you **to** your room. 우리 집에 오신 것을 환영합니다. 당신 방으로 안내해 드릴게요.

show (A)	(that)...	(A(사람)에게) …라는 것을 보여주다
show (A)	wh-	(A(사람)에게) …인지를 보여주다

★ wh-는 what, where, why, how, which 등의 의문사

▷ Research **shows that** the program's viewers dropped by 50% during the last 3 months. 조사에 의하면 그 프로그램의 시청자는 지난 석 달 동안 50% 감소했다.
▷ Can you show me **what** to do? 어떻게 하는지 제게 보여주시겠어요?
▷ These instructions **show how** to put together the bookcase. 이 설명서는 책장을 어떻게 조립해야 하는지를 보여준다.

shower /ʃáuər/ 몡 샤워, 샤워기; 소나기

take	a shower	샤워를 하다
((영)) have	a shower	

▷ I'm going to **take** a **shower**. 나 샤워할 거야.

a cold	shower	찬물 샤워
a hot	shower	온수 샤워
a heavy	shower	거센 소나기

▷ There's no hot water. You'll have to take a **cold shower**. 온수가 없어. 찬물로 샤워해야 해.
▷ "My God! You're soaked!" "Yes, I just got caught in that **heavy shower**." "이런! 완전히 젖었구나!" "응, 거센 소나기를 만났어."

bath or shower	욕조 또는 샤워기
shower and toilet	샤워기와 변기
shower and W.C.	

▷ It's an old country cottage with no **bath or shower**. 욕조도 샤워기도 없는 낡은 시골 오두막이다.

shy /ʃai/ 혱 숫기 없는, 소심한, 내성적인

painfully	shy	지독하게 내성적인
extremely	shy	
naturally	shy	천성적으로 내성적인
rather	shy	약간 내성적인

▷ She was **painfully shy** when she was a child. 그녀는 어린 시절에 지독하게 내성적이었다.
▷ Emmy doesn't say very much. She's **naturally shy**. 에미는 말이 별로 없다. 천성적으로 내성적이다.

shy and retiring	내성적이고 소극적인

▷ Your grandfather was a **shy and retiring** man. 네 할아버지는 내성적이고 소극적인 분이었지.

shy	about A	A를 하고 싶어하지 않는
shy	of A	

▷ I feel **shy about** giving a presentation in class. 교실에서 발표하는 일은 별로 내키지 않는다.

sick /sik/ 혱 병든; 구역질이 나는; 질린

get	sick	병에 걸리다
fall	sick	
be out	sick	병으로 빠지다
((영)) be off	sick	
feel	sick	구역질이 나다
make A	sick	A를 구역질나게 하다

▷ Tom was **off sick** for 2 weeks last month. 톰은 지난 달에 2주 동안 병으로 쉬었다.
▷ After the meal I **felt** physically **sick**. 식사 후에 나는 속이 메슥거렸다.
▷ Don't eat so many strawberries. They'll **make you sick**! 딸기를 너무 많이 먹지 마. 속이 불편해질 거야!

chronically	sick	만성 질병이 있는
violently	sick	심하게 구역질하는

▷ I'm afraid he'll never get better. He's **chronically sick**. 안타깝지만 그는 낫지 않을 것 같아. 오래 전부터 앓아왔거든.
▷ It was a terrible storm. Everybody on the boat was **violently sick**. 폭풍이 심했다. 배에 탄 사람들이

모두 심하게 뱃멀미를 했다.

sick	with A	A가 심한 상태인

★A는 anger, excitement, fear, worry 등

▷ Where have you been? It's 2 o'clock in the morning! I was **sick with worry**! 어디 있었어? 새벽 2시잖아! 얼마나 걱정했는데!

side /said/ 명 옆, 측면; 편, 쪽

take	A's side	A의 편을 들다
take	sides	한쪽 편을 들다

▷ Peter and Helen were having a big argument. I didn't want to **take sides**. 피터와 헬렌이 크게 싸우고 있었는데, 나는 한쪽 편을 들고 싶지 않았다.

opposite	side	반대쪽, 건너편
other	side	
far	side	
this	side	이쪽
right(-hand)	side	오른쪽
left(-hand)	side	왼쪽
north	side	북쪽
south	side	남쪽
both	sides	양쪽
either	side	
each	side	
right	side	옳은 쪽
wrong	side	반대쪽, 잘못된 쪽
the dark	side	어두운 면
the funny	side	재미있는 면

▷ My house is on the **opposite side** *of* the road. 우리 집은 도로의 반대쪽에 있다.

▷ We need to get on the **other side** *of* the river. 우리는 강 건너편으로 가야 한다.

▷ We are now on the **north side** *of* the island. 우리는 이제 섬의 북쪽에 있다.

▷ There are tall trees on **either side** *of* the road. 도로 양쪽에 키 큰 나무들이 있다.

▷ Remember you're in London now. Don't drive on the **wrong side** of the road! 너 지금 런던에 있다는 거 잊지 마. 도로에서 반대 방향으로 운전하면 안 돼!

▷ He tripped and fell into the river. Everybody laughed. But he couldn't see the **funny side**! 그는 발을 헛디뎌서 강물에 빠졌다. 모두가 웃었다. 하지만 그에게는 재미있는 일이 아니었다.

at	A's side	A(사람)의 옆에
by	A's side	
by	the side of A	
from	side to side	좌우로, 가로로
side	by side	나란히, 함께
on	one side	옆에, 곁에
to	one side	
on	A's side	A의 편을 들어

▷ When Paul goes jogging, he always has his dog **by his side**. 폴은 조깅을 할 때 항상 개를 옆에 데리고 나간다.

▷ You can put your bicycle **by** the **side of** the house. 네 자전거는 집 옆에 두어도 좋다.

▷ The car was traveling fast **from side to side**. 그 자동차는 좌우로 움직이면서 빠르게 달렸다.

▷ They were sitting **side by side**. 그들은 나란히 앉아 있었다.

▷ He put the newspaper **to one side** and turned on the TV. 그는 신문을 옆에 놓고 TV를 켰다.

▷ "Whose **side** are you **on**?" "Your side, of course!" "너는 누구 편이야?" "당연히 네 편이지!"

sigh /sai/ 명 한숨

give	a sigh	한숨을 쉬다
breathe	a sigh	
heave	a sigh	

▷ "Talking about this makes me so sad," she said, **giving a** deep **sigh**. "이런 얘기를 하니 슬퍼진다." 그녀가 깊은 한숨을 쉬며 말했다.

a deep	sigh	깊은 한숨
a heavy	sigh	
a huge	sigh	큰 한숨
a big	sigh	
a long	sigh	긴 한숨

▷ "I'll never learn how to make a chocolate cake!" she said with a **long sigh**. "나는 초콜릿 케이크 만드는 법을 절대 배우지 못할 거야!" 그녀가 긴 한숨을 쉬며 말했다.

sigh /sai/ 동 한숨 쉬다

sigh	deeply	깊이 한숨을 쉬다
sigh	heavily	
sigh	happily	흡족하게 큰 숨을 내쉬다
sigh	contentedly	
sigh	inwardly	속으로 한숨을 쉬다
sigh	wearily	지쳐서 한숨을 쉬다

▷ She **sighed deeply**. "It's too late to do anything now." 그녀는 한숨을 깊이 내쉬었다. "이제 손을 쓰기에는 너무 늦었어."

sight /saɪt/

명 시력; 보는 일; 광경; (-s) 목표

lose	one's sight	시력을 잃다
catch	sight of A	A를 보다
lose	sight of A	A를 시야에서 놓치다
come into	sight	시야에 들어오다
disappear from	sight	시야에서 사라지다

▷ If you look out of the window, you may **catch sight of** Mount Halla. 창 밖을 보면 한라산이 보일지도 모릅니다.

▷ There was a terrible snowstorm and we **lost sight of** the other climbers. 지독한 눈보라가 닥치는 바람에, 다른 등반객들이 보이지 않았다.

▷ As the ship neared the shore, the Statue of Liberty **came into sight**. 배가 해변에 가까워지자, 자유의 여신상이 시야에 들어왔다.

▷ The sun sank below the horizon and **disappeared from sight**. 태양이 수평선 아래로 가라앉으면서 시야에서 사라졌다.

set	one's sights on A	A를 목표로 삼다

▷ She's **set** her **sights on** becoming a fashion model. 그녀는 패션 모델이 되는 것을 목표로 삼았다.

a beautiful	sight	아름다운 광경
a common	sight	흔한 광경
a familiar	sight	익숙한 광경
an impressive	sight	인상적인 광경
a rare	sight	보기 드문 광경

▷ It's a **common sight** to see people checking their mobile phones on buses and trains. 사람들이 버스나 기차에서 휴대폰을 들여다보고 있는 것은 흔한 광경이다.

▷ It's a **rare sight** to see a panda in the wild. 야생에서 판다를 보는 것은 드문 광경이다.

at	first sight	첫눈에

▷ Apparently Ray fell in love with her **at first sight**! 레이는 그녀와 첫눈에 사랑에 빠진 것 같았다.

know A	by sight	A의 얼굴을 알다

▷ I **know** him **by sight**, but I've never spoken to him. 나는 그의 얼굴을 알지만 그와 이야기를 해본 적은 없다.

in	sight	보이는 곳에
out of	sight	보이지 않는 곳에
within	sight	보이는 범위에
on	sight	보는 즉시

▷ She broke down in tears **in sight** of everybody. 그녀는 모든 사람이 보는 앞에서 울음을 터뜨렸다.

▷ Make sure you keep the children **in sight**! 아이들을 보이는 곳에 두어야 해!

▷ He watched her train leave until it was **out of sight**. 그는 그녀가 탄 기차가 보이지 않을 때까지 바라보았다.

▷ The chief of police gave orders to shoot any terrorists **on sight**. 경찰서장은 테러리스트들을 보는 즉시 쏘라고 지시했다.

PHRASES

Get out of my sight! ☺ 내 눈앞에서 꺼져!(★ 무례한 표현이기 때문에 주의해서 사용해야 한다.)

sign /saɪn/ 명 기호; 신호; 표지; 조짐, 기미

show	signs	조짐을 보이다
give	a sign	신호를 하다
make	a sign	
obey	a sign	표지에 따르다
ignore	a sign	표지를 무시하다
follow	the signs	표지판을 따라가다

▷ The doctors say he's **showing signs** *of* recovery. 의사들은 그가 회복할 기미를 보이고 있다고 말한다.

▷ If the party gets boring, I'll **give a sign** that we should leave. 파티가 지루해지면, 내가 자리를 뜨자고 신호를 할게.

a clear	sign	분명한 표시, 확실한 표시
an obvious	sign	
a visible	sign	
a sure	sign	
a good	sign	좋은 조짐
a bad	sign	나쁜 조짐
a road	sign	도로 표지
a traffic	sign	교통 표지
a warning	sign	경고 표지

▷ I've never seen so many empty beer cans! It's an **obvious sign** that he has a drinking problem. 나는 이렇게 많은 빈 맥주 캔은 본 적이 없어! 이건 그에게 음주 문제가 있다는 분명한 표시야.

▷ They're buying an engagement ring tomorrow. It's a **sure sign** they're in love! 그들은 내일 약혼 반지를 사러 갈 거야. 이건 그들이 서로 사랑한다는 확실한 표시야.

▷ Your temperature has dropped back to normal. That's a **good sign**. 네 체온이 정상으로 떨어졌어. 좋은 조짐이야.

a sign	that...	…라는 조짐

▷ The Government are hoping for a **sign that** the economic situation will improve. 정부는 경제 상황이 개선될 거라는 조짐을 기대하고 있다.

signal /sígnəl/ 명 신호

give	a signal	신호하다; 신호를 주다
send	a signal	
receive	a signal	신호를 받다
transmit	a signal	신호를 전달하다

▷ He **gave** the **signal** for the race to start. 그는 경주를 시작하라는 신호를 했다.
▷ I can't **receive a signal** here on my cellphone. 여기서는 휴대폰으로 신호를 받을 수가 없다.

a clear	signal	명확한 신호
a nonverbal	signal	비언어적 신호
the wrong	signal(s)	잘못된 신호
a strong	signal	강한 신호
a digital	signal	디지털 신호
an electrical	signal	전기 신호

▷ The satellite is still sending out a **clear signal**. 그 위성은 아직도 명확한 신호를 보내고 있다.
▷ We live in a mountainous area so we don't get a **strong signal** for our TV. 우리는 산악 지대에 살아서 TV 방송신호가 약하다.

signal /sígnəl/ 동 신호하다

clearly	signal	분명히 신호하다
signal	frantically	필사적으로 신호하다

▷ We have to try to help that swimmer. He's **clearly signaling** that he's in trouble. 우리는 저 수영객을 도와야 해. 문제가 생겼다고 분명히 신호를 보내고 있어.

signal	A to do	A에게 …하라고 신호하다

▷ She **signaled** him **to** come and sit beside her. 그녀는 그에게 자기 옆으로 와서 앉으라고 신호를 했다.

signal	that...	…라고 신호하다

▷ She **signaled that** she was going to turn right. 그녀는 우회전하겠다는 신호를 했다.

significant /signífikənt/
형 중대한, 의미 깊은

highly	significant	아주 의미가 깊은
equally	significant	똑같이 깊은 의미가 있는
particularly	significant	특히 의미 깊은
statistically	significant	통계적으로 중요한

▷ Archaeologists have made some **highly significant** findings in Peru. 고고학자들은 페루에서 아주 중대한 발견을 했다.
▷ The results obtained from the experiment were not **statistically significant**. 실험으로 얻은 결과는 통계적으로 의미 있는 것은 아니었다.

it is significant	that...	…은 중요하다

▷ **It's significant that** only five people attended the lecture. 강의에 다섯 명만이 출석했다는 것은 중대한 의미가 있는 일이다.

silence /sáiləns/ 명 고요; 침묵

break	the silence	침묵을 깨다
lapse into	silence	침묵에 빠져들다

▷ It was really embarrassing. Nobody did anything to **break** the **silence** during the interview. 정말 당황스러웠다. 면접을 하는 동안 침묵을 깨기 위해 뭔가를 하는 사람이 아무도 없었던 것이다.
▷ Everybody was very tired, so after a while the conversation **lapsed into silence**. 모두가 너무 지쳐 있어서, 잠시 후 대화는 침묵으로 빠져들었다.

silence	falls	정적에 휩싸이다

▷ When the headmaster arrived in the classroom, **silence fell**. 교장 선생님이 교실에 도착하자 그 곳은 정적에 휩싸였다.

a long	silence	긴 침묵
a brief	silence	짧은 침묵
a short	silence	
an awkward	silence	어색한 침묵
complete	silence	완전한 정적
dead	silence	
total	silence	
a tense	silence	긴장된 적적
a stunned	silence	아연한 침묵

▷ After a **long silence** she said, "I'm sorry, I don't know the answer." 긴 침묵 후에 그녀가 말했다. "죄송합니다, 답을 모르겠어요."
▷ There must be **complete silence** during the examination. 시험 중에는 완전히 조용해야 한다.
▷ They watched in **stunned silence** as the tsunami swept through their village. 그들은 말문을 잃은 채 쓰나미가 마을을 휩쓰는 모습을 바라보았다.

in	silence	침묵 속에, 말 없이

▷ They finished their meal **in silence**. 그들은 침묵 속에 식사를 마쳤다.
▷ Everybody sat **in silence** waiting for the exam to begin. 모두가 조용히 앉아 시험이 시작되기를 기다렸다.

silent /sáilənt/ 휑 고요한; 무언의

fall	silent	침묵하다
keep	silent	침묵을 지키다
remain	silent	
stay	silent	
stand	silent	말 없이 서 있다

▷ He **fell silent** for a moment. 그는 잠시 입을 다물었다.
▷ She **remained silent** and refused to answer any questions. 그녀는 입을 다문 채 어떤 질문에도 대답하지 않았다.

silly /síli/ 휑 어리석은, 터무니없는

silly	little	바보 같은

▷ Stop asking stupid questions, you **silly little** boy! 한심한 질문 좀 그만해, 바보야!(★ little은 silly를 강조한다.)

[PHRASES]

Don't be silly! ☺ 바보 같은 소리 하지 마! ▷ "I think there's a ghost in this house!" "Don't be silly!" "이 집에 유령이 있는 것 같아!" "바보 같은 소리 하지 마!"

How silly of me! ☺ 나 정말 바보 같다! ▷ I left my umbrella in the restaurant. How silly of me! 우산을 레스토랑에 두고 왔어. 나 왜 이렇게 바보 같니!

similar /símələr/ 휑 비슷한, 유사한

broadly	similar	대략 비슷한
remarkably	similar	놀랍도록 비슷한

▷ These two essays are **remarkably similar**. I think one of them was copied. 이 두 리포트는 놀랄 정도로 비슷하다. 둘 중 하나가 베껴 쓴 것 같다.

similar	in A	A가 비슷하다
similar	to A	A와 비슷하다

▷ I think we're **similar in** many ways. 우리는 여러 가지 면에서 비슷한 것 같다.
▷ She's **similar to** her mother in character. 그녀는 어머니와 성격이 비슷하다.

simple /símpl/ 휑 간단한, 단순한; 소박한

extremely	simple	아주 간단한
fairly	simple	상당히 간단한
perfectly	simple	더없이 간단한
relatively	simple	비교적 간단한
apparently	simple	겉보기에 간단한
deceptively	simple	간단해 보이지만 그렇지 않은
simple	enough	충분히 간단한

▷ This math problem looks **relatively simple**. 이 수학 문제는 비교적 단순해 보인다.
▷ The **apparently simple** problem turned out to be extremely difficult. 간단해 보이는 문제가 사실은 아주 어려웠다.
▷ Hitting a golf ball looks **deceptively simple**! 골프 공을 치는 것은 간단해 보이지만 그렇지 않다!
▷ Riding a bicycle is **simple enough**. You just have to concentrate! 자전거를 타는 것은 무척 쉽다. 집중만 하면 된다!

simple and effective	간단하고 효과적인
simple and inexpensive	간단하고 저렴한
simple and straightforward	단순 명쾌한

▷ We need to find a **simple and effective** way of increasing our sales. 우리는 판매량을 늘릴 간단하고 효과적인 방법을 찾아야 한다.
▷ It wasn't a difficult exam. The questions were **simple and straightforward**. 어려운 시험은 아니었다. 질문들은 단순 명쾌했다.

simple	to do	…하는 것은 간단한

▷ The crossword was very **simple to** do. 그 십자말풀이는 풀기에 아주 간단했다.

[PHRASES]

It's as simple as that. ☺ 그게 전부다. ▷ You put the money in, press the button and out comes your drink. It's as simple as that. 돈을 넣고 버튼을 누르면 음료수가 나온다. 그게 전부다.

It's not that simple. ☺ 그렇게 단순하지 않다.

It's that simple. ☺ 아주 간단하다. ▷ "All I have to do is sign this form?" "Yes. It's that simple." "이 서류에 서명만 하면 되나요?" "네, 아주 간단합니다."

sing /síŋ/ 동 노래하다

sing	happily	즐겁게 노래하다
sing	loudly	큰 소리로 노래하다
sing	quietly	조용히 노래하다
sing	softly	부드럽게 노래하다
sing	gently	

▷ Tom always **sings loudly** when he's in the bath! 톰은 목욕을 할 때면 언제나 큰 소리로 노래를 한다.

▷ Emma was **singing softly** to her baby. 에마는 아기에게 부드럽게 노래를 불러줬다.

sing and dance	노래하고 춤추다

▷ She's only 6 years old, but she can **sing and dance** really well! 그 아이는 여섯 살밖에 안 됐는데 노래도 잘하고 춤도 잘 춘다!

sing	A B	A(사람)에게 B를 불러주다
sing	B to A	

▷ The group **sang** "Happy Birthday" **to** Bill. 그 모임은 빌에게 "생일 축하합니다" 노래를 불러주었다.

single /síŋgl/

형 단 하나의; 일인용의; 독신의

single or double	싱글 또는 더블
single or married	독신 또는 기혼

★ married or single이라고도 쓴다.

▷ "I think I'll have a whiskey." "**Single or double**?" "저는 위스키로 주세요." "싱글이요, 더블이요?"

▷ Is Joe **single or married**? 조는 독신인가요, 결혼했나요?

every	single A	A 하나하나 모두
the	single largest A	가장 큰 A

★ largest 외에 best, biggest, greatest, worst 등 최상급 형용사가 온다.

▷ He lifted his glass of whiskey and drank down **every single** drop. 그는 위스키 잔을 들고 한 방울도 남김 없이 다 마셨다.

▷ Do you know who was the **single most** popular singer ever? 지금까지 최고 인기 가수가 누구였는지 아니?

sink /siŋk/ 동 가라앉다

sink	slowly	천천히 가라앉다
sink	deep	깊이 가라앉다

▷ The boat filled with water and **sank slowly** to the bottom of the river. 배는 물로 가득 차서 강 바닥으로 천천히 가라앉았다.

▷ He tried to move forward, but he just **sank deeper** into the mud. 그는 앞으로 나아가려 했지만, 진흙 속으로 더 깊이 빠질 뿐이었다.

sink	into A	A로 가라앉다
sink	to A	A에 쓰러지다

▷ The toy boat turned over, filled with water and **sank into** the pond. 장난감 배가 물이 가득 찬 채 뒤집혀서 연못 속으로 가라앉았다.

▷ Totally exhausted, she **sank to** her knees. 그녀는 완전히 탈진해서 무릎으로 털썩 주저앉았다.

sink or swim	죽거나 살거나; 성공하거나 실패하거나

▷ Even though he knew no English, his company sent him to their branch in Australia. It was a case of **sink or swim**! 그가 영어를 전혀 못하는데도 회사에서는 그를 오스트레일리아 지사로 보냈다. 죽거나 살거나 둘 중 하나였다!

sister /sístər/

명 언니, 누나, 여동생, 누이, 자매

have	a sister	누이가 있다

▷ Do you **have a sister**? 누이가 있습니까?

an older	sister	언니, 누나
an elder	sister	
a big	sister	
a younger	sister	여동생
a little	sister	

▷ My **older sister** goes to university. 우리 언니는 대학에 다니고 있다.

▷ My **younger sister** is in junior high school. 내 여동생은 중학생이다.

sit /sit/ 동 앉다

sit	still	가만히 앉아 있다
sit	comfortably	편안히 앉다
sit	cross-legged	다리를 꼬고 앉다; 책상다리로 앉다
sit	patiently	참을성 있게 앉아 있다
sit	quietly	조용히 앉다
sit	silently	
sit	upright	꼿꼿이 앉다
sit	down	앉다
sit	back	뒤로 기대고 앉다
sit	around	빈둥거리다
sit	side by side	나란히 앉다
sit	next to A	A의 옆에 앉다
sit	together	함께 앉다
simply	sit	그냥 앉다
just	sit	

▷ Kelly **sat cross-legged** on the floor. 켈리는 바닥에 책상다리로 앉았다.

▷ Why don't you **sit down** for a moment? 잠시 앉으시죠.

▷ She **sat back** and switched on the TV. 그녀는 기대 앉아서 TV를 켰다.
▷ He just **sits around** all day watching TV. 그는 하루 종일 TV를 보며 빈둥거렸다.
▷ Come and **sit next to** me. 와서 내 옆에 앉아.
▷ There's nothing we can do except **simply sit** and wait. 그냥 앉아서 기다리는 것 말고 우리가 할 수 있는 일이 없다.

sit	doing	앉아서 …하고 있다

▷ She's **sitting** at the table **doing** her homework. 그녀는 테이블 앞에 앉아서 숙제를 하고 있다.
▷ She was **sitting** in the garden **reading** a book. 그녀는 정원에 앉아서 책을 읽고 있었다.

situation /sìtʃuéiʃən/ 명 상황, 정세

create	a situation	상황을 만들다
understand	the situation	상황을 이해하다
review	the situation	상황을 돌아보다
explain	the situation	상황을 설명하다
describe	the situation	
handle	the situation	상황을 처리하다
cope with	the situation	
deal with	the situation	
improve	the situation	상황을 개선하다
remedy	the situation	상황을 바로잡다
resolve	the situation	
change	the situation	상황을 변화시키다
make	the situation worse	사태를 악화시키다
make	the situation better	사태를 호전시키다

▷ If he resigns, it will **create** a very difficult **situation**. 그가 사임하면, 아주 어려운 상황이 벌어질 것이다.
▷ I don't really know how to **handle** the **situation**. 이 상황을 어떻게 처리해야 할지 정말 모르겠다.
▷ We have to try to **remedy** the **situation**. 우리는 상황을 바로잡도록 해야 한다.
▷ I'm afraid I just **made** the **situation worse**. 내가 사태를 악화시킨 것 같다.

the present	situation	현재의 상황
the current	situation	
a difficult	situation	어려운 상황
a dangerous	situation	위험한 상황
a social	situation	사회 상황
the economic	situation	경제 상황
the financial	situation	재정 상황
the political	situation	정치 상황
a particular	situation	특별한 상황

▷ What is the **present situation**? 현재 상황은 어떻습니까?
▷ We've never had to deal with this **particular situation** before. 우리는 이런 특별한 상황은 다뤄본 적이 없다.

in	this situation	이 상황에서

▷ What should I do **in this situation**? 내가 이 상황에서 어떻게 해야 하나요?

size /saiz/ 명 크기; 사이즈

the right	size	딱 맞는 크기
the same	size	같은 크기
large	size	큰 사이즈
small	size	작은 사이즈
various	sizes	다양한 사이즈

▷ Do you think this is the **right size** for me? 이게 나한테 크기가 맞는 것 같아?
▷ We're about the **same size**. 우리는 거의 같은 사이즈다.

increase	the size	규모를 확대하다
reduce	the size	규모를 축소하다
double	the size	규모를 배가하다
depend on	the size of A	A의 크기에 달려 있다

▷ You should try to **reduce** the **size of** the food portions you eat. 네가 먹는 음식의 양을 줄이려고 해야 해.
▷ I'm not sure how many wedding guests we can invite. It **depends on** the **size** of the room. 결혼식 하객을 몇 명이나 초대할 수 있을지 모르겠어. 그건 예식장의 크기에 달려 있는데.

half	the size of A	A의 절반 크기인
twice	the size of A	A의 두 배 크기인
two times	the size of A	
three times	the size of A	A의 세 배 크기인

▷ Hamburgers in the USA are **three times** the **size of** the ones in my country! 미국의 햄버거는 우리 나라 햄버거보다 세 배나 크다!

in	size	크기가; 사이즈가
the size	of A	A의 크기

▷ I've been eating so much junk food recently that I've almost doubled **in size**! 나는 최근에 정크 푸드를 너무 먹어서 몸 치수가 거의 두 배로 늘었다!
▷ He had a bump on his head the **size of** a golf ball! 그는 머리에 골프공만한 혹이 났다!

shape and size	모양과 크기
size and shape	
size and weight	크기와 무게

▷ She's about the same **shape and size** as you. 그녀는 너와 체형과 치수가 대충 비슷하다.

▷ The airline has changed its rules about the **size and weight** of baggage. 그 항공사는 수하물의 부피와 무게에 대한 규정을 변경했다.

skill /skɪl/ 몡 기술, 기능, 수완

have	a skill	기술이 있다
require	a skill	기술이 필요하다
acquire	a skill	기술을 익히다
develop	a skill	
learn	a skill	
show	a skill	기술을 보여주다
improve	one's skill	기량을 발전시키다

▷ This course will help you to **acquire** some basic communication **skills**. 이 강좌는 기본적인 커뮤니케이션 기술을 익히게 해줄 것이다.

▷ Her interest in yoga enabled her to **develop** her **skills** of concentration. 요가에 대한 관심 덕분에 그녀는 집중하는 기술을 익힐 수 있었다.

▷ She practices the violin every day. She's **improved** her **skill** immensely. 그녀는 매일 바이올린을 연습한다. 그래서 기량이 크게 발전했다.

basic	skills	기본적인 기술
practical	skills	실용적인 기술
professional	skills	전문 기술
interpersonal	skills	대인관계 기술
social	skills	사교술
special	skills	특수 기술

▷ He has the **basic skills** required for the job. 그는 그 일에 필요한 기본적인 기술이 있다.

▷ For this job, theory is not enough. You need **practical skills**. 이 일을 하려면 이론만으로는 부족하다. 실용적인 기술이 필요하다.

▷ I'm afraid he doesn't have very good **interpersonal skills**. 안타깝게도 그는 대인관계 기술이 별로 좋지 않다.

▷ Bob needs to improve his **social skills**. 밥은 사교술을 키워야 한다.

skill(s)	at A	A의 기량, 기술
skill(s)	in A	

▷ Even when he was a little boy, Messi showed incredible **skills at** the game of soccer. 메시는 아주 어렸을 때부터 축구 경기에서 놀라운 기량을 보였다.

▷ A salesman needs to have excellent **skills in communication**. 판매직원은 커뮤니케이션 기술이 뛰어나야 한다.

a lack of	skill	기술 부족
a level of	skill	기술 수준

▷ He shows a **lack of skill** when it comes to dealing with people. 그는 사람들을 다루는 일에는 기술 부족을 나타낸다.

▷ If you want to be a chess champion, you'll have to develop a much higher **level of skill**. 체스 챔피언이 되려면, 기술 수준을 훨씬 더 높여야 한다.

with	great skill	뛰어난 솜씨로

▷ Kim Yuna usually performs the triple lutz **with great skill**. 김연아는 트리플 러츠를 뛰어난 솜씨로 해낸다.

skin /skɪn/ 몡 피부, 살갗; 가죽, 껍질

protect	one's skin	피부를 보호하다

▷ You need to put some sun cream on to **protect** your **skin**. 피부를 보호하려면 선크림을 발라야 한다.

smooth	skin	매끈한 피부
sensitive	skin	민감한 피부
dry	skin	건조한 피부
dark	skin	거무스름한 피부
fair	skin	하얀 피부
pale	skin	창백한 피부
tanned	skin	볕에 탄 피부
bare	skin	맨살
a thick	skin	두꺼운 피부; 둔감함
a thin	skin	얇은 피부; 예민함
an animal	skin	동물 가죽
a banana	skin	바나나 껍질
potato	skins	감자 껍질

▷ I can't stay out in the sun too long. I have very **sensitive skin**. 나는 햇빛을 오래 쬐지 못한다. 피부가 아주 예민하기 때문이다.

▷ I have **dry skin** so I use a lot of moisturizer. 나는 피부가 건조해서 보습 화장품을 많이 쓴다.

▷ Seals have a **thick skin** that keeps them warm in winter. 바다표범은 피부가 두꺼워서 겨울에도 체온을 따뜻하게 유지한다.

skin	peels	피부가 벗겨지다
skin	crawls	소름이 돋다

▷ She got so sunburned that her **skin peeled**. 그녀는 햇빛에 너무 타서 피부가 벗겨졌다.

skin and bone(s)	뼈와 가죽뿐인

▷ She's all **skin and bones** and probably weighs no more than 90 pounds. 그녀는 뼈와 가죽뿐이라, 체중이 90파운드밖에 안 될 것 같다.

skip /skip/ 图 가볍게 뛰다; 건너뛰다

skip	happily	즐겁게 깡충거리다
skip	lightly	가볍게 깡충거리다

▷ The little girl **skipped happily** out of the room. 어린 소녀는 즐겁게 깡충깡충 뛰어 방밖으로 나갔다.

skip	over A	A(불필요한 곳)를 건너뛰다
skip	to A	A(다음 사항)으로 건너뛰다

▷ For your homework, **skip over** the Introduction and start with Chapter one. 숙제할 땐 도입부를 건너뛰고 1장부터 시작하세요.

PHRASES
Skip it! 😊 그냥 넘어가!

sky /skai/ 图 (대개 the sky의 형태로) 하늘; (skies의 형태로) 날씨

look up at	the sky	하늘을 올려다보다

▷ They **looked up at** the **sky** and saw that rain clouds were forming. 그들이 하늘을 올려다보니 비구름이 일어나고 있었다.

the sky	clears	하늘이 개다
the sky	darkens	하늘이 어두워지다

▷ Look! The **sky's clearing**! 저기 봐! 하늘이 개고 있어.
▷ The **sky darkened** and the moon was clearly visible. 하늘이 어두워져서 달이 확실히 보였다.

clear	sky	맑은 하늘
bright	sky	
cloudless	sky	구름 한 점 없는 하늘
blue	sky	파란 하늘
dark	sky	구름 낀 하늘
black	sky	컴컴한 하늘
gray	sky	잿빛 하늘
the open	sky	넓은 하늘
the morning	sky	아침 하늘
the night	sky	밤 하늘
the summer	sky	여름 하늘
the winter	sky	겨울 하늘
the northern	sky	북쪽 하늘

▷ Look! It's a **clear sky**. It'll be a sunny day again tomorrow. 봐! 하늘이 맑아. 내일도 날이 맑을 거야.
▷ She lay back on the grass, gazing up at the **cloudless sky**. 그녀는 풀밭에 누워서 구름 한 점 없는 하늘을 올려다봤다.
▷ They were in the middle of the ocean. Nothing but **open sky** and sea. 그들은 바다 한가운데 있었다. 넓은 하늘과 바다뿐이었다.

in	the sky	하늘에
the sky	above A	A 위의 하늘

▷ The clouds **in the sky** are shaped like animals! 하늘의 구름들이 동물 같은 모양이다!
▷ The **sky above** them was filled with a huge black cloud. 그들 위의 하늘은 거대한 먹구름으로 가득 차 있었다.

sleep /sli:p/ 图 잠, 수면

have	a sleep	자다, 수면을 취하다
go to	sleep	잠이 들다
get to	sleep	
drift into	sleep	
fall into	a sleep	끓아떨어지다
get back to	sleep	다시 잠들다
disturb	A's sleep	A의 잠을 방해하다
get	some sleep	잠을 좀 자다
get	enough sleep	충분히 자다
get	much sleep	많이 자다

▷ I feel really tired. I'm going to **have a sleep** for a while. 정말 피곤하다. 잠시 자야겠다.
▷ In winter I like to have a hot drink before I **go to sleep**. 겨울에 나는 잠자기 전에 따뜻한 음료수 마시는 것을 좋아한다.
▷ It was two or three hours before she finally **drifted into sleep**. 그녀는 2~3시간이 지나서야 마침내 잠이 들었다.
▷ He **fell into** a deep **sleep** and started snoring. 그는 깊은 잠에 빠져서 코를 골기 시작했다.
▷ I woke up at 3:30 in the morning and couldn't **get back to sleep**. 나는 새벽 3시 30분에 깨어서 다시 잠들지 못했다.
▷ I'm sorry to **disturb** your **sleep**, but you've got a visitor. 잠을 깨워서 미안하지만 너를 찾아온 손님이 있어.
▷ Make sure you **get enough sleep**. We have to get up early tomorrow. 잠을 충분히 자도록 해. 우리는 내일 일찍 일어나야 하니까.

a deep	sleep	깊은 잠

a light	sleep	얕은 잠
a good	sleep	충분한 잠
a dreamless	sleep	꿈도 꾸지 않고 자는 잠

▷ He's in a **deep sleep**. We shouldn't wake him. 그는 깊이 자고 있어. 깨우면 안 돼.

▷ Have a **good sleep**. You'll feel better. 충분히 자. (그러면) 기분이 나아질 거야.

▷ I feel great this morning! I had a refreshing, **dreamless sleep**. 오늘 아침엔 기분이 아주 좋아! 상쾌하게 꿈도 꾸지 않고 푹 잤어.

in	one's sleep	잠을 잘 때

▷ He talks a lot **in** his **sleep**. 그는 잠꼬대를 많이 한다.

lack of	sleep	수면 부족

▷ Her face looked old and tired through **lack of sleep**. 그녀는 수면 부족으로 얼굴이 나이 들고 피곤해 보였다.

[PHRASES]

Get a good night's sleep. ☺ 푹 자, 안녕히 주무세요.

▎sleep /sli:p/ 图 자다

sleep	well	잘 자다
sleep	soundly	숙면하다
sleep	like a baby	
sleep	badly	잘 못자다
sleep	peacefully	고요히 자다
sleep	late	늦게 자다
hardly	sleep	거의 잠을 못 자다

▷ "Morning Pete! Did you **sleep well**?" "Like a log!" "안녕 피트! 잘 잤니?" "푹 잤지."

▷ I was totally exhausted when I got home and **slept like a baby** for 11 hours. 집에 갔을 때 나는 너무 피곤해서 11시간 동안 푹 잤다.

▷ I've been **sleeping badly** recently. It's so hot and humid! 나는 최근에 잠을 설친다. 날씨가 너무 덥고 습하다!

▷ I **hardly slept** at all last night. 나는 어젯밤에 거의 잠을 못 잤다.

▎slice /slais/ 图 한 조각

a thin	slice	얇은 조각

▷ Could you cut this loaf into **thin slices** for me, please? 이 빵을 얇은 조각으로 썰어 주실래요?

▎slide /slaid/ 图 미끄러지다

slide	slowly	천천히 미끄러지다
slide	smoothly	부드럽게 미끄러지다

▷ Thanks for repairing the sliding door. It **slides** really **smoothly** now. 미닫이 문을 고쳐주셔서 고마워요. 이제 아주 부드럽게 움직이네요.

slide	open	미끄러져 열리다

▷ The door **slid open** slowly and silently. 문이 천천히 그리고 소리 없이 미끄러져 열렸다.

slide	down A	A를 미끄러져 내려가다
slide	across A	A를 미끄러지다
slide	into A	A에 미끄러져 들어가다

▷ Look it's snowing! We can **slide down** the hill on our toboggans! 눈 온다! 언덕 아래로 썰매를 타고 미끄러져 내려갈 수 있겠다!

▷ Exhausted, she **slid into** bed and was asleep in seconds. 기진맥진한 그녀는 침대로 미끄러져 들어가서 곧바로 잠이 들었다.

▎slight /slait/ 圈 약간의, 미미한

extremely	slight	아주 미미한
only	slight	경미한
relatively	slight	비교적 미미한
comparatively	slight	

▷ His injuries after the car crash were **only slight**. 자동차 사고로 생긴 그의 부상은 경미했다.

▷ The damage to his car was **relatively slight**. 그의 자동차 파손은 비교적 가벼웠다.

▎slip /slip/

图 미끄러지다, 미끄러지듯 움직이다

slip	quietly	조용히 나가다

▷ They **slipped quietly** outside into the garden. 그들은 조용히 바깥 정원으로 나갔다.

slip and fall		미끄러져 구르다

▷ She **slipped and fell** on the icy pavement. 그녀는 언 보도에서 미끄러져 굴렀다.

slip	on A	A(장소 등)에서 미끄러지다

▷ Don't **slip on** the floor! I've just washed it. 바닥에 미끄러지지 마! 방금 닦았어.

slip	into A	A에 빠져들다
slip	out of A	A에서 살짝 빠져 나오다
slip	through A	A를 빠져나가다

| slip A | into B | A를 B에 살짝 밀어 넣다 |

▷ She managed to **slip out of** the room without anyone seeing her. 그녀는 아무에게도 들키지 않고 방에서 살그머니 빠져 나왔다.
▷ The vase **slipped through** her fingers and crashed onto the floor. 꽃병이 그녀의 손가락을 빠져나가서 바닥으로 깨졌다.
▷ The man **slipped** a $10 bill **into** the waiter's hand. 그 남자는 웨이터의 손에 10달러 지폐를 살짝 찔러줬다.

slow /slou/ 휑 느린

extremely	slow	극도로 느린
relatively	slow	비교적 느린
painfully	slow	엄청나게 느린
notoriously	slow	느린 걸로 악명 높은

▷ Compared to the other students her progress is **relatively slow**. 다른 학생들에 비하면 그녀의 진도는 비교적 느리다

| slow | in doing | …하는 것이 느린 |
| slow | to do | |

▷ He was very **slow in** answering questions during the interview. 그는 면접 때 질문에 대답하는 것이 아주 느렸다.
▷ We were too **slow to** deal with the problem. 우리는 그 문제에 너무 늦게 대처했다.

| slow and steady | 느리고 꾸준히 |
| slow but steady | 느리지만 꾸준히 |

▷ She's out of hospital and making **slow but steady** progress. 그녀는 퇴원해서 느리지만 꾸준히 회복하고 있다.

small /smɔːl/ 휑 작은; 적은

extremely	small	아주 작은
relatively	small	비교적 작은
comparatively	small	

▷ Our profits are **relatively small** compared with last year. 우리 수익은 작년에 비하면 비교적 적다.

smart /smɑːrt/ 휑 똑똑한; 재치 있는; 멋진

| look | smart | 멋져 보이다; ((영)) 서두르다 |

▷ You **look** really **smart** in that new suit. 너 그 새 양복을 입으니 아주 멋지다.
▷ You'd better **look smart** or you'll be late for your interview! 너 서두르지 않으면 면접에 늦을 거야!

extremely	smart	굉장히 똑똑한
particularly	smart	특히 똑똑한
smart	enough	충분히 똑똑한

▷ You're looking **particularly smart** today! 너 오늘 특히 멋있어 보인다!
▷ He was **smart enough to** refuse to answer any questions until his lawyer arrived. 그는 변호사가 올 때까지 어떤 질문에도 답변을 거부할 만큼 똑똑했다.

| smart | new | 멋지고 새로운 |
| smart | young | 젊고 똑똑한; 젊고 멋진 |

▷ I'm going to buy a **smart new** dress for the party. 나는 파티에 입을 멋진 새 드레스를 사려고 한다.
▷ Who's that **smart young** man over there? 저쪽에 있는 젊고 멋진 남자가 누구죠?

smell /smel/ 명 냄새; 후각

have	a smell	냄새가 나다
give off	a smell	냄새를 풍기다
can't stand	the smell	냄새를 참을 수 없다

▷ New rush mats **have** a lovely **smell**. 새 왕골 돗자리에서 좋은 냄새가 난다.
▷ I **can't stand** the **smell**. Do you mind if I open the window? 냄새를 못 참겠어. 창문을 열어도 괜찮겠니?

a strong	smell	강한 냄새
a faint	smell	희미한 냄새
a sweet	smell	달콤한 냄새
a bad	smell	나쁜 냄새
an unpleasant	smell	불쾌한 냄새
a sour	smell	시큼한 냄새

▷ There's a **strong smell** of gasoline in the car. 차 안에 휘발유 냄새가 심하게 난다.
▷ At last she was able to smell the **sweet smell** of success. 마침내 그녀는 성공의 달콤한 향기를 맡을 수 있었다.
▷ There's a **bad smell** coming from the drains. 배수구에서 나쁜 냄새가 난다.
▷ There was the **sour smell** of old beer on his breath. 그의 입에서 오래된 맥주의 시큼한 냄새가 났다.

| sights and smells | 풍경과 냄새 |
| smell and taste | 냄새와 맛 |

★ taste and smell이라고도 쓰인다.

▷ I love the **sights and smells** of London. 나는 런던의 풍경과 냄새를 사랑한다.
▷ I've got a terrible cold. I've completely lost my sense of **smell and taste**. 나는 지독한 감기에 걸려서

후각과 미각을 다 잃어버렸어.

a sense of	smell	후각

▷ When I get an allergy, my nose runs and I lose my **sense of smell**. 알레르기 반응이 오면 나는 콧물이 나고 후각을 잃는다.

smell /smel/ ⑤ 냄새가 나다; 악취가 나다

smell	faintly	희미한 냄새가 나다
smell	strongly	심한 냄새가 나다

▷ Her perfume **smelt faintly** of lavender. 그녀의 향수는 희미한 라벤더 냄새가 났다.
▷ The kitchen **smells strongly** of gas. 부엌에서 독한 가스 냄새가 난다.

smell	like A	A 같은 냄새가 나다

▷ It **smells like** garlic. 마늘 냄새 같다.

can	smell	냄새가 나다

▷ I **can smell** something burning. 무언가 타는 냄새가 난다.

smile /smail/ ⑲ 미소

flash	a smile	미소를 지어 보이다
give	a smile	
manage	a smile	간신히 미소를 보이다
return	A's smile	A의 미소에 미소로 답하다
hide	a smile	미소를 감추다
force	a smile	억지로 미소를 짓다

▷ The security guard always **gives** me a **smile** when I go in to work. 경비원은 내가 출근할 때 항상 미소를 지어 보인다.
▷ Ben's quite ill. When I saw him, he could hardly **manage** a **smile**. 벤은 많이 아파. 내가 그를 봤을 때 좀처럼 미소도 짓지 못하더라고.
▷ "Don't worry, I'll be fine," she said, **forcing** a **smile**. "걱정 마, 난 괜찮을 거야." 그녀가 억지로 미소를 지으며 말했다.

have	a smile on one's face	얼굴에 미소를 짓다
bring	a smile to A's face	A(사람)가 미소 짓게
put	a smile on A's face	하다

▷ We should always **have** a **smile on** our **face** when we welcome customers. 우리는 손님을 맞을 때 항상 얼굴에 미소를 지어야 합니다.
▷ I told him joke after joke, but I couldn't **bring** a **smile to** his **face**. 나는 그에게 연신 농담을 했지만, 그의 얼굴에 미소가 떠오르게 하지는 못했다.

▷ Dave's just been promoted. That should **put** a **smile on** his **face**! 데이브는 이번에 승진했다. 그래서 분명 싱글벙글할 것이다.

one's smile	broadens	미소가 환해지다
one's smile	fades	미소가 사그라지다

▷ When he saw that nobody else was laughing, his **smile faded**. 아무도 웃지 않는 것을 보자 그의 미소는 사그라졌다.

a smile plays on A's lips		미소가 A의 입가에 떠돌다

▷ "So you think Bill and Tom are both in love with me?" she said, a **smile playing on** her **lips**. "그러니까 네 말은 빌과 톰이 모두 나를 사랑한다고?" 그녀가 입가에 미소를 띤 채 말했다.

a bright	smile	밝은 미소
a broad	smile	만면의 미소
a big	smile	
a wide	smile	
a charming	smile	매력적인 미소
a little	smile	희미한 미소
a faint	smile	
a slight	smile	
a wry	smile	쓴웃음

▷ "I passed the university entrance exam," he said, with a **broad smile** on his face. "대학 입시에 합격했어." 그가 만면에 미소를 띠고 말했다.
▷ Come on. It's not as bad as all that. Give me a **little smile**! 힘내. 그렇게 나쁘지는 않아. 좀 웃어봐.

with	a smile	미소를 짓고

▷ "I hope you'll enjoy your stay here," she said **with** a **smile**. "여기서 즐겁게 지내시기 바랍니다." 그녀가 미소를 짓고 말했다.

smile /smail/ ⑤ 미소 짓다

smile	broadly	만면에 미소를 짓다
smile	faintly	희미하게 미소 짓다
smile	thinly	엷은 미소를 짓다
smile	sweetly	다정하게 웃음 짓다
smile	wryly	쓴웃음을 짓다
smile	back	미소로 답하다

▷ "That's the third fish to escape from my line this morning," he said, **smiling wryly**. "저 고기가 오늘 오전 내 낚싯줄에서 세 번째로 달아난 놈이야." 그가 쓴웃음을 지으며 말했다.
▷ She smiled at me and I **smiled back**. 그녀가 내

게 미소를 지었고, 나도 미소로 답했다.

smile	at A	A에게 미소를 짓다
smile	with A	A(감정)를 보이며 미소 짓다

★ with A의 A는 relief, delight, satisfaction 등

▷ He **smiled at** her and said, "Haven't we met somewhere before?" 그가 그녀에게 미소를 지으며 물었다. "우리 전에 어디서 만나지 않았습니까?"

▷ Oh! Thank goodness you're OK, she said, **smiling with relief**. 아! 무사해서 다행이야, 그녀가 안도의 미소를 지으면서 말했다.

smile	to oneself	혼자 미소 짓다

▷ "One day I'll get my revenge!" she said, **smiling to** herself. "언젠가 복수하겠어!" 그녀는 혼자 미소 지으며 말했다.

smoke /smouk/ 명 연기; 흡연

blow	smoke	연기를 뿜다
have	a smoke	담배를 피우다

▷ I hate it when people **blow smoke** in my face. 나는 사람들이 내 얼굴에 연기를 뿜는 게 싫어.

▷ I'm dying to **have a smoke**. 담배 피우고 싶어 죽겠다.

smoke	billows	연기가 뭉게뭉게 오르다
smoke	drifts	연기가 떠다니다
smoke	rises	연기가 솟아오르다

▷ It was a terrible fire. **Smoke** was **billowing** from the windows. 큰 화재였어. 연기가 창문 밖으로 뭉게뭉게 솟았지.

▷ Thick **smoke rose** from the bonfire and drifted across the garden. 짙은 연기가 모닥불에서 올라와 정원을 떠돌았다.

thick	smoke	짙은 연기
dense	smoke	
acrid	smoke	매캐한 연기
cigarette	smoke	담배 연기

▷ **Thick smoke** started to pour out of the windows. 짙은 연기가 창문 밖으로 쏟아져 나오기 시작했다.

▷ People were coughing from the **acrid smoke** coming from the burning car tires. 사람들이 불타는 자동차 타이어에서 나오는 매캐한 연기에 기침을 했다.

a cloud	of smoke	구름 같은 연기
a column	of smoke	연기 기둥
a pall	of smoke	연기의 장막

a puff	of smoke	담배 연기 한 모금
a wisp	of smoke	한 줄기 연기

▷ A **cloud of smoke** rose from the factory chimney. 공장 굴뚝에서 구름 같은 연기가 솟았다.

▷ Finally a **wisp of smoke** started to rise from the damp leaves. 마침내 젖은 나뭇잎에서 한 줄기 연기가 솟기 시작했다.

go up in	smoke	연기로 사라지다; 수포로 돌아가다

▷ If we can't get the money, all our plans will **go up in smoke**. 돈을 구하지 못하면 우리의 모든 계획은 수포로 돌아갈 것이다.

smoke /smouk/ 동 담배를 피우다

smoke	heavily	담배를 많이 피우다
smoke	regularly	담배를 꾸준히 피우다

▷ **Smoking heavily** is not good for your health. 담배를 많이 피우는 것은 건강에 좋지 않다.

drink and smoke	술 마시고 담배 피우다

▷ My boyfriend likes to **drink and smoke**. 내 남자 친구는 술 마시고 담배 피우는 것을 좋아한다.

smooth /smuːð/ 형 매끄러운; 원활한

fairly	smooth	상당히 매끄러운
completely	smooth	더할 나위 없이 매끄러운
perfectly	smooth	

▷ The surface of the glass is **completely smooth**. 유리의 표면은 더할 나위 없이 매끄럽다.

▷ If you travel by bullet train, the ride is **perfectly smooth**. 초고속 열차를 타면 승차감이 아주 부드럽다. (★ 영어에서는 ride와 smooth가 함께 쓰이는 경우가 많다.)

snow /snou/ 명 눈

snow	falls	눈이 내리다
snow	melts	눈이 녹다

▷ Later that evening **snow** began to **fall**. 그 날 저녁 늦게 눈이 내리기 시작했다.

be covered	in snow	눈으로 덮이다
be covered	with snow	

▷ The cars parked outside are completely **covered in snow**. 바깥에 주차된 차들은 눈으로 완전히 덮였다.

heavy	snow	대설

deep	snow	깊이 쌓인 눈
wet	snow	질척한 눈
fresh	snow	새로 내린 눈

▷ There's **deep snow** outside the front door! 현관 바깥에 눈이 깊이 쌓였어!
▷ **Fresh snow** fell during the night. 밤새 눈이 새로 내렸다.

snow and ice	눈과 얼음

★ ice and snow라고도 한다.

▷ I couldn't see anything but **snow and ice**. 눈과 얼음밖에 보이지 않았다.

snow /snou/ 图 눈이 내리다

snow	heavily	눈이 많이 내리다
snow	lightly	눈이 약간 내리다

▷ It's started to **snow heavily**. 눈이 많이 내리기 시작했다.

society /səsáiəti/ 图 사회; 협회, 단체

create	a society	사회를 만들다
transform	a society	사회를 개혁하다
join	a society	단체에 가입하다

▷ It's difficult to **create a society** without any discrimination. 차별이 전혀 없는 사회를 만들기는 어렵다.
▷ Amanda has **joined a society** for the protection of the environment. 어맨다는 환경 보호 단체에 가입했다.

(a) modern	society	현대 사회
an affluent	society	풍요로운 사회
a capitalist	society	자본주의 사회
a democratic	society	민주주의 사회
an industrial	society	산업 사회

▷ Life in **modern society** can be very stressful. 현대 사회의 삶은 스트레스가 아주 많다.
▷ The USA claims to be a **democratic society**. 미국은 민주주의 사회를 자칭한다.
▷ Some countries are still progressing from an agricultural to an **industrial society**. 어떤 나라들은 아직도 농업 사회에서 산업 사회로 발전하는 단계에 있다.

a member of society	사회의 일원

▷ I hope he grows up to be a useful **member of society**. 나는 그가 자라서 사회에 유용한 시민이 되기를 바란다.

soft /sɔːft/ 图 부드러운; 온화한

extremely	soft	굉장히 부드러운
fairly	soft	상당히 부드러운

▷ I like to eat my boiled eggs **fairly soft**. 나는 삶은 달걀을 상당히 부드러운 상태로 먹는 것을 좋아한다.

soft	on A	A에게 무른, 마음이 약한

▷ We need to be stricter. We can't be **soft on crime**. 우리는 좀 더 엄격해져야 한다. 범죄에 너그러우면 안 된다.

soft and warm	부드럽고 따뜻한

★ warm and soft라고도 한다.

▷ This bed feels **soft and warm**. 이 침대는 부드럽고 따뜻하다.

soil /sɔil/ 图 흙, 토양, 토지; 국토

fertile	soil	비옥한 토양
good	soil	
rich	soil	
poor	soil	척박한 토양
dry	soil	마른 토양
moist	soil	축축한 흙
wet	soil	
sandy	soil	모래 토양
clay	soil	점토질 토양

▷ This is very **fertile soil**. You'll be able to grow lots of vegetables. 여기는 아주 비옥한 토양이라 많은 채소를 기를 수 있을 것이다.
▷ You need to put some **moist soil** into that flower pot. 그 화분에 축축한 흙을 좀 넣어야 한다.

on	British soil	영국 땅에
on	American soil	미국 땅에

▷ If he sets foot on **American soil**, he'll be arrested. 미국 땅에 발을 디디면 그는 체포될 것이다.

solution /səlúːʃən/ 图 해결책, 해법; 해답

seek	a solution	해결책을 찾다
find	a solution	해결책을 발견하다
come up with	a solution	
offer	a solution	해결책을 제시하다
provide	a solution	

▷ We've been **seeking a solution** to this problem for weeks. 우리는 몇 주 동안 이 문제의 해결책을 찾고 있다.

▷ We have to **find** a **solution** to this problem—and fast! 우리는 이 문제의 해결책을 찾아야 한다—그것도 빨리!

▷ During the meeting they **offered** several possible **solutions**. 회의에서 그들은 몇 가지 가능한 해결책을 제시했다.

a good	solution	좋은 해결책
an ideal	solution	이상적인 해결책
the optimal	solution	최선의 해결책
a possible	solution	가능한 해결책
an alternative	solution	대안적 해법
a practical	solution	현실적인 해결책
a final	solution	최종 해결책
a peaceful	solution	평화적 해결책
a political	solution	정치적 해결책

▷ I think that's a really **good solution**. 그것은 정말로 좋은 해결책인 것 같다.

▷ The **optimal solution** would be to close down the company. 최선의 해결책은 회사 문을 닫는 것이 될 것이다.

▷ We're trying to think of a **possible solution**. 우리는 가능한 해결책을 생각해 내려 애쓰고 있다.

a solution	to A	A의 해결책
a solution	for A	A에 대한 해결책

▷ We still can't find a **solution to** the problem. 우리는 아직 그 문제의 해결책을 찾지 못했다.

solve /sɑlv/ 동 풀다, 해결하다

completely	solve	완전히 해결하다
easily	solve	쉽게 풀다

▷ I still haven't **completely solved** this crossword. 나는 아직 이 십자말 풀이를 완전히 채우지 못했다.

▷ We can **easily solve** this problem. 우리는 이 문제를 쉽게 풀 수 있다.

son /sʌn/ 명 아들

have	a son	아들이 있다

▷ I **have a son** and two daughters. 나는 아들 하나에 딸 둘이 있다.

one's baby	son	남자아기
the eldest	son	장남
the oldest	son	
the younger	son	작은아들
the only	son	외동아들
five-year-old	son	다섯 살배기 아들

▷ Her **baby son** looks just like his father. 그녀의 남자아기는 아버지하고 똑같이 생겼다.

▷ He's the **eldest son** of Mr. and Mrs. (John) Carter. 그는 (존) 카터 부부의 장남이다.

▷ They have two daughters, but Mike's the **only son**. 그들은 딸이 둘이지만, 아들은 마이크뿐이다.

▷ My **five-year-old son** wants to be a famous soccer player! 다섯 살배기 우리 아들은 유명한 축구 선수가 되고 싶어한다!

song /sɔːŋ/ 명 노래

write	a song	노래를 만들다, 작곡하다
compose	a song	
play	a song	노래를 틀다; 노래를 연주하다
sing (A)	a song	(A에게) 노래를 불러주다
record	a song	노래를 녹음하다
listen to	a song	노래를 듣다
hear	a song	노래가 들리다

▷ One day I'd like to **write a song**. 나는 언젠가는 노래를 만들고 싶어.

▷ Come on! **Sing** us **a song**! 그러지 말고! 우리한테 노래 좀 불러줘!

▷ He likes to **sing songs** in the bath! 그는 목욕하면서 노래하는 것을 좋아한다.

one's favorite	song	좋아하는 노래
a great	song	훌륭한 노래
a popular	song	대중 가요
a hit	song	히트곡
a folk	song	민요, 포크송
a pop	song	팝송
a love	song	사랑 노래

▷ Sssshhh! Listen! They're playing my **favorite song**! 쉬잇! 들어봐! 내가 좋아하는 노래를 연주하고 있어!

▷ John Lennon's song 'Imagine' is a really **great song**! 존 레논의 노래 'Imagine'은 정말로 훌륭한 노래다!

sorry /sɔ́ri/

형 안타까운, 유감스러운; 불쌍한, 슬픈; 미안한

feel	sorry	안타깝게 느끼다

▷ I really **felt sorry** for her. 그녀의 일은 정말 안타까워.

terribly	sorry	정말 미안한, 죄송한; 정말로 안타까운

really	sorry
awfully	sorry

▷ I'm **terribly sorry**. 정말로 죄송합니다.

sorry	about A	A에 대해 안타까운

▷ I'm really **sorry about** what happened. 일어난 일에 대해 정말 안타깝게 생각해.

sorry	to do	…해서 미안한; …해서 안타까운
sorry	(that)...	…은 미안한; …은 안타까운

▷ "My girlfriend broke up with me last weekend." "Oh, I'm so **sorry to** hear that." "지난 주에 여자친구한테 차였어." "아이고, 안타까운 소식이네."
▷ I'm **sorry** you can't come to the party. 네가 파티에 올 수 없다니 안타깝다.
▷ (I'm) **sorry** I'm late. 늦어서 미안해.

[PHRASES]

I'm sorry. ⓒ 미안해, 죄송합니다; 안타까운 일이네요. ▷ "I'm so sorry." "That's OK." "정말 미안해요." "괜찮습니다." ▷ (I'm) sorry. I can't join you for lunch. 죄송합니다. 점심을 함께 할 수가 없네요.
I'm sorry to say that... / I'm sorry to tell you, but... 이런 말을 하게 돼서 안타깝지만… ▷ I'm sorry to say that you haven't passed this course. 이런 말을 하게 돼서 안타깝지만 귀하는 이 과정을 통과하지 못했습니다.

sort /sɔːrt/ 명 종류

all sorts	of A	온갖 종류의 A
some sort	of A	어떤 A
A of	some sort	
the same sort	of A	같은 종류의 A
a similar sort	of A	비슷한 종류의 A

▷ We met **all sorts of** interesting people when we went on holiday abroad. 우리는 해외로 휴가를 나가서 재미있는 사람들을 정말 다양하게 만났다.
▷ "What's this? I've never had this before." "I think it's **some sort of** vegetable." "이게 뭐야? 이런 거 먹어본 적이 없어." "채소 종류인 것 같니."
▷ We need to get our boss a present **of some sort** for her birthday. 우리는 상사의 생일에 뭔가 선물을 해야 한다.

this sort	of thing	이런 일
that sort	of thing	저런 일

▷ There's a total eclipse of the sun next week. **That sort of thing** happens only very rarely. 다음 주에 개기 일식이 있다. 그런 현상은 굉장히 드물게 일어난다.

soul /soul/ 명 혼, 영혼; 사람

save	one's soul	영혼을 구하다
sell	one's soul	혼을 팔아 넘기다
lose	one's soul	귀중한 것을 잃다
bare	one's soul	속마음을 털어놓다
be good for	the soul	마음이 편안해지다

▷ I think he had a little too much to drink and **bared** his **soul** to her. 그가 다소 과음을 하고 그녀에게 속마음을 밝힌 것 같다.

an immortal	soul	불멸의 영혼
a brave	soul	용감한 사람
a poor	soul	불쌍한 사람
a sensitive	soul	감성적인 사람

▷ She lost her house and everything in the earthquake, **poor soul**. 그녀는 지진으로 집을 비롯해 모든 것을 잃었다. 불쌍한 사람.
▷ She's a **sensitive soul**. She always cries at the movies. 그녀는 감성적인 사람이다. 영화를 보면 늘 운다.

not	a soul	사람 한 명도 없는

▷ There was nobody there. **Not a soul**. 거기엔 아무도 없었다. 단 한 명도.

sound /saund/ 명 소리

hear	a sound	소리가 들리다
listen to	the sound	소리를 듣다
make	a sound	소리를 내다

▷ Wake up, Tony! I think I **heard** some **sounds** coming from downstairs! 일어나, 토니! 아래층에서 누가 올라오는 소리가 들려!
▷ It's lovely by this stream. I love **listening to** the **sound** of water. 이 시냇가는 정말 멋져. 나는 물소리를 듣는 게 좋아.
▷ Ssssh! Quiet! Don't **make** a **sound**! 쉿! 조용! 소리 내지 마!

sound	travels	소리가 전달되다
a sound	comes	소리가 들려오다
a sound	echoes	소리가 울리다
a sound	emerges	소리가 나오다
a sound	dies away	소리가 사그라지다

▷ **Sound travels** more slowly than light. 소리는 빛보다 속도가 느리다.
▷ There's a strange **sound coming** from my car engine. 내 자동차 엔진에서 이상한 소리가 난다.

▷ The **sound** of our footsteps **echoed** in the empty church. 우리 발소리가 빈 교회에서 울렸다.
▷ Gradually the **sound** of the marching band **died away**. 고적대 소리가 차츰 사라졌다.

a loud	sound	큰 소리
a faint	sound	희미한 소리
a soft	sound	부드러운 소리, 작은 소리
a good	sound	좋은 소리
a familiar	sound	익숙한 소리
a strange	sound	이상한 소리
a distant	sound	멀리서 들리는 소리

▷ My bicycle is making a **strange sound**. 내 자전거에서 이상한 소리가 나고 있다.
▷ Later that evening we could hear the **distant sound** of church bells. 그 날 밤 늦게 멀리서 교회 종소리가 들렸다.

a sound	from A	A에서 들리는 소리

▷ After we complained about the noise, we didn't hear a **sound from** our neighbors. 우리가 소음에 대해 항의한 뒤에는 더 이상 이웃에서 소리가 들리지 않았다.

the speed of	sound	음속

soup /suːp/ 圓 수프

have	soup	수프를 먹다
eat	soup	

▷ I **had soup** and toast for lunch. 나는 점심에 수프와 토스트를 먹었다.(★ 컵에 든 수프의 경우는 drink를 쓰는 경우도 있다.)

a bowl of	soup	수프 한 그릇

▷ I would love a **bowl of** hot **soup**. 따끈한 수프 한 그릇을 먹고 싶다.

chicken	soup	치킨 수프
vegetable	soup	채소 수프
tomato	soup	토마토 수프

sour /sauər/ 圓 신, 시큼한; 불쾌한

taste	sour	신맛이 나다
go	sour	시어지다; 상하다;
turn	sour	잘못되다, 틀어지다

▷ We'll have to throw this milk away. It's **gone sour**. 이 우유는 버려야겠다. 상했어.
▷ They were fine for a few months, but later their relationship **turned sour**. 그들은 몇 달 동안은 잘 지냈지만, 그 뒤로 관계가 틀어졌다.

source /sɔːrs/ 圓 원천, 근원; 정보원

provide	a source	근원이 되다

▷ This well has **provided** a **source** of water for hundreds of years. 이 우물은 수백 년 동안 수원(水源)의 역할을 했다.

a source	says	소식통에 따르면

▷ A reliable **source said** that the minister had accepted a bribe. 믿을 만한 소식통에 따르면 장관은 뇌물을 받았다.

a good	source	좋은 원천
the main	source	주요 원천
a major	source	
an alternative	source	대체원
an energy	source	에너지원
a food	source	식량원
a power	source	전원(電源)

▷ The British Library would be a **good source** of material for your research. 대영 도서관은 네 연구에 필요한 자료의 좋은 원천이 될 것이다.
▷ A **major source** of his information was the Internet. 그가 정보를 얻는 주요 원천은 인터넷이었다.
▷ We need to find an **alternative source** of energy to nuclear power. 우리는 원자력의 대체 에너지원을 찾아야 한다.

according to	sources	소식통에 따르면
at	source	원천에서; 근원에서

▷ **According to sources**, he intends to stand for election again next year. 소식통에 따르면, 그는 내년에 선거에 출마할 생각이다.
▷ We need to stop these rumors **at source**. 우리는 이 소문을 근원부터 막아야 한다.

sources	close to A	A와 가까운 소식통

▷ **Sources close to** the Prime Minister confirmed that he was thinking of resigning. 총리 측근의 소식통들이 그가 사임을 생각하고 있다고 확인해 주었다.

space /speis/ 圓 공간; 우주; 장소

have	space	공간이 있다
make	space	공간을 만들다
create	space	
find	space	장소를 발견하다
leave	space	자리를 비우다

save	space	공간을 확보하다
take up	space	자리를 차지하다
look into	space	허공을 응시하다
stare into	space	

▷ We don't **have** enough **space** in this office. 이 사무실은 공간이 충분하지 않다.

▷ If we take out that chair, it'll **make space** for our new TV. 그 의자를 내다 놓으면 새 TV를 놓을 자리가 생길 것이다.

a limited	space	제한된 공간
an open	space	빈 땅, 훤히 트인 공간
a confined	space	폐쇄된 공간
an enclosed	space	
a blank	space	여백, 공란, 빈 공간
an empty	space	
a living	space	거주 공간
storage	space	수납 공간
a parking	space	주차 공간
a public	space	공공장소
outer	space	대기권 바깥, 우주 공간

▷ This room has a lot of **open space** and huge windows. 이 방은 확 트인 공간이 많고, 창문들이 널찍하다.

▷ It's not fair to keep dogs in a **confined space** all day. 개를 하루 종일 폐쇄된 공간에 두는 것은 좋은 일이 아니다.

▷ If we move the sofa, it'll leave an **empty space** by the bookcase. 소파를 옮기면 책장 옆에 빈 공간이 생길 것이다.

▷ One day maybe we'll all be able to take holidays in **outer space**. 어쩌면 언젠가는 우주 공간에서 휴가를 보낼 수 있을지도 모른다.

space	between A and B	A와 B 사이의 공간
space	for A	A를 위한 공간

▷ Her earring had dropped down into the **space between** the bed and the wall. 그녀의 귀고리가 침대와 벽 사이의 공간으로 떨어졌다.

▷ There's **space for** one more car to park outside the house. 집 바깥에 차 한 대를 더 주차할 공간이 있다.

amount	of space	공간의 양
a waste	of space	공간의 낭비

▷ The new sofa takes up an enormous **amount of space**. 새 소파는 엄청난 공간을 차지한다.

▷ I think we should rearrange the storeroom. At the moment it's a **waste of space**. 창고를 재정리해야 할 것 같아. 지금은 공간 낭비야.

| spare /speər/ 图 (여유가 있어) 할애하다

money	to spare	할애할 (여분의) 돈
time	to spare	할애할 (여분의) 시간

▷ Tony will help you. He has got **money to spare**. 토니가 널 도와줄 것이다. 그는 돈에 여유가 있으니까.

▷ She finished the exam with **time to spare**. 그녀가 시험을 끝냈을 때는 아직 시간이 남아 있었다.

spare	A B	A(사람)을 위해 B를 할애해 주다
spare	B for A	

▷ Could you **spare** me a moment? 저에게 잠시 시간 좀 내주실 수 있나요?

| speak /spiːk/ 图 말하다

speak	briefly	짧게 말하다
speak	clearly	명확히 말하다
speak	softly	부드럽게 말하다
speak	quietly	조용히 말하다
speak	slowly	천천히 말하다
speak	directly	직접적으로 말하다
speak	fluently	유창하게 말하다
hardly	speak	거의 말을 하지 않다

▷ If you're giving a presentation, you need to **speak clearly**. 발표를 하려면 명확히 말해야 한다.

▷ Could you **speak** a little more **quietly**? 좀 더 조용히 말씀해 주시겠습니까?

▷ Could you **speak** more **slowly**, please? 좀 더 천천히 말씀해 주시겠습니까?

▷ I think you should **speak directly** to your boss about the problem. 그 문제에 관해서는 당신 상사에게 직접 말해야 할 것 같습니다.

▷ She had a terrible cold. She could **hardly speak**. 그녀는 심한 감기에 걸렸다. 거의 말을 하지 못했다.

generally	speaking	일반적으로 말해서
broadly	speaking	대략적으로 말해서

▷ **Generally speaking** I prefer watching DVDs to going to the movies. 나는 대체로 극장에 가는 것보다 DVD 보는 것이 더 좋다.

speak	to A	A(사람)와 말하다
speak	with A	
speak	of A	A에 대해 말하다
speak	about A	
speak	on A	
speak	for A	A를 대변하다

| special |

▷ Do you have a moment? I need to **speak with** you. 잠깐 시간 있어? 너하고 할 말이 있어.
▷ **Speaking of** spaghetti, I'm really hungry! Let's go to an Italian restaurant. 스파게티 얘기가 나오니 정말 배고파! 이탈리아 레스토랑에 가자!

speak	ill of A	A(사람)에 대해 나쁘게 말하다
speak	badly of A	
speak	well of A	A(사람)에 대해 좋게 말하다
speak	highly of A	

▷ I know you shouldn't **speak ill of** the dead, but... 죽은 사람에 대해 나쁘게 말하면 안 된다는 걸 알지만…
▷ Your headmaster **speaks** very **highly of** you. 너희 교장 선생님이 너를 아주 칭찬하시더라.

PHRASES
Speak for yourself. ⓒ 그건 네 생각이야, 나는 그렇지. ▷ "Everybody hates Tom Denver!" "What do you mean? I don't! Speak for yourself!" "다들 톰 덴버를 싫어해!" "무슨 소리야? 난 안 그래! 그건 네 생각이지!"

special /spéʃəl/ 휑 특별한; 특수한

special	to A	A에게 특별한

▷ You are so **special to** me. 너는 나에게 아주 특별해.

nothing	special	특별할 것 없는
something	special	특별한 것
anything	special	

▷ "What's the food like at that new Italian restaurant?" "**Nothing special**." "그 새 이탈리아 식당의 음식은 어때?" "특별한 거 없어."

specific /spisífik/

휑 특유의, 독특한; 특정한; 명확한, 구체적인

specific	about A	A에 대해서 명확한
specific	to A	A에 독특한

▷ You need to be more **specific about** your future plans. 너는 장래 계획을 좀더 명확히 세워야 한다.

(more) specific	(더욱) 명확한, 구체적인

▷ "I know you make tomato soup with tomatoes, but could you be **more specific**?" "Sure. You need fresh tomatoes, cream, parsley..." "토마토 수프를 토마토로 만든다는 건 알겠는데, 좀 더 구체적으로 알려줄 수 있나요?" "네, 신선한 토마토와 크림, 파슬리가 필요하고요…"

speech /spiːtʃ/ 휑 연설, 발언; 말

make	a speech	연설하다, 발언하다
deliver	a speech	
give	a speech	

▷ I'm not very good at **making speeches**. 나는 연설은 별로 잘하지 못한다.

a short	speech	짧은 연설
a long	speech	긴 연설
a major	speech	중요한 연설
an opening	speech	개회사
a closing	speech	폐회사
A's inaugural	speech	A의 취임 연설
everyday	speech	일상에서 하는 말
free	speech	자유로운 언론

▷ We're hoping you'll give a **short speech** at our wedding. 우리는 네가 우리 결혼식에서 짧은 축사를 해주기를 바라고 있어.
▷ The President's **inaugural speech** was a great success. 대통령의 취임 연설은 매우 훌륭했다.
▷ There was an article in the newspaper today on the right to **free speech**. 오늘 신문에는 언론 자유의 권리에 대한 기사가 실렸다.

a speech	about A	A에 대한 연설
a speech	on A	
a speech	to A	A에게 하는 연설

▷ He gave a **speech on** Korea's political and economic relations with Japan. 그는 한국과 일본의 정치적, 경제적 관계에 대해 연설을 했다.

freedom of	speech	언론의 자유

▷ In many countries there is still little or no **freedom of speech**. 많은 나라가 아직도 언론의 자유가 부족하거나 없다.

speed /spiːd/ 휑 속도

increase	speed	속도를 높이다
pick up	speed	
gather	speed	
gain	speed	
maintain	speed	속도를 유지하다
reduce	speed	속도를 줄이다
measure	speed	속도를 측정하다

▷ The bullet train **increased speed** smoothly as it left the station. 초고속 열차는 역을 출발하면서 부드럽게 속도를 올렸다.

▷This machine **measures** the **speed** and direction of the wind. 이 기계는 바람의 속도와 방향을 측정한다.

great	speed	엄청난 속도
high	speed	고속
low	speed	저속
top	speed	최고 속도, 전속력
full	speed	
a maximum	speed	
an average	speed	평균 속도
wind	speed	풍속

▷The police chased him at **high speed** through the streets of London. 경찰은 런던 거리를 누비며 고속으로 그를 추격했다.

▷If we go at an **average speed** of 50 miles an hour, we should arrive before dark. 우리가 평균 시속 50마일로 가면 어두워지기 전에 도착할 것이다.

speed and accuracy	속도와 정확성
speed and efficiency	속도와 효율

▷When you take the test, both **speed and accuracy** are important. 시험을 볼 때는 속도와 정확성 모두가 중요하다.

at	speed	고속으로

▷The two cyclists came round the bend **at speed** and nearly crashed into each other. 자전거를 탄 두 사람이 고속으로 굽이를 도는 바람에 서로 충돌할 뻔했다.

spend /spend/

⑧ (돈을) 쓰다; (시간을) 보내다

spend	wisely	현명하게 쓰다
well	spent	잘 쓴

▷Even though the price was high, I think it was money **well spent**. 가격이 비쌌지만, 나는 그 돈은 잘 썼다고 생각해.

spend A	doing	…하는 데 A(돈·시간)을 쓰다
spend A	on B	A(돈·시간)를 B에 쓰다
spend A	with B	A(시간)를 B(사람)와 함께 보내다

▷I **spent** most of the day **ly**ing on the beach. 나는 대부분의 낮 시간을 해변에 누워서 보냈다.

▷She **spent** a lot of money **on** a Gucci handbag. 그녀는 많은 돈을 구치 핸드백을 사는 데 썼다.

▷We **spent** a couple of days **with** our friends in New York. 우리는 뉴욕에서 친구들과 함께 며칠을 보냈다.

spirit /spírit/

⑨ 정신, 마음; (…의) 정신을 지닌 사람; (-s) 기분, 사기; 영혼

capture	the spirit	정신을 포착하다
enter into	the spirit	분위기에 녹아 들다
get into	the spirit	
lift	A's spirits	A의 사기를 높이다
raise	one's spirits	
keep up	A's spirits	A의 기분을 유지하다
break	A's spirits	A의 사기를 떨어뜨리다

▷I think this painting **captures** the **spirit** of life in 19th century Paris. 이 그림은 19세기 파리의 삶의 정신을 포착하고 있는 것 같다.

▷Let's go out for a drink. You need to do something to **lift** your **spirits**! 나가서 술 한 잔 하자. 너는 기분전환을 위해 뭔가 해야 해!

▷We sang as we walked through the rain to **keep up** our **spirits**. 우리는 기분을 유지하기 위해 빗속을 걸으며 노래했다.

the human	spirit	인간 정신
a free	spirit	자유분방한 사람
one's fighting	spirit	투지
pioneering	spirit	개척자 정신
team	spirit	단체 정신
community	spirit	공동체 정신
ancestral	spirits	선조의 혼령
evil	spirits	악령

▷She's a bit of a **free spirit**. If she wants to do something, she just does it! 그녀는 약간 자유분방한 사람이다. 하고 싶은 일이 있으면 그냥 한다!

▷They say this house is haunted by **evil spirits**! 이 집에는 악령이 출몰한다!

in	spirit	마음은
in	good spirits	좋은 기분으로
in	high spirits	
in	the spirit of A	A의 정신으로

▷I'm always with you **in spirit**. 내 마음은 항상 너와 함께 있다.

▷What happened? You seem to be **in high spirits**! 무슨 일이야? 기분이 좋아 보이는데!

▷Man will continue to explore space **in** the **spirit of** previous great explorers. 인류는 앞선 위대한 탐험가들의 정신으로 우주 탐험을 계속할 것이다.

PHRASES

That's the spirit. ☺ 바로 그래야지. ▷"I'm not going to give up!" "That's the spirit!" "나는 포기 안 할 거야!" "그래야지!"

split /split/

통 쪼개다, 나누다; 쪼개지다, 갈라지다

split	apart	쪼개지다, 갈라지다
split	open	갈라져 열리다
split	in two	둘로 갈라지다
split	in half	반으로 갈라지다

▷ The egg **split apart** in the nest and a young chick emerged. 둥지에 있던 알이 갈라지고 새끼가 나왔다.

▷ He hit the ball so hard that the baseball bat **split in two**. 그가 공을 어찌나 세게 쳤는지 방망이가 두 동강 났다.

split A	between B	B끼리 A를 나눠 갖다
split A	into B	A를 B로 나누다
(be) split	over A	A를 둘러싸고 분열한
(be) split	on A	

▷ The ax hit the wood, **splitting** it **into** three pieces. 도끼가 나무를 내리찍으며 세 조각을 냈다.

▷ Bob and Tony used to be good friends, but apparently they **split over** a girl they both liked. 밥과 토니는 좋은 친구였지만, 둘이 같이 좋아한 여자 때문에 갈라선 것 같다.

sport /spɔːrt/ 명 스포츠, 운동 경기

play	sport(s)	스포츠를 하다
do	sport(s)	
enjoy	sport(s)	스포츠를 즐기다

★ 미국에서는 보통 sports의 형태로 쓴다.

▷ I **did** a lot of **sport** when I was at school, but now I've stopped. 나는 학교 다닐 때 여러 가지 스포츠를 했지만, 이제는 그만두었다.

▷ My brother's a very good athlete. He **enjoys** all kinds of **sports**. 우리 형은 운동을 아주 잘 한다. 온갖 종류의 스포츠를 즐긴다.

an amateur	sport	아마추어 스포츠
a professional	sport	프로 스포츠
a popular	sport	인기 스포츠
a spectator	sport	관전 스포츠
a national	sport	국민 스포츠
one's favorite	sport	좋아하는 스포츠
a team	sport	단체 스포츠
winter	sports	겨울 스포츠

▷ In Britain in summer cricket is the **national sport**. 영국의 여름에는 크리켓이 국민 스포츠다.

spot /spɑt/ 명 장소, 지점; 얼룩, 반점

the very	spot	바로 그 장소
the exact	spot	
a good	spot	좋은 장소
the right	spot	딱 맞는 장소
a tourist	spot	관광지
a trouble	spot	문제 다발 지역
a weak	spot	약점, 부족한 점
a sore	spot	아픈 곳
a tender	spot	
a blind	spot	맹점, 사각(死角)
a high	spot	중요한 점, 하이라이트
the top	spot	최고의 자리, 1위 자리
a bright	spot	밝은 지점, 긍정적인 측면
a tight	spot	궁지

▷ Be careful when you're driving. The mirror has a **blind spot**. 운전할 때는 조심해. 거울에는 사각지대가 있어.

▷ The arrival of Brad Pitt and Angelina Jolie was the **high spot** of the evening. 브래드 피트와 앤절리나 졸리의 도착은 그 날 저녁의 하이라이트였다.

▷ Roger Federer held the **top spot** as a tennis player for many years. 로저 페더러는 여러 해 동안 최고의 테니스 선수 자리에 있었다.

▷ It can't all be bad news. There must be a **bright spot** somewhere! 나쁜 소식만 있을 리 없어. 어디엔가 좋은 점도 있을 거야!

▷ Can you help me out? I'm in rather a **tight spot**. 나 좀 도와주겠어? 내가 좀 궁지에 처해 있어.

on	the spot	현장에서; 즉시

▷ He wrote her a check **on** the **spot**. 그는 그녀에게 즉석에서 수표를 써주었다.

spot /spɑt/ 통 발견하다

be easy to	spot	발견하기 쉽다
be difficult to	spot	발견하기 어렵다
be hard to	spot	

▷ We'll meet Mike outside the football stadium. He'll be **easy to spot**. He's very tall and has got green hair! 우리는 마이크를 축구 경기장 밖에서 만날 거야. 그는 찾기 쉬워. 키가 아주 크고 머리카락이 녹색이니까!

spot	A doing	A가 …하고 있는 것을 발견하다

▷ I couldn't see our cat anywhere, but finally I **spotted** her **climbing** a tree. 우리 고양이를 아무데

서도 찾지 못하다가 결국은 나무를 오르고 있는 그 녀석을 발견했다.

spread /spred/ 동 펼치다; 퍼지다; 바르다

spread	out	펼치다
spread	rapidly	급속히 퍼지다
spread	quickly	
spread	outward	확 퍼지다
spread	evenly	균등하게 퍼지다
spread	thinly	얇게 바르다
spread	widely	멀리까지 확산되다

★ rapidly, quickly, evenly, thinly, widely는 동사 앞에도 쓸 수 있다.

▷ He **spread** the map **out** across his knees. 그는 무릎 위에 지도를 펼쳤다.

▷ Opposition to the government is **spreading rapidly** throughout the country. 정부에 대한 반감이 전국에 급속히 퍼지고 있다.

▷ The pot fell from the ladder and red paint **spread outward** over the floor. 통이 사다리에서 떨어지면서 붉은 페인트가 바닥에 확 퍼졌다.

▷ Cases of influenza are becoming more **widely spread**. 독감 발병이 더욱 넓은 지역으로 확산되고 있다.

spread	across A	A에 퍼지다
spread A	over B	A를 B 위에 펼치다
spread A	on B	A를 B에 바르다
spread A	on B	B에 A를 바르다
spread B	with A	
spread	throughout A	A 전체에 퍼지다
spread	to A	A에 퍼지다
spread	through A	

▷ A big smile **spread across** her face. 그녀의 얼굴에 밝은 미소가 퍼졌다.

▷ She **spread** a plastic sheet **over** the wet grass. 그녀는 젖은 풀밭에 비닐 시트를 펼쳤다.

▷ I've never seen anyone **spread** so much butter **on** their toast. 나는 토스트에 버터를 그렇게 많이 바르는 사람을 본 적이 없다.

▷ He **spread** his toast **with** the best caviar. 그는 토스트에 최고급 캐비어를 발랐다.

▷ People are worried that the bird flu may **spread to** other countries. 사람들은 조류 인플루엔자가 다른 나라로 퍼질까 봐 걱정하고 있다.

▷ A wonderful smell of coffee **spread through** the kitchen. 황홀한 커피 향이 부엌 전체에 퍼졌다.

spring /sprɪŋ/ 명 봄

early	spring	이른 봄
late	spring	늦봄
the following	spring	내년 봄

▷ For me, the best time of the year is **early spring**. 나에게 일년 중 가장 좋은 시기는 이른 봄이다.

in	(the) spring	봄에
in	the spring of 2012	2012년 봄에

▷ I'm going to start university **in the spring**. 나는 봄에 대학에 입학한다.

square /skwɛər/

명 정사각형; (사각형) 광장; 제곱

draw	a square	정사각형을 그리다
cross	the square	광장을 가로질러 가다

▷ You **cross** the **square** and take the second on the left. 광장을 지나간 뒤 두 번째 모퉁이에서 좌회전하세요.

a central	square	중앙 광장
the main	square	

▷ The **central square** of this town has a good shopping center. 이 도시의 중앙 광장에 좋은 쇼핑 센터가 있다.

a square	of A	A의 정사각형
the square	of A	A의 제곱

▷ Take a **square of** paper, fold it in half and follow the instructions. 정사각형 종이를 반으로 접고 지시를 따르세요.

▷ The **square of** 5 is 25. 5의 제곱은 25다.

staff /stæf/ 명 (집합적으로) 직원, 사원 (★ 개별 직원은 a staff member라고 한다.)

join	the staff	직원이 되다
have	a staff of 20	20명의 직원이 있다

▷ It's quite a big company. They **have a staff of** over 2,000. 이곳은 꽤 큰 회사다. 직원이 2천 명이 넘는다.

full-time	staff	상근 직원
part-time	staff	시간제 직원
permanent	staff	정직원
temporary	staff	임시 직원
experienced	staff	경험 많은 직원
qualified	staff	자격 있는 직원
trained	staff	훈련된 직원

senior	staff	간부 직원
hospital	staff	병원 직원
nursing	staff	간호진

▷ This room is for **senior staff** only. 이 방은 간부 직원만 사용할 수 있습니다.
▷ The **hospital staff** are very positive. 의료진은 아주 적극적이다.

on	the staff (of A)	(A의) 직원인

▷ Sally was **on** the **staff of** a hospital before she took this job. 샐리는 이 일을 하기 전에 병원 직원이었다.

stage /steidʒ/ 명 단계; 무대

reach	the stage	단계에 이르다
take	the stage	무대에 등장하다
go on	stage	
come on	stage	
go on	the stage	배우가 되다
leave	the stage	무대에서 퇴장하다
set	the stage	무대 장치를 설치하다; 장(場)을 마련하다

▷ We've now **reached** the **stage** where we have to make a decision. 우리는 이제 결정을 내려야 할 단계에 왔다.
▷ The audience went wild every time Michael Jackson **came on stage**. 마이클 잭슨이 무대에 오를 때마다 관중은 열광했다.
▷ It seems our daughter wants to **go on** the **stage**. 우리 딸은 배우가 되고 싶어하는 것 같다.
▷ The audience applauded loudly as she **left** the **stage**. 그녀가 무대에서 퇴장할 때 관객은 큰 갈채를 보냈다.
▷ The problems at Fukushima **set** the **stage** *for* many countries to reconsider their nuclear power programs. 후쿠시마의 문제는 많은 나라들이 원자력 발전 문제를 재검토하는 장을 마련했다.

an early	stage	이른 단계
the initial	stage(s)	초기 단계
a late	stage	늦은 단계
the final	stage(s)	최종 단계
the next	stage	다음 단계
various	stages	여러 단계
the first	stage(s)	제1단계
the second	stage(s)	제2단계
an experimental	stage	실험 단계
a planning	stage	계획 단계

the world	stage	세계 무대
the international	stage	국제 무대
the political	stage	정치 무대

▷ The project is still *at* an **early stage**. 그 사업은 아직 이른 단계다.
▷ The doctors say that his illness has reached a **late stage**. 의사들의 말에 따르면 그의 병은 말기에 이르렀다.
▷ Babies pass through **various stages** as they learn their mother language. 아기들은 모국어를 배울 때 다양한 단계를 거친다.

at	this stage	이 단계에서
at	one stage	한 단계에서
at	some stage	어느 단계에서
on	stage	무대에서

▷ **At one stage** I nearly gave up trying to pass the entrance exam. 한 단계에서 나는 입시에 합격하려는 노력을 포기할 뻔했다.
▷ It was an incredible one-man show. He was **on stage** for 3 hours! 놀라운 원맨쇼였다. 그는 무대에서 세 시간 동안이나 있었다!

stair /stɛər/ 명 (-s) 계단

climb	the stairs	계단을 오르다
go up	the stairs	
run up	the stairs	계단을 뛰어 올라가다
descend	the stairs	계단을 내려가다
go down	the stairs	
run down	the stairs	계단을 뛰어내려가다

★ up the stairs는 upstairs로, down the stairs는 downstairs라고도 한다.

▷ My grandma is finding it more and more difficult to **climb** the **stairs**. 우리 할머니는 계단 오르는 일을 점점 더 힘들어하신다.
▷ He **ran down** the **stairs** and into the garden. 그는 계단을 뛰어 내려가 정원으로 갔다.

steep	stairs	가파른 계단
narrow	stairs	좁은 계단
spiral	stairs	나선형 계단
the back	stairs	뒷계단
wooden	stairs	목조 계단
stone	stairs	석조 계단

▷ It's an old country house with **wooden stairs** leading to the bedrooms. 그것은 침실로 이어지는 목조 계단이 있는 오래된 시골 집이다.

the bottom	of the stairs	계단 밑
the foot	of the stairs	
the top	of the stairs	계단 꼭대기
the head	of the stairs	

▷ The children left their toys *at* the **bottom of the stairs**. 아이들이 계단 밑에 장난감을 두고 갔다.
▷ She called down *from* the **top of the stairs**. 그녀는 계단 꼭대기에서 아래를 향해 소리쳤다.

| a flight of | stairs | (층 또는 층계참 사이의) 연속된 계단 |

▷ She tripped and fell down **a flight of stairs**. 그녀는 계단에서 발이 걸려 층계참까지 굴러 떨어졌다.

stamp /stæmp/ 图 우표; 스탬프; 도장

put on	a stamp	우표를 붙이다
collect	stamps	우표를 수집하다
bear	the stamp of A	A의 낙인이 찍혀 있다

▷ You don't need to **put a stamp on** that envelope. 그 봉투에는 우표를 붙일 필요가 없다.
▷ His hobby is **collecting stamps**. 그의 취미는 우표 수집이다.
▷ He was involved in a public scandal and **bore the stamp of** it for the rest of his life. 그는 떠들썩한 추문에 연루되어서, 평생토록 그 낙인이 찍힌 채 살았다.

| a commemorative | stamp | 기념 우표 |

▷ Did you see the Olympic Games **commemorative stamp**? 올림픽 기념 우표 봤어?

stand /stænd/ 图 서다, 서 있다; 견디다

stand	upright	똑바로 서다
stand	still	가만히 서 있다
stand	motionless	
stand	on tiptoe	까치발로 서다
stand	clear	거리를 두고 서다
stand	alone	혼자 서다
stand	back	뒤로 물러서다

▷ That little boy is always running around. He won't **stand still** for a moment! 그 조그만 남자아이는 항상 뛰고 있다. 잠시도 가만히 서 있지 않는다!
▷ "**Stand clear** *of* the doors, please!" shouted the guard and blew his whistle. "문에서 떨어져 서세요!" 경비가 소리치고 호루라기를 불었다.
▷ **Stand back** from the platform edge! There's a train coming! 승강장 가장자리에서 물러서세요! 열차가 들어오고 있어요!

can't	stand A		A를 참을 수 없다
can't	stand (A) doing		(A가)…하는 것을 참을 수 없다
can't	stand to do		…하는 것을 참을 수 없다

▷ I **can't stand** this hot, humid weather any longer! 덥고 습한 이런 날씨는 더 이상 못 참겠어!
▷ I **couldn't stand to** see her cry. 그녀가 우는 모습을 보고 견딜 수가 없었다.

stand	at A	A에 서다
stand	on A	A 위에 서다
stand	outside A	A의 바깥에 서다
stand	behind A	A의 뒤에 서다
stand	by A	A의 옆에 서다

▷ Two policemen were **standing outside** the house. 경찰관 두 명이 집 밖에 서 있었다.
▷ The tall man **standing by** Amy's side is her new boyfriend. 에이미의 옆에 서 있는 키 큰 남자는 그녀의 새 남자친구다.

| stand | doing | 서서 …하고 있다 |
| stand and | do | 서서 …하다 |

▷ He **stood** there staring at her. 그는 거기 서서 그녀를 바라보았다.

standard /stǽndərd/

图 수준, 기준, 표준; 규범

set	standards	기준을 설정하다
achieve	standards	수준에 이르다
reach	standards	
meet	standards	기준을 충족시키다
raise	standards	수준을 높이다
improve	standards	
lower	standards	기준을 낮추다
maintain	standards	수준을 유지하다

▷ Sally is an amazing runner. She **sets the standards** for everyone else. 샐리는 뛰어난 달리기 선수다. 그녀는 다른 사람들에게 기준이 된다.
▷ It's difficult to **meet the standards** necessary to become a commercial airline pilot. 민간 항공사의 기장이 되는 데 필요한 기준을 충족시키는 것은 어렵다.

a high	standard	높은 수준
a low	standard	낮은 수준
a minimum	standard	최저 수준
a professional	standard	전문적 수준
an international	standard	국제적 기준

quality	standards	품질 기준
living	standards	생활 수준
safety	standards	안전 기준
emission	standards	배출 규범
moral	standards	도덕적 규범
double	standards	이중 잣대

▷ He's reached a **high standard** as a tennis player in a very short time. 그는 아주 짧은 시간에 테니스 선수로서 높은 수준에 이르렀다.

▷ He's only an amateur photographer, but he has **professional standards**. 그는 아마추어 사진가일 뿐이지만 실력은 전문가 수준이다.

▷ He's a very good golf player, but he hasn't yet reached **international standards**. 그는 훌륭한 골프 선수지만, 아직 국제적인 수준에는 이르지 못했다.

above	standard	표준 이상인
below	standard	표준 이하인
up to	standard	기준에 이르러

▷ I'm afraid that recently your work has not been **up to standard**. 최근 당신의 작업이 기준에 미치지 못하고 있습니다.

star /stɑːr/ 명 별, 항성; 스타

see	the stars	별을 보다
look up at	the stars	별을 올려다보다

▷ You can **see** the **stars** really clearly tonight. 오늘 밤에는 별이 아주 또렷하게 보인다.

the stars	are out	별이 떠 있다
the stars	come out	별이 뜨다
the stars	appear	
the stars	shine	별이 빛나다
the stars	twinkle	별이 반짝이다

▷ Look! The **stars** are **coming out**! 저기 봐! 별이 뜨고 있어!

a bright	star	밝은 별
a distant	star	먼 별
the morning	star	새벽의 금성, 샛별
the evening	star	저녁의 금성
a shooting	star	유성
a big	star	큰 별; 대스타
a rising	star	떠오르는 스타
a movie	star	영화 배우
((영)) a film	star	
a pop	star	팝스타
a rock	star	록스타

▷ Can you see that **bright star** just above us? 우리 바로 위의 밝은 별 보이니?

▷ What's the name of that **big star** over there? 저기 있는 큰 별의 이름이 뭐지?

▷ Apparently he's a **rising star**. People think that one day he'll be Prime Minister. 그 사람은 떠오르는 스타인 것 같아. 사람들은 그가 앞으로 총리가 될 거라고 생각해.

under	the stars	별들 아래서

▷ It was a great holiday. We spent every night camped out **under** the **stars**. 멋진 휴가였어. 우리는 매일 밤 별들 아래서 캠프를 하면서 보냈어.

stare /steər/ 동 응시하다, 바라보다

stare	fixedly	뚫어져라 바라보다
stare	intently	유심히 바라보다
stare	blankly	멍하니 바라보다
stare	back	되쏘아보다
stare	ahead	앞을 바라보다
stare	up	위를 바라보다

▷ When his teacher asked if he had cheated during the exam, Tom just **stared fixedly** at the floor. 선생님이 톰에게 시험 중 부정 행위를 했느냐고 묻자, 그는 바닥만 뚫어져라 내려다봤다.

▷ If someone stares at me, I just **stare back**! 누가 나를 빤히 바라보면 나도 되쏘아본다.

▷ She wouldn't look at me. She just **stared** straight **ahead**. 그녀는 나를 보려고 하지 않았다. 앞만 빤히 바라보았다.

stare	at A	A를 빤히 바라보다
stare	into A	A를 응시하다
stare	out of A	A의 바깥을 응시하다

▷ Why is that man **staring at** me? 왜 저 남자가 나를 빤히 보는 거지?

▷ In class he spent most of his time **staring out of** the window. 수업 시간에 그는 대부분의 시간을 창 밖을 보며 보냈다.

sit and stare	앉아서 응시하다
stand and stare	서서 응시하다
stop and stare	멈춰서 응시하다

▷ She seems to be in shock. She just **sits and stares**. 그녀는 충격에 빠진 것 같다. 앉아서 멍하니 앞을 바라볼 뿐이다.

start /stɑːrt/ 명 출발, 시작, 개시

make	a start	시작하다
have	a start	
get off to	a start	시작하다, 출발하다
signal	the start	출발 신호를 하다

▷ I suggest you **make a start** right away. 네가 당장 시작하는 게 좋을 것 같아.

▷ Luckily I **got off to** a good **start** with my new boss. 다행히 나는 새 상사와 시작이 좋았다.

▷ A gunshot **signaled** the **start** of the race. 총소리가 경주가 시작됐음을 알렸다.

a flying	start	순조로운 출발
a good	start	좋은 출발
a great	start	
a bad	start	나쁜 출발
a poor	start	
a slow	start	느린 출발
a false	start	부정 출발
a fresh	start	새로운 출발
a new	start	

▷ Robson was off to a **flying start** in the hundred meters and won easily. 롭슨은 백 미터 달리기에서 순조롭게 출발해서 쉽게 이겼다.

▷ Ella has made a really **good start** in her new job. 엘라는 새 직장에서 출발이 아주 좋았다.

▷ Let's forget the past and make a **fresh start**. 과거를 잊고 새롭게 시작하자.

at	the start (of A)	(A의) 처음에
from	the start	처음부터
from	start to finish	처음부터 끝까지

▷ Things began to go wrong right **at the start of** our holiday. 우리 휴가가 시작된 바로 그때부터 모든 것이 잘못되기 시작했다.

▷ I knew there'd be a problem **from the start**. 나는 처음부터 문제가 있다는 걸 알았다.

▷ He led the race **from start to finish**. 그는 처음부터 끝까지 달리기에서 앞섰다.

start /stɑːrt/ 동 시작하다; 출발하다

immediately	start	즉시 시작하다
suddenly	start	갑자기 시작하다; 갑자기 움직이다
recently	started	최근에 시작된
start	off	출발하다
start	out	
start	up	시작하다
start	over	처음부터 다시 시작하다

▷ I've **recently started** taking tennis lessons. 나는 최근에 테니스 강습을 받기 시작했다.

▷ We need to **start off** early in the morning. 우리는 아침에 일찍 출발해야 한다.

▷ They **started off** the celebrations with a firework display. 그들은 불꽃놀이와 함께 축제를 시작했다.

▷ We're thinking of **starting up** a reading club. 우리는 독서 모임을 시작할까 생각 중이다.

▷ I was interrupted in the middle of counting and had to **start over**. 나는 숫자를 세던 중 방해를 받아서 처음부터 다시 시작해야 했다.

start	with A	A로 시작하다

▷ **Start with** something simple and just get the feel of it. 단순한 것으로 시작해서 일단 감을 익히세요.

start	to do	…하기 시작하다
start	doing	

▷ She **started** playing the piano when she was 6 years old. 그녀는 여섯 살 때 피아노를 시작했다.

starve /stɑːrv/ 동 굶다; 굶어죽다

starve	to death	굶어죽다

▷ The rice crop failed and many people **starved to death**. 쌀 작황이 좋지 않아서 많은 사람들이 굶어 죽었다.

be starved	for A	A에 굶주려 있다
be starved	of A	

▷ He was **starved of** affection when he was young. 그는 어렸을 때 애정에 굶주렸다.

state /steit/ 명 상태; 국가; 주

an emotional	state	감정 상태
a mental	state	정신 상태
an awful	state	끔찍한 상태
a dreadful	state	
a terrible	state	
a sorry	state	
the present	state	현재 상태
the current	state	
a nation	state	민족 국가
an independent	state	독립 국가
a rogue	state	불량 국가(테러 지원국)
a democratic	state	민주 국가
the welfare	state	복지 국가

▷ She was in a highly **emotional state**. 그녀는 감정이 고양된 상태였다.
▷ She fell in the river with all her clothes on. She was in a **terrible state**. 그녀는 옷을 전부 입은 채 강물에 빠져서 아주 곤란한 상태였다.
▷ The **present state** is that nobody has any idea what to do next. 현재 상태는 다음에 무엇을 해야 할지 아무도 모른다는 것이다.

statement /stéitmənt/

图 진술, 성명; 계산서

make	a statement	진술하다
issue	a statement	성명을 발표하다
take	a statement	진술을 받다

▷ The President is going to **issue** a **statement** in 2 hours' time. 대통령은 2시간 후에 성명을 발표할 것이다.
▷ The police wanted to **take** a **statement** from me. 경찰은 나에게서 진술을 받아내려고 했다.

a false	statement	허위 진술
a sworn	statement	선서 후 진술
a joint	statement	공동 성명
a public	statement	공식 성명
an official	statement	
a financial	statement	재무제표
a bank	statement	은행 거래 내역서

▷ She made a **false statement** to the police. 그녀는 경찰에 허위 진술을 했다.
▷ The leader of the Democrats and the leader of the Republicans are going to issue a **joint statement**. 민주당 대표와 공화당 대표가 공동 성명을 발표할 것이다.
▷ An **official statement** said that the Prime Minister had decided to resign. 공식 성명에 의하면 총리가 사임하기로 결정했다고 한다.

| a statement | about A | A에 대한 진술, 성명 |
| a statement | on A | |

▷ The Ministry of Health and Welfare is going to issue a **statement about** the flu epidemic. 보건복지부는 독감의 유행과 관련해서 성명을 발표할 것이다.

| a statement | that... | …라는 진술, 성명 |

▷ The MP issued a **statement that** he had not committed any crime. 그 하원의원은 자신은 아무 범죄도 저지르지 않았다는 성명을 발표했다.

| in | a statement | 진술에서, 성명에서 |

▷ **In** a **statement** to the press the senator said that he was going to resign because of health reasons. 언론에 발표한 성명에서 그 상원의원은 건강 문제로 사임하겠다고 밝혔다.

station /stéiʃən/

图 역, 정거장; 서(署), 소(所), 방송국

a train	station	기차역, 철도역
a railroad	station	
((영)) a railway	station	
a bus	station	버스 정류장
((영)) a coach	station	
a subway	station	지하철 역
((영)) a tube	station	
a fire	station	소방서
a police	station	경찰서
a polling	station	투표소
a power	station	발전소
a gas	station	주유소
((영)) a petrol	station	
a service	station	(고속도로) 휴게소
a space	station	우주 정거장
a radio	station	라디오 방송국
a TV	station	TV 방송국

▷ You'd better pull in at that **gas station**. We need some more petrol. 저 주유소에 서는 게 좋겠다. 기름을 더 넣어야 돼.

statistics /stətístiks/ 图 통계학; 통계(★'통계'의 의미로는 복수 취급을 한다.)

| collect | statistics | 통계를 수집하다 |
| use | statistics | 통계를 사용하다 |

▷ I need to **collect** more **statistics** for my research. 나는 연구를 위해 통계를 더 수집해야 한다.

statistics	show	통계가 보여주다
statistics	indicate	
statistics	reveal	
statistics	suggest	통계가 시사하다

▷ **Statistics suggest** that the birthrate is decreasing more quickly than expected. 통계가 시사하는 것은 출생률이 예상보다 빠르게 감소한다는 것이다.

| official | statistics | 공식 통계 |

▷ These are the **official statistics** for traffic accidents during the past year. 이것이 작년에 발생한 교

통 사고에 대한 공식 통계다.

status /stéitəs/ 명 지위, 신분

achieve	status	지위를 얻다
acquire	status	
raise	status	지위를 높이다

▷ Dave's more concerned about **achieving status** within the company than spending time with his family. 데이브는 가족과 함께 시간을 보내는 것보다 회사에서 지위를 얻는 것에 더 관심이 있다.

high	status	높은 지위
low	status	낮은 지위
equal	status	대등한 지위
social	status	사회적 지위
marital	status	결혼 여부

▷ If you want a job with **high status**, you should be a doctor or a lawyer. 신분이 높은 직업을 원하면, 의사나 변호사가 되어야 한다.

▷ Generally speaking, teachers in Asia have a higher **social status** than those in the West. 일반적으로, 아시아에서 교사는 서양에서보다 사회적 지위가 높다.

▷ What's your **marital status**? 결혼하셨습니까?

one's status	as A	A로서의 지위

▷ After the takeover, his **status as** company president was severely threatened. 기업 합병 후 그의 사장 지위는 굉장히 위태로워졌다.

steady /stédi/ 형 꾸준한, 착실한

fairly	steady	상당히 꾸준한
remarkably	steady	두드러지게 꾸준한
relatively	steady	비교적 꾸준한

▷ Since he started his new school, his progress has been **fairly steady**. 새 학교에 입학한 뒤로 그의 학업은 상당히 꾸준하게 나아지고 있다.

steep /sti:p/ 형 가파른, 경사가 급한

become	steep	경사가 급해지다
get	steeper	
grow	steeper	

▷ It's **getting steeper** and steeper as you get to the peak. 정상에 다가갈수록 경사가 급해진다.

step /step/ 명 걸음, 한 걸음; 계단; 수단, 대책

take	a step	한 걸음 내딛다
move	a step	
retrace	one's steps	온 길을 돌아가다
take	steps	조치를 취하다

▷ As the dog came rushing toward her, she hurriedly **took a step** back. 개가 자신을 향해 달려오자 그녀는 얼른 한 걸음 뒤로 물러났다.

▷ I think I dropped my keys. If I **retrace** my **steps**, maybe I can find them. 내가 열쇠를 떨어뜨린 것 같아. 오던 길을 되돌아가면 찾을 수 있을 거야.

▷ We need to **take steps** *to* improve security. 우리는 보안을 높이기 위해 조치를 취해야 한다.

a small	step	작은 한 걸음
a big	step	큰 한 걸음
an important	step	중요한 한 걸음
a major	step	
a further	step	또 한 걸음

▷ That's one **small step** for a man, one giant leap for mankind. 이것은 한 사람에게는 작은 한 걸음이지만, 인류에게는 거대한 도약이다.

▷ Passing this law will be a **major step** toward improving women's rights. 이 법을 통과시키는 것은 여성의 권리를 향상시키는 중요한 한 걸음이 될 것이다.

a step	toward A	A를 향한 한 걸음

▷ Reducing carbon dioxide emissions is a **step toward** preventing global warming. 이산화탄소 배출을 줄이는 것은 지구 온난화를 막기 위한 한 걸음이다.

one step	ahead	한 걸음 앞에
a step	ahead	
one step	behind	한 걸음 뒤에
a step	behind	

▷ Tony wants to be a boss of the company, too, so you'd better keep **one step ahead** of him. 토니도 회사의 사장이 되고 싶어하기 때문에 네가 그보다 한 발 앞서야 해.

in	step	보조를 맞추어
out of	step	보조가 흐트러져

▷ Everybody needs to be **in step** *with* each other. 모두가 서로 보조를 맞추어야 한다.

step by step		한 걸음 한 걸음

▷ Don't try and do everything at once. Take it easy. **Step by step.** 한꺼번에 모든 것을 하려고 하지 마. 여유를 갖고 한 걸음 한 걸음씩 가.

| step |

PHRASES
Watch your step. / ((영)) **Mind your step.** ☺ 발 밑을 조심해, 처신 잘 해.

step /step/ 图 한 걸음 나아가다

step	aside	옆으로 비켜서다
step	back	한 걸음 뒤로 물러나다
step	forward	한 걸음 앞으로 가다
step	down	내려가다
step	out	밖에 나가다

▷ The police officer **stepped aside** to let the President's car pass through. 경찰관은 대통령의 차가 지나가도록 옆으로 비켜섰다.
▷ Stand up and **step back** to the starting position. 일어나서 출발 지점으로 돌아가세요.
▷ She fell as she **stepped down** off the bus. 그녀는 버스에서 내리다가 넘어졌다.

step	into A	A에 들어서다
step	out of A	A에서 나가다

▷ She **stepped into** the shop doorway to shelter from the rain. 그녀는 비를 피하기 위해 가게 문간에 들어섰다.

stiff /stif/ 图 뻣뻣한, 굳은, 경직된

stiff	with A	A로 뻣뻣해지다

▷ My hands are **stiff with** cold. 내 손은 추위 때문에 뻣뻣해졌다.

beat A	until stiff	A(계란 흰자 등)를 단단해
whisk A	until stiff	질 때까지 휘젓다

▷ Don't forget. You have to **whisk** the egg whites **until stiff**. 잊지 마. 계란 흰자를 단단해질 때까지 계속 휘저어야 돼.

still /stil/ 图 정지한, 조용한

keep	still	가만히 있다

▷ **Keep still!** There's a bee in your hair! 가만히 있어! 네 머리에 벌이 한 마리 있어!

perfectly	still	꼼짝도 않는
completely	still	
absolutely	still	

▷ You should keep your head **perfectly still** when the dentist starts to drill. 치과의사가 드릴을 쓰기 시작하면 머리를 꼼짝도 하지 말아야 해.

stock /stak/ 图 재고; 주식, 주

have	a stock	재고가 있다, 주식을 보유하다
hold	a stock	
keep	a stock	비축해 두다
buy	stocks	주식을 사다
sell	stocks	주식을 팔다

▷ The supermarket near us **has** a large **stock** of good wines. 우리 집 근처의 슈퍼마켓은 좋은 와인을 많이 보유하고 있다
▷ Many people in Japan **keep** a **stock** of bottled water and tinned food in case of an earthquake. 일본에서는 지진에 대비해서 생수와 통조림 식품을 비축해 두는 사람이 많다.

a large	stock	대량의 재고
a good	stock	
a low	stock	소량의 재고
existing	stock	보유 재고
new	stock	신주
growth	stock	성장주
common	stock	보통주

▷ The bookshop near us is closing down. They're selling off their **existing stock** at half-price. 우리 집 근처의 서점이 폐점한다. 그래서 보유한 재고를 반값에 팔 예정이다.

in	stock	재고가 있는
out of	stock	재고가 떨어진

▷ We always keep a lot of spare parts **in stock**. 우리는 예비 부품 재고를 항상 넉넉하게 유지한다.
▷ There are no more 40-inch TVs. We're **out of stock**. 40인치 TV는 이제 없습니다. 재고가 떨어졌습니다.

stomach /stʌ́mək/ 图 위; 배, 복부

hold	one's stomach	배를 부여잡다
lie on	one's stomach	엎드리다

▷ She might have food poisoning. She was **holding** her **stomach** in pain. 그녀는 식중독에 걸렸는지도 모른다. 아파서 배를 부여잡고 있었다.
▷ The nurse told me to **lie on** my **stomach**. 간호사가 나에게 엎드리라고 했다.

one's stomach	churns	속이 울렁거리다
one's stomach	lurches	

▷ It was my first presentation. I was so nervous. I could feel my **stomach churn**. 나의 첫 발표여서 너무 긴장됐다. 속이 울렁거리는 느낌이었다.

an empty	stomach	빈 속, 공복
a full	stomach	많이 먹어 부른 배, 만복
an upset	stomach	뒤집힌 속

▷ It's not good to drink alcohol *on* an **empty stomach**. 빈 속에 술을 마시는 것은 좋지 않다.
▷ You shouldn't take a bath *on* a **full stomach**. 배가 부를 때 목욕을 하는 것은 좋지 않다.

| the pit of | one's stomach | 명치 |

▷ She woke up depressed with a sad feeling *in* the **pit of** her **stomach**. 그는 명치에 슬픈 느낌을 안고 깨어났다.

| kick A | in the stomach | A의 배를 차다 |

★ kick 외에 shoot, hit, stab 등도 연결된다.

▷ Apparently the man was **kicked in** the **stomach**. 그 남자가 배를 걷어차인 모양이다.

stop /stɑp/ 명 정지; 체재; 정류장

make	a stop	정차하다; 들르다
come to	a stop	정지하다, 멈춰 서다
put	a stop to A	A를 중단시키다

▷ If we're flying from Paris to Seoul, why don't we **make** a **stop** for a couple of days in Hong Kong? 우리가 파리에서 서울로 비행기를 타고 가면, 홍콩에 2, 3일 간 들르는 게 어때?
▷ The golf ball hit a fence, bounced off a tree and finally **came to** a **stop** just in front of the hole! 골프 공이 울타리에 부딪치고 나무에 맞아 튀어나오더니, 결국은 홀 바로 앞에서 멈췄어!
▷ We would like to **put** a **stop to** this kind of harassment as soon as possible. 우리는 이런 괴롭힘을 되도록 빨리 중단시키고 싶다.

a brief	stop	잠깐 멈춤; 잠깐 들르는 일
a short	stop	
an overnight	stop	하룻밤 체류; 일박
a bus	stop	버스 정류장
(the) next	stop	다음 정류장

▷ Let's make a **brief stop** to have a cup of coffee. 잠깐 쉬면서 커피를 마시자.
▷ We can't drive all the way there in one day. We'll have to make an **overnight stop**. 운전해서 하루 만에 거기에 갈 수는 없어. 일박을 해야 할 거야.
▷ I think we need to get off at the **next stop**. 우리 다음 정류장에서 내려야 할 것 같아.

stop /stɑp/

동 세우다, 서다; 그만두다; 들르다

stop	abruptly	갑자기 서다
stop	suddenly	
stop	immediately	즉시 서다
stop	altogether	완전히 서다
stop	completely	

★ suddenly는 동사 앞에도 쓰인다.

▷ The bus **stopped abruptly** and everybody fell forward. 버스가 갑자기 정지해서 모두 앞으로 넘어졌다.
▷ My watch kept stopping and starting, and now it's **stopped altogether**. 내 시계는 가다 서다 하더니 이제는 완전히 멈춰 버렸다.

stop	doing	…하는 것을 그만두다
stop	to do	…하려고 멈추다
cannot stop	doing	…하는 것을 멈출 수 없다
stop A	(from) doing	A(사람)가 …하는 것을 막다

▷ Has it **stopped** raining yet? 이제 비가 그쳤니?
▷ The scenery along the coastal road was so beautiful that we **stopped to** have a picnic. 해안 도로의 풍경이 너무 아름다워서 우리는 소풍을 즐기려고 멈췄다.
▷ I **can't stop** eating this chocolate cake! It's so delicious! 이 초콜릿 케이크 먹는 걸 멈출 수가 없어! 너무 맛있어!
▷ Her parents tried to **stop** her **from** staying out too late. 그녀의 부모는 그녀가 너무 늦게까지 밖에 다니는 것을 막으려고 했다.

| stop | at A | A에 들르다; A에 묵다; A에 멈춰 서다 |

▷ We **stopped at** a gas station to fill up. 우리는 기름을 넣으려고 주유소에 멈췄다.
▷ I **stopped at** a small hotel for two days. 나는 작은 호텔에 이틀을 묵었다.

PHRASES
Stop it! ☺ 그만해!

store /stɔːr/ 명 가게, 상점; 저축; 창고

open	a store	가게를 열다
close	a store	가게를 닫다
run	a store	가게를 운영하다

▷ After he retired from his job, my grandfather decided to **open** a **store** in his village. 우리 할아버지는 은퇴하신 뒤 마을에 가게를 열기로 결심하셨다.

a large	store	큰 가게; 대량 축적
a chain	store	체인점
a convenience	store	편의점

| storm |

a department	store	백화점
a grocery	store	식료품점
a shoe	store	신발 가게
a video	store	비디오 가게

▷ There's a **large store** *of* spare parts in the warehouse. 창고에 예비 부품이 많이 보관되어 있다.

in	store	준비하고 기다리는

▷ When he accepted the job, he didn't realize what was **in store** for him. 그 일을 받아들였을 때 그는 무엇이 자신을 기다리고 있는지 몰랐다.

storm /stɔːrm/ 명 폭풍, 폭풍우; 소란

a storm	hits	폭풍이 닥치다
a storm	strikes	
a storm	breaks	폭풍이 일다
a storm	is coming	폭풍이 다가오다
a storm	is brewing	
a storm	blows up	폭풍이 거칠게 불다

▷ A **storm hit** the southeast coast of the USA and caused a lot of damage. 미국 남동부 해안에 폭풍이 닥쳐서 많은 피해를 입혔다.

▷ It looks as if a **storm** is going to **break** soon. 폭풍이 곧 일 것 같다.

▷ There's a **storm blowing up**. 폭풍이 다가오고 있다.

cause	a storm	소란을 일으키다
provoke	a storm	
weather	a storm	폭풍을 헤쳐나가다

▷ If the story gets into the newspapers, it'll **cause** a **storm**. 이 이야기가 신문에 실리면 난리가 날 것이다.

▷ The rise in gasoline prices **provoked** a **storm** of protest from motorists. 휘발유 가격 인상은 자동차 운전자들에게서 폭풍 같은 항의를 불러 일으킬 것이다.

a bad	storm	격심한 폭풍
a great	storm	
a violent	storm	
a severe	storm	
a terrible	storm	
a rain	storm	폭풍우
a snow	storm	눈보라
a political	storm	정치적 혼란

▷ A **great storm** hit the island with almost no warning. 그 섬에 격심한 폭풍이 거의 예고도 없이 들이닥쳤다.

▷ A **political storm** followed the Prime Minister's resignation. 총리의 사퇴 이후 정치적 혼란이 이어졌다.

the eye of	the storm	태풍의 눈

▷ Our plane was caught right in the **eye of the storm**. 우리 비행기가 태풍의 눈에 들어갔다.

story /stɔ́ːri/ 명 이야기, 소설; 기사

write	a story	이야기를 쓰다
read	a story	이야기를 읽다; 이야기를 읽어주다
tell	a story	이야기를 들려주다
hear	a story	이야기를 듣다
believe	the story	그 이야기를 믿다
know	the story	그 이야기를 알다

▷ Chris and his brother **told** us some interesting **stories** about their father, Roger. 크리스 형제는 우리에게 그들의 아버지 로저에 대한 재미있는 이야기들을 해줬다.

▷ I **heard** a very strange **story** about a ghost in this house. 이 집의 유령에 대해서 아주 이상한 이야기를 들었다.

the true	story	실화, 진상
an interesting	story	흥미로운 이야기
an old	story	옛날 이야기
a strange	story	이상한 이야기
a funny	story	재미있는 이야기
a sad	story	슬픈 이야기
a success	story	성공 이야기
the full	story	이야기 전체
the whole	story	
a short	story	단편 소설
a bedtime	story	잠잘 때 들려주는 동화
an adventure	story	모험 소설
a detective	story	탐정 소설
a fairy	story	동화
a ghost	story	유령 이야기
a horror	story	무서운 이야기
a love	story	사랑 이야기
a front-page	story	일면 기사
a news	story	뉴스 기사
the main	story	주요 기사

▷ Maybe in 6 months from now we'll find out the **true story** of what really happened. 아마도 지금부터 6개월이 지나면 우리는 정말로 어떤 일이 있었는

지 진상을 알게 될 것이다.
▷ We know some of the facts, but I don't think we've heard the **whole story** yet. 우리가 일부 사실은 알고 있지만, 전체 이야기는 아직 듣지 않았을 것이다.

a story	about A	A에 대한 이야기
the story	behind A	A의 배경이 되는 이야기

▷ The **story behind** how Helen got her job is quite interesting. 헬렌이 어떻게 그 일을 하게 되었는지 뒷이야기가 아주 흥미롭다.

PHRASES

End of story. ⓒ 이야기 끝, 이상 끝.
It's a long story. ⓒ 말하자면 길어. ▷ "Why are you so late?" "Yes, I'm sorry. Well, it's a long story..." "왜 이렇게 늦었어?" "미안해. 말하자면 길어."
It's the same old story. ⓒ 늘 똑같은 이야기야.
but that's another story ⓒ 하지만 그건 다른 이야기야.
That's not the whole story. ⓒ 그게 다가 아니야.

straight /streit/ 웹 똑바른, 직선의; 연속된

perfectly	straight	직선의
《영》 dead	straight	
almost	straight	거의 똑바른

▷ Stand **perfectly straight** while I measure your height. 키를 재는 동안 똑바로 서세요.

three straight	days	사흘 연속으로

▷ She's eaten no food for three **straight days**. 그녀는 사흘 연속 아무것도 먹지 않았다.

strange /streindʒ/ 웹 이상한, 기묘한

seem	strange	이상하게 여겨지다
feel	strange	이상하게 느끼다
sound	strange	이상하게 들리다

▷ It **seems strange** that Emma hasn't phoned yet. 에마가 아직 전화하지 않은 것은 이상하다.
▷ It **felt strange** at first, but now I really like it. 처음에는 이상하게 여겨졌지만, 이제 나는 그걸 아주 좋아한다.

extremely	strange	아주 이상한
particularly	strange	특히 이상한
slightly	strange	약간 이상한

▷ There's something **slightly strange** about that man's accent. 그 남자의 억양은 약간 이상한 점이 있다.

it is strange	that...	…은 이상하다
it seems strange	that...	

▷ It's **strange that** your brother locks himself in his room for hours and won't come out. 네 형이 몇 시간 동안 방에 틀어박혀서 나오지 않는 게 이상하다.

the strange thing	is...	이상한 것은 …다

▷ The **strange thing is** that I dreamt I was sitting in this same restaurant with you last night! 이상한 것은 내가 어젯밤에 너랑 이 식당에서 식사하는 꿈을 꾸었다는 거야.

PHRASES

Strange but true. ⓒ 이상하지만 사실이다.
That's strange. ⓒ 이상한 일이다. ▷ That's strange. I thought I put my wallet on the table. 이상하네. 내 지갑을 테이블에 올려둔 줄 알았는데.

stranger /stréindʒər/ 웹 모르는 사람

a complete	stranger	전혀 모르는 사람
a total	stranger	
a perfect	stranger	

▷ This man started talking to me on the train. He was a **complete stranger**. It was scary! 기차에서 어떤 사람이 나에게 이야기를 하기 시작했어. 전혀 모르는 사람인데 말야. 그거 무섭더라!

a stranger	to A	A를 모르는 사람; A(지방)의 사정을 모르는 사람

▷ My dad's a firefighter. He's no **stranger to** dangerous situations. 우리 아빠는 소방관이라 위험한 상황들을 알 만큼 아신다.

strategy /strǽtədʒi/ 웹 전략

have	a strategy	전략이 있다
develop	a strategy	전략을 개발하다
adopt	a strategy	전략을 채택하다
implement	a strategy	전략을 실행하다

▷ We need to **develop** a new **strategy** for increasing our sales. 우리는 판매를 늘릴 새로운 전략을 개발해야 한다.
▷ We need to **adopt** a different **strategy** if we're going to win this contract. 우리가 이 계약을 따내려면 다른 전략을 채택해야 한다.

an effective	strategy	효과적인 전략
an alternative	strategy	대체 전략
a long-term	strategy	장기 전략

an overall	strategy	종합 전략
a military	strategy	군사 전략
a political	strategy	정치 전략
a business	strategy	사업 전략
an investment	strategy	투자 전략
an economic	strategy	경제 전략
an energy	strategy	에너지 전략

▷ We need to have a **long-term strategy**, not just a short-term plan. 우리는 단기 계획뿐 아니라 장기 전략이 있어야 한다.

▷ The Government's **economic strategy** has not been very successful so far. 정부의 경제 전략은 지금까지 별로 성공적이지 않다.

| a strategy | for A | A를 위한 전략 |

▷ The World Champion's **strategy for** his next fight is simple. Attack! Attack! Attack! 세계 챔피언의 다음 번 대전에 대한 전략은 간단하다. 공격! 공격! 또 공격이다.

stream /striːm/ 명 시내, 개울; 흐름

a little	stream	작은 시내
a small	stream	
a mountain	stream	계곡물
a steady	stream	끊임없는 흐름
a constant	stream	
an endless	stream	

▷ A **little stream** runs through the garden. 정원에는 작은 시내가 흐른다.

▷ There's been a **steady stream** *of* people buying tickets for the concert all day. 하루 종일 콘서트 티켓을 사는 사람들의 행렬이 끊이지 않고 있다.

street /striːt/ 명 거리, 길; …로

cross	the street	길을 건너다
walk	the streets	길을 걷다
wander	the streets	길거리를 돌아다니다

▷ Look both ways before **crossing** the **street**. 길을 건너기 전에 양쪽을 잘 봐.

▷ He had no money for a hotel so he **wandered** the **streets** all night. 그는 호텔비가 없었기 때문에 밤새 길거리를 돌아다녔다.

a narrow	street	좁은 길
a busy	street	번화한 길
a cobbled	street	자갈 포장도로
the main	street	큰길, 중심가
《영》 the high	street	
a residential	street	주택가

▷ We want to move. Our house is on a really **busy street**. 우리는 이사하고 싶어. 우리 집이 너무 번잡한 도로변에 있거든.

▷ A shopping center is to be built on the **main street**. 큰길가에 쇼핑 센터가 지어질 예정이다.

across	the street	길 건너
on	the street	길에
《영》 in	the street	

▷ The post office is just **across** the **street**. 우체국은 바로 길 건너편에 있다.

▷ You should tell the children not to play **in** the **street**. 아이들에게 길에서 놀지 말라고 말해야 한다.

strength /streŋ(k)θ/

명 힘, 체력; 강도; 강함; 장점; 병력

have	the strength	힘이 있다
build up	one's strength	힘을 키우다
gain	strength	힘을 얻다
grow in	strength	힘이 커지다
give	strength	힘을 주다
lose	one's strength	힘을 잃다

▷ She didn't **have** the **strength** *to* lift the suitcase onto the rack. 그녀는 그 여행 가방을 선반에 얹을 힘이 없었다.

▷ You need to **build up** your **strength** after that long illness. 너는 그렇게 오래 병을 앓았으니 체력을 키워야 한다.

▷ Support for the antinuclear power movement is **growing in strength**. 원전 반대 운동에 대한 지지가 힘을 얻고 있다.

▷ The support of all my friends and family really **gave** me **strength**. 친구와 가족 모두의 지지가 내게 큰 힘이 되었다.

great	strength	강한 힘
competitive	strength	경쟁력
real	strength	진짜 힘
an inner	strength	내면의 힘
physical	strength	체력
muscular	strength	근력
economic	strength	경제력
military	strength	군사력

▷ I think she showed **great strength** of character by not giving up. 그녀는 포기하지 않음으로써 강인한 성격을 보여준 것 같다.

▷ We need to increase our **competitive strength**

if we want to survive as a company. 우리가 기업으로 살아남으려면 경쟁력을 높여야 한다.

strengths and weaknesses	장점과 단점

▷ What are your **strengths and weaknesses**? 당신의 장점과 단점은 무엇입니까?

at	full strength	힘껏, 전원이 모여서
with	all one's strength	온 힘을 다해서

▷ Two of our players are injured, so the team won't be **at full strength**. 우리 선수 두 명이 부상당해서, 팀이 완전한 전력이 아니다.

▷ I can't push any harder! I'm already pushing **with all** my **strength**! 이보다 더 세게는 못 밀어! 이미 온 힘을 다하고 있다고!

stress /stres/ 명 스트레스; 강조; 압박, 압력

cause	stress	스트레스를 일으키다
reduce	stress	스트레스를 줄이다
suffer from	stress	스트레스에 시달리다
cope with	stress	스트레스에 대처하다
lay	stress on A	A를 강조하다
put	stress on A	

▷ What are the top three things that **cause stress** for people? 사람들에게 스트레스를 가장 많이 일으키는 세 가지가 무엇인가요?

▷ I asked the doctor to give me something to **reduce stress**. 나는 의사에게 스트레스를 줄여줄 뭔가를 달라고 부탁했다.

▷ Brian's been **suffering from** a lot of **stress** recently. 브라이언은 최근에 많은 스트레스에 시달리고 있다.

▷ Our new boss **lays** a lot of **stress on** working as a team. 우리의 새 상사는 한 팀으로 일해야 한다고 자주 강조한다.

considerable	stress	상당한 스트레스
great	stress	큰 스트레스
severe	stress	격심한 스트레스
mental	stress	정신적 스트레스

▷ Dealing with complaints every day can cause **great stress**. 매일 불만을 처리하는 것은 큰 스트레스가 될 수 있다.

the stress	on A	A가 받는 압력
under	stress	스트레스를 받아서

▷ There's a lot of **stress on** us to complete the project by the end of the month. 우리는 이 달 말까지 사업을 완료하라는 압력을 많이 받고 있다.

▷ I've been **under** a lot of **stress** lately. 나는 최근에 많은 스트레스를 받고 있다.

stress and anxiety	스트레스와 불안
stresses and strains	스트레스와 긴장

★ anxiety와 stress라고도 쓰인다.

▷ He's a good tennis player, but I'm not sure how well he'll stand up to the **stresses and strains** of international competition. 그는 실력 있는 테니스 선수지만 그가 국제 경기의 스트레스와 긴장을 얼마나 버텨낼 수 있을지 모르겠다.

stress /stres/ 통 강조하다

strongly	stress	힘주어 강조하다
repeatedly	stress	반복해서 강조하다

▷ The mountain guide **repeatedly stressed** that nobody should leave the main group. 산악 안내인은 누구도 집단을 이탈해서는 안 된다고 여러 번 강조했다.

stress	that...	…라고 강조하다

▷ Our teacher **stressed that** we should make notes before writing the essay. 우리 선생님은 리포트를 쓰기 전에 메모를 해야 한다고 강조했다.

be important	to stress	강조하는 것이 중요하다

▷ It is **important to stress** that people should consult their doctors before making any decision to stop treatment. 사람들이 치료 중단을 결정하기 전에 의사와 상담해야 한다는 것을 강조해야 한다.

stretch /stretʃ/ 명 뻗기, 확장; 범위

have	a stretch	기지개를 켜다
give	a stretch	

▷ When I wake up in the morning, I need to **have** a good **stretch** before I get out of bed. 나는 아침에 일어나면 침대에서 나오기 전에 기지개를 충분히 켜야 한다.

a great	stretch	큰 범위
a long	stretch	

▷ There's a **great stretch** of sea to cross before we see land. 육지를 볼 때까지 넓은 바다를 건너야 한다.

at	a stretch	한 번에, 단숨에
at	full stretch	전신을 뻗어서; 전력을 기울여서

▷ It's not good to drive for more than 2 hours **at a stretch** without taking a break. 쉬지 않고 한 번에 두 시간 이상 운전하는 것은 좋지 않다.

stretch /stretʃ/ 图 뻗다; 펴다

stretch	tightly	팽팽하게 펴다
stretch	out	팔다리를 뻗다
stretch	luxuriously	여유롭게 팔다리를 펴다
stretch	away	멀리까지 뻗다
stretch	back	거슬러 올라가다
fully	stretch	완전히 펴다

▷ The nurse **stretched** the bandage **tightly** round his leg. 간호사는 그의 다리에 붕대를 팽팽히 펴서 감았다.

▷ The road **stretched away** in front of them for miles and miles. 그들 앞에 도로가 수 마일에 걸쳐 뻗어 있었다.

▷ His experience as a mountain climber **stretches back** for over 40 years. 등반가로서의 그의 경력은 40년 이상을 거슬러 올라간다.

▷ We can't take on any more work. Our resources are already **fully stretched**. 우리는 더 이상 일을 받을 수 없어요. 우리 인력은 이미 남김없이 활용되고 있거든요.

stretch	across A	A를 가로질러 뻗다
stretch	for A	A(거리)만큼 뻗다
stretch	from A to B	A에서 B까지 뻗다

▷ The area that was flooded **stretched for** over 70 square miles. 침수된 지역은 70제곱마일 이상 뻗어 있었다.

▷ The clothesline **stretched from** the side of our house **to** a tree in the garden. 빨랫줄은 우리 집 옆에서 정원에 있는 나무까지 뻗어 있었다.

strike /straik/ 图 파업; 공격

be on	strike	파업 중이다
go on	strike	파업에 들어가다
call	a strike	파업을 호소하다
call off	a strike	파업을 중지하다

▷ They've been **on strike** for over two months and still no progress. 그들은 두 달 넘게 파업 중인데 여전히 아무런 진전이 없다.

▷ The union **called a strike** for better wages and working conditions. 노동 조합은 임금 인상과 근로 조건 개선을 위해 파업에 돌입하자고 호소했다.

a one-day	strike	일일 파업
a general	strike	총파업
a national	strike	전국 파업
a hunger	strike	단식 투쟁
a sit-down	strike	연좌 농성
a sympathy	strike	동정 파업
a rail	strike	철도 파업
an air	strike	공습

▷ A **general strike** was carried out on the 9th of June. 6월 9일에 총파업이 실행되었다.

a strike	against A	A에 반대하는 파업
a strike	over A	A를 둘러싼 파업

▷ The airline staff are going to **strike over** wages. 항공사 직원들은 임금 문제로 파업을 할 것이다.

strike /straik/

图 때리다, 치다; 머리에 떠오르다; 감동을 주다

strike	hard	세게 때리다
particularly	strike	특히 감동받다
suddenly	strike	갑자기 떠오르다

▷ I was **particularly struck** by the beauty of Mozart's music. 나는 모차르트 음악의 아름다움에 특히 감동을 받았다.

▷ A great idea **suddenly struck** him. 갑자기 멋진 생각이 그에게 떠올랐다.

it strikes A that...	A(사람)의 마음에 …가 떠오르다

▷ Hi, Bob. **It struck** me **that** you might like these tickets. You're a baseball fan, aren't you? 안녕, 밥. 네가 이 티켓을 좋아할지도 모른다는 생각이 들더라. 너 야구 팬 맞지?

be struck	by A	A에 맞다; A에 감동받다

▷ I was **struck by** the beauty of the scenery. 나는 아름다운 풍경에 감동을 받았다.

strike	at A	A를 때리다
strike A	with B	A를 B로 때리다

▷ He **struck** the security guard over the head **with** a baseball bat. 그는 야구 방망이로 경비원의 머리를 때렸다.

strike A	as B	A(사람)에게 B라는 인상을 주다
★B는 형용사·명사		

▷ Your new boyfriend **strikes** me **as** a really interesting guy. 너의 새 남자 친구는 아주 재미있는 친구라는 인상을 주더구나.

strong /strɔːŋ/ 图 강한, 강력한

grow	strong	강해지다

▷ She's recovering well — **growing stronger**

every day. 그녀는 잘 회복하고 있다—매일매일 튼튼해지고 있다.

extremely	strong	엄청나게 강한
exceptionally	strong	
immensely	strong	
fairly	strong	상당히 강한
particularly	strong	특히 강한
strong	enough	충분히 강한

▷ This rope is **exceptionally strong**. It's used by mountain climbers. 이 밧줄은 아주 강하다. 등산가들이 쓰는 것이다.

▷ Ed's **particularly strong** for a boy of his age. 에드는 그 나이의 사내아이치고는 유난히 강하다.

▷ Amy's still not **strong enough** to get out of bed. 에이미는 아직 침대에서 일어날 만한 힘이 없다.

structure /strʌ́ktʃər/ 圆 구조; 조직

examine	the structure	구조를 조사하다
determine	the structure	구조를 판단하다

▷ Scientists are **examining** the **structure** of a rock found on the moon. 과학자들은 달에서 발견한 암석의 구조를 조사하고 있다.

(an) internal	structure	내부 구조
(an) organizational	structure	조직 구조
(a) management	structure	경영 구조
(an) economic	structure	경제 구조
a social	structure	사회 구조
(an) industrial	structure	산업 구조
(a) class	structure	계급 구조
(a) data	structure	데이터 구조

▷ There are too many departments and divisions in the company. We need to improve the **internal structure**. 회사에 부서와 과가 너무 많다. 내부 구조를 개선해야 한다.

▷ Sally is studying the **social structure** of primitive societies in Africa. 샐리는 아프리카 원시 부족들의 사회 구조를 연구하고 있다.

struggle /strʌ́gl/ 圆 투쟁, 싸움; 분투

a bitter	struggle	격렬한 싸움
an uphill	struggle	힘겨운 싸움
a constant	struggle	끊임없는 싸움
(an) armed	struggle	무장 투쟁
(a) class	struggle	계급 투쟁
(a) political	struggle	정치 투쟁
a power	struggle	권력 투쟁

▷ After a **bitter struggle** she finally won custody of the children. 격심한 싸움 끝에 그녀는 마침내 아이들의 양육권을 얻어냈다.

▷ For a single parent to bring up two young children is an **uphill struggle**. 한부모가 어린 아이 둘을 키우는 것은 힘겨운 씨름이다.

a struggle	against A	A에 반대하는 싸움
a struggle	for A	A를 위한 싸움
a struggle	with A	A와의 싸움
a struggle	between A and B	A와 B의 싸움

▷ We must continue the **struggle against** racism. 우리는 계속 인종차별에 맞서 싸워야 한다.

▷ Life seems to be a constant **struggle between** good **and** evil. 인생은 선과 악의 끊임없는 싸움 같다.

struggle /strʌ́gl/ 圆 몸부림치다; 분투하다

desperately	struggle	필사적으로 몸부림치다
constantly	struggle	끊임없이 분투하다

▷ She fell through the ice on the pond and **desperately struggled** to climb out. 그녀는 연못의 얼음 아래로 빠지자 필사적으로 몸부림쳐서 기어 나왔다.

struggle	for A	A를 위해 몸부림치다
struggle	through A	A를 헤치고 나아가다
struggle	with A	A와 싸우다
struggle	against A	

▷ They are **struggling for** a better future. 그들은 더 좋은 미래를 위해 분투하고 있다.

▷ I can't solve this math problem. I've been **struggling with** it for hours. 이 수학 문제는 못 풀겠어. 몇 시간 동안 씨름했는데도.

struggle	to do	…하려고 분투하다

▷ It was really hot on the day of the marathon. Many of the competitors **struggled to** finish the race. 마라톤을 하는 날은 너무 더웠다. 많은 참가자가 레이스를 마치기 위해 분투했다.

stuck /stʌk/ 圆 (끼어서) 꼼짝 못하는

get	stuck	꼼짝 못하게 되다

▷ We **got stuck** in a traffic jam for 3 hours at the weekend. 우리는 주말에 교통 체증에 걸려 세 시간 동안 꼼짝 못했다.

| student |

student /stjúːdnt/ 명 학생

a college	student	대학생
a university	student	
a first-year	student	1학년 학생
a second-year	student	2학년 학생
a research	student	연구생
a foreign	student	유학생
《영》an overseas	student	
an exchange	student	교환 학생

▷ I'm a **third-year student** at Oxford University. 나는 옥스퍼드 대학교의 3학년 학생입니다.
▷ The university is accepting more and more **overseas students**. 대학은 유학생들을 점점 더 많이 받아들이고 있다.

study /stʌ́di/

명 공부; (개인의) 연구; (studies의 형태로) 학업

make	a study	연구하다
carry out	a study	
conduct	a study	
undertake	a study	연구에 착수하다
continue	one's studies	학업을 계속하다
complete	one's studies	학업을 마치다

▷ She's thinking of going to Canada to **continue her studies**. 그녀는 학업을 계속하기 위해 캐나다에 가려고 생각하고 있다.

the study	finds	연구가 밝혀내다
the study	shows	연구가 보여주다
the study	indicates	
the study	suggests	연구가 암시하다

▷ The **study found** that generally speaking women live longer than men. 연구가 밝혀낸 바 일반적으로 여성이 남성보다 오래 산다는 것이다.
▷ The **study shows** that the number of homeless people is increasing. 연구가 보여주는 것은 노숙자들의 수가 늘고 있다는 것이다.

the present	study	현재의 연구
a recent	study	최근의 연구
a previous	study	선행 연구
a detailed	study	자세한 연구

▷ A **recent study** has shown that obesity is a major problem in the USA. 최근의 연구는 비만이 미국의 주요한 문제라는 것을 보여주었다.
▷ We need to carry out a **detailed study** of the causes of the train crash. 우리는 열차 사고의 원인을 면밀히 조사해야 한다.

an area of	study	연구 분야

study /stʌ́di/

동 조사하다; 공부하다, 연구하다

carefully	study	주의 깊게 조사하다
intensively	study	집중적으로 조사하다
extensively	study	폭넓게 조사하다

★세 개의 부사 모두 동사의 뒤에도 쓰인다.

▷ He **carefully studied** the map. 그는 지도를 주의 깊게 살펴보았다.
▷ The effects of global warming have been **extensively studied**. 지구 온난화의 영향이 폭넓게 조사되었다.

study	at A	A(학교)에서 공부하다
study	for A	A를 위해 공부하다

▷ He **studied** French literature **at** University of Paris. 그는 파리 대학에서 프랑스 문학을 공부했다.
▷ Carolyn is **studying for** a degree at Cambridge. 캐롤린은 케임브리지 대학에서 학위를 따려고 공부하고 있다.

study	wh-	…인지 연구하다

★wh-는 how, why, when 등의 의문사

▷ Peter **studied how** the brain works. 피터는 두뇌가 어떻게 작동하는지를 연구했다.

stupid /stjúːpid/ 형 바보 같은, 어리석은

incredibly	stupid	어이 없을 만큼 어리석은
absolutely	stupid	말도 안 되게 바보 같은
really	stupid	정말 어리석은
so	stupid	너무 어리석은
stupid	enough	충분히 어리석은

▷ I can't believe that Ben could say something **so incredibly stupid**! 벤이 그렇게 어처구니없이 멍청한 말을 했다니 믿을 수 없어!
▷ I should never have believed what Peter said. I was **so stupid**! 피터가 한 말을 믿지 말았어야 했는데. 내가 너무 어리석었어!
▷ I can't believe I was **stupid enough** to leave my wallet in the taxi! 지갑을 택시에 두고 내리는 바보 짓을 하다니 어이가 없군!

feel	stupid	바보 같다고 느끼다
sound	stupid	바보처럼 들리다

▷ I was the only one to get the answer wrong in class and everybody looked at me. I **felt** pretty **stupid**! 우리 반에서 내가 유일하게 답을 틀려서 모두들 나를 쳐다봤지. 정말 바보가 된 느낌이었어!

be stupid   of A (to do)   (…하다니) A(사람)는 바보다

▷ It was **stupid** of me **to** argue with my boss. 상사와 말다툼을 하다니 내가 어리석었다.

PHRASES

How stupid! ☺ 바보 같이! ▷ Oh, I left my umbrella on the train! How stupid! 아, 우산을 기차에 두고 내렸어! 이런 바보!

style /stail/ ⑲ 방식, 양식; 형(型), 스타일; 유행; 문체; 품위, 기품

have	a style	방식이 있다
develop	a style	방식을 개발하다
adopt	a style	방식을 채택하다
change	A's style	A의 방식을 바꾸다
have	style	품위가 있다

▷ He **has** a very interesting **style** of writing. 그는 문체가 아주 흥미롭다.

▷ After you've played golf for a while, you **develop** a **style** of your own. 골프를 어느 정도 치면 자신만의 방식이 개발된다.

▷ Look at the way Melissa's dancing. She really **has style**! 멜리사가 춤추는 모습을 봐. 정말 기품이 있어!

(a) modern	style	현대적 양식
(a) classical	style	고전적 양식
(a) traditional	style	전통적 양식
(an) architectural	style	건축 양식
one's own	style	자신만의 방식
a particular	style	특정한 방식
leadership	style	지도 방식
management	style	경영 방식

▷ Everyone has their **own style** of giving a presentation. 사람들은 모두 발표할 때 자신만의 방식이 있다.

▷ Mr. Bean has his own **particular style** of comedy. 빈 씨는 그 자신만의 독특한 코미디 방식이 있다.

in	style	유행하는; 멋지게

▷ Maria and her partner won the ballroom dancing competition **in style**. 마리아와 그녀의 파트너는 사교 댄스 경연에서 멋지게 우승했다.

subject /sʌ́bdʒikt/ ⑲ 주제, 화제; 과목

bring up	the subject	화제를 끌어내다
raise	the subject	
broach	the subject	
get onto	the subject	화제가 되다
drop	the subject	화제를 끝내다
get off	the subject	화제에서 벗어나다
change	the subject	화제를 바꾸다
be related to	the subject	화제에 관련되다
choose	a subject	과목을 선택하다
take	a subject	과목을 수강하다

▷ I'm afraid we've rather **got off** the **subject**. 우리가 화제에서 약간 벗어난 것 같아.

▷ I think we'd better **change** the **subject**. 화제를 바꾸는 게 좋을 것 같아.

▷ What I have to say is **related to** the **subject** under discussion. 내가 하려는 말은 논의중인 주제와 관련된 겁니다.

▷ How many **subjects** are you **taking** this year? 너는 올해 몇 과목을 수강하고 있니?

a complex	subject	복잡한 화제
one's favorite	subject	좋아하는 화제
the main	subject	주제; 주요 과목
a particular	subject	특정한 화제

▷ Is there any **particular subject** that you'd like to discuss today? 오늘 논의하고 싶은 특정 주제가 있나요?

on **the subject of** A	A의 주제에 관해; A로 말하자면

▷ **On** the **subject of** birthdays, it's my birthday tomorrow! 생일에 대해서 말하자면, 내일이 내 생일이야!

subway /sʌ́bwèi/ ⑲ 지하철; 《영》 지하도

take	the subway	지하철을 타다
ride	the subway	

▷ Ted **takes** the **subway** to work every day. 테드는 매일 지하철을 타고 출근한다.

by	subway	지하철로

▷ Do you take a bus to work or go **by subway**? 너는 걸어서 출근하니, 지하철로 출근하니?

succeed /səksíːd/

⑲ 성공하다; 계승하다, 뒤를 잇다

eventually	succeed	결국 성공하다
finally	succeed	

| success |

| nearly | succeed | 거의 성공하다 |

▷ If you keep trying, you'll **eventually succeed**. 계속 노력하면 결국 성공할 거야.

succeed	in (doing) A	A에 성공하다
succeed	A as B	A(사람)의 뒤를 이어서 B가 되다
succeed	to A	A를 잇다

▷ Peter **succeeded in** cook**ing** us a really nice meal. 피터는 우리에게 맛있는 식사를 만들어 주는 데 성공했다.
▷ President Obama **succeeded** George W. Bush **as** President of the USA. 오바마 대통령은 조지 W. 부시에 이어 미국의 대통령이 되었다.
▷ One day Prince William will **succeed to** the throne. 언젠가 윌리엄 왕자가 왕위를 이을 것이다.

| be likely to succeed | 성공할 가능성이 있는 |

▷ I'm trying to persuade my father to buy me a car, but I don't think I'm **likely to succeed**! 나는 차를 사달라고 아버지를 설득하고 있지만, 성공할 것 같지가 않아!

success /səksés/ 圖 성공; 성공한 사람

make	a success	성공하다
score	a success	성공을 거두다
achieve	success	
enjoy	success	
have	success	
ensure	success	성공을 확실히 하다
guarantee	success	성공을 보장하다

▷ I hope you **make a success** of your new job. 네가 새 직장에서 성공하기를 바란다.
▷ Tiger Woods **enjoyed** great **success** as a golf player. 타이거 우즈는 골프 선수로서 큰 성공을 거두었다.
▷ I tried to persuade Tina to come to the party but I didn't **have** much **success**. 티나에게 파티에 오라고 설득하려 했지만, 별로 성공하지 못했다.

a great	success	큰 성공
a huge	success	
a big	success	
(a) considerable	success	상당한 성공
(a) notable	success	주목할 만한 성공
(a) remarkable	success	두드러진 성공
limited	success	한계가 있는 성공
moderate	success	
a complete	success	완전한 성공

| (a) commercial | success | 상업적 성공 |

▷ You're going to be a **big success**. 너는 크게 성공할 거야.
▷ He achieved only **limited success** as a basketball player. 그의 농구선수로서의 성공에는 한계가 있었다.
▷ The operation was a **complete success**. 작전은 완전한 성공이었다.

| a chance of | success | 성공 가능성 |

▷ I don't think your **chances of success** are very high. 내가 보기에 네가 성공할 가능성은 별로 높지 않다.

| success | in (doing) A | A에서의 성공 |
| success | with A | A에 대한 성공 |

▷ She had no **success in** gett**ing** him to change his mind. 그녀는 그가 마음을 바꾸게 하는 데 성공하지 못했다.
▷ Terry doesn't have much **success with** women. 테리는 여자들에게는 별로 인기가 없다.

successful /səksésfəl/

圖 성공한, 성공적인

highly	successful	크게 성공한,
hugely	successful	대성공을 거둔
extremely	successful	
remarkably	successful	

▷ She was **highly successful** in running her own business. 그녀는 자기 사업을 경영하는 데 크게 성공했다.
▷ The diet was **remarkably successful**. I lost 2 kilos in one month! 다이어트는 대성공이었다. 한 달에 2킬로를 뺐다!

| successful | in (doing) A | A에 성공한 |

▷ There are so many books about how to be **successful in** business. 사업에 성공하는 법에 대한 책은 너무도 많다.

suffer /sʌ́fər/

圖 고생하다; 앓다; 피해를 받다

| suffer | badly | 크게 고생하다 |
| suffer | greatly | |

▷ My grandfather **suffered greatly** during the war. 우리 할아버지는 전쟁 중에 크게 고생하셨다.

| suffer | from A | A(병)를 앓다; A로 피해를 입다 |

▷ He **suffered from** depression. 그는 우울증을 앓았다.

sugar /ʃúgər/ 명 설탕

| add | sugar | 설탕을 넣다 |
| take | sugar | |

▷ **Add sugar** and stir into the mixture. 설탕을 넣고 저어서 섞으세요.
▷ Do you **take sugar** in your coffee? 커피에 설탕을 넣으세요?

a lump of	sugar	각설탕 한 개
a cube of	sugar	
a spoonful of	sugar	설탕 한 스푼
a teaspoon of	sugar	설탕 1티스푼

▷ He put three **spoonfuls of sugar** in his coffee. 그는 커피에 설탕을 세 스푼 넣었다.

suggest /səgdʒést/

동 제안하다; 시사하다, 암시하다

| strongly | suggest | 강하게 제안하다; 강하게 시사하다 |
| seriously | suggest | 진지하게 제안하다 |

▷ I **strongly suggest** you see a doctor before your cold gets worse. 너 감기가 악화되기 전에 병원에 꼭 가봐.

suggest	(that)...	…을 제안하다; …을 시사하다
suggest	wh-	…인지를 제안하다
suggest	doing	…할 것을 제안하다

★ wh-는 how, what, why, where 등의 의문사

▷ My dad **suggested** I should get a part-time job during the summer vacation. 아빠는 내게 여름 방학 때 아르바이트를 해보라고 제안하셨다.
▷ Can you **suggest how** we should deal with this situation? 우리가 이 상황에 어떻게 대처해야 할지 제안 좀 해주시겠어요?
▷ She **suggested** having a rest. 그녀는 쉴 것을 제안했다.

suggestion /səgdʒéstʃən/

명 제안; 암시; 가능성

have	a suggestion	제안할 것이 있다
make	a suggestion	제안하다
offer	a suggestion	
accept	a suggestion	제안을 받아들이다
reject	a suggestion	제안을 거부하다
support	the suggestion	제안을 지지하다

▷ Can I **make a suggestion**? 제가 제안해도 될까요?
▷ The meeting decided to **accept** your **suggestion**. 회의에서 당신의 제안을 받아들이기로 결정했습니다.
▷ He **rejected** the **suggestion** that membership fees should be increased. 그는 회비를 올리자는 제안을 받아들이지 않았다.

a good	suggestion	좋은 제안
a constructive	suggestion	건설적인 제안
a helpful	suggestion	유용한 제안
a positive	suggestion	긍정적인 제안
a practical	suggestion	현실적인 제안
an alternative	suggestion	대안

▷ That's a **good suggestion**. 그건 좋은 제안이다.
▷ Has anybody got any **practical suggestions**? 현실적인 제안을 할 사람 없나요?
▷ Do you have an **alternative suggestion**? 대안이 있어?

| a suggestion | about A | A에 관련된 제안 |
| a suggestion | for A | A에 대한 제안 |

▷ Do you have any **suggestions for** a place to hold our Christmas party? 우리 크리스마스 파티를 열 장소에 대해 제안할 거 있어?

| a suggestion | that... | …라는 제안 |

▷ They made the **suggestion that** she should resign. 그들은 그녀에게 사임할 것을 제안했다.

suicide /súːəsàid/ 명 자살

| commit | suicide | 자살하다 |
| attempt | suicide | 자살을 시도하다 |

▷ The gunman shot three people and then **committed suicide**. 그 무장범인은 세 사람을 쏘고 나서 자살했다.

| attempted | suicide | 자살미수 |
| a suicide | attempt | |

▷ The local newspaper reported 3 cases of **attempted suicide** this month. 지역 신문은 이달에 3건의 자살 미수를 보도했다.

suit /suːt/ 명 정장; 소송

| wear | a suit | 정장을 입고 있다 |
| file | (a) suit | 소송을 걸다 |

bring	(a) suit	
win	a suit	소송에서 이기다
lose	a suit	소송에서 지다

▷ If you're going to a funeral, you should **wear** a dark **suit**. 장례식에 가려면 검은 정장을 입어야 한다.
▷ He **filed** a **suit** *against* his company for unfair dismissal. 그는 회사에 부당 해고 소송을 걸었다.

in	a suit	정장을 입은

▷ When I arrived at the cottage, a man **in** a **suit** answered the door. 내가 그 시골집에 도착했을 때, 정장을 입은 남자가 문을 열어 주었다.

suitable /súːtəbl/ 형 적당한, 어울리는

particularly	suitable	특히 잘 어울리는
eminently	suitable	
especially	suitable	

▷ I think the last candidate for the job was **particularly suitable**. 그 자리의 지원자 가운데 마지막 사람이 특히 잘 맞는 것 같았다.

suitable	for A	A에 적절한

▷ Do you think this dress is **suitable for** attending a wedding? 이 옷이 결혼식에 참석하는 데 적절할 것 같아?

sum /sʌm/ 명 합계, 총계; 금액

the sum	of A	A의 합계

▷ The **sum of** 4 and 6 is 10. 4와 6의 합은 10이다.

a large	sum	큰 금액
a considerable	sum	상당한 금액
a substantial	sum	
a huge	sum	거액
a vast	sum	
a small	sum	소액

▷ He spent a **huge sum** of money on an expensive sports car! 그는 값비싼 스포츠 카에 거액의 돈을 썼다.
▷ His aunt left him a **small sum** of money in her will. 그의 고모는 유언을 통해 그에게 소액의 돈을 남겼다.

summer /sʌ́mər/ 명 여름

last	summer	지난 여름
the following	summer	다음해 여름
next	summer	
this	summer	올 여름
early	summer	초여름
late	summer	늦여름
high	summer	한여름, 성하
a hot	summer	뜨거운 여름
a dry	summer	건조한 여름
an Indian	summer	늦가을의 이상 고온
all	summer	여름 내내
a summer	school	여름 강좌
a summer	holiday	여름 휴가, 여름 방학
((영)) a summer	vacation	

▷ The **following summer** we went back to the same hotel. 다음해 여름에 우리는 또 같은 호텔로 갔다.
▷ The weather is much cooler in **late summer**. 늦여름에는 날씨가 훨씬 서늘하다.
▷ The children spent **all summer** playing on the beach. 아이들은 여름 내내 해변에서 놀며 지냈다.

in	(the) summer	여름에
during	(the) summer	여름 동안

▷ I'm going to visit Canada **in** the **summer**. 나는 여름에 캐나다에 다녀올 것이다.
▷ **During** the **summer** I traveled a lot in Europe. 여름 동안 나는 유럽을 여러 군데 여행했다.

sun /sʌn/

명 (the sun의 형태로) 태양, 해; 햇빛

catch	the sun	햇볕에 약간 타다
soak up	the sun	일광욕을 하다

▷ Ooh! You've **caught** the **sun**. Your face is all red! 어머! 너 햇볕에 탔구나. 얼굴이 온통 벌개졌어!
▷ I love to **soak up** the **sun**. 나는 일광욕하는 것을 좋아한다.

the sun	rises	해가 뜨다
the sun	comes up	
the sun	sets	해가 지다
the sun	goes down	
the sun	shines	해가 빛나다
the sun	comes out	해가 나오다

▷ The **sun rises** in the east and **sets** in the west. 해는 동쪽에서 떠서 서쪽으로 진다.
▷ It's getting colder. The **sun's going down**. 날씨가 추워진다. 해가 지고 있다.
▷ Look! The **sun's coming out**! 저기 봐! 해가 나오고 있어!

a bright	sun	밝은 태양
the rising	sun	떠오르는 태양, 아침 해
a hot	sun	뜨거운 태양
a blazing	sun	
full	sun	충분한 햇빛
the morning	sun	아침 해
the evening	sun	저녁 해

▷ I don't like this **bright sun**! Where are my sunglasses? 나는 이렇게 밝은 태양이 싫어! 내 선글라스 어디 있지?
▷ Don't stay out in the **hot sun** too long. 뜨거운 태양 아래 너무 오래 있지 마.
▷ These plants grow really well in **full sun**. 이 식물들은 충분한 햇빛 속에 있을 때 정말 잘 자란다.

under	the sun	태양 아래; 지상에

▷ The car's really hot inside. It's been standing **under** the **sun** all day. 자동차 안이 너무 뜨거워. 하루 종일 햇볕 아래 세워 놓았거든.
♦ **everything under the sun** 태양 아래 모든 것, 세상의 모든 것
▷ It's an incredible shop! It sells everything under the sun. 정말 놀라운 가게야! 세상에 있는 건 다 팔아.

Sunday /sʌ́ndei/ 명 일요일

each	Sunday	일요일마다
every	Sunday	매주 일요일
the following	Sunday	다음 주 일요일
last	Sunday	지난 주 일요일
next	Sunday	다음 주 일요일
this	Sunday	이번 주 일요일
Sunday	morning	일요일 아침
Sunday	afternoon	일요일 오후
Sunday	night	일요일 밤
Sunday	evening	일요일 저녁

▷ We go to church **every Sunday**. 우리는 매주 일요일에 교회에 간다.
▷ It was Tom's birthday **last Sunday**. 지난 주 일요일은 톰의 생일이었다.

on	(a) Sunday	일요일에
on	Sundays	일요일엔 언제나

▷ What are you doing **on Sunday**? 일요일에 뭐 하세요?

sunshine /sʌ́nʃàin/ 명 햇빛, 햇살

bright	sunshine	밝은 햇빛
brilliant	sunshine	눈부신 햇빛
warm	sunshine	온화한 햇빛
morning	sunshine	아침 햇빛
afternoon	sunshine	오후 햇빛
evening	sunshine	저녁 햇빛
spring	sunshine	봄 햇살
summer	sunshine	여름 햇살

▷ You'd better take a sunshade. There's **bright sunshine** outside. 양산을 가지고 가는 게 좋을 것 같아. 바깥에 해가 쨍쨍해.

in	(the) sunshine	햇빛 속에, 양지에서

▷ Doesn't the garden look beautiful **in the sunshine**? 햇빛이 비치는 정원이 아름답지 않아요?

superior /səpíəriər/ 형 우월한, 뛰어난

clearly	superior	확실히 우월한
vastly	superior	대단히 우월한
greatly	superior	
infinitely	superior	
technically	superior	기술적으로 우월한

▷ They've redesigned the car and the new model is **vastly superior** *to* the old one. 그들은 자동차를 새로 설계했는데, 신형은 구형보다 훨씬 뛰어났다.

superior	to A	A보다 우월한

▷ Linda thinks she's **superior to** everyone else. 린다는 자신이 다른 누구보다도 우월하다고 생각한다.

supper /sʌ́pər/ 명 저녁 식사

have	supper	저녁 식사를 하다
eat	supper	
cook	supper	저녁 식사를 준비하다
make	supper	

▷ What time do you usually **have supper**? 너는 보통 몇 시에 저녁을 먹니?
▷ Our dad's **making supper** for us this evening. 오늘 저녁엔 아빠가 우리에게 저녁을 준비해주실 거야.

for	supper	저녁 식사로

▷ We're going to have fish **for supper** this evening. 우리는 오늘 저녁 식사로 생선을 먹을 거야.

supply /səplái/

명 공급, 보급; (supplies의 형태로) 필수품

| supply |

have	a supply	공급이 있다
provide	a supply	공급하다
ensure	a supply	확실히 공급하다
increase	the supply	공급을 늘리다
reduce	the supply	공급을 줄이다
control	the supply	공급을 조절하다
exceed	(the) supply	공급을 초과하다

▷ The electricity companies are doing their best to **ensure** a regular **supply** of electricity. 전력 회사들은 정상적인 전기 공급을 확실히 하기 위해서 최선을 다하고 있다.

▷ We can **increase** the **supply** of electricity through the use of solar power. 우리는 태양열 발전을 사용해서 전기 공급을 늘릴 수 있다.

a plentiful	supply	풍부한 공급
an abundant	supply	
a good	supply	
an adequate	supply	적당한 공급
a constant	supply	지속적인 공급
a regular	supply	규칙적인 공급
a steady	supply	안정된 공급
food	supply	식량 공급
water	supply	물 공급
electricity	supply	전력 공급
energy	supply	에너지 공급
labor	supply	노동력 공급
money	supply	통화 공급

▷ This year there will be a **plentiful supply** of rice. 올해는 쌀 공급량이 풍부할 것이다.

▷ A dam was built to ensure a **steady supply** of fresh water. 담수의 안정된 공급을 확보하기 위해 댐이 지어졌다.

supply and demand	수요와 공급
demand and supply	

▷ The price of a product is determined by **supply and demand**. 제품의 가격은 수요와 공급에 따라 정해진다.

supply	to A	A로의 공급
in	short supply	부족해서
in	limited supply	

▷ The gas company cut the **supply to** our house. 가스 회사가 우리 집의 가스 공급을 끊었다.

▷ At the moment spare parts are **in short supply**. 현재는 예비 부품들이 부족하다

supply /səplái/ 통 제공하다, 공급하다

supply A	with B	A(사람·장소)에게 B를 공급하다
supply B	to A	

▷ Our house is **supplied with** water and electricity, but not gas. 우리 집은 물과 전기는 공급되지만, 가스는 공급되지 않는다.

▷ We need to be able to **supply** our product quickly **to** our customers. 고객들에게 우리 제품을 빨리 공급할 수 있어야 한다.

be well	supplied	충분히 갖춘
be generously	supplied	넉넉히 갖춘
be poorly	supplied	부족한
be kindly	supplied	호의로 제공된

▷ Before you go on your camping trip, make sure you're **well supplied** with food, water and medicine. 캠핑 여행을 가기 전에 식량, 물, 의약품을 충분히 갖추었는지 확인하세요.

support /səpɔ́ːrt/ 명 지원, 지지; 원조

receive	support	지원을 받다
win	support	지원을 얻다
gain	support	
mobilize	support	
provide	support	지원하다
give	support	
lend	support	
offer	support	
need	support	지원이 필요하다

▷ We've **received** a lot of **support** from the TV and the press. 우리는 TV와 언론에서 많은 지원을 받았다.

▷ This new organization **provides support** for homeless people. 새로 생긴 이 단체는 노숙자들을 지원해 준다.

▷ The Government should **offer** more **support** to earthquake victims. 정부는 지진 희생자들에게 더 많은 지원을 해야 한다.

full	support	전면적인 지원
strong	support	강력한 지원
popular	support	대중의 지지
public	support	
mutual	support	상호 지원
emotional	support	정신적 지원
financial	support	재정 지원
political	support	정치적 지원

technical	support	기술 지원
customer	support	고객 지원

▷ You can be sure of my **full support**. 제가 전면적으로 지원해드릴 것을 믿으셔도 됩니다.

▷ There's **strong support** *for* abandoning nuclear power as a source of energy. 에너지원으로서 원자력 발전을 포기하는 것에 대해 강력한 지지가 있다.

▷ He gave her a lot of **emotional support** when she most needed it. 그는 꼭 필요할 때 그녀에게 많은 정신적 지원을 해주었다.

support	for A	A를 향한 지원
support	from A	A로부터의 지원

▷ We've managed to get quite a lot of **support for** our charity concert. 우리는 자선 공연에 상당히 많은 지원을 받을 수 있었다.

support /səpɔ́ːrt/

동 지지하다; 지원하다; 부양하다; 응원하다

fully	support	전적으로 지지하다
strongly	support	강력하게 지지하다
actively	support	적극적으로 지지하다
further	support	추가로 지원하다
be well	supported	많은 지지를 받다

▷ I **strongly support** everything you said in the meeting. 나는 당신이 회의에서 한 말을 모두 강력히 지지합니다.

▷ Our local soccer team is **well supported** by our fans. 우리 지역 축구 팀은 팬들에게 많은 응원을 받고 있다.

support A	in B	A(사람)의 B를 지원하다

▷ We all **support** you **in** your aim to improve working conditions. 우리는 모두 작업 조건을 개선하려는 당신의 목표를 지지합니다.

suppose /səpóuz/

동 생각하다; 가정하다

be commonly	supposed	일반적으로 생각되다
be generally	supposed	

▷ It is **commonly supposed** that older people find it harder to learn a new language. 나이 든 사람들은 새로운 언어를 익히기가 더 어렵다는 것이 일반적인 생각이다.

suppose (that)...	…라고 생각하다; …라고 가정하다

▷ I **suppose** it's too late to do anything about it now. 그것에 대해서 어떻게 하기에는 너무 늦었다고 생각한다.

suppose A	to be	A(사람)를 …라고 생각하다

▷ Everybody **supposed** him **to be** her husband. 모두가 그를 그녀의 남편이라고 생각했다.

be reasonable	to suppose	…라고 생각하는 것은 타당하다

▷ If he walked out of the exam room after 5 minutes, it's **reasonable to suppose** that he failed! 그가 5분 만에 시험장을 나갔다면, 떨어졌다고 생각하는 것이 당연하다.

reason	to suppose (that)...	…라고 생각할 이유

▷ There's no **reason to suppose** there'll be any problems. 문제가 생길 거라고 생각할 이유가 없다.

[PHRASES]

I don't suppose (that)... ☺ (정중한 부탁) …해줄 수 있을까요? ▷ I don't suppose you could lend me $50 until tomorrow, could you? 저한테 내일까지 50달러를 빌려주실 수 있을까요?
I suppose not. ☺ 아니라고 생각한다.
I suppose so. ☺ 그렇게 생각한다.
I don't suppose so. ☺ 그렇게 생각하지 않는다.
▷ "Dad! Can I borrow your car this evening to go to a party?" "Well.... OK. I suppose so." "아빠, 오늘 저녁 파티에 가는 데 아빠 차를 빌려도 될까요?" "음… 좋아. 그렇게 하렴."
What do you suppose...? ☺ 어떻게 생각하는가? (★ who, where, why 등도 쓰인다.) ▷ What do you suppose they're going to do? 그들이 뭘 할 거라고 생각해?

sure /ʃuər/ 형 확실한, 확신하는

quite	sure	아주 확실한
absolutely	sure	더할 나위 없이 확실한
not entirely	sure	아주 확실하지는 않은
not really	sure	정말 확실하지는 않은
not so	sure	
fairly	sure	꽤 확실한
pretty	sure	

▷ Are you **quite sure** you've got everything? Tickets, passport, money... 다 챙긴 거 확실해? 표, 여권, 돈 같은….

▷ Are you **absolutely sure** you locked the door before we went out? 우리가 나오기 전에 문 잠근 거 정말로 확실해?

▷ I'm **not entirely sure** where the hotel is. 호텔이 어디 있는지 아주 확실하지는 않아.

▷ I'm **pretty sure** that the parcel will arrive tomorrow. 소포는 분명히 내일 도착할 거야.

sure	of A	A를 확신하는

| surface |

sure	about A

▷ Are you **sure about** wanting to go to university next year? 너 내년에 대학에 가고 싶은 거 확실해?

sure	(that)...	⋯라고 확신하는
sure	wh-	⋯인지 확신하는

★ wh-는 what, whether, how, where 등의 의문사

▷ I'm **sure** she'll like the birthday present you got her. 그녀는 분명히 네가 사준 생일 선물을 좋아할 거야.
▷ I'm not **sure what** to do. 나는 뭘 할지 잘 모르겠어.
▷ I'm not **sure where** I parked the car. 차를 어디 세웠는지 잘 모르겠어.

sure	to do	확실히 ⋯하는

▷ Mike is **sure to** be late. He's never on time for anything! 마이크는 분명히 늦을 거야. 무슨 일을 하든 시간을 맞춘 적이 없다니까!
▷ Be **sure to** let me know if there is anything I can do to help. 내가 도울 수 있는 일이 있으면 꼭 알려줘.(★ 회화에서는 be sure and do도 쓰인다.)

feel	sure (that)...	⋯을 확실하다고 느끼다
make	sure (that)...	⋯을 확인하다; ⋯을 확실하게 하다

▷ I **feel sure** I've seen him somewhere before. 내가 그 사람을 전에 어디서 보았던 게 확실해.
▷ **Make sure** you turn all the lights off before you leave. 나가기 전에 잊지 말고 불을 다 꺼.

for	sure	확실히

▷ I don't know **for sure** if I can take a holiday in July. 7월에 휴가를 쓸 수 있는지 확실히는 몰라.
◆ That's for sure. ⓒ 정말로 그렇다 ▷ "If I don't take my umbrella with me, it's certain to rain." "That's for sure!" "내가 우산을 안 가지고 나오면 꼭 비가 오더라." "정말로 그렇네!"

PHRASES

Are you sure? ⓒ 확실해? ▷ Are you sure you had your wallet with you when you left the house? 네가 집에서 나올 때 지갑을 갖고 있었던 거 확실해?
I'm not sure (about that). ⓒ (그것에 대해서는) 잘 모르겠다. ▷ "What time will you be home this evening?" "I'm not sure. I'll call you later." "오늘 저녁 집에 몇 시에 들어오니?" "잘 모르겠어. 나중에 전화할게."
Well, I'm sure. ⓒ 저런!, 이건 놀랄 일인데!

surface /sə́ːrfis/ 명 표면, 외관

come to	the surface	표면에 떠오르다
rise to	the surface	
bring A	to the surface	A를 표면에 떠오르게 하다
scratch	the surface	표면만 건드리다

▷ The divers stayed deep in the sea and didn't **come to** the **surface** for many hours. 다이버들은 바다 깊이 잠수해서 몇 시간 동안 수면으로 나오지 않았다.
▷ The 300-year-old sunken ship was carefully **brought to** the **surface**. 300년 된 침몰선은 조심히 수면으로 인양되었다.

a flat	surface	평평한 표면
a rough	surface	거친 표면
the water	surface	수면
the road	surface	노면

▷ It's too hilly here. We need a **flat surface** to pitch the tent on. 여기는 너무 경사가 심해. 평평한 곳에 텐트를 쳐야 해.

beneath	the surface	표면 아래; 내면에는
below	the surface	
under	the surface	
on	the surface	표면에; 표면 위에는

▷ The river looks calm and peaceful, but **under** the **surface** all kinds of creatures are living in another world. 강은 조용하고 평화로워 보이지만, 수면 아래에는 또 하나의 세계에 수많은 동식물이 산다.
▷ Immediately after the plane crash many pieces of wreckage were seen floating **on** the **surface** of the sea. 비행기 추락 직후 수많은 잔해가 바다 위에 떠다니는 광경이 보였다.

surprise /sərpráiz/

명 놀라움; 놀라게 하는 것; 깜짝 선물

express	surprise	놀라움을 표현하다
show	surprise	
get	a surprise	놀라다
have	a surprise	
hide	one's surprise	놀라움을 감추다
come as	a surprise	놀라운 일이다
come as	no surprise	놀라운 일이 아니다
spring	a surprise	사람을 놀라게 하다
be in for	a surprise	놀라다

▷ When he heard he'd failed his exams, he **showed** no **surprise**. 시험에 떨어졌다는 소식을 들었을 때 그는 놀란 표정이 아니었다.
▷ News about their wedding **came as no surprise**. 그들의 결혼 소식은 놀랍지 않았다.

a great	surprise	큰 놀라움

a big	surprise	
a real	surprise	완전한 놀라움
a complete	surprise	
a pleasant	surprise	기분 좋게 놀라운 일
a nice	surprise	
a lovely	surprise	멋지고 놀라운 일

▷ What a **nice surprise**! 정말 기분 좋게 놀라운 일인걸!

in	surprise	놀라서
with	surprise	
to A's	surprise	(A의 처지에서) 놀랍게도

▷ She looked at him **in surprise**. 그녀는 놀라서 그를 바라보았다.

▷ **To my surprise**, I passed the entrance exam first time. 놀랍게도, 나는 한 번에 입학 시험에 합격했다.

PHRASES

Surprise, surprise! ☺ 놀랍군, 놀라워!(★ 예상했던 일이 일어났을 때 비꼬아서 하는 말) ▷ I walked into the room and, **surprise, surprise**, everybody sang 'Happy Birthday!' 내가 방에 들어갔더니 놀랍게도 말이야, 모두 "생일 축하합니다!" 노래를 불러줬어!

surprised /sərpráizd/ 형 놀란

seem	surprised	
look	surprised	놀란 것 같다
sound	surprised	

▷ Why do you **look surprised**? I said I'd be home early. 왜 그렇게 놀란 표정이야? 집에 일찍 들어오겠다고 말했는데.

genuinely	surprised	진심으로 놀란
really	surprised	정말로 놀란
a little	surprised	약간 놀란
slightly	surprised	
pleasantly	surprised	기쁜 소식으로 놀란
not at all	surprised	전혀 놀라지 않은
not in the least	surprised	

▷ Last night I met an old friend from junior high school. I was **really surprised** she recognized me. 어젯밤에 나는 중학교 때 친구를 만났다. 그녀가 나를 알아봐서 정말 놀랐다.

▷ Anna was **pleasantly surprised** to find that her husband had washed the dishes. 애나는 남편이 설거지를 해놓은 것을 보고 기쁘기도 하고 놀랍기도 했다.

be surprised	to do	…해서 놀라다
be surprised	that...	…에 놀라다

▷ We hadn't met for over twelve years, so she was **surprised to** see me. 우리는 12년이 넘게 못 만났기 때문에 그녀는 나를 보고 놀랐다.

▷ I'm **surprised that** you didn't receive a wedding invitation. 나는 네가 결혼식 초대를 받지 않았다는 데 놀랐다.

be surprised	at A	A에 놀라다
be surprised	by A	

▷ He was **surprised at** the number of people who attended the lecture. 그는 강연에 참석한 사람들의 인원 수에 놀랐다.

surprising /sərpráiziŋ/ 형 놀라운

hardly	surprising	별로 놀랍지 않은
scarcely	surprising	

▷ After walking all that way it's **hardly surprising** that you're tired. 그 먼 길을 걸었으니 네가 피곤한 것도 별로 놀랍지 않다.

it is surprising	that...	…은 놀랍다
it is surprising	wh-	…인 것이 놀랍다

★ wh-은 how, what, where 등

▷ **It is** perhaps not **surprising that** our sales figures have dropped during this period of economic recession. 이런 경제 불황에 우리 매출이 떨어진 것은 별로 놀라운 일이 아닐 것이다.

▷ **It's surprising how** healthy he is for a man of 92. 그가 92세의 남자치고 그만큼 건강한 것은 놀랍다.

survive /sərváiv/ 동 살아남다, 생존하다

barely	survive	간신히 살아남다
miraculously	survive	기적적으로 살아남다
still	survive	아직도 생존해 있다

▷ They were lost on the mountain for three days without food or water and **barely survived**. 그들은 식량도 물도 없이 사흘 동안 산에서 실종되었다가 간신히 살아남았다.

▷ She was attacked by a shark but **miraculously survived**. 그녀는 상어의 공격을 받았지만 기적적으로 살아남았다.

survive	from A	A에서부터 계속 살아 있다
survive	into A	A까지 계속 살아 있다

▷ In some parts of the world some ancient traditions and customs still **survive into** the 21st century. 세계의 어떤 지역에서는 고대의 전통과 관습 일부가 21세기인 지금까지 살아남아 있다.

suspect /səspékt/

동 의심하다, 수상하게 여기다; ((구어)) 생각하다

| strongly | suspect | 강하게 의심하다 |
| rather | suspect | 상당히 의심하다 |

▷ His teacher **strongly suspected** him of cheating during the exam. 그의 선생님은 그가 시험에서 부정행위를 한 것으로 상당히 의심했다.

| suspect | that... | …라고 의심하다 |

▷ I **suspect that** it was one of our office staff who took the money. 나는 돈을 가져간 사람이 우리 회사 직원 중 한 명이라는 의심이 든다.

| suspect A | of B | A(사람)의 B를 의심하다 |
| suspect A | of doing | A(사람)가 …했다고 의심하다 |

▷ The police **suspect** him **of being** involved in the bank robbery. 경찰은 그가 은행 강도에 연루되어 있다고 의심한다.

swear /swɛər/ 동 욕하다; 맹세하다

| swear | loudly | 큰 소리로 욕하다 |
| swear | violently | 격렬하게 욕하다 |

▷ Tom dropped the hammer on his foot and **swore violently**! 톰은 자기 발에 망치를 떨어뜨리고 거칠게 욕을 내뱉었다!

swear	at A	A(사람)를 욕하다
swear	by A	A에 대고 맹세하다
swear	to A	A에게 맹세하다

▷ I couldn't believe it! He actually **swore at** me! 믿을 수가 없었어! 그가 정말로 나에게 욕을 하다니!
▷ I **swear by** this bible that I'm telling the truth. 나는 이 성경에 대고 진실만을 말한다고 맹세합니다.
▷ I **swear to** God that I'll never do it again. 다시는 그런 짓을 하지 않겠다고 하느님께 맹세합니다.

| swear | (that)... | …라고 맹세하다 |
| swear | to do | …하기로 맹세하다 |

▷ I **swear** I know nothing about it. 맹세컨대 나는 그것에 대해서는 아무것도 모릅니다.
▷ He **swore to** give up smoking and go on a diet. 그는 담배를 끊고 다이어트를 하겠다고 맹세했다.

(PHRASES)
I could have sworn (that)... ☺ 분명히 …라고 생각한다 ▷ I could have sworn I closed all the windows before I went out. 내가 나오기 전에 분명히 창

문을 다 닫은 것 같아.
I swear. ☺ 맹세합니다.

sweat /swet/ 명 땀

break out in	a sweat	땀을 흘리기 시작하다
be drenched in	sweat	땀에 흠뻑 젖다
wipe	the sweat	땀을 닦다

▷ Look! You're **drenched in sweat**! You should take a shower. 이런! 땀에 흠뻑 젖었잖아! 샤워해야겠다.
▷ He **wiped** the **sweat** *from* his forehead. 그는 이마의 땀을 닦았다.

sweat	runs	땀이 흐르다
sweat	pours	
sweat	stands out	땀이 솟다

▷ The **sweat** started to **pour** off him as soon as he entered the sauna. 그가 사우나에 들어가자마자 땀이 흐르기 시작했다.
▷ As they tried to push the car uphill, the **sweat stood out** on their faces. 그들이 자동차를 오르막길 위로 미는 동안 그들의 얼굴에 땀이 솟았다.

| beads of | sweat | 땀방울 |

▷ It was so humid that **beads of sweat** began to form on his forehead. 날이 너무 습해서 그의 이마에 땀방울이 맺히기 시작했다.

| in | a (cold) sweat | 식은땀을 흘리며 |

▷ She had a nightmare and broke out **in a cold sweat**. 그녀는 식은땀을 흘리며 악몽을 꿨다.

(PHRASES)
No sweat! ☺ 간단해, 쉬운 일이야!

sweat /swet/ 동 땀을 흘리다

| sweat | profusely | 땀을 뻘뻘 흘리다 |

▷ As he stood up to give his first lecture, he noticed that he was **sweating profusely**. 첫 강연을 하려고 일어설 때 그는 자신이 땀을 뻘뻘 흘리고 있다는 것을 알아차렸다.

| sweat | like a pig | 땀이 비 오듯 흐르다 |

▷ It's so hot and humid in here. I'm **sweating like a pig**. 여기는 너무 덥고 습해서 땀이 비 오듯 흐르고 있어.

sweet /swiːt/

형 달콤한; 상냥한; 사랑스러운

| smell | sweet | 달콤한 냄새가 나다 |
| taste | sweet | 단맛이 나다 |

▷ The flowers in that vase **smell sweet**. 꽃병의 꽃들은 달콤한 냄새가 난다.

| sweet and sour | | 새콤달콤한 |

▷ I love this Chinese **sweet and sour** sauce. 나는 이 새콤달콤한 중국식 소스를 좋아한다.

| slightly | sweet | 약간 단 |
| so | sweet | 무척 단; 무척 사랑스러운 |

▷ This herb tea has a **slightly sweet** taste. 이 허브차는 약간 단맛이 난다.
▷ Look at that little kitten. It's **so sweet**! 저 조그만 새끼 고양이 좀 봐. 너무 귀여워!

swing /swiŋ/

동 흔들리다; 흔들다; 빙글 돌다

| swing | open | 획 열리다 |
| swing | shut | 획 닫히다 |

▷ She pushed the door and it **swung open**. 그녀가 문을 밀자 문이 획 열렸다.

swing	wildly	크게 흔들리다
swing	from side to side	양 옆으로 흔들리다
swing	back and forth	이리저리 흔들리다
swing	to and fro	앞뒤로 흔들리다

▷ It felt really dangerous. The roller coaster was **swinging** wildly **from side to side**! 정말 위험하게 느껴졌다. 롤러코스터가 양 옆으로 거세게 흔들렸다.

switch /swit∫/

명 스위치; 급격한 변화

flick	a switch	스위치를 켜다; 스위치를 끄다
flip	a switch	
turn on	a switch	스위치를 켜다
turn off	a switch	스위치를 끄다
press	a switch	스위치를 누르다
make	the switch	바꾸다, 전환하다

▷ He **flicked a switch** and the lights came on. 그가 스위치를 올리자 불이 들어왔다.
▷ Could you **turn on the switch**? 스위치를 켜주실래요?
▷ It's not easy to **make the switch** from amateur to professional golfer. 아마추어에서 프로 골프 선수로 전환하는 것은 쉽지 않다.

switch /swit∫/

동 변하다; 바꾸다; 전환하다

automatically	switch	자동적으로 변하다
simply	switch	간단히 변하다
suddenly	switch	갑자기 변하다

▷ The car **automatically switches** from petrol to electric every time it stops. 이 자동차는 멈출 때마다 휘발유에서 전기로 자동적으로 전환한다.

switch	between A and B	A와 B를 바꾸다
switch	from A to B	A에서 B로 전환하다
switch	to A	A로 전환하다, 바꾸다
switch A	to B	A를 B로 바꾸다

▷ My father really annoys me. He keeps **switching between** one TV channel **and** another! 아버지 때문에 너무 짜증 나. 계속해서 TV 채널을 이리저리 바꾸시니.
▷ I'd like to **switch** my day off **from** Wednesdays **to** Fridays, if possible. 가능하다면 휴가를 수요일에서 금요일로 바꾸고 싶습니다.
▷ A long time ago I used a typewriter but now I've **switched to** a computer. 오래 전에 나는 타자기를 썼지만 지금은 컴퓨터로 바꾸었다.
▷ Please **switch** your cellphone **to** silent mode. 휴대폰을 무음 모드로 바꾸어 주세요.

symbol /símbəl/

명 상징, 표상; 기호, 부호

a potent	symbol	강력한 상징
a powerful	symbol	
a political	symbol	정치적 상징
a religious	symbol	종교적 상징

▷ The sword is a **potent symbol** of power. 칼은 권력의 강력한 상징이다.
▷ The cross is the most well-known Christian **religious symbol**. 십자가는 가장 많이 알려진 기독교의 상징이다.

| a symbol | for A | A를 나타내는 기호 |

▷ A red rose and the shape of a heart are popular **symbols for** love. 붉은 장미와 하트 모양은 사랑의 대중적인 상징이다.

sympathy /símpəθi/

명 동정, 연민; 공감

have	sympathy	동정하다; 공감하다
feel	sympathy	
express	sympathy	동정을 표하다
show	sympathy	연민을 보이다
extend	one's sympathy	애도의 마음을 전하다
offer	one's sympathy	

| system |

▷ I **have** a lot of **sympathy** with what she says. 나는 그녀의 말에 크게 공감한다.
▷ I'd like to **extend** my deepest **sympathy** to you. 깊은 애도의 마음을 전하고 싶습니다.

deep	sympathy	깊은 연민
great	sympathy	
a little	sympathy	약간의 동정
public	sympathy	사람들의 공감

▷ You have my **deepest sympathy**. 깊은 위로의 말씀을 드립니다.
▷ My foot really hurts! I think you might show **a little sympathy**! 나 발이 정말 아파! 조금 불쌍하게 봐줘도 되잖아!
▷ There's a lot of **public sympathy** for the President in this difficult situation. 이 어려운 상황에 처한 대통령에 대해 많은 사람들이 동정하고 있다.

sympathy	for A	A(사람)에 대한 공감
sympathy	with A	
in	sympathy with A	A에 동조해서
in	sympathy	공감해서

▷ I feel a lot of **sympathy for** her. 나는 그녀에게 크게 공감한다.
▷ I have no **sympathy with** him at all. 나는 그에게 전혀 공감하지 않는다.
▷ I'm not really **in sympathy with** his ideas. 나는 그의 생각에 별로 동조하지 않는다.
▷ Peter nodded **in sympathy**. 피터는 공감의 의미로 고개를 끄덕였다.

system /sístəm/

⌐ 시스템, 제도, 체계, 계(界)

build	a system	시스템을 구축하다
design	a system	시스템을 설계하다
develop	a system	시스템을 개발하다
have	a system	시스템이 있다
adopt	a system	시스템을 채택하다
introduce	a system	시스템을 도입하다
operate	a system	시스템을 운용하다
run	a system	

▷ We're thinking of **developing** a new type of computer **system**. 우리는 새로운 종류의 컴퓨터 시스템을 개발하려고 생각중이다.
▷ The new **system** will be **introduced** next month. 다음 달에 새로운 시스템이 도입될 것이다.
▷ Do you know how to **operate** this **system**? 이 시스템을 어떻게 운용하는지 아니?

the political	system	정치 제도
the economic	system	경제 제도
the educational	system	교육 제도
the legal	system	법 체계
the security	system	안전 시스템
the support	system	지원 시스템
an information	system	정보 시스템
the social	system	사회 제도
an open	system	개방된 시스템
the immune	system	면역계
the circulatory	system	순환계

▷ The **political system** in China seems to be gradually changing. 중국의 정치 제도는 점진적으로 변하는 것 같다.
▷ It's an **open system**. Anybody can use it. 그것은 개방된 시스템이야. 누구나 사용할 수 있어.

| a system | for A | A를 위한 시스템 |

▷ We need to create a better **system for** keeping track of orders. 우리는 주문을 파악할 더 나은 시스템을 만들어야 한다.

| under | the system | 시스템에서(는) |

▷ **Under** the present **system** there's a new election every 4 years. 현재의 시스템에서는 4년에 한 번씩 새로운 선거가 있다.

T

table /téibl/ 명 테이블, 식탁; 표, 일람표

sit around	a table	테이블에 둘러앉다
sit (down) at	a table	테이블에 앉다
leave	the table	식탁에서 자리를 뜨다
set	the table	식탁을 차리다
《영》 lay	the table	
clear	the table	식탁을 치우다
reserve	a table	자리를 예약하다
book	a table	
see	table	표를 참고하다

▷ I think we should **sit around** the **table** and discuss things. 우리가 테이블에 둘러앉아서 토론해야 할 것 같습니다.

▷ Dinner's ready! Come and **sit down at** the **table**. 저녁 준비 됐어! 와서 식탁에 앉아.

▷ Can you help me **clear** the **table**? 식탁 치우는 것 좀 도와줄래?

▷ I've **reserved** a **table** at that nice Italian restaurant. 내가 그 멋진 이탈리아 식당에 자리를 예약했어.

▷ **See table** below. 아래의 표를 참고하시오.

a round	table	원탁
a wooden	table	목재 테이블
a dining	table	식탁
a kitchen	table	
a dinner	table	
a corner	table	코너 테이블
a bedside	table	침대 협탁
a statistical	table	통계표
a periodic	table	주기율표

▷ There's a beautiful, old **round table** for sale in the antique shop in town. 시내의 골동품점에 아름답고 오래된 원탁이 판매용으로 나와 있다.

▷ It's possible to work out how long you will live to by checking the relevant **statistical tables**. 관련 통계표를 보면 당신이 얼마나 오래 살 수 있을지 계산할 수 있다.

on	the table	테이블 위에
in	Table 3	표 3에

▷ You left your glasses **on** the **table**. 너 안경을 테이블 위에 두었더라.

▷ The results of the questionnaire are summarized **in Table 3**. 설문 조사 결과는 표3에 요약되어 있다.

talent /tælənt/ 명 재능, 인재

have	a talent	재능이 있다
display	a talent	재능을 보이다, 재능을 발휘하다
show	a talent	
discover	a talent	재능을 발견하다
develop	a talent	재능을 키우다
use	a talent	재능을 활용하다
waste	a talent	재능을 낭비하다

▷ He **has** a real **talent** *for* long-distance running. 그는 장거리 달리기에 대단한 재능이 있다.

▷ She was beginning to **show** a **talent** *for* ballet even at the age of eight. 그녀는 여덟 살의 나이에도 발레에 재능을 보이기 시작했다.

▷ Joining the tennis club enabled her to **develop** a **talent** she never knew she had. 테니스 클럽에 가입하면서 그녀는 자신에게 있는 줄도 몰랐던 재능을 키울 수 있었다.

a considerable	talent	뛰어난 재능
a great	talent	
an exceptional	talent	비범한 재능
a rare	talent	
a hidden	talent	숨겨진 재능
a special	talent	특별한 재능
a natural	talent	천부적 재능
a new	talent	새로운 재능
a young	talent	젊은 인재
an artistic	talent	예술적 재능

▷ Cindy has a **great talent** for drawing. 신디는 그림에 재능이 뛰어나다.

▷ She has a **natural talent** for playing the piano. 그녀는 피아노 치는 데 천부적 재능이 있다.

▷ He is a **new talent** in the tennis world. 그는 테니스 계의 새로운 인재이다.

a talent	for A	A의 재능

▷ You don't have a **talent for** anything! Except making people laugh! 너는 아무 데도 재능이 없어! 사람들을 웃기는 것 빼면!

talk /tɔːk/

명 이야기, 대화; 강연; (대개 -s) 협의, 회담

have	a talk	이야기를 하다
hold	talks	회담을 하다
have	talks	
give	a talk	강연을 하다

| talk |

▷ Finally the two countries have stopped fighting and are **holding talks** *with* each other. 마침내 양국은 분쟁을 멈추고 서로 회담을 하고 있다.

▷ The English Speaking Club has asked me to **give a talk** on British culture. 영어 회화 클럽에서 내게 영국 문화에 대해 강연을 해달라고 부탁했다.

a little	talk	짧은 이야기
a long	talk	긴 이야기
small	talk	가벼운 이야기, 잡담
direct	talks	직접 대화
peace	talks	평화 회담

▷ Our teacher wants us to give a **little talk** on some aspects of American culture. 우리 선생님은 우리에게 미국 문화의 몇몇 측면에 대해 간단히 이야기하고 싶어한다.

▷ I'm not good at making **small talk** at formal parties. 나는 격식 있는 파티에서 가벼운 이야기를 잘 하지 못한다.

▷ In this case I think **direct talk** is better than sending an email. 이 경우에 나는 이메일을 보내는 것보다 직접 대화하는 것이 더 좋다고 생각한다.

(a) talk	about A	A에 대한 이야기
(a) talk	on A	
(a) talk	with A	A와의 이야기
talks	on A	A에 관한 협의
talks	between A and B	A와 B의 협의
talks	with A	A와의 협의

▷ I had a **talk with** Bob about his future plans last night. 나는 어젯밤에 밥과 그의 장래 계획에 대해 이야기했다.

▷ **Talks between** the employers **and** the unions are not going well. 사용자와 노동 조합 사이의 협의는 잘 안 되고 있다.

round of	talks	교섭

▷ The next **round of talks** takes place next week. 다음 교섭은 다음 주에 있다.

talk /tɔːk/ 图 이야기하다

talk	directly	직접 이야기하다
talk	quietly	조용히 이야기하다
talk	excitedly	흥분해서 이야기하다
talk	endlessly	끝없이 이야기하다
talk	freely	자유롭게 이야기하다
talk	openly	솔직하게 이야기하다
talk	seriously	진지하게 이야기하다

▷ When I came into the room, she was **talking excitedly** about her wedding plans. 내가 방에 들어갔을 때 그녀는 결혼식 계획에 대해 신나게 이야기하고 있었다.

▷ I think it's better if we **talk openly** about what went wrong. 무엇이 잘못되었는지 솔직히 이야기하는 것이 좋을 것 같다.

talk	about A	A에 대해 이야기하다
talk	to A	A(사람)와 이야기하다
talk	with A	

▷ Can we **talk about** this later? 이것에 대해 나중에 이야기할까요?

▷ Can I **talk to** you for a moment? 잠시 이야기 좀 할 수 있을까요?

▷ Nice **talking with** you. 이야기 즐거웠습니다.

talking	of A	A로 말하자면

▷ **Talking of** pizza, I'm really hungry! Let's go eat! 피자 이야기가 나왔으니 말인데, 나 정말 배고파! 먹으러 가자.

tall /tɔːl/ 图 키가 큰; 높이가 …인

five feet	tall	5피트 높이의
five inches	tall	5인치 높이의

▷ She's five **feet tall**. 그녀는 키가 5피트이다.

▷ He's one **meter** 62 **tall** and weighs about 75 kilos. 그는 키가 1미터 62센티미터이고 체중은 약 75킬로그램이다.

tall and thin	키가 크고 마른
tall and slim	키가 크고 날씬한

★ thin은 부정적인 의미로, slim은 긍정적인 의미로 쓰인다.

▷ Have you met Sarah's husband? He's so **tall and thin**. 새라 남편이랑 인사했어? 아주 키가 크고 말랐더라.

taste /teist/ 图 맛; 미각; 취미, 취향; 맛보기

have	a taste	맛이 있다; 맛이 나다; 좋아하다
leave	a taste	뒷맛을 남기다
get	a taste	좋아하게 되다
develop	a taste	
acquire	a taste	
indulge	one's taste	취미에 빠지다
suit	A's taste	A의 취향에 맞다

▷ She said the way their friendship ended **left** a bitter **taste** in her mouth. 그녀는 그들의 우정이 끝난 방식이 좋지 않은 인상을 남겼다고 했다.

▷ She seems to have **developed** a **taste** *for* eating at expensive restaurants. 그녀는 비싼 레스토랑에서 식사하는 취미를 키운 것 같다.

▷ Last night's concert certainly **suited** my **taste** in music. 어젯밤 콘서트는 내 음악 취향에 잘 맞았다.

a bitter	taste	쓴맛
a sour	taste	신맛
a sweet	taste	단맛
a good	taste	좋은 맛; 좋은 취미
personal	taste	개인적 취향
popular	taste	대중의 취향
an acquired	taste	익숙해져서 좋아진 것

▷ This chocolate has a very **bitter taste**. 이 초콜릿은 굉장히 쓴맛이다.

▷ Amanda's apartment shows that she has a really **good taste** *in* furnishings. 어맨다의 아파트는 그녀가 집안 꾸미기에 훌륭한 취향이 있다는 것을 보여준다.

▷ Some people prefer modern art to classical, and some don't. It's all down to **personal taste**. 어떤 사람들은 고전미술보다 현대미술을 더 좋아하고, 또 어떤 사람들은 그렇지 않다. 모두 개인적 취향에 달려 있다.

▷ Wine is an **acquired taste**. 와인을 마시다 보니 좋아하게 되었다.

a taste	for A	A에 대한 취향
taste	in A	A 분야의 취향; A의 취미
a taste	of A	A의 맛보기

▷ She seems to have developed a **taste for** foreign travel. 그녀는 해외 여행의 취미를 키운 것 같다.

▷ What's your **taste in** music? 네 음악 취향은 어떠니?

▷ If you get a part-time job, you'll get a **taste of** what it's like to do a full-time job. 시간제 일을 하면, 상근직으로 일하는 게 어떤 건지 맛보기를 할 수 있다.

sense of	taste	미각
a matter of	taste	취향의 문제

▷ If you have a bad cold, it can affect your **sense of taste**. 심한 감기에 걸리면 미각에 영향을 줄 수 있다.

in good	taste	취향이 고상한
in bad	taste	격이 떨어지는
in poor	taste	

▷ Tom told some jokes at the wedding, but they were **in** rather **poor taste**. 톰은 결혼식에서 농담을 몇 마디 했지만, 격이 떨어지는 것들이었다.

tax /tæks/ 명 세금

pay	(a) tax	세금을 내다
impose	a tax	세금을 부과하다, 과세하다
levy	a tax	
put	a tax	
introduce	a tax	세금을 도입하다
deduct	tax	세금을 공제하다
raise	taxes	세금을 올리다, 증세하다
increase	taxes	
cut	taxes	세금을 내리다, 감세하다
reduce	taxes	
lower	taxes	

▷ I didn't earn enough to **pay** any **tax** last year. 나는 작년에 세금을 낼 만큼 돈을 벌지 못했다.

▷ I don't agree with **putting** a **tax** *on* food. 나는 식품에 세금을 부과하는 데 반대한다.

▷ The Government is going to **introduce** a new **tax**. 정부는 새로운 세금을 도입할 예정이다.

▷ The Government is planning to **raise taxes**. 정부는 세금을 인상할 계획이다.

high	tax	높은 세금
low	tax	낮은 세금
direct	tax	직접세
indirect	tax	간접세
local	tax(es)	지방세
income	tax	소득세
inheritance	tax	상속세
property	tax	재산세
consumption	tax	소비세
sales	tax	
value added	tax	부가가치세
corporation	tax	법인세

▷ There are usually very **high taxes** on gasoline, tobacco and alcohol. 휘발유, 담배, 주류에는 대개 아주 높은 세금이 붙는다.

▷ Income tax is a **direct tax** paid to the government, whereas sales tax is an **indirect tax** on goods and services. 소득세는 정부에 내는 직접세인 반면, 소비세는 재화와 서비스에 붙는 간접세이다.

tax	on A	A에 대한 세금
before	tax	세전
after	tax	세후

▷ There are plans to raise the **tax on** alcohol. 주류세를 인상할 계획이 있다.

taxi /tǽksi/ 명 택시

take	a taxi	택시를 타다
call	a taxi	택시를 부르다
order	a taxi	
get	a taxi	택시를 잡다
hail	a taxi	택시를 불러 세우다
get into	a taxi	택시에 타다
get out of	a taxi	택시에서 내리다

▷ She **took a taxi** to the station. 그녀는 역까지 택시를 타고 갔다.
▷ Can you **call a taxi** for me? 택시를 불러주실 수 있나요?
▷ It's getting late. We'd better **get a taxi**. 시간이 늦었어. 택시를 잡는 게 좋겠어.

tea /tiː/ 명 차, 홍차; 《영》 오후의 차 시간

have	tea	차를 마시다
drink	tea	
sip	one's tea	차를 홀짝이다
make	tea	차를 준비하다
pour	the tea	차를 따르다

▷ Would you like to **have** some **tea** or coffee? 차나 커피를 좀 하시겠습니까?
▷ Would you like me to **make** some **tea**? 제가 차를 좀 준비해 드릴까요?
▷ Shall I **pour the tea**? 차를 따라드릴까요?

strong	tea	진한 차
weak	tea	연한 차
cold	tea	차가운 차
hot	tea	따뜻한 차
iced	tea	아이스 티

▷ Mmmm! That looks good! **Hot tea** and toast! 음! 맛있겠네요! 따뜻한 차와 토스트!

a cup of	tea	차 한 잔
a pot of	tea	차 한 주전자

▷ Could I have a **cup of tea**? 차 한 잔 마실 수 있을까요?(★ 두 잔은 two cups of tea)

teach /tiːtʃ/ 명 가르치다

teach	effectively	효과적으로 가르치다
teach	privately	개인적으로 가르치다

▷ Mr. Jennings **teaches** very **effectively**. 제닝스 선생님은 아주 효과적으로 가르친다.

teach	A B	A(사람)에게 B를 가르치다
teach	B to A	
teach	A about B	A(사람)에게 B에 대해서 가르치다
teach	A (how) to do	A(사람)에게 …하는 방법을 가르치다

▷ Professor Aitchison used to **teach** linguistics **to** us at Oxford. 에이치슨 교수는 전에 옥스퍼드 대학에서 우리에게 언어학을 가르쳤다.
▷ His uncle **taught** him **to** play chess. 그의 삼촌은 그에게 체스 두는 법을 가르쳤다.
▷ Can you **teach** me **how to** play chess? 저한테 체스 하는 법을 가르쳐줄 수 있나요?

teach	at A	A(장소)에서 가르치다

▷ His wife **teaches at** Harvard. 그의 아내는 하버드에서 가르친다.

teacher /tíːtʃər/ 명 교사, 선생

a good	teacher	좋은 교사
a primary	teacher	초등학교 교사
a qualified	teacher	유자격 교사
an experienced	teacher	경험 많은 교사
an English	teacher	영어 교사

▷ Our school needs to employ two or three more **qualified teachers**. 우리 학교는 두세 명의 유자격 교사를 더 채용해야 한다.

teachers and pupils	교사와 학생
teachers and students	

★ pupils and teachers, students and teachers라고도 쓴다.

▷ I had to change school last year and get used to new **teachers and pupils**. 나는 작년에 전학해서 새로운 선생님과 학생들에게 적응해야 했다.

teaching /tíːtʃiŋ/ 명 가르침, 교직, 교육

go into	teaching	교직에 들어가다

▷ I'm going to **go into teaching**. 나는 교직에 들어갈 예정이다.

a method of	teaching	교수법
an approach to	teaching	교육 방식

▷ She has a really interesting **method of teaching**. 그녀의 교수법은 아주 흥미롭다.
▷ Our principal has a very strict **approach to teaching**. 우리 교장 선생님은 교육 방식이 아주 엄격하다.

teaching and learning	교육과 학습
teaching and research	교육과 연구

▷These days quite a lot of **teaching and learning** takes place over the Internet. 오늘날 많은 교육과 학습이 인터넷을 통해서 이루어진다.

language	teaching	어학 교육

▌team /tiːm/ 명 팀

be on	a team	팀의 일원이 되다
be in	a team	
play for	a team	
lead	a team	팀을 이끌다
make	the team	팀에 뽑히다

▷He **plays for** the national **team**. 그는 국가 대표팀의 선수다.

▷She practiced really hard and **made** the lacrosse **team**. 그녀는 아주 열심히 연습해서 라크로스 팀에 뽑혔다.

a strong	team	강한 팀
the winning	team	우승팀
an international	team	국제팀
a local	team	지방팀
the national	team	국가 대표팀
a project	team	프로젝트팀
a research	team	연구팀
a rescue	team	구조대

▷The **winning team** was presented with a silver cup. 우승팀은 은제컵을 받았다.

▷Are you interested in soccer? The **national team** is doing really well at the moment. 축구에 관심 있어? 요새 국가 대표 팀이 아주 잘하고 있던데.

▌tear /tiər/ 명 (대개 -s) 눈물

shed	tears	눈물을 흘리다
wipe (away)	the tears	눈물을 닦다
fight back	(the) tears	눈물을 삼키다
hold back	(the) tears	
break down in	tears	울음을 터뜨리다
burst into	tears	
move A to	tears	A(사람)를 울게 만들다
reduce A to	tears	
fill with	tears	눈물이 고이다
end in	tears	눈물로 끝나다

▷He lent her a handkerchief to **wipe away** the **tears**. 그는 그녀에게 눈물을 닦으라고 손수건을 빌려주었다.

▷I don't know why, but suddenly she **burst into tears**. 이유는 모르겠지만 그녀가 갑자기 울음을 터뜨렸다.

▷That movie we saw last night was so sad. It **reduced** me **to tears**. 우리가 어젯밤에 본 영화는 너무 슬펐다. 그것을 보니 눈물이 났다.

▷If you aren't honest with her, it'll all **end in tears**. 네가 그녀에게 솔직하게 말하지 않으면 모든 게 눈물로 끝날 거야.

tears	come	눈물이 나오다
a tear	falls	눈물 한 방울이 떨어지다
tears	flow	눈물이 흐르다
tears	run down A	눈물이 A를 흘러내리다
tears	stream down A	

★A는 A's face, A's cheek 등

▷Suddenly she felt the **tears coming** to her eyes. 그녀는 갑자기 눈에 눈물이 차오르는 것을 느꼈다.

floods of	tears	통곡
tears	of A	A로 인한 눈물

★A는 joy, laughter, rage 등

▷When he came home, he found his wife in **floods of tears**. 그가 집에 와보니 아내가 통곡하고 있었다.

▷She wept **tears of joy** when her little girl was found safe. 그녀는 어린 딸이 무사히 발견되었을 때 기쁨의 눈물을 흘렸다.

close to	tears	금세 눈물을 흘릴 것 같다
near to	tears	

▷Angela was **close to tears**. 앤젤라는 금방이라도 눈물을 흘릴 것 같았다.

in	tears	눈물을 흘리는, 우는
on the verge of	tears	금세 눈물을 흘릴 듯한

▷I returned home to find my wife **in tears**. 집에 돌아와 보니 아내가 눈물을 흘리고 있었다.

▷I think Helen was really upset. She was **on the verge of tears**. 헬렌이 정말 속상했던 것 같다. 그녀는 금세라도 눈물을 흘릴 것 같았다.

▌telephone /téləfòun/ 명 전화; 전화기

use	the telephone	전화를 빌리다
answer	the telephone	전화를 받다
pick up	the telephone	수화기를 들다
put down	the telephone	수화기를 내려놓다

▷ May I **use** the **telephone**? 전화기 좀 써도 될까요?
▷ Can someone **answer** the **telephone**? 누가 전화 좀 받아줘요.
▷ When she **picked up** the **telephone**, nobody answered. 그녀가 수화기를 들었을 때, 아무도 대답하지 않았다.

| the telephone | rings | 전화가 울리다 |

▷ The **telephone's ringing**! 전화가 울리고 있어!

| by | telephone | 전화로 |
| on | the telephone | |

▷ I couldn't get any reply **by telephone**, so I sent her an email. 나는 전화로 아무 응답도 받지 못해서 그녀에게 이메일을 보냈다.

television /téləvìzən/ 명 텔레비전, TV

watch	television	텔레비전을 보다
turn on	the television	텔레비전을 켜다
switch on	the television	
turn off	the television	텔레비전을 끄다
switch off	the television	
turn down	the television	텔레비전 소리를 줄이다

★× watch a[the] television이라고는 하지 않는다.

▷ I think I spend too much time **watching television**. 나는 텔레비전을 보면서 너무 많은 시간을 보내는 것 같다.
▷ Can you **turn** the **television off**? 텔레비전 좀 꺼 줄래?
▷ Could you **turn down** the **television**? 텔레비전 소리를 좀 줄여줄래요?

| satellite | television | 위성 방송 |
| live | television | TV 생방송 |

▷ The Olympic Games will be broadcast on **live television**. 올림픽 경기는 생방송으로 방송될 것이다.

| on | (the) television | 텔레비전에(서) |

▷ There's a really good film **on television** this evening. 오늘 저녁 텔레비전에서 아주 좋은 영화를 한다.
▷ What's **on television** tonight? 오늘 밤 텔레비전에서 뭐 해?

temper /témpər/

명 급한 성미, 화; 기질; 기분

control	one's temper	화를 참다
keep	one's temper	
lose	one's temper	화를 내다

▷ I tried to **keep** my **temper**, but it was impossible. 나는 화를 참으려고 했지만 불가능했다.

a bad	temper	급한 성미; 나쁜 기분
a foul	temper	나쁜 기분
a good	temper	좋은 기분
a fiery	temper	불 같은 성미
a terrible	temper	
a violent	temper	
a short	temper	급한 성미
a quick	temper	

▷ My husband has been in a **foul temper** all morning. 내 남편은 아침 내내 기분이 좋지 않았다.
▷ I didn't know Tom had such a **violent temper**. 나는 톰이 그렇게 불 같은 성미인지 몰랐다.
▷ I have a rather **short temper**. 나는 약간 성미가 급하다.

| a fit of | temper | 왈칵 화가 치미는 일 |

▷ She smashed the vase in a **fit of temper**. 그녀는 왈칵 화가 치밀어서 꽃병을 깨뜨렸다.

| in a | temper | 화가 치밀어서 |

▷ He rushed out of the room **in a temper**. 그는 화가 치밀어서 방에서 뛰쳐나갔다.

PHRASES
Temper! Temper! ☺ 진정해! 진정해!

temperature /témpərətʃər/

명 온도, 온기; 기온; 체온, 열

raise	the temperature	온도를 올리다
increase	the temperature	
reduce	the temperature	온도를 내리다
lower	the temperature	
reach	a temperature	온도에 이르다
control	the temperature	온도를 조절하다
measure	the temperature	온도를 재다
have	a temperature	열이 있다
take	A's temperature	A의 열을 재다

▷ Can you **raise** the **temperature**? It's really cold in here. 온도를 좀 올려 줄래? 여기는 정말 춥다.
▷ It was so hot yesterday. It **reached** a **temperature** of over 35 degrees. 어제는 정말 더웠어. 기온이 35도 이상 올라갔어.
▷ Do you **have** a **temperature**? You look very feverish. 몸에 열이 나니? 열이 있어 보여.
▷ The nurse **took** my **temperature**. 간호사가 내 체

온을 쟀다.

temperature	increases	기온이 오르다
temperature	rises	
temperature	drops	기온이 내려가다
temperature	falls	

▷ The **temperature fell** to minus 20 last night. 어젯밤 기온이 영하 20도까지 내려갔다.

a high	temperature	고온
a low	temperature	저온
a normal	temperature	상온
maximum	temperature	최고 기온
an average	temperature	평균 기온
global	temperature	지구의 기온
water	temperature	수온
air	temperature	기온
room	temperature	실내 온도
body	temperature	체온
surface	temperature	표면 온도
a high	temperature	고열
a slight	temperature	미열

▷ The **average temperature** is much higher this summer compared with last summer. 올 여름 평균 기온은 작년에 비해 훨씬 높다.

▷ Chris has got a **high temperature**. I think we should call a doctor. 크리스가 고열이 있어. 의사를 불러야 할 것 같아.

a change in	temperature	기온의 변화
a drop in	temperature	기온의 하강
a rise in	temperature	기온의 상승
an increase in	temperature	

▷ When night fell, there was a rapid **change in temperature**. 밤이 되자 기온이 급격히 변했다.

| temperature and humidity | 기온과 습도 |

▷ **Temperature and humidity** are closely related. 기온과 습도는 밀접한 관련이 있다.

temptation /temptéiʃən/ 명 유혹

avoid	the temptation	유혹을 피하다
resist	the temptation	유혹에 저항하다
succumb to	the temptation	유혹에 굴복하다

▷ She couldn't **resist** the **temptation** to buy the Gucci shoes. 그녀는 구찌 구두를 사고 싶은 유혹에 저항하지 못했다.

▷ That cake looks delicious! But I'm on a diet. I mustn't **succumb to** the **temptation**! 저 케이크 맛있겠다! 하지만 나는 다이어트 중이야. 유혹에 굴복하면 안 돼!

a constant	temptation	끊임없는 유혹
a great	temptation	강한 유혹
a strong	temptation	
an overwhelming	temptation	저항하기 힘든 유혹

▷ I was offered a really good job in California. It was a **great temptation**, but I decided to stay in New York. 나는 캘리포니아의 아주 좋은 자리를 제안 받았다. 그것은 큰 유혹이었지만, 나는 뉴욕에 남기로 결정했다.

tendency /téndənsi/ 명 경향; 성향

have	a tendency	경향이 있다
show	a tendency	경향을 보이다
reinforce	a tendency	경향을 강화하다

▷ My old car **has** a **tendency** to steer to the right. 내 낡은 차는 오른쪽으로 휘는 경향이 있다.

▷ Recently he's been **showing** a **tendency** to fall asleep in class. 최근에 그는 수업중 잠이 드는 경향을 보이고 있다.

a strong	tendency	강한 경향
a growing	tendency	커지는 경향
an increasing	tendency	
a general	tendency	일반적인 경향
a natural	tendency	자연스러운 경향

▷ There's an **increasing tendency** for women to marry later in life. 여성들이 늦은 나이에 결혼하는 경향이 커지고 있다.

▷ At the moment, as a **general tendency**, the stock market seems to be moving up. 요즘 전반적으로 주식 시장이 상승세에 있는 것 같다.

| a tendency | for A to do | A가 …하는 경향 |
| a tendency | toward A | |

▷ In the present economic climate there is a **tendency for** people to save rather than spend. 현 경제 환경에서는 사람들이 소비하기보다 저축하는 경향이 있다.

▷ Recently in the Arab World there has been a **tendency toward** democracy. 최근에 아랍 세계에서는 민주화 경향이 있다.

| a tendency | to do | …하는 경향 |

▷ Tony has a **tendency to** overreact to criticism. 토니는 비판에 과민반응하는 경향이 있다.

tense /tens/ 긴장한, 팽팽한, 어색한

feel	tense	긴장하다
become	tense	팽팽해지다
remain	tense	긴장 상태를 유지하다

▷ The atmosphere in the meeting suddenly **became tense**. 회의 분위기는 갑자기 어색해졌다.
▷ The situation in Afghanistan still **remains tense**. 아프가니스탄의 상황은 아직도 긴장 상태를 유지하고 있다.

extremely	tense	무척 긴장한

▷ She was **extremely tense** during the interview. 그녀는 면접 때 몹시 긴장했다.

tension /ténʃən/ 긴장

ease	the tension	긴장을 완화하다
reduce	the tension	
release	the tension	긴장을 풀다
increase	the tension	긴장을 높이다
heighten	the tension	

▷ He **eased** the **tension** *between* the two countries. 그는 양국간의 긴장을 완화했다.
▷ Recent terrorist attacks have **increased** the **tension** in Afghanistan. 최근의 테러 공격은 아프가니스탄에서의 긴장을 높였다.

muscular	tension	근육의 긴장
nervous	tension	신경의 긴장
political	tension	정치적 긴장
racial	tension	인종주의적 긴장
social	tension	사회적 긴장

▷ A good massage helps relieve **muscular tension**. 좋은 마사지는 근육 긴장을 푸는 데 도움을 준다.
▷ **Political tension** always increases near election time. 선거 시기가 가까워지면 언제나 정치적 긴장이 높아진다.

term /tə:rm/

(전문) 용어; 기간, 임기; 《영》 학기; (-s) 조건

use	a term	용어를 사용하다
define	the term	용어를 정의하다
coin	a term	용어를 만들어내다
accept	the terms	조건을 받아들이다

▷ How would you **define** the **term** "communication"? '커뮤니케이션'이라는 용어를 어떻게 정의합니까?
▷ I think we should **accept** the **terms** of the contract and sign it. 나는 우리가 계약 조건을 받아들이고 서명해야 한다고 생각한다.

a technical	term	전문 용어
a legal	term	법률 용어
a medical	term	의학 용어
a first	term	1학기
a second	term	2학기
the summer	term	여름 학기
the autumn	term	가을 학기

▷ The mayor is hoping to win a **second term** of office. 시장은 재임에 성공하기를 바라고 있다.
▷ The **autumn term** begins in September. 가을 학기는 9월에 시작한다.

on	good terms	좋은 사이인, 친한 사이인
on	friendly terms	
on	equal terms	대등한 입장에서
on	speaking terms	인사 정도 하는 사이인

▷ They're no longer boyfriend and girlfriend, but they're still **on friendly terms**. 그들은 이제 남자친구 여자친구는 아니지만 여전히 좋은 사이다.
▷ Men and women should be able to apply for a job **on equal terms**. 남자와 여자들은 대등한 입장에서 취업 지원을 할 수 있어야 한다.

in	practical terms	현실적으로
in	real terms	실질적으로
in	general terms	일반적으로
in	broad terms	
in	economic terms	경제적 측면에서
in	financial terms	재정적 측면에서
in	political terms	정치적 측면에서
in	the long term	장기적으로는
in	the medium term	중기적으로는
in	the short term	단기적으로는

▷ He was only talking **in general terms**. He didn't mean you specifically. 그는 일반적으로 이야기했을 뿐이다. 특별히 너를 의미한 것은 아니었다.
▷ **In financial terms** the company has serious problems. 재정적 측면에서 회사는 심각한 문제가 있다.
▷ This part-time job is OK for me **in** the **short term**. 이 시간제 일은 단기적으로는 내게 괜찮다.

in	terms of A	A의 관점에서, A의 면에서
under	the terms of A	A의 조건에 따르면

▷ Adam Smith explains prices **in terms of** labor inputs. 애덤 스미스는 가격을 노동 투입량이라는 측면에서 설명한다.

▷ **Under the terms of** the agreement we have two weeks to repay the money. 계약 조건에 따르면 우리는 2주 안에 돈을 갚아야 한다.

| terms and conditions | 계약 조건 |

▷ You should check the **terms and conditions** of the contract carefully. 계약 조건을 꼼꼼히 살펴봐야 한다.

terrible /térəbl/ 형 지독한; 끔찍한; 비참한

feel	terrible	기분이 몹시 나쁘다; 몹시 미안하다
look	terrible	몹시 안 좋아 보이다
sound	terrible	몹시 안 좋은 것 같다

▷ Are you OK? You **look terrible**! 괜찮아? 얼굴이 아주 안 좋아!

▷ "Her father was in a car accident. He's in hospital." "Oh, that **sounds terrible**." "그녀의 아버지가 교통 사고를 당했어. 지금 병원에 계셔." "아, 너무 안 좋은 소식인걸."

really	terrible	정말로 끔찍한
truly	terrible	
absolutely	terrible	몹시 끔찍한

▷ I think the food in that restaurant was **really terrible**. 그 레스토랑의 음식은 정말로 형편없었던 것 같아.

▷ We went on holiday last week but the weather was **absolutely terrible**. 우리는 지난 주에 휴가를 갔지만 날씨가 아주 지독하게 안 좋았다.

test /test/ 명 시험, 테스트; 검사

take	a test	시험을 보다
do	a test	
sit	a test	
pass	a test	시험에 합격하다
fail	a test	시험에 떨어지다
give	a test	시험을 하다
have	a test	검사를 받다
carry out	a test	검사하다
run	a test	
put A to	the test	A를 시험하다

▷ Our teacher says we have to **do a test** tomorrow. 선생님은 우리가 내일 시험을 볼 거라고 말씀하신다.

▷ I **passed** my **test**! Yeeeeaaahh! 내가 시험에 통과했어! 야호!

▷ I'm sure I'm going to **fail** the **test**. 나는 분명히 시험에 떨어질 거야.

▷ Before the interview they **gave** me a personality **test**. 면접을 보기 전에 그들은 내게 성격 검사를 했다.

▷ During the interview they really **put** my knowledge of computers **to** the **test**. 면접 때 그들은 실제로 내 컴퓨터 지식을 시험했다.

an oral	test	구두 시험
a written	test	필기 시험
a driving	test	운전 면허 시험
a blood	test	혈액 검사
a DNA	test	DNA 검사
an intelligence	test	지능 검사
a personality	test	성격 검사
a psychological	test	심리 검사
a nuclear	test	핵 실험

▷ I have to go to hospital for **a blood test** tomorrow. 나는 내일 혈액 검사를 하러 병원에 가야 한다.

▷ Another **nuclear test** will take place next week. 다음 주에 또 한 차례의 핵 실험이 있을 것이다.

| a test | for A | A의 검사 |

▷ My dad has to take a **test for** diabetes next week. 우리 아빠는 다음 주에 당뇨 검사를 받아야 한다.

| on | a test | 시험에서 |
| 《영》 in | a test | |

▷ I think I've done quite well **in** the **test**. 나는 시험을 꽤 잘 치른 것 같다.

thank /θæŋk/ 동 감사하다, 고맙다고 말하다

warmly	thank	진심으로 감사하다
personally	thank	개인적으로 감사하다
publicly	thank	공개적으로 감사의 뜻을 전하다

▷ I'd like to **warmly thank** everybody for all your hard work this year. 여러분 모두가 올해 기울여준 노고에 진심으로 감사하고 싶습니다.

| thank | A for (doing) B | B해준 것에 대해 A(사람)에게 감사하다 |

▷ I want to **thank** you **for** all your help. 여러 가지 도움을 주신 데 대해 감사드리고 싶습니다.

PHRASES

I can't thank you enough. ☺ 뭐라고 감사의 말을 드려야 할지 모르겠습니다.

| thanks |

No, thank you. ☺ 아뇨, 괜찮습니다.
Thank you. ☺ 고맙습니다, 감사합니다. ▷ It was a wonderful meal. Thank you. 훌륭한 식사였습니다. 고맙습니다.
Thank you again. ☺ 다시 한 번 감사 드립니다.

thanks /θæŋks/ 명 감사

sincere	thanks	진심 어린 감사
grateful	thanks	깊은 감사
special	thanks	특별한 감사

▷ **Sincere thanks** to you all. 모두에게 진심으로 감사 드립니다.
▷ You have my **grateful thanks**. 깊이 감사 드립니다.

express	one's thanks	감사를 표하다
give	thanks	감사하다
accept	A's thanks	감사의 마음을 받아주다

▷ I think we should **give thanks** *for* the wonderful harvest this year. 올해의 풍작에 감사해야 한다고 생각한다.
▷ Please **accept** my **thanks**. 제 감사의 마음을 받아 주십시오.

thanks	for (doing) A	A해준 것에 대한 감사

▷ Many **thanks for** your letter of January 12th. 1월 12일의 편지에 대해 감사 드립니다.

(PHRASES)

No, thanks. ☺ 아뇨 괜찮습니다. ▷ "Would you like some more cake?" "No, thanks. I couldn't manage anymore." "케이크 더 드실래요?" "아뇨, 괜찮습니다. 더는 못 먹어요."
Thanks again (for A). ☺ 다시 한 번 (A를) 감사 드립니다. ▷ Thanks again for a wonderful evening. 멋진 저녁을 보내게 해주셔서 다시 한 번 감사 드립니다.
Thanks a lot. ☺ 정말로 감사합니다.

theme /θi:m/ 명 주제, 테마; 화제

choose	a theme	주제를 선택하다
explore	a theme	주제를 탐구하다
develop	a theme	주제를 발전시키다
take up	a theme	주제를 채택하다

▷ Today I'd like to **take up** the **theme** of passion in the novel *Wuthering Heights*. 오늘 저는 소설 "폭풍의 언덕"에서 열정이라는 주제를 채택하고 싶습니다.

the central	theme	중심주제
a dominant	theme	주요 주제
the main	theme	
an underlying	theme	배경 주제
the general	theme	전체적인 주제
a common	theme	공통된 주제
a recurrent	theme	반복되는 주제
a recurring	theme	

▷ The **main theme** of the lecture was the works of Charles Dickens. 강연의 주요 주제는 찰스 디킨스의 작품이었다.
▷ The **general theme** of the movie is romance. 그 영화의 전체적인 주제는 로맨스다.
▷ Murder is a **common theme** in many of Shakespeare's plays. 살인은 많은 셰익스피어 작품의 공통된 주제다.

a variation	on a theme	주제의 변주

▷ Rachmaninoff has written **variations on a theme** of Paganini. 라흐마니노프는 파가니니 주제의 변주곡들을 작곡했다.

theory /θíːəri/ 명 학설, 이론, 추측

construct	a theory	이론을 구축하다
develop	a theory	이론을 발전시키다
have	a theory	이론이 있다
prove	a theory	이론을 증명하다
support	the theory	이론을 뒷받침하다

▷ Freud was the first person to **develop** a **theory** of personality. 프로이트는 인격 이론을 발전시킨 최초의 인물이다.
▷ There is much evidence to **support** the **theory** of global warming. 지구 온난화 이론을 뒷받침하는 증거는 많다.

a general	theory	일반 이론
economic	theory	경제 이론
literary	theory	문학 이론
political	theory	정치 이론

▷ Albert Einstein is famous for his **general theory** of relativity. 앨버트 아인슈타인은 일반 상대성 이론으로 유명하다.

a theory	that...	…라는 설
my theory is	that...	내가 추측하기로는 …다

▷ "You know Sally's really afraid of dogs?" "Well, **my theory is that** she was bitten when she was a child." "샐리가 개를 아주 무서워하는 거 알지?" "내 추측으로는 샐리가 어렸을 때 개에 물렸던 것 같아."

in	theory	이론적으로는

| think |

a theory	about A	A에 대한 이론, 설

▷Taylor has the quickest time for the 100 meters this year so **in theory** he should win the race. 테일러는 올해 100미터 기록이 가장 좋다. 그러니까 이론적으로 보면 그가 경주에 이길 것이다.

▷There are many **theories about** who killed President John F. Kennedy. 누가 존 F. 케네디 대통령을 죽였느냐에 대해서는 많은 설이 있다.

theory and practice		이론과 실제

▷There's a big difference between **theory and practice**. 이론과 실제 사이에는 큰 차이가 있다.

thick /θik/ 형 두꺼운, 두께가 …인; 진한

thick	with A	A가 가득한

▷The chocolate cake was **thick with** cream on top. 그 초콜릿 케이크는 위에 크림이 두껍게 발라져 있었다.

5 inches	thick	두께가 5인치인
5 centimeters	thick	두께가 5센티미터인
5 feet	thick	두께가 5피트인

▷We need a rope that's at least 10 **centimeters thick**. 우리는 두께가 10cm 이상인 밧줄이 필요하다.

thin /θin/ 형 얇은; 가는; 야윈; 연한

extremely	thin	아주 얇은; 아주 야윈
painfully	thin	지독하게 야윈
relatively	thin	비교적 얇은; 비교적 야윈

▷When he came out of hospital, Tom looked **painfully thin**. 퇴원했을 때 톰은 안쓰러울 정도로 야윈 모습이었다.

▷I like my toast cut **relatively thin**. 나는 토스트를 비교적 얇게 자르는 것이 좋다.

thing /θiŋ/ 명 사물; 일, 문제; (-s) 사태, 상황

things	change	사태가 변하다
things	get better	사태가 개선되다
things	get worse	사태가 악화되다
things	go wrong	
a thing	happens	일이 일어나다

▷Our business is not doing very well at the moment… but **things change**. 우리 일은 지금 그렇게 잘 되고 있지 않지만… 상황은 바뀌는 법이다.

▷**Things** could **get worse**! 상황이 더 이상 나빠질 수도 있어!

▷"I think you were really unlucky to break your leg." "Well, **things happen**." "다리가 부러지다니 정말로 운이 나빴네요." "뭐 그럴 수도 있는 일이죠."

a good	thing	좋은 일
a bad	thing	나쁜 일
a strange	thing	이상한 일
the amazing	thing	놀라운 일
the important	thing	중요한 일
the first	thing	최초의 일
the last	thing	마지막 일
the real	thing	진짜
the whole	thing	전부
the right	thing	꼭 맞는 것

▷It's a **good thing** your friend was there to help you! 네 친구가 곁에 있어서 도와주었던 건 좋은 일이네.

▷The **amazing thing** is that she said yes! 놀라운 건 그녀가 좋다고 말했다는 거야!

▷The **important thing** is not to panic. 중요한 건 당황하지 않는 것이다.

▷The **first thing** I do every morning is take a shower. 내가 아침에 가장 먼저 하는 일은 샤워다.

▷They aren't imitation diamonds. This necklace is the **real thing**! 그건 모조 다이아몬드가 아니야. 이 목걸이는 진짜야!

the kind of	thing	그런 것, 그런 종류의 것
the sort of	thing	

▷I think I'll buy this sweater. It's just the **kind of thing** I was looking for! 이 스웨터를 사야겠어. 내가 찾던 바로 그런 종류야!

as	things stand	현 상태에서는

▷**As things stand**, we have a good chance of getting to the final. 현 상태에서는 우리가 결승에 진출할 확률이 꽤 있다.

PHRASES

How are things (with you)? / **How are things going?** 😊 어떻게 지내? ▷"Ivan, how are things?" "Fine, thanks. And you?" "아이반, 어떻게 지내?" "잘 지내, 너는?"

That's the thing! 😊 바로 그게 문제다! ▷"So why should you have to take the blame?" "Exactly! That's the thing! It wasn't my fault!" "그런데 왜 네가 비난을 받아야 해?" "그래! 바로 그게 문제야! 내 잘못이 아니었다고!"

There is no such thing as A. 😊 A 같은 것은 없다. ▷My boss always says there's no such thing as "impossible"! 우리 상사는 늘 '불가능' 같은 것은 없다고 말하지!

think /θiŋk/ 동 생각하다

think	carefully	깊이 생각하다
think	clearly	명확하게 생각하다
think	seriously	진지하게 생각하다
think	well	잘 생각하다
think	again	다시 생각하다
think	twice	재고하다, 숙고하다
just	think	잠시 생각하다

▷ **Think carefully** before you make a final decision. 최종 결정을 내리기 전에 깊이 생각해.
▷ **Think well** before you do something you'll regret! 후회할 일을 하기 전에 잘 생각해!
▷ You should **think twice** before you drop out of university. 대학을 자퇴하기 전에 다시 생각해 봐.
▷ **Just think!** Tom and Ellie are lying on the beach now in Hawaii having a great time! 생각 좀 해봐! 톰과 엘리는 지금 하와이의 해변에 누워서 즐거운 시간을 보내고 있어!

think	about A	A에 대해 생각하다
think	of A	A를 생각하다

▷ What are you **thinking about**? 무엇에 대해 생각하고 있어?
▷ I'm **thinking about** getting a part-time job. 나는 시간제 일을 구할까 생각하고 있어.
▷ I can't **think of** any reason why she's so late. 그녀가 이렇게 늦는 이유가 떠오르지 않는다.

think	(that)...	…라고 생각하다

▷ I **think** it's time to leave. 이제 떠나야 할 때인 것 같아.
▷ I don't **think** we're going to arrive in time. 우리가 제시간에 도착하지 못할 것 같다.

it is thought	that...	…라고 생각되다

▷ **It is thought that** exercising too hard can sometimes lead to a heart attack. 운동을 과도하게 하면 심장 발작을 일으킬 수도 있을 것으로 예상된다.

I think	so	그렇다고 생각한다

▷ "Is Nigel English?" "Yes, **I think so**." "나이젤은 영국인인가요?" "네, 그런 것 같아요."

wh-	do you think...?	…라고 생각해?

★ wh- = what, how, why, where, when 등의 의문사

▷ **What do you think**? Does this dress look OK on me? 어떻게 생각해? 이 드레스가 나한테 괜찮아?
▷ **How do you think** we should go? By bus or by train? 우리가 어떻게 가야 한다고 생각해? 버스로, 아니면 기차로?
▷ **When do you think** Dave will be back? 데이브가 언제 돌아올 거라고 생각해?

I can't	think wh-	…인지 모르겠다

★ wh-= why, who, where, what 등의 의문사

▷ **I can't think why** she got so angry. 그녀가 왜 그렇게 화가 났는지 모르겠다.

PHRASES

I wasn't thinking. ⊙ (사과하며) 아무 생각 없었어. ▷ Oh, sorry. Is this your umbrella? **I wasn't thinking.** 미안, 이거 네 우산이야? 내가 아무 생각 없었어.

Let me think (about A)! ⊙ (A에 대해) 생각해 볼게.
That's what you think ⊙ 그건 네 생각이다.(★ you 외에 them 등도 쓰인다.) ▷ "There's no way you'll complete a 50 kilometer walk!" "**That's what you think!**" "네가 50킬로미터를 걸어갈 수는 없어!" "그건 네 생각이지!"

What was A thinking of? ⊙ (놀라워하며) A(사람)는 무슨 생각을 한 거지? ▷ Tom kept interrupting during the meeting. I don't know what he **was thinking of!** 톰은 회의 때 계속 방해를 했어. 무슨 생각을 한 건지 모르겠어.

Who do you think you are? ⊙ 대체 네가 뭐라고 생각하는 거야?, 네가 뭔데?

Who would have thought...? ⊙ (놀라워하며) 누가 상상이나 했겠어? ▷ **Who would have thought** Ella and Steve would get married? 엘라와 스티브가 결혼할 거라고 누가 상상이나 했겠어?

You know what I think? ⊙ (상대의 주의를 끌며) 내가 무슨 생각을 하는지 알아? ▷ **You know what I think?** Harry and Kate are the perfect couple! 내가 무슨 생각을 하는지 알아? 해리하고 케이트는 완벽한 커플이라는 거야.

thirsty /θə́ːrsti/ ⓐ 목마른, 갈증 난

feel	thirsty	목이 마르다
get	thirsty	목이 마르게 되다

▷ I **feel thirsty**. 나 목말라.

really	thirsty	몹시 목이 마른
terribly	thirsty	

▷ I'm **really thirsty**. 나 너무 목말라.

thought /θɔːt/

ⓝ 생각; 의견; 사고; 사상; 의도

have	a thought	생각이 있다
collect	one's thoughts	생각을 정리하다
express	one's thoughts	생각을 표현하다
share	A's thoughts	A의 생각을 공유하다
read	A's thoughts	A의 마음을 읽다

push	the thought away	생각을 뿌리치다
give	thought	생각하다
spare	a thought	

▷ I need some time to **collect** my **thoughts**. 나는 생각을 정리할 시간이 필요하다.

▷ It's almost as if she was able to **read** my **thoughts**. 마치 그녀가 내 마음을 읽어낸 것 같다.

▷ **Give** some **thought** to the people around you when you answer your cellphone in public. 공공장소에서 휴대폰을 받을 때는 주변에 있는 사람들을 생각해 주세요.

▷ We should **spare** a **thought** *for* the victims of the earthquake. 우리는 지진 희생자들을 생각해 주어야 한다.

thought	comes to A	A에게 생각이 떠오르다
thought	occurs to A	
thought	strikes A	

▷ The **thought comes to** me that Peter didn't get the message to meet us here. 피터가 여기서 우리를 만나자는 전갈을 못 받은 것 같다는 생각이 든다.

| be lost in | thought | 생각에 몰두해 있다 |
| be deep in | thought | |

▷ He sat at his desk **lost in thought**. 그는 생각에 몰두한 채 책상 앞에 앉아 있었다.

a happy	thought	즐거운 생각, 묘안
the first	thought	최초의 생각
second	thoughts	다시 생각함, 재고
careful	thought	숙려, 신중한 생각
a serious	thought	

▷ I was going to marry Ken, but then I had **second thoughts**. 나는 켄과 결혼하려고 했지만 생각을 바꾸었다.

▷ You need to give some **serious thought** to what you're going to do after you graduate from university. 대학을 졸업하고 무엇을 할지에 대해 진지하게 생각해 봐야 해.

a thought	on A	A에 대한 생각
a thought	about A	
the thought	of A	A의 생각

▷ I felt sick at the **thought of** eating raw horsemeat! 생 말고기를 먹는다는 생각에 속이 메슥거렸다.

| the thought that... | | …라는 생각 |

▷ The **thought that** she heard everything we were saying is very embarrassing! 그녀가 우리의 대화를 전부 들었다는 생각을 하니 너무 당혹스럽다!

| thoughts and feelings | 생각과 감정 |

▷ He wrote all his **thoughts and feelings** down in a notebook. 그는 자신의 모든 생각과 감정을 공책에 적었다.

| a line of | thought | 생각의 경향 |

threat /θret/ 몡 위협, 협박, 위험요소

make	a threat	위협하다
issue	a threat	
carry out	one's threat	위협을 실행하다
pose	a threat	위협이 되다
represent	a threat	
face	a threat	위협에 맞닥뜨리다

▷ He **made** a lot of **threats**, but he didn't **carry** them **out**. 그는 여러 가지 위협을 했지만, 실행하지는 않았다.

▷ Many diseases that **posed** a **threat** 100 years ago no longer do so today. 백 년 전에 위협이 되었던 많은 질병이 오늘날에는 위협이 되지 않는다.

an empty	threat	공허한 협박
an idle	threat	
death	threats	살해 협박
a bomb	threat	폭파하겠다는 협박
a great	threat	큰 위협
a big	threat	
a major	threat	
a real	threat	현실의 위협
a serious	threat	심각한 위협
a potential	threat	잠재적 위험요소

▷ The police say that some leading politicians have received **death threats**. 경찰은 몇몇 유력 정치인들이 살해 협박을 받았다고 말한다.

▷ Earthquakes pose a **greater threat** if they cause a tsunami. 지진은 쓰나미를 일으키면 더욱 큰 위험요소가 된다.

▷ Is global warming a **serious threat**? 지구 온난화는 심각한 위협인가요?

a threat	against A	A에 대한 위협
a threat	from A	A가 가하는 위협
a threat	to A	A를 향한 위협

▷ The **threat from** the sea is particularly bad along this part of the coast. 이 해안 지역에서는 바다에서 오는 위험요소가 특히 심각하다.

| under | threat | 위협을 받고 있는 |

| threaten |

▷ Over one fifth of the world's plants may be **under threat** of extinction. 세계 식물의 1/5 이상이 멸종의 위기에 있다.

threaten /θrétn/ 囧 위협하다, 협박하다

constantly	threaten	끊임없이 위협하다
seriously	threaten	심각하게 위협하다

▷ All day it's been **constantly threatening** to rain. 하루 종일 언제라도 비가 올 것 같은 날씨였다.
▷ Her injury **seriously threatens** her chances of winning the race. 그녀의 부상은 그녀가 경주에서 우승할 가능성을 심각하게 위협하고 있다.

threaten	A with B		A(사람)를 B로 위협하다

▷ He came up behind her and **threatened** her **with** a knife. 그는 그녀의 뒤에서 다가와서 칼로 그녀를 위협했다.

threaten	to do		…하겠다고 위협하다; …할 위험이 있다

▷ Mummy! That big boy **threatened to** hit me if I didn't give him my sweets. 엄마! 저 덩치 큰 남자애가 사탕을 안 주면 나를 때리겠다고 협박했어요.

throat /θrout/ 囧 목

clear	one's throat	목을 가다듬다

▷ He **cleared** his **throat** nervously. 그는 초조하게 목을 가다듬었다.

a sore	throat	목의 통증

▷ I have a **sore throat**. 나는 목이 아프다.

ticket /tíkit/

囧 표, 입장권, 티켓; 범칙금 딱지

get	a ticket	표를 손에 넣다
obtain	a ticket	
book	a ticket	표를 예약하다
reserve	a ticket	
issue	a ticket	범칙금 딱지를 떼다
receive	a ticket	범칙금 딱지를 받다

▷ It was impossible to **obtain** a **ticket**. 표를 구할 수 없었다.
▷ Would you like me to **book** a **ticket** for the concert? 제가 콘서트 표를 예약해 드릴까요?

a one-way	ticket	편도표
《영》 a single	ticket	
a round-trip	ticket	왕복표
《영》 a return	ticket	
a season	ticket	시즌권; 정기권
a first-class	ticket	일등석표
a complimentary	ticket	초대권, 무료표
a free	ticket	
an advance	ticket	예매권
an airline	ticket	항공권
a train	ticket	열차표
a lottery	ticket	복권
a parking	ticket	주차 위반 딱지
a speeding	ticket	속도 위반 딱지

▷ It's cheaper if you get a **return ticket**. 왕복표를 사면 더 싸다.
▷ I think we should try to get some **advance tickets**. 예매 표를 사는 게 좋을 것 같다.
▷ Where's my **lottery ticket**? I think I've won a fortune! 내 복권 어디 있어? 거액에 당첨된 것 같은데!

a ticket	for A	A의 표; A로 가는 표
a ticket	to A	

▷ **Tickets for** the concert are $20. 콘서트 표는 20달러다.
▷ How much is **a ticket to** London? 런던행 표는 얼마입니까?

tie /tai/ 囧 넥타이; (대개 -s) 인연, 관계; 동점

wear	a tie	넥타이를 매고 있다
put on	a tie	넥타이를 매다
loosen	one's tie	넥타이를 느슨하게 풀다
straighten	one's tie	넥타이를 고쳐 매다
cut	one's ties	인연을 끊다
end in	a tie	동점으로 끝나다
result in	a tie	

▷ Do you think I should **put on** a **tie** for the dinner party this evening? 오늘 저녁 디너 파티에 내가 넥타이를 매고 가야 할까요?
▷ Let me **straighten** your **tie** for you! 내가 네 넥타이를 고쳐 매 줄게!
▷ Peter's family have completely **cut** their **ties** **with** him. 피터의 가족은 그와 완전히 인연을 끊었다.

close	ties	가까운 관계
strong	ties	밀접한 관계
blood	ties	혈연 관계
family	ties	가족 관계
personal	ties	개인적 관계
economic	ties	경제적 관계

cultural	ties	문화적 관계
diplomatic	ties	외교적 관계

▷ He has **strong ties** with many influential politicians. 그는 많은 유력 정치인들과 밀접한 관련을 맺고 있다.

▷ It's important to establish **personal ties** with our customers. 고객과 개인적인 인간관계를 맺는 것은 중요하다.

▷ The two countries are hoping to strengthen their **economic ties**. 양국은 경제적 관계를 강화하기를 희망하고 있다.

the tie	between A (and B)	A(와 B) 사이의 관계
ties	with A	A와의 관계
ties	to A	

▷ They are a very close family. The **ties between** them are very strong. 그들은 아주 친밀한 가족이다. 그들 사이의 관계는 아주 끈끈하다.

▷ Do you have **ties to** any political party? 어떤 정당과는 관계가 있습니까?

a jacket and tie	재킷과 넥타이
a suit and tie	정장과 넥타이

▷ You'd better put on a **suit and tie**. 정장을 입고 넥타이를 매는 게 좋을 것이다.

tie /tai/ 图 묶다

tie	tightly	단단히 묶다
tie	firmly	
tie	together	한데 묶다
tie	up	단단히 묶다, (배를) 정박시키다
neatly	tie	깔끔하게 묶다
closely	tied	밀접하게 관련된
inextricably	tied	불가분한 관계가 있는

▷ Make sure you **tie** your shoelaces **firmly**. 신발 끈을 단단히 묶어라.

▷ He **tied** the boat **up** to the riverbank and jumped out. 그는 보트를 강둑에 정박시켜 두고 뛰어나왔다.

▷ His Christmas present was beautifully wrapped and **neatly tied** with a bow. 그의 크리스마스 선물은 아름답게 포장하여 리본으로 깔끔하게 묶여 있었다.

▷ Do you believe that poverty is **inextricably tied** to crime? 가난은 범죄와 불가분의 관계에 있다고 생각합니까?

tie	A to B	A를 B에 묶다

▷ He **tied** the dog **to** a lamppost and went into the shop. 그는 개를 가로등 기둥에 묶어두고 가게에 들어갔다.

▷ I don't want to get married. I don't want to be **tied to** one person for the rest of my life. 나는 결혼하고 싶지 않아. 평생토록 한 사람에게 묶이고 싶지 않거든.

tight /tait/ 图 조이는; 단단한; 엄격한

feel	tight	조이는 느낌이 들다
get	tight	빽빽해지다
hold	tight	꽉 잡다

▷ These new shoes **feel** a bit **tight**. 이 새 신발은 약간 조이는 느낌이 든다.

▷ These roller coasters go so fast. **Hold tight!** 이 롤러코스터는 아주 빨라. 꽉 잡고 있어!

extremely	tight	너무 빡빡한; 엄중한
fairly	tight	꽤 빡빡한; 엄중한
pretty	tight	

▷ The cork in this wine bottle is **extremely tight**. I can't get it out! 이 와인병의 코르크는 아주 꽉 박혀있어. 뺄 수가 없어!

time /taim/

图 시간, 시각; (흔히 -s) 시대; 시기; 횟수; 배

have	time	시간이 있다
need	time	시간이 필요하다
take	time	시간이 걸리다
spend	time	시간을 들이다
kill	time	시간을 때우다
pass	time	
devote	time	시간을 바치다
save	time	시간을 절약하다
waste	time	시간을 낭비하다
lose	time	시간을 헛되이 보내다

▷ Recently Kelley hasn't **had** much **time** to go out with her friends. 최근에 켈리는 친구들하고 어울릴 시간이 별로 없었다.

▷ It'll **take time** before Kate gets out of hospital. 케이트가 퇴원하는 데는 시간이 걸릴 것이다.

▷ My plane's departure was delayed for 2 hours so I read a book to **kill time**. 내 비행기 출발이 두 시간 늦춰져서 나는 시간을 때우기 위해 책을 읽었다.

▷ Anna **devotes** a lot of **time** to her studies. 애나는 공부에 많은 시간을 바친다.

▷ It would **save time** if we took a taxi. 택시를 타면 시간이 절약될 것이다.

▷ We mustn't **waste** any more **time**. 더 이상 시간

| time |

을 낭비하면 안 된다.
▷ Quick! There's no **time** to lose! 서둘러! 어물거릴 시간이 없어!
▷ When he realized he'd won the lottery, he **lost no time** in claiming his money! 복권에 당첨되었다는 것을 알았을 때 그는 지체없이 돈을 받으러 갔다!

| time | goes by | 시간이 흘러가다, 시간이 지나가다 |
| time | passes | |

▷ **Time goes by** much quicker than you think. 생각보다 시간은 훨씬 빨리 흘러간다.
▷ You'll feel better as **time goes by**. 시간이 지나면 기분이 나아질 것이다.

a long	time	긴 시간
a short	time	짧은 시간
a little	time	약간의 시간
a limited	time	한정된 시간
free	time	자유 시간
spare	time	여유 시간, 빈 시간
a bad	time	어려운 시기
a difficult	time	
a hard	time	힘든 시간
a tough	time	
a rough	time	
recent	times	최근, 근년
an appropriate	time	적절한 때
the right	time	
a bad	time	부적절한 때
the wrong	time	
the first	time	첫 번째
the second	time	두 번째
each	time	매번
every	time	
a good	time	즐거운 시간
a great	time	멋진 시간
a wonderful	time	
a marvelous	time	
local	time	현지 시각
daylight saving	time	서머타임, 일광절약 시간

▷ I haven't seen you for a **long time**! 오랜만이걸!
▷ I can only stay for a **short time**. 나는 잠깐밖에 못 있어.
▷ What do you like to do in your **spare time**? 너는 한가한 시간에 주로 뭘 하니?
▷ He had a **hard time** trying to persuade her to marry him! 그는 그녀에게 결혼해달라고 설득하는 데 어려움을 겪었다.

▷ She had a **tough time** at school. She was bullied a lot. 그녀는 학창시절에 힘든 시간을 보냈다. 괴롭힘을 많이 당한 것이다.
▷ In **recent times** the Internet has greatly changed society. 최근에 인터넷은 사회를 크게 변화시켰다.
▷ You came at just the **right time**! 네가 딱 맞는 시간에 왔어!
▷ I went to New York for the **first time**. 나는 처음으로 뉴욕에 갔다.
▷ For the **first time** in months I feel really healthy. 몇 달 만에 처음으로 진짜 건강해진 느낌이었다.
▷ It's the **second time** that I've left my umbrella on the train in a week! 일 주일 동안 내가 기차에 우산을 두고 내린 게 이번이 두 번째야!
▷ I love him! My heart beats faster **every time** I see him! 나는 그 사람을 사랑해! 그를 볼 때마다 심장 박동이 빨라져!
▷ Have a **good time**! 즐겁게 지내!
▷ I had a **great time** with her. 나는 그녀와 멋진 시간을 보냈다.
▷ Thanks for inviting us out today. We had a **marvelous time**. 오늘 우리를 초대해 줘서 고마워. 아주 멋진 시간이었어.
▷ The plane arrives at 16:00 hours **local time**. 비행기는 현지 시각 16시에 도착한다.

a length of	time	시간의 길이
a period of	time	일정 기간
a waste of	time	시간의 낭비
a lot of	time	많은 시간
plenty of	time	

▷ After a **period of time** I got used to living in the USA. 어느 정도 시간이 지나니 나는 미국에 사는데 익숙해졌다.
▷ It took me a **lot of time** to write this report. 나는 이 보고서를 쓰는 데 많은 시간이 걸렸다.

time and place	시간과 장소
time and space	시간과 공간
time and money	시간과 돈
time and effort	시간과 노력

★ place and time, space and time도 쓰인다.

▷ We still have not solved many mysteries of **time and space**. 우리는 아직 시간과 공간의 많은 수수께끼를 풀지 못했다.
▷ Ellie and Joe spent a lot of **time and money** (on) redecorating their house. 엘리와 조는 집을 새로 꾸미는 데 많은 시간과 돈을 들였다.
▷ What a waste of **time and effort**! 그건 정말 시간과 노력의 낭비야!

it's time	for A	A를 위한 시간이다
it's time	to do	…할 시간이다
it's time	A did B	A가 B해야 할 시간이다

▷ **It's time for** a cup of tea. 차 마실 시간이다.
▷ Come on! **It's time to** get up! 어서! 일어날 시간이야!
▷ **It's time** you took that book back to the library. It's three days overdue! 그 책을 도서관에 반납해야 할 때야. 사흘이나 연체됐어!

ahead of	time	예정보다 일찍
behind	time	예정보다 늦게
behind	the times	시대에 뒤떨어져
by	the time	그 시간까지는
on	time	제시간에
out of	time	박자가 맞지 않는
with	time	시간이 지남에 따라

▷ The plane landed **ahead of time**. 비행기는 예정보다 일찍 착륙했다.
▷ The plane's running **behind time** because of engine trouble. 비행기는 엔진 문제로 예정보다 늦게 비행하고 있다.
▷ **By the time** Rob gets here, the party will be over. 롭이 여기 올 때면 파티는 끝날 거야.
▷ Here comes the bus. Right **on time**. 여기 버스 온다. 제시간에 딱 맞게.
▷ Ben's terrible at karaoke! He always sings **out of time**! 벤은 노래방에서 아주 엉망이야! 박자가 하나도 안 맞아!
▷ Things will improve **with time**. 시간이 지나면서 상황이 좋아질 것이다.

at	a time	한 번에, 동시에
at	one time	한때; 한 번에
at	times	때때로
at	all times	언제나
at	the same time	동시에
at	the present time	현재
at	this time	
at	the time	그때, 당시
at	that time	

▷ I can only do one thing **at a time**! 나는 한 번에 한 가지 일밖에 할 수 없어!
▷ **At one time** I could run the 100 meters in 12 seconds. Now it would take me 30 seconds! 한때 나는 100미터를 12초에 뛸 수 있었는데, 지금은 30초가 걸릴 것이다!
▷ **At times** I wonder why I became a teacher! 가끔 나는 내가 왜 교사가 되었는지 의문이다.
▷ When you're driving, you need to concentrate on the road **at all times**. 운전을 할 때는 항상 도로에 집중해야 한다.
▷ **At the present time** we have no information about the missing ship. 현재 우리는 실종 선박에 대해 아무런 정보가 없다.
▷ **At this time** it's 3 o'clock in the morning in Australia. 지금 오스트레일리아는 새벽 3시다.
▷ **At the time** I didn't know it, but actually my father was very ill. 그때 나는 몰랐지만 우리 아버지가 병이 깊으셨다.

for	a time	잠시
for	some time	한동안
for	the time being	당분간

▷ He stared silently out of the window **for some time**. 그는 한동안 말없이 창 밖을 내다보았다.
▷ That's all I wanted to say **for the time being**. 당분간 내가 하고 싶은 말은 그것이 전부다.

in	time	시간에 맞추어서; 이윽고
in	no time (at all)	금세, 곧
in	the course of time	시간이 흐르는 동안

▷ We couldn't get to the airport **in time** to catch our plane. 우리는 비행기 시간에 맞추어 공항에 도착하지 못했다.
▷ I finished the job **in no time at all**. 나는 즉시 그 일을 끝냈다.
▷ **In the course of time** the sea wore away large areas of coastline. 시간이 흐르는 동안 바닷물이 해안의 넓은 지역을 침식했다.

PHRASES

Have you got the time? ☺ 지금 몇 시인가요? ▷ "Excuse me, have you got the time?" "Sure. It's five past six." "실례지만 지금 몇 시인지 여쭤봐도 될까요?" "그럼요. 6시 5분입니다."
It's been a long time. ☺ 오랜만이야.
Until next time. / Till next time. ☺ 다음에 다시 뵙겠습니다. (★ 텔레비전 프로그램의 끝에 쓰인다.)

tiny /táini/ 휑 아주 작은

| extremely | tiny | 굉장히 작은 |
| comparatively | tiny | 비교적 작은 |

▷ Computers these days are **comparatively tiny** when you look at the huge size of the early ones. 요즘 컴퓨터들은 초기 제품들의 거대한 크기와 비교해 보면 비교적 작다.

| tiny | little | 아주 작은 |

★ little tiny라고도 한다.

▷ Can I have just a **tiny little** piece of that chocolate? 그 초콜릿을 아주 조금만 먹어도 될까?

tip /tip/ 명 끝; 팁; 비결, 조언

give (A)	a tip	(A에게) 팁을 주다
leave (A)	a tip	(A에게) 팁을 남기다
get	a tip	팁을 받다
give	a tip	요령을 일러주다

▷ In the USA if you're in a taxi, you should always **give** a **tip**. 미국에서 택시를 타면 항상 팁을 줘야 한다.

▷ Don't forget to **leave** the waiter a **tip**. 잊지 말고 웨이터에게 팁을 남겨줘야 해.

▷ I hear you're an expert skier. Can you **give** me a few **tips**? 네가 스키를 잘 탄다고 들었어. 요령을 좀 알려주겠어?

the southern	tip	남단
the northern	tip	북단
a good	tip	좋은 조언
a useful	tip	유용한 조언
a hot	tip	확실한 정보

▷ The Atlantic and Pacific Oceans meet at the **southern tip** of South America. 대서양과 태평양은 남아메리카 남단에서 만난다.

▷ There are some **useful tips** in this magazine about how to lose weight. 이 잡지에는 살을 빼는 방법에 대한 몇 가지 유용한 비결이 있다.

tips	on A	A에 대한 비결, 요령, 조언
tips	for A	

▷ There are some good **tips** in this book **on** how to start your own business. 이 책에는 창업하는 법에 대한 훌륭한 조언이 몇 가지 실려 있다.

tired /táiərd/ 형 피곤한, 지친; 지겨운

look	tired	피곤해 보이다
feel	tired	피로를 느끼다
get	tired	피로해지다, 지치다

▷ You **look tired**. Are you all right? 너 피곤해 보인다. 괜찮아?

▷ She said she **felt tired** and went to bed. 그녀는 피곤하다며 자러 갔다.

▷ I **got** very **tired** after six miles of walking. 6마일을 걸었더니 몹시 피곤해졌다.

extremely	tired	몹시 피곤한
really	tired	정말로 피곤한
dead	tired	녹초가 된
desperately	tired	쓰러질 듯 피곤한
a bit	tired	약간 피곤한
a little	tired	
rather	tired	상당히 피곤한

★정도의 부사와 연결된다.

▷ I'm **really tired**. I think I'll go to bed. 나는 정말 피곤해. 자야겠어.

▷ I'm **dead tired**. I want to go home. 나는 피곤해 죽겠어. 집에 가고 싶어.(★ dead tired는 격이 없는 말투)

▷ Are you OK? You look **rather tired**. 괜찮아? 상당히 피곤해 보여.

tired	from A	A 때문에 피곤한
tired	of (doing) A	A 하느라 피곤한

▷ You are probably very **tired from** the journey. 여행으로 몹시 피곤하겠구나.

▷ I'm **tired of** doing all the housework. 집안 일을 다 하느라 피곤해.

▷ Paul never gets **tired of** playing video games. 폴은 비디오 게임을 할 때는 지칠 줄을 모른다.

◆ **sick and tired of** (doing) A A 하느라 넌덜머리가 난 ▷ I'm sick and tired of telling you to put away all your toys. 나는 너한테 장난감을 모두 치우라고 말하는 것도 넌덜머리가 난다.

tired and thirsty	피곤하고 목마른

▷ After the long hike everybody was **tired and thirsty**. 오랜 시간 하이킹을 하고 난 뒤 모두가 지치고 목이 말랐다.

title /táitl/

명 (경기의) 타이틀; 책이름; 호칭; 직함

win	the title	타이틀을 획득하다
take	the title	
defend	one's title	타이틀을 방어하다
retain	the title	타이틀을 지키다
give	the title	책 이름을 붙이다; 호칭을 주다
have	the title	호칭이 있다

▷ Real Madrid **won the** Spanish League **title** again this year. 레알 마드리드는 올해도 스페인 리그 우승 타이틀을 거머쥐었다.

▷ I think **defending** the **title** will be more difficult than winning it. 나는 타이틀을 방어하는 것이 따는 것보다 더 어렵다는 생각이 든다.

the world	title	세계 타이틀

▷ If he wins this match, it will be his third **world title**. 그가 이번 경기를 이기면 세 번째 세계 타이틀이다.

today /tədéi/ 명 오늘; 최근, 현대

a week	from today	다음주 오늘
a month	from today	오늘부터 한달 뒤
a year	from today	내년 오늘

▷ It's Helen's birthday a **week from today**. 다음 주 오늘이 헬렌의 생일이다.

(PHRASES)
That's all for today. ☺ (수업 끝에) 오늘은 여기까지.
▷ That's all for today. You can all go home now. 오늘은 여기까지입니다. 이제 모두 가도 좋아요.
Today is Wednesday. ☺ 오늘은 수요일이야.(★ "What day is it today?"라고 물었을 때는 Today is Wednesday.가 아니라 It's Wednesday.라고 대답한다.)

toilet /tɔ́ilit/ 명 화장실 (★미국에서는 대개 bathroom을 사용한다.)

go to	the toilet	화장실에 가다
need	the toilet	
use	the toilet	화장실을 사용하다
clog	the toilet	변기가 막히다
flush	a toilet	변기의 물을 내리다

▷ Do you **need** the **toilet**? 화장실에 가야 하니?
▷ Could I **use** the **toilet**? 화장실을 쓸 수 있을까요?

tomorrow /təmɔ́ːrou/

명 내일; (가까운) 장래, 미래

tomorrow	morning	내일 아침
tomorrow	afternoon	내일 오후
tomorrow	night	내일 밤
tomorrow	evening	내일 저녁

▷ See you **tomorrow morning**. 내일 아침에 만나요.

the day after tomorrow	모레

▷ We're leaving the **day after tomorrow**. 우리는 모레 떠날 거야.

(PHRASES)
Tomorrow is Sunday. ☺ 내일은 일요일이야.

tone /toun/ 명 어조, 음색; 분위기; 색조

change	the tone	어조를 바꾸다
set	the tone	분위기를 결정하다
lower	the tone	분위기를 악화시키다
raise	the tone	분위기를 돋구다

▷ The President looked very relaxed and that **set** the whole **tone** for the TV interview. 대통령은 아주 여유로워 보였고, 그것이 TV 인터뷰의 전체적인 분위기를 결정했다.

a deep	tone	낮은 어조
a low	tone	
a flat	tone	담담한 어조
a soft	tone	부드러운 어조
the general	tone	전체적 분위기
a light	tone	밝은 색조
a dark	tone	어두운 색조

▷ He answered all my questions in a **flat tone** of voice. 그는 내 모든 질문에 담담한 어조로 대답했다.
▷ She spoke in a very **soft tone**. 그녀는 아주 부드러운 어조로 말했다.
▷ The **general tone** of the meeting was very positive. 회의의 전체적 분위기는 아주 긍정적이었다.

tongue /tʌŋ/ 명 혀; 언어

stick	one's **tongue** out	혀를 내밀다
click	one's **tongue**	혀를 차다
bite	one's **tongue**	혀를 깨물다
hold	one's **tongue**	입을 다물고 있다

▷ Someone should tell that child that it's rude to **stick** your **tongue out**! 누가 저 아이에게 혀를 내미는 것은 버릇없는 행동이라고 말해줘야 해!
▷ He **clicked** his **tongue** in annoyance. 그는 짜증스럽게 혀를 찼다.
▷ It's better to **hold** your **tongue** and say nothing. 입을 다물고 아무 말도 안 하는 게 좋아.

a forked	tongue	일구이언, 거짓말
a sharp	tongue	독설
one's mother	tongue	모국어
one's native	tongue	
a foreign	tongue	외국어

▷ Be careful when you talk to Jill. She has a very **sharp tongue**! 질에게 말할 때는 조심해. 아주 독설가거든.
▷ She speaks several languages, but her **mother tongue** is French. 그녀는 몇 개 국어를 하지만, 모국어는 프랑스어다.

tooth /tuːθ/ 명 이, 치아 (★복수형은 teeth)

pull out	a tooth	이를 빼다
lose	a tooth	이가 빠지다
fill	a tooth	이를 때우다

| top |

cut	a tooth	이가 나다
brush	one's teeth	이를 닦다
clean	one's teeth	
bare	one's teeth	(개 등이) 이를 드러내다
show	one's teeth	
clench	one's teeth	이를 앙다물다
grit	one's teeth	
grind	one's teeth	이를 갈다
gnash	one's teeth	

▷ Babies usually **cut** their **teeth** at around 3 or 4 months. 아기들은 대개 3~4개월 경에 이가 난다.
▷ Have you **brushed** your **teeth**? 이 닦았어?
▷ The dog growled, **showing** it's sharp yellow **teeth**. 개가 날카롭고 누런 이를 드러내고 으르렁거렸다.
▷ Some people **grind** their **teeth** when they are asleep. 어떤 사람들은 잠을 잘 때 이를 간다.

| one's teeth | chatter | 이가 딱딱 부딪치다 |

▷ It's so cold my **teeth** are **chattering**. 너무 추워서 이가 딱딱 부딪힌다.

a decayed	tooth	충치
a canine	tooth	송곳니
a wisdom	tooth	사랑니
back	teeth	어금니
front	teeth	앞니
baby	teeth	유치
permanent	teeth	영구치
false	teeth	의치
sharp	teeth	날카로운 이빨

▷ My dentist says I have to have a **wisdom tooth** removed. 치과 의사는 나에게 사랑니를 빼야 한다고 말한다.
▷ One of my **front teeth** came out this morning. 오늘 아침에 앞니 하나가 빠졌다.

| between | one's teeth | 소리를 낮추어서 |

▷ "Ow! That really hurts," he said **between** his **teeth**. "아! 정말 아프다." 그가 소리 죽여 말했다.

top /tɑp/ 명 정상, 정점; 최상위

| reach | the top | 정상에 오르다; 정점에 이르다 |
| get to | the top | |

▷ They **reached** the **top** of Mount Halla just before dawn. 그들은 동트기 직전에 한라산 꼭대기에 올랐다.
▷ Chris worked really hard to **get to** the **top** of the class. 크리스는 반에서 일등 자리에 오르기 위해 정말로 열심히 공부했다.

at	the top	정상에서; 최고 위에서
on	top	
on	top of A	A의 위에; A에 덧붙여서
from top	to bottom	위에서 아래까지
from top	to toe	머리 끝에서 발끝까지

▷ Your name was **at** the **top** of the list. 당신의 이름은 명단 맨 위에 있었습니다.
▷ I like these London double-decker buses. Let's go and sit **on top**! 나는 런던의 이 이층 버스가 좋아. 이층 좌석에 앉자!
▷ You left your glasses **on top of** the bookcase. 네가 책장 위에 안경을 두고 갔어.
▷ In this department store you can dress yourself well **from top to toe** without spending too much money. 이 백화점에서는 과도한 돈을 쓰지 않고도 머리 끝에서 발끝까지 멋진 옷을 살 수 있습니다.

topic /tɑ́pik/ 명 화제, 주제, 논제, 제목

cover	a topic	화제를 다루다
deal with	a topic	
discuss	the topic	화제를 논하다
choose	a topic	주제를 고르다
introduce	the topic	주제를 도입하다

▷ I really liked this class. We **covered** so many interesting **topics**. 나는 이 수업이 정말 좋았다. 우리는 아주 많은 흥미로운 화제를 다루었다.
▷ We have to **choose** a **topic** and write a report. 우리는 주제를 골라서 보고서를 써야 한다.

| topics | include | 주제는 …를 포함한다 |

▷ It was a great program of lectures. **Topics included** black American culture, history of hip-hop, Madonna and so on. 그것은 아주 훌륭한 강연 프로그램이었다. 주제에는 미국 흑인 문화, 힙합의 역사, 마돈나 등이 포함되었다.

a particular	topic	특정 주제
a specific	topic	
a related	topic	관련된 주제
an important	topic	중요한 주제
the main	topic	주요 화제

▷ Is there a **particular topic** that you would like to write about? 네가 쓰고 싶은 특별한 주제가 있니?
▷ The **main topic** of conversation was who is going to win the next election. 대화의 주요한 화제는 누가 다음 번 선거에 이길 것인가였다.

a topic	for A	A의 주제, 제목

▷ For most of the evening the **topic for** discussion was where to go for our summer holidays. 저녁 내내 토론의 주제는 여름 휴가로 어디에 갈 것인가였다.

total /tóutl/ 圄 합계, 총액, 총계

make	a total	합계하다
bring	the total to A	합계해서 A가 되다

▷ Your $25 **brings** the **total** received for charity **to** over $2,000. 너의 25달러를 더해서 자선 모금 총액이 2천 달러가 넘었다.

a grand	total	총합
an overall	total	
a combined	total	합계

▷ The London Olympic Stadium seats a **grand total** of 80,000 people. 런던 올림픽 경기장은 총합 8만 명을 수용할 수 있다.

▷ The Korean ice skater's **combined total** from the short and free programs meant that she won the World Championship. 한국 스케이트 선수의 쇼트와 프리 프로그램 합계 점수는 그녀가 세계 선수권대회에서 우승했다는 의미였다.

in	total	모두 합해서, 전부

▷ Including Barack Obama there have been **in total** 44 Presidents of the USA. 버락 오바마를 포함해서 미국에는 모두 44명의 대통령이 있었다.

touch /tʌtʃ/ 圄 접촉; 감촉; 수법; 필치

feel	a touch	접촉을 느끼다
get in	touch	연락을 취하다
keep in	touch	연락을 계속 주고받다
stay in	touch	
lose	touch	연락이 끊기다

▷ She **felt a touch** on her shoulder from behind. 그녀는 뒤에서 어깨에 무언가 닿는 것을 느꼈다.

▷ I'll **get in touch** *with* you later in the week. 이번 주 안에 너한테 연락할게.

▷ Let's **stay in touch**. 연락하면서 지내자.

▷ Over the years I **lost touch** *with* my school friends. 세월이 흐르는 동안 나는 학교 친구들과 연락이 끊겼다.

a gentle	touch	부드러운 접촉
a light	touch	가벼운 접촉
a magic	touch	마법의 솜씨
finishing	touch(es)	마무리 작업
final	touch	
close	touch	긴밀한 사이

▷ I like your drawings. They have a very **light touch**. 나는 네 그림이 좋아. 필치가 아주 가벼워.

▷ You made a good job of painting the fence. Just let me put the **finishing touches**. 울타리 페인트 칠을 아주 잘했어. 내가 마무리 작업을 할게.

▷ We were in junior high school together and we've kept in **close touch** ever since. 우리는 중학교를 같이 다녔고 그 뒤로 계속 가까운 사이로 지냈다.

a touch	of A	약간의 A

▷ The doctor says I may have a **touch of** flu. 의사가 나에게 감기 기운이 있는 것 같다고 말한다.

touch /tʌtʃ/ 圄 만지다, 손을 대다; 접촉하다

barely	touch	거의 접촉하지 않다
hardly	touch	
never	touch	전혀 접촉하지 않다

▷ I **hardly touched** the vase but it fell to the ground. 나는 꽃병에 거의 손도 안 댔는데 그 꽃병이 땅에 떨어졌다.

▷ "Why is your little brother crying?" "I don't know. I **never touched** him!" "동생이 왜 울고 있니?" "몰라요. 난 개한테 손도 안 댔어요."

touch A	on B	A(사람)의 B(신체 부위)에 손을 대다
touch A	with B	A를 B(사물)로 건드리다

▷ Someone came up behind me in the street and **touched** me **on** the shoulder. 거리에서 누군가 내 뒤로 다가와서 내 어깨에 손을 댔다.

▷ He **touched** the snake **with** a stick to see if it was still alive. 그는 뱀이 아직 살아 있는지 보려고 막대기로 뱀을 건드렸다.

reach out and touch		손을 뻗어 만지다

▷ The little baby **reached out and touched** her mother's face. 아기는 손을 뻗어 어머니의 얼굴을 만졌다.

tough /tʌf/ 囹 곤란한; 엄격한; 단단한, 강한

extremely	tough	아주 곤란한; 아주 엄격한
pretty	tough	아주 단단한
particularly	tough	특히 곤란한; 아주 엄격한
remarkably	tough	두드러지게 단단한

▷ You have to be **extremely tough** to survive winter in the South Pole. 남극의 겨울을 보내며 살

아남으려면 굉장히 몸이 강해야 한다.

| tough | on A | A에 엄격한 |

▷ Don't be too **tough on** him. He's only a child. 그 아이에게 너무 엄하게 대하지 마. 아직 어린아이잖아.

tour /tuər/ 명 여행; 돌아봄; 견학; 투어

do	a tour	여행하다; 한 바퀴 돌아보다
make	a tour	
go on	a tour	여행을 떠나다

▷ We want to **do a tour** of Oxford when we're in England. 우리는 영국에 있을 때 옥스퍼드를 돌아보고 싶다.
▷ We **made a tour** of all the interesting places in Edinburgh. 우리는 에든버러의 명소들을 모두 돌아보았다.
▷ We'll be in New York for three weeks so we'll have plenty of time to **go on tours**. 우리는 뉴욕에 3주 동안 있을 테니 여기저기 여행할 시간이 많을 것이다.

a national	tour	전국 일주, 전국 순회
a world	tour	세계 일주
a package	tour	패키지 여행
a bus	tour	버스 관광
a concert	tour	순회 공연
a guided	tour	가이드가 딸린 투어
a conducted	tour	
a factory	tour	공장 견학

▷ The musical was so successful on Broadway that it went on **national tour**. 그 뮤지컬은 브로드웨이에서 대성공을 거두고 전국 순회 공연에 나섰다.
▷ We did a **guided tour** of the Tower of London. 우리는 런던 탑으로 가이드가 딸린 투어를 했다.

| on | (a) tour | 여행 중인; 투어 중인 |

▷ My favorite boy band will be **on tour** in our area next month. 내가 가장 좋아하는 보이 밴드가 다음 달 우리 지역에 투어를 온다.
▷ I'll take you **on a tour** of the local beauty spots. 내가 지역의 명소들을 구경시켜줄게.

town /taun/ 명 읍; 도시, 시; 시내

come to	town	시에 나타나다
leave	town	시를 떠나다
go into	town	시내에 가다

▷ The last bus **leaves town** at 10:15. 마지막 버스는 10시 15분에 시내를 떠난다.
▷ I'm **going into town** to do some shopping this afternoon. 나는 오늘 오후에 쇼핑을 좀 하러 시내에 갈 예정이다.

a nearby	town	인근 도시
a medieval	town	중세 도시
an industrial	town	산업 도시
a provincial	town	지방 도시
a coastal	town	해안 도시

▷ Manchester started as an **industrial town** in the late 18th century. 맨체스터는 18세기 말 산업 도시로 시작했다.
▷ Brighton is a **coastal town** in the south of England. 브라이턴은 영국 남부의 해안 도시다.

the center of	(the) town	도심
the outskirts of	(the) town	교외
the edge of	(the) town	

▷ There's a really good shopping mall in the **center of town**. 시내 중심가에 아주 좋은 쇼핑몰이 있다.

trade /treid/

명 매매, 장사; 상업; 무역, 교역; 직업

ply	one's trade	장사에 힘쓰다
learn	one's trade	장사를 배우다
carry on	a trade	장사를 하다

▷ The police are trying to stop drug sellers from **plying** their **trade** in the city center. 경찰은 마약상들이 도심에서 마약 매매하는 것을 막으려 하고 있다.

foreign	trade	외국 무역
international	trade	국제 무역
overseas	trade	해외 무역
free	trade	자유 무역
fair	trade	공정 거래
agricultural	trade	농산물 무역
a roaring	trade	장사의 번창

▷ **Foreign trade** has increased by nearly 30% this year. 외국과의 무역은 올해 30% 가까이 늘었다.
▷ The EU is a **free trade** area. EU는 자유 무역권이다.

| trade | in A | A의 매매 |
| trade | with A | A와의 교역 |

▷ Many people think that the **trade in** animal furs is wrong. 많은 사람들이 모피를 매매하는 것은 잘못이라고 생각한다.

▷ The USA is hoping to increase **trade with** China. 미국은 중국과의 교역을 늘리기를 바라고 있다.

| the tricks of the trade | 장사의 기술 |

▷ Can you teach me some of the **tricks of the trade**? 저에게 장사의 기술 몇 가지를 알려주시겠습니까?

trade /treid/

동 영업하다, 무역하다, 매매하다

actively	trade	활발하게 매매하다
widely	trade	폭넓게 매매하다
trade	profitably	무역으로 수익을 내다

▷ At first there were problems, but now his company is **trading profitably**. 처음에는 문제가 있었지만, 이제 그의 회사는 무역으로 수익을 내고 있다.

| trade | in A | A(상품)를 판매하다 |
| trade | with A | A와 교역하다 |

▷ Tony **trades in** antique furniture. 토니는 고가구를 판매한다.
▷ The USA is hoping to **trade** more **with** China. 미국은 중국과 더 많이 교역하기를 희망하고 있다.

tradition /trədíʃən/ 명 전통, 관습

have	a tradition	전통이 있다
continue	a tradition	전통을 잇다
follow	a tradition	전통을 따르다
maintain	a tradition	전통을 유지하다
preserve	a tradition	전통을 지키다
break with	tradition	전통을 깨다

▷ The English **have** a **tradition** of eating roast turkey for Christmas lunch. 영국인들은 크리스마스 점심 때 칠면조 구이를 먹는 전통이 있다.
▷ We don't want to **break with tradition**. We're going to have a white wedding. 우리는 전통을 깨고 싶지 않다. 우리는 (신부가 흰옷을 입는) 화이트 웨딩을 할 것이다.

an old	tradition	오래된 전통, 예로부터의 전통
an ancient	tradition	
a long	tradition	오랜 전통
a great	tradition	위대한 전통
a strong	tradition	뿌리 깊은 전통
an oral	tradition	구전 전승

▷ Celebrating Halloween is a very **old tradition** in the West. 할로윈을 기념하는 것은 서양의 아주 오래된 전통이다.
▷ Our company has a **long tradition** of making whiskey. 우리 회사는 위스키 제조에 오랜 전통이 있다.
▷ Joining the army is a **strong tradition** in our family. 군에 입대하는 것은 우리 집안의 뿌리 깊은 전통이다.

| by | tradition | 전통적으로 |
| in | the tradition of A | A의 전통에 따라 |

▷ Nigel is going into the army **in** the **tradition of** his family. 나이젤은 집안의 전통에 따라 군에 입대할 예정이다.

traffic /trǽfik/ 명 교통, 통행; 교통량

| stop | the traffic | 교통을 멈추다 |
| get stuck in | traffic | 교통 정체에 갇히다 |

▷ The police are **stopping** the **traffic** ahead of us. 경찰이 앞쪽의 교통을 막고 있었다.
▷ Sorry we're late. We **got stuck in traffic**. 늦어서 미안해. 교통 정체에 갇혀 있었어.

heavy	traffic	많은 교통량
light	traffic	적은 교통량
increased	traffic	증가한 교통량
motor	traffic	자동차 교통
road	traffic	도로 교통

▷ We were stuck in **heavy traffic** for hours. 우리는 몇 시간 동안 교통 정체에 갇혀 있었다.
▷ This road has become quite dangerous because of **increased traffic**. 이 도로는 교통량 증가로 아주 위험해졌다.

| the volume of | traffic | 교통량 |

▷ During the rush hour the **volume of traffic** passing through the town is enormous. 출퇴근시간에 시내를 통과하는 교통량은 엄청나다.

tragedy /trǽdʒədi/ 명 비극, 참사; 비극 작품

end in	tragedy	비극으로 끝나다
prevent	a tragedy	비극을 막다
avert	a tragedy	

▷ The recent expedition to climb Mount Everest **ended in tragedy**. 최근의 에베레스트산 등반 원정은 비극으로 끝났다.

a great	tragedy	참혹한 비극
a terrible	tragedy	
a real	tragedy	진짜 비극

a personal	tragedy	개인적 비극
a Greek	tragedy	그리스 비극

▷ I think there was some **great tragedy** in Peter's life. 피터의 인생에는 뭔가 큰 비극이 있었던 것 같다.

train /trein/ 명 기차, 열차

catch	a train	기차를 타다
get	a train	
take	a train	기차로 가다
miss	the train	기차를 놓치다
get on	a train	기차에 올라타다
board	a train	
get off	a train	기차에서 내리다
change	trains	기차를 갈아타다

▷ Sorry, I have to run to **catch a train**! 미안, 기차를 잡으려면 뛰어가야 돼!
▷ We'll have to hurry or we'll **miss the train**! 서두르지 않으면 기차를 놓칠 거야!
▷ I **got off the train** at the wrong station. 나는 엉뚱한 역에서 기차를 잘못 내렸다.
▷ Do I need to **change trains** to get from London to Edinburgh? 런던에서 에든버러로 가려면 기차를 갈아타야 하나요?

a local	train	완행 열차
an express	train	급행 열차
a special	train	특별 열차
a crowded	train	승객이 많은 열차
a full	train	만원 열차
a high-speed	train	고속 열차
an overnight	train	야간 열차
a passenger	train	여객 열차
a freight	train	화물 열차

▷ I hate traveling on **crowded trains** during the rush hour. 나는 출퇴근시간에 복잡한 열차를 타고 이동하는 것이 싫다.

by	train	기차로
on	a train	기차를 타고; 기차에서
a train	for A	A행 기차
a train	to A	

▷ It's too expensive to fly there. Let's go **by train**. 거기 비행기로 가는 것은 너무 비싸다. 기차로 가자.
▷ The children are so excited. It's the first time they've traveled **on a train**! 아이들은 무척 신나 있다. 처음으로 기차로 여행하기 때문이다!

▷ The **train for** Liverpool leaves at 10:10. 리버풀 행 기차는 10시 10분에 떠난다.

train /trein/ 통 훈련하다

properly	train	제대로 훈련하다

▷ I'm not going to do well in the marathon. I didn't have time to **properly train**. 나는 마라톤에서 잘 뛰지 못할 거야. 제대로 훈련할 시간이 없었어.

be trained	as A	A가 되는 훈련을 받다
train	as A	
train	for A	A를 위한 훈련을 받다

▷ He was **trained as** a doctor in the USA. 그는 미국에서 의사가 되기 위한 수련을 받았다.

train A	to do	A에게 …하는 훈련을 시키다

▷ Tim's **trained** his dog **to do** lots of tricks. 팀은 개에게 여러 가지 재주 부리는 훈련을 시켰다.

trained /treind/ 형 훈련 받은, 숙련된

highly	trained	고도로 훈련된
fully	trained	충분히 훈련된
adequately	trained	
well	trained	잘 훈련된
specially	trained	특별히 훈련된

▷ We need to bring in some **highly trained** experts to solve this problem. 이 문제를 해결하려면 고도로 숙련된 전문가를 모셔와야 한다.

training /tréiniŋ/ 명 훈련, 교육, 연수

do	training	훈련을 하다
receive	training	훈련을 받다
undergo	training	
give	training	훈련을 시키다
provide	training	
require	training	훈련이 필요하다

▷ When she was in the police force, they **gave** her **training** in first aid. 경찰에 있을 때, 그녀는 응급 조치 훈련을 받았다.
▷ The company will **provide** some **training** during your internship. 인턴십 기간에 회사에서 어느 정도 교육을 시킬 것이다.

basic	training	기초 훈련
initial	training	초기 훈련
intensive	training	집중 훈련

formal	training	정식 훈련
in-service	training	현직 연수
vocational	training	직업 훈련
on-the-job	training	직장 내 훈련

▷ Helen has a beautiful voice, but she's never received any **formal training**. 헬렌은 목소리가 아름답지만, 정식 훈련을 받지는 않았다.

| in | training | 훈련 중에 |

▷ I can't play in Saturday's match. I hurt my ankle **in training**. 나는 토요일 경기에 뛸 수 없다. 훈련 중에 발목을 다쳤다.

| **training and qualification(s)** | 훈련과 자격 |

▷ You'll find it difficult to get a better job without proper **training and qualifications**. 적절한 훈련과 자격이 없으면 좋은 직업을 구하기가 어려울 것이다.

translate /trænsléit/

동 번역하다; 해석하다, 통역하다

| literally | translate | 문자 그대로 번역하다 |
| roughly | translate | 거칠게 번역하다 |

▷ The word "drama" **roughly translates** as "soap opera" but the meaning is a little different. '드라마'라는 말은 거칠게 번역하면 '연속극'이지만, 그 의미는 약간 다르다.

| translate | A into B | A를 B로 번역하다 |
| translate | as A | A로 번역되다 |

▷ Can you **translate** this **into** English for me? 이것을 영어로 번역해 줄래?
▷ The word "Gimbab" literally **translates as** "seaweed rice rolls." '김밥'이라는 말은 문자 그대로 하면 '김에 말아진 밥'으로 번역된다.

translation /trænsléiʃən/ 명 번역

| make | a translation | 번역하다 |

▷ We need someone to **make a translation** of this report for us. 이 보고서를 우리에게 번역해줄 사람이 필요하다.

an accurate	translation	정확한 번역
a literal	translation	직역
a word-for-word	translation	축어역
an English	translation	영역
machine	translation	기계 번역
automatic	translation	자동 번역

▷ This is an **English translation** of a Korean soap opera. 이것은 한국 드라마 한 편을 영역한 것이다.

a translation	from A	A를 번역하다
a translation	into A	A로 번역하다
in	translation	번역으로

▷ This is a **translation into** English of the Korean contract. 이것은 한국어 계약서를 영어로 번역한 것이다.

travel /trǽvəl/

명 여행; 이동; (-s) 장기 여행

foreign	travel	해외 여행
business	travel	출장
space	travel	우주 여행

▷ If you're thinking of **foreign travel**, you'll need to do a lot of preparation before you leave. 해외 여행을 생각한다면 떠나기 전에 많은 준비를 해야 한다.

| travel | (from A) to B | (A에서) B로 가는 여행 |

▷ Rail **travel to** Paris costs only slightly less than going by air. 파리로 가는 기차 여행은 비행기 여행보다 비용이 약간 덜 들 뿐이다.

travel /trǽvəl/ 동 여행하다, 이동하다; 나아가다, 움직이다, 전달되다

travel	widely	많은 곳을 여행하다
travel	extensively	
travel	abroad	해외 여행을 하다
travel	fast	빨리 이동하다

▷ She **traveled extensively** when she was in Europe. 그녀는 유럽에 있을 때 많은 곳을 여행했다.
▷ I spent the last 6 months **traveling abroad**. 나는 지난 6개월을 해외 여행을 하며 보냈다.
▷ It seems highly unlikely that anything can **travel faster** than light. 빛보다 빠르게 이동하는 것은 없을 가능성이 거의 확실하다.

travel	(from A) to B	(A에서) B로 여행하다
travel	in A	A를 여행하다
travel	around A	A를 여기저기 여행하다
travel	through A	A를 지나 여행하다
travel	by A	A로 여행하다

▷ It takes a long time to **travel from** Korea **to** the US even by air. 한국에서 미국으로 가는 것은 비행기

로도 많은 시간이 걸린다.
▷ A good way to **travel in** America is to use the Greyhound bus network. 미국을 여행하는 좋은 방법은 그레이하운드 버스 망을 이용하는 것이다.
▷ After I graduate from university, I want to **travel around** the world. 대학을 졸업하면 세계 곳곳을 여행하고 싶다.
▷ I prefer to **travel by** car rather than **by** bus or **by** train. 나는 버스나 기차보다는 자동차로 여행하는 것이 좋다.

treasure /tréʒər/

명 보물; 귀중품, 귀중한 것

buried	treasure	매장된 보물
hidden	treasure	숨겨진 보물
a great	treasure	귀중한 보물
an art	treasure	귀중한 미술품
a national	treasure	국보

▷ There are many **great treasures** in the British Museum. 대영박물관에는 귀중한 보물이 많다.
▷ Namdaemun in Seoul is a **national treasure**. 서울에 있는 남대문은 국보다.

treat /triːt/ 명 즐거움; 맛있는 음식; 한턱 냄

give A	a treat	A(사람)에게 한턱 내다

▷ Go on! Have another piece of chocolate cake! **Give** yourself a **treat**! 초콜릿 한 조각 더 먹어! 스스로 한턱 내는 거야!

a real	treat	진짜 즐거움
a special	treat	특별한 즐거움

▷ You did so well in your exams that we think you deserve a **special treat**. 네가 시험을 아주 잘 봐서 특별한 선물을 받을 만하다고 생각해!

(PHRASES)
(It's) my treat. ☺ 내가 한턱 내는 거야. ▷ "That meal was really expensive! How much do I owe you?" "No, no. Nothing. It's my treat." "그 요리는 정말 비싸더라! 내가 너한테 얼마 줘야 되지?" "아냐. 안 줘도 돼. 내가 한턱 내는 거야."

treat /triːt/ 동 다루다, 대접하다; 치료하다

treat	equally	평등하게 다루다
treat	fairly	공정하게 다루다
treat	seriously	진지하게 다루다
treat	differently	다르게 대접하다
treat	separately	따로따로 다루다
well	treat	좋은 대접을 하다
badly	treat	나쁜 대접을 하다
treat	successfully	치료가 잘 되다

▷ Of course men and women should be **treated equally**. 물론 남자와 여자는 평등한 대접을 받아야 한다.
▷ Dave was seriously ill, but he was **successfully treated** in hospital. 데이브는 큰 병에 걸렸지만, 병원에서 치료를 잘 받았다.

treat	A as B	A를 B처럼 다루다
treat	A like B	
treat	A with B	B를 가지고 A를 대하다
treat	A for B	A(사람)의 B(병)을 치료하다

▷ The people I stayed with **treated** me **as** a member of their own family. 나와 함께 지낸 사람들은 나를 자기 가족처럼 대해 주었다.
▷ In England pets are **treated like** family members. 영국에서 애완 동물은 가족 같은 대우를 받는다.
▷ You should **treat** your parents **with** more respect. 부모님을 더욱 존경심으로 대해야 한다.
▷ Anna went into hospital to be **treated for** a heart problem. 애나는 심장병을 치료하기 위해 입원했다.

treatment /tríːtmənt/ 명 치료; 취급, 대우

get	treatment	치료를 받다; 대우를 받다
receive	treatment	
undergo	treatment	치료를 받다
give	treatment	치료하다; 대우하다
require	treatment	치료가 필요하다
respond to	treatment	치료에 효과를 보이다

▷ Ben has gone into hospital to **receive treatment** for a broken leg. 벤은 부러진 다리를 치료받기 위해 입원했다.
▷ I hurt my foot playing soccer, but I don't think it's serious enough to **require treatment**. 나는 축구하다 발을 다쳤지만 치료가 필요할 만큼 심각한 것 같지는 않다.

effective	treatment	효과적인 치료
hospital	treatment	병원 치료
medical	treatment	의료, 진료
dental	treatment	치과 치료
preferential	treatment	우대
special	treatment	특별 대우
equal	treatment	평등한 대우

▷ Are you insured? **Medical treatment** can be

incredibly expensive. 보험에 들어 있나요? 의료비가 엄청나게 비쌀지도 몰라요.
▷ Just because he's the boss's son, I don't think he should receive **special treatment**. 그가 상사의 아들이라는 이유만으로 특별한 대접을 받아서는 안 된다고 생각한다.

treatment	for A	A의 치료

▷ A lot of progress is being made in the **treatment for** AIDS. 에이즈의 치료에 많은 진전이 이루어지고 있다.

tree /triː/ 명 나무, 수목

grow	a tree	나무를 키우다
plant	a tree	나무를 심다
climb	a tree	나무에 오르다
cut down	a tree	나무를 베다

▷ I'm going to **plant** a **tree** by that fence over there. 나는 저쪽 울타리 옆에 나무를 심을 거야.
▷ Can you help me **cut down** a dead **tree** in the garden? 정원의 죽은 나무 베는 것 좀 도와주겠니?

a deciduous	tree	낙엽수
an evergreen	tree	상록수
a fruit	tree	유실수
an apple	tree	사과나무
a cherry	tree	벚나무

▷ There's a beautiful old **cherry tree** in our garden. 우리 집 정원에는 아름다운 벚나무가 있다.

under	a tree	나무 아래

▷ Let's sit in the shade **under** the **tree** over there. 저기 나무 아래 그늘에 앉자.

trend /trend/ 명 경향; 유행

set	a trend	유행을 만들어내다
follow	a trend	유행을 따르다
buck	a trend	유행을 거스르다
reverse	a trend	경향을 반전시키다

▷ Amy wears really cool clothes. She always **follows** the latest **trends** in fashion. 에이미는 정말 멋진 옷을 입어. 언제나 최신 유행에 따르지.
▷ Profits have fallen this year so we need to **reverse** the **trend** as quickly as possible. 올해 수익이 떨어졌기 때문에 되도록 빨리 이런 추세를 반전시켜야 한다.

a trend	continues	추세가 계속되다

▷ The **trend** for joining Facebook is still **continuing**. 페이스북에 가입하는 추세가 아직도 계속되고 있다.

the current	trend	현재의 경향
a recent	trend	최근의 경향
a general	trend	일반적 경향
an upward	trend	상승 경향
a downward	trend	하강 경향
an economic	trend	경기 동향

▷ I can't keep up with the **current trends** in teenage fashion. 나는 현재 십대 패션의 경향을 따라잡을 수가 없다.
▷ Sales of smartphones are on an **upward trend** at the moment. 스마트폰의 판매는 현재 상승 추세다.
▷ At the moment the **economic trend** seems to be toward slow recovery. 현재 경기 동향은 완만한 회복세인 것 같다.

a trend	toward A	A를 향하는 경향
a trend	to A	
a trend	for A	
a trend	in A	A 분야의 경향, 유행

▷ This autumn there's a **trend toward** high boots and short skirts in women's fashion. 올 가을 여성 패션은 롱부츠와 짧은 치마가 유행하고 있다.
▷ What are the latest **trends in** computer game software? 컴퓨터 게임 소프트웨어의 최신 경향은 어떤가요?

trial /tráiəl/ 명 재판; 시험

come to	trial	재판에 회부되다
go to	trial	
go on	trial	재판을 받다
stand	trial	
bring A to	trial	A를 재판에 붙이다
put A on	trial	

▷ Ben has been waiting for 6 months to **go on trial**. 벤은 재판에 들어갈 때까지 6개월을 기다리고 있다.
▷ The terrorists will be **put on trial** next month. 테러리스트들은 다음달에 재판에 붙여질 것이다.

a criminal	trial	형사 재판
a fair	trial	공정한 재판
a murder	trial	살인 사건 재판
a clinical	trial	임상 시험
field	trial	실지 시험

| trick |

▷ A **criminal trial** is brought against someone by the police. 누군가에 대한 형사 재판이 경찰에 의해 제기되었다.

| on | trial | 재판중인, 심리중인 |

▷ She is **on trial** for murder. 그녀는 살인 혐의로 재판을 받고 있다.

| trial and error | | 시행 착오 |

▷ After much **trial and error** a much improved car engine was developed. 많은 시행 착오 끝에 훨씬 개선된 자동차 엔진이 개발되었다.

trick /trik/ 圐 장난; 속임수, 술수; 재주

play	a trick	장난을 치다, 속이다
use	a trick	
fall for	a trick	속임수에 당하다
perform	a trick	속임수를 쓰다
do	a trick	

▷ I think Bob's crazy. He's always **playing tricks** *on* people. 밥은 제정신이 아닌 것 같아. 항상 사람들에게 장난을 쳐.

a dirty	trick	더러운 술수
a cruel	trick	비열한 술수
a nasty	trick	
a cheap	trick	잔재주
a clever	trick	신기한 재주

▷ Politicians often use **dirty tricks** to stay in power. 정치인들은 흔히 권력을 유지하기 위해서 더러운 술수를 쓴다.
▷ Bob's dog can do all kinds of **clever tricks**! 밥의 개는 온갖 신기한 재주를 부릴 줄 안다!

(PHRASES)

Trick or treat! ☺ 과자를 주지 않으면 장난을 칠 거예요!(★ 아이들이 할로윈 때 집마다 돌아다니면서 하는 말)

trip /trip/ 圐 (짧은) 여행

plan	a trip	여행을 계획하다
make	a trip	여행하다
take	a trip	
go on	a trip	
enjoy	a trip	여행을 즐기다
return from	a trip	여행에서 돌아오다

▷ We're **planning** a **trip** to Tibet. 우리는 티벳 여행을 계획하고 있다.
▷ I **made** a **trip** to China last summer. 나는 작년 여름에 중국을 여행했다.
▷ I have to **make** a **trip** into town to do some shopping. 나는 쇼핑을 좀 하러 시내에 가야 한다.

a long	trip	긴 여행
a short	trip	짧은 여행
a day	trip	당일치기 여행
a round	trip	왕복 여행; ((영)) 일주 여행
a foreign	trip	해외 여행
a business	trip	출장
a school	trip	수학 여행
a field	trip	현지 조사, 현장 학습

▷ We went on a **day trip** to London. 우리는 런던으로 당일치기 여행을 갔다.
▷ I have to go on a **business trip** next week. 나는 다음 주에 출장을 가야 한다.

| a trip | to A | A로 가는 여행 |

▷ The **trip to** Spain was my first time abroad. 스페인 여행은 나의 첫 해외 여행이었다.

trouble /trʌbl/

圐 고생, 걱정; 수고; 말썽, 문제

have	trouble	어려움이 있다
cause	trouble	문제를 일으키다
make	trouble	말썽을 일으키다
run into	trouble	문제에 부딪히다
get into	trouble	
get A into	trouble	A(사람)를 곤란하게 하다
be asking for	trouble	말썽을 자초하다
take	the trouble	수고를 아끼지 않다
save A	the trouble	A(사람)의 수고를 아껴주다

▷ I told him he had to hand his homework in on time and I've **had** no **trouble** *with* him since. 나는 그에게 제때 숙제를 내야 한다고 말했고, 그 뒤로는 그와 별 문제가 없었다.
◆ **have trouble** doing …하는 것이 어렵다 ▷ I had no trouble finding the address. 나는 그 주소를 찾아가는 데 전혀 어려움이 없었다.
▷ Why does Sarah always **cause trouble**? 세라는 왜 늘 말썽을 일으키지?
▷ Most of the math exam was OK, but I **ran into trouble** *with* the last two questions. 수학 시험은 대부분 괜찮았지만, 마지막 두 문제에서 어려움에 부딪혔다.
▷ He didn't even **take** the **trouble** *to* apologize. 그는 사과하는 수고조차 하지 않았다.
▷ This dishwasher is great! It **saves** you the **trouble** of doing the washing up after meals! 이 식기

세척기는 정말 좋다! 식사 후에 설거지하는 수고를 덜 어줘!

big	trouble	큰 문제
serious	trouble	심각한 문제
real	trouble	
terrible	trouble	
deep	trouble	
financial	trouble	재정 문제
engine	trouble	엔진 고장

▷ I don't think it's a **serious trouble**. 그게 심각한 문제는 아닌 것 같은데.

| in | trouble | 어려운 상태인; 문제가 있는 |
| trouble | with A | A의 문제; A와의 문제 |

▷ "What's wrong?" "I'm **in deep trouble**, Mom." "왜 그래?" "심각한 문제가 있어요, 엄마."
▷ I'm having a bit of **trouble with** this homework. 나는 이 숙제가 좀 어렵다.
◆ **the trouble (with A) is (that)...** (A의) 문제는 … 하다는 것이다 ▷ The trouble is, the baby just won't stop crying. 문제는 이 아기가 울음을 멈추지 않는다는 것이다.

true /tru:/ 圈 사실인, 진실인; 진짜의; 성실한

come	true	실현되다
hold	true	진실이다
remain	true	계속 진실로 남아 있다

▷ Water freezes at 0 degrees centigrade, but this does not **hold true** if it has salt in it. 물은 섭씨 0도에서 얼지만 그 안에 소금이 있으면 그것은 사실이 아니다.

particularly	true	특히 진실인
especially	true	
quite	true	틀림없이 진실인
perfectly	true	
certainly	true	
partly	true	일부만 진실인
equally	true	마찬가지로 진실인

▷ Older people become forgetful and this is **particularly true** of your grandfather. 나이든 사람들은 건망증이 심해지는데, 네 할아버지의 경우에 특히 더 그래.
▷ **Quite true!** You're absolutely right! 정말 그래! 네 말이 정확히 맞아!
▷ I know Clare has her bad points, but it's **equally true** that she has some good ones. 클레어가 나쁜 점이 있다는 건 알아. 하지만 좋은 점이 있다는 것도 마찬가지로 사실이야.

| true | of A | A에 대해서 진실인 |

▷ The same is **true of** me. I get angry easily, too. 나도 똑같이 그러하다. 나도 화를 잘 낸다.

| true or false | | 진실 또는 거짓 |
| true or not | | 사실이건 아니건 |

▷ Butter is more fattening than margarine, **true or false?** 버터가 마가린보다 살이 더 잘 찐다는 것이 사실인가 아닌가?
▷ **True or not**, that rumor could cause a lot of damage. 사실이건 아니건 그 소문은 많은 피해를 일으킬 수 있다.

it's true	(that)...	…은 사실이다
that may be true,	but	그게 사실일지도
that might be true,	but	모르지만

▷ **Is it true that** people who quit smoking gain weight? 담배를 끊는 사람들이 살이 찐다는 게 사실이야?
▷ **That might be true, but** nobody will believe you. 그게 사실일지도 모르지만, 아무도 너를 믿지 않을 거야.

PHRASES

That's true. ☺ 맞아, 사실이야. / **That's not true.** ☺ 그렇지 않아. ▷ "I've never been in any trouble before." "That's true." "나는 전에는 아무 문제 없었어." "맞아."

trust /trʌst/ 圈 신뢰, 신용; 위탁

put	(one's) trust	신뢰하다
place	(one's) trust	
establish	a trust	신뢰를 쌓다
create	trust	
build up	a trust	
win	the trust	신뢰를 얻다
gain	the trust	
betray	A's trust	A의 신뢰를 저버리다
abuse	A's trust	
lose	trust	신뢰를 잃다

▷ I'm sure Richard is someone you can **put** your **trust in**. 리처드는 신뢰할 수 있는 사람이라고 확신한다.
▷ It's important to **establish a trust** with our clients. 고객과 신뢰를 구축하는 것이 중요하다.
▷ We don't want to promote someone who will **betray our trust** later. 우리는 나중에 신뢰를 저버릴 사람을 승진시키고 싶지 않습니다.

| trust |

mutual	trust	상호 신뢰
complete	trust	전폭적인 신뢰
investment	trust	투자 신탁

▷ Marriage should be based on **mutual trust**. 결혼은 상호 신뢰를 토대로 해야 한다.

in	trust	위탁해서; 신탁해서

▷ Her parents are going to hold the money **in trust** for her until she comes of age. 그녀의 부모님은 그녀가 성년이 될 때까지 그 돈을 신탁 관리할 것이다.

a lack of	trust	신뢰의 부족
a position of	trust	책임 있는 지위

▷ The main problem between the management and staff was a **lack of trust**. 노사간의 가장 큰 문제는 신뢰의 부족이다.

trust /trʌst/ 신뢰하다, 믿다

fully	trust	전면적으로 신뢰하다
really	trust	정말로 신뢰하다
never	trust	절대 신뢰하지 않다
no longer	trust	더 이상 신뢰하지 않다
not entirely	trust	완전히 믿지는 않다

▷ Would you **really trust** a man like Greg? 그레그 같은 남자를 정말로 믿으세요?
▷ I can **no longer trust** you. 나는 더 이상 너를 믿을 수 없어.

trust	A to do	A(사람)가 …할 것을 믿고 맡기다

▷ "Can I **trust** you **to** remember to post this letter for me?" "Sure mom. No problem." "네가 잊지 않고 이 편지를 부칠 거라고 믿고 맡겨도 될까?" "네, 엄마. 문제없어요."

trust	A with B	A(사람)에게 B를 맡기다

▷ I'd **trust** him **with** my last penny! 나는 그에게 마지막 한 푼까지도 모두 맡기겠다!

trust	in A	A를 신뢰하다
trust	to A	A에 맡기다, 의지하다

▷ He has a lot of experience. **Trust in** what he tells you. 그는 경험이 많아. 그가 해주는 말을 믿어.
▷ We've done everything we can. Now we have to **trust to** luck! 우리는 할 수 있는 일은 다했어. 이제 운에 맡기는 수밖에!

truth /truːθ/ 진실, 사실; 진리

know	the truth	진실을 알다
admit	the truth	진실을 인정하다
tell	the truth	진실을 말하다
speak	the truth	
discover	the truth	진실을 발견하다
find out	the truth	진실을 찾아내다
get at	the truth	진실을 파악하다
learn	the truth	진실을 알게 되다
reveal	the truth	진실을 밝히다
accept	the truth	진실을 받아들이다
face (up to)	the truth	진실을 마주하다

▷ Nobody really **knows** the **truth** about what happened. 어떤 일이 있었는지 누구도 제대로 알지 못한다.
▷ I don't think she's **telling** the **truth**. 나는 그녀가 진실을 말한다고 생각하지 않는다.
▷ One day somebody will **discover** the **truth**. 언젠가는 누군가가 진실을 알아낼 것이다.
▷ Maybe nobody ever really **found out** the **truth** about the assassination of President John F. Kennedy. 아마도 존 F. 케네디 대통령의 암살에 대한 진실은 누구도 제대로 알아내지 못한 것 같다.
▷ I'm trying to **get at** the **truth**, but it's not easy. 나는 진실을 파악하려고 노력하고 있지만, 쉽지 않다.
▷ It took her a long time to **accept** the **truth** about her son. 그녀가 아들에 대한 진실을 받아들이는 데는 오랜 시간이 걸렸다.

(the) absolute	truth	절대적인 진리, 진실
the whole	truth	진상, 전모
the simple	truth	간단한 진실
the naked	truth	
a universal	truth	보편적 진실
an eternal	truth	영원한 진실

▷ What I'm telling you is the **absolute truth**. 내가 너에게 하는 말은 절대적인 진실이다.
▷ You're not telling us the **whole truth**. 너는 지금 우리에게 전모를 털어놓지 않고 있어.
▷ The **simple truth** is you never really loved me! 간단한 진실은 네가 나를 정말로 사랑하지 않았다는 거야!

the truth	about A	A에 대한 진실
the truth	in A	A의 진실
in	truth	실은, 사실은

▷ Tell us the **truth about** what happened. 일어난 일에 대한 진실을 말해줘.
▷ I can't decide what is the **truth in** his story and what are lies. 나는 그의 이야기 중에서 무엇이 진실이고 무엇이 거짓인지 판단할 수가 없다.
▷ Well, **in truth**, I think I should have kept quiet

and said nothing. 음, 사실은 내가 입을 다물고 아무 말도 안 했어야 한다고 생각해.

the quest	for truth	진리의 추구
the search	for truth	
an element	of truth	진실의 일면
the moment	of truth	진실의 순간, 결정적인 순간

▷ Many people believe that our journey through life is the **search for truth**. 많은 사람들이 우리의 인생 여행은 진리의 추구라고 생각한다.

▷ There is an **element of truth** in what you say. 네 말에도 일리가 있어.

▷ OK. The **moment of truth**! Will you marry me? 자. 진실해야 할 순간입니다! 저랑 결혼해 주시겠어요?

the truth	is (that)...	진실을 말하면

▷ **The truth is**, I wish I was back home in the USA! 진실을 말하면 내가 지금 미국에 있었으면 좋겠어!

try /trai/ 圄 시도; (럭비의) 트라이

have	a try	시도하다, 해보다
give A	a try	A를 해보다
be worth	a try	해볼 가치가 있다
score	a try	트라이를 올리다

▷ "I can't unscrew the top off this bottle." "OK. Let me **have** a **try**!" "이 병의 뚜껑을 열 수가 없어." "좋아. 내가 해볼게."

▷ "Do you think I should apply for this job?" "Yes. Go on. It's **worth** a **try**." "내가 이 자리에 지원해야 할까?" "응. 해봐. 해볼 가치가 있어."

▷ Jones **scored** three **tries** against New Zealand. 존스는 뉴질랜드 전에서 세 개의 트라이로 점수를 땄다.

try /trai/ 圄 시도하다, 해보다; 노력하다

try	desperately	열심히 노력하다
try	hard	
try	in vain	노력이 실패로 돌아가다
try	unsuccessfully	

★ desperately는 동사 앞에도 쓰인다.

▷ I **tried desperately** to get a ticket for the Olympics, but they were all sold out. 나는 올림픽대회 표를 구하려고 애를 썼지만, 모두 매진되었다.

▷ I **tried hard** not to cry, but it was no good. 나는 울지 않으려고 애썼지만, 소용없었다.

▷ The doctors **tried in vain** to save her life, but she was too seriously injured. 의사들은 그녀의 생명을 구하려고 했지만 실패했다. 그녀의 부상이 너무 심했던 것이다.

try	to do	…하려고 하다
try	doing	…해 보다
try	and do	((구어)) …하려고 하다

★ try doing은 실제로 동작이 이루어지는 경우를 암시하는 데 반해, try to do는 하려고 하지만 뒤에 but이 나와서 동작이 이루어지지 않는 경우가 많다. try and do는 try to do보다 강한 절박감이 있다.

▷ I **tried to** open the window, but I couldn't. 나는 창문을 열려고 했지만 열지 못했다.

▷ You look really tired. Why don't you **try** going to bed earlier? 너 정말 피곤해 보인다. 잠을 일찍 자는 게 어때?

▷ I'll **try and** arrange a meeting for tomorrow morning. 내가 내일 아침에 회의를 열 준비를 할게요.

turn /təːrn/ 圄 회전, 방향 전환; 만곡부; 순번

make	a left turn	왼쪽으로 돌다
make	a right turn	오른쪽으로 돌다
wait	one's turn	순서를 기다리다

▷ You need to **make** a **left turn** at the traffic lights. 신호등에서 왼쪽으로 돌아야 한다.

a sharp	turn	급회전
an unexpected	turn	예상치 않은 전개

▷ Everything looked OK, but then things took an **unexpected turn** and we lost the contract. 모든 것이 순조로워 보였지만 사태가 예상치 않게 전개되면서 우리는 계약에 실패했다.

by	turns	번갈아, 교대로
in	turn	차례로

▷ The suitcase was really heavy so we carried it **by turns**. 여행 가방은 정말 무거워서 우리는 번갈아 그것을 들었다.

▷ The students answered the questions **in turn**. 학생들은 차례로 질문에 대답했다.

A's turn	to do	A가 …할 차례

▷ It's your **turn to** do the washing up. 네가 설거지 할 차례야.

turn /təːrn/

圄 돌다, 돌리다; 방향을 바꾸다; 굽히다; 변하다

turn	abruptly	갑자기 방향을 바꾸다
turn	quickly	재빨리 방향을 바꾸다
turn	slowly	천천히 방향을 바꾸다

| turn | slightly | 약간 방향을 바꾸다 |

▷ Stella heard someone call out her name and **turned abruptly** to see who it was. 스텔라는 누군가 자기 이름을 부르는 소리가 들려서 누구인지 보려고 획 돌아섰다.

turn	to A	A를 향해 돌다
turn	around	방향을 바꾸다; 돌아보다
turn	round	
turn	away	눈을 돌리다

▷ She **turned to** him in surprise. "Tom! I thought you weren't coming!" 그녀는 놀라서 그를 돌아보았다. "톰! 네가 안 오는 줄 알았어!"

▷ Don't **turn around** yet! I've got a surprise for you. 아직 돌아보지 마! 너를 위해 깜짝 선물을 준비했으니까.

type /taip/ 몡 유형, 타입, 종류

identify	the type	유형을 식별하다
include	types	유형을 포함하다
depend on	the type	유형에 달려 있다

▷ We need to **identify** the **type** *of* flu virus you have. 우리는 당신의 독감 바이러스의 유형을 알아내야 합니다.

▷ I don't know if you can use this software. It **depends on** the **type** of computer you have. 네가 이 소프트웨어를 쓸 수 있을지 모르겠다. 네 컴퓨터의 유형에 달려 있거든.

a certain	type	어떤 유형, 특정한 유형
a particular	type	특정 유형
various	types	다양한 유형
the same	type	같은 유형

▷ I always seem to be attracted by a **certain type** *of* person: tall, handsome, intelligent and rich! 나는 항상 특정한 유형의 사람에게 끌리는 것 같다. 키가 크고, 잘생기고, 똑똑하고, 돈 많은 사람에게!

▷ Do you use any **particular type** *of* perfume? 네가 사용하는 특정한 유형의 향수가 있니?

▷ My boyfriend and I both have the **same type** *of* character. 내 남자친구와 나는 둘 다 같은 유형의 성격이다.

typical /típikəl/ 혱 전형적인

fairly	typical	상당히 전형적인
quite	typical	
entirely	typical	아주 전형적인

▷ She's a **fairly typical** Korean high school student. She loves cute things and idol stars. 그녀는 상당히 전형적인 한국 고등학생이다. 귀여운 것과 아이돌 스타를 좋아한다!

▷ That's **entirely typical** of Annabel! 그건 아주 애너벨다운 일이야!

| typical | of A | 전형적인 A의; 아주 A다운 |

▷ "Cindy keeps changing her mind about where she wants to go on holiday." "Yes! That's **typical of** her!" "신디는 휴가를 어디로 갈지 자꾸 마음을 바꿔." "그래! 그게 신디다운 행동이야!"

U

umbrella /ʌmbrélə/ 명 우산; 보호

open	an umbrella	우산을 펴다
put up	an umbrella	
hold	an umbrella	우산을 쓰고 있다
fold	an umbrella	우산을 접다
carry	an umbrella	우산을 가지고 가다

▷ They say it's unlucky to **open** an **umbrella** indoors. 실내에서 우산을 펴면 불길하다는 말이 있다.
▷ I **carried** the **umbrella** around with me all day, but it didn't rain. 나는 하루 종일 우산을 가지고 다녔지만 비가 오지 않았다.

a folding	umbrella	접는 우산
a beach	umbrella	비치 파라솔
a nuclear	umbrella	핵우산

▷ A **nuclear umbrella** means that it protects countries from a nuclear attack by other countries. 핵우산이란 그것이 다른 나라들의 핵공격을 막아준다는 뜻이다.

| under | the umbrella | 보호 아래 |

▷ Soldiers from many countries were sent in to keep the peace **under** the **umbrella** of the United Nations. 많은 나라의 군인들이 유엔의 보호 아래 평화를 유지하기 위해 파견되었다.

uncertain /ʌnsə́ːrtn/

형 불확실한; 확신하지 못하는

rather	uncertain	약간 불확실한
somewhat	uncertain	
still	uncertain	아직도 불확실한

▷ Emma is still **rather uncertain** whether to apply for the job or not. 에마는 그 자리에 지원할지 말지 아직도 확신이 없다.

| uncertain | wh- | …인지 모르는 |

★ wh-는 how, what, why, whether 등

▷ She was **uncertain how** to reply to his email. 그녀는 그의 이메일에 어떻게 답하지 몰랐다.
▷ We're **uncertain what** to do next. 우리는 다음에 무엇을 해야 할지 모른다.
▷ It's **uncertain whether** we'll be able to finish the project on time. 우리가 제시간에 그 프로젝트를 끝낼 수 있을지 알 수 없다.

| uncertain | about A | A에 대해서 확신이 없는 |
| uncertain | of A | |

▷ I'm **uncertain of** whether to have my watch repaired or buy a new one. 나는 시계를 수리해야 할지 새로 사야 할지 잘 모르겠다.

understand /ʌ̀ndərstǽnd/

동 이해하다, 알다

clearly	understand	확실히 이해하다
well	understand	잘 이해하다
fully	understand	충분히 이해하다
quite	understand	
not really	understand	잘 이해하지 못하다
properly	understand	제대로 이해하다
easily	understand	쉽게 이해하다
readily	understand	
understand	correctly	올바로 이해하다
understand	perfectly	완벽하게 이해하다

▷ I can **well understand** why you were so embarrassed! 나는 네가 왜 그토록 당황했는지 잘 이해할 수 있어!
▷ I **fully understand** your point of view. 나는 네 관점을 충분히 이해한다.
▷ I couldn't **properly understand** what he said. 나는 그가 한 말을 제대로 이해하지 못했다.
▷ I can **easily understand** why you got so angry! 네가 왜 그렇게 화가 났는지 쉽게 이해할 수 있어

begin to	understand	이해하기 시작하다
try to	understand	이해하려고 하다
help (A) to	understand	(A(사람)의) 이해를 돕다

▷ Ah! Now I **begin to understand**! 아! 이제 이해되기 시작해!
▷ Can you **help** me **to understand** this math problem? 이 수학 문제를 이해하게 도와줄 수 있니?

| be difficult to | understand | 이해하기 어렵다 |
| be easy to | understand | 이해하기 쉽다 |

▷ It's really **difficult to understand** these instructions! 이 설명서는 정말로 이해하기 어렵다!

| understand | wh- | …인지 이해하다 |
| understand | (that)... | …을 이해하다 |

★ wh-는 what, why, how 등의 의문사

▷ I can't **understand why** you didn't tell me before. 네가 왜 미리 나에게 말해주지 않았는지 모르겠다.
▷ **I understand that** you have a lot of experience as a waitress. 당신이 웨이트리스 경험이 많다는 것을 압니다.

understand	A to do	A가 …한다고 해석하다

★ do는 대개 be, mean, say 등

▷ I **understood** him **to** say that there were no more problems. 나는 그가 더 이상 문제가 없다고 말한 것으로 이해했다.

[PHRASES]

Do you understand? ☺ 알겠어? ▷"Do you understand?" "Yes, I see what you mean." "알겠어?" "응, 네 말뜻 알겠어."

(Is that) understood? ☺ (협박하며) 알겠어? 시키는 대로 해.

I understand. ☺ 잘 알았어. ▷ "So, it's really important you keep it a secret." "OK. Don't worry. I understand." "네가 이걸 비밀로 지키는 게 아주 중요해." "그래, 걱정 마. 잘 알았어."

understanding /ˌʌndərˈstændɪŋ/

명 이해, 지식; 합의; 배려

have	an understanding	이해하다
show	an understanding	이해를 보이다
gain	an understanding	이해하게 되다
develop	an understanding	이해를 발전시키다
improve	A's understanding	A의 이해를 높이다
increase	A's understanding	
come to	an understanding	합의에 이르다
reach	an understanding	

▷ He **has** no **understanding** of the importance of human relationships. 그는 인간 관계의 중요성을 이해하지 못한다.

▷ She quickly **gained** a good **understanding** of our new accounting system. 그녀는 우리의 새 회계 시스템을 금세 잘 이해했다.

a full	understanding	충분한 이해
a thorough	understanding	
a sufficient	understanding	
a clear	understanding	분명한 이해
a deep	understanding	깊은 이해
a proper	understanding	적절한 이해
a real	understanding	진정한 이해
a better	understanding	더 나은 이해
a greater	understanding	
(a) mutual	understanding	상호 이해

▷ I don't think they have a **full understanding** of the situation. 그들이 상황을 충분히 이해한 것 같지 않다.

▷ I think we should be able to come to a **mutual understanding**. 우리가 상호 이해에 이르러야 한다고 생각한다.

| a lack of | understanding | 이해 부족 |

▷ There was a **lack of understanding** between the boss and his staff. 상사와 직원들 사이에 이해가 부족했다.

| an understanding | between A and B | A(와 B) 사이의 합의 |
| an understanding | with A | A와의 상호이해 |

▷ I have a good **understanding with** my boss. 나는 상사와 의사소통이 잘 되고 있다.

| on | the understanding that... | …라는 조건으로 |

▷ I'll lend you $5,000 **on** the **understanding that** you pay me back within six months. 6개월 안에 갚는다는 조건으로 5천 달러를 빌려줄게.

unhappy /ʌnˈhæpi/

형 불행한, 불운한; 불만인

| feel | unhappy | 불행하게 느끼다 |
| look | unhappy | 불행해 보이다 |

▷ Emma **feels unhappy** living by herself alone in New York. 에마는 뉴욕에서 혼자 사는 것을 불행하게 느낀다.

deeply	unhappy	몹시 불행한
desperately	unhappy	
really	unhappy	

▷ Melissa has been **deeply unhappy** since her divorce. 멜리사는 이혼 이후 몹시 불행했다.

unhappy	about A	A에 불만인; A 때문에 슬픈
unhappy	with A	
unhappy	at A	

▷ I'm a little **unhappy about** leaving all my school friends and moving to Chicago. 나는 학교 친구들을 모두 떠나서 시카고로 이사하게 되어 약간 슬프다.

union /ˈjuːnjən/

명 노동조합; 연합; 결합, 단결

form	a union	노동조합을 만들다
organize	a union	노동조합을 조직하다
join	a union	노동조합에 가입하다
belong to	a union	노동조합에 소속돼 있다

▷ Some people at work are thinking of **forming a union**. 직장의 몇몇 사람들이 노동조합을 만들 생각

▷ Do you think it's a good idea to **join** a **union**? 노동조합에 가입하는 게 좋을까?

a labor	union	노동조합
《영》 a trade	union	
economic	union	경제 동맹
monetary	union	통화 동맹
political	union	정치적 통합
the European	Union	유럽 연합

▷ Many European countries formed a **monetary union** which uses the euro as a currency. 많은 유럽 나라들이 유로를 통화로 사용하는 통화 동맹을 이루었다.

▷ England and Scotland formed a **political union** in the 17th century. 잉글랜드와 스코틀랜드는 17세기에 정치적 통합을 이루었다.

unique /ju:ní:k/ 형 독특한; 유일한

quite	unique	아주 독특한
totally	unique	
truly	unique	정말로 독특한
almost	unique	유례가 드문

▷ This writer's style of writing is **quite unique**. 이 작가의 문체는 아주 독특하다.
▷ This 12th century coin is **almost unique**. 이 12세기 동전은 유례가 없이 독특하다.

unique	to A	A 특유의, 고유의

▷ This species of lizard is **unique to** the Galapagos Islands. 이 도마뱀 종은 갈라파고스 제도에만 서식한다.

unit /jú:nit/ 명 단위; 사업부; 설비 일습

a basic	unit	기본 단위
the family	unit	가족 단위
a business	unit	사업 부문
control	unit	제어 장치

▷ The centimeter is a **basic unit** of measurement. 센티미터는 측량의 기본 단위다.

university /jù:nəvə́:rsəti/ 명 대학

go to	(the) university	대학에 가다
graduate from	university	대학을 졸업하다

▷ I'm hoping to **go to** (the) **university** next year. 나는 내년에 대학에 가고 싶다.

at (the)	university	대학에서

▷ Do you have a job or are you still **at university**? 직장에 다니나요, 아니면 아직 대학생인가요?
▷ Her father is a professor **at** Stanford **university**. 그녀의 아버지는 스탠퍼드 대학의 교수다.

unknown /ʌ̀nnóun/

형 알려지지 않은, 미지의

remain	unknown	여전히 알 수 없다

▷ The cause of the car crash **remains unknown**. 그 자동차 사고의 원인은 여전히 밝혀지지 않았다.

virtually	unknown	거의 알려지지 않은
almost	unknown	
still	unknown	아직 알려지지 않은
hitherto	unknown	지금까지 알려지지 않은
previously	unknown	

▷ In 6 months she went from being a **virtually unknown** singer to famous pop star. 6개월 사이에 그녀는 거의 알려지지 않은 무명 가수에서 유명한 팝스타가 되었다.
▷ We've found a **previously unknown** species of spider. 우리는 지금까지 알려지지 않은 거미 종을 발견했다.

unknown	to A	A(사람)에게 알려지지 않은

▷ There are still many species of animals and insects that are **unknown to** man. 아직 인간에게 알려지지 않은 동물과 곤충 종이 많이 있다.

unlikely /ʌnláikli/

형 있을 법하지 않은, 가망 없는

most	unlikely	거의 가망 없어 보이는
highly	unlikely	
extremely	unlikely	

▷ We'll be **most unlikely** to finish by 6:00 this evening. 우리는 오늘 저녁 6시까지 끝낼 가능성은 거의 없어 보인다.

unlikely	to do	…할 것 같지 않은
unlikely	(that)...	

▷ It's **unlikely (that)** I'll be home before 10:00. The boss asked me to work late this evening. 내가 10시 전에 집에 갈 것 같지가 않아. 상사가 나에게 오늘 저녁에 야근을 해달라고 부탁했어.

unusual /ʌnjú:ʒuəl/

형 보기 드문, 기이한, 진기한

highly	unusual	아주 보기 드문
most	unusual	
somewhat	unusual	약간 특이한

▷ Forty years ago it was **highly unusual** for women to play soccer. 40년 전에 여자가 축구를 하는 것은 아주 보기 드문 일이었다.

it is unusual	(for A) to do	(A가) …하는 것은 보기 드문 일이다

▷ **It's not unusual to** feel nervous before an exam. 시험 전에 긴장하는 것은 이상한 일이 아니다.

nothing	unusual	이상할 것이 없는

▷ There's **nothing unusual** about having more than one part-time job at the same time. 한 번에 두 가지 이상의 시간제 일을 하는 것은 특이할 것이 없다.

upset /ʌpsét/ 형 기분이 상한, 화가 난

get	upset	화를 내다
feel	upset	기분이 상하다
look	upset	기분 상한 듯 보이다

▷ Calm down! There's no need to **get upset**! 진정해! 화를 낼 필요 없어.

really	upset	몹시 속상한
extremely	upset	
terribly	upset	

▷ After the interview Bella looked **really upset**. 면접 후에 벨라는 무척 속이 상한 것 같았다.

upset	about A	A에 대해 속상한
upset	with A	A(사람)에게 기분이 상한

▷ Tina's really **upset about** what you said to her. 티나는 네가 한 말에 정말로 기분이 상했어.

upset	(that)...	…에 취난

▷ Cleo was **upset that** no one remembered her birthday. 클레오는 누구도 자신의 생일을 기억하지 못했다는 데 기분이 상했다.

urge /ɚrdʒ/ 통 강권하다; 재촉하다, 다그치다

constantly	urge	계속 강권하다
repeatedly	urge	몇 번이고 재촉하다
strongly	urge	강하게 권하다

▷ His doctor **strongly urged** him to give up smoking. 의사는 그에게 담배를 끊으라고 열심히 설득했다.

urge	A to do	A(사람)에게 …하라고 강하게 권하다

▷ Our teacher **urged** us **to** work hard to pass the entrance exam. 우리 선생님은 입학 시험에 합격하려면 열심히 공부하라고 우리를 다그쳤다.

urge	that...	…라고 강하게 권하다

▷ As your doctor, I **urge that** you give up smoking and go on a diet immediately. 당신의 의사로서, 당신이 반드시 담배를 끊고 즉시 다이어트를 하기를 충고드립니다.

use /juːs/ 명 사용, 용도; 쓸모

make	use	사용하다, 활용하다
come into	use	사용되다
go out of	use	사용되지 않다
put A to	use	A를 활용하다
encourage	the use	사용을 권하다
be of	use	도움이 되다, 유용하다

▷ You need to **make** the best **use** *of* your time during the summer holidays. 여름 휴가 동안 시간을 최대한 활용해야 한다.

▷ Our company **encourages** the **use** *of* eco-friendly cars. 우리 회사는 친환경 자동차를 타라고 장려한다.

▷ Don't hesitate to call me if I can be **of use** (to you). 내가 (너에게) 도움이 될 수 있다면 주저하지 말고 전화해.

in	use	사용되어
out of	use	사용되지 않는

▷ "I thought the elevator was **out of use**." "No, it's been **in use** again since last Friday." "나는 그 엘리베이터를 사용하지 않는 줄 알았어." "아냐, 지난 금요일부터 다시 사용하고 있어."

increased	use	사용의 증가
regular	use	규칙적인 사용
widespread	use	폭넓은 사용
effective	use	효과적인 사용
efficient	use	효율적인 사용

▷ **Increased use** of air-conditioning can bring health problems. 에어컨 사용의 증가는 건강 문제를 불러올 수 있다.

▷ Antibiotics are becoming less effective because of their **widespread use**. 항생제는 폭넓은 사용으로 인해 점점 효과가 줄어들고 있다.

▷ To avoid power cuts this winter we shall all need to make more **efficient use** of electricity. 올 겨울 정전을 피하려면 우리 모두 전기를 좀더 효율적으로 사용해야 한다.

use /juːz/ 동 사용하다, 쓰다

frequently	use	자주 사용하다
normally	use	평상시 사용하다
regularly	use	규칙적으로 사용하다
rarely	use	드물게 사용하다
commonly	used	흔히 사용되는
widely	used	폭넓게 사용되는
use	effectively	효과적으로 사용하다
use	mainly	주로 사용하다
use	up	다 써버리다
used	extensively	널리 사용되는

▷ I **regularly use** the bus to go into town. 나는 시내에 갈 때 규칙적으로 버스를 이용한다.

▷ In Holland bicycles are **commonly used** as a method of transport. 네덜란드에서는 자전거가 흔한 교통 수단으로 사용된다.

▷ We've **used up** all the toothpaste. 우리는 치약을 다 썼다.

use	A for B	A를 B를 위해 사용하다
use	A as B	A를 B로 사용하다

▷ It was a valuable antique vase and he just **used** it **for** keeping pens and pencils in! 그것은 값비싼 골동품 꽃병인데, 그는 그것을 그저 펜과 연필을 보관하는 용도로 썼다!

use	A to do	A를 …하는 데 쓰다

▷ Can I **use** your cellphone **to** make a quick call? 네 휴대폰으로 짧은 통화 좀 해도 될까?

used /juːst/ 형 익숙한

be used	to A	A에 익숙하다
get used	to A	A에 익숙해지다
become used	to A	

★ A는 명사, 동명사

▷ I'm **used to** getting up at 5:00 in the morning now. 나는 이제 아침 5시에 일어나는 데 익숙하다.

▷ You'll soon **get used to** living abroad. 너는 외국에 사는 데 곧 익숙해질 거야.

▷ I've **become used to** commuting two hours to work every day. 나는 매일 두 시간씩 통근하는 데 익숙해졌다.

useful /júːsfəl/ 형 유용한, 쓸모 있는

extremely	useful	아주 유용한
especially	useful	특히 유용한
particularly	useful	
really	useful	정말로 유용한

▷ That book you lent me was **extremely useful**. 네가 빌려준 그 책은 아주 유용했어.

▷ I found your advice **especially useful**. 네 조언이 특히 유용했어.

useful	for A	A에 쓸모 있는
useful	to A	

▷ This penknife is **useful for** all sorts of things. 이 주머니칼은 온갖 종류의 일에 쓸모가 있다.

prove	useful	유용하다고 판명되다
find A	useful	A가 유용하다고 생각하다
make oneself	useful	누군가에게 도움이 되다

▷ I **find** this dictionary very **useful**. 나는 이 사전이 아주 유용하다고 생각한다.

▷ Don't just stand there! **Make** yourself **useful**! 거기 가만히 서 있지만 마! 뭔가 도움이 되는 일을 해!

useful	to do	…하는 것이 도움이 되는

▷ It's **useful to** live so close to the supermarket. 슈퍼마켓에 이렇게 가까이 살면 편리하다.

useless /júːslis/

형 도움이 되지 않는, 쓸모 없는

prove	useless	쓸모 없다고 판명되다

▷ I've tried many kinds of diet but they've all **proved useless**. 나는 많은 종류의 다이어트를 해보았지만, 모두 도움이 되지 않았다.

quite	useless	전혀 소용없는
completely	useless	
absolutely	useless	
totally	useless	

▷ The thin coats were **quite useless** against the cold. 얇은 코트는 추위를 막는 데 전혀 소용없었다.

useless	as A	A로서 쓸모 없는
useless	for A	A에 쓸모 없는
useless	to A	A(사람)에게 쓸모 없는

▷ Our dog is friendly to everyone — even strangers! He's **useless for** protecting the house. 우리 개는 모두에게 다정하다 — 낯선 사람들에게까지! 그러니 집을 지키는 일에는 쓸모가 없다.

▷ All this information is out of date. It's **useless to us**. 이 정보는 모두 오래된 거라 쓸모가 없다.

V

vacation /veikéiʃən/ 図 ((주로 미국)) 휴가

go on	(a) vacation	휴가를 떠나다
take	a vacation	휴가를 내다
spend	a vacation	휴가를 보내다
plan	a vacation	휴가를 계획하다
enjoy	one's vacation	휴가를 즐기다

▷ Tim and Sue have **gone on vacation**. 팀과 수는 휴가를 떠났다.
▷ I'd love to **spend** a **vacation** in Hawaii. 나는 하와이에서 휴가를 보내고 싶다.

summer	vacation	여름 방학
winter	vacation	겨울 방학

▷ I'm going to do a part-time job during the **summer vacation**. 나는 여름 방학 동안 시간제 일을 할 예정이다.

on	vacation	휴가중인

▷ Kate and Lesley are **on vacation** in Switzerland. 케이트와 레슬리는 스위스에서 휴가 중이다.

valuable /væljuəbl/

図 귀중한, 값비싼; 가치 있는

prove	valuable	가치있다고 판명되다

▷ Thanks so much for your advice. I'm sure it will **prove valuable**. 네 조언 정말 고마워. 분명히 효과가 있다고 판명될 거야.

extremely	valuable	아주 귀중한; 아주 값비싼
particularly	valuable	특히 귀중한
especially	valuable	
potentially	valuable	잠재적 가치가 있는

▷ I think this old stamp is **extremely valuable**. 이 옛날 우표는 아주 값이 비쌀 것이다.
▷ This piece of land isn't worth very much now, but it's **potentially** very **valuable**. 이 땅은 지금은 별로 가치가 없다. 하지만 잠재적인 가치가 크다.

valuable	for A	A에게 귀중한
valuable	to A	

▷ This training course has been very **valuable for** me. 이 교육은 나에게 무척 소중한 교육이었다.
▷ The ring was **valuable to** her for sentimental reasons. 그 반지는 그녀에게 감정적인 의미가 있어서 소중했다.

value /vǽlju:/ 図 가치; 유용성; (-s) 가치관

add	value	가치를 더하다
increase	the value	가치를 높이다
reduce	the value	가치를 깎다
have	a value	가치가 있다
show	the value	가치를 보이다
know	the value	가치를 알다

▷ If you add an extension, it will **increase** the **value** *of* your house. 증축을 하면 당신 집의 가치가 올라갈 겁니다.
▷ I don't think she **knows** the true **value** *of* this painting. 그녀는 이 그림의 진정한 가치를 모르는 것 같다.

high	value	높은 가치
low	value	낮은 가치
good	value	충분한 값어치
face	value	액면가
market	value	시장 가격
nutritional	value	영양가
cultural	values	문화적 가치관
social	values	사회적 가치관
moral	values	윤리적 가치관

▷ If you shop at the new supermarket, you get very **good value**. 새 슈퍼마켓에서 장을 보면, 충분한 값어치를 얻는다.

drop	in value	가치가 떨어지다
fall	in value	
rise	in value	가치가 오르다

▷ The dollar has **fallen in value** against the won. 원화에 대한 달러 가치가 떨어졌다.

of	value	가치있는, 귀중한

★ great, real이나 little, no 등을 동반한다.

▷ Your suggestions have been **of great value**. 네 제안은 매우 귀중했다.

value	for money	비용 대비 효과; 가격 대 성능비

▷ If you go somewhere else, you'll get better **value for money**. 다른 곳에 가면, 비용 대비 더 좋은 물건을 살 것이다.

a set of	values	가치 체계

▷ When I lived abroad in an African village, I experienced a completely different **set of values**. 내가 해외의 아프리카 마을에 살 때, 나는 전혀 다른 가치 체계를 경험했다.

variety /vəráiəti/ 명 다양성; 종류, 변종

add	variety	변화를 주다
offer	variety	

▷ Traveling **adds variety** to life. 여행은 인생에 변화를 준다

a wide	variety	폭넓은 다양성
a great	variety	
a rich	variety	
an infinite	variety	무한한 다양성
an astonishing	variety	놀라운 다양성
a bewildering	variety	
different	varieties	다양한 종류
new	varieties	새로운 종류

▷ Our department store stocks a **wide variety** of brand goods. 우리 백화점은 아주 다양한 브랜드 상품을 취급한다.

▷ You've got a **great variety** of flowers in your garden. 당신의 정원에는 아주 다양한 꽃들이 있군요.

▷ There's a **rich variety** of desserts to choose from. 선택할 수 있는 디저트가 다양하게 있다.

▷ An almost **infinite variety** of beautiful tropical fish live on this coral reef. 이 산호초에는 거의 무한한 정도로 다양한 아름다운 열대어들이 산다.

vegetable /védʒətəbəl/ 명 채소

plant	vegetables	채소를 심다
grow	vegetables	채소를 키우다
cook	vegetables	채소를 요리하다

▷ We **grow vegetables** in our garden. 우리는 마당에 채소를 키운다.

▷ I need to **cook** some **vegetables** to go with the meat. 나는 고기와 함께 먹을 채소를 요리해야 한다.

green	vegetables	녹색 채소
leafy	vegetables	잎채소
fresh	vegetables	신선한 채소

▷ Are you sure you're eating enough **fresh vegetables**? 너 신선한 채소를 충분히 먹고 있는 거 확실해?

verdict /vɚ́ːrdikt/ 명 평결

reach	a verdict	평결에 이르다
return	a verdict	평결을 내리다
deliver	a verdict	

▷ The jury **returned** a guilty **verdict** after half an hour. 배심원은 30분 후에 유죄 평결을 내렸다.

video /vídiòu/ 명 비디오

make	a video	비디오를 만들다
rent	a video	비디오를 빌리다
watch	a video	비디오를 보다
see	a video	

▷ Let's **rent a video** and **watch** it this evening. 오늘 저녁에 비디오를 빌려서 보자.

a home	video	가정용 비디오

▷ Look! I've found some old **home videos**! 이거 봐! 오래된 가정용 비디오를 몇 개 찾았어.

on	video	비디오에

▷ The concert was recorded **on video**. 콘서트는 비디오에 녹화되었다.

view /vju:/ 명 견해; 시야; 전망, 조망, 경치

have	a view	견해가 있다
hold	a view	
take	the view	견해를 취하다
share	the view	견해를 공유하다
support	the view	견해를 지지하다
reflect	the views	견해를 반영하다
have	a view	조망이 있다
block	A's view	A의 시야를 가로막다
come into	view	시야에 들어오다
disappear from	view	시야에서 사라지다

▷ You may think that, but I **hold** a very different **view**. 너는 그렇게 생각할지 몰라도 내 견해는 전혀 달라.

▷ That idea does not **reflect** the **views** of the majority of Australians. 그 주장은 오스트레일리아인 대다수의 견해를 반영한 것이 아니다.

▷ We got great tickets for the live concert so we **had** a really good **view** of the band. 우리는 좋은 라이브 콘서트 표가 있어서 밴드가 아주 잘 보였다.

▷ The crowd cheered as the marathon runner **came into view**. 마라톤 주자가 시야에 들어오자 관중은 열광했다.

a general	view	일반적 견해
one's personal	view	개인적 견해
a clear	view	분명한 견해
political	views	정치적 견해
a traditional	view	전통적 사고방식
a breathtaking	view	숨막힐 듯한 조망

| violence |

| a clear | view | 선명한 광경 |
| a panoramic | view | 전경(全景) |

▷ My **personal view** is that he should apologize. 내 개인적인 견해는 그가 사과해야 한다는 것이다.
▷ Your grandfather has very **traditional views**. 네 할아버지는 아주 전통적인 사고방식을 지니셨다.
▷ There's a wonderful **panoramic view** from the top of the tower. 탑 꼭대기에 올라가면 멋진 전경을 볼 수 있다.

a view	on A	A에 대한 견해
a view	about A	
a view	from A	A에서 보이는 조망
in	A's view	A의 견해로는
in	view	보이는 곳에
on	view	전시된

▷ What are your **views on** nuclear power? 원자력에 대한 당신의 견해는 어떻습니까?
▷ There's a wonderful **view of** the sea **from** the bedroom window. 침실 창문에서 보는 바다의 전망이 멋지다.
▷ **In my view** we should accept their offer. 내가 볼 때 우리는 그들의 제안을 받아들여야 한다.
▷ A kindergarten teacher always needs to keep the little children **in view**. 유치원 교사는 항상 아이들을 눈에 보이는 곳에 두어야 한다.

| a point of | view | 관점, 시점 |

▷ From his **point of view** there was nothing more he could have done. 그의 관점에서는 더 이상 그가 할 수 있는 일이 없었다.

violence /váiələns/ 명 폭력, 폭동; 격렬함

resort to	violence	폭력에 의지하다
use	violence	폭력을 사용하다
incite	violence	폭력을 부추기다
end	the violence	폭력을 끝내다

▷ You mustn't **resort to violence**. 폭력에 의지하면 안 된다.
▷ The police were forced to **use violence** against the demonstrators. 경찰은 시위대에게 어쩔 수 없이 폭력을 사용했다.
▷ United Nations troops were sent in to **end the violence**. 유엔군은 폭력을 종식시키기 위해 파견되었다.

violence	erupts	폭동이 발발하다
violence	breaks out	
violence	escalates	폭동이 확대되다

▷ **Violence erupted** in Karachi. 카라치에서 폭동이 발발했다.

domestic	violence	가정 폭력
physical	violence	육체적 폭력
sexual	violence	성폭력

▷ **Domestic violence** is still a major problem in many countries. 가정 폭력은 아직도 많은 나라에서 큰 문제다.

| violence | against A | A에 대한 폭력 |

▷ The police claimed that they did not use too much **violence against** the demonstrators. 경찰은 시위대에게 과도한 폭력을 사용하지 않았다고 주장했다.

an act of	violence	폭력 행위
a victim of	violence	폭력의 피해자
an outbreak of	violence	폭동의 발발

▷ Just one punch is an **act of violence**. 주먹 한 대도 폭력 행위다.

violent /váiələnt/ 형 폭력적인; 격렬한

become	violent	폭력적이 되다
turn	violent	
get	violent	

▷ At first the demonstration was peaceful, but later the crowd **turned violent**. 처음에 시위대는 평화적이었지만 나중에는 폭력적으로 변했다.

vision /víʒən/

명 선견지명, 예지력; 환상, 꿈, 전망; 시력, 시각

have	a vision	꿈이 있다
lack	vision	꿈이 없다
create	a vision	꿈을 만들다
share	a vision	꿈을 공유하다
blur	A's vision	A의 시야를 흐리게 하다
cloud	A's vision	

▷ I **had a vision** of myself running my own company at the age of 30. 나는 서른 살에 내 회사를 경영하겠다는 꿈이 있었다.
▷ Helen was crying and the tears **blurred** her **vision**. 헬렌은 울고 있었고 눈물 때문에 시야가 흐려졌다.

| great | vision | 훌륭한 선견지명 |
| strategic | vision | 전략적 예측 |

a common	vision	공통의 전망
excellent	vision	뛰어난 시력
poor	vision	나쁜 시력

▷ You showed **great vision** to invest in gold at that time! 당신은 그때 금에 투자하는 훌륭한 예지력을 보여주었죠.

▷ An investor needs to have good **strategic vision**. 투자자는 전략적 예측 능력이 있어야 한다.

▷ You need to have **excellent vision** to be an airline pilot. 항공기 조종사가 되려면 시력이 좋아야 한다.

a field of	vision	시야, 시계
a line of	vision	시선의 방향

▷ Generally speaking, women have a wider **field of vision** than men. 일반적으로 말해서, 여자들이 남자들보다 시야가 넓다.

visit /vízit/ 명 방문; 구경; 체류

make	a visit	방문하다
pay	a visit	
receive	a visit	방문을 받다
have	a visit	
arrange	a visit	방문 계획을 짜다
be (well) worth	a visit	방문할 가치가 있다

▷ We **paid a visit** to Bulguksa in Gyeongju. 우리는 경주 불국사를 방문했다.

▷ When I was in hospital, I **had many visits** from friends. 병원에 입원해 있을 때 나는 여러 친구들의 방문을 받았다.

▷ When you're in Paris, you should go to the Eiffel Tower. It's **well worth a visit**. 파리에 가면 에펠 탑에 가봐야 한다. 가볼 가치가 충분하다.

a brief	visit	짧은 방문
a short	visit	
regular	visits	규칙적 방문
a three-day	visit	사흘간의 방문
a recent	visit	최근의 방문
a previous	visit	이전의 방문
an official	visit	공식 방문

▷ When we were in Paris, we made a **brief visit** to the Louvre Museum. 파리에 있을 때 우리는 루브르 박물관에 잠깐 가보았다.

▷ I make **regular visits** to the dentist. 나는 정기적으로 치과에 다닌다.

▷ We went on a **five-day visit** to Paris. 우리는 파리에 5일 동안 머물렀다.

▷ The President of the USA is in our country on an **official visit**. 미국 대통령이 우리 나라를 공식 방문 중이다.

during	one's visit	방문 중에
on	a visit	
a visit	to A	A를 방문하는 일

▷ I made so many friends **during** my **visit** *to* Australia. 나는 오스트레일리아를 방문했을 때 친구를 꽤 많이 사귀었다.

▷ Sorry. Tom's not here. He's **on** a **visit** *to* some friends in California. 미안해요. 톰은 여기 없어요. 캘리포니아의 친구들을 방문 중이에요.

visit /vízit/ 동 방문하다, 체류하다

frequently	visit	빈번하게 방문하다
often	visit	자주 방문하다
regularly	visit	정기적으로 방문하다
rarely	visit	거의 찾아오지 않다

▷ Sally **regularly visited** her mother in hospital. 샐리는 입원한 어머니를 정기적으로 찾아간다.(★ visit regularly도 쓰인다.)

come to	visit	찾아오다
come and	visit	

▷ Some old school friends are **coming to visit** next weekend. 다음 주에 옛 학교 친구들이 찾아온다.
▷ Please **come and visit** us again. 다시 찾아주세요.

voice /vɔis/ 명 목소리

hear	A's voice	A의 목소리가 들리다
raise	one's voice	목소리를 높이다
lower	one's voice	목소리를 낮추다
lose	one's voice	목소리가 나지 않다
recognize	A's voice	A의 목소리를 알아듣다

▷ It's really nice to **hear** your **voice**. 네 목소리를 들어서 정말 기쁘다.

▷ Can you **raise** your **voice** a little? The people at the back can't hear you. 목소리를 조금만 높여주시겠습니까? 뒤쪽에 있는 사람들에게는 들리지 않습니다.

▷ Sorry, I've caught a cold and **lost** my **voice**. 미안해, 감기에 걸려서 목소리가 잘 안 나와.

▷ I **recognized** your **voice** over the phone immediately! 난 네 전화 목소리를 바로 알아들었어!

one's voice	rises	목소리가 커지다
a voice	comes from A	A에서 목소리가 들리다
one's voice	sounds angry	화난 것처럼 들리다

★ angry 외에 excited, sad, strange 등의 형용사도

온다.

▷ A **voice came from** the back of the room: "Speak up! We can't hear you!" 강의실 뒤쪽에서 목소리가 들렸다. "좀 크게 말씀해 주세요! 여기서는 안 들려요!"

▷ Hello? Is that you, Ben? Your **voice sounds strange**! 안녕? 벤이니? 네 목소리 이상하게 들려!

a loud	voice	큰 목소리
a small	voice	작은 목소리
a little	voice	
a low	voice	낮은 목소리
a deep	voice	굵은 목소리
a quiet	voice	조용한 목소리
a soft	voice	부드러운 목소리
a flat	voice	밋밋한 목소리
a female	voice	여자 목소리
a male	voice	남자 목소리

★ in a ... voice로 자주 쓰인다.

▷ We could hear **loud voices** coming from the apartment next door. 우리 아파트 옆집에서 큰 목소리들이 들렸다.

▷ "This play is really boring!" she whispered **in a low voice**. "이 연극은 정말 지루해!" 그녀가 낮은 목소리로 속삭였다.

▷ She spoke **in a soft voice**. 그녀가 부드러운 목소리로 말했다.

a tone of	voice	어조, 말투

▷ Never mind. I'll find someone else to help, she said in a disappointed **tone of voice**. 신경 쓰지 마. 도와줄 다른 사람을 찾아볼게. 그녀가 실망한 어조로 말했다.

at the top of	one's voice	목청껏

▷ Dave shouted **at the top of his voice**. "Look out! There's a car coming!" 데이브는 목청껏 외쳤다. "조심해! 차가 오고 있어!"

vote /vout/ 명 투표; 투표권; 표; 득표

take	a vote	투표로 결정하다
have	a vote	
give	one's vote	투표하다
cast	a vote	표를 던지다
put A to	the vote	A를 투표에 붙이다
count	the votes	표를 세다
have	the vote	투표권이 있다

▷ I gave my **vote** to the Republican. 나는 공화당에 투표했다.

▷ I wish I were old enough to **have the vote**. 내가 투표권이 있는 나이라면 좋을 텐데.

get	... percent of the vote	총 투표의 …%를 얻다
win	20 votes	20표를 얻다
receive	20 votes	

★ get ... percent of the vote에서 get 외에도 win, receive, poll 등도 쓴다.

▷ Nigel **got** only 5 **percent of the vote**. 나이젤은 총 투표의 5%밖에 얻지 못했다.

a majority	vote	과반수 의결, 과반수 찬성
a unanimous	vote	만장일치 투표
the popular	vote	일반 투표
the swing	vote	부동표
《영》 the floating	vote	
the female	vote	여성표

▷ It wasn't unanimous, but Tony won by a **majority vote**. 만장일치는 아니었지만 토니는 과반수 득표로 이겼다.

a vote	on A	A에 대한 투표
a vote	for A	A에 대한 찬성표
a vote	in favor of A	
a vote	against A	A에 대한 반대표
by	vote	투표로

▷ I cast my **vote in favor of** spending the school's money on building a swimming pool. 나는 학교 예산을 수영장 건설에 쓰는 데 찬성표를 던졌다.

▷ I think we should decide this **by vote**. 이 일은 투표로 결정해야 할 것 같다.

vote /vout/ 동 투표하다; 투표로 결정하다

vote	on A	A에 대해 투표하다
vote	for A	A에 찬성표를 던지다
vote	against A	A에 반대표를 던지다

▷ Tomorrow the soccer club is meeting to **vote on** who's going to be captain. 내일 축구 클럽은 누가 주장이 될지 투표하기 위해 만날 것이다.

vote	to do	…할 것을 투표로 결정하다

▷ We **voted to** go to Hawaii for our school trip next year. 우리는 내년 수학 여행을 하와이로 가기로 투표로 결정했다.

W

wage /weidʒ/ 圕 임금, 급료

earn	a wage	임금을 벌다
make	a wage	
pay	a wage	임금을 주다
raise	wages	임금을 올리다
lower	wages	임금을 내리다
cut	wages	임금을 삭감하다

▷ She **earns** a **wage** of about $500 a week. 그녀는 주당 5백 달러 정도의 임금을 받는다.
▷ They're going to **raise** our **wages** next month. 다음 달 우리 임금이 오를 것이다.

wage	increases	임금이 오르다
wage	rises	

▷ Our **wages increased** by 10% last year. 우리 임금은 작년에 10% 올랐다.

a good	wage	후한 임금
high	wages	높은 임금
low	wages	낮은 임금
a weekly	wage	주급
nominal	wages	명목 임금
real	wages	실질 임금
a basic	wage	기본급
(a) minimum	wage	최저 임금
an average	wage	평균 임금
unpaid	wages	체불 임금

▷ I want to find a job with **high wages** and good working conditions. 나는 임금이 높고 근무 조건이 좋은 직업을 구하고 싶다.

wait /weit/ 圕 기다리다

wait	quietly	조용히 기다리다
wait	patiently	끈기 있게 기다리다
wait	anxiously	걱정하며 기다리다
wait	impatiently	초조하게 기다리다
wait	nervously	
wait	expectantly	기대하며 기다리다
wait	outside	밖에서 기다리다

▷ You'll just have to **wait patiently** for the results of the interview. 너는 참을성 있게 면접 결과만 기다리면 돼.
▷ We **waited anxiously** at the hospital to hear if Chris was going to be OK. 우리는 병원에서 크리스가 괜찮을지를 듣기 위해 걱정하며 기다렸다.
▷ Could you **wait outside** for a moment, please? 잠깐만 밖에서 기다려 주겠어요?

wait	for A	A를 기다리다
wait	until A	A까지 기다리다
wait	till A	

▷ I'll **wait for** you here. 여기서 널 기다릴게.
▷ I think we should **wait until** Tom arrives before we start the meeting. 회의를 하기 전에 톰이 올 때까지 기다려야 할 것 같아.

can't	wait	어서 빨리 …하고 싶다
can hardly	wait	

▷ I **can't wait** to open my Christmas presents! 어서 빨리 크리스마스 선물을 열어보고 싶다.

wait and see	두고 보다

▷ "So what happens at the end of the film?" "**Wait and see!**" "그래서 그 영화 결말이 어떻게 되었어?" "두고 봐!"

wait	for A to do	A가 …하는 것을 기다리다

▷ Oh! It's raining! Can you **wait for** me **to** get my umbrella? 아! 비가 오네! 내가 우산 가져올 때까지 기다려줄래?

PHRASES
Wait a minute. / Wait a second. ☺ 잠깐 기다려줘.

walk /wɔːk/ 圕 산책; 이동 거리

go for	a walk	산책하러 나가다
take	a walk	산책하다
have	a walk	
take A	for a walk	A를 데리고 산책 나가다

▷ Do you feel like **going for** a **walk** along the beach? 해변을 따라 산책하고 싶지 않아?
▷ Let's **take** a **walk** in the park. 공원을 산책하자.

a short	walk	도보로 짧은 거리
a long	walk	도보로 먼 거리
a ten-minute	walk	도보로 10분 거리

▷ It's only a **short walk** to the post office. 우체국까지는 걸어가면 금방이다.
▷ My house is a **five-minute walk** *from* the station. 우리 집은 역에서 도보로 5분 거리다.

walk /wɔːk/ 圕 걷다, 걸어가다

walk	quickly	빨리 걷다

walk	slowly	천천히 걷다
walk	quietly	조용히 걷다
walk	backward	뒷걸음질하다
walk	forward	앞으로 걷다
walk	around	걸어 돌아다니다
walk	away	걸어서 떠나다
walk	off	떠나다
walk	in	걸어 들어오다
walk	out	걸어 나가다

▷ Do you think we could **walk** a bit more **quickly**? 우리 좀 더 빨리 걸을 수 있을까?
▷ Don't **walk away** when I'm talking to you! 내가 말하고 있는데 자리 뜨지 마!
▷ The movie was so bad that we **walked out**. 영화가 너무 형편없어서 우리는 나와버렸다.

walk	across A	A를 걸어서 가로지르다
walk	along A	A를 따라 걷다
walk	up A	
walk	down A	
walk	around A	A 주변을 걷다
walk	into A	A로 걸어 들어가다
walk	out of A	A에서 걸어 나오다
walk	to A	A에 걸어가다
walk	toward A	를 향해 걸어가다

▷ She was **walking across** the road when the car hit her. 그녀는 도로를 건너다가 차에 치였다.
▷ Let's **walk along** the riverbank. 강둑을 따라 걷자.
▷ She walked angrily **out of** the room. 그녀는 화가 나서 방에서 나갔다.
▷ It only takes 5 minutes to **walk to** the station. 역까지 걸어가는 데는 5분밖에 걸리지 않는다.

wall /wɔːl/ 명 벽; 담

build	a wall	벽을 쌓다
climb	a wall	벽을 오르다
lean against	a wall	벽에 기대다

▷ We're **building a wall** at the bottom of the garden. 우리는 정원 아래쪽에 벽을 쌓고 있다.
▷ Tom was **leaning against a wall**, smoking. 톰은 벽에 기대서 담배를 피우고 있었다.

a high	wall	높은 담
a low	wall	낮은 담
a brick	wall	벽돌 담
a stone	wall	돌담

the city	wall	성곽

▷ The castle was surrounded by a **high wall**. 성채는 높은 담에 둘러싸여 있었다.
▷ This is where the old **city wall** used to be. 여기는 옛 성곽이 있었던 곳이다.

on	a [the] wall	벽에
against	a [the] wall	벽에 대고

▷ The light switch is **on the wall** over there. 전등 스위치는 저기 벽에 있다.
▷ Every evening he goes out to kick a ball **against a wall**. 매일 저녁 그는 밖에 나가 벽에 대고 공을 찬다.

wander /wάndər/

동 돌아다니다, 방황하다, 헤매다

wander	aimlessly	정처 없이 돌아다니다
wander	off	길에서 벗어나다
wander	away	

▷ We got lost and spent 2 hours **wandering around aimlessly**. 우리는 길을 잃고 두 시간 동안 정처 없이 헤맸다.

wander	along A	A를 여기저기 돌아다니다
wander	around A	
wander	through A	

▷ We had a great time **wandering around** the night market. 우리는 야시장을 돌아다니며 즐겁게 놀았다.
▷ We **wandered through** the beautiful temple gardens. 우리는 아름다운 사찰의 정원을 거닐었다.

want /wɑnt/ 동 원하다

desperately	want	간절히 원하다
really	want	
simply	want	단지 원하다
particularly	want	특히 원하다
always	want	항상 원하다

▷ I **desperately want** to go to the toilet! 화장실에 정말 가고 싶어!
▷ I won't stay long. I **simply wanted** to check you were OK. 나는 오래 못 있을 거야. 그냥 네가 괜찮은지 확인하고 싶었어.
▷ She **particularly wants** to talk to you. 그녀는 특히 너하고 이야기하고 싶어해.

want	to do	…하고 싶다
want	A to do	A가 …하기를 원하다

| want | A done | A가 …되는 것을 원하다 |

▷ I don't **want** you **to** be angry. 나는 네가 화내는 거 싫어.
▷ Tom **wants** his photo **taken** with you. 톰은 너와 사진을 찍고 싶어해.

(PHRASES)
Who wants A? ☺ A를 원하는 사람 있어요? ▷ Who wants a piece of birthday cake? 생일 케이크 한 조각 먹고 싶은 사람 있어?

war /wɔːr/ 명 전쟁

fight	the war	전쟁하다
make	war	
wage	war	
win	the war	전쟁에서 이기다
lose	the war	전쟁에서 지다
declare	war	선전포고를 하다
go to	war	참전하다
end	the war	전쟁을 끝내다
prevent	war	전쟁을 막다
be killed in	the war	전사하다

▷ They don't have enough weapons to **fight the war**. 그들은 전쟁을 할 무기가 충분하지 않았다.
▷ After 9/11 America **declared war** *against* Saddam Hussein's Iraq. 9/11 이후 미국은 사담 후세인 치하의 이라크에 선전 포고를 했다.
▷ In the end it was impossible to **prevent war**. 결국 전쟁을 막는 것은 불가능했다.
▷ Tom's brother was **killed in** the **war**. 톰의 형은 전사했다.

a holy	war	성전(聖戰)
a civil	war	내전
a nuclear	war	핵전쟁
the cold	war	냉전
the First World	War	1차 세계대전
the Second World	War	2차 세계대전
a price	war	가격 경쟁

▷ The Spanish **Civil War** began in July 1936. 스페인 내전은 1936년에 시작되었다.
▷ A **nuclear war** must be avoided at all costs. 핵전쟁은 무슨 수를 써서라도 피해야 한다.

a war	on A	A와의 전쟁
a war	against A	
a war	with A	
at	war	전쟁 상황인

▷ After 9/11 America declared **war on** terrorism. 9/11 이후 미국은 테러와의 전쟁을 선포했다.
▷ After the **war against** Iraq no weapons of mass destruction were found. 이라크 전쟁 이후 대량 살상 무기는 발견되지 않았다.
▷ Many soldiers are still **at war** in Afghanistan. 아직도 많은 군인이 아프가니스탄에서 전쟁을 하고 있다.

warm /wɔːrm/ 형 따뜻한, 온기 있는

feel	warm	온기를 느끼다
get	warm	따뜻해지다
keep	warm	온기를 유지하다
stay	warm	

▷ We lit a campfire to cook some food and **keep warm**. 우리는 요리를 하고 온기를 유지하기 위해 모닥불을 피웠다.

pleasantly	warm	기분 좋게 따뜻한
really	warm	정말로 따뜻한
slightly	warm	약간 따뜻한
warm	enough	충분히 따뜻한

▷ It's **pleasantly warm** today, isn't it? 오늘은 기분 좋게 따뜻하지 않아?
▷ Are you **warm enough**? 충분히 따뜻하니?

warm and comfortable	따뜻하고 쾌적한
warm and dry	따뜻하고 건조한
warm and sunny	따뜻하고 햇빛이 좋은
warm and friendly	따뜻하고 친절한

▷ The hotel we stayed in was **warm and comfortable**. 우리가 묵은 호텔은 따뜻하고 쾌적했다.
▷ The forecast for tomorrow is **warm and sunny**. 내일의 일기예보는 따뜻하고 맑음이다.
▷ The host family I stayed with in Australia was **warm and friendly**. 내가 오스트레일리아에서 묵었던 홈스테이 가족은 따뜻하고 친절했다.

warn /wɔːrn/ 동 경고하다

always	warn	항상 경고하다
constantly	warn	끊임없이 경고하다
repeatedly	warn	반복적으로 경고하다

▷ Tim was **repeatedly warned** about arriving late for class. 팀은 수업에 지각하는 것에 대해 여러 번 경고를 받았다.

warn	A about B	A(사람)에게 B(위험 등)를 경고하다
warn	A against B	
warn	A of B	

| warning |

▷ We **warned** them **about** the dangers of swimming in that part of the sea. 우리는 그들에게 바다의 그쪽에서 수영하면 위험하다고 경고했다.
▷ We were **warned against** drinking the tap water. 우리는 수돗물을 마시는 것이 위험하다는 경고를 받았다.

| warn | (A) that... | (A(사람)에게) …라고 경고하다 |
| warn | A to do | A(사람)에게 …하라고 경고하다 |

▷ The firefighters **warned that** the building could collapse at any moment. 소방관들은 그 건물이 언제라도 무너질 수 있다고 경고했다.
▷ I **warned** him not **to** drive too fast. 나는 그에게 과속 운전하지 말라고 경고했다.

warning /wɔ́ːrniŋ/ 명 경고, 경보

give	(a) warning	경보를 내다
issue	(a) warning	
sound	a warning	경종을 울리다
receive	a warning	경고를 받다
ignore	(a) warning	경고를 무시하다
heed	the warning	경고에 따르다
carry	(a) warning	경고를 싣다

▷ The local government has **issued** a **warning** about serious flooding. 지방 정부는 홍수 경보를 냈다.
▷ The problems caused by nuclear power **sound** a **warning** to us all. 원자력 발전의 문제는 우리 모두에게 경종을 울린다.
▷ Many people **ignored** the **warning**. 많은 사람이 경고를 무시했다.
▷ It's required by law to **carry** a **warning** on every pack of cigarettes. 법에 따라 담뱃갑마다 경고 문구를 실어야 한다.

a stern	warning	엄격한 경고
advance	warning	사전 경고
fair	warning	합당한 사전 경고
an early	warning	조기 경계
a final	warning	최종 경고

▷ You need to give him a **stern warning**. 그에게 엄격한 경고를 해야 한다.
▷ I gave you **fair warning**. You've been absent six times, so you've failed the course. 너에게 충분히 미리 경고를 했다. 그런데 너는 여섯 번 결석을 했으니 이 과목은 낙제다.
▷ It's not possible to give an **early warning** of an earthquake. 지진에 대해 조기 경보를 하는 것은 불가능하다.
▷ This is your **final warning**! 이것이 너에게 보내는 최종 경고야!

| without | warning | 경고 없이 |

▷ The stupid dog jumped up and bit me **without warning**. 그 멍청한 개가 예고도 없이 달려들어서 나를 물었다.

waste /weist/ 명 쓰레기, 폐기물

dump	waste	쓰레기를 버리다
recycle	waste	쓰레기를 재활용하다
reduce	waste	쓰레기를 줄이다
go to	waste	낭비되다, 버리게 되다
reduce	waste	낭비를 줄이다

▷ These days people are much better at **recycling waste**. 요즘 사람들은 쓰레기 재활용을 훨씬 잘한다.
▷ It's such a shame to let all this food **go to waste**. 이 모든 음식을 다 버리다니 너무 아깝다.
▷ We need to do more to **reduce waste** of electricity. 우리는 전기의 낭비를 줄이기 위해 더 노력해야 한다.

hazardous	waste	위험 폐기물
toxic	waste	유독 폐기물
industrial	waste	산업 폐기물
nuclear	waste	핵 폐기물
radioactive	waste	방사성 폐기물
a complete	waste	완전한 낭비

▷ Finding an acceptable place to dump **nuclear waste** can be a big problem. 핵 폐기물을 버릴 적절한 장소를 찾는 것은 큰 문제가 될 수 있다.
▷ Buying this exercise machine was a **complete waste** of money! 이 운동 기계를 산 것은 완전한 돈 낭비였어!

| a waste | of A | A의 낭비 |
| ★A는 time, money, effort 등 | | |

▷ It's a **waste of time** talking to her. 그녀와 이야기하는 것은 시간 낭비야.

watch /wɑtʃ/ 명 손목시계; 감시

check	one's watch	시계를 보다
consult	one's watch	
look at	one's watch	
set	a watch	시계를 맞추다
wear	a watch	시계를 차다
take off	one's watch	시계를 풀다

keep	(a) watch	감시하다

▷ I **checked** my **watch**. It was 3:00 in the morning. 나는 시계를 봤다. 새벽 3시였다.

▷ She **took off** her **watch** and put it on the desk in front of her. 그녀는 시계를 풀어서 앞에 있는 책상에 놓았다.

▷ **Keep** close **watch** *on* him. 그를 잘 감시해.

a digital	watch	디지털 시계

▷ It's just a cheap **digital watch**. 그건 싸구려 디지털 시계일 뿐이야.

on	watch	당직중인, 감시하는
on	the watch (for A)	(A를) 감시하는

▷ The security guard fell asleep while he was **on watch**. 경비원은 당직중에 잠이 들었다.

▷ We need to be **on** the **watch for** anything suspicious. 우리는 수상한 것은 무엇이든 감시해야 한다.

watch /wɑtʃ/ 图 지켜보다; 주의하다

watch	carefully	유심히 지켜보다
watch	closely	
watch	intently	열중해서 보다
watch	anxiously	초조하게 보다

▷ OK. Let's do some origami. **Watch carefully**. 좋아. 종이접기를 좀 해보자. 잘 봐.

▷ I'll show you how to operate the cash register. **Watch closely**. 금전 등록기 조작하는 법을 보여줄게. 잘 봐.

▷ They **watched intently** as the magician performed his incredible card trick. 그들은 마술사가 놀라운 카드 마술을 펼치는 것을 열중해서 보았다.

watch	A do	A(사람)가 …하는 것을 보다
watch	A doing	A(사람)가 …하고 있는 것을 보다

▷ She **watched** him open his birthday present. 그녀는 그가 생일 선물을 개봉하는 것을 지켜봤다.

▷ He **watched** the bird building its nest. 그는 새가 둥지를 짓고 있는 것을 봤다.

watch	wh-	…인지 보다; …인지에 신경을 쓰다
watch	that...	…에 신경을 쓰다

★ wh- 는 how, who, what 등의 의문사

▷ **Watch what** I do and then do the same. 내가 하는 것을 잘 보고 똑같이 해.

▷ **Watch that** your dog doesn't run into the road. 네 개가 도로로 뛰어들지 않도록 잘 감시해.

watch and listen	보고 듣다

▷ Please **watch and listen** to this video very carefully. 이 비디오를 주의 깊게 보고 들어봐.

water /wɔ́tər/ 图 물; (-s) 바다, 영해

pour	water	물을 붓다
boil	water	물을 끓이다
heat	water	물을 가열하다
pump	water	물을 퍼내다
be filled with	water	물로 가득 차다

▷ **Pour** hot **water** into the teapot to warm it first. 먼저 뜨거운 물을 부어서 찻주전자를 데우세요.

▷ It had rained heavily and the pond was **filled with water**. 비가 많이 와서 연못에 물이 가득 찼다.

water	pours	물이 쏟아져 나오다
water	runs	물이 흐르다
water	flows	
water	drips	물이 똑똑 떨어지다
water	evaporates	물이 증발하다

▷ **Water** was **pouring** out of the burst pipe. 파열된 관에서 물이 쏟아져 나오고 있었다.

▷ Look at the **water running** under that bridge! The level is really high! 다리 아래로 흐르는 물을 봐. 수위가 아주 높아!

▷ There's **water dripping** from the kitchen tap. 부엌 수도꼭지에서 물이 똑똑 떨어지고 있어.

boiling	water	끓는 물
cold	water	냉수
hot	water	뜨거운 물
warm	water	온수
iced	water	빙수, 얼음 냉수
clean	water	깨끗한 물
dirty	water	더러운 물
fresh	water	담수
sea	water	해수
hard	water	경수
soft	water	연수
running	water	수돗물
drinking	water	음료수
tap	water	수돗물, 통에서 따른 물
bottled	water	병에 포장된 물
mineral	water	광천수, 탄산수
territorial	waters	영해

▷ She spilt **boiling water** on her foot. 그녀는 끓는 물을 발에 쏟았다.

▷ The hotel room was dirty and there was no **hot**

| wave |

water. 호텔 방은 더러웠고, 뜨거운 물도 없었다.
▷ Both countries claim that this area is within their **territorial waters**. 양국이 모두 이 지역이 자신들의 영해라고 주장한다.

| a glass of | water | 한 잔의 물 |

▷ Could I have a **glass of water**, please? 물 한 잔 마실 수 있을까요?

| by | water | 배편으로, 해로로 |

▷ You can get to the island by bridge or go **by water**. 그 섬은 다리를 건너서 갈 수도 있고 배편으로 갈 수도 있다.

wave /weiv/ 圖 물결, 파도; 손을 흔드는 일; (빛·소리·전기의) 파, 파동

a wave	breaks	파도가 치다
a wave	crashes	파도가 격렬하게 치다
a wave	hits A	파도가 A를 때리다

▷ It was very stormy and the **waves** were **crashing** against the rocks. 폭풍이 거세져서, 파도가 바위를 거세게 때렸다.
▷ A big **wave hit** the side of the ship. 큰 파도가 배의 옆면을 때렸다.

| give (A) | a wave | (A(사람)에게) 손을 흔들다 |

▷ The President and his wife **gave** the crowds a **wave** from their open car. 대통령 내외는 오픈 카에서 군중에게 손을 흔들었다.

a big	wave	큰 파도
a mountainous	wave	산더미 같은 파도
a tidal	wave	쓰나미
a tsunami	wave	
electromagnetic	waves	전자파
radio	waves	전파
seismic	waves	지진파
shock	waves	충격파
sound	waves	음파
a new	wave	새로운 물결
a crime	wave	범죄의 급증

▷ The **tidal wave** caused horrific damage. 쓰나미는 어마어마한 피해를 일으켰다.
▷ News of the death of Michael Jackson sent **shock waves** through the pop world. 마이클 잭슨의 사망 소식은 팝계에 충격파를 일으켰다.
▷ We are in the middle of a serious **crime wave**. 범죄가 심각하게 급증하고 있다.

| in | waves | 파상적인, 물결처럼 밀어닥치는 |

▷ The pain came and went **in waves**. 고통이 물결처럼 밀려왔다 밀려갔다.

wave /weiv/ 圄 손을 흔들다; 흔들다

wave	back	손을 흔들어 답하다
wave	aside	내치다, 물리치다
wave	away	손을 흔들어 쫓아버리다

▷ He waved at her and she **waved back**. 그가 그녀에게 손을 들었고 그녀도 손을 흔들어 답했다.

| wave | to A | A에게 손을 흔들다 |
| wave | at A | |

▷ Look! There's someone **waving at** you. 저기 봐! 누가 너한테 손을 흔들고 있어.

way /wei/ 圄 길; 진행; 방법; 관습; 의미, 면

make	one's way	나아가다, 전진하다
feel	one's way	더듬어서 나아가다
grope	one's way	
edge	one's way	약간씩 나아가다
push	one's way	밀고 나아가다
work	one's way	힘써 나아가다
fight	one's way	헤치고 나아가다
force	one's way	밀고 나아가다
pick	one's way	신중히 나아가다
clear	the way	길을 열다
pave	the way	
make	way	길을 양보하다
give	way	
lose	one's way	길을 잃다
find	one's way	간신히 도착하다
ask	the way	길을 묻다
tell A	the way	A(사람)에게 길을 알려주다
show A	the way	
lead	the way	앞서가다, 선도하다
know	the way	길을 알다
keep out of	A's way	A(사람)에게 가까이
stay out of	A's way	가지 않다
stand in	A's way	A(사람)를 방해하다
change	one's ways	방식을 바꾸다
mend	one's ways	

▷ Finally she **made** her **way** *to* the top of her profession. 마침내 그녀는 업계 최고 자리까지 올라

갔다.

▷ When you start a new job, you need to **feel** your **way**. 새 일을 시작할 때는 더듬더듬 살피며 전진해야 한다.

▷ She **pushed** her **way** *through* the crowd. 그녀는 사람들을 밀고 지나갔다.

▷ We had to **fight** our **way** *through* the crowd. 우리는 군중을 헤치고 지나가야 했다.

▷ The police **forced** their **way** *into* the house. 경찰은 강제로 집 안으로 들어갔다.

▷ The police motorcyclists went ahead to **clear** the **way** *for* the President's car. 경찰 오토바이들은 대통령 차량의 길을 열기 위해 앞서갔다.

▷ We pulled over to the side of the road to **make way** *for* the ambulance. 우리는 구급차에게 길을 내주기 위해서 도로 측면으로 차를 붙였다.

▷ I've no idea where we are. We've completely **lost** our **way**. 여기가 어디인지 전혀 모르겠어. 우리는 완전히 길을 잃었어.

▷ Why don't we stop and **ask** the **way**? 멈춰서 길을 물어보는 게 어떨까?

▷ Can you **tell** me the **way** *to* the station? 역으로 가는 길 좀 알려주시겠어요?

▷ Would you like me to **show** you the **way**? 제가 길을 알려드릴까요?

▷ You **lead** the **way**, I'll follow. 네가 먼저 가, 내가 따라갈게.

▷ I'd **keep out of** the boss's **way**, if I were you. He's in a terrible mood! 내가 너라면 상사에게 가까이 가지 않을 거야. 지금 기분이 아주 안 좋으시니까!

▷ If you want to marry him, we won't **stand in** your **way**. 네가 그 사람과 결혼하고 싶다면 우리는 널 방해하지 않을 거야.

▷ If he doesn't **mend** his **ways** he'll get into big trouble. 그가 자신의 방식을 바꾸지 않는다면 큰 문제가 생길 거야.

get	one's **way**	뜻대로 하다
have	one's **way**	
go	one's **own way**	자신의 길을 가다

▷ **Have** it your **way**. 뜻대로 하세요.

an easy	way	쉬운 방법
a convenient	way	편리한 방법
an effective	way	효과적인 방법
a good	way	좋은 방법
a quick	way	빠른 방법
a simple	way	단순한 방법
a proper	way	적절한 방법
the right	way	옳은 방법
the wrong	way	잘못된 방법
a traditional	way	전통적 방법
an alternative	way	대안적 방법
a different	way	다른 방법
various	ways	여러 가지 방법
the same	way	같은 방법
a similar	way	비슷한 방법
an odd	way	기이한 방법
the right	way	옳은 길
the wrong	way	잘못된 길
a long	way	먼 길
a short	way	가까운 길
separate	ways	각자의 길

▷ There's no **easy way** to learn English! 영어를 배우는 쉬운 방법은 없다!

▷ I think I've done it the **wrong way**. 내가 그 일을 잘못된 방법으로 한 것 같다.

▷ Watch me and do it in the **same way**. 나를 잘 보고 똑같이 해.

▷ Mike holds his chopsticks in an **odd way**. 마이크는 젓가락을 이상한 방식으로 잡는다.

▷ We came the **wrong way**. 우리는 길을 잘못 들었다.

▷ I don't think we can walk back to my house. It's quite a **long way**. 우리가 집까지 걸어 돌아갈 수는 없을 거야. 꽤 먼 길이야.

▷ I think it's better if we go our **separate ways**. 우리는 각자의 길을 가는 것이 좋을 것 같아.

in	a way	어떤 의미로는
in	a certain way	어떤 점에서
in	every way	모든 면에서
in	some ways	몇 가지 점에서
(in)	one way or another	어떻게든; 그럭저럭
in	a big way	대규모로, 화려하게
(in)	one's own way	자기 나름대로

▷ **In a way** I feel quite sorry for Tony. 어떤 점에서는 토니가 너무 안됐어.

▷ Tina's determined to become a famous pop star **one way or another**. 티나는 어떻게든 유명 팝스타가 되기로 결심했다.

▷ If we're going to expand our business, we need to do it **in a big way**. 우리가 사업을 확장하려면, 대규모로 해야 한다.

▷ Let me do it **in** my **own way**. 내가 내 나름대로 하게 해줘.

on	the [one's] way	도중에, 가는 길에
out of	the [one's] way	길에서 벗어나
under	way	진행중인

▷ Hi, Mike. I'm **on** my **way**. See you in ten minutes. 안녕, 마이크. 나 지금 가고 있어. 10분 후에

| weak |

만나.
▷ Plans for the new building are **under way**. 새 건물에 대한 계획이 진행 중이다.

all	the way	처음부터 끝까지, 줄곧
all	this way	
all	that way	

▷ He ran **all** the **way** home. 그는 집까지 내내 뛰었다.

a [the] way	of doing	…하는 방법
a [the] way	to do	
the way	(that)…	…하는 방식

▷ We need to find a new **way of** promoting our product. 우리는 제품의 판매를 홍보할 새로운 방법을 찾아야 한다.
▷ Swimming is a nice **way to** relax. 수영은 휴식하기 위한 좋은 방법이다.
▷ I don't like the **way** he looks at me. 그가 나를 바라보는 방식이 마음에 들지 않는다.

weak /wiːk/ 혱 약한, 힘없는

extremely	weak	극도로 약한
relatively	weak	비교적 약한
too	weak	너무 약한

▷ After the operation I felt **too weak** to do anything. 수술 후에 나는 너무 힘이 없어서 아무것도 할 수 없었다.

| weak | at the knees | 무릎이 떨리는 |

▷ Every time I see Rod, I go **weak at** the **knees**! 로드를 볼 때마다 나는 무릎이 덜덜 떨린다.

wealth /welθ/ 몡 부, 재산; 풍부

| create | wealth | 부를 이루다 |

▷ Pete has a magic touch. He seems to be able to **create wealth** out of nothing. 피트의 솜씨는 마법 같다. 그는 무(無)에서 부를 만들어 내는 능력이 있는 것 같다.

great	wealth	거대한 부
national	wealth	국부
personal	wealth	개인 자산
household	wealth	가계 자산

▷ My grandfather was a man of **great wealth**. 우리 할아버지는 부호였다.
▷ His **personal wealth** amounted to over a million pounds. 그의 개인 자산은 백만 파운드에 이른다.

| a wealth | of A | 풍부한 A, 다량의 A |

▷ The Internet provided me with a **wealth of** information. 인터넷은 나에게 풍부한 정보를 제공해 주었다.

| the distribution of | wealth | 부의 분배 |

▷ Communism is based on equal **distribution of wealth**. 공산주의는 부의 공정한 분배를 토대로 한다.

| wealth and power | | 부와 권력 |

★ power and wealth라고도 쓰인다.

▷ Throughout history men have fought for **wealth and power**. 역사를 통해 인간은 부와 권력을 위해 싸웠다.

wear /weər/

동 입다(몸에 걸치는 모든 것); 닳다; 오래가다

| wear | thin | 닳아서 얇아지다 |
| wear | well | 오래 간직하다 |

▷ My jacket is beginning to **wear thin** at the elbows. 내 재킷은 팔꿈치가 닳아서 얇아지기 시작했다.
▷ These boots have **worn very well**. 이 부츠는 아주 오래 신었다.

weather /wéðər/ 몡 날씨

the weather	holds	날씨가 지속되다
the weather	changes	날씨가 변하다
the weather	breaks	날씨가 급변하다
the weather	worsens	날씨가 악화되다
the weather	improves	날씨가 좋아지다
the weather	gets cold	날씨가 추워지다
the weather	gets warm	날씨가 따뜻해지다
the weather	allows	날씨가 허락하다
the weather	permits	

▷ The English **weather changes** so often. 영국 날씨는 아주 자주 변한다.
▷ If the **weather improves**, we can go for a hike. 날씨가 좋아지면 우리는 하이킹을 갈 수 있다.
▷ **Weather permitting**, we can climb to the top of the mountain. 날씨가 허락하면, 우리는 산꼭대기까지 갈 수 있다.

beautiful	weather	아름다운 날씨
good	weather	좋은 날씨
fine	weather	
lovely	weather	

perfect	weather	최고의 날씨
bad	weather	나쁜 날씨
poor	weather	
rough	weather	거친 날씨
hot	weather	뜨거운 날씨
warm	weather	따뜻한 날씨
mild	weather	온화한 날씨
sunny	weather	맑은 날씨
wet	weather	비오는 날씨
severe	weather	악천후
cold	weather	추운 날씨
stormy	weather	폭풍이 이는 날씨
windy	weather	바람이 강한 날씨
summer	weather	여름 날씨
winter	weather	겨울 날씨

▷ We had **beautiful weather** and a marvelous time. 날씨가 아주 좋아서, 우리는 아주 즐겁게 지냈다.
▷ We're hoping for **good weather** tomorrow. 우리는 내일 날씨가 좋기를 바라고 있다.
▷ Are you sure you want to go out in the boat? It looks like **rough weather**. 너 정말 보트 타고 나가고 싶어? 날씨가 거칠 것 같은데.
▷ They've forecast **wet weather** again for tomorrow. 내일도 비가 올 거라는 예보가 있었어.
▷ Typical English **summer weather**. Rain, rain and more rain! 전형적인 영국 여름 날씨지. 비, 비, 그리고 또 비!

| in | all weather(s) | 어떤 날씨에도 |
| whatever | the weather | 날씨가 어떠하더라도 |

▷ The lifeboat men go out **in all weathers**. 구명 보트 대원들은 어떤 날씨라도 출동한다.
▷ Emma's determined to go jogging **whatever the weather**. 에마는 날씨가 어떻든 조깅을 하기로 결심했다.

| because of | bad weather | 악천후 때문에 |
| due to | bad weather | |

▷ Our flight was canceled **because of bad weather**. 우리 항공편은 악천후로 취소되었다.

wedding /wédiŋ/ 명 결혼식

| have | a wedding | 결혼식을 올리다 |
| attend | a wedding | 결혼식에 참석하다 |

▷ Have you decided when you're going to **have your wedding**? 결혼식을 언제 올릴지 결정했어?
▷ Over 300 guests **attended the wedding**. 결혼식에는 300명 이상의 하객이 참석했다.

week /wiːk/ 명 주

this	week	이번 주
last	week	지난 주
next	week	다음 주
the previous	week	전주
the following	week	그 다음 주
a whole	week	일주일 내내
a five-day	week	주 5일

▷ Bob came back from Canada **last week**. 밥은 지난주에 캐나다에서 돌아왔다.
▷ I can't meet **next week**. How about the **following week**? 다음 주에는 만날 수 없어. 그 다음주는 어때?
▷ It took me a **whole week** to write that report. 내가 그 보고서를 쓰는 데 온전히 일주일이 걸렸다.
▷ Everybody's working a **five-day week**. 모두가 주 5일제로 일하고 있다.

| the week | before last | 지지난 주 |
| the week | after next | 다다음 주 |

▷ A friend from Japan came to stay with us the **week before last**. 일본 친구가 지지난 주에 와서 우리 집에 묵었다.
▷ I start my new job the **week after next**. 나는 다다음 주에 새 일을 시작한다.

| every other | week | 2주일에 한 번씩 |
| every two | weeks | |

▷ I go to visit my grandparents **every other week**. 나는 2주일에 한 번씩 조부모님을 찾아뵌다.
▷ I have to go for a hospital checkup **every two weeks**. 나는 2주일에 한 번씩 병원에 검사받으러 가야 한다.

| once | a week | 1주일에 한 번 |
| twice | a week | 1주일에 두 번 |

▷ I go to the fitness club **twice a week**. 나는 1주일에 두 번 헬스클럽에 간다.

| earlier | this week | 이번 주 초 |
| later | this week | 이번 주 후반 |

▷ We had a letter from Carrie **earlier this week**. 이번 주 초에 캐리의 편지를 받다.

by	the week	주 단위로
during	the week	평일은, 주중은
for	a week	일주일 동안
in	a week	일주일 후에
within	a week	일주일 이내에

▷ In my part-time job I get paid **by the week**.
내 시간제 일은 주 단위로 급료를 받는다.
▷ Weekends are our busiest time. We're not so busy **during the week**. 주말은 우리가 가장 바쁜 시간이다. 주중에는 그렇게 바쁘지 않다.
▷ We're going on holiday to France **for a week**.
우리는 일 주일 동안 프랑스로 휴가를 갈 것이다.

weekend /wiːkènd/ 圓 주말

last	weekend	지난 주말
next	weekend	다음 주말
a whole	weekend	주말 내내
a long	weekend	긴 주말

▷ I spent the **whole weekend** revising for my exams. 나는 주말 전체를 시험을 위해 복습하면서 보냈다.
▷ Monday's a holiday so it's a **long weekend**. 월요일이 휴가라서 이번 주말은 길다.

on	the weekend	주말에
《영》at	the weekend	
over	the weekend	주말 내내

▷ Do you want to go to Sydney **at the weekend**?
주말에 시드니에 갈래?
▷ Some friends came to stay with us **over the weekend**. 몇몇 친구들이 주말 내내 우리 집에 와서 머물렀다.

(PHRASES)
Have a nice weekend. ☺ 주말 잘 보내기를. ▷ "Have a nice weekend." "You, too." "주말 잘 보내." "너도."

weigh /wei/ 圓 무게가 있다; 무게를 재다; 숙고하다, 잘 검토하다

carefully	weigh	신중하게 검토하다
weigh	up	곰곰이 생각하다
weigh	heavily	무겁게 내리누르다

▷ You should **carefully weigh** his advice. 너는 그의 조언을 신중하게 생각해 봐야 해.
▷ She **weighed** it **up** in her mind and finally said: "OK. Let's do it!" 그녀는 그것을 곰곰이 생각해보고 마침내 말했다. "좋아, 하자!"

weigh	A **against** B	A를 B와 비교해서 검토하다

▷ We have to **weigh** the pros **against** the cons.
우리는 찬반 양론을 비교 검토해야 한다.

weight /weit/
圓 무게, 체중; 무거움, 중요성

put on	weight	체중이 늘다
gain	weight	
lose	weight	체중이 줄다
watch	one's **weight**	체중에 신경을 쓰다
carry	weight	무게가 있다
add	weight	무게를 더하다
lend	weight	
give	weight	중요시하다

▷ You've **lost** a lot of **weight** since I saw you last!
마지막으로 만난 뒤에 너 살이 많이 쪘구나!
▷ "Another piece of chocolate cake?" "I'd better not. I need to **watch** my **weight**." "초콜릿 케이크 한 조각 더 먹을래?" "안 먹는 게 좋아. 체중에 신경을 써야 되거든!"
▷ People respect him so his words **carry** a lot of **weight**. 사람들이 그를 존경하기 때문에 그의 말에는 큰 무게가 있다.
▷ I think the interviewers **give** as much **weight** *to* experience as qualifications. 면접관들은 경험도 자격만큼 중시하는 것 같다.

ideal	weight	이상적 체중
body	weight	체중

▷ You can use a special formula to calculate your **ideal weight**. 특별한 공식을 써서 이상적 체중을 계산할 수 있다.
▷ The relationship between your height and your **body weight** gives you your BMI. 키와 체중의 관계가 BMI가 된다.

in	weight	무게가
under	the weight of A	A의 무게로

▷ It was a big fish. Nearly 5 kilos **in weight**. 아주 큰 고기였다. 무게가 5킬로그램에 육박했다.
▷ The little bridge collapsed **under** the **weight of** the truck. 작은 다리가 트럭의 무게로 무너졌다.

welcome /wélkəm/ 圓 환영

a warm	welcome	따뜻한 환영
a hearty	welcome	진심 어린 환영

▷ I'd now like to extend a **warm welcome** to our guest speaker: Mr Owen! 이제 우리의 초대 연사를 따뜻하게 환영합니다. 오웬 씨입니다!

extend	a welcome	환영하다
give	a welcome	
receive	a welcome	환영을 받다

▷ Would you please **give** a warm **welcome** to: Santa Claus! 모두 따뜻하게 환영해주시겠습니까. 산

타 클로스입니다!
▷ We **received** a very warm **welcome**. 우리는 아주 따뜻한 환영을 받았다.

welcome /wélkəm/ 형 환영하는, 반가운

always	welcome	언제나 반가운
very	welcome	무척 반가운
more than	welcome	대환영하는
most	welcome	
particularly	welcome	특히 환영하는

▷ Come and see us again soon. You know you're **always welcome**. 곧 다시 찾아와 줘. 넌 언제나 환영이라는 거 알지.
▷ You are **very welcome** to telephone me this evening. 오늘 저녁엔 얼마든지 전화해도 좋아.
▷ "It's really nice of you to let me stay the night." "No problem. You're **most welcome**!" "나를 하룻밤 묵게 해줘서 고마워." "뭘. 너는 언제나 대환영이야!"

make A	welcome	A(사람)를 환영하다

▷ The host family I stayed with **made** me very **welcome**. 내가 머물렀던 홈스테이 가족은 나를 무척 환영해 주었다.

be welcome	to do	자유롭게 …해도 좋다

▷ You're most **welcome to** use any of these computers. 이 컴퓨터 중 아무거나 마음대로 써도 좋다.

(PHRASES)
You're welcome. ☺ 별 말씀을. ▷ "Thanks very much for your help." "You're welcome." "도와주셔서 정말 고맙습니다." "별 말씀을요."

welcome /wélkəm/
동 환영하다, 흔쾌히 받아들이다

warmly	welcome	따뜻하게 환영하다
particularly	welcome	특히 환영하다
be widely	welcomed	널리 환영받다

▷ We were **warmly welcomed** by everybody we met. 우리는 만난 모든 사람에게 따뜻한 환영을 받았다.
▷ The news about tax cuts was **widely welcomed** by the public. 감세 소식은 사람들에게 널리 환영받았다.

be delighted to	welcome	기쁘게 맞다

▷ Today we are **delighted to welcome** three new members of staff. 오늘 우리는 새 직원 세 명을 기쁘게 맞이합니다.

well /wel/ 형 건강한

well	enough	충분히 건강한

▷ She isn't **well enough** to leave hospital yet. 그녀는 아직 퇴원할 만큼 건강하지 않다.

(PHRASES)
That is all very well, but... ☺ 모두 아주 좋지만…
▷ That's all very well, but what happens if there's a problem? 모두 아주 좋지만, 문제가 있으면 어떻게 해?

wet /wet/ 형 젖은, 축축한; 비 내리는

get	wet	젖다

▷ I don't mind **getting wet**. 젖어도 상관 없다.

soaking	wet	흠뻑 젖은
dripping	wet	

▷ There was a sudden downpour. I'm **soaking wet**. 갑자기 비가 퍼부어서 흠뻑 젖었다.

wet and windy	비바람이 부는

▷ We walked along the cliff. It was really **wet and windy**. 우리는 절벽 가를 걸었다. 비바람이 심했다.

wet	with A	A로 젖은

▷ Her face was **wet with** tears. 그녀의 얼굴은 눈물로 젖었다.

while /hwail/ 명 시간, 사이

a little	while	약간의 시간
a short	while	
a long	while	오랜 시간

▷ Can you wait **a little while** longer? 조금 더 기다려 줄 수 있니?
▷ We queued **a long while** for tickets to the concert. 콘서트 표를 사기 위해 오랜 시간 줄을 섰다.

after	a while	얼마 후, 잠시 후
for	a while	얼마 동안, 잠시
in	a while	머지않아, 곧
quite	a while	꽤 오랫동안
a while	ago	조금 전에

▷ **After a while** my eyes got used to the dark. 얼마 후에 내 눈은 어둠에 익숙해졌다.
▷ Let's take a break **for a while**. 잠시 쉬자.
▷ We'll be there **in** a little **while**. 우리는 곧 거기 도착할 거야.

| whisper |

▷It'll take **quite a while** to get there. 거기 가려면 시간이 꽤 오래 걸릴 거야.

▷There was a phone call for you **a while ago**. 조금 전에 너를 찾는 전화가 왔어.

whisper /hwispər/ 명 속삭임

a low	whisper	낮은 속삭임
a stage	whisper	남들이 다 듣게 하는 속삭임

▷"I told you so, Paul," he added in a **stage whisper** so that everybody could hear. "내가 말했잖아, 폴." 그는 모두에게 다 들리는 속삭임으로 덧붙였다.

in	a whisper	귓속말로

▷"Sssssh! They mustn't hear us," he said, speaking **in a whisper**. "쉬잇! 저 사람들이 우리 말을 들으면 안 돼." 그가 귓속말로 말했다.

whisper /hwispər/ 통 속삭이다

whisper	softly	부드럽게 속삭이다
whisper	urgently	다급하게 속삭이다

▷"There's a fire! We need to evacuate everybody from the hotel," she **whispered urgently**. "불이 났어! 호텔에 있는 사람들을 전부 대피시켜야 돼." 그녀가 다급하게 속삭였다.

whisper	in A's ear	A의 귀에 속삭이다
whisper	into A's ear	

▷What did he **whisper in** your **ear**? 그가 네 귀에 뭐라고 속삭였니?

whisper	(A) to B	(A를) B(사람)에게 속삭이다

▷She **whispered** something **to** me, but I couldn't hear what she said. 그녀는 나에게 무언가 속삭였지만 나는 그녀가 한 말을 못 들었다.

whisper	that...	…라고 작은 소리로 말하다; …라고 뒷공론을 하다

▷She **whispered that** the lecture was really boring. 그녀는 강의가 너무 지루하다고 작은 소리로 말했다.

whole /houl/ 명 전체, 전부

the whole	of A	A의 전부

▷The weather was terrible. We spent the **whole of** the time in the hotel. 날씨는 끔찍했다. 우리는 그 시간 내내 호텔에서 보냈다.

as	a whole	전체로서

on	the whole	대체적으로

▷We should look at the situation **as a whole**, not just how it affects individuals. 우리는 그 상황을 개인에게 미치는 영향만이 아니라 전체로서 봐야 한다.

▷**On the whole** I prefer classical music to pop. 대체로 나는 팝 음악보다는 클래식 음악을 더 좋아한다.

wide /waid/ 형 폭넓은; 폭이 …인

extremely	wide	굉장히 폭넓은
increasingly	wide	점점 폭넓어지는
relatively	wide	비교적 폭넓은
sufficiently	wide	충분히 폭넓은

▷The gap between rich and poor in this country is becoming **increasingly wide**. 이 나라의 빈부 격차는 점점 더 커지고 있다.

three inches	wide	3인치 폭
three feet [foot]	wide	3피트 폭
three meters	wide	3미터 폭

▷There was a hole in the fence three **foot wide**. 울타리에 3피트 폭의 구멍이 있었다.

wife /waif/ 명 아내

have	a wife	아내가 있다
leave	one's wife	아내와 헤어지다
lose	one's wife	아내를 잃다
love	one's wife	아내를 사랑하다

▷Tom **has a wife** and three children. 톰에게는 아내와 세 아이가 있다.

▷He **left** his **wife** three years ago. 그는 3년 전에 아내와 헤어졌다.

▷He **lost** his **wife** in a car accident. 그는 교통 사고로 아내를 잃었다.

A's new	wife	A의 새 아내
A's future	wife	A의 장래의 아내
A's former	wife	A의 전처
A's estranged	wife	A의 별거중인 아내
A's late	wife	A의 죽은 아내
A's pregnant	wife	A의 임신중인 아내

▷Did you hear? I've become engaged. This is my **future wife**. 들었어? 나 약혼했어. 이 사람이 내 아내 될 사람이야.

▷His **former wife** was a top fashion model. 그의 전처는 톱 패션모델이었다.(★ex-wife라고도 한다. Actually she's my ex-wife. 사실을 말하면 그녀는 내 전처야.)

one's **wife and children**	처자식
Bob **and his wife**	밥 부부

▷ Did you know that Alex has a **wife and children** back in Canada? 알렉스가 캐나다에 아내와 아이들이 있다는 걸 알았어?

▷ Bob **and his wife** are coming to the party. 밥 부부가 파티에 올 거야.

wild /waild/ 혱 야생의; 맹렬한, 난폭한

go	wild	열광하다; 미쳐 날뛰다
run	wild	

▷ She **went wild** with joy after she won the gold medal in the Olympics. 그녀는 올림픽에서 금메달을 딴 뒤 미친 듯이 기뻐했다.

▷ They let their children **run wild** all over the place. 그들은 아이들이 사방에 정신 없이 뛰어다니도록 내버려 두었다.

wild and crazy	아주 터무니없는

▷ He has some really **wild and crazy** ideas. 그는 몇 가지 아주 터무니없는 생각들을 하고 있다.

willing /wíliŋ/ 혱 기꺼이 …하는

perfectly	willing	기꺼이 하고 싶은
always	willing	언제나 하고 싶은
no longer	willing	더 이상 하고 싶지 않은

▷ Joe says he's going to quit his part-time job. He's **no longer willing** to work for such low wages. 조는 시간제 일을 그만둘 거라고 한다. 더 이상 그렇게 낮은 임금을 받고 일하기 싫다고 한다.

willing	to do	기꺼이 …하고 싶은

▷ He says he's **willing to** do anything to help. 그는 도움이 될 일이라면 무엇이든 기꺼이 하겠다고 한다.

a willing	helper	자발적 도우미

★ worker, volunteer 등도 쓰인다.

▷ We need lots of **willing helpers** to prepare for the festival. 축제를 준비하는 데 자발적 도우미들이 많이 필요하다

win /win/ 명 승리

a big	win	대승
a convincing	win	
an easy	win	낙승
a good	win	쾌승

successive	win(s)	연승
consecutive	win(s)	

▷ I just had a **big win** on the national lottery! 나는 방금 국민복권에서 큰 상금이 당첨되었어!

▷ Serena Williams was hoping for a third **successive win** at Wimbledon. 세레나 윌리엄스는 윔블던 대회 3연패를 기대하고 있다.(★ three successive wins도 쓰인다.)

a win	over A	A에 대한 승리

▷ Manchester United had a 3–1 **win over** Liverpool on Saturday. 토요일에 맨체스터 유나이티드가 리버풀을 3 대 1로 이겼다.

win /win/ 동 이기다; 손에 넣다

easily	win	쉽게 이기다
narrowly	win	간신히 이기다
eventually	win	마침내 이기다
finally	win	

▷ Lucy **easily won** the race. 루시는 경주에서 쉽게 이겼다.

▷ At halftime we were losing 2–0, but we **eventually won** 3–2. 하프타임에 우리는 2 대 0으로 지고 있었지만 마침내 3–2로 이겼다.

win or lose	이기건 지건

▷ **Win or lose**, let's make sure we play our best. 이기건 지건, 최선을 다해서 경기하자.

PHRASES
You win! ☺ 네가 이겼다!

wind /wind/ 명 바람; 동향, 경향

the wind	blows	바람이 불다
the wind	gusts	돌풍이 불다
the wind	howls	바람이 울부짖다
the wind	drops	바람이 그치다

▷ The **wind's blowing** really hard outside. 바깥에 바람이 정말로 세게 불고 있다.

▷ Listen! Can you hear the **wind howling**? 들어봐! 바람이 울부짖는 소리 들려?

▷ Let's shelter somewhere until the **wind drops**. 바람이 그칠 때까지 어디 피해 있자.

a strong	wind	강풍
a high	wind	
a light	wind	미풍
a warm	wind	따뜻한 바람
a biting	wind	살을 에는 바람

| wind |

a bitter	wind	차가운 바람
a cold	wind	
a chill	wind	
an icy	wind	얼음처럼 차가운 바람
a howling	wind	울부짖는 바람
the prevailing	wind	우세풍, 탁월풍
the solar	wind	태양풍

▷ The forecast is for **strong winds** and rain. 강풍과 비가 예보되어 있다.

▷ The temperature outside was below zero and there was a **biting wind**. 바깥 기온은 영하이고 살에는 바람도 불었다.

▷ A snowstorm had begun and an **icy wind** was blowing. 눈보라가 시작되었고, 얼음처럼 차가운 바람이 불었다.

▷ The **prevailing wind** is usually from the southwest. 우세풍은 보통 남서쪽에서 불어온다.

against	the wind	바람을 안고
in	the wind	바람 속을

▷ It was difficult to cycle uphill **against the wind**. 바람을 안고 자전거로 오르막길을 가는 것은 힘들었다.

a gust of	wind	돌풍

▷ A **gust of wind** blew all the papers off my desk. 돌풍이 불어서 내 서류를 온통 책상에서 날려버렸다.

wind and rain	비바람

▷ I don't like driving through all this **wind and rain**. 나는 이 모든 비바람을 뚫고 운전하는 것이 싫다.

wind /waind/ 동 감다, 말다; 구부리다

wind	tightly	단단히 감다

▷ Don't **wind** the watch too **tightly**. It'll break. 시계를 너무 단단히 감지 마. 고장 나.

wind	A around B	A를 B에 감다
wind	A round B	

▷ The nurse **wound** a bandage **around** his leg. 간호사가 그의 다리에 붕대를 감았다.

window /windou/ 명 창, 창문

open	a window	창문을 열다
close	a window	창문을 닫다
shut	a window	
look out (of)	the window	창 밖을 보다
look through	the window	창을 통해서 보다
break	a window	창문을 깨다
smash	a window	창문을 박살내다

▷ Could somebody **open** a **window**? 누가 창문 좀 열어줄래요?

▷ Quick! **Look out (of) the window**! 얼른! 창 밖을 봐!

▷ Who **broke** the **window**? 누가 창문을 깼니?

▷ They had to **smash** a **window** to get out of the car. 그들은 차에서 나가기 위해 창문을 박살내야 했다.

a large	window	큰 창문
a big	window	
a small	window	작은 창문
a bay	window	돌출 창
a French	window	프랑스식 창
an open	window	열린 창문
a broken	window	깨진 창문
a bedroom	window	침실 창문
a kitchen	window	부엌 창문
a show	window	진열창

▷ The study has two **large windows** so there's plenty of light. 그 서재에는 큰 창이 두 개 있어서 빛이 잘 든다.

▷ The thief climbed in through an **open window**. 도둑은 열려 있는 창문으로 기어올라서 침입했다.

wine /wain/ 명 와인, 포도주

pour	wine	와인을 따르다
produce	wine	와인을 생산하다

▷ I **poured** some **wine** in a glass. 나는 유리잔에 와인을 따랐다.

red	wine	레드와인, 적포도주
white	wine	화이트와인, 백포도주
dry	wine	드라이 와인
sweet	wine	스위트 와인
chilled	wine	차게 식힌 와인

▷ **Dry white wine**, please. 드라이 화이트 와인으로 주세요.

▷ I'd love a glass of **chilled white wine**. 나는 차갑게 식힌 화이트 와인을 마시고 싶어.

a glass of	wine	와인 한 잔
a bottle of	wine	와인 한 병

▷ Could I have another **glass of wine**? 와인 한 잔 더 마실 수 있을까요?

winter /wíntər/ 몡 겨울, 동계

last	winter	지난 겨울
next	winter	다음 겨울
early	winter	초겨울
late	winter	늦겨울
a long	winter	긴 겨울
a cold	winter	추운 겨울
a severe	winter	혹독한 겨울
a hard	winter	
a mild	winter	온화한 겨울

▷ This year we're going to take our holiday in late autumn or **early winter**. 올해 우리는 늦가을이나 초겨울에 휴가를 갈 예정이다.

▷ It's going to be a **cold winter** this year. 올해는 추운 겨울이 될 예정이다.

▷ It was a **severe winter** with temperatures well below zero. 기온이 영하로 한참 떨어지는 혹독한 겨울이었다.

▷ We had a very **mild winter** this year. 올해 겨울은 온화했다.

in	(the) winter	겨울에
during	(the) winter	겨울 동안
through	the winter	겨울 내내, 겨우내
throughout	the winter	

▷ It gets very cold here **in the winter**. 여기는 겨울에 아주 추워진다.

▷ We had some really heavy snow **during the winter**. 겨울 동안 엄청난 폭설이 내렸다.

▷ Tony went jogging every day **through the winter**. 토니는 겨울 내내 매일 조깅을 했다.

wipe /waip/ 통 닦다

carefully	wipe	조심스럽게 닦다
gently	wipe	부드럽게 닦다
quickly	wipe	얼른 닦다

▷ He took off his glasses and **carefully wiped** them with his clean handkerchief. 그는 안경을 벗어 깨끗한 손수건으로 조심스럽게 닦았다.

wipe	away	닦아내다
wipe	up	

▷ She tried to **wipe away** her tears. 그녀는 눈물을 닦아내려고 했다.

wipe	A from B	A를 B에서 닦아내다
wipe	A off B	

▷ I need a tissue to **wipe** this egg **off** my tie. 나는 넥타이에서 계란을 닦아낼 화장지가 필요해.

wisdom /wízdəm/ 몡 지혜, 현명함

conventional	wisdom	통념
received	wisdom	
accepted	wisdom	

▷ According to **conventional wisdom** a red sky at night means good weather the following day. 통념에 따르면, 밤에 하늘이 붉으면 다음 날 날씨가 맑다.

words of	wisdom	명언, 현명한 가르침

▷ Let me give you some **words of wisdom**. 너에게 몇 가지 명언을 알려줄게.

wise /waiz/ 혱 현명한, 지혜로운

grow	wise	현명해지다
seem	wise	현명해 보이다

▷ What we did **seemed wise** at the time, but now I'm not so sure. 우리가 한 일은 그때는 현명해 보였지만, 지금은 잘 모르겠다.

wise	enough	충분히 현명한

▷ Luckily she was **wise enough** to say nothing. 다행히 그녀는 아무 말도 하지 않을 만큼 현명했다.

wise	to do	…하는 것은 현명한

▷ It's **wise to** take out travel insurance when you go on holiday abroad. 해외로 휴가를 갈 때는 여행자 보험에 드는 것이 현명하다.

wish /wiʃ/ 몡 소원, 소망

express	a wish	소원을 표현하다
get	one's wish	소원이 이루어지다
grant	A's wish	A의 소원을 들어주다
respect	A's wishes	A의 소망을 존중하다
make	a wish	소원을 빌다

▷ You always said you wanted to go abroad to study and now you've **got your wish**. 늘 유학을 가고 싶다더니 이제 소원이 이루어졌구나.

▷ We're prepared to **grant your wish** under three conditions. 우리는 세 가지 조건 아래 네 소원을 들어줄 수 있다.

▷ You should **respect** your father's **wishes** and try to enter university. 너는 아버지의 소원을 존중해서 대학에 가려고 노력해야 한다.

▷ You throw a coin into the well and **make a wish**. 우물에 동전을 던져넣고 소원을 빌어라.

give A	one's best wishes	A(사람)에게 안부
send A	one's best wishes	전해주다

▷ **Give** Clare my **best wishes** when you see her. 클레어를 보면 안부 전해주세요.

A's wish	comes true	A의 소원이 이루어지다

▷ I always wanted to ride in a hot-air balloon and now my **wish** has **come true**! 나는 항상 열기구를 타고 싶었는데, 이제 내 소원이 이루어졌어!

a wish	for A	A를 소망하는 일

▷ Emily always had a **wish for** fame and now she's a pop star. 에밀리는 언제나 유명해지는 걸 바랐는데, 이제는 팝스타가 되었다.

a wish	to do	…하고 싶다는 소망

▷ I've always had a **wish to** travel to South America. 나는 항상 남아메리카로 여행하고 싶은 소망이 있었다.

against	A's wishes	A의 바람과 달리
according to	A's wishes	A의 바람대로

▷ She left school at 16 **against** the **wishes of** her parents. 그녀는 부모님의 바람에 어긋나게 16세에 학교를 그만두었다.

| wit /wit/ 圀 재치, 기지

a biting	wit	신랄한 재치
an acerbic	wit	

▷ He was known for his **biting wit**. 그는 신랄한 재치로 유명하다

wit and humor		재치와 유머

▷ He was often praised for his **wit and humor**. 그는 재치와 유머로 자주 칭찬받았다.

| woman /wúmən/ 圀 여자

a young	woman	젊은 여성
an old	woman	노부인
an elderly	woman	
an attractive	woman	매력적인 여성
a beautiful	woman	아름다운 여성
a married	woman	기혼 여성
a single	woman	독신 여성
a pregnant	woman	임신부
a working	woman	일하는 여성

▷ You can see by her ring that she's a **married woman**. 반지를 보면 그녀가 기혼 여성이라는 것을 알 수 있다.

▷ It's difficult to be a **working woman** and a mother at the same time. 직장 생활과 육아를 동시에 하는 것은 어려운 일이다.

| wonder /wʌ́ndər/

圀 놀라움, 놀라운 일; 불가사의

do	wonders	놀라울 정도로 효과가 좋다
work	wonders	

▷ Take some of this medicine. It **works wonders**. 이 약을 좀 먹어봐. 놀라울 정도로 효과가 좋아.

in	wonder	놀라서, 경탄해서

▷ He gazed **in wonder** at the beautiful view before him. 그는 눈앞의 아름다운 광경을 경탄하며 바라보았다.

a sense of	wonder	경이감

▷ Kate looked up at the stars above with a **sense of wonder**. 케이트는 경이감에 사로잡혀서 별들을 올려다보았다.

| wonder /wʌ́ndər/

圄 …인지 의아하다, 궁금해하다

wonder	wh-	…인지 의아해하다

★ wh-는 why, where, what, who, how 등의 의문사

▷ I **wonder why** she said that. 왜 그녀가 그 말을 했는지 의아하다.
▷ I **wonder what** she's going to do. 그녀가 무슨 일을 할지 궁금하다.
▷ I **wonder how** she found out. 그녀가 어떻게 알아냈는지 궁금하다.

wonder	if	…인지 궁금하다
wonder	whether	

▷ I **wonder if** Pete will come to the party. 피트가 파티에 올지 궁금하다.
▷ I **wonder whether** Alan and Lea are still dating. 앨런과 리아가 아직도 사귀고 있는지 궁금하다.
◆ **I wonder if / I wonder whether ...** …해주실 수 있나요? …하지 않나요? ▷ I **wonder if** you would open the window. 창문을 열어주실 수 있나요? ▷ I **was wondering if** you'd like to see a movie this weekend? 이번 주말에 영화를 보고 싶은 생각이 있나요?

| wonder | about A | A를 궁금해하다, A를 생각하다 |

▷ I was **wondering about** the wedding. How many people do you want to invite? 결혼식에 대해 생각해봤어. 당신은 몇 명을 초대하고 싶어요?

| wonderful /wʌ́ndərfəl/ 형 멋진

| sound | wonderful | 멋진 것 같다 |

▷ "We're going to a Justin Bieber live concert this weekend!" "Wow! That **sounds wonderful!**" "우리 이번 주말에 저스틴 비버 라이브 콘서트에 가!" "우아! 그거 정말 멋진걸!"

really	wonderful	아주 멋진
absolutely	wonderful	
quite	wonderful	

▷ It was a **really wonderful** party. Thanks for inviting us. 아주 멋진 파티였어. 우리를 초대해줘서 고마워.

(PHRASES)

How wonderful! ⓒ 멋지다! ▷ "Tom's asked me to marry him!" "Oh! **How wonderful!**" "톰이 나한테 청혼했어!" "아! 멋지다!"

That's wonderful! ⓒ 잘됐다! ▷ "I got two tickets for a Bigbang concert!" "Wow! That's **wonderful!**" "빅뱅 콘서트 표가 두 장 있어!" "우아! 잘됐다!"

| wood /wud/

명 목재; (the wood의 형태로) (작은) 숲

cut	wood	목재를 자르다
chop	wood	목재를 패다
be made of	wood	나무로 만들어지다

▷ This old saw isn't sharp enough to **cut wood**. 이 낡은 톱은 무뎌서 목재를 자를 수가 없다.

▷ Bill's outside **chopping wood** for the fire. 빌은 밖에서 장작을 패고 있어.

▷ It was a beautifully carved statue **made of wood**. 그것은 나무로 만든 아름다운 조각상이었다.

hard	wood	경질 목재
soft	wood	연질 목재
natural	wood	천연목

▷ The floor in the hall is made of **natural wood**. 홀의 바닥은 천연목으로 만들어졌다.

| through | the woods | 숲을 지나서 |

▷ I often take my dog for a walk **through the woods**. 나는 자주 숲을 가로질러 개를 산책시킨다.

| a piece of | wood | 나무토막 |

▷ We need a longer **piece of wood**. 우리는 더 긴 나무토막이 필요해.

| word /wɜːrd/

명 말; 단어; 이야기; 말다툼; 소식; 약속

use	a word	말을 사용하다
look up	a word	단어를 찾아보다
understand	a word	말을 이해하다
find	the word	단어를 발견하다
say	a word	(한 마디) 말을 하다
speak	a word	
hear	a word	이야기가 들리다
choose	one's words	어휘를 고르다
want	a word	말을 하고 싶다
have	a word	이야기하다
have	words	말다툼하다
exchange	words	
remember	the words	발언을 기억하다
eat	one's words	한 말을 취소하다
keep	one's word	약속을 지키다
break	one's word	약속을 깨다
send	word	알리다

▷ I can't understand these instructions. Why don't they **use** simple **words**? 이 설명서를 이해할 수가 없어. 왜 쉬운 말을 안 쓰는 거지?

▷ **Look up** any **words** you don't know in a dictionary. 모르는 단어는 사전에서 찾아봐.

▷ Remember. Don't **say a word**! It's a secret! 잊지 마. 한 마디도 하면 안 돼! 이건 비밀이야!

▷ Can I **have a word** with your father? 네 아버지와 이야기 좀 할 수 있을까?

▷ She **had words** with her sister and they haven't spoken to each other ever since. 그녀는 언니와 말다툼을 했고 두 사람은 그 뒤로 서로 대화를 하지 않고 있다.

▷ She made him **eat his words**. 그녀는 그에게 한 말을 취소하게 했다.

▷ He **kept his word** and repaid all the money he owed me. 그는 약속을 지키고 나에게 진 빚을 모두 갚았다.

▷ Can you **send word** to Thompson that the meeting is ready to start? 회의가 시작할 준비가 되었다고 톰슨에게 알려줄래요?

an English	word	영단어
a long	word	긴 단어
a big	word	어려운 말

| work |

the right	word	적합한 말
a dirty	word	외설스러운 말
the magic	word	마법의 말(부탁할 때 말하는 please)
the spoken	word	구어
the written	word	문어

▷ Our four-year-old daughter has started to use some **big words**! 우리의 네 살배기 딸이 어려운 말을 쓰기 시작했어!

▷ Yes. "Delicious." That's exactly the **right word**. 그래. "맛있다." 그게 딱 맞는 말이야.

▷ Don't use that word. It's a **dirty word**. 그 말 쓰지 마. 외설스러운 말이야.

▷ The **spoken word** is often more powerful than the **written word**. 구어가 문어보다 더 강력한 경우가 많다.

sense of	the word	단어의 의미
a meaning of	the word	

▷ My grandfather was using "gay" in the original **sense of the word** to mean happy. 우리 할아버지는 'gay'를 본래의 의미인 즐겁다는 뜻으로 쓰셨다.

in	a word	한 마디로
without	a word	말 없이
in other	words	다른 말로 하면
in one's own	words	자신의 말로

▷ That meal was, **in a word**, scrumptious! 그 식사는 한 마디로 호사스러웠어!

▷ She turned and walked out of the room **without a word**. 그녀는 한 마디도 없이 돌아서서 방을 나갔다.

word	for word	한 마디 한 마디 그대로

▷ This is a **word for word** translation of what was said. 이것이 그 발언을 한 마디 한 마디 그대로 옮긴 것이다.

work /wəːrk/ 圏 일, 노동; 직장; 작품

do	the work	일하다
carry out	the work	
get down to	work	일에 착수하다
set to	work	
continue	the work	일을 계속하다
have	work	일이 있다
look for	work	일을 찾다
seek	work	
find	work	일을 발견하다
go to	work	일하러 가다

start	work	일을 시작하다
finish	work	일을 끝내다
return to	work	다시 일하러 가다

▷ Come on. Finish your tea. It's time we **got down to work**! 자 어서, 차를 다 마셔. 이제 일에 착수할 시간이야!

▷ We still **have** lots of **work** to do. 우리는 아직 할 일이 많아.

▷ She didn't **go to work** this morning. 그녀는 오늘 아침에 출근하지 않았다.

▷ Sharon **starts work** in a supermarket next week. 샤런은 다음 주 슈퍼마켓에서 일을 시작한다.

▷ What time do you **finish work**? 너는 몇 시에 일이 끝나니?

▷ I'm still not well enough to **return to work**. 나는 다시 일하러 갈 만큼 회복되지 않았다.

hard	work	힘든 일, 성실한 노동
heavy	work	중노동
light	work	가벼운 일
extra	work	시간 외 노동
dirty	work	더러운 일, 싫은 일
practical	work	실습
paid	work	유급 노동
well-paid	work	임금이 높은 일
full-time	work	상근직 일
part-time	work	시간제 일
voluntary	work	자원봉사 활동

▷ I like my job but it's **hard work**. 나는 내 일을 좋아하지만 힘든 일이다.

▷ This university course contains a lot of **practical work**. 이 대학 과정에는 실습이 많이 포함되어 있다.

▷ My sister is doing some **voluntary work** to help the homeless. 우리 언니는 노숙자들을 돕는 자원 봉사 활동을 하고 있다.

the works	by A	A의 작품

▷ An exhibition of the **works by** Picasso starts next week. 피카소 작품 전시회가 다음 주에 시작한다.

at	work	근무 중인, 일하고 있는
out of	work	실업 상태인

▷ My husband's still **at work**. 내 남편은 아직도 일하고 있다.

▷ My brother's been **out of work** for three months. 우리 형은 석 달째 실업 상태다.

(PHRASES)

Good work! / Nice work! ☺ 잘했어. ▷ "I got an A for my essay!" "Good work!" "내 리포트에서 A를 받았어!" "잘했네!"